古代の行政区画

（9世紀～）

出羽

陸奥

後

山　道

下野

常陸

下総

上総

安房

凡例	
——	畿内・七道の境
------	国界
白線	現都府県界
◉	国府
卍	国分寺

0　　50　　100　150km

日本史用語集

全国歴史教育研究協議会
編

山川出版社

まえがき

　人類は、古代から数多く流行してきた感染症に対して、その対応策を探し出し、乗り越えてきました。それは、時代や地域の違いがあったとしても、感染症流行の原因やその解決方法を過去の歴史に学んだからに他なりません。コロナウイルスに対しても、感染症の歴史を紐解くことが、私達に大きな示唆を与えてくれるに違いないのです。このように、日本の歴史を学ぶことは、日本の将来を考えるために欠くことのできないことなのです。

　2018年告示の「高等学校学習指導要領」の改訂では、「歴史総合」が必履修として新設され、従来の日本史科目は「日本史探究」となりました。いずれの科目も、社会的事象に対する歴史的な見方・考え方が重視され、課題を追究し、解決する活動が求められています。このような学習を展開するためには、どの歴史用語がキーワードなのかを見極めることが大切になります。

　本書は、高校のすべての「日本史探究」の教科書に載せられている歴史用語を収載し、各用語に簡明な解説を記しただけでなく、それぞれの用語が何冊の教科書に出ているかを頻度数として示しました。この頻度数表示は、日本史を学習するうえで、各用語がどれほどの重要度を持っているかを示す一つの目安となっています。また、本書は1966年の刊行以来、大学受験の必携の参考書としても大きな役割を果たし、多くの方々にご利用いただいてきました。

　2023年4月、「高等学校学習指導要領」に基づき、「日本史探究」7冊の高校日本史の教科書が出版されました。この度、これらの教科書が出版されたことを受け、本書も新たに全面改訂を行い、高校生や大学受験の便に供することとしました。

　全国歴史教育研究協議会の会員によって編集・作成された本書が、21世紀を担う若者たちにとって、日本史学習の良きパートナーになると確信します。

　最後に、高校生や大学受験をめざす皆さんが、この書を大いに活用し、十分な成果をあげることを心から期待いたします。

2023年9月

全国歴史教育研究協議会

本書の特色と使用上の留意点

特色

1. 本書は、高等学校地理歴史科「日本史探究」の教科書7冊(2023年度使用)に記載されている用語から、学習に必要と思われる用語を選んで収録した。

   収録する用語は、教科書の本文・注・図版説明・整理図解・書名・美術品一覧表などに限定し、原則として史料文中の語や地図中の地名、系図・折込図表中にみえる名辞は採録しなかった。また、日本史学習と直接かかわりをもたない普通名詞や、世界史関係の用語も多くは省いてある。学習を深めるために設けられている

使用上の留意点

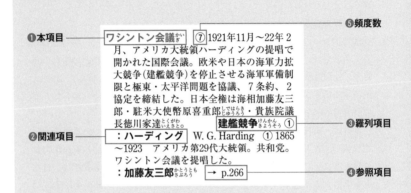

- ❺ 頻度数
- ❶ 本項目
- ❷ 関連項目
- ❸ 羅列項目
- ❹ 参照項目

ワシントン会議(かいぎ) ⑦ 1921年11月～22年2月、アメリカ大統領ハーディングの提唱で開かれた国際会議。欧米や日本の海軍力拡大競争(建艦競争)を停止させる海軍軍備制限と極東・太平洋問題を協議、7条約、2協定を締結した。日本全権は海相加藤友三郎・駐米大使幣原喜重郎(しではらきじゅうろう)・貴族院議長徳川家達(とくがわいえさと)。
建艦競争(けんかんきょうそう) ①
：ハーディング W. G. Harding ① 1865～1923 アメリカ第29代大統領。共和党。ワシントン会議を提唱した。
：加藤友三郎(かとうともさぶろう) → p.266

❶ 本項目

用語名のうち、**重要と考えられる項目**を「本項目」と位置づけ、解説を付けた。配列は、山川出版社の教科書『詳説日本史』に準拠して作成し、教科書の理解がしやすいように工夫した。

❷ 関連項目

「：」記号のあるものは、**本項目と関連がある項目として**「関連項目」と位置づけ、本項目の後に置き、相互の関連がわかるように配列した。

❸ 羅列項目

説明文の末尾に用語と頻度数①～⑦のみを示してあるものは、「羅列項目」と位置づけた用語で、解説文中に説明がされているなど、特に**独立の説明を要しない用語**とした。

❹ 参照項目

用語の説明は1カ所を原則としたため、関連の深い項目については、必要に応じて「参照項目」を入れ、**説明が載る用語の収録ページ**を(→ p. ○○)のように明示した。

囲み記事や主題学習、地域史学習などの中の用語で特殊なものは採録しなかった。

2. 本書は第Ⅰ部原始・古代、第Ⅱ部中世、第Ⅲ部近世、第Ⅳ部近代・現代の4部から構成されており、体系的に理解できるよう工夫している。章構成は一般的な時代区分によって行った。

3. 巻末には、五十音順の「索引」をつけているので、簡潔な日本史辞典としても使用できる。また、本書で取り上げた用語の数は、解説文のあるもの約6300、頻度数だけのもの約3500、合計約9800である。

---

❺ **頻度数**

1. **頻度数**は、用語名の横に付けられている①～⑦**の数値**を指す。これは、高等学校日本史探究の教科書全7種（2023年4月現在、教科書目録掲載のもの）のうち何種の教科書にその用語が掲載されているかを示すものである。

2. 頻度数は、用語の重要さを考えるうえで一つの基準となるもので、日本史探究教科書の**頻度数⑤以上の用語**は、原則として**見出しを色刷り**とした。

3. 頻度数は、該当する用語が同一教科書において何回掲載されていても1回と算定した。但し、**同一用語でも時代を異にする用語**で、内容の異なるものは別に算定した。また、特に区別を必要とする用語には**用語の次に**《○○》を付した。

      例.　地頭《平安》　豪農《近世》

4. **頻度数を付さなかった用語**としては、中・近世の産物名、対外貿易の品目などがあり、**一覧表にまとめて記載**した。地名についても、奈良・鎌倉・長崎・堺など重要地名を除き、**巻末に主な地名一覧**をつけることで処理した。

❻ **表記**

イ. 用語の表記は、教科書の中で多く用いられているものを採用したが、**他の表記及び読み方がある場合**は（　）で示した。また、**略記名称のある場合**は、省略部分を用語中に〔　〕で示した。

      例.　鞍作鳥（止利仏師）　　　難波〔長柄豊碕〕宮

ロ. **人物名の用語**には、説明文の冒頭に西暦による生没年を示す数字を入れ、天皇在位や上皇としての院政期間も示した。また、将軍には代数と在職期間を必要に応じて入れた。

      例.　清和天皇　850～880　在位858～876

ハ. **年代**は、原則として西暦で示し、西暦紀元前を「前」であらわし、必要な場合には日本年号も付記した。1872（明治5）年以前は、日本暦と西暦に1カ月前後の違いがあるが、年月はすべて西暦には換算せずに日本暦をもとにした。改元のあった年は、その年の初めから新しい年号とした。

ニ. **国名の略記**は、原則として英・米・仏・伊・独・露・ソ連・蘭（オランダ）・中・朝・韓・墨（メキシコ）などとして使用した。

ホ. **書名など**は『　』を付し、**引用文など**は「　」を付ける表記とした。

■ 目 次

第III部 近世

第IV部 近代・現代

第Ⅰ部

原始・古代

第1章　日本文化のあけぼの

1　文化の始まり

日本列島と日本人

地質年代〔ちしつねんだい〕⑤　地質学が対象とする地球の歴史を、地層の重なりなどをもとに時代区分したもの。始生代・原生代・古生代・中生代・新生代に大別される。

新第三紀〔しんだいさんき〕②　地質学の時代区分の一つ。新生代は第三紀と第四紀に分かれ、第三紀は古第三紀と新第三紀に分かれる。新第三紀は約2300万年前から260万年前までの時代で、その中がさらに中新世・鮮新世の二つの時代に区分される。人類は新第三紀中新世後期に誕生した。　　　　**中新世**〔ちゅうしんせい〕③
　　　　　　　　　　　　　　　鮮新世〔せんしんせい〕④

第四紀〔だいよんき〕②　約260万年前以降をいい、1万年前を境に更新世と完新世に分けられる。

更新世〔こうしんせい〕⑥　第四紀の大半で約260万年前から1万年前までの期間。かつては洪積世〔こうせきせい〕の呼称がふつうであった。地球上に広く氷河が発達した氷河時代で、4回の氷期と3回の間氷期が繰り返された。更新世末期を晩氷期という。　　　**氷河時代**〔ひょうがじだい〕⑤
氷期〔ひょうき〕⑥　**間氷期**〔かんぴょうき〕④　**晩氷期**〔ばんぴょうき〕①
完新世〔かんしんせい〕　→　p.5

猿人〔えんじん〕⑦　中新世後期から更新世前期にいた世界最古の化石人類で、アフリカでしか発見されていない。直立歩行し、石器を使用。アウストラロピテクス類、ラミダス猿人（約440万年前）、サヘラントロプス=チャデンシス（約700万年前）などがこれに属する。年代は約700万～130万年前。
　　　　　　サヘラントロプス=チャデンシス③
　　　　　　　　　　　アウストラロピテクス⑥

原人〔げんじん〕⑦　猿人と旧人の中間の段階でホモ=エレクトゥスともいう。直立猿人（ピテカントロプス=エレクトゥス、ジャワ原人）・北京原人（シナントロプス=ペキネンシス）など、更新世にいた化石人類で、道具や火を使用。約250万～4万年前。
　　　　　　　　ホモ=エレクトゥス④
ジャワ原人〔げんじん〕③　**北京原人**〔ぺキンげんじん〕②

旧人〔きゅうじん〕⑦　更新世後期、約35万～3万年前にいた化石人類。古代型ホモ=サピエンスともいう。脳容積は現代人に匹敵〔ひってき〕し、1500cc前後もある。ネアンデルタール人などがこれに属する。
　　　　　　　　ネアンデルタール人⑥

新人〔しんじん〕⑦　更新世中期から完新世にかけての人類で、現代に至る。学名を Homo sapiens sapiens といい、現代型ホモ=サピエンスとか現生人類ともいう。約30～25万年前にアフリカで進化した新人が、世界中に拡散したという説（アフリカ単一起源説）が有力である。クロマニョン人・柳江人などが属する。　　　　　　**ホモ=サピエンス**⑥
　　　　　　　　　　　　　現生人類〔げんせいじんるい〕③
　　　　　　　アフリカ単一起源説〔たんいつきげんせつ〕①

ナウマンゾウ⑦　更新世後期に、朝鮮半島経由で日本に移り住み、沖縄から北海道にかけて生息〔せいそく〕した。冷温帯動物群のゾウで、パレオロクソドンの日本的亜種〔あ〕し。明治初期に、この化石を調査したドイツ人ナウマンの名をとって命名された。1948年、長野県野尻湖の湖底からナウマンゾウの化石が発見された。　　　　　**野尻湖**〔のじりこ〕④
　：ナウマン　→　p.284

トウヨウゾウ①　中期更新世に東アジアに広く分布していた暖帯系中型ゾウ。日本各地に広く分布していたが、のちに絶滅した。

オオツノジカ⑦　更新世中期～後期に東・北アジアに分布し、日本列島各地に渡来した南方系のシカ。大型のシカで、マンモスやナウマンゾウの化石と共に出土することが多い。

マンモス④　更新世後期の寒冷期にシベリアから北海道に渡来した亜寒帯動物群のゾウ。同じ頃にエゾシカ・ヘラジカ・バイソンなども渡来した。　　　　　　**ヘラジカ**④
　　　　　　　　　　　　　バイソン②

石器時代〔せっきじだい〕④　1819年、デンマークのトムセンが人類文化を利器（使用された道具）で石器・青銅器・鉄器時代に分類した最初の時代。のち、イギリスのラボックがさらに旧石器・新石器の2段階に区分した。
　　　利器〔りき〕①　**石器**〔せっき〕⑦
　：旧石器時代〔きゅうせっきじだい〕⑦　打製石器を主に使

用し、土器出現以前の主に狩猟・採集生活をしていた時代。地質学上はほぼ更新世にあたる。前期(約13万年以前)・中期(約13万～約3万8000年前)・後期(約3万8000年前以降)の3期に分けられるが、日本の遺跡の多くは後期で、地質学上のヴュルム氷期(第4氷期)前後にあたる。

前期旧石器時代ぜんききゅうせっきじだい ③
中期旧石器時代ちゅうききゅうせっきじだい ③
後期旧石器時代こうききゅうせっきじだい ⑤
ヴュルム氷期ひょうき ③

：**新石器時代**しんせっきじだい ⑤ 完新世で、磨製石器・土器の使用、家畜の飼育、農耕を特徴とする。日本の縄文文化は新石器時代の文化(新石器文化)であるが、食料採取段階に留まった。
新石器文化しんせっきぶんか ⑤

青銅器時代せいどうきじだい ③ 人類文化を利器で分類した第2段階。前3500年頃以降、西アジア・ヨーロッパ・中国などでみられたが、日本には青銅器・鉄器がほぼ同時に流入したので純粋な青銅器時代はない。

鉄器時代てっきじだい ③ 青銅器時代に続く人類文化の第3段階。主要道具・武具を鉄でつくった。日本は弥生時代に青銅器・鉄器を受容し、古墳時代以降続いた。

化石人骨かせきじんこつ ⑥ 化石として発見される人類の骨。更新世のもの(更新世人骨)は以下の通り。

：**浜北人**はまきたじん ⑥ 1960～62年にかけて静岡県浜北市(現、浜松市)で化石人骨が発見され、更新世後期の新人と判断された。浜名湖畔三ケ日町(現、浜松市)で発見された三ケ日人も更新世の新人とされたが、現在は縄文人と考えられている。

：**港川人**みなとがわじん ⑥ 1968年、沖縄県具志頭村港川(現、八重瀬町)の石灰岩採石場の港川フィッシャー遺跡で、約1万8000年前の新人のものと考えられる4体分以上の骨格が発見された。アボリジニー(オーストラリア原住民)、ワジャク人(ジャワ島)などと似ている点があるが、中国南部の柳江人りゅうこうじんや縄文人とはあまり似ていないようだ。

：**山下町第一洞人**やましたちょうだいいちどうじん ② 沖縄県那覇市山下町の第一洞穴遺跡で1962年以降、シカの化石などが発掘されたが、新人の女児の化石骨も出土した。約3万2000年前の層で、年代の明らかなものとしては最も古い。

：**白保竿根田原洞人**しらほさおねたばるどうじん ④ 沖縄県石垣市で発見された白保竿根田原洞穴遺跡から出土した多数の人骨。人骨中のコラーゲン分析で約2万4000年前の人骨を含むこと

が判明。南城市のサキタリ洞遺跡(港川フィッシャー遺跡北方)でも、約2万年前の同一地層から出土した人骨と貝器のほか、約2万3000年前の貝製の釣針や約3万年前の人骨も出土した。

：**明石人**あかしじん ① 1931年、兵庫県明石市西八木にしやぎ海岸の粘土層中から1腰骨ようこつが発見され、直良信夫なおらのぶおは旧石器時代人としたが、認められぬうちに太平洋戦争で焼失。戦後、石膏せっこう模型から長谷部言人によって原人級のものとされ、明石原人と名づけられた。しかし、現在では縄文時代以降のものとする意見が強い。

旧石器〔時代〕人きゅうせっき〔じだい〕じん ② 旧石器文化を営んだ人々。日本の旧石器時代の化石人骨で確実なものは、すべて後期旧石器時代のもので新人段階である。後期旧石器時代人は、港川人のように南方系の系統に属するものもあるが、後期旧石器文化や初期の縄文文化にシベリアなど北方系の要素も強く認められるので、その系譜については未だに未解明である。
後期旧石器人こうききゅうせっきじん ①
後期旧石器文化こうききゅうせっきぶんか ①

縄文人じょうもんじん ⑦ 縄文時代に、日本列島全域に居住していた人々。弥生時代以降に渡来した新モンゴロイドとの混血が進み現代の本土系集団が形成された。日本人の基層集団として原日本人とも呼ばれる。人骨調査のほか、ミトコンドリアDNAや核DNAの調査も進みつつあるが、系統については東南アジア系とも北方アジア系ともいわれ未解明な点が多い。
原日本人げんにほんじん ①

モンゴロイド(東アジア系人類)ひがしアジアけいじんるい ⑤ 東アジアを中心に分布する黄色人種。日本人の原型は大陸南部の古モンゴロイド(南方アジア人)にあり、弥生時代以降に渡来した新モンゴロイド(北方アジア人)と混血を繰り返した。
古モンゴロイド ②
新しんモンゴロイド ①

アルタイ語ご ② 北方アジア系のトルコ語・モンゴル語・ツングース語などがこれに属し、膠着語こうちゃくごで、述語動詞が最後にくるなどの特徴がある。日本語は、語法的にはこの系統に属するが、語彙は南方系のオーストロネシア語(マレー・ポリネシア語)の要素が強く、成立過程は不明である。
オーストロネシア語ご ②

旧石器人の生活

旧石器文化（きゅうせっきぶんか）⑤ 土器を持たず打製石器を主要な道具とする旧石器時代の文化。日本では先土器文化・無土器文化、先縄文文化とも呼ぶことがある。この時代を日本では先土器時代、岩宿時代にちなんで岩宿時代ともいう。　**岩宿時代**（いわじゅくじだい）①

岩宿遺跡（いわじゅくいせき）⑥ 群馬県みどり市笠懸町にある旧石器時代の遺跡。1946年に相沢忠洋によって関東ローム層中の打製石器が発見され、1949年の学術調査で確認され、日本の旧石器文化の存在が初めて明らかになった。　**相沢忠洋**（あいざわただひろ）⑦

：**関東ローム層**（かんとうろーむそう）⑤ 関東地方の台地上に分布する更新世中期〜後期の赤土層。火山活動による火山灰土で、下部から多摩・下末吉・武蔵野・立川の各ローム層に分けられる。

早水台遺跡（そうずだいいせき）① 大分県速見郡日出町の海岸段丘上にある旧石器時代から縄文早期の遺跡。1950年発見。1964年の調査で前期旧石器時代の遺物かとされた握槌・石核などを発見。前期旧石器研究の端緒となった。

狩猟（しゅりょう）⑦ 旧石器時代の生業の中心で、野生の鳥獣を狩ること。旧石器時代はナウマンゾウ・オオツノジカなどの大型獣を、縄文時代はイノシシ・ニホンシカなどの中・小型獣を対象とした。

採集（さいしゅう）① 狩猟と並ぶ旧石器時代の生業の中心で、植物性食料をとること。次の縄文時代の生業でも大きな比重を占める。

打製石器（だせいせっき）① 打ち欠き、剝離などによって製作された石器。石器ともいう。こぶし大の石を用いた礫器などの石核石器に始まり、剝片石器、石刃石器、細石器に発展。縄文・弥生時代にも打製の石鏃・石斧・石槍などがある。　**旧石器**（きゅうせっき）①

：**剝片石器**（はくへんせっき）①

：**握槌**（にぎりつち）（握斧（あく））③ 前期旧石器時代後半の代表的な石器。主として、インド・中央アジア以西で製作・使用された。ハンドアックスともいう。大型の剝片か礫を全面的に剝離し、楕円形（だえんけい）・三角形に整形した石核石器。叩たく・割る・切るなど万能石器として使用されたと考えられている。

：**敲打器**（こうだき）① 石器をつくるとき、原石を打ち割るための道具であるハンマーストーンや、木の実や固いものを叩き割るために使われた叩き石などを総称する用語。多く

の場合、適当な大きさや形、重さの石が加工されずに用いられているが、使用の痕跡が残っている。

：**搔器**（そうき）② 皮なめしなどの皮革加工に用いられた打製石器。スクレイパーとも。旧石器時代から縄文時代にかけて使用された。

：**石斧**（せきふ）⑦ 斧形に加工された石器。打製のものと磨製のものがあり、磨製のものは新石器時代の特徴的な石器。日本では石器の一部に研磨痕を持つ局部磨製石斧が旧石器時代にあるが、全面研磨のものは縄文時代以降に現れる。主に打製石斧は大型獣の解体・土掘、磨製石斧は木材の伐採や加工などに用いた。　**打製石斧**（だせいせきふ）④　**局部磨製石斧**（きょくぶませいせきふ）②

：**ナイフ形石器**（ないふがたせっき）⑥ bladeの訳語。切ったり削ったりするのに用いた。石刃ともいう。刃部に2〜3条の稜（りょう）が通っている。　**石刃**（せきじん）①

：**尖頭器**（せんとうき）⑦ pointの訳語。ナイフ形石器ののちに出現した、尖頭部をもつ木葉形の石器。ナイフ形石器と共に、手槍・投槍の尖端につけられ、石槍と呼ばれた。　**石槍**（いしやり）①

細石器（さいせっき）⑤ microlithの訳語。一個の石核から多数の小石刃をはがしてつくる細石刃（細石器）と、小型の三角形や台形に加工した幾何学（きか）形細石器がある。日本では細石刃がほとんどで、ほぼ3cm以下のいくつかの細石刃を木や骨の柄にはめ込んで使用。細石刃文化は北海道で発達し、細石刃をつくり出す楔形石核（細石刃石核（さいせきじんせっかく））はシベリア・中国北部などと共通している。　**組合せ式石器**（くみあわせしきせっき）①　**細石刃**（さいせきじん）④

：**白滝遺跡〔群〕**（しらたきいせき（ぐん））① 北海道紋別（もんべつ）郡遠軽（えんがる）町にある旧石器時代の遺跡群。良質の黒曜石原産地が近くに控え、その石材を利用したシベリアと共通する特色を持つ細石刃が数多く出土している。

集石（しゅうせき）（**礫群**（れきぐん））② 後期旧石器時代の遺構の一種で、狭い範囲に焼けたこぶし大の石が十数個から数十個集まったもの。石焼き料理に使用されたと推測される。関東・東海地方に多い。

テント式の小屋（てんとしきのこや）③ 旧石器時代の移動生活に適した、簡単な屋根をかけたテントのような住居。岩陰・洞穴も一時的な住居となった。大阪府のはさみ山遺跡や神奈川県の田名向原遺跡などでこの時代の住居跡が見つかっている。　**はさみ山遺跡**（はさみやまいせき）②　**田名向原遺跡**（たなかはらいせき）①

縄文文化の成立

完新世（かんしんせい）⑤ 更新世のあと、約１万年前から現在に至る時代をいい、人類は新石器文化の段階に進む。後氷期（こうひょうき）に相当する。かつては沖積世（ちゅうせきせい）の語が一般的であった。

縄文文化（じょうもんぶんか）⑦ 約１万6000年前から約2800〜2500年前頃まで各地で発達した新石器文化で、この時代を縄文時代という。最近の研究では、終期は前1000年頃とする説も出ている。縄文土器・磨製石器を使い、狩猟・漁労・採集を主とする食料採集段階の文化である。時期は土器の形式から、草創期・早期・前期・中期・後期・晩期の６期に区分される。　　　　　　**縄文時代**（じょうもんじだい）⑦

縄文時代草創期（じょうもんじだいそうそうき）・**早期**（そうき）・**前期**（ぜんき）・**中期**（ちゅうき）・**後期**（こうき）・**晩期**（ばんき）⑦

放射性炭素（¹⁴C）年代測定法（ほうしゃせいたんそ（しーじゅうよん）ねんだいそくていほう）（**炭素14年代法**（たんそじゅうよんねんだいほう））⑦ 生物遺体（炭化物・貝など）に残存する放射性炭素14の量を測定し、死後経過した年数を算出する年代測定法。生物には大気中と同濃度の炭素14が含まれるが、生物が死ぬと外からの供給を絶たれ、体内の炭素14が一定の割合で崩壊・減少し、5730年で半減する原理を応用した方法。

：**AMS法**（エーエムエスほう）（**加速器質量分析法**（かそくきしつりょうぶんせきほう））① 加速器を利用して生物遺体に残る炭素14量を直接調べて年代を算出する方法。従来の炭素14年代法に比べ、生物遺体の必要量はかなり微量となり、高精度化を達成した。しかし、大気中の炭素14量が一定でないため、この値はまだ正確ではなく、年輪年代法や水月湖（すいげつこ）の年縞（ねんこう）堆積物などで補正する方法が取られている。

年輪年代法（ねんりんねんだいほう）④ 遺物の絶対年代測定法の一つ。樹木の年輪の幅は気候の変化に応じて毎年異なることを利用して測定する。このほかに、絶対年代測定法には石器やガラスの放射線損傷率によるフィッショントラック法、土器の残存蛍光（けいこう）量による熱ルミネッセンス法などがある。

大平山元Ⅰ遺跡（おおだいやまもとⅠいせき）② 青森県東津軽郡外ヶ浜（そとがはま）町にある縄文時代草創期の遺跡。出土した土器片は世界でも最古級のもので、土器に付着した炭化物のAMS法による算定と補正を経て、約１万6500年前のものとされた。また、出土した石鏃も日本最古の弓矢の使用を示す。

弓矢（ゆみや）⑦ 日本では土器の使用開始と同じ頃に出現する。縄文時代の鏃（やじり）は打製石鏃が中心で、１〜３cm、２g未満の小型のものが多く、主に中・小型動物の狩猟用として使用された。弥生時代になると大型の石鏃も現れ、弓矢が戦いにも使用されるようになる。

：**石鏃**（せきぞく）⑥ 狩猟用具として矢の先端につけた石の鏃で、弥生時代にも使われた。縄文時代は打製石鏃が多い。

：**イヌ**③ 縄文時代では、猟犬や番犬となって活躍した。神奈川県夏島（なつしま）貝塚出土の犬骨が古い例。大切にされ、愛媛県上黒岩岩陰（かみくろいわいわかげ）遺跡をはじめ埋葬された例が多い。

磨製石器（ませいせっき）⑦ 磨いてつくった石器で、新石器時代につくられた。日本では旧石器時代に局部磨製石斧があるが、全面的研磨の石器は縄文時代から多い。

：**磨製石斧**（ませいせきふ）⑥ 斧形の磨製石器。木材の伐採や加工用の工具として用いた。一方、縄文時代の打製石斧は土掘用として用いた。

：**石皿**（いしざら）⑤ 縄文時代の皿形石器。円形・楕円形が多く、すり石やたたき石とセットで、木の実などのすりつぶしなどに使ったと考えられる。　　　　　　　**すり石**（すりいし）④

石匙（いしさじ）⑦ 身が薄く匙形をした打製石器。つまみ部分にひもを結んで携帯し、動物の皮はぎなどに使用したと考えられている。

土器（どき）⑦ 新石器時代以降の産物で、東アジアで更新世末期に最初に出現した可能性が高い。最古の土器には、大平山元Ⅰ遺跡（約１万6500年前）、シベリアのグロマトゥーハ遺跡（約１万5000年前）のものがあり、中国湖南省玉蟾岩（ぎょくせんがん）遺跡で約１万8000年前、江西省仙人洞（せんにんどう）遺跡で約２万年前の土器が出土したとの報告もある。

縄文土器（じょうもんどき）⑦ 縄文時代に使用された土器。撚糸（よりいと）を転がしてつけた縄文と呼ばれる文様を持つものが多いのでこの名がある。黒褐色・厚手で600〜800℃の低温で焼かれたためにもろい。時代と地域により70以上の型式が生まれたが、全時期煮炊き用の深鉢を中心とし、可食量の増加をもたらした。

：**隆起線文土器**（りゅうきせんもんどき）① 豆粒文（とうりゅうもん）土器に続く草創期の土器。口縁部などに粘土ひもをめぐらした文様が特徴。長崎県福井洞穴、泉福寺（せんぷくじ）洞穴では細石器とともに出土した。草創期の土器はついで爪形文となるが、無文土器もある。

爪形文土器（つめがたもんどき）①　**無文土器**（むもんどき）①

：**深鉢形土器**（ふかばちがたどき）③ 縄文時代の全期にわたり、主流となった形の土器。前期に関東

中心に発達し、中期にかけて浅鉢形・甕形土器が生まれ、発達した。

：火炎土器（かえんどき）　① 炎の燃えるような形をした深鉢形土器。王冠形土器も含めていう。中期に新潟県信濃川流域を中心に発展した。

：注口土器（ちゅうこうどき）　① 関東・東北を中心に後期に発達した土器。土瓶形で注ぎ口がつく。器形が多様化し、香炉スガ形なども多い。

：亀ヶ岡式土器（かめがおかしきどき）　① 縄文晩期に東日本に広まった進んだ技法の土器。縄文は磨消縄文（すりけしじょうもん）となり、豊富な型式を持つ。青森県亀ヶ岡遺跡が代表的な出土地。

亀ヶ岡遺跡（かめがおかいせき）④

縄文人の生活と信仰

食料採集段階（しょくりょうさいしゅうだんかい）　① 狩猟・漁労・採集が生業の中心となる段階で、その経済を採集経済（獲得経済）と呼ぶ。日本では旧石器時代・縄文時代にあたる。その後の農耕・牧畜が中心となる段階を食料生産段階、その経済を生産経済と呼ぶ。日本では弥生時代以降にあたる。　**採集経済**（さいしゅうけいざい）①

食料生産段階（しょくりょうせいさんだんかい）②

農耕（のうこう）② 西アジアや中国などでは、新石器時代に農耕が始まり農耕社会となる。しかし同時代の縄文時代には本格的な農耕はない。植物の管理・栽培は行われ、原始的な縄文農耕が存在したという説もあるが、それらは狩猟・採集社会を根本的には変化させていない。弥生時代の水稲耕作から農耕は本格化する。

狩猟・採集社会（しゅりょう・さいしゅうしゃかい）①

牧畜（ぼくちく）④ 日本では、牧畜は未発達だった。弥生時代に大陸の影響を受けてブタ（あるいはイノシシ）を飼育することが一時行われたが、古墳時代以降は衰退した。

ブタ①

植物の管理・栽培（しょくぶつのかんり・さいばい）④ 農耕に至る前の野生植物の操作・管理や栽培植物などの種まき・植えつけなどを指す。科学的な分析方法の発達で、縄文時代にはクリ林の管理、ダイズなどの豆類・エゴマ・ヒョウタン・アサ・ウルシなどの栽培の存在が判明した。

圧痕レプリカ法（あっこんレプリカほう）② 原料の粘土に混入した植物・種子などが、土器焼成過程で焼けて生じた痕（あと）に、シリコンを流し込んでレプリカをつくり、電子顕微鏡で観察して植物などを同定する方法。この方法で、縄文時代のダイズ・アズキなどの栽培が確認できるようになった。

花粉分析（かふんぶんせき）② 土壌や土器などに含まれる花粉を分析して植生・気候などを調べる方法。花粉とは別に、イネ科植物の細胞中の珪酸（けいさん）が化石化したものをプラントオパールと呼ぶ。岡山県の朝寝鼻（あさねばな）貝塚などで縄文中期頃のイネのプラントオパールが発見され、イネの流入時期が問題になっている。

落し穴（おとしあな）③ 縄文時代に発達した動物捕獲のための穴。陥し穴とも。旧石器時代にもあった。縄文時代の北海道・東北では追い込み猟用の溝状の穴が、関東では罠猟（わなりょう）の単体の穴が多い。穴の底部に逆茂木（さかもぎ）を立てた例もある。

漁労（ぎょろう）⑦ 魚貝や海藻などの水産物をとること。完新世初め以降の温暖化で海進（縄文海進）が進んで入り江が多くなったため、縄文時代に急速に発達した。特に関東など東日本の内湾が発達した地域では、大規模な貝塚が形成された。　**縄文海進**（じょうもんかいしん）①

骨角器（こっかくき）⑥ 動物の骨・角・牙でつくった釣針・銛・鏃（やじり）などをいう。縄文後期・晩期の東北地方の貝塚から多く出土する。

銛（もり）⑥　**やす**②　**釣針**（つりばり）⑥

丸木舟（まるきぶね）③ 伐採した1本の太木の内部をくりぬいてつくった最も原始的な舟。福井県の鳥浜貝塚などから出土している。縄文人の外洋航海にも使用されたらしい。

石錘（せきすい）② 漁労の際、網の錘（おもり）として使う石器。土製の土錘もある。　**土錘**（どすい）②

貝塚（かいづか）⑦ 貝類が層をなして堆積（たいせき）している遺跡。大部分は縄文時代のもので、本州は太平洋沿岸、九州は有明海沿岸に多い。貝塚は集落の一部にあり、食物残滓（ざんし）や土器・石器破片などが捨てられた。また、死者や犬が埋葬されることもあった。

：大森貝塚（おおもりかいづか）④ 縄文後期～晩期の貝塚。1877年、アメリカ人モースによって日本最初の発掘調査が行われた貝塚で、日本考古学発祥の地。東京都の品川区と大田区の境界にまたがり二つの記念碑がある。

：モース　→ p.284

：加曽利貝塚（かそりかいづか）② 千葉県若葉区加曽利町にある縄文中期～後期の土器を出土する国内で最大の貝塚。直径130mのドーナツ形の北貝塚と長さ170mの馬蹄（ばてい）形の南貝塚よりなる。

：夏島貝塚（なつしまかいづか）② 神奈川県横須賀（よこすか）市にある縄文早期の貝塚。出土した貝殻の炭素14年代測定で9450年前頃の年代を示した。

：里浜貝塚（さとはまかいづか）① 宮城県東松島市にある最

大級の貝塚。縄文早期から晩期にかけて4カ所の集落があり、貝層の分析によって、人々の四季の食料がわかる。

：鳥浜（とりはま）貝塚 ② 福井県三方上中（みかたかみなか）郡若狭町にある縄文草創期〜後期の貝塚。総数約25万点の出土遺物があり、人糞（じん）が化石化した糞石や丸木舟などの木製品で知られる。ヒョウタンの果皮・種子が出土して注目された。

：津雲（つぐも）貝塚 ① 岡山県笠岡市西大島にある縄文後期〜晩期の貝塚。人骨170体ほどが出土。屈葬がほとんどだが、伸展（しんてん）葬もある。

竪穴住居（たてあなじゅうきょ） ⑦ 地表を深さ50cmほど掘り下げ、その上に屋根を葺きおろした掘立柱の住居。縄文〜奈良時代の一般住居。内部に炉や食料の貯蔵穴もつくられた。地面を掘り下げない平地式や、平地に平石を敷き詰めた敷石（しきいし）式も併用された。　**炉（ろ）** ④
　貯蔵穴（ちょぞうけつ） ④

環濠集落（かんごうしゅうらく） ⑤ 台地上に10戸程度の竪穴住居が中央の広場を囲んで環状に営まれた集落。千葉県松戸市の貝の花貝塚などに馬蹄形（U字形）集落もみられる。
　貝の花（かいのはな）貝塚 ②

上黒岩〔岩陰〕（かみくろいわ〔いわかげ〕）遺跡 ② 愛媛県上浮穴（かみうけな）郡久万高原（くまこうげん）町にある縄文草創・早期の岩陰遺跡（奥行の浅い洞窟遺跡）。隆起線文土器、10体以上の人骨、女性を描いた岩偶などが出土した。　**岩陰遺跡（いわかげいせき）** ①
　洞窟遺跡（どうくついせき） ③

上野原（うえのはら）遺跡 ② 鹿児島県霧島市の台地上にある縄文早期の遺跡。1992年から発掘調査を始め、約前7500年頃の集落跡が出土した。計52軒の竪穴住居があり、縄文早期に定住性の高い集落が営まれていたことが明らかになった。

三内丸山（さんないまるやま）遺跡 ⑦ 青森市にある縄文前期〜中期の大集落遺跡。前3500年頃から約1500年間も存在した。広さは約40haと推定。多数の竪穴住居、大型掘立柱建物（巨大なクリの柱を使用）、大型竪穴住居、大量の土器、土偶などが出土した。最盛期には500人近い住民がいたと推定される。クリ林管理などの原始農耕の存在も考えられている。

尖石（とがりいし）遺跡 ② 長野県茅野（ちの）市の八ヶ岳（やつがたけ）西麓にある縄文中期の集落遺跡。竪穴住居跡33軒などが発見された。遺跡のある台地南斜面にある三角錐の「尖石」という岩が地名の由来。付近には与助尾根（よすけおね）遺跡など

縄文中期の遺跡が集中する。

チカモリ遺跡 ① 金沢（かなざわ）市西南部にある縄文後期〜晩期の集落遺跡。1980年、直径約80cmほどのクリの木を縦に半分に割った巨大な木柱を、直径約7mの環状に立て並べた環状木柱列が発見された。環状木柱列はその後、石川県真脇遺跡でも発見された。

真脇（まわき）遺跡 ② 石川県鳳珠（ほうす）郡能登町にある縄文前期初頭から晩期終末まで約4000年間の類例のない長期定住遺跡。大量のイルカの骨が出土。晩期には巨大なクリの木を半割りし、円形に立てて並べた環状木柱列が出土した。

黒曜石（こくようせき） ⑦ 黒色透明の火成岩。ガラス質で打製石器の製作に適する。産地は長野県和田峠、熊本県阿蘇山（あそさん）、北海道白滝と十勝岳（とかちだけ）、神奈川県箱根畑宿（はたじゅく）、伊豆七島の神津島、大分県姫島、佐賀県腰岳（こしだけ）など。産地ごとに岩石の組成が異なるので、その分布は当時の交易状況を物語る。
　和田峠（わだとうげ） ④　**白滝（しらたき）** ①　**神津島（こうづしま）** ①

サヌカイト（讃岐石（さぬきいし）） ⑦ ガラス質の安山岩。香川県（讃岐国）白峰山に多産するのでこの名があるが、大阪府と奈良県の境の二上山でも多く産出する。関西・瀬戸内・北部九州で石器石材として盛んに利用された。　**二上山（にじょうさん）** ①

ヒスイ（硬玉（こうぎょく）） ⑥ 輝石（きせき）属の一種。半透明で緑色を呈し、勾玉（まがたま）・大珠・丸玉などの材料として使われた。新潟県姫川流域が特産地で、その分布は東日本一円に及ぶ。　**姫川（ひめかわ）** ②

硬質頁岩（こうしつけつがん） ① 泥岩の一種で薄片（はくへん）状にはがれやすく石器の材料として利用された。産地は限られ、交易圏は東北地方・北海道南部・北陸地方を中心に広がる。

琥珀（こはく） ② 北海道千歳（ちとせ）市の柏台（かしわだい）遺跡から約2万年前の琥珀製小玉が出土したが、縄文時代に各地で装飾品としての加工が発達する。特に岩手県久慈（くじ）の周辺遺跡からは久慈産の琥珀が数多く出土しており、琥珀の流通・交易が拡大していることがわかる。

アスファルト ② 縄文後期から晩期にかけて、北海道・秋田・山形・新潟県などで産出。熱して石鏃や骨鏃などの接着、破損土器の補修などに利用された。関東でもアスファルト付着の遺物が出土し、黒曜石やヒスイなどとともに縄文時代の交易を示す資料となっている。

アニミズム（精霊崇拝（せいれいすうはい）） ④ 岩石・樹木

などすべての自然物・自然現象や動植物に霊魂が存在するとして、それを畏怖し、崇拝する原始信仰。

呪術 ⑥ まじないなどのように、超自然的存在や神秘的な力のたすけを借りて、種々の現象を起こさせようとする行為。呪術を行い、祭祀をつかさどるシャーマン（呪術者）が集団を統率した。 **シャーマン** ①

土偶 ⑦ 縄文時代の人間をかたどった土製品。ハート形土偶・山形土偶・ミミズク土偶・遮光器土偶などの種類がある。女性像が多く、生殖・収穫を祈る呪術に用いたと考えられる。多くは壊された形で出土するが、長野県棚畑遺跡出土の「縄文のヴィーナス」など、まれに完形のものもある。
遮光器土偶 ② **棚畑遺跡** ④
「縄文のヴィーナス」 ②

土版 ① 縄文晩期の長方形または楕円形の板状土製品。同種の石製品を岩版という。特殊な文様を施したり、人面、人体を表現したりするものもある。何らかの祭祀に使用されたと考えられる。関東・東北地方に分布。

石棒 ⑦ 棒状の石器。形状により、石剣と呼ばれるものもある。呪術・祭祀に関連した特殊な道具と考えられる。

抜歯 ⑥ 縄文中期〜晩期頃の風習で、犬歯・門歯などを左右対称に抜き取った。成人式の意味を持つと推定される。また三叉状に歯を研ぐ叉状研歯は呪術者などの特殊な職業を意味するものであろう。
叉状研歯 ④

屈葬 ⑥ 死者の四肢を折り曲げて葬る埋葬形式。死霊の活動を防ぐためとの解釈がふつう。共同墓地は楕円形の土壙や廃屋墓で、副葬品を持つものもある。葬法は様々で、縄文晩期には遺骨をまとめて再葬することもあった。
再葬墓 → p.11

埋設土器 ① 縄文時代、幼児の埋葬用などに使用された土器。三内丸山遺跡などで発見されている。

貝輪 ① 縄文時代の副葬品は、土製耳飾り・勾玉・貝製の腕輪（貝輪）などの装身具や呪術的なものが主であった。南西諸島産のゴホウラガイ・イモガイ製の貝輪が北海道で発見されたり、ヤコウガイ製の貝匙が東京で出土した事例もあって、縄文人の活発な交流がわかる。 **腕飾** ①

漆塗櫛 ④ 漆を塗った縄文時代の木製の櫛。特に、福井県鳥浜貝塚出土の赤色漆塗櫛は約6000年前の縄文前期のもので、ベンガラなどを混ぜた漆が使用されている。また、縄文後期末から晩期の北海道で、漆塗り櫛を身につけた特別視される人物の墓も出現する。

漆塗土器 ② ベンガラなどの赤色顔料を塗った土器で、儀式で使用されたと考えられる。

赤色顔料 ① ベンガラ（酸化第二鉄）や朱（硫化水銀）などの赤色の染料。縄文時代は、櫛・土器・弓などに塗られていた。両者とも交易品となることがあり、特に朱（辰砂）は産地が限定されるため、広い範囲に運ばれた。

環状列石 ④ 円形に石を並べた配石遺構。ストーン＝サークルともいう。秋田県大湯遺跡・伊勢堂岱遺跡など縄文中期〜晩期の東日本にみられる。大湯遺跡には二重の同心円状の配石遺構が2カ所あり、墓地と推定された。 **配石遺構** ①
大湯遺跡（大湯環状列石） ④

環状盛土遺構 ① 縄文後期から晩期の関東などで見られる、中央の土地を削った土で、周囲を環状に盛り上げた遺構。直径が100mを超えることもある。祭祀場とする説や元々あった住居の上に土を盛って整地し新たな集落としたとする説がある。

2 農耕社会の成立

弥生文化の成立

戦国時代 ① 前770〜前221年の春秋・戦国時代の後半で、前403〜前221年の時期を指す。

秦 ⑥ 前221〜前206 中国で最初に統一国家をつくった王朝。始皇帝は郡県制を実施し、集権を図ったが3代で滅ぶ。

農耕社会 ① 農耕を基本とする生産経済の社会。日本では弥生時代以降、水稲耕作中心の農耕社会が発展した。始期は前5〜4世紀頃と考えられていたが、2003年には炭素14年代法によって、前1000年頃との説が登場した。ただし異論もある。

弥生文化 ⑦ 前8世紀頃に九州北部に始まり、薩南諸島から東北地方にかけて、3世紀半ばまで栄えた文化。農耕（水稲耕作）・金属器・弥生土器を特徴とし、階級社会を生み、小国家の段階に進んだ。この

時代が弥生時代で、早期・前期・中期・後期の4期に区分される。　**弥生時代**⑦

弥生時代前期・中期・後期⑥

弥生時代早期⑤ 紀元前4世紀以降の弥生前期より前の時期で、菜畑遺跡や板付遺跡などで水田が開発され水稲耕作を行うのに、未だ縄文土器を使用している時期を指す。開始期は紀元前10世紀とする説などがあり一定しない。この時代設定を認めない意見も根強い。

続縄文文化⑦ 紀元前後から7世紀頃まで北海道で展開した食料採集文化。サケ・マスなどの漁労や狩猟に依存する独特の文化。土器も縄文土器系の続縄文土器が用いられた。

：擦文文化③ 7〜13世紀頃に北海道に広く展開した鉄器文化。名称は続縄文土器と土師器の影響を受けて誕生した櫛の歯のような文様を持つ擦文土器に由来する。農耕もあるが、主な生業は狩猟・漁労。北海道式古墳も築造。　**擦文土器**②

：オホーツク文化② 擦文文化の広がる中で、オホーツク海沿岸一帯で7〜13世紀頃に展開した異質の土器文化。北アジア系漁労民が渡来して生まれた文化で、オホーツク式土器・竪穴住居・貝塚・墳墓などを残す。　**オホーツク式土器**①

貝塚文化⑥ 沖縄などの南西諸島（南島）で独自に展開した食料採集文化。貝塚文化（時代）早・前・中期は縄文時代に、貝塚文化後期は、弥生時代から12世紀頃までにあたる。貝類の漁労を中心とし、農耕はない。沖縄貝塚文化・南島文化とも呼ぶ。　**貝塚後期文化**③

水稲耕作⑦ 水田で水稲（水稲）を栽培すること。水田稲作、水稲耕作ともいう。中国の長江中・下流域の湖沼地帯で、約1万年前にジャポニカの栽培種が発生し、7500年前頃に浙江省・江蘇省などで水田が発生した。日本へは縄文晩期に朝鮮半島南部を経由して北部九州に伝わったらしい。

水田稲作①　**水稲農耕**①
水稲農業①

：菜畑遺跡③ 佐賀県唐津市にある縄文前期〜弥生中期の遺跡。弥生時代早期（縄文時代晩期）の地層から、水田跡・炭化米・石包丁・縄文土器（山ノ寺式土器）などが出土した。水稲耕作の開始を示す遺跡。

：板付遺跡⑥ 福岡市にある縄文晩期〜弥生後期の遺跡。弥生時代早期（縄文時代

晩期）の地層から、水田跡・炭化米・石包丁・縄文土器（夜臼式土器）などを出土した。のちに環濠集落を形成。初期水稲耕作の代表的遺跡。

：砂沢遺跡② 青森県弘前市で発見された弥生時代前期の水田跡。東日本最古の水田跡とされる。これに続く弥生中期の水田跡は青森県南津軽郡田舎館村垂柳で発見され、水路や畦、水田面の多数の足跡なども見つかった。　**垂柳遺跡**③

金属器⑤ 青銅や鉄でつくった道具。日本には弥生時代に青銅器と鉄器がほぼ同時に伝来し、青銅器文化・鉄器文化が併行して始まった。

：青銅器⑦ 銅と錫の合金でつくられた剣・鉾・鐸など。伝来後、次第に錫の含有量が減り、鋭利さが乏しく非実用的となり、祭器・宝器として用いられた。

：青銅器時代　→ p.3

：鉄器⑦ 漢代に中国で発達した鉄器は、弥生時代に青銅器とほぼ同時期に日本に伝来。主に鉄製工具・農具・武器として広まり、農耕の発達に寄与した。

：鉄器時代　→ p.3

弥生土器⑥ 縄文土器に比べて薄手で硬く、赤褐色を帯びた土器。無文か幾何学的な簡素な文様で、実用に合わせて器形も分化した。貯蔵用の壺、煮炊き用の甕、食器用の高杯・鉢などの種類がある。1884年に東京府本郷区向ヶ岡弥生町（現、東京都文京区弥生）の向ヶ岡貝塚（弥生町遺跡）で最初に発見され、当初は弥生式土器と名づけられた。

弥生式土器①　**壺**⑦
甕⑤　**高杯（坏）**④　**鉢**①
向ヶ岡貝塚（弥生町）遺跡④

：甑④ 底に孔をあけ、中に布などを敷き、米を入れて蒸す土器で、水を入れた甕の上に乗せて使う。米は煮た飯のほか、甑で蒸してつくる強飯を食べるようになる。　**強飯**　→ p.42

機織⑥ 織機を使用して布を織ること。弥生時代に大陸から伝わった。当時の織機は原始機（弥生機）といい、唐古遺跡や登呂遺跡などで一部が出土している。素材は苧（イラクサ科の多年草）や麻。後期には絹布けんぷも織られた。

織機（機織具）②

：紡錘車② 繊維に撚りをかけ、糸に紡ぐ道具。直径3〜5cmの円盤形に小さい孔のある土製・石製の錘もので、穴に糸巻

棒を差し込んで紡いだ。

弥生〔時代〕人やよい〔じだい〕じん　③　弥生時代の日本列島に住んでいた人々。当初は、縄文人の系統の土着の人々と大陸から渡来した人々（渡来系弥生人）が混在していた。西日本の一部では渡来系集団が優勢で、この集団と在来の集団の混血が東日本にまで及んだ。

：**渡来系弥生人**とらいけいやよいじん　①　弥生時代に大陸から渡来した新モンゴロイド系の人々。高身長・面長など、縄文人とかけ離れた特徴を持つ。土井ヶ浜遺跡の人骨などがこの集団に属するか。在来の縄文人と混血が進み、現代日本人の原型が形成された。

：**土井ヶ浜**どいがはま**遺跡**いせき　①　山口県の響灘ひびきなだに面した海岸砂丘にある弥生前期末を中心とする墳墓跡。300余体が多くは屈葬で葬られ、多くの矢を受けた戦士らしい男性もいた。彼らは、渡来系弥生人だとする意見がある。

弥生人の生活

湿田しつでん　④　低湿地につくられた湿潤な水田。生産性が低い。自然堤防や段丘上の半乾田もあった。鉄製農具の普及で、弥生後期に西日本では灌漑施設を整えて、灌漑・排水を繰り返す乾田へと転換し始めた。

乾田かんでん　②　**半乾田**はんかんでん　①

直播じかまき　③　籾を水田に直接播く方法。弥生時代の一般的方法とされてきたが、岡山県百間川遺跡・京都府内里八丁いっちょうはっちょう遺跡などの例から、苗代で苗をつくり、田植えをする場合もあったことが判明した。

田植えたうえ　⑤　**百間川**ひゃっけんがわ**遺跡**いせき　①

木製農具もくせいのうぐ　⑤　耕作具として木鍬・木鋤、水田面を平均にならすえぶり、脱穀具としての木臼・竪杵などがあり、イチイガシ・クリなどの堅い木材でつくられた。

木鍬きくわ　⑥　**木鋤**きすき　⑥
木臼きうす　⑤　**竪杵**たてぎね　①

：**田下駄**たげた　①　低湿地の深田に入る時、足がめり込まないようにはく特大の下駄。

：**大足**おおあし　①　田に堆肥たいひや青草を踏み込む道具。

：**田舟**たぶね　①　収穫期に深田に引き入れて、刈った穂束などを運ぶ小舟。

大陸系磨製石器たいりくけいませいせっき　①　弥生時代に朝鮮半島から水稲耕作と共に流入した磨製石器の一群。大陸系磨製石斧と総称される木材伐採用の太型蛤刃石斧、木材加工用の工具の柱状片刃石斧・扁平片刃石斧のほか、収

穫具の石包丁などがある。弥生後期になるとこれらは鉄器に取って代わられ消滅した。

大陸系磨製石斧たいりくけいませいせきふ　②
太型蛤刃石斧ふとがたはまぐりばせきふ　②
扁平片刃石斧へんぺいかたばせきふ　①
柱状片刃石斧ちゅうじょうかたばせきふ　①

：**石包（庖）丁**いしぼうちょう　⑥　稲穂をつみ取る半円形の石器で、磨製・打製の両者があり、前者は通常2個の穴がある。当初の収穫方法は穂先をつみ取る穂首刈りであった。弥生後期には鉄鎌などを用い、根刈りで収穫するようになった。そのほかの石製農具に土掘り具として使用する打製石器の石鍬などがある。

木庖丁きぼうちょう　①
穂首刈りほくびがり　⑥　**石鍬**いしぐわ　①

鉄製農具てっせいのうぐ　⑤　弥生後期に石器のほかに鉄の刃先をつけた鍬・鋤が現れ、鉄鎌の使用も行われた。

鉄鍬てつぐわ　④　**鉄鎌**てつがま　④
鉄鋤てつすき　④

鉄製工具てっせいこうぐ　⑤　斧やナイフ形の刀子（小刀）などがあり、木製農具の製作に用いられた。

鉄斧てつおの　④　**刀子**とうす　③

：**鉋**やりがんな　②　木材の表面を滑らかに削る鉄製工具で、槍の穂先の反った形をしている。室町時代に現在の台鉋かんなができた。

：**手斧**ちょうな　①　木製の柄えの先端をU字形に折り曲げて鉄の刃をつけた鍬形の鉄製工具。木材の荒削りに使用。

高床倉庫たかゆかそうこ　⑥　稲などの貯蔵用に使われた、床を高くした倉庫。掘立柱建物に属する高床建物の一つ。銅鐸の絵に描かれているが、静岡県の登呂遺跡や山木遺跡の出土例から構造が明らかになった。

掘立柱建物ほったてばしらたてもの　→　p.20

登呂とろ**遺跡**いせき　③　静岡市南部、安倍川東岸の後背湿地にある弥生後期の遺跡。1943年発見、1947〜50年発掘調査。平地式の住居跡・高床倉庫などの集落と多数の木製農具が出土。矢板やいたを打ち込んで仕切った畦畔はん・水路・水田跡が発掘された。滋賀県服部はっとり遺跡でも大規模な水田を発見。

山木やまき**遺跡**いせき　①　静岡県伊豆の国市の弥生後期〜古墳前期の遺跡。竪穴住居跡・水田跡などがあり、特に大量の木製農具・建築材・容器類などが出土した。

伸展葬しんてんそう　③　死者の両脚を伸展して葬る埋葬形式。仰臥ぎょうが・側臥そくが・俯臥ふががあり、弥生時代以降に増加した。

土坑（壙）墓どこうぼ　④　地中に墓穴（土壙）を掘って埋葬した墓。縄文時代以降、最もふつうにみられる。形状は円形・楕円形・長方形

など。

木棺墓(もっかんぼ) ③ 土壙の中に板を組み合わせた木棺を置く墓。

箱式石棺墓(はこしきせっかんぼ) ③ 扁平な板石を長い箱形に組み合わせ、同様な板石でふたをした棺を使用する墓で、西日本に多い。数体の人骨を合葬することもある。

支石墓(しせきぼ) ④ 縄文晩期～弥生中期の九州北部の墓制。自然石の支柱の上に大きな平石をのせた一種のドルメンで、地下には甕棺・土壙・箱式石棺などの埋葬施設を設ける。朝鮮半島南部の影響が大きい。

再葬墓(さいそうぼ) ④ 死者の骨を洗骨したのち、納骨用の壺(壺棺)などの土器棺に入れて改めて葬った墓。縄文晩期に始まる墓制といわれ、東日本に広がったが、弥生中期頃に消滅した。　　**壺棺**(つぼかん) ①　**土器棺**(どきかん) ①

方形周溝墓(ほうけいしゅうこうぼ) ⑥ 弥生前期に近畿に出現し、次第に東西へ広がった。方形の低い墳丘の周りに溝をめぐらす。家族墓的性格があったらしい。1964年、八王子市宇津木²で最初に発見された。

甕棺墓(かめかんぼ) ⑥ 縄文晩期以来、二つの土器を合わせてその中に死者を葬る合口(あわせぐち)甕棺や、一つだけで石のふたをする単甕棺が用いられ、弥生時代に九州北部で盛んになった。多数集合して共同墓地を形成したが、副葬品から階級社会の成立が推定される。甕棺のかわりに壺を使う場合は壺棺墓という。　　　　　　　　　**壺棺墓**(つぼかんぼ) ①

：**須玖岡本遺跡**(すぐおかもといせき) ① 福岡県春日市にある大規模な遺跡群。1899年にその中の大石の下から甕棺が発見され、棺内から30面以上の前漢鏡・銅剣・銅矛・ガラス璧などが出土し、奴国の王墓であると考えられている。　　　　　　　　　　　　**ガラス璧**(へき) ①

墳丘墓(ふんきゅうぼ) ⑥ 弥生中期から西日本に出現。吉野ヶ里遺跡や大阪府加美(かみ)遺跡のように、盛土をして墓域を画した墳丘を持つ墓。鳥取県の妻木晩田遺跡をはじめ、山陰地方から富山県にかけての四隅突出型墳丘墓、瀬戸内地方の方形台状墓などの地域性がみられる。　　　　**四隅突出型墳丘墓**(よすみとっしゅつがたふんきゅうぼ) ③　　　　　　　　　　　**妻木晩田遺跡**(むきばんだいせき) ①

：**西谷3号墳**(にしだにさんごうふん) ② 島根県出雲(いずも)市にある弥生後期の代表的な四隅突出型墳丘墓。規模は約52m×42m、高さ4.5mで全国最大級。鉄剣・ガラス勾玉などの副葬品や大量の土器などが発見された。周辺は6基の四隅突出型墳丘墓を含む西谷墳墓群を構成し、出雲の王たちの墓域となっている。

: **楯築墳丘墓**(たてつきふんきゅうぼ) ⑤ 岡山県倉敷市の弥生後期の大墳丘墓。直径約40mの円形墳丘の両側に突出部を持つ。墳丘斜面には二重の列石、墳丘上には5個の立石があり、特殊器台や特殊壺もあった。墳丘頂上下の木棺内には鉄剣と大量の玉類が副葬されており、吉備の首長墓と考えられる。

: **特殊器台**(とくしゅきだい) ④　→ p.16

農耕祭祀(のうこうさいし) ④ 農耕と関係の深い山・水・木などの自然物や、風雨・雷などの自然現象を崇拝の対象とし、豊作を祈った祭祀。農耕儀礼とも。のちの祈年祭(としごいのまつり)や新嘗祭(にいなめのまつり)のもとは弥生時代に起こったらしい。　　　　　　　　　　　　**農耕儀礼**(のうこうぎれい) ①

青銅製祭器(せいどうせいさいき) ③ 弥生時代の集落や地域の祭りで使用された青銅器。輸入された青銅製武器などをもとに日本で製造され大型化した。弥生後期には共通の祭器を用いる地域圏がいくつか出現した。以下のような種類がある。

: **銅剣**(どうけん) ⑦ 細形と平形とがあり、前者は輸入品が多く実用的で九州北部に、後者は国産品・非実用的で瀬戸内海周辺に分布する。　　　　　　　　　　　**平形銅剣**(ひらがたどうけん) ①

: **銅矛(鉾)**(どうほこ) ⑦ 剣は平形に突出部があって柄に差すのに対し、矛は袋状(ふくろじょう)の空洞があって柄を差すもの。鋭利な細形(狭鋒)(せまさき)と、幅広の広形(広鋒)(ひろさき)がある。九州北部を中心に分布する。

: **銅戈**(どうか) ④ 刃に直角に柄をつけた武器。細形(狭鋒)と広形(広鋒)とがあるが、一般に非実用的な宝器・祭器として用いられた。九州北部を中心に分布する。

: **銅鐸**(どうたく) ⑦ 日本独特の釣鐘形青銅器。朝鮮式銅鈴(朝鮮式小銅鐸)と呼ばれる朝鮮半島の鈴から発達したもので、近畿を中心に出土。高さ12～135cm。流水文・袈裟襷(けさだすき)文、さらに当時の生活を写す原始絵画を鋳出したものもある。　**朝鮮式銅鈴**(ちょうせんしきどうれい) ②

〔和庭〕**荒神谷遺跡**(こうじんだにいせき) ⑤ 島根県出雲市斐川(ひかわ)町神庭の丘陵上の遺跡。1984～85年に358本の中細形銅剣と銅矛16本・銅鐸6個を出土した。剣・矛・鐸3種の青銅製祭器がまとまって埋納されていた事実は、それらの製作・分布・使用に問題を提起した。

加茂岩倉遺跡(かもいわくらいせき) ① 荒神谷遺跡に近い加茂町(現、雲南市)岩倉の山中にある遺跡。1996年、39個の銅鐸が発見された。一部は近畿、一部は出雲で製作されたと考えられる。荒神谷遺跡の青銅器とあわせ、出雲の王権や文化の存在がクローズアップされた。

出雲（いず）④
鳥形木製品（とりがたもくせいひん）② 鳥の形を模した木製品。弥生時代から出現する。鳥形の腹部に穴が開き、そこに長い棒状のものを差し込んで立てたと考えられる。集落内の祭祀などに使用されたか。

小国の分立

戦い（いた）⑥ 弥生時代に水稲耕作が開始されると、耕地・水の確保や余剰生産物の争奪を巡って隣接した集団間の緊張が高まり、環濠集落・武器が発達して、戦いが開始された。こうした戦いの中で、集団が統合され小国が発生する。　　**余剰生産物**（よじょうせいさんぶつ）①

石製武器（せきせいぶき）① 弥生時代に出現する磨製石剣・磨製石鏃などの武器。稲作と共に大陸から伝来し実戦に使用され、墳墓の副葬品ともなった。他に、以前より重くなった打製石鏃も武器として使われた。のちに鉄製武器が普及すると消滅していった。
　　石剣（せっけん）②

青銅製武器（せいどうせいぶき）⑥ 石製武器と同じく、弥生時代に大陸から伝来した青銅製の武器。銅鏃・銅剣・銅矛・銅戈などがある。当初は実戦で使用され、墳墓に副葬されるものもあったが、同じ金属製武器の鉄製武器が普及し、銅剣・銅矛・銅戈は実用を離れて大型化し国産の青銅製祭器となっていった。
　　銅鏃（どうぞく）② 　**金属製武器**（きんぞくせいぶき）①

鉄製武器（てつせいぶき）⑤ 弥生時代に主に朝鮮半島から流入し、武器として使用された鉄器。両刃の鉄剣、片刃の鉄刀（大刀）、鉄鏃などがある。このほかに、伝来当初の磨製石剣・青銅製武器や以前より重くなった石鏃も武器として使用された。木製の盾もつくられた。　　**鉄剣**（てっけん）⑦ 　**鉄刀**（てっとう）（大刀（だいとう））⑦
　　　　鉄鏃（てつぞく）③ 　**盾**（たて）①

有角石器（ゆうかくせっき）① 脇に角のような突起のある特異な形をした磨製石斧。有角石斧ともいう。弥生中期頃に、武器形金属器の形を模倣し、東北南部から関東の太平洋岸を中心に出現する。用途は、木材伐採用ともいわれる。

環濠集落（かんごうしゅうらく）⑦ 弥生時代を通じて九州から関東地方にかけて営まれた、濠（ほり）で周りを囲んだ集落。奈良県唐古・鍵遺跡、佐賀県吉野ヶ里遺跡、神奈川県横浜市の大塚遺跡、大阪府池上曽根遺跡、愛知県の朝日遺跡・日置（ひおき）遺跡などの環濠集落が知られている。　　**拠点的集落**（きょてんてきしゅうらく）②

朝日（あさひ）**遺跡**③
：唐古・鍵（からこ・かぎ）**遺跡** ⑤ 奈良県磯城（しき）郡田原本（たわらもと）町の唐古地区と鍵地区にまたがる弥生前期〜後期にかけての大環濠集落遺跡。1937年に唐古池から多数の弥生土器と共に木製農具・植物性遺品が出土。戦後、調査を継続し、日本最大級の環濠集落の存在を確認。高床式建物跡も出土。線刻土器に楼閣（観）の絵もあった。

：吉野ヶ里（よしのがり）**遺跡** ⑦ 佐賀県神埼（かんざき）郡吉野ヶ里町にある日本屈指の大環濠集落。弥生前期に集落を形成、中期に墳丘墓築造、後期に物見櫓を設置。物見櫓は「魏志」倭人伝にいう「楼観」にあたるか。
　　物見櫓（ものみやぐら）② 　**楼観**（ろうかん）②

：大塚（おおつか）**遺跡** ② 横浜市港北区・都筑区の台地上にある弥生中期の環濠集落。環濠の外側に土塁を設け、内側に3群の竪穴住居跡と倉庫跡がある。遺跡のすぐ南側に方形周溝墓群の歳勝土（さいかちど）遺跡があり、弥生集落の全体像がわかる。

：池上曽根（いけがみそね）**遺跡** ② 大阪府和泉市から泉大津市にある大環濠集落。環濠内から住居跡のほか大型の建物跡、大量の遺物が出土し、環濠外には方形周溝墓がある。

青谷上寺地（あおやかみじち）**遺跡** ② 鳥取市青谷町にある弥生時代前期から古墳時代前期までの集落を中心とする遺跡。「弥生の地下博物館」とも呼ばれ、保存状態のよい遺物が大量に出土した。木器・石器生産の拠点で、海外を含めた各地との交易拠点でもあった。また、殺傷痕のある100体以上の人骨も出土した。

高地性集落（こうちせいしゅうらく）⑥ 弥生中期〜後期、大阪湾沿岸から瀬戸内海沿岸の海抜100mを超える山頂・丘陵上に営まれた軍事・防衛的な小集落。畑作集落説・祭祀遺跡説などもあるが、軍事・防衛的な機能を重視する説が有力。この頃、激しい争いがあったことを思わせる。

：紫雲出山（しうでやま）**遺跡** ① 香川県西部の標高352mの紫雲出山山頂にある弥生中期後半の高地性集落。1955〜57年に調査し、武器として使われた石鏃など多数の遺物が出土した。その後の調査で住居跡も確認された。

：古曽部・芝谷（こそべ・しばたに）**遺跡** ① 大阪府高槻市にある弥生後期の高地性集落で、環濠集落でもある。標高80〜100mの丘陵上に営まれ、丘陵の中腹に幅約5mの環濠が東西約600m、南北約500mに及ぶ居住地をめぐる。100棟以上の住居・木棺墓や多数

の土器にまじって鉄斧や鉄鎌なども出土している。

：会下山^{えげのやま}遺跡　① 兵庫県芦屋^{あし}市にある弥生中期〜後期の高地性集落。六甲山系の標高201mを最高部とする丘陵とその斜面に所在する。

● ● ● ●

漢^{かん}　⑦ 前202〜後220の中国王朝。秦のあと劉邦^{りゅうほう}が長安に都をおいてから、西暦8年王莽^{おう}に国を奪われるまでを前漢、25年復興し洛陽に都して以後を後漢と呼ぶ。前108年、武帝の朝鮮進出で東方に発展。
　　　　　　前漢^{ぜんかん}　⑦　**後漢^{ごかん}**　⑦
　　　　　　洛陽^{らくよう}　③　**武帝^{ぶてい}**　⑤

：楽浪郡^{らくろうぐん}　⑦ 前108年成立。漢の武帝が衛氏朝鮮を滅ぼし、真番郡^{しんばんぐん}・臨屯郡^{りんとんぐん}・玄菟郡^{げんとぐん}と共に設けた四郡の一つ。2世紀には朝鮮半島中・南部の濊族^{わい}や韓族が独立の動きを示し、313年には高句麗が楽浪郡を滅ぼした。　**衛氏朝鮮^{えいしちょうせん}**　①

倭^わ　⑦ 唐以前に中国人が日本を指した呼称。朝鮮半島南部を含むとも考えられる。倭は自称の我から来たという説、矮小^{わいしょう}の意とする説などがあるが、東方夷狄^{いてき}の蔑称。倭の住人が倭人。日本では倭・大倭の文字をヤマトと呼んだ。　**倭国^{わこく}**　⑦

『漢書^{かんじょ}』地理志^{ちりし}　⑦ 『漢書』は班固^{はんこ}(32〜92)が書いた前漢の歴史書。100巻。12本紀8表10志70列伝から成る。「地理志」はその一部で、前1世紀頃に倭人が百余国に分かれているという記事がある。

小国^{しょうこく}　⑥ 統一国家が形成される過渡的段階として、地域的な小集団が形成され、「ムラ」とか「クニ」と呼ばれた。こうした段階をやはり小国という。　　　**クニ**　①

『後漢書^{ごかんじょ}』東夷伝^{とういでん}　⑦ 『後漢書』は范曄^{はんよう}(398〜445)が書いた後漢の歴史書。10本紀30志80列伝の計120巻から成る。「東夷伝」はその一部で、倭奴国王が光武帝から印綬を受領したとの記事がある。

奴国^{なこく}　⑦ 1〜3世紀頃、福岡県博多地方にあった国の称。『日本書紀』に儺県^{なのあがた}などの称が。57年には奴国王が後漢から印綬を受け、107年に倭国王(一書に倭面土国王)帥升^{すいしょう}らが安帝に生口(奴隷)160人を貢物として贈っている。　　　**帥升^{すいしょう}**　⑤
　　　　　　倭面土国王^{わめんどこくおう}　①
　　　　　　安帝^{あんてい}　②　**生口^{せいこう}**　④

印綬^{いんじゅ}　⑤ 天子が臣下に与える印とそれにつける綬^{じゅ}。後漢では金印朱綬(太子・諸王)、金印紫綬(三公)、銀印青綬(九卿)、銅印黒

綬などの定めがある。

金印^{きんいん}《奴国王》　⑦ 1784年、福岡県志賀島で発見された金製の印。方2.3cm、重さ109g。後漢の光武帝が奴国王に与えたと『後漢書』に記されている印と推定される。漢委奴国王印ともいう。　　　**光武帝^{こうぶてい}**　⑦
　　　　　　漢委奴国王印^{かんのわのなのこくおういん}　③

：志賀島^{しかのしま}　⑥ 福岡市東区の島。海の中道という砂洲^{さす}で陸につながる。ここで1784年に百姓甚兵衛が金印を発見したと伝わる。

邪馬台国連合

帯方郡^{たいほうぐん}　⑥ 後漢末の204年頃、遼東の大守公孫氏が楽浪郡の南部を分割して新設。現在のソウル付近か。238年に魏の明帝が公孫氏を滅ぼし、倭はここを通じて魏に朝貢した。313年、高句麗^{こうくり}の南下でその支配下に入り、のち南部は百済^{くだら}に所属。
　　　　　　遼東^{りょうとう}　①　**公孫氏^{こうそんし}**　②

魏^ぎ・呉^ご・蜀^{しょく}　⑦ 後漢滅亡後の3世紀に中国で分立した3国。特に洛陽に都する華北の魏(220〜265)は強大で、倭との関係が深い。この時代を三国時代(220〜280)という。　　　**三国時代^{さんごくじだい}**　⑤

「魏志^{ぎし}」倭人伝^{わじんでん}　⑦ 三国時代の正史『三国志』は陳寿(233〜297)の著で、『魏書』30巻・『蜀書』15巻・『呉書』20巻から成る。『魏書』の「烏丸鮮卑^{うがんせんぴ}東夷伝」倭人条を一般に「魏志」倭人伝と呼ぶ。
　　　　　　『魏書』東夷伝倭人条^{ぎしょとういでんわじんじょう}　④
　　　　　　『三国志』^{さんごくし}　⑤　**陳寿^{ちんじゅ}**　③

晋^{しん}　⑦ 265〜316　265年、魏が滅亡し、司馬炎^{しばえん}が建国(西晋)。280年、呉を滅ぼして中国を統一し、三国時代が終わる。匈奴^{きょうど}に滅ぼされ、都を洛陽から建康^{けんこう}(建業^{けんぎょう})に移して東晋(317〜420)となる。
　　　　　　西晋^{せいしん}　④　**東晋^{とうしん}**　④

倭国大乱^{わこくたいらん}　④ 『後漢書』に「桓霊の間倭国大乱」とある。後漢の桓帝・霊帝の頃(147〜189年)か。

邪馬台国^{やまたいこく}　⑦ 『魏書』に邪馬壹国と記され、『後漢書』などに邪馬臺(台)国とある。3世紀に29の小国を従え、女王卑弥呼が支配する邪馬台国連合を形成し、南の狗奴国と対立した。魏使は帯方郡から朝鮮半島南部の狗邪韓^{くやかん}国を経て、九州北部に上陸した。　**邪馬台国連合^{やまたいこくれんごう}**　③　**狗奴国^{くなこく}**　⑤

：伊都国^{いとこく}　③ 九州北部、福岡県糸島市の糸島平野付近にあった小国。戸数1万余。邪馬台国はここに一大率(地方官か)を常駐

させ、諸国を検察した。糸島市の三雲南小路みくもみなみしょうじ遺跡、平原ひらばる遺跡は伊都国の王墓であると考えられる。　**一大率**いちだいそつ②

：**近畿(大和)説**きんき(やまと)せつ・**九州説**きゅうしゅうせつ⑥　帯方郡からの経路が不明確なため、邪馬台国の位置は近畿大和を指すとする学説と、筑紫つくし国(福岡県)山門やまと郡・肥後国(熊本県)菊池郡山門郷などを主張する学説とに分かれる。広域の政治連合の形成は大和説では3世紀、九州説では4世紀頃ということになる。

：**纒向**まきむく**遺跡**　→ p.15

卑弥呼ひみこ(ひめこ)⑦　諸国から共立された邪馬台国連合の初代女王。鬼道(呪術)を事とした巫女みこでもあった。239(景初3)年に大夫難升米なしめを魏に遣使、冊封を受け(称号を授けられ服属すること)、「**親魏倭王**」の金印紫綬と銅鏡100枚(三角縁神獣鏡か)などを賜わった。死に際して大きな塚に葬られたという。　**鬼道**きどう④　**金印**きんいん《卑弥呼》⑥　**親魏倭王**しんぎわおう⑤　**倭王**わおう⑦

冊封さくほう　→ p.18

三角縁神獣鏡さんかくぶちしんじゅうきょう　→ p.16

壱与(壹与)いよ⑤　邪馬台国連合の女王。台(臺)与の誤りともいう。卑弥呼の死後、男王が即位して国が乱れたが、その後、卑弥呼の宗女の壱与が即位して混乱を収束した。『日本書紀』引用の『晋起居注』しんききょちゅうや『晋書』によると266年に西晋に朝貢したという。

台与(壹与)とよ⑤

大人たいじん・**下戸**げこ③　邪馬台国の身分秩序。大人は支配階級で、下戸は庶民か。下戸が大人に道で逢えば草むらに入り、話の際は両手を地について敬礼したと伝える。このほかに、生口せいこう(奴隷)もいた。

古墳とヤマト政権

1 古墳文化の展開

古墳の出現とヤマト政権

古墳ごふん ⑦ 土を高く盛り上げてつくった各地の首長(豪族)の墳墓。高塚式なかつか古墳とも。3世紀中頃から後半に近畿から瀬戸内海沿岸にかけて発生。前期古墳は近畿中心に前方後円墳が多く、被葬者に司祭者的性格を残した。中期古墳は巨大化して政治的・軍事的色彩を強め、後期古墳は広く各地で群集墳が成立した。　　　　**前期古墳**ぜんき ④
　　　　中期古墳ちゅうき ②　**後期古墳**こうき ②
古墳時代こふん ⑦ 3世紀中頃〜7世紀、定型的な前方後円墳の出現で始まり、古墳築造が続いた時代。前期(3世紀中頃〜4世紀後半)・中期(4世紀末〜5世紀末)・後期(6〜7世紀)に3分される。前期前半の3世紀中頃〜後半頃を出現期、後期のうち7世紀を終末期とも呼ぶ。
　　　古墳時代前期こふんじだい**・中期**ちゅう**・
　　　後期こう ⑥
　　　　古墳時代出現期こふんじだいしゅつげんき ③
　　　　古墳時代終末期こふんじだいしゅうまつき ⑤
　　　　　　古墳文化こふんぶんか ⑥
出現期古墳しゅつげんきこふん ③ 弥生時代の墳丘墓の多様な要素を統合し、古墳時代出現期に誕生した古墳。前方後円墳・前方後方墳の墳形、竪穴式石室、副葬品の三角縁神獣鏡さんかくぶちしんじゅうきょうなどを共通に持ち、強固な画一性がある。ヤマトを中心とする西日本の政治的連合の成立を背景に、首長層の共通の墓制として創出された。
　：箸墓はか**古墳** ⑥ 奈良県桜井市の纒向遺跡の南側にある全長約280mの前方後円墳。出現期古墳中最大の規模で、3世紀中頃から後半の築造。初期ヤマト政権の王墓ではないかと推測される。陵墓に指定されて立ち入り制限があり、内部構造・副葬品は不明。
　：黒塚くろづか**古墳** ② 天理市柳本町にある出現期の前方後円墳。竪穴式石室内の副葬品として、棺内から画文帯神獣鏡1面・棺外か

らの三角縁神獣鏡33面(国内最多)をはじめ、多数の鉄製武器・工具などが出土した。
　：椿井大塚山つばいおおつかやま**古墳** ① 京都府木津川市山城町にある出現期の前方後円墳。3世紀末頃の築造で、三角縁神獣鏡32面が出土した。内行花文ないこう鏡2面、方格規矩ほうかくきく鏡1面、画文帯がん神獣鏡1面など、計36面以上の鏡と武具も出土した。
ヤマト(大和)政権やまと(だいわ)**せいけん** ⑥ 奈良県の三輪山みわやま西麓のヤマトの地を中心に、3世紀頃に成立してから律令国家成立頃までの政権。5世紀までは大王家を中心とする諸豪族の連合政権と考えられる。　　　　　　**ヤマト** ③
　　　　　　　　大和王権やまとおうけん ①
纒向まきむく**遺跡** ⑤ 奈良県桜井市の三輪山西麓に広がる3〜4世紀の巨大遺跡。ヤマト政権の最初の王都と考えられている。九州から関東産の搬入土器が多数出土し、中心部で当時国内最大規模の掘立柱の大型建物が発見された。大運河など、都市計画の跡も顕著である。この遺跡を邪馬台国やまたいの中心とする意見もある。

前期・中期の古墳

前方後円墳ぜんぽうこうえんふん ⑦ 円形の墳丘の一端に方形の墳丘を連接させた高塚式古墳。弥生期の墳丘墓の陸橋部が発達して突出部(前方部)となり、前方後円墳や前方後方墳となった。大きさでは日本の古墳の1〜46位はすべて前方後円墳。墳丘の斜面に葺石を並べ、周囲に濠をめぐらすことが多い。最も南にあるのが鹿児島県の塚崎つかさき古墳群、北が岩手県の角塚つのづか古墳である。
　　　　墳丘ふんきゅう ⑥　　**葺石**ふきいし ⑥
　　　濠ほり ④　　**陸橋部**りくきょうぶ ①
　　　　突出部とっしゅつぶ**(前方部)**ぜんぽうぶ ①
前方後方墳ぜんぽうこうほうふん ② 両端共に方形の古墳。出雲地方には特に多い。また西日本の前期古墳の大半は前方後円墳であったのに対し、東日本の前期の古墳は前方後方墳が多い。このことは、西日本の首長中心の広域政治連合に、東日本の首長が遅れて参加したことを示すという説がある。他の墳形に円墳・方墳もある。　**円墳**えんぷん ⑥　**方墳**ほうふん ⑤

埴輪:ⓗ ⑦ 古墳の外表に立てられた素焼の土製品で、円筒埴輪・形象埴輪の2種に大別される。最初は墳頂部・墳丘斜面・裾などに、のちには造出し部・墳丘側面・外堤などにも並べられた。

：特殊器台とくしゅきだい ② 上に食物供献用の特殊壺をのせた土製の台。弥生時代後期の吉備地方の墳丘墓におかれた。これが発展して円筒埴輪となった。

：円筒埴輪えんとうはにわ ⑥ 筒形・壺形・朝顔形などがある。土留め、または墓域明示に使用されたか。表面に前後一対の孔ながある。

：形象埴輪けいしょうはにわ ④ 4世紀後半より出現。家形・器財埴輪(盾・靫ゆき・蓋きぬがさなど)に始まり、5世紀中頃には人物・動物埴輪が製作された。まとめて並べられた人物・動物埴輪などは首長の葬送儀礼や生前の儀礼を再現したものといわれる。

家形埴輪いえがたはにわ ③   **器財埴輪**きざいはにわ ②
人物埴輪じんぶつはにわ ③   **動物埴輪**どうぶつはにわ ②

竪穴式石室たてあなしきせきしつ ⑦ 前期～中期の古墳内部の埋葬施設。古墳頂上から掘られた土壙の底に遺体・副葬品を埋葬後、長方形の石室をつくり、上部から封土どを盛った。

粘土槨ねんどかく ③ 古墳の墳丘上に長方形の土壙を掘るが、石室をつくらず、棺の外を粘土で厚く固めた構造の埋葬施設。小石の場合は礫槨れきかくという。前期・中期古墳に多い。

横穴式石室よこあなしきせきしつ ⑦ 後期の多くの古墳で用いられ、墳丘の横に入口(羨門)があり、遺体を安置する玄室とそれに通じる羨道がある。羨門を塞ぐ閉塞石をとれば、いつでも追葬できる家族墓的性格を持つ。

羨門せんもん ①   **羨道**せんどう ①   **玄室**げんしつ ⑤

木棺もっかん ③ 一本の大木をくり抜いて二つ合わせた長大な割竹形木棺と、板で組み立てた組合せ木棺がある。腐って、完全な形で残るものは少ない。全期にわたって盛行した。

割竹形木棺わりたけがたもっかん ①

石棺せっかん ④ 前期には割竹形・舟形・箱式石棺、中期には長持形ながもち石棺、後期には家形石棺が発達した。   **家形石棺**いえがたせっかん ①

副葬品ふくそうひん ⑦ 遺体と共に埋葬された品々。前期古墳には鏡・玉など呪術的なものが多く、中期以降に鉄製武器・武具・馬具・農具などが増え、武人的色彩が強まった。

：銅鏡どうきょう ⑦ 古墳時代の鏡には漢・三国・六朝鏡などの舶載鏡はくさいきょうが多く、日本でつくった仿製鏡ぼうせいきょうもある。文様から神獣鏡・画像鏡がぞうきょう、形状から鈴鏡れいきょうなどの種類がある。

：三角縁神獣鏡さんかくぶちしんじゅうきょう ⑦ 縁の断面形が三角形で、神と霊獣の文様を刻む鏡。前期古墳の主な副葬鏡で、魏鏡ぎきょうとも国産鏡ともいわれ、同笵鏡どうはんきょう(同じ鋳型でつくった鏡)を持つ古墳の相互関係の研究や邪馬台国論争の重要資料となっている。島根県雲南うんなん市の神原神社古墳出土の鏡は「景初三年」銘があり、卑弥呼の受けた鏡と推定する説もある。   **神原神社**かんばらじんじゃ古墳 ①

：玉たま**(玉類**ぎょくるい**)** ⑦ 首飾りなどの装身具にするために、硬玉(ヒスイ)・碧玉・ガラス・瑪瑙めのうなどを加工して小孔をあけた製品。勾玉・管玉・小玉などの種類がある。

勾玉まがたま ④   **管玉**くだたま ②

：腕輪形石製品うでわがたせきせいひん ② 主に緑色の石英の一種である碧玉を腕輪に加工したもの。碧玉製腕輪(飾)ともいう。弥生時代の貝輪を模して主に4世紀に製作され、前期古墳の副葬品として出土する。形状から鍬形石・車輪石・石釧の3種類がある。ヤマト政権から地方の首長に配付されたといわれる。   **碧玉製腕輪**へきぎょくせいわんりょう ①

碧玉製腕飾へきぎょくせいわんしょく ①   **鍬形石**くわがたいし ①

：石製模造品せきせいもぞうひん**(滑石製模造品**かっせきせいもぞうひん**)** ① 滑石などの石材で様々な物を模してつくった古墳の副葬品ないし祭祀用具。鏡・刀剣・鎌・機織具などの種類がある。5世紀代の古墳から大量に出土する。また、祭祀遺跡・集落からも出土することがある。

：刀剣とうけん ④ 長い身の片側に刃のあるのが刀、両側に刃のあるのが剣。鉄製の刀剣が多くつくられた。把かの頭部に環状の飾りをつけたのが環頭大刀。   **環頭大刀**かんとうたち ①

：甲冑かっちゅう ⑥ 古代の甲よろいには、胴部を覆うだけのコルセット形の短甲と、鉄や革の小片を革紐や糸で綴じて屈伸性をつけ、首を貫いて前後に垂らす挂甲けいこうとがある。冑かぶとには眉庇付まびさしつき冑がある。   **短甲**たんこう ②

：馬具ばぐ ⑦ 古墳時代中期以降、鞍や壺鐙などの馬具が増えた。馬飾りの馬鈴、鞍の飾り金具を中心にかたどった杏葉など多彩で、大陸との密接な関連をうかがわせる。

壺鐙つぼあぶみ ①   **杏葉**ぎょうよう ①

：鉄鋌てってい ① 運びやすいように短冊形に加工した鉄素材。弥生から古墳時代にかけて、主に加耶諸国から倭に供給された。倭ではこれを加工して、鉄製農工具・武器・武具などを生産した。鉄鋌自体は、古墳の副葬品として出土することが多い。

前期古墳ぜんきこふん → p.15
中期古墳ちゅうきこふん → p.15

：**大仙陵**<ruby>大仙陵<rt>だいせん</rt></ruby>**古墳** ⑦ 百舌鳥古墳群の中心で、大阪府堺市にあり、古来から大仙陵（大山）古墳と呼ばれてきた。宮内庁は仁徳天皇陵に指定したが、学問的には問題がある。日本最大の前方後円墳で、5世紀頃の築造。二〜三重濠、墳丘全長486m、高さ35m、円筒埴輪だけでも2万本と推定。近接して10余の陪家（従属する小古墳）がある。

仁徳天皇陵<ruby>仁徳天皇陵<rt>にんとくてんのうりょう</rt></ruby>**古墳** ⑦

陪家（塚）<ruby>陪家（塚）<rt>ばいちょう</rt></ruby> ①

百舌鳥古墳群<ruby>百舌鳥古墳群<rt>もずこふんぐん</rt></ruby> ⑥

：**上石津**<ruby>上石津<rt>かみいしづ</rt></ruby>**ミサンザイ古墳** ① 大阪府堺市の百舌鳥古墳群にある中期の巨大古墳。所在地から石津丘古墳ともいい、履中<ruby>履中<rt>りちゅう</rt></ruby>天皇陵とされる。墳丘全長約360mで全国第3位の規模。後円部後方に数基の陪家がある。大仙陵古墳にほど近い。

石津丘<ruby>石津丘<rt>いしづおか</rt></ruby>**古墳** ①

：**誉田御廟山**<ruby>誉田御廟山<rt>こんだごびょうやま</rt></ruby>**古墳** ⑦ 大阪府羽曳野<ruby>羽曳野<rt>はびきの</rt></ruby>市誉田の古市古墳群の中心的存在。大仙陵古墳につぐ全国第2位の規模。5世紀初頭の巨大前方後円墳で、応神天皇陵とされているが、学問的には問題がある。二重濠、墳丘全長425m、高さ36m。百舌鳥・古市古墳群は、2019年、世界遺産に登録された。

古市古墳群<ruby>古市古墳群<rt>ふるいちこふんぐん</rt></ruby> ②

応神天皇陵<ruby>応神天皇陵<rt>おうじんてんのうりょう</rt></ruby>**古墳** ③

百舌鳥・古市古墳群<ruby>百舌鳥・古市古墳群<rt>もず・ふるいちこふんぐん</rt></ruby> ⑦

《**世界遺産**》③

：**五色塚**<ruby>五色塚<rt>ごしきづか</rt></ruby>**古墳** ④ 神戸市垂水<ruby>垂水<rt>たるみ</rt></ruby>区の明石<ruby>明石<rt>あかし</rt></ruby>海峡を望む台地上にある前方後円墳。全長194mの巨大古墳で、3段の墳丘と葺石・埴輪などを1975年に復元したので、古墳の本来の姿を見ることができる。

：**造山**<ruby>造山<rt>つくりやま</rt></ruby>**古墳** ③ 岡山市高松町にある中期の前方後円墳で、墳丘全長360m。全国で第4位の規模を持つ。岡山県総社市の作山<ruby>作山<rt>つくりやま</rt></ruby>古墳も全長286mで第9位の巨大古墳。共に吉備の首長の力を示す。古墳時代中期には、近畿以外に吉備をはじめ上毛野・丹後・日向などにも巨大前方後円墳が分布する。

丹後<ruby>丹後<rt>たん</rt></ruby> ①　**吉備**<ruby>吉備<rt>きび</rt></ruby> ④

：**太田天神山**<ruby>太田天神山<rt>おおたてんじんやま</rt></ruby>**古墳** ② 群馬県太田市にある中期の前方後円墳。全長210m、東日本第1位（全国第27位）の巨大古墳で、5世紀後半の毛野の大豪族の墓と推定されている。

毛野<ruby>毛野<rt>けの</rt></ruby> ②　**上毛野**<ruby>上毛野<rt>かみつけの</rt></ruby> ①

：**西都原古墳群**<ruby>西都原古墳群<rt>さいとばるこふんぐん</rt></ruby> ② 宮崎県西都市にある、前期から後期にわたる日向の古墳群で311基からなる。男狭穂塚<ruby>男狭穂塚<rt>おさほづか</rt></ruby>古墳と並んで主墳を構成する中期古墳の女狭穂塚<ruby>女狭穂塚<rt>めさほづか</rt></ruby>

古墳は全長175mで九州最大を誇る。

日向<ruby>日向<rt>ひゅうが</rt></ruby> ①

東アジア諸国との交渉

五胡十六国<ruby>五胡十六国<rt>ごこじゅうろっこく</rt></ruby> ④ 西晋末から北魏の華北統一までに、華北で興亡した五胡（匈奴・鮮卑<ruby>鮮卑<rt>せんぴ</rt></ruby>など北方五族）と漢人が建てた十六の国々、もしくはその時代（304〜439）。

匈奴<ruby>匈奴<rt>きょうど</rt></ruby> ③

南北朝時代<ruby>南北朝時代<rt>なんぼくちょうじだい</rt></ruby> ⑤ 439〜589　東晋滅亡後、江南と華北に統一王朝が併存した時代。江南に4王朝、華北に5王朝が興亡。隋の統一で終わる。

：**南朝**<ruby>南朝<rt>なんちょう</rt></ruby> ⑦ 420〜589　東晋滅亡後、江南の建業（南京）に都した宋・斉・梁・陳の4王朝。呉・東晋を加えて六朝<ruby>六朝<rt>りくちょう</rt></ruby>と呼ぶ。六朝文化は飛鳥文化の発展に寄与。**宋**<ruby>宋<rt>そう</rt></ruby> ⑥

斉<ruby>斉<rt>せい</rt></ruby> ①　**梁**<ruby>梁<rt>りょう</rt></ruby> ①　**陳**<ruby>陳<rt>ちん</rt></ruby> ①

：**北朝**<ruby>北朝<rt>ほくちょう</rt></ruby> ⑥ 439〜581　五胡十六国を統一した北魏から東魏・西魏・北斉・北周と続いた華北の5王朝。飛鳥文化には北魏の影響が特に強い。

高句麗<ruby>高句麗<rt>こうくり</rt></ruby> ⑦ ツングース系の貊族<ruby>貊族<rt>はくぞく</rt></ruby>が前1世紀に鴨緑江<ruby>鴨緑江<rt>おうりょくこう</rt></ruby>岸に建国。4世紀初め、楽浪郡を滅ぼし、朝鮮半島北部を領有。4世紀末〜5世紀、好太王が倭と戦った頃が全盛期。668年、唐・新羅に滅ぼされた。

馬韓<ruby>馬韓<rt>ばかん</rt></ruby>・**辰韓**<ruby>辰韓<rt>しんかん</rt></ruby>・**弁韓**<ruby>弁韓<rt>べんかん</rt></ruby> ④ 2〜3世紀頃の朝鮮半島南部の韓族<ruby>韓族<rt>かんぞく</rt></ruby>の小国家群。馬韓50余国・辰韓12国・弁韓（弁辰<ruby>弁辰<rt>べんしん</rt></ruby>）12国に分かれる。合わせて三韓と呼ぶ。4世紀、馬韓は百済、辰韓は新羅に統一。

百済<ruby>百済<rt>くだら</rt></ruby> ⑦ 345年頃、馬韓50余国を伯済<ruby>伯済<rt>はくさい</rt></ruby>国が統一して建国。新羅・高句麗の圧迫を避けるため倭と親交。儒教・仏教を伝えるなど、倭への大陸文化伝来に貢献。660年、唐・新羅に滅ぼされた。好太王碑文は「百残」と表記。**百残**<ruby>百残<rt>ひゃくざん</rt></ruby> ①

新羅<ruby>新羅<rt>しらぎ</rt></ruby> ⑦ 356年に辰韓12国を斯盧<ruby>斯盧<rt>しろ</rt></ruby>国が統一して建国。唐と結び、660年に百済を、668年には高句麗を滅ぼした。676年に朝鮮半島を統一。その間、663年に、白村江の戦いで倭と戦った。935年、高麗<ruby>高麗<rt>こうらい</rt></ruby>に滅ぼされた。

加(伽)耶<ruby>加(伽)耶<rt>かや</rt></ruby> ⑦ 4世紀後半以降、朝鮮半島南部の弁韓の旧地に分立していた諸国の総称で、加羅（駕洛）ともいう。任邸は加耶諸国中の金官国の別名。『日本書紀』は諸国を総称して任那と呼ぶ。徐々に新羅・百済に併合され562年、最後に残った大加耶国が新

羅に滅ぼされた。　**任那**(にんな) ④　**加羅**(から) ④
駕洛(から) ①　**金官国**(きんかんこく)(**金海**(きんかい)) ②

七支刀(しちしとう) ④ 奈良県天理市の石上神宮所蔵の神宝で、刀身の両側に6枝を出した鉄製の両刃の剣。369年、百済王の世子(太子)が倭王のためにつくったとする象嵌(ぞうがん)の61字の銘文が刻まれている。

七支刀銘(しちしとうめい) ③　**石上神宮**(いそのかみじんぐう) ④
金象眼(きんぞうがん) ①

好太王碑(こうたいおうひ) ⑥ 高句麗好太王(位391〜412、広開土王ともいう)の功績記念碑。414年に子の長寿王が都の丸都城(中国吉林省集安市通溝(つうこう))に建立。高さ6.4m、4面約1800字には倭の朝鮮出兵や敗退も記されているが、その解釈には諸説がある。

広開土王碑(こうかいどおうひ) ⑤　**長寿王**(ちょうじゅおう) ③
丸都(城)(がんと(じょう)) ④　**集安(輯安)**(しゅうあん) ④

金石文(きんせきぶん) ③ 金属や石に刻まれた文字や文章。刀剣銘・石碑・仏像銘・墓誌(ぼし)などの種類がある。古代では、史料の乏しさを補うものとして特に注目されている。

『晋書』(しんじょ) ① 130巻。晋の時代を記した歴史書。房玄齢(ぼうげんれい)(578〜648)著。413年の倭の遣使の記事には疑問はあるが、『宋書』や『南斉書』(59巻、蕭子顕(しょうしけん)著)『梁書』(56巻、姚思廉(ようしれん)著)と並び倭の五王の重要な史料。

『南斉書』(なんせいじょ) ①　**『梁書』**(りょうじょ) ②

『宋書』倭国伝(そうじょわこくでん) ④ 『宋書』100巻は南朝宋の約60年間の歴史書で、沈約(しんやく)(441〜513)が完成。「夷蛮伝」倭国の条が俗に『宋書』倭国伝と呼ばれ、倭の五王の遣使が記されている。

倭の五王(わのごおう) ⑦ 5世紀頃の5人の倭王(讃・珍〈彌〉・済・興・武)。421〜502年に宋などの南朝に13回朝貢した記事が『宋書』などにある。讃は仁徳か応神・履中、珍は反正か仁徳、済は允恭、興は安康、武は雄略の諸天皇に比定されている。

讃(さん)・**珍**(ちん)〈**彌**(み)〉・**済**(せい)・**興**(こう)・**武**(ぶ) ⑦
履中天皇(りちゅうてんのう) ④　**反正天皇**(はんぜいてんのう) ④
允恭天皇(いんぎょうてんのう) ④　**安康天皇**(あんこうてんのう) ④

冊封(さくほう) ⑦ 前近代に、中国皇帝が周辺諸国の首長に対し、冊書・称号を授けて国王などに任命し、封土を与えて臣属させること。臣属した首長は、皇帝に土産物を献上して臣下の礼を尽くす朝貢を義務づけられ、皇帝はそれに対し多くの返礼物を与え、首長の支配を保証した。　**朝貢**(ちょうこう) ⑦

：冊封体制(さくほうたいせい) ① 前近代の東アジアで、冊封によって形成される中国皇帝を頂点とする国際秩序。

応神天皇(おうじんてんのう) ④ 4世紀末〜5世紀に実在した大王とされ、「記紀」では治世中に王仁(わに)だら多数の渡来人が大陸文化を伝えたとする。以前の皇統とは隔絶した新王朝の創始者とも呼べる性格が濃厚。倭の五王の讃に比定する説もある。陵墓とされる誉田御廟山(こんだごびょうやま)古墳は、大仙陵古墳につぐ巨大古墳。

仁徳天皇(にんとくてんのう) ④ 5世紀初めに在位したと伝えられる大王。名は大鷦鷯(おおさざき)で倭の五王の讃か。応神天皇の皇子で、天皇となって仁徳ある政治をしたという。その陵墓と伝えられる河内の大仙陵古墳は、面積で世界最大の墓。応神・仁徳朝は河内を根拠とする新政権(河内王権)で、王朝交代があったと見方もある。

法円坂遺跡(ほうえんざかいせき) ① 大阪市法円坂の遺跡。難波宮下層(なにわのみやかそう)遺跡ともいう。初め6〜7世紀とみられる掘立柱建物群が発見され、1987〜88年に5世紀前半〜6世紀初頭の大規模倉庫群16棟を発掘された。全体の規模からみて当時の王権の施設かといわれる。

雄略天皇(ゆうりゃくてんのう) ⑥ 5世紀後半頃に在位したとされる大王。『日本書紀』にみえる名は大泊瀬幼武(おおはつせわかたける)で、478年に宋の順帝に遣使・上表した倭王武と推定される。稲荷山古墳出土鉄剣銘にみえる「獲加多支鹵大王」は、この人物にあたる。　**倭王武**(わおうぶ) ⑦

獲加多支鹵(ワカタケル)大王(わかたけるだいおう) ⑦

：倭王武の上表文(わおうぶのじょうひょうぶん) ⑥ 478年、武が宋の順帝に奉った文書。「東は毛人を55国、西は衆夷を66国征服した」と父祖の国内統一や海北(朝鮮半島か)への進出を述べ、高句麗との戦いに備えて高い称号を要求。武は使持節都督倭・新羅・任那・加羅・秦韓・慕韓六国諸軍事安東大将軍(あんとうたいしょうぐん)倭王に任命された。

毛人(もうじん) ②
衆夷(しゅうい) ②　**海北**(かいほく) ②

：稲荷山古墳出土〔辛亥銘〕鉄剣(いなりやまこふんしゅつど〔しんがい〕てっけん) ⑦ 1968年に出土した鉄剣。金象眼で「辛亥年……、獲加多支鹵大王……」(115字)の銘文のあることが1978年に判明。「辛亥年」を471年とすれば5世紀末にワカタケル大王のヤマト政権の支配が東国に及んでいたことになる。銘文は「乎獲居臣が斯鬼宮にある大王を補佐した」と記す。

稲荷山古墳出土鉄剣銘(いなりやまこふんしゅつどてっけんめい) ⑥
乎獲居臣(おわけのおみ) ⑦

：稲荷山古墳(いなりやまこふん) ⑦ 埼玉県行田(ぎょうだ)市にある長さ120mの古墳時代中期の前方後円墳。埼玉(さきたま)古墳群に属する。

：**江田船山古墳出土鉄刀(大刀)**えたふなやまこふんしゅつどてっとう（うた）⑦ 熊本県玉名郡和水なごみ町の江田船山古墳(中期の前方後円墳)出土の鉄刀。銀象眼された75字の銘文の王名は、「獲加多支鹵大王」と考えられている。

　　　　江田船山古墳出土鉄刀(大刀)銘えたふなやまこふんしゅつどてっとう（たち）めい ⑤

　　　　　　　江田船山えたふなやま**古墳**こふん ⑦

大陸文化の受容

渡来人とらいじん ⑦ 古代に主に朝鮮半島から渡来し定住した人々とその子孫。従来は帰化人きかじんとも呼ばれた。その一族を渡来系氏族という。渡来の波は、5世紀頃、5世紀後半から6世紀、7世紀後半の3つほどある。大陸の先進的技術や文化を伝え、社会発展に大きく寄与した。氏族系譜書の『新撰姓氏録』しんせんしょうじろくによると、中央の氏1182氏中374氏が渡来系氏族である。

　　　　　　　渡来系氏族とらいけいしぞく ⑦

：**弓月君**ゆづきのきみ ③ 4～5世紀頃、応神朝に127県の民を率いて渡来し、養蚕・機織を伝えたとされる秦氏の祖。秦氏は、山背国葛野郡を本拠とし、新羅系の人々の集団であろうといわれる。

　　　　　　　　　　　　秦氏はたうじ ④

：**阿知使主**あちのおみ ③ 応神朝に17県の民を率いて渡来したという。東漢氏の祖。東漢氏は、大和国高市郡檜前ひのくま周辺を本拠とし、新たに渡来した技術者なども統率して発展。文筆に優れ、一部は東文直やまとのあやのあたえを称した。

　　　　　　　　　　　　東漢氏やまとのあやうじ ④

：**王仁**わに ③ 応神朝に渡来したとされる百済の博士。『論語』と『千字文』(識字・習字のテキスト)をもたらしたという。文筆・出納に従事し、西文氏の祖となる。西文氏は、河内国古市郡を本拠とし、西文首かわちのふみのおびとと称した。

　　　　　　　　　　　　西文氏かわちのふみうじ ④

　　　『論語』ろん・**『千字文』**せんじもん ①

品部しなべ ⑥ 特定職務で朝廷に仕える職業部(祭祀関係の忌部、土師器生産の土師部など)、名代・子代など各種の部の総称。5世紀以降、主に朝鮮半島からの渡来人は最新の諸技術を伝え、ヤマト政権によって次の韓鍛冶部以下の職業部に編成された。

　　　忌部いんべ ①　　**土師部**はじべ ①

：**韓鍛冶部**からかぬちべ ③ ヤマト政権の下、朝鮮半島伝来の新技術で金属加工を行う品部。従来から金属加工に従事した倭鍛冶部と合わせ鍛冶部という。　　**鍛冶部**かぬちべ ①

：**陶作部(陶部)**すえつくりべ ③ 朝鮮半島から製法が伝来した須恵器生産を行う品部。

：**錦織部**にしごりべ ③ 高級絹織物である錦を生産する品部。

：**鞍作部**くらつくりべ ② 鞍などの馬具を生産する品部。百済系渡来人の司馬達等から始まる鞍作氏などが、伴造としてこの品部を管理した。飛鳥時代の仏師である鞍作鳥は達等の孫にあたる。

：**馬飼部**うまかいべ ② 馬の飼育・調教に従事した品部。

史部ふひとべ ③ ヤマト政権のもとで文筆関係の専門職に従事した人々。漢字使用の中心となる。代表である東文直氏(東漢氏の一族)や西文首氏のほか、船史氏ふねのふひとうじなど多くは史の姓をもつ渡来系氏族で構成。部と呼ばれるが、身分は部民ではなく下級官人層にあたる。

漢字の伝来かんじのでんらい ③ 遅くとも、外交文書を扱っていた3世紀の邪馬台国の時代までには漢字が伝来し使用が始まっていたらしい。本格的な使用は、渡来人中心に5世紀頃から始まった。その頃の漢字使用例として漢字の銘文を持つ主な刀剣・鏡は以下の通り。

：**稲荷山古墳出土〔辛亥銘〕鉄剣**いなりやまこふんしゅつど〔しんがいめい〕てっけん　→ p.18

：**江田船山古墳出土鉄刀(大刀)**えたふなやまこふんしゅつどてっとう（だいとう）　→ p.19

：**隅田八幡神社人物画像鏡**すだはちまんじんじゃじんぶつがぞうきょう ① 和歌山県橋本市にある隅田八幡神社伝存の銅鏡。径19.9cm。「癸未年みずのとひつじ八月」以下48字の銘文あり。「癸未年」は503年か。銘文中の「意柴沙加宮」は「オシサカノミヤ」と読み、漢字で国語を表記した古い例。場所は現在の奈良県桜井市忍阪おっさか付近らしい。

　　　　　　　　　　意柴沙加宮おしさか ①

儒教の伝来じゅきょうのでんらい ⑥ 4～5世紀、王仁の経典伝来により儒教の受容が始まったとされるが、本格的な伝来は、五経博士の派遣以降と考えられる。

五経博士ごきょうはかせ ② 儒教経典の五経(『詩経』『尚書』『易経』『春秋』『礼記』らいき)を講じることを職務とした百済の学者。継体朝の513年に段楊爾だんように が渡来したのを最初に、6世紀代に交代制で倭に派遣され、五経を講じ、儒教を体系的に伝えた。6世紀中頃の欽明朝に易・暦・医博士も百済から派遣された。　　　**易**えき・**暦**れき・**医**い ③

　　易博士えきはかせ ②　　**暦博士**れきはかせ ②

　　医博士いはかせ ②

仏教伝来ぶっきょうでんらい ⑦ 『日本書紀』には欽明天皇13(壬申)年(552)に、百済の聖明王が仏

像・経論などを献じたとあり、仏教公伝の初めとされる。しかし、『上宮聖徳法王帝説』や『元興寺縁起』には、欽明天皇戊午年（538）伝来と記され、現在はこの説が有力とされる。伝来した仏教は、アジア北方に広がった北方仏教（大乗仏教）の系列。

仏教公伝ぶっきょうこうでん ③　**北方仏教**ほっぽうぶっきょう ②
大乗仏教だいじょうぶっきょう ②
：欽明きんめい**天皇**てんのう　→ p.24
：聖明王せいめいおう ⑤ 百済の王、聖王ともいう。在位523〜554。欽明天皇に釈迦仏金銅像一軀いっく、幡蓋ばんがい若干、経論若干巻を献上したという。554年、新羅軍と交戦して戦死。
：『上宮聖徳法王帝説』じょうぐうしょうとくほうおうていせつ ④ 聖徳太子の伝記で系譜・伝説を集録。平安中期頃の成立。『記』『紀』に未載の記事が多く、古代史の重要史料。
：『元興寺縁起』がんごうじえんぎ ② 正確には『元興寺伽藍縁起并流記資財帳』。元興寺（もと飛鳥寺）の縁起と財産目録を記したもので、仏教伝来などで『日本書紀』の記載とかなり異なる。
：司馬達等しばのたっと ① 『扶桑略記』ふそうりゃっきによると、継体朝に渡来し、飛鳥の坂田原の私宅で仏像を礼拝したという。仏教私伝の例。鞍作鳥くらつくりのとり（止利とり仏師）は達等の孫という。
道教どうきょう ⑤ 中国の民族宗教。老荘哲学や不老不死の神仙に憧れ、それになることを願う神仙思想を取り入れ、不老長寿の方術・養生術を行う。日本には古墳時代頃に伝わり、白鳳時代に流行。現代にも影響を残す。
神仙思想しんせんしそう ①
「帝紀」ていき　→ p.45
「旧辞」きゅうじ　→ p.45

後期の古墳

後期古墳こうきこふん　→ p.15
横穴式石室よこあなしきせきしつ　→ p.16
形象埴輪けいしょうはにわ　→ p.16
石人せきじん**・石馬**せきば ④ 古墳の墳丘上に立てられた石造彫刻。埴輪はにわの発展とも考えられる。福岡・熊本・大分3県で5〜6世紀にみられ、福岡県岩戸山古墳のものは特に有名。
：岩戸山いわとやま**古墳**こふん　→ p.23
装飾古墳そうしょくこふん ④ 石室の壁面や石棺に彩色画、あるいは彫刻を施してある古墳や横穴墓のこと。九州北部の後期古墳で集中的に出現し、茨城・福島県などにもみられる。壁面に絵画が描かれたものを、特に壁画へきが古墳

という。奈良県の高松塚古墳もその一つ。
：竹原たけはら**古墳**こふん ② 福岡県宮若市にある後期の円墳。横穴式石室の奥壁に竜・馬・武人・舟・翳さしばなどを黒・赤2色で描いた彩色壁画がある。
：虎塚とらづか**古墳**こふん ① 茨城県ひたちなか市の後期の前方後円墳。横穴式石室の壁に、三角文・円文などの抽象文や武器・武具・馬具などが、白土と赤色顔料がんりょうで描かれている。
群集墳ぐんしゅうふん ⑦ 6〜7世紀、一定地域内に円墳など、規模の小さい古墳が多数群集して構築された古墳群。有力農民の台頭を物語るものと考えられる。和歌山市の岩橋千塚古墳群、奈良県橿原かしはら市の新沢千塚古墳群などが代表で、前方後円墳も交えている。
岩橋千塚いわせせんづか**古墳群**こふんぐん ①
新沢千塚にいざわせんづか**古墳群**こふんぐん ③
横穴よこあな**〔墓〕**ぼ ⑤ 山腹や台地の縁辺に穴を掘って墓室を構築したもの。5世紀後半、九州に出現し、6〜7世紀に各地に広がる。埼玉県比企ひき郡の吉見百穴は200基を超える横穴墓の群集墳。
吉見百穴よしみひゃくあな ③
藤ノ木ふじのき**古墳**こふん ① 奈良県斑鳩いかるが町の法隆寺の西の丘麓にある後期古墳の円墳。横穴式石室内に家形石棺があり、棺外に精巧な馬具、棺内に2体の人骨と鏡・玉類のほか、金銅製の冠（金冠）・沓くつ・大帯などが副葬されていた。
金銅製冠こんどうせいかんむり ②

古墳時代の人々の生活

豪族居館ごうぞくきょかん ④ 古墳時代の首長（豪族）の館。1981年の三ツ寺I遺跡の発掘を契機に各地で出土例が増加している。弥生時代の環濠集落では、豪族と民衆が同じ集落内に居住していたが、古墳時代になると豪族は民衆の集落から離れた場所に住むようになった。
：三ツ寺Iみつでらいち**遺跡**いせき ④ 群馬県高崎市で日本で最初に発見された古墳時代後期の豪族の居館跡。一辺86mの方形の地を濠・柵で囲む。居館内には竪穴住居跡群・祭祀遺構・導水施設などもあり、豪族居館の実態が初めて明らかになった。
黒井峯くろいみね**遺跡**いせき ② 群馬県渋川市の集落遺跡。6世紀中頃、榛名はるな山の噴火で埋没。8〜10棟の建物群のほか田畑の遺構も出土し、畑作経営が行われていたことがわかった。
掘立柱建物ほったてばしらたてもの ⑤ 礎石を用いず、地面に柱穴を掘り、柱を立てた建物の総称。竪穴住居や飛鳥時代以降の礎石建物とは別な

タイプの建築様式。平地住居などの平地建物、高床住居・高床倉庫などの高床建物もこのタイプに属する。　**平地建物**(へいちたてもの) ③
：**平地住居**(へいちじゅうきょ) ⑤ 掘立柱建物の一種で、地表面を床面とし、竪穴住居のような掘り込みを持たない住居。平地式の掘立柱住居とも呼ばれる。古墳時代には竪穴住居・平地住居・高床住居がみられる。
　　　　　　　　　　掘立柱住居(ほったてばしらじゅうきょ) ⑤

かまど ④ 粘土などでつくられた煮炊き用の設備。5世紀に朝鮮半島から伝わり、竪穴住居のすみにつくり付けられた。火力調節がしやすく、それまでの炉に勝っていた。

切妻造(きりづまづくり) ② 屋根の両端を切り落としたような形のつくり方。家形埴輪(はにわ)には入母屋(いりもや)造・寄棟造の屋根もみえる。入母屋造は母屋を切妻造とし、その下部を寄棟造のように四方に勾配(こうばい)を持つ庇(ひさし)を葺(ふ)きおろした形式。

：**寄棟造**(よせむねづくり) ① 屋根の最上部の大棟(おおむね)から四方に屋根を葺きおろした形式。四注(しちゅう)造ともいう。

切妻造
寄棟造
入母屋造

土師器(はじき) ⑦ 弥生土器の製法が古墳時代に受け継がれ、つくられたもので、平安時代までつくられ・使用された。焼成(しょうせい)温度は800度前後で赤褐色。主に日用具とした。

須恵器(すえき) ⑦ 1000度以上の高温で焼かれた灰色・硬質の土器。5世紀後半以降、朝鮮伝来の新技術により、ろくろを使用し、のぼり窯で焼成。専門の工人集団(陶作部(すえつくりべ))が生産した。大阪府南部の陶邑(すえむら)窯跡群は、最初のかつ最大の生産地である。器形は多種で、主に祭祀や副葬用に用いた。**のぼり窯**(がま) ①

衣(きぬ) ① 古墳時代の衣服は上下に分かれ、男女共に上に筒袖の衣をつけ、男性は下に乗馬ズボン風の袴、女性はスカート風の裳をつけた。人物埴輪にみられる。　**袴**(はかま) ③
　　　　　　　　　　　　　　　　　　　　裳(も) ③

農耕祭祀(のうこうさいし) → p.11

祈年祭(としごいのまつり) ⑤ 年の始めに五穀豊穣(ごこくほうじょう)を祈る祭。律令制下では、旧暦2月4日に五穀の豊穣や国家の安寧(あんねい)を祈願した。

：**新嘗祭**(にいなめのまつり) ⑤ 秋に収穫を感謝する祭。律令制下では、11月下卯の日と翌日に行われ、天皇が新穀を神々に供えて収穫を感謝し、自らも食した。現在の勤労感謝の日(11月23日)の前身。天皇即位に伴い行われるものを、特に大嘗祭という。

祭祀遺跡(さいしいせき) ① もっぱら祭祀が行われたと判断される遺跡。立地場所は、神奈備(かんなび)山(神が鎮座する円錐形の聖なる山)の斜面や麓、磐座(いわくら)(神が宿る岩)や神木の周辺、峠、湧水地のほとりなどである。祭祀に使用された銅鏡・鉄製武器・農工具・馬具・玉類・石製模造品・土馬・人形(ひとがた)などの祭祀遺物が出土する。　　　　**祭祀遺物**(さいしいぶつ) ②
：**沖ノ島**(おきのしま) ⑥ 福岡県宗像大社の沖津宮として海神がまつられ、島南西部斜面の巨岩群を中心に4～9世紀の数多くの祭祀遺跡(沖ノ島[祭祀]遺跡)が分布する。出土した約8万点の祭祀遺物はすべて国宝指定され、その貴重さ・豊富さから「海の正倉院」の称がある。　　　　　**宗像大社**(むなかたたいしゃ) ③
　　　　　宗像大社沖津宮(むなかたたいしゃおきつのみや) ②
　　　　　　　　　　　　「海の正倉院」(うみのしょうそういん) ①

社(やしろ) ② 本来は、神をまつっていた屋外の神聖な場所を指した。磐座(いわくら)や神奈備山(かんなびやま)などの付近で、森となり、祭祀遺跡となっていることも多い。のちにその場に社殿が建てられて神社が生まれる。

自然神(しぜんしん) ① 太陽・雷・山・岩などの自然の事物がそのまま神として崇拝の対象となったもの。

氏神(うじがみ) ⑤ 氏の間に伝えられた祖先神や氏を守るとされる守護神のこと。氏上(うじのかみ)は氏人を率い、祖先神(氏神)をまつる。
　　　　　　　　　　祖先神(そせんしん)**(祖霊**(それい)**)** ①

伊勢神宮(いせじんぐう) ⑥ 三重県伊勢市にある神社。大王家の祖先神、天照大神をまつる皇大神宮(内宮(ないくう))と、穀物神たる豊受大神(とようけのおおみかみ)をまつる豊受大神宮(外宮)とからなる。壬申の乱で大海人皇子が戦勝を祈願し、乱後に国家的祭祀対象として特に重視された。
　　　　　　　　　　　　　　　　　　　外宮(げくう) ④
：**天照大神**(あまてらすおおみかみ) ⑤ 神々がつどう高天原(たかまがはら)の主神で太陽神と考えられ、大王家の祖先神。「記紀」は孫の瓊瓊杵尊(ににぎのみこと)を九州の日向に降したと記す。

：**神明造**(しんめいづくり) ① 伊勢神宮の建築様式。切妻・平入(ひらいり)の素木造(しらきづくり)。屋根に千木(ちぎ)・堅魚木(かつおぎ)をおく。内宮・外宮の正殿は特に唯一神明造という。

出雲大社(いずもたいしゃ) ① 島根県出雲市にある大国主

神**おおくにぬしのかみ**をまつる神社。大社造の本殿は古代の建築様式を伝える。総直径約3mの3本の大木を束ねた旧本殿の柱跡が発見され、かつて本殿の高さは16丈（約48m、今の倍）あったことを裏づけた。1871年までは杵築**きずき**大社という。

：大社造おおやしろづくり ① 出雲大社の建築様式。切妻・妻入**つまいり**で入口が向かって右にある。屋根に千木・堅魚木をおく。

大神神社おおみわじんじゃ ② 奈良県桜井市の神奈備山**かんなびやま**の三輪山を神体とする神社で、本殿がなく、古い神まつりの姿を残している。祭神は大物主神**おおものぬしのかみ**。酒の神としても有名。

三輪山みわやま ③

：箸墓はしはか古墳 → p.15

住吉大社すみよしたいしゃ ① 大阪市住吉区。神功**じんぐう**皇后と3海神をまつる。航海の守護神。社殿は住吉造で大社造の発展した形式。

住吉造すみよしづくり ①

禊みそぎ ⑥ 身に穢れ**けがれ**などがある時や神事の前に川など水の中に入り、身についた穢を落し潔めること。

祓はらえ ⑥ 災厄や罪・穢をはらいのけるために行う神事。律令制下では毎年6月・12月の晦日**みそか**に大祓を行った。

大祓おおはらえ → p.67

太占ふとまに ⑥ 鹿の肩甲骨けんこうこつを焼いて、そのひび割れの形で占うこと。時代が下るとすたれ、亀卜きぼくに代わっていった。

盟神探湯くかたち ⑥ 熱湯に手を入れて、火傷の有無によって真偽を確かめる原始的な神判の方法。氏姓の不正を正すなどのために行ったという。

ヤマト政権と政治制度

朝廷ちょうてい ⑦ 大王や天皇の政治機構全体を指す。朝庭とも書く。後世、幕府などに対し、天皇・公家勢力を指した。本来は君主が政治を行う場所、具体的には宮の中で役人が参集する場所である朝庭を指した。この意味の朝廷は推古天皇の小墾田宮おはりだのみやから現れる。

大王おおきみ ⑦ 初め王きみと呼ばれていたヤマト政権の首長は、5世紀頃より大王と呼ばれ、7世紀後半、天武天皇の頃から天皇の称号が始まったと考えられる。

大王家だいおうけ（おおきみけ） ④

天皇てんのう → p.31

豪族ごうぞく ⑦ ムラやクニの支配者として、その地に土着して権勢を持つ一族をいう。在地首長ともいう。

氏姓制度しせいせいど ⑦ ヤマト政権の政治制度。中央・地方の豪族を大王中心の支配体制下に組み入れるための制度。

氏うじ ⑦ 血縁を中心に構成された擬制的**ぎせいてき**な同族集団。氏上と氏人を主な構成員とし、部民やヤッコ（奴婢）を隷属させている。氏の名は蘇我・葛城・紀のように居住地名によるものと、大伴・物部のように職名によるものとがある。

：氏上うじのかみ ④ 氏の首長。氏人を統率し、氏神の祭祀をつかさどる。土地・部民を支配し、姓が与えられ、一定の政治上の地位を世襲した。

：氏人うじびと ① 氏上以外の氏の一般構成員で、多くの家族に分かれて生活した。氏上と同一の氏・姓を称した。

姓かばね（カバネ） ⑦ 家柄や地位を示す称号として大王が諸豪族に授けたもので、大王家を中心とする身分序列を示す。中央豪族には臣・連、地方豪族に君・直、渡来人に忌寸**いみき**・史**ふひと**・村主**すぐり**などを授与した。

：臣おみ ⑦ 大王家から分かれたとされる皇別氏族の姓。多くは大和の地名を氏の名とし、連合してヤマト政権に参画。葛城・平群・和邇・巨勢・蘇我氏がそれで、地方の吉備・出雲氏も特別に臣姓であった。

葛城臣かつらきのおみ ④	**平群臣へぐりのおみ** ④
蘇我臣そがのおみ ④	**和邇臣わにのおみ** ①
	出雲臣いずものおみ ②

：連むらじ ⑦ 大王家とは祖先が異なるとされる神別**しんべつ**氏族の姓。職掌を氏の名とし、中央の上級伴造として朝廷に仕えた大伴・物部・中臣・忌部**いんべ**・土師氏らに与えた。

大伴連おおとものむらじ ④	**物部連もののべのむらじ** ④
中臣連なかとみのむらじ ②	**土師連はじのむらじ** ①

：君（公）きみ ④ 大王家から分かれた小氏で筑紫・毛野など地方有力豪族に与えられた。759年から公に統一。

筑紫君つくしのきみ ①

：直あたい ⑤ 5〜6世紀に服属した国造に対して統一的に与えられた姓。

：造みやつこ ① のちに直を称するようになった国造や、品部・子代・名代の首長（伴造）に与えられた姓。

：首おびと ① 地方の伴造や渡来人の子孫などの地方の首長に与えられた姓。

大臣おおおみ ① 臣姓豪族のうち、平群氏・蘇我氏ら最有力者が任じられた地位。ヤマト政権の政治の中枢を担った。6世紀半ば以降、蘇我氏が独占した。

大連おおむらじ ⑥ 連姓豪族のうち、大伴氏・物部

氏など最有力者が任じられた地位。大臣と並び中央の政治をつかさどる。

大夫（まえつきみ）　① 大臣・大連の下にあって最高政務の審議・決定にあずかる地位。臣・連姓の有力者の中から任じられた。

伴造（とものみやつこ）　⑥ 世襲的職務で朝廷に奉仕する官人集団の伴や、それを支える品部を率いて朝廷の職掌を分担する者。　　**伴**（とも）⑤

国造（くにのみやつこ）　⑦ 服属した地方豪族が任命されたヤマト政権の地方官。のちの郡程度のクニ（国）の支配権を保障された。ヤマト政権への奉仕として、舎人（とねり）・采女（うねめ）の献上、特産物貢進、屯倉や名代・子代の管理、傘下の民衆からなる国造軍を率いた軍事行動参加などを行った。律令制下で多くは郡司となる。　　**国**《国造制》①　**国造制**（くにのみやつこせい）①
　　国造軍（くにのみやつこぐん）①

県主（あがたぬし）　① 国造の国より小規模な県を支配する地方官。畿内の倭国六県は大王の日常生活を支える物資を提供。それ以外の県は畿内・西日本に分布するが詳細は不明。
　　県（あがた）①

稲置（いなぎ）　④ 国造の下で地方を支配。のち姓にもなり、八色（やくさ）の姓では最下位に組み込まれた。

屯倉（みやけ）　⑦ ヤマト政権の経営拠点の建物（御宅）から転じ、広く朝廷の直轄地をいう。初めは近畿におかれたが、5世紀末頃から畿外の国造の支配地の一部を接収して編入し、公的な政府直轄領として拡大した。

田荘（たどころ）　⑤ 大化改新前の豪族の私有地で、部曲によって耕作された。氏の農業拠点を宅という。

部（べ）　④ 大王家や豪族に隷属して生産に従事した労働集団。大王家・朝廷に所属するものに名代・子代、品部があり、豪族に所属するものは部曲と呼ばれた。部の構成員が部民である。　**部民制**（べみんせい）②　**部民**（べみん）②

：名代（なしろ）**・子代**（こしろ）⑥ 大王家やその一族の生活の資を貢納する部民で、国造の民を割きて設定した。長谷部・春日部のように5・6世紀の大王・后・王子らの宮名を付ける。　**長谷部**（はせべ）①　**春日部**（かすがべ）①
　　穴穂部（あなほべ）②　**刑部**（おさかべ）①　**白髪部**（しらがべ）①
　　日下部（くさかべ）①　**額田部**（ぬかたべ）①

：部曲（かきべ）　⑦ 豪族の私有民。多くは自然村落を単位として編成され、所属する豪族の名によって蘇我部・大伴部などと呼ばれた。
　　蘇我部（そがべ）②　**大伴部**（おおともべ）①
　　中臣部（なかとみべ）①

：品部（しなべ・ともべ）　→ p.19

岡田山1号墳出土大刀（おかだやまいちごうふんしゅつどだいとう）　① 島根県松江市にある岡田山1号墳（6世紀後半築造、全長約24mの前方後方墳）から出土した大刀。大刀には「額田部臣」の銘文がある。臣は姓、額田部は名代の一つで、6世紀には、氏姓制度・部民制の整備が進んだことを示している。

岡田山1号墳（おかだやまいちごうふん）①
岡田山1号墳出土大刀銘（おかだやまいちごうふんしゅつどだいとうめい）①

額田部臣（ぬかたべのおみ）①

ヤツコ（奴婢）（やつこ）　③ 家っ子の意で、氏人の家々に隷属し、家内奴隷として使役された。

磐井の乱（いわいのらん）⑤ 筑紫国造磐井が新羅と結び、527年に起こした反乱。近江毛野（けの）を将とする朝廷の「任那」救援・新羅征討軍6万人を阻止。1年半後に物部麁鹿火（もののべのあらかひ）に鎮圧された。この乱の平定により、ヤマト政権の西日本支配と外交の一元化が完成。福岡県八女（やめ）市の岩戸山古墳は磐井の墓と考えられる。
　　筑紫（つくし）⑦　**筑紫国造磐井**（つくしのくにのみやつこいわい）⑦
　　岩戸山（いわとやま）**古墳**⑤

大王宮（だいおうきゅう）　④ 都城制採用以前の大王の王宮。有力な王族の居所である皇子宮や中央豪族の邸宅は、大王宮とは別な場所に営まれた。都城制が採用されると、それらは京城の中に集住させられる。　　**皇子宮**（みこのみや）①

舎人（とねり）　② 国造・県主などの地方豪族が、大王家に貢進した者。大王・皇族などに近侍し、警護・雑事などをつとめた。

采女（うねめ）　② 国造・県主などの地方豪族が朝廷に貢進した女性。大王宮で大王の身辺の雑役に奉仕した。

古墳の終末

終末期古墳（しゅうまつきこふん）　② 古墳時代終末期の7世紀頃の古墳。前方後円墳がつくられなくなり、墳丘は大型の方墳・円墳・八角墳などになる。石舞台古墳がこの時期の初め頃、高松塚古墳がこの時期の終わり頃の古墳である。

：龍角寺岩屋（りゅうかくじいわや）**古墳**　① 千葉県印旛（いんば）郡栄（さかえ）町にある7世紀前半頃築造の終末期古墳。114基ある龍角寺古墳群に属する。一辺約80m、高さ約13mの日本最大規模の方墳で、同時期の大方墳である春日向山（かすがむかいやま）古墳（用明天皇陵）、山田高塚（やまだたかつか）古墳（推古天皇陵）をもしのぐ。

：壬生車塚（みぶくるまづか）**古墳** ① 栃木県下都賀（しもつが）郡

壬生町にある古墳時代終末期の円墳。直径82m、高さ8mと大規模で、同時代の円墳では国内最大級の規模である。

：上円下方墳じょうえんかほうふん　①　方形の下段の上に円形の墳丘を載せた上下二段構成の古墳。7〜8世紀頃の終末期古墳の一つ。奈良県石のカラト古墳、静岡県清水柳北しみずやなぎきた1号墳、埼玉県山王塚さんのうづか古墳などがある。

：八角墳はっかくふん　①　墳丘の平面が八角形の終末期古墳。被葬者は天皇や皇子である場合が多い。段ノ塚だんのづか古墳（舒明陵古墳）、牽牛子塚けんごしづか古墳（斉明陵か）、御廟野ごびょうの古墳（天智陵古墳）、野口王墓古墳（天武・持統陵古墳）、束明神つかみょうじん古墳、中尾山なかおやま古墳（文武陵古墳）などがある。

：野口王墓のぐちのおうぼ**古墳（天武・持統陵**てんむ・じとうりょう**古墳）**　①　藤原京の中軸線の南延長上にある天武・持統両天皇の合葬墓。檜隈大内陵ひのくまのおおうちのみささぎともいう。八角墳。付近には中尾山古墳（文武陵か）や、高松塚古墳などがある。

2　飛鳥の朝廷

東アジアの動向とヤマト政権の発展

大伴金村おおとものかなむら　④　生没年不詳。武烈ぶれつ〜欽明5天皇の大連おおむらじ。継体けいたい天皇を擁立し、6世紀初め全盛。512年、「任那四県やまなしけん」を百済に割譲したため、物部尾輿の弾劾で540年に失脚した。

大伴氏おおとも　⑤　古代の豪族。ヤマト政権の軍事力を担い、大連となる。大伴金村の後、一時衰えたが、壬申の乱後に再興、奈良時代に栄える。藤原氏と対立して大伴家持やかもち以降衰え、9世紀に伴氏と改める。

欽明きんめい**天皇**　④　6世紀中頃に在位。蘇我氏に擁立され、治世中に仏教公伝、任那（加耶諸国）の滅亡（562年、加耶最後の独立国の大加耶国〈高霊〉が新羅に滅ぼされた）などがあった。なお、奈良県橿原かしはら市にある五条野ごじょうの（見瀬みせ）丸山まるやま古墳は、欽明天皇陵ではないかとも考えられている。

大加耶国だいかやこく**（高霊**こうりょう**）**　①

物部尾輿もののべのおこし　①　生没年不詳。大伴金村の失政を責めて失脚させ、欽明朝に大連を独占。仏教排斥を主張し、蘇我稲目と対立。

物部氏もののべ　⑦　ヤマト政権の豪族。大伴氏と並び軍事力を担い、大連となる。尾輿の頃、蘇我氏と対立し、守屋の時に衰退する。のち、石上いそのかみ氏となる。

蘇我稲目そがのいなめ　②　?〜570?　欽明天皇の大臣。渡来人と結び朝廷の財政に関与し、蘇我氏隆盛の基礎を築いた。仏教伝来に際し、崇仏派の中心となって排仏派の物部尾輿と対立（崇仏論争すうぶつ）。　　　**排仏派**はいぶつ　①

蘇我氏そが　⑦　ヤマト政権の大豪族。財政を担当し、稲目が大臣となる。馬子・蝦夷えみし・入鹿いるかの頃が全盛。大化改新で本宗家が滅ぼされた。

三蔵さんぞう　①　ヤマト政権の伝承上の三つの蔵（斎蔵・内蔵・大蔵）。蘇我氏が管理したという。斎部（忌部）広成いんべのひろなりが807（大同2）年に編纂した歴史書『古語拾遺』こごしゅういにみえる。　　**斎蔵**いみくら**・内蔵**うちくら**・大蔵**おおくら　①

敏達びだつ**天皇**　②　6世紀後半に在位。欽明天皇の第2子。豊御食炊屋姫とよみけかしきやひめ（推古天皇）を大后（皇后）とする。「任那」復興に尽力したが果たせず。大后（皇后）のための私部きさいちを設置し、仏教を排斥したという。

物部守屋もののべのもりや　⑤　?〜587　尾輿の子。敏達・用明ようめい天皇の大連。中臣氏と共に仏教受容に反対、皇位継承の争いも絡み、蘇我馬子と戦い敗死。

蘇我馬子そがのうまこ　⑦　?〜626　稲目の子。敏達〜推古の4天皇の大臣。587年、排仏派の物部守屋を倒し、報恩のため飛鳥寺あすか（法興寺ほうこう）を建立。592年、崇峻天皇を暗殺して推古天皇を擁立。厩戸王（聖徳太子）と『天皇記』『国記』を編纂。石舞台古墳は馬子の墓。　　　　　**石舞台**いしぶたい**古墳**　①

崇峻すしゅん**天皇**　⑦　?〜592　在位587〜592。父は欽明天皇。用明天皇の死後、物部守屋を倒した蘇我馬子に擁立され即位。蘇我馬子の手先の東漢直駒やまとのあやのあたいこまに殺された。

推古すいこ**天皇**　⑤　554〜628　在位592〜628。欽明天皇の皇女（炊屋姫）で、敏達天皇の大后だいこう（皇后）。崇峻天皇の死後、群臣に擁立されて最初の女性天皇となり、厩戸王（聖徳太子）を政に参画させた。

：推古朝すいこちょう　③　推古天皇の治世。豊浦宮とゆらのみやに即位した天皇は、のち小墾田宮おはりだのみやに移り、そこで死去した。政治・外交・文化面にみるべきものがある。

厩戸王（皇子）うまやとおう（おうじ）　⑦　574〜622　593〜622年に推古天皇の摂政になったといわれる。父は用明天皇。上宮王じょうぐうおうともいう。聖徳太子は後世の呼称。冠位十二階・憲法十七条・遣隋使派遣により王権を強化して集権的官僚国家を準備し、仏教興隆・国史編纂を行ったという。奈良県桜井市の上之宮うえのみや遺跡は、太子が住んだ上宮かみつみやの跡であ

るとする説もある。605年、一族と斑鳩宮に遷居。
聖徳太子⑦
：**「伝聖徳太子像」（唐本御影）**
① 太子信仰に基づいて描かれた、聖徳太子像のうち現存最古のもの。二王子（山背大兄王・殖栗王）を伴う。法隆寺に伝来。奈良時代の作か。本来、太子像として描かれたかどうかは不明。

摂政② 天皇に代わり国政を執る職。7世紀には中大兄皇子ら皇太子がその役職を果たし、皇族摂政と呼ばれる（→ p.58）。厩戸王（皇子）が摂政となったかは疑問がある。

冠位十二階の制⑦ 603年制定。徳・仁・礼・信・義・智の6種を大小に分けて12階とし、色別の冠を授ける冠位制度。氏姓制度の門閥世襲を打破し、人材登用の道を開き、豪族を官人（律令制下の官吏）に編成していく第一歩。**冠位**⑤
　徳・仁・礼・信・義・智③
冠位制 → p.29

憲法十七条⑦ 604年制定の法令。天皇への服従（承詔必謹）や衆議尊重・仏法僧（三宝）崇敬など、官人への道徳的訓戒と偽作説とする。厩戸王（聖徳太子）真撰説・偽作説がある。

『天皇記』・『国記』① 厩戸王（聖徳太子）が蘇我馬子と共に編集したといわれる歴史書。あわせて『臣連伴造国造百八十部并公民等本記』もつくられた。蘇我氏本宗家の滅亡と共に大部分を焼失。

観勒④ 生没年不詳。百済の僧。602年に来日し、暦法・天文・地理・遁甲方術の書を伝える。当時の暦法は中国の元嘉暦。
　　　　天文・地理の書①
　　　　　　　　　　暦法④

軍尼・伊尼翼① 『隋書』に記された推古朝の頃の地方組織。軍尼は、国造の支配する「クニ」を漢字で表記したもの。「クニ」という支配領域よりも、その長の国造自身を指す。伊尼翼は、「記紀」に地方官としてみえる稲置のことか。『隋書』では、倭国内に軍尼120人がおり、1軍尼に10稲置が属していたという。

隋⑦ 581〜618 中国の王朝。北周の外戚楊堅（文帝）が禅譲を受け、建国。南朝の陳を滅ぼして589年に南北朝を統一。煬帝（在位604〜618）の時、大運河の築造や外征で衰え、唐の李淵に滅ぼされた。
　　　文帝②　　　**煬帝**⑦

遣隋使⑦ 600?・607・608・614年に隋に派遣された倭（日本）の外交使節。朝鮮三国に対する優位を保つため中国皇帝に臣属しない形式をとった。607年には小野妹子が「日出処天子……」の国書を持って渡海し、翌年、答礼使の裴世清と共に帰国。608年には妹子が留学生を従え渡海。614年には犬上御田鍬を派遣。
：**小野妹子**⑥ 生没年不詳。遣隋使として607〜608、608〜609年の2回隋に渡る。第1回の帰国に際し、煬帝の返書を百済人に略取されたとして奉らず、流刑にされかかった。隋では蘇因高と呼ばれた。

裴世清② 生没年不詳。608年に隋の煬帝の答礼使として来日。帰国の際、小野妹子と4人の留学生・4人の学問僧が同行した。

留学生⑦ 遣隋使・遣唐使などに伴われて、中国・朝鮮へ渡った学生。狭義には短期の請益生に対し長期留学生を指す。仏教研究などのために派遣された僧は、学問僧と呼んで区別した。　**学問僧**⑦

高向玄理⑦ ?〜654 渡来人の子孫。608〜640年、留学生として隋・唐で学ぶ。大化改新で国博士。654年に遣唐使として入唐し、唐で客死した。

旻⑦ ?〜653 渡来人の子孫。608〜632年、学問僧として隋・唐に留学。蘇我入鹿・中臣鎌足らに「周易」を講じた。大化改新で国博士。高向玄理と中央官制の整備を進めた。

南淵請安④ 生没年不詳。渡来人の子孫。608〜640年、学問僧として隋・唐に留学。中大兄皇子と中臣鎌足は請安の塾に通う途中、蘇我氏打倒を図ったという。大化改新前に没したらしいが、彼の伝えた新知識が、のちの大化改新に大きな影響を与えた。

『隋書』倭国伝⑦ 隋の歴史書『隋書』の中の倭に関する部分。『隋書』85巻は7世紀に魏徴（580〜643）らにより編纂された。巻81に東夷伝倭国の条があり、遣隋使の記事のほか、冠位十二階や厳格な刑罰制度などを記す。

飛鳥の朝廷と文化

飛鳥文化⑦ 7世紀前半、推古朝頃を中心とする時代の文化。斑鳩の法隆寺に代表的遺構・遺品が多い。中国の南北朝文化や朝鮮文化の影響が大きく、西方要素の文化の影響もみられる。
　　　　　南北朝文化③

飛鳥時代〔あすかじだい〕⑦ 飛鳥の地(奈良県高市郡明日香村)に王宮のあった時代。時代の範囲には諸説あるが、一般には推古朝から大化改新頃までとする。
　　　　　　　　　　飛鳥〔あすか〕⑦
　　　　　　　　明日香村〔あすかむら〕①

三経義疏〔さんぎょうぎそ〕③ 法華経・勝鬘経・維摩経の3経の注釈書で、聖徳太子の撰か。現存の『法華〔経〕義疏』〔ほっけぎしょ〕は太子自筆と伝えられるが、太子撰を疑う説もある。

氏寺〔うじでら〕④ 氏族の発展と先祖の追善を行う寺。蘇我氏の飛鳥寺、秦氏の太秦寺〔うずまさでら〕(広隆寺)など。のちには藤原氏の興福寺、和気氏の神護寺などがある。

飛鳥寺〔あすかでら〕⑦ 588〜596年に蘇我馬子が飛鳥の地に建立した寺。法興寺ともいう。塔を中心に3金堂を持つ飛鳥寺伽藍配置。のちに平城京に移り元興寺〔がんごうじ〕となるが、旧跡の安居院〔あんごいん〕には鞍作鳥作の飛鳥大仏(飛鳥大仏)が遺存する。　　**法興寺**〔ほうこうじ〕⑥

四天王寺〔してんのうじ〕⑥ 大阪市所在、略称天王寺。聖徳太子が物部守屋との戦いで四天王に祈り、勝利を得たので創建したという。四天王寺式伽藍配置。

法隆寺〔ほうりゅうじ〕⑦ 7世紀初めに大和の斑鳩に聖徳太子が建立した寺院。斑鳩寺ともいう。金堂・五重塔など法隆寺式伽藍配置の西院と、夢殿〔ゆめどの〕・伝法堂〔でんぽうどう〕の東院に分かれる。
　　法隆寺西院〔ほうりゅうじさいいん〕③　**斑鳩寺**〔いかるがでら〕⑤

中宮寺〔ちゅうぐうじ〕⑦ 聖徳太子が母の穴穂部間人〔あなほべのはしひと〕皇后の宮跡を寺にしたもの。法隆寺に隣接する尼寺で、国宝の半跏思惟像や天寿国繍帳を所蔵する。

広隆寺〔こうりゅうじ〕⑦ 603年、秦河勝〔はたのかわかつ〕が京都の太秦に建立したという。秦氏の氏寺で、半跏思惟像で有名。

百済大寺〔くだらおおでら〕　→ p.44

礎石〔そせき〕⑤ 柱の下にすえる石。通常、版築〔はんちく〕でつくった基壇の上におく。この工法の建物を礎石建物という。屋根を瓦で葺く〔ふく〕瓦葺、赤く塗った朱塗り柱(丹塗柱)、白壁を使用する工法とセットで飛鳥時代頃大陸から伝来し、寺院建築に使用された。のち、宮殿や官衙〔かん〕にも導入された。
　　　　　　　　　　瓦葺〔かわらぶき〕②
　　朱塗り柱〔しゅぬりばしら〕(丹塗柱)〔にぬりばしら〕①
　　　　　　　　　　白壁〔しらかべ〕②

法隆寺金堂〔ほうりゅうじこんどう〕⑥ 西院の中心で、7世紀の建造。柱のエンタシスなど南北朝様式が特徴。鞍作鳥作の釈迦三尊像や焼損した壁画は著名。金堂・五重塔・中門・歩廊(回廊)は、山田寺回廊遺材に続く世界最古の木造建築。
　　法隆寺金堂壁画〔ほうりゅうじこんどうへきが〕　→ p.44

法隆寺五重塔〔ほうりゅうじごじゅうのとう〕⑥ 総高32.45m。金堂と左右対称に建てられ、法起寺三重塔と共に飛鳥様式を伝える最古の塔。最下層の塑像〔そぞう〕群は著名。
　　　　　　　　　　飛鳥様式〔あすかようしき〕②

法隆寺再建・非再建論争〔ほうりゅうじさいけん・ひさいけんろんそう〕② 法隆寺西院伽藍(金堂・五重塔など)の成立をめぐる論争。『日本書紀』の670年に法隆寺が炎上したとの記事を信じ、歴史学者は金堂・五重塔の670年以降の再建を主張。建築史家は様式や尺度から非再建を主張。1939年、西院伽藍東南の若草伽藍跡の発掘でそこが当初の斑鳩寺跡であると判明し、再建説が有力となる。
　　　　　　　　若草伽藍跡〔わかくさがらんあと〕①

伽藍配置〔がらんはいち〕④ 寺院の建物の配置様式。最古の飛鳥寺式では仏舎利〔ぶっしゃり〕(釈迦の遺骨)を納める塔が中心であったが、四天王寺式・法隆寺式と次第に塔の意味が後退した。薬師寺式以降、塔は装飾的な存在となり、仏像を安置する金堂が中心となる。

：飛鳥寺式〔あすかでらしき〕**伽藍配置**② 最古の伽藍配置様式。飛鳥寺のように塔を囲んで3金堂が配される。百済の王興寺や高句麗の清岩里廃寺と同形式。

：四天王寺式〔してんのうじしき〕**伽藍配置**② 大阪の四天王寺のように、金堂の前に塔を建てて南北一直線に配した伽藍配置で、百済様とも呼んだ。若草伽藍は四天王寺式。

：法隆寺式〔ほうりゅうじしき〕**伽藍配置**② 西の五重塔・東の金堂が、中門から見て左右に建てられている配置をいう。

：薬師寺式〔やくしじしき〕**伽藍配置**② 奈良の薬師寺のように、中央に金堂、南に東西両塔が建つ配置。

：東大寺式〔とうだいじしき〕**伽藍配置**① 東大寺のように、東西両塔が中門の外に出て配される配置。さらに大安寺式伽藍配置になると、東西両塔が南大門の南へ出る。
　　　　　　大安寺式〔だいあんじしき〕**伽藍配置**①

鞍作鳥〔くらつくりのとり〕(止利仏師)〔とりぶっし〕⑤ 生没年不詳。飛鳥時代の仏師。司馬達等〔しばのたつと〕の孫という。北魏様式の像をつくり、主な作品に飛鳥大仏、法隆寺の釈迦三尊像がある。

飛鳥寺釈迦如来像〔あすかでらしゃかにょらいぞう〕③ 606年(609年か)、鞍作鳥作の金銅像。後世の修補が多いが、飛鳥仏の特色を示す。俗に飛鳥大仏とも呼ばれる。

法隆寺金堂釈迦三尊像〔ほうりゅうじこんどうしゃかさんぞんぞう〕⑦ 金銅

像。聖徳太子死後の623年、妃や王子たちが鞍作鳥（止利仏師）につくらせた。左右対称の形式的な硬さはあるが、表現が力強く純粋。北魏様式の飛鳥仏の典型。

法隆寺夢殿救世観音像ほうりゅうじゆめどのくぜかんのんぞう ② 木像。7世紀の飛鳥時代でも後期の作。聖徳太子等身像とも称される秘仏で、明治初期のフェノロサらにより初めて調査された。

法隆寺百済観音像ほうりゅうじくだらかんのんぞう ⑤ 木像。7世紀の作。百済から渡来との伝承は信じがたい。体軀に丸味があり、南朝様式に近い。

中宮寺半跏思惟像ちゅうぐうじはんかしゆいぞう ⑥ 木像。片足を他の足の股の上に組み（半跏）、手を頰にあてて思惟している。寺伝では如意輪観音にょいりんかんのんというが、弥勒菩薩であろう。南朝様式に近い。　**弥勒菩薩**みろくぼさつ①

広隆寺半跏思惟像こうりゅうじはんかしいぞう ⑥ 木像。弥勒菩薩像と考えられる。603年、聖徳太子が秦河勝に賜った朝鮮伝来のものと伝えられ、韓国に酷似こくじする像がある。中宮寺の像と共に新羅様ともいう。

韓国中央博物館金銅弥勒菩薩像かんこくちゅうおうはくぶつかんこんどうみろくぼさつぞう ④

金銅像こんどうぞう ⑥ 銅像の表面に鍍金ときを施した像で、飛鳥・白鳳時代に多い。奈良時代は塑像そぞう・乾漆像かんしつぞう、平安・鎌倉時代は木像（木彫像）が全盛。
　　　　木像（木彫像）もくぞう（もくちょうぞう）⑤

北魏様式ほくぎようしき ④ 法隆寺釈迦三尊像を代表とする北魏の造像様式。止利しり様式ともいい、力強く端厳たんげんで男性的。杏仁形きょうにんぎょうの眼、仰月形ぎょうげっけいの鋭い唇などが特徴。これに対し、法隆寺百済観音像などを代表とする造像様式は、南朝（南梁）様式と呼ばれ、柔和で丸味のある姿が特徴である。
　　　　南朝（南梁）様式なんちょう（なんりょう）ようしき ④

玉虫厨子たまむしのずし ⑤ 法隆寺蔵。台座の須弥座の上に仏像を入れる宮殿を載せた形の工芸品。宮殿は飛鳥建築をしのばせ、須弥座周囲の透彫すかしの飾り金具の下に玉虫の羽を伏せてある。

：玉虫厨子須弥座絵たまむしのずししゆみざえ ③ 古墳などを除けば日本最古の絵画で、黒漆の上に朱・緑青ろくしょう・黄土おうどを用い、密陀絵みつだえとも漆絵うるしえともいう。経文から題材を選び、須弥座左右の「捨身飼虎図」「施身聞偈図」せんしんもんげずが特に著名。宮殿部の扉にも二天・両菩薩・多宝塔供養図がある。
　　　　「捨身飼虎図」しゃしんしこず ①
　　　　玉虫厨子扉絵たまむしのずしとびらえ ①

曇徴どんちょう ④ 生没年不詳。高句麗の僧。610年

来日。五経に通じ、絵の具・紙・墨の製法を伝え、碾磑がい（水力を利用した臼）をつくったと伝えられる。
　　　絵の具・紙・墨の製法えのぐ・かみ・すみのせいほう ④

天寿国繡帳〔断片〕てんじゅこくしゅうちょう〔だんぺん〕 ⑥ 聖徳太子の死後、妃の橘大郎女が、太子が往生した天寿国の有様を采女たちに刺繡しししゅうさせたもの。現在はその断片（縦88.5×横82.7㎝）が中宮寺に残る。
　　　橘大郎女たちばなのおおいらつめ ③

獅子狩文様錦ししかりもんようきん ① 法隆寺に伝来。円形を連ねた連珠文れんじゅの円の中に4頭の獅子に弓を引き絞る4騎の狩猟者を配した錦。文様は西アジアに多い狩猟文の一つ。ただし、製作は唐代。

第3章 律令国家の形成

1 律令国家への道

大化改新

唐<small>とう</small> ⑦ 618〜907　隋を滅ぼして李淵<small>りえん</small>が建てた王朝。2代太宗<small>たいそう</small>（李世民<small>りせいみん</small>）の貞観<small>じょうがん</small>の治<small>ち</small>や3代高宗<small>こうそう</small>の時に国力が充実。都は長安。律令<small>りつりょう</small>制・均田<small>きんでん</small>制・租庸調<small>そようちょう</small>制を確立。領域を拡大して東アジアに唐文化圏を形成したが、内乱の後、朱全忠<small>しゅぜんちゅう</small>に滅ぼされた。

舒明<small>じょめい</small>**天皇** ④ 593〜641　在位629〜641。名は田村皇子。推古<small>すいこ</small>天皇の死後、山背大兄王を抑えて即位。古人大兄<small>ふるひとのおおえ</small>・中大兄<small>なかのおおえ</small>・大海人<small>おおあま</small>3皇子の父。630年に初めて遣唐使を派遣。

皇極<small>こうぎょく</small>**天皇** ⑤ 594〜661　在位642〜645。舒明天皇の皇后。中大兄・大海人両皇子の母。居所の飛鳥板蓋宮<small>あすかのいたぶきのみや</small>で蘇我入鹿が暗殺され、大化改新となり退位。孝徳天皇の死後、重祚<small>ちょうそ</small>して斉明天皇（在位655〜661）となり、後岡本宮の造営・蝦夷征討・百済救援などを行う。筑紫<small>つくし</small>朝倉宮で死去。

蘇我蝦夷<small>そがのえみし</small> ⑥ ?〜645　父馬子についで大臣<small>おおおみ</small>に就任。舒明天皇を擁立して専権をふるう。自邸を上宮門<small>うえのみかど</small>、子を王子<small>みこ</small>と呼び墓を大陵<small>おおみさぎ</small>と称したという。645年、子の入鹿が殺された直後、自宅に放火して自殺した。

蘇我入鹿<small>そがのいるか</small> ⑦ ?〜645　父蝦夷より大臣を譲られる。権力を強め、山背大兄王を殺し、自邸を谷宮門<small>はさまのみかど</small>、墓を小陵<small>こみさぎ</small>と呼んだ。645年、中大兄皇子らに暗殺される。

山背大兄王<small>やましろのおおえのおう</small> ⑤ ?〜643　聖徳太子の子。推古天皇のあと、有力な皇位継承者と目されていたが、蘇我入鹿に斑鳩宮<small>いかるがのみや</small>を攻撃されて、自殺した。

大化改新<small>たいかのかいしん</small> ⑦ 645（大化元）年の蘇我氏打倒に始まる一連の政治改革。氏姓制度の弊害を打破し、唐の律令制を基に天皇中心の中央集権国家建設を目標としたとされる。中大兄皇子・中臣鎌足や孝徳天皇が中心となる。

：乙巳の変<small>いっしのへん</small> ⑥ 乙巳の年（645）6月に起こった政変。中大兄皇子・中臣鎌足らにより蘇我本宗家<small>ほんそうけ</small>の蘇我蝦夷・入鹿父子が滅ぼされた。このあとに起こった一連の改革が、大化改新である。

孝徳<small>こうとく</small>**天皇** ⑦ 596〜654　在位645〜654。名は軽皇子。大化改新で皇極天皇の譲位を受けて即位。皇太子の中大兄皇子と改新政治を推進した。のち皇太子と対立し、654年に難波宮で死去した。　**軽皇子**<small>かるのみこ</small> ②

中大兄皇子<small>なかのおおえのみこ</small>　→ p.30

中臣（藤原）鎌足<small>なかとみ（ふじわら）のかまたり</small> ⑦ 614〜669　中大兄皇子と共に大化改新を推進した中心人物。初め中臣鎌子と称す。改新政府では内臣となる。669年臨終の際に、天智天皇から大織冠と藤原の姓を賜わる。

：内臣<small>うちつおみ</small> ⑤ 645年、大化改新の際に、中臣鎌足が任命された役職。職掌は不明で令制にもない。天皇の下で重要政務を協議したのだろう。

阿倍内麻呂<small>あべのうちまろ</small> ④ ?〜649　阿倍倉梯麻呂<small>あべのくらはしのまろ</small>ともいう。麻呂が名前。大化改新では、旧豪族の長老として左大臣の地位についた。

蘇我倉山田石川麻呂<small>そがのくらやまだのいしかわのまろ</small> ④ ?〜649　馬子の孫で入鹿と従兄弟。蘇我石川麻呂ともいう。大化改新で中大兄皇子側につき、右大臣となる。649年、異母弟日向<small>ひむか</small>の讒言<small>ざんげん</small>で中大兄皇子の軍に攻撃され、氏寺の山田寺で自殺。

：左大臣<small>さだいじん</small>**・右大臣**<small>うだいじん</small>　→ p.32

国博士<small>くにのはかせ</small> ⑥ 大化改新の際に、旻と高向玄理が任命された役職。唐の諸制度を輸入し、制度化するための政治顧問。のち諸国の国学の教官を国博士と称し、国ごとに1人を任命した。

：旻<small>みん</small>　→ p.25

：高向玄理<small>たかむこのげんり（くろまろ）</small>　→ p.25

年号<small>ねんごう</small> ⑦ 年につける称号で、正式には元号<small>げんごう</small>。中国の前漢時代に始まる。日本では大化を最初とするが、実際に使われたのは大宝元（701）年以降であるとされる。即位・祥瑞<small>しょう</small>・災異などで改元された。私年号を除けば、令和まで249の年号が使用された。　**大化**<small>たいか</small> ④

難波〔長柄豊碕〕宮（なにわ（ながらのとよさき）のみや）　⑦ 645年の難波遷都で造営を開始し、652（白雉3）年に完成した孝徳天皇の宮。天武朝の686年に焼失。その後、同じ場所に聖武朝の難波宮が再建され、744年には一時都とされた。大阪市の上町（うえまち）台地上の上下2層の宮殿遺構のうち、下層の前期難波宮（跡）を孝徳朝の難波宮（難波長柄豊碕宮）に、上層の後期難波宮を聖武朝の難波宮にそれぞれ比定する見解が有力。

改新の詔（かいしんのみことのり）　⑦ 646（大化2）年正月、孝徳天皇が難波で宣布した詔。(1)公地公民制、(2)地方制度、(3)班田収授、(4)税制の4項目よりなり、唐制に基づく改新の基本政策が示されたという。

：郡評論争（ぐんぴょうろんそう）　① 『日本書紀』所載の改新の詔の信憑性などをめぐる論争。戦後、金石文などを基に、第二条の「郡」の字は原文（原詔）では「評」となっていたとする説が出され、反論がなされた。その後、藤原宮木簡の出現で、大宝令施行（701年）以前は評、以後は郡が使われており、この部分の『日本書紀』には修飾があることが判明し、論争は一応決着した。

：公地公民（こうちこうみん）　⑤ 改新の詔で打ち出され、以後、律令国家の基本方針となる。天皇家の屯倉・子代の民や豪族の田荘・部曲（かきべ）を廃し、朝廷の直接支配とするもの。

：食封（じきふ）　→ p.34

：戸籍（こせき）　→ p.34

：計帳（けいちょう）　→ p.35

：班田収授法（はんでんしゅうじゅほう）　→ p.35

評（こおり）　⑦ 大化改新以降、大宝令施行（701年）までの地方行政組織。各地に派遣された惣領の下で、国造が支配していた従来の「クニ」を分割するなどして設置された。長官の評督（こおりのかみ）（評造（こおりのみやつこ）・（ひょうとく））には国造などを任命。701年、郡と改称された。

冠位制（かんいせい）　③ 官人（役人）に様々な規格の冠位を授け、着用させることで朝廷での位（冠位）の上下を示した制度。聖徳太子の冠位十二階に始まり、以後、647年の7色13階、649年の19階（孝徳朝）、664年の26階（天智朝）、685年の48階（天武朝）を経て、大宝律令で正一位以下30階の位階制になる。

十三階（じゅうさんかい）の冠位制 ①

十九階（じゅうきゅうかい）の冠位制 ①

天智天皇・天武天皇

斉明（さいめい）天皇　⑤ 在位655〜661。皇極天皇の重祚。飛鳥で大土木工事を行い、後岡本宮（飛鳥京跡）、蝦夷（えみし）などの饗宴施設（石神（いしがみ）遺跡）、漏刻（ろうこく）（水時計）をおいた漏刻台（水落（みずおち）遺跡）などを建設した。また、蝦夷征討・百済救援などを行い、筑紫（つくし）朝倉宮（あさくらのみや）で死去。

重祚（ちょうそ）　⑥ 退位した天皇が再び皇位につくこと。皇極天皇が重祚して斉明天皇となり、奈良時代に孝謙天皇が重祚して称徳天皇となった2例がある。

酒船石（さかふねいし）遺跡　① 奈良県明日香村岡にある斉明朝頃の遺跡。酒船石と呼ばれる石造物がおかれた丘陵とその周囲に広がる。丘陵の斜面からは幾重にも囲む石垣が、北裾の谷からは水を流す亀形石造物などを配置した石敷広場が発見された。用途は未詳。

有間皇子（ありまのおうじ）　① 640〜658　孝徳天皇の皇子。父天皇の死後、中大兄皇子と不和になり、狂気を装ったが、蘇我赤兄（あかえ）に謀られて挙兵を企て、紀伊の藤白坂（ふじしろざか）で絞首された。

渟足柵（ぬたりのさく）・磐舟柵（いわふねのさく）　③ 大化改新中の孝徳朝に、蝦夷に対する日本海方面の最前線基地として、647年に渟足（新潟市中央区沼垂（ぬったり））に、648年に磐舟（新潟県村上市付近か）に設けられた城柵。

阿倍比羅夫（あべのひらふ）　① 生没年不詳。658〜660年の間、越（こし）（北陸地方）の国守として大船団を組織し、齶田（あぎた）（秋田）・渟代（ぬしろ）（能代）から津軽方面の蝦夷を討ち、粛慎（みしはせ）を制した。白村江の戦いにも従軍。

蝦夷（えみし）　→ p.39

鬼室福信（きしつふくしん）　① ?〜663　百済の王族。武王（義慈王（ぎじおう）の父）の甥。660年、百済が唐・新羅に首都の泗沘城（しびじょう）を落とされて滅亡すると百済復興の戦いを始め、人質として倭にいた王族豊璋（ほうしょう）を国王に迎えることと救援軍の派遣をヤマト政権に要請した。しかし、即位した豊璋と対立し、白村江の戦い直前に殺害された。

白村江の戦い（はくそんこう（はくすきのえ）のたたかい）　⑦ 663年、朝鮮半島南部の白村江（錦江河口）で行われた倭・百済軍と唐・新羅軍との戦い。百済救援のため朝鮮半島に赴いた倭の水軍は、白村江で唐の水軍に大敗した。白村江岸上でも、文武王の新羅軍に倭・百済軍が敗れた。百済の復興はならず、倭は朝鮮半島の足場を失った。

百済亡命貴族（くだらぼうめいきぞく）　① 白村江の戦いの敗戦後、倭に亡命した百済の貴族。軍事・医学・陰陽・漢詩文などに優れた者が多く、これらの諸技術・学問などの発展に寄与し

た。朝鮮式山城も彼らの指導で築造された。

水城<ruby>水城<rt>みず き</rt></ruby> ⑦ 白村江の敗戦後、唐・新羅の侵攻に備え、664年、対馬・壱岐などに烽を、大宰府の北に水城を設けた。水城は全長約1.2kmの堤と、水をたたえた堀からなっていた。　**烽**<ruby>烽<rt>とぶ ひ</rt></ruby> ③

朝鮮式山城<ruby>朝鮮式山城<rt>ちょうせんしきやまじろ</rt></ruby>（**古代山城**<ruby>古代山城<rt>こだいさんじょう</rt></ruby>） ⑦ 白村江の敗戦後、朝鮮の山城築造技術の影響を受け、九州北部から瀬戸内海周辺に土塁・石垣で築かれた山城。大阪府との境にある奈良県生駒<ruby>生駒<rt>いこま</rt></ruby>郡の高安城もその一つ。また、岡山県総社市の鬼ノ城をはじめ、各地の神籠石<ruby>神籠石<rt>こうごいし</rt></ruby>も同種の施設。
高安城<ruby>高安城<rt>たかやすじょう</rt></ruby> ① **鬼ノ城**<ruby>鬼ノ城<rt>きのじょう</rt></ruby> ②

：**大野城**<ruby>大野城<rt>おおのじょう</rt></ruby> ⑥ 665年、大宰府防衛のために、大宰府北方の山上に築かれた朝鮮式山城。

：**基肄城**<ruby>基肄城<rt>きいじ</rt></ruby> ② 大野城と共に築かれた大宰府南方の朝鮮式山城。「椽城<ruby>椽城<rt>きの き</rt></ruby>」とも書く。

天智<ruby>天智<rt>てんじ</rt></ruby>**天皇** ⑦ 626〜671　称制661〜667　在位668〜671。中大兄皇子の時代に中臣鎌足と共に蘇我氏を倒し、大化改新を推進した。孝徳・斉明両天皇の皇太子。斉明天皇の死後に称制（即位式を挙げずに政治を執ること）、近江遷都後の668年に即位。庚午年籍を作成し、近江令を制定したという。
中大兄皇子<ruby>中大兄皇子<rt>なかのおおえのみこ</rt></ruby> ⑦ **称制**<ruby>称制<rt>しょうせい</rt></ruby> ⑦

近江大津宮<ruby>近江大津宮<rt>おうみのおおつのみや</rt></ruby> ⑦ 667年、中大兄皇子が遷都した、現在の大津市の北郊にあった宮。滋賀の都ともいう。668年、ここで皇子は正式に即位して天智天皇となる。壬申の乱後は荒廃した。

近江令<ruby>近江令<rt>おうみりょう</rt></ruby> ⑥ 中臣鎌足らが中心となって編集した令。668年に完成したという。22巻で内容は不詳。律は伴わない。完成・施行を否定する説もある。

庚午年籍<ruby>庚午年籍<rt>こうごねんじゃく</rt></ruby> ⑦ 670年（庚午<ruby>庚午<rt>かのえうま</rt></ruby>の年）、天智天皇の下で作成された戸籍。最初の完備した全国的戸籍で、氏姓を正す根本台帳として永久保存とされた。ただし現存せず。

大友皇子<ruby>大友皇子<rt>おおとものみこ</rt></ruby> ⑦ 648〜672　天智天皇の皇子。太政大臣となり大海人皇子と対立。天智天皇・大友皇子を中心とする朝廷は近江朝廷と呼ばれる。壬申の乱で大海人皇子に敗れて自殺。のちに明治天皇から弘文天皇の名を贈られたが、即位したかどうかは不明。
近江朝廷<ruby>近江朝廷<rt>おうみちょうてい</rt></ruby> ⑥ **弘文**<ruby>弘文<rt>こうぶん</rt></ruby>**天皇** ②

壬申の乱<ruby>壬申の乱<rt>じんしんのらん</rt></ruby> ⑦ 671年に天智天皇が死去した翌年、大友皇子の近江朝廷側と吉野の大海人皇子とが皇位をめぐって争った内乱。大海人皇子は近習の下級官人である舎人<ruby>舎人<rt>とね り</rt></ruby>

や大伴氏・地方豪族などの協力を得て、東国の兵の動員に成功し、勝利。

東国<ruby>東国<rt>とうごく</rt></ruby> ⑦ 7世紀頃は、のちの尾張・美濃以東の東海道・東山道一帯を広く指していた。その後、奈良・平安時代になると範囲が次第に限定され、相模の足柄<ruby>足柄<rt>あしがら</rt></ruby>峠の東、上野の碓氷<ruby>碓氷<rt>うすい</rt></ruby>峠の東南にあたる諸国（坂東<ruby>坂東<rt>ばんどう</rt></ruby>）を指すようになった。

天武<ruby>天武<rt>てんむ</rt></ruby>**天皇** ⑦ 631?〜686　在位673〜686。舒明天皇の子、天智天皇の弟で大海人皇子という。壬申の乱後、飛鳥浄御原宮で即位。皇族を重用して天皇政治を強化し、部曲を廃止し八色の姓を制定。新冠位48階を定め、立札の礼法も整える。飛鳥浄御原律令や国史の編纂・都城建設・富本銭鋳造にも着手。
大海人皇子<ruby>大海人皇子<rt>おおあまのみこ</rt></ruby> ⑦

飛鳥浄御原宮<ruby>飛鳥浄御原宮<rt>あすかきよみはらのみや</rt></ruby> ⑦ 壬申の乱で勝利した大海人皇子が、672年にここに遷都。翌年即位して天武天皇となる。694年の持統天皇の藤原京遷都までの都。近年の発掘調査で、伝飛鳥板蓋<ruby>板蓋<rt>いたぶき</rt></ruby>宮跡（飛鳥京跡）が浄御原宮所在地と推定される。　**飛鳥京**<ruby>飛鳥京<rt>あすかきょう</rt></ruby> ①

草壁皇子<ruby>草壁皇子<rt>くさかべのみこ</rt></ruby> ① 662〜689　天武天皇の皇子。母は鸕野<ruby>鸕野<rt>うの</rt></ruby>皇后（持統天皇）。681年、皇太子となる。皇位継承問題でライバルにあった異母弟の大津皇子の謀反を疑い、皇太子のまま死去。妃の阿閉<ruby>阿閉<rt>あへ</rt></ruby>皇女（元明）との間に、軽<ruby>軽<rt>かる</rt></ruby>皇子（文武）、氷高<ruby>氷高<rt>ひだか</rt></ruby>内親王（元正）、吉備内親王（長屋王の妻）をもうける。

大津皇子<ruby>大津皇子<rt>おおつのみこ</rt></ruby> ① 663〜686　天武天皇の皇子。母は天智天皇の女<ruby>女<rt>むすめ</rt></ruby>の大田皇女<ruby>大田皇女<rt>おおたのひめみこ</rt></ruby>（持統の姉）。文武に優れ、国政に参加するが、天皇の死後、謀反の疑いで捕えられ、自殺。詩人としても優れる。

富本銭<ruby>富本銭<rt>ふほんせん</rt></ruby>　→ p.39

八色の姓<ruby>八色の姓<rt>やくさのかばね</rt></ruby><ruby>八色の姓<rt>はっしきのせい</rt></ruby> ⑦ 684年、天武天皇が制定した8階の姓。天皇と関係の深いものを上位におき、豪族を天皇中心の新しい身分秩序に編成。八つの姓は以下の通りだが、道師<ruby>道師<rt>みちのし</rt></ruby>以下の賜姓<ruby>賜姓<rt>しせい</rt></ruby>は実際にはない。

：**真人**<ruby>真人<rt>まひと</rt></ruby> ④ 継体天皇より5世以内の大王の子孫で、公姓を称していたものに授与。

：**朝臣**<ruby>朝臣<rt>あそん</rt></ruby> ⑥ 疎遠な皇別（天皇や皇子の子孫）と考えられていた臣姓氏族に授与。

：**宿禰**<ruby>宿禰<rt>すくね</rt></ruby> ③ 連姓の神別（神々の子孫）氏族に授与。

：**忌寸**<ruby>忌寸<rt>いみき</rt></ruby> ③ 直<ruby>直<rt>あたい</rt></ruby>姓の国造、渡来人系の有力氏族に授与。

：**道師**<ruby>道師<rt>みちのし</rt></ruby> ③ 授与の例がなく不詳。

：**臣**<ruby>臣<rt>おみ</rt></ruby>　→ p.22

：**連**<ruby>連<rt>むらじ</rt></ruby>　→ p.22

律令の成立と「日本」

持統(じとう)**天皇**⑦　645〜702　称制686〜689　在
位690〜697。天智天皇の皇女(本名は鸕野
う)で天武天皇の皇后。天武天皇の死後、3
年間称制ののちに即位。飛鳥浄御原令の施
行、藤原京の造営など、律令体制の基礎を
固めた。

飛鳥浄御原令(あすかきよみはらりょう)　　⑦　天武天皇が編集を
命じ、689年、持統天皇の時に施行された
令。浄御原令ともいう。22巻で、同じ時期
に編集が開始された飛鳥浄御原律の完成に
は疑問がある。大宝律令の制定まで施行さ
れた。　　　　　**飛鳥浄御原律**(あすかきよみはらりつ)①

天皇(てんのう)⑦　大王に代わる君主号。推古朝頃に
成立とする説もあるが、律令制が急速に整
備され、君主が神格化される天武・持統朝
頃、道教の神、天皇大帝に由来するという
天皇号が採用され、飛鳥浄御原令で正式に
規定されたとする見方が有力。その後も、
「万葉集」などでは天皇を大君と呼ぶこと
がある。　　　　　　　　　　**大君**(おおきみ)④

：現人神(あらひとがみ)　②　人の姿となってこの世に
現れた神の意で、天武朝で神格化が進んだ
天皇を主に指す。天皇を指す場合は、現御
神(あきつみかみ)(現神・明神)と呼ぶ場合も多い。

：皇后(こうごう)⑦　天皇の嫡妻。以前の大后を受
け、天武朝頃に称号が定着。当初は皇族出
身者がほとんどだが、光明皇后以後は藤原
氏出身者が多数を占めるようになった。

：皇太子(こうたいし)**(東宮**(とうぐう)**)**⑦　皇位を継ぐべく
定められた唯一の資格者。和訓では「ヒ
ツギノミコ」。東宮(春宮(とうぐう))とも。天皇在
位中に、皇子・皇孫・皇兄弟などの皇親の
内から定められることになっていた。飛鳥
浄御原令で皇太子制が成立したという。

：皇親(こうしん)①　天皇の親族。天武朝頃から天
皇の男子は皇子(以前は孫以降も含めて王、
王子)、女子は皇女(おうじょ)と呼ばれるようにな
り、大宝令施行後はさらに親王(女子は内
親王(ないしんのう))と呼ばれた。天武・持統朝から奈
良時代前半にかけての皇族(皇親)中心の政
治を皇親政治ということがある。

　　　　　　　　　　皇子(おうじ)②　**親王**(しんのう)②

日本(にほん)**《国号》**⑦　ヤマト政権は、当初「やま
と」を国の総称とし、文字は「倭」であった。
国家意識高揚と共に7世紀後半頃から「日
本」の国号が用いられるようになった。正
式に国号となったのは、701年の大宝律令

制定頃で、対外的には702年の遣唐使から
使用された。

庚寅年籍(こういんねんじゃく)⑤　690年(庚寅の年)に、持統
天皇が飛鳥浄御原令に基づいてつくらせた
戸籍。農民支配の根本台帳で、以後、6年
ごとの定期的造籍(六年一造)の体制が確立
した。

藤原京(ふじわらきょう)⑦　畝傍・耳成・香具(久)山の大
和三山に囲まれた地に、天武朝から造営が
始まり、持統天皇が完成させ、694年に遷
都した都。最初の本格的都城で、694〜710
年の都。当初は新益京(しんやくきょう)、新城(にい)と呼ば
れ、喜田貞吉(きださだきち)により藤原京と命名され
た。唐の長安城よりも、北魏洛陽(らくよう)城や
『周礼』に記された理想の都と共通する点が
多い。　　**大和三山**(やまとさんざん)①　**耳成山**(みみなしやま)①
　　畝傍山(うねびやま)①　**香具(久)山**(かぐやま)①
　　　　　　　　　　　　藤原宮(ふじわらのみや)

：中ツ道(なかつみち)　②　大和の古道。藤原京の東
西京極(きょうごく)は中ツ道・下ツ道で、南北は横
大路・山田道で限るとされてきたが、京城
はそれより大きいとする大藤原京説が有力。
　　　　　山田道(やまだみち)①　**下ツ道**(しもつみち)②
　　　　　　　　　　　　　　横大路(よこおおじ)①

：都城(とじょう)⑦　天皇の住いや官衙(かんが)を中心
とする宮城と、条坊制が施行され官人や民
衆の居住区となった京〔域〕とで構成される
都。その制度を都城制といい中国にならっ
たもの。都城制以前の宮と都城をあわせて
宮都と呼ぶこともある。　　**京(域)**(きょういき)⑥
　　　　　　　　　　　　　　宮都(きゅうと)③

：宮城(きゅうじょう)　→ p.38
：条坊制(じょうぼうせい)　→ p.38

文武(もんむ)**天皇**⑦　683〜707　在位697〜707。天
武(てん)・持統(じとう)天皇の孫。草壁(くさかべ)皇子と元明
(げんめい)天皇の皇子(軽皇子)。刑部親王・藤原不
比等(ふひと)らに大宝律令を制定させた。

刑部(おさかべ)**親王**⑤　?〜705　天武天皇の皇子。
「忍壁親王」とも書く。文武天皇の命により
律令改修事業の総裁となり、藤原不比等ら
と共に大宝律令を制定した。

大宝律令(たいほうりつりょう)⑦　701(大宝元)年に成立。令
は701年、律は翌年施行。文武天皇の命で、
刑部親王・藤原不比等ら19人で編集。律6
巻、令11巻は共に伝わらず、大宝令は『令
集解』(りょうのしゅうげ)(養老令の注釈書)などに一部引
用され、伝存する。　　　　　**大宝令**(たいほうりょう)⑤

：唐律(とうりつ)①　唐の刑法典。行政上の要項を
定めた唐令と共に、日本を含む東アジア諸
国の法制に大きな影響を与えた。

：永徽律令(えいきりつりょう)　①　高宗(こうそう)の永徽2(651)

年に制定された唐の律令。大宝律令の手本となった。

養老律令（ようろうりつりょう）⑦ 元正（げんしょう）天皇の718（養老2）年に成立か。律10巻12編で推定497条、令10巻30編で953条。令は『令義解』（りょうのぎげ）と『令集解』（りょうのしゅうげ）に大部分が引用され、律は一部伝存。大宝律令と大差はない。編者藤原不比等の私的事業とする説と首（おびと）皇子（のちの聖武天皇）の下で新律令を公布するための編纂とする説がある。757年、　**養老令**（ようろう）③ によって施行。

律（りつ）⑦ 律令国家の刑法。養老律10巻12編のうち、一部のみ伝存。衛禁（えごん）・賊盗・捕亡（ほうもう）など12の編目はすべて唐律と一致し、令に比して唐制に近い。笞・杖・徒・流・死の五刑や八虐などの規定がある。
: **五刑**（ごけい）→ p.34

令（りょう）⑦ 律令国家の行政法・民法。養老令によれば、官位令・職員（しきいん）令などの官制、戸令（こりょう）・田（でん）令などの民政、賦役（ぶえき）令などの税制のほか、学令・軍防（ぐんぼう）令・関市（げんし）令など、国家の法規を網羅している。

格（きゃく）→ p.52
式（しき）→ p.52

詔（しょう）・**勅**（ちょく）天皇の命令を伝える文書。臨時の大事は詔、通常の小事は勅を用いる。

太政官符（だいじょうかんぷ）→ p.69

律令国家（りつりょうこっか）⑦ 律令を基軸に整えられた天皇中心の中央集権的政治体制（律令制）に基づく国家。伝統的要素も色濃く残る。律令制は7世紀末頃に成立、10世紀に崩壊。
　律令制度（体制）（りつりょうせいど・たいせい）④
　律令（法）（りつりょうほう）⑦　**律令制**（りつりょうせい）⑦

官僚制

二官（にかん）④ 律令官制で神祇官と太政官とをいう。行政をつかさどる太政官に神祇官が並びおかれたことは、古代の祭祀の重要性を示すが、実質は太政官が上位。

神祇官（じんぎかん）⑦ 神祇祭祀をつかさどり、太政官と並ぶが、実際には太政官より下の官とされた。律令制の崩壊と共に衰えた。
: **祈年祭**（としごいのまつり・きねんさい）→ p.21
: **新嘗祭**（にいなめのまつり・しんじょうさい）→ p.21

太政官（だいじょうかん）⑦ 律令制下の最高官庁。太政大臣・左右大臣・大納言などの公卿（議政官）からなる国政審議部門、その秘書部門の少納言局、事務・執行部門の左右弁官局の三つで構成された。のちに中納言（705年）や参議（731年）が加わった。1868年の明治維

新で復活、1885年まで存続した。
: **太政大臣**（だいじょうだいじん）⑦ 律令官制の最高責任者。ただし常任ではなく則闕の官（そくけつのかん）と呼ばれ、有徳（うとく）の適格者がなければ則ち闕（か）（欠）いた。
: **左大臣**（さだいじん）・**右大臣**（うだいじん）⑦ 大化改新の際に設けられ、令制で整備された。太政官の政務を統轄。太政大臣が常置でないため、通常は左大臣が政府の最高の官職。
: **内大臣**（ないだいじん）⑦ 669年、藤原鎌足（かまたり）が任じられたが、のち久しくおかれず、光仁（こうにん）天皇の時に復活。右大臣の次の地位。
: **大納言**（だいなごん）⑦ 大臣につぐ官職。天皇に近侍して庶政を議し、天皇への奏上や天皇の宣下をつかさどった。定員は4名。
: **中納言**（ちゅうなごん）③ 705年に設置。大納言につぎ、政務にあずかる。
: **参議**（さんぎ）④ 702年におかれたが、正式には731年設置。大臣・納言につぐ重職で、公卿会議に参加した。
: **少納言**（しょうなごん）⑦ 太政官の秘書部門である少納言局を管轄する官職。天皇の印・太政官の印を保管し、駅鈴（えきれい）を管理すると共に官吏任命や位を授ける事務を扱った。
: **外記**（げき）⑦ 少納言管轄下の太政官書記局。詔書・論奏・太政官符などの作成を担当。定員は大外記2名、少外記2名。
: **左弁官（局）**（さべんかん）・**右弁官（局）**（うべんかん）⑦ 太政官事務局にあたり、左弁官局は中務以下4省を、右弁官局は兵部以下4省を事務的に統轄し、文書を審査した。定員は左右それぞれ大・中・小弁各1名。配下の書記官が史（大史（だいし）・少史）。

公卿（くぎょう）⑤ 太政大臣、左・右・内大臣を公（こう）、大・中納言、参議、三位以上の者を卿（きょう）といい、両者をあわせて公卿と呼ぶ。上達部（かんだちめ）ともいう。そのうち参議以上の役職のある者は、議政官とか現（見）任（げんにん）公卿と呼ぶ。
　議政官（ぎせいかん）①

貴族（きぞく）⑦ 律令国家の支配階級である五位以上の者を指す語。上級貴族（三位以上）を貴、中・下級貴族（四・五位）を通貴という。

八省（はっしょう）⑦ 太政官の下での政務分担機構。中国の尚書省六部（しょうしょしょうりくぶ）がモデル。
: **中務省**（なかつかさしょう）⑦ 天皇の側近で、臣下の上表を天皇へ伝達し詔勅を起草。最重要の省。
: **式部省**（しきぶしょう）⑦ 文官人事・学校などをつかさどる。
: **治部省**（じぶしょう）⑦ 喪葬・陵墓（りょうぼ）は、雅楽（ががく）や外交をつかさどる。
: **民部省**（みんぶしょう）⑦ 戸籍・租調庸（そちょうよう）・田畑を

つかさどり、国家財政を担う。

　：**兵部省**〔ひょうぶしょう〕⑦　武官人事・軍事をつかさどる。

　：**刑部省**〔ぎょうぶしょう〕⑦　刑罰や良賤〔りょうせん〕の訴を決する。

　：**大蔵省**〔おおくらしょう〕⑦　出納や度量衡〔どりょうこう〕・物価を決定する。

　：**宮内省**〔くないしょう〕⑦　宮中の一般庶務をつかさどる。

寮〔りょう〕②　省、職に次ぐ等級の官司。民部省所管の主計寮〔しゅけいりょう〕・主税寮〔しゅぜいりょう〕や式部省所管の大学寮（大学）などがあった。なお、職には左・右京職や摂津職などがある。

弾正台〔だんじょうだい〕⑦　役人の監察をつかさどる官司。太政官と別に設置。9世紀初め、嵯峨天皇の検非違使の設置で実質的な機能を失う。

五衛府〔ごえふ〕　京内宮中の警護を主な任とする軍事組織。以下の五つからなる。765年に近衛府が成立し、811年、左右近衛・左右兵衛・左右衛門の六衛府となる。検非違使の出現で実権を失う。
　　　　　　　　　　　　　　近衛府〔このえふ〕①
　　　　　　　　　　　　　　六衛府〔ろくえふ〕①

　：**衛門府**〔えもんふ〕⑦　諸門を守護し、出入を検する。

　：**左衛士府**〔さえじふ〕・**右衛士府**〔うえじふ〕⑦　小門の警衛、京中の巡検・追捕〔つい ほ〕などにあたる。

　：**左兵衛府**〔さひょうえふ〕・**右兵衛府**〔うひょうえふ〕⑦　内門の警衛や天皇の身辺警護などにあたる。

左京職〔さきょうしき〕・**右京職**〔うきょうしき〕⑥　特別地域である京の司法警察以下の庶政をつかさどった官職。朱雀大路で左・右に分けて支配。検非違使設置後は権限が縮小した。

　：**坊令**〔ぼうれい〕②　条令ともいう。京職の下にあって京の各条内のことをつかさどった官職。条は四坊に分かれる。　　　　　**坊**〔ぼう〕⑥

　：**市司**〔いちのつかさ〕⑥　市の監督官庁。東西市司に分かれ、それぞれ左右京職に所属する。

　：**東市**〔ひがしのいち〕・**西市**〔にしのいち〕　→ p.38

摂津職〔せっつしき〕⑦　摂津国の内政を行う官職。職務は各国の国司と同じだが、難波宮や難波津があり、外交上も重要なので、京職に準じて職をおいた。793年、難波宮の廃止に伴い廃され、国司を設置。　**難波津**〔なにわづ〕④

大宰府〔だざいふ〕⑦　九州におかれていた律令政府の出先機関で、「遠の朝廷」とも呼ばれた。福岡県太宰府市にあった。9国3島の支配と外国使臣の接待などを業務とした。長官を大宰帥、次官を大宰大弐〔だいに〕という。都府楼〔とふろう〕と呼ばれた政庁跡は、現在は史跡公園。
　　　　　　　　　　「遠の朝廷」〔とおのみかど〕②

　：**防人司**〔さきもりのつかさ〕④　九州北部を守る防人を支

配する役所。大宰府に属する。

　：**防人**〔さきもり〕　→ p.36

畿内〔きない〕⑦　天子の住む都を京師〔けい〕、その周辺地域を畿内と呼んだ。日本では大和・山背〔やましろ〕（山城）・摂津・河内・和泉の5カ国が属する。五畿ともいう。京・畿内の課役は、調は半分、庸はなし。　**五畿**〔ごき〕①

七道〔しちどう〕⑦　古代の行政区。東海・東山・北陸・山陰・山陽・南海・西海の七道で、畿内を除く各国はこのいずれかに属していた。都を起点とした主要幹線道路でもあった。
　　東海道〔とうかいどう〕・**東山道**〔とうさんどう〕・**北陸道**〔ほくりくどう〕・**山陰道**〔さんいんどう〕・**山陽道**〔さんようどう〕・**南海道**〔なんかいどう〕・**西海道**〔さいかいどう〕⑥

三関〔さんげん（かん）〕②　東海道の伊勢国鈴鹿関、東山道の美濃国不破関、北陸道の越前国愛発関（のち、近江国逢坂関〔おうさかのせき〕に変わる）の総称。役割は、都で謀反を企てた者の東国方面への逃亡防止と外敵の侵入防止。謀反や天皇・上皇などの譲位・崩御などに、固関使〔こげんし〕が派遣され三関警固の固関の儀が行われる。
　鈴鹿関〔すずかのせき〕・**不破関**〔ふわのせき〕・**愛発関**〔あらちのせき〕①

国〔くに〕・**郡**〔ぐん〕・**里**〔り〕⑦　律令の規定では50戸で里、2〜20里で郡、数郡で国を編成した。国は変遷が多く、824年に66国2島に固定。郡は約600、里は約4000であった。以前、郡は評、里は五十戸と呼ばれていた。
　　　　　　　五十戸〔ごじっこ〕《行政区画》③

　：**評**〔ひょう（こおり）〕　→ p.29

郷里制〔ごうりせい〕②　従来の50戸からなる里を郷と改称し、郷の下に3個ほどの新たな里をおく制度。里長も郷長となる。行政区画の細分化による支配の強化が主な目的。717年に実施。740年頃に廃止。

　：**郷**〔ごう〕⑦　717年頃、里を郷に改め、里長も郷長となった。郷里制下（717〜740年頃）で郷の下に里をおいたが、その里は740年頃に廃止。　　　**里**〔り〕《郷里制》③

国司〔こくし〕⑦　一国の民政・裁判をつかさどるため、中央政府より派遣される地方官。守・介・掾・目の四等官に分かれ、当初任期は6年、のちに4年となった。

国府〔こくふ〕⑦　諸国の役所、またその所在地。国衙とも。国司が政務・儀礼を行う国庁、役所群、倉庫群、国司の館などからなる。近くに国分寺〔こくぶんじ〕、国分尼寺〔こくぶんにじ〕、総社〔そうしゃ〕、国府津〔こくふづ〕なども設置。　**国衙**〔こくが〕⑥
　　　　　　　　　　　　　　　　　　国庁〔こくちょう〕

郡司〔ぐんじ〕⑦　国司の下にあり、郡の民政・裁判をつかさどり、大領・少領・主政・主帳の

四等官よりなる。旧国造ら在地豪族が任命され、終身官であった。

郡家(ぐうけ)④ 郡の役所。郡衙ともいう。郡司が政務・儀礼を行う郡庁、正倉、館などからなる。　　　**郡衙**(ぐんが)②　**郡庁**(ぐんちょう)①

：正倉(しょうそう)　→ p.48

里長(さとおさ)⑥ 里の長で、租税の取立てなどを主な職務とした。717年頃に郷と改名後は郷長(ごうちょう)となる。

四等官(しとうかん)⑥ 律令官制で、各官司(役所)におかれた4等級の幹部職員。業務を統轄する長官、補佐役の次官、官司内の非違の検察と文書の審査を行う判官、文書の作成を行う主典で、四等官の文字は各役所で異なっていた。各官司に四等官をおく制度を四等官制という。　　**四等官制**(しとうかんせい)④

長官(かみ)・**次官**(すけ)・**判官**(じょう)・**主典**(さかん)④

：卿(けい)・**輔**(ほ)・**丞**(じょう)・**録**(ろく)④ 八省の四等官。

：頭(かみ)・**助**(すけ)・**允**(じょう)・**属**(さかん)② 八省の下の寮(りょう)の四等官。

：帥(そち)・**弐**(に)・**監**(げん)・**典**(さかん)③ 大宰府(だざいふ)の四等官。

：守(かみ)・**介**(すけ)・**掾**(じょう)・**目**(さかん)④ 国司の四等官。国の大小により定員に差がある。

：大領(だいりょう)・**少領**(しょうりょう)・**主政**(しゅせい)・**主帳**(しゅちょう)④ 郡司の四等官。

官人(かんじん)⑦ 律令体制下の官吏一般をいう。狭義には、官位相当が決められた諸司の主典以上の者。広義には諸司の史生(ししょう)(書記)など雑任(ぞうにん)と呼ばれる下級官吏まで含む。政務や事務を行う文官と武器を携帯する武官からなる。後宮(→p.60)に仕える女性は、女官と呼ばれ区別された。　**文官**(ぶんかん)④

武官(ぶかん)⑥

女官(にょかん)③ 後宮(こうきゅう)にある後宮十二司に勤務した女性の総称。律令では宮人(くにん)と呼ばれた。

：尚侍(ないしのかみ)② 後宮十二司のうち、最大規模の内侍司(ないしのつかさ)の長官。ほかに、典侍(てんじ)、掌侍(しょうじ)らの幹部職員がいた。職掌は、天皇の身辺奉仕と天皇への上申・天皇からの下達事項の取次ぎなど。平安中期頃以降、掌侍が事務の中心となり内侍と呼ばれた。

内侍(ないし)①

位階(いかい)⑦ 律令制の下で官人の序列を示す等級。諸王・諸臣に与えられた。推古朝以来の冠位制は、律令では30階の位階制となった。正一位から従三位(じゅさんみ)まで6階、正四位上から従八位下まで20階、大初位上(だいそいじょう)から少初位下まで4階である。ほかに親王・内親王は一品(いっぽん)から四品(しほん)まで4階の

品位(ほんい)がある。

官位相当の制(かんいそうとうのせい)④ 官は官職、位は品位を含めた位階を意味する。律令制下で、官吏がその位階に相当する官職に任命される制度。例：正三位→大納言。

蔭位の制(おんいのせい)⑦ 律令制下で五位以上の子(蔭子(おんし))、三位以上の孫(蔭孫(おんそん))は、21歳になれば父祖の位階に応じて一定の位につくことができる制度。上層貴族の官位独占や貴族層の固定化がおこった。

封禄(ほうろく)① 律令制下で官人に対する給与。位階に応じ、三位以上には位封として封戸が、四位・五位には位禄として布・綿が、五位以上には位田が給された。春秋2季に広く全官人に給するのが季禄。ほかに官職に応じる職封・職田もある。　**位禄**(いろく)①

季禄(きろく)②　**禄**(ろく)②

：食封(じきふ)① 律令制下で皇族・上級貴族・寺社などに与えられた給与。一定数の戸(封戸)を支給し、支給された者(封主)は、封戸が納める調・庸全部と租の半分を受ける。改新の詔には、上級官人に食封を、下級官人に布帛(ふはく)を与える規定がある。天武朝の改革を経て、大宝令で整備。位封・職封・寺封・神封がある。　**封戸**(ふこ)①

封主(ふしゅ)①　**位封**(いふ)①　**職封**(しきふ)①

：位田(いでん)④ 五位以上の位階を持つ者に与えられた田。正一位80町〜従五位8町。初め輸租田であったが次第に私有化され、高位者の大きな収入源となる。

：職田(しきでん)③ 官職に応じて与えられた田。大臣・大納言など高級官僚や大宰府官人・国司・郡司などの地方官に与えられた。大部分は不輸租田だが、郡司の職田は輸租田。

八虐(はちぎゃく)④ 天皇・国家・神社・尊属に対する罪で、重罪として特に指定された。八逆(罪)ともいう。天皇を害しようとはかる謀反以下、謀大逆・謀叛(むへん)・悪逆(あくぎゃく)・不道(ふどう)・大不敬(だいふきょう)・不孝・不義(ふぎ)の八つ。　**謀反**(むへん)①　**不孝**(ふきょう)①

五刑(ごけい)④ 律の刑罰の5種。

：笞(ち)④ 竹むちで臀や背を10〜50回打つ。

：杖(じょう)④ 杖で60〜100回打つ。

：徒(ず)④ 1〜3年の懲役で雑役に使役。

：流(る)④ 流刑のことで、遠流・中流・近流(ごんる)あり。

：死(し)④ 死刑で絞(こう)と斬(ざん)に分かれる。

民衆の負担

戸籍(こせき)⑦ 人民登録・班田収授・氏姓確認の

基本台帳で、律令では6年ごとの作成（六年一造<ruby>いっぞう</ruby>）を規定。戸口の名・続柄・性別・年齢・課不課の別などを記載。5比（30年）の間、保存された。現存最古の戸籍は正倉院が所蔵する702（大宝2）年の美濃・筑前・豊前・豊後国の戸籍。ほかに721（養老5）年の下総国戸籍も有名である。①

筑前国嶋郡川辺里戸籍<ruby>ちくぜんのくにしまぐんかわべりのこせき</ruby> ①

計帳<ruby>けいちょう</ruby> ⑦ 調・庸を徴収するための基本台帳。毎年作成し、戸口の氏名・年齢・性別・課不課の別や個人の特徴などを書き記した。現存する計帳では724（神亀元）年の近江国志何郡計帳（現存最古）や726（神亀3）年の山背国愛宕郡出雲郷計帳が有名。戸籍とあわせて籍帳<ruby>せきちょう</ruby>という。

山背国愛宕郡出雲郷計帳<ruby>やましろのくにおたぎぐんいずもごうけいちょう</ruby> ①

国印<ruby>こくいん</ruby> ① 律令制下、諸国におかれた銅製の印。戸籍・計帳など、国司作成文書の文面や紙の継ぎ目に押し、改竄<ruby>かいざん</ruby>を防いだ。正倉のかぎと共に諸国行政権の象徴として重視された。

正倉院文書<ruby>しょうそういんもんじょ</ruby> ④ 奈良正倉院に伝来する奈良時代の写経所の事務帳簿群。多くは政府から払い下げられた不要となった公文書の裏が利用されており、そのような形で残った戸籍・計帳・正税帳なども正倉院文書に含まれる。

郷戸<ruby>ごうこ</ruby> ② 里の下に、行政組織の最末端として編成された戸。班田や租税負担の単位になる。戸主の親族のみならず、異姓の寄口<ruby>きこう</ruby>や奴婢も戸口として含み、数戸戸で編成された。1（郷）戸の成員はふつう25人程度。　**戸**<ruby>こ</ruby> ⑤　**戸主**<ruby>こしゅ</ruby> ④　**戸口**<ruby>ここう</ruby> ②
：房戸<ruby>ぼうこ</ruby> ① 法律・行政上の単位である郷戸に対し、実際の生活単位たる小家族に近い。717〜740年頃の郷里制施行下で郷戸を2〜3に分割して直系家族を中心に新設。

班田収授法<ruby>はんでんしゅうじゅほう</ruby> ⑦ 6歳以上の男女に口分田を班給する制度。良民男子2段（1段は360歩）、良民女子はその3分の2（1段120歩）、家人・私奴婢は良民の3分の1と定められた。戸籍に基づいて、班田は6年ごとの班年に実施される（六年一班）。唐の均田法にならい、農民の生活を保障して徴税対象を確保するのが目的。　**段**<ruby>たん</ruby>（反<ruby>たん</ruby>）⑥
班田<ruby>はんでん</ruby> ⑤　**班年**<ruby>はんねん</ruby> ②

町<ruby>ちょう</ruby> ③ 長さと面積の単位。条里制では length の1町＝約109m＝60歩。1町四方の面積も1町＝10段＝3600歩。歩も長さと面積の単位で、長さ1歩＝約1.8m、面積の1歩＝約3.3m² 　**歩**<ruby>ぶ</ruby> ④

熟田<ruby>じゅくでん</ruby> ① 律令制下で、耕作ができて収穫のある田。輸租田・不輸租田・輸地子田などの区別がある。

輸租田<ruby>ゆそでん</ruby> ③ 租を納める義務のある田。口分田をはじめ、位田・功田<ruby>くでん</ruby>・賜田・墾田などがあった。これに対し、租を免除される田が不輸租田で、神田・寺田や大部分の職田などがあった。
：口分田<ruby>くぶんでん</ruby> ⑦ 班田収授法により6歳以上の男女に与えられ、終身使用できる田。
：位田<ruby>いでん</ruby> → p.34
：賜田<ruby>しでん</ruby> ① 特別の功績者や高位高職者を優遇するため、特に恩勅<ruby>おんちょく</ruby>によって令の規定以外に賜わった田。荘園成立の大きな要因となる。
：墾田<ruby>こんでん</ruby> → p.43

神田<ruby>しんでん</ruby> ① 神社の用にあてる田地で、不輸租田であった。

寺田<ruby>じでん</ruby> ① 寺院の用にあてる田地で、寄進や開墾で急増し、不輸租田であった。

職田<ruby>しきでん</ruby> → p.34

乗田<ruby>じょうでん</ruby> ② 田地のうち、口分田や位田・職田などに班給した残りの田で、公田ともいう。乗は余剰の意味。地子（賃料）をとって賃租したので輸地子田という。
：公田<ruby>こうでん</ruby> → p.43

賃租<ruby>ちんそ</ruby> ④ 乗田や初期荘園・位田・賜田などを賃料を取って期限つきで貸すことをいう。期限は1年が原則で、収穫の5分の1程度の地子と呼ぶ賃料をとった。地子を春の耕作前に支払うことを賃、秋の収穫時に支払うことを租と呼んだ。　**地子**<ruby>じし</ruby> ②

条里制<ruby>じょうりせい</ruby> ④ 8世紀中頃に整備された土地区画制。土地を6町（360歩、約654m）四方に区画し、南北に一条、二条……、東西に一里、二里……と称し、何条何里と表示した。1区画はさらに36等分され、坪と呼んだ。坪の数え方に千鳥式坪並（蛇行式）と平行式坪並（どの段も同方向に並ぶ）とがある。　**坪**<ruby>つぼ</ruby> ④
千鳥式（蛇行式）坪並<ruby>ちどりしき（だこうしき）つぼなみ</ruby> ④
平行式（並行式）坪並<ruby>へいこうしき（へいこうしき）つぼなみ</ruby> ③
：条里制遺構<ruby>じょうりせいいこう</ruby> ① 条里制に基づく地割の遺構。地下に埋没しているものと、耕地などとして現在でも地上にかつての形状が維持されているものがある。後者は、奈良盆地をはじめ、日本各地に数多く存在する。

租<ruby>そ</ruby> ⑦ 田地に課される税。田租ともいう。地味のよい上田<ruby>じょうでん</ruby>1段の公定収穫量72束に対し、2束2把で約3％にあたる。のちに、

束を大きくして、50束に対し1束5把とした。租は大部分が各国の郡家などの正倉^{しょう}に貯蔵されたが、一部は春米^{しょう}として中央に送られ、中央官人の食事にあてられた。　**田租**^{でんそ}② **束**^{そく}⑤ **把**^わ⑤

正税^{しょう}　③律令制下、諸国の正倉に蓄えられた稲(官稲^{かんとう})の中で、最も代表的なもの。官稲には、大税^{たいぜい}(田租に由来)・郡稲^{ぐんとう}(出挙の本稲・利稲に由来)などの区別があったが、734年、両者が合体して正税となった。そのうち、田租由来の稲は基本的に備蓄され、残りは公出挙に使われた。

調^{ちょう}　⑦諸国の産物を朝廷に納めるもの。絹・糸・綿・鉄・鍬・海産物など34種の品目が規定されている。正丁・次丁(正丁の半額)・中男(正丁の4分の1)に課せられ、庸と共に京へ運ばれた。正規の調に加えて染料など調の副物も徴された。中央政府の主要財源。　**調の副物**^{ちょうのそわつもの}①

庸^{よう}　⑦労働力提供の代納物の意味。歳役10日の代わりに、正丁に麻布2丈6尺を出させた。次丁は正丁の半額、中男及び京・畿内は免除。調と共に中央政府の財源にあてられた。　**丈**^{じょう}④ **尺**^{しゃく}⑤

：歳役^{さいえき}⑥　養老令では1年には正丁は10日、次丁は5日、京での労役(歳役)が規定してある。実際は大部分が庸布を納めて歳役に代え、政府はこの収入で食料や報酬を銭貨で支給する雇役を用いて都の土木事業を行った。雇役では、庸を免除された京・畿内の正丁などが使役された。　**雇役**^{こえき}②

交易雑物^{こうえきぞうもつ}②律令制下の国衙から中央政府への貢進物。中央政府が諸国に品目・数量を指定し、国衙は正税を財源として交易(役所と私人との取引)を利用して品目を調達した。

運脚^{うんきゃく}　⑥調・庸、交易雑物などの貢納物を中央政府へ運搬する人夫。運脚夫、脚夫、担夫ともいう。調庸運搬は諸国の正丁の義務で、食料も自弁であった。

雑徭^{ぞうよう}　⑦国司が農民を年60日を限度に使役できる労役。道路・池堤の修築などの公用のほか、国司が私用にあてた場合も多く、農民の重い負担となった。757年、30日に減じられ、のち旧に復し、桓武^{かんむ}朝の795年にまた30日となった。

課役^{かやく}^(かえき)　①調・庸・雑徭の総称。課役の負担者を課口^{かこう}(課丁)または課丁、負担しない者を不課口または不課^{ふか}口と呼ぶ。また、1人でも課口のいる戸を課戸、1人もいない戸を不課戸という。課役負担は、正丁を

1とすると次丁は2分の1、中男は庸はなく他は4分の1。　**課丁**^{かてい}①

正丁^{せい}　⑦律令制下の正規の課役負担者である良民の成人男性(21〜60歳)。養老令では男女を年齢に従って黄^{こう}(1〜3歳)・小(4〜16歳)・中(17〜20歳)・丁(21〜60歳、男は正丁)・老(61〜65歳)・耆^き(66歳以上)に分けた。このうち、正丁に次ぐ課役負担者の男性を次丁(老丁と軽い障害のある残疾の総称)、中男(大宝令で少丁、17〜20歳)という。　**次丁**^{じてい}^{(老丁}^{ろう)}⑤ **中男**^{ちゅうなん}^{(少丁}^{しょう)}⑤

義倉^{ぎそう}　③凶作に備えて毎年粟^{あわ}などを出させ、これを貯蓄した制度。粟の負担額は戸の等級により差があった。

出挙^{すいこ}　⑦律令制下に広く行われた、春に稲を貸しつけ秋に回収する利息つき貸与。公私の別があり、公出挙(正税出挙)はもとの貧民救済の目的が次第に強制的になって租税化し、出挙利稲は国衙運用の重要な財源となった。利率は公出挙5割、私出挙10割程度。　**公出挙**^{くすいこ}⑥ **出挙利稲**^{すいことう}⑤ **私出挙**^{しすいこ}②

贄^{にえ}　④天皇に対する食料品一般の貢納物。魚介・海藻・鳥獣など。

兵役^{へいえき}　⑦正丁の3〜4人に1人の割合で兵士となり、各地の軍団で交代で服務するという義務。服務中は武事の訓練、倉庫・関の守備、犯人の逮捕・護送などにあたり、一部は衛士や防人となる。庸・雑徭は免除されたが、食料・武装は自弁^{じべん}するのが原則。　**兵士**^{へいし}⑦

軍団^{ぐんだん}　⑦各国に設置された兵士の集団。管内の兵士を交代で勤務させ、地方豪族出身の軍毅^{ぐんき}が指揮した。792年、陸奥・出羽・佐渡・大宰府管内の辺境地を除いて廃止し、健児^{こんでい}に代えた。

衛士^{えじ}　⑥諸国の軍団の兵士から選ばれ、交代で上京。衛門府^{えもんふ}や左・右衛士府^{えじふ}に配属され、宮門の警護などについた。任期は1年。

防人^{さきもり}　⑥筑紫・壱岐・対馬など九州北部防衛のためにおかれた兵士。全国(主に東国)の兵士から選び、3年交代とした。795年に壱岐・対馬以外の防人を廃止。804年に壱岐の防人も廃止し、やがて防人は消滅。

仕丁^{しちょう}　③50戸につき2人の割合で出され、中央政府の雑用に使役される正丁。

良民^{りょうみん}　⑥律令では人民を良(良民)・賤(賤民)の2階級に大別し、貴族、官人、調・庸を負担する公民(班田農民・調庸の民)、

特殊な技術者である品部・雑戸を良(良民)
とした。良民全体は百姓とも呼ばれた。皇
族・賤民・蝦夷ぞなどは良民から除かれた。

百姓 ひゃくしょう《古代》③　**公民** こうみん ⑤
班田農民 はんでんのうみん ①　**賤民** せんみん ⑤

品部 しなべ（ともべ）・**雑戸** ざっこ　① 諸官司に隷属して手
工業を中心とした特殊な技芸労務を義務づ
けられた集団。身分的には良民だが、実質
は良賤の中間に位置し、雑色〔人〕と総称し
た。品部の方が上位。8〜9世紀を通じて
共に解放された。　**雑色人** ぞうしきにん ①

五色の賤 ごしきのせん　⑥ 陵戸など5種の賤民で、良
民及び他色の賤との婚姻は禁じられた。陵
戸・官戸・公奴婢の口分田は良民と同額、
他は良民の3分の1。

：陵戸 りょうこ ⑥ 天皇家の陵墓を守衛する官有
の賤民。

：官戸 かんこ ⑥ 官有の賤民で、官司の諸役に
駆使された。一家を構えることができ、官
人・良民の罰せられた者などで構成。

：公奴婢 くぬひ ⑤ 官有の奴隷。中央官庁の雑
役に使われ、戸は形成できなかった。官奴
婢ともいう。　**官奴婢** かんぬひ ②

：家人 けにん ⑥ 私有の賤民で戸をなして生活
し、売買されなかった。

：私奴婢 しぬひ ⑥ 私有の奴隷で、大寺院・地
方豪族が多く私有。賤民の最下位で、売買
された。公奴婢・私奴婢とも、男性を奴、
女性を婢という。　**奴婢** ぬひ ④　**宅** やけ ①

▌2 平城京の時代

遣唐使

東アジア文化圏 ひがしアジアぶんかけん　③ 漢字・儒教・仏
教などの文化要素を共有する、中国をはじ
め日本・朝鮮などを含む文化的にまとまっ
た地域。

帝国 ていこく《古代》④ 周辺諸国・諸地域を支配す
る皇帝が統治する国家。本来は中国を指す。
自己を文化の中心の中華とし、周辺に文化
程度の低い東夷・西戎せいじゅう・南蛮(南夷)・
北狄ほくてきという異民族が住むとする中華思想
を持つ。

：東夷 とうい ⑦ 本来中国から見て朝鮮半島や
倭を指したが、律令国家は、自己を中華と
し、新羅・渤海を蕃国、蝦夷・隼人・南西
諸島などを蕃夷(夷狄)とみる日本的な小中
華思想を持ち、「東夷(東海)の小帝国」と呼
ばれることがある。南西諸島は南夷(南蛮)

とも呼ばれた。　**中華** ちゅうか ③　**蕃国** ばんこく ②
蕃夷 ばんい（夷狄いてき）③
南夷 なんい（南蛮なんばん）①

遣唐使 けんとうし　⑦ 日本から唐に派遣された正式
な外交使節。630〜894年の間に19回任命さ
れ、15回渡海した。一行は盛時には大使以
下留学生ら4隻500人にも及び、「よつのふ
ね」と呼ばれた。経路は北路から南島路、
ついで南路と変わり、894年、菅原道真すがわら
のみちざねの上表で中止。律令国家の政治・文化の
発展に大きく寄与した。　**遣唐使船** けんとうしせん ③
遣唐大使 けんとうたいし ③　**「よつのふね」** ①
北路 ほくろ・**南路** なんろ ①

犬上御田鍬 いぬかみのみたすき　③ 生没年不詳。推古朝の
614年に遣隋使として渡海。舒明じょめい朝の630
年には第1回の遣唐使として薬師恵日くすしのえにち
らと渡海し、632年に唐使の高表仁こうひょうにんを
伴い帰国。

粟田真人 あわたのまひと　① ？〜719　702年派遣の遣唐
執節使しっせつし(大使)。唐で文化人として名を
高めた。遣唐使は天智天皇の669年の遣使
以後は中断し、文武天皇の702年に復活し
た。

阿倍仲麻呂 あべのなかまろ　④ 698?〜770?　717年に留
学生として入唐。唐朝に仕官して、開元の
治かいげんを行う玄宗皇帝に重用され、詩人の
李白・王維らと交友。唐名朝衡ちょうこう。753年、
帰国途上で風波に遭い帰れず、藤原清河ら
と唐に留まり長安で死去した。

玄宗 げんそう ③　**李白** りはく ①　**王維** おうい ①
吉備真備 きびのまきび　→ p.41
玄昉 げんぼう　→ p.41
井真成の墓誌 いのまなりのぼし　③ 2004年に中国西安市
郊外で発見された墓誌。井真成は、717年
出発の玄昉・吉備真備・阿倍仲麻呂らの留
学生を含む遣唐使団の一員で734年に死去
したとされるが、日本名は不明である。墓
誌の「国は日本と号す」の部分は、日本の国
号の使用例である。　**井真成** いのまなり ③

遣新羅使 けんしらぎし　② 朝鮮半島統一頃以降の新羅
に日本が派遣した使節。668年に天智天皇
が遣使し、836年まで27回を数えた。新羅
からも668年以降、新羅使が訪れ、923年ま
で47回に及んだ。8世紀になると、従属国
として扱おうとする日本に対し、新羅は対
等を主張し、新羅との対立が生じた。

渤海 ぼっかい　⑦ 東満洲・沿海州に栄えたツングー
ス系の靺鞨まっかつ族と高句麗遺民の国。698年、
大祚栄だいそえいが建国、926年、契丹きったんに滅ぼさ
れた。唐・新羅との対立関係から日本と通
交した。　**靺鞨族** まっかつぞく ①

：渤海使_{ぼっかいし}　④ 727～919年の間に34回来日し、毛皮・薬用人参をもたらす。渤海使は、都の鴻臚館や松原客院(館)(越前)、能登客院(館)(能登)に滞在し厚遇された。日本も728～811年の間に13回の遣渤海使を派遣、絹・綿などを贈る。

松原客院_{まつばらきゃくいん}　② 　**能登客院**_{のときゃくいん}　②
遣渤海使_{けんぼっかいし}　②

鴻臚館_{こうろかん}　③ 古代の外国使節の迎接施設。大宰府_{だざいふ}(博多津_{はかたのつ})と平安京に設置された。福岡市の旧平和台球場付近から、大宰府鴻臚館の遺構が発見された。

奈良の都平城京

奈良時代_{ならじだい}　⑦ 710～784　奈良に都がおかれていた時代。784～794年の長岡京の時代を経て平安時代につながる。この間、天皇8代のうち4代が女性天皇で、聖武_{しょうむ}天皇の天平時代を中心に唐風の天平文化が栄えた。律令国家の発展期であると共に、政治・社会面で動揺の激しい時代でもあった。

元明_{げんめい}**天皇**　⑤ 661～721　在位707～715。天智天皇の皇女。草壁_{くさかべ}皇子の妃。文武_{もん}・元正_{げんしょう}天皇の母。708年に銭貨である和同開珎を鋳造。710年、平城京に遷都した。

平城京_{へいじょうきょう}　⑦ 710～784年の間の都。藤原京の真北にあたる奈良盆地北端を京城に、唐の長安にならう都城を建設した。東西約4.3km、南北約4.8km。都城の周囲にあるべき城壁(羅城)は、羅城門のある都城南面のみに築造。1959年以来、平城宮の本格的な発掘調査が行われ、史跡公園として整備された。

羅城_{らじょう}　①　**羅城門**_{らじょうもん}　⑤
：朱雀大路_{すざくおおじ}　⑦ 都の中央を南北に走る大路。東側が左京で、西側が右京、北端が朱雀門・宮城、南端が都城正門の羅城門。

左京_{さきょう}　⑦　**右京**_{うきょう}　⑦　**朱雀門**_{すざくもん}　③
：外京_{げきょう}　② 平城京の創始後、左京を東へ延ばし、春日山麓に設けられた街区。右京には北辺坊_{ほくへん}(坊)が張り出た。

：宮城_{きゅうじょう}　⑦ 都城の中核的区域で、内裏・朝堂院・諸官庁からなる。宮あるいは大内裏ともいう。平城京の宮城は平城宮という。

大内裏_{だいだいり}　③　**平城宮**_{へいじょうきゅう}　⑦
：内裏_{だいり}　⑦ 宮城内での天皇の居所。正殿は紫宸殿_{ししんでん}で、ほかに清涼_{せいりょう}殿・仁寿_{じじゅ}殿などがある。

：朝堂院_{ちょうどういん}　④ 政務・儀式などが行われた宮城内の中心的施設。天皇が出御して朝政や即位・大嘗祭・元日朝賀などの重要儀

式を行う大極殿(その区域を大極殿院)、主要官人が朝政を行う朝堂、官人が儀式などで列立する朝庭、官人の待機所である朝集殿(堂)などから構成される。

大極殿_{だいごくでん}　⑥　**朝堂**_{ちょうどう}　②
朝集殿_{ちょうしゅうでん}　②
：条坊制_{じょうぼうせい}　⑤ 日本古代の都城で、碁盤目_{ごばんめ}状に土地を区画する制度。京内は東西南北とも4町(約530m)ごとの大路で区画された。4町四方の1区画は坊と呼ばれ、左京(右京)何条何坊の形で表示された。さらに、坊は東西南北各3本の小路_{こうじ}によって16区分され、その1区分を坪_{つぼ}(町)と呼んだ。

大路_{おおじ}　①
：坊_{ぼう}　→ p.33
：東市_{ひがしのいち}**・西市**_{にしのいち}　⑥ 平城京・平安京とも左京に東市、右京に西市が官営で設けられ、市司が管理した。市は正午に開かれ日没に閉じられた。都以外にも軽市_{かるのいち}(奈良県橿原市)・海柘榴市_{つばいち}(奈良県桜井市)などの市があった。

市_{いち}　②
：市司_{いちのつかさ}　→ p.33
：工房_{こうぼう}《**官司**_{かんし}》 ① 八省や国衙などの官司に属する仕事場。図書_{ずしょ}寮の製紙、兵部省の武器製作、宮内省の醸酒・鍛冶などの工房がある。ここでは品部・雑戸が技術をもって仕えていた。

国府工房_{こくふこうぼう}　①
：奈良_{なら}　⑦ 奈良時代の都。「寧楽」とも表記する。平安遷都後に田畑になったが、外京付近の東大寺・興福寺を中心に南都と呼ばれ、中世には門前町を形成。座による商工業も栄え、筆墨や奈良晒_{ざらし}を産した。江戸時代は幕府の直轄地。

：長安_{ちょうあん}　⑦ 唐の都城。日本の平城京・平安京の都城建設の模範となった。東西10km、南北約8km。

長屋王邸(宅)跡_{ながやおうてい(たく)あと}　⑤ 平城京の左京三条二坊の4坪分を占めた長屋王と正妻吉備内親王の邸宅跡。邸内から「長屋親王」の文字のある木簡をはじめ、膨大な量の長屋王家木簡が出土した。邸内には家政機関もおかれて氷室からの氷など貢納品を管理し、王家の優雅な生活を支えた。

氷室_{ひむろ}　①
木簡_{もっかん}　⑦ 文字を記した木札。藤原宮・平城宮・地方官衙跡などから多数出土している。内容から、文書木簡(官庁間の連絡、記録、帳簿)、付札木簡(調庸など諸国の貢進物の荷札など)、習書木簡(漢字・漢文習得の練習用)、符籍_{ふだ}木簡(郡司から配下への命令用)、封緘_{ふうかん}木簡(紙の文書の封緘に使用)などに区分される。

文書木簡_{もんじょもっかん}　②

付札木簡_{つけふだもっかん} ⑥　**習書木簡**_{しゅうしょもっかん} ①
：**藤原宮木簡**_{ふじわらきゅうもっかん} ②　藤原宮跡から出土し、郡評_{ぐんぴょう}論争決着の決め手となった木簡群。平城宮木簡とあわせ、律令制の官僚制・財政などの実態も明らかにした。

平城宮木簡_{へいじょうきゅうもっかん} ③
：**長屋王家木簡**_{ながやおうけもっかん} ③　平城京の長屋王邸跡から出土した数万点の木簡群。王家の生活・家政・経済基盤などの実態を明らかにした。

和銅_{わどう} ①　708年、武蔵国秩父郡から和銅(自然銅、天然の純銅)の献上があり、祝して和銅と改元された。すでに668年、越後から燃水_{もゆるみず}(石油)の献上があり、以後、次のような鉱産物の開発が進展した。

陸奥の金_{むつのきん} ②　**周防の銅**_{すおうのどう} ①
武蔵(秩父)の銅_{むさし(ちちぶ)のどう} ③
長門の銅_{ながとのどう} ①　**対馬の銀**_{つしまのぎん} ①
越の石油_{こしのせきゆ} ①

和同開珎_{わどうかいちん(わどうかいほう)} ⑦　708(和銅元)年に鋳造された銭貨で、唐の開元通宝にならったもの。珎は珍の異体字、または寶の略体という。和同の文字には、年号の和銅と調和を示す吉祥句の両方の意味が含まれる。銀・銅の両銭があり、政府は山城・周防などの各地に鋳銭司_{じゅせんし}をおいて鋳造した。

開元通宝_{かいげんつうほう} ②　**和同銀銭**_{わどうぎんせん} ③

富本銭_{ふほんせん} ⑦　天武朝頃に鋳造された「富本」の銘を持つ銅銭。総合工房跡の飛鳥池遺跡(奈良県明日香村)から、鋳造した工房跡と共に400点近く出土した。流通貨幣(通貨)として発行された可能性が高いが、流通はかなり限定的で、まじないのための厭勝銭_{えんしょうせん}としての使用もあったと考えられる。

飛鳥池遺跡_{あすかいけいせき} ⑤

皇朝十二銭_{こうちょうじゅうにせん} ④　和同開珎以下、万年通宝_{まんねんつうほう}・神功開宝_{じんぐうかいほう}・隆平永宝_{りゅうへいえいほう}・富寿神宝_{ふじゅしんぽう}・承和昌宝_{じょうわしょうほう}・長年大宝_{ちょうねんたいほう}・饒益神宝_{じょうえきしんぽう}・貞観永宝_{じょうがんえいほう}・寛平大宝_{かんぴょうたいほう}・延喜通宝_{えんぎつうほう}・乾元大宝_{けんげんたいほう}の12種の銅銭で、律令政府が鋳造した。本朝十二銭ともいう。　**本朝十二銭**_{ほんちょうじゅうにせん} ③
：**乾元大宝**_{けんげんたいほう} ④　村上天皇の958(天徳2)年に発行。本朝十二銭の最後。

蓄銭叙位令(法)_{ちくせんじょいれい(ほう)} ④　711年、銭貨の流通を図るため、蓄銭量に応じて位階を授けることを定めた法令。従六位以下は10貫、初位以下は5貫の銭を蓄え、政府へ納入したら位を1階進めると令した。史料が少なく、どの程度実施されたかは不明。

地方の統治と蝦夷・隼人

官道_{かんどう} ⑤　国家が管理・修造する道路。駅路とそれ以外の伝路とからなる。駅路は駅制に対応する道路で、中央から直線的に地方に延び、地域名と同じ山陽(大路)・東海・東山(中路)・北陸・山陰・南海・西海道(小路)の七道_{しちどう}からなる。伝路は、各郡家間などを結ぶ地方の道で、国司・郡司によって管理され、網目状の構成をとった。

駅路_{えきろ} ③　**伝路**_{でんろ} ①
：**曲金北**_{まがりかねきた}**遺跡** ①　静岡県静岡市にある古代東海道跡を中心とする遺跡。東海道跡の道路遺構が約350m一直線に確認された。両側に幅2〜3mの側溝を備え、道路幅は9m前後と考えられる。側溝からは「常陸国鹿嶋郡」の木簡も出土。

駅制_{えきせい} ①　都と地方の国府を結ぶ駅路に、約16kmごとに駅家をおき、一定数の駅馬と駅務をする駅子_{えきし}を配し、駅長が統轄した公的な交通制度。駅鈴を持つ公用の役人(駅使)のみが利用できた。駅の経費をまかなう駅田は不輸租田で、駅戸_{えきこ}が耕作した。

駅家_{うまや} ⑤　**駅馬**_{はゆま} ⑥　**駅鈴**_{えきれい} ⑤

伝馬_{てんま} ①　律令制下、郡家に設置される公用の役人(伝使_{でんし})が乗用する馬。駅鈴を持ち、駅路を通る公用の役人(駅使)が乗用する駅馬(駅家に設置)とは区別される。

国府_{こくふ}　→ p.33
郡家_{ぐうけ(ぐんけ)}　→ p.34
木簡_{もっかん}　→ p.38

墨書土器_{ぼくしょどき} ③　墨で文字や記号・絵などが書かれた土器。古代に多く、官衙遺跡・集落遺跡などから出土。1〜2字程度記されることが多い墨書は、官衙の場合は、土器の帰属や用途を示す場合が多い。一方、主に東国の集落遺跡の墨書土器は、祭祀や儀礼に使用されたものが多い。古代社会を知るための重要な資料である。

帝国_{ていこく}　→ p.37

蝦夷_{えみし} ⑦　古代の新潟、東北地方、北海道南部にかけて居住する中央政府の支配に従わない人々。律令国家は彼らを異民族視し、征服・同化政策を推進した。

渟足柵_{ぬたりのさく}・**磐舟柵**_{いわふねのさく}　→ p.29
阿倍比羅夫_{あべのひらふ}　→ p.29

出羽国_{でわのくに} ⑦　712年、越後北部と陸奥の一部を割いて設置された。現在の秋田県・山形県。708年頃、最上川流域に出羽柵_{でわのさく}を設け、733年には秋田に移して秋田城とし、

日本海側の開拓が進展した。国府は当初、出羽柵におかれたが、733年に秋田城に移った。　　**出羽柵**〔でわのさく〕①　**秋田城**〔あきたじょう〕④

城柵〔じょうさく〕⑦ 主に古代東北地方に設置された城の総称。蝦夷に対する防御施設でもあるが、行政施設的な性格が強い。正殿を中心に諸国の国府と共通の構造を持つ内郭と、兵士などの住居や倉庫を配した外郭とからなることが多い。また、城柵を守る鎮兵に対し、城柵周辺に移住させられ、開拓と防衛にあたる人々を柵戸という。　**柵戸**〔さく〕②

多賀城〔たがじょう〕⑦ 宮城県多賀城市にあった城柵。724年、大野東人〔おおののあずまひと〕によって設置されたという。陸奥国の国府と鎮守府がおかれ、古代東北地方の政治・軍事の拠点。蝦夷経営の根拠地ともなった。802年、鎮守府の胆沢城移転後は国府のみとなる。1978年、漆がしみ込んで地中に遺存した漆紙文書が発見された。　　　　　**陸奥国**〔むつのくに〕⑦
　　陸奥国府〔むつこくふ〕⑤　**漆紙文書**〔うるしがみもんじょ〕③

鎮守府〔ちんじゅふ〕⑦ 陸奥国の軍政(城柵の造営・守備など)を行うために設置された役所。奈良時代に多賀城におかれ、802年に胆沢城に移る。のちに平泉に移転し、奥州藤原氏滅亡まで存続した。その長官は鎮守将軍で、平安中期以降に鎮守府将軍と呼ぶようになった。　　　　　**鎮守府将軍**〔ちんじゅふしょうぐん〕①

桃生城〔ものうのじょう〕① 陸奥国におかれた城柵。藤原仲麻呂政権下の759年に造営。北上川主流をおさえ、蝦夷勢力圏に建てられた。宮城県石巻市に遺構が存在。

雄勝城〔おがちのじょう〕① 出羽国におかれた城柵。陸奥国の桃生城と共に759年に造営。秋田城と並ぶ、出羽国北方支配の拠点。

隼人〔はやと〕⑤ 薩摩・大隅地方に住む人々で、長く政府に反抗し、720年にも大隅国司を殺して大乱を起こし、大伴旅人〔おおとものたびと〕に鎮圧された。一部の隼人は中央にあって衛門府の隼人司が管理した。当時の楯が現存する。

薩摩国〔さつまのくに〕⑥ 702年、隼人の反乱を鎮定する過程で設置。現在の鹿児島県西半部。

大隅国〔おおすみのくに〕⑥ 713年、美作・丹後と共に設置。現在の鹿児島県の東半部。隼人の居住地で、中央への服属が遅れていた。

南島〔なんとう〕⑥ 多褹(種子島)・掖玖(屋久島)・奄美・度感(徳之島)・球美(久米島)・信覚〔しが〕(石垣島)などの南西諸島の島々の総称。7世紀末頃までに、これらの島々の使が来朝し、染色に利用される赤木(蘇芳)などを政府に貢進する交易を行うようになった。
　多褹(褹)〔たね〕⑤　**掖玖**〔やく〕④　**奄美**〔あま〕①

赤木〔あかぎ〕(**蘇芳**〔すおう〕)①

藤原氏の進出と政界の動揺

藤原氏〔ふじわらうじ〕⑦ 藤原鎌足〔かまたり〕以来、中臣氏から分岐した名族で、特に古代に繁栄した。奈良時代に藤原四家がおこり、平安時代には北家のみが栄えて摂関政治を展開した。中世以降、武家に押されて無力化したが、摂関の職だけは近世末まで五摂家〔ごせっけ〕が独占した。　　　　　　　**中臣氏**〔なかとみうじ〕③

藤原不比等〔ふじわらのふひと〕⑦ 659〜720　鎌足の子。大宝律令の制定に参画し、平城遷都〔せんと〕に尽力。養老律令〔ようろうりつりょう〕編纂の中心となる。娘宮子が文武〔もんむ〕天皇夫人として聖武天皇を生み、藤原氏が外戚〔がいせき〕になる端緒をつくる。女官として後宮〔こうきゅう〕で大きな力を持っていた県犬養橘三千代〔あがたいぬかいのたちばなのみちよ〕(光明子母)は、不比等の後妻。　　　**藤原宮子**〔ふじわらのみやこ〕④

元正〔げんしょう〕**天皇**③ 680〜748　在位715〜724。草壁〔くさかべ〕皇子の皇女。母は元明天皇。首皇子(聖武)の成長を待ち、724年に聖武天皇に譲位。在位中、養老律令制定(718)、百万町歩の開墾計画(722年)、三世一身法の発布(723年)などが行われた。

長屋王〔ながやおう〕⑦ 676?〜729　天武天皇の孫。壬申の乱で活躍した高市〔たけち〕皇子の子。皇族勢力を代表して権勢をふるい、藤原不比等の死後、最高位の左大臣となる。729年、長屋王に謀反の意図があるとして、藤原宇合らに邸を囲まれ、妻の吉備内親王ら一族と共に自殺(長屋王の変)。王の邸跡は1988年に発掘され、大量の木簡が出土した。
　長屋王の変〔ながやおうのへん〕⑦　**吉備**〔きび〕**内親王**①
：**長屋王邸(宅)跡**〔ながやおうてい(たく)あと〕　→ p.38

聖武〔しょうむ〕**天皇**(**太上天皇**〔だいじょうてんのう〕)⑦ 701〜756　在位724〜749。文武天皇の皇子、名は首皇子。皇后は光明子。深く仏教を信じ、国分寺をつくり、東大寺大仏を鋳造。天平文化の黄金期をつくる。遺品は正倉院に伝存。
　　　　　　　　　首皇子(親王)〔おびとのおうじ(しんのう)〕①
：**太上天皇**〔だいじょうてんのう〕　→ p.77

藤原四子〔ふじわらしし〕④ 藤原不比等の4人の子(兄弟)をいう。それぞれがおこした四つの家を藤原四家という。平安時代以降は、北家が隆盛した。長屋王の変後に実権を掌握したが、737年に天然痘で4人とも死去した。
　　　　　　　　　藤原四家〔ふじわらしけ〕①　**天然痘**〔てんねんとう〕⑤
：**南家**〔なんけ〕⑦ 藤原武智麻呂を祖とする家。名称は邸宅の位置に由来。
　　　　　　　　藤原武智麻呂〔ふじわらのむちまろ〕①

：北家^{ほっ} ⑦ 藤原房前を祖とする家。名称は邸宅の位置に由来。　　**藤原房前**^{ふじわらの}_{ふささき} ④

：式家^{しき} ⑦ 藤原宇合を祖とする家。宇合の官職が式部卿でこの名称がある。
　　　　　　　　　藤原宇合^{ふじわらの}_{うまかい} ④

：京家^{きょう} ⑦ 藤原麻呂を祖とする。名称は麻呂の官職である京職大夫に由来する。
　　　　　　　　　藤原麻呂^{ふじわらの}_{まろ} ④

光明子^{こうみょう}_し（**光明皇后**^{こうみょう}_{こうごう}・**光明皇太后**^{こうみょう}_{こうたい}_{ごう}） ⑦ 701〜760　藤原不比等の子。聖武天皇の皇后。長屋王の変の直後、人臣で初めて皇后となる。749年、聖武天皇退位後は皇太后。仏教の信仰が厚く、悲田院・施薬院を設け、孤児や病人を救った。

：悲田院^{ひでん}_{いん}　→ p.48
：施薬院^{せやく}_{いん}　→ p.48

橘諸兄^{たちばなの}_{もろえ} ⑦ 684〜757　光明皇后の異父兄にあたる。母は犬養橘三千代。藤原4兄弟の病死後の738に右大臣、さらには左大臣となり、吉備真備・玄昉らを顧問として政権を掌握した。

：橘氏^{たちばな}_{なし}　→ p.58

吉備真備^{きびの}_{まきび} ⑦ 693?〜775　717〜735年、唐に留学。帰国後橘諸兄の政権に顧問格として参画。藤原仲麻呂の台頭で冷遇されるが、仲麻呂失脚後に昇進し、右大臣となる。経史・兵法に通じ、のちの菅原道真と並ぶ学者政治家。

玄昉^{げん}_{ぼう} ⑦ ?〜746　法相宗の僧。717〜735年、唐に留学。帰国後橘諸兄の政権に参画。大仏造営など、護国仏教の確立に努めた。藤原仲麻呂の台頭で筑紫^{つくし}観世音寺^{かんぜ}_{おんじ}に左遷され、その地で死去した。

藤原広嗣の乱^{ふじわらのひろ}_{つぐのらん} ⑦ 740年、大宰少弐の藤原広嗣（?〜740、式家の宇合の子）が、九州で挙兵、敗死した事件。橘諸兄政権の下で権勢を強めた吉備真備・玄昉を除こうとした。
　　　　　　　　　藤原広嗣^{ふじわらの}_{ひろつぐ} ⑦
　　　　大宰少弐^{だざいの}_{しょうに} ①

恭仁京^{くにの}_{きょう} ⑦ 京都府相楽^{そうらく}郡におかれた都城。藤原広嗣の乱などの政治的不安の中で、聖武天皇が740〜744年の間、遷都。744年、都は難波に移る。

難波宮〔京〕^{なにわのみ}_{や〔きょう〕} ⑦ 孝徳天皇の難波長柄豊碕宮以来、784年、長岡京遷都に伴い、殿舎が解体されて長岡に運ばれ廃絶するまで約150年間難波にあった宮。天武朝の683年に複都制が採用されると、一時首都となった時期（744年）を除き、副都〔陪都〕として存続した。　　**副都**^{ふく}_と**〔陪都〕**^{ばい}_と ②

難波〔長柄豊碕〕宮^{なにわ〔ながら}_{とよさき〕のみや}　→ p.29

紫香楽宮〔京〕^{しがらきのみ}_{や〔きょう〕} ⑦ 滋賀県甲賀市にあった聖武天皇の宮。信楽宮、甲賀宮ともいう。742年、聖武天皇がこの地に離宮を建て、翌年にこの地で大仏造立を発願。744年、都が難波宮から紫香楽宮に移動したが、745年に平城京に還都した。

国分寺建立の詔^{こくぶんじこんりゅ}_{うのみことのり} ⑦ 741年に聖武天皇が出した詔で、国ごとに僧寺の国分寺と尼寺の国分尼寺を設け、国家の平安を祈らせた。当時の悪疫流行や政治不安が背景。

：国分寺^{こくぶ}_{んじ} ⑦ 諸国の国府付近に建立された僧寺。20人の僧と金光明最勝王経^{こんこう}_{みょうさい}_{しょうおうきょう}をおいた。尼寺と共に国司が管理。正式名称は金光明四天王護国之寺。東大寺は筆頭の国分寺として総国分寺とされた。
　　　　　　　　　総国分寺^{そうこく}_{ぶんじ} ①

：国分尼寺^{こくぶ}_{んにじ} ⑦ 国分寺と共に諸国に建立された尼寺。尼10人と妙法蓮華経（法華経）を配置。正式名称は法華滅罪之寺^{ほうけめつ}_{ざいのてら}。法華寺は筆頭の国分尼寺として総国分尼寺とされた。　　**総国分尼寺**^{そうこく}_{ぶんにじ} ①
　　　　　　　　　　　法華寺^{ほっ}_{けじ} ③

大仏造立の詔^{だいぶつぞうりゅ}_{うのみことのり} ⑦ 743年、聖武天皇が近江紫香楽宮で盧舎那仏の大仏造立を宣言した詔。詔中の「天下の富を有つは朕なり。天下の勢を有つも朕なり」の言葉は有名。

：盧舎那仏^{るしゃ}_{なぶつ}**（東大寺大仏**^{とうだいじ}_{だいぶつ}**）** ⑥ 盧舎那は梵語の Vairocana で、光明遍照^{こうみょうへ}_{んじょう}の意。華厳経の思想に基づき、743年、聖武天皇の命により紫香楽宮で鋳造を開始。のち747年平城京で再開し、大仏師国中公麻呂^{くになかの}_{きみまろ}らの技術で完成。752年、大仏の開眼供養^{かいげん}_{くよう}をした。高さ16.1m。台座蓮弁の一部は当時のもの。　　**華厳経**^{けごん}_{きょう} ④
　　　大仏開眼供養〔会〕^{だいぶつかいげん}_{くよう〔え〕} ⑦

東大寺^{とうだ}_{いじ} ⑦ 総国分寺とも称され、仏教の鎮護国家の思想を具現。伽藍^{がら}_んは大仏鋳造後、造東大寺司^{ぞうとうだいじ}_しによって789年までにはほぼ完成。天下三戒壇^{かい}_{だん}の一つがあった。広大な荘園を所有。1180年と1567年の2回兵火で焼失。現在の大仏殿は江戸時代の再建。華厳宗^{けごん}_{しゅう}の大本山。

孝謙^{こうけん}**天皇（太上天皇）** ⑦ 718〜770　在位749〜758。聖武天皇と光明皇后の皇女（阿倍内親王）。仏教を深く信仰し、752年に大仏開眼供養を挙行。758年、藤原仲麻呂のおす大炊王^{おおい}_{おう}（淳仁天皇）が即位すると太上天皇となるが、淳仁天皇や仲麻呂と対立して重祚^{ちょうそ}し称徳天皇となる。

：太上天皇　→ p.77

橘奈良麻呂<ruby>橘奈良麻呂<rt>たちばなのならまろ</rt></ruby> ⑦ 721? ～757?　諸兄の子。藤原仲麻呂の台頭で勢力が後退し、クーデター未遂事件(橘奈良麻呂の変)をおこしが敗れて獄死した。

：橘奈良麻呂の変(乱)<ruby>橘奈良麻呂の変(乱)<rt>たちばなのならまろのへん(らん)</rt></ruby> ⑦ 757年、橘奈良麻呂が大伴・佐伯・多治比<ruby>比<rt>たじ</rt></ruby>氏らと結んで、藤原仲麻呂を除こうとしたが、捕われて獄死した事件。皇太子を廃されていた道祖王(新田部<ruby>新田部<rt>にいたべ</rt></ruby>親王の子)らも加担したとされ獄死した。この事件で、反仲麻呂派は一掃され、仲麻呂の専制体制が確立した。

佐伯氏<ruby>佐伯氏<rt>さえきし</rt></ruby> ①　**道祖王**<ruby>道祖王<rt>ふなどおう</rt></ruby> ①

大伴氏<ruby>大伴氏<rt>おおとも</rt></ruby>　→ p.24

淳仁<ruby>淳仁<rt>じゅんにん</rt></ruby>**天皇** ⑤ 733～765　在位758～764。舎人親王の子。藤原仲麻呂に擁されて即位。万年通宝<ruby>万年通宝<rt>まんねんつうほう</rt></ruby>などを鋳造。藤原仲麻呂の乱で孝謙太上天皇によって廃され、淡路に流された。淡路廃帝ともいう。

藤原仲麻呂(恵美押勝)<ruby>藤原仲麻呂(恵美押勝)<rt>ふじわらのなかまろ(えみのおしかつ)</rt></ruby> ⑦ 706～764　光明皇太后の信を得て、749年に新設された紫微中台<ruby>紫微中台<rt>しびちゅうだい</rt></ruby>(皇后宮職の改編)の長官(紫微令)に任じられた。淳仁天皇から恵美押勝の名を賜わり、大師(太政大臣)となる。養老律令の施行、玄宗や周を建国した則天武后の治世にならい、唐式官名の採用を行う。

皇后宮職<ruby>皇后宮職<rt>こうごうぐうしき</rt></ruby> ①

則天武后<ruby>則天武后<rt>そくてんぶこう</rt></ruby> ②　**周**<ruby>周<rt>しゅう</rt></ruby> ①

大師(太師)<ruby>大師(太師)<rt>だい</rt></ruby> ②

：藤原仲麻呂(恵美押勝)の乱<ruby>藤原仲麻呂(恵美押勝)の乱<rt>ふじわらのなかまろ(えみのおしかつ)のらん</rt></ruby> ⑦ 764年、藤原仲麻呂が孝謙太上天皇の寵臣<ruby>寵臣<rt>ちょうしん</rt></ruby>である道鏡を除こうとして乱を起こしたが、近江で敗死した。

称徳<ruby>称徳<rt>しょうとく</rt></ruby>**天皇** ⑤ 孝謙天皇の重祚。在位764～770。道鏡を重く用いて仏教政治を展開。西大寺や尼寺の西隆寺の造営を行う。道鏡を即位させようとしたが、宇佐八幡神託事件で失敗。

西隆寺<ruby>西隆寺<rt>さいりゅうじ</rt></ruby> ①

道鏡<ruby>道鏡<rt>どうきょう</rt></ruby> ⑦ ?～772　法相宗の僧。孝謙太上天皇の病を癒<ruby>癒<rt>いや</rt></ruby>し、信任を得て台頭した。仲麻呂の敗死後、765年に太政大臣禅師となり、仏教政治を行う。宇佐八幡神の神託と称し皇位を望んだが失敗し、770年、下野薬師寺に追放された。

太政大臣禅師<ruby>太政大臣禅師<rt>だいじょうだいじんぜんじ</rt></ruby> ③

下野薬師寺<ruby>下野薬師寺<rt>しもつけやくしじ</rt></ruby> ②

：法王<ruby>法王<rt>ほう</rt></ruby> ⑦ 765年に太政大臣禅師となった道鏡が、766年に得た称号。法王の地位の内容は不明。

和気清麻呂<ruby>和気清麻呂<rt>わけのきよまろ</rt></ruby> ⑤ 733～799　769年、道鏡の皇位就任を告げた宇佐八幡の神託を確認するために派遣され、偽託<ruby>偽託<rt>ぎたく</rt></ruby>であることを

復奏<ruby>復奏<rt>ふくそう</rt></ruby>した。一時、大隅に配流。道鏡失脚後は復帰し、平安遷都の進言などで活躍した。

宇佐八幡〔宮〕神託事件<ruby>宇佐八幡〔宮〕神託事件<rt>うさはちまん〔ぐう〕しんたくじけん</rt></ruby> ③

：宇佐八幡宮<ruby>宇佐八幡宮<rt>うさはちまんぐう</rt></ruby> ③ 大分県宇佐市にある神社。応神天皇(宇佐大神、八幡神)・神功<ruby>神功<rt>じんぐう</rt></ruby>皇后らをまつり、奈良時代には鎮護国家の神として厚い崇敬を受けた。平安初期には石清水<ruby>石清水<rt>いわしみず</rt></ruby>八幡宮に勧請<ruby>勧請<rt>かんじょう</rt></ruby>された。全国の八幡宮の総本社。

：八幡神<ruby>八幡神<rt>はちまんしん</rt></ruby>　→ p.56

藤原百川<ruby>藤原百川<rt>ふじわらのももかわ</rt></ruby> ⑤ 732～779　宇合(式家)の子。北家の藤原永手(房前の子)と天智系の光仁天皇即位に尽力する。光仁天皇の信任が厚く、参議となる。

藤原永手<ruby>藤原永手<rt>ふじわらのながて</rt></ruby> ②

光仁<ruby>光仁<rt>こうにん</rt></ruby>**天皇** ⑥ 709～781　在位770～781。天智天皇の孫で施基<ruby>施基<rt>しき</rt></ruby>皇子の子。名は白壁王。称徳天皇の死後、藤原百川らに擁立され62歳で即位。道鏡を下野薬師寺に追放し、行財政簡素化(官人の減員など)、農民負担の軽減などで律令制維持・再建をめざした。

白壁王<ruby>白壁王<rt>しらかべおう</rt></ruby> ②

：他戸<ruby>他戸<rt>おさべ</rt></ruby>**親王** ⑤ 761～775　光仁天皇の皇太子。母は聖武天皇皇女の皇后・井上内親王。井上内親王による光仁天皇呪詛事件に関与したとされ、廃太子。母子ともに幽閉され死亡した。代わりの皇太子には山部<ruby>山部<rt>やまべ</rt></ruby>親王(のちの桓武天皇)が立てられた。

井上<ruby>井上<rt>いのうえ</rt></ruby>**内親王** ②

民衆と土地政策

平出<ruby>平出<rt>ひらいで</rt></ruby>**遺跡** ① 長野県塩尻<ruby>塩尻<rt>しおじり</rt></ruby>市にある縄文中期から平安初期にわたる集落遺跡。カマド跡を持つ竪穴・平地住居跡が、地方庶民の生活を示している。

：平地住居<ruby>平地住居<rt>へいちじゅうきょ</rt></ruby>　→ p.21

：掘立柱住居<ruby>掘立柱住居<rt>ほったてばしらじゅうきょ</rt></ruby>　→ p.21

妻問婚<ruby>妻問婚<rt>つまどいこん</rt></ruby> ③ 平安前期までの結婚形態。夫婦別居で、男性が女性の家に通う。庶民層には婿入<ruby>婿入<rt>むこいり</rt></ruby>・嫁入<ruby>嫁入<rt>よめいり</rt></ruby>の形式もあった。

絁<ruby>絁<rt>あしぎぬ</rt></ruby> ① 粗末な絹織物。古代日本の各地で生産され、調として貢納された。他の衣料には桛<ruby>桛<rt>かせ</rt></ruby>・葛布<ruby>葛布<rt>くずふ</rt></ruby>・木綿などの布もある。織り方は経糸<ruby>経糸<rt>たていと</rt></ruby>・緯糸<ruby>緯糸<rt>よこいと</rt></ruby>を交差して織る平織が一般的で、中には緯糸を斜めにして織る綾もあった。

平織<ruby>平織<rt>ひらおり</rt></ruby> ①　**綾**<ruby>綾<rt>あや</rt></ruby> ①

強飯<ruby>強飯<rt>こわいい</rt></ruby> ① 甑<ruby>甑<rt>こしき</rt></ruby>で蒸した飯(米飯)で、現代のこわめしにあたる。これを乾した乾飯<ruby>乾飯<rt>ほしいい</rt></ruby>は携行食料となり、旅行や遣唐使にも用いられた。米を水で軟らかく炊いたものを粥といい、固めに炊いた固粥<ruby>固粥<rt>かたがゆ</rt></ruby>(姫飯<ruby>姫飯<rt>ひめいい</rt></ruby>)が今

日の飯に相当する。調味料としては、大豆を加工した発酵塩蔵食品の醤や未醤（味噌）があった。 　　　　　　　　　**粥**（ゆ） ①

勧農〔政策〕（かんのう〔せいさく〕） ① 農民に農業を奨励する政策。律令では、国守が毎年国内を巡行し、郡司らを指揮して灌漑施設の維持にあたるなど、農業の振興に努めるよう義務づけられていた。

口分田（くぶんでん） → p.35

公田（こうでん） ① 本来は、口分田などを支給した残りの公の田（乗田）のことで、農民が賃租していた。そののち、平安時代までに、口分田と乗田をあわせて公田と呼ぶようになり、平安時代後半には、公領を公田というようになった。
　　　　　　　　：賃租（ちんそ） → p.35

百万町歩開墾計画（ひゃくまんちょうぶかいこんけいかく） ⑤ 人口増加による口分田不足を補うため、722年に出された良田100万町歩を開墾する計画。対象は全国と考えられるが、奥羽地方のみとする説もある。

墾田（こんでん） ⑦ 未開の地を開墾して得られた田地。開発予定地も含む。本来は公有であるが、743年以降は私有が認められた。輸租田だったが、次第に不輸租田化した。

三世一身法（さんぜいっしんのほう） ⑦ 723年発布。開墾奨励の目的で、新たに溝池をつくって開墾した者は3世（子・孫・曽孫とする説が有力）まで、旧来の施設を利用した場合は本人一代（一身）の私有を認めた法令。養老七年の格（きゃく）ともいう。

墾田永年私財法（こんでんえいねんしざいほう） ⑦ 743年発布。723年の三世一身法に代わって、墾田の永久私有を認めた法令。一位の500町より初位（そい）・庶人の10町に至るまで、身分によって墾田所有面積に限度を設けた。従来ほとんど規定がなかった墾田についての規定を明確にして、未墾地（墾田）も口分田などの既墾地と同様、国家が掌握しようとし、土地支配を強化した。

田図（でんず） ① 班田収授の際に作成された図。校田図（田地調査）の結果を描いた校田図と班田収授の結果を描いた班田図よりなる。天平期に整備され、特に天平十四年班田図（はんでんず）は、のちの時代の田図の基礎となる。

荘（しょう） ② 貴族や社寺が開墾の現地に設けた別宅や倉庫などの建物（荘家）と周りの墾田をあわせたもののこと。荘所ともいう。荘長（しょうちょう）をおいて現地を管理させた。
　　　　　　　　　　　荘所（しょうしょ） ①

荘園（しょうえん） → p.69

初期荘園（しょきしょうえん） ⑦ 墾田永年私財法を契機に成立した、8〜9世紀の荘園。古代荘園とも言う。代表的な北陸の東大寺領荘園は、国司・郡司という律令制支配機構に依存して付近の班田農民や浮浪人を動員し、大規模に原野を開墾して成立。独自の荘民を持たず、周辺の班田農民の賃租で荘園の経営が維持された。10世紀に律令制が崩壊すると、その多くは衰退。 　　**古代荘園**（こだいしょうえん） ①

貧窮問答歌（ひんきゅうもんどうか） ⑤ 山上憶良が731〜733年頃につくった長歌。『万葉集』巻5にある。農民の貧しさと里長（郷長）の苛酷な税の取立ての様子を、貧者と窮者の問答の形で歌う。

浮浪（ふろう） ⑤ 浮浪とは、本籍地（本貫）から他所に流浪するが、所在は明確で調・庸も納めることをいう。浮浪する者を浮浪人と呼び、従来は本貫（ほんがん）に返そうとしたが、天平年間頃から現地で浮浪人帳に登録され、公民とは別な身分となった。 　**浮浪人**（ふろうにん） ③
　　　　　　　　　　浮浪人帳（ふろうにんちょう） ①

逃亡（とうぼう） ⑦ 行先不明で調・庸も納めないこと。実際には、浮浪と逃亡はあまり区別されず、一括して扱われた。彼らの多くは地方豪族などのもとに身を寄せた。

偽籍（ぎせき） → p.52

3 律令国家の文化

白鳳文化

白鳳文化（はくほうぶんか） ⑦ ふつう大化改新から平城遷都に至る時代の文化をいう。律令国家建設期の清新さと明朗性や初唐文化の影響が特徴。白鳳は孝徳天皇の年号白雉（はくち）の別名とみられる。この時代を白鳳時代（白鳳期）ともいう。
　　白鳳（はくほう） ① 　**初唐文化**（しょとうぶんか） ②
　　　白鳳時代（はくほうじだい）**（白鳳期**（はくほうき）**）** ③

官寺（かんじ） ③ 私寺に対する名称で、伽藍（がらん）造営・維持・管理を国家が行う寺。とくに格の高い中央の官寺を官大寺（かんだいじ）または大寺（おおでら）という。藤原京の四大寺は大官大寺・川原（かわら）寺（弘福（ぐふく）寺）・薬師寺・飛鳥（あすか）寺（法興（ほうこう）寺）。平城京の南都七大寺は川原寺を除き、これに東大寺・興福寺・法隆寺を加えたもの。のち西大（さいだい）寺も加わった。

南都七大寺（なんとしちだいじ） → p.47

大官大寺（だいかんだいじ） ⑤ 舒明天皇の創建と伝えられる百済大寺が起源。のちに移転して高市大寺（たけちのおおでら）と称し、さらに677年、大官大寺と

改称。平城遷都で平城京に移り、大安寺と改称。東大寺建立以前は官寺の筆頭で、大安寺跡には小堂のみが現存。伽藍配置が大安寺式。　**百済大寺**{くだらおおでら}③　**大安寺**{だいあんじ}⑥：**吉備池廃寺**{きびいけはいじ}②　奈良県桜井{さくらい}市の吉備池南岸の調査で発見された巨大寺院跡遺跡。調査で判明した金堂基壇（約37m×約25m）、塔基壇（一辺約32m）の当時では破格の堂塔規模や出土瓦の年代などから、639年に舒明天皇が創建し、九重塔を持つ百済大寺にあたるとみられる。

薬師寺{やくしじ}⑦　奈良市西ノ京にある。藤原京四大寺・南都七大寺の一つ。天武天皇が皇后の病気平癒{へいゆ}を祈り創建、698（文武２）年に藤原京でほぼ完成。平城遷都{せんと}と共に現在地に移転。白鳳美術の宝庫。なお、平城移転後の旧地を本薬師寺という。
　　　　　　　　　本薬師寺{もとやくしじ}②

薬師寺東塔{やくしじとうとう}⑤　総高34.1mの裳階{もこし}つきの三重塔。リズムある姿で「凍れる音楽」の異称がある。藤原京から移建したか平城京で新建したかは議論があるが、のびやかな美しさや雲形肘木{くもがたひじき}の残形など、白鳳様式を伝える。頂上の天女と飛雲{ひうん}を配した水煙{すいえん}も独特。1981年に西塔{さいとう}が再建された。
　　　　　裳階{もこし}③　**白鳳様式**{はくほうようしき}⑤

薬師寺金堂薬師三尊像{やくしじこんどうやくしさんぞんぞう}④　金銅像。薬師如来の像高2.55m。脇侍の日光・月光の像高3.12m。造立時期は７世紀末の藤原京の説と、８世紀初めの平城京の両説とがある。飛鳥仏の硬さを脱し、変化のある姿勢で柔らかく表現。台座の鬼形{きぎょう}や唐草{からくさ}文様には、西アジアの影響がみられる。
　　　　　　日光菩薩像{にっこうぼさつぞう}④
　　　　　　月光菩薩像{がっこうぼさつぞう}④

薬師寺東院堂聖観音像{やくしじとういんどうしょうかんのんぞう}②　金銅像。技巧に優れ、飛鳥仏の外面性から天平仏の内面性への推移を示す。

興福寺仏頭{こうふくじぶっとう}⑥　685年造立。金銅像の顔面部が遺存。1937年に興福寺東金堂本尊台座下から偶然発見された。1187年、興福寺僧徒が飛鳥の山田寺から奪取し、1411年に火災にあった丈六{じょうろく}の薬師三尊像の本尊の頭部と推定される。童顔の明るい顔は白鳳の精神を示すとされる。
　　　　　　山田寺本尊{やまだでらほんぞん}③
　　　　山田寺薬師如来像{やまだでらやくしにょらいぞう}③
　　　　山田寺薬師三尊像{やまだでらやくしさんぞんぞう}①：**山田寺**{やまだでら}⑤　蘇我石川麻呂が641年に創建した寺。大化改新中の649年、石川麻呂らは無実の罪で中大兄の軍に攻められ、寺

内で自殺した。寺は平安末期に荒廃したが、1982年に回廊の一部が発見された。

法隆寺阿弥陀三尊像{ほうりゅうじあみださんぞんぞう}①　金銅像。光明皇后の母橘夫人{たちばなふじん}（県犬養橘三千代{あがたいぬかいのたちばなみちよ}）の念持仏{ねんじぶつ}と伝えられ、丸顔の柔らかな表情に白鳳から天平への発展が認められる。８世紀初めの作か。

法隆寺夢違観音像{ほうりゅうじゆめたがいかんのんぞう}②　金銅像。悪い夢をみた時、祈ればよい夢に変じてくれるという伝説がある。初唐の様式を伝える可憐{かれん}な小像。

法隆寺金堂壁画{ほうりゅうじこんどうへきが}⑥　1949年の金堂火災時に焼損。金堂外陣{げじん}の柱間には12面あった。釈迦・阿弥陀・弥勒・薬師の四浄土を描いた大壁４面、特に西６号壁の阿弥陀浄土図が著名。段層的なぼかしの繧繝{うんげん}彩色などの技法を示す。金堂内陣の上部をめぐる小壁の飛天図は、金堂火災時に取りはずされていたため、無傷で残った。

：**アジャンター壁画**{へきが}④　インドのボンベイの東北に前２世紀〜後７世紀に開かれたアジャンター石窟群の壁画。法隆寺金堂壁画と類似。共にインド西北方ガンダーラの美術の影響を受ける。

高松塚古墳壁画{たかまつづかこふんへきが}⑦　1972年、奈良県高市{たかいち}郡明日香村で発見された高松塚古墳の壁画。石室の天井には星宿、壁面に四神や男女群像が極彩色で描かれ、高句麗の双楹塚{そうえいづか}壁画の人物図に類似。
　　　　　高松塚{たかまつづか}**古墳**⑦　**星宿**{せいしゅく}①

キトラ古墳壁画{こふんへきが}②　奈良県高市郡明日香村にある終末期古墳のキトラ古墳内の壁画。石室の壁面に、四神図や精緻{せいち}な天文図が描かれている。　　　　**キトラ古墳**

四神{しじん}③　中国の戦国時代からの思想にある四方の守護神。東の青竜{せいりゅう}、西の白虎{びゃっこ}、南の朱雀{すざく}、北の玄武{げんぶ}の四獣。高松塚古墳・キトラ古墳の壁画にも描かれている。

火葬{かそう}③　遺体を火で処理する仏教の葬法。火葬の風習は、700年に道昭{どうしょう}が火葬されてから貴族層に広まったといわれ、８世紀にはかなり普及し、古墳は急速に消滅した。なお、庶民はほとんど土葬。　**土葬**{どそう}①

漢詩{かんし}⑦　漢字で綴{つづ}った詩。中国の詩は一句が四言・五言・七言からなるものが多く、韻{いん}を踏むのがふつう。日本では、これをまねて五・七調が生まれた。

和歌{わか}⑦　漢詩（からうた）に対する和歌（やまとうた）の意。古代歌謡に源流を持つが、『万葉集』{まんようしゅう}によって歌の形式が整い、以後、特に短歌が発展して和歌の中心となっ

た。

歌謡_{かよう} ①

宮廷歌人_{きゅうてい}① 歌づくりを主な任務として宮廷に出仕し、行幸・遊猟などに供奉して天皇・皇子への讃歌を詠んだり、皇族の葬送に挽歌を奉ったりする歌人。額田王・柿本人麻呂・山部赤人_{やまべのあかひと}らがその代表である。

：**柿本人麻呂**_{かきのもとのひとまろ} ⑥ 生没年不詳。白鳳時代の歌人。下級官吏というが、伝記は不明。雄大・荘重な長歌はほかに比類がなく、力強い歌風の歌人である。

：**額田王**_{ぬかたのおおきみ} ⑥ 生没年不詳。白鳳時代の女流歌人。初め大海人_{おおあま}皇子の寵_{ちょう}を受け、のち天智天皇に召される。『万葉集』に12首。

天平文化と大陸

天平文化_{てんぴょうぶんか} ⑦ 聖武朝の天平時代を中心とした 8世紀の奈良時代の文化の総称。盛唐文化を中心とする国際色豊かな文化。律令国家最盛期を反映して豪壮雄大、また平城京を中心とした貴族的で仏教的色彩の濃い文化でもある。

盛唐文化_{せいとうぶんか} ③
天平時代_{てんぴょうじだい} ②

国史編纂と『万葉集』

「帝紀」_{てい} ④ 帝王本紀の意で、天皇の皇位継承を中心とする古代の伝承・歴史などをまとめたもの。欽明朝頃に成立。681年、川島皇子（天智_{てんじ}の第2皇子）・刑部_{おさかべ}親王らがその検討作業を命じられた。

「旧辞」_{きゅうじ} ④ 古代の神話・伝承。国家の成立や皇権確立の自覚から述作された神話・歌謡の類。欽明朝頃に成立。

『古事記』_{こじき} ⑦ 3巻。稗田阿礼の誦習した神代から推古_{すいこ}天皇までの天皇系譜や天皇家の伝承を太安万侶が筆録して、712年に元明_{げんめい}天皇へ献上したもの。漢字の音訓を用いて日本語を文章に表現する。

：**稗田阿礼**_{ひえだのあれ} ⑤ 654?～? 語部_{かたりべ}の舎人。記憶力に優れ、天武天皇の詔により天皇が正しいと定めた「帝紀」や「旧辞」を誦習し、太安万侶に筆記させた。女性との説もあるが、舎人とあるので男性である。

：**太安万侶（安麻呂）**_{おおのやすまろ} ⑤ ?～723 711年、元明天皇の詔で稗田阿礼の誦習した神話・歴史を筆録して、翌年『古事記』3巻を献上。『日本書紀』の編纂にも参加した。1979年、奈良市東部の墓で墓誌が発見された。

『日本書紀』_{にほんしょき} ⑦ 元正_{げんしょう}天皇の720年に完成。30巻。系図1巻（現存せず）。最古の官撰正史。編者は舎人親王・紀清人ら。神代から持統天皇に至る天皇中心の国家成立史。『日本紀』ともいう。『古事記』とあわせて「記紀」と略称する。

神代_{じんだい／かみよ} ③
「記紀」_{きき} ①

：**舎人**_{とねり}**親王** ② 676～735 天武天皇の第3皇子。『日本書紀』編纂に紀清人_{きのきよひと}らと共に中心的役割を果たす。のちに太政大臣を贈られる。

神話_{しんわ} ④ 様々な言い伝え（伝承）のうち神々についての物語。日本には各地方で語り伝えた神話が広汎_{こうはん}にあったが、現在まとまった形で残るのは、記紀に記された記紀神話である。それらは、朝廷の起源を説明し、支配を支えるためにつくられた政治的性格の強いものとされている。

伝承_{でんしょう}**（伝説**_{でんせつ}**）** ⑤

：**神武**_{じんむ}**天皇（神日本磐余彦尊**_{かむやまといわれひこのみこと}**）** ① 天照大神の子孫で、九州の日向を発ち、諸賊を平定して、前660年に大和の橿原宮_{かしはらのみや}で即位し最初の天皇になったといい、始馭天下之天皇_{はつくにしらすすめらみこと}と称されるが、実在性は疑問。

神武東遷伝承_{じんむとうせんでんしょう} ①

：**日本武尊**_{やまとたけるのみこと} ① 名は小碓尊_{おうすのみこと}。父景行天皇の命令で熊襲・出雲・蝦夷を征討。その間、焼津_{やいづ}での草薙剣_{くさなぎのつるぎ}の話などを残す。ヤマトの勇者の多数の物語を一英雄に形象化したものであろうと言われている。

：**蝦夷**_{えみし}　→ p.39

六国史_{りっこくし} ⑤ 8世紀～10世紀初めにかけて勅撰された『日本書紀』以下六つの正史。漢文・編年体の体裁を共通とする。

：**『続日本紀』**_{しょくにほんぎ} ⑦ 40巻。797年に成立。『日本書紀』のあとを受けて文武_{もんむ}天皇元年から桓武天皇の延暦10年（697～791）までを記述。編者は菅野真道_{すがののまみち}・藤原継縄_{つぐただ}ら。奈良時代の基本史料である。

：**『日本後紀』**_{にほんこうき} ② 40巻（現存10巻）。840年に成立。桓武_{かんむ}天皇の延暦11年から淳和_{じゅんな}天皇（792～833）までを記述。編者は藤原緒嗣_{おつぐ}ら。

：**『続日本後紀』**_{しょくにほんこうき} ② 20巻。869年に成立。『日本後紀』のあとを受けて、仁明_{にんみょう}天皇一代（833～850）を記述。編者は藤原良房_{よしふさ}ら。

：**『日本文徳天皇実録』**_{にほんもんとくてんのうじつろく} ② 10巻。879年に成立。『続日本後紀』のあとを受けて、文徳_{もんとく}天皇一代（850～858）を記述。編者は藤原基経_{もとつね}ら。

：『**日本三代実録**』 ④ 50巻。901年に成立。清和・陽成・光孝の３天皇の時代（858〜887）を記述。編者は藤原時平・菅原道真_{みちざね}ら。

：**編年体**_{へんねんたい} ④ 年代を追って出来事を記述する歴史叙述法。これに対し『史記』以降の中国正史がとる叙述方法は紀伝体と呼ばれ、本紀（皇帝・王朝の年代記）・列伝（臣下の伝記の集成）・表（年表など）・志（諸制度など）から構成される。 **紀伝体**_{きでんたい} ①
本紀_{ほんぎ}・**列伝**_{れつでん} ①

『**風土記**』_{ふどき} ⑦ 各国別にまとめられた古代の地誌。713年、諸国に撰進が命じられる。その国の地名の由来・産物・伝承などを記載。現存は常陸・出雲・播磨・豊後・肥前の五つの風土記で、出雲のみが完全に残る。
五風土記_{ごふどき} ③
『**常陸国風土記**』_{ひたちのくにふどき} ⑤
『**出雲国風土記**』_{いずものくにふどき} ④
『**播磨国風土記**』_{はりまのくにふどき} ④
『**豊後国風土記**』_{ぶんごのくにふどき} ④
『**肥前国風土記**』_{ひぜんのくにふどき} ④

『**懐風藻**』_{かいふうそう} ⑥ 現存する日本最古の漢詩集。1巻。751年に成立。撰者は不明。64人の詩120編を集めたもの。天武天皇の皇子である大津皇子はその代表的詩人。

大津皇子_{おおつのみこ} → p.30

淡海三船_{おうみのみふね} ② 722〜785 大友皇子の曽孫。漢詩文に優れ、大学頭・文章博士。神武〜光仁の諸天皇の漢風諡号を定めたという。鑑真_{がんじん}の伝記『唐大和上東征伝』を記す。『懐風藻』撰者説もあるが疑問。 **諡号**_{しごう} ②

石上宅嗣_{いそのかみのやかつぐ} ③ 729〜781 淡海三船と共に文名があり、芸亭を開く。文人で大納言に進む。

：**芸亭**_{うんてい} ③ 石上宅嗣が開いた日本最初の公開図書館。奈良末期に平城宮近くの旧宅を寺として、外典_{げてん}（仏教以外の書）を蔵する院を設け、好学の士に閲覧させた。

『**万葉集**』_{まんようしゅう} ⑦ 20巻。770年頃に成立。編者は大伴家持か。仁徳_{にんとく}天皇時代から759年までの和歌約4500首を収録。万葉仮名で記され、詩形・作者とも幅が広い。恋愛を詠む相聞歌_{そうもんか}、死者を哀悼_{あいとう}する挽歌_{ばんか}、相聞・挽歌に属さない雑歌_{ぞうか}などに分かれる。歌風は素朴で力強く、万葉調_{まんようちょう}と呼ばれる。

：**短歌**_{たんか} ④ 長歌に対していう。５・７・５・７・７の句形で、『万葉集』約4500首のうち約4200首は短歌で占められ、和歌の中心的な存在。

：**長歌**_{ちょうか} ④ ５・７調を反復して連ね、終わりを５・７・７とし、あとに反歌_{はんか}を伴うのがふつう。『万葉集』に約260首ある。

：**東歌**_{あずまうた} ⑥ 『万葉集』巻14に、三河以東の東国の民謡を短歌で約240首収めている。素朴さと野趣_{やしゅ}に満ち、生き生きとした作品が多い。東歌は『古今和歌集』巻20にもある。

：**防人歌**_{さきもりうた} ⑤ 『万葉集』巻14に６首、巻20に93首の防人歌がある。東国の方言で親子・夫婦の哀別_{あいべつ}を歌ったものが多い。

：**万葉仮名**_{まんようがな} ⑤ 漢字の音・訓を巧みに用いて日本語を表す用法。真仮名_{まがな}ともいう。字音（阿_あ・奈_ななど）・字訓（千_ち・大_{だい}など）・戯訓_{ぎくん}（少熱_{なつ}・八十一_{くく}など）の別がある。

山部赤人_{やまべのあかひと} ⑤ 生没年不詳。宮廷歌人で行幸供奉_{ぎょうこうぐぶ}の作が多く、優美な自然を詠んだ代表的自然詩人である。

山上憶良_{やまのうえのおくら} ⑥ 660〜733? 万葉歌人。702〜704年に入唐_{にっとう}。従五位下、筑前守在任中に大宰帥_{だざいのそち}の大伴旅人と親交する。その歌は、子らを思う歌や貧窮問答歌など、人生・社会を詠じた切実なものが多い。

大伴旅人_{おおとものたびと} ⑤ 665〜731 家持の父。大納言まで昇進。『万葉集』中78首は大宰帥以後の作が多く、上品で自在、仙境_{せんきょう}に遊ぶ歌など、風流を弄_{もてあそ}ぶ作もある。山上憶良らと筑紫歌壇を形成。

大伴坂上郎女_{おおとものさかのうえのいらつめ} ① 生没年不詳。兄旅人の死後、家刀自_{いえとじ}（一族の中心女性）として大伴氏を切り盛りする。機知に富んだ贈答歌に特徴がある女流歌人。

大伴家持_{おおとものやかもち} ⑥ 718?〜785 旅人の子。越中守をはじめ、中央・地方の諸官を歴任。万葉歌人中、479首の最多数の歌を残し、編者の一人に擬せられる。繊細幽寂_{せんさいゆうじゃく}な歌風。のち藤原種継暗殺事件に関係したという。

大学_{だいがく} ⑤ 大学寮ともいい、律令では式部省におかれ、貴族や東西史部_{ふびとべ}の子弟を学生とした。儒教中心の学業を修了し、大学の試験を通ると太政官に推薦_{すいせん}される。その後、式部省で秀才・明経・進士・明法の四科に分かれ試験を受けて登用された。
大学寮_{だいがくりょう} ② **学生**_{がくしょう} ①

：**明経道**_{みょうぎょうどう} ② 五経（『易経』『尚書』『詩経』『春秋』『礼記』）、『孝経』『論語』などの儒教の経典を学ぶ学科。平安時代には紀伝道に押されて不振となる。清原・中原氏などが明経博士になり、家学として世襲した。

五経ごきょう①

：明法道みょうほうどう　①律令や格式きゃくしきを研究する学科。平安時代には中原・坂上さかのうえ氏が明法博士となり、明法家(法律専門家)として著名。

：紀伝道きでん　②漢文学・中国史を教える学科。奈良時代から漢文学・史学の研究がおこり(『文選』もんぜんや『史記』など)、平安初期に独立教科となる。教官を文章博士もんじょうはかせというので、明治期以降、誤って文章道という別名が生じた。文章博士は大江おおえ・菅原すがわら氏が主流で、小野氏からも学者が多く出た。　　　　　　　　　　**文章道**もんじょうどう②

：算道さんどう　①算術の学を教える学科で、算生さんしょうがここで学んだ。教官の算博士は三善みよし・小槻おづきの両氏から出た。

：音道おんどう　①漢字の音(中国音)を教える教科。教官は音博士。

：書道しょどう　①書を教える教科。教官は書博士。

陰陽道おんみょうどう　→ p.67

医道いどう　①典薬寮で研究・教授された医学・医術のこと。和気わけ氏・丹波たんば氏から出た医博士らが、医生いしょうらの学生を教えた。

国学こくがく　⑤国ごとに設置され、国司の管轄下に博士・医師が教官となり、主に郡司の子弟を教育した施設。中央の大学寮・典薬寮も兼ねた形で、修了者は上京し、大学修了者同様に試験を受けて官吏に登用された。

国家仏教の展開

国家仏教こっかぶっきょう③国家権力と結び、国家の保護・支配の下におかれた仏教。僧侶は僧尼令そうにりょうの規制を受ける国家公認の官僧のみが認められ、許可なく得度とくどする僧(私度僧)は禁じられた。また、僧尼を統轄する僧綱という官職が設けられた。官寺が多く建てられ、鎮護国家の法会を行った。

鎮護国家ちんごこっか⑦　**私度僧**しどそう①

：僧綱そうごう　①律令制下、僧尼の監督・教導にあたった僧官。僧正、大・少僧都、律師からなる。

南都七大寺なんとしちだいじ　①官大寺制は四大寺・五大寺と発展し、8世紀末には大安・薬師・元興・興福・法隆・東大・西大寺が南都七大寺とされた。

：大安寺だいあんじ　→ p.44

：薬師寺やくしじ　→ p.44

：元興寺がんごうじ　⑥奈良市芝新屋町及び中院町にある。飛鳥寺(法興寺)を移したもので、

移転年次は718年か。僧坊の一部が極楽坊ごくらくぼうとして現存する。

：興福寺こうふくじ　⑦藤原鎌足かまたりの私寺山階寺やましながが前身で、藤原不比等ふひとにより奈良に移され、以後、藤原氏の氏寺として栄えた。法相宗の大本山として南都教学の中心となり、中世には大和国守護を兼ね、多くの座を支配して俗界にも君臨した。

：法隆寺ほうりゅうじ　→ p.26

：東大寺とうだいじ　→ p.41

：西大寺さいだいじ　⑦奈良市西大寺芝町にある。765年、称徳天皇の創建。東大寺と並ぶ南都の大寺院。13世紀に叡尊えいそんが出てから真言宗となり、戒律の中心道場として栄えた。

唐招提寺とうしょうだいじ　⑦奈良市五条町にある。759年、鑑真の創建。金堂は天平建築の遺構、また講堂は平城宮の朝集殿ちょうしゅうでんを移したもので、奈良時代の宮殿建築の唯一の遺構。

南都六宗なんとろくしゅう⑥奈良仏教(南都仏教)の6学派。後世の宗派のように信仰を異にする教団ではなく、仏教教学を研究する学派というべきもので、東大寺などには数派が同時に存在した。

：三論宗さんろんしゅう⑤インドの3部の大乗論書(中論・十二門論・百論)による宗派。飛鳥時代に伝来し、大安寺の道慈が入唐して深めた。　　　　　　　　　　　　**道慈**どうじ①

：成実宗じょうじつしゅう⑤成実論を基とする。三論宗に付属して伝来し、聖徳太子の『三経義疏』さんぎょうのぎしょにも大きな影響を与えたという。

：法相宗ほっそうしゅう⑦仏の諸法は性が一で相が異なるとし、その諸法の性相を究明する学派。道昭どうしょうが唐の玄奘げんじょうに学んで伝来。義淵・玄昉らが出て、奈良時代に栄えた。　　　　　　　　　　　　　**義淵**ぎえん①

：倶舎宗くしゃしゅう⑤倶舎論を根本聖典とする。斉明天皇の時代に伝来、のちに玄昉が唱道し、法相宗に付属して学ばれた。

：華厳宗けごんしゅう⑦華厳経を典拠とする宗旨。聖武天皇の時代、唐僧道璿どうせんが伝え、さらに東大寺初代別当べっとうの良弁がとなえ、東大寺が中心となる。盧舎那大仏は華厳経の教主。　　　　　　　　　　　　　**良弁**ろうべん②

：律宗りっしゅう⑤戒律を自ら実践することが成仏の因と説く学派。天武天皇の時代に部分的に伝来し、鑑真の渡来で本格的に伝来して盛んになった。

戒壇かいだん　①僧侶に戒律を授ける授戒(受戒)の儀式を行う場所。土を高く盛り上げて築く。754年に初めて鑑真が東大寺大仏殿前に築

き、翌年から常設の戒壇（戒壇院）を建立。東大寺戒壇院と761年設置の下野薬師寺・筑紫観世音寺の戒壇をあわせて天下三戒壇という。

授戒（受戒）じゅかい ①
東大寺戒壇〔院〕とうだいじかいだん〔いん〕 ③
下野薬師寺戒壇しもつけやくしじかいだん ③
観世音寺戒壇かんぜおんじかいだん ③

：**戒律**かいりつ ⑦ 僧尼の守るべき一定の規範をいう。戒は心の規律、律は行動の規範。一定の戒律を所定の手続きで授からなければ、正式な官僧になれなかった。

護国の経典ごこくのけいてん ① 国王が仏教を尊崇すれば諸仏が国を護ってくれることを説いた経典。金光明最勝王経・仁王経にんのうきょう・法華経の三つが護国三部経でその中心。

：**金光明〔最勝王〕経**こんこうみょう〔さいしょうおう〕きょう ① 諸天善神しょてんぜんじんの加護を得る法を説いた経典。

：**法華経**ほっけきょう ⑦ 妙法蓮華経の略称。8巻。仏の出世の主旨を説き、高遠な妙法を示した経典。天台宗・日蓮にちれん宗の根本聖典。

一切経いっさいきょう ① 大蔵経とも。仏教の聖典を網羅的に集成したもの。釈迦の説いた経〔蔵〕、その注釈の論〔蔵〕、出家者の生活規則である律〔蔵〕などからなる。

写経事業しゃきょうじぎょう ① 仏典を書写する事業。一切経の書写が多く、一切経書写事業ともいう。大宝令では、宮中の書籍を管理する図書寮がつかさどることになっていたが、奈良時代には光明皇后の皇后宮職、造東大寺司、内裏におかれた官営の写経所や皇族・貴族・大寺院の写経所などで行われた。

一切経書写事業いっさいきょうしょしゃじぎょう ①

：**五月一日経**ごがつついたちきょう ① 光明皇后の発願により、皇后宮職の写経所で書写を始めた一切経で、光明皇后願経がんぎょうの一部。740（天平12）年5月1日付の皇后の願文が付属。作業は736（天平8）年から20年間続き、当時日本にあった全仏典にあたる約7000巻を書写。約1000巻が現存。

百万塔陀羅尼ひゃくまんとうだらに → p.50
玄昉げんぼう → p.41
行基ぎょうき ⑦ 668〜749 渡来人系の僧。初め法相の教義を学び、やがて民間に布教して政府の弾圧を受けた。諸国を巡遊し、宿泊施設の布施屋の設置、架橋などの社会事業に尽力。政府の要請で大仏造営に協力、大僧正に任じられた。 **大僧正**だいそうじょう ④

鑑真がんじん ⑦ 688？〜763 唐僧。日本への渡来を決意し、失敗を重ね盲目になりながら6度目の753年に達成。754年に入京して戒律

を伝える。東大寺に初めて戒壇を設け、聖武太上天皇・光明皇太后・孝謙天皇らに授戒。のちに唐招提寺を開く。淡海三船著の『唐大和上〔鑑真和上〕東征伝』とうだいわじょう〔がんじんわじょう〕とうせいでんは、鑑真の日本渡航を記述している。

菩提僊那ぼだいせんな ② ？〜760 インドの僧。バラモン出身。736年、仏哲らと共に来日。林邑楽りんゆうがくを伝える。大仏開眼に際し、開眼師となる。婆羅門僧正菩提ばらもんそうじょうぼだいとも呼ぶ。 **開眼師**かいげんし ①

光明子こうみょうし（**光明皇后**こうみょうこうごう・**光明皇太后**こうみょうこうたいごう） → p.41

：**悲田院**ひでんいん ② 貧窮者・孤児の救済施設。仏教の福田ふくでん思想（福徳を生む田）により、貧者・病者を憐む悲田の施設をつくったもの。730年、光明皇后が皇后宮職においた。

：**施薬院**せやくいん ② 貧窮の病人に施薬・治療した施設。聖徳太子に始まるというが、730年、光明皇后が皇后宮職に設けた。

現世利益げんぜりやく → p.55
神仏習合しんぶつしゅうごう → p.55

天平の美術

東大寺法華堂とうだいじほっけどう（**三月堂**さんがつどう） ⑤ 750年頃の建立。毎年3月に法華会じが行われるので、この名がある。寄棟よせむね造の正堂が天平建築。礼堂らいどうは鎌倉期の建築。

東大寺転害門とうだいじてがいもん ① 760年頃の建造。東大寺創建当時の現存する唯一の門。大きな八脚門で堂々とした安定感を示す。

正倉院宝庫しょうそういんほうこ ⑤ 造東大寺司によって756年頃建立。東大寺宝庫群で現存する唯一のもの。東面して北倉・中倉・南倉に分かれ、中倉は板倉で、北倉・南倉が校倉造。聖武太上天皇の遺品など約9000点を蔵し、勅命で開閉する勅封蔵として管理されてきた。現在、宝物は空調設備の整ったコンクリート造の新宝庫に移されている。

勅封ちょくふう ① **勅封の倉**ちょくふうのくら ①

：**校倉造**あぜくらづくり ⑦ 柱を用いず断面が台形や三角形の木材を井の字形に組み、壁面を構成する。東大寺正倉院宝庫は断面が三角形の長材を用い、校倉造の最古で最大の例。

：**正倉**しょうそう ⑤ 古代の官衙に付属する倉。郡家ぐうけ、内蔵くら寮、造東大寺司などにおかれた。正倉のある場所全体を正倉院という。現存する正倉は、正倉院宝庫のみ。

正倉院しょうそういん ⑥

唐招提寺金堂とうしょうだいじこんどう ⑤ 770〜780年頃に建立。寄棟造で前面1間は吹放しの円柱列。

第3章

堂々たる外観が美しい。盧舎那仏（るしゃ）・薬師如来・千手（せんじゅ）観音などを安置。奈良時代の金堂唯一の遺構で、和様建築の起点とされる。

唐招提寺講堂（とうしょうだいじこうどう）　④710年頃建造の平城宮朝集殿を移建。鎌倉時代に修築したが、平城宮唯一の遺構。

法隆寺伝法堂（ほうりゅうじでんぽうどう）　①730〜750年に建立。法隆寺東院の講堂。光明子の母県犬養橘三千代（たちばなのみかいのみ）（あるいは聖武夫人橘古那可智（こなか）か）宅を移建したものと伝え、貴族の住宅建築の遺構として貴重である。

法隆寺夢殿（ほうりゅうじゆめどの）　③750年頃に建立。聖徳太子の斑鳩宮があった場所に、太子を記念して建てた法隆寺東院の中心で、形は八角形。その本尊が救世観音像（ぐぜかんのんぞう）。

東大寺法華堂不空羂索観音像（とうだいじほっけどうふくうけんさくかんのんぞう）　⑤脱乾漆（だっかん）像。法華堂の本尊。大悲の羂索（両端に官鐶や仏具をつけた綱）を持って衆生を救済する観音像。頭上に華麗な宝冠がある。

東大寺日光・月光菩薩像（とうだいじにっこう・がっこうぼさつぞう）　⑤塑像。日光（向って右）は法衣、月光は吊服をつけ、静かに合掌した敬虔（けいけん）な姿に写実的な作風がみえる。

東大寺法華堂執金剛神像（とうだいじほっけどうしっこんごうしんぞう）　⑤塑像。奈良時代前半の造立。秘仏で12月16日が開扉。革の甲冑に身を固め、金剛杵を執り仏敵を叱咤（しった）する。華麗な彩色も残存している。　　　　　　**金剛杵**（こんごうしょ）②

東大寺戒壇堂(院)四天王像（とうだいじかいだんどう(いん)してんのうぞう）②塑像。東に持国天（じこく）、南に増長天（ぞうちょう）、西に広目天（こうもく）、北に多聞天（たもん）が配され、動きのある姿を写実的に表現している。

唐招提寺鑑真和上像（とうしょうだいじがんじんわじょうぞう）　⑥脱乾漆像。奈良時代後期の造立。御影堂（みえいどう）に安置され6月6日に開扉。鑑真の慈悲、高邁な精神をよく表現する傑作。

唐招提寺金堂盧舎那仏像（とうしょうだいじこんどうるしゃなぶつぞう）　②金堂の本尊。脱乾漆像。おおらかな写実性と重厚さは、奈良時代後期から平安時代への様式を示している。

興福寺八部衆像（こうふくじはちぶしゅうぞう）　④734年の造立。脱乾漆像。西金堂の本尊釈迦如来像の従者として安置。八部衆とは釈迦説法の座に侍して聴聞する8異教神の一群をいう。
：興福寺阿修羅像（こうふくじあしゅらぞう）　⑤734年の造立。脱乾漆像。八部衆の一つで、三面六臂（ろっぴ）（腕が六本）と合掌した真剣な顔つきや6本の腕の構成が特徴。

興福寺十大弟子像（こうふくじじゅうだいでしぞう）③734年の造立。

脱乾漆像。釈迦を囲む10人の高弟の像で、須菩提（すぼだい）像など6体が残存している。

塑像（そぞう）　⑥粘土でつくった像。インドから伝えられ、中国で発達した。写実的表現を尊ぶ。8世紀に日本で流行した。

乾漆像（かんしつぞう）　⑥漆で固めてつくった像。土の原形の上に麻布を漆で塗り固め、土を抜いて木枠を入れる脱乾漆（脱活乾漆）、原形を木でつくり、麻布と漆で整形する木心乾漆とがある。なお、中務（なかつかさ）省の画工司（えだくみのつかさ）では、画師が寺の装飾画や仏像彩色に従事した。　　　　　　**脱乾漆像**（だっかんしつぞう）①

金銅像（こんどうぞう）　→ p.27

薬師寺吉祥天像（やくしじきちじょうてんぞう）　④奈良時代後期の作。麻布に吉祥天女を描く仏教絵画。称徳天皇の発願で始めた吉祥悔過会（けか）の本尊画像。豊かな体軀（たい）やみずみずしい顔立ちは、美人画としても優秀。

『正倉院鳥毛立女屏風』（しょうそういんとりげだておんなのちょうもうりゅうじょびょうぶ）　⑥8世紀。6枚ある。いずれも樹下に唐衣裳の一美女を配する樹下美人図で、西域アスターナ出土の画像に源流を持つ。髪や衣服は鳥の羽毛が貼ってあったが、現在は剥落。　　　　　　**樹下美人図**（じゅかびじんず）⑥

『過去現在絵因果経』（かこげんざいえいんがきょう）　⑧世紀の作。釈迦の本生譚（ほんじょうたん）（前世の物語）を述べた経文に絵を加えたもの。上段に絵画を描き、下段に経文を唐風の楷書（かいしょ）で書く。京都の醍醐寺（だいごじ）などに4巻現存している。

東大寺大仏蓮弁毛彫（とうだいじだいぶつれんべんけぼり）　①大仏の台座蓮弁に線刻された、多くの仏からなる蓮華蔵（れんげぞう）世界の絵。大仏は兵火により創建当時の面影をほとんど失っているが、台座蓮弁の一部に当時のものが残る。

東大寺大仏殿八角灯籠（とうだいじだいぶつでんはっかくとうろう）　①大仏殿の前庭正面にすえられた金銅製の灯籠。火袋（ひぶくろ）（火をともす所）の扉のうち2枚は創建当時のもの。音声菩薩（おんじょうぼさつ）が楽を奏でる軽やかな浮彫がある。　　　　　　⑥

正倉院宝物（しょうそういんほうもつ）　⑥光明皇太后が、聖武太上天皇の死後に東大寺に献納した太上天皇遺愛の品や、大仏開眼会関係の品々を中心とした、奈良の正倉院に伝わる約9000点の宝物群。ペルシアや西域（中国西方のタリム盆地周辺）の文化の影響がみられるものも多い。シルクロード（絹の道）を経て、もたらされたものもある。正倉院御物ともいう。　　　　　　**西域**（せいいき）⑥
　　　　　　シルクロード（絹の道）（きぬのみち）⑥
：螺鈿紫檀五絃琵琶（らでんしたんのごげんびわ）　⑥正倉院に伝わる紫檀でつくられた五絃の琵琶。五絃琵

琶の遺品としては、世界で唯一のもの。貝をちりばめて螺鈿とし、撥面ばんには駱駝らくに乗った楽人や熱帯樹などの異国風の図柄がある。

：白瑠璃碗はくるりわん ① 白色硝子碗。瑠璃は中国で硝子がらのことをいう。ササン朝ペルシアに同形のものがある。

：紺瑠璃杯こんるりのつき ③ コップ状で濃紺色。脚は銀製鍍金。飲酒に使用する。

：漆胡瓶しっこへい ② ペルシア風の鳥形水瓶すいびへい。幅の狭い薄板を輪積みか、巻上げにより成形し、薄銀板で花鳥模様を磨き出している。

百万塔陀羅尼ひゃくまんとうだらに ② 称徳しょうとく天皇の発願でつくられた百万基の木製三重の小塔（百万塔）内に納められた４種の陀羅尼経。百万塔は770年に完成し、近畿の十大寺に分けられた。現在、法隆寺に４万5000余基を保存。陀羅尼経は年代の明白な世界最古の印刷物とされ、銅版説・木版説がある。

百万塔ひゃくまんとう ④ **陀羅尼経**だらにきょう ②

唐楽とうがく ① 唐伝来の楽舞。外来楽には高麗楽・林邑りんゆう楽もあった。 **高麗楽**こまがく ①

朝服ちょうふく ① 令制下、有位者が朝廷で日常的に着用した衣服。重要な儀式では中国的な礼服を使用。どちらも位階に応じて材質や色が定められた。平安時代には朝服が発展して束帯そくたいが生まれた。 **礼服**らいふく ①

袍ほう ② 朝服・束帯・衣冠いかんなどの上衣で、筒袖つつそで・上顎うわかい・右前合せ。官人の袍は位階で色が決まっていた。大歌袍おおうたのほうは大仏開眼の日に歌舞に用いた。下級官人は布の布袍を着用した。

袴はかま → p.21

裳も → p.21

下駄げた ② 弥生時代からあるが、平城宮の発掘でも履物のうち最も多い。民衆はわらでつくった草鞋をはくのがふつう。 **草鞋**わらじ ②

蘇そ ① 古代の乳製品の一つ。奈良時代には貴族を中心に食された。牛乳１斗を煮つめて蘇１升が得られた。他に酪・醍醐などの乳製品もあった。 **牛乳**ぎゅうにゅう ①

4 律令国家の変容

平安遷都と蝦夷との戦い

平安時代へいあんじだい ⑦ 794〜1185年頃。平安京に都がおかれ、天皇・貴族が政治権力を持っていた時代。９世紀には律令制の変容が目立ち、10〜12世紀に摂関政治・院政が展開し、12世紀後半には平氏が政権を握った。

桓武かんむ**天皇**てんのう ⑦ 737〜806 在位781〜806。光仁天皇の皇子で名は山部親王。母は百済系渡来人の和やまと氏出身の高野新笠。長岡遷都・平安遷都せんとや蝦夷征討を行い、律令制の再編・強化をめざして、地方政治刷新、農民負担の軽減などを行った。最澄に新仏教をおこさせるなど仏教の革新もめざした。

山部やまべ**親王**しんのう ⑦ **高野新笠**たかののにいがさ ②

長岡京ながおかきょう ⑦ 山背国乙訓おとくに郡、現在の京都府向日むこう市・長岡京市周辺にあった都。中核となる長岡宮には、難波宮・平城宮の建物・瓦などが再利用された。桓武天皇が784年に遷都。翌785年に造長岡宮使の藤原種継が暗殺され造営も進まず、794年の平安京への遷都により廃止された。 **長岡宮**ながおかきゅう ①

藤原種継ふじわらのたねつぐ ⑥ 737〜785 式家の藤原宇合うまかいの孫。784年に造長岡宮使となり、造営にあたる。785年、現地で監督中に射殺される。この事件で早良親王は皇太子（皇太弟）を廃され、大伴・佐伯氏の旧貴族が処刑された。 **藤原種継暗殺事件**ふじわらのたねつぐあんさつじけん ⑤

早良さわら**親王**しんのう ⑤ 750〜785 桓武天皇の同母弟。桓武即位と共に皇太子（皇太弟）となったが、藤原種継暗殺事件にかかわったとして廃太子。淡路へ配流され、その途中に死去。桓武はその怨霊を恐れ、崇道すどう天皇の尊号を贈った。

平安京へいあんきょう ⑦ 桓武天皇が和気清麻呂の献言で794年に定めた都。山背国葛野かどの・愛宕おたぎ両郡にまたがる。東西約4.5km、南北約5.2km。構造は平城京に類似。宮城は平安宮と呼ばれ、内裏（御所）には紫宸殿のほか、天皇の日常居住の清涼殿があった。羅城らじょうはなかったらしい。羅城門を挟んで東寺・西寺がおかれた。京内の神泉苑という庭園では、祈雨きう・御霊会ごりょうえ・宴などが行われた。 **山背国**やましろのくに ⑦ **平安京**へいあんきょう ⑦

平安宮へいあんきゅう ⑦ **紫宸殿**ししんでん ①
清涼殿せいりょうでん ① **神泉苑**しんせんえん ①

京都きょうと ⑦ 平安時代から江戸時代までの宮都。公家の政治・文化の地として栄え、商工業も発達。足利氏の室町幕府もおかれ、応仁の乱後は町衆の町として西陣織・陶芸・高級調度品の商工業が発達。江戸時代には京都所司代の下に幕府の直轄となる。

蝦夷えみし → p.39

伊治呰麻呂これはりのあざまろ ⑥ 生没年不詳。蝦夷の首

長。780年、陸奥按察使紀広純を殺し、多賀城を焼いた(伊治呰麻呂の乱)。以後、三十数年間、東北での戦争があいつぐ。

伊治呰麻呂の乱いじのあざまろのらん ⑤

阿弖流為あてるい ⑥ ？～802　大墓公阿弖利為とも。8世紀後半～9世紀初頭の胆沢地方の蝦夷の族長。789年、征東大将軍紀古佐美を破ったが、802年、盤具公母礼らと共に征夷大将軍坂上田村麻呂に降伏した。田村麻呂の助命嘆願にもかかわらず、母礼と共に同年処刑された。

紀古佐美きのこさみ ① 733～797　8世紀後半の公卿。伊治呰麻呂の乱の際、征東副使となり活躍。789年、征東大使(征東大将軍)として胆沢地方の蝦夷を制圧しようとしたが、阿弖流為の軍に大敗。　**征東大使**せいとうたいし

坂上田村麻呂さかのうえのたむらまろ ⑦ 758～811　渡来人阿知使主を祖とする東漢氏の家系。791から数回蝦夷征討に従軍し、797年、征夷大将軍となる。802年、蝦夷の族長阿弖流為を降伏させた。同年に胆沢城、翌年に志波城を築き、蝦夷経営の拠点を大きく前進させた。

：征夷大将軍せいいたいしょうぐん《古代》 ⑥ 蝦夷征討のための臨時の将軍の意。797年任命の坂上田村麻呂が著名。同種の役職に征夷将軍がある。これらの役職は、古代では811年の文室綿麻呂の征夷将軍任命を最後に廃絶。(→p.85)

胆沢城いさわじょう ⑦ 蝦夷の拠点であった胆沢(岩手県奥州市)におかれた城柵。坂上田村麻呂が802年に築き、鎮守府を多賀城からここに移し、翌年、北方に志波城を前衛とした。　**志波城**しわじょう

：城柵じょうさく　→ p.40
：鎮守府ちんじゅふ　→ p.40

徳政論争(相論)とくせいろんそう(そうろん) ③ 805年、宮中で行われた蝦夷征討と平安京造営の二大政策(軍事と造作)に関する論争。二大政策継続を主張する菅野真道に反対した藤原緒嗣(式家)の意見を桓武天皇が採用し、二大政策は打ち切りとなる。

「軍事と造作」ぐんじとぞうさく ③　**菅野真道**すがののまみち ③
藤原緒嗣ふじわらのおつぐ ⑤

文室綿麻呂ふんやのわたまろ ② 765～823　薬子の変で初め上皇側に加担し、捕えられたが許され蝦夷平定に参加。811年に征夷将軍となって北方の蝦夷を攻撃し、水害にあった志波城を移転して徳丹城を築き、平定を完了。この時以後、蝦夷の経営が民政重視に転換した。　**徳丹城**とくたんじょう ①

平安時代初期の政治改革

員外国司いんがいこくし ① 令で規定されている定員以外に設けられた員外官の一つ。京官(在京の役人)が兼ねることも多く、給与が支給されるだけの官職だった。称徳朝で増加したが、桓武朝の781年に、員外官は一斉に廃止された。同種の員外郡司は廃止を免れたが、その後に消滅した。
員外郡司いんがいぐんじ

勘解由使かげゆし ⑦ 桓武天皇が797年に設置した令外官。国司交替の際、後任者は事務引継ぎを完了した旨の文書(解由状)を前任者に与えたが、これを検査して国司交替の不正を防ぐのが職務。　**解由状**げゆじょう

健児こんでい ⑥ 792年、軍団兵士制の廃止に伴い設置された兵士で、国府などを警備した。桓武天皇は東北・九州を除いて軍団を廃止し、郡司の子弟や有力農民を健児として採用した。数は国により異なり、20～200人で60日の分番交替であった。
健児の制こんでいのせい ①

平城へいぜい**天皇(太上天皇)** ⑦ 774～824　在位806～809。桓武天皇の皇子。冗官を省き、政務を緊縮した。病気のため3年で退位。810年、嵯峨天皇と対立し、復位と平城遷都を図ったが失敗した(薬子の変)。

嵯峨さが**天皇(太上天皇)** ⑦ 786～842　在位809～823。桓武天皇の皇子。平城天皇の同母弟。蔵人頭(蔵人所)・検非違使の設置、六衛府への改制などを行う。また『新撰姓氏録』『弘仁格式』の編纂を行う。漢詩文・文筆に長じて三筆の一人。

平城太上天皇の変へいぜいだいじょうてんのうのへん ⑦ 810年、平城遷都を主張する平城太上天皇と嵯峨天皇とが対立して二所朝廷と呼ばれる混乱が発生したが、天皇側が迅速に兵を出して勝利した政変。太上天皇は出家し、寵臣の藤原仲成は射殺され、仲成の妹で尚侍の薬子は自殺。薬子の変ともいう。　**二所朝廷**にしょちょうてい

藤原薬子ふじわらのくすこ ⑦　**薬子の変**くすこのへん ⑦

：藤原仲成ふじわらのなかなり ⑥ 764～810　式家の種継の子。妹の薬子と共に平城太上天皇の復位を図り、乱を企て射殺された。

：尚侍ないしのかみ　→ p.34

：高岳たかおか**親王** ② 799～865?　平城天皇の第三皇子。809年、嵯峨天皇の皇太子となるが、平城太上天皇の変で廃される。のちに出家して真如と称した。862年に入唐し、求法のため865年に広州から海路イン

ドに向かったが、羅越国（マレー半島）で没した。

令外官〔りょうげのかん〕⑥ 大宝令制定後から平安時代にかけて新設の、令に規定のない官職。のちに重要な官職となる。

　：中納言〔ちゅうなごん〕　→ p.32
　：参議〔さんぎ〕　→ p.32
　：内大臣〔ないだいじん〕　→ p.32
　：蔵人頭〔くろうどのとう〕⑦ 天皇側近に侍して、天皇と太政官の連絡を行い、機密の文書や訴訟を扱う令外官。その役所が蔵人所で、蔵人頭はその長官。職員を蔵人という。810年、嵯峨天皇が薬子の変に際して、藤原冬嗣・巨勢野足（749〜816）を蔵人頭に、清原夏野・朝野鹿取を蔵人に任じたのに始まる。
　　　　　　　　　蔵人所〔くろうどどころ〕②　**蔵人**〔くろうど〕⑥
　　　　　　　　　巨勢野足〔こせののたり〕

　：藤原冬嗣〔ふじわらのふゆつぐ〕　→ p.58
　：検非違使〔けびいし〕⑦ 9世紀初め、嵯峨天皇が設置。京中の治安維持にあたる。やがて弾正台〔だんじょうだい〕・六衛府・刑部〔ぎょうぶ〕省・京職の職務を吸収し、都の警察裁判権をつかさどる要職となった。その役所を検非違使庁、長官を別当という。のちに国々にも検非違使を設置した。
　　　　　　　　　検非違使庁〔けびいしちょう〕①
　：放免〔ほうめん〕① 釈放後に、検非違使の下級役人として使われた罪人。

格〔きゃく〕⑥ 律令制定以後、律令条文の補足や修正のために出された法令。詔勅や太政官符などの形で出された。

式〔しき〕⑥ 律・令・格の施行細則。律令を実際に運営していく場合、細かい具体的な規定が必要で、各役所では多くの式が制定された。

『弘仁格式』〔こうにんきゃくしき〕⑦ 嵯峨天皇の820（弘仁11）年に成立。格10巻、式40巻。藤原冬嗣ら6人が編集。701〜819年間の数多い格式を便利に利用できるよう官庁ごとに集録したもので、式のみ一部伝存。貞観・延喜格式とあわせて三代格式という。
　　　　　　　　　三代格式〔さんだいきゃくしき〕④
『貞観格式』〔じょうがんきゃくしき〕⑤ 格12巻、式20巻。清和天皇の命で藤原氏宗〔うじむね〕らが編集。格は820〜868年間の詔勅・官符を編集し、869（貞観11）年に完成。式は弘仁式の補遺として変更・新設の条文のみを載せ、871（貞観13）年に成立。式のみ一部伝存。

『延喜格式』〔えんぎきゃくしき〕⑤ 醍醐〔だいご〕天皇の命で、格12巻は藤原時平らが869〜907年の詔勅・官符中で重要なものを選んで集め、907（延喜7）年に完成。現在は散逸。式50巻は藤原

忠平らが弘仁・貞観式を併合して取捨・改定して927（延長5）年に完成。延喜式は三代格式中、ほぼ完存している唯一のもの。
　　　　　　　　　　　　　延喜式〔えんぎしき〕②

『類聚三代格』〔るいじゅうさんだいきゃく〕③ 11世紀頃に、弘仁・貞観・延喜の三代格を内容に従って分類・集成した法令集。20巻本と12巻本がある。三代の格はどれもほとんど現存しないので、格を知るためには不可欠な文献である。
　　　弘仁格〔こうにんきゃく〕①　**貞観格**〔じょうがんきゃく〕①
　　　　　　　　　　　　　延喜格〔えんぎきゃく〕②

交替式〔こうたいしき〕① 律令制下、国司など官人の交替に関する規定を定めた法令集。『延暦交替式』『貞観交替式』『延喜交替式』がある。
　　　　　　『延暦交替式』〔えんりゃくこうたいしき〕①
　　　　　　『貞観交替式』〔じょうがんこうたいしき〕①
　　　　　　『延喜交替式』〔えんぎこうたいしき〕①

『令義解』〔りょうのぎげ〕⑥ 養老令の官撰注釈書。10巻。令の解釈を統一するために政府が編集したもの。養老令の大部分を引用。清原夏野（782〜837）らが編集にあたり、833年に完成。
　　　　　　　　　　　清原夏野〔きよはらのなつの〕③

『令集解』〔りょうのしゅうげ〕② 養老令の私撰注釈書。『令義解』をはじめ、多くの令の注釈書を集成。『令義解』の完成後、諸家の私説が散逸することを恐れ、惟宗直本が私的に編集したもの。引用の注釈書のうち、唯一の大宝令注釈書である『古記』（大宝令を一部引用）は重要。35巻現存。9世紀後半に成立。
　　　　　　　　　惟宗直本〔これむねのなおもと〕②

地方と貴族社会の変容

偽籍〔ぎせき〕③ 戸籍の男女の性別・年齢などを偽って申告して、課役を免れようとすること。平安初期の戸籍には、女性が90％近いものもある。

一紀一班〔いっきいっぱん〕① 班田を12年（1紀）ごとに行う制度。桓武天皇が、班田励行のため、従来の6年一班を改めて801年に採用した。

雑徭半減〔ぞうようはんげん〕⑤ 桓武朝の政策の一環として、795年にとられた措置。雑徭の日数は、757年に30日に減じたものが旧に復されていたので、再び正丁〔せいてい〕の日数を30日に半減した。

公営田〔くえいでん〕③ 823年、大宰府管内におかれた国家の直営田。良田を農民に耕作させ、食料などの費用を差し引いて収穫物を収公し、歳入の減少を補った。中央・地方の財源確保策の一種である。

官田〔かんでん〕③ 879（元慶3）年、公営田にならって畿内に設定された田。正式には元慶〔がんぎょう〕

官田という。一部は請作（うけ
さく）、一部は直営方式で収益を中央の財源にあてた。ほかに令制にも天皇家の官田があり、省営田（宮内省管轄）と国営田（国司管轄）があった。

諸司田（しょし
でん） ② 諸官司の所有する田地。8世紀半ばにもみられたが、9世紀末、官田の諸司分配を機に多く設置された。

勅旨田（ちょく
しでん） ① 8世紀以降、天皇の勅旨で設置された田。班田農民の労力を用いて開発・運営され、9世紀前半、全国的に拡大。のちに、賜田や寺院への施入（せにゅう）田、荘園に転化したものも多い。

賜田（しでん） → p.35

院宮王臣家（いんぐう
おうしんけ）② 8世紀末から9世紀頃、天皇と結びついて勢いを強めた少数の皇族・貴族の総称。新たに台頭した有力農民（富豪の輩、富豪百姓、富豪層）と結託して大土地所有を展開。のちには大寺院も含んで権門勢家に発展。

権門勢家（けん
もんせいけ）②

富豪の輩（ふごう
のともがら）①

私営田（しえい
でん） ① 皇族・貴族、国・郡司、富豪百姓など、多くの階層が直営方式で私的に経営した田。9世紀以降、顕著になる。種子などを準備、私出挙で周辺の農民を編成して労働力とする。

〰〰 **唐風文化と平安仏教** 〰〰

弘仁・貞観文化（こうにん・じょ
うがんぶんか） ⑥ 弘仁・貞観年間（嵯峨朝・清和朝）を中心とする9世紀（平安前期）の文化。唐文化の影響を受けながらも、次第にそれを消化していった。密教と密教芸術の発展、漢文学の隆盛などを特色とする。この時代が弘仁・貞観時代。

弘仁・貞観時代（こうにん・じょう
がんじだい）①

礼制（唐礼）（れい
せい・とうれい） ① 唐の礼儀作法・儀式。儀式書として貞観礼（637年）、顕慶（けんけい）礼（658年）、開元（かいげん）礼（大唐開元礼、732年）がある。

：朝賀（ちょうが） ① 元日に天皇が大極殿で百官の拝賀を受ける儀式。9世紀に唐礼の影響で、百官が再拝・舞踏し、武官が万歳をとなえる唐風の儀式に変化した。

儀式（ぎしき） ⑤ 朝廷で行われる儀礼・行事、またはその次第を規定した書。9世紀には『内裏式』や『貞観儀式』（じょうがんぎしき）（現存の『儀式』10巻にあたるか）などの儀式書が編まれ、儀礼の唐風化が進められた。

：『内裏式』（だいりしき） ① 821年、藤原冬嗣らが撰定した最初の勅撰儀式書。3巻。

文章経国思想（もんじょうけい
こくしそう） ③ 文芸は国家の支柱で、国家の隆盛の鍵であるとする思想。「文章は経国の大業なり」と記す『凌雲集』序などにみられる。

勅撰漢詩文集（ちょくせんかん
しぶんしゅう） ⑤ 天皇の命により撰定・編纂された漢詩文集。嵯峨・淳和（じゅんな）両天皇の在世中に撰集された3勅撰漢詩文集（三大勅撰集）がある。嵯峨天皇をはじめ宮廷の漢詩文への強い意欲が反映されている。

：『凌雲集』（りょうう
んしゅう） ① 1巻。814年に成立。最初の勅撰漢詩文集。嵯峨天皇の命で、小野岑守・菅原清公（すがわらの
きよきみ）らが782〜814年の間の24人の漢詩91首を収載。

小野岑守（おのの
みねもり）①

：『文華秀麗集』（ぶんか
しゅうれいしゅう） ④ 3巻。818年に成立。嵯峨天皇の命で藤原冬嗣・菅原清公らが編集。嵯峨天皇自ら作品を撰定。『凌雲集』にもれた28人の漢詩143首を伝える。

：『経国集』（けいこく
しゅう） ④ 20巻（現存6巻）。827年に成立。淳和天皇の命で良岑安世らが編集。707〜827年の間の178人の漢詩・漢文を収載。現存は詩209首（もと917首）、賦（ふ）17編、対策26編。

良岑安世（よしみね
のやすよ）①

『性霊集』（しょうりょう
しゅう） ③ 10巻。835年頃に成立。正しくは『遍照発揮性霊集』（へんじょうほっき
しょうりょうしゅう）。空海の詩・碑銘・書簡を弟子の真済（しんぜい）が編集した。

『文鏡秘府論』（ぶんきょう
ひふろん） ③ 6巻。809〜820年の成立。空海が六朝及び唐代の文学評論を引用。詩文の格式、声韻（せいいん）などを評論する。

『日本霊異記』（にほんりょ
ういき） ④ 正しくは『日本国現報善悪霊異記』。822年頃に成立。現存する日本最古の説話集。薬師寺の僧景戒の作。仏教思想の影響を受けた因果応報譚（いんがおうほうたん）が多い。

景戒（きょうかい）③

『類聚国史』（るいじゅう
こくし） ① 200巻（現存62巻）。892年に成立。菅原道真が六国史の内容を部門別（神祇・帝王・後宮・政理など）に分類し、編年順に並べた史書。

六国史 → p.45

『新撰姓氏録』（しんせん
しょうじろく） ① 古代の氏の系譜書。『姓氏録』とも。万多（まんだ）親王・藤原園人（そのひと）らの撰。815年成立。完本は伝わらず抄録本だけ現存。平安京・畿内の1182氏を皇別・神別・諸蕃の3群に分け、それぞれの氏の出自・氏の名の由来などの系譜を記す。

文人貴族（官僚）（ぶんじんきぞく
かんりょう） ③ 文学・学問に優れた才能や業績を持つ官人。小野篁・都良香・菅原道真らが代表例。

小野篁（おのの
たかむら） ① 802〜852 平安初期の公卿。岑守の子で、漢詩・和歌に秀でる。『令義解』の編集に参加。遣唐副使となるが、大使藤原常嗣（つねつぐ）と良船を争い乗船を拒否し、

隠岐に配流される。許されて参議となる。

菅原道真_{すがわらのみちざね}　→ p.59

：『**菅家文草**_{かんけぶんそう}』② 菅原道真の漢詩文集。12巻。前半の6巻は少年時代から官僚時代に至る漢詩468首、後半の6巻は散文169編で、900年に醍醐天皇に奏進した。

三筆_{さんぴつ} ⑦ 平安初期、唐風の力強い筆蹟を特色とする3人の能書家。嵯峨天皇・空海・橘逸勢をいう。その書風を唐様という。

：**嵯峨**_{さが}**天皇**（太上天皇） → p.51

：**橘逸勢**_{たちばなのはやなり}　→ p.58

：**空海**_{くうかい}（**弘法大師**_{こうぼう}） → p.55

：『**風信帖**_{ふうしんじょう}』⑥ 812～813年頃に空海が最澄に送った書状3通を1巻にしたもの。巻頭の書出しに「風信雲書……」とあることから命名された。東晋の王羲之_{おうぎし}に唐の顔真卿_{がんしんけい}をあわせた書風で、大師流_{だいしりゅう}と呼ばれる。

大学_{だいがく} → p.46

明経道_{みょうぎょうどう} → p.46

明法道_{みょうぼうどう} → p.47

紀伝道_{きでんどう} → p.47

大学別曹_{だいがくべっそう} ⑥ 平安時代以来、有力氏族が一族の子弟を寄宿させ、大学で試験や講義を受けるのに便利なように設けた大学の付属施設。

：**弘文院**_{こうぶんいん} ④ 800年頃、和気清麻呂の子広世_{ひろよ}が書籍数千巻を用いて設置。

　　　　　　　　　　　和気氏_{わけ} ④

：**勧学院**_{かんがくいん} ⑤ 821年、藤原冬嗣が藤原氏のために設置。

：**学館院**_{がっかんいん} ④ 844年頃、嵯峨天皇の皇后橘嘉智子（檀林皇后_{だんりんこうごう}）が橘氏のために設置。

：**橘氏**_{たちばな} → p.58

：**奨学院**_{しょうがくいん} ④ 881年、在原行平_{ゆきひら}が在原・源・平氏など、皇族出身氏族（王氏）の学生を寄宿させるため設置。**在原氏**_{ありわら} ③

綜芸種智院_{しゅげいしゅちいん} ④ 828年頃、空海が庶民教育の目的で京都に設置した学校。綜芸とは各種の学芸の意。大学・国学は身分制限があり、儒教中心であるのに対し、より広い立場で儒教・仏教・道教などを教えた。彼の死後は廃絶。

● ● ●

平安仏教_{へいあんぶっきょう} ② 奈良末期の山林修行の系譜を引く9世紀初頭の天台・真言両宗の開宗から始まり、密教の隆盛を経て、10世紀頃から末法思想の流行と民間の聖の布教の活発化で浄土教が発展した。鎌倉新仏教成立前夜までの仏教。**山林修行**_{さんりんしゅぎょう} ②

最澄_{さいちょう}（**伝教大師**_{でんぎょうだいし}） ⑦ 767～822 近江の生まれ。19歳で比叡山に入り修行。804年入唐。天台の奥義と密教・禅を学び翌年帰国。法華経の絶対平等思想を中核に、禅・密を総合して日本天台教学を確立。設立を求めていた天台宗独自の大乗戒壇が、822年、死後7日目に勅許された。本朝三戒壇にここを加えて四戒壇_{だん}という。伝教大師の諡号_{しごう}は、866年に清和天皇より賜わる。　　　　　　**大乗戒壇**_{だいじょうかいだん} ①

：『**顕戒論**_{けんかいろん}』② 最澄が大乗戒壇の設立に反対する南都諸宗に論駁_{ろんばく}した著述書。819年成立、翌年上奏。これより前、最澄は『山家学生式_{さんげがくしょうしき}』を書いて天台宗僧侶養成の教育課程を定め、大乗戒壇での大乗戒による受戒を主張して南都と対立していた。　　　　　　　　　　**大乗戒**_{だいじょうかい} ①

：**徳一**_{とくいつ} ① 生没年不詳。平安前期頃の法相宗の僧。会津の恵日寺_{えにちじ}を拠点とし、最澄とすべての人が成仏できるかどうかに関する三一権実論争_{さんいちごんじつろんそう}を行った。

延暦寺_{えんりゃくじ} ⑦ 滋賀県大津市比叡山にある天台宗総本山。785年、最澄が初めて草庵_{そうあん}を結び、788年に一乗止観院_{いちじょうしかんいん}（比叡山寺）を創立。805年に唐から帰国後、天台宗を開宗した。823年、最澄の死後に延暦寺の勅額を賜わる。以後、仏教教学の中心となり、南都_{なんと}（興福寺）と並び北嶺_{ほくれい}と称された。　　　　　　　　　　**比叡山**_{ひえいざん} ⑦

天台宗_{てんだいしゅう} ⑦ 6世紀、中国天台山の智顗_{ちぎ}が大成した宗派で、法華経を中心経典とする。日本へは805年に最澄が唐から伝え、比叡山に延暦寺を創立して本山とした。法華経中心の教学（円）・密教・禅・戒律をあわせ行う四宗合一の立場をとる。延暦寺の住職で、天台宗を統轄する最高位の僧を天台座主_{ざす}という。

：**天台山**_{てんだいさん} → p.61

円仁_{えんにん}（**慈覚大師**_{じかくだいし}） ⑤ 794～864 最澄に師事。838～847年に入唐、天台教学・密教を学ぶ。第3世天台座主として堂塔の整備と天台密教の大成に努める。著書に五台山などを巡礼した旅の日記『入唐求法巡礼行記』がある。

　　　　　　　『**入唐求法巡礼行記**_{にっとうぐほうじゅんれいこうき}』②

円珍_{えんちん}（**智証大師**_{ちしょうだいし}） ⑤ 814～891 14歳で比叡山に登り修行。853～858年に入唐、天台教学・密教を学ぶ。第5世天台座主となり、天台宗の教化に努めて法門の発展に尽くす。園城寺を復興した。入唐中の巡礼記である『行歴記_{ぎょうれきき}』（抄本に『行歴抄_{ぎょうれきしょう}』）

きょう）がある。

：寺門派きょうもん ② 円珍と円仁の仏教解釈の相違から、その末流が対立し、天台座主の地位を争う。993年、円珍派は山を下って園城寺(三井寺)に入り、独立、寺門派となる。

園城寺おんじょうじ(三井寺みいでら) ②

：山門派さんもん ② 天台二派の一つ。円仁を祖とする比叡山延暦寺(山門)による一派。

空海くうかい**(弘法大師**こうぼうだいし**)** ⑦ 774〜835 讃岐の生まれた。初め大学に学んだが出家し、四国各地で修行。804〜806年に入唐し、青竜寺の恵果に密教を学ぶ。初め高雄山寺たかおさんじに住したが、816年、高野山に金剛峯寺を開き、823年、京都に教王護国寺を与えられ、両寺で真言宗を布教。漢詩文・書道に優れる。庶民教育のため綜芸種智院を開き、讃岐に満濃池まんのういけを築いたことでも有名。

青竜寺せいりゅうじ ⑦　恵果けいか ①

：『三教指帰』さんごうしいき ① 797年、空海24歳の時の出家宣言書。3巻。自己の思想遍歴を語る中で、儒教・道教・仏教の三教のうち仏教が優れていることを説く。

金剛峯寺こんごうぶじ ⑦ 和歌山県伊都郡高野町高野山にある真言宗総本山。816年、空海の開基。院政期の白河・鳥羽両法皇をはじめ、貴族の尊信を得て、多数の荘園・僧兵を擁した。　高野山こうや ⑦

教王護国寺きょうおうごこくじ**(東寺**とうじ**)** ⑦ 京都市にある真言宗大本山。796年に羅城門の東西に東寺・西寺を建立し、京の鎮護としたが、823年に東寺は嵯峨天皇から空海に勅賜ちょくしされた。真言宗の管長を東寺長者とうじのちょうじゃという。　西寺さいじ ①

真言宗しんごん ⑦ 空海が中国から伝え、開宗した密教宗派。大日経・金剛頂経を根本経典とするが、これらは釈迦の最高の悟りをそのまま表現した真実の言説とされるので、宗派名を真言説による教、即ち真言宗と称した。

顕教けんぎょう ⑤ 仏教の分類の一つで、密教に対する語。言葉・文字で明らかに説き示される教え。仏が衆生の能力に応じ、わかり易く説いた教えで、人々は経典などで学び、修行して悟ろうと努める。南都六宗や初期の天台宗などがこれに含まれる。

密教みっきょう ⑦ 顕教に対して、人間の理性によっては把握できない秘密の教えをいう。教えの核心部分は秘密とされ、師匠から弟子に口伝される。実践を重んじ、真言(陀羅尼だらに)をとなえるなど、仏の呪力を願う加持祈祷に努める。最終的には、生きながら

大日如来と一体化する即身成仏を目標とする。

即身成仏そくしんじょうぶつ ①

：大日如来だいにち ⑤ 密教の中心仏で、宇宙の根本仏とされる。理徳を示す胎蔵界たいぞうと智徳を示す金剛界こんごうの二つの世界では、異なる形の現れ方をする。

：東密とうみつ ③ 天台宗の台密に対し、真言宗の密教をいう。東寺の密教の意。真言密教ともいう。空海を祖とする。後世、小野流・広沢流に分かれる。

真言密教しんごんみっきょう ②

：台密たいみつ ③ 円仁・円珍が伝えた天台宗の密教で、東密に対していう。天台密教ともいう。山門・寺門の二派があり、さらに13流に分かれる。

：加持祈祷かじきとう ⑥ 加持は加護の意。祈祷は呪文をとなえ神仏に祈ること。密教で手に印を結び(印契いんげい)、鈷こを用い、口に真言(陀羅尼)をとなえて仏力の加護を祈る儀式。これによって除災招福などの現世利益(この世での仏の恵み)を期待した。

現世利益げんぜりやく ⑤

：護摩ごま ① 密教で、供物くもを火中に投じ、その煙を天上の仏に捧げて祈願する儀式。修験道でも行われた。

神仏習合しんぶつしゅうごう ⑦ 日本固有の神の信仰(神祇信仰)と仏教信仰との融合。奈良時代頃に起こり、明治初期の神仏分離令まで続く。初めは神前で経を読むとか、神宮寺じんぐうじを建てるとか、妥協・調和の動きであったが、やがて神仏は本来同じものとする方向に向かった。

：護法善神ごほうぜんじん ① 仏法を喜び、その教えを守るとされる神。8世紀中頃以降の神仏習合の進展の中から生まれた神観念。

：鎮守〔神〕ちんじゅ ⑥ 特定の土地や建物を守護するためにまつられた神。それらのうち、寺院鎮守の例が早く、東大寺の手向山八幡たむけやまはちまん、延暦寺の日吉ひえ神社、金剛峰寺の丹生にゅう社(丹生明神)などが有名である。のちには、一国の鎮守である一宮や惣村の鎮守なども生まれ、近世以後は、村々に鎮座する神を指すようになった。　鎮守社ちんじゅ ②

：神宮寺じんぐうじ ⑥ 神仏習合により、神社境内などに付設された寺院。神前読経を行い、神体の仏像をまつる。起源は奈良時代頃という。越前の気比けひ神宮、伊勢の多度たど神社、常陸の鹿島かしま神宮などの神宮寺は有名。

神前読経しんぜんどきょう ④

修験道しゅげんどう ⑤ 密教・道教・神道・陰陽道などの影響を受け、日本で成立した呪術的な

山岳信仰。呪術者役小角^{えんのおづぬ}を祖師と仰ぐ。中世に特に盛んとなり、山伏たちは大和吉野の金峰山、大峰山、加賀・飛驒にまたがる白山、紀伊の熊野三山、出羽の出羽三山、豊前の英彦(彦)^{ひこ}山などで修行した。

山岳信仰^{さんがくしんこう} ⑤　　**金峰山**^{きんぷさん} ③

　　　　　　　　大峰山^{おおみねさん} ②　**白山**^{はくさん} ②

：**吉野**^{よしの}　→　p.108

：**山伏**^{やまぶし} ③ 修験道の修行者。山野に伏し、験力^{げんりき}を獲得することをめざす。修験者^{しゅげんじゃ}ともいう。のち天台宗の園城寺、真言宗の醍醐寺の2系統に組織される。

：**修験者**^{しゅげんじゃ}　→　p.164

密教芸術

密教芸術^{みっきょうげいじゅつ} ③ 曼荼羅や不動明王像など、密教特有の神秘的な仏画・彫刻をいう。

室生寺^{むろうじ} ⑤ 奈良県宇陀市室生にある寺。真言宗。雨の神、竜穴^{りゅうけつ}神の鎮座する室生山の神宮寺として、780年頃に興福寺の賢璟^{けんきょう}が創立。山岳寺院の自由な伽藍配置を示している。女人高野とも呼ばれ、女性の参詣が自由であった。

　　　　　　　　　　　女人高野^{にょにんこうや} ②

室生寺金堂^{むろうじこんどう} ⑤ 平安初期の建立。塔と共にこの時期の山岳寺院の唯一の遺構。屋根は現在は柿葺。仏壇背後の壁画や翻波^{ほんぱ}式の仏像も重要である。

　　　　　　　　　　　柿葺^{こけらぶき} ①

：**檜皮葺**^{ひわだぶき}　→　p.65

室生寺五重塔^{むろうじごじゅうのとう} ④ 平安初期の建立。「弘法大師一夜造りの塔」と呼ばれる端麗な小塔。寝殿造への考察がある。

室生寺金堂釈迦如来像^{むろうじこんどうしゃかにょらいぞう} ② 9世紀末の造立。一木造の木像で彩色がある。肉づき豊かな体軀を持つが、面相は優美。衣文の彫りもおだやかで、藤原期に近い。金堂の本尊で、本来は薬師如来だったといわれる。

室生寺弥勒堂釈迦如来像^{むろうじみろくどうしゃかにょらいぞう} ② 9世紀末の造立。一木造の木像。貞観彫刻の美しさを示す典型的な像。特に着衣は鋭い稜角を持った翻波式で美しい。

元興寺薬師如来像^{がんごうじやくしにょらいぞう} ③ 9世紀の造立。一木造の木像。量感に富み、神秘的な面相を持つ。両脚の前面を覆う衣は長脚形の面をつくり、厚味のある衣は翻波式の襞^{ひだ}を刻む。

神護寺薬師如来像^{じんごじやくしにょらいぞう} ③ 8世紀末の造立。一木造の木像。金堂の本尊で、顔の表現に威圧感がある。堂々たる体軀を持ち、

力強さに富む。　　　　　　　**神護寺**^{じんごじ} ④

法華寺十一面観音像^{ほっけじじゅういちめんかんのんぞう} ① 9世紀の造立。一木造の木像。全身素木でつくられ、目・口・髪を彩色する平安初期の檀像^{だんぞう}彫刻(白檀^{びゃくだん}など木目の細かい材を用いた彫刻)の代表例。翻波式衣文や特異な顔容・体軀に特徴を示す。

観心寺如意輪観音像^{かんしんじにょいりんかんのんぞう} ④ 9世紀の造立。木像。平安前期の密教彫刻の代表作で、華麗な彩色と豊満な肢体は女性的な表現を強調。秘仏のため彩色はよく保存されている。如意輪観音は、如意宝珠を持って衆生に救済を与える菩薩。

教王護国寺講堂不動明王像^{きょうおうごこくじこうどうふどうみょうおうぞう} ④ 9世紀半ばの造立。一木造の木像。五大明王(不動・降三世^{ごうざんぜ}・軍荼利^{ぐんだり}・大威徳^{だいいとく}・金剛夜叉^{こんごうやしゃ})の中尊で、像高1.73m。不動明王は大日如来の使者として悪を断じ、衆生^{しゅじょう}を救うものとして信仰が厚い。御影堂にも秘仏の不動明王像がある。

　　　　　　　　　　　不動明王^{ふどうみょうおう} ⑥

薬師寺僧形八幡神像^{やくしじそうぎょうはちまんしんぞう} ⑥ 9世紀後半の造立。応神天皇像ともいう。薬師寺の鎮守休丘八幡宮^{やすみがおかはちまんぐう}に、神功皇后^{じんぐうこうごう}像・中津姫命^{なかつひめのみこと}像と共に安置される。いずれも一木造の彩色像で、神像彫刻の中でも古いもの。

　　　　　　　　　　　神像^{しんぞう} ②

　　薬師寺神功皇后像^{やくしじじんぐうこうごうぞう} ①

：**八幡神**^{はちまんしん} ② もとは九州宇佐地方の農業神「やわたの大神」。奈良時代に東大寺の鎮守となり、平安初期に石清水に勧請^{かんじょう}され、応神天皇と結びつけられて、伊勢神宮と共に二所宗廟としてあがめられた。清和源氏の氏神としてから武神とされ、全国に八幡信仰が広まった。僧形の八幡神をつくったり、八幡大菩薩のように神に菩薩号^{ごう}をつけるのは、神仏習合の現れである。

　　僧形八幡神像^{そうぎょうはちまんしんぞう} ②

　　　　八幡大菩薩^{はちまんだいぼさつ} ①

一木造^{いちぼくづくり}(**一木彫**^{いちぼくぼり}) ⑥ 木像で、頭部と胴体が一本の木材からつくられているもの。肉が厚いので深く彫れる特徴がある。平安中期以降の寄木造に対する。

翻波式^{ほんぱしき} ③ 平安前期の木像彫刻の衣のしわの表現様式。角味の大波と丸味の小波とを交互に繰り返し、波が翻るように表現する。室生寺弥勒堂釈迦如来像が典型。

曼荼羅^{まんだら} ⑦ 梵語 mandala は悟りの境地に達するの意で、仏の世界を壇の形式で図示したものをいう。真言密教で金剛界・胎蔵界の両界曼荼羅がある。

　　　　　　両界曼荼羅_{りょうかい}_{まんだら} ⑤
　　　　金剛界_{こんごう}_{うかい} ④　胎蔵界_{たいぞう}_{うかい} ⑥
　：**金剛界曼荼羅**_{こんごうかい}_{まんだら} ② 金剛頂経により、
仏の力が煩悩_{ぼんのう}を破ることや金剛の如く強
いことを、大日如来を中心に諸尊をめぐら
して示すもの。
　：**胎蔵界曼荼羅**_{たいぞうかい}_{まんだら} ② 大日経により、
胎児が母胎の中で成長していくように、人
間が悟りへ進む姿を諸仏を配して示すもの。

神護寺両界曼荼羅_{じんごじりょう}_{かいまんだら} ④ 9世紀の作。
　方約4mの紫綾地に金銀泥_{きんぎん}_{でい}で描いた金
剛界・胎蔵界の2幅。現存では最古。高雄
曼荼羅ともいう。

教王護国寺両界曼荼羅_{きょうおうごこくじ}_{りょうかいまんだら} ⑥ 9世紀
の作。絹本着色_{けんぽんち}_{ゃくしょく}。183×154cmの2幅。
かつて宮中真言院で用いられたといい、伝
真言院曼荼羅とも呼ぶ。

園城寺不動明王像_{おんじょうじふどう}_{みょうおうぞう}(**黄不動**_{きふ}_{どう})　③
　9世紀の作。絹本着色。円珍が感得した像
を、画工に描かせたものという。正面を向
き直立する像で、黄色に彩色されているの
で、高野山の赤不動、青蓮院_{しょうれん}_{んいん}の青不動
に対して黄不動とも呼ばれる。

第4章　貴族政治の展開

1　摂関政治

藤原氏北家の発展

北家ほっけ　→ p.41

藤原冬嗣ふじわらのふゆつぐ ⑦ 775〜826　北家の内麻呂うちまろの子。嵯峨さが天皇の信任が厚く、薬子くすこの変の際、最初の蔵人頭に任じられ、北家興隆のもととなる。勧学院かんがくいんを創設。娘の順子じゅんしが正良親王（のち仁明にんみょう天皇）の妃となり、文徳天皇を生む。

仁明にんみょう**天皇（正良**まさら**親王）** ③

：**蔵人頭**くろうどのとう　→ p.52

藤原良房ふじわらのよしふさ ⑦ 804〜872　冬嗣の子。その娘明子あきらけいこ（めいし）が文徳天皇の女御となり、清和天皇を生む。外戚として権力を握り、857年に太政大臣。858年には実質的に摂政の任についた。866年の応天門の変を処理し、伴・橘・紀氏を斥け、自らは正式に摂政の命を受けて藤原氏勢力の確立を図る。

外戚がいせき ⑦ 母方の親戚をいう。藤原氏は娘を天皇の后妃に入れ、生まれた外孫にあたる皇子を天皇に立てて、自ら外祖父（母方の祖父）として権力を握り、摂政・関白の地位を独占した。　**外祖父**がいそふ ③　**外孫**がいそん ③

承和じょうわ**の変** ⑦ 842（承和9）年、皇太子恒貞親王派の伴健岑・橘逸勢らが謀反を企てたとして隠岐・伊豆に配流された事件。密告者は阿保あぼ親王（在原業平ありわらのなりひらの父）。皇太子は廃され、道康親王（藤原良房の妹順子の子、のち文徳天皇）が皇太子となる。権力の確立を図った良房の陰謀と推定される。　**文徳**もんとく**天皇（道康**みちやす**親王）** ③

：**恒貞**つねさだ**親王** ①

：**伴健岑**とものこわみね**（大伴健岑**おおとものこわみね**）** ④ 生没年不詳。橘逸勢と共に承和の変を企てたとして、隠岐に配流される。伴氏は大伴氏が淳和じゅんな天皇の諱いみなの大伴を避けて伴氏と改称したもの。　**伴氏**ともうじ ④

：**橘逸勢**たちばなのはやなり ⑦ ？〜842　伴健岑と共に承和の変を企てたとして、伊豆に配流。三筆の一人。橘氏は橘諸兄の流れを引く有力な氏で、古代の有力氏族の源・平・藤・橘4姓の一つ。　**橘氏**たちばなうじ ⑤

摂政・関白の始まり

応天門の変おうてんもんのへん ⑥ 866年、大納言だいなごん伴善男が、左大臣源信の失脚をねらって、朝堂院ちょうどういん正門の応天門に子の伴中庸とものなかつねを使って放火したとされ、伊豆に配流された事件。紀豊城・紀夏井らも関連してそれぞれ流罪。真相は不明だが、事件の処理にあたった藤原良房は、有能な他氏出身の官人を排斥することに成功した。　**応天門**おうてんもん

：**伴善男**とものよしお ⑥ 811〜868　大納言。左大臣源信と勢力を争い、その失脚を図って、応天門の変を起こしたとされ、伊豆に配流された。

：**源信**みなもとのまこと ⑤ 810〜868　嵯峨天皇の皇子。814年に源姓を受けて臣籍に下る。応天門の変で、伴善男に罪を着せられ応天門放火の疑いをかけられたが、藤原良房によって無実を証明された。

：**紀夏井**きのなつい ① 生没年不詳。讃岐の国司として信望が厚く、優れた文人でもあった。応天門の変に異母弟豊城が関与したため、縁坐して土佐へ配流された。紀氏は、紀伊を本拠とし、のちに大和へ進出した有力氏族。　**紀氏**きうじ ②

摂政せっしょう ⑦ 天皇が幼少または病気などの時、代わって政務を処理する代行者。本来は、皇族が任命されたが、藤原良房が清和天皇の即位した858年に実質的にその任にあたり、866年の応天門の変の際に正式に任命されてから藤原氏が独占するようになった。良房以降の摂政を人臣摂政という。令外官りょうげのかん。

清和せいわ**天皇** ⑦ 850〜880　在位858〜876。文徳天皇の皇子（惟仁これひと親王）。母は藤原良房の娘明子。9歳で即位し、良房が摂政となる。天皇の孫経基もとつねから清和源氏が出る。

藤原基経ふじわらのもとつね ⑦ 836〜891　長良ながらの子、良房の養子。乱行のあった陽成天皇を廃して光孝天皇を即位させ、特に許されて関白となる。のち、外戚関係のない宇多天皇を牽制した。　**陽成**ようぜい**天皇** ⑤

関白かんぱく ⑦ 天皇を後見役として補佐する令外

官。天皇に奏上され、あるいは天皇から諸司に下される一切の文書にあらかじめ目を通すことが職務。884年、藤原基経が光孝天皇を擁立した時、実質上の関白となり、887年に宇多天皇の詔で関白の語が定まった。摂政・関白共に1867年まで続いた。また、関白とほぼ同じ職務を行い、関白に準ずる役職を内覧<ruby>覧<rt>らん</rt></ruby>という。

光孝<ruby>こうこう<rt></rt></ruby>天皇 ⑦ 830〜887　在位884〜887。仁明天皇の皇子。藤原基経らに擁されて55歳で即位し、基経を関白とした。

阿衡の紛議(事件)<ruby><rt>あこうのふんぎ</rt></ruby> ④ 藤原基経と宇多天皇との政治的抗争。887年、関白の詔が出た時、基経は一度辞退したが、それに対し、橘広相が起草した勅書に、基経を「阿衡の任」につけるとあった。基経は「阿衡は名のみで職掌を伴わない」として、以後出仕することをやめたため、翌888年に宇多天皇が勅書の非を認め、広相を罰して収拾した。基経は関白としての政治的立場を強化した。

橘広相<ruby><rt>たちばなのひろみ</rt></ruby> ③

：勅書<ruby><rt>ちょく</rt></ruby> ② 公式令<ruby><rt>くしきりょう</rt></ruby>が規定する詔書・勅旨(詔・勅)に対し、天皇の発議に基づき、太政官の議政官の合議を経ずに下達される「勅」で始まる文書。

〔天皇〕親政<ruby><rt>てんのう</rt></ruby><ruby><rt>しんせい</rt></ruby> ⑤ 天皇自ら政治を行う政治形態。宇多天皇の親政(寛平<ruby><rt>かんぴょう</rt></ruby>の治)、醍醐天皇の親政(延喜の治)、村上天皇の親政(天暦の治)のほか、後三条天皇・白河天皇・後醍醐天皇の親政が有名である。

宇多<ruby><rt>うだ</rt></ruby>天皇 ⑥ 867〜931　在位887〜897。光孝天皇の皇子。一時臣籍に下り源定省となりしたが、887年に即位。阿衡事件で関白藤原基経に屈服。基経死後、891年から親政(寛平の治)。菅原道真を登用し、藤原氏を抑えようとした。蔵人所を拡充し、指揮下に滝口の武者をおいた。醍醐天皇へ譲位し、『寛平御遺誡』<ruby><rt>かんぴょうごゆいかい</rt></ruby>を残す。

源定省<ruby><rt>みなもとのさだみ</rt></ruby> ①

菅原道真<ruby><rt>すがわらのみちざね</rt></ruby> ⑦ 845〜903　文章<ruby><rt>もんじょう</rt></ruby>博士。894年に遣唐大使に任命されたが、彼の建議で遣唐使は中止された。醍醐天皇の時代に右大臣。娘婿の斉世<ruby><rt>ときよ</rt></ruby>親王即位の陰謀ありと讒言され、901年大宰権帥に左遷される(昌泰<ruby><rt>しょうたい</rt></ruby>の変)。学問・詩文に優れ、『類聚国史』<ruby><rt>るいじゅうこくし</rt></ruby>を編集。『菅家文草』<ruby><rt>かんけぶんそう</rt></ruby>などの詩文集がある。　**大宰権帥**<ruby><rt>だざいのごんのそち(そつ)</rt></ruby>⑥

延喜・天暦の治

醍醐<ruby><rt>だいご</rt></ruby>天皇 ⑦ 885〜930　在位897〜930。宇多天皇の皇子。天皇親政を実施(延喜の治、延喜の国政改革とも)。藤原時平の讒言で、菅原道真を大宰府に左遷。延喜の荘園整理令の発布、『三代実録』『延喜格式』『古今和歌集』の編集など、律令政治の復興に努めた。

藤原時平<ruby><rt>ふじわらのときひら</rt></ruby> ③ 871〜909　基経の子、左大臣。右大臣菅原道真を讒言により大宰府に左遷した。延喜の荘園整理令、『三代実録』『延喜格式』の編集に関与。

藤原忠平<ruby><rt>ふじわらのただひら</rt></ruby> ② 880〜949　基経の子。時平の弟。摂政・関白。『延喜式』を撰す。

村上<ruby><rt>むらかみ</rt></ruby>天皇 ⑦ 926〜967　在位946〜967。醍醐天皇の皇子。949年の関白藤原忠平の没後、天皇親政を実施(天暦の治)。乾元大宝の鋳造、『後撰和歌集』の勅撰、天徳内裏歌合<ruby><rt>てんとくだいりうたあわせ</rt></ruby>など、律令的な政治が行われたが、政情は不安定。

延喜・天暦の治<ruby><rt>えんぎ・てんりゃくのち</rt></ruby> ⑦ 10世紀前半の醍醐天皇及び村上天皇時代の政治。醍醐天皇は父宇多天皇の遺志を継いで、天皇親政を実施。その子の村上天皇も親政を行ったので、後世に天皇政治の理想とされ、それぞれの年号をとって延喜・天暦の治と呼ばれた。

安和の変<ruby><rt>あんな</rt></ruby> ⑥ 969(安和2)年、冷泉天皇のもとで左大臣だった源高明を、藤原氏(師尹<ruby><rt>もろただ</rt></ruby>・伊尹<ruby><rt>これただ</rt></ruby>・兼家ら)が失脚させた事件。源満仲<ruby><rt>みつなか</rt></ruby>が、源高明を女婿<ruby><rt>じょせい</rt></ruby>の為平<ruby><rt>ためひら</rt></ruby>親王擁立の陰謀ありと密告。大宰権帥に左遷。以後、摂関常置、藤原氏の全盛となる。　**冷泉<ruby><rt>れい</rt></ruby>天皇** ①

源高明<ruby><rt>みなもとのたかあきら</rt></ruby> ⑥ 914〜982　醍醐天皇の皇子。源朝臣を賜わり、臣籍に降下した。藤原氏の陰謀による安和の変で、左大臣を罷免され、大宰権帥として左遷される。朝儀に通じ、儀式書の『西宮記』<ruby><rt>さいきゅうき</rt></ruby>を著す。

摂関政治

藤原兼通<ruby><rt>ふじわらのかねみち</rt></ruby> ① 925〜977　師輔<ruby><rt>もろすけ</rt></ruby>の子。兄伊尹<ruby><rt>これまさ</rt></ruby>の死後、弟兼家と摂政の地位を争う。死の直前、臨時除目<ruby><rt>じもく</rt></ruby>で関白を頼忠に譲った話は、『大鏡』<ruby><rt>おおかがみ</rt></ruby>に記されて有名。

藤原兼家<ruby><rt>ふじわらのかねいえ</rt></ruby> ② 929〜990　兼通の弟。兄と摂政の地位を争い不和。のちに娘の詮子(東三条院)が一条天皇を生み、摂関・太政大臣となる。

藤原道隆<ruby><rt>ふじわらのみちたか</rt></ruby> ① 953〜995　兼家の子、道兼・道長の兄。父の死後、弟道兼と争って

これを斥け、摂政・関白となった。娘が定子^{てい}。

藤原伊周^{ふじわらの これちか} ② 974〜1010　関白道隆の子。内覧（天皇補佐）となる。道隆の弟道長と関白の位をめぐって激しく対立し、996年に大宰権帥^{だざいの ごんのそち}に左遷される。

藤原詮子^{ふじわらの せんし}（**東三条院**^{ひがしさんじょういん}）① 962〜1001　藤原兼家の娘。円融^{えんゆう}天皇の女御^{にょうご}。一条天皇の母。991年に出家し、上皇に準じて院号を受け、東三条院と呼ばれて女院の初めとなる。弟の道長の政権獲得を支援。

藤原道長^{ふじわらの みちなが} ⑦ 966〜1027　兼家の子。氏長者。甥伊周と政権を争って勝ち、995年に一条天皇の内覧となる。彰子^{しょうし}・妍子^{けんし}・威子^{いし}・嬉子^{きし}の4人の娘を一条・三条・後一条・後朱雀天皇の后とし、前後30年にわたって権勢をふるった。1016年に摂政、17年に太政大臣となり、藤原氏の全盛期を現出した。晩年には法成寺を造営し、御堂関白^{みどうかんぱく}といわれた。　　**一条**^{いちじょう}**天皇** ④　　**藤原妍子**^{ふじわらの けんし} ①

：法成寺^{ほうじょうじ} ① 出家した道長が、1019年に阿弥陀堂を建立し、無量寿院と名づけたのが始まり。1022年、金堂・講堂の落慶供養^{らっけいくよう}の際、法成寺と改名。壮麗を誇ったが、火災で焼失した。御堂とも呼ばれた。　　**御堂**^{みどう} ①

藤原頼通^{ふじわらの よりみち} ⑦ 992〜1074　道長の子。後一条・後朱雀・後冷泉3代の摂政・関白となる。宇治^{うじ}に平等院鳳凰堂^{びょうどういんほうおうどう}を建立し、宇治関白といわれた。1067年に隠退。道長以来の約60年間は、摂関政治の最盛期。　　**後一条**^{ごいちじょう}**天皇**（**敦成**^{あつひら}**親王**）④　　**後朱雀**^{ごすざく}**天皇** ③　**後冷泉**^{ごれいぜい}**天皇** ③

摂政政治^{せっかんせいじ} ⑦ 10〜11世紀の平安中期、藤原氏が天皇の外戚^{がいせき}として摂政・関白を独占し、国政を主導した政治。摂関の職は良房^{よしふさ}・基経^{もとつね}がその例を開き、安和^{あんな}の変後に常置。11世紀前半の道長・頼通が全盛期で、のち院政につれて衰えた。天皇権の代行、太政官職の独占、政治の私権化・形式化が進んだ。

摂関時代^{せっかん じだい} ④ 10世紀後半〜11世紀中頃の摂関政治が行われた時代。摂関期、藤原時代ともいう。9世紀後半の良房・基経の時期をのちの摂関政治の確立期と区別し、前期摂関政治の時代ということもある。　　**摂関期**^{せっかんき} ②

摂関家^{せっかんけ} ⑦ 平安中期以降、摂政・関白に補任^{ぶにん}される貴族の家で、藤原北家^{ほっけ}が独

占。「一の家」ともいう。鎌倉期以後、五摂家に分かれた。また摂関は「一の人」^{いちのひと}と呼ばれ、「殿下」^{でんか}の敬称を受けた。

氏長者^{うじのちょうじゃ} ④ 氏の首長で、氏寺^{うじでら}・大学別曹^{べっそう}の管理や一族の官位推挙にあたる。藤原氏の氏長者は、摂関を兼ねるようになり、大きな力を持つことになった。

殿下渡領^{でんかのわたりりょう}　→ p.78

賜姓源氏^{しせいげんじ} ① 皇族に源の姓を与えて（賜姓）、臣籍に下し生まれた氏族。皇室経済困窮の打開などが目的。814年以降、始祖の天皇名を冠した諸氏が数多く生まれ、宇多・村上源氏などは大臣を出して摂関家に次ぐ勢力を持ち、清和源氏は武士として発展していった。　　**賜姓**^{しせい} ①

宇多源氏^{うだげんじ} ① 宇多天皇から出た源氏の一族。大臣を輩出し、村上源氏などと共に摂関家につぐ勢力を持つ。藤原道長の正妻である倫子^{りんし}（雅信^{まさのぶ}の娘、頼通・彰子の母）も同氏出身である。

村上源氏^{むらかみげんじ} ① 村上天皇の皇子具平^{ともひら}親王の子、師房^{もろふさ}に始まる源氏の一族。大臣や摂関家の妻を輩出。院政期以降、久我^{こが}・堀川・千種^{ちぐさ}・北畠などの家に分かれる。

家司^{けいし} ① 平安時代以降、親王・内親王・上級貴族の家政をつかさどる職員の総称。摂関家の家司には受領が多く、その貢納物などが摂関家の有力な財源となった。

陣定^{じんのさだめ} ③ 摂関期、国政の重要事項を審議した公卿^{くぎょう}（議政官）の会議である定^{さだめ}の一種で、最も重要なもの。仗議（儀）^{じょうぎ}ともいう。主に内裏の紫宸殿^{ししんでん}から東へ延びる軒廊^{こんろう}にあった左近衛の陣の陣座^{じんざ}で行われた。結果は天皇・摂関の裁断を経て、太政官符^{だじょうかんぷ}や宣旨の形で下達された。　　〔**左**〕**近衛の陣**^{このえのじん} ③

宣旨^{せんじ} ① 平安時代以降、天皇または太政官の命令を伝達するために用いられた文書。特に、上卿^{しょうけい}（各政務・行事の担当公卿）の命令を受けて弁官が発給する宣旨は官宣旨（弁官下文^{べんかんくだしぶみ}）と呼ばれ、捺印などの複雑な手続を必要としないため、盛んに出された。　　**官宣旨**^{かんぜんじ} ①

中宮^{ちゅうぐう} ④ 本来は皇后の居所。令制では、皇后・皇太后・太皇太后（三后）の宮とその人自身を指す。一条天皇のときに皇后定子のほか、道長が娘彰子を後宮に入れて中宮と称してから、皇后・中宮が並立。皇后と同じ資格の正后の称となった。　　**皇太后**^{こうたいごう} ③　**太皇太后**^{たいこうたいごう} ①

後宮^{こうきゅう} ② 天皇の妻妾^{さいしょう}たち（后妃）が住む

宮中の殿舎、転じてそこに住む妻妾・近侍者たちの総称。天皇の配偶者は正妻の皇后に続いて令制では妃・夫人・嬪、平安時代には女御・更衣・御息所などがあった。 **后妃**④

日記《貴族》④ 貴族などが備忘のため和風の漢文で記した書物。記録（古記録）ともいう。行事の参加経験を先例として子孫に残すことが目的。毎日の出来事を具注暦などに順に記す日次記（『御堂関白記』『小右記』など）、別記、部類記からなる。
記録（古記録）①

：**『御堂関白記』**④ 998～1021年の道長の日記。自筆原本14巻が現存。具注暦の余白に記入。摂関期の重要史料。他の公卿の日記と同じく和風の漢文体（和様漢文・変体漢文）で書かれている。
和様漢文（変体漢文）①

：**『小右記』**⑥ 右大臣藤原実資の日記。実資の家系を小野宮家といったので、『小野宮右大臣記』を略していう。977～1040年の60余年にわたる。この中に、道長の「望月の……」の歌が記載されている。摂関期の重要史料。 **藤原実資**⑤

国際関係の変化

文室宮田麻呂① 9世紀中頃の官人。筑前守となり、新羅の有力な貿易商・政治家・軍人の張宝高と私貿易を行い財を築いたが、843年に謀反の嫌疑で伊豆に配流。 **張宝高**①

遣唐使停止（廃止）⑥ 894年、遣唐大使に任命された菅原道真が、唐の疲弊と航路の危険とを理由に派遣停止を宇多天皇に建議して停止された。安史の乱（755～763、または安禄山の乱ともいう）以降、衰退し始めた唐は、黄巣の乱（875～884）によってまったく衰え、907年に滅びた。
安史の乱② **黄巣の乱**①

五代〔十国〕⑤ 907～960年の唐・宋間の混乱期に興亡した国々、およびその時代。華北の中原には五代と呼ばれる後梁・後唐・後晋・後漢・後周の5王朝が興亡。それ以外の諸地方には呉越国などの10余国が分立して十国と呼ばれた。両者をあわせて五代十国という。 **呉越国**①

宋（北宋）⑦ 960～1279 唐末の五代の争乱を鎮め、太祖趙匡胤が建国した統一王朝。1127年に金が北宋を滅ぼし、南宋となったが、1279年、元に滅ぼされた。平

氏政権・鎌倉幕府は南宋と交渉、日宋貿易を展開した。
南宋 → p.92

日宋貿易 → p.80

：**唐物** → p.114

：**『新猿楽記』**③ 院政期の成立。当時の芸能・庶民生活・風俗を描いた書。列島全域にわたって活動し、唐物などを扱う「商人の主領」や大名田堵の典型例である田中豊益らが登場する。

奝然③ 938～1016 平安中期の東大寺の学僧。983年に入宋、宋の太宗に謁し、五台山を巡礼した。987年に帰国。宋版大蔵経をもたらす。嵯峨野に清凉寺を建て、宋から請来した釈迦如来像を安置した。
五台山① **清凉寺**②
清凉寺釈迦如来像①

成尋② 1011～81 天台宗僧。1072年に入宋。天台山・五台山を巡礼。経典など六百数十巻を集めて日本に送ったが、神宗の慰留を受けて宋に留まり、汴京の開宝寺で死去した。 **天台山**①

西夏① 1038～1227 中国の西北方でタングート族が建てた国。宋を苦しめたが、モンゴルに滅ぼされる。複雑な西夏文字をつくる。

遼（契丹）⑦ 916～1125 4世紀以降、東部モンゴル地方の遊牧民だったが、10世紀初めに耶律阿保機（太祖）が統合して遼となる。12世紀には、支配下の女真族が独立して金を建国し、遼を滅ぼした。遼では契丹文字、女真族の金は女真文字をつくる。

：**金** → p.92

刀伊の入寇⑥ 1019年、賊船50余りが対馬・壱岐から博多湾に侵入、大宰権帥藤原隆家らに率いられた九州の武士団により撃退された事件。のち、沿海州地方の遼支配下の女真族（朝鮮で刀伊と呼ぶ）と判明する。 **女真族（刀伊）**⑦

：**藤原隆家**⑥ 979～1044 関白道隆の子、兄伊周と共に道長と争う。出雲権帥に左遷されたが、許されて中納言に復帰して大宰権帥を兼ね、1019年に刀伊の入寇を撃退した。

高麗⑦ 918～1392 新羅末期の10世紀初め、開城付近の豪族王建が建国した王朝。のちに元の属国となり、蒙古襲来に参加。1392年、李成桂に滅ぼされる。

国文学の発達

国風文化こくふうぶんか ⑦ それまでの唐風文化の消化の上に生まれた、摂関時代を中心とする日本風(国風)の文化。国文学の発達と優雅な貴族文化、浄土教じょうどきょうの流行が特徴的である。この時代を藤原氏が栄えたことから藤原時代、文化を藤原文化ともいう。

藤原文化ふじわらぶんか ①

かな(仮名)文字かなもじ ⑦ 漢字を真名というのに対し、奈良時代の万葉仮名のあと、一般には平安初期に漢字から生まれた軽便な表音文字である平がな、片かなを指す。日記・物語文学を発達させた。　**真名**まな ②

：平がな(仮名)ひらがな ④ 平安初期、万葉仮名の草書体である草がな(草体がな)を簡略化した日本文字。特に女性に用いられ、女手(女文字)とも呼ばれた。草がなから平がなへの早期の資料として、9世紀半ばの讃岐国司藤原有年ありの文がある。

女手おんなで(**女文字**おんなもじ) ①

：片かな(仮名)かたかな ④ 奈良時代以降、僧侶の仏典訓読の利便のため、漢字の偏へん・旁つくり・冠かんむりなどの一部を表音符号に用いて始まる。

六歌仙ろっかせん ② 平安前期の和歌の上手6人の総称。在原業平・僧正遍昭・喜撰・小野小町・文屋康秀・大友黒主をいう。

：在原業平ありわらのなりひら ② 825～880　阿保あぼ親王の子。情熱的な歌をつくる。『伊勢物語』は彼を主人公とした歌物語。孫の元方もとかたも『古今和歌集』の歌人。

：遍昭へんじょう ① 816～890　俗姓良岑宗貞よしみねのむねさだ。桓武かんむ天皇の孫。彼を愛した仁明にんみょう天皇の死を悲しみ出家し、僧正となる。恋の贈答歌や感傷的な哀悼歌が巧み。

：喜撰きせん ① 生没年不詳。『古今和歌集』に「わが庵は……」の歌1首のみが伝わる。宇治に隠棲した僧。

：小野小町おののこまち ② 生没年不詳。出羽国の郡司小野良真おののよしざねの娘で、小野篁おののたかむらの孫との説もあるが、確かなことは不明。情熱的な歌が多く、美貌の歌人という。

：文屋康秀ふんやのやすひで ① 生没年不詳。下級官職を歴任。言葉の遊戯になる歌をつくる。

：大友黒主おおとものくろぬし ① 生没年不詳。歌人として『古今和歌集』序に「そのさまいやし」と評される。

あり、伝記は半ば伝説化した。

勅撰和歌集ちょくせんわかしゅう ⑤ 天皇・上皇・法皇の命によって歌人が編集した和歌集。『古今和歌集』に始まり、室町時代の『新続古今和歌集』までに21集(二十一代集)が編まれた。

『古今和歌集』こきんわかしゅう ⑥ 905年、醍醐だいご天皇の命で紀貫之・紀友則きのとものり・凡河内躬恒おおしこうちのみつね・壬生忠岑みぶのただみねにより編纂された最初の勅撰和歌集。20巻。『万葉集』以後の約1100首を収める。優美・繊細・技巧的な歌風で「古今調」と呼ばれ、「万葉調」と対比される。また、序文には漢字で書かれた真名序(紀淑望しもち作)と平がなで書かれた仮名序(紀貫之作)の二つがある。

古今調こきんちょう ②
古今和歌集真名序こきんわかしゅうしんなじょ ①
古今和歌集仮名序こきんわかしゅうかなじょ ②

八代集はちだいしゅう ① 『古今和歌集』から、『後撰和歌集』ごせんわかしゅう『拾遺和歌集』しゅういわかしゅうに至る3集を三代集。さらに『後拾遺』『金葉』きんよう『詞花』しか『千載』せんざい『新古今』と続く8勅撰和歌集が八代集と呼ばれる。

『新古今和歌集』しんこきんわかしゅう → p.100

紀貫之きのつらゆき ⑤ ?～945　平安前～中期の貴族、歌人。三十六歌仙の一人。『古今和歌集』の撰者として「仮名序」を書く。『土佐日記』を記す。

『倭(和)名類聚抄』わみょうるいじゅしょう ① 24部に分けた百科漢和辞書で、930年代に成立したと考えられる。著者の源順(911～983)は詩文に優れ、歌人としても有名。　**源順**みなもとのしたごう ①

『白氏文集』はくしもんじゅう ① 唐の白居易はくきょい(白楽天はくらくてん)の漢詩集。平安初期に伝来。平安時代に熱狂的に受容され、漢詩文・和歌・仮名文学に多大な影響を与えた。

朗詠ろうえい ② 謡物うたいものの一つで、漢詩文の秀句を訓読して朗吟ろうぎんすること。平安中期、貴族の間で流行した。催馬楽さいばら・今様いまようと共に郢曲えいきょくと呼ばれる。

：『和漢朗詠集』わかんろうえいしゅう ② 1013年頃成立の和歌漢詩文集。藤原公任撰。朗詠に適した漢詩文と和歌約800首を集録。

：藤原公任ふじわらのきんとう ④ 966～1041　平安中期の貴族。詩歌に優れ、有職故実ゆうそくこじつに通じる。『和漢朗詠集』『拾遺和歌集』を撰した。

かな文学かなぶんがく ② 仮名による和文体の文学作品。かな物語・かな日記・かな随筆などの種類がある。　**かな物語**かなものがたり ②　**かな日記**かなにっき ②

『竹取物語』たけとりものがたり ⑤ 9世紀末～10世紀初めの伝奇物語。かぐや姫の婚こん選び説話の中に、当時の貴族社会の内面が描写される。

『**伊勢物語**』いせものがたり　⑤ 10世紀前半。1巻。歌物語の初め。在原業平の恋愛譚を中心とする120余りの短編集。　**歌物語**うたものがたり②

『**宇津保物語**』うつほものがたり　② 967〜984年に成立。20巻。左大将の娘貴宮あてみやをめぐる結婚譚。『竹取物語』から『源氏物語』につなぐ写実的物語。

『**落窪物語**』おちくぼものがたり　① 10世紀後半に成立。4巻。平安中期の継子いじめの物語。

『**源氏物語**』げんじものがたり　① 11世紀初めに成立。紫式部の大長編小説。光源氏ひかるげんじを中心とする前41帖と薫大将を主人公とする後13帖とからなる。藤原氏全盛期の貴族社会を描写。

紫式部むらさきしきぶ　⑥ 生没年不詳。越前守藤原為時の娘。一条天皇の中宮彰子（藤原道長の娘）に仕え、『源氏物語』を著す。
　　　　　藤原彰子ふじわらのしょうし（**上東門院**じょうとうもんいん）⑤

『**栄花（華）**』えいが　③ 11世紀初めの成立。宇多天皇より堀河天皇まで約200年の編年体の歴史物語。藤原道長の栄華の賛美に終り、批判精神に乏しい。作者は赤染衛門ともいわれる。　　　　　　　**赤染衛門**あかぞめえもん①

『**枕草子**』まくらのそうし　⑦ 清少納言の随筆集。鋭い感覚・機知に富む。「春は」「山は」などの客観的観察、「めでたきもの」などの主観的内容、四季の情趣、人生の面白味など記す。

清少納言せいしょうなごん　⑥ 生没年不詳。歌人清原元輔もとすけの娘。和漢の学才に優れ、一条天皇の皇后定子（藤原道隆の娘）に仕えた。
　　　　　　　　　　藤原定子ふじわらのていし②

『**土佐日記**』とさにっき　⑤ 935年頃に成立。紀貫之が土佐守の任を終え、京に帰るまでの紀行文。最初のかな日記。

『**蜻蛉日記**』かげろうにっき　② 974〜995年に成立。右大将藤原道綱の母が作者。夫藤原兼家との結婚生活の自叙伝風の物語。
　　　　　　　　　　藤原道綱ふじわらのみちつな②
　　　　藤原道綱の母ふじわらのみちつなのはは②

『**紫式部日記**』むらさきしきぶにっき　② 紫式部の日記。宮廷の見聞、人物評など随筆風のもの。これからテーマを得て絵にしたのが、鎌倉初期につくられた『紫式部日記絵巻』。
　　:『紫式部日記絵巻』むらさきしきぶにっきえまき　→ p.104

『**和泉式部日記**』いずみしきぶにっき② 11世紀前半に成立。和泉式部が敦道あつみち親王との情熱的な恋愛関係を回想した自叙伝文学。**和泉式部**いずみしきぶ②

『**更級日記**』さらしなにっき　② 1058年頃に成立。菅原孝標の女が記す。13歳で父の任地上総から帰京する旅に始まり、宮仕え・結婚・夫の死別など、一生の回想録。
　　　　菅原孝標の女すがわらのたかすえのむすめ①

女房にょうぼう　① 宮中や院宮などに仕えた女官。

浄土の信仰

神道しんとう　⑦ 日本の民族信仰。自然信仰に発し、8世紀頃までは氏神の祭祀を中心に展開したが、律令国家で神社を中心に再編成され、平安時代に神祇じんぎ制度が整った。しかし、この段階までは宗教としての教義が未整備で、習俗的色彩が強く、神祇信仰と呼ばれることが多い。中世になると仏教に対する神道の概念も生まれ、両部りょうぶ神道などがおこる。鎌倉時代には伊勢神道、室町時代には唯一ゆいいつ神道などの理論も生まれた。

官幣社かんぺいしゃ『古代』　① 神祇官管轄下の官社のうち、祈年祭きねんさいで幣帛へいはく（供物）を神祇官が直接奉る神社。『延喜式』神名帳じんみょうちょうに登録された数は573社あり、幣帛を国司が奉る国幣社こくへいしゃと区別された。平安中期以降は、そのうち、伊勢神宮をはじめ22社が特に朝廷の崇敬を受けた。

一の宮いちのみや　① 神社の社格。一国の最上位として公認された神社。二の宮、三の宮などもある。

神仏習合しんぶつしゅうごう　→ p.55
神宮寺じんぐうじ　→ p.55
鎮守（神）ちんじゅ（しん）　→ p.55
八幡神はちまんしん　→ p.56

本地垂迹ほんじすいじゃく　⑥ 神は仏が権かりに形を変えてこの世に現れたもの（垂迹）とする思想。のちには、天照大神あまてらすおおみかみは大日如来だいにちにょらいの化身と考えるなど、それぞれの神に神の本来の姿である本地仏を特定するようになった。　　　　**本地**ほんじ〔仏〕ぶつ②　**垂迹**すいじゃく〔神〕しん②

:権現ごんげん　① 仏菩薩が衆生救済のため、神となって権に姿を現したもの。神々の権号は9世紀頃からみられ、本地仏が定まったのは12世紀頃。

:熊野三山くまのさんざん　→ p.77

御霊会ごりょうえ　⑥ 怨霊（御霊）や疫神を慰めて、祟りを逃れようとする鎮魂の法会・祭礼。恨みをのんで死んだ者の霊（怨霊・御霊）を恐れる怨霊思想や御霊信仰からもおこった。祇園社や菅原道真をまつる北野神社の御霊会が代表的。　　**疫神**えきじん④　　**怨霊**おんりょう⑥
　　　　　御霊ごりょう③　　**御霊信仰**ごりょうしんこう③
　　怨霊思想おんりょうしそう①　　**祇園御霊会**ぎおんごりょうえ①
　　北野神社きたのじんじゃ（**北野天満宮**きたのてんまんぐう）④

:祇園社ぎおんしゃ　③ 京都市東山区に鎮座。祇園の神（牛頭天王ごずてんのう＝素戔嗚尊すさのおのみこと）をまつる社。二十二社の一つとして朝廷の信仰

が厚く、970年、初めて御霊会を行う。古くは祇園社といったが、1868年の神仏分離令で八坂神社と改称した。

八坂神社(やさかじんじゃ) ②

天神信仰(てんじんしんこう) ① 菅原道真の霊をまつる信仰。道真の死後まもなく、都で相次いだ落雷による火災や藤原氏の異変は、道真の霊の祟りであるとされた。御霊信仰や雷神信仰を背景に、道真の霊は怨霊(御霊)・天神(雷神)として恐れられるようになり、北野天満宮をはじめ各地でまつられた。その後、神格は次第に変容し、学問・文学の神など、多様な性格を持つに至った。

修験道(しゅげんどう) → p.55

浄土教(じょうどきょう) ⑦ 如来や菩薩の住む浄土への往生を願う信仰。薬師・弥勒・観音・釈迦などの浄土も知られていたが、奈良時代後期以降は特に阿弥陀如来(仏)の〔西方〕極楽浄土(阿弥陀浄土)への信仰が浄土教の中心となった。10世紀以降に発達。

阿弥陀如来(仏)(あみだにょらい(ぶつ)) ⑥
極楽浄土(ごくらくじょうど)(阿弥陀浄土(あみだじょうど)) ⑦

阿弥陀信仰(あみだしんこう) ① **浄土信仰**(じょうどしんこう) ⑦

：**念仏**(ねんぶつ) ⑦ 往生を願い、仏の姿を心に念じ(観想念仏かんぶつ)、仏の名をとなえる(称名念仏)こと。特に阿弥陀仏を念じ、如来の名号(みょうごう)「南無阿弥陀仏」を口にとなえること。

南無阿弥陀仏(なむあみだぶつ) ⑤

：**往生**(おうじょう) ⑦ 死後、浄土に生まれること。特に浄土教では、阿弥陀如来の極楽浄土に生まれかわる極楽往生がめざされた。また鎌倉新仏教以前の浄土教では、念仏だけでなく、造寺造仏、法華経の読経、法会などの諸行によっても極楽往生が可能になると説くことが多かった。

極楽往生(ごくらくおうじょう) ⑦

末法思想(まっぽうしそう) ⑦ 仏教の予言思想。ふつう仏滅後1000年を正法、次の1000年を像法、その後1万年を末法とし、末法の世は仏法の衰える乱世といわれた。永承7(1052)年が末法の初年とされ、浄土教の発達を刺激した。

正法(しょうぼう) ④ 像法(ぞうぼう) ④ 末法(まっぽう) ⑦

聖(ひじり) → p.81
：**上人**(しょうにん) → p.81
：**聖人**(しょうにん) → p.81

空也(くうや) ⑦ 903～972 諸国を遊行したのち、京の市で念仏の功徳(くどく)を説き、庶民層へ浄土教の布教を行った。市聖・阿弥陀聖とも呼ばれた。六波羅蜜寺に鎌倉時代の康勝(こうしょう)作の木像がある。

市聖(いちのひじり) ③
六波羅蜜寺(ろくはらみつじ) ⑤

：**空也上人像**(くうやしょうにんぞう) → p.103

源信(げんしん)(**恵心僧都**(えしんそうず)) ⑦ 942～1017 比叡山(ひえいざん)横川(よかわ)の恵心院に住んで、良源(りょうげん)(元三大師がんざんだいし)に学ぶ。『往生要集』を著し、浄土信仰の根拠を示した。

：『**往生要集**』(おうじょうようしゅう) ⑥ 985年の成立。源信の著。念仏による極楽往生の方法を示し、浄土信仰を確立した。宋の商船を介して中国の天台山国清寺に送られ、絶賛された。

：**念仏結社**(ねんぶつけっしゃ) ① 念仏を行う人々の組織。源信の『往生要集』の影響の下、986年に比叡山横川首楞厳院(しゅりょうごんいん)の僧侶25人を当初の構成員として創設した二十五三昧会(ざんまいえ)が有名。この会には、のちに源信・慶滋保胤(やすたね)が参加して中心となる。

往生伝(おうじょうでん) ③ 往生を遂げたとされる人々の伝記を集めた書物。平安時代と江戸時代に多くつくられた。

：『**日本往生極楽記**』(にほんおうじょうごくらくき) ③ 985年頃に成立した最初の往生伝。聖徳太子以下45人の往生伝1巻。慶滋保胤の著。

：『**拾遺往生伝**』(しゅういおうじょうでん) ① 1132年成立。三善為康著の95人の往生伝。3巻。

慶滋保胤(よししげのやすたね) ③ ?～1002 陰陽道を家学とする賀茂氏の出身だが、文学に専念。生来慈悲深く、出家して寂心(じゃくしん)と称した。『日本往生極楽記』の著者。当時の京の有様や自己の生活を記した『池亭記』(ちていき)も著す。

三善為康(みよしのためやす) ① 1049～1139 算博士。漢詩文に長じ、『朝野群載』(ちょうやぐんさい)を著す。仏道に帰依し、『拾遺往生伝』などを著す。

藤原道長埋納経筒(ふじわらのみちながまいのうきょうづつ) ② 1007年、藤原道長が法華経などを入れて金峰山に埋納した円筒形の金銅製容器(経筒)。年代が明らかな経文を収める経筒の最古の例。奈良県の山上ヶ岳(さんじょうがたけ)山頂の金峰山経塚から出土した。

経筒(きょうづつ) ③ 経塚(きょうづか) ③
金峰山経塚(きんぶせんきょうづか) ①

国風美術

寝殿造(しんでんづくり) ⑦ 平安時代の貴族の住宅。摂関家の東三条殿(邸)が代表例。四足門のつく築地塀で囲まれた方1町の敷地を基準とし、寝殿(正殿)を中心に、北の対・東西の対・釣殿・泉殿(いずみどの)があって、透渡殿や廊で接続する。寝殿の南庭には池を掘り築山を設け、中島をつくる。池水は寝殿の東から遣水で引いた。建物は白木造・檜皮葺・板床など日本風。

東三条殿(邸)(ひがしさんじょうどの(てい)) ⑦
四足門(しそくもん) ③ 築地塀(ついじべい) ①
寝殿(しんでん) ⑤ 対(対屋)(たい(たいのや)) ①

釣殿^{つり}どの ④　〔透〕渡殿^{すき}_{わたどの} ④　廊^{ろう} ④
中島^{なか}_{しま} ④　遣水^{やり}_{みず} ④　檜皮葺^{ひわだ}_{ぶき} ④
白木造^{しらき}_{づくり} ③　板床^{いた}_{ゆか} ②

円座^{わろうだ} ① 蒲^{がま}の葉・菅^{すげ}・藺^い・藁^{わら}などで円形に編んだ個人用の敷物。寝殿造の床は板敷なので、畳や円座を敷いて坐る。
　：畳^{たたみ}　→ p.127

障子^{しょうじ} ① 寝殿造の母屋の周囲は蔀戸^{しとみど}で、屋内は広い空間であったため、間仕切りに几帳^{きちょう}・屏風・衝立・襖などを用いた。これらはすべて障子と呼ばれた。今日の障子は明障子^{あかりしょうじ}という。　**屏風**^{びょう}_ぶ ④
　襖^{ふすま}《寝殿造》①　**衝立**^{ついたて} ①
　：襖障子^{ふすま}_{しょうじ}　→ p.127

大和絵^{やま}_{とえ} ⑦ 中国風の唐絵に対し、日本的風物を主題にした絵画。多くは季節の推移を主題とした四季絵・月次絵^{つきなみえ}や名所絵である。それらは、室内調度の屏風・襖・衝立などにも描かれた。のちに土佐派・住吉派が生まれて、日本画の源流となる。
　唐絵^{から}_え ②

蒔絵^{まき}_え ⑦ 漆工芸の一種。漆で文様を描き、金銀粉を蒔きつける。研出^{とぎだし}蒔絵・平蒔絵・高蒔絵の三つの技法がある。

螺鈿^{らでん} ⑦ 夜光貝・あわび貝などを薄く剝いで磨き、種々の模様にして器物にはめ込む手法。多くは漆を塗り重ねて磨き出す。蒔絵と合流して日本独特の工芸となった。
　夜光貝^{やこう}_{がい} ②

片輪車螺鈿蒔絵手箱^{かたわぐるまらでん}_{まきえてばこ} ③ 平安時代後期の代表的蒔絵の作品。文様は螺鈿を交えて描き、牛車の車輪が干割^{ひわ}れするのを防ぐため、水に浸した情景を写したものといわれる。装飾経を納めるための経箱としてつくられたものか。　**牛車**^{ぎっ}_{しゃ} ③

三跡〔蹟〕^{さん}_{せき} ⑦ 藤原佐理・藤原行成・小野道風の３人をいう。平安後期のかな及び草書体の流麗・優雅な和風能書家。書風を和様・上代様^{じょうだいよう}という。それらの書は、冊子（草紙、紙を重ねて糸で綴じたもの）・大和絵屏風などにも書かれた。　**和様**^わ_{よう} ⑤
　冊子^{そうし}（草紙）⑦

　：小野道風^{おののみち}_{かぜ} ⑦ 894〜966 小野篁^{たかむら}の孫。青蓮院流へ影響を及ぼす。『屏風土代』^{びょうぶどだい}『秋萩帖』『三体白氏詩巻』^{さんたいはくしは}は彼の書という。　**『秋萩帖』**^{あきはぎ}_{じょう} ②

　：藤原佐理^{ふじわらのすけ}_{（さり）} ⑦ 944〜998 実頼の孫。作品に『詩懐紙』^{しかいし}もあるが、991年、大宰大弐に赴任途中、京都の親戚に宛てて書いた『離洛帖』^{りらくじょう}が有名である。　**『離洛帖』**^{りらく}_{じょう} ③

　：藤原行成^{ふじわらのゆき}_{なり（こうぜい）} ⑦ 972〜1027 王羲之

の書法を消化し、和様書道を完成させた。世尊寺^{せそんじ}流の祖。権大納言。日記が『権記』^{ごんき}。『白氏詩巻』『蓬萊切』^{ほうらいぎれ}などの遺作がある。　　**『白氏詩巻』**^{はくし}_{しかん} ②

浄土教芸術〔美術〕^{じょうどきょうげい}_{じゅつ（びじゅつ）} ① 浄土信仰を背景にした芸術。絵画・彫刻・建築・音楽・芸能・物語など、平安中〜後期に盛んであった。

阿弥陀堂^{あみだ}_{どう} ⑦ 阿弥陀仏を安置する堂。信者は、堂内で西方極楽浄土を心に思い描く観想念仏を行った。ふつうの形式は方３〜５間の方形の堂で、鳳凰堂・金色堂など。いま一つは九体阿弥陀像を安置する長方形の九体堂で、藤原道長の建てた法成寺にも無量寿院^{むりょうじゅいん}という九体堂があった。
　：法成寺^{ほう}_{じょうじ}　→ p.60
　：平等院鳳凰堂^{びょうどういんほう}_{おうどう} ⑦ 1053年に落成。1052年に藤原頼通が宇治の別荘を寺とした平等院の阿弥陀堂。定朝の阿弥陀如来像、欄間の52体の雲中供養仏、壁画、金銅鳳凰^{こんどうほうおう}などが有名。極楽浄土を現出した華麗な姿は、「極楽いぶかしくば、宇治の御寺をうやまうべし」（『後拾遺往生伝』）といわれた。　**宇治**^う_じ ④　**平等院**^{びょう}_{どういん} ⑥
　：法界寺阿弥陀堂^{ほうかいじあみだ}_{どう} ① 京都市伏見区の日野の阿弥陀堂。11世紀中頃に日野資業^{ひのすけなり}が建立。阿弥陀如来像や壁画などが有名。

石山寺本堂^{いしやまでら}_{ほんどう} ① 大津市。石山寺は８世紀の創建だが、現在の本堂は1096年の再建。寄棟造・檜皮葺。本堂の前の礼堂^{らいどう}は17世紀のものだが、本堂・礼堂を相の間^{あい}_{のま}の屋根でつなぐ形になっている。

醍醐寺五重塔^{だいごじごじゅう}_{のとう} ① 京都市伏見区。951年完成、翌年落慶供養^{らっけいくよう}。３間５重、本瓦葺。雄大で安定感に富む。内部の壁に描かれた両界曼荼羅^{りょうかいまんだら}や真言八祖像などの絵画も重要。

定朝^{じょう}_{ちょう} ⑤ ？〜1057 平安中期の仏師。道長の法成寺・興福寺の仏像、平等院鳳凰堂阿弥陀如来像をつくる。寄木造の手法を用い、定朝様と呼ばれる優美な和様を完成した。京都の七条仏所派の先駆をなす。

寄木造^{よせぎ}_{づくり} ⑥ 平安中期以降の仏像の彫刻法。２材以上の木材を寄せあわせ、多くの工人で部分を製作し、全体をまとめる技法。一木造に対する語。

阿弥陀如来像^{あみだにょ}_{らいぞう} ⑤ 白鳳^{はく}_{ほう}時代にもあるが、平安中〜後期には定朝様の弥陀定印^{みだじょういん}を結ぶ丈六仏が多く造像された。
　：平等院鳳凰堂阿弥陀如来像^{びょうどういんほうおう}_{どうあみだにょらいぞう}

⑤11世紀の造立。定朝作と確証ある唯一の作品。優雅さが特色。後世まで丈六仏〔立像は一丈六尺、座像は八尺〕の規範となる。寄木造。

：法界寺阿弥陀如来像〔ほうかいじあみだにょらいぞう〕 ①11世紀の造立。平等院鳳凰堂の阿弥陀如来像とほぼ同時期。定朝様式。和様の典雅さが特色。

来迎図〔らいごうず〕 ⑤往生を願う人の臨終〔りんじゅう〕に際し、阿弥陀仏が極楽浄土から雲に乗って迎えに来る有様を描いた絵。多くの菩薩（聖衆）を従える図が多い。平安後期〜鎌倉時代に盛んに各種の来迎図が描かれた。

聖衆来迎図〔しょうじゅらいごうず〕 ①

阿弥陀〔聖衆〕来迎図〔あみだ〔しょうじゅ〕らいごうず〕 ③

：〔高野山〕阿弥陀聖衆来迎図〔こうやさんあみだしょうじゅらいごうず〕 ⑤ 3幅。中幅は縦横とも210cm。高野山有志八幡講蔵。阿弥陀二十五菩薩来迎図ともいう。筆致は柔らかで、大和絵風である。

：平等院鳳凰堂扉絵〔びょうどういんほうおうどうとびらえ〕 ④1053年。6面の板扉と3面の壁画に九品〔くほん〕来迎の有様が描かれ、一部のみ彩色が残る。日本風の山水が描かれ、大和絵の形成を示す。

青蓮院不動明王二童子像〔しょうれんいんふどうみょうおうにどうじぞう〕 ①11世紀の作。絹本〔けんぽん〕着色。青蓮院の青不動〔あおふどう〕として知られる。肉身は青、燃えあがる炎を背に、磐石〔ばんじゃく〕上に坐り、2童子を従えている。筆者は円心〔えんしん〕か。

〰〰〰〰 **貴族の生活** 〰〰〰〰

束帯〔そくたい〕 ⑦平安中期以後の貴族男性の正装。革製の帯（石帯〔せきたい〕）で、上部から腰を束ねて威儀を整えたのでこの名がある。長い裾〔きょ〕（下襲〔したがさね〕）をひくのが特徴。衣冠・直衣を宿直装束〔とのいしょうぞく〕と呼んだのに対し、昼装束〔ひのしょうぞく〕と称す。

衣冠〔いかん〕 ④平安中期以降、正装の束帯の略式で、五位以上の平常の参内服〔さんだいふく〕。

直衣〔のうし〕 ③平安中期以降、公家の平常服。

狩衣〔かりぎぬ〕 ②本来は狩猟用の衣服の意だが、公家では略装に、武家では正装に用いた。

水干〔すいかん〕 ②狩衣が変化したもので、平安中期から庶民男性の実用服。闕腋〔けってき〕（脇の下があく）・括袖〔くくりそで〕（袖をくくる）で実用的になっている。

女房装束〔にょうぼうしょうぞく〕**（十二単**〔じゅうにひとえ〕**）** ⑦女官の正装。十二単の呼称は袿を重ね、単の上に着た意味。12枚とは限らない。上に裳〔も〕・唐衣を着ける。

唐衣〔からぎぬ〕 ③

袿〔うちき〕 ①女性服。上から打ちかけて着る。のちに表着となり、重ねて着用。略装として

袴を着けるのが袿袴姿。

小袿〔こうちき〕 ④袿を小形に仕立てたもの。正装の女房装束に対しての略装。近世には表と裏の間に別地を加えて重ね色目を見せた。

小袖〔こそで〕 ④袖のつまった小形の袖の衣服。貴族は下着としたが、庶民は上着とし、女性はこの上に短い腰衣をまく。男性は上衣・小袴を着用。

上衣〔うわぎぬ〕 ①　　**小袴**〔こばかま〕 ①

腰衣〔こしぎぬ〕 ①

間食〔かんじき〕**（間水**〔げんずい〕**）** ①1日2食の時代に、朝食と夕食の間に食べた間食。

元服〔げんぷく〕 ②男子の成年式（10〜15歳くらい）。初冠〔ういこうぶり〕、加冠〔かかん〕ともいう。有力者が冠または烏帽子をかぶせて、新たに名をつけた。女子の成年式は初めて裳を着ける裳着である。

裳着〔もぎ〕 ②

：烏帽子〔えぼし〕 → p.130

妻問婚〔つまどいこん〕 → p.42

婿入婚〔むこいりこん〕 ①結婚後、新郎が新婦の両親の家か、その近くに住む結婚形態。招婿婚〔しょうせいこん〕、妻方居住婚とも。平安時代は、妻方居住婚を経た独立居住婚（新処居住婚）と当初からの独立居住婚が併存していたが、中世以降、夫方居住婚（嫁入婚）が一般的となり、婿入婚は衰微した。

嫁入婚〔よめいりこん〕 → p.91

儀式書〔ぎしきしょ〕 ③朝廷の儀式・行事のあり方を詳しく記した典籍。年中行事書ともいう。『西宮記』（源高明撰）、『北山抄』（藤原公任〔きんとう〕撰）、『江家次第』（大江匡房〔まさふさ〕撰）などがある。『西宮記』〔さいきゅうき〕 ②　『北山抄』〔ほくざんしょう〕 ③

年中行事〔ねんじゅうぎょうじ〕 ⑤朝廷で毎年同じ時に行われる儀式。元日節会などの節会のほか、神事の大祓・新嘗祭・賀茂祭、仏事の灌仏、政務に関する除目、民間行事を取り入れた七草粥などがあった。

：朝覲行幸〔ちょうきんぎょうこう〕 ①正月2〜4日のいずれかに、天皇が太上天皇・皇太后などの宮に行幸して拝謁する行事。

：叙位〔じょい〕 ②官人に位階を与える儀式。正月に行う五位以上の叙位は、まず正月5日清涼殿〔せいりょうでん〕にて、天皇の下で、叙位すべき人を議し決定し、同月7日、白馬節会〔あおうまのせちえ〕に先立って叙位を行う。

：除目〔じもく〕 ②大臣以外の官を任じる儀式。京官・外官〔げかん〕・女官〔にょかん〕など、それぞれの除目がある。

：後七日御修法〔ごしちにちのみしほ〕 ①正月8日から14日まで、宮中の真言院〔しんごんいん〕にて天皇家安穏と鎮護国家を祈念して行われた密教の修法。

：灌仏会〔かんぶつえ〕 ②降誕会〔ごうたんえ〕・仏生会〔ぶっしょう〕・

花祭りなどとも呼ぶ。4月8日、釈迦の誕生仏に香水(一般には甘茶)をかける儀式。推古天皇の606年が最初とされる。

：賀茂祭かものまつり ② 賀茂別雷神社・賀茂御祖神社(賀茂神社と総称)の例祭。4月の中酉の日に行われた。官祭に列して平安時代に盛んであった。葵の葉で車・社殿などを飾るので葵祭ともいう。現在は5月15日。なお、賀茂神社に奉仕する未婚の皇女を斎院(賀茂斎王)という。

大祓おおはらえ ① 人々に付着した罪・穢・災などを除いて清浄にする儀式。令制では毎年6月・12月の晦日に朱雀門に五位以上の官人が集まり、罪を祓い清める定めであった。そのほか疫病・災害の時にも臨時に行われる。中世後期に廃絶したが、民間では6月晦日に祓が行われた。

：七夕たなばた ② 7月7日の夜、牽牛・織女の2星をまつる行事。中国の伝説に基づき、奈良時代以後盛んとなり、中世には民間にも広がった。のち五節句の一つとなる。

：相撲〔節〕すまい〔せちえ〕 ② 7月28日前後に宮中や神泉苑で、天皇親臨の下に相撲をする。

蹴鞠けまり ① 革製の鞠を、地に落とさず一定の高さまで蹴上げることを繰り返し、その回数を競う中国伝来の競技。「しゅうきく」とも。摂関期以降に盛んとなり、蹴鞠道として完成。飛鳥井家などの家業となった。

雅楽ががく ① 雅正の楽の意で、俗楽に対する語。雅楽寮で扱う楽舞で、三韓楽や唐楽なども含めていたが、平安時代に日本風の楽となった。初めは合奏と舞を伴なう舞楽の形態だったが、平安中期から舞を伴わない管弦の形態が発生。笙・篳篥などを用いる。　**舞楽**ぶがく①

『駒競行幸絵詞』こまくらべぎょうこうえことば ① 後一条天皇が1024年9月、駒競の日に藤原頼通の高陽院邸に赴いた時の光景を描いたもの。竜頭鷁首の船における船楽の有様など、貴族生活の優雅さを示している。製作は13～14世紀頃。　**高陽院**かや ①　**駒競**こまくらべ ①

長谷寺はせでら ① 奈良県桜井市初瀬にある寺。686年に弘福寺の道明が創建し、733年徳道が堂舎を建てて、十一面観音像を安置したという。平安時代以降、観音信仰の隆盛に伴い、貴族をはじめ多くの参詣者を集めた。

陰陽道おんみょうどう ⑤ 中国から伝来した陰陽五行説に基づき、平安時代に安倍晴明ら陰陽師などの陰陽寮の官人たちの間で成立した呪術・祭祀の体系。吉凶・禍福を判定し、災を祓う方術として極度に迷信化した。陰陽寮の陰陽博士は賀茂・安倍両氏が独占した。陰陽師は、中世以降、社会全体に活動の場を広げ、江戸時代には土御門家(安倍氏)の配下となった。　**陰陽師**おんみょうじ ④

：陰陽五行説おんみょうごぎょうせつ ② 古代中国におこった一種の宇宙観・哲学観。万物は陰陽二気によって生じ、木火土金水の五つの構成元素の変化・消長によって、自然・人事の現象が起こると考える。これに基づく学問・方術が陰陽道である。

：物忌ものいみ ④ 物怪につかれた時など、陰陽師の判断によって、一定期間、特定の建物の中で謹慎すること。

：方違かたたがえ ④ 旅行・外出の際、行くべき方角が天一神(陰陽道の神)などのいる方角にあたる場合、前夜吉方の家に一泊し、方角を変えて行くこと。

：具注暦ぐちゅうれき ① 季節や日の吉凶などを書き込んだ暦。陰陽寮でつくられた。貴族はこの暦注にしばられ、迷信深い生活を送った。また、その余白に記事が書き込まれ、貴族の和風の漢文体日記が生まれた。漆紙文書や木簡に記事がある。

穢けがれ ⑤ 血・死・出産・出火などによって発生すると考えられた不浄。平安貴族によって穢観念が肥大化され、穢を極端に忌避する風潮が高まる。中世以降は農村に波及。穢は伝染するとされ、穢に触れた者は一定期間、自邸内にこもって物忌した。

女人結界にょにんけっかい(**女人禁制**にょにんきんせい) ② 特定の聖域から女性を排除すること。比叡山・高野山・大峰山などがそのような聖域に該当。仏教や穢観念の広まりなどの影響で成立。1872年の太政官達で廃止されたが、現在も大峰山などに残る。

3 地方政治の展開と武士

受領と負名

延喜の荘園整理令えんぎのしょうえんせいりれい ③ 醍醐天皇の902(延喜2)年に藤原時平が勅を奉じて出す。勅旨田・院宮王臣家の山川藪沢占有を禁止。但し、券契分明で国務を妨げない荘園は認めたので不徹底であった。

意見封事十二箇条いけんふうじじゅうにかじょう ① 三善清行(847～918)は備中介、文章博士、参議をを

歴任。914年、醍醐天皇に意見を提出し、中央政府の改革、経費節減・地方政治改革など12カ条の対策を上奏した。封事は密封親展書のこと。延喜の治の頃の地方政治の実情を知る史料。　　　　　**三善清行**みよしのきよゆき ①

阿波国戸籍あわのくにこせき ②　延喜2(902)年の阿波国板野郡田上郷戸籍の断簡。凡直広岑のおおあたひろみねの戸(戸口46、うち課口5・女39)、物部広成の戸(戸口31、うち課口2・女25)、栗凡直成宗くりのおおあたなりむねの戸(戸口97、うち課口4・女83)など5戸を含む。調・庸を負担する男性(課口)を少なく、女性を多くしようと作為した偽籍の実態がわかる貴重な史料。

周防国戸籍すおうのくにこせき ②　延喜8(908)年の周防国玖珂くが郡玖珂郷の戸籍断簡。石山寺所蔵。阿波国戸籍と同じく女性数が男性数に比べ極端に多くみられ、租税を逃れるための作為(偽籍)の跡が顕著である。

偽籍ぎせき　→ p.52

田堵たと(**田刀**たと) ⑦　10〜11世紀頃に出現、公領・荘園の田地(名)の耕作請負人。連作できない年荒ねんこう(片荒かたあれ)と呼ばれた田畑や荒廃田も再開発した。初め土地の所有権はなかったが、耕作の請負いを継続して土地に対する権利を次第に強化し、名主に成長した。多くの下人げにんをかかえて大規模な経営を行うのが大名田堵。　　　**荒廃田**こうはいでん ①
大名田堵だいみょうたと ③

負名体制ふみょうたいせい ①　10世紀初頭に成立した王朝国家の租税収取制度。従来、調・庸など人頭税が中心だった律令国家の租税を、各国内に新たに設定された名(名田)という課税単位ごとの徴収に改めた。耕作者である田堵(負名とも呼ぶ)から田畑を基準として地税化した官物と臨時雑役を徴収するようにした。　　　**名**みょう(**名田**みょうでん) ⑦　**負名**ふみょう ⑤
：**公田**こうでん　→ p.43

官物かんもつ ⑦　平安中期以降の公領の貢納物。令制の租調庸制が変質して、官物と臨時雑役(雑役)とになった。官物は、租・調・庸・出挙に、臨時雑役は雑徭・雇役にそれぞれ由来するとみられる。所当官物・所当・正税官物などとも呼ばれる。

臨時雑役りんじぞうやく ⑦

遙任ようにん(**遙任国司**ようにんこくし) ⑦　国司が任国の国衙に赴任せず、目代などを派遣して収入を得ること。また、そのような国司自体も指す。
：**留守所**るすどころ ③　国司遙任の場合、国衙に設置された中心機関。平安末期に全国化。

：**目代**もくだい ⑥　国司遙任の場合、国司に代わり現地の国衙(留守所)に赴任し、在庁官人を指揮して政務を代行する者。庁の目代ともいう。これとは別に、国衙内の政治機構の種々の所どころにもそれぞれ目代がおかれ、所の目代と呼ばれて、有力な在庁官人が任命された。

受領ずりょう(**国司**こくし) ⑦　任国に赴く、国司の最上席者を指す。ふつうは守、守が遙任の時は権守ごんのかみや介すけをいう。多くは中・下流貴族の出身。国司制が変化し、徴税役人的になり一般化した。貪欲に収奪して富裕化し、土着した者も多い。11世紀後半には受領国司の遙任が広まる。　　**国守**こくしゅ ③
：**郎党**ろうとう(〈受領〉) ①　受領に従い任国に下り、徴税や文筆・武力の奉仕を行った者。受領との関係は、一時的・契約的であった。

尾張国郡司百姓等解(文)おわりのくにぐんじひゃくしょうらのげ(ぶん) ⑥　988年、尾張国守藤原元命の悪政非行について、国内の郡司・百姓らが、31カ条にわたり列挙して、罷免を政府に嘆願した訴状。翌年、元命は解任。下級者が上級者に出す文書を解というが、この解文のように、国司の圧政を政府に訴えることを、国司苛政上訴(国司愁訴こくししゅうそ)という。
：**藤原元命**ふじわらのもとなが ⑥　生没年不詳。10世紀末の尾張国守(受領)。重税と不当な徴発を行い、郡司や有力農民たちから31カ条の罷免懇願書を政府に出され、989年に解任された。

売官ばいかん・**売位**ばいい ③　私財を出した者に政府が官職や位階を与えること。平安中期〜末期、律令財政や封禄制が崩壊し、新たな財源を確保するための本格化した。
：**成功**じょうごう ⑦　一定の銭・米・絹などの財物を、宮中の行事費や寺社造営費として官に納めて、官職や位階を受けること。売官の一種。
：**重任**ちょうにん ⑦　成功の一種。一定の財物を官に納め、任期満了後に同一の国司などの官職に再任されること。また、国司などの任期延長を延任ともいう。

在庁官人ざいちょうかんじん ⑦　地方国衙において、税所ぜいしょなど各種の所の実務を分掌して判官代・録事代などとなり、下級役人を監督する役人のこと。地方豪族などが多く任命された。厳密には、現地土豪出身系の者を在庁、中央官人系の者を官人という。

国衙こくが　→ p.33
所どころ　→ p.75

荘園の発達

荘園$^{\text{しょう}}_{\text{えん}}$ ⑦ 古代・中世に荘(庄)と呼ばれた領地。8〜9世紀の律令制期の荘園は初期荘園。10〜11世紀半ばの摂関期の荘園は、免田型荘園(雑役免系荘園$^{\text{ぞうやくめん}}_{\text{けいしょうえん}}$)が多く、税免除の免田が中核。院政期以降の荘園は、内部に荘民を含む領域型荘園で、寄進地系荘園と呼ばれるものもある。

初期荘園$^{\text{しょきし}}_{\text{ょうえん}}$ → p.43

免田型荘園$^{\text{めんでんがた}}_{\text{しょうえん}}$ ① 10〜11世紀半ばの摂関期に多い荘園。封戸などの国家的給付が滞った代わりに、有力貴族・寺社の権門に給与された雑役などが免除された免田が中核となって形成された。雑役免系荘園とも呼ばれる。興福寺領などの寺社領荘園であるものが多い。　**寺社領荘園**$^{\text{じしゃりょう}}_{\text{しょうえん}}$ ②

寄進地系荘園$^{\text{きしんち}}_{\text{けいしょうえん}}$ ⑤ 国司らの圧迫を免れるため、開発領主らが、所有地を中央の権門勢家$^{\text{けんもん}}_{\text{せいか}}$に名目上寄進してその荘官となり、利権を確保した荘園。11世紀半ば以降に各地に広がる。景観的にはまとまった一定地域の耕地、村落、開発予定地が含まれるので、領域型荘園ともいう。

：**領域型荘園**$^{\text{りょういきがた}}_{\text{しょうえん}}$ → p.75

：**桛田荘**$^{\text{かせだの}}_{\text{しょう}}$ ⑤ 紀伊国の神護寺$^{\text{じんご}}_{\text{じ}}$領の荘園。9世紀初めに日根^{ひね}氏が開発。12世紀後半に後白河院領、ついで神護寺に寄進された。その絵図によると、南に志富田^{しぶた}荘、西に静川荘・名手^{なて}荘があり、東西南北の四至^{しいし}に牓示(境界の標識)が立てられている。　**牓示**$^{\text{ぼう}}_{\text{じ}}$ ④

：**鹿子木荘**$^{\text{かのこぎ}}_{\text{のしょう}}$ ② 肥後国にあり、11世紀初めに寿妙^{じゅみょう}が開発。11世紀末、孫の代に藤原実政^{さねまさ}に寄進。実政の外孫隆通^{たかみち}は12世紀半ば高陽院$^{\text{かやの}}_{\text{いん}}$に寄進し、本家に推戴、自らは領家職をつとめる。

東寺百合文書$^{\text{とうじひゃくごう}}_{\text{もんじょ}}$ ⑥ 京都の東寺に伝わる古文書群。加賀藩主前田綱紀^{つなのり}寄進の約百個(実際は94箱)の合箱に収納されている。総数約2万5000通で、特に荘園研究の重要史料。

荘園絵図$^{\text{しょうえん}}_{\text{えず}}$ ④ 荘園の位置・景観・境界などを描いた絵図。文字史料とは異なる情報を持つ資料として重要。

荘園領主$^{\text{しょうえん}}_{\text{りょうしゅ}}$ ⑦ 荘園を領有する貴族・大寺社など。在地領主の寄進を受けて領家・本家となる。公家の場合は荘務を在地勢力に任せた。

：**領家**$^{\text{りょう}}_{\text{け}}$ ⑦ 開発領主が国司の圧迫を免れ

るため、中央の権門勢家にその領有権を差出し寄進した。この領有権を持つ貴族・寺社などを領家という。

：**本家**$^{\text{ほん}}_{\text{け}}$ ⑦ 領家がその領有権をさらに上級の有力者に寄進した場合の、名義上の上級領主。多くは摂関家や皇族。

：**本所**$^{\text{ほん}}_{\text{じょ}}$ ④ 領家・本家を問わず、実質的に荘園の支配権を持つもの。本所法など独自の法体系を持った。

開発領主$^{\text{かいほつ}}_{\text{りょうしゅ}}$ ⑥ 山林原野を開墾した田畑の所有者。本格的在地領主としての開発領主は、平安中期以降に成長。根本^{こんぽん}領主ともいう。大名田堵などが成長して発生した。のちには貴族らに寄進して、荘官などになり、現地の強力な支配権を持った。

荘官$^{\text{しょう}}_{\text{かん}}$ ⑥ 荘園の管理者。領家から派遣したり、現地の土豪に委嘱したりした。寄進地系荘園では現地の土地所有者(開発領主)が荘官の権利(職)を持った。荘園の管理や年貢徴収・送付を行う。預所・下司などがある。

：**預所**$^{\text{あずかり}}_{\text{どころ}}$ ⑦ 上級荘官。現地に赴き、預所代・田所や下司・公文・荘司などの下級荘官を指揮して経営にあたる。荘園寄進者や在地有力農民が任命される例もある。

預所代$^{\text{あずかり}}_{\text{どころだい}}$ ①　**下司**$^{\text{げ}}_{\text{し}}$ ⑤　**公文**$^{\text{く}}_{\text{もん}}$ ⑤

職^{しき} ④ 一般に職務に伴う土地からの収益権と、その職務自体を指す。荘園の場合、有力者への寄進が何回も積み重なり、複雑な職の階層秩序が生じた。　**職の体系**$^{\text{しきの}}_{\text{たいけい}}$ ①

荘民$^{\text{しょう}}_{\text{みん}}$ ⑤ 荘園内の農民。初期荘園は独自の荘民を持たなかったが、領域型荘園(寄進地系荘園)は村落を含み、荘民を持つようになった。その中には、天皇に供御$^{\text{く}}_{\text{ご}}$(食料)を献納する供御人が含まれることもあった。

不輸(の権)$^{\text{ふゆの}}_{\text{けん}}$ ⑥ 国家への租税の一部、またはすべてが免除される権利。

：**官省符荘**$^{\text{かんしょう}}_{\text{ぶしょう}}$ ③ 太政官符や太政官の指令に基づいて発せられた民部省符によって不輸が公認された荘園をいう。上級の役所から下級の役所へ下す文書を符という。

太政官符$^{\text{だいじょう}}_{\text{かんぷ}}$ ③　**民部省符**$^{\text{みんぶ}}_{\text{しょうふ}}$ ③　**官省符**$^{\text{かん}}_{\text{しょうぶ}}$ ②

：**国免荘**$^{\text{こくめん}}_{\text{しょう}}$ ③ 10世紀頃、不輸は官省符をもって成立したが、のちには国司による認可の国司免判でも認められるようになった。その荘園を国司免判の荘、国免荘といった。ただし、国免荘で保障されるのは、国司の任期中だけである。

国司免判$^{\text{こくし}}_{\text{めんぱん}}$ ①

不入〔の権〕〔ふにゅう〔のけん〕〕　⑥ 国衙の検田使・収納使などの立入りを拒否する権利。やがて検察使・検非違使など国使による警察権介入拒否に発展した。

：**検田使**〔けんでんし〕　③ 輸租田に対し、国司が土地を検査し、徴税の負担量の正否を調査するために派遣した役人。　　**検田権**〔けんでんけん〕①

地方の反乱と武士の成長

群盗の蜂起〔ぐんとうのほうき〕　① 9世紀末から10世紀初め頃、坂東〔ばんどう〕を中心に出没した強盗集団（群盗）が起こした反乱。それらの群盗の中では、駄馬〔だば〕を使用して運送を行っていた坂東諸国の富豪層が結成した俘馬〔しゅうば〕の党が有名。この乱や承平・天慶の乱に対応して、押領使・追捕使を設置するなどの軍制改革が行われ、その中から武士が登場する。

押領使〔おうりょうし〕　⑤ 9世紀後半から諸国の盗賊や叛徒を平定するためにおかれた令外官。初め臨時、承平・天慶の乱後、常置の官となる。主に国内有力武士を任命。

追捕使〔ついぶし〕⑤ 10世紀以降、諸国の盗賊や叛徒を平定するためにおかれた令外官。初めは臨時、承平・天慶の乱後に常置。主に国内有力武士を任命。同種の官職に国検非違使〔くにけびいし〕がある。

武士〔ぶし〕　⑦ 武芸・戦闘を専業とする身分、あるいはその身分の人々。武芸の内容は、馬に乗り弓矢を使うことが中心。発生当初の武士は兵とも呼ばれる。9世紀末から10世紀に頻発した紛争を鎮圧するための押領使・追捕使などに任じられた中・下級貴族（軍事貴族）が土着し、武芸を家業とする兵の家を形成することで武士が登場した。　　　　　　　　**兵**〔つわもの〕③　**兵の家**〔つわもののいえ〕①

：**武士団**〔ぶしだん〕　⑦ 兵は、平安後期以降に武装化した地方領主（在地領主）と合体し、所領経営者の性格をも備えるようになった。やがて、その連合によって武士団が成立した。

：**軍事貴族**〔ぐんじきぞく〕　③ 押領使・追捕使・鎮守府〔ちんじゅふ〕将軍などとして平安中期以降の国家の軍事部門を担った貴族。清和源氏や桓武平氏などをいう。多くは東国などに土着し、兵と呼ばれる初期の武士となっていった。

家子〔いえのこ〕⑥ 武士団の一門の首長である惣領の分家・庶子、または配下の土豪などをいう。血縁関係がない場合もある。

郎党〔ろうとう〕（**郎等**〔ろうとう〕・**郎従**〔ろうじゅう〕）⑥ 武士団の中で、上級武士に随従〔ずいじゅう〕する下級の兵士。郎等・郎従ともいう。支配下の田堵・名主出身の者が多い。家子と並称され、家人ともいう。

：**家人**〔けにん〕　⑥ 皇族・貴族（院宮王臣家〔いんぐうおうしんけ〕）や武士を主人として仕える従者。武士団では、郎党ともいう。

武家の棟梁〔ぶけのとうりょう〕　→ p.76

桓武平氏〔かんむへいし〕　⑦ 平安初期、桓武天皇の子孫である高望王〔たかもちおう〕が臣籍に降下し、平の姓を受けた時から始まる家系。のちに子孫が武家の棟梁として仰がれた。

天慶の乱〔てんぎょうのらん〕　④ 939年発生の平将門の乱（939〜940）と藤原純友の乱（939〜941）の総称。承平・天慶の乱ともいう。平将門は国司を追放し、関東一帯を占拠した。同じ頃、藤原純友は瀬戸内海西部の海賊を率いて、大宰府にも侵入した。　　　　　　　　　　**承平・天慶の乱**〔じょうへい・てんぎょうのらん〕③　　**〔平〕将門の乱**〔たいらのまさかどのらん〕⑦　**〔藤原〕純友の乱**〔ふじわらのすみとものらん〕⑦

平将門〔たいらのまさかど〕　⑦ ？〜940　高望の孫、良将〔よしまさ〕の子。935年、父の遺領問題で伯父国香〔くにか〕を殺す。939年、乱を起こして常陸・下野・上野の国府を攻略。新皇と称し、下総の猿島〔さしま〕を内裏〔だいり〕としたが、940年、平貞盛・藤原秀郷に討たれる。　　**新皇**〔しんのう〕⑥

平貞盛〔たいらのさだもり〕　⑥ 生没年不詳。父国香が将門と争い殺されたのを、940年、藤原秀郷と協力して将門を討ち、乱を平定した。

藤原秀郷〔ふじわらのひでさと〕　⑥ 生没年不詳。下野押領使、左大臣藤原魚名〔うおな〕の子孫。別名俵藤太。平貞盛と協力して平将門の乱を平定。秀郷流藤原氏の祖。　　**俵藤太**〔たわらのとうた〕①

藤原純友〔ふじわらのすみとも〕　⑦ ？〜941　伊予掾〔いよのじょう〕となり、任期が終わっても帰京せず、瀬戸内海の海賊の棟梁となる。日振島〔ひぶりしま〕を根拠地として939年に乱を起こし、大宰府〔だざいふ〕を焼き討ちした。政府は小野好古を追捕使とし、源経基に命じて941年に平定した。　　**伊予掾**〔いよのじょう〕①　**瀬戸内海の海賊**〔せとないかいのかいぞく〕⑥

小野好古〔おののよしふる〕②884〜968　小野篁〔たかむら〕の孫。追捕使となり、源経基と共に藤原純友を討伐。

清和源氏〔せいわげんじ〕　⑦ 清和天皇の孫、経基（六孫王）が臣籍に降下し、源の姓を賜わった時から始まる家系。平忠常〔ただつね〕の乱を平定してから力を強め、武家の棟梁となり、関東に地盤をつくる。のちに新田・足利氏らに分かれる。

源経基〔みなもとのつねもと〕（**経基王**〔つねもとおう〕）⑥ ？〜961　清和源氏の祖。六孫王とも。武蔵介となり、将

門の行為を反乱と報告。941年、藤原純友の乱を山陽道追捕使小野好古と共に平定。

滝口の武者(武士)〔たきぐちのむしゃ(ぶし)〕⑦ 9世紀末以降、宮中を警衛するために伺候した武士。滝口ともいう。詰所が清涼殿北東の滝口にあった。滝口の武者は武士の存在が認められる緒となる。院の武者所にも登用。

侍〔さむらい〕⑤ 「さぶらひ」の転訛で、本来は主君の側近に仕え、主として六位以下の位を持つ従者の総称。当初は武士以外の者も含まれていたが、中世以降は武士一般を指すようになった。最も重要なつとめは、主君の家を夜中警固してその安全を守る宿直である。国衙の軍事力を担当した地方武士は国侍(国の兵)、受領の家子・郎党からなる受領直属の武士を館侍、また摂関家などの貴族に仕えた侍を家侍、院に仕えた侍を院侍という。**国侍**〔くにざむらい〕① **館侍**〔たちざむらい〕①

源満仲〔みなもとのみつなか〕④ 913?〜997 経基の長子。諸国の受領を歴任。969年安和の変で源高明を密告して藤原氏に接近し、勢力を伸張した。摂津多田荘に土着し、多田源氏を称した。

源頼光〔みなもとのよりみつ〕② 948〜1021 満仲の長子。藤原兼家・道長に仕え、諸国の受領を歴任、富裕を誇る。大江山酒呑童子退治の伝説で有名。多田源氏を継ぐ。また摂津源氏の祖。

平忠常の乱〔たいらのただつねのらん〕⑥ 忠常は高望の曽孫。上総介・武蔵国押領使となり、1028年に反乱を起こして房総を占拠したが、1031年、追討使源頼信に降伏。関東の平氏は衰退した。**平忠常**〔たいらのただつね〕⑥

源頼信〔みなもとのよりのぶ〕⑥ 968〜1048 満仲の子。藤原道長に仕え、甲斐守の時、征討使として平忠常の乱を平定、東国への源氏勢力進出の緒となる。河内守として土着し、河内源氏となる。**河内源氏**〔かわちげんじ〕①

第II部

中世

第5章　院政と武士の躍進

1　院政の始まり

延久の荘園整理令と荘園公領制

後三条天皇 ⑦　1034〜73　在位1068〜72。父は後朱雀天皇、母は禎子内親王（三条天皇皇女）で、藤原氏と外戚関係がなく、藤原頼通らと対立、24年間皇太子のままであった。異母兄の後冷泉天皇が継嗣なく没すると即位し、親政を行った。延久の荘園整理令を発し、その徹底を図るため、記録荘園券契所を設けた。

：**宣旨枡** ②　後三条天皇により、1072年に制定された公定枡。鎌倉時代を通じて権威を保った。1升が、現在の約6合2勺にあたる。

：**即位灌頂** ①　天皇が即位する際に行われる密教儀礼。後三条天皇の即位時に始まり、鎌倉時代後期に恒常化。明治天皇即位の際に廃止された。

国衙領 ⑦　政府の土地である公領で、特に平安中期以降、国衙が領有したもの。徴税請負人化した国司は一定の租税だけを中央政府に送付し、実質上は荘園と同様になった。　**公領** ⑦

：**受領（国司）** → p.68

：**『因幡堂縁起絵巻』** ④　因幡堂平等寺創建と本尊の薬師如来像の由来を説いた絵巻。鎌倉末期14世紀の作。997（長徳3）年、因幡国司として下向した橘行平が、夢のお告げで得た薬師如来像を祀ると病が治癒。のち薬師像が行平邸に飛来したのが因幡堂の始まりとする内容。国司下向の図の引用が多く見られる。

荘園 → p.69

荘園整理 ⑦　荘園の増加が公領を圧迫している状況に対し、荘園の停止や制限を行う施策。902（延喜2）年をはじめ、1040（長久元）・45（寛徳2）・55（天喜3）年など、主に新立荘園を禁止する荘園整理令が出された。実施は国司に委ねられていたため、不徹底であった。　**荘園整理令** ⑦

：**延喜の荘園整理令** → p.67

：**延久の荘園整理令** ⑦　1069（延久元）年、後三条天皇が発令。寛徳の荘園整理令が出された1045（寛徳2）年以降の新立荘園の廃止、及びそれ以前に成立した場合でも、券契不分明（書類不備）や国務の妨げとなる荘園を対象とした。記録荘園券契所を設けて券契の確認を厳密に行い、摂関家の荘園にも整理が及んだ。

寛徳の荘園整理令 ①

記録荘園券契所（記録所） ①　延久の荘園整理令の実施にあたり、従来、国司に委ねていた券契の確認を厳密に行うべく太政官に設けた役所。職員である寄人には反摂関家の立場にある源経長、学者の大江匡房らを起用した。

：**『愚管抄』** → p.101

：**券契** ①　財産の保持や移動に関する証拠書類。券文・券ともいう。券契を作成する作業を立券といい、荘園の成立（立荘）には太政官や国衙の認可が必要で、券契の不分明なものは荘園整理の対象とされた。

：**石清水八幡宮** ⑤　都の裏鬼門（南西）を守護するため、淀川南岸の男山に宇佐八幡宮を勧請した。男山八幡宮ともいう。源氏が氏神として崇敬した。延久の荘園整理令で所有する荘園34カ所のうち、13カ所が整理の対象となった。

：**大江匡房** ③　1041〜1111　紀伝道（文章道）の家系。後三条天皇らの侍講、記録所の寄人などを歴任。有職故実書の『江家次第』、日記の『江記』のほか、『続本朝往生伝』の著作がある。

郡郷制 ①　律令制下の郡・郷の中で、荒廃した公領や荒地を開拓した開発領主に対し、国衙が所有権や徴税権を認め、郡郷を経由せず国衙に直接納税させた行政単位を別名・保・院といい、従来の郡郷は別名などの新開地を除いた領域だけで縮小・再編された結果、11世紀半ば、郡・郷・別名・保・院を行政単位として国衙が直接把握する中世的な郡郷制に再編された。

：**郡** ④　郡郷制の再編で、従来の郡が分割・縮小されて生まれた、新たな行政（所領）単位。郡を私領化して徴税を請け負う役人を郡司。郡司としての権限・義務及び

収益を郡司職という。　**郡司**(ぐん) ⑦

：**郷**(ごう)　⑤ 従来の郷を再編して生まれた行政(所領)単位。郷を私領化して徴税を請け負う役人は郷司。郷司としての権限・義務及び収益を郷司職という。　**郷司**(ごう) ④

：**保**(ほ)　⑤ 開発領主の公領開発で発生した開発地をもとにした行政(所領)単位。保を私領化して徴税を請け負う役人は保司。保司としての権限・義務及び収益を保司職という。　**保司**(ほうじ) ④

所(たち) ④ 律令制の郡の機能を吸収して、業務ごとに分掌させるため国衙内に設けた部署。10世紀半ば以降に確立。田所(田地の管理)、税所(官物の収納)、調所(ずし)(織物の収納)などがある。当初、業務は受領の従者が当たったが、在地との対立から藤原元命のように国司が解任される事例が発生したので、地元有力者である在庁官人に実務を担当させるようになった。**田所**(たち)① **税所**(さいしょ)②

藤原元命(ふじわらの)　→ p.68

：**在庁官人**(ざいちょうかんじん)　→ p.68

荘園公領制(しょうえんこうりょうせい) ⑦ 12世紀の鳥羽院政期に確立し、中世を通じて存在した、荘園と公領からなる土地資料体制。荘園整理で荘園と公領の区別が確定し、公領での郡郷制の再編成が進行することで成立した。この体制の下、荘園・公領共に大田文により田数が把握され、国家的賦課の対象として一国平均役が徴収された。　**荘園制**(しょうえん)④

荘公領主(しょうこうりょうしゅ) ② 荘園公領制における重層的支配構造の上位に位置づけられる権門層。荘園領主・国司などを指す。

在地領主(ざいちりょうしゅ)⑤ 都市を拠点とする荘園領主(都市領主)に対し、荘園・公領の農・山・漁村などの現地(地下(ぢげ))にあって強い影響力を持つ領主層。開発領主や地頭・荘官(下司・公文)など現地管理の権利(職)を持つ者を指す。

開発領主(かいはつりょうしゅ)　→ p.69

：**荘官**(しょうかん)　→ p.69

領域型荘園(りょういきがたしょうえん) ④ 在地領主から寄進された開発私領を中核にしつつ、寄進を受けた本家の政治力により周囲の田畠や山野河川など広大な土地をも含んで立荘(りっそう)された荘園。　**立荘**(りっそう)③

：**本家**(ほん)　→ p.69

中世荘園(ちゅうせいしょうえん) ③ 開発領主(在地領主)の土地の寄進を院近臣が仲介し、院・女院・摂関が立荘することで成立する「領域型荘園」が主流。従来、開発領主の寄進を重視する「寄進地系荘園」の用語が用いられていたが、

「延久の荘園整理令」以降、立荘時の券契(けんけい)が分明か否かが重要となった。

源義国(みなもとの) ① 1091〜1155 義家の子。摂関家領上野国八幡荘を拠点としつつ、下野国にも足利荘(あしかが)を成立(鳥羽離宮安楽寿院(あんらくじゅいん)に寄進)させる。長子義重は新田氏の祖、次子義康(よしやす)は足利氏の祖となる。

源義重(みなもとの) ③ 1114〜1202 義国の子。父から摂関家領上野国八幡荘を継承したほか、浅間山(あさま)噴火で荒廃していた新田(にった)郡を再開発、鳥羽離宮の金剛心院(こんごうしんいん)に寄進して新田荘を立荘した。　**新田荘**(にったのしょう)③

京武者(きょうむしゃ)　→ p.76

名主(みょうしゅ) ⑥ 荘園や公領の土地制度の単位である名の管理、年貢・公事の取りまとめを行った有力農民。摂関期の負名(田堵)が単年〜数年の請負で名を管理したのに対し、中世荘園の名主は、名主職(永続的で世襲も認められた名の保有権)を認められるようになった。保有する土地の一部については、名主自身の家族や下人・所従による直営で耕作し、残りを作人・小百姓へ請作(うけ)に出した。

負名(ふみょう)　→ p.68

田堵(たと)(**田刀**(たと))　→ p.68

：**作人**(さくにん)《中世》③ 名主から土地を借りて耕作(請作)していた農民のこと。請作の見返りとして作人が名主に納める小作料のことを、名主が荘園領主・国衙に納める地子に対し、付加して貢納する意味から加地子という。

：**下人**(げにん) ⑦ 荘園内の武士・荘官・名主層の直営地を耕作していた下層農民。主人の屋敷内に住み、初めは家内奴隷的な存在で売買や譲与の対象であったが、次第に地位が向上し、中世後期には独立して1戸を構える者も出てきた。武士団成立後は下級武士として扱われた。

：**所従**(しょじゅう) ⑥ 平安中期において名主の下に隷属した下級農民。武士団成立後は下人・所従と並称されるなど下級武士として扱われた。

小百姓(こびゃくしょう) ① 中世村落で、名主所有地の小作やわずかな自作地を経営する百姓のこと。隷属性の強い下人・所従と異なり、村落の寄合に参加するなど、身分的に独立した存在である。

年貢(ねんぐ) ⑥ 荘官や地頭が、名主から年ごとに徴収して荘園領主に納める税。律令制の租にあたる負担で、他の公事・夫役と区別した。米による現物納が一般的であったが、

鎌倉時代には米を換金して領主に納める銭納も出始めた。

公事（くじ）⑤ 年貢以外の貢納物の総称。律令制の調・庸・雑徭にあたる。特産物・手工業品を納入するほか、広くは夫役を含んだ。

夫役（ぶやく）④ 領主直営地（佃など）の耕作や貢租運搬・警固などの雑役に従事する人夫役。律令制の歳役・雑徭にあたる。地頭に従って、京都・鎌倉へ往来する京上夫・鎌倉夫も夫役の一種。

官物（かんもつ）→ p.68
臨時雑役（りんじぞうやく）→ p.68
一国平均役（いっこくへいきんやく）→ p.113

院政の開始

前九年合戦（ぜんくねんかっせん）⑦ 1051～62 陸奥の土豪安倍頼時が女婿の藤原経清らと国司に対抗。陸奥守・鎮守府将軍として赴任した源頼義・義家が出羽の清原氏のたすけを得て平定。源氏の東国における勢力確立の端緒となる。　　**藤原経清**（ふじわらのつねきよ）①
：『**陸奥話記**』（むつわき）→ p.81

安倍頼時（あべのよりとき）②？～1057 陸奥の俘囚の長。陸奥北部にある奥六郡（衣川以北の胆沢・江刺・和賀・稗貫・紫波・岩手の六郡）で勢力をふるう。貞任・宗任の父。前九年合戦の時に鳥海柵（とのみのさく）で敗北した。　**奥六郡**（おくろくぐん）①　**安倍貞任**（あべのさだとう）②
安倍氏（あべし）⑤

：**俘囚**（ふしゅう）① 蝦夷のうち帰順した者。陸奥・出羽に残り、金・馬などの特産品貢納を求められた者のほか、各地に強制移住、同化を求められた者もいたが、しばしば反乱を起こした。

源頼義（みなもとのよりよし）⑦ 988～1075 1051年、陸奥守・鎮守府将軍として前九年合戦に子義家と共に介入、安倍頼時の軍勢に苦戦するが、出羽の清原武則のたすけを得て鎮圧。
：**鎮守府将軍**（ちんじゅふしょうぐん）→ p.40

後三年合戦（ごさんねんかっせん）⑦ 1083～87 陸奥守として赴任した源義家が清原清衡（藤原清衡）をたすける形で、清原氏の相続争いに介入し、金沢柵の戦いで鎮定した。この戦いに従軍した東国武士の間で源氏の信望が高まり、武家の棟梁の地位を確立した。この戦いを描いたのが『後三年合戦絵巻』。
金沢柵（かねざわのさく）②
：『**後三年合戦絵巻**』（ごさんねんかっせんえまき）→ p.103

清原氏（きよはらし）⑦ 出羽の俘囚の長。一説に天武天皇の子孫から出たともされるが不詳。前

九年合戦の折、清原武則が源頼義をたすけ、平定後に鎮守府将軍となる。子の武貞（たけさだ）の死後、武貞の3子真衡（さねひら）・家衡（いえひら）・清衡（実は安倍頼時娘と藤原経清との子。前九年合戦ののちに母が武貞に再嫁、のち藤原清衡と名乗る）の間に内紛が起こり、後三年合戦に発展する。
：**藤原清衡**（ふじわらのきよひら）→ p.78

源義家（みなもとのよしいえ）⑦ 1039～1106 頼義の子。八幡太郎という。父と共に前九年合戦に従軍。1083年、陸奥守・鎮守府将軍として赴任し、後三年合戦に介入。朝廷から公戦と認められなかったので、従軍した関東の武士に私財で賞を与えて信望を高めた。のちに院昇殿を許された。

武家の棟梁（ぶけのとうりょう）⑥ 本来は、武士の一族を率いる者を指す。12世紀半ば以降、主に中央政権の軍事力に編制された大武士団（武家）の統率者である清和源氏と桓武平氏の首長を指すようになり、のちには武家政権（幕府）の首長の別称となる。天皇を祖とする軍事貴族で、地方ではまれな貴種（きしゅ）であることが条件。　　　　**武芸**（ぶげい）⑤

軍事貴族（ぐんじきぞく）→ p.70

京武者（きょうむしゃ）① 摂関家や院が武士を登用するのを背景に、地方の拠点と京都を往還しつつ、軍事的・経済的活動を京都周辺で行った軍事貴族のこと。

● ● ●

白河天皇（上皇・法皇）（しらかわてんのう）⑦ 1053～1129 在位1072～86 院政1086～1129。父後三条天皇の譲位を受けて即位。1086年、母の異なる皇太弟実仁（さねひと）親王の死を待って、子の堀河天皇を7歳で即位させ、院政を開始。1129年まで、堀河・鳥羽・崇徳3代43年間、「治天の君」として統治した。
白河院政（しらかわいんせい）③

〔**天皇**〕**親政**（てんのうしんせい）→ p.59

堀河天皇（ほりかわてんのう）⑥ 1079～1107 在位1086～1107。父白河上皇の院政の下に善政を行い、「末代の賢主」と呼ばれた。

『**中右記**』（ちゅうゆうき）④ 白河上皇・堀河天皇の信任を得ていた、中御門（なかみかど）右大臣藤原宗忠の日記。院政成立期の状況を伝える根本史料。僧兵の強訴を武家の力を用いておさえた場面が有名。　　**藤原宗忠**（ふじわらのむねただ）①

院政（いんせい）⑦ 院号（譲位後の居所に因んだ称号）を得た上皇（法皇）が、直系子孫にあたる天皇を父系尊属として後見する形で国政を主導する政治形態。従来の法・制度にとらわれない専制政治であることが特徴。1086年、

白河上皇が開始。19世紀の光格^{こうかく}上皇まで27人が院政を行った。

：上皇^{じょうこう}　⑦ 譲位後の天皇を意味する太上天皇の略称。平安初期までは太上天皇の称が使われ、平安中期から上皇の称が使用され始める。　　　　　　　**太上天皇^{だいじょうてんのう}** ⑤

：治天の君^{ちてんのきみ}　③ 上皇のうち、直系子孫を天皇位に即けて院政を行う上皇を、天下の政治を実質的に執る君主の意味で治天の君と呼んだ。これに伴い、天皇は「なお東宮^{とうぐう}の如し(皇太子のように実権なし)」とされた。

：院^{いん}　⑥ 上皇の居所。院御所ともいう。転じて上皇その人を指す。　**院御所^{いんのごしょ}** ③

：院宣^{いんぜん}　⑤ 上皇に近侍する院司が、上皇の意向を受けて、自分を形式上の差出人として発給した文書。

：院庁^{いんのちょう}　⑤ 院(女院)の家政機関。別当以下の院司を職員とする。

：院司^{いんし}　④ 院庁の職員の総称。別当・年預^{ねん}・判官代^{はんがんだい}・主典代^{しゅてんだい}などがいる。受領出身の中流貴族が多い。

：院庁下文^{いんのちょうくだしぶみ}　⑥ 院の所領などに関わる内容を、院庁から下達された公文書。

：北面の武士^{ほくめんのぶし}　⑥ 白河上皇の時、院御所の北面においた院警衛の武士。武士の中央政界進出の足場となる。

：法皇^{ほうおう}　⑦ 太上天皇が出家した太上法皇の略称。

六勝寺^{ろくしょうじ}　⑦ 院政期に京都白河の地に造立された法勝寺(白河天皇)・尊勝寺(堀河天皇)・最勝寺(鳥羽天皇)・円勝寺(待賢門院^{たいけんもんいん})・成勝寺(崇徳天皇)・延勝寺(近衛天皇)という勝の字のつく六つの御願寺の総称。　**尊勝寺^{そんしょうじ}** ②　**最勝寺^{さいしょうじ}** ①
円勝寺^{えんしょうじ} ①　**成勝寺^{じょうしょうじ}** ①
延勝寺^{えんしょうじ} ①

：法勝寺^{ほっしょうじ}　⑦ 白河天皇の御願寺で、1077年に完成。高さ82mに及ぶ八角九重塔は、東国より都へ上る者に都の栄華を誇示した。

：御願寺^{ごがんじ}　③ 天皇や皇族らのための祈願を行う寺院。

熊野詣^{くまのもうで}　⑦ 紀伊熊野三山への参詣。院政期に院・貴族が盛んに行い、100回近くを数えた。鎌倉時代には武士・庶民の参詣も盛んとなり、「蟻^{あり}の熊野詣」ともいわれた。

：熊野三山^{くまのさんざん}　⑨ 熊野本宮大社(本宮)・速玉^{はやたま}大社(新宮)・那智大社(那智)の3大社を熊野三山と総称する。修験者・僧侶の修行所となり、一種の宗教連合体を構成。

自然崇拝をもとに神仏習合が進んだ霊場で、本地垂迹説に基づく権現信仰が強い。
　　　熊野本宮・新宮・那智^{くまのほんぐう・しんぐう・なち} ②

高野詣^{こうやもうで}　④ 高野山金剛峰寺への参詣。摂関時代に藤原道長・頼通が登山し、院政時代に院や貴族が盛んに行った。高野聖^{ひじり}の活動もあって、中世には庶民の参詣が盛んになる。

白河殿^{しらかわどの}　② 平安中期、鴨川東岸の白河につくられた摂関家の別荘。藤原師実が白河天皇に献上して院御所となり、1077年に御願寺の法勝寺が建立された。白河院(白河離宮)ともいう。　**白河離宮^{しらかわりきゅう}** ①

鳥羽殿^{とばどの}　④ 平安後期、平安京の南郊、鳥羽の地につくられた離宮・院御所。鳥羽院(鳥羽離宮)ともいう。もとは藤原季綱^{すえつな}の別荘だったが、1087年に白河上皇が移り、以降、白河・鳥羽・後白河3代の院御所として使用された。　　**鳥羽離宮^{とばりきゅう}**

2 院政と平氏政権

院政期の社会

院政期^{いんせいき}　⑤ 時代区分の一つで、上皇(法皇)が国政を主導した時代。一般的には白河・鳥羽・後白河の各上皇の統治期を指すが、始期を後三条天皇の即位、終期を承久の乱とする考え方もある。
　　　　　　　　　　　院政時代^{いんせいじだい} ②

院の近臣^{いんのきんしん}　⑥ 院政を行う上皇の側近として、権勢をふるった廷臣^{ていしん}。上皇・天皇の乳母の血縁者や受領出身者(受領層)が多く、官位は高くない。　　　**受領層^{ずりょうそう}** ①

：乳母^{めのと}　② 実母に代わり、子(養君^{やしないぎみ})の授乳・養育にあたる女性。平安末期以降、乳母の夫(乳父^{めのと})・乳母の実子(乳母子^{めのとご}・乳兄弟^{ちきょうだい})ら一族で、養君を後見するようになり、養君の成人後は重要な立場に位置づけられた。

天皇家領荘園群^{てんのうけりょうしょうえんぐん}　④ 上皇(法皇)支配下の荘園群。上皇が権勢を握った院政期に寄進が増えた。院領荘園群(皇室領荘園群)ともいう。

：八条(女)院領^{はちじょう(にょ)いんりょう}　⑦ 鳥羽上皇が皇女八条院暲子(1137～1211)に伝えた荘園群。最終的に220カ所を数えた。のち亀山^{かめやま}上皇に伝えられ、大覚寺統の経済基盤となった。　　**八条院暲子^{はちじょういんしょうし}** ⑦

：大覚寺統^{だいかくじとう}　→ p.106

：長講堂領ちょうこうどうりょう　⑥後白河法皇が持仏堂である長講堂（院御所の六条殿内に建立）に寄進した荘園群。約90カ所に及んだ。のち後深草上皇に伝えられ、持明院統が継承した。　**長講堂**ちょうこうどう ④

：持明院統じみょういんとう　→ p.106

殿下渡領でんかのわたりりょう　①藤原氏の「氏長者」が代々継承する所領。家領荘園群と呼ばれる摂関家の荘園群の中核。鎌倉末期で約150カ所に及ぶ。　**家領荘園群**かりょうしょうえんぐん ②

知行国ちぎょうこく　⑦院・朝廷により知行国主と認められた貴族や寺社が、一国内の知行権（支配権）・収益権を得た国のこと。知行国主は子弟・近親を国守に推挙した。院政期から平安末期に盛行した。　**知行国主**ちぎょうこくしゅ ⑥
知行国の制度ちぎょうこくのせいど ⑥

院〔宮〕分国いん〔ぐう〕ぶんこく　②院・女院（院号を与えられた三后や内親王）の所有する知行国。　**女院**にょいん ④
院〔宮〕分国の制度いん〔ぐう〕ぶんこくのせいど ②

僧兵そうへい　⑦平安後期、京都・奈良の大寺院の雑役に服する大衆（堂衆）のうち、武装した者。敵対者を威嚇し、要求を通そうとした（強訴）。悪僧ともいう。腹巻の上に法衣をまとい、裹裟頭巾けさずきんで覆面（裏頭うらとう）をし、大刀や長刀で武装した。　**大衆**だいしゅ**（堂衆）**どうしゅ ②　**強訴**ごうそ ⑦

：『天狗草紙』てんぐぞうし　④南都北嶺の僧兵の横暴を天狗にたとえて風刺して描いた絵巻。1296年の制作。

：『大山寺縁起絵巻』だいせんじえんぎえまき　⑤伯耆ほうき大山寺の開創縁起が描かれた絵巻。全10巻。成立は1398年。作者は前豊前入道了阿りょうあとされる。原本は1928年に焼失したが、模本は東京大学史料編纂所が所蔵。田楽法師が笛や鼓つづみ、腰鼓ようこを持って囃すはやす中での牛耕・田植えの図、僧兵強訴の場面が見られる。

：南都なんと**・北嶺**ほくれい　⑥藤原氏の氏寺である南都（奈良）興福寺の僧兵（奈良法師）は、春日神社の神木を、朝廷の崇敬を受ける北嶺（比叡山）延暦寺の僧兵（山法師）は、日吉神社の神輿を担いで強訴した。院や朝廷は武家の力を用いておさえた。　**神木**しんぼく**・神輿**しんよ ⑤
奈良法師ならほうし**（南京大衆**なんきょうだいしゅ**）** ①
山法師やまほうし**（山大衆**さんだいしゅ**）** ④

：三大不如意さんだいふにょい　③「治天の君」である白河法皇ですら意のままにならない三つの事例。『源平盛衰記』には「賀茂川の水、双六

すごろくの賽さい、山法師、これぞ朕が心に随はぬ者」とある。

：興福寺こうふくじ　→ p.47

：春日神社かすがじんじゃ　⑥奈良にある藤原氏の氏神（氏社）。鹿島・香取などの諸神を、奈良初期に現在地に迎えたもの。平安末期、興福寺の支配下に入り、僧兵が当社の神木の榊を擁して強訴した。

：延暦寺えんりゃくじ　→ p.54

：日吉神社ひよしじんじゃ　⑤近江国坂本に鎮座する比叡山の地主神。この地に降臨した大山咋神おおやまくいのかみと、近江遷都に際し三輪より勧請した大己貴おおなむち神をまつる。山法師（延暦寺僧兵）は当社の神輿をかついで強訴した。

奥州藤原氏おうしゅうふじわらし　⑦平安後期の約100年間、平泉を拠点に奥羽を支配した豪族。後三年合戦の後、清衡・基衡・秀衡（藤原三代）は、産出される金・馬・毛皮による経済力を背景に、朝廷・摂関家と良好な関係を保ち、豪華な平泉文化を展開した。1189年、源頼朝に攻められ、滅亡した。

：平泉ひらいずみ　⑥安倍氏の支配した奥六郡の南端に位置する。藤原清衡が居館をおいて以降、産出する金の経済力を背景に、中尊寺・毛越寺もうつじなどが建立された。2011年、「平泉─仏国土を表す建築と庭園」として世界遺産に指定された。

：藤原清衡ふじわらのきよひら　⑦1056～1128　父は藤原経清、母は安倍頼時の娘。前九年合戦の後、母が清原武貞に再嫁して清原清衡を名乗る。清原氏の内紛である後三年合戦を経て、安倍・清原両氏の支配地を継承し、藤原姓に復する。平泉に居館を構え、中尊寺金色堂を建立した。

：藤原経清ふじわらのつねきよ　→ p.76

：藤原基衡ふじわらのもとひら　⑥？～1157？　清衡の子。奥州藤原氏の2代目。毛越寺を建立。

：藤原秀衡ふじわらのひでひら　⑥1122～87　基衡の子。奥州藤原氏の3代目。平安末～鎌倉初期、奥州藤原氏は最盛期を迎える一方、頼朝に対抗し、源義経を保護した。宇治平等院を模して無量光院を建立。1170（嘉応2）年の鎮守府将軍補任時、清衡以来の居館であった柳之御所を政庁・平泉館に改築した。　**無量光院**むりょうこういん ③　**柳之御所**やなぎのごしょ ②

伽羅御所きゃらのごしょ　①奥州藤原氏の3代秀衡が鎮守府将軍・陸奥守の政庁・平泉館として「柳之御所」を活用する一方で、居住部分を無量光院の一郭に新造し、4代泰衡やすひらの代まで使用した藤原氏居館。

保元・平治の乱

桓武平氏かんむ → p.70
へいし

伊勢平氏いせ ③ 桓武平氏のうち、平将門を
へいし 討った貞盛の子維衡はに始まる流派。維衡
は伊勢守となって勢力を広げた。曽孫正盛
から中央に進出した。

平正盛たいらの ⑥ 生没年不詳。伊賀国の所領を、
まさもり 白河上皇皇女の菩提所六条院へ寄進したの
を機に、北面の武士となる。源義親の討伐
や海賊追捕、僧兵の入京阻止で武名を高め、
中央政界に地歩を築いた。

源義家みなもとの → p.76
よしいえ

源義親みなもとの ② ?～1108 義家の子。対馬
よしちか 守在任中、横領などで解任され、のち出雲
で再び反乱を起こす。平正盛により追討さ
れ、源氏は一時衰退した。
                      源義親の乱みなもとのよしちかのらん①

平忠盛たいらの ⑦ 1096～1153 正盛の子。清盛
ただもり の父。山陽・南海（瀬戸内）の海賊討伐の功
により、白河・鳥羽上皇の寵ちょうを得て昇殿
を許され、殿上人となる。鳥羽院領肥前国
神埼荘の管理を委ねられたのを機に、博多
で日宋貿易に着手した。   **殿上人**てんじょうびと①

：神埼荘かんざき ① 肥前国にあった鳥羽院領
のしょう の荘園。都への納税中継点（倉敷）を筑前博
多においた。神埼荘預所となった平忠盛は、
鳥羽院の威を背景に、交易を統轄する大宰
府に抗して日宋貿易に着手した。

平清盛たいらの ⑦ 1118～81 忠盛の子。保元・
きよもり 平治の乱以来、後白河上皇を武力・経済力
で支え、妻時子ときの妹滋子しげを後白河上皇
の后に入れる。1167年には武家として最初
の太政大臣となっている。娘の徳子の生ん
だ幼帝安徳天皇を擁立し、権勢を強めた。
1180年の源氏挙兵後、福原京遷都に失敗。
まもなく病死した。

鳥羽天皇とば（上皇・法皇）⑦ 1103～56 在位
てんのう 1107～23 院政1129～56。堀河天皇の皇子。
白河法皇をついで鳥羽院政を行い、平忠盛
を登用。崇徳上皇との不和が、保元の乱の
原因となった。   **鳥羽院政**とばいんせい④

保元の乱ほうげん ⑦ 1156（保元元）年、鳥羽上皇
のらん の死後、崇徳上皇・後白河天皇兄弟、及び
関白藤原忠通・頼長兄弟の対立がからみ、
上皇方が源為義を、天皇方が平清盛・源義
朝らを動員して勃発した戦い。院政の混乱
と武士の進出を象徴しており、『愚管抄
ぐかん
しょう』は、この乱以後、「武者の世」になった
と記す。   **武者の世**むしゃのよ⑤

：崇徳すとく**上皇（天皇）** ⑦ 1119～64 在位
1123～41。後白河天皇の兄にあたる。父鳥
羽法皇の長期にわたる院政のため、実権を
握れず不満を募らせた。法皇の死を契機と
した保元の乱に敗北し、讃岐に配流された。

：藤原忠通ふじわらの ⑦ 1097～1164 関白・
ただみち 摂政・太政大臣を歴任。父忠実にうとまれ、
弟頼長と対立。保元の乱で後白河天皇方に
ついた。   **藤原忠実**ふじわらのただざね③

：藤原頼長ふじわらの ⑦ 1120～56 忠通の弟。
よりなが 左大臣。学問に優れていたが、性格が傲慢
で悪左府あくさと呼ばれた。保元の乱に崇徳上
皇方につき敗死。

：氏長者うじの → p.60
ちょうじゃ

：平忠正たいらの ⑥ ?～1156 正盛の子、忠
ただまさ 盛の弟、清盛の叔父。保元の乱に崇徳上皇
方に加わり、敗れて斬罪となる。

：源為義みなもとの ⑦ 1096～1156 義親の子。
ためよし 保元の乱で崇徳上皇方に加わり、敗れて斬
罪となる。

：源義朝みなもとの ⑦ 1123～60 為義の子。
よしとも 保元の乱に後白河天皇方に属し、夜襲で勝
利をおさめる。のち平清盛と争い平治の乱
を起こす。敗れて東国に逃れる途中、尾張
で謀殺された。頼朝の父。

：源為朝みなもとの ⑤ 1139～70? 為義の子。
ためとも 義朝の弟。九州で武威を示し、鎮西ちんぜい八郎
と呼ばれる。保元の乱で父と共に崇徳上皇
方に加わり、敗れて伊豆大島に流罪となる。

後白河天皇ごしらかわ（上皇・法皇）⑦ 1127～92
てんのう 在位1155～58 院政1158～79、81～92。父
は鳥羽とば天皇。保元の乱で兄崇徳上皇を配
流し、二条天皇など5代にわたり院政を行
う。当初は良好であった平氏との関係は次
第に悪化し、1179年には鳥羽殿に幽閉され、
一時的に院政は停止。清盛の死後に院政を
再開。源氏の勢力を用い平氏を打倒した。

二条天皇にじょう④   **後白河院政**ごしらかわ②
てんのう   いんせい

：藤原通憲ふじわらの（**信西**しん）⑦ ?～1159
みちのり ぜい
信西は法名。後白河天皇の乳母の夫。保元
の乱後、平清盛と結び権勢をふるうが、平
治の乱の際に、自殺に追いこまれる。

平治の乱へいじ ⑦ 1159（平治元）年、保元の乱
のらん 後、実権を掌握した藤原通憲(信西)が平清
盛と、藤原信頼が源義朝と結んで勢力を争
った事件。清盛が熊野詣に出かけたのを機
に、信頼・義朝が挙兵。三条殿を襲って後
白河上皇を幽閉した。しかし、清盛の反撃
を受けて敗北。信頼は斬刑、義朝は関東に
落ちる途中、家臣に謀殺された。

三条殿（院）さんじょう④
どのいん

：藤原信頼ふじわらののぶより　⑦1133〜59　後白河天皇の近臣。藤原通憲と勢力を争い、源義朝と平治の乱を起こす。敗れて斬罪となる。

：源義平みなもとのよしひら　④1141〜60　義朝の子。武名高く、悪源太あくげんたと呼ばれ、伯父の義賢（義仲の父）を攻め殺している（大蔵合戦）。平治の乱で奮戦。乱後に捕えられ殺された。

：源義朝みなもとのよしとも　→ p.83

：平頼盛たいらのよりもり　③1132〜86　忠盛の子。母は忠盛の後妻で、清盛は異母兄。平治の乱の際、母池禅尼いけのぜんにの取りなしで、源頼朝は死を免れ、伊豆への配流となった。1183年の平家の都落ちに同行せず、頼朝から助命・旧領回復を認められた。

平氏政権

平氏政権へいしせいけん　⑥平清盛が樹立した政治権力。外戚関係や荘園・知行国への依存など、公家政治の踏襲も多い。日宋貿易・地頭設置などの積極策もあって、本格的な武家政権への過渡期の形態をなす。清盛邸が京都六波羅にあったことから、六波羅政権ともいう。　**六波羅**ろくはら⑤　**六波羅政権**ろくはらせいけん⑦

：平清盛たいらのきよもり　→ p.79

：蓮華王院れんげおういん　1164年、後白河上皇の命で、平清盛が院御所の法住寺殿の隣に造営した寺。鎌倉時代に再建された本堂（三十三間堂）に、千一体の千手観音像を安置する。　**法住寺殿**ほうじゅうじどの②

平重盛たいらのしげもり　④1138〜79　清盛の長子。保元・平治の乱に活躍。従二位内大臣。温厚で、鹿ヶ谷の陰謀後の後白河法皇に対する清盛の過激な処置をいさめたという。

平時忠たいらのときただ　②1127〜89　清盛の妻時子ときこの弟、「此一門にあらざらむ人は皆人非人にんぴなるべし」との言が『平家物語』にある。

地頭じとう《平安》　③平安末期頃から、荘園や公領の現地支配者としておかれた荘官の一種。平氏政権は、畿内・西国の武士を家人化し、その一部を地頭に任命した。　**西国**さいごく

家人けにん　→ p.70

平徳子たいらのとくこ（**建礼門院**けんれいもんいん）　⑥1155〜1213　清盛の娘。高倉天皇の中宮で、安徳天皇の生母。壇の浦の戦いに際し入水じゅすいしたが助けられ、大原寂光じゃっこう院に隠棲いんせいした。

：中宮ちゅうぐう　→ p.60

高倉たかくら**天皇（上皇）**てんのう（じょうこう）　⑤1161〜81　在位1168〜80　院政1180。父は後白河天皇、母は清盛の妻時子ときこの妹建春門院けんしゅんもんいん滋子しげこ。

安徳あんとく**天皇**てんのう　⑦1178〜85　在位1180〜85。父

は高倉天皇、母は建礼門院徳子。壇の浦の戦いの時、清盛の妻時子（二位尼にいのあま）に抱かれ、神璽・宝剣と共に入水した。

：外戚がいせき　→ p.58

日宋貿易にっそうぼうえき　⑥平忠盛が着手したのを受け、清盛は摂津大輪田泊の修築、音戸の瀬戸おんどのせとの開削を行い畿内まで招来して貿易を拡大した。鎌倉時代にも宋船（唐船とうせん）が往来し、宋銭のほか、典籍・磁器などの唐物を輸入した。

：金きん　→ p.92

：南宋なんそう　→ p.92

：大輪田泊おおわだのとまり　⑦摂津国福原ふくはらに近い古くからの要港。平清盛が拡張し、中世以降も兵庫湊・兵庫島と呼ばれ、繁栄した。

：宋銭そうせん　→ p.95

：唐物からもの　→ p.114

院政期の文化

今様いまよう　⑦現代風（平安末期当時）の歌謡の意。和讃わさんなど七五調四句が多い。庶民感情をよく表現しており、貴族も愛好した。

『梁塵秘抄』りょうじんひしょう　⑥平安末期の歌謡集。後白河上皇の撰。当時、貴族間に流行した今様など雑芸の歌を集成した。

催馬楽さいばら　②10世紀頃に始まった歌謡。神事の神楽かぐら（歌）や古謡こようを編曲したもの。平安中期以降、貴族に愛好される。

傀儡くぐつ　③歌にあわせて、操り人形を踊らせる芸、及び、それを演じる漂泊芸能民。

白拍子しらびょうし　①平安末期〜鎌倉初期に流行した歌舞及びその芸人。男装をした女性が今様を歌いながら舞うもので、白い水干すいかんを着たところから、その名が起こったという。

朗詠ろうえい　→ p.62

田楽でんがく　⑦平安中期以降に流行した祭礼神事芸能。公家にも流行する。大江匡房の『洛陽田楽記』にみえる永長元(1096)年の大田楽おおでんがくが有名。

『月次風俗図屏風』つきなみふうぞくずびょうぶ　④室町時代、16世紀の屏風。8曲1双。紙本着色。東京国立博物館所蔵。公家から庶民に至る各層の月次の年中行事の模様が展開される。田植えや牛馬耕、賀茂競馬かものくらべうまや犬追物などが扱われている。

猿楽さるがく　⑦古代・中世の芸能。滑稽を主とした雑芸・歌曲。奈良期に伝来した散楽に由来するという。　**散楽**さんがく①

祇園祭ぎおんまつり　→ p.139

御霊会ごりょうえ　→ p.63

説話集（せつわしゅう）④『今昔物語集』などが、平安末～鎌倉期にかけて盛んに編まれた。宗教的教訓のほか、武士や庶民の生活・風習などをうかがい知ることができる。

：『**今昔物語集**』（こんじゃくものがたりしゅう）⑤平安末期の説話集。31巻（欠巻3）。現存するのは1040話。本朝（日本）・天竺（インド）・震旦（中国）の三つに分類。仏教・民間説話を和漢混淆文で記す。編者は源隆国などとされる。

和漢混淆文（わかんこんこうぶん）②

軍記物語（ぐんきものがたり）→ p.100

：『**将門記**』（しょうもんき）⑤平将門の乱を漢文で記した最初の合戦記。成立は940（天慶3）年とする説と平安後期とする説がある。

：『**陸奥話記**』（むつわき）④11世紀後半に成立。前九年合戦の経過についての実記。日本的漢文体の合戦記。

歴史物語（れきしものがたり）⑤平安末期、貴族の華やかな過去を追憶して、歴史に素材を取り、和文体で書かれた物語。

：『**大鏡**』（おおかがみ）⑤作者・成立年代は諸説があり未詳。190歳の大宅世継が道長一代を中心とした藤原全盛期を批判的に語らせる形態から「世継物語」ともいう。紀伝体、四鏡の初め。

：『**今鏡**』（いまかがみ）①1170年の成立。作者は藤原為経ために説。『大鏡』のあとを受け、1025年から1170年までの歴史を記した書。『大鏡』『水鏡』『増鏡』と共に四鏡の一つ。

：『**増鏡**』（ますかがみ）→ p.124

：『**栄花（華）物語**』（えいがものがたり）→ p.63

聖（ひじり）⑤寺院に所属しない民間の布教僧。上人・聖人・沙弥などという。高野山などに隠遁した高野聖、諸国を遊行する遊行聖などが有名。　　**上人**（しょうにん）②　**聖人**（しょうにん）②

阿弥陀堂（あみだどう）→ p.65

中尊寺金色堂（ちゅうそんじこんじきどう）⑦1124年、藤原清衡が陸奥平泉に創建した阿弥陀堂。光堂（ひかりどう）ともいう。単層、宝形造。須弥壇の下に清衡・基衡・秀衡3代の遺体を納める。

：**中尊寺金色堂内陣**（ちゅうそんじこんじきどうないじん）①黒漆に金蒔絵（まきえ）・螺鈿（らでん）を施した壮麗な須弥壇。框（かまち）と束柱（つかばしら）は金銅の薄板でおおわれ、格狭間（こうざま）には鳳凰などが装飾してある。壇上には阿弥陀三尊が安置され、壇の下に藤原3代の遺体が納められていた。

毛越寺（もうつうじ）④藤原基衡の建立。壮麗な堂塔禅房は、13世紀頃の火災で焼失。浄土庭園を残す。隣接して基衡の妻が建てた観自在王院（かんじざいおういん）跡も残る。　　**浄土庭園**（じょうどていえん）②

白水阿弥陀堂（しらみずあみだどう）（**願成寺阿弥陀堂**（がんじょうじあみだどう））⑦陸奥南部磐城（いわき）の豪族岩城則道（いわきのりみち）の妻徳尼（藤原秀衡の妹）が、夫の菩提を弔うために、1160年に建立した阿弥陀堂。単層宝形造。白水は平泉の泉を分割したのが由来といわれている。

富貴寺大堂（ふきじおおどう）⑦大分県の国東（くにさき）半島にある九州最古の阿弥陀堂。「来迎壁画」と定朝様（じょうちょうよう）の阿弥陀如来像があり、浄土教の地方普及の代表的一例。

三仏寺投入堂（さんぶつじなげいれどう）②修験道の修行場である三徳山（みとくさん）の岩壁に、懸造（かけづくり）で建てられた三仏寺奥の院の名称。役小角（えんのおづの）（役行者（えんのぎょうじゃ））が断崖の窪みに投げ入れたとの伝承から、投入堂と名づけられた。

往生極楽院阿弥陀如来像（おうじょうごくらくいんあみだにょらいぞう）①往生極楽院は京都大原三千院（さんぜんいん）の本堂。阿弥陀如来像は来迎印（らいごういん）を結び、観音・勢至（せいし）を脇侍とする。12世紀前半で定朝様の像。

臼杵の磨崖仏（うすきのまがいぶつ）①大分県臼杵の凝灰岩に刻まれた石仏群。大部分が平安後期につくられた日本の石仏の代表例。

絵巻物（えまきもの）⑥詞書と絵を交互に書き、人物の動きや物語の展開を示す巻物。平安期は物語、鎌倉期は合戦物、社寺縁起、僧侶の伝記を題材にしたものが多い。　**詞書**（ことばがき）⑤

：**吹抜屋台**（ふきぬきやたい）②建物内部の人物を表現する場合に、屋根や天井を描かずに、上方から見下ろす視点で示した絵巻物独特の描写技法。

：**引目鈎鼻**（ひきめかぎはな）②絵巻物で高貴な身分の人物の顔を描く場合にみられる表現。太い眉、細く線を引き、瞳だけをわずかに入れた目、鈎形の鼻、小さな赤い口が特徴。

：**異時同図法**（いじどうずほう）②同一画面内に、同一人物が複数回登場し、時間の推移を表現する、絵巻物独特の手法。

：**大和絵**（やまとえ）→ p.65

『**源氏物語絵巻**』（げんじものがたりえまき）⑦平安末期の絵巻物。絵は藤原隆能（たかよし）。『源氏物語』を絵巻にした源氏絵の先駆。吹抜屋台・引目鈎鼻の手法を用いている。

『**伴大納言絵巻**』（ばんだいなごんえまき）⑦平安末期の絵巻物。絵は常盤光長（ときわみつなが）。大納言伴善男（とものよしお）の失脚を招いた応天門の変を描き、絵巻物の長尺を使った連続的な画面構成と異時同図法、庶民の個性的な表情が特徴。

『**年中行事絵巻**』（ねんじゅうぎょうじえまき）⑫12世紀後半、後白河上皇の命で宮廷行事を描いた絵巻物。原本は現存せず、江戸初期の住吉如慶（すみよしじょけい）の模写本が伝わる。

『信貴山縁起絵巻』しぎさんえんぎえまき ⑦ 平安末期の絵巻物。信貴山朝護孫子寺を中興した命蓮みょうれんの霊験譚れいげんたんを描く。飛倉とびくら(山崎長者)の巻、延喜加持えんぎかじの巻、尼公あまぎみの巻の3巻。動的な線描で庶民の生活・風俗を伝える。

『鳥獣人物戯画』ちょうじゅうじんぶつぎが ⑤ 平安末～鎌倉初期の絵巻物。鳥羽僧正覚猷の筆といわれるが、筆致の違いから作者は複数と考えられる。京都高山寺蔵。当時の貴族社会や仏教界を、鳥獣に擬して風刺している。

：**鳥羽僧正覚猷**とばそうじょうかくゆう ③ 1053〜1140 平安末期の僧。鳥羽離宮にあった証金剛院別当から天台座主となる。絵に秀でて、『鳥獣人物戯画』の筆者といわれる。

装飾経そうしょくきょう ② 豪華な装飾を施した経巻。平安中～鎌倉期にかけて発達し、色紙経・下絵したえ経・一字宝塔経・一字蓮台経などがある。

『扇面古写経』せんめんこしゃきょう ⑦ 平安末期の装飾経。扇面形料紙おうぎがたりょうしに法華経を写経。下絵に大和絵の手法で京都市中の民衆の生活を描く。『扇面法華経冊子』せんめんほけきょうさっしともいう。

『平家納経』へいけのうきょう ⑥ 1164年、平清盛ら平氏一門が繁栄を祈願するため、厳島神社に奉納した装飾経。法華経28巻、阿弥陀経など5巻。華麗な装飾・装幀で知られる。

厳島神社いつくしまじんじゃ ⑦ 安芸国の一の宮。航海安全をつかさどる市杵島姫命いちきしまひめのみことが主神。安芸守だった平清盛が平家一門の氏神として社殿を築造するなど崇敬し、隆盛した。

武家政権の成立

1 鎌倉幕府の成立

源平の争乱

鹿ヶ谷の陰謀（ししがたにのいんぼう）⑥ 1177年、院の近臣らが、京都東山鹿ヶ谷の俊寛の山荘で平氏打倒計画を立てたが露顕。一味が処罰された。

：俊寛（しゅんかん）④ 生没年不詳。大納言源雅俊（まさとし）の孫。法勝寺執行（しゅぎょう）となったが、鹿ヶ谷の陰謀で鬼界ヶ島（きかいがしま）に流された。

：藤原成親（ふじわらのなりちか）④ 1138〜77 後白河院の近臣。1177年の鹿ヶ谷の陰謀で、備前国に配流、まもなく殺された。

源平の争乱（そうらん）④ 1180年の以仁王と源頼政の挙兵から、85年の壇の浦での平氏滅亡に至る源氏・平氏の争い。この間の主な年号をとって、治承・寿永の乱ともいわれる。

治承・寿永の乱（じしょうじゅえいのらん）⑤

以仁王（もちひとおう）⑦ 1151〜80 後白河天皇の第3皇子。1180年、安徳天皇の即位により皇位継承の望みを絶たれた不満から、源頼政と平氏打倒を図る。諸国に平氏討伐の令旨を発したが、計画が露顕した。初め園城寺を、ついで南都の興福寺を頼ろうとしたが、宇治で敗死した。

：令旨（りょうじ）④ 天皇の宣旨、上皇の院宣に対し、皇后・皇太后・皇太子・親王・王などが命令・意思を伝えるために発した文書。

源頼政（みなもとのよりまさ）⑥ 1104〜80 清和源氏のうち、摂津に居を構えた源頼光（よりみつ）の子孫（摂津源氏）。平治の乱では平清盛に味方し、従三位（じゅさんみ）に進んだので源三位頼政と呼ばれた。1180年、以仁王を奉じて挙兵したが、宇治で敗死した。

福原遷都（ふくはらせんと）⑦ 1180年6月、源頼政らの挙兵後、平清盛は大輪田泊近くの摂津福原（現、神戸市）に遷都を断行。公家の反対が多く、11月に京都に還都。**福原京**（ふくはらきょう）②

源頼朝（みなもとのよりとも）⑦ 1147〜99 義朝の子。平治の乱で伊豆に配流となる。1180年、以仁王の令旨に応じて挙兵、鎌倉を拠点に東国武士の支持を集めた（鎌倉殿）。1184年に弟範頼・義経を遣して源義仲を倒し、翌年、平

氏を滅ぼす。1185年、義経との不和を機に朝廷に守護・地頭の設置を認めさせ、武家による全国支配の端緒をつくった。1190年、右近衛大将に任じられた（直後に辞任）。1192年、征夷大将軍に就任。

鎌倉殿（かまくらどの）③ 源頼義以来ゆかりの鎌倉を拠点とする人物を指す。1180年の挙兵後に鎌倉に入った源頼朝は、罪人の身分（平治の乱で位階停止）のまま、鎌倉殿として、侍所の設置、「本領安堵（御家人の所領の保証）」、「新恩給与（敵方の没収所領の給付）」を行い、のち、右近衛大将・征夷大将軍に就任しても、本質は鎌倉殿として坂東武士の支持を集めた。

：石橋山の戦い（いしばしやまのたたかい）⑦ 1180年8月、伊豆で挙兵した頼朝は、相模国石橋山で平氏方の大庭景親（おおばかげちか）と戦い敗北。海路安房へ逃れ、再挙を図った。

：千葉氏（ちばし）⑤ 桓武平氏の出身、下総国千葉に住し、千葉介を称す。千葉常胤（つねたね）（1118〜1201）は上総介広常と共に房総に逃れた頼朝をたすけるなど、源平争乱の戦功から下総国守護となり、一族の勢力を拡大した。

：富士川の戦い（ふじがわのたたかい）⑥ 1180年10月、頼朝を追討するために派遣された平維盛（これもり）軍が、富士川を挟んで頼朝軍と対陣。夜襲の気配で飛び立つ水鳥の羽音に驚いて維盛軍は敗走した。

南都焼打ち（なんとやきうち）④ 1180年12月、平清盛が平重衡に命じ、反平氏の動きをみせた南都興福寺の僧兵を攻撃。興福寺・東大寺の堂塔伽藍を焼亡させた。**平重衡**（たいらのしげひら）②

養和の大飢饉（ようわのだいききん）⑥ 1181（養和元）年を中心とする大飢饉。前年の夏、西日本が早つで凶作となり、この年から2〜3年、飢饉が続いた。西日本を基盤とする平氏の打撃は大きかった。

源義仲（みなもとのよしなか）⑦ 1154〜84 木曽義仲とも。1180年に挙兵、平教盛（のりもり）の追討軍を破って北陸を平定。1183年に倶利伽羅峠で大勝して入京、平氏は都落ちした。しかし、入京後の義仲軍による乱暴は、朝廷・貴族の反発を招いた。1184年、頼朝の派遣した源範頼・義経軍との宇治川の戦いに敗れ、近江の粟津で討死した。**平氏都落ち**（へいしみやこおち）⑥

宇治川の戦い（うじがわのたたかい）①　**粟津**（あわづ）⑤

：**俱利伽羅峠の戦い**（くりからとうげのたたかい）⑥　1183年、北陸から入京を図る源義仲軍が、越中・加賀国境の俱利伽羅峠（砺波山（となみやま））で平維盛軍と激突、平氏軍を敗走させた戦い。その際、義仲軍は角に松明（たいまつ）をつけた牛を放って夜襲をかけたとされる。

源範頼（みなもとののりより）⑤　生没年不詳。頼朝の弟。源平争乱で義経と共に兄頼朝配下の部将として活躍。平氏滅亡後は九州経営に努めた。のち頼朝との不和から、伊豆に配流され、暗殺された。

源義経（みなもとのよしつね）⑦　1159～89　頼朝の弟。幼名牛若丸。奥州に下り藤原秀衡の下で成長。頼朝挙兵に参じ、義仲・平氏討伐に功を挙げた。のち頼朝と不和になり、奥州に潜伏中、秀衡の子泰衡に攻められて自殺した。

一の谷の戦い（いちのたにのたたかい）⑦　西国で勢力を回復した平氏は摂津福原に集結、一の谷に陣を構えた。1184年2月、源範頼は正面から、弟義経は背後の鵯越（ひよどりごえ）から奇襲して、平氏を屋島に敗走させた。

屋島の戦い（やしまのたたかい）⑦　1185年2月、讃岐国屋島に籠り、海戦に備える平氏軍を、源義経が陸側から奇襲して敗った戦い。この際、義経配下の那須与一（なすのよいち）が、平氏方の船に掲げられた扇を一矢で射落としたとされる。

壇の浦の戦い（だんのうらのたたかい）⑦　1185年3月、長門国壇の浦における源平最後の合戦。平宗盛（たいらのむねもり）を将とし、幼帝安徳天皇を擁した平氏一門はここに滅んだ。

鎌倉幕府

鎌倉（かまくら）⑦　源頼義以来、源氏とのゆかりが深く、三方が山、南方は海に接する要害の地。頼朝も挙兵後、東国支配の拠点とし、全国政権となった後も鎌倉を離れなかった。室町時代にも鎌倉府がおかれ、鎌倉五山が定められるなど、東国における政治・文化の中心であった。

：**鶴岡八幡宮**（つるがおかはちまんぐう）④　1063年、前九年合戦の後、源頼義が石清水八幡宮を勧請（かんじょう）。頼朝が幕府を開いてからは、源氏・鎌倉の守護神として尊崇された。八幡宮から南の由比ガ浜まで若宮大路が開かれるなど、鎌倉の都市計画の中核となった。

由比ガ浜（ゆいがはま）④　**若宮大路**（わかみやおおじ）④

：**六浦津**（むつうらのつ）②　東京湾に面した武蔵国金沢にある湊。鎌倉の海は遠浅で船の着岸が困難であるため、朝比奈切通を越えた六浦

津が外港として利用された。

：**切通**（きりどおし）③　周囲の山を外郭線としていた鎌倉で、外部への出入口として山を切り開いてつくられた通路。外敵に対しては切通を集中的に防御した。六浦津への経路である朝比奈切通、三浦半島への名越切通、新田義貞軍を悩ませた極楽寺切通などがある。

朝比奈切通（あさひなきりどおし）③
名越切通（なごえきりどおし）③

：**和賀江島**（わかえじま）④　鎌倉への物資の搬入を容易にするために築かれた人工島。1232年、執権北条泰時の許可を受けて勧進僧（かんじんそう）往阿弥陀仏（おうあみだぶつ）が築港し、管理は極楽寺が行った。その後の地震などで、現在、満潮時には水没する。

寿永二年十月宣旨（じゅえいにねんじゅうがつせんじ）⑥　1183（寿永2）年10月、朝廷が頼朝に東海・東山両道の支配権、すなわち平氏支配下の西国と源義仲（よしなか）支配下の北陸道を除く東国支配権を認めた宣旨。見返りとして、東国の荘園・公領の年貢保障が命じられた。

東国支配権（とうごくしはいけん）⑦
東海・東山両道の支配権（とうかい・とうざんりょうどうのしはいけん）③

頼朝追討（よりともついとう）④　平氏滅亡後、兄頼朝と不和となった義経の要請により、後白河法皇が出した院宣。しかし、義経に味方する武士は少なく、頼朝の圧力を受けた法皇はこの院宣を撤回して、義経追討の院宣発給と守護・地頭設置を受け入れた。

義経追討（よしつねついとう）⑤

守護（しゅご）⑦　鎌倉幕府が軍事・警察権掌握のためにおいた地方官。1185（文治元）年、源義経追討を理由として国ごとに設置を公認させ、有力御家人が任命された。ごく初期の段階には惣追捕使・国地頭とも呼ばれた。

惣追捕使（そうついぶし）②　**国地頭**（くにじとう）④

：**大犯三カ条**（だいぼんさんかじょう）　→ p.86

地頭（じとう）⑦　荘郷地頭ともいう。1185年、源義経追討を機に、後白河法皇に諸国の公領・荘園への設置を求め容認された。当初、範囲は平氏一族から没収した平家没官領（へいけもっかんりょう）と謀叛人跡地に限定されていたが、承久の乱後に全国化した。任務は土地管理、治安維持、年貢の徴収・納税など。

荘郷地頭（しょうごうじとう）③

：**兵粮米**（ひょうろうまい）③　戦時に、兵士の食糧・軍事費として農民に賦課した米。1185年、地頭は田畑1段につき5升の兵粮米の徴収が認められたが、貴族の反発が強く、翌年に停止された。

：**地頭職**（じとうしき）③　職とは役職に伴う権利・

義務、及び収益を保障された地位を意味する。地頭職とは任命された御家人が負う土地管理、治安維持、年貢の徴収・納税などの義務と兵粮米の徴収や免田(給田)経営などの権益を指す。

議奏公卿ぎそうくぎょう ① 1185年、頼朝の奏請により、九条兼実ら10人が任命された公家の役職。親幕派の公家を朝廷の中枢におくことで、幕府の意向を反映させようとしたもの。

九条(藤原)兼実くじょう(ふじわら)かねざね ① 1149〜1207 五摂家の一つ、九条家の始祖。頼朝の支援を得て摂政・関白・太政大臣に就任、娘任子は後鳥羽天皇の中宮となったが、頼朝の娘大姫おおいめの後鳥羽天皇入内をめぐって対立、1196年、関白を罷免された。日記『玉葉』は鎌倉初期を知る重要な史料。『**玉葉**ぎょくよう』③

奥州藤原氏滅亡おうしゅうふじわらしめつぼう ⑦ 藤原秀衡の死後、1189年、子の泰衡は頼朝の要求に屈し古川ふるかわに源義経を攻めて自殺させた。さらに、頼朝は義経をかくまったことを理由に奥州征討を行い、奥州藤原氏を滅ぼして陸奥・出羽2国を掌握した。　　　　　　**藤原泰衡**ふじわらのやすひら ③

阿津賀志山二重堀あつかしやまにじゅうぼり ① 1189年の奥州平定の際の激戦地(現在の福島県国見くにみ町厚樫山あつかしやま付近)。奥州勢は、鎌倉勢を迎え討つために阿津賀志山の麓ふもとから阿武隈あぶくま川に至る堀に阿武隈川の水を引き防塞を築いたが、畠山重忠・小山朝政らが破った。

北遷御家人ほくせんごけにん ① 1189年の奥州合戦で奥州藤原氏が滅んだのち、武功により陸奥・出羽に所領を得た東国御家人のうち、本貫地から拠点を移した者を指す。下総国の葛西御厨かさいみくりやを本貫としていた葛西清重きよしげが奥州総奉行に任じられて移住した例などがそれに当たる。

右近衛大将うこんえのたいしょう ⑤ 禁裏の警衛や儀式を任務とする右近衛府の長官。1190年、頼朝は上洛して権大納言ごんだいなごん・右近衛大将に任じられたが、常時在京が求められるため、まもなく辞した。鎌倉帰着後、前右大将家さきのうだいしょうけ政所を開設し、御成敗式目でも「右大将家例」を引用するなど、特別の扱いがみられる。

征夷大将軍せいいたいしょうぐん ⑦ 平安初期、蝦夷征討のために設けられた令外官りょうげのかん。811年に廃絶され、1184年、源義仲の時に復活。1192年の頼朝任命以降、武家の棟梁の意味となった。

鎌倉幕府かまくらばくふ ⑦ 源頼朝が開いた武家政権。成立時期については、以下の各時期が挙げられる。(1)1180年の侍所設置、(2)1183年の寿永二年十月宣旨発給、(3)1184年の公文所・問注所設置、(4)1185年の守護・地頭設置、(5)1190年の右近衛大将補任、(6)1192年の征夷大将軍補任。

:幕府ばくふ ⑦ 中国で、出征中の将軍が幕を張って軍務を決裁する陣営を指した。日本では、近衛府の唐名から転じて近衛大将や征夷大将軍とその本営の中国風の呼称となり、やがて武家政権を指す語となった。

鎌倉時代かまくらじだい ⑦ 12世紀末の鎌倉幕府成立(諸説あり)から1333年の幕府滅亡までの約150年間。守護・地頭として派遣された東国御家人が、各地で荘園・公領の支配権を貴族層から奪い、武家社会を確立した。東アジアの動向を背景とする蒙古襲来を退け、文化面でも新鮮で力強い武家文化が形成され始めた。

侍所さむらいどころ ⑦ 1180年、鎌倉に設けられ、御家人の統率と軍事・警察の任にあたった。長官を別当、次官を所司しょしという。　　　　　　　　　　　　**別当**べっとう ④

:和田義盛わだよしもり ⑦ 1147〜1213 鎌倉初期の武将。三浦氏の一族。侍所の初代別当。頼朝の死後、13人の合議制に加わり、有力御家人として幕府内で力を持った。のち北条義時と対立して、和田合戦で敗死した。

公文所くもんじょ ⑦ 鎌倉幕府の文書作成や財政を担当する機関。1184年に設置。長官は別当。　　　　　　　　**公文所別当**くもんじょべっとう ②

政所まんどころ ⑦ 三位以上の公家の家政機関。鎌倉幕府では1190年、頼朝の右近衛大将就任と辞任を受けて、翌年、公文所を改め前右大将家政所を設置、公文所はその一部局となった。政所と改称した時期は、頼朝が従二位に叙せられた1185年とする説もある。

:大江広元おおえのひろもと ⑥ 1148〜1225 公家出身の官僚。1184年、頼朝に招かれて公文所(政所)の初代別当となる。守護・地頭の設置は広元の献策による。

:京下り官人きょうくだりかんじん ① 大江広元・三善康信・中原親能なかはらのちかよしら、頼朝の招きで京都から鎌倉へ下向した官僚。法や政務に精通した彼らは草創期の幕府を支えた。

問注所もんちゅうじょ ⑦ 鎌倉幕府の訴訟・裁判機関。1184年に設置。長官は執事。　　**執事**しつじ ③

:三善康信みよしのやすのぶ ⑥ 1140〜1221 公家出身の官僚。伯母が頼朝の乳母であった関係から、伊豆配流中の頼朝に京都の情報を送っていた。1184年、頼朝に招かれ、問注所の初代執事となる。

守護しゅ → p.84

大犯三カ条だいぼんさんかじょう ⑥ 守護の基本的権限で、大番催促、謀叛人の逮捕、殺害人の逮捕をいう。頼朝以来の慣習として定まっていたが、御成敗式目で成文化された。

　　　　　　謀叛人の逮捕むほんにん─たいほ ⑥
　　　　　　殺害人の逮捕せつがい─にんのたいほ ⑥

：**大番催促**おおばんさいそく ⑥ 守護が各国の御家人に対し、天皇や院の御所を警備する京都大番役への勤仕を催促・指揮する職務権限。

大田文おおたぶみ ③ 鎌倉時代、国ごとにすべての荘園・公領について、田畑の面積・領有関係を記録した土地台帳。守護や国司が国衙に命じて作成させ、国ごとの賦課基準として室町時代まで重要視された。図田帳ずでんちょう・田数帳ともいう。

地頭じとう → p.84

平家没官領へいけもっかんりょう ⑥ 平家の都落ちに際し、平氏一門の所領500余りの荘園は朝廷に没収された。その多くは頼朝に与えられて関東御領かんとうごりょうとなり御家人が地頭に補任された。

京都守護しゅご ⑦ 1185年、北条時政が任命され、在京御家人の統率、洛中の警備・裁判をつかさどり、朝廷との交渉の任にもあたった。承久の乱後、六波羅探題となる。

鎮西奉行ちんぜいぶぎょう ⑦ 1185年、源義経追討を機に、九州の御家人統率と軍事警察の任務をつかさどるためおかれた統治機関。蒙古襲来後、鎮西探題の設置により権限は縮小された。

奥州総(惣)奉行おうしゅうそう(そう)ぶぎょう ⑤ 1189年、奥州藤原氏の滅亡後、奥州の御家人統率や訴訟取次を目的におかれた統治機関。御家人統率は葛西清重かさいきよしげが、訴訟関係は伊沢家景いさわいえかげがつかさどった。伊沢氏の役目を陸奥留守職むつるすしきという。

御家人制度ごけにんせいど ② 将軍・御家人間の軍役と土地給与を中核とした、封建的主従関係を前提とする鎌倉幕府の支配制度。

御家人ごけにん ⑦ 本来、家人とは従者を指す言葉だが、鎌倉時代には将軍の家人を御家人と呼んだ。幕府を支える基盤であり、本領安堵など、将軍からの御恩に対し、軍役や大番役・鎌倉番役などの奉公を義務として負った。御家人ではない武士を、非御家人といった。　　　　　　**非御家人**ひごけにん

：**東国御家人**とうごくごけにん ⑤ 成立期の鎌倉幕府を支えた東国武士・京下り官人、及びその子孫の御家人。守護への任命や地頭職が与えられる例が多い。　　　　**東国武士**とうごくぶし

：**西国御家人**さいごくごけにん ⑥ 守護を通じて御家人として登録された西国武士。東国御家人と

異なり、地頭職付与の例は少なく、下司職など荘園附での職権を保護した内容。

：**名簿**みょうぶ ① 姓名を記した書付。これを主君に奉呈して臣従儀礼を行った。

幕府と朝廷

御恩ごおん ⑦ 主君が家臣に与える恩恵。本領安堵・新恩給与や朝廷への官職推挙などが主な内容。

：**本領安堵**ほんりょうあんど ⑦ 将軍が御家人に対し、父祖以来の相伝所領や開発私領を本領として確認し、土地の支配権を保障すること。本領では百姓への課役賦課などに関して、自由裁量権が容認された。

：**新恩給与**しんおんきゅうよ ⑦ 御家人に対し、その功に応じて与えられる新たな領地や守護・地頭職。

奉公ほうこう ⑦ 御恩に対し、家臣が主君に奉仕する義務。戦時の軍役、平時の番役、関東公事の負担など、御家人役と総称される。
　　　　　　　　　　御家人役ごけにんやく ①

：**軍役**ぐんやく ⑦ 戦時に出陣・参戦する軍事動員。惣領が一族を率いて奉仕した。「いざ鎌倉」という非常時には、鎌倉街道を馳せ参集した。　　　　**「いざ鎌倉」**いざかまくら ①

：**番役**ばんやく ③ 内裏や貴人の屋敷を交替で警護する役。京都大番役・鎌倉番役・異国警固番役などがある。

：**京都大番役**きょうとおおばんやく ⑥ 御家人が交代で担当し、内裏や院御所の警固にあたった番役。のち、京都市中の辻ごとに篝火かがりを焚いて夜間警備にあたる篝屋役も加わった。

：**鎌倉番役**かまくらばんやく ⑥ 御家人が交代で担当し、鎌倉の将軍御所の警備にあたった番役。

：**関東御公事**かんとうおんくじ ② 将軍御所や鶴岡八幡宮の修造費など、将軍・幕府に対して御家人が負った経済的負担。

封建制度ほうけんせいど ④ 土地の給与を通じて結ばれる武士の主従関係を軸とした支配階級内部の政治的・軍事的制度。土地と農民を掌握し、年貢を徴収する在地領主層が、名目的な所有権を持つ貴族・寺社に対抗するうえで、武家政権の成立が求められた。

地頭職補任状じとうしきぶにんじょう ① 幕府が地頭を補任(任命)する際に発給した文書。鎌倉殿・将軍からの下文の形をとるが、袖判下文と政所下文まんどころくだしぶみの2形式がある。

：**袖判下文**そではんくだしぶみ ③ 文書の右端(袖)に鎌倉殿・将軍が花押(判)を書き加えた文書。高貴な立場の人物が文書を発給する場合、

本文は右筆（書記役の家臣）が作成し、本来の発給者が承認した証拠として花押（実名を抽象化したサイン）を書いた。袖判下文は、将軍自らの花押があることから、権威のある文書とみなされた。　**花押**（かおう）④

惟宗忠久（これむねのただひさ）（**島津忠久**（しまづただひさ））④ ?～1227
　源頼朝袖判下文で伊豆国波出御厨地頭職に補任された人物。島津氏の祖。惟宗氏は摂関家（のち近衛家）の家司として日向・大隅・薩摩3国にまたがる島津荘の管理を担った一族。「島津家譜」によると、忠久は源頼朝の庶子で、近衛家の家司惟宗広言（ひろこと）の養子となったとする。1185年伊勢国波出御厨地頭職・薩摩国島津荘下司職、1197年には大隅・薩摩両国守護に補任された。

波出御厨（はのみくりや）④

関東知行国（かんとうちぎょうこく）③ 関東御分国ともいう。将軍に与えられた知行国。国司には幕府が推薦した御家人が任命され、その国の収入の一部を幕府に納めた。1185年段階で相模・武蔵・伊豆・駿河・上総・下総・信濃・越後・豊後の9カ国。

関東御分国（かんとうごぶんこく）⑥

関東御領（かんとうごりょう）⑦ 鎌倉時代に鎌倉殿・将軍が本所として支配した荘園。平家没官領や承久の乱後の没収地などが主体である。

公武二元支配（こうぶにげんしはい）③ 成立当初の幕府は、東国支配権や守護・地頭の設置に朝廷の承認が必要で、経済的にも荘園公領制を前提としていた。朝廷の政治的支配権や、荘園領主の経済的支配権も強く残っており、年貢納入を怠る地頭は幕府が処罰している。この状況が変化するのは、承久の乱後であった。

新制（しんせい）③ 朝廷で、10世紀半ばから14世紀半ばまで制定された特別立法の法令。公卿の協議を経て、太政官符・宣旨・院宣などの形で発布された。

2 武士の社会

北条氏の台頭

源頼家（みなもとのよりいえ）⑦ 1182～1204　頼朝の長子。幼名は万寿（まんじゅ）。2代将軍（在職1202～03）。頼朝の死後、家督を継ぐが、訴訟を扱う権限は有力御家人13人の合議に移され、将軍としての実権を失った。乳母の比企氏や梶原氏と結んで北条氏と対立したため、1203

年、比企能員の乱の後、祖父北条時政により伊豆修禅寺に幽閉され、翌年謀殺された。
　　　　　　　　　　　　修禅寺（しゅぜんじ）③

十三人の合議制（じゅうさんにんのごうぎせい）④ 頼朝の死後、家督を継いだ頼家の専制をおさえるためとられた有力御家人の合議制。北条時政・北条義時・大江広元・三善康信・中原親能・三浦義澄・八田知家（はったともいえ）・和田義盛・比企能員・安達盛長・足立遠元・梶原景時・二階堂行政の13人。

梶原景時（かじわらかげとき）④ ?～1200　石橋山の戦いで頼朝の危機を救い、信任を得た。侍所所司として御家人の統制にあたった。平氏追討時に源義経と対立し、義経失脚の一因をつくった。頼朝の死後、三浦氏・和田氏と対立して、討たれた。

比企能員（ひきよしかず）④ ?～1203　養母比企尼は頼朝の乳母、妻は頼家の乳母、娘は頼家の妻。外戚として権勢を得たが、1203年に北条氏追討を計画して失敗（比企能員の乱）。頼家の長子一幡（いちまん）と共に北条時政に殺された。

比企能員の乱（ひきよしかずのらん）②　**比企氏**（ひきし）③

三浦義澄（みうらよしずみ）① 1127～1200　頼朝に仕えた武将。頼朝の挙兵に父義明と共に参加、平氏追討にも功があった。頼朝の死後は、有力御家人合議制の一員となる。

畠山重忠（はたけやましげただ）③ 1164～1205　武蔵国秩父の武将。源義仲追討・奥州平定に功があった。子の重保が北条時政に謀殺され、重忠も北条義時と戦って敗死した。

北条政子（ほうじょうまさこ）⑦ 1157～1225　北条時政の娘で頼朝の妻。頼朝の死後、尼となって幕府政治を裁決し、尼将軍と呼ばれた。

：尼将軍（あましょうぐん）→ p.88

北条時政（ほうじょうときまさ）④ 1138～1215　伊豆国の在庁官人を出自とする豪族。頼朝の妻政子の父。1203年の比企能員の乱後、初代執権となり、04年に頼家を謀殺。翌1205年、実朝の殺害と平賀朝雅（ひらがともまさ）の将軍擁立を図ったが失敗して引退した。
　　　　　　　　　　　北条氏（ほうじょうし）⑦

：在庁官人（ざいちょうかんじん）→ p.68

執権（しっけん）⑦ もともと、院政を実務で支えた院司の長（別当）の別称であったが、幕府では政所・侍所の別当を兼ねた北条氏の地位を指すようになった。

北条義時（ほうじょうよしとき）⑦ 1163～1224　父は時政、姉は政子。2代執権。1205年、時政に代わって政所別当となり、13年に和田義盛を滅ぼして侍所別当をも兼ね、執権職の地位を確立。承久の乱では、御家人の力を結集して勝利に導いた。法名の徳宗に因んで、義時

嫡流は得宗（とくそう）と称された。

：和田合戦（わだかっせん）　④ 1213年、北条義時の謀略により和田義盛が鎌倉で挙兵した戦い。義盛の死によって、政所別当であった義時が侍所別当をも兼ね、執権として幕府政務の中心となった。

：和田義盛（わだよしもり）　→ p.85

承久の乱

源実朝（みなもとのさねとも）　⑦ 1192〜1219　頼朝の次子、幼名千幡（せんまん）。兄頼家が幽閉された後、3代将軍（在職1203〜19）。実権を握る北条氏に対し、政所を中心に将軍権力の拡大に努めた。鶴岡八幡宮での右大臣拝賀の儀式の際、頼家の子公暁に暗殺された。歌集に『金槐和歌集』がある。

：公暁（くぎょう）　⑤ 1200〜19　2代将軍源頼家の子。実朝を父の仇と信じ、別当をつとめる鶴岡八幡宮で暗殺したが、捕えられて殺された。読みについて、寛永版『吾妻鏡』以来、「くぎょう」（呉音（ごおん））とされてきたが、園城寺での修業期の師公胤（こういん）から「こうぎょう」（漢音（かんおん））とする説もある。

摂家将軍（せっけしょうぐん）　⑦ 源氏将軍が絶えたあと、藤原家（摂関家）から迎えられた将軍。4代藤原頼経・5代頼嗣父子がこれにあたり、藤原将軍とも呼ばれた。　**藤原将軍**（ふじわらしょうぐん）③

：藤原（九条）頼経（ふじわらのくじょうよりつね）　⑦ 1218〜56　4代将軍（在職1226〜44）。頼朝と血縁関係にあった関白九条道家の子。幼名三寅（みとら）。1219年、源実朝の死を受けて鎌倉に下り、26年、摂家将軍となる。成長して将軍権力の伸長を図ると、執権北条氏と対立し、1244年には子の頼嗣へ将軍職を譲るよう強要される。1246年、幕府への謀叛に加担したとして（宮騒動）、京都に送還された。

：九条（藤原）道家（くじょうふじわらのみちいえ）　④ 1193〜1252　九条兼実（かねざね）の孫。母が頼朝の姪であることから、子の頼経は4代将軍となる。関東申次として幕府と良好な関係を保ちつつ、外孫四条天皇の摂政にもなったが、天皇の急死と前将軍頼経の京都送還で失脚した。

：関東申次（かんとうもうしつぎ）　① 鎌倉時代、公武交渉にあたった公卿。4代将軍頼経の父九条道家、母方祖父の西園寺公経（さいおんじきんつね）らが任じられた。1246年の宮騒動で道家・頼経父子が失脚した後は、西園寺家が世襲した。

：藤原（九条）頼嗣（ふじわらのくじょうよりつぐ）　③ 1239〜56　5代将軍（在職1244〜51）。頼経の子。1251年、幕府への謀叛が発覚した際、父で前将軍の頼経が関係していたことから、執権北条時頼により将軍の地位を追われた。

後鳥羽天皇（上皇）（ごとば）　⑦ 1180〜1239　在位1183〜98　院政1198〜1221。良好な関係を保っていた3代将軍源実朝の死後、皇子の将軍就任を断るなど幕府に対抗。西面の武士を設けて武力を強化し、承久の乱を起こすが、敗れて隠岐に流された。歌人としても優れ、1201年に和歌所（わかどころ）を設け、『新古今和歌集』の撰上を命じた。

：西面の武士（さいめんのぶし）　⑥ 後鳥羽院政下で新設された上皇の直属軍。院御所の西面に勤仕した。従来の北面の武士が公家層を含むのに対し、鎌倉御家人を中心に選ばれた。

：隠岐（おき）　⑦ 古代から遠流（おんる）の国として、伊豆・安房・常陸・佐渡・隠岐・土佐が定められていた。後鳥羽上皇が1221〜39年の19年間、後醍醐天皇が1332〜33年の1年間配流されていた。

：『新古今和歌集』（しんこきんわかしゅう）　→ p.100

承久の乱（じょうきゅうのらん）　⑦ 1221（承久3）年、後鳥羽上皇が北条義時追討の院宣を発し、討幕を図った兵乱。義時は、泰時・時房に命じて京都を攻撃、上皇方を破った。乱後、後鳥羽上皇ら3上皇の配流、仲恭天皇の退位と後堀河天皇の擁立、上皇方の所領の没収など、幕府の朝廷に対する優位が確立した。また没収された西国の公領・荘園への地頭補任により、幕府の西国支配が強化された。

北条義時追討令（ほうじょうよしときついとうれい）⑦

尼将軍（あましょうぐん）　② 北条政子の呼称。夫頼朝の死後に出家し、父時政・弟義時と共に幕政を裁決する。特に3代将軍実朝の死後、幼少の藤原頼経を擁し、事実上の将軍として号令した。承久の乱では義時追討の院宣に動揺する御家人に対し、故右大将家（頼朝）の恩を示して団結を訴えた。

土御門天皇（上皇）（つちみかど）　③ 1195〜1231　在位1198〜1210。父は後鳥羽天皇。父とは意見を異にし、承久の乱にも関与しなかったので、幕府の追及もなかったが、乱後に自ら土佐へ赴いた。のち阿波に移り同国で没した。

順徳天皇（上皇）（じゅんとく）　③ 1197〜1242　在位1210〜21。父は後鳥羽天皇。承久の乱に協力したため、乱後、佐渡に流された。有職故実に優れ、『禁秘抄』（きんぴしょう）を著す。

仲恭天皇（ちゅうきょう）　④ 1218〜34　在位1221。承久の乱に際し、討幕計画に加わる父順徳天皇から4歳にして譲位されたが、上皇方の敗北により在位70日余りで廃され、母方の九

条邸で余生を送った（九条廃帝<ruby>廃帝<rt>はい</rt></ruby>）。

後堀河<ruby>ごほりかわ<rt>ごほりかわ</rt></ruby>天皇 ③ 1212～34 在位1221～32。承久の乱後、仲恭天皇（後鳥羽上皇の孫）が廃され、幕府の意向で即位した。父（後鳥羽上皇の兄）が院政を行い、後高倉院（上皇）と呼ばれた。

六波羅探題<ruby>ろくはら<rt>ろくはら</rt></ruby><ruby>たんだい<rt>たんだい</rt></ruby> ⑦ 1221年の承久の乱後、従来の京都守護に代わり、京都六波羅におかれた幕府の出先機関。朝廷の監視と尾張国（のち三河国）以西の御家人の統轄が任務。評定衆・引付など幕府に準じた機構を持った。承久の乱の際、幕府軍を率いた北条泰時・時房が初代の六波羅探題北方・南方をつとめた。

新補地頭<ruby>しんぽ<rt>しんぽ</rt></ruby><ruby>じとう<rt>じとう</rt></ruby> ⑥ 承久の乱後、上皇方から没収した3000余カ所の所領に対して、新たに補任された地頭。新補率法に基づく得分が保障された。これにより、幕府の西国支配が強化された。

：新補率法<ruby>しんぽ<rt>しんぽ</rt></ruby><ruby>りっぽう<rt>りっぽう</rt></ruby> ⑥ 新補地頭の得分（収益）の法定率。1223年に制定。11町につき1町の免田（給田）、段別5升の加徴米、山や川からの収益の半分が基準とされた。

得分<ruby>とく<rt>とく</rt></ruby><ruby>ぶん<rt>ぶん</rt></ruby> ②

：免田<ruby>めん<rt>めん</rt></ruby><ruby>でん<rt>でん</rt></ruby> ② 荘園領主への年貢や課役納入が免除され、地頭の収入となる田地。給田とも呼ばれた。　　　　**給田<ruby>きゅう<rt>きゅう</rt></ruby><ruby>でん<rt>でん</rt></ruby>** ①

：加徴米<ruby>かちょう<rt>かちょう</rt></ruby><ruby>まい<rt>まい</rt></ruby> ⑤ 領主に納める年貢に加えて地頭が自分の収益として農民から徴収できる付加米。新補率法で段別5升を認められた。

：西遷御家人<ruby>さいせん<rt>さいせん</rt></ruby><ruby>ごけにん<rt>ごけにん</rt></ruby> ① 承久の乱の戦功により、新しく西国に所領を得て、東国から移住した。大友氏・島津氏などはその例。

大友能直<ruby>おおとも<rt>おおとも</rt></ruby><ruby>よしなお<rt>よしなお</rt></ruby> ① 相模国大友郷に拠点を持つ御家人であったが、1196年源頼朝より鎮西奉行、豊前・豊後両国守護に任ぜられ、豊後国大野<ruby>おおの<rt>おおの</rt></ruby>の荘などを得る。1223年の能直死後、遺領を相続した妻深妙尼<ruby>しんみょうに<rt>しんみょうに</rt></ruby>が、1240年、嫡子に本領相模国大友郷を、庶子や娘らに豊後国大野荘を分割相続した事例で知られる。

本補地頭<ruby>ほんぽ<rt>ほんぽ</rt></ruby><ruby>じとう<rt>じとう</rt></ruby> ④ 新補地頭に対する呼称で、承久の乱以前から補任されていた地頭をいう。本補地頭の得分は各地の慣習によっており、権利の内容には差異があった。

執権政治

北条泰時<ruby>ほうじょう<rt>ほうじょう</rt></ruby><ruby>やすとき<rt>やすとき</rt></ruby> ⑦ 1183～1242 3代執権、義時の子。承久の乱に幕府軍総大将として勝利し、乱後、六波羅探題北方の初代となる。1224年の執権就任後、連署・評定衆を新設して合議制を進める。御成敗式目を制定するなど、執権政治の確立にも努めた。

執権政治<ruby>しっけん<rt>しっけん</rt></ruby><ruby>せいじ<rt>せいじ</rt></ruby> ⑦ 執権北条氏が実権を握った幕府の体制。1203年、時政の政所別当就任に始まり、13年に義時が侍所別当も兼ねてから本格化する。泰時・時頼の代に最も安定。蒙古襲来後は得宗専制に傾いた。

宇都宮辻子<ruby>うつのみや<rt>うつのみや</rt></ruby><ruby>ずし<rt>ずし</rt></ruby> ① 中世都市で、辻子は大路と大路とを結ぶ間道を意味した。北条泰時は、幕府の所在地を、源家3代の居所であった大倉御所から、若宮大路に面した宇都宮辻子に移転した。　　**大倉御所<ruby>おおくら<rt>おおくら</rt></ruby><ruby>ごしょ<rt>ごしょ</rt></ruby>** ②

連署<ruby>れんしょ<rt>れんしょ</rt></ruby> ⑦ 1225年に北条泰時が新設した執権補佐役で、公文書に執権と連名で署名加判した。初代は泰時の叔父時房で、以後も北条氏一門が任じられた。

：北条時房<ruby>ほうじょう<rt>ほうじょう</rt></ruby><ruby>ときふさ<rt>ときふさ</rt></ruby> ⑦ 1175～1240 義時の弟。承久の乱で甥泰時と共に京都を占領。乱後、泰時と共に六波羅探題をつとめる（泰時が北方、時房が南方）。執権となった泰時を連署として補佐した。

評定衆<ruby>ひょうじょう<rt>ひょうじょう</rt></ruby><ruby>しゅう<rt>しゅう</rt></ruby> ⑦ 1225年、執権北条泰時が重要政務や裁判の評議・裁定を合議するために設けた役職。当初、北条氏一族と有力御家人に加え、大江・清原・三善氏ら文筆の官僚を含めて11人が任命された。

：評定<ruby>ひょう<rt>ひょう</rt></ruby><ruby>じょう<rt>じょう</rt></ruby> ② 執権・連署・評定衆で構成された鎌倉幕府の最高決裁会議。1249年の引付設置までは訴訟審理も評定で行われたが、以後は引付で判決草案を作成、評定にかけて決定した。

寛喜の大飢饉<ruby>かんぎの<rt>かんぎの</rt></ruby><ruby>だいききん<rt>だいききん</rt></ruby> ④ 気候不順により起こった1231（寛喜3）年の大飢饉。京都では餓死者の屍臭が街路に充満したとの記録もあり、こうした社会不安による紛争の増加が「御成敗式目」制定の背景となった。

御成敗式目<ruby>ごせいばい<rt>ごせいばい</rt></ruby><ruby>しきもく<rt>しきもく</rt></ruby> ⑦ 1232（貞永元）年、北条泰時が定めた幕府の基本法51カ条。貞永式目ともいう。頼朝以来の先例や武家社会の道理を基準とし、御家人の権利・義務や所領相続の規定が多い。日本最初の武家法で適用は武家社会に限られ、朝廷の支配下では公家法、荘園領主の下では本所法が効力を持った。　　　　**貞永式目<ruby>じょうえい<rt>じょうえい</rt></ruby><ruby>しきもく<rt>しきもく</rt></ruby>** ⑦

：先例<ruby>せん<rt>せん</rt></ruby><ruby>れい<rt>れい</rt></ruby> ⑥ 以前からの慣例をいうが、御成敗式目では「右大将家之例」として、頼朝の将軍在任中の判例を指し、頼朝以来の先例が基準とされた。　　**右大将家<ruby>うだい<rt>うだい</rt></ruby><ruby>しょうけ<rt>しょうけ</rt></ruby>** ⑤

：道理<ruby>どう<rt>どう</rt></ruby><ruby>り<rt>り</rt></ruby> ④ 武士団の形成に伴って、武家

社会で育ってきた慣習や道徳。「武家のならい」「民間の法」として御成敗式目の基準とされた。

：悔返し権〔くいかえしけん〕① 御成敗式目26条にある規定で、親から子へいったん譲った所領でも、不孝の行為を理由に譲与の取消しを認めたもの。悔返し権は公家法にはない、武家独自の規定である。

：北条泰時書状〔ほうじょうやすときしょじょう〕⑤ 御成敗式目の制定に関し、執権泰時が六波羅探題で弟の重時に宛てて記した書状。式目制定の背景・基準・適用対象を述べている。六波羅探題奉行人の斎藤唯浄が記した式目抄裏書（唯浄裏書）に載る。　　**北条重時**〔ほうじょうしげとき〕④
　　　　　　　　　唯浄裏書〔ゆいじょううらがき〕①

：武家法〔ぶけほう〕⑦ 武士の社会で育ってきた慣習や道徳をもとに成文化した法令。鎌倉時代の御成敗式目・式目追加、室町時代の建武式目・建武以来追加、戦国時代の分国法、江戸時代の武家諸法度がこれに含まれる。

：公家法〔くげほう〕⑥ 平安中期以降、朝廷を中心として行われた法で、律令を引き継ぐ法体系。10世紀以降、朝廷の定めた新制がその代表的なもので、荘園整理令はその一つである。

：本所法〔ほんじょほう〕④ 荘園領主の法。不輸・不入権によって国司の支配から独立した荘園が、独自に制定した法。

：式目追加〔しきもくついか〕⑤ 鎌倉幕府は御成敗式目制定後、その追加法として多くの条項を必要に応じて定めた。
　　建武以来追加〔けんむいらいついか〕　→ p.108

北条時頼〔ほうじょうときより〕① 1227～63　5代執権。泰時の孫。北条氏支族の名越光時や有力御家人の三浦泰村を除き、摂家将軍の頼嗣を廃して皇族将軍を擁立するなど、北条宗家（得宗家）の権力強化を図った。引付を設けて幕政の充実に努める一方、蘭溪道隆を招いて建長寺を開創。晩年は出家して最明寺殿とも呼ばれた。

宝治合戦〔ほうじがっせん〕⑥ 1247（宝治元）年、北条時頼と、その外祖父安達景盛らが有力御家人三浦泰村を破った戦い。これにより、北条氏と対抗しうる勢力はすべて排除された。

：三浦泰村〔みうらやすむら〕⑤ ？～1247　評定衆をつとめた鎌倉幕府の有力御家人。1246年、前将軍藤原頼経、北条氏支族の名越光時らの謀叛に弟が加担していたのを機に、北条時頼と対立し、47（宝治元）年、宝治合戦で敗死した。　　　　　　　　　　　**三浦氏**〔みうらうじ〕③

後嵯峨〔ごさが〕**天皇（上皇）**　→ p.106

院評定衆〔いんのひょうじょうしゅう〕④ 1246（寛元4）年、後嵯峨院政下、幕府の要請により設置された。上流貴族と実務官僚5～6人が幕府の承認を経て任命され、所領・人事の訴訟や神事・公事の実施などを評議・裁決した。

引付〔ひきつけ〕⑤ 1249年、裁判の公平・迅速を図るため、北条時頼が設置した訴訟審理機関。引付は一番から三番までおかれ、評定衆から選ばれた引付頭人の下、引付衆が審理を行い判決原案を作成、評定会議で判決が出された。　　　　　　　　　　**引付頭人**〔ひきつけとうにん〕②
　　　　　　　　　　　　　　　　　引付衆〔ひきつけしゅう〕⑥

：訴状・陳状〔そじょう・ちんじょう〕① 訴人（原告）から問注所に出された訴状は、引付奉行人を介して論人（被告）に渡り、論人は陳状を出して抗弁する。また、訴人が二問状・三問状を、論人が二陳状・三陳状を出して審理が進められ、引付のつくった原案をもとに、評定衆が判決を出した。

皇族将軍〔こうぞくしょうぐん〕④ 親王将軍・宮将軍ともいう。1252年、北条時頼が摂家将軍の5代頼嗣を廃し、後嵯峨上皇の皇子宗尊親王を迎えて6代将軍とした。以後、幕府滅亡まで、7代惟康親王、8代久明親王、9代守邦親王と続いた。
　　　　親王将軍〔しんのうしょうぐん〕②　**宮将軍**〔みやしょうぐん〕①

：宗尊〔むねたか〕**親王** ④ 1242～74　6代将軍（在職1252～66）。後嵯峨上皇の皇子として鎌倉へ迎えられ、将軍として14年間在職。幕府へ謀叛の疑いありとして、京都へ送還された。

建長寺〔けんちょうじ〕　→ p.98

：正嘉の大飢饉〔しょうかのだいききん〕③ 北条時頼が執権であった1258（正嘉2）年前後は、大地震や異常気候で飢饉となり、死亡や浮浪者が各地にあふれた。日蓮の『立正安国論』はこの社会不安を機に書かれた。

武士の生活

館〔やかた〕⑦ 中世武士の居館。入口には矢倉などの防備施設を備え、主人の住む母屋、警備の兵士が控える遠侍のほか、厩・馬場などが設けられた。周囲に堀や土塁をめぐらすところから、堀ノ内・土居・城ノ内とも呼ばれた。
　　　　　　　　　　　　　　　　矢倉（櫓）〔やぐら〕①
　　母屋（主屋）〔おもや〕④　**厩**〔うまや〕①　**馬場**〔ばば〕①
　　　　土塁〔どるい〕④　**土居**〔どい〕①　**堀ノ内**〔ほりのうち〕②

佃〔つくだ〕① 荘園内で、領主・荘官・地頭らが下人を使って耕作させる直接経営地をいう。手作地・正作・用作ともいう。

正作<ruby>しょう<rt></rt></ruby> ②　**用作**<ruby>よう<rt></rt></ruby> ①

門田<ruby>かど<rt></rt></ruby> ③　中世で、武士が家族や下人などに耕作させた自作地。住居に近く門畠<ruby>かどばた<rt></rt></ruby>・前田<ruby>まえ<rt></rt></ruby>ともいう。

下人<ruby>げにん<rt></rt></ruby>　→ p.75

所従<ruby>しょじゅう<rt></rt></ruby>　→ p.75

侍<ruby>さむらい<rt></rt></ruby>《中世》 ③　武芸を持って貴人に仕える武者で、鎌倉御家人に代表される。官職を持っていることで凡下と区別された。

百姓<ruby>ひゃくしょう<rt></rt></ruby>《中世》 ③　12世紀頃から、主に荘園制下で土地を保有し、年貢・公事・夫役を負担する名主層が百姓と呼ばれるようになった。なお、土地を持たない小農民・漁民・商人を含む場合もある。古代の百姓は皇族を除くあらゆる階層を指したが、次第に貴族・侍と分化した。

非人<ruby>ひにん<rt></rt></ruby> ①　中世の被差別民で、キヨメ・乞食・癩者<ruby>らい<rt></rt></ruby>（ハンセン病者）・河原者<ruby>かわらもの<rt></rt></ruby>などと呼ばれた。また、刑罰を受けた人という意味で捉える例もみられる。都市の一角、河原あるいは交通の要所に集住し、物乞いや呪術・芸能、死牛馬の処理などキヨメ（掃除）の職能で生活し、百姓共同体から疎外された。　**キヨメ** ①　**乞食**<ruby>こつじき<rt></rt></ruby> ①

惣領制<ruby>そうりょうせい<rt></rt></ruby> ⑦　武家社会において、惣領を中心に庶子を構成員とする一族の結合体制。幕府との主従関係は惣領が中心となり、庶子を率いて結び、所領は分割して相続するが、惣領が一族を代表して軍役・課役などを引き受け、一族内で分担して奉仕した。

：惣領<ruby>そうりょう<rt></rt></ruby> ⑦　一族の所領を惣領するという語義から転じて、一族の宗家（本家）の長を指すようになる。氏神・氏寺の祭祀つかさどり、庶子を統轄して御家人役をつとめた。

：嫡子<ruby>ちゃくし<rt></rt></ruby> ⑥　惣領制で惣領すなわち家督（家長権）を相続する者を指す。嫡子以外の子を庶子という。　**庶子**<ruby>しょし<rt></rt></ruby> ⑦

：一門<ruby>いちもん<rt></rt></ruby> ④　一族が宗家（本家）を首長として結合した、宗家・分家の集団。一家、家門<ruby>かもん<rt></rt></ruby>ともいう。　**宗家**<ruby>そうけ<rt></rt></ruby> ②　**本家**<ruby>ほんけ<rt></rt></ruby> ④　**一家**<ruby>いっけ<rt></rt></ruby> ③

氏寺<ruby>うじでら<rt></rt></ruby>　→ p.26

氏神<ruby>うじがみ<rt></rt></ruby> ③　本来は、結縁集団の祖先神や守護神をまつる社を指すが、のちには地縁集団の居住地の鎮守や産土神<ruby>うぶすながみ<rt></rt></ruby>をも含むようになる。集団の結合する精神的支柱の役割を果たすようになった。　**氏社**<ruby>うじしゃ<rt></rt></ruby> ①

名字（苗字）<ruby>みょうじ<rt></rt></ruby> ③　同じ氏から出た、父系出自集団を示す称。「源」を称する氏から「足利」「新田」などの苗字が分かれたように、

中世の武士は居所や名田によって名字を改めた。ここから、本拠とする地を名字の地といった。

分割相続<ruby>ぶんかつそうぞく<rt></rt></ruby> ⑦　嫡子のほか、庶子らにも財産を分割する惣領制の相続形態。軍功などで新たな所領を得られぬまま分割相続を繰り返すと、所領細分化によって経営が苦しくなっていった。

：嫁入婚<ruby>よめいりこん<rt></rt></ruby> ②　女性が男性の家に入る婚姻形式。平安後期から武家の間に始まり、次第に一般化した。公家の婚入婚（招婿婚<ruby>しょうせいこん<rt></rt></ruby>）に比べ、妻は初めから夫と同居するので、家の観念が強まる。

：一期分<ruby>いちごぶん<rt></rt></ruby> ⑥　本人一代限りの支配が認められ、死後は一族に戻ることになる所領。鎌倉後期に始まり、女性の相続分などに適用され、のちには庶子にも適用された。分割相続から単独相続への過渡期にみられる。

単独相続<ruby>たんどくそうぞく<rt></rt></ruby> ⑦　家督（家長権）と財産を嫡子が惣領として一括相続すること。分割相続が所領の細分化を招き、武士を窮乏させたため、鎌倉末期から行われるようになった。しかし、惣領と庶子の対立を招いた。　**家督**<ruby>かとく<rt></rt></ruby> ⑦

騎射三物<ruby>きしゃみつもの<rt></rt></ruby> ④　鎌倉時代に武士の間で盛んに行われた流鏑馬・笠懸・犬追物の3種の馬上弓技をいう。

：流鏑馬<ruby>やぶさめ<rt></rt></ruby> ⑤　数間おきにおかれた三つの的を疾駆<ruby>しっく<rt></rt></ruby>する馬上から鏑矢<ruby>かぶらや<rt></rt></ruby>で射る騎射の鍛錬法。現在では、鶴岡八幡宮などの神事で行われる。

：笠懸<ruby>かさがけ<rt></rt></ruby> ⑤　本来は射手<ruby>いて<rt></rt></ruby>の笠を懸けての的としたものでこの名があるが、のちには皮製の的を、騎乗して射る弓技となった。的を左側にして射る遠笠懸に対し、走路を逆に走って右側にして射るものを小笠懸と呼ぶ。

：犬追物<ruby>いぬおうもの<rt></rt></ruby> ⑤　馬場に放された犬を、馬上から追い射る競技。犬を傷つけないように、矢は鏃<ruby>やじり<rt></rt></ruby>の代わりに音を立てて空中を飛ぶ蟇目<ruby>ひきめ<rt></rt></ruby>鏑矢を用いた。

巻狩<ruby>まきがり<rt></rt></ruby> ④　頼朝が行った富士の巻狩など、広い原野で多数の勢子<ruby>せこ<rt></rt></ruby>を使って獣を追い出し、弓矢で仕留める大規模な狩猟。武芸の習練を兼ねた。

：狩倉<ruby>かりくら<rt></rt></ruby> ①　武士が狩猟のために囲い込んだ山野で、軍事訓練の場所ともなり、一般農民は立ち入りを禁じられていた。

弓馬の道<ruby>きゅうばのみち<rt></rt></ruby> ②　武士の守るべき道徳。「兵<ruby>つわもの<rt></rt></ruby>の道」「武家のならい」「弓矢のならい」「もののふの道」などともいう。主従の信義を重んじ、礼節・倹約・武勇などの徳目を主

な内容とした。のちに武士道となった。

武士の土地支配

地頭請 ⑦ 荘園領主が地頭に現地経営を委ね、一定額の年貢納入を請け負わせた制度を地頭請、あるいは請負対象の土地を意味する地頭請所と呼んだ。　**地頭請所** ①

下地中分 ⑦ 地頭の荘園侵略に対し、下地（収益権のある田畑・山林などの土地）を領家分と地頭分に分けて、相互の支配権を確認、以後、侵略しないことを約する解決法。幕府裁許による場合と当事者の話合いで和解（和与）する場合（和与中分）があった。

：**東郷荘** ⑥ 伯耆国にあった京都松尾神社領の荘園。13世紀半ば、領家と地頭との和与中分の絵図が残る。境界部分に6代執権長時と連署政村の花押があり、幕府の認定がなされたことを示す。
松尾神社 ①

3　モンゴル襲来と幕府の衰退

モンゴル襲来

モンゴル ⑦ 蒙古ともいう。モンゴル族は、中国北方の草原地帯に住む遊牧民。13世紀初頭にチンギス＝ハンによって統一され、モンゴル帝国を形成した。13世紀後半に元及び4ハン国に分立した。　**蒙古** ⑦
モンゴル帝国 ④

チンギス＝ハン（成吉思汗） Chinggis Khan ⑦ 1162頃〜1227　モンゴル族を統一し、華北から中央アジア、南ロシアまでを版図とする大帝国を建設。ハン（汗）とは遊牧民の君主の称号。

金 ⑤ 1115〜1234　女真族が中国東北部に建てた王朝。遼を滅ぼし、宋の都開封を陥れて内蒙古・華北まで版図を広げたが、モンゴルにより滅亡した。

フビライ（クビライ・忽必烈） Khubilai Khan ⑦ 1215〜94　チンギス＝ハンの孫。モンゴル帝国5代皇帝（1260〜71）。国号を元と改め、初代皇帝（世祖）となる。高麗を服属させ、1274年と81年の2度にわたり日本を攻めた。

元 ⑦ 1271〜1368　フビライが大都（北京）を都として建国。南宋を下し、大越（ベト

ナム）を攻略、ジャワや日本へ出兵したが失敗した。王室の内紛、漢民族の反抗、社会不安によって滅亡した。　**大都** ⑥

高麗 → p.61

三別抄 ⑤ 高麗王に直属していた3編制の精鋭部隊。元の侵入に対し頑強に抵抗、高麗王が元に服属した後も珍島や済州島に拠って反乱したが、1273年に鎮圧された。

南宋 ⑦ 金の侵入により、1127年に首都開封を陥れられた宋（北宋）が江南に遷って建てた王朝。のち元の圧迫を受けて1279年に滅亡した。こうした状況の中、日本へ渡来した禅僧は日本の文化・外交に影響を与えた。

北条時宗 ⑦ 1251〜84　8代執権。時頼の子。文永・弘安の両役でモンゴル軍を撃退した。この間、非御家人をも動員する権利を朝廷から獲得し、幕府内においても得宗専制がめだつようになった。南宋から無学祖元を招き、円覚寺を開創した。

モンゴル襲来 ③ 文永の役と弘安の役との2度にわたるモンゴル（元、蒙古）軍の日本襲来を指す。元寇の呼称は徳川光圀が編纂を命じた『大日本史』が初見。寇とは暴もしくは賊の意。　**蒙古襲来** ④
元寇 ⑦

文永の役 ⑦ 1274（文永11）年10月、元のフビライは服属を拒否した日本に侵寇。元軍・高麗軍約3万人が対馬・壱岐を侵して筑前博多に上陸。集団戦法や「てつはう」などの火器の威力に日本の武士は悩まされたが、元軍の内部対立などもあって撃退。

てつはう ⑦ 蒙古製の火器、元軍が使用した武器。鋳鉄製の球の中に火薬を詰めて破裂させ、爆発音と炎・煙で人馬を混乱させた。
火薬 ⑥

『蒙古襲来絵詞（絵巻）』 → p.104
竹崎季長 → p.104

異国警固番役 ⑦ 幕府が蒙古襲来に備え、九州北部を防備するため編成した番役。1271年、九州に所領のある御家人を動員させ、翌年には九州定住の御家人に筑前・肥前の要害警備を命じた。御家人だけでなく、本所一円地（地頭職非設置の荘園・公領で本所の支配が貫徹している土地）の非御家人も動員された。　**本所一円地** ②

長門探題 ① 文永の役を受け、1275年、長門・周防・安芸3カ国の御家人（のちには非御家人も動員）を編成した長門警固役を統括するため、1276年に設置した機関。

石築地 ⑤ 石塁・元寇防塁ともいう。文永の役後、博多湾沿岸の、西は今津から東

は香椎ｶｼまで、延べ20kmにわたり築かれた石造の防塁。弘安の役で上陸を阻止する効果があった。構築の課役は石築地役と呼ばれ、九州の御家人らがあたったが、3度目の襲来に備えて南北朝期まで続けられた。

防塁ぼうるい ⑤ **石塁**せきるい ②

弘安の役こうあんのえき ⑦ 1281(弘安4)年6月〜閏7月の2度目の蒙古襲来。モンゴル軍は東路軍・江南軍に分かれて来襲した。先着した東路軍は石築地のため博多に上陸できず、日本水軍の夜襲を受けて苦戦。遅れた江南軍と肥前国鷹島付近で合流したが、暴風雨により撤退。

鷹島たかしま ⑤

：**東路軍**とうろぐん ⑥ 弘安の役に際し、朝鮮半島南部の合浦から進発した兵4万人、900艘。モンゴル軍と高麗軍の混成。

合浦がっぽ ③

：**江南軍**こうなんぐん ⑥ 弘安の役に際し、江南(長江の南)の慶元(のちの寧波ニンポー)から進発した兵10万人、3500艘。主力は南宋の降兵。

：**慶元**けいげん → p.115

神国思想しんこくしそう ③ 日本は神が守っているとの思想。蒙古襲来の際、筑前筥崎〔八幡〕宮に亀山上皇宸筆かめやまじょうこうしんぴつの「敵国降伏」の扁額へんがくを掲げて祈願するなど、神仏加護の思想が高まり、「神風」が吹いて元船を覆滅ふくめつしたと信じられた。

筥崎宮はこざきぐう ③ **神風**かみかぜ ③

モンゴル襲来後の政治

鎮西探題ちんぜいたんだい ⑥ 1293年、幕府が博多に設置した統治機関及び長官(北条氏一門が就任)の呼称。元の再来襲に備え、異国警固に専念するよう、鎌倉や六波羅への出訴を禁じられた鎮西御家人のための裁判にあたった。

得宗とくそう ⑦ 北条氏嫡流の惣領家のこと。名称は2代執権義時の法名徳宗に由来するといわれる。自ら執権となる以外に、実権を保ちつつ、北条支族を執権に任免する権限を有した。義時・泰時・経時・時頼・時宗・貞時・高時の7代がそれにあたる。

徳宗とくそう ③

：**御内人**みうち ⑦ 得宗家に仕えた家臣(得宗被官)。将軍直臣じきしんの御家人と異なり、将軍からみると陪臣ばいしんにすぎないが、得宗の権力増大に伴って幕府の実権を握ることになり、御家人と対立するに至る。

得宗被官とくそうひかん ①

：**内管領**うちかんれい ⑤ 得宗被官である御内人の代表格で、得宗家の家政機関である得宗公文所の長官(執事)。得宗の執事として政

務を処理するのみでなく、侍所所司(次官)として御家人統制を担うようになった。

霜月騒動しもつきそうどう ⑥ 8代執権北条時宗が死去した翌年の1285年11月に、有力御家人安達泰盛が内管領平頼綱に滅ぼされた事件。9代執権北条貞時の外戚である泰盛の改革(弘安の徳政)に反発した御内人勢力が、泰盛一族をはじめ500人余りの御家人を討伐した。以後、内管領の専権が強まり、得宗専制支配が確立した。

安達泰盛あだちやすもり ⑥ 1231〜85 執権北条時宗の姻戚として、御家人ながら得宗家の寄合に参加するなど、幕政の中心にあった。御家人救済のために行った弘安の徳政が、御内人の権限抑制となることから内管領平頼綱と対立、霜月騒動で一族と共に滅んだ。

平頼綱たいらのよりつな ⑥ ?〜1293 北条得宗家の内管領。北条貞時の乳母の夫。霜月騒動で安達氏を滅ぼしたが、1293年、息子を将軍職に就けようとしていると密告され、執権貞時に滅ぼされた(平頼綱の乱、平禅門の乱)。

北条貞時ほうじょうさだとき ⑤ 1271〜1311 9代執権。父は時宗、母は安達泰盛の妹。内管領平頼綱は乳母の夫。父の急死を受けて13歳で執権を継ぐが、泰盛と頼綱が対立し霜月騒動となる。1293年、専権を握る頼綱を平頼綱の乱(平禅門の乱)で排除し、得宗専制を行う。1297年、永仁の徳政令を発布した。

平禅門の乱へいぜんもんのらん ①

得宗専制政治とくそうせんせいせいじ ⑤ 得宗及び内管領をはじめとする。御内人(得宗被官)が実権を握り、得宗の私邸で催される寄合よりあいで決裁される政治。これにより執権・連署・評定衆による評定会議は形骸化した。

琉球とアイヌの動き

琉球りゅうきゅう ⑦ 沖縄の古称。『隋書』に流求とあるのが初見。対象は北方の奄美あまみから沖縄本島、宮古みやこ、八重山やえやま諸島。台湾まで含める場合もある。14世紀後半に中山王察度さっとが明の冊封を受けた頃から琉球の呼称が定着。16世紀のポルトガルの地図には「レキオ」と表記されている。

：**貝塚文化**かいづかぶんか → p.9

按司あじ ④ 漁労中心の採取経済(貝塚文化)から農耕経済に移行した12世紀頃、琉球に出現した豪族。鉄・陶磁器などの交易が始まると、良港を持つ浦添うらそえ・中城・勝連・佐敷さしき・今帰仁の按司が伸張し、中山・北山・南山に統合していく。琉球王国が成

立すると、国王から任命される領主の位階名となった。

グスク(城グスク**)** ⑤ 12世紀、琉球各地に出現した按司が拠点とした聖域もしくは集落。按司の勢力拡大に伴い、聖域を含む小高い丘に石垣をめぐらした城砦をグスクと呼ぶようになる。築造が進められた12〜15世紀をグスク時代と呼び、貝塚時代のあとに位置づけている。

今帰仁城なきじんぐすく ④
勝連城かつれんぐすく ④　**中城城**なかぐすくじょう ③
玉城城たまぐすくじょう ③

首里城 → p.116

北山ほくざん**・中山**ちゅうざん**・南山**なんざん**(山北**さんほく**・中山**ちゅうざん**・山南**さんなん**)** ⑥ 琉球各地に割拠していた按司は、15世紀までに浦添城を拠点とする中山、今帰仁城を中心とした北山、大里城に拠る南山に統合されていった。
三山さんざん ⑤

蝦夷ヶ島えぞがしま ⑦ 蝦夷とは日本の東北部に住んでいた先住民を大和族が異民族視して呼んだ言葉で、5〜6世紀には関東北部と新潟県北部を結ぶ線以北であった。次第に北方へ縮まり、鎌倉末期には津軽海峡以北に縮まった。この頃から北海道以北を指す言葉として蝦夷ヶ島が用いられ、やがて和人の勢力が及ぶ道南の地域を除いて呼ばれるようになった。近世では蝦夷地の言葉が多く用いられた。
蝦夷地えぞ ⑤

：**続縄文文化**ぞくじょうもんぶんか　→ p.9
：**擦文文化**さつもんぶんか　→ p.9
：**オホーツク文化**ぶんか　→ p.9

アイヌ ⑦ 樺太・千島・北海道に古くから住む、アイヌ語を母語とする民族。アイヌとは神に対する「人間」を意味する。15〜16世紀には大首長と首長(コタンコロクル)に率いられた社会を形成し、コタンと呼ばれる共同体(集落)を営んで生活した。
コタン ②

：**十三湊**とさみなと ⑦ 津軽半島の日本海側にあった港。岩木川河口部の十三湖じゅうさんこに位置する。「廻船式目」にも三津七湊の一つに挙げられるなど、日本海の波濤なみをしのげる良港として、中世に蝦夷地と日本海海運の結節点として発達した。

安藤(東)氏あんどう ⑦ 陸奥国津軽地方の豪族。安倍貞任さだとうの子孫と伝える。鎌倉初期に北条義時の被官(御内人)となり、蝦夷管領えぞかんれい(代官)に任じられた。十三湊を拠点に日本海交易を行い、蝦夷ヶ島南部をも勢力下においた。鎌倉末期に内紛(安藤氏の乱)を起こしている。

：**安藤(東)氏の乱**あんどうしのらん ② 津軽の豪族安藤

氏の内紛。1322年、蝦夷管領安藤氏の支配下にあった蝦夷の反抗を機に、幕府が一族内で管領職を交替させたため、内紛となった。この際、内管領長崎高資たかすけが双方から賄賂を受け取り深刻化、幕府権威が大きく失墜した。

社会の変動

二毛作にもうさく ⑦ 表作に米、裏作に麦のように、同じ土地を年2回耕作すること。鎌倉時代に畿内・西日本に普及し、室町時代には全国で行われるようになった。年2回耕作するため、地力の回復に向けて施肥せひが行われるようになった。
裏作うらさく ⑤

大唐米だいとうまい ⑤ 中国から導入された東南アジア原産の長粒米。赤米あかまい・唐法師とうぼうしとも呼ばれた。食味は劣るが災害に強く多収穫で、西国に普及した。

刈敷かりしき ⑦ 施肥の一つで、刈った草葉を地中に埋めて発酵させて肥料にすること。施肥としては、このほか馬屋の厩肥や草木灰なども利用された。
厩肥きゅうひ ⑤

草木灰そうもくばい(かい) ⑦ 施肥の一種で、枝・草を焼いた灰を田畑に撒まく行為。連作により酸性に傾いた土壌を中和し、カリ成分(肥料三大要素の一つ)を補給する意味合いがある。

牛馬耕ぎゅうばこう ⑥ 牛(馬)に犂を引かせることで深耕が可能となり、生産力が増大した。鎌倉時代に西日本を中心に普及した。

：**犂**からすき ③ 土を掘り起こすのに用いる農耕具で、牛馬に引かせて用いた。

：**馬鍬**まぐわ ① 馬に引かせて土を砕いたり、ならしたりするのに用いる農具。長さ1mの横木に約20cmほどの鉄製の歯を10本程度取り付けたもの。

水車すいしゃ → p.121

荏胡麻えごま ⑥ シソ科の一年草で、中世では主に瀬戸内沿岸の畑で栽培され、実を絞った油を灯明に用いた。大山崎油座に属する商人が、原料買付、製造・販売を独占的に行った。

大山崎油座おおやまざきのあぶらざ → p.122

鍛冶かじ → p.122

鋳物師いもじ → p.122

紺屋こうや ① 糸や布を藍で染める業者。藍染屋あいぞめやあるいは青屋ともいう。

定期市ていきいち ⑦ 月に数回、一定の日(市日)に開かれる市。鎌倉時代は三斎市、室町時代には六斎市も生まれた。市場には市座が設

けられ、特定の商人が市場税を納めて営業を独占した。　**市** ④　**市日**（いち） ③

：**三斎市**（さんさいいち）**（三度の市**（さんどのいち）） ⑦ 月3回開かれる定期市。平安末期から室町時代にかけ、畿内はもとより全国各地で発達した。史料上では三度市と書かれているが、室町時代に仏教の六斎日に結びつけて月6回開かれた六斎市に因み、三斎市の呼称が使われている。

：**福岡市**（ふくおかのいち） ⑦ 備前国福岡荘の吉井川と山陽道との結節点で開かれた定期市。『一遍上人絵伝』には布・米・魚・備前焼の壺を売る掘立柱の店や、布を商う市女笠の女性も見られる。

：**伴野市**（ともののいち） ① 『一遍上人絵伝』に描かれている、信濃国伴野荘の定期市。市の立たない日の様子がうかがえる。

：**奥山荘**（おくやまのしょう） ① 越後国にある近衛家領荘園。地頭は和田義盛の弟の子孫で、のち地頭請所となっている。13世紀末の絵図に和田茂連（もちつら）・茂長（もちなが）の館、七日市・高野市、石油の湧出を示す久佐宇津（くさうづ）（臭水）などが描かれている。

行商人（ぎょうしょうにん） ④ 店舗を持たず、徒歩あるいは牛・馬・舟を用いて移動しながら商品を販売する商人。大山崎油神人のように、座に所属して遠距離まで商圏を伸ばす者と、大原女（おはらめ）・桂女（かつらめ）のように都市周辺から商品を持ち込む者に大別できる。

座（ざ）　→ p.122

神人（じにん） ④ 神社に属する下級神職。神社を本所とする座の構成員も神人と呼ばれ、芸能や手工業、雑役での奉仕にあたった。社頭警備を職掌とした者は強訴（ごうそ）の主力を担った。

供御人（くごにん） ③ 禁裏（きんり）供御人ともいう。中世、天皇に供御（食物・調度）を貢納した職能民を指す。見返りとして、課役や関銭の免除、特定商品の独占的販売権が認められた。

御厨（みくりや） ④ 天皇家や伊勢神宮などへ供御として魚介類を貢進する所領、あるいは荘園。貢納の見返りに、供御人としての特権を認められた。伊勢神宮の御厨は全国に分布した。

見世棚（みせだな）**(店棚)**　→ p.122

宿（しゅく） ③ 陸上交通の要地におかれた拠点。宿駅ともいう。鎌倉幕府は鎌倉・京都間の東海道に設置。守護の管理下に人馬を常備し、使節や飛脚の用に供した。守護・地頭の館がおかれたり、定期市が開かれて繁栄した。

宿駅（しゅくえき） ①

問丸（といまる） ⑦ 港湾や都市を拠点に荘園年貢や商品の保管・輸送にあたった総合的運送業者。鎌倉末期には年貢の輸送だけでなく、徴収や委託販売を請け負う者も現れた。室町時代には問屋へと発展する者もいた。　**問**（とい） ⑤

梶取（かんどり） ① 船の長として梶（かじ）を取り、船を運航する者。名主・荘官が兼業して、大規模な輸送業者に成長する者も現れた。

宋銭（そうせん） ⑦ 宋代に中国で官鋳された貨幣。鋳造技術・原料共に優れていたので精銭（せいせん）として扱われた。日本では、本朝十二銭以後銭貨鋳造が行われず、平安末～室町期に大量に輸入されて流通し、貢納の銭納化を促した。

〔**代**（だい）〕**銭納**（せんのう） ⑥ 現物の米での貢納が年貢本来の形であるが、貨幣経済の進展に伴い、米に代わり銭で納めることが広がった。鎌倉時代、遠隔地の荘園からの現物貢納が容量・重量共に負担となったことから、定期市などで現金化し、領主に納めた。

為替（かわし・かわせ） ⑦ 遠隔地間における銭の輸送・貸借を避け、割符（さいふ）と呼ばれる為替手形で決済する制度。為替は替銭ともいい、米に用いる場合を替米（かえまい）といった。　**替銭**（かえせん）

借上（かしあげ） ⑦ 鎌倉時代に僧侶（延暦寺（えんりゃくじ）僧の高利貸を山僧という）・凡下（ぼんげ）などから現れた高利貸。『山王霊験記絵巻』に銭緡（ぜにさし）（銭の孔に紐（ひも）を通して束ねたもの）を貸しつけている借上の姿が描かれている。

：**山王霊験記絵巻**（さんのうれいげんきえまき） ④ 延暦寺の鎮守日吉（ひえ）神社の祭神である山王権現の霊験談を描いたもの。鎌倉末～室町期に作成された同内容の絵巻が数点現存しており、当時の風俗を知ることができる資料。

頼母子（たのもし）**(憑支)** ① 鎌倉に始まる互助的金融の方式。発起人（親）を中心に講（こう）をつくった者たちが、一定額の銭を出し合い、受け取る権利をくじで決める仕組み。講の会合は講員すべてが当選し、配当されると終了した。

：**無尽**（むじん） ① 多人数が講を組織して一定の銭を出し合い、相互に融資し合う金融組織。頼母子に比べ、利子を収益とする営利性が加わった。

阿氐河荘（あてがわのしょう） ⑦ 紀伊国の山間地にある荘園。近江大津の円満院（えんまんいん）門跡を本家、京都白河の寂楽寺（じゃくらくじ）を領家とする。水田が少なく、材木・綿・果実類などが特産であった。地頭湯浅氏と荘民との対立を示す史料で有名。

：**阿氐河荘百姓等訴状**（あてがわのしょうひゃくしょうらそじょう） ⑥ 1275

年、阿氐河荘上村の百姓が、地頭湯浅宗親の非道を13カ条にわたり、片仮名書きで言上した訴状。地頭が「ミ・ヲキリ、ハナヲソキ、カミヲキリ」と暴力的な支配で課役を出させ、それ故に領家の要求する材木の納入ができないと訴えている。

：在家 ② 中世において、住人・家屋・宅地、付属する畑地を一括した単位で、在家役課税の対象となる。非農業民を税の対象として算定する基準として用いられた。

幕府の衰退

永仁の徳政令 ⑦ 1297（永仁5）年、御家人救済を目的に執権北条貞時が発した徳政令。越訴禁止、御家人所領の売買・質入禁止、売買・売却地の無償返還、金銭貸借の訴訟の不受理などを定めた。売却地返還にあたり、御家人と非御家人・凡下で対応が違い、借上などが所領買収を拒んだことから、御家人はさらに困窮したので、翌年、質入地・売却地の無償返還を除き撤回した。

：越訴 ① 本来、正しい審理手続きを経ずに上長に訴えること。鎌倉幕府では敗訴した者の再審要求も越訴といい、永仁の徳政令ではこの意味で用いている。

：非御家人 → p.86

：凡下 ⑥ 鎌倉時代の身分制で、武士以外の庶民・農民や商工民を指す。そのうち、特に借上・土倉などの富裕な者は有徳人（→p.105）と呼ばれた。

東寺百合文書 → p.69

悪党 ⑦ 中世において、党は武士集団を指し、悪党とは社会秩序を乱す集団の意で用いられた。鎌倉後期、畿内近国で余剰生産物を握った荘官・名主や、流通を掌握した新興武士が、経済力を背景に在地領主として台頭し、旧来の統治・秩序維持を図る荘園領主や幕府と対立した。奇抜な異形異類の者が多かった。 **異形異類** ②

：『峰相記』 ② 南北朝期に著された播磨国の地誌。1348年に播磨国峰相山鶏足寺を訪ねた僧侶と寺僧の問答集の形式で、悪党の活動などの鎌倉末～南北朝期の社会情勢を伝える。

4 鎌倉文化

鎌倉文化

鎌倉文化 ⑤ 12世紀末～14世紀初めの文化。京都の公家文化をもとに新興の武士の生活からおこった文化が加味され、さらに宋・元から伝えられた禅宗の影響も加わった。

公家 ⑥ 鎌倉幕府成立後、武家に対し朝廷を指す呼称として用いられ、転じて朝廷を構成する上層部の官人を意味した。寺社については、寺家・社家の呼称が用いられた。

：五摂家 ⑦ 摂政・関白の任にあたる藤原北家は、鎌倉初期に近衛家・九条家に分かれ、さらに近衛家から鷹司家が、九条家から二条家・一条家が分立し、五摂家と呼ばれた。それぞれの家名は居宅の所在地に由来する。
近衛家 ①
一条家 ②

鎌倉仏教

鎌倉仏教 ⑥ 平安末～鎌倉中期におこった仏教の革新運動。末法思想を背景とする政治・社会不安の中で、どのような階層の人でも行い易い修行（易行）を一つだけ選び（選択）、専心して修める（専修）ことを特徴とした。なお、新仏教の展開に刺激を受け旧仏教の改革もみられた。 **易行** ③
選択 ① **専修** ①

浄土宗 ⑦ 開祖は法然。従来の浄土教を発展させ、衆生を救済するとした阿弥陀如来の本願、すなわち「他力」に身を委ね、「南無阿弥陀仏」と一心にとなえれば、必ず救われるという専修念仏の教えを広めた。
他力 ⑤

法然（源空） ⑦ 1133～1212 法然房源空。美作国の押領使漆間時国のもとに生まれ、夜襲で父を失う。延暦寺で研鑽を積んだ後に山を下り、1175年に京都東山の吉水で専修念仏の教えを説いて浄土宗を開く。九条兼実や熊谷直実など貴族・武家の帰依を受けるが、旧仏教側の反発を受け、1207年に讃岐へ流された。

：念仏 → p.64
：南無阿弥陀仏 → p.64
：極楽往生 → p.64
：専修念仏 ⑥ 法然の教えの基本理念。

極楽往生するために、ひたすら念仏のみをとなえることとした。

：『選択本願念仏集』<ruby>選択本願念仏集<rt>せんちゃくほんがんねんぶつしゅう</rt></ruby>⑤　1198年、法然が九条兼実の求めにより、浄土宗の教義を説いた書。浄土の教えが末法の世で最も優れており、臨終に際し一声でも念仏すれば極楽往生できるとした。旧仏教側からは、貞慶<ruby><rt>じょうけい</rt></ruby>が「興福寺奏状」を、明恵<ruby><rt>みょうえ</rt></ruby>が『摧邪輪』<ruby><rt>ざいじゃりん</rt></ruby>を著して抗弁した。

：承元の法難<ruby>承元の法難<rt>じょうげんのほうなん</rt></ruby>①　1207（承元元）年、旧仏教側の訴えを受け、朝廷が行った法然一門への宗教的弾圧。1205年に出された貞慶の「興福寺奏状」を契機に、専修念仏の停止、法然の土佐（実際には讃岐）配流、弟子の親鸞の越後配流が命じられた。

知恩院<ruby>知恩院<rt>ちおんいん</rt></ruby>④　法然が比叡山を下りて以来30年余りを過ごした、配流から帰京したのち往生した京都東山吉水<ruby><rt>よしみず</rt></ruby>に建立された寺院。法然の没後、弟子が月ごとに行った知恩講に因んで命名。浄土宗の総本山。

浄土真宗<ruby>浄土真宗<rt>じょうどしんしゅう</rt></ruby>⑦　開祖は親鸞。真宗・一向宗ともいう。法然が念仏を数多くとなえるよう勧めたのに対し、ひたすらに信ずる心を持ち、阿弥陀仏の力にすがる絶対他力<ruby><rt>ぜったいたりき</rt></ruby>を強調した。地方武士・農民層に普及し、室町時代に発展した。

：一向宗<ruby>一向宗<rt>いっこうしゅう</rt></ruby>⑦　「一心一向に阿弥陀仏に帰依する」ことが名称の由来。14世紀初め頃から浄土真宗の異称として定着。

親鸞<ruby>親鸞<rt>しんらん</rt></ruby>⑦　1173〜1262　浄土真宗の開祖。父は公家日野有範<ruby><rt>ありのり</rt></ruby>。延暦寺での修行後、京都六角堂への参籠を機に法然に師事する。承元の法難で越後へ配流となるが、赦免後、関東に赴いて布教した。阿弥陀仏の救いを信じる心をおこすだけで極楽往生できると説く、絶対他力をとなえ、地方武士や農民に布教した。

：『教行信証』<ruby>教行信証<rt>きょうぎょうしんしょう</rt></ruby>⑤　親鸞が著した浄土真宗の聖典。正しくは『顕浄土真実教行証文類』。前半部では大無量寿経に基づく念仏の行、悟り、往生について、後半部では念仏の結果から得られる真実の仏身・仏土を説いている。

：悪人正機説<ruby>悪人正機説<rt>あくにんしょうきせつ</rt></ruby>⑦　『歎異抄』にみられる親鸞の救済思想。阿弥陀仏が救う対象は、修行を積んで、自らを善人だと満足している者ではなく、戒律を守れぬことなどの悩みに気付いて自分は悪人との自覚を持つ者であるという考え方。　　　　悪人<ruby><rt>あくにん</rt></ruby>⑦

悪人正因説<ruby>悪人正因説<rt>あくにんしょういんせつ</rt></ruby>①

：『歎異抄（鈔）』<ruby>歎異抄<rt>たんにしょう</rt></ruby>④　親鸞の口伝に対す

る異義（間違った解釈）が多いのを嘆き、弟子の唯円が著した。前半部は親鸞が自らの信仰体験を述べた法語で、悪人正機説にも触れている。後半部は異義を批判したもの。　　　　　　　　　　　　唯円<ruby><rt>ゆいえん</rt></ruby>④

本願寺<ruby>本願寺<rt>ほんがんじ</rt></ruby>⑥　1272年、親鸞の娘覚信尼<ruby><rt>かくしんに</rt></ruby>が親鸞の遺骨を納めた京都の大谷廟堂に始まり、3世覚如<ruby><rt>かくにょ</rt></ruby>が本願寺と改めた。その後、京都山科<ruby><rt>やましな</rt></ruby>・大坂石山などへの移転を経て、江戸時代に西本願寺と東本願寺に分かれた。

時宗<ruby>時宗<rt>じしゅう</rt></ruby>⑦　常に臨終の時と心得て念仏せよ、という臨命終時宗の意。開祖は一遍。信心の有無を問わず、念仏をとなえるだけで救われると説く。信者には阿弥号を称する者が多く、戦場に赴き、葬送にあたる陣僧<ruby><rt>じんそう</rt></ruby>もみられた。

：阿弥号<ruby>阿弥号<rt>あみごう</rt></ruby>　→ p.127

一遍<ruby>一遍<rt>いっぺん</rt></ruby>（智真<ruby><rt>ちしん</rt></ruby>）⑦　1239〜89　時宗の開祖。伊予の豪族河野<ruby><rt>こうの</rt></ruby>氏の出身。熊野本宮に参籠した際に、神託を受けて各地を遊行、「踊念仏」と「賦算<ruby><rt>ふさん</rt></ruby>（南無阿弥陀仏と書いた札の配布）」を始め、時宗の普及に努めた。一遍に従い、遊行した人々を時衆と呼ぶ。
　　　　　　　　　　　　　　　時衆<ruby><rt>じしゅう</rt></ruby>⑦

：踊念仏<ruby>踊念仏<rt>おどりねんぶつ</rt></ruby>⑦　念仏をとなえながら鉦<ruby><rt>かね</rt></ruby>・太鼓に合わせて踊ることで、極楽往生の恍惚感にひたるもの。市屋道場（踊屋）をつくって興行する様子が『一遍上人絵伝』に描かれている。　　　市屋道場<ruby><rt>いちやどうじょう</rt></ruby>③
　　　　　　　　　　　　　　　踊屋<ruby><rt>おどりや</rt></ruby>①

：遊行<ruby>遊行<rt>ゆぎょう</rt></ruby>③　僧侶が修行や説法のために、諸国を巡り歩くことをいう。一遍は奥羽から九州まで全国各地を布教して歩き、遊行上人と呼ばれ、この称号は後継者にも伝えられた。　　　　遊行上人<ruby><rt>ゆぎょうしょうにん</rt></ruby>②

：『一遍上人語録』<ruby>一遍上人語録<rt>いっぺんしょうにんごろく</rt></ruby>④　一遍は死の直前、著書・経典を焼いたが、死後に門弟たちが一遍の法語・消息・和歌などを編集し、江戸後期に刊行された。

：『一遍上人絵伝』<ruby>一遍上人絵伝<rt>いっぺんしょうにんえでん</rt></ruby>（『一遍聖絵』<ruby><rt>いっぺんひじりえ</rt></ruby>）　→ p.104

清浄光寺<ruby>清浄光寺<rt>しょうじょうこうじ</rt></ruby>④　時宗総本山。遊行寺<ruby><rt>ゆぎょうじ</rt></ruby>ともいう。一遍の孫弟子にあたる4世遊行上人呑海<ruby><rt>どんかい</rt></ruby>が、1325年、相模国藤沢の地に清浄光院を創建。足利尊氏から寺領寄進を受け、清浄光寺と改称。

日蓮宗<ruby>日蓮宗<rt>にちれんしゅう</rt></ruby>（法華宗<ruby><rt>ほっけしゅう</rt></ruby>）⑦　開祖は日蓮。法華経の功徳<ruby><rt>くどく</rt></ruby>を仏教の真髄とし、題目をとなえることによって、人は即身成仏<ruby><rt>そくしんじょうぶつ</rt></ruby>し、世界は浄土となると説く。初め東国地方の武士の支持を受けたが、鎌倉末期の日像<ruby><rt>にちぞう</rt></ruby>、

室町中期の日親による布教により京都の商工業者に広まった。

法華経 <ruby>法<rt>ほ</rt></ruby><ruby>華<rt>け</rt></ruby><ruby>経<rt>きょう</rt></ruby> → p.48

：題目 <ruby>題<rt>だい</rt></ruby><ruby>目<rt>もく</rt></ruby> ⑦ 法華宗でとなえる「南無妙法蓮華経」の七字のこと。題目をとなえることを唱題という。

南無妙法蓮華経 <ruby>南<rt>な</rt></ruby><ruby>無<rt>む</rt></ruby><ruby>妙<rt>みょう</rt></ruby><ruby>法<rt>ほう</rt></ruby><ruby>蓮<rt>れん</rt></ruby><ruby>華<rt>げ</rt></ruby><ruby>経<rt>きょう</rt></ruby> ⑦

：法華曼荼羅 <ruby>ほっ<rt></rt></ruby>けまんだら ① 中央に南無妙法蓮華経（題目）を、周囲に諸仏の名を書いたもの。日蓮宗信者の礼拝の対象とされる。

日蓮 <ruby>にち<rt></rt></ruby><ruby>れん<rt></rt></ruby> ⑦ 1222～82　法華宗（日蓮宗）の開祖。安房国の漁師の子として生まれ、「<ruby>旃<rt>せん</rt></ruby><ruby>陀<rt>だ</rt></ruby><ruby>羅<rt>ら</rt></ruby>（インドで漁猟などに従事する階級）の子」と称した。天台宗をはじめ諸宗を学び、法華宗を開く。辻説法<ruby>つじせっぽう<rt></rt></ruby>で他宗を攻撃し、国難を予言して正法<ruby>しょうほう<rt></rt></ruby>（法華宗）を尊信すべしと説いて処罰され、伊豆・佐渡へ流された。赦免後も布教活動を続けた。

：四箇格言 <ruby>しかかくげん<rt></rt></ruby> ① 日蓮が他宗を攻撃するために示した、「念仏無間・禅天魔・真言亡国・律国賊」の言葉。

『立正安国論』 <ruby>りっしょう<rt></rt></ruby><ruby>あんこくろん<rt></rt></ruby> ⑤ 1260年、日蓮が前執権北条時頼に提出した建白書。天変地異の続発は、法華経の正法に背くからで、念仏の邪法を禁じないと自国の反乱と他国からの侵略があると予言した。伊豆流罪の一因となった書物。のちに佐渡で著した『開目鈔』<ruby>かいもくしょう<rt></rt></ruby>と共に日蓮の代表的宗教書。

久遠寺 <ruby>くおん<rt></rt></ruby><ruby>じ<rt></rt></ruby> ⑤ 法華宗総本山。佐渡配流から帰った日蓮が、甲斐国の豪族波木井実長<ruby>はきいさねなが<rt></rt></ruby>に請われて甲斐国身延山<ruby>みのぶさん<rt></rt></ruby>に建てた寺院。

禅宗 <ruby>ぜん<rt></rt></ruby><ruby>しゅう<rt></rt></ruby> ⑦ 6世紀頃に中国で始まった、坐禅<ruby>ざぜん<rt></rt></ruby>により悟りを開く、自力するなわち自ら修行して成仏に至ろうとする仏教宗派。鎌倉時代に臨済宗・曹洞宗が、江戸時代に黄檗宗<ruby>おうばくしゅう<rt></rt></ruby>が伝来した。

自力 <ruby>じり<rt></rt></ruby><ruby>き<rt></rt></ruby> ④

：禅 <ruby>ぜん<rt></rt></ruby> ⑥ インドの梵語デュアナを音訳した語で、瞑想<ruby>めいそう<rt></rt></ruby>の意味。

：坐禅 <ruby>ざぜん<rt></rt></ruby> ⑦ 禅の具体的な実践法。目は半眼に開き、両足を組んで坐し、精神を集中して無念無想の境地に入ろうとする修行法。

臨済宗 <ruby>りんざい<rt></rt></ruby><ruby>しゅう<rt></rt></ruby> ⑦ 唐僧の臨済義玄<ruby>りんざいぎげん<rt></rt></ruby>を開祖とする禅宗の一派。12世紀末、栄西が南宋から伝えた。当初は延暦寺の圧迫を受けたが、鎌倉・室町幕府の保護を受けて、京都・鎌倉の五山を中心に発展した。坐禅と公案によって悟りに達する自力の仏教。

：公案 <ruby>こうあん<rt></rt></ruby> ⑤ 師の禅僧から弟子に考える手がかりとして示される課題。弟子は参禅工夫したのち、師僧と問答を行う（禅問答、公案問答）。先人の言行<ruby>げんこう<rt></rt></ruby>を題材に、普遍

的な真理を体得できるよう設定した課題が多い。

禅問答 <ruby>ぜん<rt></rt></ruby><ruby>もんどう<rt></rt></ruby> ③

栄西 <ruby>えいさい<rt></rt></ruby> ⑦ 1141～1215　道号は明庵<ruby>みょうあん<rt></rt></ruby>。備中吉備津<ruby>きび<rt></rt></ruby>神社の神職賀陽<ruby>かや<rt></rt></ruby>氏の生まれ。初め延暦寺で学び、1168・87年の2回入宋して臨済宗を伝えた。旧仏教の攻撃に対しては『興禅護国論』をもって反論。鎌倉に寿福寺、京都に建仁寺を開く。中国から茶をもたらし『喫茶養生記』も著した。

：『興禅護国論』 <ruby>こうぜんごこくろん<rt></rt></ruby> ④ 1198年、旧仏教側の禅宗非難に対し、明庵栄西が禅宗の本質を解いた書。

：建仁寺 <ruby>けん<rt></rt></ruby><ruby>にんじ<rt></rt></ruby> ⑦ 1202（建仁2）年、源頼家の援助で栄西が創建し、開山となる。京都五山第3位。

：『喫茶養生記』 <ruby>きっさ<rt></rt></ruby><ruby>ようじょうき<rt></rt></ruby> ① 1211年、栄西が源実朝に献上した著書。諸病発生の要因と茶の薬効を説いている。

円爾 <ruby>えん<rt></rt></ruby><ruby>に<rt></rt></ruby> ② 1202～80　弁円ともいう。当初、園城寺で台密を修め、のち鎌倉寿福寺で臨済禅を学ぶ。1235年に入宋、1241年に帰国した博多で綱首謝国明の招きで承天寺を開山。関東申次九条道家の帰依を受けて京都に開いた東福寺は禅密兼修の寺院となった。

承天寺 <ruby>じょう<rt></rt></ruby><ruby>てん<rt></rt></ruby><ruby>じ<rt></rt></ruby> ②

：九条（藤原）道家 <ruby>くじょうふじ<rt></rt></ruby><ruby>わらみちいえ<rt></rt></ruby> → p.88

：東福寺 <ruby>とう<rt></rt></ruby><ruby>ふくじ<rt></rt></ruby> → p.125

：謝国明 <ruby>しゃ<rt></rt></ruby><ruby>こく<rt></rt></ruby><ruby>めい<rt></rt></ruby> ① ？～1253？　鎌倉中期に活動した南宋出身の貿易商人。博多の唐坊（中国人居住区）に住み、日宋貿易に従事した博多綱首（宋人商人）の一人で、筥崎宮や宗像大社のなどの寺社造営料唐船を差配した。1242年に宋から戻った円爾を師として承天寺を創建している。

唐坊 <ruby>とう<rt></rt></ruby><ruby>ぼう<rt></rt></ruby> ①

〔博多〕綱首 <ruby>はかた<rt></rt></ruby><ruby>ごうしゅ<rt></rt></ruby> ①

蘭溪道隆 <ruby>らんけい<rt></rt></ruby><ruby>どうりゅう<rt></rt></ruby> ⑥ 1213～78　南宋の臨済僧。1246年に来日。北条時頼の帰依を受け、鎌倉に建長寺を開いた。

：建長寺 <ruby>けんちょう<rt></rt></ruby><ruby>じ<rt></rt></ruby> ⑦ 1253（建長5）年に北条時頼が創建した日本最初の禅宗専門道場。開山は蘭溪道隆。鎌倉五山第1位。

無学祖元 <ruby>むがく<rt></rt></ruby><ruby>そげん<rt></rt></ruby> ⑥ 1226～86　南宋の臨済僧。1279年、北条時宗の招きで来日、82年に鎌倉に円覚寺を開いた。

：円覚寺 <ruby>えん<rt></rt></ruby><ruby>がくじ<rt></rt></ruby> ⑦ 1282年に北条時宗が創建。開山は無学祖元。鎌倉五山第2位。舎利殿<ruby>しゃりでん<rt></rt></ruby>は禅宗様の代表的建築物。

曹洞宗 <ruby>そうとう<rt></rt></ruby><ruby>しゅう<rt></rt></ruby> ⑦ 唐僧の洞山良价<ruby>とうざんりょうかい<rt></rt></ruby>と弟子曹山本寂<ruby>そうざんほんじゃく<rt></rt></ruby>を派祖とする禅宗の一派。1227年、道元が南宋から伝えた。教義は坐禅そのものが仏法であるとして、只管打坐

を説き、臨済宗と異なり公案を用いない。地方の土豪・農民に普及した。

：**只管打坐**$_{しかんたざ}$ ⑤ 只管とは、ひたすらの意。余念を排してひたすら坐禅することで悟りに至る曹洞宗の修禅法。

道元$_{どうげん}$ ⑦ 1200〜53 日本曹洞宗の開祖。京都の公家の家に生まれ、天台・臨済宗を学び、1223年に入宋して曹洞禅を伝えた。延暦寺の圧迫を受け、京都から越前に下って永平寺を開き、権力者や貴族と離れて坐禅中心の厳格な宗風を高めていった。

：『**正法眼蔵**』$_{しょうぼうげんぞう}$ ⑤ 道元が1231〜53年の間に行った説示を収録したもの。曹洞宗の禅の本質・規範に関する道元の思想が示され、曹洞宗の根本聖典とされている。

永平寺$_{えいへいじ}$ ⑦ 曹洞宗大本山。1244年、越前国志比荘$_{しひのしょう}$の地頭波多野義重$_{はたのよししげ}$の招きで道元が開創した寺院。

旧仏教$_{きゅうぶっきょう}$ ⑤ 鎌倉新仏教に対し、南都北嶺を中心とする宗派・寺院をいう。華厳宗・律宗・法相宗などで革新運動が起こり、戒律が重んじられた。

顕密仏教$_{けんみつぶっきょう}$ ① 平安前期の南都六宗と天台宗・真言宗を対立的に捉えるのではなく、平安中期以降の密教を基軸に両者が統合され、延暦寺などの旧仏教系寺院が国家権力と密着して形成された正統な宗教としてのあり方を顕密仏教、顕密体制とし、鎌倉新仏教に対する、「旧仏教＝顕密仏教」こそ中世においても仏教の本流であったとする捉え方。

貞慶$_{じょうけい}$（**解脱**$_{げだつ}$） ⑦ 1155〜1213 法相宗の僧。解脱房貞慶は、藤原通憲（信西）の孫で、興福寺の学僧だったが、1191年、仏教界の腐敗を嘆じて山城国笠置寺に隠遁し、戒律の復興に努める。1205年起草の「興福寺奏状」は専修念仏を批判したもので、法然配流（承元の法難）の契機となった。

笠置寺$_{かさぎでら}$ ①

：**法相宗**$_{ほっそうしゅう}$ → p.47

：**戒律**$_{かいりつ}$ → p.48

：**承元の法難**$_{じょうげんのほうなん}$ → p.97

明恵$_{みょうえ}$（**高弁**$_{こうべん}$） ⑦ 1173〜1232 明恵房高弁。華厳宗の学僧。京都栂尾$_{とがのお}$に高山寺を再興して、戒律の復興に努めた。1212年『摧邪輪』$_{ざいじゃりん}$を著して、法然の『選択本願念仏集』に反駁$_{はんばく}$した。

：**華厳宗**$_{けごんしゅう}$ → p.47

：**高山寺**$_{こうさんじ}$ ⑥ 京都栂尾にある真言宗の寺。明恵が華厳宗道場として再興し、栄西から贈られた茶種を栽培したことから、闘

茶では栂尾茶を本茶とする。

俊芿$_{しゅんじょう}$（**我禅**$_{がぜん}$） ② 1166〜1227 我禅房俊芿。1199年に入宋し律学と天台教学を修める。帰国して北京律$_{ほっきょうりつ}$をおこす。京都の泉涌寺を開き、天台・真言・禅・律の諸宗兼学の道場とした。

：**泉涌寺**$_{せんにゅうじ}$ ① 真言宗泉涌寺派本山。天台宗寺院だったが俊芿が泉涌寺と改め、天台・真言・禅・律兼学道場とした。1242年に四条天皇が寺内に葬られてから、天皇家の菩提寺となり、御寺$_{みてら}$と呼ばれる。

叡尊$_{えいそん}$（**思円**$_{しえん}$） ⑦ 1201〜90 思円房叡尊。興正菩薩$_{こうしょうぼさつ}$と称される。大和西大寺を中心に、戒律（南京律$_{なんきょうりつ}$）の復興を進め、真言律宗を開いた。慈善救済や土木事業などの社会への寄与にも努め、非人から上皇まで幅広い尊信を得た。

：**西大寺**$_{さいだいじ}$ → p.47

忍性$_{にんしょう}$（**良観**$_{りょうかん}$） ⑦ 1217〜1303 良観房忍性。真言律宗の僧。叡尊の弟子。戒律復興に努め、鎌倉極楽寺の中興となる。また奈良に北山十八間戸を建て、救癩$_{きゅうらい}$事業などの慈善事業のほか、道路・橋などの土木事業に力を尽くした。

：**極楽寺**$_{ごくらくじ}$ ② 六波羅探題・連署を歴任した北条重時が、忍性を招き、中興した真言律宗の寺院。鎌倉外郭線の南西端にあたり、1333年には新田義貞の鎌倉侵入を阻止する拠点となった。

：**北山十八間戸**$_{きたやまじゅうはっけんこ}$ ⑤ 鎌倉中期、忍性により奈良に創建されたハンセン病（癩病）患者の救済施設。細長い棟割長屋で、18戸の小室に仕切られている。現在の建物は江戸前期の寛文年間に再建されたもの。

：**禅律僧**$_{ぜんりつそう}$ ⑤ 臨済禅や真言律宗などの戒律を重んじる僧侶。私利私欲を排して禁欲を貫いたため、幕府や朝廷の信頼を得て、架橋などの社会事業で活躍した。

伊勢神道$_{いせしんとう}$（**度会神道**$_{わたらいしんとう}$） ⑤ 鎌倉末期、伊勢神宮外宮の神職度会行忠$_{ゆきただ}$・家行父子がとなえた神道理論。内宮に対する外宮の地位の引上げと、神を本地とする神本仏迹説の確立を図った。

伊勢外宮$_{いせげくう}$ ④

：**神本仏迹説**$_{しんぽんぶつじゃくせつ}$ ⑤ 鎌倉末期におこった反本地垂迹説。蒙古襲来以後の神道思想を背景に、神を本地、仏を垂迹とする主張が生まれた。　　　**反本地垂迹説**$_{はんほんじすいじゃくせつ}$ ④

度会家行$_{わたらいいえゆき}$ ④ 生没年不詳。伊勢外宮の神職。伊勢神道を創始し、神主仏従・外宮信仰を主張。後醍醐$_{ごだいご}$天皇の吉野遷幸に尽力し、北畠親房らの南朝方に思想的影響を与

えた。著書の『類聚神祇本源』は後世の神道に大きな影響を与えた。

『類聚神祇本源』るいじゅうじんぎほんげん ②

中世文学のおこり

西行さいぎょう ⑤ 1118〜90　俗名は佐藤義清。北面の武士として鳥羽院に仕えるが、23歳で隠者となり、各地を遍歴した。『山家集』に秀歌を残す。鎌倉中期の『西行物語絵巻』さいぎょうものがたりえまきは生涯を追ったもの。

：『山家集』さんかしゅう ⑤　西行の歌集。成立年不詳。陸奥から四国までを遍歴した、西行の自然と旅の歌集といえる。歌数は1600首弱。

『新古今和歌集』しんこきんわかしゅう ⑦　第8番目の勅撰和歌集で、八代集の最後。1205年、後鳥羽上皇の命により、藤原定家・家隆らが撰進した。歌数約1900首。情趣・技巧に富み、「新古今調」といわれる新しい歌風を開いた。撰者のほかに、西行・慈円・式子しょくし内親王・寂蓮法師らが代表的歌人。

「新古今調」しんこきんちょう ④

藤原定家ふじわらのさだいえ（ていか） ⑥ 1162〜1241　『新古今和歌集』の撰者の一人。情趣・あわれを尊ぶ有心体うしんたいなど新古今調を大成。日記『明月記』、歌集『拾遺愚草』しゅういぐそうを残す。孫の代に二条・京極・冷泉の歌学三家が分立した。

：『明月記』めいげつき ①　藤原定家の準漢文体の日記。1180〜1235年の56年間が現存。歌学のみならず、源平争乱期から承久の乱以降までの宮廷動向を知る重要史料。

藤原家隆ふじわらのいえたか ②　1158〜1237　藤原俊成門下の歌人。定家と『新古今和歌集』を撰集した。平淡な中に静寂・高雅なものを示す。

『金槐和歌集』きんかいわかしゅう ⑥　右大臣源実朝の歌集。金槐とは鎌倉の槐門かいもん（大臣の唐名）のこと。力強く格調高い万葉調の歌を含む。歌数は約700首。

：源実朝みなもとのさねとも　→ p.88

『十訓抄』じっきんしょう ①　1252年成立の説話集。作者不詳。説話を10項目に分け、年少者への教訓としたもので、儒教的色彩が濃い。

『宇治拾遺物語』うじしゅういものがたり ①　鎌倉初期の説話集。作者不詳。題名は『今昔物語集』（別称宇治大納言物語）の補遺の意。197話を収めるが、仏教や世事に関する不思議な説話が多い。

『古今著聞集』ここんちょもんじゅう ②　1254年の橘成季の撰。神祇・政道・忠臣など30の篇目に分けて697話にわたって古今の説話を収録。それぞれの末尾に教訓を加えている。

橘成季たちばなのなりすえ ①

『沙石集』しゃせきしゅう ③ 1283年、無住が著した仏教説話集。書名は砂や石に混じって玉もあるとの意。仮名文体で仏の功徳を説き、世俗の説話を集成。

：無住むじゅう ③ 1226〜1312　臨済宗の僧。円爾弁円えんにべんねんの弟子。伊勢・尾張地方に布教する。『沙石集』などの著作が多い。

『十六夜日記』いざよいにっき ④　阿仏尼著。1279年、実子冷泉為相れいぜいためすけと継子二条為氏ためうじの播磨国細川荘を巡る所領争論の解決のため鎌倉に赴いた時の紀行文。京都出立しゅったつが16日であったのが書名の由来。

：阿仏尼あぶつに ④ ？〜1283　高倉天皇の孫安嘉門院あんかもんいんに仕えた歌人。のち定家の子藤原為家の後妻となり、歌人冷泉為相・為守ためもりを生む。実子為相と継子為氏の所領争論で、鎌倉へ下向した折の紀行文が『十六夜日記』。

『海道記』かいどうき ②　1223年頃成立の紀行文。作者不詳。当時の京都・鎌倉間の東海道を知る史料。

『東関紀行』とうかんきこう ②　鎌倉中期の紀行文。3代将軍源実朝の和歌奉行であった源親行が著者とされるが未詳。1242年に京都から鎌倉へ旅し、鎌倉に滞在して帰途につくまでのことを記す。

源親行みなもとのちかゆき

『方丈記』ほうじょうき ⑥ 1212年成立の鴨長明の随筆。京都の巽（東南）日野山に隠棲して、方1丈（約3m四方）の草庵で記した。大火・飢饉・地震など、1180年前後の五大災厄を回想し、人生の無常を歎きつつ、自身の不遇に思いを馳せている。

：鴨長明かものちょうめい ⑥ 1155？〜1216　鎌倉初期の歌人・随筆家。賀茂御祖かものみおや神社（下鴨社）の神職の家に生まれ、神職の地位を得ようとしたが、一族の妨害で挫折した。そのため、50歳で出家し、京都日野山に隠棲し、『方丈記』を記した。

『徒然草』つれづれぐさ ⑥ 1331年頃の成立。243段。兼好法師が動乱期の人間と社会を深い洞察力で観察・自由な筆で描いた随筆集。

：兼好法師けんこうほうし（卜部兼好うらべのかねよし・吉田兼好よしだけんこう） ⑥ 1283？〜1352？　洛東の吉田神社神職の卜部氏の生まれ。後二条天皇の蔵人くろうどであったが、天皇の死を機に出家、兼好法師と名乗る。吉田兼好とも呼ばれるが、卜部氏が吉田姓を名乗るのは室町時代で、吉田兼好の呼称は江戸時代に使われ始めた。

軍記物語ぐんきものがたり ⑥ 中世に発達した戦記文学。

勇壮かつ流麗な和漢混淆文で、後世に「語り物」として庶民の間にも愛好された。平安時代の『将門記』『陸奥話記』などが先駆。

『保元物語』<small>ほうげんものがたり</small> ④ 鎌倉初期の軍記物語。作者不詳。保元の乱を源為朝の活躍を中心に描いている。

『平治物語』<small>へいじものがたり</small> ④ 鎌倉初期の軍記物語。作者不詳。平治の乱を記す。源義朝の子悪源太<small>あくげんた</small>義平を英雄的に描く。

『平家物語』<small>へいけものがたり</small> ⑦ 鎌倉前期の軍記物語。信濃前司藤原行長がつくり、東国生まれの盲目の僧生仏<small>しょうぶつ</small>に語らせたとの説が有力。平家の興亡を記した流麗・重厚な文を、盲目の琵琶法師が平曲として語り継ぎ、民間に普及。

：**信濃前司行長**<small>しなののぜんじゆきなが</small> ③ 生没年不詳。『徒然草』に『平家物語』の作者として記される。朝廷の儀式上の失策を機に遁世、才能を惜しんだ天台座主慈円の支援の下、東国生まれの生仏から武士のあり方を聞いて、『平家物語』をつくったとされる。

：**琵琶法師**<small>びわほうし</small> ⑥ 琵琶を弾きながら語り物を語る僧形の盲目芸能者。平安中期から現れた。

：**平曲**<small>へいきょく</small> ③ 『平家物語』を琵琶の伴奏で語る芸能。鎌倉初期に始まり、室町中期までが最盛期。平家琵琶ともいう。

：**『慕帰絵詞』**<small>ぼきえことば</small> ⑦ 本願寺3世覚如<small>かくにょ</small>の伝記絵巻で、覚如の帰寂<small>きじゃく</small>(死)を慕い描いた絵という意味。覚如が死去した1351年の制作で、建物や調度品、琵琶法師や立花の場面など生活及び芸能・風俗資料として南北朝時代を知ることができる。

：**『源平盛衰記』**<small>げんぺいじょうすいき</small> ② 鎌倉中期の軍記物語。作者不詳。『平家物語』と内容はほぼ同じで、異本の一種ともみられるが、『平家物語』にない説話がある。

『愚管抄』<small>ぐかんしょう</small> ⑦ 慈円の歴史書。1220年成立。歴史を貫く原理として、「道理」による時代の解釈を行った。神武天皇から承久の乱直前までを7期に分け、貴族の衰退を必然としている。最初の歴史・哲学的著作。

：**道理**<small>どうり</small> ③ 時勢の推移を、古今を通して当然の筋道として説明した中世の観念。

：**慈円**<small>じえん</small>(慈鎮<small>じちん</small>) ⑦ 1155～1225 諡号<small>しごう</small>は慈鎮。関白九条兼実の弟、天台宗の最高位である天台座主となった学僧。兼実の孫九条道家の後見人であり、その子頼経の鎌倉下向を公武協調の道と期待した。承久の乱直前に『愚管抄』を著し、後鳥羽上皇の討幕計画をいさめた。 **天台座主**<small>てんだいざす</small> ④

『百練抄』<small>ひゃくれんしょう</small> ③ 作者不詳。968～1259年、冷泉天皇から亀山天皇即位までを記した編年体の歴史書。公家社会の動静を中心に記す。書名は白楽天の詩「百練鏡」に由来するという。

『吾妻鏡』<small>あずまかがみ</small> ⑦ 編者不詳。『東鏡』とも。1180年の源頼政の挙兵から1266年の宗尊<small>むねたか</small>親王の帰京までの諸事件を、編年体に記した鎌倉幕府の記録。

『元亨釈書』<small>げんこうしゃくしょ</small> ② 1322(元亨2)年に虎関師錬が漢文体で著した日本最初の仏教通史。仏教伝来以降の高僧の伝記、編年体仏教史など、部類別に編集。

：**虎関師錬**<small>こかんしれん</small> ② 1278～1346 臨済宗の学僧。師の一山一寧<small>いっさんいちねい</small>から日本の高僧の事績を知らないことを指摘され、『元亨釈書』を著したとされる。

『万葉集註釈』<small>まんようしゅうちゅうしゃく</small> ① 1269年、仙覚が武蔵国で著した『万葉集』の注釈書。多くの文献にあたって研究し、題名の解釈、撰者の推定、歌の訓点づけや解釈を行っている。『仙覚抄』ともいう。

：**仙覚**<small>せんがく</small> ① 1203～? 常陸国生まれの天台宗僧。将軍藤原頼経の命で『万葉集』に新しく訓点を施し、1269年には『万葉集註釈』を著した。

『釈日本紀』<small>しゃくにほんぎ</small> ① 卜部兼方が著した現存最古の『日本書紀』の注釈書。父兼文が朝廷で行った『日本書紀』の講釈をもとに、多くの典籍を引用している。

：**卜部兼方**<small>うらべかねかた</small>(懐賢<small>かねん</small>) ① 生没年不詳。鎌倉中期の古典研究家・神道家。『日本書紀』に業績を残した。

有職故実<small>ゆうそくこじつ</small> ⑤ 公家社会の儀式典礼について研究する学問。儀式の円滑な運営が求められた平安中期から発達したが、その後、武家政権の伸張と公家支配の後退がみられた鎌倉時代に盛んになった。公家儀礼の研究を有職、武家儀礼の研究を故実と分けていう場合もある。

『禁秘抄』<small>きんぴしょう</small> ① 1221年頃に成立。順徳天皇が著した有職故実の書。朝廷の諸行事の次第や政務の進め方など全般にわたる作法が説かれている。『禁中抄』ともいう。

金沢実時<small>かねさわさねとき</small>(北条実時<small>ほうじょうさねとき</small>) ⑤ 1224～76 執権北条義時の孫。鎌倉の外港六浦津<small>むつら</small>のある武蔵国金沢郷に別邸を構えたので、金沢氏を号した。評定衆として時頼・時宗をたすけた。学問を好み、和漢の書籍を収集し、金沢文庫を開設した。

：**金沢文庫**<small>かねさわぶんこ</small> ⑥ 鎌倉中期、金沢実時が

武蔵国六浦荘金沢の別邸内に開設した書庫。実時の子顕時・孫貞顕（15代執権）に受け継がれた。仏書が多く、幕府滅亡後は金沢氏の菩提寺である称名寺が経営にあたった。

金沢顕時 かねさわあきとき ①　**称名寺** しょうみょうじ ③

『**貞観政要**』 じょうがんせいよう ①　唐の太宗と側近との政道に関する問答集。8世紀初頭に記され、帝王学の教科書として日本や朝鮮の為政者に広く読まれた。北条泰時・時頼も愛読した。

宋学 そうがく ④　中国の北宋で発達した儒学だが、南宋の朱熹により大成されたので、朱子学ともいう。宇宙・社会・人間を首尾一貫して捉えようとしたもので、古来の儒教を哲学的に体系づけた。鎌倉末期に禅僧によって伝えられ、五山僧が学んだ。　**朱熹** しゅき ②
：**朱子学** しゅしがく　→ p.162
：**大義名分論** たいぎめいぶんろん ⑤　君と臣との関係には守るべき分限があるとの考えに基づいて、天皇と幕府のあり方を正そうとする主張。南北朝期と江戸時代末期に強く説かれた。

梶原性全 かじわらしょうぜん ②　1266～1337　鎌倉後期の武家出身の僧医。号は浄観。金沢貞顕（金沢実時孫）の知遇を得て、金沢文庫の文献資料を活用し医学書を著した。従来渡来の医学に、宋・元の文献、自らの体験も踏まえて、1304年、「五臓六腑図」も含めた医学全書『頓医抄』を著した。1315年の『万安方』には70冊を超える医学書が引用され、漢方薬の処方も数多くのっている。

『**頓医抄**』 とんいしょう ②　『**万安方**』 まんあんぽう ①

「**天子摂関御影**」 てんしせっかんみえい ③　平安後期から鎌倉時代に及ぶ天子（鳥羽～後醍醐20名）・摂関（藤原忠通～30名）・大臣など計131名の肖像を描き連ねた絵巻。14世紀前半の作成。宮内庁三の丸尚蔵館所蔵。

美術の新傾向

重源 ちょうげん ⑥　1121～1206　俊乗房重源。1167年に入宋、翌年、栄西と共に帰国。1180年の南都焼打ちで焼失した東大寺復興の大勧進職となり、募金や材料調達を行うと共に、陳和卿など宋の工人や南都仏師を登用して事業を成功させた。
：**勧進上人** かんじんしょうにん ③　様々な人々から寄付（勧進）を募り、寺院・道路・港湾の建設などに協力した僧侶に対する尊称。東大寺造営勧進職となった重源は、後白河法皇や頼朝をはじめ、庶民に至るまで寄付を勧めた。
陳和卿 ちんなけい（ちんわけい）⑤　生没年不詳。宋の工人で商

用のために来日。重源に請われ南都焼打ちで落ちた東大寺大仏の鋳造、大仏殿再建に参加。のち鎌倉に下り、源実朝に大船建造を命じられるが進水に失敗した。

伊行末 いのゆきすえ ②　?～1260　宋の石工で東大寺大仏殿内の石造両脇侍像、三月堂礼堂正面の石灯籠、般若寺の石造十三重塔をつくった。

大仏様 だいぶつよう ⑦　東大寺再建に重源が採用した様式。中国南方の寺院建築を範としている。かつては天竺様とも呼ばれていたが、インド建築と混同されるので現在では大仏様が一般的。東大寺南大門のほか、播磨国浄土寺浄土堂が有名。　**天竺様** てんじくよう ③
：**東大寺南大門** とうだいじなんだいもん ⑥　1199年に再建された大仏様の代表的建造物。柱をつなぐ貫や挿肘木を多用して強固な構造に組み、豪放でかつ変化に富む美しさを見せる。

禅宗様 ぜんしゅうよう ⑦　宋から導入された建築様式で、禅院に用いられたのが名の由来。唐様とも呼ばれるが、唐代の様式と誤解されるので、現在では禅宗様が一般的。急傾斜の屋根、強い軒反りが特徴、花頭窓や桟唐戸など大陸の意匠が多く、細かい材木を用いた扇垂木は整然とした美しさを示す。

唐様 からよう ⑦　**花頭窓** かとうそう ①

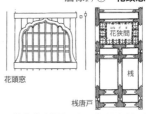

花狭間
花頭窓
桟
桟唐戸

：**円覚寺舎利殿** えんがくじしゃりでん ④　禅宗様の代表的建築物。細部に曲線の手法を用い、花頭窓や桟唐戸、大瓶束・扇垂木が特徴的である。現在の舎利殿は創建当初の建物ではなく、1563年の焼亡後、扇谷太平寺の仏殿（15世紀建造）を移築したものである。

：**安楽寺八角三重塔** あんらくじはっかくさんじゅうのとう ②　長野県別所温泉の安楽寺にある禅宗様建築物。八角形で三重塔婆形式だが初層に裳階が付く。扇垂木や頭貫など細部に禅宗様の意匠がみられる。安楽寺は北条氏の庇護を受けており、開山の樗谷惟仙は蘭渓道隆とも交流が深い。年輪年代調査によれば1289年伐採の部材が使用されており、建立時期が鎌倉後期と推定され、日本最古の禅宗様建築物の可能性も指摘される。

和様^{よう} ④ 大仏様・禅宗様などの大陸建築様式に対して、平安時代以来の日本的建築様式のこと。ゆるい屋根勾配^{こうばい}、おだやかな軒反^{のきぞ}りが特徴。蓮華王院本堂や石山寺多宝塔^{たほうとう}が代表例。

：蓮華王院本堂^{れんげおういんほんどう}**(三十三間堂**^{さんじゅうさんげんどう}**)** ④ 蓮華王院は1164年、後白河法皇が平清盛に命じて創建させた天台宗の寺院。1266年に再建された本堂は、柱間^{はしらま}が33あり、三十三間堂とも呼ばれる。堂内には湛慶作の千手観音坐像のほか、千体の千手観音立像が安置されている。

蓮華王院^{れんげおういん} → p.80

折衷様^{せっちゅうよう} ③ 鎌倉後～南北朝期、和様に大仏様・禅宗様の細部技法を取り入れた建築様式。備後国福山の明王院本堂、河内国観心寺金堂が代表例。

：観心寺金堂^{かんしんじこんどう} ① 空海が中興開山した河内国南部の真言宗寺院で、本尊は国宝の如意輪^{にょいりん}観音像。楠木正成^{くすのきまさしげ}の学問寺で、金堂は後醍醐天皇が討幕祈願の賞として1334年に再建したものと伝えられる。海老虹梁^{えびこうりょう}や双斗^{そうと}など禅宗様・大仏様の技法を取り入れている。

：新和様^{しんわよう} ① 折衷様の一つ。鎌倉中期、和様に大仏様の技法を取り入れた建築様式。興福寺北円堂^{ほくえんどう}が代表例。

奈良(南都)仏師^{ならなんとぶっし} ⑥ 12世紀初め、定朝の孫頼助^{らいじょ}の一門が興福寺を拠点に奈良で造仏を行ったのを起源とする。京都仏師に対してこの名がある。新しく力強い作風を持つ。定朝流^{りゅう}・運慶らを輩出した系統は慶派とも呼ばれる。　**慶派**^{けい} ③

運慶^{うん} ⑦ ?～1223 鎌倉前期の奈良仏師。父は康慶。写実的かつ剛健な手法の鎌倉彫刻を確立した。平重衡により焼亡した東大寺や興福寺の復興に貢献した。

：無著像^{むちゃくぞう}**・世親像**^{せしんぞう} ② 興福寺北円堂にある運慶作の鎌倉彫刻。無著は5世紀頃、インドのガンダーラに生まれた僧で、法相^{ほっそう}教学を確立した。世親はその弟。

：東大寺南大門金剛力士像^{とうだいじなんだいもんこんごうりきしぞう} ⑦ 阿形・吽形の仁王^{におう}像。1203年、大仏師運慶・快慶の下に定覚・湛慶ら慶派一門が、わずか69日で造立した寄木造の傑作。

：阿形^{あぎょう}**・吽形**^{うんぎょう} ③ 梵語で口を開いて発する最初の音声が阿、口を閉じて発する最後の音声が吽であり、万物の始まりと終わりを意味している。東大寺南大門では向かって左に阿形、右に吽形の仁王が立っている。通常は逆が多い。

快慶^{かい} ⑦ 生没年不詳。鎌倉前期の奈良仏師。康慶の弟子。安阿弥陀仏^{あんなみ}と号した。力にあふれた運慶の作風に対し、優美な作風は安阿弥様と呼ばれた。

：東大寺僧形八幡像^{とうだいじそうぎょうはちまんぞう} ① 1201年、重源の命で快慶がつくった東大寺の鎮守八幡宮の神体。写実的で鎌倉時代の新しい気風を示す作品。

湛慶^{たん} ② 1173～1256 鎌倉前期の仏師。運慶の長男。慶派を継ぎ、写実的な彫刻の発展に貢献。代表作は蓮華王院本堂(三十三間堂)の千手観音坐像。

康弁^{えん} ② 生没年不詳。鎌倉前期の仏師。運慶の3男。鎌倉前期の彫刻界に活躍。興福寺の天灯鬼・竜灯鬼が代表作。

：天灯鬼像^{てんとうきぞう}**・竜灯鬼像**^{りゅうとうきぞう} ② 興福寺蔵。木像。竜灯鬼の胎内に康弁作の書付がある。灯籠を乗せた邪鬼の表情を滑稽味を込めて表現している。

康勝^{こうしょう} ④ 生没年不詳。鎌倉前期の仏師。運慶の4男。六波羅蜜寺の「空也上人像」は当代肖像の代表作。

：空也上人像^{くうやしょうにんぞう} ⑤ 康勝の作。鹿角の杖をつき、左手に撞木^{しゅもく}、胸に鉦^{しょう}を抱いており、市聖^{いちのひじり}と呼ばれた空也の姿を示す。口元の6体の小仏は、南無阿弥陀仏の6字を示す。

重源上人像^{ちょうげんしょうにんぞう} ④ 東大寺俊乗堂の本尊。東大寺復興に尽力した重源を、写実的に表現した肖像彫刻。慶派の仏師による制作と推定される。

上杉重房像^{うえすぎしげふさぞう} ② 鎌倉明月院^{めいげついん}蔵。寄木造^{よせぎづくり}。上杉重房は1252年、宗尊^{むねたか}親王に随行して鎌倉に下り、子孫は関東管領となる。烏帽子^{えぼし}・狩衣^{かりぎぬ}・指貫^{さしぬき}姿で個性表現に優れており、鎌倉肖像彫刻の最高峰といえる。

高徳院阿弥陀像^{こうとくいんあみだぞう} ③ 通称は鎌倉大仏。勧進上人浄光が1243年に木像を完成。のち1252年に金銅仏を鋳造。1498年、明応の地震で津波により大仏殿が倒壊し、「露坐^{ろざ}の大仏」となっている。　**鎌倉大仏**^{かまくら} ③

絵巻物^{えまき} → p.81

『後三年合戦絵巻』^{ごさんねんかっせんえまき} ⑤ 源義家が奥州清原氏の内紛に介入した後三年合戦を描く。義家が飛雁^{ひがん}の列の乱れから敵の伏兵を見破る場面は有名。1347年成立。絵は飛騨守惟久^{これひさ}。

『平治物語絵巻』^{へいじものがたりえまき} ⑥ 平治の乱を題材とした合戦絵巻。現存する3巻は、源義朝による後白河院御所襲撃を描いた三条殿夜

討巻、藤原通憲(信西)の最期を描いた信西巻、二条天皇が幽閉先から平氏邸宅に脱出する六波羅行幸巻。鎌倉中期の作。

『蒙古襲来絵詞(絵巻)』（もうこしゅうらいえことば(えまき)）⑥ 蒙古襲来に奮戦した肥後の御家人竹崎季長が、自己の姿を描かせ、恩賞として拝領した肥後国海東郡甲佐大明神に奉納したもの。蒙古襲来を伝える貴重な絵画資料。鎌倉後期の作。

竹崎季長（たけざきすえなが）⑤ 1246〜？ 肥後国の御家人。文永の役で戦功を挙げたにもかかわらず、恩賞がないので、翌年鎌倉に赴き、御恩奉行安達泰盛に直訴して、肥後国海東郡の地頭職を受けた。

『北野天神縁起絵巻』（きたのてんじんえんぎえまき）④ 菅原道真の生涯と死後の怨霊談、北野天満宮の由緒を描いた鎌倉初期の絵巻物。

『春日権現験記絵』（かすがごんげんけんきえ）⑥ 『春日験記』ともいう。左大臣西園寺公衡（さいおんじきんひら）が宮廷絵所高階隆兼に描かせた春日明神の霊験譚の絵巻物。1309年の作。　高階隆兼（たかしなたかかね）②

『石山寺縁起絵巻』（いしやまでらえんぎえまき）⑤ 近江国石山寺の沿革・霊験などを描いた絵巻物。発願は鎌倉末期の正中年間だが、全7巻の内、第4巻(土佐光信)は室町中期の制作、6・7巻(谷文晁)は江戸中期の制作。石山寺造立の場面では、当時の大工道具の使用法が伺える。また、逢坂の関を通過する馬借の場面でも知られる。
　：谷文晁（たにぶんちょう）　→ p.205

『粉河寺縁起絵巻』（こかわでらえんぎえまき）② 紀伊国粉河寺は西国三十三カ所の三番札所。本尊の千手観音像をめぐる造立の縁起を描いた絵巻。火災による絵巻物の上下に波型の焼損がある。12世紀後半の制作。

『山王霊験記絵巻』（さんのうれいげんきえまき）

『紫式部日記絵巻』（むらさきしきぶにっきえまき）① 『紫式部日記』を絵画化した絵巻物。御堂関白（みどうかんぱく）の藤原道長や『小右記』の作者藤原実資らが度々登場する。13世紀中頃。

『法然上人絵伝』（ほうねんしょうにんえでん）④ 法然の生涯を描き、布教の手段とされた絵巻の総称。代表例である『法然上人行状絵図』（ぎょうじょうえず）は1307年、後伏見上皇の勅命により土佐吉光らが筆を執った。

『一遍上人絵伝』（いっぺんしょうにんえでん）（『一遍聖絵』（いっぺんひじりえ））⑦ 一遍の生涯を描いた絵巻には2系統があり、『一遍上人絵詞伝』は原本が残存せず、転写本が各地に残存する。1299年に弟子の聖戒（しょうかい）が制作した『一遍聖絵』は、円伊の写実的な絵で自然や庶民生活を描いている。

円伊（えん）②

『男衾三郎絵巻』（おぶすまさぶろうえまき）⑤ 武蔵国に住する武家の兄弟、風流華奢な生活をおくる兄の吉見二郎と武道一途な弟の男衾三郎を対比させて描いている。笠懸（かさがけ）や弓張りなど武士の生活を描いている点で貴重。13世紀末の成立。

『地獄草紙』（じごくぞうし）② 六道（ろくどう）絵(人が死後に赴く六つの世界を絵で示したもの)の一つ。仏教経典に説かれた地獄の場面を描いた絵巻物。12世紀末の作。

『病草紙』（やまいのそうし）② 平安末〜鎌倉初期の絵巻物で、各種の奇病や身体の異常に関する記述・説話を集めている。

『餓鬼草紙』（がきぞうし）③ 『地獄草紙』などと共に六道絵の一つで、前世の悪業の報いで救われない餓鬼の苦しみを描いた絵巻物。布教のための絵解きに使用されたと推定される。鎌倉初期の制作。

似絵（にせえ）⑥ 鎌倉時代に発達した大和絵の肖像画。着衣は類型的である一方、人物を写実的・記録的に描き、個性を表現した。藤原隆信・信実親子が名手として知られる。

藤原隆信（ふじわらのたかのぶ）⑤ 1142〜1205 鎌倉初期の公家。定家の異父兄。後白河法皇に近臣として仕え、似絵の名手として知られる。「伝源頼朝像」「伝平重盛像」などを描いたとされるが、近年は異論が出ている。

：伝源頼朝像（でんみなもとのよりとも）② 京都西郊神護寺（じんごじ）蔵の似絵。頼朝の風貌を伝える藤原隆信の名作といわれていたが、近年は美術史学の立場から足利直義像との説が出ている。

：伝平重盛像（でんたいらのしげもり）① 藤原隆信が平清盛の長男重盛を描いた神護寺蔵の似絵とされるが、近年は足利尊氏との説が有力。

藤原信実（ふじわらののぶざね）⑥ 1176？〜1265？ 隆信の子。右京権大夫として朝廷に仕え、父と共に似絵の大家として知られた。「後鳥羽上皇像」を描いたとされる。

：後鳥羽上皇像（ごとばじょうこう）② 承久の乱後、隠岐配流の際に落飾前の姿を藤原信実に描かせたと『吾妻鏡』に記されている。絵を所蔵する水無瀬神宮（みなせ）は、後鳥羽上皇が離宮を構えた場所で、上皇の死後に建てられた御影堂を起源とし、1488年に宗祇（そうぎ）が『水無瀬三吟百韻』を奉納した。

明恵上人樹上坐禅図（みょうえしょうにんじゅじょうざぜんず）① 栂尾高山寺を開いた明恵房高弁が、松林の中の樹上で修禅する姿を伝える肖像画。作者は明恵に近侍した恵日房（えにちぼう）成忍という。鎌倉前期の作。　成忍（じょうにん）①

頂相（ちんそう・ちんぞう）　⑦　禅宗で、師が自らの法を伝えた証に弟子に与えた、自らの賛（詩文）を加えた自身の肖像画。写実を追求しており、肖像彫刻も頂相と呼んでいる。

法性寺流（ほっしょうじりゅう）　①　保元の乱で勝者となった法性寺関白藤原忠通を祖とする書流。小野道風・藤原行成らの和様の書を受け継ぎ、その書法に力強さを加味したもの。

青蓮院流（しょうれんいんりゅう）　③　鎌倉後期、伏見天皇の皇子で青蓮院門跡の尊円入道親王が、三跡の一人藤原行成の世尊寺流に、宋の書風を取り入れて創始した平明高雅な書派。江戸時代には御家流に発展。**御家流**（おいえりゅう）②

：**尊円入道親王**（そんえんにゅうどうしんのう）　③　1298～1356　尊円法親王とも呼ばれる。父は伏見天皇。親王宣下ののち、仏門に入り、青蓮院門跡、天台座主を歴任した。書道に優れ、青蓮院流を創始した。**伏見天皇**（ふしみてんのう）②

：**鷹巣帖**（たかのすじょう）①　青蓮院流を創始した尊円入道親王が、1349年、即位前の後光厳天皇のために、習字の手本として書いた。

赤糸威鎧（あかいとおどしのよろい）　③　兜や鎧を構成する鉄製・革製の小札を、赤糸の紐で威した（綴じた）甲冑。畠山重忠が奉納したと伝える武蔵御嶽神社のものが有名。紐の色により、白糸威、紺糸威などがある。

藤四郎吉光（粟田口吉光）（とうしろうよしみつ・あわたぐちよしみつ）　③　生没年不詳。鎌倉後期、京都東山の粟田口を拠点とした刀工。短刀の名手とされた。〔岡崎〕正宗と共に刀鍛冶の双璧とされた。

〔岡崎〕正宗（おかざきまさむね）　③　生没年不詳。鎌倉後期、相模国に居住した刀鍛冶。五郎入道正宗とも。

〔長船〕長光（おさふねながみつ）　③　生没年不詳。鎌倉後期、備前国長船を拠点とした刀鍛冶。備前物の名声を高めたといわれる。

瀬戸焼（せとやき）⑥　尾張国瀬戸付近で生産される陶磁器の総称。釉薬を用いる中国製陶技術を導入した点が特徴的。1223年に道元と共に入宋した加藤景正がおこしたとの伝承があるが、現在では否定的。19世紀より磁器が主流となる。

：**加藤景正**（かとうかげまさ）　③　生没年不詳。加藤四郎左衛門と称したので、略して藤四郎。1223年、道元と共に宋に渡り製陶法を研究。帰国後、瀬戸焼の開祖になったとされるが確証はない。子孫も代々藤四郎を称した。

常滑焼（とこなめやき）　⑤　尾張国常滑（知多半島西岸）でつくられた陶器。早いものは12世紀に遡ると考えられる。三河国の渥美焼と共に伊勢湾に臨む海運の便により製品が全国に広ま

り、出土遺品も多い。この頃、越前焼・珠洲焼（能登半島）・備前焼・信楽焼（滋賀県）など各地に窯が発達した。**渥美焼**（あつみやき）①

越前焼（えちぜんやき）③　**珠洲焼**（すずやき）②

信楽焼（しがらきやき）①

備前焼（びぜんやき）④　備前国伊部付近で焼造されてきた釉薬を用いない素朴な味わいの陶器。12世紀におこったと伝え、『一遍上人絵伝』の福岡市にも描かれている。

青磁・白磁（せいじ・はくじ）　⑤　青磁は、釉薬をかけ青緑色に発色させた磁器。南宋時代に優れたものが多く、白磁と共に鎌倉時代に多く輸入され、唐物として珍重された。

有徳人（うとくにん）　①　徳人・得人ともいう。仏教用語では優れた徳行を積む者を指すが、借上などの経済的富裕者をも含めた。業務的に貪欲とみられる者が贖罪の意味から、宗教儀式を通して社会に経済的還元（有徳銭などの寄付）を行うことが期待された。その背景には功徳を施すことで富の平準化を図る中世の「有徳」観があった。

武家社会の成長

1 室町幕府の成立

鎌倉幕府の滅亡

後嵯峨ごさが**天皇(上皇)** ⑥ 1220〜72　在位1242〜46　院政1246〜72。父土御門天皇が承久の乱に反対だったことから、幕府の意向で即位。上皇となった1246年、要求を受け入れ、院評定衆を設置、52年には皇子宗尊むねたか親王を将軍として鎌倉へ下向させた。長男の後深草天皇に弟亀山天皇への譲位を命じたのが持明院統・大覚寺統対立の原因となった。

後深草ごふかくさ**天皇(上皇)** ⑥ 1243〜1304　在位1246〜59　院政1287〜90。後嵯峨天皇の皇子。父の命で同母弟の亀山天皇に譲位。亀山天皇の子孫が正嫡とされたことに不満を持ち、関東申次かんとうもうしつぎ西園寺実兼さいおんじさねかねを通して幕府へ訴えかけ、伏見ふしみ天皇の即位に至る。持明院統の祖。

持明院統じみょういんとう ⑦ 後深草天皇から発した皇統。持明院を院御所とし、長講堂領を継承。大覚寺統と皇位を争うが、建武の新政により一時衰退した。新政の崩壊後、足利氏に擁されて北朝を立て、南北朝合体後は皇位を継承して現在に至っている。

　：長講堂領ちょうこうどうりょう　→ p.77

亀山かめやま**天皇(上皇)** ⑥ 1249〜1305　在位1259〜74　院政1274〜87。父後嵯峨天皇の意向により、同母兄の後深草天皇の次に即位。皇子の後宇多天皇に譲位し、後深草上皇より先に院政を行った。大覚寺統の祖。

大覚寺統だいかくじとう ⑦ 亀山天皇から発した皇統。大覚寺を院御所とし、八条院領を継承した。鎌倉末期、持明院統と皇位を争って両統迭立となるが、後醍醐天皇が建武の新政に成功した。離反した足利尊氏に持明院統への譲位を強要されると吉野に移り、南朝を立てた。

　：八条(女)院領はちじょうにょいんりょう　→ p.77

後宇多ごうだ**天皇(上皇)** ④ 1267〜1324　在位1274〜87　院政1301〜08、18〜21。父は亀山天皇。子の後二条・後醍醐天皇の時に院

政を行う。

両統迭立りょうとうてつりつ ⑥ 持明院統・大覚寺統の両統が交代で皇位に即くこと。後嵯峨天皇の譲位後、皇統が分立したため、幕府が解決策として提示した原則。1317年、幕府が和解(文保の和談ぶんぽうのわだん)を提議し、翌年に後醍醐天皇が即位したが、両統の対立は解消しなかった。

後醍醐ごだいご**天皇** ⑦ 1288〜1339　在位1318〜39。名は尊治。大覚寺統。1321年、父後宇多上皇の院政を停止し、記録所再興など天皇親政を行う。討幕計画が失敗し隠岐配流となるが、1333年に足利・新田氏らの協力により幕府を倒した。復古的な天皇親政を理想として建武の新政を進めるが、武士の不満を受け、1336年に崩壊した。室町幕府と結んだ持明院統(北朝)に対し、吉野を拠点に南朝をおこす。 ④

　　　　記録所再興きろくしょさいこう ②

〔**天皇**〕**親政**てんのうしんせい　→ p.59

北条高時ほうじょうたかとき ⑤ 1303〜33　北条氏最後の得宗で、14代執権(1316〜26年)。内管領うちかんれい長崎高綱・高資に実権を委ね、幕政を衰退させた。元弘の変では後醍醐天皇を隠岐に流したが、御家人が離反し、新田義貞の鎌倉攻撃により東勝寺で自害。

長崎高資ながさきたかすけ ② ?〜1333　北条高時の寵臣。父高綱たかつな(法名円喜えんき)と父子2代にわたり内管領として幕府を掌握するが、賄賂わいろ政治を行った。東勝寺で自害。

正中の変しょうちゅうのへん ⑤ 1324(正中元)年、後醍醐天皇が側近の日野資朝すけとも・俊基としきと図った討幕計画。密告により露見し、資朝は佐渡に流された。

元弘の変げんこうのへん ⑥ 1331(元弘元)年、後醍醐天皇再度の討幕計画。近臣吉田定房の密告で露見。天皇は笠置山で捕らえられ隠岐に流された。しかし、これを機に悪党・有力御家人の挙兵が相次ぎ、1333年に討幕が実現した。 **笠置山**かさぎやま ②

光厳こうごん**天皇** ④ 1313〜64　在位1331〜33　院政1336〜51。持明院統。父は後伏見天皇。後醍醐天皇が笠置山に逃れた際、幕府に擁立されて即位。建武の新政で廃位。1336年、足利尊氏が京都で敗れ、九州に下向する際、

尊氏から求められて、新田義貞追討の院宣を与えた。

護良親王（もりよししんのう）⑥ 1308〜35　父後醍醐天皇の討幕計画に山法師を利用するため尊雲法親王を名乗り、天台座主となる。元弘の変以降、還俗（げんぞく）して討幕運動を進め、建武政権の征夷大将軍となる。対立した足利尊氏の排斥に失敗し鎌倉に幽閉され、中先代の乱の混乱の中、足利直義に謀殺された。

尊雲法親王（そんうんほっしんのう）①

楠木正成（くすのきまさしげ）⑦ ？〜1336　河内国の豪族。元弘の変に呼応して挙兵。河内の赤坂城・千早城で幕府軍を引きつけ、御家人の離反を促すなど、建武の新政の実現に貢献し、摂津・河内・和泉の守護となった。建武政府に反した足利尊氏を九州に敗走させたが、再挙して東上した尊氏軍を摂津湊川で迎え撃って戦死した。

赤坂城（あかさかじょう）②

千早城（ちはやじょう）①

悪党（あくとう）　→ p.96

名和長年（なわながとし）② ？〜1336　伯耆国の豪族。隠岐を脱出した後醍醐天皇を、伯耆船上山（せんじょうさん）に迎えて挙兵。建武政府の要職につき伯耆・因幡国守護となる。九州から東上した足利尊氏軍を京都で迎え撃って戦死した。

足利尊氏（高氏）（あしかがたかうじ）⑦ 1305〜58　足利氏は源義家の孫義康が下野国足利荘に土着した豪族。有力御家人として北条高時の信任厚く、高氏と名乗る。元弘の変では幕府軍として出兵したが、天皇側に通じて六波羅探題を攻略。天皇の名尊治の一字を許され尊氏と改名。建武政府に対する武士の不満を糾合して、中先代の乱を機に離反。1338年、持明院統の光明天皇を擁して室町幕府を開き、初代将軍（在職1338〜58）となる。

赤松則村（円心）（あかまつのりむら・えんしん）③ 1277〜1350　元弘の変に護良親王の令旨を受けて播磨で挙兵、足利尊氏と共に六波羅探題を攻め落した。建武政府では優遇されず、尊氏と共に離反した。

六波羅探題攻略（ろくはらたんだいこうりゃく）⑦ 1333年5月、足利尊氏は赤松則村らと共に六波羅を攻略、関東へ逃れようとした探題北条仲時は、近江国番場蓮華寺で一族と自害した。

新田義貞（にったよしさだ）⑦ ？〜1338　新田氏は源義家の孫義重が上野国新田荘に土着した豪族。後醍醐天皇の呼びかけで鎌倉を攻め、幕府を滅ほす。建武政府で武者所頭人となった。足利尊氏の離反後、恒良（つねよし）親王を奉じて北陸に下り、室町幕府に抗したが、越前国藤島で戦死した。

鎌倉幕府滅亡（かまくらばくふめつぼう）⑦ 1333年5月、上野国で挙兵した新田義貞は南下して鎌倉を包囲した。切通など外郭線を防衛する幕府軍に対し、義貞は干潮の稲村ヶ崎から鎌倉に突入した。北条高時以下一族は、東勝寺で自害し、幕府は滅亡した。

菊池武時（きくちたけとき）② 1272？〜1333　肥後の豪族。後醍醐天皇の隠岐脱出と呼応して九州で挙兵。鎮西探題を攻めて敗死したが、菊池氏が南朝に参加する道を開いた。

鎮西探題攻略（ちんぜいたんだいこうりゃく）②

建武の新政

建武の新政（けんむのしんせい）⑦ 鎌倉幕府滅亡後の後醍醐天皇による政治。武家政権を倒し天皇親政を復活させた意味から建武の中興（ちゅうこう）ともいう。記録所・雑訴決断所の設置、国司・守護の併置、大内裏造営や貨幣鋳造の計画、関所停止など、復古的な天皇親政をめざしたが、武士の不満を呼び、足利尊氏の離反により、3年足らずで崩壊。

大内裏造営計画（だいだいりぞうえいけいかく）⑦ 1334年、建武政府は大内裏造営を図り、費用を確保するため、乾坤通宝の鋳造や紙幣の発行を計画。さらには地頭への20分の1税の賦課を提案して武士の不満を呼んだ。

：綸旨（りんじ）⑦ 天皇の意志を、蔵人が承って伝える形式の文書。建武の新政では、土地の諸権利もすべて綸旨での確認が必要とされたため、安堵や訴訟が滞り、武士は不満を募らせた。

記録所（きろくじょ）⑤ 建武の新政の主要政務機関。後三条天皇の記録荘園券契所に始まるが、建武の新政では公家政治復活の中心機関として一般政務を担当。

雑訴決断所（ざっそけつだんしょ）⑦ 建武の新政の主要政務機関。幕府の引付を受け継ぎ、専ら所領問題などの訴訟を裁決した。

恩賞方（おんしょうがた）⑤ 建武の新政に味方した武士の論功行賞を取り扱う機関。公正を欠き、武士の不満を招いた。

武者所（むしゃどころ）⑤ 建武の新政において主に京都の治安維持に当たった軍事・警察機関。頭人（とうにん）（長官）は新田義貞。

国司・守護の併置（こくし・しゅごのへいち）⑥ 建武の新政で、後醍醐天皇は公家・武士を新しく国司に任命したが、幕府側に従って滅ぼされた武士以外の守護はそのまま任務を続けた。そのため国司・守護併置となった。

鎌倉将軍府（かまくらしょうぐんふ）⑦ 建武政府が関東10カ国

を統治するため、成良親王を将軍とし、足利直義を補佐として鎌倉に開かせた機関。

成良親王 ①

陸奥将軍府 ⑦ 後醍醐天皇の皇子義良親王と北畠顕家が奥羽2州の統治にあたった機関。多賀城跡に本拠を築く。

義良親王 ①

二条河原の落書 ⑦ 1334年または翌35年に、後醍醐天皇の政庁に近い京都二条河原に貼り出された落書。建武の新政の失政を鋭く批判・風刺した八五調と七五調をとりまぜた88句からなる長詩。当時の混乱した世相・人情を知る貴重な資料で、『建武年間記』に収められている。

:『建武年間記』 ⑤ 建武政府の諸法令や政治・訴訟・軍事機構の記録を集めたもの。一般には『建武記』と呼ばれる。建武政府の実態を知る上で重要な書。

中先代の乱 ⑦ 1335年、北条高時の子時行が鎌倉幕府の再興を図って起こした兵乱。時行は、鎌倉の足利直義を破ったが、支援に赴いた尊氏に鎮定された。中先代とは足利氏からみて北条氏を先代、足利氏を当代と呼ぶのに対していう。

:北条時行 ④ ?～1353 北条高時の2男。鎌倉幕府滅亡の際、鎌倉を逃れ、信濃の諏訪氏にかくまわれた。1335年、挙兵して一時鎌倉を奪回したものの、追討に下ってきた足利尊氏に敗れ、以後南朝に属して尊氏に抵抗した。のちに捕えられて斬首。

南北朝の動乱

北畠顕家 ② 1318～38 親房の長男。陸奥将軍府を統括していたが、足利尊氏が離反すると西上し、1336年一度は尊氏を九州に敗走させた。のち戦況は不利となり、1338年和泉石津で戦死。

湊川の戦い ⑥ 1336年5月、九州から東上した足利尊氏の軍を、新田義貞・楠木正成軍が迎え撃ったが、正成は摂津湊川での直義軍との戦いで敗死、ついで兵庫に布陣していた義貞軍も敗走した。

光明天皇 ⑦ 1321～80 在位1336～48。父は後伏見天皇、兄は光厳天皇。九州から上洛した足利尊氏に擁立され、南朝の後醍醐天皇と対峙した。1338年、尊氏を征夷大将軍に任命した。

建武式目 ⑦ 1336(建武3)年、中原章賢(是円房)らが足利尊氏の諮問に対して出した答申。幕府を鎌倉におくか京都とするか、今後どのような法を採用すべきかという諮問に対し、鎌倉からの移転は世論に従うべきことなどを17条にまとめた。

:建武以来追加 ④ 室町幕府は、御成敗式目を基本法として継承した。また、鎌倉幕府の追加法である式目追加も引き継いでおり、建武年間以降につけ加えた法を建武以来追加として扱った。

南朝 ⑦ 1336年、後醍醐天皇は吉野に移って大覚寺統の正統性を主張。以後、後村上・長慶・後亀山と続く皇統を指す。所在地から吉野朝とも呼ばれるが、1348年以降、賀名生、金剛寺、住吉神社などに行宮を移した。1392年に北朝と合体した(南北朝の合体)。

吉野朝 ①

:吉野 ⑦ 大和国南部山岳地帯を指す。吉野川・十津川の峡谷という自然の要害と、吉野山・大峰山を道場とする修験道勢力に守られ、南朝はここを拠点に活動した。

北朝 ⑦ 足利尊氏が擁立した持明院統の京都朝廷。後醍醐天皇の南朝(吉野朝)と並立。光厳上皇と光明・崇光・後光厳・後円融・後小松の5代を指す。

南北朝の動乱(内乱) ⑦ 1336年、足利尊氏が建武政権を倒し、持明院統の光明天皇を擁立。一方、大覚寺統の後醍醐天皇は吉野に移り、両統の朝廷が並立した。両朝は諸国の守護・豪族の支持を受けて抗争し、国人らの対立も加わり、内乱は全国化した。南朝が劣勢であったが、観応の擾乱により幕府側が分裂し、動乱は長期化した。足利義満が幕政を安定させると、1392年に南北朝は合体した。

南北朝時代 ⑤ 1336年、足利尊氏が光明天皇を擁立し、後醍醐天皇が吉野に移って南北朝が分立してから、92年に南北朝が合体するまで、南朝4代、北朝5代の天皇が並立した57年間をいう。

北畠親房 ⑥ 1293～1354 後醍醐・後村上天皇に仕えた南朝の重臣。吉野や常陸小田城などで作戦を指揮し、南朝勢力の保持・拡充に努めた。『神皇正統記』『職原抄』の著書がある。

小田城 ①

:『神皇正統記』 → p.124

:『職原抄』 → p.124

後村上天皇 ① 1328～68 在位1339～68。父は後醍醐天皇、南朝の第2代。義良親王と称した頃、北畠顕家と共に奥羽に赴き、勢力強化に尽くす。足利尊氏の反逆に伴い西上して転戦。父の死後、南朝を継いだ。

観応の擾乱(かんのうのじょうらん)　⑦ 観応年間（1350〜52年）の足利尊氏・直義両派の内紛、及びそれに連動した全国的争乱をいう。1350年に直義と尊氏派の高師直とが衝突し、51年に師直が敗死した。ついで直義は鎌倉に逃れたが、1352年、尊氏によって毒殺され、擾乱は収束した。この間、直義・尊氏がそれぞれ一時的に南朝と和睦するなど、南朝の勢力回復、南北朝動乱の長期化につながった。

：**足利直義**(あしかがただよし)　⑦ 1306〜52　尊氏の弟。建武政府では成良(なりよし)親王を奉じて鎌倉将軍府を担っていたが、中先代の乱を機に兄と共に幕府創設に尽力。初期の室町幕府は尊氏と直義による二頭政治で運営された。兄弟の対立から始まった観応の擾乱では、初め優勢であったが、最終的に鎌倉で毒殺された。

：**二頭政治**(にとう)　③ 初期の室町幕府がとった足利尊氏・直義兄弟の共同統治体制。軍事指揮権と恩賞給与・守護職任免などの主従制的支配権を将軍尊氏が、所領裁判権・安堵権などの統治権の支配権を直義が担っていた。

：**高師直**(こうのもろなお)　⑤ ？〜1351　足利尊氏派の武将。幕府創設時の功により、執事（のちの管領）として権勢をふるった。武士の荘園押領を是認したので、裁判を統轄する足利直義と対立。観応の擾乱で敗死した。

執事(しつじ)　③

：**高師泰**(こうのもろやす)　①　？〜1351　師直の弟。兄に協力して南朝の楠木正行を四条畷で破った。観応の擾乱では足利直義と戦うが、敗死。

：**足利義詮**(あしかがよしあきら)　① 1330〜67　尊氏の嫡子で2代将軍（在職1358〜67）。1333年に新田義貞の鎌倉攻めに父の代理として参加。父尊氏の跡を継ぐが、観応の擾乱の余波で統治に苦しむ。

：**足利直冬**(あしかがただふゆ)　② 生没年不詳。尊氏の庶子。尊氏から実子と認められず、叔父直義の養子となったため、観応の擾乱では養父直義と共に父尊氏・弟義詮と戦う。直義の死後も、10年余り抵抗を続けた。

惣領制の解体(そうりょうせいのかいたい)　⑦ 分割相続を前提に軍役や御家人役を相応に負担する惣領制（血縁的結合）は、単独相続が一般的になると、一族内での相続争いなどが生じた。こうした中で利害を共有する者同士の地縁的結合の成立や庶子の守護被官化（家臣化）が進んだ。

：**惣領制**(そうりょうせい)　→ p.91

：**庶子**(しょし)　→ p.91
：**単独相続**(たんどくそうぞく)　→ p.91
：**嫡子単独相続**(ちゃくしたんどくそうぞく)　→ p.120

守護大名と国人一揆

守護大名(しゅごだいみょう)　⑤ 鎌倉時代に比べ、職権が拡大された室町時代の守護。大名の名称は大名田堵に由来する。鎌倉時代の職権が大犯三カ条に基づく軍事警察権のみであったのに対し、刈田狼藉の取締り、使節遵行権などの幕府権限の分掌、半済令に基づく国人・地侍の家臣化や土地の一円支配、段銭徴収などの国衙機能も吸収した。

：**刈田狼藉**(かりたろうぜき)　④ 係争中や敵方の田地の稲を一方的に刈り取る行為が刈田狼藉。これを取り締まる権限が守護に与えられた。

：**使節遵行**(しせつじゅんぎょう)　④ 土地争論に関する幕府の判決を、幕府の使節を通して従わせる権限。幕府の権威を背景にして領国への職権を強化した。

：**闕所地処分権**(けっしょちしょぶんけん)　① 押収した敵方の所領を処分する権利。

〔観応〕**半済令**(かんのうはんぜいれい)　⑥ 1352（観応3）年、守護に荘園・公領の年貢の半分を軍費として取得し、武士に分与する権限を認めた法令。近江・美濃・尾張に対し、1年限りに施行した。

：**兵粮料所**(ひょうろうりょうしょ)　④ 室町幕府から兵粮米にあてるよう指定された土地。1352年7月、幕府は近江・美濃・尾張3国の本所年貢の半分を兵粮料所として守護に預ける〔観応〕半済令を発し、翌月、伊勢など5カ国を加えた。当初は1年の期限つきであったが、次第に永続化していった。

〔応安〕**半済令**(おうあんはんぜいれい)　① 足利義満が3代将軍に就任した1368（応安元）年に発令された半済令。天皇領と殿下渡領を除く荘園について、無期限に下地（土地）を折半する内容で、知行権を守護が家臣に給付できるようにした。荘園領主の下に残った土地についても守護請が進み、荘園領主の土地支配権は弱くなった。

守護領国制(しゅごりょうごくせい)　① 室町時代に、一国全体の地域的支配権を確立した守護大名の支配体制。南北朝期以降の権限の拡大、守護職補任の世襲化、国衙機能の吸収などを背景とするが、あくまでも幕府による補任が前提で、法・裁判は幕府に依拠していた。なお、守護は在京が原則であったので、実際の統治は守護代が執行した。

守護請しゅご ① 室町時代、荘園・公領の年貢徴収・納入を守護が請け負った制度。これにより荘園制の崩壊と守護の領国形成が促進された。

代官請だいかんうけ ① 鎌倉後期以降、荘園や公領において、代官に下地支配を委ねるのと引換えに、一定額の年貢の納入を請け負わせた制度。守護被官の国人や五山寺院の禅僧、京都の土倉どそうが任命されることもあった。

室町期荘園制むろまちきしょうえんせい ① 荘園制は鎌倉後期～南北朝期の武士による押領、下地中分、半済などにより崩壊したのではなく、室町中期以降にも存在した。直務代官（荘園領主が派遣した家司・僧侶）、武家代官（守護・国人など）、貸付返済の代替として乗り込んだ五山僧ごそう・山僧・商人などが荘園経営（管理・徴納税）を、請け負った荘園。

国人こくじん ⑦ 荘官・地頭が在地に土着し、経営基盤を確立して、領主層に成長した武士。守護の被官（家臣）となる者、国人領主間の地縁的結合である国人一揆を結ぶ者に分かれる。 **被官**ひかん ③

国人一揆こくじんいっき ⑤ 国人層が自らの領主権を守るため結成した地縁的集団。守護大名への対抗や、農民支配を確実にするために結成した。一味同心して結んだ一揆契状では、傘連判にみられるように構成員の平等性が強調された。 **一揆契状**いっきけいじょう ②
：**傘連判〔状〕**からかされんばん〔じょう〕 → p.186

室町幕府

足利義満あしかがよしみつ ⑦ 1358～1408 3代将軍（在職1368～94）。山名・大内氏など有力守護を粛清して幕府権力を確立。南北朝の合体や、日明間の国交を樹立して、勘合貿易を実現するなどした。京都室町に花の御所を構え、出家したのち北山殿を営んだ。武家として平清盛以来の太政大臣に就任、准三后ともなり、妻を後小松天皇の准母とするなど、権勢を誇った。死後、朝廷が贈ろうとした太上法皇の称号は4代将軍義持が辞退した。

公方くぼう ① 鎌倉後期から将軍を公方と呼ぶようになり、室町時代には足利将軍のほか、鎌倉府の長官も公方を称した。

細川頼之ほそかわよりゆき ① 1329～92 足利尊氏・義詮よしあきらに従い、四国を領有。管領として幼主の義満を補佐するが、義満が成長すると1379（康暦元）年、罷免された（康暦こうりゃくの政変）。

懐良かねよし**親王**しんのう ④ 1330？～83 父は後醍醐天皇。征西大将軍として九州へ下向し、菊池氏の支援で1361年に大宰府を占拠。一時、九州全土を制圧した。しかし、1371年に幕府方の今川貞世（了俊）が九州探題に就任すると大宰府を追われ、九州の南朝勢力は衰退した。 **征西大将軍**せいせいだいしょうぐん ④

今川貞世いまがわさだよ**（了俊**りょうしゅん**）** ④ 1326～？ 法名了俊。1371年、九州探題に就任し南朝勢力を制圧した。強大化を嫌った義満により、95年、九州探題を解任され、駿河守護に左遷。1399年、大内義弘・鎌倉公方足利満兼との共闘（応永の乱）を試みたが失敗。翌年、義満に追討され隠退した。和歌・連歌に優れ、『難太平記』を著した。
：**九州探題**きゅうしゅうたんだい → p.112

南北朝の合体（合一）なんぼくちょうのがったい（ごういつ） ⑦ 1392年、足利義満の仲介で、南朝方の後亀山天皇の京都帰還が実現。北朝方の後小松天皇への神器譲渡により、半世紀に及ぶ南北朝の対立が終わった。合体の条件は、両朝が交替で皇位につき、公領は南朝の皇統が相続することであったが、守られなかった。
：**後亀山天皇**ごかめやまてんのう ④ ?～1424 在位1383～92。父は後村上天皇で、南朝最後の天皇。足利義満の斡旋を受け入れ、南北朝の合体を実現。後小松天皇に神器を譲るが、和議の条件が守られず、1410年に吉野に戻って皇位回復運動を続けた。 **後南朝**ごなんちょう ①
：**後小松天皇**ごこまつてんのう ⑤ 1377～1433 在位1382～1412。南北朝の合体時の北朝の天皇。南朝の後亀山天皇より神器を受け、以後、持明院統を継承する。

京都市政権接収きょうとしせいけんせっしゅう ① 1378年の室町殿の建設、79年の管領細川頼之罷免により、将軍権力を確立した義満は、次第に朝廷から京都市中の市政権・裁判権・徴税権、全国の段銭・棟別銭徴収権を接収した。

花の御所はなのごしょ ⑦ 3代将軍足利義満が建てた将軍邸で、1378年頃に完成。室町通りに面したので室町殿と呼ばれ、幕府名の由来となった。多種の名花を植えたため、花の御所（花営・花亭）とも呼ばれた。1476年に火災で焼失。新邸は室町柳原に建てられたので柳の御所と呼ぶ。 **室町殿**むろまちどの ③ **柳の御所**やなぎのごしょ ①

室町幕府むろまちばくふ ⑦ 1336年に足利尊氏が建武式目で武家政権の再興を示し、38年の征夷大将軍就任をもって幕府が発足したが、南北朝動乱で不安定であった。3代将軍義満に至り、朝廷の持っていた京都市政権や段銭

賦課権を吸収して公武統一の全国政権となった。しかし、その後は動揺が絶えず、応仁の乱以降は著しく弱体化、1573年に15代将軍義昭がその地位を追われて滅んだ。

室町時代〔ねんだい〕⑦　1336年の建武政権の崩壊から1573年の室町幕府滅亡までの約240年間をいう。なお、南北朝の合体までを南北朝時代、1467年の応仁の乱以後を戦国時代として区別することもある。荘園公領制が崩壊して守護領国制が成立し、商品の流通と貨幣経済が進展する一方、公家文化と禅宗文化を吸収して武家文化が成熟した。

土岐康行の乱〔ときやすゆきのらん〕④　土岐康行は美濃・尾張・伊勢3カ国の守護を兼ねて強勢を誇ったが、1390年に将軍義満により討伐され衰退。のち、守護代斎藤氏により国を追われて没落した。
　　　　　　　　　　　　　土岐康行〔やすゆき〕④
　　　　　　　　　　　　　土岐氏〔し〕⑤

明徳の乱〔めいとくのらん〕⑤　1391(明徳2)年の山名氏清の蜂起。将軍義満の挑発を受け、甥の満幸と共に京都に兵を進めたが敗れた。11カ国あった山名氏一族の領国は、但馬・伯耆・因幡の3カ国に削られ、勢力は一時衰えた。
　：山名氏清〔やまなうじきよ〕⑤　1344～91　中国・近畿に一族合わせて11カ国(丹波・丹後・因幡・伯耆・美作・但馬・和泉・紀伊・出雲・隠岐・備後)を領した守護大名。領国が日本60余カ国の6分の1にあたることから六分一衆・六分一般と称された。1391年に明徳の乱で敗死した。
　　六分一衆〔ろくぶんのいちしゅう〕①　**六分一般**〔ろくぶんのいちどの〕①

応永の乱〔おうえいのらん〕⑤　1399(応永6)年、大内義弘が鎌倉公方足利満兼らと呼応して和泉国堺で起こした反乱。義満の討伐を受け、敗死した。
　　　　　　　　　　　　　足利満兼〔あしかがみつかね〕①
　：大内義弘〔おおうちよしひろ〕⑤　1356～99　周防・長門・石見・豊前・和泉・紀伊6カ国の守護。明徳の乱や南北朝の合体に功があったが、朝鮮との外交・貿易の独占による富強を恐れた将軍義満に警戒され、関係不穏となり、堺に籠城して応永の乱を起こしたが敗死。

北山殿〔きたやまどの〕(**北山山荘**〔さんそう〕)⑦　足利義満が将軍を辞したのち、京都北山に営んだ邸宅。義満は1394年に足利義持に将軍位と室町殿を譲り、太政大臣となった(翌年辞任、出家)。公家・武家の多くが出家し、北山殿周辺に移住。以来、義満の死去まで政治・文化の中心となった。

准三后〔じゅさんごう〕①　本来は太皇太后・皇太后・皇后の三后に准じて、封戸などの経済的待遇を受ける地位を指したが、足利義満は朝廷内の名目的地位としてこの称を受けた。

准母〔じゅんぼ〕②　天皇の生母ではないが、天皇の母に准ずる公的地位を認められた女性。多くは皇后号、女院〔にょいん〕号が与えられた。足利義満は後小松天皇の生母が亡くなると、妻日野康子をその准母として、北山院の女院号を受けた。

太上法皇〔だいじょうほうおう〕②　譲位した天皇(太上天皇)の出家後の称号。天皇であったことが前提だが、足利義満は准三后であったこと、妻日野康子が後小松天皇の准母であったことから、義満の死後、朝廷は太上法皇を追号しようとした。父に反発していた4代将軍義持は辞退した。

管領〔かんれい〕⑦　室町幕府で将軍を補佐し、政務を統轄する職。三管領と呼ばれる細川・斯波・畠山の3家から就任した。
　：三管領〔さんかんれい〕⑥　管領に任じられる細川・斯波・畠山の3家。いずれも足利氏一族で、1398年から交代で就任した。
　：細川氏〔ほそかわし〕⑦　鎌倉中期、足利氏の一族が三河国細川郷に住み、細川氏を称した。摂津・丹波・讃岐・土佐の守護職を世襲した。頼之は幼少の足利義満を管領(執事)として支えた。勝元は応仁の乱の東軍の将。政元は明応の政変で10代将軍義稙〔よしたね〕を廃し、晴元の代には家宰三好長慶、さらに松永久秀へと政治権力が移っていった。
　：斯波氏〔しばし〕⑦　鎌倉中期、足利氏の一族が陸奥国斯波郡を領したのに由来。越前・尾張・遠江を領国とした。相続争いによる内紛が応仁の乱の一因となった。その後も内紛が続いて守護代の朝倉・織田氏らに領国を奪われた。
　：畠山氏〔はたけやまし〕⑦　鎌倉幕府の有力御家人であった畠山氏が、姻戚関係で足利一族となり、基国〔もとくに〕が将軍義満の管領となって越中・能登・河内・紀伊の守護となった。満家は4代将軍義持を宿老として支え、正長の徳政一揆を鎮圧した。政長・義就の内紛が応仁の乱の前から、山城の国一揆まで続き衰えた。

侍所〔さむらいどころ〕⑦　室町幕府の武士の統率機関。そのほか、京都の警備・刑事訴訟も扱った。
　：所司〔しょし〕⑤　侍所の長官で、侍所頭人ともいう。管領につぐ重要職で、赤松・一色・山名・京極・土岐の5家から任じられた。15世紀中頃より土岐氏の就任はなくなり、4家となった(四職)。
　：四職〔ししき〕⑥　侍所の所司に任じられる赤松・一色・山名・京極の4家。応仁の乱後

に衰えて所司は空職となった。

：赤松氏〔あかまつし〕⑥ 赤松則村（円心）が建武政府への不満から、足利尊氏の離反に協力した功で播磨守護となってより強大となった。満祐が嘉吉の変を起こして衰退した。

：一色氏〔いっしきし〕⑥ 足利氏の一族が三河国吉良荘一色を本拠としたのに始まる。若狭・丹後を領した。

：山名氏〔やまなし〕⑦ 新田氏の一族。山名氏清の時、一族で11カ国の領国を持ち、六分一衆と呼ばれたが、明徳の乱で領国を減らした。嘉吉の変の際、持豊（宗全）が赤松満祐を追討して播磨などを獲得し、幕府内での地位を確立し、応仁の乱に関与した。

：京極氏〔きょうごくし〕⑥ 近江源氏の佐々木氏の一族。京都の京極高辻に屋敷を構えたのが家名の由来。近江など5カ国の守護を兼ねたが、応仁の乱後、守護代尼子氏・国人浅井氏に領国を奪われた。

政所〔まんどころ〕⑦ 財政事務の機関で、長官の執事は主に伊勢氏が世襲した。御料所の年貢米をつかさどる倉奉行、土倉・酒屋の課税にあたる納銭方一衆などが所属した。

伊勢氏〔いせし〕①

問注所〔もんちゅうじょ〕⑤ 記録・訴訟文書の保管などの機関で、長官の執事は鎌倉時代の初代執事、三善康信の子孫である太田氏・町野氏が世襲した。

評定衆〔ひょうじょうしゅう〕 → p.89
引付衆〔ひきつけしゅう〕 → p.90

守護在京の原則〔しゅございきょうのげんそく〕⑥ 室町時代の守護は、鎌倉府のおさえとして配された上杉（越後）・小笠原（信濃）・今川（駿河）、九州に対するおさえの大内（周防）を除いて、在京が原則だった。鎌倉府管下の守護は鎌倉在府が原則。一方、九州の守護は在国が認められていた。

：守護代〔しゅごだい〕⑦ 守護は原則的に京都・鎌倉に駐留したため、領国の管理を代官に任せた。これを守護代という。守護代は世襲化して国人らを支配下におき、下剋上の結果、斯波氏の守護代朝倉氏・織田氏、京極氏の守護代尼子氏など、戦国大名に成長した者が多い。

鎌倉府〔かまくらふ〕⑦ 室町幕府の地方機関。足利尊氏の子基氏が、鎌倉公方として関東8カ国と伊豆・甲斐を統轄する。2代鎌倉公方氏満以降、陸奥・出羽の2カ国も管轄する。組織は幕府の機構と同じで、幕府から半ば独立する形で管轄の国を支配した。**関東府**〔かんとうふ〕①ともいう。

：鎌倉公方〔かまくらくぼう〕⑦ 鎌倉府の長官。足利氏が嫡子義詮を鎌倉に留めて、鎌倉御所と呼んだのが始まり。義詮が京に戻った後、弟基氏が鎌倉公方として赴任。以後、子孫が世襲した。当初は将軍に従属したが、諸権限を移管されて関東支配を行うようになると、将軍との対立が顕在化した。**関東公方**〔かんとうくぼう〕②ともいう。

：足利基氏〔あしかがもとうじ〕⑥ 1340〜67 尊氏の4男。初代鎌倉公方。新田義貞の子義興を滅ぼし、上杉憲顕〔のりあき〕を執事（関東管領）に迎え、南朝勢力をおさえた。

：関東管領〔かんとうかんれい〕⑦ 鎌倉公方の補佐役である執事を関東管領と呼び、初め高師冬〔こうのもろふゆ〕が就任。南北朝期後半からは上杉氏が世襲した。永享の乱後は鎌倉公方をしのぐ勢力を持った。

：上杉氏〔うえすぎし〕⑦ 鎌倉時代、宗尊親王の将軍就任時に近侍した重房に始まる。関東管領を世襲。扇谷・山内の両上杉氏が対立して弱体化し、後北条氏によって扇谷家が滅ぼされる。山内家の憲政〔のりまさ〕は越後に逃れ、長尾景虎に上杉の苗字と関東管領の職を譲った。

：扇谷上杉家〔おうぎがやつうえすぎけ〕 → p.134
：山内上杉家〔やまのうちうえすぎけ〕 → p.134

九州探題〔きゅうしゅうたんだい〕⑦ 1336年、足利尊氏が九州より上洛する際、一色範氏を任命したのが始まり。九州の守護統制と南朝勢力討伐を任務とした。鎮西探題ともいう。1371年、今川貞世の就任以降、南朝方の鎮西将軍府を圧倒し、幕府の九州支配を確立した。

奥州探題〔おうしゅうたんだい〕⑦ 1335年頃に足利尊氏が設置。当初は奥州管領が北方全域を管轄したが、のち奥州探題・羽州探題に分かれた。奥州探題は陸奥の軍事・民政を担い、斯波氏の子孫大崎氏が世襲した。

羽州探題〔うしゅうたんだい〕⑦ 1358年頃、奥州探題から分立した。出羽国を治め、斯波氏の子孫の最上〔もがみ〕氏が世襲した。

奉行人〔ぶぎょうにん〕① 将軍の直臣で、室町幕府の政務・行事を執行した者。

奉公衆〔ほうこうしゅう〕⑥ 将軍の直臣で室町幕府の直轄軍、5番編成約300人で構成した。平時は在京して御所警固や将軍の護衛にあたる。一方、全国の御料所を預かり、守護の動向を牽制する役割も果たした。

御料所〔ごりょうしょ〕⑥ 室町幕府の直轄地。近畿・東海を中心に各地に点在する荘園であるが、数は不明。

土倉役〔どそうやく〕**（倉役**〔くらやく〕**）**⑦ 室町幕府が京都の倉

に課した税。倉役ともいい、1393年に制度化された。

：土倉（どそう・どくら）　→ p.123

：公方御倉（くぼうおくら）　①　政所の指示を受け、将軍家財産の管理・出納を委託された有力土倉。なお、酒屋役・土倉役の徴収にあたった有力土倉・酒屋の集団を納銭方と呼んだ。

納銭方（のうせんかた）①

酒屋役（さかややく）　⑦　室町幕府が京都・奈良の酒造業者に課した税。1393年に制度化され、酒壺ごとに課されて、毎月幕府に納入された。土倉役と並んで幕府の重要財源であった。

：酒屋（さかや）　→ p.123

関銭（せきせん）　⑦　室町時代、幕府・公家・大名・寺院などが関所を設けて、人馬や荷物に課した通行税。

：関所（せきしょ）　→ p.123

津料（つりょう）　⑦　幕府・寺院・貴族などが港や津（船着場）で徴収した通行税。本来は港湾修築費として課したものだが、のちには領主の財源として徴収されるようになった。

：帆別銭（はんべつせん）　①　港に来航する船を対象に、帆数に応じて課した通行税。品川湊など、伊勢以東を中心にみられた。

公文銭（くもんせん）　①　五山官銭ともいう。五山・十刹などで、禅宗の官寺の住職任命の辞令（公文・公帖）を得た僧侶が幕府へ納入した礼銭。

：五山献上銭（ごさんけんじょうせん）　①　五山参詣の際に将軍に献上された銭。幕府の保護下で行われていた五山の金融活動。五山が領有する土地への段銭免除、守護不入特権などへの見返りとしての意味合いがあった。

抽分銭（ちゅうぶんせん）　①　日明貿易において、幕府船の運営を請け負った商人が、皇帝への朝貢品以外に載積した品（附搭品ふとう）の売買で得られた利益の10分の1を礼銭として幕府に上納したもの。抽分銭のほかに、朝貢に対する皇帝からの頒賜品ひんしとして得られた銅銭・生糸も幕府の収入となった。

分一銭（ぶいちせん）　→ p.119

段銭（たんせん）　⑥　室町期に、田地一段ごとに賦課された税。天皇即位・内裏造営・伊勢神宮造営・幕府の行事などに際し、一国平均役として臨時に賦課された。守護が徴収を担ったが、やがて守護自身が国内に課した守護段銭もみられるようになった。

守護段銭（しゅごたんせん）①

棟別銭（むなべつせん・むねべつせん）　⑥　室町期に、家屋の棟数に応じて賦課された税。当初は朝廷の費用や寺院・橋の修造料として臨時に課されるもの

であったが、のちには恒常的に賦課されるようになった。

一国平均役（いっこくへいきんやく）　④　荘園・公領を問わず、国内一律に賦課される税。段銭・棟別銭がその代表例。

国役（くにやく）　①　朝廷・国衙が各国内へ課した恒例・臨時の課役。室町時代になると、幕府や守護が自らの用途のために、国内に課すこともあった。

公用銭（くようせん）　②　公事銭ともいう。貨幣経済の浸透に伴い、本来、労役や現物で納めていた公事を、銭で納めることで代替したもの。

東アジアとの交易

倭寇（わこう）　⑦　13〜16世紀、朝鮮・中国沿岸で米・人間などを略奪したり、密貿易を行ったりした武装集団。

：前期倭寇（ぜんきわこう）　⑦　日本国内が鎌倉末〜南北朝の動乱期を迎えていた頃、壱岐・対馬・肥前松浦（まつら）の土豪・商人・漁民を中心に、一部高麗の民も加わり、活動した武装集団。三島倭寇ともいう。船に「八幡大菩薩」の幟（のぼり）を立てていたことから、「八幡船（ばはんせん）」とも呼ばれた。主に高麗沿岸を侵寇、米や人間を略奪したが、足利義満の九州制圧、日明貿易開始と共に沈静化した。

三島倭寇（さんとうわこう）①

：後期倭寇（こうきわこう）　⑦　勘合貿易が廃絶した16世紀半ば、明の海禁政策に反して中国南部で密貿易を行った武装貿易集団。構成員に日本人は少なく、大部分は中国人であった。豊臣秀吉の海賊取締令で衰退した。北方遊牧民の侵入とあいまって、明衰亡の一因にもなった（北虜南倭ほくりょなんわ）。

：海民（かいみん）　①　漁業・海運業など、海を生活・活動の場とする人々。古くから海人（あま）として記録に残る。多様な形態で活動しており、倭寇に加わった者もいる。

：『倭寇図巻』（わこうずかん）　⑦　16世紀の後期倭寇の活動を描いた中国の絵画。17世紀の成立と考えられる。倭寇の出現、上陸しての略奪・放火、明軍との交戦を描いている。

新安沈船（しんあんちんせん）　⑥　韓国全羅南道の新安郡の沖合で1976年に発見された沈没船。東福寺再建の費用を得るため、中国の元朝に派遣され、1323年に慶元（寧波ニンポー）から日本に向かった東福寺造営料唐船とみられる。船内から多数の陶磁器・銅銭が発見された。

東福寺造営料唐船（とうふくじぞうえいりょうとうせん）③

建長寺船（けんちょうじぶね）　④　1325年、鎌倉幕府が建長寺

の再建費用を得るため、元に派遣した貿易船。翌年に帰国した。天龍寺船の先例として知られる。1回のみ。

天龍寺船てんりゅうじせん⑤ 足利尊氏が後醍醐天皇の冥福を祈るため、天龍寺建立を計画し、造営費を得る目的で元に派遣した幕府公許の貿易船。1341年に、足利直義が銭5000貫の納入を請負った博多商人至本しほんを船主に任命し、翌年派遣。

　：**天龍寺**てんりゅうじ　→ p.124

明みん⑦ 1368〜1644　1368年に元を倒し、中国を統一した漢民族の王朝。始祖は朱元璋（太祖洪武帝）。海禁政策をとったが、16世紀に北虜南倭に苦しみ、1644年に李自成により北京を落とされ、滅んだ。

　：**朱元璋**しゅげんしょう⑥ 1328〜98　明の初代皇帝。太祖あるいは年号から洪武帝とも呼ばれる。元朝末期に起こった紅巾こうきんの乱に参加、頭角を現して1368年に南京で即位した。宰相を廃して皇帝独裁体制をしいた。

太祖洪武帝たいそこうぶてい⑤

朝貢貿易ちょうこうぼうえき⑦ 中華思想（華夷思想）に基づく皇帝と国王の冊封関係を前提に、従属国が貢物みつぎものを伴った使者を送って皇帝に朝貢し、皇帝が返礼の品を与える（回賜・頒賜）という貿易の一形態。進上貿易ともいう。　　　　　　　　　**回賜**かい・**頒賜**はん②

　：**冊封**さくほう　→ p.18

　：**海禁政策**かいきんせいさく⑤ 中国の明・清しん時代にとられた交易統制政策。交易を冊封関係を前提とする諸国の王との朝貢貿易のみに限定し、他の外国船交易及び中国人の海外渡航・交易を禁じたので、海禁に反する交易は密貿易として明軍の取締りの対象となった。日本の江戸時代の鎖国を、海禁の一種とする見解もある。

遣明船けんみんせん⑤ 1401年に足利義満が国書を正使祖阿と副使の博多商人肥富に託して明へ派遣した。これに対し、翌年、明使が義満に日本国王の称号と明の大統暦を与えて臣従を認めた。遣明船の姿は『真如堂縁起』しんにょどうえんぎに描かれている。　　**祖阿**そあ④　**肥富**こいつ④

　：**日本国王**にほんこくおう⑦ 中国の皇帝から冊封を受け、臣従した日本国の君長の称号。1401年の遣明使に対し、翌年の返書は「日本国王源道義（義満の法名）」宛であり、03年の国書に「日本国王臣源」と署名することで、臣従を明示した。日本国王と認められることで、朝貢貿易としての勘合貿易が可能となる。

「日本国王源道義」にほんこくおうみなもとのどうぎ②
「日本国王臣源」にほんこくおうしんげん②

日明貿易にちみんぼうえき⑤ 日本国王名義で派遣された遣明船（勘合船）による貿易。後期倭寇も広義の日明貿易であるが、海禁に反するので密貿易とみなされる。日本から銅・硫黄・刀剣・漆器などが輸出され、銅銭・生糸などが輸入された。

勘合貿易かんごうぼうえき⑦ 明が公認した貿易の証として、発給した勘合を用いて行われた朝貢貿易。足利義満の死後、4代将軍義持は朝貢形式を嫌い中断したが、6代将軍義教が再開。幕府が握っていた勘合の管理権は、応仁の乱後に細川氏・大内氏へ移り、寧波の乱を経て大内氏が独占した。1551年に大内氏の滅亡で廃絶。

　：**抽分銭**ちゅうぶんせん　→ p.113

　：**勘合**かんごう⑦ 明の皇帝が冊封関係にある国王に与え、朝貢貿易の証とした割符で、明の皇帝の代替りごとに100枚与えられた。2枚の書に「日字○號」「本字○號」の文字が中央から折半されるように書き、一方を勘合、他を底簿として、日本からの船は本字勘合を持参し、寧波と北京で底簿と照合した。　　**日字勘合**にちじかんごう①　**本字勘合**ほんじかんごう①
底簿ていぼ①

『戊子入明記』ぼしにゅうみんき⑤ 室町中期の遣明船記録。1468（応仁2）年に渡航した遣明正使天与清啓てんよせいけいが残した、進上品、交易品、乗組員の構成、勘合、遣明船警備などについての記録を、天文年間（1532〜55）に策彦周良さくげんしゅうりょうが入明する際に参考のために抄記したもの。

　：**勘合船**かんごうせん① 勘合を所持した公認の貿易船。足利義満時代は幕府直営船が、その後は寺社や大名の名義船が多かった。興福寺大乗院から請け負った商人楠葉西忍くすばさいにんが輸入した、織物・香料・書画など唐物は高値で取引された。

　：**唐物**からもの⑦ 中国から舶載された物品の総称。唐時代の品に限定するものではない。

主な貿易品（日明貿易）

▶**輸入品**

銅銭、生糸、綿糸、綿布、高級織物、陶磁器、書籍、書画、薬草、香料、大唐米

▶**輸出品**

刀剣、鎧、銅、硫黄、蒔絵、扇、屏風、漆器、硯、蘇木すおう

寧波の乱ニンポーのらん⑥ 1523年、大内氏と細川氏が勘合貿易の主導権をめぐり、寧波で争った事件。大内側が新しい正徳年号の新勘合を

持参したのに対し、細川側は古い弘治年号の旧勘合しか所持せず、しかも遅れて入港したにも関わらず、明の役人に賄賂を贈り、優先権を得たので、憤激した大内側は細川側の船を焼くなどの狼藉をした。貿易は一時中絶の後、大内氏が独占した。

：博多商人と大内氏^{はかたしょうにんとおおうちうじ}　⑦ 博多は地理的に大陸に近く、古くから中国・朝鮮との貿易に従事していたが、15世紀初頭、大内盛見^{もりはる}が筑前守護となり、入手した勘合を博多商人に請け負わせることで、1547年の最後の勘合船まで関係が続いた。

：博多^{はかた}　→ p.138

：堺商人と細川氏^{さかいしょうにんとほそかわうじ}　⑦ 和泉国堺は瀬戸内海の東端の港町として発展した。室町初期は山名氏が領したが、明徳の乱を経て大内氏の支配地となり、応永の乱の後は細川氏の守護所として日明貿易の拠点となった。

：堺^{さかい}　→ p.138

：寧波^{ニンポー}　⑦ 中国浙江^{せっこう}省東部の都市。古くからの海港で、遣唐使も南路をとる時、ここで上陸して長安に向かった。蒙古襲来の江南軍は、当時、慶元と呼ばれたこの地から出航した。1523年、寧波の乱がおこる。　**慶元**^{けいげん} ②

『善隣国宝記』^{ぜんりんこくほうき}　③ 室町中期までの中国・朝鮮との外交史と関連文書を集めたもの。1470年、幕府の外交文書を扱う相国寺鹿苑院主の瑞溪周鳳が編纂。

：瑞溪周鳳^{ずいけいしゅうほう}　① 1391〜1473　臨済宗の禅僧。相国寺の住持となり、その塔頭鹿苑院主として、禅宗寺院を統轄する僧録をつとめた。

朝鮮^{ちょうせん}　⑦ 1392〜1910　倭寇制圧に功績のあった高麗の武将李成桂が、1392年に高麗を倒し、朝鮮（李朝）を建国。1897年に国号を大韓帝国と改称、1910年の日本の韓国併合まで存続した。　**李朝**^{りちょう} ①

：李成桂^{りせいけい}　⑥ 1335〜1408　在位1392〜98。高麗の武将として北方の女真族を平定、南方の倭寇討伐にも功があった。クーデタで高麗の実権を握り、1392年に即位して朝鮮（李朝）を建国。明に臣従し、日本には倭寇の禁圧を求めた。

日朝貿易^{にっちょうぼうえき}　⑦ 朝鮮からの倭寇禁圧要請を機に開始。朝鮮は日本の通交者を国王・巨酋^{きょしゅう}（有力守護）・諸酋（諸国守護など）に分け、厳格な規制を設けて対馬の宗氏の統制の下に通交を許した。14世紀末より約100年間続いた。輸出は銅・硫黄・南海産

物など、輸入は木綿・大蔵経など。

：図書^{としょ}　① 朝鮮国王が日本人通交者に対し、通交の証拠として与えた銅印。受給者の実名が刻されていた。通交者はこの印を押した文書と宗氏の文引を持って渡航した。朝鮮との貿易のために偽造された図書も多いとされる。

：文引^{ぶんいん}　① 対馬島主の宗氏が朝鮮への通交者に与えた渡航認可証。1438年、宗貞盛^{さだもり}と朝鮮との約条で制度的に確立した。

：宗氏^{そう}　⑦ 対馬島主で守護。1443年、宗貞盛は癸亥約条（嘉吉条約）を締結。日本国王使などの名義で、貿易の管理権を握った。朝鮮は宗氏の発行した文引を持つ船だけに貿易を認めたので、宗氏は文引の発行手続きで利益を得た。

主な貿易品（日朝貿易）

▶輸入品

木綿、綿布、織物、大蔵経、人参、米、麦

▶輸出品

銅、硫黄、香木、沈香、香料、胡椒、染料、蘇木、薬品、工芸品、刀剣、扇、磨刀石

木綿^{もめん}　⑦ 綿花、及びそれを紡いだ綿糸、織った綿布の総称。綿布は15世紀に朝鮮や明から輸入され、保温性・耐水性・肌触りの良さから兵衣・鉄砲の火縄・陣幕として、急速に普及した。16世紀初めには三河地方で綿花の栽培が始まり、織豊期には関東以西で栽培が定着した。

蘇木^{すほう}　③ インドや東南アジアに自生する蘇芳^{すほう}の木の心材。赤味がかった染料や漢方薬として利用した。中国・朝鮮・日本・琉球では得られず、琉球の中継貿易でもたらされた。

大蔵経^{だいぞうきょう}　⑥ 仏教経典を網羅的に集成したもの。一切経とも。伝来の版木がモンゴル軍により焼失したため、1236〜51年に再刻して慶尚南道海印寺^{かいいんじ}に保存した。印刷物は高麗版大蔵経として日本で珍重された。

応永の外寇^{おうえいのがいこう}　⑦ 1419（応永26）年に朝鮮が倭寇の根拠地とみなした対馬を軍船200隻で襲撃した事件。前年に対馬島主宗貞茂が死亡し、幼い貞盛が継いだことで、倭寇が活発化したためとされている。

宗貞茂^{そうさだしげ} ①

：宋希璟^{そうきけい}　② 1376〜1446　応永の外寇の報告を受けた幕府は、朝鮮側の意図を探るために使者（無涯亮倪^{むがいりょうげい}）を派遣した。これを受け、回礼使として来日した朝鮮の

文官。号は老松堂。漢城と京都間の行程を記録した紀行文が『老松堂日本行録』。

：『**老松堂日本行録**』<ruby>ろうしょうどうにっぽんこうろく</ruby> ②応永の外寇にかかわる外交交渉で来日した宋希璟（号は老松堂）が記した紀行文。漢城から京都への行程での見聞を漢詩文にまとめたもの。瀬戸内海の海賊騒ぎ、摂津尼崎（阿麻沙只）で行われていた三毛作の記事が有名。

癸亥約条<ruby>きがいじょうじょう</ruby> ②嘉吉<ruby>かきつ</ruby>条約ともいう。1443（嘉吉3）年に朝鮮と対馬島主宗貞盛が結んだ協定。日本からの渡航船増大に対し、朝鮮が示した統制策で、宗氏からの歳遣船は年間50隻に制限、朝鮮から宗氏への歳賜米・豆を200石に制限した。

三浦<ruby>さんぽ</ruby> ⑥朝鮮が日本人の居留・貿易を認めた朝鮮南部の乃而浦（薺浦<ruby>せいほ</ruby>）・富山浦（釜山）・塩浦（蔚山<ruby>うるさん</ruby>）の3港。

乃而浦<ruby>ないじほ</ruby>・**富山浦**<ruby>ふざんほ</ruby>・**塩浦**<ruby>えんぽ</ruby> ⑦

：**漢城**<ruby>かんじょう</ruby>　→ p.250

：**倭館**<ruby>わかん</ruby> ⑤朝鮮が日本人使節接待のために設けた客館と居留地域。三浦に設けられ貿易管理も行った。三浦の乱など日朝間の国交状況により閉鎖・開設が繰り返された。

：**三浦の乱**<ruby>さんぽのらん</ruby> ⑥1510年、朝鮮の三浦に住む日本人居留民（恒居倭人<ruby>こうきょわじん</ruby>）が起こした反乱。恒居倭人への統制強化に反発して、対馬島主宗義盛<ruby>そうよしもり</ruby>（初名は盛順<ruby>もりより</ruby>）の支援を得て蜂起したが鎮圧され、以後、日朝貿易は衰えた。

琉球と蝦夷ヶ島

琉球王国<ruby>りゅうきゅうおうこく</ruby> ⑦1429年から1879年にかけて、沖縄諸島に成立した王国。北山・中山・南山の三山に分立していた琉球を、中山王尚巴志が統一。1609年に薩摩の島津氏に服属したが、名目上は独立を保ち、明との冊封関係は続けられたので、日明両属の立場となる。1879年、沖縄県設置によって日本に帰属した。

：**北山**<ruby>ほくざん</ruby>・**中山**<ruby>ちゅうざん</ruby>・**南山**<ruby>なんざん</ruby>（**山北**<ruby>さんほく</ruby>・**中山**・**山南**<ruby>さんなん</ruby>）→ p.94

：**三山**<ruby>さんざん</ruby>　→ p.94

尚巴志<ruby>しょうはし</ruby> ⑥1372〜1439　佐敷按司<ruby>さしきあじ</ruby>（領主）から中山王となり、1429年に三山を統一した。首里に王府をおき、琉球王国を建国した。

中山王<ruby>ちゅうざんおう</ruby> ⑥

：**尚氏**<ruby>しょうし</ruby> ①琉球王国の王家。尚巴志から第一尚氏王朝6代、第二尚氏王朝（重臣の金丸<ruby>かなまる</ruby>が王権を奪い、尚円<ruby>しょうえん</ruby>王となる）19代、約450年間続いた。1872年、明治政府

が琉球藩をおくと琉球藩王・華族となり、琉球処分による沖縄県設置と共に東京に移住した。

第一尚氏王朝<ruby>だいいちしょうしおうちょう</ruby> ①

第二尚氏王朝<ruby>だいにしょうしおうちょう</ruby> ①

琉球王府<ruby>りゅうきゅうおうふ</ruby> ②首里王府ともいう。尚巴志が琉球王国を設立する過程で首里城を大規模に修築し、行政機関も整備した。

：**首里**<ruby>しゅり</ruby> ⑦琉球王国の首都。1406年以降、尚巴志が整備し始め、首里城正殿、王城正門の守礼門<ruby>しゅれいもん</ruby>が建てられた。正殿は第二次世界大戦中の沖縄戦で焼亡し、1992年に復元されたが2019年に焼失した。

首里城<ruby>しゅりじょう</ruby> ⑥

：**那覇**<ruby>なは</ruby> ⑥琉球王国の王府首里の外港。15〜16世紀に琉球貿易が盛んになると、中国・日本・南海を往来する船で賑わった。明治期の沖縄県で県庁所在地となり、沖縄県の政治・経済・文化の中心となった。

琉球貿易<ruby>りゅうきゅうぼうえき</ruby> ①琉球船による中継貿易。琉球は日本・朝鮮・中国・東南アジアの結節点にある。また15世紀前期に明の冊封を受けると共に、将軍足利義持にも入貢しており、日明両国への朝貢関係も活用して巨利を得た。

：**中継貿易**<ruby>なかつぎ（ちゅうけい）ぼうえき</ruby> ⑦自国産品を輸出するのではなく、他国から輸入した物品を、別の国に輸出して利益を得る貿易形態。

万国津梁鐘<ruby>ばんこくしんりょうのかね</ruby> ④1458年、琉球王国尚泰久<ruby>しょうたいきゅう</ruby>王が鋳造させた梵鐘<ruby>ぼんしょう</ruby>。銘文に「琉球国は南海の勝地にして、三韓の秀<ruby>しゅう</ruby>を鍾<ruby>あつ</ruby>め、大明を以て輔車<ruby>ほしゃ</ruby>となし、日域を以て唇歯<ruby>しんし</ruby>となす。此の二の中間に在りて湧出する蓬萊島<ruby>ほうらいじま</ruby>なり。舟楫<ruby>しゅうしゅう</ruby>を以て万国の津梁<ruby>しんりょう</ruby>となす」とあり、明・日本・朝鮮との間で貿易立国する琉球の方針を示している。

『**おもろさうし**』 ②12〜17世紀に歌われた琉球の古代歌謡「おもろ」を集めたもの。王府によって神歌・労働歌を中心に編集されており、琉球の歴史・民俗・言語などを知る重要な資料。

蝦夷ヶ島<ruby>えぞがしま</ruby>　→ p.94

アイヌ　→ p.94

十三湊<ruby>とさみなと</ruby>　→ p.94

安藤（東）氏<ruby>あんどう</ruby>　→ p.94

和人<ruby>わじん</ruby>（**シャモ**） ⑦蝦夷地に移住した、本州系日本人の呼称。アイヌはシサム（隣人）、転じてシャモと呼んだ。道南部の和人居住地域は、和人地（松前地<ruby>まつまえち</ruby>）と呼ばれた。

和人地<ruby>わじんち</ruby> ⑤

館<ruby>たて</ruby> ⑥土塁や空濠で囲まれた小規模な城砦

で、東北地方から北海道南部に遺跡がみられる。アイヌのチャシ（海に突き出た台地上の居館・祭祀場）との関連も考えられる。

：館主 ③ 本州から蝦夷ヶ島へ移り住み、館を築いた和人。彼らはアイヌ交易で利益をあげ、豪族として成長した。

「道南十二館」⑥ 室町時代、蝦夷ヶ島南端の渡島半島に築かれた12の和人の城館群のこと。1457年のコシャマインの戦いでは茂別館・花沢館を残して攻め落とされた。　　**茂別館** ②　**花沢館** ④

：志苔館 ⑦ 道南十二館の東端に位置する城館。津軽海峡に臨む段丘上にあり、土塁・濠を伴うが、コシャマインの蜂起で落ちたとされた。敷地内から宋銭など約39万枚の入った珠洲焼の大甕３基が出土しており、この地域の交易の規模が推察できる。

コシャマインの蜂起 ⑦ 1457年、アイヌの大首長コシャマインを中核とした、和人に対する大規模な蜂起。道南十二館のほとんどを落としたが、花沢館蠣崎氏の客将武田信広が鎮圧した。

上之国 ④ 安藤（東）氏が、秋田・能代を支配する上之国家と、津軽・松前を支配する下之国家に分れ、上之国家の一部が渡島半島南部、日本海に面する天ノ川の河口に城砦を築いてこの地を支配した。

蠣崎氏 ⑦ 15世紀以降、蝦夷ヶ島に居住した小豪族。1457年、蠣崎季繁の客将武田信広はコシャマインの蜂起を鎮圧し、蠣崎氏を継いで蝦夷ヶ島の支配者となった。蠣崎慶広の時、豊臣秀吉から蝦夷島主の待遇を受けた。

：武田信広 ① 1431〜94　道南十二館の花沢館主蠣崎氏の客将として、コシャマインの蜂起を鎮圧。女婿となって蠣崎氏を継承し、勝山館を築いて本拠とした。
勝山館 ③

2　幕府の衰退と庶民の台頭

惣村の形成

惣（惣村） ⑦ 鎌倉後〜戦国期、畿内近国を中心に広く形成された農民の自治的な組織。惣百姓で構成する寄合を運営機関として、入会地や用水を共有・管理、掟を定めて違反した場合の制裁（地下検断）も行った。また、惣として領主への年貢納入を請け負

う地下請もみられた。地域によっては惣荘・惣郷という大きな自治組織の形成もみられ、土一揆の母胎ともなった。

惣百姓 ①　**惣荘** ③
惣郷 ①　**郷** ⑥

寄合 ⑦ 惣の自治的協議機関。「おとな」を指導層とする惣百姓が鎮守の社などに集まり、惣掟・一揆・入会・農事などについて協議・決定するもの。惣村が複数集まって開く大寄合もあった。

：おとな（乙名・長） ⑥ 惣の自治的運営の指導層。有力名主・地侍層から選出され、多くは世襲であった。地域により沙汰人・年寄・番頭などと呼ばれた。　**沙汰人** ⑥
年寄 ①　**番頭** ②

：地侍 ⑥ 惣の構成員としての有力農民である一方、大名と主従関係を結んで軍事力の基盤となり、侍身分を与えられていた下級武士。

惣掟 ⑦ 寄合において定められた惣の規約。入会地や用水の管理、違反時の処罰などを規定した。惣により、村法・村掟・地下掟・置文などと呼ばれた。　**村法** ①
村掟 ⑤　**地下掟** ③

今堀地下掟 ⑦ 1489年に近江国蒲生郡中野村今堀（現在の滋賀県東近江市）の日吉神社に伝来した惣掟（惣置文・村掟）。訴訟のあり方、入会地使用規定と違反した際の罰則などが記されている惣掟の典型例。

地下検断 ③ 自検断ともいう。惣掟に基づいて警察権・裁判権を村民自らが行使すること。従来の領主による裁定を否定し、守護使などの干渉を拒否（守護不入）するもので、村落自治を示すもの。**自検断** ⑤

入会地 ⑦ 個人の所有でない村共用の山野地。刈敷・草木灰用の採草や薪炭・用材採取を行う。惣掟に従わない勝手な採取をすると、地下検断の対象となる。

用水 ⑦ 水田を灌漑するための水の確保・配分。番水ともいう。惣掟に従わない勝手な取水は、処罰の対象となる。

地下請 ⑦ 請所の一形態。室町時代、村落の名主・百姓が共同で荘園管理・年貢徴収を請け負ったもの。守護請による守護権限の増大を嫌った荘園領主が、自治の拡大を求める惣と結んだ。百姓請・惣請・村請ともいう。　　**百姓請** ④　**惣請** ①
村請 ④

：村請制 → p.165

宮座 ⑥ 村落内の神社の氏子組織。氏神・

鎮守の祭祀、豊作祈願を行うほか、一揆を結ぶにあたって神仏に誓約する起請文を書き、神水を飲んで結束を固める（一味神水）など、惣結合の中心的役割を果たした。

：起請文きしょう ⑤ 神仏を木版刷した紙の裏に記すことで、契約の遵守を神仏に誓った証拠文書。違反した場合には、神罰・仏罰を受けるという意味が込められた。

：神水しんすい ④ 神前に供えた水。神に誓う際に飲んで結束を示した。

：一味神水いちみしんすい ③ 一揆などの際、起請文を焼いた灰を入れた神水を飲み、心は一つで脱落しないと誓い合うこと。一味同心ともいう。

一味同心いちみどうしん ②

一揆いっき ⑦ 武士・農民が、特定の目的を達成するために結成した地域的集団。武士の血縁的結合である党に対し、一揆は地縁的結合によるもの。神仏に誓約して一味同心の覚悟を示した。主体となった階層別に、武士による国人一揆、土民による土一揆、両者が結合した国一揆があり、追求する目的を冠した徳政一揆などの呼称もある。

：愁訴しゅうそ ① 年貢減免などの要求を百姓申状にして領主に嘆願すること。「愁うれい申す…事」で始まる愁状しょうを書いて訴えたことからの名称。

百姓申状ひゃくしょうもうしじょう ③

：強訴ごうそ ⑤ 集団の威力を背景に強圧的に訴えること。領主に対する年貢減免、地頭・代官の罷免などを要求した。

：逃散ちょうさん ⑦ 年貢減免などの要求が受け入れられない場合に、一村が団結して耕作を放棄し、他領や山中に一時的に退去するなどの方法で抵抗したこと。

菅浦すがうら ⑤ 琵琶湖北岸にあった惣村。平安末期に朝廷の供御人となり、湖上の自由通行・漁業・廻船の権利を得た。また、元は園城寺（寺門）領大浦荘の一部であった菅浦が、湖に浮かぶ竹生島ちくぶしまを通して延暦寺（山門）領として活動すると、鎌倉末期からの境相論において「菅浦与大浦下荘堺絵図」が作成され、自治に向けて菅浦惣庄置文を結んでいる。

大浦おおうら ②

「菅浦与大浦下荘堺絵図」すがうらとおおうらしものしょうさかいえず ①

上久世荘かみくぜのしょう ② 山城国南部の桂川かつらがわ西岸にある荘園。鳥羽離宮の安楽寿院あんらくじゅいん領であったが、承久の乱後、北条得宗家領となる。1336年、足利尊氏が東寺に寄進、以後戦国末期まで存続した。15世紀末期には桂川からの用水権をめぐって石清水八幡宮領西八条西荘と相論となっており、幕府の裁定に従わず合戦にも及んでおり、自力救済の典

型例ともいえる。

：自力救済じりききゅうさい → p.136

幕府の動揺と土一揆

足利義持あしかが よしもち ⑥ 1386～1428 4代将軍（在職1394～1423）。父義満がとった将軍独裁ではなく、管領畠山満家ら宿老会議の合議を重んじた。また、冊封・朝貢は屈辱的として、義満の始めた日明貿易を中断した。将軍位を譲った子の義量が早世したので、統治を再開するが、死に臨んで後継者を定めず、6代将軍はくじ引きで選ばれた。

足利義量あしかが よしかず ①

上杉禅秀の乱うえすぎぜんしゅうのらん ② 鎌倉公方足利持氏と対立して関東管領を辞した上杉氏憲うじのり（法名禅秀）が1416年に起こした乱。4代将軍足利義持の弟義嗣よしつぐと結んだことから、義持は義嗣を粛清し、持氏に援兵を送って禅秀を討った。

足利義教あしかが よしのり ⑦ 1394～1441 6代将軍（在職1429～41）。1428年、4代将軍の死後、くじ引きで後継者に決定、青蓮院門跡しょうれんいんもんぜきから還俗げんぞくして将軍に就任。兄義持が行った合議政治を排して強圧政治を行ったが、1441年に赤松満祐により謀殺された。

：『看聞日記』かんもんにっき ① 『看聞御記ぎょき』ともいう。後花園天皇の実父伏見宮貞成親王（後崇光院）の日記で、1416～48年の政治の動きを知ることができる一級史料。足利義教の強圧政治や嘉吉の変の経緯についても詳しい。

伏見宮貞成親王（後崇光院）ふしみのみやさだふさしんのう（ごすこういん） ②

永享の乱えいきょうのらん ② 鎌倉公方足利持氏と、持氏を諫める関東管領上杉憲実との関係が悪化し、1438（永享10）年、持氏が憲実を攻めたのを機に、将軍足利義教が持氏追討軍を派遣。翌1439年に持氏が自害して乱は終結した。以後、関東では関東管領上杉氏が実権を握った。

：足利持氏あしかが もちうじ ⑦ 1398～1439 4代鎌倉公方。上杉禅秀の乱を鎮定後、幕府とたびたび衝突。将軍職をねらったが6代将軍足利義教の出現で果たせず、永享の乱を起こし、鎌倉の永安寺で自害。

：上杉憲実うえすぎ のりざね ⑥ 1410～66 関東管領。鎌倉公方足利持氏を補佐。主君に諫言して不和になり、将軍足利義教に協力して持氏を倒した（永享の乱）。1439年、円覚寺の僧快元かいげんを庠主しょう（校長）に招いて足利学校を再興した。

結城合戦（ゆうきがっせん）⑤ 1440年、永享の乱で自害した足利持氏の遺臣である結城氏朝が、持氏の遺子春王丸・安王丸を擁して下総の結城城で挙兵。関東管領上杉憲実と対戦したが敗北。氏朝は自害、持氏の遺子は殺害された。　　　　　　　　　　　**結城氏朝**（ゆうきうじとも）④

享徳の乱（きょうとくのらん）　→ p.133
：**足利成氏**（あしかがしげうじ）　→ p.133
：**上杉憲忠**（うえすぎのりただ）　→ p.133

嘉吉の変(乱)（かきつのへん(らん)）⑦ 1441(嘉吉元)年、播磨守護赤松満祐が、所領没収・家督介入など有力守護圧迫を進める将軍足利義教に危機感を抱き、将軍を自邸に招いて謀殺。満祐は山名氏ら幕府軍に討伐され、赤松氏は衰退した。
：**赤松満祐**（あかまつみつすけ）⑤ 1373〜1441　播磨・美作・備前の守護。嘉吉の変のののち、満祐は播磨白旗城（しらはたじょう）に籠るが、山名持豊（やまなもちとよ）ら諸将に攻められ、敗死した。

土一揆（つちいっき）⑦ 室町中期、畿内及び周辺地域で発生した、惣を基盤とする土民の反抗活動。荘園領主・守護大名に対する年貢・夫役の減免要求、酒屋・土倉など高利貸業者と結ぶ幕府に対する徳政要求など、経済闘争が主であった。
：**土民**（どみん）⑦ 本来はその土地に住む人を意味するが、室町時代には農耕に従事する農民を中心に、馬借などの運送労働者を含めて一般庶民を総括して呼んだ。支配者層側の用語。

徳政一揆（とくせいいっき）⑦ 徳政の発令を要求する土一揆。高利貸資本の経済的圧迫を強く受けた、畿内の都市周辺に多く発生した。
：**徳政**（とくせい）⑦ 本来は仁徳のある政治を意味するが、債務に苦しむ者の救済に転化した。為政者が借金の帳消し、債務の破棄を公認する行為を指すようになった。
：**私徳政**（しとくせい）④ 幕府が公認した徳政ではなく、土一揆の威力に屈した寺社などが独自に実施した徳政。村落など、適用が小地域に限定される徳政を在地徳政という。
　　　　　　　　　　　　　在地徳政（ざいちとくせい）①
：**徳政令**（とくせいれい）⑦ 徳政すなわち債権・債務の破棄を命じる法令。1441年の嘉吉の徳政一揆以降、幕府が頻繁に発令した。

正長の徳政一揆(土一揆)（しょうちょうのとくせいいっき(つちいっき)）⑦ 将軍が空位という政治情勢を背景として、1428(正長元)年近江坂本の馬借の蜂起を契機に、京都から畿内一帯に波及した土一揆。幕府に徳政令を要求するが拒否され、酒屋・土倉・寺院などを破却し、私徳政を行うという。

った。
：**『大乗院日記目録』**（だいじょういんにっきもくろく）⑥ 興福寺大乗院の27代門跡尋尊（じんそん）(一条兼良（かねよし）の子)が、1065〜1504年にわたる歴代門跡の日記にある社会的・政治的事件をまとめた年代記。正長の徳政一揆について、「日本開闢（かいびゃく）以来、土民蜂起是れ初め也」の記事がみられる。
：**畠山満家**（はたけやまみついえ）⑥ 室町中期の管領。4代将軍足利義持を支える宿老会議を構成し、幕政の方針を合議。義持死後に石清水八幡宮でくじを引いて6代将軍の決定に関与。正長の徳政一揆では一揆の鎮圧にあたった。
：**柳生徳政碑文**（やぎゅうとくせいひぶん）⑤ 大和国柳生郷の疱瘡（ほうそう）地蔵と呼ばれる巨石に刻まれた碑文。「正長元年ヨリサキ者(は)カンヘ四カンカウ(神戸4カ郷)ニヲキメ(負目)アルヘカラス」とあり、徳政による負債破棄を宣言したもの。　　**柳生郷**（やぎゅうごう）③　**神戸郷**（かんべごう）⑥

播磨の土一揆（はりまのつちいっき）⑥ 正長の徳政一揆を背景に、1429年に播磨国で起こった土一揆。経済的要求だけでなく、「侍ヲシテ国中ニ在ラシムヘカラス」として守護軍の退去を要求したが、守護赤松氏が鎮圧した。

嘉吉の徳政一揆(土一揆)（かきつのとくせいいっき(つちいっき)）⑦ 1441年、嘉吉の変での将軍足利義教謀殺を受け、義勝(8歳)の将軍就任にあたり、「代始めの徳政」を要求して蜂起した土一揆。山城国内の地侍が主導する数万人規模の一揆で、天下一同(全国一律)の徳政を要求した。幕府軍は赤松満祐追討のため播磨国に留まっており、一揆鎮圧を断念し、山城一国平均の徳政令(嘉吉の徳政令)が発布され、収まった。
　　　　　　　　　　　足利義勝（あしかがよしかつ）①
　　　　　　　　代始めの徳政（だいはじめのとくせい）⑥
　　　　　　　天下一同の徳政（てんかいちどうのとくせい）①
　　　　　　　　嘉吉の徳政令（かきつのとくせいれい）②

享徳の徳政一揆（きょうとくのとくせいいっき）① 1454(享徳3)年、幕府により分一徳政令が初めて発布された徳政一揆。
：**分一徳政令**（ぶいちとくせいれい）② 幕府が債務者(借金の返済義務がある者)の分一銭納入を条件に、債務の破棄を認めた徳政令。1454年の享徳の徳政一揆で初めて発令された。一方、債権者(借金返済を受ける権利のある者)の分一銭納入を条件に、徳政の適用外とするものを分一徳政禁制といい、翌55年より導入された。
：**分一銭**（ぶいちせん）⑥ 分一徳政令にあたり、幕府が債権者もしくは債務者に納入させた手数料。債務者が借銭の十分の一を納入すれ

ば、債務破棄が認められ、債権者が納入すれば債権保護が認められた。徳政により損害を被った土倉などの高利貸が、土倉役減免を要求し、収入減となった幕府が新たな財源として導入した。

寛正の大飢饉かんしょうのだいききん ②1461（寛正２）年に起きた中世最大の大飢饉。前年夏からの長雨・異常低温により、年明けから近畿・山陽・山陰・北陸で大飢饉となり、京都に流入した難民で餓死する者は８万2000人、鴨川は一面に死骸が横たわったといわれる。

応仁の乱と国一揆

応仁の乱おうにんのらん（**応仁・文明の乱**おうにん・ぶんめいのらん）⑦1467～77（応仁元～文明９）年。将軍継嗣争いと畠山・斯波家の家督争いに、細川勝元と山名持豊が介入して起こった足かけ11年にわたる大乱。以降、将軍の権威は失墜、荘園制の解体も進んで戦国時代となる。

足利義政あしかがよしまさ ⑦1436～90 ８代将軍（在職1449～73）。室町第・東山山荘の造営による財政難と妻日野富子の介入で、幕政が乱れた。後継者をめぐり応仁の乱が起きたが、途中で将軍職を義尚に譲り、京を避けて京都東山に隠棲した。東山山荘で芸能者・文化人を同朋衆として庇護し、東山文化の興隆を支えた。

足利義視あしかがよしみ ⑥1439～91 兄義政に子がない段階で、還俗して後継となったが、のちに義政に実子義尚が生まれて応仁の乱の一因となった。初め細川勝元を頼ったが、のち義政と対立して山名方についた。９代将軍義尚死後は義政と和睦し、子の義植よしたねが10代将軍となった。

日野富子ひのとみこ ⑥1440～96 ８代将軍足利義政夫人。実子義尚の誕生が将軍継嗣問題を引き起こし、応仁の乱の一因となった。また賄賂を伴う政治への介入、守護への高利での貸付などで幕政を乱した。

足利義尚あしかがよしひさ ⑥1465～89 ９代将軍（在職1473～89）。父は８代義政、母は日野富子。出生前年に叔父義視が将軍継嗣と決まっていたが、母富子は義尚の将軍就任を求め、応仁の乱の一因をつくった。乱の途中、９歳で将軍となるが、実権は義政が握っていた。1487年から始めた近江六角氏ろっかくし征伐の陣中で病没。

嫡子単独相続ちゃくしたんどくそうぞく ⑤嫡子が家督（家長権）と共に財産も一括して相続すること。相続後は、兄弟・一族を養った。分割相続によ

る細分化を防ぐため、室町・戦国時代にかけて一般化した。

細川勝元ほそかわかつもと ⑦1430～73 応仁の乱の東軍の将。管領として８代将軍足利義政から、義視の後見を託されるが、1468年以降は足利義尚・畠山政長・斯波義敏らを後援して山名持豊の軍と戦い、勝敗決せぬまま死去した。

：**畠山政長**はたけやままさなが ⑦1442～93 管領畠山持国の甥。父持富と持国の実子義就の家督争いを引き継ぎ、細川勝元の後援で管領に就任。1467年、義就と結んだ山名持豊により管領を罷免されたことが、応仁の乱の契機となる。政長・義就の争いは応仁の乱後も続き、1485年の山城国一揆の背景ともなっている。　　　　　**畠山持富**はたけやまもちとみ ③

：**斯波義敏**しばよしとし ⑥1435？～1508 斯波義健の養子。家督を継ぐが、重臣たちと対立し、家臣の擁立した義廉と争う。応仁の乱の一因。

山名持豊やまなもちとよ（**宗全**そうぜん）⑦1404～73 応仁の乱の西軍の将。初め日野富子とその子足利義尚を支持、1468年以降は足利義視・畠山義就・斯波義廉を後援して細川勝元の軍と戦い、陣中で死去した。

：**畠山義就**はたけやまよしなり ⑥1437～90 管領畠山持国の実子。父持国の養子となっていた持富及びその子政長と家督を争う。その対立は子の代まで至り、応仁の乱や山城国一揆を挟んで、1454～1532年の間続いた。　　　　　**畠山持国**はたけやまもちくに ④

：**斯波義廉**しばよしかど ⑥1446？～？ 斯波義健の死後、家督を継いだ義敏と家臣に擁立された義廉が対立。将軍足利義政の支持で斯波家を継ぎ、管領に就任。義敏との対立が応仁の乱の一因となる。　　**斯波義健**しばよしたけ ②

足軽あしがる ⑦馬に乗らず徒歩で軍役に服する雑兵。略奪・放火など、敵を攪乱する敏捷な行動から足軽と呼ばれる。一条兼良は『樵談治要』しょうだんちようで、「ひる強盗」と批難しており、『真如堂縁起』に描かれた姿で知られる。戦国時代、集団戦が主流になると、長槍や鉄砲を装備して、戦場で重要な役割を果たすようになる。

：**『真如堂縁起〔絵巻〕』**しんにょどうえんぎ〔えまき〕⑦京都洛東の真如堂（真正極楽寺しんしょうごくらくじ）の創建と本尊阿弥陀如来の霊験譚を描いたもの。1524年、掃部介かもんのすけ久国の作。足軽が陣屋構築のために真如堂の柱や戸板を持ち出す場面と、遣明船を描いた場面が有名。

山城の国一揆やましろのくにいっき ⑦1485年、南山城の国

人・土民らが畠山政長・義就両軍の退陣・寺社本所領の還付・新関の廃止などを要求して結んだ一揆。宇治平等院で国掟を制定し、36人の月行事が8年間南山城を支配した。　　　**国掟**おきて ⑤　**月行事**がちぎょうじ ①
：『**大乗院寺社雑事記**』だいじょういんじしゃぞうじき ⑤ 奈良興福寺大乗院の27代門跡尋尊じんそん（関白一条兼良かねらの子）の日記。1450～1508年の政治的・社会的動向を知る重要史料。北陸における一向衆の動きや山城国一揆に関する記述が有名。

：**国一揆**くにいっき ⑥ 国人領主層らが、地侍など惣の土民とも連合して結んだ一揆。惣国一揆ともいう。守護大名らの支配から在地領主権を守るために結ばれた。山城国一揆・伊賀惣国一揆（1522）・甲賀郡中惣（1571）などがあげられる。
　　　　　　　　惣国一揆そうこくいっき ②
：**在地徳政**ざいちとくせい　→ p.119

下剋上げこくじょう ⑦ 下の者が上の者に剋ち、取ってかわるとの意で、伝統的権威を否定する社会風潮を指す。南北朝期から戦国期にかけての公家の没落や荘園制の解体などを背景に、一揆の多発、戦国大名の台頭などの形でみられた。

加賀の一向一揆かがのいっこういっき ⑦ 1488年、加賀の一向宗門徒が守護の富樫政親を敗死させ、1580年の石山本願寺降伏までの約100年間、国人・坊主・農民の寄合が加賀一国を自治的に支配した。
：**一向一揆**いっこういっき　→ p.132
：**蓮如**れんにょ ⑦ 1415～99　本願寺8世。当時宗勢が振るわなかった本願寺を興隆した中興の祖。1465年、延暦寺衆徒により大谷本願寺を破却されたが、71年、加賀国境に近い越前吉崎に坊舎を構え、御文おふみを通じて北陸での教化活動を展開した。1479年には山科本願寺を創建。晩年の1496年に大坂石山に坊舎を建て、のちの石山本願寺の基礎を築いた。
：**本願寺派**ほんがんじは ⑤ 本願寺を本山とする浄土真宗の一派。親鸞の曽孫覚如かくにょが親鸞の墓所を寺院化し、本願寺と称したのに始まる。8世蓮如以降に急速に発展し、近畿・北陸・東海地方に宗勢を拡大した。
：**門徒**もんと　→ p.132
：**富樫政親**とがしまさちか ⑦ 1455～88　一向宗門徒の協力を得て弟宗幸を討ち、加賀守護となったが、のち教団弾圧に転じたため、1488年、一向一揆に高尾城を囲まれ自害した。　　　　　　　**富樫氏**とがしし ①

：**富樫泰高**とがしやすたか ③ 生没年不詳。加賀の一向一揆ののち、一向宗門徒により擁立された名目上の守護。富樫政親の祖父の代から加賀国守護の地位をめぐり争ってきており、応仁の乱の際にも政親が東軍、泰高が西軍として戦った。
：『**蔭凉軒日録**』いんりょうけんにちろく ③ 相国寺鹿苑院蔭凉軒主の公用日記。蔭凉軒は僧録をかねた鹿苑院の書院。日記には、五山十刹など禅宗寺院の動向が記録されている。加賀の一向一揆での富樫政親自害の記事は有名。
：『**実悟記拾遺**』じつごきしゅうい ③ 蓮如の10男実悟が著した本願寺の記録の補遺。加賀の一向一揆による富樫泰高の擁立と「百姓ノ持タル国」の記事がみられる。

農業の発達

二毛作にもう　→ p.94

三毛作さんもう ⑥ 室町時代、二毛作が全国で一般化する一方で、畿内などの先進地帯では米・麦・そばの三毛作が行われるようになった。1420年に来日した朝鮮使宋希璟そうきけいが記した『老松堂日本行録』によれば、摂津国尼崎で行われていた。

早稲わせ・**中稲**なかて・**晩稲**おくて ⑥ 稲の収穫時期の差を示す品種の区別。品種改良により多様化し、風水害・病虫害を避け、収穫増大をもたらした。戦国時代には一般化した。

水車すいしゃ ④ 水流を利用して動力を得る水車があり、灌漑用水を汲み上げるのに利用する水車があり、後者は室町時代に先進地域に多くみられた。
：**竜骨車**りゅうこつしゃ　→ p.171

下肥しもごえ ⑥ 人糞尿のこと。牛馬の厩肥きゅうひと共に中世から普及した。　　**人糞尿**じんぷんにょう ④

苧おから・むし ③ カラムシとも。茎の皮から繊維をとり、撚り合わせて糸に紡いだ。布に織ったものを縮ちぢみなどと呼ぶ。

楮こうぞ ⑥ 山野に自生するクワ科の落葉低木。樹皮を蒸して叩き、その繊維を和紙に漉すいた。

藍あい　→ p.172

商工業の発達

西陣にし ① 応仁の乱の西軍陣地が名の由来。古来の機業地で、応仁の乱で一旦は四散したが、復興して高級織物の産地となり、西陣織の名で通った。

美濃紙みのがみ　→ p.172

杉原紙すぎはらがみ → p.172

鳥の子紙とりのこがみ → p.172

鋳物師いもじ ⑥ 溶かした金属を鋳型に流し入れ、鐘や鍋釜をつくる技術者。河内国丹南郡は平安後期から鋳物師の集住地で、中世には燈炉供御人とうろくごにんは蔵人所くろうどどころを本所として、座を結成していた。

鍛冶かじ ⑥ 熱して軟らかくした金属を鍛きたえて、武器・刀剣・農具を製造する技術者。

大鋸おが ① 南北朝時代の末期に、中国からもたらされた2人引きの大きな鋸のこ。大鋸の導入により、製材効率は向上した。

『七十一番職人歌合』しちじゅういちばんしょくにんうたあわせ ④ 鎌倉末期から大工職の番匠など、諸種の職人風俗を描いた「職人尽絵」が生まれ、室町時代にはそれぞれに相応する歌を添えた『職人尽歌合』などが描かれた。

　番匠ばんじょう ①

　『職人尽歌合』しょくにんづくしうたあわせ ②

　『三十二番職人歌合』さんじゅうにばんしょくにんうたあわせ ②

塩田えんでん ④ 海水をまいて天日で乾燥させ、塩分濃度を高める作業を行う砂地。最終的に砂に付着した塩を海水に溶かした濃い塩水（鹹水かんすい）を釜で煮つめて塩をつくった。

　：揚浜法あげはまほう ⑤ 塩田のうち、満潮時の海面より高い場所に、汲んだ海水を運び（潮汲み）、砂地にまいて塩分を付着させる製塩法。自然浜法とも呼ばれる。潮汲みは重労働で、説経節「さんせう大夫」では安寿が従事したと描かれている。

　：入浜法いりはまほう ② 塩田のうち、満潮時に海面より低い砂地に海水を引き入れるもので、潮汲みの労力をかけずに行う製塩法。近世には大規模な土木工事を伴う入浜〔式〕塩田が普及するが、それ以前の形態を古式入浜と呼ぶ。　**古式入浜**こしきいりはま ①

　：入浜〔式〕塩田いりはま〔しき〕えんでん → p.172

地曳網じびきあみ ③ 魚群を囲い込み、浜に引き寄せる漁法。室町時代に上方かみがたで発達した。

六斎市ろくさいいち ⑦ 室町中期から、商品の増大、流通経済の発達に伴い、市の開催頻度が増した。交通の要地などで月6回開かれた定期市を、仏教の六斎日にちなんで六斎市と呼ぶ。

　：定期市ていきいち → p.94

連雀商人れんじゃくしょうにん ④ 連雀とは荷物運搬に用いた木製の背負い道具で、転じて行商人を意味する。室町時代から活動がみられ、城下町には拠点となる連雀町が設けられる所もあった。琵琶湖南岸出身の近江商人などが有名。

　：行商人ぎょうしょうにん → p.95

：近江商人おうみしょうにん → p.177

振売ふりうり ④ 荷を天秤棒てんびんぼうに下げて呼び売りして歩く行商人。近世には棒手振ぼうてふりとも呼ばれた。

大原女おはらめ ③ 京都の北東郊外の大原おおはらに住む行商の女性で、炭や薪を頭に載せて京の町を売り歩いた。

桂女かつらめ ③ 京都西郊の桂に住む鵜飼うかい集団の女性で、鮎や朝鮮飴ちょうせんあめを売り歩いた。白布を頭に巻き上げた桂包かつらづつみで知られる。

見世棚（店棚）みせだな ⑦ 路上で商う立売たちうりに対し、軒端に棚を設け商品を並べて販売する方式。『洛中洛外図屛風』に描かれている。「見世棚」の語は、鎌倉末期よりみられ、室町時代には「店」の字があてられるようになった。

　：『洛中洛外図屛風』らくちゅうらくがいずびょうぶ → p.150

米場こめば ① 中世の米市場。京都の三条・七条をはじめ、奈良・伊勢などに設けられた。出入商人は米場座をつくり、座外商人による米穀取引は禁止された。魚の卸売市場では淀の魚市が有名。　**京の米市**きょうのこめいち ①

　淀の魚市よどのうおいち ②

座ざ ⑦ 中世の商工業者の同業組合。公家・寺社を本所と仰いでその保護を受け、座衆は座役（本所への納付金）納入や労役供与を行うかわりに関銭免除・販売独占権などの特権を認められた。　**座役**ざやく ①

　：本所ほんじょ ④ 伝統的・宗教的権威を背景に、座衆の営業・通行などの特権を保障し、保護する公家や寺社のこと。

　：大山崎油座おおやまざきあぶらざ ② 石清水八幡宮末社の大山崎離宮八幡宮を本所とする荏胡麻えごま油（灯油）の座。座衆は油神人あぶらじにんと呼ばれ、西国での原料仕入れ、畿内東国10カ国での販売などに独占的な権限を認められた。

　　大山崎離宮八幡宮おおやまざきりきゅうはちまんぐう ②

　：北野社麴座きたのしゃこうじざ ② 京都の北野天満宮を本所とする、西京にしきょうの麴座のこと。京都の麴を独占的に製造・販売した。

　：祇園社綿座ぎおんしゃわたざ ② 京都の祇園社（八坂神社）を本所とする京都下京しもぎょうの綿座。

宋銭そうせん → p.95

明銭みんせん ⑦ 中国明朝が官鋳した貨幣で、朝貢貿易の頒賜品や交易品として大量に輸入された。

　：洪武通宝こうぶつうほう ⑤ 明の初代皇帝、太祖洪武帝（朱元璋）の統治期間（1368〜98年）に鋳造された銅銭。

　：永楽通宝えいらくつうほう ⑥ 明の3代皇帝、成祖永楽帝時代（1402〜24年）の鋳造。輸入明銭の

中で最も多く使用された。

：宣徳通宝せんとくつうほう ③ 明の5代皇帝、宣宗宣徳帝の統治期間に鋳造された銅銭。

〔代〕**銭納**せんのう 〔代〕ぜに → p.95

撰銭えりぜに ⑤ 貢納や商取引に際し、通用価値の低い悪銭の受取を拒み、宋銭を精銭として求めた行為。明銭は宋銭より劣る銭（渡唐銭）として扱われ、私鋳銭・焼銭など・割銭・鐚銭が悪銭として嫌われた。撰銭が横行すると貨幣流通が滞るので、対応として撰銭令が出された。

精銭せいせん ② **悪銭**あくせん ③ **私鋳銭**しちゅうせん ⑤ **鐚銭**びたせん ②

：撰銭令えりぜにれい ⑦ 撰銭による経済的混乱に対する規制措置。通貨取引の円滑化を図るため、幕府や大名が領内に通用する精銭の基準、悪貨との交換率を定め、撰銭を制限した。

土倉どそう ⑦ 鎌倉・室町時代の金融業者。質物保管のための土蔵を所有していることからの名称。京都・奈良に多く、有徳人うとく・倉衆くらしゅうと呼ばれて都市民の中心となったが、土一揆の襲撃目標にもなった。土倉役（倉役）は、室町幕府の重要財源であった。

：有徳人うとくにん → p.105

酒屋さかや ⑦ 鎌倉・室町時代の酒造業者。多額の資本を有し、土倉を兼ねる者も多く、しばしば土一揆の襲撃対象となった。酒屋役は、室町幕府の重要財源であった。

祠堂銭しどうせん ① 死者の供養や祠堂修築の名目で寺に寄進された銭のこと。室町時代、寺院金融の資金に用いられたことから、五山や中小寺院の行う金融活動を表す言葉となった。徳政一揆が土倉・酒屋と共に寺院を襲撃する理由となっている。

頼母子(憑支)たのもし → p.95

割符さいふ ⑦ 遠隔地間の取引に用いられた為替手形。替銭屋で入手した割符を送ると、受け取った相手は所定の替銭屋に持参して現金化した。

為替かわせ(かわせ) → p.95

関所せきしょ ⑦ 治安維持を目的に設けられた古代・近世の関所とは異なり、中世の関所は流通の増加に着眼した幕府・寺社・土豪らにより通交税（関銭・津料）を取る経済的目的で設けられた。瀬戸内海の兵庫関、淀川筋の淀関や京都七口の関が有名。

：関銭せきせん → p.113

：津料つりょう → p.113

：兵庫北関ひょうごきたせき ⑥ 鎌倉初期に東大寺が再建のための関銭徴収を認められた。南北朝

期に興福寺も参入を図り、兵庫北関（東大寺）・兵庫南関（興福寺）に分かれた。

：兵庫北関入船納帳ひょうごきたせきいりふねのうちょう ① 兵庫北関の1445年1月〜46年1月の関税徴収帳簿。入船の船籍地・積載品目・数量などを記しており、一年間に瀬戸内海各港から兵庫湊に出入りした船は2700隻以上に及んでいる。

廻船かいせん ⑤ 中世に、港を廻って商品輸送や行商を行った船。問丸と結んで隆盛となり、大型の千石船も運航した。瀬戸内海・日本海沿岸が主な活動の舞台であった。

：千石船せんごくぶね ① 本来は米1000石を積める船を意味するが、のちには大型船全般を指すようになる。中世末から瀬戸内海を中心に発達し、櫓かと帆を併用した。

問屋といや ⑤ 鎌倉時代に年貢の保管・輸送に従事した問丸の中には、室町時代に委託された貨物を手数料（口銭こうせん）を取って売りさばく中継商・卸売商に発展する者もおり、問屋と呼ばれた。

馬借ばしゃく ⑦ 馬の背に荷物を載せて運搬した輸送業者。大津・坂本・淀・木津など水陸交通の結節点を拠点として、年貢や商品を京都・奈良へ搬入した。広汎な情報を得やすく集団的組織力を持つため、しばしば土一揆の先鋒となった。

車借しゃしゃく ⑥ 中世の交通労働者で、米・木材・石などの重量物を車に載せ、牛や馬にひかせて輸送した。活動は道路が整備された都市近辺に限定された。

3 室町文化

文化の融合

室町文化むろまちぶんか ⑤ 南北朝文化の後、3代将軍足利義満時代の北山文化が栄え、ついで8代将軍義政時代に東山文化として成熟した。公家文化と禅宗文化を融合した新しい武家文化に、都市・農村の民衆的要素も加わったものといえる。戦国時代には文化のさらなる民衆化と地方普及が進んだ。

動乱期の文化

南北朝文化なんぼくちょうぶんか ② 南北朝の動乱期を背景に、歴史の流動・転換を記す歴史書・軍記物語が現れた。武士・民衆の台頭から連歌・茶寄合・闘茶なども流行した。

安国寺あんこくじ ① 足利尊氏・直義兄弟が夢窓疎

石ぶんの勧めで、後醍醐天皇をはじめ元弘の変以来の戦死者の霊を慰め、国土安穏を祈る目的で国ごとに建立した寺。仏舎利（釈迦の遺骨）を納めた利生塔りしょうとうも建立された。

『増鏡』ますかがみ ④ 鎌倉時代を編年体で記した歴史物語。南北朝時代に成立。著者については二条良基にじょうよしもと説が有力。後鳥羽天皇の誕生から後醍醐天皇の京都還幸までを記している。

宋学そうがく → p.102

伊勢神道いせしんとう（**度会神道**わたらいしんとう） → p.99

北畠親房きたばたけちかふさ → p.108

『神皇正統記』じんのうしょうとうき ⑥ 北畠親房が常陸小田城で北朝方と対戦しながら執筆した歴史書。1339年成立。「大日本は神国なり」に始まり、神代より後村上天皇までの皇位継承の経緯を述べており、大義名分論に基づいて、南朝の正統性を主張している。

『太平記』たいへいき ⑥ 後醍醐天皇の討幕計画以後、足利義詮よしあきらの死までの南北朝内乱について記した軍記物語。1371年頃に成立。著者は小島法師ともいわれる。内乱期の戦乱と社会的変革を活写している。

『梅松論』ばいしょうろん ④ 足利尊氏の幕府創立を中心にした南北朝時代の戦記。1349年頃の成立。著者は足利一門の細川家の関係者と推察される。開幕の経緯と一門の繁栄を吉祥樹の梅・松に例えて書名とした。

『難太平記』なんたいへいき ② 今川貞世著述の歴史書。1402年成立。足利一門の今川氏の動向を中心に記してあるが、足利尊氏の行動に関する部分で『太平記』の誤りを訂正しているので、後世、この名で呼ばれた。

『曽我物語』そがものがたり ① 1193年に頼朝が行った富士の巻狩に際し、曽我十郎祐成すけなり・五郎時致ときむね兄弟が父の仇工藤祐経すけつねを討ち取る仇討物語。口承伝説として民衆に受け継がれたが、室町初期に書物として成立した。

『義経記』ぎけいき ① 室町前期の軍記物語。作者不詳。源義経の幼少期と末期を同情的に描き、義経伝説・判官贔屓はんがんびいきのもととなる。

『建武年中行事』けんむねんちゅうぎょうじ ① 後醍醐天皇が著した有職故実書。1334年成立。宮中の年中行事を月ごとにまとめ、仮名を用いて記述した。建武の新政に際し、朝儀の再興と朝権の復興を願ってつくられた。

：有職故実ゆうそくこじつ → p.101

『職原抄』しょくげんしょう ① 13歳で即位した後村上天皇に献じるため、北畠親房が著した有職故実書。1340年成立。日本の官職制度について、由来・官位・唐名などにふれ、任官のための家格や慣例も解説している。

『正平版論語』しょうへいばんろんご ① 1364年、堺の道祐居士どうゆうこじが版行した中国の『論語集解』の通称。日本最古の『論語』の印刷本。『論語集解』は孔子の言行録『論語』の解釈書で、中国の三国時代に何晏かあんが著した。

連歌れんが → p.130

喫茶きっさ ⑤ 茶の日本到来は805年の最澄と記録されるが、遣唐使の中止で一旦中絶した。栄西が宋からもたらした茶は、九州で栽培されたのち、明恵みょうえにより京都栂尾とがのおに植えられ、日本に定着した。当初は寺院を中心に抹茶まっちゃが飲用されたが、近世に入って煎茶せんちゃが広まった。

：闘茶とうちゃ ⑦ 産地の異なる数種類の茶を飲み、味を飲み分けする競技。京都栂尾茶を本茶とし、他地域のものを非茶として飲み当てることに始まり、賭博性を帯びるようになった。南北朝時代、武家・庶民の間に盛行したが、侘茶わびちゃの流行で廃れた。

：茶寄合ちゃよりあい ⑦ 賭博性のある闘茶を含め酒食を楽しむ娯楽的な茶会。茶会所の座敷に掛軸や立花を飾り（会所飾）、築庭を鑑賞することも加わって、南北朝～室町期の武家・庶民の間に流行した。

：茶の湯ちゃのゆ → p.128

バサラ ⑥ 梵字（サンスクリット語）を語源とする言葉で、婆娑羅などの漢字をあてることもある。従来の秩序の崩壊や、貴賤・都鄙・僧俗の文化交流が起こった、南北朝～室町期に流行した華美で人目をひく風俗。伝統的権威を無視し、傍若無人な振舞いをする大名をバサラ大名といい、近江の佐々木導誉（高氏）はその代表例。

佐々木導誉ささきどうよ ③

天龍寺てんりゅうじ ⑦ 1339年、足利尊氏・直義兄弟が後醍醐天皇の菩提を弔うために創建。開山は夢窓疎石、京都五山第1位。造営費捻出のため1342年に天龍寺船が派遣された。

永保寺開山堂えいほうじかいさんどう ① 永保寺は1313年に夢窓疎石が美濃国東部（岐阜県多治見市）に開いた臨済宗寺院。1352年建立の開山堂は、祠堂（内陣）と礼堂（外陣・昭堂）からなり、強い軒反り・扇垂木おうぎだるき・桟唐戸さんからどなど禅宗様の特徴を示している。堂内には夢窓疎石と元翁本元げんのうほんげんの頂相ちんそう（木像）がある。

回（廻）遊式庭園かいゆうしきていえん ② 池を中心に築山つきやま・中島・橋・遣水やりみずなどを配し、建物そのものも庭園の要素とする。室町中期までは、座敷または建物の縁から眺める形式で

あったが、次第に鑑賞者自らが回遊するようになり、江戸初期に完成する。

西芳寺庭園（さいほうじていえん）②夢窓疎石が南北朝期に作庭。上段が枯山水庭園で、石組の構成は東山殿(慈照寺)など、のちの作庭に影響を与えた。下段の池泉回遊式庭園には百余種の苔が生えているので「苔寺」の異称がある。

天龍寺庭園（てんりゅうじていえん）③1345年頃、夢窓疎石が作庭。嵐山を借景とし、池・滝・石組により構成される。

室町文化の成立

北山文化（きたやまぶんか）⑥14世紀末〜15世紀初頭の文化。足利義満による南北朝の合体・幕政確立を背景に、武家文化が公家文化を摂取して発展する基礎ができた。義満が営んだ北山殿にちなみ北山文化と呼ばれた。五山文学や水墨画、猿楽能の興隆が特徴。

金閣（きんかく）⑦足利義満が営んだ京都北山殿(山荘)にある1398年建立の舎利殿。三層の楼閣建築で初層は寝殿造の「法水院」、第二層は和様の観音殿「潮音洞」、第三層は禅宗様の仏殿「究竟頂（くっきょうちょう）」で、二・三層の外壁に金箔が押してある。1950年に焼失、55年に再建。北山殿は義満の死後、法名鹿苑院にちなんで鹿苑寺となった。　**鹿苑寺**（ろくおんじ）⑧

　　観音殿（かんのんでん）③　**鹿苑寺舎利殿**（ろくおんじしゃりでん）①

：**北山殿**（きたやまどの）（**北山山荘**（きたやまさんそう））　→ p.111

：**鹿苑寺庭園**（ろくおんじていえん）①14世紀末、金閣を中心に作庭された。金閣初層安置の阿弥陀仏に対応する浄土庭園。

興福寺東金堂（こうふくじとうこんどう）①聖武天皇の創建であるが兵火にかかり、1415年に和様建築として再建された。1426年再建の五重塔も純和様。

臨済宗（りんざいしゅう）　→ p.98

夢窓疎石（むそうそせき）　→ p.126

官寺の制（かんじのせい）⑥将軍足利義満は南宋の制度にならい、臨済宗五山派寺院を官寺とし、五山・十刹の序列を付して幕府が住持を任命した。寺院や僧侶は僧録に管理させた。

：**五山**（ござん）⑦南宋の官寺の制にならった臨済寺院の寺格。鎌倉末期に始まり、室町幕府が制度的に完成。五山を最高とし、十刹はそれにつぐ寺格で、さらにその下に諸山(甲刹（こうさつ）とも)を設けた。寺格の入替えが何度か行われ、1386年に現在の形になった。

　　十刹（じっさつ）④　　**諸山**（しょざん）③

：**僧録**（そうろく）②室町幕府が官寺の住持任免な

ど禅僧管理を委ねた役職。1379年に義満が春屋妙葩を任命したに始まる。管理機関の僧録司は相国寺におかれ、僧録は相国寺の鹿苑院主が兼ねたので、鹿苑僧録とも呼ばれた。また、鹿苑院内の蔭凉軒（いんりょうけん）が住持補任に対する五山官銭・五山献上銭の徴収にあたった。

京都五山（きょうとござん）⑥官寺の制で最高の寺格にある京都の五つの禅寺。天龍寺・相国寺・建仁寺・東福寺・万寿寺。足利義満が相国寺を建立後、それまで五山筆頭に位置した南禅寺を別格とし序列を定めた。

：**南禅寺**（なんぜんじ）⑤1293年に亀山天皇が母の御所として造営した離宮を、禅寺に改めて創建。1386年に五山の別格上位となる。

：**天龍寺**（てんりゅうじ）　→ p.124

：**相国寺**（しょうこくじ）⑦1382年足利義満の創建。開山は春屋妙葩(名目上の開山は夢窓疎石)。京都五山第2位。子院の鹿苑院主が僧録として五山住持の任免を統轄した。

：**建仁寺**（けんにんじ）　→ p.98

：**東福寺**（とうふくじ）⑥1235年に、鎌倉4代将軍九条頼経の父九条道家が創建、開山円爾弁円（えんにべんねん）。京都五山第4位。

：**万寿寺**（まんじゅじ）⑤平安末期創建の六条御堂を1261年に禅寺とし、万寿寺と改名。京都五山第5位。

鎌倉五山（かまくらござん）⑤鎌倉にある臨済宗五大官寺。建長寺・円覚寺・寿福寺・浄智寺・浄妙寺。鎌倉末期、北条氏が鎌倉を中心に五山制を定めたが、足利義満が室町幕府の官寺として制度化。

：**建長寺**（けんちょうじ）　→ p.98

：**円覚寺**（えんがくじ）　→ p.98

：**寿福寺**（じゅふくじ）⑤1200年に北条政子が創建。開山は明庵栄西（みんなんようさい）。鎌倉五山第3位。もと源義朝邸跡で、1180年、頼朝は幕府をここに構えようとしたが、義朝を弔う堂があったため断念した。

：**浄智寺**（じょうちじ）⑤1281年に死去した評定衆北条宗政の菩提寺として夫人が創建。開山は南洲宏海（なんしゅうこうかい）。鎌倉五山第4位。

：**浄妙寺**（じょうみょうじ）⑤1188年に足利義兼が創建。開山は退耕行勇（たいこうぎょうゆう）。鎌倉五山第5位。中興開祖は足利貞氏(尊氏・直義の父)。

水墨画（すいぼくが）⑦墨の濃淡と描線の強弱による墨一色の東洋独特の絵。禅僧により宋・元から伝えられた。初期は禅の精神を表現する禅機画が多かったが、次第に風景を描く山水画へ移行した。

明兆（みんちょう）（**兆殿司**（ちょうでんす））　③1352〜1431　東福

寺の画僧。長く殿司(禅宗寺院で仏殿の清掃・供物をつかさどる僧職)をつとめたので、兆殿司の名で知られる。代表作は『五百羅漢図』。

如拙⑦ 生没年不詳。室町前期の相国寺画僧。宋元画に学び、日本の水墨画を開拓した先駆者。足利義持の命で「瓢鮎図」を描く。
: **「瓢鮎図」**⑥ 如拙の1410年頃の作。「瓢簞で鮎(中国ではナマズを表す)を捺える」との禅の公案(参禅者への課題)を題材とした禅機画(禅の悟りを開く機縁を描いた絵)であるが、巧みに自然を表現しており、山水画としての構成を持つ。絵の上部には五山僧31人が公案の答を賛として寄せている。
: **公案** → p.98

周文④ 生没年不詳。相国寺の画僧。如拙の後を受けて水墨画を発展させた。代表作は『寒山拾得図』。

五山僧④ 漢文などの教養を背景に、その学識は仏教だけではなく、政治・外交・文学・宋学に及んだ。絶海中津は遣明使の国書を起草、応永の乱の収束交渉にも臨んだ。漢詩文(五山文学)でも義堂周信と並び称された。五山版も刊行。

夢窓疎石④ 1275~1351 後醍醐天皇・足利尊氏・直義らが帰依した臨済僧。天龍寺開山。門下に春屋妙葩ら傑僧が出て、法系は繁栄した。西芳寺(苔寺)庭園など、禅の構想による作庭でも有名。

春屋妙葩① 1311~88 夢窓疎石の甥で弟子。足利義満の帰依を受け、1379年に初代の僧録となり禅院の管理にあたる。1382年に相国寺を開山(名目上の開山は夢窓疎石)。

絶海中津④ 1336~1405 天龍寺の夢窓疎石に学び、1368年、明に留学し文名をあげる。帰国後、足利義満に重んじられ国書作成や交渉などに従事。義堂周信と共に五山詩文の双璧といわれる。

義堂周信④ 1325~88 夢窓疎石の弟子。鎌倉公方足利基氏の招請により鎌倉円覚寺に下る。足利義満の命により帰京して建仁寺・南禅寺に住む。詩文集も多く、絶海中津と共に代表的な五山文学の僧。

五山文学④ 五山・十刹に拠った禅僧らの漢詩文学。義堂周信・絶海中津の活動した南北朝期が最盛期で、2人は五山文学の双璧と称された。

五山版③ 京都五山・鎌倉五山を中心に出版された書籍。中国伝来の宋版本を再版して刊行。

能⑦ **(能楽**⑦) ⑦ 散楽を起源とし、社寺の祭礼に奉納する猿楽と農耕芸能である田楽が結びつき、さらに観阿弥・世阿弥父子が曲舞なども取り入れ、芸術性の高い能(猿楽能)として完成させた。　**猿楽能**④
: **田楽** → p.80
: **猿楽** → p.80
: **能楽師**③ 能を演じるにはシテ・ワキなどの役者と、笛・小鼓・大鼓・太鼓などの囃子方が必要で、総称して能楽師と呼んだ。

大和猿楽四座③ 大和の興福寺・春日社に奉仕した猿楽の四つの座。観世(結崎)・宝生(外山)・金春(円満井)・金剛(坂戸)座のこと。大和四座の演じる大和猿楽が次第に栄えて現在に至っている。
: **観世座**⑤ 大和国結崎を本拠としたので、初め結崎座と呼ばれた。観阿弥父子が出て改称した。春日社・興福寺への奉仕を任としていたが、観阿弥の代に京都に進出、将軍足利義満の庇護を得て発展した。この座の演目を観世能、座頭を観世大夫という。　**観世能**④
: **宝生座**③ 大和国外山を本拠として、初め外山座と称した。世阿弥の弟連阿弥が祖とされる。
: **金春座**③ 奈良西ノ京の円満寺に由来して円満井座と呼ばれたが、世阿弥の女婿金春禅竹が確立して改称した。
: **金剛座**③ 法隆寺坂戸にあったので、初め坂戸座と呼ばれた。法隆寺に奉仕。金剛善覚が中興した。

勧進能③ 寺社祭礼の際の神事猿楽と異なり、寺社の建立・修理費用などの募金(勧進)を名目に入場料を取って催される能。

観阿弥⑦ 1333~84 実名は清次、芸名が観世、将軍の同朋衆となって観阿弥と称す。観世座の祖。大和四座の結崎座に属し、京都今熊野での勧進能を観た将軍足利義満の庇護を受けた。田楽や曲舞などの歌舞的要素を取り入れて、幽玄な猿楽能を大成した。

世阿弥⑦ 1363?~1443? 実名は元清、将軍の同朋衆として世阿弥と称す。父観阿弥と共に能楽を大成した。優れた役者・脚本家・芸術理論家で『風姿花伝』や『花鏡』を著し、「砧」「井筒」などの謡曲もつくった。
: **『風姿花伝』**⑥ 世阿弥の能楽に関する芸術論書。1400年に主要部分が成立、18

年まで加筆された。亡父観阿弥の芸談をもとに自身の体験や意見を加え、「花」「幽玄」などを主張。『花伝書』は通称。

花伝書（かでん）④

：『**申楽談儀**』（さるがく）① 正しくは『世子ぜ六十以後申楽談儀』。能楽の具体的芸道論。世阿弥の談話を子の観世元能が筆録し、1430年に完成。

観世元能（もとよし）①

：**謡曲**（ようきょく）④ 謡（うたい）とも。伴奏なしで節をつけて歌う音曲。また、謡部分と候詞（さうろうことば）で語り合う対話部分から構成される。能の脚本のことも指す。

室町文化の展開

東山文化（ひがしやまぶんか）⑥ 15世紀後半の文化。応仁の乱を避けて東山山荘を営む将軍足利義政を中心に、禅宗の影響を受けた枯淡幽玄の芸術が開花した。

銀閣（ぎんかく）⑦ 1489年、足利義政が東山山荘に観音殿として建てた2層の楼閣。上層は禅宗様の「潮音閣（ちょうおんかく）」、下層は書院造風の「心空殿（しんくうでん）」。山荘は義政の死後、慈照寺となった。

慈照寺（じしょうじ）⑦　**東山山荘**（さんそう）⑦

東求堂（とうぐどう）⑥ 足利義政の営んだ東山山荘の持仏堂。東北隅の同仁斎は書院造の典型例。

持仏堂（じぶつどう）①

：**同仁斎**（どうじんさい）⑥ 東求堂の東北隅にある四畳半の部屋の称。足利義政の書斎で茶室にも使用されたという。書院造の典型例。

書院造（しょいんづくり）⑤ 室町後期に成立した武家住宅の建築様式。寝殿造に禅院の書院・方丈（ほうじょう）の要素を加味したもので、現代の日本住宅の基本となっている。押板（床）・（違い棚）・付書院を持ち、襖障子・明障子を用い、畳を全面に敷きつめているのが特徴。

押板（おしいた）（**床**（とこ））③　**床の間**（とこのま）⑤
棚（たな）（**違い棚**（ちがいだな））⑤　**付書院**（つけしょいん）⑤
襖障子（ふすましょうじ）②　**明障子**（あかりしょうじ）④
襖（ふすま）《書院造》⑤

：**畳**（たたみ）④ 藁でつくった心材の上に藺草（いぐさ）製の表をかけた敷物。寝殿造では広い板敷の空間を几帳（きちょう）などで区切り、一角に畳や円座を敷く。『一遍上人絵伝』や『蒙古襲来絵巻』にみられる家屋でも畳は一部あるのみだが、書院造では全面に敷かれている。

枯山水（かれさんすい）⑦ 室町時代の禅院の作庭様式の一つ。水を用いずに砂と石で山水自然の生命を表現することを特色とする。唐山水（からせんずい）ともいう。

：**龍安寺石庭**（りょうあんじせきてい）⑥ 室町中期の枯山水の代表例。作庭者は不詳。長方形の平庭に白砂と大小15の石を配置してある。虎の子渡し（とらのこ）の俗称を持つ。

：**大徳寺大仙院庭園**（だいとくじだいせんいんていえん）② 1513年頃の作庭。多数の石組と白砂で構成された枯山水の庭園。上石の庭は深山幽谷から水がほとばしる様、下石の庭はゆるやかに峡谷を流れる様を示すという。

同朋衆（どうぼうしゅう）⑤ 将軍に芸能・技能をもって仕えた者。剃髪した出家姿で時宗僧として、阿弥号を名乗ることにより、身分差を超えて近侍できた。能の観阿弥・世阿弥、水墨画・連歌の能阿弥、書院造の相阿弥、作庭の善阿弥、立花の立阿弥が有名。

：**阿弥号**（あみごう）② 本来は、仏教で往生ののち、閻魔宮で法名の後につけて名乗る号だが、浄土教の遁世者が生前に名乗るようになり、時宗僧も続いた。やがて、出家により俗世での身分差を超越する意味から同朋衆にも用いられるようになった。

：**河原者**（かわらもの）① 河原に住み、課役を免除された中世被差別民。様々な雑役に従事したが、手工業や造園の分野で重要な役割を果たした。

：**山水河原者**（せんずいかわらもの）④ 造園技術に優れた河原者で、庭師の集団である。庭者とも呼ばれた。足利義政に奉仕した善阿弥が著名。

：**善阿弥**（ぜんあみ）④ 生没年不詳。将軍足利義政から天下第一と称えられた作庭師・同朋衆。子の次郎三郎、孫の又四郎と共に慈照寺銀閣の庭をつくった。

：**能阿弥**（のうあみ）① 1397〜1471 足利義教・義政に仕えた同朋衆。将軍家所蔵の絵画・座敷飾りなどを管理し、水墨画・連歌にも優れた。

水墨画（すいぼくが）　→ p.125

雪舟（せっしゅう）⑦ 1420〜1502? 諱（いみな）は等楊。幼くして京都相国寺に入り、絵を周文に学ぶ。1467年に大内氏の庇護で明へ渡り、69年に帰国。以後、主に山口の雲谷庵（うんこくあん）に住し、諸国を訪ねて日本の水墨山水画を完成した。

：『**四季山水図巻**』（しきさんすいずかん）① 雪舟の1486年の作。15m以上に及ぶ長大な画面に、四季の変化を描く山水画で、『山水長巻』（さんすいちょうかん）とも呼ばれる。

：『**秋冬山水図**』（しゅうとうさんすいず）⑦ 雪舟の山水画で、秋・冬の2幅からなる。山水画の古典たる宋元画への復帰をめざして、南宋の夏珪（かけい）の構図に学んで描いている。

大和絵（やまとえ）　→ p.65
土佐派（とさは）　→ p.182

土佐光信（とさみつのぶ）③ 生没年不詳。宮廷絵所預（えどころあずかり）や幕府の御用絵師をつとめ、土佐派の地位を確立した。清水寺や北野天神などの縁起絵巻を手がけた。

狩野派（かのうは） → p.149

狩野正信（かのうまさのぶ）⑥ 1434？～1530？ 狩野派の祖。伊豆の人。幕府の御用絵師となり、仏画・肖像画・障壁画と多方面に腕をふるった。狩野派発展の基礎を築いた。『周茂叔愛蓮図』が代表作。

：『周茂叔愛蓮図』（しゅうもしゅくあいれんず）① 狩野正信の代表作。蓮を愛した中国宋代の周敦頤（しゅうとんい）（本名は茂叔）の故事を描いたもので、漢画に日本的情趣を加味した作品である。

狩野元信（かのうもとのぶ）⑥ 1476～1559 正信の子。御用絵師をつとめる。漢画に大和絵を取り入れ、水墨画の装飾画化を進め、父と共に狩野派の画風を確立。

：『大仙院花鳥図』（だいせんいんかちょうず）④ 京都大徳寺大仙院にある狩野元信の代表作。8面の襖絵。

能面（のうめん）④ 能楽に用いる仮面。伎楽や舞楽の仮面の影響を受けている。鬼神（翁（しかみ）など）・老人（翁（おきな）・尉（じょう）など）・男・女（小面・孫次郎など）・霊（般若（はんにゃ）など）の5種に大別。小面は若い女性をかたどる。その他、多くの能面がある。 **小面**（こおもて）①

後藤祐乗（ごとうゆうじょう）② 1440～1512 彫金家。将軍足利義政に仕え、刀剣の目貫（めぬき）や小柄（こづか）などの彫刻に優れ、代々、金工の宗家となる。

高蒔絵（たかまきえ）① 高く肉取りした上に、蒔絵を施したもの。鎌倉時代から始まり、東山時代に完成した。将軍義政の遺愛品に名作が多い。

茶の湯（ちゃのゆ）⑥ 喫茶は臨済禅の修行の一つとして始まった（禅院（ぜんいん）の茶の湯）。南北朝期の茶寄合における闘茶の流行、豪華な会所飾を伴う書院の茶（殿中（でんちゅう）の茶の湯）を経て、東山文化の時期に村田珠光が侘茶を創始、桃山時代に千利休によって大成された。江戸中期以降、茶道と呼ばれるようになった。 **茶道**（ちゃどう（さどう））⑤

侘〔び〕茶（わびちゃ）⑦ 侘とは閑寂な風趣、すなわち簡素で落ち着いた寂しい感じを意味する。侘茶とは、室町中期以前、修行の一環であった禅院茶の湯や豪華な書院の茶とは異なる閑寂な草庵の茶を指す。簡素な小座敷・道具立の中に精神的な深さを味わうもので、村田珠光に始まり、千利休が大成した。

：村田珠光（むらたじゅこう）⑤ 1423～1502 足利義政の同朋衆（どうぼうしゅう）能阿弥に師事する一方で、大徳寺の一休宗純に参じて茶禅一味の精神

を身につけ、侘茶を創始した。

：武野紹鷗（たけのじょうおう）④ 1502～55 堺の商人・茶人。唐様趣味を和様に転化する工夫を重ね、2畳しかない小間の茶室や竹の茶杓（ちゃしゃく）などを創案して侘茶をさらに簡素化し、千利休に引き継いだ。

：千利休（せんのりきゅう）**（宗易**（そうえき）**）** → p.150

花道（華道）（かどう）④ 仏前に供えた供花（くげ）から、立てた花の美を競う、豪華な立花に発展した。侘茶の流行と共に立花は簡素な投げ入れの方法を用いる生花に移り、やがて花道が大成された。

：立花（たてはな（りっか））⑤ 足利義政の同朋衆立阿弥（りゅうあみ）が、将軍御前の座敷飾りとして披露した技法。心（しん）となる木を立て、下草と称する草花を添えるもので、それぞれに祝言性を込めた意味づけが行われた。時代と共に造形性を重視し、儒教や仏教の思想による構成法の理論化も進められ、芸術性を高めていった。

：生花（せいか）② 室町期には花材を手桶に入れて、座敷飾にしたものを生花と呼んだ。やがて、自然の枝ぶりのまま無技巧に挿す投げ入れ花（抛入（なげいれ）花）も加わって、侘茶の花として広まっていった。

：池坊専慶（いけのぼうせんけい）④ 生没年不詳。池坊花道の祖。東山文化の頃、京都頂法寺（通称六角堂）の塔頭（たっちゅう）池坊の僧侶専慶は、生花の芸術性を高め、戦国時代の専応、江戸初期の専好によって池坊流が発展した。 **六角堂**（ろっかくどう）②

：池坊専応（いけのぼうせんおう）② 1482～1543 戦国時代の立花師で、立花を造形芸術にまで高め、池坊が立花界の主流になる契機をつくった。

：池坊専好（いけのぼうせんこう）① 1536～1621 江戸初期に立花の構成理論に儒教を導入し、立花に画期的な変化をもたらした。

香道（こうどう）① 一定の作法の下で香をたき、その匂いを鑑賞する芸道。足利義政の時代には成立し、香をかぎ分ける聞香のための香寄合が盛んに行われた。 **聞香**（もんこう）②

古今伝授（こきんでんじゅ）⑤『古今和歌集』の故実・解釈などの秘事を弟子に口承伝授すること。1471年に東常縁が宗祇に伝授して以来、近世に及んだ。

：東常縁（とうのつねより）③ 1401～94？ 室町中期、美濃国の武将。二条派の歌人で、『古今和歌集』の解釈・故実などを宗祇に秘伝して講義した。古今伝授の始祖とされる。享徳の乱に際し、幕府の命を受けて関東各地を転戦するうちに、居城を美濃守護代斎藤

妙椿^{みょうちん}に落とされるが、落城を嘆く歌に感じ入った妙椿が、城を返却したと伝えられる。

：秘事口伝^{ひじくでん}　① 容易に人に教えられない学問・芸術の奥義(秘事)を、限られた後継者だけに、密かに口伝えで教え授けること。

：宗祇^{そうぎ}　→ p.130

：三条西実隆^{さんじょうにしさねたか}　① 1455〜1537　室町後期の公卿。学者・歌人で宗祇より古今伝授を受けた。63年間にわたる日記『実隆公記』は当時の世相を知る貴重な史料。

一条兼良^{いちじょうかねよし(かねら)}　⑦ 1402〜81　室町中期の太政大臣・関白で、当代随一の学者。博学多才で、『公事根源』『花鳥余情』など、有職故実・古典研究の著書がある。将軍足利義尚への政道助言として『樵談治要』も著した。

：『公事根源』^{くじこんげん}　① 1422年、一条兼良が著した有職故実書。朝廷の年中行事の起源や変遷を説明する。

：『樵談治要』^{しょうだんちよう}　④ 一条兼良の著。1480年、将軍足利義尚の問いに答えた政治上の意見書。率直な人物を守護に選任すべきことや、軽率の停止などの8条を内容とする。書名は自らを樵夫^{きこり}に例えて、政治の専要となるものを談ずる意である。

：『花鳥余情』^{かちょうよせい}　① 一条兼良の著。1472年成立の『源氏物語』注釈書。四辻善成『河海抄』の誤りを指摘・訂正している。

吉田兼倶^{よしだかねとも}　⑤ 1435〜1511　京都吉田神社の神職で、本姓は卜部^{うらべ}氏。創始した唯一神道で、一切の神道の統合を図り、室町幕府と結んで世俗的に伸張した。

：唯一神道^{ゆいいつ}(**吉田神道**^{よしだしんとう})　⑤ 吉田兼倶が大成した神道教説。本地垂迹説に基づく両部^{りょうぶ}神道に対し、反本地垂迹説の立場で一切の現象を体系づけた。儒教・仏教をも取り入れた総合的な神道説といえる。

庶民文芸の流行

狂言^{きょうげん}　⑦ 南北朝期・室町時代に発達した、滑稽な仕草を交えた庶民劇。猿楽の喜劇性を発達させたもので、庶民側から大名・山伏・僧侶を風刺したものが多い。

曲舞^{くせまい}　③ 室町初期から盛行した舞踊。鼓^{つづみ}の伴奏で、1人で謡^{うた}いながら舞う。謡曲・幸若舞に受け継がれた。

幸若舞^{こうわかまい}　④ 越前国の曲舞の集団、幸若大夫一派の舞踊。室町前期の武将桃井直詮^{もものいなおあき}(幼名幸若丸)が比叡山での修行中に、草

子物に節づけをして創始したとされる。織田信長に愛好され、武家から厚遇された。

古浄瑠璃^{こじょうるり}　④ 竹本義太夫の義太夫節以前の、古い形態の浄瑠璃。室町時代、奥州下向途中の牛若丸と三河の長者の娘浄瑠璃姫との恋を題材とした『浄瑠璃姫物語』を語ったのが起源。琵琶を用いた当時の音曲は失われた。

小歌^{こうた}　④ 宮廷儀礼での歌謡を大歌と呼ぶのに対し、民間で歌われた俚謡^{りよう}・流行歌などをいう。室町時代に広く流行し、自由な形式で歌われた。

：『閑吟集』^{かんぎんしゅう}　④ 1518年の成立。編者は不詳。小歌・宴曲や民間の童謡など310余首を集録した。庶民生活を知る好資料。

千秋万歳^{せんずまんざい}　① 正月に門口^{かどぐち}に立って祝言を述べ、金銭をもらう芸能及び演者。

放下^{ほうか}　① 各地を移動しながら手鞠^{てまり}や飛刀などの技芸を演じた遊芸民。

猿まわし^{さるまわし}　② 仕込んだ猿に芸をさせ、新春を言祝^{ことほ}ぐ芸能。屛風絵や職人尽歌合絵などに描かれており、獅子舞と共に新年の縁起物として親しまれた。

御伽草子^{おとぎぞうし}　⑦ 室町時代の庶民的な短編物語。公家物・僧侶物・武家物・庶民物・異国物・異類物など多様な内容で、全般に仏教思想の影響が強い。

：『文正草子』^{ぶんしょうぞうし}　① 常陸国鹿島神宮の宮司に仕える文太(のち文正)が製塩業で富み、自身は大納言、娘は女御^{にょうご}になるという庶民物の御伽草子。

：『物くさ太郎』^{ものくさたろう}　④ 信濃に住む怠け者の物くさ太郎が、歌がうまくて宮中に召され、立身出世をする庶民物の御伽草子。

：『一寸法師』^{いっすんぼうし}　③ 身長がわずか一寸(3.3cm)しかない一寸法師が、鬼ヶ島で手に入れた打出の小槌により、身長を伸ばし財宝を得て、姫と結婚し貴族となる庶民物の御伽草子。

：『浦島太郎』^{うらしまたろう}　① 丹後国の漁師浦島太郎が、釣り上げた亀の命をたすけ、竜宮城に招かれる庶民物の御伽草子。

：『十二類絵巻』^{じゅうにるいえまき}　① 薬師十二神将の使いである十二支の動物が歌合をするなかで、仲間外れにされた狸が狐・熊・狼らと語らって夜討ちをしかけるが、敗れて出家するという異類物の御伽草子を絵巻化したもの。

：『福富草紙』^{ふくとみぞうし}　③ 放屁の特技で一躍富み栄える秀武と、それを真似て失敗する福富を描く庶民物の御伽草子。

連歌 ⑦ 和歌の上の句（5・7・5の長句）と下の句（7・7の短句）を別の人が交互に詠み継いでいく文芸。初めは2句の唱和（単連歌）であったが、50句（50韻）・100句（100韻）と詠み連ねる長連歌（鎖連歌）が行われるようになった。起源が日本武尊の故事にあるとの伝承から連歌を「筑波（菟玖波）の道」ともいう。

二条良基 ⑥ 1320～88　南北朝時代の北朝方の摂政・関白・太政大臣。学識が豊かで和歌・連歌に優れ、『菟玖波集』『応安新式』などで連歌の方式と地位を確立した。

：**『菟玖波集』** ⑥ 1356年の成立。20巻・2190句。二条良基と救済が編集した。連歌集の最初で、準勅撰とされて連歌の地位を高めた。

：**『応安新式』** ④ 1372（応安5）年の成立。二条良基が連歌の規則を集大成したもので、藤原定家の『連歌式』、善阿の『連歌本式』に対し、『連歌新式』ともいう。

救済 ② 1283？～1376？　二条良基と協力して『菟玖波集』を編集し、『応安新式』を制定した。公家社会の堂上連歌に対し、一般人の間で行われた地下連歌の発達に貢献した。

宗祇 ⑥ 1421～1502　室町中～戦国期の連歌師。正風連歌を確立。古典に通じ、東常縁より古今伝授を受け、連歌を心敬に学ぶ。関東一円から西の山口・大宰府まで諸国を遊歴した。勅撰に準じる『新撰菟玖波集』、師弟3人で詠んだ『水無瀬三吟百韻』で知られる。

：**正風連歌** ⑤ 和歌の伝統を生かした深みのある芸術的な連歌の意。娯楽的・庶民的に発達した俳諧連歌に対する言葉。

：**『新撰菟玖波集』** ⑤ 1495年、宗祇が編集した連歌集で、勅撰に準じられた。20巻。正風連歌のみ、約2000句を採択する。

：**『水無瀬三吟百韻』** ⑤ 後鳥羽上皇をまつる摂津国水無瀬宮で、1488年に宗祇・肖柏・宗長の師弟3人（三吟）が詠んだ連歌百句（百韻）を、上皇の御影堂に奉納した。
　　　　　　肖柏 ①　　**宗長** ①

宗鑑（山崎宗鑑） ④ ？～1539？　戦国期の連歌師。俳諧連歌の祖。晩年、淀川沿いの山崎に隠棲したことから山崎宗鑑とも呼ばれた。自由な庶民的精神を根本とする『犬筑波集』を編集した。

：**俳諧連歌** ④ 滑稽な、あるいは機知的な連歌の意味。江戸時代には連歌の発句部分が独立して俳諧と呼ばれるようになった。連歌から俳諧への推進者が宗鑑である。

：**『犬筑波集』** ④ 1530年前後に成立した俳諧連歌集。犬は滑稽を意味する卑称。卑俗ながら庶民の自由な明るさを示す。

連歌師 ④ 連歌を詠むことを職業とする人。連歌寄合が開かれるようになると、寄合に加わって指導的役割を果たす連歌師の存在が必要とされた。連歌師は各地を遍歴して、武士や農民に連歌を指導すると共に、都の文化を伝えた。

風流（風流踊り） ⑦ 雅やか、風情ある物を示す意味から、華美な飾り物を風流という。仮装や異様な風体をして行う踊りも風流（風流踊り）と呼ばれ、祭礼に盛んに行われた。念仏踊りなどと共に、歌舞伎踊りの先駆ともなった。

念仏踊り ① 念仏・和讃をとなえ、鉦鼓・太鼓をたたいて踊ること。空也・一遍の踊念仏に始まるとされ、大衆娯楽として次第に広まっていった。

盆踊り ⑥ 盂蘭盆の頃、精霊を慰めるために音頭や歌謡にあわせて行う踊り。風流と念仏踊りが結びついて生まれた。櫓の周りを踊りながら回る輪踊りと、徳島の阿波踊りのような行列踊りがある。

月代 ① 頭髪を後頭部に束ね、頭頂部を剃りあげた髪型。元来、武士が兜をかぶる際、頭の蒸れを防ぐ措置であったが、一般にも広まった。

烏帽子 ② 男性のかぶりもの。材料・形式は多様で、立烏帽子・折烏帽子・萎烏帽子などがある。次第に用いられなくなり、露頭などが一般的となった。

素襖 ① 室町期以来の下級武士の衣服。直垂の一種。麻を用い、袴と烏帽子を着ける。家紋のない日常着に対し、家紋をつけた大紋は礼服として用いた。

直垂 ① 下級武士の服装の一種。衣・褌の系統を引き、上衣と下袴とから成る。鎌倉時代には武家の通常服。

小袖 　→ p.66

文化の地方普及

大内氏 ⑦ 周防国の在庁官人を出自とする武家。鎌倉幕府御家人としても重用され、南北朝時代に伸張した。応永の乱で一時衰退したが、日明貿易・日朝貿易の利益で富強となり、城下町山口に京都から文人を招き文化の興隆に寄与した。

：**山口** ⑥ 周防の戦国大名大内氏の城下

町。日明貿易・日朝貿易での富強を背景に、多くの文化人が招かれ、西の京・小京都と呼ばれた。

：大内版（おおうちばん）　①　大内氏の下で刊行された書籍。貿易による富を背景に、京都から招かれた公家・僧侶により、仏典・漢籍を中心に刊行された。

：瑠璃光寺五重塔（るりこうじごじゅうのとう）　①　応永の乱で戦死した大内義弘の菩提寺である香積寺（こうしゃくじ）に、1442年、弟の大内盛見（もりはる）が建てた五重塔。高さ約31m、和様で檜皮葺（ひわだぶき）。1690年に瑠璃光寺が当地に移転してきて現在の名称となった。

：常栄寺雪舟庭（じょうえいじせっしゅうてい）　①　大内氏の城下町山口にある、雪舟作庭と伝えられる庭園。北側は回遊式庭園、南側は枯山水庭園。

桂庵玄樹（けいあんげんじゅ）　⑤　1427〜1508　京都五山の南禅寺の禅僧で朱子学者。1467年の入明前後、大内氏の城下町である山口で活動した。肥後菊池氏の招きで隈府（わいふ）に孔子廟を建て、さらに島津氏の城下町鹿児島へ移り、『大学章句』を刊行。薩南学派の祖。

菊池氏（きくち）⑤

：島津氏（しまづ）　→　p.134

：薩南学派（さつなんがくは）　④　桂庵玄樹が薩摩の島津忠昌（ただまさ）に招かれ、同地におこした朱子学派。

：『大学章句』（だいがくしょうく）　①　朱子が著した『大学』の注釈書。1481年に桂庵玄樹が薩摩で刊行。

万里集九（ばんりしゅうく）　①　1428〜？　京都五山の相国寺に住した五山文学後期の詩僧。応仁の乱後、太田道灌の招きで江戸に赴く。漢詩文集『梅花無尽蔵』（ばいかむじんぞう）。

足利学校（あしかががっこう）　⑦　下野国足利にあった儒学・易学の学校。起源については下野国学説や足利氏創設説などがある。1439年に関東管領上杉憲実が円覚寺の僧快元（かいげん）を初代の庠主（しょうしゅ）（校長）に迎えて再興した。宣教師ザビエルは、西洋に「坂東の大学」と紹介している。　　　　　　　**「坂東の大学」**（ばんどうのだいがく）②

：上杉憲実（うえすぎのりざね）　→　p.118

月舟寿桂（げっしゅうじゅけい）　①　1470〜1533　戦国時代前期の五山僧。建仁寺・南禅寺の住持をつとめる。医学と宋学の知識が豊富で、朝倉氏に招かれ、越前一乗谷にも滞在した。

清原宣賢（きよはらののぶかた）　①　1475〜1550　戦国時代の儒者。吉田神道をおこした吉田（卜部）兼倶の子に生まれ、明経道の清原宗賢（むねかた）の養子となり、『日本書紀』『伊勢物語』や御成敗式目を題材としてきわめる。朝倉氏の招きで越前一乗谷を訪れ、客死している。

往来物（おうらいもの）　①　往復一対の手紙の形式をとり、文字・語彙（ごい）・知識の修得を図る教科書。平安時代の『明衡往来』（めいこうおうらい）に始まり、近代前期に至るまで出版された。

：庭訓往来（ていきんおうらい）　③　南北朝期〜室町初期に成立した書簡形式の教科書（往来物）。玄恵（げんえ）作ともいわれる。月ごとの往復12組24通に1通を加えた25通の手紙で構成され、文例と語彙の双方を学ぶ工夫がされている。武家としての心得も織り込まれ、武士の子弟の教育にも用いられた。

『節用集』（せつようしゅう）　⑤　15世紀中頃に刊行された国語辞書。日常語句を最初の音で「いろは」順に分けたうえ、さらに言葉の意味別に分類してある。著者は不詳。

：饅頭屋宗二（まんじゅうやそうじ）　②　1498〜1581　林宗二（りんそうじ）は奈良の町人学者で『節用集』を刊行した。南北朝期に来日した林浄因（りんじょういん）の子孫で、代々、饅頭作りを家業とした。宗祇の弟子肖柏（しょうはく）に師事して、古今伝授を受けている（奈良伝授）。

：古今伝授（こきんでんじゅ）　→　p.128

『医書大全』（いしょたいぜん）　①　明の医学書で、1446年頃に出版された。これを堺の商人阿佐井野宗瑞（あさいのそうずい）（？〜1531）が1528年に翻刻・刊行している。医学の全分野が平易に説明されており、日本の医書刊行の最初といえる。

新仏教の発展

林下（りんか）　⑤　権力者の保護を受けた五山派に対し、より自由な民間布教に努めた禅宗諸派。五山を叢林と呼ぶのに対し、叢林下の意味で林下の名がある。曹洞系では永平寺・総持寺、臨済系では大徳寺・妙心寺などが有力。　　　　**五山派**（ござんは）③　　**叢林**（そうりん）①

：永平寺（えいへいじ）　→　p.99

：総持寺（そうじじ）　②　曹洞宗中興の永平寺4世瑩山紹瑾（けいざんじょうきん）が、1321年に真言宗寺院を改宗した。永平寺と並ぶ曹洞宗の二大本山であったが、1898年の火災で伽藍が全焼し、1911年に横浜市鶴見区に移転した。

：大徳寺（だいとく）　⑤　1324年に赤松則村が宗峰妙超（しゅうほうみょうちょう）を開山として創建。初め南禅寺と並んで五山の上位にあったが、将軍足利義満の下で十刹第9位に落とされた。1431年に五山派を辞し、林下となった。一休宗純を住持として、特異の文化を生んである。

：一休宗純（いっきゅうそうじゅん）　③　1394〜1481　林下大徳寺の禅僧。貴族や五山派僧侶の腐敗を強く批判した。村田珠光（じゅこう）が参禅し、茶禅

一致の佗茶（わびちゃ）を創始するなど、文化人への影響力は大きかった。

：妙心寺（みょうしんじ） ④ 鎌倉末期、花園天皇の離宮を堂舎として関山慧玄（かんざんえげん）が開創。将軍足利義満に抗して一時衰退したが、山名持豊らの支援で復興。独自の宗風を生んだ。

日親（にっしん） ⑥ 1407〜88　室町中期の法華宗僧侶。京都を中心に中国・九州地方へ宗勢を伸ばした。将軍義教に『立正治国論（りっしょうちこくろん）』をもって諫言するが、焼鍋を頭から冠せる拷問を受け、「鍋冠（なべかむり）上人」と呼ばれた。

法華一揆（ほっけいっき） ⑥ 京都町衆の法華宗徒による、日蓮宗信仰を基盤とした団結。1532年、対立していた一向宗徒の山科本願寺を焼打ちして石山へ追いたて、36年まで年貢・地子の免除、自検断など、京都市政を自治的に運営した。

天文法華の乱（てんぶんほっけのらん） ⑤ 1536（天文5）年、法華宗と対立を深めた延暦寺の僧兵は、近江六角定頼の支援を得て法華一揆を破り、洛中の日蓮宗寺院を焼き払った。敗れた法華宗徒は京都から追放された。

浄土真宗（じょうどしんしゅう） → p.97
：本願寺（ほんがんじ） → p.121
：『慕帰絵詞（ぼきえことば）』 → p.101

蓮如（れんにょ） → p.121
：御文（おふみ） ④ 御文章ともいう。蓮如が布教のために書いた手紙。一向宗の信仰をやさしい言葉で述べ、各地の講の集まりで読み聞かせ、門徒結合の強化に役立てた。
：講（こう） ④ 集まって経を読み、法話を聞いたのち、酒食を共にして連携を深めた集団。講は農民の惣的結合を利用して農村に浸透した。講の中心となったのは坊主・土豪で、やがて一向一揆に結びついた。
：門徒（もんと） ⑥ 浄土真宗の信者のうち、出家しないで農・工・商などを生業とする者。
：吉崎道場（よしざきどうじょう）（吉崎御坊（よしざきごぼう）） ② 蓮如が1471年に加賀・越前国境に構えた坊舎。道場とは、世俗で念仏の集まりを行う場を指す。吉崎道場は一向宗勢力の北陸進出の拠点となり寺内町が発達したが、1475年の蓮如の退去後は衰えた。　**道場（どうじょう）** ④
：一向一揆（いっこういっき） ⑦ 浄土真宗本願寺派による一揆。15世紀末〜16世紀末、門徒である農民・国人・坊主の連合体が、近畿・北陸・東海地方の守護・戦国大名らと抗争した。加賀の一向一揆をはじめ、織田信長に対した伊勢長島の一向一揆、徳川家康に抵抗した三河一向一揆が有名。
：山科本願寺（やましなほんがんじ） ② 吉崎道場を退去した

蓮如が、1479年に京都東郊の山科に建てた堂舎。終生の布教の拠点とし、1499年、ここで死去した。1532年の法華一揆により破却され、大坂の石山本願寺に移った。

：石山本願寺（いしやまほんがんじ）（石山御坊（いしやまごぼう）） ⑦ 蓮如が1496年、大坂に建立した本願寺別院石山坊。1532年の法華一揆によって山科本願寺が焼亡したのち本寺となった。寺内町には商人が集住し経済的に発達した。1570年から信長と争うが、80年に和睦して退去した。

伊勢詣（いせもうで） ② 伊勢神宮に参拝すること。室町後期から庶民の間で流行し、御師が集団参詣の便宜を図った。熊野詣・善光寺詣も流行した。　**善光寺詣（ぜんこうじもうで）①**
：御師（おし） ① 御祈禱師を略した言葉で、参詣者の祈禱・宿泊の世話をする者を指す。先達（せんだつ）ともいう。当初は参詣時の手配を行う一時的な関係であったが、次第に御師と檀那（だんな）という恒常的な師檀関係が生まれ、御師が各地の檀那を巡回するようになった。

七福神信仰（しちふくじんしんこう） ① 恵比寿（えびす）・大黒天・毘沙門天（びしゃもんてん）・弁才天・福禄寿・寿老人・布袋（ほてい）（七福神）への信仰。室町時代から信仰を通じて商人の講に発展した。
：熊野詣（くまのもうで） → p.77

4　戦国大名の登場

戦国大名

戦国時代（せんごくじだい） ⑥ 応仁の乱後の約1世紀、各地に大名が割拠して激しく争った時代。下剋上の風潮が強まり、守護大名に代わり守護代や国人を出自とする戦国大名が台頭した時代。信長・秀吉により統一された。

戦国大名（せんごくだいみょう） ⑦ 戦国時代、各地に割拠した大名をいう。守護大名と異なり、必ずしも将軍から守護に任命されたわけではなく、守護代・国人などが下剋上した例も多い。貫高制をもとにした軍役、独自の法体系としての分国法などを用いて、領国内に一元的支配権を確立した。

守護大名（しゅごだいみょう） → p.109
守護代（しゅごだい） → p.112
領国（りょうごく） ⑦ 戦国大名の支配する領域。分国ともいう。守護大名の領国は、将軍による守護職任用を前提として管轄する国を指したが、戦国大名の支配する領国は将軍の権威に頼らない、独自の軍事力・行政権・司

法権の及ぶ領域を意味した。　　**分国**ぶんこく ⑦

明応の政変めいおうのせいへん　④ 1493（明応2）年、細川政元が10代将軍足利義材よしき（のちの義稙）の河内出陣中に、義材を廃して足利義澄（堀越公方政知の子で義材の従兄弟）を11代将軍に擁立した政変。

：足利義稙あしかがよしたね ③ 1466～1523　10代将軍（在職1490～93、1508～21）。義視の子、初名義材。9代将軍義尚の死後に将軍となるが、管領細川政元と対立して廃された。大内義興を頼り、1508年に再び将軍となる。

：足利義澄あしかがよしずみ ② 1480～1511　11代将軍（在職1494～1508）。鎌倉公方足利政知の次男。初名義遐よしとお・義高。管領細川政元に擁されて11代将軍になったが、足利義稙の逆襲で近江に追われた。

：細川政元ほそかわまさもと ③ 1466～1507　勝元の子、管領。明応の政変で10代義材（義稙）を廃して11代義澄を擁立した。

足利義輝あしかがよしてる ④ 1536～65　13代将軍（在職1546～65）。戦国の世に、将軍権威の復興を図り、上杉・武田・北条3氏の講和を斡旋するなど政治的手腕を発揮したが、松永久秀に襲われて討死した。

細川晴元ほそかわはるもと ① 1514～63　戦国時代の管領であったが、家臣の三好長慶により追放された。

三好長慶みよしながよし ④ 1522～64　管領細川氏の家臣。将軍足利義輝と細川晴元を京都から追い、強勢を誇ったが、やがて松永久秀に実権を奪われた。　　**三好氏**みよしし ②

松永久秀まつながひさひで ③ 1510～77　三好長慶の家臣であったが、長慶の死後、三好氏を滅ぼし、将軍足利義輝を襲って自殺させ、東大寺大仏殿を焼打ちした。下剋上の典型的人物。のち信長に対して臣従と離反を繰り返し、ついに大和信貴山城に囲まれ自殺。
　　松永氏まつながし ①

享徳の乱きょうとくのらん ⑤ 1454（享徳3）年、永享の乱で自害した足利持氏の跡を継ぎ鎌倉公方となった足利成氏が、不和となっていた関東管領上杉憲忠を謀殺した。幕府軍の追討を受けた成氏は、下総古河に移り反抗を続け（古河公方）、幕府から派遣された、将軍義政の庶兄政知は伊豆の堀越に拠って対抗した（堀越公方）。古河公方成氏と上杉氏の対立は1477年に和睦したが、幕府と成氏も82年に和睦した。

：鎌倉公方かまくらくぼう　→ p.112

：古河公方こがくぼう ⑦ 1454年に享徳の乱を起こした鎌倉公方足利成氏が、翌55年に鎌倉

を追われ下総古河に拠ったあとの称号。成氏のあとは政氏・高基・晴氏と続いたが、1554年、北条氏康に古河城を奪われて事実上滅亡し、北条氏に擁された晴氏の子義氏で古河公方は絶えた。

：足利成氏あしかがしげうじ ⑦ 1434？～97　初代古河公方。父は4代鎌倉公方持氏。永享の乱の際に鎌倉から信濃に逃れたが、1447年、鎌倉に戻り鎌倉公方に就任。1454年に権力強化を図って管領上杉憲忠を謀殺したため、幕府軍の追討を受け（享徳の乱）、下総古河に逃れて鎌倉公方が分裂する原因となった。

：上杉憲忠うえすぎのりただ ④ 1433～54　父は永享の乱で、足利持氏を自害に追い込んだ山内上杉憲実。父を継いで関東管領となるが、持氏遺児（子）で鎌倉公方となった成氏と対立。1454年、憲忠は成氏邸に誘い出され謀殺された。

：堀越公方ほりごえくぼう ⑤ 享徳の乱に際し、上杉氏が古河公方に対抗するため、1457年に伊豆堀越に迎えた将軍義政の庶兄政知の称号。政知の死後、遺子茶々丸は1493年北条早雲に追われ堀越公方は滅亡した。

：足利政知あしかがまさとも ⑥ 1435～91　初代堀越公方。将軍義政の庶兄。古河に移った成氏に対して、幕府により鎌倉公方として派遣されたが、関東の諸将に支持されなかったので鎌倉に入れず、伊豆の堀越に留まらざるを得なかった。

北条早雲ほうじょうそううん ⑥ 1432～1519　伊勢長氏または盛時、出家して早雲庵宗瑞と号す。出自には諸説あるが、将軍近習説が有力。妹が駿河守護今川義忠の側室だったことから、義忠死後の内紛に介入して甥の氏親を家督につけた。1493年、伊豆の堀越公方足利茶々丸を追い、95年には相模に進出して小田原城に拠った。　　**伊勢宗瑞**いせそうずい ⑥
　伊勢盛時いせもりとき ②　**足利茶々丸**あしかがちゃちゃまる ②

：後北条氏ごほうじょうし ④ 小田原に拠った戦国大名、早雲・氏綱・氏康・氏政・氏直5代を指す。2代氏綱の時から、鎌倉幕府の執権北条氏にあやかって北条を称すが、執権北条氏と区別するため、便宜的に、後北条氏と呼ばれる。

北条氏綱ほうじょううじつな ③ 1487～1541　後北条氏の2代目。父早雲の跡を継ぎ、扇谷上杉氏の江戸城・河越城を奪い、上総・下総に勢力を持つ里見さとみ氏を破って南関東を平定した。

北条氏康ほうじょううじやす ⑤ 1515～71　氏綱の子。後北条氏3代目。扇谷・山内の両上杉氏と古河公方を破り、伊豆・相模・武蔵・上野を

領有。今川氏・武田氏と同盟を結ぶなど、政略・戦略を用いて後北条氏の全盛期をきずいた。

扇谷上杉家（おうぎがやつうえすぎけ）　③　鎌倉の扇谷に居館を構えた関東管領上杉氏の支流。享徳の乱では山内上杉家と抗争。北条氏の台頭に対しては山内家と協力したが、1546年、北条氏康に滅ぼされた。

山内上杉家（やまのうちうえすぎけ）　③　鎌倉の山内に居館を構えた関東管領上杉氏の本流。最後の当主上杉憲政（のりまさ）は、北条氏康に敗れて越後に落ち延び、1561年、長尾景虎（上杉謙信）に苗字と関東管領職を譲った。

上杉謙信（うえすぎけんしん）（**長尾景虎**（ながおかげとら））　⑦　1530〜78　父は越後守護代長尾為景。主家の上杉憲政から家督と関東管領職を受け、上杉氏を名乗る。のち出家して謙信と号す。武田信玄と川中島で戦い、関東に兵を進めて北条氏と争い、越中・能登にも兵を進めたが病死。

長尾氏（ながおうじ）　②

武田信玄（たけだしんげん）（**晴信**（はるのぶ））　⑦　1521〜73　名は晴信、出家して信玄と号す。父信虎（のぶとら）の専断を嫌った家臣団に擁されて父を追放、家督を継いだ。信濃をめぐり上杉謙信と川中島で争い、駿河・遠江に兵を進めて徳川家康を三方原（みかたがはら）で破ったが、上京の途次に死去した。「甲州法度之次第」や信玄堤など優れた分国支配を行った。

　：**武田氏**（たけだうじ）　⑤　清和源氏の支流で、鎌倉時代より甲斐国守護。信虎の代に戦国大名の基礎を築き、信玄の代には甲斐・信濃・駿河・遠江を支配して最盛期を迎えた。しかし、信玄の死と共に衰退。その子勝頼が1575年に織田・徳川連合軍との長篠合戦で敗れ、82年に滅亡した。

　：**川中島の戦い**（かわなかじまのたたかい）　④　1553〜64年、武田信玄と上杉謙信の間で行われた5回にわたる信濃国川中島（千曲（ちくま）川と犀（さい）川に挟まれた地）の対陣。1561年の4回目の衝突は激戦となったが、勝敗は決しなかった。

大内義隆（おおうちよしたか）　④　1507〜51　中国・九州北部に勢力を張った戦国大名。石見銀山（尼子氏との争奪戦が頻発）の銀を以て博多商人と勘合貿易を進めた。山口に公卿・僧侶を迎えての京文化保護に貿易利益を注ぎこむ方針に対し、守護代陶晴賢が謀反におよび自害した。

　：**大内氏**（おおうちうじ）　→　p.130
　：**博多商人と大内氏**（はかたしょうにんとおおうちうじ）　→　p.115
　：**山口**（やまぐち）　→　p.130
　：**石見（大森）銀山**（いわみ（おおもり）ぎんざん）　→　p.142

　：**灰吹法**（はいふきほう）　→　p.142
　：**陶晴賢**（すえはるかた）　④　1521〜55　大内義隆の重臣で周防守護代。1551年、文化面に傾倒した義隆に背いて自害に追い込み、義隆の姉の子晴英を大友氏より当主に迎えた。1555年、毛利元就との厳島の戦いで敗死。

陶氏（すえうじ）　①

尼子氏（あまごうじ）　④　出雲守護代から戦国大名となる。月山富田城（がっさんとだじょう）に拠り、美保関（みほのせき）での商品流通への課税や砂鉄の流通管理で富強となる。石見銀山をめぐり大内・毛利氏と戦ったが、1566年、毛利氏に降った。

毛利元就（もうりもとなり）　⑦　1497〜1571　出雲の尼子、周防・長門の大内の両勢力の影響を受ける安芸の国人領主であったが、息子を小早川（こばやかわ）氏・吉川（きっかわ）氏へ養子に入れて安芸の国人を束ねるようになる。1555年に大内晴隆を討ち、周防・長門を領有。ついで出雲の尼子氏を倒して中国10カ国を領する戦国大名となった。

島津氏（しまづうじ）　⑥　始祖の惟宗忠久（これむねただひさ）は近衛家の家司出身で、源頼朝の御家人として島津荘惣地頭職に補任。のち薩摩・大隅・日向3国の守護をつとめた。蒙古襲来の際に3代久経が九州に下り（西遷御家人）、南北朝期は武家方として活動。内紛を経て15代貴久が薩摩・大隅の戦国大名の地位を確立。16代義久は九州北部にも進出するが、1587年の九州征伐で豊臣秀吉に服属した。

島津貴久（しまづたかひさ）　⑥

大友氏（おおともうじ）　⑤　相模国大友郷を本貫（ほんがん）とする鎌倉御家人、筑後・豊後両国の守護をつとめる。蒙古襲来の際に豊後に下り（西遷御家人）、鎮西奉行を兼務、南北朝期には武家方として活動。大友義鎮の頃には筑前・筑後・豊前・豊後・肥前・肥後の6カ国の守護職と日向・伊予の各半国を領したが、島津氏の圧迫を受けるようになった。

　：**大友義鎮**（おおともよししげ）（**宗麟**（そうりん））　→　p.143

龍造寺氏（りゅうぞうじうじ）　⑥　肥前の国人領主から戦国大名となる。少弐氏に属していたが独立し、大友・島津氏と九州を3分する勢力となった。1584年、島津義久に敗れて衰え、一族の鍋島氏が興隆した。

長宗我部氏（ちょうそかべうじ）　⑦　土佐の国人領主から戦国大名となる。長岡郡宗部郷（そかべ）を本貫としたのが名の由来。南北朝期には北朝方に属した。一時衰退したが国親の代に勢力を回復。子の元親が土佐国を統一し、1585年に四国を制したが、同年の四国平定で豊臣秀吉に屈した。

：**長宗（曽）我部元親**ちょうそかべもとちか　→ p.145

河野氏こうの　⑤ 本姓は越智おち氏。平安末期に伊予国風早郡河野郷に住した。源平争乱や蒙古襲来では水軍として活躍し、室町幕府の下で一時、伊予守護となったが、一族内の対立が多かった。時宗の開祖一遍は河野氏の出身。

伊達氏だて　⑦ 陸奥の国人領主から戦国大名となる。常陸国の御家人伊佐朝宗が1189年に奥州合戦の功で陸奥国伊達郡の地頭に補任されたのに始まる。稙宗たねむねの代に税制を整え、分国法『塵芥集』をつくるなど戦国大名化するが、支配強化への反発から内紛がたびたび起きた。1589年に蘆名あしな氏を破った政宗が南東北を統一するが、翌年、小田原で豊臣秀吉に屈した。

松平氏まつだいら　③ 三河国松平郷の豪族。清康の時に戦国大名の基礎を築くが、子広忠・孫家康は今川の傘下に入る。桶狭間の戦いを機に徳川を称し、戦国大名として独立。

織田信長おだのぶなが　→ p.144

斎藤道三さいとうどうさん　④ 1494？〜1556　父は京都妙覚寺の僧から還俗して美濃守護土岐氏の重臣長井氏に仕える。規秀（道三）の代に長井家を倒し、守護代斎藤氏の名を奪って、土岐氏を追放。長男の義龍と争って敗死した。　　　　**斎藤氏**さいとうし ⑤

浅井氏あざい　→ p.144

根来寺ねごろじ ① 高野山と並ぶ紀伊国の大寺院で、根来衆と呼ばれた僧兵は鉄砲で武装し、戦国大名に匹敵する勢力であった。1585年、秀吉の紀州攻めで焼亡。

家臣団かしんだん　⑦ 戦国大名が編制した常備軍。家臣には一族衆・譜代衆・外様衆のような親疎の差や、国人・地侍のような経済力・動員力の差があったので、有力武士の指揮下に下級武士を配して、戦場での効率的な運用を図った。

：**一族衆**いちぞくしゅう ① 一門ともいう。家臣団のうち大名の一族で、多くは家臣団の上層部を構成した。

：**譜代衆**ふだいしゅう ① 幾世代にもわたり、主家に奉公してきた家柄の家臣。

：**外様衆**とざましゅう ③ 大名が新たに支配下においた領域に住んでおり、新しく家臣団に加わった武士。国衆・新参衆しんざんしゅうともいう。　　　　**国衆**くにしゅう ②

：**寄親・寄子制**よりおや・よりこせい　⑥ 戦国大名が家臣団を編制する際、有力武士を寄親として、その下に下級武士（地侍）を寄子として配属させた制度。擬似的な親子関係を結ぶこと

で、軍事行動での協力体制を維持した。こうして組織された足軽集団に鉄砲や長槍を装備させることで戦場での効果的な運用をねらった。　　　　　　　　　　**長槍**ながやり ④

：**地侍**じざむらい　→ p.117
：**足軽**あしがる　→ p.120
：**鉄砲**てっぽう　→ p.142

貫高制かんだかせい　④ 年貢・公事など土地からの得分を銭に換算した表示を貫高といい、後北条氏の支配地域では永楽銭を基準通貨としたので永高えいだかといった。貫高制とは、戦国大名が家臣への軍役や領民への課役の基準として貫高を利用した制度。　　**貫高**かんだか ④

<hr>

戦国大名の分国支配

分国法ぶんこくほう　⑦ 戦国大名が領国（分国）統治のため制定した施政方針・法令。私的な家訓（道徳的規範）から家臣団を対象とする家法（法的規範）、さらに軍事・刑事・民事にわたる国法もある。幕府法・守護法を継承するのみでなく、国人一揆の規約なども吸収して、中世法の集大成的な性格を持った。
　　　家訓かくん ①　**家法**かほう ③　**壁書**かべがき ①

：**『塵芥集』**じんかいしゅう　⑥ 伊達稙宗たねむねが1536年に制定した分国法。171条。現存する分国法で最多の条文数を持つ法典で、刑法・農奴に関する規定が詳細。犯罪や年貢滞納に対する連座制の規定が特徴。名称は、多様な事項を規定した法典の意味とか、塵ちりや芥あくたがゴミを意味することから、謙遜してつけたなどの説もある。

：**『結城氏新法度』**ゆうきししんはっと　④ 下総の戦国大名結城政勝が、1556年に制定した分国法。104条。結城氏が一方的に制定したものではなく、有力家臣との協約的な内容もみられる。『結城家法度』ともいう。
　　　　　　　　　　　　　　　　結城氏ゆうきし ⑤

：**『早雲寺殿二十一箇条』**そううんじどのにじゅういっかじょう　⑤ 北条早雲の制定と伝えられる家訓。成立年代は不明。家臣団の統制、武士の心得などを記す。

：**『今川仮名目録』**いまがわかなもくろく　⑦ 今川氏の仮名書きの分国法。1526年に氏親が定めた33条の仮名目録と、その子義元が53年に定めた21条の仮名目録追加からなる。訴訟に関する規定が多く、喧嘩両成敗や私婚禁止などの内容も含む。
　　　　　　『今川仮名目録追加』いまがわかなもくろくついか

：**今川氏**いまがわし　④ 足利氏の支流で、南北朝期には今川貞世（了俊）が九州探題に任じら

第Ⅱ部

第**7**章

武家社会の成長

4　戦国大名の登場　**135**

れた。戦国時代に今川義元は駿河・遠江・三河を領国化し、東海の雄となったが信長に討たれ、衰えた。

：今川氏親〔いまがわうじちか〕① 駿河守護から駿河・遠江の戦国大名に成長した武将。1476年の父氏忠の死後に起こった内紛を、伯父伊勢盛時（北条早雲）の尽力で乗り切る。遠江を制圧し、1526年には分国法『今川仮名目録』を定めた。

・今川義元〔いまがわよしもと〕 → p.144

：『甲州法度之次第』〔こうしゅうはっとのしだい〕⑤ 武田信玄が1547～54年までに制定した55条。『信玄家法』と通称される。喧嘩両成敗、他国との通信や私的盟約の禁止など、家臣団統制の条項が注目される。 **『信玄家法』**〔しんげんかほう〕②

：『朝倉孝景条々』〔あさくらたかかげじょうじょう〕⑤ 越前の朝倉氏の家訓。『朝倉敏景十七箇条』『朝倉英林壁書』ともいう。応仁の乱の時、守護斯波氏から越前の支配権を奪った守護代朝倉孝景（敏景ともいう）が、文明年間に制定。人材登用・家臣団の一乗谷への集住などの条項を含んでいる。

『朝倉敏景十七箇条』〔あさくらとしかげじゅうしちかじょう〕④

・朝倉氏〔あさくらし〕 → p.144

：『六角氏式目』〔ろっかくししきもく〕④ 近江国南半を領した戦国大名六角氏が、1567年に制定した分国法。重臣らが起草した67条の法度を、六角義賢・義治父子と重臣20人が起請文を交わして承認。土地売買・債務関係の規定など畿内周辺地域の実情を反映している。『義治式目』ともいう。 **六角氏**〔ろっかくし〕⑤

：『大内氏掟書』〔おおうちしおきてがき〕⑥ 大内氏が1439～95年の間、個々に公布した法令を集録したもの。家中の儀礼的規定や軍役関係が主な内容。『大内家壁書』ともいう。

『大内家壁書』〔おおうちけかべがき〕①

：『新加制式』〔しんかせいしき〕③ 阿波・讃岐・淡路を支配する三好氏の分国法。三好長治が1560年代に制定。22条。相論処理に関する規定などが内容。

：『長宗我部氏掟書』〔ちょうそかべしおきてがき〕④ 土佐の戦国大名長宗我部氏の法度。100条。1596年制定。現在に伝えられている分国法の中で最も新しく完備している。領民統治に関するものも多い。『長宗我部元親百箇条』と俗称される。

『長宗我部元親百箇条』〔ちょうそかべもとちかひゃっかじょう〕①

・長宗（曽）我部元親〔ちょうそかべもとちか〕 → p.145

：『相良氏（家）法度』〔さがらし（け）はっと〕④ 15～16世紀、肥後国人吉〔ひとよし〕の戦国大名相良氏3代（為続〔ためつぐ〕・長毎〔ながつね〕・晴広〔はるひろ〕）がつくった分国法。

41条。領国内の自治組織の掟を基盤としている。 **相良氏**〔さがらし〕⑤

喧嘩両成敗〔けんかりょうせいばい〕⑦ 理非にかかわらず、喧嘩の当事者双方を処罰すること。家臣同士が紛争を私闘（喧嘩）で解決する行為を禁止（自力救済の否定）したもので、紛争を公儀としての大名の裁定で決着させた。このことを通して領国内の司法権の確立を示した。『甲州法度之次第』『長宗我部氏掟書』などに規定がある。

自力救済〔じりききゅうさい〕⑤ 国人同士の支配権をめぐる相論や、惣村間の入会権・用水権に関わる争いに際し、幕府・朝廷など上級権力の裁定に従うのではなく、自己の力あるい協力しあう体制（一揆）を結んで、実力で決着を図ろうとする姿勢。のち、戦国大名が家臣間相論の実力による決着を禁止（喧嘩両成敗）したり、惣村間の争いに裁定権・執行権を行使する「自力救済の否定」を通して、領国内に強固な一円支配権を確立した。

検地〔けんち〕⑦ 大名が領国内の土地・農民に対する支配権を確立するため、実施した土地の調査。戦国大名の検地の方法は、領主側から土地台帳を出させる方法（指出検地）であった。

：指出検地〔さしだしけんち〕④ 戦国大名が、田畑の面積・収量・作人などを報告させ、領国内の土地収納高を把握した土地調査。武士・寺社・村落が報告を求められたが、過少申告も多く、基準も統一されていなかった。その点でのちの太閤検地のように、統一基準の下で直接調査した検地と異なる。

半手〔はんて〕① 戦国時代、2つの勢力の境目付近の村が、双方に貢納を行うことで両属を認められ、攻撃・略奪の対象となるのを免れた状態。「当手」（味方）・「相手」（敵）に半分ずつの年貢・公事を納めることから「半手」という。

佐渡〔相川〕金山〔さど（あいかわ）きんざん〕 → p.167

石見〔大森〕銀山〔いわみ（おおもり）ぎんざん〕 → p.142

灰吹法〔はいふきほう〕 → p.142

〔但馬〕生野銀山〔（たじま）いくのぎんざん〕 → p.167

信玄堤〔しんげんづつみ〕⑤ 武田信玄が釜無〔かまなし〕川と御勅使〔みだい〕川との合流点に造成した堤。堤防は雁行〔がんこう〕状に重複して配列し、急激な増水にも堤防が決壊しないように工夫された。

宿駅〔しゅくえき〕〔宿場〔しゅくば〕〕 → p.173

伝馬制度〔てんませいど〕③ 戦国大名が公用旅行者の便を図るために、主要な街道に宿駅を設け、宿駅周辺の農民に伝馬役を課して人馬を提供させた制度。

城下町ちょうか ⑦ 戦国大名が城郭を中心に計画的に建設し、家臣団・商工業者を集住させた都市。領国の政治・経済の中心となった。

：**春日山**かすがやま ② 越後守護代長尾氏によって春日山城が築かれ、山麓には城下町が整備された。外港の直江津なおえつには商人が集住し、上杉謙信の時代には春日山・直江津を合わせて人口約6万人を数えた。

：**一乗谷**いちじょうだに ⑦ 越前の戦国大名朝倉氏の居城。山城・居館・城下町よりなる。分国法『朝倉孝景条々』で、家臣に城下集住が命じられたことで有名。

：**小田原**おだわら ⑦ 戦国時代、南関東を支配した北条氏の城下町。関東の入口にあたる要衝の地で、1495年に北条早雲が大森藤頼から奪って以来、1590年の秀吉の小田原攻めまでの約100年間、南関東の政治・軍事の中心であった。

：**府中**ふちゅう《駿河》③ 駿河の戦国大名今川氏の城下町。室町期から戦国期にかけて駿府すんという呼称が広がった。

：**山口**やまぐち → p.130

：**府内**ふない《豊後》④ 豊後の戦国大名大友氏の城下町。大友義鎮よししげ（宗麟そうりん）のキリスト教保護政策で、南蛮船も入港して賑わった。

：**鹿児島**かごしま ④ 薩摩の戦国大名島津氏の城下町。1341年以来、島津氏が居城を構え、城下町が形成された。

楽市・楽座らくいち・らくざ（楽市令らくいちれい） → p.144

：**市座**いちざ ② 市の特定商人（市人いちびと）の販売座席の意で、営業権を示す。営業税として市座銭（市場税）を納めた。市の主体をなし、座も組織した。

：**観音寺城**かんのんじじょう ① 近江国南半の戦国大名六角氏の居城。城下の石寺は楽市・楽座の実施された最も早い例で有名。　**石寺**いしてら ①

：**加納**かのう ② 信長が居城とした岐阜城（元、斎藤氏の稲葉山城）の城下町。1567年に楽市令が発令された。

〰〰〰 **都市の発展と町衆** 〰〰〰

門前町もんぜんまち ④ 中世に、寺院・神社の門前町から発達した町。伊勢神宮の宇治・山田、善光寺の長野などが有名。

：**伊勢神宮**いせじんぐう → p.21

：**宇治**うじ・**山田**やまだ ③ 伊勢内宮の門前町が宇治、外宮の門前町が山田。山田三方やまださんぼう・宇治会合うじえごうという自治組織で運営されていた。

：**善光寺**ぜんこうじ《門前町》③ 阿弥陀三尊が1

枚の光背に並び立つ一光三尊（善光寺式）阿弥陀仏を本尊とする。創建は不詳。平安後期以来、善光寺参りが流行し、執権北条氏の保護で門前町長野も興隆したが、戦国時代には川中島の戦いによって荒廃した。現在の本堂は、1707年に江戸幕府の命で再建されたもの。　　　　　　**長野**ながの ③

：**日吉神社**ひよしじんじゃ → p.78

：**坂本**さかもと ④ 延暦寺・日吉神社の門前町。琵琶湖水運の物資が集積し、馬借の拠点でもある。

寺内町じないまち ⑥ 戦国期、一向宗寺院・道場を中心に形成された町。他宗派からの攻撃に備え、濠・土塁をめぐらして自衛し、商工業者が集住して経済活動も活発だった。吉崎・山科・石山のほか、金沢・富田林・貝塚など一向宗の盛んな地域に成立した。日蓮宗でも摂津尼崎に寺内町がつくられた。

：**吉崎**よしざき ④ 加賀との国境に近い越前国の北端に位置する寺内町。1471年に蓮如が本願寺の吉崎道場（御坊）を開いて布教の拠点とし、寺内町が発達した。1475年、蓮如が退去して以後、次第に衰退した。

：**山科**やましな ② 山城国にある。吉崎を退去した蓮如が、1479年に開いた山科本願寺を中心に寺内町が形成された。1532年に法華一揆の攻撃で焼亡、本願寺は拠点を摂津石山に移した。

：**石山**いしやま ⑦ 1496年、蓮如が淀川の河口近くに石山御坊（石山本願寺）を開いてから寺内町が発達した。1570年より信長と戦うが、80年に屈服して紀伊鷺森へ退去。のち秀吉が城地を占拠し大坂城を築いた。

：**金沢**かなざわ ② 1546年に一向宗御山御坊（尾山御坊・金沢御堂）がおかれ、寺内町が栄えたが、80年に織田軍により陥落した。

：**富田林**とんだばやし ④ 河内国にある。1560年頃興正寺を中心に、一向宗門徒による寺内町が発達した。

：**今井**いまい ① 大和国にある。称念寺しょうねんじの一向宗門徒・商工業者中心の寺内町。

港町みなとまち ⑦ 交通の要地に発達した貿易や商業の盛んな港湾都市。交易による経済力を背景に栄えた。

：**坊津**ぼうのつ ③ 薩摩半島南西部の港。遣唐使の頃から用いられ、明や琉球との貿易の拠点として栄えた。筑前の博多津・伊勢の安濃津と並んで三津さんと呼ばれた。

：**尾道**おのみち ② 備後の港町。後白河法皇領太田荘の倉敷地に指定され、瀬戸内海中部に位置する地の利から、中継的な港として発

展した。

：草戸千軒町〔くさどせんげんちょう〕 ① 備後国福山を流れる芦田川〔あしだがわ〕河口部の中州に、平安末期から江戸初期まで栄えた常福寺（現、明王院）の門前町・港町・市場町であった。近世に入って海岸線が後退し、さらに1673年の洪水により廃された。1928年に発見され、61年からの発掘調査で、門前町・港町・市場町としての機能が明らかとなった。

：鞆〔とも〕 ① 備後の港町。古代以来、瀬戸内海の重要な中継港で、地名は神功〔じんぐう〕皇后がこの地に武具の鞆を納めたことに由来する。信長に追放された足利義昭が寄留していたことでも知られる。

：兵庫〔ひょうご〕 ⑦ 摂津の港町。平安末期には、大輪田泊〔おおわだのとまり〕と呼ばれ、平氏による日宋貿易の拠点であった。中世では西国物産の中継地となり、兵庫関もおかれた。応仁の乱で軍事拠点となって兵火にかかり、日明貿易は堺に移って兵庫は次第に荒廃した。

：淀〔よど〕 ③ 京都の南、宇治川・桂川・木津川の合流点にあり、京都の外港として、各地の荘園から送られた年貢は瀬戸内海から淀川を経て、この地で陸揚げされた。馬借・車借により京都に運ばれた。

：小浜〔おばま〕 ⑤ 日本海交易を支えた若狭の港町。敦賀と共に琵琶湖を経由して京都へと至る交通の要港として栄えた。

：敦賀〔つるが〕 ④ 越前の港町。古代は角鹿〔つぬが〕の名で渤海使のために松原客院がおかれていた。日本海を経てもたらされた物品を、琵琶湖北岸の海津〔かいづ〕まで陸送し、舟運で坂本・大津へ、さらに馬借が京都に運んだ。

：三国〔みくに〕 ② 越前国九頭竜〔くずりゅう〕川の河口に位置し、日本海側では有数の港町であった。

：大津〔おおつ〕 ⑤ 琵琶湖南岸の港町。古代には近江大津宮がおかれた。中世では琵琶湖を経由する荷物の陸揚げ・船積み地で、坂本と並んで港町として栄えた。また園城寺の門前町でもあった。

：品川〔しながわ〕 → p.173

：十三湊〔とさみなと〕 → p.94

宿場町〔しゅくばまち〕 ⑤ 宿駅を主体に発達した町。中世、京都・鎌倉間の東海道に発達。室町時代には近江草津宿、三河矢作〔やはぎ〕宿、遠江引馬〔ひくま〕宿、駿河島田宿、駿河沼津宿、伊豆三島宿などが有名。

自由都市〔とし〕 ② 欧州の中世都市のうち、国王・宗教領主などから自立して、政治的・宗教的自由や経済的特権を獲得した都市。同様な自治的都市共同体が、中世後期の日本にもみられた。和泉国堺・筑前国博多・摂津国平野・伊勢国大湊や桑名が有名。自治都市ともいう。

自治都市〔とし〕 ⑤ 戦国大名の支配を拒否し自治を行った都市。堺の会合衆、京都の町衆のような富裕商人が指導する自治体制を持ち、兵を雇ったり、堀や構などの防御施設をめぐらせ大名の支配を排除していた。

堺〔さかい〕 ⑦ 和泉国の港町。15世紀後半より日明貿易・南蛮貿易で繁栄した。会合衆による自治が行われ、平和で自由な都市としてガスパル＝ヴィレラが報告している。信長の矢銭（軍費）2万貫要求を拒否したが、結局屈服。秀吉の大坂築城に伴い、商人の大坂移住を命じられ、衰微した。

：会合衆〔かいごうしゅう〕 ⑥ 堺の自治的町政を指導した36人の豪商。品物を保管する倉庫（納屋〔なや〕）を有したことから納屋衆とも呼ばれた。

ガスパル＝ヴィレラ → p.143

：『耶蘇会士日本通信』〔やそかいしにほんつうしん〕 ④ 16世紀に日本に来て布教した耶蘇会（イエズス会）の宣教師が、本国のポルトガルへ書き送った書簡を収録したもの。ガスパル＝ヴィレラが堺の様子を「ベニス市の如く執政官により治められる」と紹介した書簡も含まれる。

博多〔はかた〕 ⑦ 筑前国の港町。南北朝期に九州探題がおかれ、のち大内氏と結んで日明貿易で栄えた。年行司と呼ばれる豪商が町政を掌握して、自治都市として繁栄した。

：年行司〔ねんぎょうじ〕 ④ 博多の自治にあたった12人の豪商で、年寄とも呼ばれ、月ごとに輪番で運営にあたった。

平野〔ひらの〕 ② 摂津国の商業都市。平安末期より市町〔いちまち〕が発達し、室町時代は堺と並ぶ自由都市として、南蛮貿易・朱印船貿易で栄えた。末吉氏ら年寄衆（7人）が町政の運営にあたった。のち信長の直轄地となる。

年寄衆〔としよりしゅう〕 ①

桑名〔くわな〕 ③ 伊勢国の港町。長良〔ながら〕川の河口近くに位置し、伊勢湾の水陸交通の要地として栄えた。鎌倉時代から海運を通して伊勢神宮との関係が強い。四角衆による自治的な運営が行われた。

大湊〔おおみなと〕 ④ 伊勢神宮の門前町宇治・山田の外港として、各地の御厨〔みくりや〕（伊勢神宮領）からの物資を陸揚げした。廻船問屋を中心とした老分衆〔おいぶんしゅう〕による自治運営が行われた。

町衆〔まちしゅう・ちょうしゅう〕 ⑤ 応仁の乱後、京都で形成された自治的組織である「町」の中心的構成員。酒屋・土倉などの商工業者が主で、戦争に

巻き込まれる恐れのある武士や放浪性のある芸人などは排除された。町衆の間で町衆文化が育っていった。

：**町**ちょう《中世》③ 通りをはさみ両側の家々（町屋まち）で構成される一区画（両側町）をいう。両端に木戸をおいて自衛体制を整え、町法（町掟・町式目）を定めて、選出された月行事を中心に運営された。町が数町集まって「町組」を組織した。　**両側町**りょうがわちょう①

月行事（司）がちぎょうじ／つきぎょうじ②　**町組**ちょうぐみ③

：**町法**ちょう → p.166

：**上京**かみぎょう・**下京**しもぎょう② 応仁の乱後の京都の自治的共同体。復興の主体となった町衆が組織した町を最小の単位として町―町組―惣町と組織が大きくなり、最大の惣町に上京（公家・武家中心の町）と下京（町衆の町）があった。両者は室町通りで結ばれていた。　**惣町**そうちょう①

祇園祭ぎおんまつり⑤ 祇園社（八坂神社）の疫病除けの祭礼。869年の発足時は御霊会としての意味合いが強かった。応仁の乱後の1500年に町衆の経済力と結束力を背景に復活。町衆の自治の象徴として山鉾巡行が行われている。　**祇園会**ぎおんえ②

：**御霊会**ごりょうえ → p.63

：**祇園社**ぎおんじゃ → p.63

：**八坂神社**やさかじんじゃ → p.64

：**山鉾**やまほこ④ 車のついた台の上に山を擬したつくり物を載せ、その山の上に鉾や薙刀なぎなたを立てたもの。祇園会で町々から引き出して飾り立てを競った。

住吉祭すみよしまつり② 摂津国住吉大社から末社である和泉国堺の鎮守ちんじゅ開口神社あぐちじんじゃまで神輿が渡御する祭礼。旧暦6月30日（7月31日）に行われる。

：『**住吉祭礼図屛風**』すみよしさいれいずびょうぶ② 住吉大社から開口神社までの神輿渡御と仮装行列が、濠で画された堺の土倉や町屋の間をねり歩く姿を描写した江戸初期の屛風絵。1615年の大坂夏の陣の前哨戦で堺が焼失する前の姿を伝える貴重な資料。

第III部

近世

1 織豊政権

近世への転換

鉄砲〔てっぽう〕　→ p.142
豊臣秀吉〔とよとみひでよし〕　→ p.145
太閤検地〔たいこうけんち〕　→ p.146
朝鮮侵略〔ちょうせんしんりゃく〕　→ p.148

銀の交易と鉄砲伝来

石見〔大森〕銀山〔いわみ（おおもり）ぎんざん〕　⑦ 石見国（島根県西部）にあった銀・銅鉱山。鎌倉末期の記録があるが、1533年、博多商人神屋寿禎の灰吹法の導入により生産量が飛躍的に増大し、戦国大名間で争奪の対象となった。産出した銀は、日本を経由して世界的に流通しており、世界有数の大銀山であった。江戸初期、大久保長安が奉行の頃が最盛。
　　　　　　　　　　　　　　　　　　石見銀〔いわみぎん〕 ①
灰吹法〔はいふきほう〕　⑤ 銀の精錬法をいう。銀鉱石に鉛をあわせた含銀鉛〔がんぎんなまり〕を、骨灰〔こっかい〕を塗った炉で熱して、鉛などの不要物を除去する方法。室町時代、博多商人神屋寿禎により朝鮮から伝来し、以後、金銀の生産量が飛躍的に増大する。　　**神屋寿禎**〔かみやじゅてい〕
海禁政策〔かいきんせいさく〕　→ p.114
ポルトガル　⑦ ヨーロッパ西端、イベリア半島南西部の国。15世紀末よりアフリカ・インド・東南アジア及びブラジルに進出。1543年、ポルトガル人の乗った船が種子島に漂着。以後、九州各地に来航し、貿易を行う。パンなど、ポルトガル語に由来する外来語の多いことから、ポルトガルとの交渉の深さが知られる。1639年に来航禁止。
　：ゴア　⑥ インド西岸の港市。1510年、ポルトガルが占領、東方貿易の拠点となる。1961年、インド政府により接収。
　：マラッカ　⑤ マレー半島南西部の港市。マラッカ海峡に臨む要地で、1511年にポルトガルが占領して東方経営の拠点とした。のちオランダ・イギリスと支配が代わり、シンガポールに繁栄を奪われた。

　：マカオ〔澳門〕　⑦ 中国広東省のポルトガル領港市で、広州湾の入口。1557年、ポルトガルが居住権を得て日本貿易の拠点となる。1999年、中国に返還された。
スペイン（イスパニア）　⑦ イベリア半島の大半を占めるヨーロッパ南西部の国。16世紀、アメリカ大陸に広大な植民地を獲得し、1584年、平戸に来航、貿易を行った。1588年、無敵艦隊がイギリス艦隊に敗れて国勢は衰退し、96年のサン＝フェリペ号事件で、日本との関係は悪化。17世紀初め、再び来航したが、禁教問題で1624年に来航禁止となる。
　：マニラ　⑦ フィリピンのルソン島に、1571年、スペイン人が建設した都市。以後、スペインの東アジア貿易の拠点となる。
大航海時代〔だいこうかいじだい〕　⑤ 15〜17世紀前半、ポルトガル・スペインなどが国家的な事業として航海・探検を行った時代。バルトロメウ＝ディアスの喜望峰回航、コロンブスの西インド諸島（アメリカ大陸）到達、ヴァスコ＝ダ＝ガマのインド洋航海、マゼラン隊の世界周航などがある。　　**コロンブス** ②
　　　　　　　ヴァスコ＝ダ＝ガマ ②
　　　　　　　　　　　　　　マゼラン ②
種子島〔たねがしま〕　⑦ 古くは多褹島。大隅国に属す。1543年、島主の種子島時堯は、来航したポルトガル人から鉄砲を購入し、製法も学ばせた。　　**種子島時堯**〔たねがしまときたか〕 ⑤
　：王直〔おうちょく〕　⑥ ？〜1559 明〔みん〕の密貿易商人。倭寇〔わこう〕の頭目〔とうもく〕の一人。1543年、種子島に来航し鉄砲を伝えた船は、王直の所有とされる。
鉄砲〔てっぽう〕　⑦ 1543年、種子島に伝来。銃口から弾薬を入れる先込め式の火縄銃で、「種子島」とも呼ばれた。やがて九州・堺・紀伊根来・雑賀・近江国友などの鉄砲鍛冶により製造され、普及した。　　**火縄銃**〔ひなわじゅう〕 ①
　　　　種子島〔銃〕〔たねがしま（じゅう）〕 ②　**根来**〔ねごろ〕 ⑤
　　　　　　雑賀〔さいか〕 ②　**国友〔村〕**〔くにとも（むら）〕 ⑥
　　　　　　　　　　　　　　鉄砲鍛冶〔てっぽうかじ〕 ①

キリスト教と南蛮貿易

イエズス会〔かい〕**（耶蘇会**〔やそかい〕**）**　⑦ 1540年の創立。

宗教改革に対抗し、スペイン人イグナティウス＝ロヨラを中心に、カトリック擁護や東洋方面への布教を使命とした修道会。日本布教の中心となる。

イグナティウス＝ロヨラ ②
修道会しゅうどう ①　**修道士**しゅうどうし ①

宣教師せんきょうし ⑦ キリスト教会が外国布教に派遣する伝道士・司祭のこと。16世紀中頃以後に来日した宣教師のうち、司祭職の者を伴天連ばてれん（ポルトガル語で padré パードレ〈神父〉）と呼んだ。また、パテレンに従って布教する修士をイルマンと呼んだ。

司祭しさい ②　**パードレ** ③　**イルマン** ①

フランシスコ＝ザビエル Francisco Xavier ⑦ 1506？〜52　スペイン人のイエズス会宣教師。アジア布教の途次、1549年、鹿児島に来日し、領主島津貴久の許可を得て布教。上京したが目的を達せず山口に戻り、領主大内義隆の保護を得て布教。ついで豊後府内の領主大友義鎮を帰依きえさせ、平戸の松浦隆信まつらたかのぶの領内でも布教した。1551年、インドに帰り、52年に中国布教をめざすが広州付近で死去した。

：アンジロウ ②？〜1551？　ヤジロウ（弥次郎）ともいう。マラッカでザビエルの教えを受けて受洗せん。1549年、ザビエルに同行して鹿児島に上陸し、以後、各地で布教をたすける。

：鹿児島かご　→ p.137

：府内ふない《豊後》　→ p.137

ガスパル＝ヴィレラ Gaspar Vilela ③ 1525〜72　ポルトガルのイエズス会宣教師として1556年に来日、将軍足利義輝の許可で主に畿内で布教。イエズス会へ手紙で堺の状況を報告している。

：『耶蘇会士日本通信』やそかいしにほんつうしん　→ p.138

ルイス＝フロイス Luis Frois ⑥ 1532〜97　ポルトガルのイエズス会宣教師。1563年に来日。京都で信長に謁見、秀吉とも親しくし、キリシタン布教の地歩を固めた。追放令で退去後、再来日し、長崎で死去。『日本史』等を執筆した。

『日本史』にほんし ④
『日欧文化比較』にちおうぶんかひかく ②

ティセラ L. Texeira ① 1564〜1604　イエズス会士のポルトガル宣教師。作成した「日本図」は、ヨーロッパに広まった。

「日本図」にほんず ①

キリシタン（吉利支丹・切支丹） ④ ポルトガル語の Christão をそのまま読んだ語で、キリスト教及びその信者を指す。キリスト教は天主教とも呼ばれた。　**天主教**てんしゅきょう ①

キリシタン大名だいみょう ⑦ キリスト教に入信した大名。九州・近畿地方に多かった。キリシタンを保護し、南蛮貿易を行う。大友義鎮・有馬晴信・大村純忠・黒田孝高よしたからのほか、肥後宇土うとの小西行長、摂津高槻たかつきの高山右近うこんらが有名。

大友義鎮おおともよししげ**（宗麟**そうりん**）** ⑦ 1530〜87　豊後の領主。居城の府内（現、大分市）は南蛮貿易・布教の拠点。1551年にザビエルを招き、布教を許可。1578年、受洗。1582年に有馬晴信・大村純忠と天正遣欧使節を派遣した。

大村純忠おおむらすみただ ⑥ 1533〜87　肥前大村の領主。領内に横瀬浦を開き、のち長崎を開港。1563年に受洗。最初のキリシタン大名となる。1580年、長崎を教会に寄進。1587年、秀吉に領地を安堵あんどされた。

有馬晴信ありまはるのぶ ⑥ 1561？〜1612　肥前有馬の領主。1579年、13歳で受洗。1609年、長崎でポルトガル船を焼打ちし、12年、讒言ざんげんにより切腹を命じられる。

蒲生氏郷がもううじさと ① 1556〜95　キリシタン大名。信長・秀吉に従い、最後は陸奥黒川城主。

細川忠興ほそかわただおき ① 1563〜1645　信長・秀吉に仕え、関ヶ原の戦いの功で豊前小倉39万石を領した。夫人は明智光秀の娘でキリシタンとなったガラシャ。

南蛮人なんばんじん ⑦ 南方の外国人の意。ポルトガル・スペイン・イタリアなど南欧系の来日者の呼称。のちに渡来するオランダやイギリスなど北欧系の紅毛こうもう人と区別した。

南蛮寺なんばんじ ⑥ キリスト教の教会堂。キリシタン寺とも呼ばれた。仏寺風のものが多く、京都のものが有名。

「南蛮寺扇面図」なんばんじせんめんず ⑦

南蛮貿易なんばんぼうえき ⑦ 南蛮船（主にポルトガル船）による貿易。舶載はくさい品は中国産の生糸きいとが多く、鉄砲、ついで皮革など戦国大名の求める西洋・中国・南洋の物産の中継貿易であった。入港地は島津氏の鹿児島、大友氏の府内、松浦氏の平戸など。1571年以後は長崎が中心。舶来品を扱う唐物屋もあった。

南蛮船なんばんせん ⑤　**唐物屋**からもの ①

主な貿易品
▶輸入品
生糸、鉄砲、火薬、絹織物、皮革、香料、鉄、薬品、絹布、木綿、鉛、金、毛織物
▶輸出品
銀、刀剣、海産物、漆器、工芸品、硫黄いおう

織田政権

織田信長（おだのぶなが）⑦ 1534～82　信長は織田家の奉行織田信秀（のぶひで）の子。1560年、桶狭間で今川義元を討ち、「天下布武」の印判を用いつつ、全国統一の事業を進めた。1573年、室町幕府を滅ぼし、その後畿内平定を達成した。天下人としての名声を高めたが、82年、本能寺の変に倒れた。　**「天下布武」**（てんかふぶ）⑦　**天下人**（てんかびと）③

織豊政権（しょくほうせいけん）④　信長・秀吉の政権をいう。1573年の室町幕府滅亡から1603年の江戸幕府成立までの約30年間。全国統一事業を完成し、封建制確立の基礎を築いた。

今川義元（いまがわよしもと）⑦ 1519～60　駿河・遠江・三河の3国を支配した戦国大名。今川氏は足利一門で、南北朝時代以来、駿河の守護として東海に君臨した。1560年、尾張に進軍した際、同国の桶狭間で討死。

桶狭間の戦い（おけはざまのたたかい）⑦ 1560年。桶狭間の北方田楽（でんがく）狭間で、2万5000人の今川軍の本営を、3000人の信長軍が急襲して今川義元の首を取り、勝利。以後、今川氏は衰亡した。

足利義昭（あしかがよしあき）⑦ 1537～97　室町幕府15代将軍（在職1568～73）。信長に擁立されて将軍となる。やがて反信長勢力の結集を策動し、1573年、信長に追放され、室町幕府は滅亡。

斎藤竜興（さいとうたつおき）③ 1548～73　斎藤道三（どうさん）の孫。稲葉山城を信長に奪われ、のち越前朝倉氏をたよるが、朝倉氏滅亡と共に死亡した。
　：斎藤氏（さいとうし）　→ p.135

稲葉山城の戦い（いなばやまじょうのたたかい）⑦ 1567年、信長が斎藤道三の居城であった稲葉山城に、道三の孫の竜興を破って入城した戦い。信長は、岐阜城と改めて城下の加納（かのう）に楽市を実施し、1576年に安土へ移るまで居城とした。

関所撤廃（せきしょてっぱい）⑦　戦国大名は、関銭徴収のためにおかれていた領国内の関所を撤廃したが、信長・秀吉はこれを全国的に実施して、商業・交通の発達を促した。

姉川の戦い（あねがわのたたかい）⑦ 1570年、近江国姉川で信長・家康の連合軍と浅井長政・朝倉義景の連合軍が戦い、信長側が勝利。信長は近江・越前を掌握した。

浅井長政（あざいながまさ）⑤ 1545～73　近江の戦国大名。朝倉氏と結んで姉川の戦いに敗れ、1573年、小谷城（おだにじょう）で自刃（じじん）。夫人のお市は信長の妹、その3人の娘は淀君・京極氏夫人・徳川秀忠夫人（千姫の母）となる。

浅井氏（あざいし）②　**お市**（おいち）①

朝倉義景（あさくらよしかげ）⑥ 1533～73　越前の戦国大名。近江の浅井氏と同盟して織田信長に反抗、姉川の戦いに敗れ、1573年、一乗谷城（いちじょうだにじょう）に攻め囲まれ自殺、滅亡した。　**朝倉氏**（あさくらし）②

延暦寺焼討ち（えんりゃくじやきうち）⑦ 1571年、信長が、浅井・朝倉氏と結んで敵対する延暦寺を全山焼き払い、古代寺社勢力の最大拠点に大打撃を加えた。

室町幕府滅亡（むろまちばくふめつぼう）⑥　信長と不和になった室町幕府15代将軍義昭は、毛利・朝倉・武田氏や石山本願寺などの反信長勢力と結んで、信長打倒を図った。1573年、信長は京都二条城に義昭を囲み、降伏した義昭は宇治槇島（まきしま）に移ったが、再度抗戦して敗れ、河内若江（かわち）の三好義継（みよしよしつぐ）に身を寄せ、幕府は滅亡した。

長篠の戦い（ながしののたたかい）⑦ 1575（天正3）年、三河長篠で信長・家康の連合軍が武田勝頼軍を破った戦い。馬防柵（ばぼうさく）を組んだ足軽鉄砲隊の一斉射撃で、武田の騎馬隊を大敗させた。　**足軽鉄砲隊**（あしがるてっぽうたい）④　**『長篠合戦図屏風』**（ながしのかっせんずびょうぶ）⑤

武田勝頼（たけだかつより）⑥ 1546～82　武田信玄の子。長篠合戦で大敗後、1582（天正10）年、天目山の戦いで自刃し、武田家は滅亡した。　**天目山の戦い**（てんもくざんのたたかい）④

越前一向一揆（えちぜんいっこういっき）⑤　朝倉氏滅亡後、信長の支配の隙をついて、1574年、一向一揆が加賀の一向一揆の支援を得て越前を支配した。翌1575年、長篠合戦を終えた信長は、大軍を率いて越前に向かい、一揆を鎮定した。

安土城（あづちじょう）⑦ 1576年、信長が近江に築いた最初の近世の城郭。五層七重の天守は、1579年に落成。1582年、本能寺の変後に焼失した。

楽市・楽座（らくいち・らくざ）**（楽市令**らくいちれい）⑦　市の閉鎖性や、特権的な販売座席である市座（いちざ）を廃し、商品取引の拡大・円滑化を図った政策。市は、世俗の権力関係から解放されると された。信長は美濃加納・安土山下（さんか）町などに実施したあとを受けて、秀吉も推進し、旧来の市の復興や新城下町の繁栄を図った。

撰銭令（えりぜにれい）　→ p.123

指出検地（さしだしけんち）　→ p.136

石山合戦（戦争）（いしやまかっせん（せんそう））⑤ 1570～80年。信長は淀川の河口という要地にある一向宗の石山本願寺に、立ち退きを求めた。本願寺11世宗主（しゅう）顕如（光佐）（けんにょ（こうさ））は諸国門徒に反抗

第8章

を呼びかけ、毛利氏の支援もあって石山戦争は10年に及んだが、講和し、退去した。

石山本願寺攻め〈いしやまほんがんじぜめ〉⑤：**長島一向一揆**〈ながしまいっき〉③ 伊勢長島一帯の本願寺門徒が宗主顕如の命で願証寺〈がんしょうじ〉を中心に蜂起し、織田勢力を攻撃。1571・73・74年の3回にわたる信長軍の攻撃で、74年に鎮定された。

顕如〈けんにょ〉(**光佐**〈こうさ〉) ②1543～92 本願寺11世宗主。1570～80年に石山本願寺を守って信長と戦い、正親町天皇の仲裁で和議となり、石山を退去。1591年、秀吉から京都堀川七条に寺地を与えられ、現在の本願寺の基盤を確保した(西本願寺)。また、顕如の子の教如は、家康から寺地を与えられて東本願寺をおこした。　　　　**教如**〈きょうにょ〉①

正親町〈おおぎまち〉**天皇**① 1517～93 在位1557～86。1557年に皇位を継いだが、戦乱のため3年後に毛利元就〈もとなり〉の献上金で即位式を挙げた。石山戦争では、石山本願寺と信長を仲介。のち信長・秀吉の援助で皇居造営、式典整備が行われた。なお、正親天皇の曽孫にあたる忠幸〈ただゆき〉は、源氏姓を与えられて正親町源氏となった。　　**正親町源氏**〈おおぎまちげんじ〉①

明智光秀〈あけちみつひで〉⑦1528～82 信長の部将として京都市政を担当。1582年、中国攻めに出陣の途次、本能寺に信長を倒す。山崎の戦いで秀吉に敗れ、居城近江坂本への帰途、京都郊外の小栗栖〈おぐるす〉で殺された。

本能寺の変〈ほんのうじのへん〉⑦1582年、明智光秀が主君織田信長を京都の本能寺に襲って殺した事件。信長の長子信忠も、二条御所で防戦の末に自殺した。

豊臣秀吉の全国統一

豊臣秀吉〈とよとみひでよし〉⑦1537～98 尾張中村に生まれ、藤吉郎と名乗る。今川氏の部将松下嘉兵衛に、のち信長に仕え、羽柴秀吉と名乗って近江浅井氏の旧領の長浜城による。本能寺の変ののち、全国を平定。後陽成天皇より豊臣の姓を賜わる。検地・刀狩などで全国統一を推進。朝鮮出兵を行うが、病死した。　**中村**〈なかむら〉② **羽柴秀吉**〈はしばひでよし〉⑦ **豊臣賜姓**〈とよとみしせい〉⑦：**太閤**〈たいこう〉③ 平安時代では摂政・太政大臣に対する敬称。やがて関白を辞職した人を指す。秀吉は関白を養子秀次〈ひでつぐ〉に譲り、自ら好んで太閤を称した。

山崎の戦い〈やまざきのたたかい〉⑦1582年、中国地方最大の毛利氏と対戦中(毛利攻め)の秀吉が、兵を返して(中国大返し)明智光秀を山城の山崎天王山〈てんのうざん〉で破った戦い。秀吉は、のちに信長後継の地位を確立した。

毛利攻め〈もうりぜめ〉③ **中国大返し**〈ちゅうごくおおがえし〉①

柴田勝家〈しばたかついえ〉⑦ ？～1583 信長の部将。朝倉氏滅亡後、越前北庄〈きたのしょう〉(荘)(現、福井市)によって北陸を経営。信長の死後、その3男信孝〈のぶたか〉と結び秀吉と対立。賤ヶ岳の戦いに敗れ、北庄で自殺した。

：**賤ヶ岳の戦い**〈しずがたけのたたかい〉⑦1583年、近江の賤ヶ岳付近で秀吉が柴田勝家を破った戦い。秀吉は、実質的に信長の後継者の地位を固めた。

大坂城〈おおさかじょう〉⑦1583年に石山本願寺の旧地に秀吉が築城。難攻不落の名城といわれたが、1615年に大坂の陣で落城。徳川氏が再築したが、幕末に焼亡した。現在の天守は1931年に復興したもの。

小牧・長久手の戦い〈こまき・ながくてのたたかい〉⑦1584年、家康が信長の2男信雄をたすけ秀吉に対抗、尾張の小牧・長久手で戦った。互いにその実力を認め、講和した。　　　　**織田信雄**〈おだのぶかつ〉⑤

紀伊平定〈きいへいてい〉③ 紀伊根来寺(真言宗)の僧兵と雑賀衆は、鉄砲などで信長・秀吉に激しく抵抗したが、1585年、秀吉により滅ぼされ、紀伊も平定された。

四国平定〈しこくへいてい〉⑦1585年、秀吉は弟秀長・宇喜多秀家・小早川隆景らに命じて、四国の大半を支配する長宗我部元親を降伏させ、元親には土佐1国を与えて四国を平定した。

長宗(曽)我部元親〈ちょうそかべもとちか〉③1538～99 もと土佐の豪族。元親の時に四国全土を領する戦国大名に成長。のちに秀吉の征討を受け、土佐1国を保ち臣従する。

後陽成天皇〈ごようぜいてんのう〉⑥1571～1617 在位1586～1611。秀吉を太政大臣に任じ、豊臣の姓を与え、家康・秀忠を征夷大将軍に任命。好学で、自らも廷臣に『伊勢物語』や『源氏物語』を講じ、慶長勅版を刊行した。

惣無事令〈そうぶじれい〉④ 秀吉が戦国大名に下した、戦闘の停止と領地の確定を秀吉に委任する命令。1585年、秀吉の関白就任後、九州に発し、翌年には関東・東北の全領域に及ぼされた。島津氏・北条氏らは、これに反したとして討伐を受けた。

島津義久〈しまづよしひさ〉③1533～1611 薩摩・大隅・日向を統一した戦国大名。1587年、秀吉の九州征討で降伏し、薩摩・大隅等を安堵された。

九州平定〈きゅうしゅうへいてい〉⑦1587年、島津義久に圧迫

された大友・伊東氏らの要請に応じて秀吉が大軍を派遣。義久を降伏させ、九州を平定した。

聚楽第じゅらくてい ⑥ 秀吉が大内裏だいだい跡に造営した城郭風の邸宅。1588年、後陽成天皇の行幸を仰ぎ、ここで家康以下諸大名に秀吉への忠誠を誓わせた。この行幸の模様を描いた『聚楽第行幸図屛風』がある。

『聚楽第行幸図屛風』じゅらくていぎょうこうずびょうぶ ②

：太閤町割たいこうまちわり ① 秀吉は、京都を聚楽第の城下町として町並みを整備し、周囲に土塁(御土居)を築いた。 **御土居**おどい ①

北条氏政ほうじょううじまさ ③ 1538～90 北条氏第4代。1590年、秀吉の小田原攻めを受けて籠城ののち、降伏し切腹。子の氏直は家康の婿であったため助命され、高野山に追放された。なお、小田原北条氏は、虎をあしらった印章を押した虎の印判状を発行していた。

北条氏ほうじょうし ③ **小田原北条氏**おだわらほうじょうし ②
虎の印判状とらのいんぱんじょう ①

小田原攻め(征伐)おだわらぜめ(せいばつ) ⑦ 四国の長宗我部氏と九州の島津氏を平定した秀吉は、関東を支配する北条氏直うじなおに降伏を勧めたが応じず、1590年、大軍で小田原城を包囲し、3カ月後、氏直を降伏させた。すでに伊達政宗らも秀吉に臣従しており、ここに全国統一が達成された。 **小田原合戦**おだわらかっせん ①

伊達政宗だてまさむね ⑥ 1567～1636 戦国末期、奥州をほぼ平定、秀吉の小田原攻めに参陣して服属。関ヶ原の戦いでは徳川氏に味方し、家康から仙台藩62万石を安堵された。支倉常長つねながをヨーロッパに派遣し、文化事業に努力した。

伊達氏だて → p.135

奥羽平定おううへいてい ⑦ 1590年、小田原北条氏滅亡後、秀吉は会津に赴き、伊達氏や最上氏の所領を安堵すると共に、小田原攻めに参陣しなかった者の領地を没収して諸将に与え、奥羽を平定した。 **最上氏**もがみし ①

豊臣政権の土地・身分政策

太閤検地たいこうけんち ⑦ 秀吉の行った検地。秀吉は1582(天正10)年以来、征服した大名の領地に次々に検地(天正検地)を実施。全国統一後、1594(文禄3)年、改めて統一した検地尺に基づく6尺3寸＝1間の検地竿さおを用い、京枡に統一するなどの検地条目を定め、検地奉行を送って全国に実施(文禄検地)。 **検地尺**けんちじゃく ③

：天正の石直してんしょうのこくなおし ① 太閤検地のこと。

従来の貫高制を米の収穫高による石高制に改めたので、このように呼ぶ。

：町ちょう**・段**たん**・畝**せ**・歩**ぶ ④ 太閤検地で統一した面積の単位。1町＝10段、1段＝10畝、1畝＝30歩。1歩＝6尺3寸平方。1町≒1ha。

：石こく**・斗**と**・升**しょう**・合**ごう ④ 太閤検地で統一した容積の単位。1石＝10斗、1斗＝10升、1升＝10合。1升≒1.8ℓ。

京枡きょうます ⑦ 太閤検地の時、公定された枡。雑多な私枡を京都付近で使用された枡に統一した。

石高〔制〕こくだか ⑦ 田畑・屋敷地などの生産高を玄米の収穫量で示したもの。村の石高の総計が村高で、年貢は村高に課された。 **村高**むらだか ③

石盛こくもり ③ 田畑・屋敷地などの石高を定めるための、段当たりの標準収穫高。石高の決定及び年貢徴収の基準となる。太閤検地では田畑の等級を上・中・下・下々などに分け、等級に応じた石盛を定め、面積を乗じて石高を算定した。

検地帳けんちちょう ⑦ 検地の結果を村ごとにまとめた土地台帳。一筆ごとに等級・面積・石高・耕作者などを記載。山林・沼沢しょうたくなどを調査記載した例もある。土地と農民支配の基本になる。

一地一作人いっちいっさくにん ⑤ 一区画の土地の耕作者(作人)を、一人の百姓(名請人)に定め、従来の複雑な土地に対する権利や中間搾取を排除した。太閤検地によって確立。なお、税率は二公一民を原則とした。

作人さくにん**〈近世〉**きんせい ① **名請人**なうけにん ①
二公一民にこういちみん ①

蔵入地くらいりち ⑤ 戦国・江戸時代の領主の直轄領をいう。豊臣氏の場合、40カ国にわたり220余万石に達したが、その70%は畿内とその近国に集中していた。

刀狩令かたながりれい ⑦ 1588年の発令。刀・弓・槍・鉄砲などの武器を百姓が持つことを禁じた。理由として第1条で一揆防止という支配者側の理念を示し、第2条で没収した武器は大仏建立の釘などに用いること、第3条で百姓は農耕に専念するのが平和で幸せであることを説く。

：刀狩かたながり ⑤ 1588年、秀吉が諸国の農民から、京都方広寺の大仏造営を口実に武器を没収した政策。農民の一揆を未然に防止し、兵農分離・身分の固定を図った。

小西隆佐こにしりゅうさ ② 1533？～92？ 戦国期の堺の豪商で、キリシタン。秀吉に財貨運用の

才能をかわれ、九州平定や文禄の役に活躍。行長はその子。

島井宗室<ruby>島井<rt>しまい</rt></ruby><ruby>宗室<rt>そうしつ</rt></ruby> ② 1539？～1615　博多の豪商で茶人。秀吉の九州平定の折、神屋宗湛と共に秀吉に拝謁し、博多復興の命を受けた。朝鮮出兵では兵糧米集めなどに活躍した。

神屋宗湛<ruby>神屋<rt>かみや</rt></ruby><ruby>宗湛<rt>そうたん</rt></ruby> ① 1553～1635　博多の貿易商人・茶人。神屋寿禎<ruby>じゅてい<rt></rt></ruby>の孫。南方貿易・朝鮮出兵の輸送で活躍。黒田氏の城下町・領国経営に参加し、功績があった。

天正大判<ruby>天正<rt>てんしょう</rt></ruby><ruby>大判<rt>おおばん</rt></ruby> ⑥ 秀吉が後藤徳乗・栄乗父子に鋳造させた大判金。表面に打たれた桐<ruby>きり<rt></rt></ruby>印が、菱形に囲まれているため、菱大判<ruby>ひしおおばん<rt></rt></ruby>とも呼ばれた。進物用に使用か。1枚165g、金は約73.8%。

後藤徳乗<ruby>ごとう<rt></rt></ruby><ruby>とくじょう<rt></rt></ruby> ①　**後藤栄乗**<ruby>ごとうえいじょう<rt></rt></ruby> ①

御前帳<ruby>ご<rt></rt></ruby><ruby>ぜんちょう<rt></rt></ruby> ④ 天皇・関白・将軍などが、直接的に掌握している国家の基幹的台帳。1591年、秀吉は各大名から国絵図と共に、国・郡別の石高を記した御前帳や絵図を徴収して天皇に献上した。朝鮮出兵での軍役負担の基礎台帳となった。ついで家康も、諸大名から国絵図・御前帳を徴収している。

国絵図<ruby>くにえず<rt></rt></ruby> ④ 秀吉が諸大名に命じて作成させた国ごとの地図。徳川氏は1605（慶長10)年のあと1644（正保元)・1696（元禄9)・1835（天保6)年の3度作成した。3度とも付録として各郡村の石高を列記した国ごとの郷帳も作成された。

郷帳<ruby>ごうちょう<rt></rt></ruby> ①

人掃令<ruby>ひとばらいれい<rt></rt></ruby> ⑤ 1591年、秀吉が、武家奉公人が百姓・町人になることや百姓の転業を禁じた法令。武家奉公人が無断で主人を代えることも禁止。朝鮮出兵のための武家奉公人と年貢の確保が目的であったが、士農商身分の制度の確立が進んだ。秀吉の発令に続き、1592年、秀次は全国の戸口調査を命じ、他国他郷の者の在住を禁じた。

身分統制令<ruby>みぶんとうせいれい<rt></rt></ruby> ②

兵農分離<ruby>へいのうぶんり<rt></rt></ruby> ⑦　**農商分離**<ruby>のうしょうぶんり<rt></rt></ruby> ①

対外政策と侵略戦争

バテレン追放令<ruby>ついほうれい<rt></rt></ruby> ⑦ 1587年、秀吉が九州平定後に博多で発令。キリシタンを邪法とし、宣教師(バテレン＝伴天連)の20日以内の国外退去を命じた。ただし、貿易は従来通り奨励したので、実効は少なかった。

バテレン ②

宣教師<ruby>せんきょうし<rt></rt></ruby>　→ p.143

海賊取締令<ruby>かいぞくとりしまりれい<rt></rt></ruby> ⑥ 1588年、秀吉が刀狩令と同日に発布した海賊鎮圧の命令。海賊取締りはその地の領主の責任とされた。

サン＝フェリペ号事件 ③ 1596年、土佐浦戸<ruby>うらど<rt></rt></ruby>沖にスペイン船サン＝フェリペ号が漂着。秀吉は増田<ruby>ました<rt></rt></ruby>長盛を派遣して調査し、積荷を没収、船は修繕して乗組員ともマニラに帰した。この際、スペインは宣教師を領土征服の手先にしているという船員の失言から、26聖人殉教が起こった。

26聖人殉教<ruby>にじゅうろくせいじんじゅんきょう<rt></rt></ruby> ③ 1596年、秀吉は近畿地方のフランシスコ会宣教師・信徒26人を逮捕、長崎で処刑した。土佐に漂着したサン＝フェリペ号船員の失言によって、同会の過激な布教が、植民地化に結びつくと疑われたのが主な理由。

フランシスコ会 ② 1209年創立の修道会。1593年から来日して布教、イエズス会に対抗。サン＝フェリペ号事件で秀吉の怒りをかい、1596年に26聖人殉教が起こった。弾圧が厳しく、1638年に全滅。ほかに来日修道会にドミニコ会・アウグスチノ会などがある。

ドミニコ会<ruby>かい<rt></rt></ruby> ①

高山国<ruby>こうざんこく<rt></rt></ruby>(**台湾**<ruby>たいわん<rt></rt></ruby>) ⑦ 中国福建省の対岸の島。秀吉は南方経営を志し、1593年、台湾に入貢を促したが不成功。そのほか、ゴアのポルトガル政庁、ルソンのスペイン政庁にも入貢を要求した。

ポルトガル政庁<ruby>せいちょう<rt></rt></ruby> ②
スペイン政庁<ruby>せいちょう<rt></rt></ruby> ④

豊臣秀次<ruby>とよとみひでつぐ<rt></rt></ruby> ⑤ 1568～95　秀吉の姉の子。秀吉の養子となり秀吉に代わり関白となる。秀頼の出生後、秀吉との関係が悪化し、1595年、高野山に追放された上、自殺させられる。

文禄の役<ruby>ぶんろくのえき<rt></rt></ruby> ⑦ 1592～93　秀吉は約16万の軍を朝鮮に送り、自らは肥前の名護屋で指揮した。初め平壌<ruby>ピョンヤン<rt></rt></ruby>まで進んだが、朝鮮義兵の抵抗や明軍の来援で戦局は膠着<ruby>こうちゃく<rt></rt></ruby>。1593年に停戦、明と講和を図る。秀吉軍は朝鮮南部に城(倭城)を築いて駐屯した。

名護屋<ruby>なごや<rt></rt></ruby> ⑦　**倭城**<ruby>わじょう<rt></rt></ruby> ②
壬申倭乱<ruby>じんしんわらん<rt></rt></ruby> ③

小西行長<ruby>こにしゆきなが<rt></rt></ruby>　→ p.153
加藤清正<ruby>かとうきよまさ<rt></rt></ruby>　→ p.153

：**義兵**<ruby>ぎへい<rt></rt></ruby>(**義民軍**<ruby>ぎみんぐん<rt></rt></ruby>) ⑥ 朝鮮の地主らを指導者として結成された抗日私兵集団。大きなものは、2000人に及んだという。

：**李舜臣**<ruby>りしゅんしん<rt></rt></ruby> ① 1545～98　朝鮮の水軍を率い、亀甲船を考案して、日本軍の補給路を攪乱<ruby>かくらん<rt></rt></ruby>した。

：**亀甲船**<ruby>きっこうせん<rt></rt></ruby> ① 亀形の屋根に、鉄板の装甲を施した朝鮮水軍の軍船。

慶長の役 ⑦ 1597〜98　文禄の役の日明和平交渉は、明の副使の策などで秀吉の意図と大きく異なったため再出兵した。蔚山城を包囲されるなど、日本軍苦戦のうちに秀吉の死を迎え、その遺命により撤退した。朝鮮では2度の戦いを壬辰・丁酉の倭乱という。

蔚山城 ①

文禄・慶長の役 ④

壬辰・丁酉の倭乱 ①

丁酉再乱 ②　**朝鮮侵略** ⑦

：降倭 ②朝鮮側に投降して、朝鮮に住みついた日本人。

耳塚 ③ 鼻塚ともいう。京都方広寺近くにある。朝鮮侵略の際、首に代えて戦功の証として日本に送られた鼻や耳を埋めたとされている。

鼻塚 ⑥　**鼻切り** ①

五大老 ⑥ 豊臣政権の職名。年寄衆・家老の意で、任務は五奉行の顧問役。徳川家康・前田利家・毛利輝元・小早川隆景・宇喜多秀家・上杉景勝の有力大名で、隆景の死後に五大老と呼ばれた。また家康は、五大老筆頭とされていた。

五大老筆頭 ③

徳川家康　→ p.153

前田利家 ⑥ 1538〜99　信長の家臣。のち秀吉に服属し、柴田勝家に代わり北陸最大の大名となり金沢を居城とする。五大老として家康と肩を並べたが、まもなく病死。子の利長は関ヶ原の戦いでは家康に従う。加賀前田家の始祖。

毛利輝元 ⑦ 1553〜1625　毛利元就の嫡孫。秀吉に服属して五大老に列す。関ヶ原の戦いでの西軍の主将として大坂城に入る責任を問われ、周防・長門の2国に減封。

小早川隆景 ② 1533〜97　毛利元就の子。安芸の小早川家を継ぎ、毛利氏の中国覇権確立をたすけた。秀吉の五大老に列し、朝鮮出兵にも従軍した。

宇喜多秀家 ③ 1572〜1655　備前岡山城主。秀吉に服属して信任厚く、五大老に列す。関ヶ原の戦いで西軍に参加したため、八丈島に配流される。

上杉景勝 ④ 1555〜1623　上杉謙信の養嗣子。秀吉に服属し、北陸の雄として五大老に列す。1598年、会津若松120万石に封じられ、関ヶ原の戦いでは石田三成に呼応したが、敗北して家康に降伏し、出羽米沢30万石に移封された。

五奉行 ③ 豊臣政権の職名。奉行人ともいう。浅野長政・増田長盛・石田三成・前田玄以・長束正家の5人。多くは秀吉子飼いの大名で、政務の中枢に参画。玄以は公家・寺社、正家は財政面、その他は検地を奉行した。

浅野長政 ⑥ 1547〜1611　秀吉の妻の妹婿。幼少より秀吉に従う。五奉行の首座、検地にあたる。秀吉の死後、政局収拾に苦心。関ヶ原の戦いで家康に従う。子の長晟は紀伊から広島へ転封。

石田三成　→ p.153

増田長盛 ② 1545〜1615　秀吉側近で、検地に尽力。関ヶ原の戦いでは大坂城で西軍に属し、高野山に追放。大坂の陣で子が大坂方に加わった責任を問われ、自殺した。

前田玄以 ② 1539〜1602　信長の子信忠に仕え、のち秀吉に重用された。五奉行の一人。公家・寺社・京都の庶政を担当。関ヶ原の戦いで石田三成についたが、三成挙兵を家康に内報し、戦後は所領を安堵された。

長束正家 ② ？〜1600　信長の部将丹羽長秀の家臣。のち秀吉に見出され、財政及び検地奉行などを担当。関ヶ原の戦いでは石田三成と行動を共にし、敗北後、自決した。

2　桃山文化

桃山文化

桃山文化 ⑦ 16世紀末〜17世紀初頭の文化。信長・秀吉に代表される新興武家と、豪商の財力とを土台にした現世的・人間的な文化。城郭に代表される豪華さと、侘茶が示す精神性もあり、また南蛮人来航による異国文化の影響もある。なお伏見城跡に、多くの桃が植えられたのにちなんで、のちに桃山と呼ばれた。

安土・桃山時代 ③　**桃山** ④

城郭 ⑦ 壮麗な天守を持つ本丸を中心に、二の丸・三の丸などの郭(曲輪)や櫓などを配し、鉄砲や白兵戦に備えて発達した。城郭などの設計は縄張とも呼ばれた。この時代の現存する城郭に、姫路城のほか、松本・彦根・犬山・松江城がある。

本丸 ②　**西の丸** ②

北の丸 ①　**郭(曲輪)** ①

内郭(曲輪) ①　**外郭(曲輪)** ①

縄張 ①　**松本城** ①

彦根城 ②　**犬山城** ①

松江城 ①

平城〔ひらじろ〕 ⑤ 中世以来、城は軍事拠点として自然の険しさを利用した山城であったが、領国経営のための政治的要請で、小丘上の平山城から平地に築造する平城へと変化し、濠・石垣で防御した。政治・交通の中心となり城下町が発達した。　**平山城**〔ひらやまじろ〕 ④

天守(天主)〔閣〕〔てんしゅ〕 ⑦ 城郭の中核をなす高層の楼閣。現存最古は、愛知県犬山市の犬山城。

姫路城〔ひめじじょう〕**(白鷺城**〔しらさぎじょう〕**)** ⑦ 池田輝政の居城として慶長年間に築城。播磨平野の小丘陵にある代表的な平山城。五層七重の大天守を中心に、3小天守が渡櫓〔わたりやぐら〕で結ばれた連立式天守閣の遺構。　**池田輝政**〔てるまさ〕 ②

大天守〔だいてんしゅじょう〕**・小天守**〔しょうてんしゅ〕 ①
連立式天守〔閣〕〔れんりつしきてんしゅ(かく)〕 ②

安土城〔あづちじょう〕　→ p.144
大坂城〔おおさかじょう〕　→ p.145

伏見城〔ふしみじょう〕 ⑤ 秀吉晩年の邸宅を兼ねた城郭。秀吉の死後、家康が居館としたが、のち破壊。都久夫須麻神社(琵琶湖竹生島〔ちくぶしま〕の)の本殿・唐門〔からもん〕や西本願寺の書院(鴻の間とも呼ばれる)等はその遺構という。

都久夫須麻神社本殿〔つくぶすまじんじゃほんでん〕 ④
西本願寺書院〔にしほんがんじしょいん〕 ②　**鴻の間**〔こうのま〕 ①

二条城〔にじょうじょう〕 ⑦ 家康が上洛時の居館として、1601〜03年に造営。濠をめぐらす平城で、桃山風の二の丸御殿とその前庭は芸術的価値も高い。　**二条城二の丸御殿**〔にじょうじょうにのまるごてん〕 ②

大徳寺唐門〔だいとくじからもん〕 ③ 聚楽第〔じゅらくてい〕の遺構とされる。左右切妻造〔きりづまづくり〕、前後が軒唐破風〔のきからはふ〕の四足門〔しそくもん〕で、彫刻・彩色などは桃山文化の特色を示す。

西本願寺飛雲閣〔にしほんがんじひうんかく〕 ② 西本願寺にある三層の楼閣で、軽快で変化と調和がよく保たれている。聚楽第の遺構とされるが、異説もある。

醍醐寺三宝院〔だいごじさんぼういん〕 ① 醍醐寺の五門跡〔もんぜき〕の一つ。書院造の庭園や表書院は、桃山時代の代表的な遺構。　**三宝院庭園**〔さんぼういんていえん〕 ①
三宝院表書院〔さんぼういんおもてしょいん〕 ①

欄間〔らんま〕 ③ 戸・障子の上部にある鴨居〔かもい〕と天井との間に、採光・通風のためにはめ込まれた格子〔こうし〕や透し彫の彫刻がされた板。平安時代以来、寺社の建築に多く用いられた。桃山・江戸期には彩色を施したり、立体的な彫物が寺社や書院造などに用いられ、豪華さを競った。　**透し彫**〔すかしぼり〕 ④
欄間彫刻〔らんまちょうこく〕 ②

唐破風〔からはふ〕 ① 破風は、屋根の棟の端に、合掌〔がっしょう〕形につけられた装飾の板。合掌形が反曲した曲線状の破風が唐破風で、桃山・江戸時代に流行。

千鳥破風　　　　　　唐破風

高台寺〔こうだいじ〕 ① 秀吉夫人北政所(高台院)が京都に草創。柱や須弥壇〔しゅみだん〕などに黒漆で豪放な蒔絵を施す。竹秋草蒔絵文庫などの蒔絵の調度〔ちょうど〕品も残る。

北政所〔きたのまんどころ〕**(高台院**〔こうだいいん〕**)** ①
竹秋草蒔絵文庫〔たけあきくさまきえぶんこ〕 ①

美術と風俗

障壁画〔しょうへきが〕**(障屏画**〔しょうへいが〕**)** ⑦ 襖〔ふすま〕や壁・屏風〔びょうぶ〕・障子〔しょうじ〕に描かれた絵。桃山時代の城郭建築では、その内部を飾り、狩野派の画人が健筆をふるった。

濃絵〔だみえ〕 ⑤ 障壁画には水墨画と金碧濃彩画があるが、後者を濃絵という。余白を金銀地で仕立て、緑青〔ろくしょう〕や朱などの濃彩を用いた。狩野派画人がよく描いた。
金碧画〔きんぺきが〕 ③

狩野派〔かのうは〕 ⑦ 狩野正信・元信父子により成立した漢画系の流派。室町時代後半から江戸時代を通じて、幕府の御用絵師として栄えた。

狩野永徳〔かのうえいとく〕 ⑦ 1543〜90　元信の孫。信長・秀吉に仕え、安土城・聚楽第・大坂城の障壁画を描き、桃山様式を完成させて狩野派の基礎を築く。『唐獅子図屏風』や『檜図屏風』、弟元秀による信長の肖像は有名。
桃山様式〔ももやまようしき〕 ①　**狩野元秀**〔かのうもとひで〕 ①
『檜図屏風』〔ひのきずびょうぶ〕 ①

：**『唐獅子図屏風』**〔からじしずびょうぶ〕 ⑦ 狩野永徳筆。数少ない永徳遺作の一つ。雌雄〔しゆう〕一対の獅子を描いた金碧の六曲屏風。

狩野山楽〔かのうさんらく〕 ① 1559〜1635　永徳の門弟。秀吉の小姓出身。永徳没後の狩野派の代表作家。『松鷹図』は彼の最も雄大な作。
『松鷹図』〔まつたかず〕 ②　**『牡丹図』**〔ぼたんず〕 ①

海北友松〔かいほうゆうしょう〕 ③ 1533〜1615　海北派の始祖。金碧画と水墨画に武人的で個性的な作品が多い。『山水図屏風』は濃墨の鋭い筆勢を示す。　**『山水図屏風』**〔さんすいずびょうぶ〕 ①

長谷川等伯〔はせがわとうはく〕 ⑤ 1539〜1610　長谷川派の祖。雪舟5代を自称する。金碧障壁画と水墨画の両方に遺作が多い。その子久蔵

(1568～93)らとの共作『智積院襖絵』は金碧
画、『松林図屛風』は水墨画。

『智積院襖絵楓図・桜図』ちしゃくいんふすまえかえでず・さくらず ②
『智積院襖絵松に草花図』ちしゃくいんふすまえまつにくさばなず ①
『松林図屛風』しょうりんずびょうぶ ④

風俗画ふうぞくが ⑤ 市井しせいの風俗を題材とする絵。
桃山時代の庶民生活、遊興化した祭礼など
世俗的文化の発展に伴って成立した。狩野
派の作例が多い。
：『**洛中洛外図屛風**』らくちゅうらくがいずびょうぶ ⑤ 京都内外
の名所や市民生活を描いた屛風図。室町末
期からいくつかあるが、1574年、信長が上
杉謙信に贈った狩野永徳作が著名。
：『**職人尽図屛風**』しょくにんづくしずびょうぶ ② 諸種の職人
の活動状態を描く風俗画。狩野派の作が多
い。特に川越喜多院きたいんの狩野吉信作は有名。

狩野吉信かのうよしのぶ ①
：『**豊国祭礼図屛風**』ほうこくさいれいずびょうぶ ① 京都豊国
神社の秀吉七回忌(1604年8月)の祭礼を描
いた六曲屛風。狩野内膳の筆。

狩野内膳かのうないぜん ① **祭礼図**さいれいず ①
：『**花下遊楽図屛風**』かかゆうらくずびょうぶ ① 桜花の下で
貴人と供の男女が遊楽する六曲二双屛風で、
桃山風俗をよく示す。狩野永徳の末弟長信
の筆。 **狩野長信**かのうながのぶ ①
：『**高雄観楓図屛風**』たかおかんぷうずびょうぶ ① 京都高雄の
秋に遊ぶ人々を描いた屛風。狩野派の初期
的風俗画として有名。筆者は狩野元信の2
男秀頼。 **狩野秀頼**かのうひでより ①

岩佐又兵衛いわさまたべえ ①1578～1650 絵師。独
特の躍動感のある作品を残し、浮世絵の祖
ともされている。

南蛮屛風なんばんびょうぶ ⑦ 南蛮人との交易や南蛮人の
風俗を題材とした風俗画屛風。現存約60双ある。
狩野派の画
家が多く描く。
『**南蛮人渡来図**』なんばんじんとらいず

小袖こそで → p.66

肩衣かたぎぬ・**袴**はかま ① 肩衣は素襖すおうの袖を取り、
動作の便を図ったもので、袴と共に着けた。
桃山時代以後は略礼服となる。元来、小袖
の補助衣としての袖なしの胴衣より発達し
た。江戸時代には上下(裃)と呼ばれた。

裃かみしも
打掛うちかけ ① 小袖を着て帯を締めた上に打ち掛
けて着る女性の最上衣、礼服。

肩衣・袴

打掛

辻ヶ花染つじがはなぞめ ① 室町末期～江戸初期に流行
した模様染。模様の輪郭を糸で縫い絞り、
その部分を竹皮と油紙で包んで堅く縛って
染色した絞り染。

土蔵造どぞうづくり ② 家屋の外周を土や漆喰しっくいで塗
り込める様式を塗屋造というが、塗屋様式
で倉庫をつくる形式。防火上、特に享保以
後に江戸で発達した。瓦屋根は、安土・桃
山時代から都市部の一般家屋にも普及。

瓦屋根かわらやね ⑤

〉〉〉〉 **芸能の新展開** 〈〈〈〈

町衆ちょうしゅう → p.138
千利休せんのりきゅう(**宗易**そうえき) ①1522～91 茶道の
大成者。堺の豪商出身。草庵茶室と侘茶を
完成した。信長・秀吉に仕えたが、大徳寺
山門上に自分の木像をおいたかどで秀吉の
怒りに触れ、自刃じじんを命じられた。
：**妙喜庵待庵**みょうきあんたいあん ⑥ 利休造作の草庵風
茶室。1582年頃。単層切妻の簡素な2畳の
茶室で、侘茶の精神を凝集する。妙喜庵は
京都府大山崎町の臨済禅院。

北野大茶湯きたののおおちゃのゆ ③ 1587年、秀吉が京都北
野神社で行った茶会。身分や貧富の別なく、
自由に参集を求めた。秀吉・千利休・津田
宗及・今井宗久の茶席が設けられた。

侘(び)茶わびちゃ → p.128
茶道ちゃどう(さ) → p.128
津田宗及つだそうぎゅう ② ？～1591 堺の豪商・茶人。
その財力と茶の湯で信長・秀吉に仕え、千
利休・今井宗久と共に三宗匠さんそうしょうと称さ
れた。

今井宗久いまいそうきゅう ②1520～93 堺の豪商・茶人。
武野紹鴎じょうおうに茶を学び、津田宗及や千利
休と共に信長・秀吉に仕えた。

織田有楽斎おだうらくさい ②1547～1621 信長の弟。
如庵が号で、この名をつけた茶室もある。
茶道専念の生涯を送る。大坂の陣で調停に
努めたが、のち隠棲。徳川氏より江戸に屋

敷をもらう。東京の有楽町の名は彼に由来する。　　　　　　　　　　**如庵** ①

古田織部 ① 1544？〜1615　大名で茶人。信長・秀吉に仕え、千利休の高弟。武家的茶道を成立させた。大坂の陣で、末子が大坂方であったため自刃させられた。

黄金の茶室 ② 秀吉がつくった３畳の茶室で、金や金箔をふんだんに用いていた。組み立て式で運搬が可能であったと考えられている。

出雲お国(阿国) ⑦ 生没年不詳。出雲大社の巫女で、大社修造勧進のために各地を興行したと伝えられる。阿国歌舞伎を始めた。

：阿国歌舞伎 ⑤ 阿国が始めたかぶき踊り。かぶきとは異様な風体をした傾奇者の踊りの意で、能狂言や当時流行の念仏踊りを取り入れた。女性が男装して茶屋女と戯れるなどの簡単な筋で、女歌舞伎に発展。

かぶき踊り ⑥
『国女歌舞伎絵詞』 ④
『阿国歌舞伎図』 ①
『歌舞伎図屏風』 ①

かぶき(傾奇)者 → p.168

女歌舞伎 → p.179

隆達節(小歌) ③ 堺の商人高三隆達(1527〜1611)が節づけした小歌。『閑吟集』と重複する歌もあるが、当時流行の恋歌や自作も含む。　　　　**高三隆達** ③

浄瑠璃節 ④ 語り物の一つ。室町中期の語り物『浄瑠璃姫物語』に始まり、桃山期に三味線を伴奏に取り入れ、人形操りと結合して発展。

三味線 ⑥ 中国の元代につくられた三絃(三線)が、琉球から1560年頃に伝来。日本では猫皮を利用し、日本特有の三味線となる。　　　　　　　**三絃(三線)** ④

人形浄瑠璃 → p.179

国際的な文化の交流

南蛮文化 ⑦ 南蛮人の伝えた南欧文化。主にポルトガル系・キリスト教的文化。煙草(たばこ)などの生活文化をはじめ、思想・学問から天文・地理・医学・美術・出版などに及ぶ。地球儀も伝来したが、鎖国により多くは衰退した。

煙草(たばこ) ⑥　**地球儀** ①

ヴァリニャーニ(バリニャーノ) A. Valignani ⑥ 1539〜1606　イタリア人。イエズス会の巡察師として1579年に来日。セミ

ナリオやコレジオを設立し、日本国内の布教区を三つに整理。天正遣欧使節を率いて1582年に長崎を出航、インドのゴアで使節を見送り、使節の帰国と一緒に90年、再び来日した。活字印刷機の輸入にも尽力した。

巡察師 ①

セミナリオ ⑥ イエズス会設立の宗教教育施設。中等教育を実施し、下級の神学校を兼ねた。ヴァリニャーニが安土・有馬などに設置を立案。

コレジオ ⑥ イエズス会が設置した大学。聖職者養成と一般教養を授ける課程とがある。豊後府内に創設され、迫害のため天草・長崎と移転し、出版も行う。

天正遣欧使節 ⑦ ヴァリニャーニの勧めで、九州の大村・有馬らのキリシタン大名がローマ教皇グレゴリウス13世に送った少年使節。伊東マンショ・千々石ミゲルの２人が正使、中浦ジュリアン・原マルチノが副使。1582年に出発し、90年に帰国。

少年使節 ②
グレゴリウス13世 ②

：伊東マンショ(祐益) ⑤ 1569？〜1612　大友宗麟の妹の孫。13歳で天正遣欧使節の正使。帰国後、秀吉に謁見し、地球儀・時計・測量儀を献上、布教に努めた。

：千々石ミゲル(清左衛門) ④ 1570？〜？　有馬晴信の従弟で大村純忠の甥。天正遣欧使節の正使。帰国後まもなく棄教した。

：中浦ジュリアン ③ 1569？〜1633 天正遣欧使節の副使。帰国後、布教に従事。のち長崎で殉教した。

：原マルチノ ③ 1568?〜1629　天正遣欧使節の副使。帰国後、イエズス会の出版事業に従事。1614年、マカオへ追放された。

活字印刷術 ⑤ 桃山時代にイエズス会の宣教師ヴァリニャーニが西欧の活字印刷機を伝えた。また、朝鮮出兵により朝鮮からも活字印刷術が日本に伝えられた。しかし、いずれも江戸時代にすたれた。

活字印刷機 ⑤

キリシタン版(天草版) ⑦ 1590年、ヴァリニャーニが活字印刷機を伝え、宗教書や辞典・文典・通俗文学・日本古典などを主にポルトガル系のローマ字体で刊行。現存するものは34点だが、100点以上刊行されたと推定される。　　**ローマ字版** ①

：『天草版平家物語』 ⑦ 1592年に天草で刊行。全文ポルトガル系ローマ字で記述されている。

：『**天草版伊曽保物語**』<ruby>天草版<rt>あまくさばん</rt></ruby><ruby>伊曽保物語<rt>いそほものがたり</rt></ruby>　② 1593年に天草で刊行されたイソップ物語。全文ポルトガル系ローマ字で記述されている。

『**日葡辞書**』<ruby>日葡<rt>にっぽ</rt></ruby>　③ 1603〜04年、長崎で刊行されたイエズス会宣教師編纂の辞書。当時の日常的日本語3万2800項目をローマ字で収録し、ポルトガル語で説明。

慶長版本<ruby>慶長版本<rt>けいちょうはんぽん</rt></ruby>（**慶長勅版**<ruby>勅版<rt>ちょくはん</rt></ruby>）　② 文禄の役の際、朝鮮から伝えられた印刷法と木活字を用いて、後陽成<ruby>成<rt>ぜい</rt></ruby>天皇の勅命で慶長年間に開版された最初の活字本。銅活字も伝えられたが、重版の必要が生じると多くの活字を必要とする活字印刷より木版の方が経済的で、活字印刷は行われなくなった。

木活字<ruby>木活字<rt>もっかつじ</rt></ruby>①　**金属活字**<ruby>金属活字<rt>きんぞくかつじ</rt></ruby>①

木版印刷<ruby>木版印刷<rt>もくはんいんさつ</rt></ruby>①

南蛮系の主な外来語

▶衣

ジュバン(襦袢)、カッパ(合羽)、メリヤス(莫大小)、ボタン(釦)、ラシャ(羅紗)、ビロード(天鵞絨)

▶食

パン(麵麭)、テンプラ(天麩羅)、バッテラ(鯖鮨)、カボチャ(南瓜)、カステラ、コンペイトウ(金平糖)、カルメラ(軽石糖)、タバコ(煙草)

▶宗教

キリシタン(切支丹)、バテレン(伴天連)、デウス

▶その他

カルタ(加留多)、シャボン、ビードロ、カナリヤ(金糸雀)、カピタン(加比丹)

幕藩体制の成立と展開

1 幕藩体制の成立

江戸幕府の成立

江戸幕府ごうふ ⑦ 徳川家康開創から15代慶喜までの265年間（1603〜1867年）の幕府。幕藩体制を確立し、鎖国により封建的体制の維持を図るが、18世紀後半から動揺が目立つ。

徳川家康とくがわいえやす ⑦ 1542〜1616 江戸幕府初代将軍（在職1603〜05）。岡崎城主の長子で、元服後に松平元康、のち徳川と改姓。幕府を創設。駿府に引退後も大御所として実権を掌握。死後、久能山くのうざんに葬られ、翌年日光に改葬。東照大権現とうしょうだいごんげんとしてまつられる。
岡崎城主おかざきじょうしゅ ①
松平元康まつだいらもとやす ② **駿府**すんぷ ④
大御所おおごしょ ⑦

関ヶ原の戦いせきがはら ⑦ 1600年、豊臣政権の前途を憂えた石田三成ら西軍が、徳川家康の東軍と戦って敗北した戦い。徳川の覇権が確立。天下分け目の戦いと称される。
東軍とうぐん・**西軍**せいぐん ④
天下分け目の戦いてんかわけめのたたかい ①

石田三成いしだみつなり ⑦ 1560〜1600 近江に生まれ、秀吉に仕えた部将。五奉行の一人で内政面に練達した文吏派ぶんりはの一人。関ヶ原の戦いで敗れて処刑される。

小西行長こにしゆきなが ⑥ 1558〜1600 秀吉の部将。堺の豪商小西隆佐の子で、南肥後の領主。朝鮮出兵に活躍。関ヶ原の戦いに敗れて刑死した。キリシタン大名としても有名。

島津義弘しまづよしひろ ① 1535〜1619 1587年、兄義久の秀吉臣従後に家を継ぎ、朝鮮出兵で活躍。関ヶ原の戦いでは西軍に加わり、最後まで勇戦。敗北後は子の家久に家督を譲ったが本領は安堵あんどされる。

福島正則ふくしままさのり ③ 1561〜1624 秀吉の部将。賤ヶ岳しずがたけの戦い以来、諸戦役で武功をあげた武断派の一人。関ヶ原の戦いでは東軍に属し、安芸・備後を領有したが、のち広島城無断修築のかどで領地を没収された。
広島城ひろしまじょう ①

黒田長政くろだながまさ ② 1568〜1623 孝高たかの子。関ヶ原の戦い後、筑前福岡52万石を領した。父の死後、キリスト教を棄教。

加藤清正かとうきよまさ ⑥ 1562〜1611 秀吉子飼いの部将で朝鮮出兵に活躍。関ヶ原の戦いでは領地肥後に留まる。秀頼の安泰を図ったが急死。大坂城・熊本城の築城でも有名。

江戸時代えどじだい ⑦ 1600年、関ヶ原の戦い以後、1867年の大政奉還まで、徳川氏が江戸にあって全国を支配した約270年間をいう。江戸幕府の時代の意味で、1603年の家康の将軍就任に始まるとの考えもある。

豊臣秀頼とよとみひでより ⑦ 1593〜1615 秀吉の第2子。母は淀君よどぎみ。関ヶ原の戦い後、摂津・河内・和泉60万石の大名に減封となり、大坂の陣で自殺した。

徳川秀忠とくがわひでただ ⑦ 1579〜1632 家康の3男で2代将軍（在職1605〜23）。武家諸法度・禁中並公家諸法度などを定め、幕政確立に努める。

方広寺鐘銘問題ほうこうじしょうめいもんだい ② 方広寺は秀吉の創建。本尊木像大仏は、刀狩の口実となった。地震で焼亡後、秀頼が再建。奉納した釣鐘の銘文「国家安康」「君臣豊楽」を口実に大坂の役が起こった。 **方広寺**ほうこうじ ⑤

大坂の役（陣）おおさかのえき（じん） ⑥ 豊臣氏が滅んだ戦役。方広寺鐘銘問題で、1614年、冬の陣が起こり、和議を結んだがすぐに破れ、翌15年、夏の陣で淀君と秀頼の母子が自殺して終わる。
大坂冬の陣おおさかふゆのじん ⑦
大坂夏の陣おおさかなつのじん ⑦

元和偃武げんなえんぶ ① 大坂夏の陣（元和元年）で、戦国以来の戦乱が終わり、平和になったこと。偃武は武器を伏せ収めるの意。

幕藩体制

幕藩体制ばくはんたいせい ⑦ 江戸時代の社会体制。幕府・諸藩が本百姓を基盤にして封建的支配を行い、厳格な身分制度や鎖国体制の上に統制の厳しい支配体制を維持した。

一国一城令いっこくいちじょうれい ⑦ 1615（元和元）年、江戸幕府が諸大名統制のために出した法令。諸大名の居城以外の城は、すべて破却（城割）させた。元和の一国一城令ともいう。

城割_{じょう}②

武家諸法度(元和令)_{ぶけしょはっと}(げんなれい) ⑦ 江戸幕府の大名に対する根本法典。1615年、秀忠の元和令をはじめとし、家光の寛永令で参勤交代が整備された。城郭修築禁止などの政治規制・治安規定・儀礼規定を含み、違反者は厳罰に処せられた。将軍代替わりごとに発した。

武家諸法度(元和令)_{ぶけしょはっと}(げんなれい) ⑦

武家諸法度(寛永令)_{ぶけしょはっと}(かんえいれい) ⑦

諸士法度_{しょしはっと} ① 将軍の直参である家臣である旗本・御家人を統制するための基本法令。1632年に発布され、35年に整備された。

金地院崇伝_{こんちいんすうでん} ② 1569〜1633 臨済僧。以心崇伝ともいう。世に黒衣の宰相と呼ばれ、家康の政治・外交顧問。外交文書を作成し、武家諸法度の起草、キリスト教の禁教、大坂の役、紫衣事件などに活躍した。

知行(知行地)_{ちぎょう}(ちぎょうち) ⑥ 主君から家臣に給与として与えた領地に対する一定の支配権。知行地を支給された者が知行取で、蔵米取に対比して用いられる。 **知行主**_{ちぎょうしゅ} ①

：領知_{りょうち} ② 領地を支配することで、知行とほぼ同じ意味。幕府は、大名や寺社の領知を認める際に、領知朱印状を発給した。領知宛行状とも呼ばれるが、宛行とは家臣に領地を恩給する意味。

領知宛行状_{りょうちあてがいじょう} ③

大名_{だいみょう} ⑦ 石高1万石以上の領地を与えられた者で、将軍直属の武家。将軍との親疎の関係や江戸城中の座席・家格によって分類される。江戸中期以降、ほぼ260〜270家。律令の一国規模の領地を持つ大名は、国持大名と呼ばれた。 **国持大名**_{くにもちだいみょう} ③

親藩_{しんぱん} ⑥ 徳川氏一門の大名。三家・三卿、越前・会津の2松平家をはじめとし、これに準ずるものを含めて幕末に約20家を数えた。

：三家_{さんけ} ⑥ 親藩中の最高位。家康の子義直_{よしなお}が尾張、頼宣_{よりのぶ}が紀伊、頼房_{よりふさ}が水戸に配置された。将軍後嗣を出した。

尾張家_{おわりけ}・**紀伊家**_{きいけ}・**水戸家**_{みとけ} ⑤

譜代(大名)_{ふだい}(だいみょう) ⑦ 譜代とは、世襲的に主人に仕える者をいう。江戸初期には譜代衆ともいい、三河以来の家臣や武田・北条の遺臣で家康に仕えた者で、大名に取り立てられた者。石高は少ないが要職につく。最高は彦根藩(井伊氏)の35万石。幕末に約150家。

：奏者番_{そうじゃばん} ① 幕府内で諸事を披露する役職。有力譜代大名は、奏者番から寺社奉

行兼務となり、順次昇進した。

外様(大名)_{とざま}(だいみょう) ⑦ 関ヶ原の戦い前後に徳川氏に臣従した大名をいう。石高は大きいが、要職につけず辺境に配置された。最大の加賀藩(前田氏)は102万石。幕末に約100家を数えた。

改易_{かいえき} ⑥ 領地を没収(除封_{じょほう})し、その家を断絶させる処分のこと。大名統制のため、江戸初期に多い。処分が重い時は切腹、軽い時には減封・転封(国替)があった。

切腹_{せっぷく} ⑦ **減封**_{げんぽう} ⑥

転封_{てんぽう}**(国替)**_{くにがえ} ⑥

徳川家光_{とくがわいえみつ} ⑦ 1604〜51 秀忠の2男で3代将軍(在職1623〜51)。法制・職制・兵制・参勤制などの幕藩体制をほぼ完備させ、キリシタンを禁圧した。

加藤氏_{かとうし} ① 肥後熊本城主加藤忠広_{ただひろ}(1601〜53)は、加藤清正の3男。1632年に改易となるが、原因は不詳。幕府の豊臣系大名の一掃政策によるとも考えられている。

軍役_{ぐんやく} ⑦ 主君に対して負う軍事的役負担。石高に応じて人馬武器類を保持した。1649年の幕府の規定では、10万石で家臣2155人。また土木工事などのお手伝普請や参勤交代なども軍役とされた。

江戸城_{えどじょう} ⑦ 1457年、太田道灌_{どうかん}が築城、のち北条氏の支城。1590年に徳川氏が入城して改築し、家光の代までに拡大・完成。天守は明暦の大火で焼失。現、皇居。

『江戸図屏風』_{えどずびょうぶ} ⑤

利根川東遷事業_{とねがわとうせんじぎょう} ② 利根川の流れを東に移し、河口を銚子に変える事業。家康の関東移封後から取り組まれ、利根川の氾濫防止と水上交通の整備が進んだ。

お手伝い(普請)_{おてつだい}(ふしん) ④ 幕府が諸大名に課した土木事業の普請役。城郭・河川工事などのお手伝普請で、大名の財政難の一因となった。 **普請役**_{ふしんやく} ①

参勤交代_{さんきんこうたい} ⑦ 江戸幕府の大名統制策の一つ。1635年に制度化、幕末まで続く。大名は江戸(在府)と国元(在国)1年交代を原則とし、妻子は江戸住みを強制される。華美な大名行列や江戸の藩邸(大名屋敷)の経費は、大名の財政窮乏の原因となるが、江戸や宿駅の繁栄をもたらした。 **在府**_{ざいふ} ①

国元(許)_{くにもと} ⑥ **大名行列**_{だいみょうぎょうれつ} ③

藩邸_{はんてい} ④ **大名屋敷**_{だいみょうやしき} ⑥

江戸屋敷_{えどやしき} ②

上屋敷_{かみやしき}・**中屋敷**_{なかやしき}・**下屋敷**_{しもやしき} ②

：留守居_{るすい}**《大名》** ① 大名の江戸藩邸に常駐する役職で、主に幕府や他藩との連絡や

交渉を担当した。

人質〔ひとじち〕④ 服従したり同盟したりする際、肉親を相手に預け、異心のないことを示すこと。戦国時代に盛んで、江戸時代にも大名が江戸に妻子をおくのとは別に、家臣の子弟を人質（証人ともいう）として、江戸城内の証人屋敷に預けることが行われた。1665年に廃止。

幕府と藩の機構

幕領〔ばくりょう〕⑤ 江戸幕府の直轄領を指す。天領とも呼ばれる。正式には御料（御領）といった。幕府の大名改易〔かいえき〕などで増加し、元禄年間に約400万石となった。その中心は関八州〔かんはっしゅう〕の約100万石。預地（預所）として、大名や旗本に支配を預けた幕領もあった。
天領〔てんりょう〕② **預地**〔あずかりち〕・**預所**〔あずかりしょ〕①

旗本〔はたもと〕⑦ 将軍直属の家臣で、御目見得を許される1万石未満の者。知行取〔ちぎょうとり〕・蔵米取〔くらまいとり〕の両様がある。享保年間で約5000人。旗本・御家人とその家来〔けらい〕をあわせて、俗に旗本八万騎と呼ばれた。

：御目見得〔おめみえ〕⑤ 主君に謁見すること。将軍に拝謁できる者を御目見得以上、できない者を御目見得以下といい、地位・格式を表わす語となった。
御目見得以上〔おめみえいじょう〕②
御目見得以下〔おめみえいか〕②

：旗本知行地〔はたもとちぎょうち〕⑥ 旗本に与えられた領地。江戸近辺や東海地方に多い。次第に扶持米制に切り替えられた。合計約300万石。
旗本領〔はたもとりょう〕②

：扶持〔米〕〔ふち〔まい〕〕② 主君から家臣に給与した俸禄で、下級の旗本・御家人は扶持米給与。1日5合の玄米〔げんまい〕給与が一人扶持。

御家人〔ごけにん〕⑦ 将軍直属の家臣で、旗本の下位。御目見得はできず、ほとんどが蔵米取。享保年間に約1万7000人。

老中〔ろうじゅう〕⑦ 幕府の政務を統轄する常置の最高職。初め年寄という。4～5名。2万5000石以上の譜代大名から選任。月番で、町奉行・勘定奉行・大目付などを統轄した。
年寄〔としより〕①

大老〔たいろう〕⑦ 幕府最高の職。常置ではなく、非常の時に老中の上位におく。酒井・土井・井伊・堀田の10万石以上の譜代大名より選任される。

若年寄〔わかどしより〕⑦ 老中補佐の職。3～5名で譜代大名から選任。月番で目付を支配し、旗本・御家人の監察を主要な任務とした。

大目付〔おおめつけ〕⑦ 幕政監察の職。旗本より選任、

4～5名。老中の下で大名監察にあたる。殿中礼法・宗門改めなどにも関与し、道中奉行を兼務する。

目付〔めつけ〕⑦ 若年寄に従い、旗本・御家人の監察にあたる。初め10名、のち増員。江戸城巡察・消防などの任にもあたる。

三奉行〔さんぶぎょう〕⑤ 江戸幕府の寺社奉行・勘定奉行・町奉行の三職を総称したもの。なお、それ以外の奉行職として、主に建築を担当する作事奉行や、土木工事を担当する普請奉行などもあった。
作事奉行〔さくじぶぎょう〕①
普請奉行〔ふしんぶぎょう〕①

：寺社奉行〔じしゃぶぎょう〕⑦ 三奉行中最高の格式を持つ。将軍直属で譜代大名より選任。4～5名。寺社・寺社領の管理や宗教統制、関八州外の訴訟受理などを扱う。

：町奉行〔まちぶぎょう〕《江戸》① 旗本より選任。2名。南北両奉行が月番で執務する。江戸府内の行政・司法・警察を管轄。与力〔より〕・同心〔どうしん〕を従え、町名主〔ちょうなぬし〕を監督。

：勘定奉行〔かんじょうぶぎょう〕⑦ 旗本より選任。初め勘定頭と呼ぶ。4～5名。幕領の租税徴収や訴訟を担当。享保年間に公事方〔くじかた〕（全国の幕領と関八州の私領の訴訟）と勝手方〔かってかた〕（租税出納・財政）に分れる。勘定組頭は、事務全般を遂行した。
勘定組頭〔かんじょうくみがしら〕③

月番〔つきばん〕〔交代〕② 幕府が用いた1カ月交代の勤務制度。中央職制が完備した1635年からは老中以下も月番となる。

評定所〔ひょうじょうしょ〕⑤ 幕府の最高司法機関。三奉行が独自で決裁できない重大事や管轄のまたがる訴訟などを扱う。三奉行・大目付らの合議で決し、毎月3度の式日（定例寄合日）には老中も出席した。

京都所司代〔きょうとしょしだい〕⑦ 朝廷の監察、京都町奉行などの統轄、畿内周辺8カ国の幕領の訴訟、西国大名の監視などにあたる。老中につぐ要職。室町幕府侍所の所司代に由来し、1600年に設置。
西国大名〔さいごくだいみょう〕⑦

城代〔じょうだい〕⑥ 将軍に代わり城を預かる職。大名も江戸在府の時、城代家老をおいた。幕府は駿府・二条（京都）・大坂・伏見城に設置。
駿府〔すんぷ〕**城代**⑤ **二条**〔にじょう〕**城代**④
大坂〔おおさか〕**城代**④

：二条定番〔にじょうじょうばん〕② 京都所司代の支配下で、二条城の城門の警衛をする職。

町奉行〔まちぶぎょう〕《遠国》⑥ 遠国奉行として要地の町におき、民政を管理した。単に町奉行という時は、江戸の町奉行の意。ほかは京都・大坂・駿府などの地名を冠して呼んだ。
京都〔きょうと〕**町奉行**⑥

大坂《おおさか》町奉行⑥
駿府《すんぷ》町奉行④
伏見《ふしみ》町奉行①
遠国奉行《おんごくぶぎょう》⑥ 江戸を離れた幕府の重要直轄地におかれた奉行の総称。江戸在勤の三奉行などと対比して呼ばれた。各地の町奉行をも含む。下記のほか、兵庫・箱館などにもあった。
伏見《ふしみ》奉行⑤
長崎《ながさき》奉行⑦　奈良《なら》奉行④
山田《やまだ》奉行③　日光《にっこう》奉行⑥
堺《さかい》奉行④　下田《しもだ》奉行①
新潟《にいがた》奉行①　佐渡《さど》奉行⑤

郡代《ぐんだい》⑦ 幕領の民政を行う代官のうち、10万石以上の広域を担当する者。関東郡代・美濃郡代・飛騨郡代・西国筋郡代がある。
関東《かんとう》郡代②　美濃《みの》の郡代②
飛騨《ひだ》の郡代③

代官《だいかん》《幕領》⑦ 幕領の農村支配を担当する地方官。職務は耕地調査・年貢徴収などの民政面(地方方《じかたかた》)と訴訟面(公事方《くじかた》)があり、勘定奉行支配下で40〜50人。世襲代官もいた。なお、代官所は陣屋とも呼ばれていた。
陣屋《じんや》②

側衆《そばしゅう》① 将軍と幕閣との取次ぎなどを主な職務とする旗本の役職。

甲府勤番支配《こうふきんばんしはい》① 1729年、甲斐国が幕領となった際、甲府城の警備や政務を担当するために設置。

番方《ばんかた》① 幕府の軍事部門を担当する役職。下記はいずれも旗本の隊。御家人の隊もある。　大番頭《おおばんがしら》②　大番組頭《おおばんくみがしら》①
書院番頭《しょいんばんがしら》②
書院番組頭《しょいんばんくみがしら》①
小姓組番頭《こしょうぐみばんがしら》②
小姓組番組頭《こしょうぐみばんくみがしら》①

与力《よりき》⑦ 奉行・所司代などの幕府の要職に配属された下級役人。その配下が同心《どうしん》。町奉行配下のものが有名。

：火付盗賊改《ひつけとうぞくあらため》① 江戸の治安を守る与力・同心の数はわずかであったため、放火や盗賊を取り締まるためにおかれた役人。

藩《はん》⑦ 江戸時代の大名領地やその支配機構を指す。中国古代封建諸侯が王室の藩屛《はんぺい》であったところから出た言葉。大名は藩主、家臣は藩士という。
藩主《はんしゅ》⑦
藩士《はんし》⑥　藩領《はんりょう》②　大名領《だいみょうりょう》③
：家中《かちゅう》① 大名領を支配する組織や大名に仕える藩士。
：地方知行制《じかたちぎょうせい》⑤ 地方は町方に対して農村(村方)の土地を指していう言葉で、家臣に禄高にあたる一定の領知を分け与え

る制度をいう。17世紀にはほとんど俸禄制に移行した。

家老《かろう》⑤ 大名の重臣で藩政を総轄。2〜3名。国元と江戸詰《づめ》がある。国元の家老を国家老・城代家老という。由緒が古く家格の高い特定の家の世襲・交代が多い。

郡奉行《こおりぶぎょう》③ 家老の下で代官や手代を使って農政を行う役人。家老の下には勘定奉行・町奉行・代官などもおかれた。
代官《だいかん》《藩》①　勘定奉行《かんじょうぶぎょう》《藩》①
町奉行《まちぶぎょう》《藩》②

俸禄〔制度〕《ほうろく》⑦ 知行地を持たない武士に俸禄(俸禄米・禄米・蔵米・切米)を支給する制度。禄米を支給される者を蔵米取といった。蔵米取の旗本・御家人は春・夏・冬の3季に分けて切米が支給された。下級の武士は給金(銀)を支給された。
俸禄米《ほうろくまい》(禄米《ろくまい》)③　切米《きりまい》①
禄高《ろくだか》①　俸禄知行制《ほうろくちぎょうせい》①
蔵米取《くらまいどり》①　給金《きゅうきん》①

〰〰〰〰〰〰 **天皇と朝廷** 〰〰〰〰〰〰

後水尾《ごみずのお》天皇(上皇)⑦ 1596〜1680　在位1611〜29。後陽成天皇の第3皇子。秀忠の娘和子を中宮とした。禁中並公家諸法度により干渉する幕府に反発、皇女明正天皇(1623〜96。在位1629〜43)に譲位。以後、4代にわたり院政。学問・詩歌に優れ、洛北《らくほく》に修学院《しゅうがくいん》離宮を造営した。

公家衆法度《くげしゅうはっと》② 1613年制定。5カ条よりなり、公家の職務などを規定し、2年後の禁中並公家諸法度の先駆となった。公家衆には以下のものがある。　公家領《くげりょう》③
：土御門家《つちみかどけ》③ 安倍氏。陰陽《おんみょう》道を業とし、全国の陰陽師支配を認められた。
：飛鳥井家《あすかいけ》① 蹴鞠《けまり》の師範家。
：禁裏小番《きんりこばん》① 公家衆に課された宮中を警固する任務。

禁中並公家諸法度《きんちゅうならびにくげしょはっと》⑦ 1615年に幕府が出した朝廷・公家の統制法。17条。金地院崇伝《こんちいんすうでん》が起草。天皇の学問専念や公家の席次、官位・紫衣・上人号《しょうにんごう》の授与などを規定。また大名や寺社への接近を警戒した。　紫衣《しえ》⑤
：二条昭実《にじょうあきざね》① 1556〜1619　後水尾天皇により関白に再任され、禁中並公家諸法度の制定にも関与した。

武家伝奏《ぶけてんそう》⑤ 朝幕間の事務連絡にあたる公家。2名。京都所司代・老中と連携して、関白や三公を通じて朝廷・公家に対し大き

第9章

な影響力を持った。

禁裏御料（きんり ごりょう）④ 天皇家の領地。1601年に家康が整理して約1万石、のち秀忠が1万石、1705年に綱吉が約1万石を献じて、計約3万石となった。

徳川和子（とくがわまさこ）（**東福門院**（とうふくもんいん））⑤ 1607〜78　後水尾天皇の中宮。秀忠の第8女。1620年、天皇の女御にょうごとなり、明正天皇（興子内親王）を生む。1624年中宮。東福門院と号す。

紫衣事件（しえじけん）④ 後水尾天皇が幕府に諮らずに与えた紫衣を、1627年に幕府が取り上げた事件。紫衣は高僧に与えられる紫色の袈裟けさ・法衣。反抗した沢庵は1629年に流罪。後水尾天皇は明正天皇に譲位した。

明正（めいしょう）**天皇**（興子（おきこ）**内親王**）⑥
紫衣の寺（しえのてら）②

沢庵宗彭（たくあんそうほう）③ 1573〜1645　大徳寺住持。紫衣事件で出羽に配流。赦免後、家光の帰依きえを受け、品川東海寺を開く。

後桜町（ごさくらまち）**天皇**③ 1740〜1813　在位1762〜70年。桃園天皇の急死後に即位した江戸時代では2人目の女性天皇で、最後の女性天皇。

桃園（ももぞの）**天皇**①

禁教と寺社

禁教令（きんきょうれい）（**キリスト教禁止令**（きょうしれい））⑦ 1612年秀忠の時、幕領及び直轄家臣にキリシタン信仰を禁じ、翌年に全国へ及ぼした法令。1614年にはキリシタンの国外追放を実施。家光はさらに禁教を強化。

高山右近（たかやまうこん）⑤ 1552〜1615　キリシタン大名。高槻城主、のち明石あかし城主。1587年、秀吉によりその地位を追われ、前田利家に身を寄せる。1614年の禁教令によりマニラに追放、その地で病死した。

元和大殉教（げんなだいじゅんきょう）⑤ 1622（元和8）年の長崎立山たてやまにおける殉教。55人の宣教師・信者らが火刑、斬首となった。

潜伏（せんぷく）（**隠れ**（かくれ））**キリシタン**⑥ 江戸時代、禁教にもかかわらず表面的には棄教を装い、マリア観音像やロザリオ（数珠じゅず）、キリストやマリアを彫ったメダイ（メダル）などにより、秘かに信仰を持続したキリシタン。各地に存在するが、長崎浦上うらかみの信徒はその例。

マリア観音像（かんのんぞう）①
メダイ（メダル）①

島原の乱（しまばらのらん）④ 1637〜38年のキリシタン農民らの一揆。天草領主寺沢氏、島原領主松倉氏らの圧政に反抗。天草四郎を大将に約

3万8000人の農民が原城跡にこもる。幕府は約12万人を動員して半年の攻囲で落城させた。島原・天草一揆とも呼ばれる。

寺沢氏（てらさわし）②　**松倉氏**（まつくらし）③
島原・天草一揆（しまばら・あまくさいっき）⑥

益田（ますだ）（**天草四郎**（あまくさしろう））**時貞**（ときさだ）⑦ 1623？〜38　小西氏の遺臣益田甚兵衛の子という。島原の乱の首領となる。原城落城の際、戦死し、梟首きょうしゅされる。

：原城跡（はらじょうあと）⑤ 島原半島突端の、もと有馬ありま氏の居城。廃城の跡に一揆勢が籠城。

松平信綱（まつだいらのぶつな）②① 1596〜1662　家光の近侍から老中となり、島原の乱鎮圧の功で川越藩主となる。由井正雪しょうせつの乱・明暦の大火後の処理などにも功がある。伊豆守いずのかみであったことから、「知恵伊豆」と称された。

鈴木正三（すずきしょうさん）① 1579〜1655　曹洞宗の禅僧。島原の乱後、キリシタンの改宗に努める。また、世俗的職業に努力することを通して仏道修行もできると説いた。

絵踏（えぶみ）⑤ キリシタン摘発のため、聖画像（踏絵）を踏ませること。1629年頃に開始され、九州北部を中心に実施された。踏絵はのちに真鍮しんちゅう製のキリストやマリア像となり、長崎奉行が管理。

踏絵（ふみえ）④

寺請制度（てらうけせいど）⑦ 寺院に一般民衆を檀家として所属させ、キリシタンでないことを証明させる制度。寺請証文を発行。

寺檀制度（じだんせいど）①

：檀家（だんか）（**檀徒**（だんと）・**檀那**（だんな））⑦ 寺請制度で家ごと一家一寺に固定されて各寺の檀家となり、所属寺院である檀那寺から葬儀や法要を受けた。檀那は、仏教用語の意味。

檀那寺（だんなでら）ⓐ

宗門改め（しゅうもんあらため）⑥ 禁教目的の信仰調査。1640年に宗門改役をおいて宗門改帳を作成し、64年から諸藩でも実施された。

宗門改帳（しゅうもんあらためちょう）（**宗旨人別帳**（しゅうしにんべつちょう））⑥ 禁教の徹底を図るため、家族ごとに宗旨と檀那寺を記載した帳簿。初め幕領だけだったが、1664年から諸藩にも命じられ、71年から毎年作成された。のち人別改とあわせて宗門人別改帳となり、戸籍の役割を果たす。

：人別改め（にんべつあらため）④ 人口調査のこと。町村単位が多く、1671年以降は宗門改と同時に実施。全国的人別改は、1726年以降、6年ごとに実施される。

人別帳（にんべつちょう）②

日蓮宗不受不施派（にちれんしゅうふじゅふせは）④ 法華を信じない者の施しを受けず、また施しをせずとする日蓮宗の一派。祖師日奥は、家康に教義を改めるよういわれても変えず、施しは

第Ⅲ部　第9章　幕藩体制の成立と展開

受ける受不施派と対立、のち江戸幕府に弾圧された。

寺請証明（てらうけしょうめい）　②　寺請制度により、檀那寺が出す身許証明書。結婚・奉公・旅行などの際に発行された。

修験道（しゅげんどう）　→ p.55

陰陽道（おんみょうどう）　→ p.67

寺院法度（じいんはっと）　⑤　寺院・僧侶統制令の総称で諸宗諸本山法度ともいう。1601〜16年に天台・真言など、主として旧仏教各宗の大寺院に下付し（中心人物は金地院崇伝）、65年、各宗共通の諸宗寺院法度を出す。

諸宗寺院法度（しょしゅうじいんはっと）　④

寺社領（じしゃりょう）　⑤

本山・末寺（ほんざん・まつじ）　⑤　本山という宗派の中心寺院と、その統制下の一般寺院のこと。幕府は寺院間に本末関係をつくらせて統制した。なお、各地で一揆を起こして抵抗した一向宗（浄土真宗）の本山である本願寺は、東西の二つに分け、その勢力を弱めた。

本末制度（ほんまつせいど）　⑤

東本願寺・西本願寺（ひがしほんがんじ・にしほんがんじ）　①

門跡寺院（もんぜきじいん）　②　皇族や身分の高い貴族などが出家して居住する寺院。家康は、門跡を宮門跡（親王）・摂家門跡（摂関家）・准門跡に分けて統制した。その上に、領地（門跡領）もわずかであった。　**門跡領**（もんぜきりょう）　①

隠元隆琦（いんげんりゅうき）　④　1592〜1673　黄檗宗の開祖。明の福州の人。1654年に来日。黄檗山万福寺に住し、長崎の興福寺・崇福寺に入り、のち宇治に万福寺を開く。

黄檗宗（おうばくしゅう）　④　隠元が開いた禅宗の一派。宗風は臨済宗に近いが、明の念仏禅の影響が大きい。

：万福寺（まんぷくじ）　③　黄檗宗の本山。後水尾上皇より隠元が宇治の地を与えられて開創。中国様式の万福寺伽藍配置で有名。

諸社禰宜神主法度（しょしゃねぎかんぬしはっと）　⑤　神社神職の統制法令で、1665年に寺院法度と共に発令された。位階・神事・神領・修理などの規定で、従来の白川・吉田家のうち、吉田家の支配が強まる。

吉田家（よしだけ）　②　唯一神道の宗家で神祇道をつかさどる。江戸時代には神職に関する多くの免状発行権を認められ、白川家と共に神職の統制にも貢献した。　**神祇道**（じんぎどう）　①

白川家（しらかわけ）　①

聖護院門跡（しょうごいんもんぜき）　③　本山として、天台系（本山派）の修験者を支配した。

本山派（ほんざんは）　②

醍醐寺三宝院門跡（だいごじさんぼういんもんぜき）　③　本山として、真言（しんごん）系（当山派）の修験者を支配した。

当山派（とうざんは）　②

江戸時代初期の外交

オランダ　⑦　中世以来、都市が発達したオランダは、早くから新教（プロテスタント）信奉者が多かった。オランダを支配する旧教（カトリック）国スペインは重税を課し、宗教的弾圧を続けたため、1581年、オランダは独立を宣言。海外貿易に乗り出し、1602年に東インド会社を設立し、アジアへ進出した。鎖国体制下でも対日貿易を継続した。

イギリス　⑦　1534年、イギリス国教会をつくってローマ教皇からの拘束を脱した。1588年、スペインの無敵艦隊を破って世界の海に飛躍する足掛りとした。1600年、東インド会社を設立してアジアに積極的に進出するが、東アジアでのオランダとの抗争に敗れ、対日貿易からも撤退。インドなどアジア西方に主力を注ぐこととなった。

東インド会社（ひがしインドがいしゃ）　⑥　西欧諸国の東洋経営の特許会社。イギリスは1600〜1858年、オランダは1602〜1799年、フランスは1604〜1769年の経営。貿易・統治の大幅な権限を持ち、植民地開発の中心となる。

リーフデ号（リーフデごう）　⑥　1600年、豊後臼杵（うすき）に漂着したオランダ船。ロッテルダムの東方貿易会社の探検船5隻のうちの一つ。

ヤン＝ヨーステン（耶揚子）（やようす）　⑤　1556？〜1623　オランダ人。リーフデ号の航海士。家康に用いられ朱印船貿易に従事、江戸に屋敷を与えられ（現、東京都八重洲（やえす））、平戸のオランダ商館開設に尽力。

ウィリアム＝アダムズ（三浦按針）（みうらあんじん）　William Adams　⑤　1564〜1620　イギリス人。リーフデ号の水先案内人。家康の外交顧問となり、三浦半島に領地、日本橋に屋敷を与えられる。朱印船貿易に従事し、平戸のイギリス商館設立に尽力。平戸で死去した。

紅毛人（こうもうじん）　③　オランダ人・イギリス人の異称。髪や髭（ひげ）が赤いところからこう呼ばれ、南蛮人と呼ばれたポルトガル・スペイン人に対しての呼称となった。

平戸商館（ひらどしょうかん）　⑦　肥前の平戸島に開設した商館。オランダ商館は1609年、イギリス商館は13年の開設。イギリス商館は1623年に閉鎖、オランダ商館は41年に長崎出島に移り、以後、日蘭貿易は長崎で行われた。

平戸オランダ商館（ひらどオランダしょうかん）⑥
平戸イギリス商館（ひらどイギリスしょうかん）⑤

ノビスパン　④ 現在のメキシコの地。スペインの植民地だったので Nueva España（新イスパニア）が訛った。

田中勝介（勝助）（たなかしょうすけ）　⑤ 生没年不詳。京都の商人で、1610年、前ルソン総督ドン＝ロドリゴを送ってノビスパンに渡るが、通商開拓の目的は果たせなかった。

ドン＝ロドリゴ　Don Rodrigo de Vivero ① 1564～1636　スペインのフィリピン群島の臨時総督。任を終えて1609年、メキシコ経由で帰国する途中、暴風に遭い房総半島に漂着。翌年、家康の支援で新船を建造、田中勝介と浦賀を出発。家康の意図する日本・メキシコ間の貿易斡旋には失敗した。

サン＝フェリペ号事件　→ p.147

支倉常長（はせくらつねなが）**（六右衛門長経**（ろくえもんながつね）**）** ⑥ 1571～1622　仙台藩士。伊達政宗の命で、慶長遣欧使節としてフランシスコ会宣教師ソテロとヨーロッパへ行くが、通商開始の使命を果たせず帰国。

伊達政宗（だてまさむね）　→ p.146

慶長遣欧使節（けいちょうけんおうしせつ）　⑦ 1613年、伊達政宗が支倉常長を正使としてヨーロッパに派遣した使節。ノビスパン・スペイン・イタリアへ行き、ローマ教皇に謁見。通商を求めたが失敗、1620年に帰国。

白糸（しらいと）　② 中国から輸入された生糸。これに対して国産の生糸は、和糸（わいと）と呼ばれた。

糸割符制度（いとわっぷせいど）　⑤ 1604年、ポルトガル商人の暴利をおさえるため、特定の商人に糸割符仲間をつくらせ、輸入生糸（白糸）を一括購入・販売した制度。1631年に中国、41年にオランダにも適用。

　：糸割符仲間（いとわっぷなかま）　④ 輸入生糸を一括購入して、仲間全員に分配する特権を持つ商人仲間。成員は、最初は堺・長崎・京都の三カ所商人だけだったが、1631年に江戸・大坂が加わって五カ所商人となる。

五カ所商人（ごかしょしょうにん）④
糸割符商人（いとわっぷしょうにん）①

ルソン（呂宋）　④ 現在のルソン島。1571年以来、スペイン人がマニラを根拠地に植民地化。朱印船が盛んに渡航したが、禁教により1624年に断交。

トンキン（東京）① 現在のベトナム北部で、中心地はハノイ。17世紀に鄭（てい）氏の支配。朱印船が盛んに渡航した。

ホイアン① ベトナム中央部に位置する海辺の都市。朱印船が盛んに渡航し、日本町も

形成された。

カンボジア（柬埔寨）　③ メコン川下流域におこる。9～15世紀のアンコール朝時代が最盛期。17世紀にプノンペンに朱印船が盛んに渡航した。

アンナン（安南）　③ 現在のベトナムの中国名。明（みん）の初期に黎（れい）氏が独立。17世紀に実権は鄭・阮（げん）の2氏に移る。朱印船が盛んに渡航した。

タイ（シャム）　⑤ 現在のタイ国。14世紀にメナム川流域にアユタヤ王朝が成立。17世紀に朱印船が盛んに渡航した。

朱印船（しゅいんせん）　③ 幕府から渡航許可の朱印状を受けた公認の貿易船。主に東南アジアで中国船と出会貿易を行った。南洋貿易も盛んで、秀吉に始まり家光に終わる。最重要輸入品は中国産生糸、最重要輸出品は銀。1635年まで約350隻。貿易家100か人。

朱印船貿易（しゅいんせんぼうえき）⑥

　：朱印状（しゅいんじょう）　⑦ 戦国～江戸期の支配者の朱印を押した公文書。黒印状より重要視される。領地給付・国内交通・貿易免許・渡航許可などに関して発給された。

日本町（にほんまち）　⑦ 17世紀初期、東南アジア各地に形成された日本人居住地。自治制をとり、数百～数千人が居住。アユタヤ朝のアユタヤ、ルソン島のマニラ郊外、コーチ（ベトナム）、カンボジアのプノンペン、ビルマなどに形成。

プノンペン①

山田長政（やまだながまさ）⑤ ？～1630　駿河の人。1612年頃、タイのアユタヤ朝に渡り、アユタヤ日本町の長。のちリゴール（六昆）太守となるが、政争で毒殺された。

リゴール③

　：アユタヤ④ バンコクの北約70kmにあるアユタヤ王朝所在地。東南のメナム河畔に日本町が形成され、山田長政の頃に1500人ほどが居住。

出会貿易（であいぼうえき）③ 16世紀後半～17世紀初頭の日明貿易の形態。明の海禁政策により、両国商人は台湾・ルソン・コーチなどへ出向いて貿易した。

朱印船の主な貿易品

▶輸入品

生糸、絹織物、綿織物、砂糖、鹿皮（しか）、鮫皮（さめ）、皮革、鉛、香料、薬種、蘇木（すほう）、香木、象牙（ぞう）、毛織物

▶輸出品

銀、銅、硫黄（いおう）、刀剣、鉄、樟脳（しょうのう）、工芸品

鎖国政策

鎖国 さこ ⑦ 禁教と貿易統制を目的に、日本人の海外渡航禁止と外国船来航規制を断行した政策のこと。1641年、オランダ人の出島移住で完成。1854年まで清と・オランダ2国のみに長崎貿易を許可。朝鮮と琉球王国からは使節が来日。鎖国の語は、19世紀初め、志筑忠雄がケンペルの『日本誌』の一部を「鎖国論」として抄訳したのが最初の使用例。

平戸 ひらど ⑦ 肥前の平戸島に開けた港。古くは遣唐使船も寄港。中世には松浦党まつらとうの根拠地で、特に南蛮船来航で繁栄した。松浦氏のキリシタン弾圧で南蛮船は長崎へ移るが、17世紀初めにプロテスタント系のオランダ・イギリスが商館を建設。1641年、オランダ商館が出島に移転して繁栄も終わる。また、西日本各地には、中国人らが居住する唐人町も形成された。 **唐人町** とうじんまち ③

長崎 ながさき ⑦ 鎖国政策の下で唯一の貿易港。戦国時代は肥前の大村氏領で、1570年からポルトガル船が来航。1580年に大村氏の寄進でイエズス会領となるが、秀吉は没収して直轄都市とし、江戸幕府もこれを引き継ぐ。鎖国後、幕府はオランダ人を平戸から長崎の出島に移し、中国人も唐人屋敷に集住させて貿易活動を長崎に限定した。

奉書船 ほうしょせん ⑥ 1631年、海外渡航船は朱印状のほかに老中発行の奉書(老中奉書)の所持を命じられた。これを所持する船をいう。 **老中奉書** ろうじゅうほうしょ ⑥

オランダ商館 しょう ⑦ オランダ東インド会社のバタヴィアを本店とする日本支店。1609年、平戸に建設。1641年に長崎の出島に移り、1855年までの215年間存続して、長崎貿易を行った。

：出島 でじま ⑦ 長崎港内の扇形埋立地。1634年の建設。1636年、ポルトガル人を収容。1641年にオランダ商館を移す。役人・指定商人ら以外は立入禁止となる。

鎖国令(寛永十年令) さこく かんえいじゅうねんれい ⑥ 最初の鎖国令。1633年、幕府は奉書船以外の海外渡航と海外居住5年以上の者の帰国を禁止。

鎖国令(寛永十一年令) ③ 1634年の鎖国令。寛永十年令と同じ内容。

鎖国令(寛永十二年令) ⑦ 1635年の鎖国令。日本人の海外渡航と海外居住者の帰国を全面的に禁止。このため、朱印船貿易は途絶することになった。

鎖国令(寛永十三年令) ③ 1636年の鎖国令。通商に関係のないポルトガル人の子孫を追放、バテレン訴人の褒賞金も引き上げた。

鎖国令(寛永十六年令) ⑥ 1639年、ポルトガル船(かれうた)の来航を全面的に禁止。これが最後の鎖国令となった。

ケンペル Kaempfer ⑥ 1651〜1716 ドイツ人医師・博物学者。オランダ商館医師として、1690〜92年に日本に滞在。帰国後、『日本誌』を著述。その一部を志筑忠雄が「鎖国論」の題で訳す。 **『日本誌』** にし ⑥ **「鎖国論」** さこくろん ④

志筑忠雄 しづきただお → p.203

長崎貿易

長崎貿易 ながさきぼうえき ⑦ 鎖国後、長崎を通じて行われた貿易。相手国は清・オランダ。輸入品は長崎会所で特権的な貿易商人の団体が一括購入し、入札で国内商人に売却した。 **長崎会所** ながさきかいしょ ①

オランダ商館長 しょうかん(カピタン) ⑥ 初め平戸、1641年以降は長崎にあった。オランダがバタヴィアにおいた東インド会社の日本支店長。多くは在任1年。カピタンは、毎年江戸に参府し、将軍に拝謁した。江戸では長崎屋に宿泊し、蘭学者等との交流もあった。 **江戸参府** えどさんぷ ④ **長崎屋** ながさきや ①

：バタヴィア(ヤカトラ) ③ 現在のジャカルタ。1619年にオランダが占領し、東インド総督が駐在して、東アジア経営の基地とした。鎖国政策下のオランダ船は、ここを経由して長崎に来航した。

オランダ風説書 ふうせつがき ⑥ オランダ船が入港する度に、オランダ商館長が幕府に提出した海外事情報告書。長崎奉行を通じて提出された。オランダ通詞により翻訳され、非公開が原則。1641年から1859年まで作られた。 **オランダ通詞** つうじ ⑥

清 しん ⑦ 1616〜1912 満洲人ヌルハチが建国。1636年に清と称し、明みんに代わって中国を支配した。鎖国政策下でも長崎で貿易を行う。17世紀後半から18世紀にかけて繁栄。19世紀のアヘン戦争や日清戦争の敗北などにより動揺が激しくなり、孫文らの辛亥革命で中華民国が成立、1912年に滅亡した。 **明清交代** みんしんこうたい ④

唐人屋敷 とうじんやしき ④ 長崎郊外に設置した清国人の居住地で、1689年より収容を開始。役人・商人以外の立入りを禁じ、取引も屋敷内で行われた。また、唐船の密貿易を防ぐ

ため、唐船打払令も出された。
唐船打払令とうせんうちはらいれい ①
：**唐船**とうせん ① 明・清との貿易船は、唐船とも呼ばれた。
唐船風説書とうせんふうせつしょ ① 唐船によってもたらされた海外情報の報告書。長崎奉行が唐通事を通して聴取した。

長崎貿易の主な貿易品
▶輸入品
生糸、絹織物、毛織物、木綿、綿織物、薬品、人参にんじん、砂糖、書籍、蘇木すぼう、香木、獣皮じゅうひ、獣角じゅうかく、白檀びゃくだん
▶輸出品
銀、銅、金、海産物

朝鮮と琉球・蝦夷地

宗氏そう → p.115
己酉約条きゆうやくじょう ⑥ 1609年、対馬の宗氏が朝鮮と結んだ条約。日本では慶長条約という。日本からは将軍と宗氏の使節に限られ、対馬からの歳遣船は年20隻と定められた。貿易は釜山ふざんの倭館で行われた。
朝鮮通信使ちょうせんつうしんし（**通信使**つうしんし） ⑦ 朝鮮の使節。1605年に講和が成立し、07年に来日。以後、将軍代替わりごとに来日し、家斉いえなりまで12回を数えるが、4回目からは通信使と呼ばれた。なお最初の3回の使節は、朝鮮出兵で日本に連行された朝鮮人を連れ帰ることも目的であり、回答兼刷還使とも呼ばれた。
朝鮮使節ちょうせんしせつ ③
回答兼刷還使かいとうけんさつかんし ④
雨森芳洲あめのもりほうしゅう ② 1668〜1755 木下順庵門下の朱子学者。朝鮮語・中国語に通じ、対馬藩に仕えて文教をつかさどり、朝鮮との外交も担当した。
島津家久しまづいえひさ ① 1576〜1638 義弘の3男。朝鮮出兵に功があり、アンナン・ルソンとも通交して利を収め、1609年には琉球を征服した。
琉球征服りゅうきゅうせいふく ⑦ 1609年に薩摩藩の島津家久が兵を派遣し、首里城しゅりじょうを落として国王尚寧を捕え服属させた。これにより、琉球王国は日明（のち清）両属の形となる。中国王朝には朝貢使を乗せた進貢船を送り、中国からは王位を認める冊封使が来琉し、紅型と呼ばれる染物や琉歌など、独自の文化が継承された。
尚寧しょうねい ①
朝貢使ちょうこうし ① **進貢船**しんこうせん ①

進貢貿易しんこうぼうえき ① **冊封使**さくほうし ①
紅型びんがた ① **琉歌**りゅうか ①
慶賀使けいがし ⑥ 徳川将軍の代替わりごとに、琉球国王が薩摩藩の監督のもとに江戸に送った使節。国王の即位を感謝する謝恩使と一緒のこともある。200余年に両者で18回が派遣された。琉球国王は清国からも冊封を受けて冊封使が来琉し、清国には進貢船を派遣した。
謝恩使しゃおんし ⑥
琉球使節りゅうきゅうしせつ ⑥
尚豊しょうほう ① 琉球国王（在位1621〜40）として、薩摩藩の支配と、中国との冊封関係の両立体制の維持に努めた。
松前藩まつまえはん ⑦ 1599年、蠣崎慶広かきざきよしひろは松前氏と改姓。1604年、家康からアイヌとの交易独占権を認められて藩を形成し、松前藩と称した。城下は福山（現、松前町）。18世紀末から、北辺防備のため蝦夷地は幕府直轄となり、松前氏は陸奥国伊達郡に移封される。1821年に直轄が解かれて旧領に復し、明治維新の際、館まち藩と称した。
松前氏まつまえし ⑥
場所請負制度ばしょうけおいせいど ⑤ 耕地の乏しい蝦夷地を支配する松前藩が、いくつかの場所（商場）を区画して、上級藩士に商場でのアイヌとの交易権を知行として与えた制度（商場知行制）。江戸後期には、場所を内地商人に請け負わせて場所請負制にし、運上金を上納させた。また、アイヌ経由で、黒竜江下流域に住む山丹人から、蝦夷錦などの中国産の絹織物ももたらされた。
場所ばしょ ① **商場**あきない ⑤
商場知行制あきないばちぎょうせい ①
場所請負人ばしょうけおいにん ① **運上屋**うんじょうや ①
山丹交易さんたんこうえき ② **蝦夷錦**えぞにしき ①
イオマンテ ① アイヌの祭りの一つ。子熊から育てたヒグマを殺し、その魂を神々の世界に送り返す儀礼。
シャクシャインの戦いたたかい ⑥ 1669年、染退しぶちゃり（静内しずない町）の総首長シャクシャインが全道のアイヌを糾合して松前氏（矩広のりひろ）に反抗したが、鎮圧された。近世最大の蜂起であったが、以後、松前藩のアイヌ支配は強化された。
クナシリ・メナシの蜂起ほうき ④ 1789年、和人の収奪に抵抗して、国後くなしり島と知床しれとこ半島のメナシ（目梨）のアイヌが蜂起。アイヌ最後の蜂起。
通信国つうしんこく・**通商国**つうしょうこく ③ 通信国は、鎖国体制下で日本と正式な国交のあった国で、朝鮮と琉球王国。通商国は、正式な国交は

ないが貿易は行っていた国で、オランダと清。対外的には「四つの窓口」があったと考えられる。　**長崎口**{ながさきぐち}・**対馬口**{つしまぐち}・
薩摩口{さつまぐち}・**松前口**{まつまえぐち} ③
「四つの窓口」{よっつのまどぐち} ③
「四つの口」{よっつのくち} ④

寛永期の文化

寛永期の文化{かんえいきのぶんか}　⑥ 寛永年間(1624〜44年)を中心とする江戸初期の文化。寛永文化ともいう。桃山文化を受け継ぎ、また元禄文化につながる性格を持つ。担い手は将軍家・大名と、公家や京都の上層町衆であり、貴族的・古典的な美の追求に特色がある。　**寛永文化**{かんえいぶんか} ⑥
朱子学{しゅしがく}　⑦ 12世紀に南宋の朱熹{しゅき}が大成した儒学の一派。格物致知{かくぶつちち}・理気{りき}二元論を説き、身分秩序を重視した。鎌倉時代に伝来。五山僧に普及し、林羅山の幕府登用により体制維持のための御用学問となる。
儒学{じゅがく}　⑦ 孔子・孟子の教説やそれに関する古典などをもとに研究する教学。奈良・平安時代には漢音の訓詁{くんこ}(読みと訳)の学で、鎌倉時代に朱子学が伝来。江戸時代に陽明学が入り、古学・折衷{せっちゅう}学がおこり、さらに清の考証学が入る。
藤原惺窩{ふじわらせいか}　⑤ 1561〜1619　儒学者。播磨の人。相国寺{しょうこくじ}の僧となり朱子学を学び、京学派を形成。近世朱子学の祖。家康に乞われて進講したが、林羅山を推薦して仕官せず。
京学{きょうがく}　① 藤原惺窩を祖とする朱子学の一派。京都で生まれ、発展する。詩文尊重の風があり、林羅山・石川丈山{じょうざん}・松永尺五{せきご}・新井白石・室鳩巣{むろきゅうそう}らを輩出する。
林羅山{はやしらざん}(**道春**{どうしゅん})　⑥ 1583〜1657　京都の人。林家の祖で、実名は信勝、道春は法号。藤原惺窩に師事。彼の推薦で家康に仕え、秀忠・家光・家綱と4代の侍講となる。法令や外交文書の起草など、幕政にも参与。1630年、家塾弘文館{こうぶんかん}を上野忍ヶ岡{しのがおか}に開く。　**林家**{りんけ} ⑦　**侍講**{じこう} ②　**儒者**{じゅしゃ} ①
姜沆{きょうこう}　② 1567〜1618　朝鮮の官人・儒者。慶長の役の時に連行される。藤原惺窩らの日本の儒学者に大きな影響を与えた。
霊廟建築{れいびょうけんちく}　② 祖先の霊をまつる御霊屋{みたまや}の建築。父祖の偉業を称え、子孫の繁栄を願うと共に、その権力を示すために装飾性の強い建築もある。
日光東照宮{にっこうとうしょうぐう}　⑦ 徳川家康を東照大権

現としてまつる東照宮は、当初、静岡県久能山{くのうざん}に創建されたが、1634〜36年に栃木県日光に改めて造築された。霊廟建築・権現造の代表的な例で、特に極彩色の彫刻で飾る陽明門は有名。
東照大権現{とうしょうだいごんげん} ③　**陽明門**{ようめいもん} ⑥
：**権現造**{ごんげんづくり}　⑤ 霊廟建築様式の一つ。本殿と拝殿の間を相の間{あいのま}(石の間)で結び、エ字形に連ねたもの。京都北野天満宮の様式であったが、日光東照宮は代表的な例である。

権現造
相の間

数寄屋造{すきやづくり}　⑥ 茶室風建築。風流を意味する数寄の語が、天正年間に茶の湯の代名詞となり、茶室を数寄屋と呼んだところから名称が起こる。桂離宮はその代表例。
数寄屋{すきや} ①
桂離宮{かつらりきゅう}　⑥ 後陽成天皇の弟八条宮智仁親王(初代桂宮{かつらのみや})造営の別邸。寛永末年まで増改築。数寄屋造の書院建築群(古書院など)と回遊式庭園が調和し、庭に茶亭がある。
八条宮智仁親王{はちじょうのみやとしひとしんのう} ④
古書院{こしょいん}・**中書院**{なかしょいん}・**新御殿**{しんごてん} ①
修学院離宮{しゅがくいんりきゅう}　② 京都の比叡山下に営まれた後水尾上皇の山荘。上茶{かみ}・中茶{なか}・下{しも}の御茶屋を中心にし、比叡山を借景{しゃっけい}として、自然の傾斜面を利用した雄大な庭園が見所。
万福寺大雄宝殿{まんぷくじだいゆうほうでん}　① 宇治にある黄檗宗本山の仏殿。隠元の指導で明の禅宗寺院の様式で造営。1668年に完成。
狩野探幽{かのうたんゆう}　② 1602〜74　狩野派の画家。永徳の孫。16歳で幕府御用絵師となる。桃山時代の豪壮な大画様式を優美な様式に変化させた。作品には次のものがある。
御用絵師{ごようえし} ⑥
「**大徳寺方丈襖絵**{だいとくじほうじょうふすまえ}」 ②
久隅守景{くすみもりかげ}　③ 17世紀の画家。狩野探幽の門人で、のち破門。『夕顔棚納涼図屏風』に代表される庶民的な画題や風雅な作品に特色がある。
『**夕顔棚納涼図屏風**{ゆうがおだなのうりょうずびょうぶ}』 ③
装飾画{そうしょくが}　⑤ 本阿弥光悦・俵屋宗達・尾形光琳{こうりん}による大胆な構図と洒脱{しゃだつ}で濃厚な装飾性を持つ大和絵系{やまとえけい}の絵画。文政期の酒井抱一{ほういつ}に継承される。
俵屋宗達{たわらやそうたつ}　⑥ 生没年不詳。京都の町衆出

身の画家。華麗な色彩で引き締まった構図、豊かな量感に特色がある。

：『風神雷神図屛風』ふうじんらいじんずびょうぶ ⑥ 宗達の代表的絵画。金地の大画面にユーモラスで躍動的な風神・雷神を描く。京都建仁寺蔵。

『彦根屛風』ひこねびょうぶ ② 彦根藩主井伊家所蔵の風俗画。作者不詳。寛永期の作か。男女が室内で遊芸したり、往来を行く様子を描き、当時流行の風俗や生活を表現している。

本阿弥光悦ほんあみこうえつ ⑦ 1558〜1637 寛永文化を担った芸術家の一人で、洛北鷹ヶ峰に芸術家を集めて芸術村をつくった。蒔絵・陶芸・書道のほか、古典にも通じる。蒔絵は大胆な手法を用いた傑作が多い。

　　　鷹ヶ峰たかがみね ②　**金蒔絵**きんまきえ ①

　　　舟橋蒔絵硯箱ふなばしまきえすずりばこ ⑤

楽焼らくやき ③ 本来は京都の楽家で焼いた陶器茶碗。初代長次郎が聚楽第じゅらくだいで焼き、聚楽焼ともいう。楽家正統以外にも焼く人が多く、現在は低火度の手づくり陶器を一般に楽焼と呼んでいる。　　**長次郎**ちょうじろう ①

　　　　　　　　　　黒楽茶碗くろらくぢゃわん ①

有田焼ありたやき ⑦ 肥前有田地域の磁器。朝鮮出兵で連れ帰った朝鮮陶工李参平が白磁はくじの製造を創始。その様々な色彩を染付の技法で施す色絵が盛んとなり、酒井田柿右衛門の赤絵でいっそう発達。　　**李参平**りさんぺい ③

伊万里焼いまりやき → p.172

薩摩焼さつまやき ⑤ 朝鮮出兵で連れ帰った朝鮮人陶工の沈寿官らが薩摩で始めた陶磁器。その他、西日本の諸大名の領内で多くのお国焼がおこる。　**沈寿官**ちんじゅかん ①　**萩焼**はぎやき ⑤

平戸焼ひらどやき ③　**高取焼**たかとりやき《筑前》③

　　　　　上野焼あがのやき《豊前》①

備前焼びぜんやき → p.105

信楽焼しがらきやき → p.105

酒井田柿右衛門さかいだかきえもん《初代》⑥ 生没年不詳。有田の陶工。釉うわぐすりをつけて焼いた上に色絵をつける上絵付の法を研究し、染付白磁はくじに優れ、赤絵具を基調とする赤絵を完成した。以下は赤絵の代表作。　　**色絵**いろえ ⑤

　　　上絵付《法》うわえつけ《ほう》⑤　**赤絵**あかえ ③

　　　色絵花鳥文深鉢いろえかちょうもんふかばち ①

　　　色絵菊唐草文深鉢いろえきくからくさもんふかばち ①

　　　　色絵花鳥文皿いろえかちょうもんさら ①

　　　　柿右衛門様式かきえもんようしき ①

仮名草子かなぞうし ⑤ 江戸初期に刊行された通俗的な絵入りでかな書きの小説類。啓蒙・娯楽・教訓などを内容とし、浮世草子の母体となる。

松永貞徳まつながていとく ③ 1571〜1653　俳人・歌人。

京都の人。古典の素養に基づく優雅さと、用語の面白さを句風とした。連歌に独吟どくぎん二巻がある。

貞門派ていもんは ② 松永貞徳に始まる俳諧の一派。連歌の規則を平易にして俳諧の規則を整え、俳諧を連歌から独立した文芸にした。俗語・漢語や掛詞かけことばを用いるなど、用語の滑稽こっけい味が特色。　　**貞門俳諧**ていもんはいかい ②

2　幕藩社会の構造

身分と社会

苗字みょうじ**・帯刀**たいとう ⑦ 苗字(名字)を公式に称することと、刀を腰に帯びることで、共に武士の特権。農工商の者でも、特別に認められることがあった。明治維新後、苗字は特権でなくなり、帯刀は禁止された。

切捨御免きりすてごめん ② 苗字・帯刀と共に武士の特権。百姓・町民らから法外の無礼ぶれいを受けた時は、斬殺しても処罰されないこと。無礼討ちともいう。　　**無礼討ち**ぶれいうち ①

直参じきさん ④ 将軍直属の家臣である旗本・御家人を指し、幕臣とも呼ばれた。家来のまた家来にあたる陪臣ばいしんに対する語。

　　　　　　幕臣ばくしん ②　**直臣**じきしん ①

：若党わかとう ① 武家に仕える家来のうちで、若者の衆を指し、足軽より上位に位置した。

：足軽あしがる ⑤ 徒歩の雑兵で最下層の武士。江戸時代には弓・槍・鉄砲隊に属したり、門番・雑役などの仕事をした。

：中間ちゅうげん ① 仲間とも書く。門番などの雑役に従事した武家奉公人。語源は足軽と小者こものの中間の意。　**武家奉公人**ぶけほうこうにん ②

『雑兵物語』ぞうひょうものがたり ① 鉄砲足軽など雑兵30名の戦場での体験や、武器用具の扱い方などを対話形式で平明に解説した兵書。17世紀後半の成立か。

職人しょくにん ⑦ 手工業者のこと。江戸時代には商人と共に城下町などに集住した。主な職人の例は次の通り。　　**大工**だいく ①　**左官**さかん ①

　　　木挽こびき ②　**刀鍛冶**かたなかじ ①　**髪結**かみゆい ②

：鍛冶かじ → p.122

奉公人ほうこうにん ⑦ 江戸時代、武家・百姓・町人の社会で、主家の家業・家事に従事する者をいう。住込みの場合が多い。商家では番頭・手代・丁稚など。

：番頭ばんとう ① 江戸時代、商家の使用人中の最上位にある者。丁稚でっち・手代・番頭と昇進し、主人から認められれば、暖簾分け

^{のれんわけ}して別家を出してもらうこともあった。　　　　　　　　　　　　　**手代** ①

：年季(期)奉公^{ねんきほうこう} ③ 一定の年限を定めて主家に奉公すること。

家持町人^{いえもちちょうにん}　→ p.166

士農工商^{しのうこうしょう} ⑦ 江戸時代の職能に基づく身分制。社会を構成する主要な身分である武士・農民・職人・商人を指し、総称して四民という。公家・僧侶・神職は、武士に準じる身分とされ、農商工の下には賤民としてえた・非人があった。　　　　**四民**^{しみん} ①
　　　　　　　　　　　　　　賤民^{せんみん} ②

修験者^{しゅげんじゃ} ③ 山岳修行により、呪術的宗教活動を行う者で、山伏などを指す。陰陽師と同様に、身分上は僧侶・神職と同等に位置づけられた。

修験道^{しゅげんどう}　→ p.55
陰陽師^{おんみょうじ}　→ p.67

えた(穢多) ⑦ 農業従事者もいるが、皮革処理や牢屋の牢番・行刑役などを主な生業とした。かわた・きよめなどと呼ばれる賤民を含む。えた頭^{がしら}の支配下にあり、一般人との交際や居住地を制限された。1871年のえた・非人の称廃止時に28万人余りという。　　**行刑役**^{ぎょうけいやく} ④　**かわた(長吏**^{ちょうり}**)** ⑥
　　　　　　　　　　　　かわた町村^{ちょうそん} ①

ひにん(非人) ⑦ 物乞い・遊芸・清掃などに従事した賤民。村や町の番人をつとめることもあった。貧困や犯罪で非人となる者もあった。関東では、えた頭の支配に属する非人頭^{がしら}が支配した。1871年のえた・非人の称廃止時に約2万3000人という。　　　　　　　　　　　　**番非人**^{ばんひにん} ②

家長^{かちょう} ⑥ 一家の主(戸主)として、家族に対して強い権力を持った。家督は最年長の男性による長子単独相続が一般化。家長に従わない子には勘当をする。武家社会では男尊女卑が厳しく、女性は三従の教を求められた。　　**戸主**^{こしゅ} ②　**長子相続**^{ちょうしそうぞく} ①

：三従の教^{さんじゅうのおしえ} ② 家にあっては父、嫁しては夫、夫死してのちは子(長男)に従う三つの道のこと。特に江戸時代は、女性の心構えとして教えられた。

七去^{しちきょ} ① 妻を離婚できる七つの事由。舅^{しゅうと}に従わない、無子、多言、窃盗、淫乱、嫉妬^{しっと}、悪疾をいう。律令の定めであったが、近世に『女大学』などの書で一般化。離婚の際は離縁状(俗に三行半)が書かれた。　　　　**離縁状**^{りえんじょう} ②　**三行半**^{みくだりはん} ①

『**女大学**』^{おんなだいがく}　→ p.192

縁切寺^{えんきりでら} ① 夫との離縁を望む妻が寺に駆け込み、一定期間尼の修行をすると、離婚を成立させた尼寺。駆込寺^{かけこみでら}ともいう。鎌倉の東慶寺、上野国の満徳寺が有名であった。　　　　**満徳寺**^{まんとくじ} ①　**東慶寺**^{とうけいじ} ①

村と百姓

村切^{むらきり} ① 支配単位としての村の区域を確定していくこと。中世の郷村を基礎に、近世初期に検地などを通して村の範囲や構成員などを確定した。村請制を実行しやすくするためにも行われた。

新田開発^{しんでんかいはつ}　→ p.166

：新田村落^{しんでんそんらく} ① 新田開発によって新たに生じた村。

在郷町^{ざいごうちょう} ② 近世には農商分離政策から、町方(都市)と在方(農村)が明確に区分された。しかし、商品経済の進展と共に、農村部でも在郷商人が活動するようになり、商工業者の集落が形成されるようになった。これら農村(在方)に成立した商工業集落の総称で、在町とも呼ばれる。
　　　　在方町^{ざいかたまち} ②　**在町**^{ざいまち} ①

村役人^{むらやくにん} ⑦ 郡代や代官の指示を受けて村政にあたった農民をいう。村方三役がその中心となる。

：名主^{なぬし} ⑦ 村の長。関東で名主、関西で庄屋、東北で肝煎などと呼ぶ。年貢割当・法令伝達などの責任を負い、村政全般を統轄。所により輪番^{りんばん}・入れ札(選挙)などで選任した。　　**庄屋**^{しょうや} ①　**肝煎**^{きもいり} ④
　　　　　　　　　　　　入れ札^{いれふだ} ①

：組頭^{くみがしら} ⑦ 名主の補佐役で、一村に1～3名、所により年寄ともいう。
　　　　　　　　　　　　年寄^{としより} ②

：百姓代^{ひゃくしょうだい} ① 村民の代表で、名主・組頭の年貢や諸種の負担割当などに立ち合う。江戸中期から広く登場し、一村に1～3名。

村方三役^{むらかたさんやく} ⑦ 地方三役ともいう。名主・組頭・百姓代をいう。身分は百姓だが、本百姓・水呑百姓を統轄した。
　　　　　　　　　　　　地方三役^{じかたさんやく} ②

大庄屋^{おおじょうや} ① 村を越えた広い地域を管轄し、十数カ村の名主(庄屋)を指揮する者もいた。苗字・帯刀を許され、扶持を支給された例も多い。

結^{ゆい} ① 田植え・屋根葺きなど一時に多大の労力を要する時に、親類や近隣で行う共同労働。もやいともいう。　　　　**もやい** ⑦

入会地^{いりあいち}　→ p.117

村入用^{むらいりよう} ⑤ 村を運営するための費用。

村人から徴収された。用途は、村役人給料・用水費用をはじめ、多岐にわたった。

村八分（むらはちぶ）　⑥ 村掟や村内の秩序に違反した者への制裁の一つで、村民との交際を断つこと。葬式・火災以外は交際を断つことから出たとする説がある。村掟は村法とも呼ばれた。

村法（そんぽう）**（村掟**（むらおきて**））** ⑤

村請制（むらうけせい）　⑦ 村全体の責任で、年貢・諸役を納入する制度。一村の石高である村高に税率を乗じてその村の年貢高を定め、名主が納入責任者となって納入した。領主から各村の名主に、年貢割付状が発行された。

年貢割付状（ねんぐわりつけじょう）　①

五人組（ごにんぐみ）　⑥ 年貢納入や治安維持などで連帯責任を負う、5戸を基準とした組織。1633年頃に制度化。新年の寄合で名主が五人組の掟書である「五人組帳前書」を村民に読み聞かせた。**「五人組帳前書」**（ごにんぐみちょうまえがき）　①

高請地（たかうけち）　① 検地帳に登録され、年貢を課される田畑・屋敷地をいう。

本百姓（ほんびゃくしょう）　⑦ 検地帳に田畑・屋敷地の所持を登録された高請百姓で、年貢・諸役を負担する農民。農村の主要構成員で村政の運営にかかわる。　　**高持百姓**（たかもちびゃくしょう）　③

石高持（こくだかもち）　① **百姓**（びゃくしょう）　⑦

水呑百姓（みずのみびゃくしょう）　⑦ 検地帳に記載されるべき田畑を持たない無高の農民をいう。小作などで生計を立てた。なお、零細な百姓は、小百姓とも呼ばれた。　　**無高**（むだか）　④

小百姓（こびゃくしょう）　②

名子（なご）　⑤ 中世における名主の隷属農民。近世にも残り、本百姓の隷属農民で、次第に自立する。以下の別称がある。

被官（ひかん）　⑤ **譜代**（ふだい）　① **下人**（げにん）　① **家抱**（けほう）　①

本家（ほんけ）**・分家**（ぶんけ）　① 江戸時代に、親類関係を示すのに、一族の中心となる宗家を本家、2・3男など一族が別れた家を分家と呼んだ。なお、商家で番頭などの奉公人が暖簾分けで独立した場合は別家と呼び、主人の家の本家に対応して呼んだ。

本途物成（ほんとものなり）　⑤ 田畑・屋敷地に対する本租。本年貢ともいう。米納が原則で、税率は初期に四公六民（40%）、幕領では享保頃から五公五民程度となった。

本年貢（ほんねんぐ）　⑤ **年貢**（ねんぐ）　⑦

四公六民（しこうろくみん）　② **五公五民**（ごこうごみん）　③

検見〔取〕法（けみ〔とり〕ほう）　⑦ 坪刈り（一部を刈り取り収穫状況を見ること）をして、その年の作柄を調べて税率を決める方法。収入が不安定の上、手数が煩雑で、不正を誘発するた

め、幕領では享保以後に定免法を採用。

坪刈り（つぼがり）　①

：定免法（じょうめんほう）　⑦ 豊凶に関係なく、過去3〜10年位の年貢高を基準として、税率（免）を一定にする方法。　　**免**（めん）　①

小物成（こものなり）　⑥ 本途物成に対する語で雑税の総称。名称・種類が多い。

高掛物（たかがかりもの）　④ 本途物成以外に、村高に応じて課される付加税。幕領の伝馬宿入用（宿場経費）などがある。金納の場合には、高役金とも呼ばれた。

夫役（ぶやく）　⑥ 労役のこと。江戸時代には伝馬役や国役として道路・河川の土木工事などがあった。のちには米・銭により代納されるようになった。

：国役〔金〕（くにやく〔きん〕）　⑤ 国役普請ともいう。治水工事など、大きな出費は幕領・私領を問わず一国単位で人夫や米を課したが、のちに金銭で代納された。

諸国高役（国役）金（しょこくたかやく（くにやく）きん）　②

田畑永代売買の禁止令（でんぱたえいたいばいばいのきんしれい）　⑥ 1643年の発令。農地の権利が移動することを禁じた法令で、富農への土地集中と本百姓の没落を防ぐために出された。質流れの形で崩れたが、1872年まで存続した。

分地制限令（ぶんちせいげんれい）　⑥ 耕地の分割相続の制限令。1673年に発令。名主は20石以上、一般百姓は10石以上の所持で分地を認めた。1713年には分地の結果、分地高も残高も10石・1町以下になるのを禁止。1722年に10石・1町以上の分のみを分地許可としたが、59年に1713年令に復した。百姓の零細化防止の政策。

田畑勝手作りの禁（でんぱたかってづくりのきん）**（作付制限令**（さくつけせいげんれい**））** ② 田畑に五穀（米・麦・黍・粟・豆）以外の作物を植えることを禁じた法令。商品作物の栽培が広まると共に、有名無実化した。1871年に廃止された。

寛永の飢饉（かんえいのききん）　→ p.168

慶安の触書（けいあんのふれがき）　② 1649（慶安2）年に幕府が農民に与えたとされる全文32条の触書。法令遵守・耕作奨励・衣食住の制限など生活の細部にまで触れている。なお、幕府が出した触書であることを疑問視する説もある。

町と町人

城下町（じょうかまち）　⑦ 近世の城下町は、政治・経済・文化の中心として役割が大きくなった。大藩の城下町には、金沢・名古屋のように

18世紀初めに人口10万人を超えるところも現れた。武家屋敷の集まる武家地、町屋の集まる町人地、寺社地に分れている。町人地は、町方とも呼ばれ、扱う商品が町名につけられることが多かった。

武家地ぶけち ⑥　**武家屋敷**ぶけやしき ④
旗本屋敷はたもとやしき ②　**御家人屋敷**ごけにんやしき ①
中間町ちゅうげんまち ①　**足軽町**あしがるまち ①
寺社地じしゃち ②　**町人地**ちょうにんち ⑥
町方まちかた ③　**町屋敷**まちやしき ④　**町屋**まちや ①
畳町たたみまち ①

職人町しょくにんまち ①　町人地のうち、職人の集まり住む地域をいう。業種によって紺屋こうや町・鍛冶町・大工町などと呼ばれた。

鍛冶町かじまち ①　**大工町**だいくまち ①

地子〔銭〕じし〔せん〕 ④　地子は古代・中世では小作料の意。室町期以降、都市の宅地税＝屋地子を指すようになり、銭納したので地子銭という。城下町は地子銭免除のところが多い。

町ちょう《近世》 ⑥　町人地で、町人によって形成された都市社会の基礎となる共同体。通りを挟んだ一区画の両側の家で、一つの町が形成される場合が多く、近世の村と類似の自治組織であった。

町人ちょうにん ⑦　都市に住む商工業者。全人口の7％前後。狭義には地主・家持である本町人を指す。

地主じぬし ②　町内に屋敷地を所有する人。地主町人ともいう。町の運営に参加する本町人。

家持（家主）いえもち（やぬし） ④　町内に家屋敷を持ち、居住する人。家主ともいう。

家持町人いえもちちょうにん ①

町役人ちょうやくにん ③　江戸時代、町奉行の下にあって町政を担当した町人。江戸では町年寄とその下の町名主・月行事を指し、大坂では惣年寄とその下の町年寄・町代を指した。町役人の呼称は、都市によって多様であった。

月行事がちぎょうじ ⑤

町名主ちょうなぬし ②　江戸では町年寄の下にいる町役人。単に名主とも呼ばれる。大坂では町代にあたる。

名主なぬし《町》 ⑤

町年寄ちょうどしより ⑤　町奉行の下にある町役人。身分は町人。江戸では樽屋など3家が世襲し、町触伝達・人別改にんべつあらためのほか、多くの任にあたる。大坂では惣年寄という。

町触まちぶれ ①　**惣年寄**そうどしより ②
年寄としより《町》 ②

町法ちょうほう ⑤　町では、独自に掟が定められ、自治的に運営されていた。

町掟ちょうおきて ④
町式目ちょうしきもく ①

町人足役ちょうにんそくやく ④　町人に課された夫役。上下水道の整備、城郭や堀の清掃、防火などの都市機能を維持するためのものが多かった。代銭納される場合もあった。

町会所ちょうかいしょ ①　町ちょうの町人たちの寄合所。町の運営の事務所ともなっていた。

地借じがり ⑥　地主から土地を借りて家屋を建てて居住する町人。表通りの地借には富裕な商人もいた。

店借たながり ⑥　借家人で、家主に店賃を払う。通りに面している表店借と、そうでない裏店借があった。

借家しゃくや ④

港町みなとまち ⑥　近世では、年貢米・国産品を江戸・大坂に積み出す水運の基地として発達した。

門前町もんぜんまち ⑥　中世以来、寺社の門前に栄えた。伊勢の宇治・山田は御蔭参りで栄え、善光寺も多くの参詣者を集めた。東照宮が建てられた日光は、大名の参詣などで賑わった。

宿場町しゅくばまち ⑦　宿駅に指定された町。参勤交代の制度で五街道の宿駅が整備され、また、巡礼など寺社参詣の隆盛や出稼ぎ・行商で人の往来が増大し、全国的に宿場町が賑わった。

鉱山町こうざんまち → p.167

═══ 農　業 ═══

箱根用水はこねようすい ③　箱根芦ノ湖の水を西側の外輪山に掘ったトンネルを通じて富士山麓の深良ふから村へ導いた用水。1670年完成。

見沼代用水みぬまだいようすい → p.185

新田開発しんでんかいはつ ⑦　検地済みの本田畑（本田）のほかに、新たに田畑・屋敷地などを造成すること。幕府や藩の奨励で江戸前期に盛んになる。本田畑の耕作を妨げないことを条件に官営・民営2形式で開発。原則として開発後3～5年は免税。享保期にも盛んに行われ、各地で干拓も行われた。

本田ほんでん ①　**児島湾**こじまわん ②
有明海ありあけかい ②　**椿海**つばきのうみ ①

：**町人請負新田**ちょうにんうけおいしんでん ④　町人が開発を請け負った新田。治水工事などに大資本を要した。摂津川口新田は1万5000石の大規模なもの。18世紀初め鴻池が河内に開いた鴻池新田120町歩も著名。

川口新田かわぐちしんでん ①　**鴻池新田**こうのいけしんでん ①

林業・漁業

林業（りんぎょう）⑦ 近世の都市の発達と共に、建築資材として材木の需要が増加。木曽の檜、秋田・飛騨・吉野・熊野の杉などが特に有名。なお、林業に従事する者は、杣とも呼ばれた。

木曽檜（きそひのき）⑤ **秋田杉**（あきたすぎ）⑤
吉野杉（よしのすぎ）⑤ **杣**（そま）①

御林（おはやし）② 幕府・諸藩の直轄林。御立山・御料山（ごりょうやま）と呼ばれることもある。

御立山（おてやま）①

上方漁法（かみがたぎょほう）⑤ 漁業先進地である瀬戸内・熊野地方の漁法で、各種の網を使用。上方漁民により、各地に広まった。網漁法には地曳網や船曳網のほか、大敷網（おおしきあみ）のような魚群を網に誘い込む定置網もあった。

上方漁民（かみがたぎょみん）① **網漁法**（あみぎょほう）⑤
船曳網（ふなびきあみ）① **定置網**（ていちあみ）②

地曳網（じびきあみ）　→ p.122

網元（あみもと）（**網主**（あみぬし））④ 一般に網漁業経営者をいう。船元（船主）として漁船も保有する。多くの零細漁民を網子（船子）として使い、網・船を持ち漁場を支配した。なお、漁師が集まる集落は、浜方とも呼ばれた。

船主（ふなぬし）① **網子**（あみこ）③
船子（ふなこ）① **浜方**（はまかた）①

手工業・鉱山業

流漉（ながすき）① 紙料液をすくい上げて簀（す）の子などに付着させ、一定の厚みにして余分の紙料液を元の桶などに戻す製紙法。農閑期の副業（農間渡世）として行われる場合もあった。

紙漉（かみすき）② **農間渡世**（のうかんとせい）①

地機（じばた）（**いざり機**（いざりばた））　→ p.200

鉱山町（こうざんまち）④ 近世前期には金銀山、中期以降は銅山の開発が進んだが、これにより鉱山の付近に、鉱山や鉱夫に物資などを供給するための鉱山町が形成された。

〔但馬〕生野銀山（たじまいくのぎんざん）⑤ 兵庫県にある。16世紀半ばの発見といわれ、信長・秀吉・家康が直轄。明治政府が継承。1896年、佐渡と共に三菱に払下げ。他に秋田藩経営の院内銀山・阿仁銀山（銅も産出）も著名。

院内銀山（いんないぎんざん）②

佐渡〔相川〕金山（さどあいかわきんざん）⑥ 17世紀前半に盛大に金銀を採掘。秀吉が支配下に置き、江戸幕府も1603年、大久保長安を佐渡奉行に任じ開発。明治政府に引き継がれ、のち三菱に払い下げ。

伊豆金山（いずきんざん）③ 土肥（とい）・湯ヶ島・縄地（なわじ）・修善寺などの金銀山の総称。大久保長安が代官の頃が最盛。慶長末より減産。甲斐金山も近世初期まで採掘された。

足尾銅山（あしおどうざん）⑤ 栃木県にあり、1610年に発見。幕府の御用山として17世紀に最盛。1871年、民間に払い下げられ、77年、古河（ふるかわ）市兵衛が買収し、日本最大の銅山。足尾鉱毒事件の原因ともなる。

別子銅山（べっしどうざん）⑤ 愛媛県にあり、1690年に発見。大坂泉屋（住友家）の経営。江戸時代最大の銅山。明治以後も産銅し、住友財閥の母体となる。1973年に閉山。秋田県にある尾去沢銅山・阿仁銅山も、近世には産出量が多かった。

尾去沢銅山（おさりざわどうざん）①
阿仁銅山（あにどうざん）②

たたら製鉄（せいてつ）⑤ たたらは、炉のついた足踏み式の送風装置。砂鉄・木炭を交互に炉に入れて燃焼させる日本式製鉄法。中国地方を中心に古代から近世に行われた。出雲の砂鉄が知られる。

：玉鋼（たまはがね）① 砂鉄を溶かした良質の鋼。日本刀をはじめ、刃物の材料として広く用いられた。

釜石鉄山（かまいしてつざん）① 岩手県釜石市にある日本最初の鉄鉱石の採掘を行った鉱山。1857年、南部藩が洋式高炉を建設し、鉄鉱石と木炭で製鉄を開始した。

石油（せきゆ）① 越後蒲原（かんばら）地方の石油は、古代から燃える水として知られ、草生水（臭水）（くそうず）と呼ばれた。江戸時代に越後地方では、たまっている油をすくい、灯火用に使用した。

石炭（せきたん）① 江戸時代に、三池・筑豊・高島（長崎）・唐津（肥前）などで石炭が発見された。農村の家庭用燃料だったが、後期には製塩に一部使用。開国後に蒸気船の燃料として注目されて、開発が進んだ。

商　業

豪商（ごうしょう）《初期》⑦ 近世初期の豪商は、権力者と結んだ特権的商人が特徴的。戦国期から活性化した全国的な商取引や海外貿易の発達を背景に、堺・博多・京都には巨富を蓄える豪商が出現し、物資調達を通して政治的にも大きな力を持った。

角倉了以（すみのくらりょうい）⑥ 1554〜1614　京都嵯峨（さが）の土倉である角倉家の一門。朱印船貿易家。糸割符商人の一人。大堰（保津）・富士・天竜・高瀬川などの水路開発にも貢献。角倉船を描いた絵馬が京都清水寺にある。

絵馬③　船絵馬②

茶屋四郎次郎 ② 茶屋家歴代の通称。京都の豪商で幕府の呉服師。また朱印船貿易家。3代目(17世紀初頭)は長崎奉行と関係が深く、糸割符仲間で巨利を得た。

末吉孫左衛門 ② 1570〜1617 摂津平野の豪商。家康の命で銀座の創設に尽力。朱印船貿易で活躍。

今井宗薫 ① 1552〜1627 堺の豪商、茶人。父宗久に茶の湯を学び、秀吉・家康に仕えた。

末次平蔵 ③ ？〜1630 博多の豪商の子で長崎に移住。朱印船貿易家。1619年、長崎代官となる。

問屋 ⑦ 問・問丸が発達したもの。倉庫業を兼ね、生産者や荷主と仲買・小売商人の仲介をした。流通機構として、問屋・仲買・小売の体制も整備された。

仲買⑥　小売〔商人〕⑥

振売 → p.122

仲間 ⑥ 同業者や、異種でも利害を同じくする商人・職人が結成した団体。組合ともいう。営業上の取決めや相互扶助を行った。

組合③　問屋仲間⑤
仲間掟①

3　幕政の安定

平和と秩序の確立

徳川家綱 ⑦ 1641〜80　4代将軍(在職1651〜80)。保科正之や老中松平信綱・阿部忠秋らの補佐で文治政治を推進。牢人・かぶき者への対策、大名の人質(証人)廃止、武家諸法度(寛文令)で殉死の禁止などを行う。晩年には酒井忠清が専権をふるった。

人質(証人)の廃止②
武家諸法度(寛文令)②
殉死の禁止⑥

保科正之 ⑥ 1611〜72　3代将軍家光の異母弟で保科家の養子となる。会津藩主として藩政を整え、4代家綱を補佐して幕政を安定させた。また、朱子学を盛んにした。

酒井忠清 ① 1624〜81　4代将軍家綱の老中・大老。前橋藩主。権力を集め、大手門の下馬札の前に屋敷があったことから下馬将軍の異名を持つ。賄賂政治で非難され、5代綱吉の将軍就任により罷免され、屋敷も没収された。

牢人(浪人) ⑦ 主家を離れ俸禄を失った武士。初め牢籠(落ちぶれて困っている)の意で牢人と書いたが、さすらい歩く浪々の文字も用いられるようになった。特に江戸時代初期には大量の牢人が発生し、社会問題化した。

かぶき(傾奇)者 ⑦ 江戸初期の異様な振舞いや風体をした無頼の徒。一般市民に暴行を加えることもあり、社会の治安を乱したが、彼らの行為は、時として反体制的性格を持つこともあった。

由井(比)正雪の乱(慶安の変) ⑦ 3代将軍家光が死去した1651(慶安4)年、駿河生まれの兵学者由井正雪(1605？〜51)が、牢人丸橋忠弥らと企てた幕府転覆未遂事件。正雪は駿府の旅宿で自殺、忠弥は江戸で逮捕。乱後、幕府は牢人発生を防ぐ方向へ向かう。　由井正雪①

別木庄左衛門 ① ？〜1652 戸次とも書く。牢人、軍学者で、1652年、同志と共に増上寺での2代将軍秀忠夫人の法要で、老中襲撃を計画。いわゆる承応の変の首謀者。未然に捕縛、処刑された。

末期養子 ② 跡継ぎのない武家が、死に臨んで急に養子を願い出ること。初期にはほとんど認められず(末期養子の禁)、大名改易の一大原因となった。由井正雪の乱後、牢人の増加防止のため、当主が50歳未満の場合は大幅に緩和された。　急養子②

末期養子の禁緩和⑦

明暦の大火 ⑦ 1657(明暦3)年の江戸の大火。本妙寺で焼いた振袖が火元ともいわれ、振袖火事ともいう。江戸城も類焼し、全市の55%が焼け、死者10万人を超える。大火後に道幅の広い広小路を設置するなど市街を再建し、市域も拡大した。江戸の火災を描いた絵には、以下のものがある。

本妙寺②　振袖火事②
広小路⑤　『江戸火事図巻』⑥
『むさしあぶみ』①

：江戸三大火事① 明暦の大火、目黒行人坂火事(明和の大火、1772年)、文化の大火(1806年)をいう。

目黒行人坂火事①

寛永の飢饉 ④ 1641〜42年。西日本の干ばつと東日本の長雨・冷害による江戸時代最初の大飢饉。5〜10万人の餓死者が出たという。飢饉への対応は、幕府・諸藩の農政に大きな影響を与えた。

池田光政 ⑥ 1609〜82　岡山藩主。熊沢蕃山を登用し、儒教主義による藩政改革

を実施。閑谷学校を開き、治水・新田開発などの殖産興業を推進した。

徳川光圀 ⑥ 1628〜1700　水戸藩主で初代頼房の子。明から亡命してきた儒学者の朱舜水(1600〜82)を招き、教えを受けた。学者を集めて『大日本史』編纂を開始。民政安定・水戸学興起で知られる。中納言の唐名から「黄門」の名で親しまれる。

朱舜水 ①

：**『大日本史』** ⑥　水戸藩編纂の紀伝体の歴史書。397巻。徳川光圀が始め、明治年間に完成。江戸藩邸内の彰考館で編纂。史実考証に優れ、尊王を基本にした大義名分論で貫く。

彰考館 ②

前田綱紀 ④ 1643〜1724　加賀藩主。保科正之の後見で藩政を固める。農地を直接支配する改作法を実施した。好学の大名で、木下順庵らを招いて学問を振興させた。古文書の整理なども行う。

元禄時代

元禄時代 ②　17世紀末〜18世紀初めの5代将軍綱吉治世の後半期。初期の天和の治を受けて経済が発展、上方を中心に町人文化が栄えた。

徳川綱吉 ⑦ 1646〜1709　5代将軍(在職1680〜1709)。3代将軍家光の4男。上野国館林藩主から将軍職に就任。忠孝・礼儀を重視した武家諸法度(天和令)を発布するなど、大老堀田正俊の補佐で天和の治と呼ばれる文治政治を推進。のちも側用人が台頭。好学と生類憐みの令でも有名。

武家諸法度(天和令) ④

堀田正俊 ②　1634〜84　下総古河藩主。綱吉の将軍擁立に功があり、大老となる。性格が剛直で反感を受けることが多く、江戸城殿中で若年寄稲葉正休に刺殺された。

側用人 ⑦　将軍に近侍し、将軍の命を老中に伝え、老中の上申を将軍に伝える役職。牧野成貞(1634〜1712)が初めて側用人となり、大老堀田正俊の刺殺後、1688年に柳沢吉保が就任し、権勢をふるった。

柳沢吉保 ⑦ 1658〜1714　5代将軍綱吉の小姓から側用人になり、甲府15万石を領し大老格となる。綱吉の意を受けて文治政治を推進した。

小姓 ①

文治主義(文治政治) ②　武力で威圧する武断政治と異なり、儒教的徳治主義の教で治める政治。儀礼・法制の整備や人心の教

化などにより、秩序の安定を図ろうとした。4代将軍家綱〜7代家継の治世をいう。

武断主義(武断政治) ②

木下順庵 ④ 1621〜98　朱子学者。京都の人。松永尺五に師事。加賀藩主前田綱紀に招かれ、のち綱吉の侍講となる。新井白石・室鳩巣らは順庵の家塾である木門の門人。

林羅山(道春) → p.162

湯島聖堂 ⑦　江戸湯島の孔子廟のこと。綱吉の時、上野忍ヶ岡の林家の家塾弘文館を湯島昌平坂に移し、大成殿を設けて孔子をまつる。林家の家塾も聖堂学問所として整備された。

家塾 ①

孔子廟 ①　**大成殿** ④
聖堂学問所 ④

林鵞峰(春斎) ③ 1618〜80　朱子学者。羅山の3男で鵞峰と号す。林家を継ぎ、将軍家綱に五経を講じ、幕政にも参与。父と共に『本朝通鑑』を編集。

『本朝通鑑』 ④　林羅山・鵞峰父子が幕命により編集した歴史書。310巻。神武天皇より後陽成天皇までを記す。宋の『資治通鑑』にならった編年体の史書。1670成立。

林鳳岡(信篤) ⑤ 1644〜1732　鵞峰の2男。信篤は実名で法号はない。4代家綱以降、5代の将軍に仕える。1690年、湯島聖堂の大成殿完成の時、髪を伸ばして大学頭となり、儒仏分離を推進し、林家の官学的傾向も強めた。

大学頭 ④

霊元天皇 ① 1654〜1732　在位1663〜87。大嘗会などの儀式の復活に、意欲的に取り組んだ。

赤穂事件 ⑥　1701年、勅使接待役の播磨赤穂藩主浅野長矩が、高家(幕府の儀礼を管掌する旗本)の吉良義央に殿中で斬りつけ、切腹となる。翌年、大石良雄ら赤穂浪士46人(一説47人)が義央を討ち復讐、46人が切腹を命じられた事件。浄瑠璃や歌舞伎に脚色・上演されて話題となる。

浅野長矩 ④　**高家** ⑥
吉良義央 ⑦　**大石良雄** ⑤
赤穂浪士 ②

生類憐みの令 ⑦　5代将軍綱吉が1685年以降に出した極端な動物愛護令。1687年以降、特に犬に関して極端化し、95年に中野・大久保・四谷の犬小屋に野犬を養い、綱吉は犬公方と称される。1709年に廃止。この一方で、捨て子の保護なども命じられていた。

中野犬小屋 ①

犬公方 ② **捨子の保護**〔すてご〕⑦

服忌令〔ぶっき〕⑤ 1684年、父母親族が死んだ際の忌引などの日数を定めた法令。以後、公武二様の服忌が行われることになった。

護国寺〔ごこく〕① 新義真言宗豊山派の本山。1681年、5代将軍綱吉が母桂昌院（1627〜1705）の願いにより亮賢〔りょうけん〕を開山として建立。1688年、綱吉は隆光〔りゅうこう〕を開山として神田に護持院〔ごじいん〕をつくるが、1717年にこれが焼失したので護国寺に合併した。

桂昌院〔けいしょういん〕①

寛永寺〔かんえいじ〕① 天台宗の関東大本山。東叡山〔とうえいざん〕と号す。1625年、天海が上野忍ヶ岡に建立。徳川氏の菩提寺として、芝の増上寺（浄土宗）と共に歴代将軍の墓所となり、御霊屋〔おたまや〕をつくる。元禄期に綱吉は寛永寺・増上寺の諸堂を改築。寺領は1万石を越える。

天海〔てんかい〕① 1536？〜1643 天台僧。家康から家光までの信任を受け、崇伝〔すうでん〕と共に広く幕政に参画した。

増上寺〔ぞうじょうじ〕① 浄土宗の関東本山。家康は江戸入府〔にゅうふ〕と共に徳川氏の菩提寺とした。以後、歴代将軍の御霊屋がつくられた。

勘定吟味役〔かんじょうぎんみやく〕⑥ 1682年の設置。勘定奉行をたすけ、貢租・出納を監査した。定員は4〜6名。

荻原重秀〔おぎわらしげひで〕⑥ 1658〜1713 勘定所下役から勘定吟味役を経て勘定奉行となる。財政難打開のため、1695年、初の貨幣改鋳を実施する。元禄小判などの悪質な貨幣を発行したため、物価は高騰。新井白石により1712年に罷免される。

：元禄金銀〔げんろくきんぎん〕③ 1695年、勘定吟味役荻原重秀の意見で、慶長金銀を改鋳して発行した金銀貨。慶長小判の品位84.2%を改めて57.3%に切り下げた元禄小判を鋳造するなど、品位を落として貨幣量を増し、その出目（改鋳益金）で財政を補った。また十文の大銭（宝永通宝）を鋳造したが、1年余りで通用を禁止される。

　　　　　　元禄小判〔げんろく〕⑥ **出目**〔でめ〕②

十文の大銭〔じゅうもんのたいせん〕① **宝永通宝**〔ほうえいつうほう〕①

富士山大噴火〔ふじさんだいふんか〕⑥ 1707（宝永4）年、富士山が大噴火し、駿河・相模などの国々で、降灰により大きな被害が発生した。

　　　　　　　　宝永大噴火〔ほうえいだいふんか〕①

正徳の政治

正徳の政治〔しょうとく〕（**正徳の治**〔しょうとくのち〕）⑦ 6代将軍家宣・7代家継治世下で、新井白石が進めた文治政治（1709〜16）をいう。元禄期の幕政を修正し、正徳小判などの良貨を発行し、貿易を制限するなどした。儀式典礼の整備に特色がある。

徳川家宣〔とくがわいえのぶ〕⑦ 1662〜1712 6代将軍（在職1709〜12）。5代将軍綱吉の兄の子。初め甲府藩主綱豊〔つなとよ〕、のち綱吉の養子となり改名、将軍職に就任。柳沢吉保〔やなぎさわよしやす〕を退け、新井白石を登用する。

新井白石〔あらいはくせき〕⑦ 1657〜1725 学者、政治家。牢人の子で木下順庵に朱子学を学び、甲府時代の家宣の侍講〔じこう〕となる。家宣の将軍任で、幕閣に入り正徳の政治を行う。『読史余論』〔とくしよろん〕などの歴史研究や『西洋紀聞』など蘭学の先駆的業績でも有名。

間部詮房〔まなべあきふさ〕⑦ 1666〜1720 6代将軍家宣・7代家継の側用人。家宣の近習〔きんじゅう〕より若年寄・高崎城主に進む。

徳川家継〔とくがわいえつぐ〕⑦ 1709〜16 7代将軍（在職1713〜16）。6代将軍家宣の4男。幼少で将軍職を継ぎ、新井白石や間部詮房に補佐されて、諸政の刷新に努めた。

閑院宮家〔かんいんのみやけ〕⑦ 新井白石の建議で、1710年に幕府が宮家創設の費用を献上し、東山天皇の第6皇子直仁〔なおひと〕親王を立てて閑院宮家を創立。それまでの宮家は伏見・有栖川・桂（一時京極と改称）の3家であったが、四親王家となった。天皇家の財政難から皇子・皇女の多くは出家し、門跡〔もんぜき〕寺院に入っていた。

伏見宮〔ふしみのみや〕① **有栖川宮**〔ありすがわのみや〕①
桂宮〔かつらのみや〕① **四親王家**〔ししんのうけ〕①

朝鮮使節待遇問題〔ちょうせんしせつたいぐうもんだい〕⑦ 1711年、新井白石が建議。朝鮮通信使の待遇が手厚すぎるとし、名分を正す意味もあって簡素化した。

「日本国大君殿下」〔にほんこくたいくんでんか〕⑦ 「大君」〔たいくん〕は、対外的な将軍の称号で、寛永年間の朝鮮国書に初めて用いられる。新井白石はこれが朝鮮の王子の嫡子〔ちゃくし〕を指す語であることから、「日本国王」の語に改めさせたが、享保以降は旧に復する。幕末にはミカド（天皇）に対比して欧米外交官が多用した。

　　　　　　　　　　　「日本国王」〔にほん〕⑦

正徳金銀〔しょうとくきんぎん〕④ 新井白石の建議で、1714（正徳4）年に改鋳・発行された金銀貨。質量とも慶長金銀に復す。 **正徳小判**〔しょうとくこばん〕⑥

海舶互市新例〔かいはくごしじんれい〕（**長崎新令**〔ながさきしんれい〕・**正徳新令**〔しょうとくしんれい〕）⑦ 1715年の長崎貿易の制限令。貿易額を年間で清船30隻・銀6000貫、オランダ船2隻・銀3000貫に制限し、金銀流出を防止し、銅の支払額もおさえた。

なお、輸出用に棒状にされた銅を棹銅と呼んだ。　　　　　　　　　　　**棹銅**（さおどう）②

4　経済の発展

農業生産の進展

備中鍬（びっちゅうぐわ）⑦　田の荒おこし・深耕用の鍬。刃部が３〜４本に分かれる。近世初期まで、鍬は木製の刃床部に鉄製の刃先をはめ込んでいたが、中期には備中鍬が全国に普及。深耕が容易になり、生産が向上した。

千歯扱（せんばこき）⑦　元禄頃に考案された脱穀具。扱箸に代わり、能率が倍増。寡婦らの扱箸による仕事を奪う結果となったため、一名「後家倒し」（ごけだおし）とも呼ばれた。扱箸の一種に稲扱がある。　　　**扱箸**（こきばし）③　**稲扱**（いなこき）①

唐箕（とうみ）⑦　17世紀後半に中国から伝来し、江戸中期に普及した選別農具。穀粒を鼓胴に落とし、手回しの翼で起こす風で籾殻・塵芥を箱の外に飛ばす。

千石簁（せんごくどおし）⑦　17世紀後半より広まった選別農具。金網の上に穀類を流し、穀粒の大きさによって振るい分けるもの。万石簁ともいう。　　　　　　　　　**万石簁**（まんごくどおし）①

踏車（ふみぐるま）⑥　17世紀半ばに発明された足踏式の灌漑用小型の揚水車。それまでの２人の人力で汲み揚げるなげつるべや龍骨車に代わって普及した。　　**なげつるべ**①

竜骨車（りゅうこつしゃ）④　中国伝来の揚水機。蛇腹のように小さな水槽を重ね、上部へ水を送る。破損が多く、17世紀半ば踏車に代わる。

殻（唐）竿（からざお）④　穀類・豆類の脱穀具。竿の先に短い棒をつけてあり、これを回転して打つので、「くるり」ともいう。

唐臼（からうす）⑦　稲などの穀粒から籾殻を取るのに用いる足踏式の搗臼。木製で円筒形の上下両臼からなる。

刈敷（かりしき）　→　p.94

金肥（きんぴ）⑦　金銭を支払って買い入れる肥料のこと。自給肥料の厩肥・堆肥などに対していう。干鰯・油粕などが、綿花などの商品作物栽培に用いられた。

：**干鰯**（ほしか）⑦　鰯や鰊を日干しにしたもの。速効性肥料として用いられ、各地に干鰯問屋も成立した。　　　　　　**魚肥**（ぎょひ）②

：**〆粕**（しめかす）⑤　鰯や鰊などの魚や胡麻・豆などから油をしぼり取った残り粕。肥料として用いられた。

：**油粕（糟）**（あぶらかす）⑦　油菜の菜種や綿実（綿花の種子）などから油をしぼった粕。
　　油菜（あぶらな）②　**菜種**（なたね）⑤　**綿実**（めんじつ）①
：**糠**（ぬか）②　玄米を精米した時に出る種皮や胚芽など。

鯨油（げいゆ）②　鯨の脂肪肉などから採取された油。享保年間から水田に鯨油を散布して、いなごなどの害虫の駆除に用いられ始め、以後、西日本を中心に広く利用された。

農書（のうしょ）⑦　近世の農業技術の解説書。農業技術の向上と生産力上昇に大きな役割を果たす。

：**清良記**（せいりょうき）②　伊予宇和郡の戦国武将土居清良をめぐる軍記物語。その第７巻『親民鑑月集』が農書に相当する。成立は17世紀後半と考えられている。
　　土居清良（どいきよよし）①
　　親民鑑月集（しんみんかんげつしゅう）①
：**老農夜話**（ろうのうやわ）①　1843年、中台芳昌の農書。須田正芳著作との説もある。千歯扱・唐箕などの農具を用いた農事図も描いて解説している。

宮崎安貞（みやざきやすさだ）⑥　1623〜97　農学者。広島藩士の子に生まれ、福岡藩に仕えたのち帰農し、諸国をめぐり農業を研究。明の徐光啓の著『農政全書』を学び、自らの体験・見聞をもとに、日本で最初の体系的農学書『農業全書』を著す。

：**農業全書**（のうぎょうぜんしょ）⑥　1697年、宮崎安貞の農書。五穀・菜類・果樹などを10巻に分け、見聞と体験に基づく農業技術を記す。全国に広く普及し、農業の必読書とされた。

大蔵永常（おおくらながつね）⑥　1768〜1860？　江戸後期から幕末にかけての農学者。諸国をめぐり、見聞に基づく著を著す。三河田原藩・浜松藩の農政にも参画した。

：**農具便利論**（のうぐべんりろん）③　1822年、永常の農書。数十種の農具を図示し、用法を記す。
：**広益国産考**（こうえきこくさんこう）⑥　1844年脱稿の永常の大著。約60種の作物の栽培法を述べ、商品作物の栽培と加工による農家の利益と国益を論じる。
：**製油録**（せいゆろく）①　1836年刊行の永常の著書。油菜搾油について実践的にまとめられている。

商品作物（しょうひんさくもつ）⑦　商品として販売することを目的とする作物。四木三草のほか、綿花・たばこ・野菜類・甘藷などが主なもの。各地に特産物も現れた。　　　**たばこ**⑤

：**四木三草**（しぼくさんそう）④　幕府や諸藩が重視した民間必需とされる商品作物。四木は桑・漆・茶・楮、三草は麻・藍・紅花。桑・

楮・麻は全国的に栽培され、漆は会津、茶は山城が有名。

桑〈くわ〉⑥　**漆**〈うるし〉⑤
茶〈ちゃ〉⑦　**麻**〈あさ〉⑦

：楮〈こうぞ〉　→ p.121

：藍〈あい〉⑦　葉・茎から染料を採る。律令時代も重要な貢納物。商品生産は江戸時代からで、阿波が中心。明治末年、人造藍によって衰退した。

：紅花〈べにばな〉⑦　花弁から赤色染料を採る。古来より知られるが、江戸時代から出羽村山郡を主産地に生産された。明治初期、輸入紅に押されて衰退する。

：綿〈めん〉（**木綿**〈もめん〉）⑦　綿花から白い毛の繊維と実（綿実〈めんじつ〉）が採れた。15世紀に朝鮮から綿布、ついで綿種が伝えられ、戦国時代、三河地方から栽培が始まり、さらに伊勢などの西国一帯で広く栽培された。

尾張木綿〈おわりもめん〉⑥　**河内木綿**〈かわちもめん〉⑤
伊勢・三河木綿〈いせ・みかわもめん〉②

奉書紙〈ほうしょがみ〉③　楮〈こうぞ〉製の上質な和紙。奉書とは上意を奉じて下す命令書で、幕府がこの紙を公文書に用いたのでこう呼ばれた。越前が名産。有名な和紙には越前の上質紙の鳥の子紙や、播磨杉原紙、美濃紙、讃岐の檀紙〈だんし〉などがある。　**越前上質紙**〈えちぜんじょうしつし〉④

鳥の子紙〈とりのこがみ〉①　**杉原紙**〈すぎはらがみ〉④
美濃紙〈みのがみ〉④

干鰯〈ほしか〉　→ p.171

諸産業の発達

鰯漁〈いわしりょう〉③　江戸時代に肥料としての需要が増え、最も盛んだった漁業。房総の九十九里浜の地曳網漁、房総・肥前の八手網〈やつで〉漁、伊予の船曳網漁などが盛ん。
九十九里浜〈くじゅうくりはま〉④

地曳網〈じびきあみ〉　→ p.122

土佐の鰹漁〈とさのかつおりょう〉⑤　江戸中期以降に発達。主に釣漁でとる。鰹節〈かつおぶし〉に加工された。

捕鯨〈ほげい〉⑤　古代より行われていたが、戦国時代には紀伊・長門・土佐・肥前を中心に銛〈もり〉の突取法が行われ、近世になると勢子船〈せこぶね〉で鯨を網に追い込み、最後に銛でしとめる。

蝦夷地の鰊・昆布漁〈えぞちのにしん・こんぶりょう〉③　江戸中期以降、鰊は肥料、昆布は清〈しん〉への輸出品として、漁獲量が増加。両者は北前船〈きたまえぶね〉で大坂に輸送された。

入浜〔式〕塩田〈いりはま〔しき〕えんでん〉⑥　潮の干満を利用して、海水を導入して水分を蒸発させ、塩分の濃度を高める塩田。室町後期に伊勢地方など

で始まり、近世には瀬戸内地方で発達した。

揚浜法〈あげはまがり〉　→ p.122

久留米絣〈くるめがすり〉①　18世紀末に久留米で考案された絣（端がかすれたような文様がある）の綿織物。なお、綿織物で有名なものは次の通り。　**小倉織**〈こくらおり〉①　**有松絞**〈ありまつしぼり〉①

越後縮〈えちごちぢみ〉②　越後小千谷〈おぢや〉地方で産する細かいしわのある麻織物。中世より知られる。なお、麻織物の名産は次の通り。
近江麻〈おうみあさ〉③　**奈良晒**〈ならざらし〉③

西陣織〈にしじんおり〉⑥　京都西陣の高級絹織物。明〈みん〉の織法を取り入れて縮緬・金襴〈きん〉・緞子〈どんす〉などを織る。江戸時代後期にこの技術が各地に伝えられた。なお、産地の名で呼ばれる絹織物は次の通り。　**桐生絹**〈きりゅうぎぬ〉⑥
足利絹〈あしかがぎぬ〉⑤　**丹後縮緬**〈たんごちりめん〉①
結城紬〈ゆうきつむぎ〉①

高機〈たかはた〉　→ p.200

有田焼〈ありたやき〉　→ p.163

伊万里焼〈いまりやき〉③　肥前伊万里・有田地方の磁器。近隣の有田焼が伊万里港から各地へ積み出されたので伊万里焼とも呼ばれた。九谷（加賀）・姫谷〈ひめや〉（備後）の磁器はこの系統。

九谷焼〈くたにやき〉②　加賀九谷村で始まった磁器。肥前伊万里より学び、古九谷が17世紀に盛んとなる。18世紀に衰えたが、19世紀初めに再興し、赤絵が中心となる。

灘の酒〈なだのさけ〉⑤　摂津の西・魚崎・御影〈みかげ〉・西宮・今津のいわゆる灘5郷の酒。16～17世紀は摂津の池田・伊丹などの都市酒造業が多かったが、享保頃から江戸への下り酒で灘の酒が首位に立った。　**西宮**〈にしのみや〉①
池田〈いけだ〉①　**伊丹**〈いたみ〉⑤
伏見の酒〈ふしみのさけ〉①

野田の醤油〈のだのしょうゆ〉⑤　下総野田は江戸への水運がよく、近江商人の進出で発展。醤油は京都・龍野（播磨）・湯浅（紀州）も産したが、銚子の醤油は摂津西宮より伝来。
銚子〈ちょうし〉⑥　**龍野**〈たつの〉②

輪島塗〈わじまぬり〉③　能登輪島の漆器〈うるし〉。堅固で蒔絵〈まきえ〉などを用いたものもある。なお、塗物の名産は次の通り。春慶塗には堺・飛騨・能代〈のしろ〉などの産地がある。
会津塗〈あいづぬり〉②　**春慶塗**〈しゅんけいぬり〉②

：木地師〈きじ〉①　ろくろを使って椀や盆などの木地をつくる職人。

備後の畳表〈びんごのたたみおもて〉①　藺草〈いぐさ〉を原料とする畳表は、近世になると畳の普及で需要が増えた。特に備後産は良質で備後表と呼ばれた。

富山の薬〈とやまのくすり〉①　越中富山でつくられた家庭用売薬。近世になると現物を先に渡し、翌

年使用済みの分の代金を受け取り、残品は
新品と交換・補充する行商方式で全国に販
売された。　　　**富山売薬商人**とやまばいやく
くしょうにん ②

主な産物

▶**織物**

絹(京都西陣織・米沢織・桐生絹・伊勢崎
絹・足利絹・上田紬つむぎ・丹後縮緬・結城
紬・武蔵八王子・博多織)、**木綿**(河内・和
泉・三河・小倉織・久留米絣がすり・琉球絣)、
麻(小千谷縮おぢや・奈良晒さらし・近江麻・薩摩
上布じょうふ)

▶**陶磁器**

京焼・粟田焼・清水きよみず焼・九谷焼・瀬戸焼・
姫谷焼・有田(伊万里)焼・備前焼

▶**漆器**

南部塗・会津塗・輪島塗・春慶塗(飛驒・能
代)・黒江塗

▶**製紙**

越前鳥の子紙・越前奉書紙・檀紙(備前・備
中・讃岐)・杉原すぎはら紙(播磨)・美濃半紙

▶**醸造**

酒(灘・伊丹・池田・西宮・伏見)、**醤油**
(野田・銚子・京都・播磨龍野・湯浅)

▶**染物**

友禅染(加賀・京都)、有松絞ありまつ
しぼり(尾張)

▶**鉱産物**

金(佐渡相川・越後・伊豆・甲斐)、**銀**(出
羽院内・出羽阿仁・石見大森・但馬生野)、
銅(出羽阿仁・出羽尾去沢おさりざわ・下野足尾・
伊予別子)、**鉄**(陸奥釜石・出雲松江)、**石
油**(越後)、**石炭**(佐賀)

▶**木材**

檜(木曽)・**杉**(秋田・飛驒・吉野・熊野・
紀伊)・**薪・炭**(摂津池田・紀伊備長びんちょう)

▶**海産物**

塩(播磨赤穂・下総行徳ぎょうとく)、**海苔**のり(江戸)、
かき(安芸)、**鰹・鮪**(五島)、**鮭・鰊・昆
布**(松前)、**鰯**(九十九里浜)

▶**商品作物ほか**

茶(山城宇治・駿河)、**藍**(阿波)、**紅花**(出
羽)、**綿花**(三河・尾張・伊勢・河内)、**漆**
(会津)、**砂糖**(薩摩・大隅・阿波)、藺草いぐさ
(備中・備後)、**みかん**(紀伊)、**ぶどう**(甲
斐)

<hr>

交通の整備と発達

五街道ごかいどう ⑦ 江戸日本橋を起点とする幹線
道路。道中奉行が支配し、設備も整う。東

海道・中山道と日光道中・奥州道中・甲州
道中の五つをいう。大名などの御用通行が
優先された。　　　**江戸日本橋**えどにほん
ばし ⑤
　　　　　　　　　　　　御用通行ごようつ
うこう ③

：**東海道**とうかい ⑦ 古代七道の一つ。1624年、
江戸・京都間に品川～大津の53宿を確定。
各宿駅に100人・100疋ひきの人馬をおく。
　　　　　　　品川しながわ ④　**大津**おお ①

：**中山道**なかせん ⑦ 草津で東海道と合流。江
戸・草津間に板橋～守山の67宿をおき、各
宿駅に50人・50疋の人馬を常備。正徳期以
前は中仙道と記す。　　　**板橋**いた ①
　　　　　　　草津くさ ①　**奈良井**なら ①
　　　　　　　妻籠つま ①　**守山**もり ①

：**甲州道中**こうしゅう
どうちゅう ⑦ 下諏訪しもすわで中山道と
合流。江戸・下諏訪間に内藤新宿～上諏訪
の45宿をおく。一説では甲府まで38宿と考
える。

：**日光道中**にっこう
どうちゅう ⑦ 寛永年間、日光東照
宮再建により整備された。江戸・日光間に
千住～鉢石はついしの21宿をおく。

：**奥州道中**おうしゅう
どうちゅう ⑦ 千住～宇都宮の17宿
は日光道中と重複。厳密には宇都宮の次の
白沢しらさわ～白河の10宿。一説では日本橋～青
森を考える。

道中奉行どうちゅう
ぶぎょう ② 1659年の創設。五街道宿
駅の伝馬・旅宿・飛脚のほか、道中一切の
事務を管掌する。大目付・勘定奉行より各
1名が兼任した。

脇街道わきかいどう(脇往還わきおうかん) ⑦ 五街道などの本
街道に対し、それ以外の脇路の呼称。主な
ものは次の通り。

：**伊勢街道**いせかいどう ① 伊勢参宮のための道で、
東海道四日市・石薬師といしやくし宿の間から分岐。

：**北国街道**ほっこく
かいどう ② 江戸と佐渡とを結ぶた
め、信濃追分おいわけで中山道と分れ、直江津なおえつ
に至る道。近世の中山道と古代の北陸道を
つないだ。

：**中国街道**ちゅうごく
かいどう ① 東海道に続く大坂～
赤間まが関(下関)の脇街道で、宿駅の算定な
どに諸説がある。山陽道ともいう。
　　　　　　　　　　　　山陽道さんよう
どう ①

：**長崎街道**ながさきかいどう ① 小倉～長崎の脇街道。

：**山陰道**さんいん
どう ① 京都～赤間関の日本海側
の脇街道をいう。

宿駅しゅくえき(宿場しゅくば) ⑦ 主要街道では2～3里
ごとにおかれ、道中奉行または領主の支配
下に宿役人が業務を運営。本陣・旅籠はたご
などの宿泊設備、人馬継立て(継送り)をする
問屋場などが整備された。高札を立てる高
札場も設けられていた。　　　**継送り**つぎおく
り ①

高札場_{こうさつば} ④

一里塚_{いちりづか} ⑤ 1里（約4km）ごとに街道に設けられた路程標。秀吉も築いたが、江戸幕府が整備。江戸日本橋を起点に1里ごとに塚を築き、榎_{えのき}や松を植えた。

関所_{せきしょ} ⑦ 幕府は五街道などに治安維持を目的に、50数カ所設置。通行には関所手形（通行手形）が必要。関東の関所では「入鉄砲に出女」を厳しく取り締まった。諸藩も藩境に警備及び物資流出を監視するために設置。　　　　**「入鉄砲に出女」**_{いりでっぽうにでおんな} ②

：箱根関_{はこねのせき} ③ 東海道の重要な関所。1618年頃の設置。小田原藩が管理し、特に「出女」を厳しく取り締まる。

：新居関_{あらいのせき}（**今切関**_{いまぎれのせき}）③ 東海道浜名湖口の今切に1600年に設置。吉田藩の管理。航路の危険があり、箱根と共に監視が厳しい関所のため、女性は多く北岸の姫街道を通る。建物は現存する。

：碓氷関_{うすいのせき} ③ 中山道の関所。上野国と信濃国の境にある碓氷峠に設置。横川関ともいう。

：木曽福島関_{きそふくしまのせき} ② 中山道木曽谷のほぼ中央におかれた関所。

：贄川関_{にえかわのせき} ① 中山道の関所で、木曽路の北の位置におかれた。

：小仏関_{こぼとけのせき} ① 甲州道中の小仏峠の関所。

：栗橋関_{くりはしのせき} ① 奥州・日光道中で利根川の渡_{わたし}に設置された関所。

大井川の渡し_{おおいがわのわたし} ① 駿河国と遠江国の境となっている大井川は、架橋・渡航が禁じられ、川越人足_{かわごしにんそく}を利用して渡渉_{としょう}を行う。増水の時は川留_{かわどめ}となる。安倍川_{あべかわ}も同じ。天竜川は渡船。　　　**天竜川**_{てんりゅうがわ} ①
渡船場_{とせんば} ④

伝馬役_{てんまやく} ⑦ 街道の輸送のために課された人馬の夫役。助郷役はこの一種。

：助郷役_{すけごうやく} ⑥ 主な街道周辺には、人馬不足の際、補助人足を出すようあらかじめ指定された村があり、助郷と呼ばれた。助郷が市の交通補助の夫役が助郷役。助郷役は農村疲弊の主要な原因ともなって、助郷役反対の一揆も起こる。　**助郷**_{すけごう} ②

問屋場_{といやば} ⑤ 各宿にある公営の人馬・貨物を継ぎ替える施設。年寄の補佐のもと、帳付・馬指_{うまさし}などの宿役人を問屋が管理。常備の公用馬が伝馬で、人足と共に宿が負担した。次のような宿役人がいた。
宿役人_{しゅくやくにん} ①　**年寄**_{としより}《宿役人》①
名主_{なぬし}《宿役人》①　**帳付**_{ちょうつけ} ①

飛脚_{ひきゃく} ⑦ 書簡や金銀その他小貨物を送り届

けるもの。継・大名・町飛脚がある。

：継飛脚_{つぎびきゃく} ⑤ 幕府公用の飛脚。1590年の家康関東入府より設置。各宿場で人馬を継ぎ替える。18世紀中頃には、東海道を急ぎの急御用で約68時間。

：大名飛脚_{だいみょうびきゃく} ④ 継飛脚にならって大名が江戸と国元間においた飛脚。尾張・紀伊の両家は、東海道7里ごとに小屋をおいたので七里飛脚とも呼ばれた。

：町飛脚_{まちびきゃく} ④ 民間営業の飛脚。1663年、三都の商人が三都間の飛脚業を開始。毎月3度大坂を発し、東海道を6日で走ったので三度飛脚とも定六とも呼ばれ、江戸では定飛脚ともいう。その業務を扱うのが飛脚問屋。　　**三度飛脚**_{さんどびきゃく} ①　**定六**_{じょうろく} ①
飛脚問屋_{ひきゃくどいや} ②

本陣_{ほんじん} ⑥ 宿駅の大名・公家・幕府役人の宿泊所。門・玄関・上段の間を持ち、格式が高い。問屋・名主らの兼業が多い。寛永年間に整備された。これを補うのが脇本陣。
脇本陣_{わきほんじん} ⑤

：旅籠〔屋〕_{はたご〔や〕} ⑥ 宿場の一般庶民用の宿舎。薪_{まき}代を払い、自炊を旨とする木賃宿から、次第に発展し、寝食設備を整え、飯売（飯盛）女をおくようになった。
木賃宿_{きちんやど} ①　**飯売（飯盛）女**_{めしうり（めしもり）おんな} ②

中馬_{ちゅうま} ① 農業の合間に百姓が持ち馬を使って物資輸送を行ったが、その馬方を指す。信州で盛んであった。

角倉了以_{すみのくらりょうい} → p.167

高瀬川_{たかせがわ} ⑥ 京都と伏見を結ぶ輸送水路で、1611年に角倉了以が開削。了以は鴨川・富士山・天竜川などの河川も整備。
富士川_{ふじがわ} ①

淀川水運_{よどがわすいうん} ③ 京都・伏見～大坂間の輸送水路。伏見～大坂間の貨客船が活躍した。客船はいわゆる三十石船で、上り1日、下り半日であった。

高瀬船_{たかせぶね} ② 代表的な小型の川船で、河川や湖沼の水上運送に広く用いられた。角倉了以によって京都・伏見間に開かれた高瀬川は、高瀬船の運行にちなんで名づけられた。次の河湖でも舟運が発達した。
利根川_{とねがわ} ③　**信濃川**_{しなのがわ} ①
鴨川_{かもがわ} ②　**琵琶湖**_{びわこ} ①
霞ヶ浦_{かすみがうら} ②

河岸〔場〕_{かし〔ば〕} ⑦ 川岸_{かわぎし}ともいう。荷物や人の輸送に便利なようすにつくられた川船用の着岸場。物資流通量の増大により整備され、中には特定の物資の荷揚げ場となり、周辺に競り市が立つものもあった。

菱垣廻船（ひがきかいせん）⑦ 1619年、堺商人が創始したといわれる大坂・江戸間の回漕船（かいそうせん）。元禄年間に江戸十組（とくみ）問屋と提携し、それを明示するため、両舷（げん）に菱組の垣をつけていた。千石積の船を使用したが、到着が遅く樽廻船に押された。

：**弁才船**（べんざいせん）① 千石船と呼ばれるような典型的な大型の和船。

河村瑞賢（瑞軒）（かわむらずいけん）⑥ 1618〜99 江戸の商人で海運・治水に功があり、明暦の大火で材木を商って富を得、のち東廻り・西廻り海運を整備。大坂の安治川も開き、御家人に登用された。

東廻り海運（航路）（ひがしまわりうんゆ（こうろ））⑦ 東北の日本海沿岸より津軽海峡経由で江戸に至る航路。初めは銚子から利根川を経由した。1671年、河村瑞賢の努力で、外海を迂回（うかい）して江戸に直行する航路が開通した。

西廻り海運（航路）（にしまわりかい（こうろ））⑦ 日本海沿岸の出羽酒田を起点に、下関経由で大坂に至る航路。加賀藩の年貢米輸送に始まる。1672年、河村瑞賢の改良で秋田以北にも及び、のち蝦夷地（えぞち）の松前に至る。

樽廻船（たるかいせん）⑤ 源流は寛文年間に摂津に起こった小早（こはや）という廻船。1730年、江戸の十組問屋より酒店組が分離して樽廻船が独立。主に酒荷を上方から江戸へ輸送した。200〜400石船で、荷積みが迅速で早く着いたため、菱垣廻船を圧倒した。

酒店組（さかだなぐみ）①

南海路（なんかいろ）⑥ 大坂から江戸に至る航路。大坂から江戸にもたらされる物資は、下り荷や下り物とも呼ばれた。

下り荷（くだりに）③

北前船（きたまえぶね）⑦ 江戸中期〜明治前期、北海道や東北の物資を、松前（北海道南西部）や日本海各地に寄港し、下関を廻って大坂に輸送した船のこと。船主自身が、物資を買い積む方式が中心であった。

買い積み船（かいつみせん）②

内海船（尾州廻船）（うつみぶね（びしゅうかいせん））⑥ 尾張国知多（ちた）半島の内海村を主な拠点とした廻船。主に江戸〜上方間の輸送で活躍した。

廻船問屋（かいせんどいや）① 廻船業をする問屋で、船問屋（ふなどいや）ともいう。船主のために積荷を集めたり、船主と契約を結び、自ら積荷を運送したりした。

：**本間家**（ほんまけ）① 出羽庄内（しょうない）の日本最大級の豪商。近世初期から廻船問屋として、大坂との取引も盛んに行っていた。

貨幣と金融

金座（きんざ）⑦ 金貨の鋳造・鑑定・封印を行う。初め大判・小判両座をいい、のち小判座のみを指す。小判座は代々の後藤庄三郎光次（みつつぐ）が管轄した。なお、金座・銀座・銭座を総称して三座という。

後藤庄三郎（ごとうしょうざぶろう）① **後藤家**（ごとうけ）③

銀座（ぎんざ）⑦ 銀貨鋳造所の総称。堺の町人湯浅常是（じょうぜ）の子孫大黒家が管理し、鋳造・検査・封印を行った。伏見に始まり、江戸・京都・大坂・長崎に設置され、のち江戸に統一された。

大黒家（だいこくけ）①

慶長金銀（けいちょうきんぎん）④ 1600年以降、幕府が全国的な統一貨幣として発行した金貨・銀貨の総称。元禄の貨幣改鋳以後のものに比して良質であった。

慶長大判（けいちょうおおばん）③
慶長小判（けいちょうこばん）⑦ **慶長一分金**（けいちょういちぶきん）②
慶長丁銀（けいちょうちょうぎん）③ **慶長豆板銀**（けいちょうまめいたぎん）①

計数貨幣（けいすうかへい）⑤ 一定の純度と分量と形状を持ち、一定の価格が表示され、目方（めかた）でなく個数や額面で通用する貨幣。江戸時代では小判や一分銀、寛永通宝など。金貨は1両＝4分、1分＝4朱の4進法。銭は1貫＝1000文。

両（りょう）① **分**（ぶ）② **朱**（しゅ）③

：**大判**（おおばん）① 秀吉の天正大判以後、江戸幕府は大判座の後藤家により、慶長大判以後5回鋳造。「拾両」と墨書（ぼくしょ）してあるが、実際は賞賜・贈答用として用いられた。

：**小判**（こばん）⑦ 後藤庄三郎の小判座で鋳造した金貨。1枚1両で後藤家が刻印。慶長小判以後、元禄・宝永・正徳・享保・元文・文政・天保・安政・万延の10種類の小判を鋳造。小判より小額の金貨に一分金（一分判）・二朱金（二朱判）・一朱金（一朱判）がある。

宝永（ほうえい）**小判**⑥ **享保**（きょうほ）**小判**⑥
元文（げんぶん）**小判**⑥ **文政**（ぶんせい）**小判**⑥
天保（てんぽう）**小判**⑥ **安政**（あんせい）**小判**⑦
一分金（いちぶきん）⑤ **一朱金**（いっしゅきん）②

秤量貨幣（しょうりょうかへい）⑤ 重さを計って価値を決めて使用した貨幣。江戸時代の銀貨がその代表。なお1貫（約3.75kg）＝1000匁。

貫（かん）④ **匁**（もんめ）③

：**分・厘・毛**（ぶ・りん・もう）① 1匁＝10分＝100厘＝1000毛。なお、現行の5円硬貨は3.75gで、1匁に相当。

：**丁銀**（ちょうぎん）⑦ なまこ形で30〜50匁の銀貨。量目（りょうもく）不定で使用時に秤量する。慶長丁銀やそれを改鋳した18世紀初めの宝永永字丁銀などがある。

：**豆板銀**（まめいたぎん） ⑦ 5匁前後の丁銀の補助となる銀貨。小粒・小玉銀ともいう。これにより銀の切遣いは必要なくなった。慶長豆板銀のほか、18世紀初めの宝永永字豆板銀などがある。

：**一分銀**（いちぶぎん） ③ 江戸末期の銀貨の一つ。4枚で1両。天保一分銀は一分金が不足したため鋳造。安政一分銀は貿易開始と共にメキシコドルと同品位にするため鋳造。また一朱銀も鋳造されたが、一朱銀16枚で1両。　**天保一分銀**（てんぽういちぶぎん）①　**一朱銀**（いっしゅぎん）①

銀座（ぎんざ） ⑦ 銭貨鋳造の機関。1636年、江戸の芝と近江坂本で寛永通宝を鋳造して以来、民間請負の形で大坂・長崎・秋田などに設置。金座または銀座の支配を受ける。

：**寛永通宝**（かんえいつうほう） ⑦ 1636年に初鋳の銅一文銭。この発行により、欠け銭などの悪貨が整理された。銅が不足したため、のち真鍮（しんちゅう）・鉄四文銭もつくられる。幕初には慶長通宝、後期には100文通用の楕円形の天保通宝がある。　**一文銭**（いちもんせん）①　**文**（もん）④　**われ銭**（われせん）①　**欠け銭**（かけせん）①　**鉛銭**（なまりせん）①

三貨（さんか） ⑦ 近世の金・銀・銭3種の貨幣の総称。金貨は大判・小判など、交換比率は1609年に金1両＝銀50匁＝銭4貫と公定されたが、1700年に金1両＝銀60匁と改める。実際は時期によりかなり変動する。　**金貨**（きんか）・**銀貨**（ぎんか）・**銭貨**（せんか）⑦

金遣い（きんづかい）・**銀遣い**（ぎんづかい） ⑤ 金建て・銀建てともいう。江戸（東日本）では取引や決裁に主に金貨が使用され、また大坂（西日本）では主に銀貨が使用されていた。

藩札（はんさつ） ⑥ 諸藩・旗本領内で発行・通用した紙幣。金札・銀札・銭札などがあり、濫発の傾向がある。1661年、越前藩が最初に発行。1871年には244藩・14代官所・9旗本領、計1700余種に達する。

両替商（りょうがえしょう） ⑦ 金・銀・銭の三貨の交換から、預金・貸付・為替（かわせ）取組・手形発行などを扱う商人。三都を中心に発達。

：**本両替**（ほんりょうがえ） ② 金銀の交換だけでなく、為替・貸付業務もする。幕府・諸藩の金融機関としても活躍し、大坂では十人両替が支配。江戸では三井・三谷などが有名。大坂の加島屋は、両替でも富を蓄えた。　**三谷**（みたに）①　**加島屋**（かじまや）①

：**十人両替**（じゅうにんりょうがえ） ① 大坂で本両替仲間より選ばれ、大坂両替仲間を支配した。1670年に整備される。天王寺屋・平野屋・鴻池屋など。　**天王寺屋**（てんのうじや）①　**平野屋**（ひらのや）①

：**鴻池家**（こうのいけ） ⑤ 大坂の代表的豪商。伊丹の酒造で産をなし、海運業・両替商・掛屋・大名貸などで巨富を得、3代目善右衛門（ぜんえもん）で発展。新田開発も行う。

：**銭両替**（ぜにりょうがえ） ① 銭屋ともいい、金・銀貨と銭とを交換する業者。小額貨幣交換を本務とし、江戸に多かった。

三都の発展

三都（さんと） ⑦ 江戸・京都・大坂を総称していう。近世においては、他の都市と比較して隔絶した人口規模があった。

江戸（えど） ⑦ 最大の城下町。18世紀、人口100万人を超える。中世初期は江戸氏の根拠地。太田道灌（どうかん）の築城で開け、家康入府（にゅうふ）より急速に発達し、17世紀前半の神田上水を始め、早くから上水道も整備された。1657年の明暦の大火後に市域は一層拡大した。　**「将軍のお膝元」**（しょうぐんのおひざもと）⑤　**神田上水**（かんだじょうすい）①　**玉川上水**（たまがわじょうすい）①　**千川上水**（せんかわじょうすい）①

『熙代勝覧』（きだいしょうらん） ⑤ 1805（文化2）年の江戸日本橋を描いた絵巻。作者不明。1999年にドイツで発見。化政期の江戸の貴重な資料。

大坂（おおさか） ⑦ 秀吉の大坂城築城後に発展。商業・経済の中心で、「天下の台所」と称される。幕府直轄で人口40万人に達する。河川・運河が多く、「大坂八百八橋」の称がある。古代で難波、15世紀末より大坂と称し、明治初年に大阪と改める。　**「天下の台所」**（てんかのだいどころ）⑦

蔵屋敷（くらやしき） ⑦ 諸藩・旗本などが、年貢米・国産物を販売するためにおいた倉庫兼取引所。大坂に最も多く、中之島に集中した。　**中之島**（なかのしま）③

蔵物（くらもの） ⑥ 蔵屋敷に集められた年貢米・国産物などを総称したもの。その中心は蔵米である。　**蔵米**（くらまい）③

：**蔵元**（くらもと） ⑥ 蔵屋敷で蔵物の出納・売却を取り扱った商人。初めは武士の蔵役人があたったが、のち商人に委託された。

：**掛屋**（かけや） ⑥ 蔵物の売却代金の保管や藩への送付にあたる商人で、蔵元兼務も多く、諸藩の財政を左右した。

納屋物（なやもの） ⑤ 蔵物に対し、民間商人の手を経た商品をいう。米の場合が納屋米。蔵屋敷を持たない小大名や旗本・寺社などの物資もあった。　**納屋米**（なやまい）①

大名貸（だいみょうがし） ② 蔵元・掛屋・両替商などが大名に行った貸付。多くは大坂の豪商で、蔵米を抵当とした。利益は大きかったが倒産

の危険性も大きかった。

京都（きょうと）　→ p.50

本山・末寺（ほんざん・まつじ）　→ p.158

：**本寺・本山**（ほんじ・ほんざん）③ 本山・末寺制により、京都には次のような各宗派の本寺・本山の大寺院が集中した。　**仁和寺**（にんなじ）①

　　青蓮院（しょうれんいん）①　**妙法院**（みょうほういん）①

　　　　　　　　　　　聖護院（しょうごいん）①

：**本社**（ほんしゃ）① 一派の長として、末社などを総括する神社。

西陣織（にしじんおり）　→ p.172

京染（きょうぞめ）③ 京都の染物の総称。古代以来の伝統的技術を背景に、特に近世に発達した。友禅染はその最上のもの。

京焼（きょうやき）④ 江戸時代、京都でつくられた陶磁器の総称（楽焼を除く）。瀬戸・有田二系統の技法を摂取し、野々村仁清（にんせい）が大成。粟田（あわた）・清水二系統に分かれる。また各地の窯にも大きな影響を与えた。

：**清水焼**（きよみずやき）① 京焼の一系統で、清水寺付近で産出。野々村仁清の京焼大成後、粟田焼と清水焼の二系統に分かれる。19世紀初め、清水焼は色絵磁器を中心に再興し、生産が増大した。

商業の展開

十組問屋（とくみどいや）⑦ 1694年成立の江戸の荷受問屋の仲間。塗物店組・綿店組・酒店組（さかだな）など、商品別に十組に編成。大坂の二十四組問屋と提携し、海損負担を協定した。

　　　　　　　　　　　荷受問屋（にうけどいや）①

二十四組問屋（にじゅうしくみどいや）⑥ 江戸の十組問屋と同じ頃、大坂でつくられた商品別の荷積問屋の仲間。10組で結成され、のちに24組の構成となった。1784年に株仲間となる。

近江商人（おうみしょうにん）① 近江出身の商人のこと。中世より活動、江戸時代に全盛期。行商と出店の形で主に東日本に進出した。

豪商（ごうしょう）《元禄》⑥ 朱印船貿易などの特権的な取引で巨富を得た初期豪商に代わって、元禄期には三都の繁栄を背景に新たに豪商が出現。材木商の紀伊国屋・奈良屋、酒造の鴻池屋、呉服商の越後屋などが独自の商品で産をなして発展していった。

三井家（みついけ）① 伊勢松坂の出で、始祖の八郎兵衛高利が江戸で越後屋呉服店・両替商で産をなし、以後、代々継承し、明治以降は財閥に成長。　**三井高利**（みついたかとし）③

：**越後屋呉服店**（えちごやごふくてん）③ 三井高利が1673年に江戸に開いた呉服店。「現金かけ値な

し」と切売り商法で繁盛。両替商も兼業。幕府の御用〔達〕商人。明治期になって分立し、現在の三越百貨店につながる。

　　御用〔達〕商人（ごようたし〔たつ〕しょうにん）⑤

淀屋辰五郎（よどやたつごろう）①　? ～1717　元禄期の大坂豪商。先祖以来の蔵元で富を得、店頭で米市が立つほどであったが、1705年、驕奢（きょうしゃ）（ぜいたく）の理由で5代目が全財産を没収された。世に辰五郎と呼ぶが、通称である。

紀伊国屋文左衛門（きのくにやぶんざえもん）① 初代は生没年不詳。紀伊国熊野出身の豪商。紀州のみかんを江戸に回送して利益をあげ、材木商に進出して財をなした。2代目（1669? ～1734）は紀文大尽（きぶんだいじん）と呼ばれ、遊里での豪遊が有名。

住友家（すみともけ）③ 屋号は泉屋。銀と銅とを分離する南蛮吹（なんばんぶき）を導入し、元和年間に大坂に銅吹所を設けて銅精錬を行う。寛永年間、糸割符（いとわっぷ）仲間となる。1690年4代友芳（とも よし）が別子（べっし）銅山を発見し、富を増す。明治以降は財閥に成長。　**泉屋**（いずみや）①

　　　　　　　　　　　銅吹所（どうふきしょ）①

問屋制家内工業（といやせいかないこうぎょう）⑦ 原料・器具とも自前であった農村家内工業に対し、問屋商人が原料・器具を家内生産者に前貸し、その生産物を買い上げる生産形態をいう。18世紀より広まり、19世紀に絹織物業や綿織物業で発達。農村では富裕な家が織元となり、糸などの原料が供給され、織物を織って賃銭を得る形態も普及した。

　　　　　　　　農村家内工業（のうそんかないこうぎょう）④

堂島米市場（どうじまこめいちば）⑦ 大坂堂島にできた米市場。淀屋辰五郎処罰の後、米市が堂島で始まり、1730年に米相場所が公認され、全国の米相場を左右した。

：**米切手**（こめきって）① 大坂の蔵屋敷が蔵米の買主に発行した米の保管証書。米切手は転売可能であり、流通証券として取引された。

雑喉場魚市場（ざこばうおいちば）⑤ 大坂の魚市場。上方（かみがた）第一の魚市場で、起源は17世紀初め頃。江戸の日本橋と並称される。本来、雑喉場は、高級魚を扱う魚市場に対して、一般向けの雑魚の市場をいった。名古屋では、熱田魚市場が有名。　**日本橋魚市場**（にほんばしうおいちば）⑥

　　　　　　　　　　　熱田魚市場（あつたうおいちば）①

天満青物市場（てんまあおものいちば）⑤ 大坂の野菜・果実の市で、江戸の神田青物市場と並称される。石山本願寺の頃からあり、1653年に公認。畿内第一の青物市場。名古屋では、枇杷島青物市場が有名。　**神田青物市場**（かんだあおものいちば）⑤

批把島青物市場〈びわじまあおものいちば〉①

牛市〈うしいち〉《天王寺》① 近世初頭から摂津天王寺で、11月に開かれた牛の大市。のち、年中開設となる。伯耆大山〈だいせん〉でも年2回開かれる。

5 元禄文化

元禄文化

元禄文化〈げんろくぶんか〉⑦ 元禄時代を中心とする江戸前期の文化。遊里の事情に通じた粋〈いき〉な気性を尊ぶ上方の町人や武士を主な担い手とし、人間的で華麗な町人文化が発展した。

町人文化〈ちょうにんぶんか〉①

元禄期の文学

上方〈かみがた〉⑦ 京都・大坂地方の呼び方。都へ行くのを「上る」、地方へ行くのを「下る」ということから起こった。幕府は、三河以西の地域を上方と呼んだ。

西山宗因〈にしやまそういん〉③ 1605〜82　俳人・連歌師。談林風を創始した。上方で活躍し、形式化した貞門風に対し、自由・平易な談林風をおこす。

談林派〈だんりんは〉② 西山宗因一派の俳風。貞門派の形式性を乗り越え、自由な用語と日常の見聞で句をつくり、上方の新興町人の間に急速に流行した。　**談林俳諧**〈だんりんはいかい〉②

井原西鶴〈いはらさいかく〉⑦ 1642〜93　浮世草子作者・談林派の俳人。大坂の人。俳諧師として活躍したが、仮名草子を発展させて浮世草子を創作。その町人生活の写実的描写は、のちの文学に大きな影響を与えた。

浮世草子〈うきよぞうし〉⑥ 現世否定的で、教訓を主とする仮名草子と異なり、浮世つまり享楽的現世、特に好色生活を写した風俗小説。近世以前は、「浮き世」は「憂き世」と表記されていた。好色物・町人物・武家物など内容は多様で、西鶴の『好色一代男』を最初とする。　**「浮世」**〈うきよ〉①

好色物〈こうしょくもの〉⑤ 浮世草子の一種で、男女の好色生活の描写を特色とする。井原西鶴が代表作家。

：**『好色一代男』**〈こうしょくいちだいおとこ〉⑦ 井原西鶴の浮世草子第1作。1682年刊。主人公世之介〈よのすけ〉の江戸・大坂・京などの遊女らとの愛欲生活を描き、町人の生活感情を新鮮な発想で表現する。

：**『好色五人女』**〈こうしょくごにんおんな〉② 西鶴の好色物。愛欲で身を滅ぼす五つの恋物語（一話だけ恋を成就）。素材を当時の巷談〈こうだん〉に採る。

：**『好色一代女』**〈こうしょくいちだいおんな〉① 西鶴の好色物。愛欲生活で身を崩した老女の追憶談。

武家物〈ぶけもの〉⑤ 浮世草子の一種。町人物に対し、武家の生活を描く。

：**『武道伝来記』**〈ぶどうでんらいき〉⑤ 井原西鶴の武家物。32の仇討〈あだうち〉の説話集。敵〈かたき〉討ちに失敗する話も多く、武家社会の矛盾を描く異色作。

：**『武家義理物語』**〈ぶけぎりものがたり〉① 西鶴の武家物。仇討のほか、武家の義理を風刺的に描く。

町人物〈ちょうにんもの〉⑤ 浮世草子の一種。町人の経済活動を写実的に描写する。井原西鶴が代表的作家。

：**『日本永代蔵』**〈にっぽんえいたいぐら〉⑥ 西鶴の町人物。1688年刊。金銭や出世を追求する町人の喜怒哀楽をリアルに描写する。

：**『世間胸算用』**〈せけんむねざんよう〉④ 西鶴の町人物。1692年刊。大晦日〈おおみそか〉の借金取立てに、攻防の秘術を尽くす町人生活の実相を描く。

俳諧〈はいかい〉⑦ 本来は、おかしい戯〈ざ〉れごとの意。連歌と共に俳諧連歌もあったが、江戸時代に連歌の発句〈ほっく〉が俳句となり、これと連歌と同様の長形式の連句なども総称して俳諧という。貞門派・談林派を経て蕉風俳諧で大成。

松尾芭蕉〈まつおばしょう〉⑦ 1644〜94　俳人。伊賀の人。貞門派・談林風を学び、のち蕉風を確立し、俳諧を和歌と対等の芸術的地位に引き上げた。俳文・紀行文でも著名。

蕉風(正風)俳諧〈しょうふうはいかい〉⑥ 松尾芭蕉とその一派の俳風。言葉の面白みより、言外の余情を重んじ、しおり・さびなどの新しい美意識に基づく作風をおこし、俳諧を芸術的に大成した。

：**『奥の細道』**〈おくのほそみち〉⑦ 芭蕉の俳諧紀行文。1689(元禄2)年春、門弟曽良〈そら〉と江戸を立ち、東北・北陸地方を経て美濃大垣〈おおがき〉に至る紀行文。

：**『笈の小文』**〈おいのこぶみ〉② 芭蕉の俳諧紀行文。1687年に出立、関西方面から須磨・明石に及ぶ。

：**『猿蓑』**〈さるみの〉① 芭蕉やその一門の句集。門人の撰。『冬の日』『春の日』『曠野〈あらの〉』『ひさご』『炭俵』『続猿蓑』と共に、『俳諧七部集(芭蕉七部集)』という。『猿蓑』は俳諧の古今集と呼ばれ、評価が高い。

：**『野ざらし紀行』**〈のざらしきこう〉① 芭蕉の最初の俳諧紀行文。江戸から大和・山城方面に至る。『甲子吟行』〈かっしぎんこう〉とも呼ばれる。

人形浄瑠璃_{にんぎょうじょうるり}　⑦　浄瑠璃にあわせ人形遣_{にんぎょう}いが人形を操る芸能。慶長期以降に盛行する。現在の文楽_{ぶんらく}に継承される。随筆の『牟芸古雅志』は、当時の人形浄瑠璃上演の様子をよく伝えている。

『牟芸古雅志』_{むぎこがし}④
浄瑠璃語り_{じょうるりかたり}①
三味線引き_{しゃみせんひき}①

：**文楽**_{ぶんらく}　①　植村文楽軒（初代、1751〜1810）が、大坂に文楽座を開いたことから、人形浄瑠璃は文楽とも呼ばれるようになった。　**植村文楽軒**_{うえむらぶんらくけん}①　**文楽座**_{ぶんらくざ}①

浄瑠璃節_{じょうるりぶし}　→ p.151

近松門左衛門_{ちかまつもんざえもん}　⑦　1653〜1724　京都、都万太夫座_{みやこまんだゆうざ}の浄瑠璃作者。のち竹本義太夫のために作品を書き、坂田藤十郎のための歌舞伎脚本も書く。作品は時代物・世話物に大別され、義理人情の葛藤の描写に特色がある。

世話物_{せわもの}⑤　歌舞伎・浄瑠璃の分類上の一つで、時代物に対する。当時の世相に取材し、恋愛・心中・殺人・怪談・盗賊などがテーマとなっている。

：**『曽根崎心中』**_{そねざきしんじゅう}　⑦　近松の最初の世話物。1703年、竹本座で初演。九平次_{くへいじ}に主人の金を奪われた徳兵衛_{とくべえ}が困惑し、なじみの遊女お初と心中する筋。義理人情の葛藤を描く。

：**『冥途の飛脚』**_{めいどのひきゃく}④　近松の世話物。飛脚問屋の息子の忠兵衛_{ちゅうべえ}が公金を使い込んで遊女の梅川_{うめがわ}を身請けし、駆け落ちに失敗する物語。

：**『心中天網島』**_{しんじゅうてんのあみじま}④　近松の世話物。遊女小春_{こはる}との身請けを果たせなかった治兵衛_{じへえ}と小春の心中物語。

時代物_{じだいもの}　⑤　歌舞伎・浄瑠璃の分類上の一つ。町人社会に取材した世話物に対し、歴史上の出来事を題材とした。

：**『国性（姓）爺合戦』**_{こくせんやかっせん}　⑥　近松の時代物。明_{みん}の遺臣鄭芝竜_{ていしりゅう}が日本人妻との子和藤内_{わとうない}（唐名鄭成功）を伴い、明を再興する筋。好評で17カ月間興行した。なお、明の遺臣により擁立された明の王は、桂王と称した。　**鄭成功**_{ていせいこう}②　**桂王**_{けいおう}①

辰松八郎兵衛_{たつまつはちろべえ}②　？〜1734　女形人形遣いの名手。竹本義太夫と協力して人形を操り、のち江戸の辰松座で人形芝居を興行。
人形遣い_{にんぎょうづかい}②

三人遣い_{さんにんづかい}①　一体の人形を三人の人形遣いが操る方式。1734年に初演とされ、現在の文楽_{ぶんらく}に継承される。　**一人遣い**_{ひとりづかい}①

竹本義太夫_{たけもとぎだゆう}　④　1651〜1714　浄瑠璃太夫。摂津の人。大坂に竹本座をおこし、近松の『曽根崎心中』などを上演。名声を博して義太夫節を創始。
竹本座_{たけもとざ}②
義太夫節_{ぎだゆうぶし}③

歌舞伎〔芝居〕_{かぶき〔しばい〕}　⑦　17世紀初めの出雲阿国_{いずものおくに}以来、女歌舞伎・若衆歌舞伎・野郎歌舞伎と変遷し、女形の発達をもたらす。舞踏中心から演劇中心になり、花道・引幕を持つ劇場芸術に発展。江戸後期には人形浄瑠璃をしのぎ、全盛となる。

：**女歌舞伎**_{おんなかぶき}　⑤　出雲阿国以来の女性の舞踊を主とする歌舞伎。多くは遊女のかぶき踊りであったため、風俗紊乱_{びんらん}の理由で幕府により禁止。以後、男性のみとなる。

：**若衆歌舞伎**_{わかしゅかぶき}④　女歌舞伎の禁止後、女優の代わりに元服前の美少年の若衆が演じた。寛永期に流行したが、風俗的弊害から、1652年に禁止された。

：**野郎歌舞伎**_{やろうかぶき}④　若衆歌舞伎の禁止後、俳優は前髪を剃った野郎頭_{やろうあたま}で演じることになった。以後、演技中心に発展し、女形も登場して元禄歌舞伎の全盛に至る。

市川団十郎_{いちかわだんじゅうろう}《初代》　⑥　1660〜1704　江戸歌舞伎の代表的俳優。屋号成田屋。浄瑠璃の金平_{きんぴら}物（坂田金時などの武勇談物）に示唆_{しさ}を得て、江戸で勇猛な立廻りを主とする荒事を演じた。　**荒事**_{あらごと}④

坂田藤十郎_{さかたとうじゅうろう}《初代》　⑤　1647〜1709　上方歌舞伎俳優。色男役を優美に演出する和事の名手。近松の脚本を得て活躍。
和事_{わごと}④

芳沢あやめ_{よしざわあやめ}《初代》④　1673〜1729　上方元禄歌舞伎の女形。女らしさを表現することに苦心し、女形芸を大成。遊女役が得意。
女形_{おやま}③

儒学の隆盛

儒学_{じゅがく}　→ p.162

武士道_{ぶしどう}　もともと戦陣の間から生まれた武士の道徳。鎌倉武士の弓馬の道であったが、江戸時代に山鹿素行によって儒教理念に基づく士道として大成された。

朱子学_{しゅしがく}　→ p.162

谷時中_{たにじちゅう}　②　1598？〜1649　南学派の儒者。土佐の人。僧籍にあったが還俗_{げんぞく}。仏説を排し、南学の実質上の祖といわれる。

南学_{なんがく}**〔海南学派〕**_{かいなんがくは}　②　土佐におこった朱子学の一派。海南学派ともいう。南村梅軒_{ばいけん}が祖とされているが、実在は不明。谷

時中が儒学を仏説から分離して確立。現実の政治と結びつく実践的な儒学を形成した。野中兼山・山崎闇斎に伝わる。

山崎闇斎（やまざきあんさい）⑤ 1618〜82　南学派の儒者・神道家。京都の鍼（はり）医の子。谷時中に学び、江戸で保科正之（まさゆき）に献策する。吉川惟足に神道を学んだのち、神儒融合の垂加神道を創始。京都に塾を設け、多くの門弟を養成して崎門学派を形成。

崎門学（きもんがく）①

：**垂加神道**（すいかしんとう）⑤ 闇斎の創始した神道。吉田神道と朱子学を結合して道徳性が強い。その国粋主義的性格は、のちの尊王運動に影響を与えた。吉川・度会（わたらい）神道と共に儒家神道の一つ。

吉川神道（よしかわしんとう）① 吉川惟足(1616〜94)が唱道した神道。吉田神道から出て、山崎闇斎の影響も受けて道徳的な神道説を立てる。天皇家を中心とする君臣関係を強調した。

吉川惟足（よしかわこれたり）①

野中兼山（のなかけんざん）② 1615〜63　南学派の儒学者。土佐藩の家老。谷時中に学ぶ。新田開発・殖産興業などの藩政改革を推進した。

陽明学（ようめいがく）⑦ 南宋の陸象山（りくしょうざん）の学を受け、明の王陽明が創始した儒学の一派。致良知（ちりょうち）・知行合一を説き、朱子学の主知主義に対して実践を重視。日本では中江藤樹に始まり、熊沢蕃山・大塩平八郎はその学統。時世批判の傾向が強く、幕府に圧迫された。

王陽明（おうようめい）⑤　**知行合一**（ちこうごういつ）⑤

中江藤樹（なかえとうじゅ）⑥ 1608〜48　日本陽明学の祖。朱子学から陽明学に転じ、場合に応じた行動をとることを説き、格物致知（ちち）論を究明。郷里の近江小川村に藤樹書院を開き、近江聖人（おうみせいじん）といわれる。

藤樹書院（とうじゅしょいん）②

熊沢蕃山（くまざわばんざん）⑥ 1619〜91　陽明学者。京都の人。中江藤樹に学ぶ。岡山藩主池田光政に仕え、治績をあげた。『大学或問』で社会を批判し、幕府に咎（とが）められ、下総古河（こが）に幽閉された。

：**『大学或問』**（だいがくわくもん）⑤ 蕃山の著。「治国平天下之別巻」とも呼ばれる経済政策論。重農主義的立場から武士の帰農、参勤交代の緩和を主張し、幕政を強く批判した。

古学派（こがくは）⑥ 朱子学・陽明学などは、朱熹（しゅ）や王陽明の解釈であるとして排し、直接原典にあたって、孔子・孟子の真意を汲み取ろうとする儒学の一派。山鹿素行・伊藤仁斎・荻生徂徠らが属する。

山鹿素行（やまがそこう）⑤ 1622〜85　古学派の儒学者。

兵学者。会津の人。朱子学・神道・兵学に通じ、実用の学を提唱して朱子学を批判し、自ら聖学と呼んだ。このため幕府は赤穂に配流した。儒学の立場から武士道の確立に努めた。

：**『聖教要録』**（せいきょうようろく）④ 素行の著。「聖人とは何か」から説き起こし、武士日用の道徳を主張して儒教古典の朱子学的解釈を批判している。これが赤穂配流の原因となる。

：**『中朝事実』**（ちゅうちょうじじつ）③ 素行が赤穂配流中に著した書。中国崇拝を廃して日本主義を主張する。中国が自国を「中華」と呼ぶのに対し、素行は日本を「中朝」といった。

：**『武家事紀』**（ぶけじき）① 素行の著。武家政治の由来・武家の儀礼・戦術などを集大成した実用書。

古義学（こぎがく）② 伊藤仁斎を中心とする古学の一派で、古義学ともいう。仁斎は京都堀川に古義堂(堀川塾)を創設した。仁斎の5子は共に学統を継ぎ、特に東涯は古義堂により学名を高めた。　**古義堂**（こぎどう）④

伊藤仁斎（いとうじんさい）⑤ 1627〜1705　京都の町人の家に生まれる。『論語』『孟子』などの原典の研究を通じて直接聖人の道を正しく理解しようとし、古義学をとなえ、京都堀川に古義堂(堀川塾)を創設した。政治と道徳を区別する学風を形成。著述に次のものがある。

『孟子古義』（もうしこぎ）①

伊藤東涯（いとうとうがい）② 1670〜1736　仁斎の長子。仁斎の古義学を継承して、古義堂を守る。荻生徂徠に対立し、古義学派を大成。

古文辞学派（こぶんじがくは）（**蘐園学派**（けんえんがくは））② 荻生徂徠創始の古学の一派。仁斎の古義学に対し、中国語自体が歴史的に変化していることを踏まえ、古典を成立当時の意味で解釈しようとした。古典や聖賢の文辞に直接触れ、治国・礼楽の制を整えようとした。

荻生徂徠（おぎゅうそらい）⑦ 1666〜1728　江戸の人。柳沢吉保に仕え、5代将軍綱吉にも進講した。古文辞学を始め、江戸茅場（かやば）町に蘐園塾(蘐は茅の意)を開く。聖人の道を明らかにした著書で経世論を説くと共に、詩文の革新にも努めた。　**蘐園塾**（けんえんじゅく）⑤

徂徠学（そらいがく）①

：**『政談』**（せいだん）④ 徂徠の著。8代将軍吉宗の諮問に答えた幕政改革案。参勤交代の弊害の打破、武士土着論などを説いている。

経世論（けいせいろん）　→ p.202

太宰春台（だざいしゅんだい）④ 1680〜1747　蘐園学派の儒者。信州飯田の人。徂徠の門に入り、特に経済学の分野を研究し、その後の経世論の

発展に寄与した。

：『経済録』けいざいろく ④ 春台の著。1729年に成る。10巻。武士土着など、幕藩体制への多くの改善策を示す。『経済録拾遺』では、藩専売を提案している。

『経済録拾遺』けいざいろくしゅうい ③

諸学問の発達

新井白石あらいはくせき　→ p.170

：『読史余論』とくしよろん ⑥ 白石の著。3巻。「本朝天下の大勢九変して武家の代となり、武家の代また五変して当代に及ぶ」として歴史を段階に区分して捉え、公家政権から武家政権への推移と、徳川政権の正統性を述べた史論書。将軍家宣に進講した草稿をもとに1712年に成る。

：『古史通』こしつう ② 白石の著。『日本書紀』神代の巻について合理的解釈を下し、「神とは人也」としている。特に中国史書との比較考証が目立つ。

：『折たく柴の記』おりたくしばのき ④ 白石の自伝。3巻。1716年の起筆。自身の生い立ちや牢人から6代将軍家宣の侍講として幕政に参画し、7代将軍家継死後の引退までを記す。

本草学ほんぞうがく ⑦ 中国から伝わった薬物学。本草とは薬の元となる草の意味。薬草を中心に動物・植物・鉱物などの薬効を主に研究。貝原益軒・稲生若水らにより発展。次第に博物学的色彩を加える。

貝原益軒かいばらえきけん ⑤ 1630～1714　儒学者。筑前黒田藩士。独自の哲学を持ち、『和俗童子訓』『大和本草』『慎思録』など、教育・本草学・経済・歴史の分野などにも業績が多い。

：『大和本草』やまとほんぞう ⑤ 貝原益軒の本草書。1709年刊。本草の歴史や1362種の動・鉱・植物を独自に分類して解説する。明代の『本草綱目』をもとに、日本の本草学の基礎を築いた。

：『養生訓』ようじょうくん ① 1712年に刊行された益軒の実体験に基づく健康法解説書。精神の養生の大切さも説く。

稲生若水いのうじゃくすい ② 1655～1715　本草学者。加賀藩主前田綱紀の保護の下に『庶物類纂』の編集を行う。

：『庶物類纂』しょぶつるいさん ② 稲生若水の博物学的本草学の大著。生前に362巻が完成する。のち8代将軍吉宗の命で、弟子により完成。1000巻。

和算わさん ⑦ 中国伝来の数学から発達した日本独自の数学。吉田光由・関孝和らにより西欧数学の水準にまで高められた。

和算わさん ②

吉田光由よしだみつよし ④ 1598～1672　数学者。角倉了以すみのくらの外孫で、和算の普及に業績をあげた。

：『塵劫記』じんこうき ④ 光由の和算書。1627年刊。割算・掛算を基礎とし、級数・根・体積・幾何図形までを平易な日常的例題で説く。和算・算盤の普及に貢献した。

算盤そろばん ② 室町時代、中国から入ってきた計算器具。吉田光由はその普及に貢献した。

関孝和せきたかかず ⑥ 1640？～1708　和算の大成者。点竄てんざん術と呼ぶ縦書きの筆算式代数学を開創。円弧の長さや円の面積を求める円理えんりも樹立。これを弟子の建部賢弘たけべかたひろが発展させる。死後に『括要算法』を刊行。

筆算代数式ひっさんだいすうしき ③

『括要算法』かつようさんぽう ①

：『発微算法』はつびさんぽう ③ 孝和の和算書。1674年刊。筆算による代数計算の基礎を確立。

算額さんがく ① 和算家が自ら出題した問題を絵馬にして神社仏閣に掲げ、またこれに答える者が解答を絵馬にして奉納したもの。各地に500面以上残っている。

暦学れきがく ② 江戸時代、日月や星の運行を観測し暦をつくる学問。渋川春海の貞享暦作成に始まり、オランダ天文学の流入と共に幕府天文方を中心に発達。宝暦暦・寛政暦・天保暦と改善されたが、いずれも1年は太陽、1月は月の運行を基準とする太陰太陽暦で、19年に7回の閏月うるうづきをおく。

渋川春海しぶかわはるみ（**安井算哲**やすいさんてつ） ⑥ 1639～1715　天文学者。初め安井算哲として幕府碁所ごどころで活動。のち天文学に転じ、貞享暦をつくり、初代の天文方てんもんかたに任じられる。

：貞享暦じょうきょうれき ⑥ 春海編修の暦。1684年に完成。平安以来の宣明暦の誤りを、元げんの授時暦じゅじれきをもとに天体観測の結果を加えて修正した。

宣明暦せんみょうれき ①

天文方てんもんかた ⑦ 1684年の設置。天文観測・編暦を担当する役職。渋川春海が貞享暦をつくって以来、幕府におかれた。

歌学方かがくかた ③ 1689年の設置。和歌の研究や詠歌を担当する役職。北村季吟を任命し、以後、北村家が世襲した。

戸田茂睡とだもすい ② 1629～1706　歌人・歌学者。駿河国府中の人。歌学の革新を主張して古今伝授・制の詞（歌に用いてはならない語句）などの拘束を排斥し、自由な研究を主張。

制の詞せいのことば ①

契沖〔けいちゅう〕 ⑥ 1640〜1701　和学者。僧侶。摂津の人。高野山などで仏教・儒教を学び、古典・古歌の注釈研究に努力。『万葉集』『古今集』『伊勢物語』などの研究がある。

：『万葉代匠記』〔まんようだいしょうき〕 ④ 契沖の万葉集注釈書。徳川光圀〔とくがわみつくに〕の命によって、下河辺長流〔しもこうべちょうりゅう〕が着手し、契沖により1688年頃に初稿が完成。文献学的考証に優れる。

北村季吟〔きたむらきぎん〕 ⑥ 1624〜1705　和学者。俳人。近江の人。貞門俳諧・和歌を学び、幕府の歌学方に登用された。古典注釈は平明で、国学発展の先駆。次の源氏物語の注釈書がある。　　　　　『源氏物語湖月抄』〔げんじものがたりこげっしょう〕 ②

国学〔こくがく〕　→ p.189

長久保赤水〔ながくぼせきすい〕 ① 1717〜1801　地理学者。清〔しん〕代の世界図を基に、次の図説を作成。
『地球万国山海輿地全図説』〔ちきゅうばんこくさんかいよちぜんずせつ〕 ①

元禄美術

土佐派〔とさは〕 ④ 大和絵の一派。室町時代頃から発展した門流。宮廷絵所預〔えどころあずかり〕を世襲した朝廷絵師の土佐光信・光起らを輩出し、幕府奥絵師の狩野派に対抗した。
朝廷絵師〔ちょうていえし〕 ③

土佐光起〔とさみつおき〕 ④ 1617〜91　土佐派の画家。室町末期以降、途絶えていた宮廷絵所預となり、土佐派を復興。漢画の手法を取り入れ、新しい土佐派の画風をおこす。

住吉派〔すみよしは〕 ④ 江戸時代の大和絵の一派。住吉如慶が復興。子の具慶以後、京都の土佐派に対抗して代々幕府の御用絵師をつとめる。創造性に欠け、衰退した。

住吉如慶〔すみよしじょけい〕 ④ 1599〜1670　住吉派の祖。土佐派に学ぶ。鎌倉時代の画家住吉家再興のため、住吉と称す。

住吉具慶〔すみよしぐけい〕 ④ 1631〜1705　如慶の子。父の画風を継承し、江戸での住吉派隆盛の基礎を築く。1685年、幕府御用絵師となる。以後、代々その職を継ぐ。『洛中洛外図巻』〔らくちゅうらくがいずかん〕は代表作。
『洛中洛外図巻』〔らくちゅうらくがいずかん〕
『都鄙図巻』〔とひずかん〕 ①

尾形光琳〔おがたこうりん〕 ⑦ 1658〜1716　画家・工芸家。呉服商の雁金屋に生まれ、装飾性に富む光琳風絵画を大成。その画風は琳派（光琳派）と呼ばれる。本阿弥光悦〔ほんあみこうえつ〕・俵屋宗達〔たわらやそうたつ〕に傾倒し、茶道・歌・蒔絵〔まきえ〕・陶芸にも長じる。
雁金屋〔かりがねや〕 ①
琳派〔りんぱ〕（光琳派〔こうりんぱ〕） ④
：『紅白梅図屛風』〔こうはくばいずびょうぶ〕 ⑦ 光琳最晩年の

代表作。左右に紅白梅、中央に装飾化された水流を配した大胆な構図。

：『燕子花図屛風』〔かきつばたずびょうぶ〕 ⑤ 光琳晩年の大作。『伊勢物語』の三河八橋〔みかわやつはし〕の描写に取材。杜若〔かきつばた〕の花の群を律動的に描く。

：八橋蒔絵螺鈿硯箱〔やつはしまきえらでんすずりばこ〕 ⑤ 京蒔絵を発展させた光琳蒔絵の代表作。三河八橋の杜若が題材。

浮世絵〔うきよえ〕 ⑥ 庶民的な風俗画をいう。元禄の初め頃、菱川師宣により確立。遊女・役者を主な題材とする。肉筆画から版画に進む。18世紀頃、多色刷の錦絵〔にしきえ〕も発明され、美人画・役者絵・風景画が化政期に隆盛した。

菱川師宣〔ひしかわもろのぶ〕 ⑦ ？〜1694　浮世絵の大成者。安房の生まれ。女性風俗を描き、特に版画に力を注ぎ、浮世絵版画を本の挿絵から独立させ、芸術作品に高めた。

：『見返り美人図』〔みかえりびじんず〕 ⑦ 師宣の肉筆美人画。晩年の代表作。ふと振り返った女性のポーズで、流行の髪型や衣装を描いている。
肉筆画〔にくひつが〕 ⑤　美人風俗画〔びじんふうぞくが〕 ①

浮世絵版画〔うきよえはんが〕 ⑤ 木版画の浮世絵のこと。浮世絵の普及は木版の版画によった。絵師・彫師〔ほりし〕・摺師〔すりし〕の協力で完成。墨一色刷から錦絵に発展。化政期が全盛時代。

西川祐信〔にしかわすけのぶ〕 ③ 1671〜1750　上方を代表する浮世絵師。写実に基づく品格のある美人風俗画を残す。次はその代表作。
「百人女郎品定」〔ひゃくにんじょろうしなさだめ〕 ①

野々村仁清〔ののむらにんせい〕 ⑥ 生没年不詳。丹波の人。京焼色絵陶器の大成者。茶器・香合〔こうごう〕などに優れ、日本風の優雅な意匠を完成。
色絵吉野山図茶壺〔いろえよしのやまずちゃつぼ〕 ①
色絵藤花文茶壺〔いろえとうかもんちゃつぼ〕 ③
色絵月梅文茶壺〔いろえつきうめもんちゃつぼ〕 ①

京焼〔きょうやき〕　→ p.177

尾形乾山〔おがたけんざん〕 ⑤ 1663〜1743　陶工・画家。光琳の弟。陶法を野々村仁清に学ぶ。楽焼と本焼とがあり、意匠は変化に富む。
十二ヶ月歌絵皿〔じゅうにかげつうたえざら〕 ①
銹絵染付金銀白彩松波文蓋物〔さびえそめつけきんぎんはくさいまつなみもんふたもの〕

宮崎友禅〔みやざきゆうぜん〕 ④ 生没年不詳。元禄頃の京都の絵師。糊付〔のりつけ〕染の技法を改良した友禅染の創始者とされる。

：友禅染〔ゆうぜんぞめ〕 ⑤ 宮崎友禅の創始とされる染物。京友禅のほか、加賀友禅も起こる。華やかな花鳥山水を描いた友禅模様を絵画のように染め出し、一世を風靡。初めは筆がき、のち型紙、現在は機械捺染〔なっせん〕も行われている。

振袖（ふりそで）① 元禄の頃、町方女性に流行した袖の丈（たけ）が2尺位の長い小袖で、それを振袖ともいう。元禄模様と呼ばれる、大型で派手な模様が好まれた。　　**元禄模様**（げんろくもよう）①

羽織（はおり）**・袴**（はかま）① 江戸時代の武士の礼服。次第に民間にも広まる。種々の様式を生じ、長袴を短くした半袴と肩衣は、下級武士・庶民の礼服とされた。

羽織・袴

肩衣（かたぎぬ）**・袴**（はかま）　→ p.150

筒袖（つつそで）**・股引**（ももひき）① 袂（たもと）のない筒形の袖の上衣が筒袖で、股に密着したズボン風の下衣が股引。活動に便利で、農民や職人の作業衣であった。

円空（えんくう）① 1632〜95　美濃の生まれという。伊吹（いぶき）山で山伏修行の後、蝦夷地を含む全国をめぐり、各地に円空仏（えんくうぶつ）と呼ばれる鉈（なた）彫の仏像彫刻を残す。

　　　　　　　　　　　護法神像（ごほうしんぞう）②

六義園（りくぎえん）② 現存する大名庭園の一つで、柳沢吉保の作庭。水戸藩邸庭園の後楽園も有名。　　**後楽園**（こうらくえん）①

東大寺大仏殿（とうだいじだいぶつでん）① 1567年、三好・松永の兵乱により再び焼失したが、1692年公慶（こうけい）(1648〜1705)の勧進（かんじん）により再建され、現在に至る。

善光寺本堂（ぜんこうじほんどう）① 長野市所在の浄土・天台宗寺院。古代以来数度にわたり焼失、現在の本堂は1707年に松代（まつしろ）藩が造営。国宝。

第10章 幕藩体制の動揺

1 幕政の改革

享保の改革

享保の改革⑦ 8代将軍徳川吉宗による1716〜45年の幕政改革。将軍が直接指揮して、倹約・新田開発・年貢増徴などによる財政の再建、都市商業資本の支配統制に努め、法制の整備なども行った。

徳川吉宗⑦ 1684〜1751 8代将軍(在職1716〜45)。紀伊藩主光貞の子。紀伊藩主として、藩政改革を実施。将軍となって享保の改革を断行。財政再建や殖産興業に努め、また米価安定に努力。米公方(米将軍)と呼ばれた。幕府中興の英主とされている。

徳川光貞①
米公方(米将軍)①

借上① 財政窮乏の打開策として、大名が家臣の俸禄・知行を借り上げたこと。借知ともいう。俸禄の半分を借り上げることは半知という。
半知①

御家人株① 御家人の家格や付属する役職・俸禄が株と化したもの。江戸中期以降、裕福な庶民が御家人と養子縁組をする形で、幕臣の身分を得ることがおこった。

御用取次③ 将軍と幕閣の取次ぎなどを職務とする側衆の中で、最重要の側近のこと。吉宗の時に設置され、廃止された側用人の機能を引き継ぐ。

田中丘隅④ ?〜1729 江戸中期の農政家・代官。武蔵の川崎宿の名主であったが、荻生徂徠に学び、1723年、吉宗に抜擢され、荒川・酒匂川の治水などの民政に業績をあげる。
川崎宿①

:『民間省要』② 田中丘隅が吉宗に献じた意見書。1721年の成立。租税・治水・駅制など77項目にわたって意見を述べる。

足高の制⑦ 1723年に施行。それぞれの役職の役高(基準となる石高)を定め、それ以下の者が就任する時、在職中だけ不足分の役料(不足の石高)を足して支給する制度。旗本の人材登用が目的。
役高⑥
役料②

荻生徂徠 → p.180

室鳩巣① 1658〜1734 朱子学者。江戸に生まれ、加賀藩主前田綱紀に仕え、藩命により木下順庵に学ぶ。新井白石の推薦で幕府儒官となり、将軍吉宗に信任される。

相対済し令⑦ 江戸幕府が、旗本・御家人と札差などの間で起きる金銀貸借による争い(金公事)の訴訟を受けず、当事者間での和談を命じた法令。数回出されたうち、1719年のものが有名で、貨幣経済の発達に伴う訴訟の激増への対応策。1729年に緩和。
金公事②

勘定方① 代官の統轄・貢租徴収・財政運営や幕領の訴訟を扱う幕府の役所を勘定所・勘定方ともいう。勘定奉行が長。1722年、公事方(司法)と勝手方(財政)に分けられ、分掌を明確にした。
公事方②
勝手方②

倹約令⑦ 江戸幕府や大名が出した倹約を強制する法令。江戸初期頃から出され、18世紀以降は頻発。享保・寛政・天保の改革の統制は特に厳しかった。

徳川宗春① 1696〜1764 尾張藩第7代藩主。商工業を振興し、質素倹約を推し進める将軍吉宗と対比されることがある。

上げ米⑦ 1722年、大名から1万石につき100石の割合で米を上納させた施策。財政不足を補うことを目的とし、代償として、参勤交代の際、大名の在府を半年とした。1731年に廃止。

定免法 → p.165

質流地禁止令① 1722年、質入れ地である質地の田畑が、質流れの形で売買されるのを禁じた法令。田畑の質流れ禁止と田畑を戻すための請け返し事項を定めたが、各地で質地騒動が起き、1723年に撤回。これにより、質流れの形式による田畑売買が黙認された。
質流地②

新田開発 → p.166

:飯沼新田② 下総国飯沼周辺の農民による新田開発で、1722年の幕府高札をうけてつくられた。ほかに、見沼・紫雲寺潟新田や、名主であった川崎平右衛門による武蔵野などの新田開発が有名。
紫雲寺潟新田③

川崎平右衛門かわさきへいえもん ①
武蔵野新田むさしのしんでん ②

見沼代用水みぬまだいようすい ③ 1728年、勘定方の井沢弥惣兵衛やそべえが武蔵国足立あだち郡(埼玉県)の見沼新田開発のために、利根川から引いた用水路。

見沼新田みぬましんでん ①

見沼代用水新田みぬまだいようすいしんでん ①

株仲間公認かぶなかまこうにん ④ 享保の改革の政策の一つ。商業を統制するため、問屋商人に株仲間の結成を願い出させ、独占的な営業を認めた。

享保金銀きょうほきんぎん ① 正徳金銀に引き続いて、享保年間に発行された良質の金銀貨。

元文金銀げんぶんきんぎん ② 1736(元文元)年、米価の上昇を図るため、享保金銀の質を下げて改鋳された金銀貨。文字もんじ金銀ともいう。

実学じつがく ① 日常生活に役立つ実用の学問。読み・書き・そろばん(算盤)や日用の知識をいうが、産業開発に役立つ学問も指す。吉宗は実学を奨励し、甘藷・さとうきび・櫨・朝鮮人参の栽培や漢訳洋書輸入制限の緩和などを行った。

：甘藷かんしょ(サツマイモ) ⑥ 日本へは17世紀初めに、中国から琉球経由で薩摩に伝来。青木昆陽が栽培法を著し、幕領の代官が栽培を奨励した。

青木昆陽あおきこんよう → p.188

：さとうきび(甘蔗かんしゃ) ④ 日本へは1610年、奄美大島に伝来。江戸中期に砂糖の需要が高まり、その栽培が拡大した。

：櫨はぜ ③ ハゼノキのこと。実から蝋ろうをとって、ろうそくをつくった。大蔵永常おおくらながつねが栽培法を紹介した。

：朝鮮人参ちょうせんにんじん ⑥ 朝鮮・中国東北部に産した薬用の人参。8世紀頃に渤海使ぼっかいしがもたらした。江戸時代は朝鮮からの輸入が盛んで、享保年間、日光で栽培に成功。これより国産化が進み、輸入は減少した。

漢訳洋書輸入緩和かんやくようしょゆにゅうかんわ ⑦ 漢籍であっても、翻訳本の検閲が厳しかったため、1720年、キリスト教関係以外の漢訳洋書までは輸入の制限を緩和した。

日光社参にっこうしゃさん → p.200

大岡忠相おおおかただすけ ⑦ 1677〜1751 越前守。1717年、山田奉行から吉宗に抜擢されて江戸町奉行となる。享保の改革の実務を担当し、『公事方御定書』を編纂し、小石川養生所・町火消制度を設けた。名裁判官とされるが、「大岡政談」の多くは創作。のちに寺社奉行。

広小路ひろこうじ → p.168

火除地ひよけち ④ 幕府が延焼防止のために設けた空き地。江戸城用は火除明地あきち、市街地用は広小路と呼ばれた。明暦の大火後に設けた5カ所が最初で、享保年間には15カ所設置。

定火消じょうびけし ③ 幕府が旗本に命じた火消役。明暦の大火の翌年の1658年に創設され、若年寄の支配のもと、火消人足を指揮した。

町火消まちびけし ⑦ 町奉行大岡忠相により、江戸の町方に設置された消防組織。町奉行が監督。これまでの幕府の定火消、大名の大名火消に加え、「いろは」47組(のち48組)の火消組合を結成。当初は町方で雇った火消人足が担当したが、破壊消火のため次第に鳶人足に代わった。

大名火消だいみょうびけし ②

「いろは」47組いろはしじゅうしちくみ ③

火消人足ひけしにんそく ① 鳶人足とびにんそく ①

目安箱めやすばこ ⑦ 1721年、評定所門前においた投書箱。目安とは訴状のこと。施政や役人の不正などへの庶民の直訴を受けつけた。将軍吉宗自ら開箱して他見を許さず、小石川養生所の設置などの成果があった。

小石川養生所こいしかわようじょうしょ ⑦ 将軍吉宗の時、目安箱の投書によって、幕府の小石川薬園内につくられた施療施設。現在は、東京大学の植物園。

小石川薬園こいしかわやくそうえん ①

公事方御定書くじかたおさだめがき ⑦ 幕府の成文法。上下2巻。大岡忠相らが編纂にあたり、1742年に完成。裁判や刑の基準を定め、連座制を緩めた。上巻は刑事・行政関係の法令書。下巻は刑法・刑事訴訟法で103条。御定書百箇条ともいう。

御定書百箇条おさだめがきひゃっかじょう ①

御触書寛保集成おふれがきかんぽうしゅうせい ⑥ 江戸中・後期に、幕府評定所が編集した法令集。これ以外にも、次のものがある。

御触書天保集成おふれがきてんぽうしゅうせい ④

牧民金鑑ぼくみんきんかん ② 近世の地方ちかた文書や江戸幕府の地方制度に関する法令集で、1853年に成立。編者は代官荒井顕道あきみち。農政・農村史の好史料。

『徳川禁令考』とくがわきんれいこう ② 明治初期に大木喬任たかとうの命で、司法省によって編纂された江戸幕府の法制史料集。

三卿さんきょう ③ 8代将軍吉宗が立てた田安(初代宗武)・一橋(初代宗尹)と、9代家重が立てた清水(初代重好)の3家をいう。大名の扱いは受けないが、三家と共に将軍後嗣がない時に将軍家を継いだ。

田安家たやすけ ③ 田安宗武たやすむねたけ ④
一橋家ひとつばしけ ⑤ 一橋宗尹ひとつばしむねただ ③

清水家 [しみずけ] ②　　清水重好 [しみずしげよし] ②

社会の変容

地主手作 [じぬしてづくり] ① 地主が下人・年季奉公人らを使って直接営む農業経営のこと。近世前期、上層の本百姓が経営する形態として確立したが、享保頃から労賃・経費の高騰で行き詰まった。

豪農 [ごうのう] 《近世》⑦ 江戸後期から明治維新期にかけて存在した、大規模な土地を所有する上層農民。その土地の多くを小作させる地主で、手工業や商業も兼ねる者もあった。

村方騒動 [むらかたそうどう] ⑥ 村役人ら富農層の不正を追及する運動。貧農が村政への参加、村入用〔村費〕の公開や村役人の交代を要求。田沼時代頃から増大する。

郡中議定 [ぐんちゅうぎじょう] ① 複数の村の代表が集まって取り決めたことを郡中議定とも呼んだ。

組合村 [くみあいむら] ① 近世村落の連合組織。連合の内容や目的は、国訴や灌排水設備の設置など多様。宝暦から天明期には豪農を中心に治安維持や自衛のため、全国的に結成された。

棟割長屋 [むねわりながや] ② 一つの屋根の下を数軒の住居に仕切ってある長屋。表通りに面した表店に対して、裏長屋と呼ばれた。裏店借の多くはここに住み、天秤棒 [てんびんぼう] で商品を担って売り歩く棒手振や日用で暮らす者も多かった。

長屋 [ながや] ⑤　　裏長屋 [うらながや] ④
表店 [おもてだな] ②　　裏店 [うらだな] ②
棒手振 [ぼてふり] ③　　日用〔稼ぎ〕 [ひよう(かせぎ)] ⑥

一揆と打ちこわし

百姓一揆 [ひゃくしょういっき] ⑦ 江戸時代の農民の抵抗運動。農民は過重な年貢賦課・村役人の不正・高利貸資本の圧迫などに対し、集団で抵抗した。代表越訴型一揆・惣百姓一揆・世直し一揆など、時期により形態が変遷する。現在では約3000件以上が知られる。

代表越訴型一揆 [だいひょうおっそがたいっき] ② 江戸前期の佐倉惣五郎や礫茂左衛門らの伝承のように、義民の直訴による一揆。件数は多くない。

：**越訴** [おっそ] ② 正規の訴願の順序を越えて、上長に訴えること。直接上長に訴える直訴も越訴の一つ。

直訴 [じきそ] ⑤

義民 [ぎみん] ⑥ 江戸時代、一揆において生命・私財を賭けて行動した農民で、初期に多い。史実としては不確定だが、義民として伝承される場合もある。下総の佐倉惣五郎、

上野の礫茂左衛門、若狭の松木庄左衛門、松本藩の多田嘉助 [ただかすけ] らがその代表例。

義民物語 [ぎみんものがたり] ①

：**佐倉惣五郎** [さくらそうごろう]〔木内宗吾 [きうちそうご]〕⑥ 生没年不詳。17世紀、下総佐倉藩領の名主。藩主堀田氏の苛政を単身で将軍家綱に直訴した。年貢減免は勝ち得たが死刑。事件年代〔1652年頃〕や人物については異説があるが、惣五郎を主人公とした『東山桜荘子』なども創作された。

『東山桜荘子』 [ひがしやまさくらそうし] ②
『佐倉義民伝』 [さくらぎみんでん] ①

：**礫茂左衛門** [はりつけもざえもん] ③ ？～1682？ 上野国利根郡月夜野 [つきよの] の農民。沼田 [ぬまた] 藩主の苛酷な年貢・夫役の要求に憤り、幕府に越訴したという。一揆は全藩一揆となり、藩主は改易 [かいえき] されたが、茂左衛門も礫刑にされたといわれる。

惣百姓一揆 [そうびゃくしょういっき] ④ 江戸初期に名主層が犠牲になって目的を遂げた一揆と違い、全村民による一揆。村役人層に指導され、大規模に政治的な要求などを領主に強訴した。

強訴 [ごうそ] 《百姓一揆》⑥

：**伝馬騒動** [てんまそうどう] ① 1764～65年に、武蔵国中山道沿いの村々が、助郷 [すけごう] 役の増加に反対して起こした百姓一揆。

全藩一揆 [ぜんぱんいっき] ② 全藩的規模で大規模に展開される一揆のこと。次の例がある。

：**嘉助騒動** [かすけそうどう] ② 1686年、信濃松本藩の筑摩 [ちくま]・安曇 [あずみ] 両郡の農民が、年貢減免を要求して起こした一揆。224カ村が参加。鎮静後、頭取の多田嘉(加)助らは礫となったが、彼らは義民としてあがめられた。

：**元文一揆** [げんぶんいっき] ② 1738年、陸奥磐城平 [いわきたいら] 藩領内で起こった全藩一揆。内藤氏が財政難打開を図るため、領民に課税を強化したのが原因。のち内藤氏は、日向延岡に転封された。

傘連判〔状〕 [からかされんぱん(じょう)] ⑤ 一致団結の意思を表す連判状。円形になるよう放射状に署名したため、傘連判という。百姓一揆では、主謀者を隠すための方法をとる場合があった。車連判状・藁座 [わらざ] 廻状ともいう。

享保の飢饉 [きょうほうのききん] ⑥ 1732年の長雨とウンカの害による飢饉。西国一帯にわたり、飢民約200万人。米価は4～5倍に騰貴。翌年、江戸の打ちこわしが起こる。

打ちこわし [うちこわし] ⑦ 町人や農民が、金融業者・米商人や名主などを襲い、家屋や家財を破壊する行動。天明期以後に多発した。

天明の飢饉 [てんめいのききん] ⑦ 1782～87年の長雨と浅間山大噴火・冷害・水害などによる全国的

な大飢饉。特に東北地方に甚だしく、餓死者は仙台藩だけで約30万人という。その惨状は『天明飢饉之図』に描かれた。

『天明飢饉之図』てんめいききんのず ②

世直し一揆よなおしいっき（**世直し騒動**よなおしそうどう）
　→ p.221

田沼時代

田沼時代たぬまじだい ③ 田沼意次が幕政の実権を握った時代。従来の年貢増徴政策や緊縮政策を捨て、商業資本の積極的な利用を図り、貿易振興・蝦夷地開発・専売制拡大などを策したが、賄賂い政治が不評。1772年の明和の大火、83年の浅間山大噴火、天明の飢饉（1782〜87）などで世情不安が高まる。

田沼政治たぬませいじ ①

徳川家重とくがわいえしげ ③ 1711〜61 9代将軍（在職1745〜60）。吉宗の長男。言語が不明瞭で、彼の意を理解できた側用人大岡忠光ただみつの専権を許し、吉宗の施政が後退した。

徳川家治とくがわいえはる ⑦ 1737〜86 10代将軍（在職1760〜86）。家重の長男。小姓から田沼意次を重用し、田沼時代が現出された。

田沼意次たぬまおきつぐ ⑦ 1719〜88 将軍家重の小姓、家治の側用人から出世し、田沼時代を現出した老中。商業資本と結んで積極的に産業振興策をとったが、賄賂政治で不評を買い、将軍家治の死と共に1786年に失脚した。

株仲間かぶなかま ⑦ 幕府・諸藩から株札の交付を認められ、営業の独占権を与えられた商工業者の同業組織。競争防止・利益保護などを目指す。享保期頃から公認。冥加金目的に積極的に公認。天保の改革で一時解散した。

株かぶ ②

運上うんじょう ⑦ 税率一定の各種営業税で、小物成こものなりの一種。免許料的性質のものもある。金納。

冥加みょうが ⑥ 商工業者の営業免許税。本来は献金で、次第に定率上納の運上と同様になる。個人上納と株仲間税の2種がある。

御用金ごよう ④ 幕府・諸藩が財政不足を補うため、御用商人らに課した臨時の賦課金。本来は領主の借金で、償還されるべき性質のもの。江戸後期に多い。

専売せんばい《幕府》④ 幕府財政の収入増大と貿易品の統制を図るため、幕府が直営の座を設けて専売を行った。

：**銅座**どうざ ④ 銅の精錬・売買をつかさどる座。1738年に設置。いったん廃止されたが、

1766年に再置。大坂商人で組織され、勘定奉行の支配に入る。

：**真鍮座**しんちゅうざ ③ 真鍮の精錬・売買をつかさどる座。1780年に設置。鉄座同様、寛政の改革の一環として1787年に廃止。

：**〔朝鮮〕人参座**ちょうせんにんじんざ ④ 粗悪な薬用人参の流入を防止するため、町人に許した座。国内栽培の盛行に伴い、1763年、幕府は人参座を設け、専売権を握った。

：**鉄座**てつざ ② 幕府が設けた鉄の専売を行う座。1780年、大坂に設置され、幕府は大きな利益をあげたが、寛政の改革の一環として87年に廃止。

南鐐二朱銀なんりょうにしゅぎん ④ 1772年の鋳造。二朱金と等価であることを表記した最初の銀貨で、計数貨幣。南鐐とは良質の銀を示す別称。

印旛沼干拓いんばぬまかんたく ⑦ 下総国利根川下流の印旛沼を干拓し、新田開発を目指した事業。田沼意次は、同じ利根川水系の手賀沼干拓と共に商業資本を導入して実現を図ったが、利根川の大洪水で失敗。天保の改革では大名に行わせたが不成功。

手賀沼干拓てがぬまかんたく ⑦

工藤平助くどうへいすけ ⑦ 1734〜1800 仙台藩医。儒学・蘭学を修め、長崎に遊学。海外事情に通じ海防を憂え、開港を論じた『赤蝦夷風説考』を著し、蝦夷地開発を主張した。

：**『赤蝦夷風説考』**あかえぞふうせつこう ⑦ 工藤平助の著書。1781〜83年、2巻。蝦夷地の現状を述べ、その開発と対露貿易を論じ、田沼意次に献上。赤蝦夷・赤人あかびとはロシア人の称。以下の別名がある。

『加模（摸）西葛杜加国風説考』かなやつかこくふうせつこう ②

：**『独考』**ひとりかんがえ ① 工藤平助の娘只野真葛が、海防問題などにも触れて書いた経世論。

只野真葛ただのまくず ②

蝦夷地開発計画えぞちかいはつけいかく ⑦ 田沼意次による石狩平野を中心とする蝦夷地開発計画。工藤平助の『赤蝦夷風説考』に刺激され、意次は1785年に調査隊を派遣。意次の失脚で進展しなかった。

俵物たわらもの ⑦ 俵に詰めた海産物。中国料理の材料であるいりこ（なまこの腸を抜き、煮て乾燥したもの）・干し鮑・ふかひれの3品をいう。意次は1785年に長崎俵物役所を組織させて清しんに輸出し、貿易振興を図った。　**いりこ・干し鮑**ほし あわび**・ふかひれ** ⑥

俵物役所たわらものやくしょ ①

ロシア交易計画ロシアこうえきけいかく ⑦ 田沼時代に画策されたロシア人との交易計画。工藤平助の

『赤蝦夷風説考』を発端とする最上徳内らの蝦夷地調査では、ロシア交易の可能性も模索された。

竹内式部(たけのうちしきぶ) ⑤ 1712〜67　神道家。越後の人。京都で垂加(すいか)神道を学び尊王思想を説き、軍学にも通じる。宝暦事件で重追放、明和事件に連座して八丈島へ流罪。

宝暦事件(ほうれきじけん) ⑤ 1758(宝暦8)年、竹内式部が復古派の公家衆に神書・儒書を講じ、武技を教えたという理由で、朝廷統制の責任をもつ摂家によって処分された事件。公卿(くぎょう)らも謹慎させられた。

後桃園天皇(ごももぞのてんのう) ③ 1758〜79　在位1770〜79。急死後に閑院宮家(かんいんのみやけ)から光格(こうかく)天皇が即位するが、のちに「尊号一件」が起こる。

尊号一件(そんごういっけん)(**尊号事件**(そんごうじけん)) → p.196

浅間山大噴火(あさまやまだいふんか) ⑦ 1783年、熱泥流による埋没家屋約1800戸、死者約2000人の被害を出した浅間山の大噴火。天明の飢饉の一因。江戸でも火山灰が3cmほど積ったという。

田沼意知(たぬまおきとも) ④ 1749〜84　意次の子。若年寄となり、父子で藩政を掌握。私憤により旗本佐野政言に殿中で殺される。

佐野政言(さののまさこと) ② 1757〜84　旗本、通称善左衛門。1784年、私憤が原因で江戸城中において若年寄田沼意知に斬りつけ、死亡させる。政言は切腹となるが、世人は「世直し大明神」ともてはやした。

「**世直し大明神**」(よなおしだいみょうじん) ②

2 宝暦・天明期の文化

宝暦・天明期の文化

宝暦・天明期の文化(ほうれき・てんめいきのぶんか) ③ 18世紀後半の宝暦・天明期を中心に、幕藩体制の動揺を反映して、特に学問・思想の分野で、古い体制を見直すような動向が生じ、新しい文化の傾向が現れた。

洋学の始まり

洋学(ようがく) ⑥ 江戸時代の西洋学術の総称。初期の南蛮学(蛮学)から中期の蘭学、幕末の洋学(英・独・仏の学を含む)と名称を変える。自然科学が中心。

西川如見(にしかわじょけん) ⑤ 1648〜1724　天文・地理学者。長崎出身。天文暦算から地理・経済にも通じる。1719年、8代将軍吉宗に招か

れて江戸に下る。

:『**華夷通商考**』(かいつうしょうこう) ④ 如見の著書。1695年刊。上下2巻。如見が長崎で見聞した海外事情・通商関係を記述。地域は朝鮮・中国・台湾・南洋・インド・西洋などに及ぶ。

新井白石(あらいはくせき) → p.170

:**ヨハン＝シドッチ** G. B. Sidotti ⑥ 1668〜1714　イタリア人の宣教師。1708年、屋久島に潜入。捕えられ江戸のキリシタン屋敷に監禁され、5年後に病死。白石が尋問し、『采覧異言』『西洋紀聞』を著述。

屋久島(やくしま) ③

:『**采覧異言**』(さいらんいげん) ④ 白石の世界地理書。5巻。1713年に成立。シドッチの尋問による知識と中国地理書を参照して、世界の地理・風俗を記した。将軍吉宗に献上される。

:『**西洋紀聞**』(せいようきぶん) ⑤ 白石の西洋研究書。3巻。1715年に成立。シドッチの尋問で得た西洋の地理・風俗などを記録。秘本で、幕府内の関係者しか閲覧できなかった。

青木昆陽(あおきこんよう) ⑦ 1698〜1769　儒学者・蘭学者。江戸の人。幕府書物方で、将軍吉宗の命で蘭学を学び、『蕃薯(藷)考』(ばんしょこう)『甘藷記』を著し、甘藷栽培を勧める。

『**甘藷記**』(かんしょき) ②

野呂元丈(のろげんじょう) ③ 1693〜1761　本草学者。伊勢の人。儒学・医学を修め、稲生若水(いのうじゃくすい)について本草学を学ぶ。将軍吉宗の命でオランダ薬物を研究。

蘭学(らんがく) ⑦ オランダ語を通じて学ばれた学術などの総称。8代将軍吉宗の実学奨励策で発展し、『解体新書』の訳述などの成果を生む。19世紀に入り、蛮書和解御用(ばんしょわげごよう)が設置され、官学化したが、民間にも多くの蘭学塾が生まれた。

通詞(つうじ) ① オランダ貿易にあたる通訳兼税関吏。幕末まで約140人。西家・志筑(しづき)家などが世襲。多くは蘭学の先駆者となる。

長崎通詞(ながさきつうじ) ①

古医方(こいほう) ② 江戸初期の漢方医名古屋玄医(なごやげんい)らの医説で、元・明代の学風を退け、実験を重んじて漢代の医方への復古を説いた。

山脇東洋(やまわきとうよう) ③ 1705〜62　医者。京都の人。古医方を学び、刑死人の解剖(腑分け)結果により、日本最初の解剖図録『蔵志』(1759年刊)を著す。

腑分け(ふわけ) ①

『**蔵志**』(ぞうし) ①

前野良沢(まえのりょうたく) ⑦ 1723〜1803　豊前中津藩医。青木昆陽に蘭学を学び、長崎に遊学。

杉田玄白と共に『解体新書』を訳述。

蘭方医らんぽうい ①

杉田玄白すぎた げんぱく　⑦ 1733～1817　若狭小浜おばま藩医。江戸小塚原の死刑囚の腑分け(解剖)の見学を契機に、『解体新書』を前野良沢らと訳述。その回想録が『蘭学事始』。

：**『蘭学事始』**らんがくことはじめ　③　杉田玄白の蘭学創始期の回想録。1815年刊。2巻。内容の中心は、『解体新書』翻訳の苦心談。

『解体新書』かいたいしんしょ　⑦　最初の翻訳解剖書。1774年刊。4冊、付図1冊。良沢・玄白らがドイツ人ヨハン＝アダム＝クルムスの『解剖図譜』の蘭訳『ターヘル＝アナトミア』を翻訳したもの。挿絵は平賀源内に洋画の技法を学んだ秋田藩の小田野直武が描く。

ヨハン＝アダム＝クルムス ②

『解剖図譜』かいぼうずふ ①

『ターヘル＝アナトミア』 ③

小田野直武おだの なおたけ　→ p.194

大槻玄沢おおつき げんたく　⑤　1757～1827　蘭医。玄白・良沢に学び、長崎に遊学。江戸に家塾芝蘭堂を開く。『蘭学階梯』の著述や新元会しんげんかい(オランダ正月)開催で有名。

オランダ正月しょうがつ ③

「芝蘭堂新元会図」しらんどうしんげんかいず ①

：**芝蘭堂**しらんどう　③　1786年に玄沢が江戸で開いた蘭学塾。江戸蘭学の中心的な存在。

：**『蘭学階梯』**らんがくかいてい　④　玄沢の蘭学入門書。1788年刊。2巻。上巻に日蘭通商と蘭学勃興の歴史を述べ、下巻にオランダ文法の初歩を説く。

宇田川玄随うだがわ げんずい　③　1755～97　美作津山藩医。桂川甫周ほしゅうに蘭医学を学び、オランダ内科書の翻訳『西説内科撰要』を1793年に刊行。

『西説内科撰要』せいせつないかせんよう ③

稲村三伯いなむら さんぱく　④　1758～1811　鳥取藩医。玄沢に学び、長崎に遊学。『ハルマ和解』訳出で有名。のち京都で蘭学を教授する。

：**『ハルマ和解』**ハルマわげ　④　最初の蘭日対訳辞書。三伯らが、蘭人ハルマの『蘭仏辞典』を翻訳し、1796年刊。別名『江戸ハルマ』。

平賀源内ひらが げんない　③　1728～79　本草学者・科学者・戯作者。讃岐高松の人。長崎遊学後、江戸で寒暖計・エレキテル(摩擦起電器)・石綿による火浣布(不燃布)を製作。洋画にも優れ「西洋婦人図」を描く。戯作にも没頭し、浄瑠璃作家としても活躍。

寒暖計かんだんけい ⑤　　**火浣布**かかんぷ ②

「西洋婦人図」せいようふじんず ①

：**摩擦発電器**まさつはつでんき**(エレキテル)**　⑤　静電気を発生させる摩擦起電器具。1776年、平

賀源内が製作したものが有名。

国学の発達と尊王論

国学こくがく　⑦　日本の古典を研究し、民族精神の究明に努めた学問。復古思想の大成から尊王思想に発展する方向と、文献考証の方向に進むものとがある。江戸中期以降に発達したが、国学の語は荷田春満の頃から使われた。

契沖けいちゅう　→ p.182

荷田春満かだの あずままろ　④　1669～1736　国学者。京都伏見の神職。契沖の『万葉代匠記』を学び、『古事記』『日本書紀』を研究。江戸に出て『創学校啓』(1728年成立)を献呈し、国学の学校建設を将軍吉宗に建言した。

賀茂真淵かもの まぶち　⑤　1697～1769　国学者。遠江浜松の神職の子。荷田春満に学び、1746年和学御用に任じ田安宗武に仕え、『万葉集』『古事記』の研究から古道説を説く。古語の解明に努め、『万葉集』の注釈書『万葉考』などの著作がある。　**『万葉考』**まんようこう ①

：**『国意考』**こくいこう　①　真淵の著。1765年の成立、1806年刊。国意とは、儒仏の影響を受けない純粋な日本固有の道のことで、復古思想を主とした。

本居宣長もとおり のりなが　⑦　1730～1801　国学者。伊勢松坂の医者。真淵に学び、自宅鈴屋で国学を教え、古典研究を進めて復古神道を主張した。『源氏物語』の注釈書『源氏物語玉の小櫛』では、『源氏物語』を道徳面から批判する意見に反対し、独自のもののあわ(は)れ論で評価。　**鈴屋**すずのや ①

：**『古事記伝』**こじきでん　④　宣長の『古事記』注釈書。44巻。1764～98年の著。『漢心』(中国的な考え方)である儒教を排し、『古事記』などの古典にみられる日本古来の精神「真心」に返ることを主張し、記紀神話に基づく神の道を示した。

『漢意(心)』からごころ ②　　**『真心』**まごころ ①

塙保己一はなわ ほきいち　⑤　1746～1821　武蔵の人。7歳で失明。江戸で賀茂真淵の門に入り、和漢の学に通じる。1793年に和学講談所を設立し、『群書類従』『武家名目抄』を編纂。

：**和学講談所**わがくこうだんしょ　④　塙保己一創立の学問所。1793年、幕府の許可で江戸麹町こうじまちに設け、林家の監督の下に国史講習と史料編纂に従事。『群書類従』もここで編纂された。

：**『群書類従』**ぐんしょるいじゅう　⑤　古代から江戸初期に至る国書を25項に分類し、合冊して刊行

した叢書。正編530巻は1819年に完成。続編1150巻は塙保己一死後の1822年の完成。これにより、多くの古書が失われずに伝存している。

水戸学みと がく　→ p.203

竹内式部たけうちしきぶ　→ p.188

山県大弐やまがただいに　⑤1725〜67　尊王兵学家。甲斐の人。江戸で兵学を講じ『柳子新論』で尊王斥覇せきはを説き、幕政を批判。明和事件で死罪となる。　　　　　『柳子新論』りゅうししんろん

明和事件めいわじけん　⑤宝暦事件で逃れた藤井右門が山県大弐と甲府・江戸城攻撃の軍略を述べたことなどを理由に、1767(明和4)年、両人が死刑、竹内式部も流刑となった事件。

大政委任論たいせいいにんろん　①将軍は天皇の委任により政治を行い、将軍はそれを大名に分担させているという考え方。本居宣長が『玉くしげ』の中で論じ、松平定信らがとなえた。

高山彦九郎たかやまひこくろう　②1747〜93　尊王家。上野の人。京都三条大橋で御所を拝したりする奇行があり寛政三奇人の一人。全国で尊王思想を遊説。幕府の圧迫もあり、筑後久留米で自殺した。

蒲生君平がもうくんぺい　②1768〜1813　尊王家。下野の人。林子平しへい・高山彦九郎と共に寛政の三奇人の一人。朝廷の儀式の復興をめざすと共に、荒廃した歴代天皇陵を踏査して、『山陵志』を著す。　　　　『山陵志』さんりょうし①

頼山陽らいさんよう　②1780〜1832　儒者・史論家。安芸の人。経史詩書けいししょを研究。『日本外史』『日本政記』で勤王きんのう思想を主張。のち京都に住む。　　　　　『日本外史』にほんがいし①

生活から生まれた思想

石田梅岩いしだばいがん　⑥1685〜1744　石門心学の祖。丹波の人。神・仏・儒を学び、1729年より京都で心学を広め、商業への理解を示した『都鄙問答』とひもんどうを著した。
　　　　　　　　　　　　　　石門心学せきもんしんがく①

心学しんがく　⑤18世紀初め、石田梅岩が始めた平易で庶民的な学問。儒・仏・神・道教の説を入れ、営利・商売の正当性と商人の存在意義を主張した。倹約・正直などの町人道徳を平易な心学道(講)話で説く。その道場が心学講舎。　　心学道(講)話しんがくどう(こう)わ③
　　　　　　　　　　　　　心学講舎しんがくこうしゃ③

手島堵庵てしまとあん　③1718〜86　心学者。京都の商人。梅岩の門に入り、教説の簡易化と普及を意図し、京都に心学講舎を建設した。彼が撰した『男子女子前訓』には子どもに心

学道話を説く場面が描かれている。
　　　　　　　『男子女子前訓』だんしじょしぜんくん②

中沢道二なかざわどうに　③1725〜1803　心学者。京都の機織業者。手島堵庵に学び、江戸に下り、関東への普及の基礎を固めて、18世紀末、心学の全盛期を現出する。松平定信の設置した人足寄場で講師をつとめた。

安藤昌益あんどうしょうえき　⑤?〜1762　江戸中期の医師・思想家。八戸はちのへで医者を開業、のち大館おおだてに移る。医学・本草学・儒仏に通じ、『自然真営道』を著して農本主義の平等社会を主張した。

：『自然真営道』しぜん(じねん)しんえいどう　⑤封建社会を厳しく批判し、階級制度に反対した昌益の著書。武士が年貢を収奪する社会を「法世」ほうせいと批判し、万人が直接生産者である万人直耕の「自然世」を理想とした。
　　　　　　　　　　　　　　「自然世」しぜんせい

：『統道真伝』とうどうしんでん　①5巻。安藤昌益が晩年に自説の要旨をまとめた著書。昌益の思想体系がうかがえる。

三浦梅園みうらばいえん　①1723〜89　豊後の儒医。天文の知識に深く、儒教と洋学の知識をあわせた自然哲学である条理学じょうりがくを提唱した。哲学原理である『玄語』が主な著書。
　　　　　　　　　　　　　　　　『玄語』げんご①

儒学教育と学校

寛政異学の禁かんせいいがくのきん　→ p.195

折衷学派せっちゅうがくは②江戸中期におこった儒学の一派。朱子学・陽明学・古学など特定の学派にとらわれず、漢・唐・宋・明代の諸説を調和して経書の真意を得ようと努めた。

考証学派こうしょうがくは①江戸後期の儒学の一派。古典の解釈を確実な典拠に基づいて理解しようとする実証的学風で、清しん代考証学の影響が強い。折衷学派の学者の間におこる。

藩校はんこう(藩学はんがく)　⑥諸藩が藩士の子弟教育のために設立した学校。約250のうち、多くは江戸時代後期に設立。教授内容は多様。

：明倫館めいりんかん《萩》　②長州藩の藩校。1719年、毛利吉元の創立。のち山口に移される。幕末には洋式医学・兵学も教授した。
　　　　　　　　　　　　　　毛利吉元もうりよしもと①

：養賢堂ようけんどう《仙台》　①仙台藩の藩校。1737年創立。1817年に拡張。

：時習館じしゅうかん《熊本》　③熊本藩の藩校。1755年、細川重賢しげかたの創立。その人材育成を基本とする姿勢は他藩の模範となる。

：造士館ぞうしかん《鹿児島》　③薩摩藩の藩校。

1773年、島津重豪の創立。のち洋学を採用。

: 興譲館こうじょうかん《米沢》　③ 米沢藩の藩校。1697年創立。1776年に上杉治憲が細井平洲へいしゅうを用いて復興。

: 修猷館しゅうゆうかん《福岡》　② 福岡藩の藩校。1784年設立。東西の2校がある。

: 明徳館めいとくかん《秋田》　④ 秋田藩の藩校。1789年、佐竹義和の設立。初め明道館と称す。

明道館めいどうかん ①

: 日新館にっしんかん《会津》　③ 会津藩の藩校。藩祖保科正之まさゆきが1664年に私塾を藩の学問所に取り立て稽古堂と称したのに始まる。1674年、別に学問所を設けて講所と称し、やがて稽古堂は廃された。5代松平容頌は広大な学問所を新設して1799年、日新館と命名した。

松平容頌まつだいらかたのぶ ①

: 弘道館こうどうかん《水戸》　③ 水戸藩の藩校。徳川斉昭の創設で1841年に仮開館。1857年、本開館。文武2館があり、洋学も教授。

: 明義堂めいぎどう《盛岡》　① 南部藩の藩校。1840年、稽古場を改名。のち作人館さくじんかんと改称。

: 明倫堂めいりんどう《金沢》　① 加賀藩の藩校。1792年創立。武芸を教える経武館けいぶかんも併設。

: 明倫堂めいりんどう《名古屋》　③ 尾張藩の藩校。初代徳川義直が建てた学問所を、宗勝が1748年に明倫堂として創立。1783年に再興され、正式な藩校として開校。

徳川宗勝とくがわむねかつ ①

: 学習館がくしゅうかん《和歌山》　① 和歌山藩の藩校。1791年、湊の講堂を改築して学習館と改称。国学では本居宣長が教授。

: 学問所がくもんじょ《広島》　① 広島藩の藩校。1782年設立。学制は頼春水が作成。

: 教授館こうじゅかん《高知》　① 土佐藩の藩校。1760年創立。1862年に致道館ちどうかんと改称。

: 弘道館こうどうかん《佐賀》　① 佐賀藩の藩校。1781年創立。教授に古賀精里せいり。

郷校ごうこう（**郷学**ごうがく・**郷学校**ごうがっこう）　⑥ 江戸から明治初期の教育機関。藩校の延長としての藩士子弟の教育機関、藩営による庶民教育機関、民営の地方学校の3種があった。

: 閑谷学校しずたにがっこう《岡山》　⑤ 岡山藩の郷学。1670年、藩主池田光政が閑谷村に創立。庶民の子弟の入学を許したが、武芸は教えず。

: 含翠堂がんすいどう《大阪》　① 摂津平野郷町の郷学。1717年設立。講師を招いて、年少者教育のほか、成人教育のための公開講座も行った。

懐徳堂かいとくどう《大阪》　⑥ 富永仲基の父ら、大坂町人出資の学塾。1724年に三宅石庵せきあんを学主とし、26年に準官学とされた。中井甃庵しゅうあん・竹山らが学主を継ぎ、繁栄する。朱子学・陽明学などを町人に授けた。

中井甃庵なかいしゅうあん　① 1693～1758　儒学者。播磨の人。三宅石庵の門人。大坂有力町人と共に懐徳堂の準官学化に努力。石庵を学主に迎える。石庵の死後、学主となる。

中井竹山なかいちくざん　① 1730～1804　朱子学・陽明学者。大坂の人。父甃庵のあとを継いで懐徳堂学主。1788年、松平定信に政治上の意見『草茅危言』そうぼうきげんを献じる。

富永仲基とみながなかもと　⑥ 1715～46　大坂の町人学者。懐徳堂に学ぶ。『出定後語』で儒教・仏教・神道を歴史的立場から否定し、人のあたり前を基本とする「誠の道」を提唱した。

: 出定後語しゅつじょうごご　① 1730～46　大坂の町人学者。1745年刊。書名は「出定（瞑想的修業である禅定ぜんじょうから出た）後の仏の語」の意味。仏教の経典は釈迦が説いたそのものではなく、のちの思想発達の中で付加されて成立したという「加上説」を論証。

山片蟠桃やまがたばんとう　⑥ 1748～1821　大坂の町人学者。豪商升屋ますや本家の番頭として仙台藩の財政再建を行う。懐徳堂で天文学を学ぶ。唯物論・無神（無鬼）論を説く。

無神論むしんろん（**無鬼論**むきろん）③

: 夢の代ゆめのしろ　④ 山片蟠桃の著書。12巻。1820年に完成。合理的態度で儒仏国学を批判し、天文・地理で地動説を主張。物価・貨幣制度を論じて、自由経済政策を説く。

私塾しじゅく　⑦ 著名な学者らが私的に開設した教育機関。江戸時代に数多く設立され、初期は儒学、中期は国学・蘭学塾が中心。後期は特に急増し、咸宜園かんぎえん・適塾・松下村塾も有名。

: 花畠教場はなばたけきょうじょう《岡山》④ 1641年頃、熊沢蕃山設立の私塾。

: 古義堂こぎどう　→ p.180

: 蘐園塾けんえんじゅく　→ p.180

: 鈴屋すずのや　→ p.189

: 芝蘭堂しらんどう　→ p.189

: 順天堂じゅんてんどう　① 1838年に蘭方医の佐藤泰然が、江戸で開いた医学塾で、1843年に下総佐倉に移転して順天堂と改称。蘭学も教えた。

佐藤泰然さとうたいぜん ①

寺子屋てらこや　⑥ 庶民教育の施設。牢人・僧侶・医師・町人が、読み・書き・そろばん（算盤）を主として教授。寺子は6～13歳で20～30人程度。

手習塾てならいじゅく ②

筆子塚(ふでこづか) ① 寺子屋で学んだ教え子が、師匠の遺徳をしのんで建てた塚や供養塔。

『商売往来』(しょうばいおうらい) ① 寺子屋で教科書として使用された往来物(おうらいもの)の一つ。商取引の実務だけでなく、商人の心得も説く。1694年に刊行され、広く普及した。

『百姓往来』(ひゃくしょうおうらい) ①

：**『女大学』**(おんなだいがく) ③ 江戸中期の女子教訓書。『和俗童子訓』と酷似。貝原益軒の著書をもとにつくられたとされる。良妻賢母主義教育の典型とされる。

貝原益軒(かいばらえきけん)　→ p.181

文学と芸能

貸本屋(かしほんや) ⑤ 料金を取って本を貸す商人。草子類が高価なため、元禄期より貸本屋が発生し、1808年には江戸に656軒、13年には大坂に約300軒あったといわれる。

蔦屋〔重三郎〕(つたや(じゅうざぶろう)) ⑤ 1750～97　出版業者。江戸新吉原に本屋耕書堂を開業。作家に原稿料を支払い、黄表紙・洒落本・狂歌本・錦絵(にしきえ)などを版元として刊行。特に写楽の作品は有名。山東京伝の作品を出版して、寛政の改革で家財半減の処分を受けた。

耕書堂(こうしょどう) ⑤

草双紙(くさぞうし) ① 絵を主体とする小説で、本来は童・幼児相手の絵本。表紙の色で赤本は『桃太郎』など子ども向き、青本・黒本は軍記物などと区別。

遊里(ゆうり) ⑥ 遊女を抱える遊郭が立ち並ぶ地区で、吉原・島原・新町などが有名。

遊郭(ゆうかく) ④　**江戸吉原**(えどよしわら) ②
京都島原(きょうとしまばら) ①　**大坂新町**(おおさかしんまち) ①

洒落本(しゃれぼん) ⑦ 短編の遊里小説。遊里での通人(つうじん)の遊びなど、滑稽と通を描く。明和・安永から天明期に流行したが、寛政の改革で弾圧。

山東京伝(さんとうきょうでん) ⑥ 1761～1816　戯作(げさく)者。京伝は、江戸京橋に住む伝蔵の意。売薬業を営み、初め黄表紙や洒落本を書く。寛政の改革の際、『仕懸文庫』で処罰される。以後、読本に転向。

：**『仕懸文庫』**(しかけぶんこ) ③ 京伝の洒落本。1791年の作。曽我兄弟に題材を採った深川遊女の物語。

黄表紙(きびょうし) ⑦ 風刺滑稽の絵入り小説。青本から大人向きの小説に転じたもので、田沼時代に流行。のち education物に変化し衰退。

恋川春町(こいかわはるまち)〔**倉橋格**(くらはしいたる)〕　④ 1744～89　黄表紙作家。狂歌名は酒上不埒(さけのうえのふらち)。江

戸小石川春日(かすが)町に住んだ駿河小島藩士。黄表紙で寛政の改革を風刺したため弾圧を受ける。

：**『金々先生栄花夢』**(きんきんせんせいえいがのゆめ) ③ 春町の黄表紙。夢に30年の栄華を見た男の話。

読本(よみほん) ① 仮名草子の流れを引き、勧善懲悪、因果応報(善悪に応じた報いがある)の趣旨で書かれた歴史的伝奇小説。絵本に対し、読む文章を主体とする。上方でおこり、寛政頃から江戸で盛んになる。

上田秋成(うえだあきなり) ⑥ 1734～1809　国学者、読本作家。大坂の人。賀茂真淵(まぶち)の門人に国学を学び、本居宣長と論争。俳諧・和歌も得意とする。

：**『雨月物語』**(うげつものがたり) ⑤ 1776年刊。秋成の初期の読本。怪談(怪異・怪奇)小説9編。素材は日本・中国の古典から採る。『菊花の約(ちぎり)』『浅茅(あさぢ)が宿』など、ロマン的名作を含む。

〔与謝〕蕪村(よさ)(ぶそん) ⑥ 1716～83　俳人・画家。摂津の人、のち京都に定住。平凡で俗気の多い月並(つきなみ)調俳諧(はいかい)に対し、絵画的描写の画俳一致(がはいいっち)を特徴とする天明調俳諧で有名。高雅な文人画も描く。『蕪村七部集』は主に弟子の編集。絵には『十便十宜図(じゅうべんじゅうぎず)』(池大雅との合作、『十宜図』が蕪村)がある。

『蕪村七部集』(ぶそんしちぶしゅう) ⑥

川柳(せんりゅう) ⑦ 18世紀中頃に流行した前句付(まえくづけ)から発達した雑俳(ざっぱい)様式で、前句を省略し、五七五の付句だけが独立したもの。柄井川柳が点者(てんじゃ)(句会で句に評点を付ける人)として選んだところから、この名が起こる。表現に束縛はなく、世相風刺・人情の機微をつく。

柄井川柳(からいせんりゅう) ⑤ 1718～90　川柳の始祖。浅草の名主。談林(だんりん)俳諧を学び、前句付点者として有名。『誹風柳多留』初編を刊行。川柳の称が一般化した。

：**『誹風柳多留』**(はいふうやなぎだる) ⑤ 1765年、初代川柳の撰した川柳集。以後、6代川柳まで167編。天保の改革で廃絶された。

狂歌(きょうか) ⑦ 和歌に言葉のもじりなどの滑稽味を取り入れた短歌。安永頃から江戸に流行。特に、政治・世相を皮肉る天明年間はその最盛期。

大田南畝(おおたなんぽ)〔**蜀山人**(しょくさんじん)〕 ⑤ 1749～1823　江戸の御家人。狂歌師として著名。四方赤良(よものあから)・寝惚(ねぼけ)先生などの戯号(ぎごう)で、洒落本・黄表紙の作者でもある。

：**『万載狂歌集』**(まんざいきょうかしゅう) ② 大田南畝と朱楽菅江(あけらかんこう)が編集した天明狂歌集。平安末期

の『千載集』をもじって748首を四季・雑・恋などに分類し、収録する。

石川雅望いしかわまさもち(**宿屋飯盛**やどやのめしもり) ⑤ 1753〜1830 国学者・狂歌師。江戸で宿屋を営んだため、この戯号をつける。蜀山人に学ぶ。

人形浄瑠璃にんぎょうじょうるり → p.179

竹田出雲たけだいずも《2世》 ⑤ 1691〜1756 浄瑠璃作者。大坂の人。竹本座の座元。近松門左衛門の指導を受け、作者としても有名。

：『仮名手本忠臣蔵』かなでほんちゅうしんぐら ③ 浄瑠璃・歌舞伎の代表的な戯曲。竹田出雲・三好松洛しょう・並木千柳せんりゅうの合作。赤穂浪士を室町期にあてた物語。全11段。1748年、竹本座で初演。

忠臣蔵ちゅうしんぐら ③

：『菅原伝授手習鑑』すがわらでんじゅてならいかがみ ② 竹田らの3者合作の浄瑠璃。菅原道真の左遷がテーマ。全5段。1746年、竹本座で初演。

：『義経千本桜』よしつねせんぼんざくら ② 竹田ら3者合作の浄瑠璃。義経伝説と滅亡後の平家武将の後日談がテーマ。全5段。1747年、竹本座で初演。

近松半二ちかまつはんじ ② 1725〜83 浄瑠璃作者。大坂の人。近松門左衛門の養子で竹田出雲の門下。衰退の竹本座を復興した。

：『本朝廿四孝』ほんちょうにじゅうしこう ① 半二中心の合作浄瑠璃。上杉・武田の抗争をめぐる恋物語が好評を得る。

歌舞伎(芝居)かぶき(しばい) → p.179

江戸三座えどさんざ ① 江戸時代、幕府から興行が公認されていた歌舞伎劇場。中村座・市村座・森田(守田)座を指す。天保の改革で三座とも浅草の猿若町に移された。

：中村座なかむらざ ① 寛永年間、猿若さる勘三郎が創始した歌舞伎劇場。初め猿若座という。江戸三座の名門。

：市村座いちむらざ ① 歌舞伎劇場で、江戸三座の一つ。寛永期、村山又三郎が創立した村山座の興行権を市村羽左衛門うざえもんが買収して市村座と改称した。

：森田(守田)座もりたざ ① 歌舞伎劇場で、江戸三座の一つ。森田太郎兵衛が創立。江戸中期に休座したが、幕末には再興され、守田座と改称。のち新富座となる。

唄(座敷)浄瑠璃うた(ざしき)じょうるり ① 歌謡味豊かな浄瑠璃。人形操りを離れて座敷で歌われる方向に進む。常磐津・清元・新内ないなどが代表的だが、一中節や富本とみもと節も起こった。

：一中節いっちゅうぶし ① 18世紀初頭に都太夫みやこだゆう一中が始めた唄浄瑠璃の一派。優雅な曲風。一時衰えたが寛政期に再興し、19世紀に流行。

：常磐津節ときわずぶし ② 18世紀頃に流行した唄浄瑠璃の一派。豊後節の再興に努めた常磐津文字太夫もじだゆうの創始。歌舞伎との関係が深い。

：清元節きよもとぶし ② 19世紀初頭におこった唄浄瑠璃の一派。富本節から出た清元延寿太夫えんじゅだゆうの創始。曲節が大衆的で庶民に愛好された。

<hr>

絵　画

浮世絵うきよえ → p.182

町絵師まちえし ① 絵を描くことで生活する職業画人。御用絵師のような身分保障がない。浮世絵師、円山派、文人画の画人など。

鈴木春信すずきはるのぶ ⑥ 1725？〜70 浮世絵師。江戸の人。錦絵の創始者。情緒に富む美人画が好評で、一世を風靡ふうした。次の作品が有名。

『三十六歌仙「僧正遍昭」』さんじゅうろっかせん「そうじょうへんじょう」 ①

『風俗四季歌仙』ふうぞくしきかせん ①
「雨夜の宮詣」あまよのみやもうで ①
「笠森お仙と団扇売」かさもりおせんとうちわうり ①

錦絵にしきえ ⑦ 浮世絵の色刷版画。18世紀後半、鈴木春信が、紅や緑の色版を使う紅摺べにずり絵の後を受けて、多色刷極彩色の版画を創作。浮世絵の黄金時代を現出。　**多色刷**たしょくずり ⑥

鳥居清忠とりいきよただ《初代》① 生没年不詳。浮世絵師。鳥居清信の門人といわれ、享保から寛延年間に活動。遠近法を取り入れた「浮世劇場図」で有名。　**浮世劇場図**うきよげきじょうず ①

鳥居清長とりいきよなが ② 1752〜1815 浮世絵師。江戸の人。鳥居家の4代。家業の役者絵より濃艶な美人画に才能を発揮した。

勝川春潮かつかわしゅんちょう ① 生没年不詳。浮世絵師。鳥居清長の画風を受けた美人画の作品などを残す。　**『絵本栄家種』**えほんはなえかきね ①

美人画びじんが ⑥ 美人を描いた浮世絵。初期の肉筆美人画から版画になり、明和期の春信の後、寛政期の歌麿が全盛。

喜多川歌麿きたがわうたまろ ⑤ 1753？〜1806 浮世絵師。勝川春章かつかわしゅんしょう・鳥居清長の影響下の作品から始まり、美人大首絵の新様式を開拓。色彩鮮やかで、美人画の最高峰といわれる。次の作品がある。

「寛政三美人」かんせいさんびじん ①
「扇屋内逢莱茶人」おうぎやうちほうらいちゃじん ①

：『婦女人相十品』ふじょにんそうじゅっぴん ② 歌麿の美人版画。寛政期の作。残っている4枚のうち、「ポッピンを吹く女」は特に有名。

「ポッピンを吹く女」〔ポッピンを ① ふくおんな〕

役者絵〔やくしゃえ〕 ⑥ 歌舞伎役者の似顔を描いた浮世絵の版画。元禄時代からおこり、鳥居派が引き継ぎ、勝川派が大首絵を始め、写楽がこれを高度の印象主義に高めた。

相撲絵〔すもうえ〕 ③ 相撲を描いた浮世絵版画。力士の似顔・土俵入りなどを描く。18世紀半ば頃に栄え、勝川春章についで写楽も描く。

東洲斎写楽〔とうしゅうさいしゃらく〕 ⑦ 生没年不詳。18世紀末の浮世絵師。江戸に住み阿波藩に仕えた能役者という。1794〜95年のわずか1年間に、約140点の個性的役者絵と少数の相撲絵を残す。五世市川団十郎をモデルとした「市川鰕蔵」などが有名。版元はすべて蔦屋〔つたや〕重三郎。

「市川鰕蔵の竹村定之進」〔いちかわえびぞうの ① たけむらさだのしん〕
「尾上松助の松下造酒之進」〔おのえまつすけの ① まつしたみきのしん〕

：**「三代目大谷鬼次の奴江戸兵衛」**〔さんだいめおお ② やつこえどべえ〕写楽の代表的な役者大首絵。極度の印象主義を示す。歌舞伎『恋女房染分手綱』の奴江戸兵衛を演じた大谷鬼次がモデル。
『恋女房染分手綱』〔こいにょうぼう ① そめわけたづな〕

大首絵〔おおくびえ〕 ⑥ 浮世絵版画のうち、人物の上半身や顔のみを大写しに描いたもの。18世紀後半、勝川春章らが完成し、歌麿・写楽が頂点。

写生画〔しゃせいが〕 ④ 江戸中期以降に広まった、実物や実景の写生を重んじた日本画で、円山応挙が完成させた。弟子の呉春〔ごしゅん〕が叙情的な写生画を描き四条派を開く。

円山応挙〔まるやまおうきょ〕 ③ 1733〜95 円山派の祖。平面に距離感を描き出す西洋画の遠近法を取り入れ、立体感のある写生画を創造。次の作品がある。『七難七福図巻』〔しちなんしちふくずかん〕②

：**『雪松図屏風』**〔ゆきまつず ③ びょうぶ〕応挙筆の6曲屏風。応挙考案の写生画様式を取り入れた代表作。

：**『保津川図屏風』**〔ほづがわず ① びょうぶ〕応挙筆の8曲屏風。遠近法を取り入れ、立体感に富む。

円山派〔まるやまは〕 ② 円山応挙を祖とする日本画の一派。写実的で平明正確な描写を特色とする。京都を中心に18世紀以降に盛んになる。

伊藤若冲〔いとうじゃくちゅう〕 ① 1716〜1800 実物写生に基づく、独自の精密な花鳥画などを描いた。
『動植綵絵』「雪中錦鶏図」〔どうしょくさいえ「せっ ① ちゅうきんけいず」〕

文人画〔ぶんじんが〕（南画）〔なんが〕 ⑥ 文人・学者が余技として描いた絵。明〔みん〕・清〔しん〕の南宗〔なんしゅう〕画の影響を受け、南画と呼ばれて18世紀後半に盛んとなる。化政期に最盛期を迎える。水墨淡彩で枯淡清純な気品を重んじる。

池大雅〔いけのたいが〕 ⑤ 1723〜76 文人画家。京都の人。明・清の南宗画を学び、独自の日本画を完成。蕪村と合作の『十便十宜図』（『十便図』は大雅作）は有名。

：**『十便十宜図』**〔じゅうべんじ ④ ゅうぎず〕池大雅による「釣便図」などの『十便図』と、蕪村の「宜秋図」〔ぎしゅうず〕などの『十宜図』からなる。清の文人李笠翁〔りりゅうおう〕が、別荘での生活を詠んだ『十便十宜』の詩を描写したもの。

「釣便〔図〕」〔ちょうべん ② 〔ず〕〕 **「宜秋〔図〕」**〔ぎしゅう ① 〔ず〕〕
「灌園便〔図〕」〔かんえん ① べん〔ず〕〕

西洋画〔せいようが〕 ⑤ 明治期以前、西洋画（洋画）の技法に基づいて描かれた絵画。桃山時代に南蛮人の画法を学ぶ者もあったが中絶し、18世紀末、平賀源内が先鞭をつけ、油絵や銅版画の技法を伝える。
洋画〔よう ① が〕
洋風画〔ようふうが〕 ① **油絵**〔あぶらえ〕 ④

銅版画〔どうばんが〕 ④ 絵画を銅板に刻んで印刷した版画。直接銅板に刀で刻んだものと、薬品で腐食させたエッチング（腐食銅版画）とがある。後者は桃山時代に輸入されたが中絶し、18世紀末、司馬江漢が再び始めた。

司馬江漢〔しばこうかん〕 ⑥ 1747〜1818 洋風画家。前野良沢〔りょうたく〕に蘭学を学び、地動説を紹介し、封建制を批判。平賀源内とも交わって遠近法・陰影法を取り入れた洋風画を描き、1783年に日本銅版画を創始。

：**「不忍池図」**〔しのばず ③ のいけず〕1784年に江漢が制作した眼鏡絵〔めがねえ〕用の銅版画の一つ。

亜欧堂田善〔あおうどう ⑤ でんぜん〕 1748〜1822 白河藩主松平定信に仕え、谷文晁〔ぶんちょう〕に学ぶが、西洋画や銅版画に転向した。
『浅間山図屏風』〔あさまやま ② ずびょうぶ〕

小田野直武〔おだの ① なおたけ〕 1749〜80 洋風画家。秋田藩士。平賀源内に洋風画を学び、『解体新書』の挿絵を描く。洋風画の画風は、秋田蘭画と呼ばれた。
秋田蘭画〔あきた ② らんが〕

3 幕府の衰退と近代への道

寛政の改革

寛政の改革〔かんせいの ⑦ かいかく〕 1787〜93年。老中首座松平定信が行った幕政改革。田沼政治の粛正を図り、農村復興や本百姓維持の農村政策を進め、商業資本を抑圧。社会政策に重点をおいたが、成果は十分にはあがらなかった。

天明の打ちこわし〔てんめいの ④ うちこわし〕 天明の飢饉を背景にして、1787（天明7）年5月、大坂での

第10章

勃発を契機とする打ちこわし。全国の都市に及び、江戸の打ちこわしも起こる。

江戸の打ちこわし（えどのうちこわし）④ 江戸の下層民による打ちこわし。享保の飢饉後の1733年、米問屋が打ちこわしにあう。天明の飢饉では、1787年の天明の打ちこわしの際に起こった。1866年の世直しの状況下でも起こり、その様子は『幕末江戸市中騒動図』に描かれた。　　『**幕末江戸市中騒動図**』（ばくまつえどしちゅうそうどうず）⑤

徳川家斉（とくがわいえなり）⑦ 1773〜1841　11代将軍（在職1787〜1837）。三卿の一橋家から将軍となる。父は一橋治済。松平定信を登用して幕政改革にあたらせたが、改革後も政治の実権を握り、大御所時代を現出する。

一橋治済（ひとつばしはるさだ）③

松平定信（まつだいらさだのぶ）⑦ 1758〜1829　8代将軍吉宗の子田安宗武（むねたけ）の7男。白河藩松平家の養子となる。将軍家斉の時、1787年に老中首座となり、翌年から将軍補佐を兼務。白河藩治政の実績により幕政を担当し、寛政の改革を行う。引退後は白河楽翁と号し、学問・文芸にも通じた。　**老中首座**（ろうじゅうしゅざ）④

：『**宇下人言**』（うげのひとこと）③ 松平定信の自叙伝。誕生から老中辞任直前までを記し、寛政の改革についても詳しい。書名は定信の2字を分解したもの。

：『**花月草紙**』（かげつそうし）② 定信が老中辞職後に著した随筆で、和漢混淆（こんこう）で書かれている。社会・人生・自然についての感想を記す。1818年の成立。

出稼ぎ（でかせぎ）　→ p.200

囲米（かこいまい）（**囲穀**（かこいもみ））② 備荒貯蓄・米価調節などのために、糧米を貯蔵すること。幕府の囲米は江戸初期から行われ、諸藩へは寛政期に1万石について50石の割合で実施するよう命じた。

：**社倉**（しゃそう）⑦ 凶作に備えた穀物倉。江戸時代に創設し、住民が財力に応じて拠出した。

：**義倉**（ぎそう）⑦ 各地に設けた凶作に備えての穀物倉。律令時代から行われ、富裕者の義捐または課税により拠出した。

：**郷蔵(倉)**（ごうぐら）② 江戸初期、年貢米を保管していた倉庫を指したが、中期には凶作に備えての貯蔵用の目的で設けられた。

物価引き下げ令（ぶっかひきさげれい）⑤ 諸物価・手間賃（てま）・家賃などを強制的に引き下げさせる命令。寛政の改革や天保の改革で発令された。

旧里帰農令（きゅうりきのうれい）⑥ 1790年、寛政の改革で下層町人対策の一つとして出された。江戸に流入した没落農民の帰村や帰農を奨励する法令。天明の飢饉や下層町人中心の打ち

こわしが契機となる。

人足寄場（にんそくよせば）⑦ 江戸隅田川の石川島（初めは石川島と佃島（つくだじま）の間の三角州のみ）に設置した一種の授産所。入れ墨・敲（たたき）などの軽罪の無宿者を収容し、職業技術を授け、教化を行った。　　　　**石川島**（いしかわじま）⑦

：**長谷川平蔵**（はせがわへいぞう）① 1745〜95　幕臣。江戸市中の火災・盗難予防にあたった火付盗賊改（ひつけとうぞくあらため）として敏腕をふるう。人足寄場の設置に尽力。

七分積金（しちぶつみきん）（**七分金積立**（しちぶきんつみたて））⑦ 江戸時代の町入用（町費）の節減による積立て制度。節減額の7割を江戸町会所に積み立てて、低利融資で増殖を図り、利子は貧民救済にあてた。　　**町入用**（ちょうにゅうよう）④　**町費**（ちょうひ）④

：**江戸町会所**（えどまちかいしょ）④ 低利で積み立てられた米・金の管理運営にあたった機関。1792年に設置。低利の融資や災害時におけるお救小屋の建設など貧民の救済も行った。明治期になって東京市に移管された。

棄捐令（きえんれい）⑦ 1789年、旗本・御家人救済のため、札差への借金を破棄させた法令。寛政の改革の諸施策の一つ。札差に6年以前の貸金を放棄させ、以後のものは低利年賦返済とした。ただし、札差には幕府が救済融資をした。1843年の天保の改革でも類似の法を発令。

札差（ふださし）⑥ 蔵米取（くらまいとり）の旗本・御家人の代理として蔵米の受取・売却を行ったが、金融で巨利を得ていた。別称蔵宿（くらやど）。名称は、旗本・御家人の名前を書いた札を差していたことに由来するという。株仲間も結成した。

：**蔵前**（くらまえ）① 浅草にあった幕府の米蔵付近の呼称。札差が集中し、蔵前風と呼ばれる豪奢な生活をし、流行を生み出した。

貸金会所（かしきんかいしょ）② 宝暦から寛政期に設立された幕府の公金貸付機関。

寛政異学の禁（かんせいいがくのきん）⑦ 1790年、定信が柴野栗山の建言を入れ、儒学のうち朱子学を正学とし、それ以外の学派を異学として、聖堂学問所で異学を教授することを禁止した施策。朱子学の官学化と教学統制を図る。

正学（せいがく）③　**異学**（いがく）②

昌平坂学問所（しょうへいざかがくもんじょ）⑤ 幕府直轄の教育機関。1630年、上野忍ヶ岡（しのぶがおか）の林家の家塾として始まり、91年、湯島に聖堂を建設した際、聖堂学問所として移転したのが前身。寛政異学の禁を機に施設・制度が整備され、1797年に林家の家塾を切り離し、幕府直轄の学問所となる。昌平黌ともいう。

昌平黌〔しょうへいこう〕①

寛政の三博士〔かんせいのさんはかせ〕 ② 柴野栗山・尾藤二洲・岡田寒泉（のち古賀精里に代わる）の3人の朱子学者。昌平坂学問所の教官（儒官）で、寛政異学の禁の時に活躍。朱子学振興に努める。

儒官〔じゅかん〕①

：柴野栗山〔しばのりつざん〕② 1736～1807　朱子学者。讃岐高松の人。江戸で林家の門に入り、阿波藩に仕え、さらに幕府に迎えられた昌平坂学問所の教官。寛政異学の禁を推進する。

：尾藤二洲〔びとうじしゅう〕② 1747～1813　朱子学者。伊予の人。初め大坂で古文辞学を修め、中井竹山らと交わり朱子学に転向。昌平坂学問所教官。寛政異学の禁を進言する。

：岡田寒泉〔おかだかんせん〕② 1740～1816　朱子学者。幕臣。崎門学を学び、定信に登用されて幕府の儒官となる。のち代官となり、三博士からはずれる。

：古賀精里〔こがせいり〕② 1750～1817　朱子学者。佐賀藩士。初め陽明学、のち二洲らと交わり朱子学に転向。昌平坂学問所の教官となる。

学問吟味〔がくもんぎんみ〕① 幕府が旗本・御家人とその子弟に対して行った学術試験。1792年から昌平坂学問所で実施。試験科目は四書・五経・歴史・作文などで、朱子学への理解を試した。朱子学の振興や人材の登用につながる。

出版統制令〔しゅっぱんとうせいれい〕⑤ 1790年、風俗を乱す洒落本・好色本や政治批判・時事風刺を行った出版物を禁じた法令。翌年、これにより山東京伝・恋川春町、蔦屋重三郎らが処罰された。

好色本〔こうしょくぼん〕①

林子平〔はやししへい〕⑦ 1738～93　経世思想家。長崎で海外事情を学ぶ。『海国兵談』などの著書が人心を惑わしたとして、1792年に禁錮刑。寛政三奇人の一人。

：『三国通覧図説』〔さんごくつうらんずせつ〕⑤ 子平の地理書。1786年刊。図5枚1冊。日本を中心に朝鮮・琉球・蝦夷地3国を図示して解説する。『海国兵談』と共に発禁となる。

：『海国兵談』〔かいこくへいだん〕⑥ 林子平の著書。1791年刊。16巻。ロシアの南下を警告し、海防論を展開。軍備・戦術を図解して説明するが、咎められて版木を没収される。

海防論〔かいぼうろん〕⑥

尊号一件〔そんごういっけん〕**（尊号事件**〔そんごうじけん〕**）** ⑥ 1789年、光格天皇（即位前は祐宮）が、皇位についていない父閑院宮典仁親王に、太上天皇（上皇）の称号を贈ろうと幕府に打診したが、松平定信の反対で実現しなかった事件。な

お、現在の天皇家は、光格天皇の直系にあたる。　**光格**〔こうかく〕**天皇**⑥　**祐宮**〔さちのみや〕①

典仁〔すけひと〕**親王**⑥

藩政改革〔はんせいかいかく〕⑦ 諸藩による藩内の政治改革。江戸中期以降、諸藩の改革の多くは、財政再建・新田開発・殖産興業・専売制実施などをめざした。商業資本も積極的に利用し、下級武士を登用。幕末には雄藩の台頭をもたらした。また、藩政改革を成功させた藩主は、優れた君主として名君や仁君と呼ばれた。　**名君**〔めいくん〕⑥　**仁君**〔じんくん〕①

：専売制〔せんばいせい〕**《藩》** ⑦ 諸藩が、国産振興と藩財政補強のために、商業利潤を目的に物資の生産や販売を独占した制度。天保の改革では、物価騰貴の原因として藩専売制の禁止令が出されたが、徹底されなかった。

：細川重賢〔ほそかわしげかた〕**（銀台**〔ぎんだい〕**）** ⑦ 1720～85　熊本藩主。銀台は号。宝暦の改革を実施。治水・殖産興業・租税軽減など、農民の生活安定に努めた。また、藩校時習館をおこし、文武を奨励した。

：時習館〔じしゅうかん〕　→ p.190

：上杉治憲〔うえすぎはるのり〕**（鷹山**〔ようざん〕**）** ⑦ 1751～1822　米沢藩主。鷹山は号。徹底した倹約令を発して財政整理を行い、殖産興業に努め、米沢織などをおこした。また藩校興譲館を再興、折衷学派の儒学者細井平洲を招き、藩士・農民の文教教化を盛んにする。

米沢織〔よねざわおり〕①

：興譲館〔こうじょうかん〕　→ p.191

：佐竹義和〔さたけよしまさ〕④ 1775～1815　秋田藩主。天明の飢饉後、藩政改革に努め、農・鉱・林業の奨励、織物・製紙・醸造などを保護・育成した。人材の登用や藩校明徳館を設立して教学の刷新を図る。

：明徳館〔めいとくかん〕　→ p.191

鎖国の動揺

国後島〔くなしりとう〕⑦ 千島列島最南端の島。アイヌの居住地で、18世紀に松前藩は場所（商場〔あきない〕）をおき、クナシリ・メナシの蜂起を機に支配を強化。1802年の東蝦夷地直轄化に伴い、幕府の拠点となる。1854年、日露和親条約で日本領。第二次世界大戦後、旧ソ連に占領され、ロシアの支配下にある。

松前藩〔まつまえはん〕　→ p.161

ラ〔ッ〕クスマン　A. K. Laksman ⑦ 1766～96　ロシア軍人。1792年、女性皇帝エカチェリーナ2世の命により、通商要求を目的に大黒屋光太夫ら漂流民を伴い、根室

に来航。翌年、松前で幕吏と交渉したが、通商は拒否され、長崎入港を許可する証明書である信牌を受けて帰国した。

エカチェリーナ２世 ⑤　**根室** ⑥

大黒屋光(幸)太夫 ⑥ 1751〜1828　伊勢の船頭。1782年、伊勢から江戸へ向かう途中で遭難。漂流８カ月、アリューシャン列島でロシア人に救われ、首都ペテルブルクで女性皇帝エカチェリーナ２世に謁見。その後、ラクスマンの船で根室に帰着。

桂川甫周 ⑤ 1751〜1809　蘭方外科医で、幕府奥医師。『解体新書』の訳述に参加。また『魯西亜誌』を著し、漂流後にロシアより帰国した大黒屋光太夫の供述を基に、『北槎聞略』を編述する。

：『北槎聞略』 ⑤ 桂川甫周が大黒屋光太夫からの聞書きをまとめた漂流記。1782〜92年の記録で、ロシアの風俗・言語などが記されている。

蝦夷地 → p.94

千島 ⑦ カムチャツカ半島と日本列島の間の23島からなる列島。19世紀初め頃の領域は、択捉島までを日本、新知島までをロシア、得撫島は中立地帯と考えられていた。

択捉島 ⑦ 千島列島最大の島。1798年に近藤重蔵らが「大日本恵登呂府」の標柱を立てる。1854年、日露和親条約で日本領。第二次世界大戦後、旧ソ連に占領されロシアの支配下にある。

近藤重蔵 ⑦ 1771〜1829　幕臣。1798年に東蝦夷地を探査。国後島・択捉島に達し、択捉島に「大日本恵登呂府」の標柱を立てた。1807年に西蝦夷地も探査。のちに子の罪に縁座して改易。

「大日本恵登呂府」 ⑤

最上徳内 ⑦ 1755〜1836　北方探検家。出羽の生まれ。江戸で本多利明に天文・測量・航海術などを学ぶ。1785年、幕府の千島列島探査に参加。以後、数回蝦夷地を調査。

八王子千人同心 ① 武蔵国八王子周辺に配置された郷士集団で、平時には農業にも従事していた。1800年に、その一部を蝦夷地に入植させた。

蝦夷地直轄 ⑥ ロシアの接近に伴い、幕府は松前藩から1802年に東蝦夷地を、1807年には西蝦夷地も取り上げ、松前奉行の支配下において直轄した。1821年、松前藩に還付。

東蝦夷地 ⑤
西蝦夷地 ③

レザノフ N. P. Rezanov ⑦ 1764？〜1807　毛皮貿易を目的とした露米会社の支配人。1804年、遣日使節として津太夫ら４人の日本人漂流民を伴い、ラクスマンの持ち帰った信牌を持って長崎に来航。通商を要求したが、中国・オランダ以外とは通商しないのを祖法(先祖伝来の法)とするとして受け入れられず、翌年退去。

露米会社 ①　**祖法** ③

松前奉行 ④ 蝦夷地支配を任された幕府の役職。東蝦夷地直轄に伴い、1802年、蝦夷奉行が設置され、まもなく箱館奉行と改称。1807年、西蝦夷地直轄と共に松前奉行と改称。蝦夷地が松前藩に返還されていた1821〜54年は廃止されたが、日露和親条約締結で55年に再設置。

蝦夷奉行 ①
箱館奉行 ①

間宮林蔵 ⑦ 1775？〜1844　北方探検家。1808年、幕命によって樺太(北蝦夷地)を松田伝十郎と探査し、島であることを確認(間宮海峡の発見)。さらにシベリアの黒竜江下流地方も探査した。晩年は幕府隠密をつとめたという。　**北蝦夷地** ②

松田伝十郎 ①
間宮海峡 ④

千島・樺太の探査 ⑥ ロシア船の来航に伴い、1785年に最上徳内が千島を、98年には近藤重蔵も千島を、1808年、間宮林蔵が樺太を、幕命により探査した。

ゴロー〔ウ〕ニン事件 ④ 1811年、国後島に上陸したロシア軍艦艦長ゴローウニンを捕え、箱館・松前に監禁。これに対し、翌年ロシアが淡路の商人高田屋嘉兵衛を抑留。1813年、送還された嘉兵衛の尽力と、ロシアの蝦夷地襲撃が政府命令ではないとの釈明もあり、ゴローウニンを釈放。これを機にロシアとの関係は改善された。

：ゴロー〔ウ〕ニン V. M. Golovnin ③ 1776〜1831　ロシア海軍軍人。1811年、千島列島を測量中に国後島で松前奉行支配下の南部藩士に捕えられ、箱館・松前に監禁、13年に釈放。拘留中に『日本幽囚記』を書く。

『日本幽囚記』 ①

：高田屋嘉兵衛 ⑥ 1769〜1827　廻船業者。1799年に択捉航路を開拓し、同島に漁場を設置。1812年、同島よりの帰途、国後島沖でゴローウニンの船の副艦長リコルドに捕えられたが、翌年に帰還した。その後、ゴローウニンの釈放に尽力した。

リコルド ①

フェートン号事件 ⑦ 1808年、イギリスの

軍艦フェートン号がオランダ船捕獲の目的で長崎湾内に侵入し、薪水・食料を強奪して退去した事件。ナポレオン戦争でオランダはフランスの属国となったこともあり、英仏戦争の余波を受けて起こった。

ナポレオン１世 ①

松平康英（まつだいらやすひで） ② 1768～1808　1807年に就任した長崎奉行。就任の翌年にフェートン号事件が発生し、引責自殺した。

遠見番所（とおみばんしょ） ① 海上を通る異国船などの船舶や関所付近を通る通行人の不法行為などを監視する機関。

異国船打払令（いこくせんうちはらいれい） ⑦ 1825年、清・蘭船以外は二念なく（ためらうことなく）撃退することを命じた法令。無二念打払令ともいう。フェートン号事件に続く1818年のイギリス人ゴルドンの商館要求や、24年の常陸大津浜・薩摩宝島でのイギリス捕鯨船暴行事件などに対する対応措置。

無二念打払令（むにねんうちはらいれい） ⑤　**大津浜**（おおつはま） ④
宝島（たからじま） ④

易地聘礼（えきちへいれい） ① 「易」とは変えることで、「聘礼」とは品物を贈る儀礼作法のこと。1811年から、朝鮮通信使は、江戸ではなく対馬で応対することになったことを指し、朝鮮を対等な国とみなさないことを意味している。

文化・文政時代

文化・文政時代（ぶんか・ぶんせいじだい）（化政時代（かせいじだい）） ⑤ 松平定信の老中辞任後の1793年から、家斉が死去する1841年での、主に文化・文政年間を中心とする時代を指す。社会不安の増大、対外関係の緊張がめだつ。また家斉が、将軍または前将軍（大御所）として政治の実権を握っていた時代の政治を大御所政治と呼ぶ。

大御所政治（おおごしょせいじ） ④
大御所時代（おおごしょじだい） ①

徳川家斉（とくがわいえなり） → p.195
大御所（おおごしょ） → p.153

徳川家慶（とくがわいえよし） ⑥ 1793～1853　12代将軍（在職1837～53）。家斉の２男。水野忠邦に天保の改革を実施させた。忠邦の失脚後は阿部正弘を老中に任用して時局に対処した。

文政金銀（ぶんせいきんぎん） ② 文政年間から天保初年にかけて改鋳された金銀貨。元文（げんぶん）金銀以来の改鋳で、小額貨幣や計数銀貨が新鋳された。

大奥（おおおく） ① 江戸城における将軍の妻妾や子女の居住地。大奥女中によって構成される女性の世界で、政治にも影響力があり、緊縮

政策を行った松平定信や水野忠邦は反感をかい、失脚の一因になったという。

奥女中（おくじょちゅう） ①

無宿人（むしゅくにん）（**無宿者**（むしゅくしゃ）） ⑦ 定職・住居をもたない浮浪無頼の徒。相次ぐ飢饉や農村の窮乏で生じた都市の浮浪民で、松平定信は人足寄場を設け、その更生を図った。

関東取締出役（かんとうとりしまりしゅつやく） ⑥ 1805年、幕府が設置した関東の治安維持強化を担う役職。関八州（関東の８カ国）を月１回ほど巡察するため、俗に八州廻り（はっしゅうまわり）ともいう。所領の入り組んだ関東で無宿人や博徒（ばくち打ち）が横行していたため、警察機能を強化するのが狙い。その下には村々の寄場組合がつくられ、経費を負担した。

関八州（かんはっしゅう） ③　**博徒**（ばくと） ④
：寄場組合（よせばくみあい）（**改革組合村**（かいかくくみあいむら）） ④ 関東のすべての農村に対し、1827年、幕府が幕領・私領を問わず結成させた組合村。近隣３～６カ村で小組合をつくり、小組合を10前後まとめて大組合とした。大組合の中心的な村の名主を寄場役人として、農民統制を強化。

大塩の乱

大塩の乱（おおしおのらん） ⑦ 1837年、大塩平八郎は、天保の飢饉による貧民の窮乏を大坂町奉行に訴えたがいれられず、近隣農村に決起を促して蜂起したが、鎮圧される。各地に一揆を誘発。『出潮引汐奸賊聞集記』にその様子が描かれている。

『出潮引汐奸賊聞集記』（でしおひきしおかんぞくもんしゅうき） ①

天保の飢饉（てんぽうのききん） ⑦ 1832～36年の冷害・洪水などによる全国的な飢饉。特に奥羽地方の被害は大きく、百姓一揆が激増。幕府はお救小屋を江戸市中に21カ所設け、5800人を収容したという。

お救小屋（おすくいごや） ② 災害などに際して、被災民救済のために建てられた施設。明暦の大火や天保の飢饉などの時に設置され、食事を給したほか、授産事業も行った。

郡内騒動（ぐんないそうどう）（**郡内一揆**（ぐんないいっき）） ⑥ 1836年、天保の飢饉の中で、極度に困窮した甲斐郡内地方の百姓が、世直しを要求した一揆。

加茂一揆（かもいっき） ⑤ 1836年、三河加茂郡の百姓が、世直しを求めて起こした大一揆。

三閉伊一揆（さんへいいっき） ① 南部藩が1847年に約束した新税免除を守らなかったので、53年、陸奥閉伊（むつへい）郡の百姓が、三浦命助らを中心に、仙台藩領化あるいは幕領化を要求して

起こした一揆で、仙台藩へ逃散した。結局、閉伊郡の仙台藩領化は認められなかったが、藩は一揆に屈服した。　**三浦命助**〔みうらめいすけ〕①

大塩平八郎〔おおしおへいはちろう〕⑦ 1793〜1837　陽明学者。中斎と号す。大坂町奉行所与力。引退後、家塾洗心洞で陽明学を教授。天保の飢饉における幕府の処置を不満とし、同志と蜂起したが、鎮圧されて自殺する。主著は大塩語録をまとめた『洗心洞箚記』。
　　　　洗心洞〔せんしんとう〕④　『**洗心洞箚記**』〔せんしんどうさっき〕②

生田万〔いくたよろず〕⑦ 1801〜37　国学者。平田篤胤の門弟で、藩政改革を求める意見書を上野国館林〔たてばやし〕藩主に提出して追放される。1836年、越後柏崎に移って私塾を開く。越後の大飢饉や代官・豪商の不正があったため、翌年、大塩の乱に呼応して生田万の乱を起こす。

：生田万の乱〔いくたよろずのらん〕③ 1837年、平田篤胤の門弟生田万が、「大塩門弟」と称して越後柏崎の桑名藩の陣屋を襲撃した事件。大塩の乱に刺激され、窮民救済をめざしたもの。
　　　　　　　　　　柏崎〔陣屋〕〔かしわざき〔じんや〕〕⑦

戊戌封事〔ぼじゅつふうじ〕② 1838年、徳川斉昭によって書かれた上申書。大塩の乱やモリソン号事件など、内憂外患（国内の混乱と対外的危機）の状況が深まるのを見て、三家の立場から海防策の即時実行などの幕政改革を要求した。翌年、将軍家慶に提出された。
　　　　　　　　　　内憂外患〔ないゆうがいかん〕⑦

徳川斉昭〔とくがわなりあき〕　→ p.214

モリソン号事件〔モリソンごうじけん〕⑦ 1837年、漂流民返還と通商交渉のために来航したアメリカ船モリソン号が、相模の浦賀と薩摩の山川〔やまかわ〕で異国船打払令のために砲撃された事件。浦賀では浦賀奉行所が砲撃した。
　　　　　　　　　　浦賀奉行〔うらがぶぎょう〕①

渡辺崋山〔わたなべかざん〕⑦ 1793〜1841　蘭学者・画家。三河田原〔たはら〕藩の江戸年寄役。高野長英らと蘭学を研究したが、蛮社の獄で永蟄居（終身一室で謹慎）となり、のちに自刃。絵は谷文晁〔ぶんちょう〕に学び、西洋画法も摂取。
　　　　　　　　　　永蟄居〔えいちっきょ〕①

：『慎機論』〔しんきろん〕④ 崋山の1838年の著書。モリソン号事件の無謀さを、外国事情の紹介から説く。未定稿で人には読まれなかったが、崋山は処罰され永蟄居とされた。

高野長英〔たかのちょうえい〕⑦ 1804〜50　蘭学者。陸奥水沢の人。シーボルトに医学・蘭学を学び、江戸で開業する。蛮社の獄で永牢（終身牢に監禁）の処分を受け、入獄中に火災で逃亡し、のちに追われて江戸で自殺した。

　　　　　　　　　　永牢〔えいろう〕①

：『戊戌夢物語』〔ぼじゅつゆめものがたり〕④ 長英の1838（戊戌）年の著書。モリソン号打払いの無謀さを、夢の中で知識人の討論を聞く形で批判。写本で広まり、長英投獄の原因となる。

蛮社の獄〔ばんしゃのごく〕⑦ 1839年の洋学者弾圧事件。知識人の勉強会である尚歯会に出席した蘭学者グループ蛮学社中〔ばんがくしゃちゅう〕（蛮社）の渡辺崋山・高野長英らが、小笠原〔おがさわら〕（無人島）渡航計画などを理由に逮捕された。無実であることは判明したが、モリソン号事件を批判したとして処罰された。

　　　　　　　　　　尚歯会〔しょうしかい〕③

ジョン万次郎〔ジョンまんじろう〕① 1827？〜98　本名中浜万次郎。1841年、太平洋上で漂流し、鳥島でアメリカ船により救助される。1852年、土佐に帰国。坂本龍馬らに英学を教え、咸臨丸〔かんりんまる〕の通訳として遣米使節に加わった。

ジョセフ＝ヒコ① 1837〜97　浜田彦蔵。ジョセフ＝ヒコは洗礼名で、アメリカ彦蔵の通称でも知られる。1850年に太平洋で漂流後アメリカ船に救助され、のちにアメリカに帰化。1859年に通訳官として帰国し、新聞事業の創業にも携わる。

天保の改革

天保の改革〔てんぽうのかいかく〕⑦ 1841〜43年。老中水野忠邦が行った幕政改革。享保・寛政の改革にならい、財政緊縮や綱紀粛正を行う。他面、商品経済の統制、幕府権力の強化を図るが失敗したり、かえって幕威を失墜させた。

水野忠邦〔みずのただくに〕⑦ 1794〜1851　浜松藩主。老中首座として天保の改革を実施。厳しい統制政策をとったが、上知令の失敗により失脚。のち老中に復して外交にあたったが、かつての権勢はなかった。

倹約令〔けんやくれい〕　→ p.184

風俗取締令〔ふうぞくとりしまりれい〕⑤ 奢侈〔しゃ〕禁止令（ぜいたくの禁止）など、綱紀粛正を目的として出されたもので、日常の衣食住全般にわたった。江戸の芝居小屋は町外れの浅草に移され、寄席〔よせ〕の取り潰しが行われるなど娯楽も規制。また出版規制も行い、為永春水・柳亭種彦〔りゅうていたねひこ〕が処罰された。

遠山景元〔とおやまかげもと〕① 1793〜1855　旗本。北町奉行遠山景晋〔かげくに〕の子で、通称は金四郎。1840年、北町奉行。翌年から始まった天保の改革では、水野忠邦の意をくむ南町奉行所の鳥居耀蔵〔ようぞう〕と対立。大目付に転じるが、忠邦失脚後の1845年、南町奉行に就任。

出稼ぎ〔でかせぎ〕⑥ 生活していた土地を離れ、一定期間、別の土地で労働すること。1777年に農村からの労働力が入ることを制限する法令が出され、天保の改革では多くの職で出稼ぎが禁止され、許可制となった。

人返しの法〔ひとがえしのほう〕**(人返し令**〔ひとがえしれい〕**)** ⑥ 1843年、水野忠邦が行った強制的帰農策。江戸に流入した下層民を帰農させ、農村の再建を図った。

印旛沼掘割工事〔いんばぬまほりわりこうじ〕② 利根川に通じる印旛沼と検見〔けみ〕川の間を開削し、印旛沼の水を江戸湾に通そうとした工事。治水や水上交通の整備が目的。1843年に再開されたが難工事となり、同年、水野忠邦失脚により中断された。

株仲間解散〔かぶなかまかいさん〕**(令**〔れい〕**)** ⑦ 1841年、江戸市中の物価高騰を抑制するため、菱垣廻船積問屋、十組問屋、その他の株仲間の解散を命じた法令。株仲間以外の新興商人も幕府の直接統制下におく意図ともいわれる。しかし、市場の混乱により物価が騰貴し、1851年に株仲間再興令を出し、政策を撤回。株仲間は、明治新政府による廃止方針が出された明治初期まで存続。

株仲間再興〔かぶなかまさいこう〕**(令**〔れい〕**)** ③

江戸地廻り経済圏〔えどじまわりけいざいけん〕③ 江戸周辺に形成された市場圏。江戸向けの商品生産が発達し、上方市場からの自立も促進された。江戸近郊で生産された商品は、地廻り物とも呼ばれた。 **地廻り物**〔じまわりもの〕②

在郷商人〔ざいごうしょうにん〕⑥ 17世紀末より農村内(在方)に成長した商人。在方商人ともいう。農村で商品生産が発達するにつれて、農村内部の町(在方町)を中心に、都市の株仲間・問屋に対抗して成長した。 **在方**〔ざいかた〕② **在方商人**〔ざいかたしょうにん〕②

棄捐令〔きえんれい〕 → p.195

三方領知(地)替え〔さんぽうりょうちがえ〕② 1840年、幕府は武蔵川越藩の松平家を出羽庄内藩に、庄内藩の酒井家を越後長岡藩に、長岡藩の牧野家を川越藩へ転封させることを計画。酒井家は反対し、庄内藩領民による老中への駕籠訴(老中の駕籠への直訴)を伴う三方領知替え反対一揆も起こり、翌年に撤回された。一揆の様子は『夢の浮橋』に描かれている。 **川越藩**〔かわごえはん〕④ **庄内藩**〔しょうないはん〕⑤ **長岡藩**〔ながおかはん〕④ **駕籠訴**〔かごそ〕① **三方領知替え反対一揆**〔さんぽうりょうちがえはんたいいっき〕 **『夢の浮橋』**〔ゆめのうきはし〕⑤

日光社参〔にっこうしゃさん〕③ 徳川歴代将軍による日光東照宮への参詣。莫大な費用がかかるため、

4代家綱以降は8代吉宗・10代家治・12代家慶の3回のみ。1843年の家慶による社参は19回目で、67年ぶりに復活されたが、最後となった。

上知(地)令〔じょうちれい/あげちれい〕⑥ 1843年、幕府の政治・経済的基盤を再建するため、水野忠邦が江戸・大坂十里四方の大名・旗本の知行地を幕府直轄領にしようとした法令。替地を命じられた老中ら大名・旗本の反対により失敗。これを契機に忠邦は失脚し、天保の改革も挫折。 **替地**〔かえち〕①

経済の変化

国訴〔こくそ〕④ 合法的な農民の訴願闘争の一つ。参加者の範囲が郡・国にまで拡大したもので、畿内地方に発生。主に在郷商人の指導によって、領主・特権商人の流通独占に反対する訴訟を展開。1823年の綿作・菜種をめぐる摂津・河内の国訴が最初。

二宮尊徳〔にのみやそんとく〕**(金次郎**〔きんじろう〕**)** ⑥ 1787〜1856 幕末の農政家。相模の農民出身。勤勉に働いて没落した家を再興し、のちに幕府・諸藩に迎えられて農村復興に努める。勤労・倹約を中心とする事業法が報徳仕法で、その活動は彼の死後も報徳運動として続けられた。 **報徳仕法**〔ほうとくしほう〕②

大原幽学〔おおはらゆうがく〕⑥ 1797？〜1858 幕末の農民指導者。尾張藩士を辞し、遍歴ののち、下総香取郡長部〔ながべ〕村(現、旭市)に土着。道徳と経済の調和に基づく性学を説き、先祖株組合をつくる。相互扶助による農村復興を指導。その影響が広まると、幕府の嫌悪を受けて自殺した。 **性学**〔せいがく〕①

工場制手工業〔こうじょうせいしゅこうぎょう〕**(マニュファクチュア)** ⑦ 労働者が1カ所に集まって、分業に基づく協業組織で、手工業生産を行う形態。資本主義生産の初期の段階。17世紀にすでに摂津の伊丹・池田・灘などの酒造業でみられた。19世紀には大坂周辺や尾張の綿織物業、桐生〔きりゅう〕・足利の絹織物業、川口の鋳物業などにみられた。

高機〔たかはた〕④ 低い腰掛を用い、足を前方に動かして操作する地機(いざり機)に対して、機〔はた〕の丈も高く、高い腰掛に座って足を上下に踏む操作で織る機織具〔はたおりぐ〕。京都西陣では、織屋が高機を用いて、女性労働者の分業で高級織物を生産した。 **地機**〔じばた〕**(いざり機)** ③ **織屋**〔おりや〕④

結城紬〔ゆうきつむぎ〕③ 下総結城地方の結城紬〔つむぎ〕・結城木綿の縞織物のこと。

第10章

朝廷と雄藩の浮上

雄藩⑦ 幕末に藩政改革に成功し、財政再建や軍事力の近代化を行って、政局に発言力を持ち、幕政を左右するまでに至った大藩をいう。薩長土肥と呼ばれる薩摩・長州・土佐・肥前(佐賀)の西南雄藩や芸州(広島)・越前(福井)・水戸藩などがある。

薩長土肥⑥ **西南雄藩**④

光格天皇 → p.196

鹿児島藩(**薩摩藩**)⑦ 薩摩・大隅2国を領する大藩。77万石。藩主の島津氏は鎌倉時代から摂関家領島津荘の地頭職、薩摩国の守護職などに補任された家。義久の代に秀吉に服し、家久の代に琉球を服属。幕末に重豪・斉彬らの名君を出し、雄藩となる。斉彬の弟久光が公武合体策をもって国事に奔走。のち長州藩と結んで倒幕派を形成した。

調所広郷⑤ 1776~1848 薩摩藩の財政担当家老。藩債500万両を250年という長期年賦返済で棚上げし、三品砂糖総買入れ制度により奄美大島・徳之島・喜界島の奄美三島(諸島)の黒砂糖の専売を実施、琉球〔密〕貿易などで藩財政を再建した。

奄美三島③ **奄美大島**②
徳之島① **喜界島**①

:琉球(密)貿易⑦ 薩摩藩が松前から長崎に向かう船の俵物などを買い上げ、琉球王国を通して清国に売る密貿易。

島津重豪① 1745~1833 薩摩藩主。11代将軍家斉の岳父(正妻の父親)。蘭学に傾倒し、藩校造士館の設立など文化的発展に尽力。隠居後も藩政にかかわり、調所広郷を登用して財政再建を図った。

島津斉彬⑥ 1809~58 薩摩藩主。殖産興業を推進し、集成館を設置。藩政改革派を伴い、幕末政治にも関与。将軍継嗣問題では徳川慶喜を推す。

集成館① 薩摩藩の兵器製造を中心とした洋式工場群。1852年、鹿児島磯ノ浜に反射炉・溶鉱炉・兵器工場・ガラス製造工場を設け、57年に集成館と命名。

藩営工場②
洋式機械工場①
洋式紡績工場①
ガラス製造所①

グラヴァー T. B. Glover ① 1838~1911 イギリスの貿易商人。1859年に来日し、長崎にグラヴァー商会を開設。薩長に武器などを売り、新政権成立を側面から援助。長崎のグラバー邸はその旧居宅。

萩藩(**長州藩**)⑦ 萩を城下とし、周防・長門2国を領有する外様の大藩。37万石。毛利元就は戦国時代に中国地方の10カ国を領したが、輝元の代に関ヶ原の戦いで2国に削封。幕末期の藩主敬親は財政難を克服し、薩摩藩と共に雄藩として倒幕運動を推進した。1863年、城を山口に移す。

村田清風⑤ 1783~1855 長州藩士。武士・富農・富商を基盤に、専売制の改正、越荷方の設置を行う。洋式兵術も採用し、長州を雄藩の一つにする。

越荷方⑥ 長州藩が下関に設けた役所。他国廻船の越荷(下関を経由する積荷)を抵当にした資金の貸付や、越荷を買い取り委託販売を行った。その利益は莫大で、軍艦購入費にもあてられた。 **越荷**③

佐賀藩(**肥前藩**)⑦ 龍造寺氏の跡を受けた鍋島直茂に始まり、肥前国佐賀を城域とする外様の大藩。36万石。長崎警備役の任務を受け持つ。幕末期の藩主直正は、藩政改革を推し進め、公武合体策をとる雄藩として行動した。

鍋島直正(**斉正**)③ 1814~71 佐賀(肥前)藩主。号は閑叟で、斉正とも名乗る。人材登用・殖産興業に努力。佐賀藩大砲製造所などを設け、軍備の近代化を図る。公武合体を斡旋、維新後も新政府の上局議長などを歴任した。

佐賀藩大砲製造所③

:均田制④ 小作地をいったん収公して、一部を地主に再給付し、他は小作人に分けて本百姓にするという肥前藩の農地改革策。1852年に一部の地で実施。1862年に全直轄地に及ぶが、反発にあってやや後退。

反射炉⑥ 溶鉱炉の一種で、大砲を製造するため幕末期に築造された。炉内で火炎を反射させて、鉱石や金属を熱するところからこの名がある。1850年、佐賀藩がオランダから学んでつくったのが最初で、薩摩・水戸・伊豆韮山などでも築造された。

高知藩(**土佐藩**)⑥ 土佐1国を領する外様の大藩。24万石。長宗我部氏が関ヶ原の戦いで改易されたのち、山内一豊が遠江掛川から移封。幕末に豊信が現れて、吉田東洋ら「おこぜ組」と呼ばれる改革派の藩士たちを起用し、藩政を改革。藩財政の強化と軍備増強に努めて開成館をつくり、国産貿易を推進。また公武合体

策を進め、大政奉還を実現させた。

おごぜ組〔くみ〕②

水戸藩〔みとはん〕⑥　三家の一つ。家康の11男頼房が初代。2代光圀〔みつくに〕以来、尊王の気風が強く、幕末の斉昭の時、水戸学が最盛期を迎え、斉昭は尊王攘夷論の先頭に立った。斉昭の死後は藩内の抗争が激しく、藩としての統一行動が乱れ、多くの志士を失った。

徳川斉昭〔とくがわなりあき〕　→ p.214

伊達宗城〔だてむねなり〕　→ p.211

宇和島藩〔うわじまはん〕①　伊予国宇和島を中心領域とする外様の藩。1615年に仙台藩主伊達政宗の子秀宗〔ひでむね〕が襲封〔しゅうほう〕して以降、廃藩まで伊達氏が藩政を行う。8代宗城の時、専売制強化による富国策や兵備の近代化による強兵策で藩政改革に成功。

松平慶永〔まつだいらよしなが〕**(春嶽**〔しゅんがく〕**)**　→ p.214

福井藩〔ふくいはん〕**(越前藩**〔えちぜんはん〕**)**⑤　越前国福井を中心領域とする大藩。1601年、家康の2男結城秀康〔ゆうきひでやす〕が入封。2代目以降、松平氏を名乗る。幕末の14代松平慶永(春嶽〔しゅんがく〕)の時、領内の商人らと結んで財政再建や人事刷新を行い、由利公正・橋本左内・横井小楠〔しょうなん〕らを招いて藩政改革を推進する。

主な藩の専売品目
松前(蝦夷地産物)、米沢(縮織〔ちぢみ〕・紬〔つむぎ〕)、富山(和漢薬)、福井(紙)、松江(鉄・朝鮮人参)、津和野(紙)、長州(紙・蠟〔ろう〕)、徳島(藍〔あい〕)、土佐(紙)、佐賀(陶磁器)、熊本(蠟)、薩摩(黒砂糖・樟脳〔しょうのう〕・琉球の産物)

江川太郎左衛門〔えがわたろうざえもん〕**(坦庵**〔たんあん〕**)**⑤　1801〜55　伊豆韮山の代官。坦庵英竜〔ひでたつ〕と号す。伊豆・相模など5カ国の幕領を管轄。高島秋帆から砲術を学び、伊豆沿岸防備を献言、伊豆の韮山に反射炉を築造。佐久間象山・桂小五郎(木戸孝允)は門人。　**韮山**〔にらやま〕⑥

高島秋帆〔たかしましゅうはん〕③　1798〜1866　長崎町年寄兼鉄砲方の家に生まれる。オランダ人に砲術を学び、高島流砲術を確立。江川太郎左衛門に砲術を伝える。1841年、幕府に招かれ、江戸郊外徳丸ガ原で練兵を行う。1857年、講武所砲術師範となる。

西洋砲術〔せいようほうじゅつ〕④
徳丸ガ原の練兵〔とくまるがはらのれんぺい〕③

石川島造船所〔いしかわじまぞうせんじょ〕②　江戸石川島(隅田川河口)に設けた幕府の造船所。1853年、水戸藩が幕命を受けて建設。のち明治政府の官営となる。石川島播磨重工業の前身。

化政文化

化政文化〔かせいぶんか〕⑤　文化・文政時代(1804〜30年)を中心に、主に江戸で発達した町人文化。文化の爛熟〔らんじゅく〕期で洒落〔しゃれ〕や通を好み、野暮〔やぼ〕を笑うという刹那〔せつな〕的・享楽的な色彩が濃い。派手を卑しみ、渋味や粋を重んじる江戸趣味も生まれた。

通〔つう〕①　　**粋**〔いき〕①

学問・思想の動き

経世論〔けいせいろん〕④　経世済民(世を治め民を救う)を説く政治経済論。儒学の影響を強く受けた学者の中に経世家が多い。政治改革論もあるが、封建制否定にまでは至らず、一部は幕府・藩が採用した。　**経世家**〔けいせいか〕①

海保青陵〔かいほせいりょう〕⑤　1755〜1817　儒者・経済学者。丹後宮津の人。宮津・尾張藩の儒官。のち京で塾を開く。藩専売の採用など重商主義を説く。

：**『稽古談』**〔けいこだん〕④　1813年刊。海保青陵が商人の奸智〔かん〕(よこしまな知恵)に学んで(稽古して)利を得る方法を考えよとの意で著した。流通経済の仕組みなどを平易に説明している。

本多利明〔ほんだとしあき〕⑥　1743〜1820　経世家。越後の人。江戸で数学・天文学を学び、航海術も修める。『西域物語』などで新たな西洋知識による富国策として、開国による重商主義的国営貿易など、開国(交易)論を主張した。

：**『経世秘策』**〔けいせいひさく〕⑤　利明の著書。1798年に成立。国を経営し富を増すための秘訣〔ひけつ〕となる政策が書名の意味で、天明の飢饉を経験して開国交易・属島開発などによる危機の打開を提案した。

：**『西域物語』**〔せいいきものがたり〕③　利明の著書。3巻。1798年に成立。西洋諸国の国勢風俗を記し、航海・貿易の必要を人口論とあわせて説く。

佐藤信淵〔さとうのぶひろ〕⑥　1769〜1850　思想家・経済学者。出羽の人。江戸で蘭学・経済学などを修め、諸国を回遊し、著述につとめる。

：**『経済要録』**〔けいざいようろく〕④　信淵の経世論、15巻。1827年刊。産業振興・国家専売・貿易の展開を主張した。

：**『農政本論』**〔のうせいほんろん〕①　信淵の著書。1829年

刊。9巻。農政の沿革・農事を詳述し、富国の5方策を説く。国家社会主義の傾向もうかがえる。

：『宇内混同秘策』うだいこんどうひさく ② 信淵の経世論。1823年刊。近隣諸国から始め、世界全土を混同し、統一するべく侵略主義的に策を論じた。

水戸学みとがく ④ 水戸藩の『大日本史』編纂事業を中心におこなった学風。前期水戸学は徳川光圀みつくにの下に、朱子学の大義名分論に基づき尊王論を展開。後期水戸学は、徳川斉昭を中心に、天皇を尊び、覇者を排斥する尊王斥覇の理論から攘夷じょうい論を展開した。

前期水戸学ぜんきみとがく ①
後期水戸学こうき みとがく ② **尊王斥覇**そんのうせきは ①

藤田幽谷ふじたゆうこく ③ 1774〜1826 水戸学者。彰考館総裁として『大日本史』編纂にあたる。大義名分を強調し、尊王論を説いた次の著書がある。 **『正名論』**せいめいろん ①

藤田東湖ふじたとうこ ③ 1806〜55 水戸学者。幽谷の子。徳川斉昭の側用人そばようにんとして藩政改革にあたり、藩校弘道館を設立。『弘道館記述義』で尊攘思想を説き、水戸学の中心となる。安政の大地震で圧死。
『弘道館記述義』こうどうかん きじゅつぎ ①

会沢安あいざわやすし（**正志斎**せいしさい）③ 1782〜1863 水戸学者。藤田幽谷に学び、藩主徳川斉昭の藩政改革に尽力。彰考館総裁。主著『新論』で、天皇を頂点とする国体論を説く。
『新論』しんろん ② **国体論**こくたいろん ①

尊王論そんのうろん ⑤ 天皇家を尊ぶ考え方で、その思想を尊王思想と呼ぶ。儒教の影響で、大義名分論が説かれた江戸時代に盛んとなる。江戸後期には、天皇を幕府より上位として絶対視する考え方が強まり、条約勅許問題では、攘夷論と結びついて倒幕運動の基盤となった。 **尊王思想**そんのうしそう ②

平田篤胤ひらたあつたね ⑤ 1776〜1843 秋田の人。本居宣長死後の門人。復古主義・国粋主義の立場を強め、復古神道を大成。江戸で開塾し、佐藤信淵らの門人が集まる。平田派国学は農村有力者にも広く信奉され、尊王攘夷運動を支えた。 **平田派国学**ひらたはこくがく ③

復古神道ふっこしんとう ⑤ 宣長・篤胤の神道説。儒仏に影響されない純粋な古道を明らかにし、神意のままに行う「惟神の道」かんながらのみちの復活を説く。平田篤胤により大成され、尊王論とつながって、明治維新の指導理念の一つとなる。 **古道**こどう ①

松尾多勢子まつおたせこ ② 1811〜94 尊攘派の志士。信濃国伊那いな郡のうまれ。尊王攘夷運動

に加わり、天誅組や天狗党の支援者として活動。岩倉具視にも仕える。

不二道ふじどう ② 富士山を信仰する「富士講」から分かれた宗派で、質素倹約や夫婦和合などの日常的道徳実践を説く。信濃の松下千代（1798〜1887）は、その布教や社会強化に努めた。 **松下千代**まつしたちよ ②

伊能忠敬いのうただたか ⑦ 1745〜1818 地理学者。下総の酒造家伊能氏の養子。50歳で江戸に出て、高橋至時よしときに測地・暦法を学ぶ。幕命で、1800〜16年に全国の沿岸を測量し、『大日本沿海輿地全図』の作成にあたる。

：『大日本沿海輿地全図』だいにほんえんかいよちぜんず ⑥ 忠敬の日本全図。大図・中図・小図の3種。計225図。別名伊能図。実測による驚異的な正確さを誇る。忠敬の死後3年の1821年に完成した。

天文方てんもんがた → p.181

高橋至時たかはしよしとき ⑤ 1764〜1804 天文学者。大坂の人。天文・暦学を学び、幕府の天文方となり、間重富はざましげとみと共に寛政暦を完成させた。

寛政暦かんせいれき ③ 幕命により高橋至時・間重富らによってつくられた西洋暦法を取り入れた画期的な暦。貞享暦・宝暦暦のあとを受け、1797年から1844年まで施行。その後、天保暦となる。

蛮書和解御用〔掛〕ばんしょわげ〔ごよう〕がかり ⑦ 1811年、高橋景保の建議により、幕府天文台に設置された蘭書翻訳局。多くの洋学者が訳官となる。

蕃書調所ばんしょしらべしょ → p.222

高橋景保たかはしかげやす ⑥ 1785〜1829 天文・地理学者。至時の子で天文方。1810年、銅版印刷の『新訂万国全図』を製作。伊能図完成にも協力。シーボルト事件で投獄され牢死。
『新訂万国全図』しんていばんこくぜんず ①

志筑忠雄しづきただお ⑦ 1760〜1806 蘭学者。オランダ通詞。語学及び天文学の研究に努める。特に『暦象新書』の訳述は、天文学の発達に貢献するところが大きい。

：『暦象新書』れきしょうしんしょ ④ 志筑忠雄が訳した天文・物理学書。1802年完成。3編。ニュートンの弟子ジョン＝ケイルの著書の蘭訳を翻訳。星雲説などを紹介する。

シーボルト事件 ⑤ 1828年、シーボルトが帰国の時に、国外持出禁止の日本地図を高橋景保より入手したことが発覚し、シーボルトは国外追放、景保は投獄された事件。

佐久間象山さくましょうざん（ぞうざん）② 1811〜64 信濃松代まつしろ藩士。藩主の命で江川太郎左衛門に砲術を学び、砲術・兵学を吉田松陰・勝海舟ら

に教えた。松陰のアメリカ密航計画に連座して蟄居ちっきょする。赦免後、開国論・公武合体論を力説したが、「東洋道徳、西洋芸術(技術)」を説いたが、攘夷派に暗殺される。

横井小楠ようしょうなん ② 1809〜69 政治家・思想家。熊本藩士。松平慶永よしながの顧問として公武合体・開国貿易を進言。維新後、明治政府に出仕したが、保守派に暗殺される。

|||||| 教 育 ||||||

広瀬淡窓ひろせたんそう ④ 1782〜1856 折衷学派の儒者。豊後日田たの商家に生まれる。家業を弟に譲り、学舎を建てて咸宜園と改め、教育に専念した。

:咸宜園かんぎえん ④ 広瀬淡窓の私塾。1817年、豊後日田に創設。門弟3000人を数え、高野長英・大村益次郎らも学ぶ。

緒方洪庵おがたこうあん ⑥ 1810〜63 備中の人。大坂・江戸・長崎で学び、大坂で開業した蘭医。適々斎塾を開き、多くの俊才を出す。1862年、幕命で江戸に出て、奥医師・医学所頭取となる。

適々斎塾てきてきさいじゅく(適塾てきじゅく) ⑥ 緒方洪庵が1838年に大坂に開いた蘭学塾。福沢諭吉・大村益次郎・橋本左内らを輩出した。

蘭学塾らんがくじゅく

シーボルト P. F. von Siebold ⑦ 1796〜1866 ドイツ人。オランダ商館医師。1823年に来日し、鳴滝塾で医学を教授。1828年のシーボルト事件により、翌年国外追放。帰国後に『日本』を著す。1859年に再来日し、62年に帰国。

『日本』にほん ③

:鳴滝塾なるたきじゅく ⑥ シーボルトが1824年に、長崎郊外鳴滝村に開いた医学塾。医学・博物学の講義と診療を行い、門下から高野長英らの俊才を輩出した。

|||||| 文 学 ||||||

滑稽本こっけいぼん ⑦ 庶民生活の滑稽を会話中心に描いた小説。寛政の改革における出版統制以後、洒落本から分かれる。十返舎一九・式亭三馬らが有名。

式亭三馬しきていさんば ⑤ 1776〜1822 滑稽本作者。江戸浅草の売薬商。黄表紙・洒落本・合巻・読本を書き、滑稽本に転じて『浮世風呂』で成功した。

:『浮世風呂』うきよぶろ ④ 1809〜13年刊。式亭三馬の滑稽本。江戸の湯屋を舞台に、庶民の種々相を軽妙な会話で写実的に描写。

:『浮世床』うきよどこ ① 1823年に完成の滑稽本。3編。初・2編は三馬の作、3編は滝亭鯉丈りゅうていりじょうの作。江戸の髪結床かみゆいどこを舞台にしたもの。

十返舎一九じっぺんしゃいっく ⑤ 1765〜1831 滑稽本作者。駿河府中に生まれる。1802年より『東海道中膝栗毛』が好評で続刊する。各種の膝栗毛を著作。黄表紙・読本も書く。

:『東海道中膝栗毛』とうかいどうちゅうひざくりげ ④ 1802〜22年刊。一九の代表的滑稽本。江戸っ子弥次郎兵衛と喜多八の東海道旅行記。12編。『金比羅こんぴら参詣』『宮島参詣』などの続編を生む。

人情本にんじょうぼん ⑦ 文政期以後、洒落本に代わって江戸町人の恋愛情痴の生活を描いた読物。絵入読本ともいわれた。天保の改革で弾圧される。

為永春水ためながしゅんすい ⑤ 1790〜1843 人情本作者。江戸の人。初めは貸本屋、講談師。戯作を志して式亭三馬に入門。『春色梅児誉美』で人気を得たが、天保の改革で処罰される。

:『春色梅児誉美』(暦)しゅんしょくうめごよみ ③ 春水の人情本。1832年刊。主人公丹次郎と彼を取り巻く女性の愛欲生活を描き、江戸の子女に愛読された。天保の改革の弾圧で絶版。

読本よみほん → p.192

曲亭(滝沢)馬琴きょくてい(たきざわ)ばきん ⑥ 1767〜1848 読本作者。江戸の人。山東京伝の門に入り、多くの作品で勧善懲悪を主張。晩年は失明した。

:『南総里見八犬伝』なんそうさとみはっけんでん ⑥ 馬琴の代表的読本。1814〜41年刊。98巻106冊。安房の里見家の八犬士による主家再興の伝奇小説。

合巻ごうかん ④ 黄表紙の数冊分を綴じ合せたもの。歌舞伎の趣向も取り入れ、内容も読本に近い大衆読物。忠孝をうたう敵討物かたきうちものが多い。天保期に全盛。

柳亭種彦りゅうていたねひこ ② 1783〜1842 合巻作者。江戸の旗本。文芸諸般に通じる。『偐紫田舎源氏』で好評を得たが、天保の改革で絶版処分となる。それが原因で病死。

:『偐紫田舎源氏』にせむらさきいなかげんじ ② 種彦の合巻。1829〜42年刊。『源氏物語』を借り、室町時代に時を移して幕府大奥の実情を写す。歌川国貞くにさだの挿絵とあいまって好評。天保の改革で絶版となる。

〔小林〕一茶こばやしいっさ ⑥ 1763〜1827 俳人。信濃柏原かしわばらの人。通称弥太郎。家庭的に恵まれず、俳句は軽妙で童心の交わった作風を示す。

：『**おらが春**』おらが ③ 一茶の俳書。1819年に成立。日記に記した随筆及び発句が集。

香川景樹かがわかげき ① 1768〜1843 歌人。鳥取の人。号は桂園。古今調の平明な歌風で桂園派を始める。

桂園派けいえん ① 香川景樹及びその門下の歌人の一派。『古今集』の優雅で平明な調べを基調とする古今調を理想とした。この歌風は明治期まで存続した。

良寛りょうかん ④ 1758〜1831 越後出雲崎いずもの禅僧。歌人、書家。諸国行脚あんぎゃのあと、故郷に閑居。万葉調の歌風で童心にあふれる。

鈴木牧之すずきぼくし ⑤ 1770〜1842 越後の塩沢縮しおざわちぢみの商人、文人。山東京伝・曲亭馬琴らと交遊。主著『北越雪譜』が有名。

：『**北越雪譜**』ほくえつせっぷ ⑤ 鈴木牧之の随筆集。1835〜42年刊。雪国の自然や農民の生活・風俗を写実的に描く。雪の観察記録と雪に関する奇聞珍話は貴重。山東京伝の弟京山きょうざんの援助で出版された。

美　術

錦絵にしきえ　→ p.193

風景〔版〕画ふうけい〔はん〕が ⑥ 風景を描く浮世絵版画。18世紀半ばから起こり、葛飾北斎・歌川広重らによって大成され、諸国の名所を紹介し、人気を得る。

葛飾北斎かつしかほくさい ⑦ 1760〜1849 浮世絵師。江戸の人。勝川春章しゅんしょうに学び、狩野派・洋画など各種の画法も習得して独自の画風を開く。風景版画の『富嶽三十六景』などは、ヨーロッパ後期印象派の画家に影響を与え、ジャポニスム（日本趣味）を生んだ。次の作品がある。

『**北斎漫画**』ほくさいまんが ①
『**画本東都遊**』えほんあずまあそび ②

：『**富嶽三十六景**』ふがくさんじゅうろっけい ⑥ 北斎の風景版画。文政年間の作で、富士山を各地から眺めた46枚の図。中でも「凱風快晴」（俗に「赤富士」という）「神奈川沖浪裏」「山下白雨」の3図は傑作。

「**凱風快晴**」がいふうかいせい ①
「**神奈川沖浪裏**」かながわおきなみうら ③
「**山下白雨**」さんかはくう ① 「**本所立川**」ほんじょたてかわ ①
「**常州牛堀**」じょうしゅううしぼり ①

歌川（安藤）広重うたがわ（あんどう）ひろしげ ⑥ 1797〜1858 浮世絵師。江戸定火消同心の安藤家に生まれ、歌川派に学ぶ。『東海道五十三次』によって浪漫的な日本的風景版画を大成。同様のものとして『木曽街道（海）道六十九次』も作成した。

『**木曽街道六十九次**』きそかいどうろくじゅうきゅうつぎ ①

：『**東海道五十三次**』とうかいどうごじゅうさんつぎ ⑦ 広重が東海道の宿場町の風景・風俗を描いた版画。1832〜33年の作。錦絵55枚。中でも「日本橋」「庄野」「蒲原」「原」などが有名。叙情的画風が庶民に受けた。

「**藤枝**」ふじえだ ①
「**御油**」ごゆ ① 「**庄野**」しょうの ①
「**草津**」くさつ ①

：『**名所江戸百景**』めいしょえどひゃっけい ③ 広重最晩年の代表作で、最終的には未完。この中の次の作品も有名。「**亀戸梅屋敷**」かめいどうめやしき ①
「**大はしあたけの夕立**」おおはしあたけのゆうだち ①

歌川国芳うたがわくによし ⑤ 1797〜1861 浮世絵師。歌川豊国(初世)に師事し、武者絵を得意とした。また、風景版画や風刺版画も制作した。

歌川豊国うたがわとよくに ①
「**朝比奈小人嶋遊び**」あさひなこびととしまあそび ①
「**源頼光公館土蜘作妖怪図**」みなもとのよりみつこうやかたつちぐもつくるようかいず ①

「**隅田川花見**」すみだがわはなみ ①

歌川国貞うたがわくにさだ ① 1786〜1864 美人画や役者絵・芝居絵を数多く制作し、三代目歌川豊国とも称した。**芝居絵**しばいえ ①

呉春ごしゅん(**松村月溪**まつむらげっけい) ③ 1752〜1811 四条派の祖。尾張の人。蕪村の門下で、南画的写生風の画を体得。のち円山派の写実主義を採って一派を開く。

「**柳鷺群禽図屏風**」りゅうろぐんきんずびょうぶ ①

四条派しじょうは ① 京都四条通に住んだ呉春を始祖とする日本画の一派。文人画・円山派の長所を採り、叙情的な新様式を開く。幕末の京都画壇で有力、明治時代まで及んだ。

文人画ぶんじんが(**南画**なんが) → p.194

田能村竹田たのむらちくでん ④ 1777〜1835 文人画家。豊後竹田の人。江戸で谷文晁に学ぶ。帰郷して藩校の総裁もつとめる。頼山陽らと交わった。高潔な風格を持つ南画の巨匠。

谷文晁たにぶんちょう ⑤ 1763〜1840 画家。江戸の人。狩野派・円山派・南画を学び、独自の一派をなす。諸国を巡遊して風景を描く。

渡辺崋山わたなべかざん → p.199

：「**鷹見泉石像**」たかみせんせきぞう ⑤ 崋山の代表的な肖像画。陰影を施した洋画的手法で写実的な名作。

：『**一掃百態**』いっそうひゃくたい ③ 崋山の風俗描写図。1冊本。現実の庶民の姿態を描いた計51図。寺子屋の場面が有名。

江馬細香えまさいこう ① 1787〜1861 美濃大垣藩医の娘で、文人画家。漢詩でも才能を発揮した。

民衆文化の成熟

芝居小屋〔しばいごや〕 ⑦ 歌舞伎の劇場のこと。18世紀中頃、花道が設けられた。さらに回り舞台やせり上り(せり出し)、背景の絵の一部を回転して変える田楽返しなどの装置も考案され、人気を呼んだ。

花道〔はなみち〕 ①

回り舞台〔まわりぶたい〕 ②

せり上り〔あがり〕(**せり出し**〔だし〕) ②

田楽返し〔でんがくがえし〕 ①

見世物小屋〔みせものごや〕 ⑥ 見せ物興行のためにつくられた軽便な施設。江戸初期は元吉原・芝居町、中期には市中や寺社境内で興行。演目は曲独楽〔きょくごま〕などの曲技・曲芸や鳥獣類を見せるもの、人形などを用いてからくりを見せる細工物などがある。

講談〔こうだん〕 ⑤ 寄席演芸の一種。軍書講談(軍談)・実録などを、抑揚をつけて口演する。明治初期まで講釈といった。

講釈師〔こうしゃくし〕 ①

寄席〔よせ〕 ⑦ 「人寄せ席」の意味で、元禄期に江戸に始まった大衆芸能の興行場所。落語・講談・物まね・娘浄瑠璃〔むすめじょうるり〕などの大衆芸能を上演。

落語〔らくご〕 ④ 寄席演芸。18世紀末に小咄〔こばなし〕が再興となり、ついで長咄〔ながばなし〕となる。軽口とか落咄〔おとしばなし〕とも呼ばれた。

湯屋〔ゆや〕(**銭湯**〔せんとう〕) ① 沸かした湯を浴槽に満たして入浴した風呂屋。江戸時代に出現して湯屋〔ゆや〕と呼ばれ、庶民の歓楽場としても発達した。19世紀前後から銭湯と呼ぶ。度々混浴禁止令が出された。

歌舞伎〔かぶき〕(**芝居**〔しばい〕) → p.179

市川団十郎〔いちかわだんじゅうろう〕〈**七代目**〔しちだいめ〕〉 ① 1791〜1859 歌舞伎役者。十変化など芸域も広く、鶴屋南北と組んで、町人の生態を写実的に演出する生世話物〔きぜわもの〕を創演。市川家歌舞伎十八番を制定し、『勧進帳』などを創演した。

鶴屋南北〔つるやなんぼく〕(**大南北**〔おおなんぼく〕)〈**四世**〔しせい〕〉 ⑥ 1755〜1829 歌舞伎役者(狂言作者ともいう)。江戸の人。江戸劇壇の重鎮。風俗描写は怪奇・凄惨で怪談物〔かいだんもの〕を得意とし、舞台ではケレン(からくりなどの受けをねらった演出)を取り入れて怪奇を表現。『東海道四谷怪談』が有名。

狂言作者〔きょうげんさくしゃ〕 ①

：**『東海道四谷怪談』**〔とうかいどうよつやかいだん〕 ④ 鶴屋南北(四世)の生世話物〔きぜわもの〕の脚本。1825年初演。毒を盛られたお岩の亡霊による、夫民谷伊右衛門〔たみやいえもん〕への復讐怪談劇。

河竹黙阿弥〔かわたけもくあみ〕 ④ 1816〜93 歌舞伎作者。

江戸の人。生世話物・白浪物・怪談物に優れ、明治初期散切物〔ざんぎりもの〕を書く。古い演劇への非難が高まると、黙阿弥と称して引退を声明した。

白浪物〔しらなみもの〕 ② 盗賊を主人公とする歌舞伎狂言。河竹黙阿弥の『白浪五人男』などがある。

村芝居〔むらしばい〕(**地芝居**〔じしばい〕) ④ 地方の村落で催された芝居。幕末から明治初期に隆盛し、鎮守の祭礼などの際に、神社の境内や山車〔だし〕などで上演された。

縁日〔えんにち〕 ⑥ 神仏に何らかの縁があって祭典・供養が行われる日。水天宮〔すいてんぐう〕(5日)、金毘羅〔こんぴら〕(10日)、不動〔ふどう〕(28日)の類がある。

開帳〔かいちょう〕 ④ 秘仏を公開すること。秘仏を他所に出張して公開することを出開帳といい善光寺は有名。本来は結縁〔けちえん〕(仏法と縁を結ぶ)目的であったが、江戸後期に隆盛し、開帳詣〔もうで〕など物見遊山的になる。

出開帳〔でがいちょう〕 ②

善光寺出開帳〔ぜんこうじでがいちょう〕 ①

勧化〔かんげ〕 ① 僧侶が寄付を集めることで、仏像を持って村々をまわることもあった。

富突〔とみつき〕(**富くじ**〔とみくじ〕) ④ 江戸初期から行われた賞金当て興行。抽選は箱の中の木札のある富札を、錐〔きり〕で突き当てて行うので富突といった。江戸では谷中天王寺・目黒不動・湯島天神のものを三富〔さんとみ〕と呼んだ。

湯治〔とうじ〕 ⑤ 病気治療のため、温泉に赴くこと。江戸後期には庶民にも普及。湯治場として、江戸周辺では箱根・熱海〔あたみ〕・草津〔くさつ〕、上方では有馬〔ありま〕、四国では道後〔どうご〕が有名。

物見遊山〔ものみゆさん〕 ④ 各地を見物しながら遊び歩くこと。江戸後期に盛んになる。

菅江真澄〔すがえますみ〕 ⑤ 1754〜1829 三河の人、国学者・紀行家。東北各地を巡歴。紀行日記『菅江真澄遊覧記』70余冊は、貴重な民俗資料。

『菅江真澄遊覧記』〔すがえますみゆうらんき〕 ④

寺社参詣〔じしゃさんけい〕 ⑥ 江戸後期、庶民の生活向上と共に盛んとなった遠方への寺社参詣。伊勢神宮・善光寺・金毘羅宮は代表的。

伊勢参宮〔いせさんぐう〕(**伊勢参り**〔いせまいり〕) ⑥ 伊勢神宮への参詣。室町時代から民衆行事化し、江戸時代には伊勢講〔いせこう〕が発達し、本人に代わって参詣する代参〔だいさん〕なども習慣化した。特定の年には神社のお札が降った噂などで爆発的に増加した。

：**御蔭参り**〔おかげまいり〕 ⑤ 江戸時代に流行した伊勢神宮への集団参詣。多くは親や主人の許可を得ず、旅行手形も用意せずに家を出た抜参り〔ぬけまいり〕であった。大規模なものは1771年。おおむね60年ごとに「御蔭年」が回って

第10章

くるという60年周期説が信じられ、1830年にも群集が熱狂的に参加した。

善光寺《寺社参詣》 ① 信濃国にあり、各宗派が形成される前に開山されたため、無宗派とされている。本尊は、日本最古と伝わる阿弥陀如来で、絶対秘仏とされており、開帳は前立本尊で行う。

讃岐金毘羅宮（金刀比羅宮） ② 讃岐にある金毘羅大権現をまつる宮。現在の金刀比羅宮。海上の守護神として信仰され、江戸時代、各地に金毘羅講がつくられ、金毘羅参りが流行。

　　　　　金毘羅大権現 ①

講 ① 近世においては、農山漁村や都市における同業者集団が結んだ組織から、聖地巡礼や寺社参詣のための結社組織まで、多様化した組織を指す。霊山への登拝のための山岳講も多く出現した。

巡礼 ④ 聖地・霊場への巡拝。西国三十三カ所（観音信仰）、四国八十八カ所遍路（弘法大師信仰）が特に盛んとなる。庶民の旅の流行と関連した。

西国三十三カ所 ② 近畿地方を中心に、観音菩薩をまつる三十三カ所の札所。観音が民衆を救済するため、三十三の化身として現れるという観音信仰を基に、霊場が成立し、御詠歌をとなえて霊場を巡ること（遍路）が盛行した。

四国八十八カ所 ② 弘法大師信仰に基づいた四国にある弘法大師の霊場八十八カ所。その巡拝は、四国遍路や四国巡礼ともいう。

五節句 ⑥ 季節ごとに定められた祝い日である節句のうち、人日（1月7日）・上巳（3月3日）・端午（5月5日）・七夕（7月7日）・重陽（9月9日）の日。幕府はこれらを五節句と定め、一般でも祝われた。

　：**七夕**　→ p.67

彼岸会 ③ 春分・秋分の日を挟んだ前後7日間の仏事。彼岸は仏教用語で極楽浄土を指す言葉。その対岸は此岸という。

盂蘭盆〔会〕 ① 陰暦7月15日に祖先の霊をまつる供養。宮中では7世紀から行われていたが、民間では鎌倉時代から行われ、江戸時代に盛行した。

日待 ④ 前夜から潔斎（酒・肉などを断ち、心身を清めること）して寝ずに神仏を拝み、日の出を待つ集会で、1・5・9月の満月の夜に行う。日待講と呼ばれる組織も生まれた。

　　　　　　　　日待講 ①

月待 ④ 十三夜・十五夜・十七夜・二十三夜など、特定の月齢日に集まって、月の出を拝む風習。月待講という組織も生まれた。

　　十三夜 ①　　**十五夜** ①
　　十七夜 ①　　**二十三夜** ①
　二十六夜待 ②　　**月待講** ①
　　　　　　　待行事 ①

庚申講 ③ 招福除災のため、庚申の夜に集会し、眠らずにいる庚申待の行事を行う民間信仰の組織。道教から起こり、供養塔である庚申塔（塚）が各地に建てられた。

　　　　　　　　庚申塔 ①

猿まわし　→ p.129

万歳 ① 年頭に家々を回り、2人1組で鼓で囃子して、祝儀を述べて舞う芸能。各地にあったが、三河万歳は特に有名。

瞽女 ① 三味線を弾いたり、歌をうたったりしながら、家を回るなどの巡業を行った盲女。師匠を中心に仲間を組織した。

座頭 ① 三味線などの楽器を演奏し、按摩などに従事した盲人。

富士山信仰 ③ 霊山信仰の一つとして、富士山信仰が江戸庶民を中心に発展。江戸や近郊の寺社に小富士（富士塚）を築いて参拝したが、幕府はしばしば禁止した。

　　富士塚 ①　**富士山詣り** ①

稲荷信仰 ① 本来は農業神で、狐を神使とする信仰。「稲なり」の転訛。江戸時代には商業の神ともされ、商人の間に広く信仰された。京都の伏見稲荷の系統と三河の豊川稲荷の系統とがある。

不動信仰 ① 五大明王の一つである不動明王信仰のこと。衆生を擁護する仏として、山伏の活動と共に庶民の間に広く信仰される。江戸では五不動が有名だが、成田不動の信仰も厚かった。

地蔵信仰 ① 地蔵に助けてもらって極楽に入れてもらおうとする信仰や、地蔵によって現世利益を得ようとする信仰。

神田明神 ① 江戸城の北東（鬼門）の方角にあり、神田明神の祭（9月15日）は、山王祭と隔年に行われた江戸の二大祭の一つ。なお、日本の三大祭は江戸の神田祭と京の祇園祭（7月17〜24日）、大坂天満宮の天神祭（7月25日）。

山王祭 ① 江戸赤坂の山王権現（日枝神社）の祭礼（6月15日）。神田祭と共に、その行列を江戸城内で将軍が上覧したことから、天下祭と呼ばれた。

勧進相撲 ② 観覧料を取って興行する職業相撲で、神社修復などの名目で行われた。

元禄の末頃から許可され始め、延享年間に
は名目なしで幕府から公認された。最盛期
は雷電らが出た天明・寛政期。　**雷電**らい①
でん

虫送りむし　①農事暦にあわせた農村行事の
おくり
一つ。大勢で鐘・太鼓を鳴らし、松明なつを
焚いて、稲の害虫などを村外に追い払う行
事。

『**名所図会**』めいし　③江戸時代後期に多く刊行
しょえ
され、名所・寺社・旧跡や街道・宿駅を紹
介した案内地誌。実景を描写した挿絵が多
数ある。また各地の『名産図会』も刊行され
た。　　　　　　『**尾張名所図会**』おわりめい⑤
しょずえ
　　　　　　　『**摂津名所図会**』せつつめい④
しょずえ
　　　　　　　『**浪花名所図会**』なにわめい②
しょずえ
　　　『**日本山海名所図会**』にほんさんかい①
めいしょずえ

：『**江戸名所図会**』えどめい①江戸及び江戸近
しょずえ
郊の地誌。1834〜36年刊。江戸神田の町名
主斎藤月岑げつ（幸成ゆき）が祖父や父の事業を
しん　　なり
継いで完成。18〜19世紀中頃の風俗・行
事・景観を絵入りで伝える。

『**道中記**』どうちゅう①旅行の日記・紀行や、旅行
ゆうき
の案内記のこと。『東海道中膝栗毛』もその
一つ。

瓦版かわら③町で読み売られた一枚ないし数
ばん
葉の印刷物で、古くは「よみうり」と呼ばれ
た。庶民の情報伝達の手段として、災害・
世相・珍談・敵討うちなどの項目が載せら
うち
れ、天保の改革以降に大量出版された。

近代・現代

第11章　近世から近代へ

1 開国と幕末の動乱

ペリー来航と対外方針の模索

産業革命(さんぎょうかくめい)　→ p.273

内憂外患(ないゆうがいかん)　→ p.199

アヘン戦争(せんそう)　⑦ 1840年、英・清間で開戦した戦争。イギリスが清・インドとの三角貿易によりアヘン密貿易の仕組みを構築したことが原因。清の敗北で1842年に南京条約を締結し、清は上海など5港を開港して香港を割譲した。日本は異国船打払令の危険性を知ることになる。　**上海**(シャン)⑥

香港(ホンコン)⑤　**南京条約**(ナンキンジョウ)⑥

別段風説書(べつだんふうせつがき)　① 従来のオランダ風説書に加え、1842年からさらに新しい海外情報を得るため、オランダ商館長から毎年提出させた報告書。幕府はアヘン戦争により、情報収集の必要性を痛感した。

〔天保の〕薪水給与令(てんぽうのしんすいきゅうよれい)　⑦ 幕府による異国船取扱い令。異国船の穏便な帰帆、漂流船への薪水(燃料と水)・食料支給を命じた。1806年の文化の薪水給与(文化の撫恤令)(ぶんかのぶじゅつれい)は25年の異国船打払令で廃止。アヘン戦争の結果、幕府は1842年に天保の薪水給与令を出し、25年の異国船打払令を緩和した。　**異国船打払令緩和**(いこくせんうちはらいれいかんわ)⑤

オランダ国王の開国勧告(オランダこくおうのかいこくかんこく)　⑦ 1844年のオランダ国王ウィレム2世による、将軍家慶への開国勧告。親書を特使が長崎に持参。これに対し、幕府は翌年、鎖国厳守を貫き、拒絶した。

海防掛(かいぼうがかり)　② 頻発する外国船来航に対応するため設置された、海岸の防御を目的とする幕府の役職。1845年老中阿部正弘の時に常設され、1858年の日米修好通商条約調印後に外国奉行が設置され、廃止。

ビッドル　J. Biddle　⑥ 1783〜1848　アメリカ東インド艦隊司令長官。1846年、浦賀にコロンバス号で来航し、通商を要求。幕府は鎖国を理由に拒絶した。

米墨戦争(べいぼくせんそう)　② 1846〜48年。アメリカによるメキシコへの領土侵略戦争。アメリカが勝利してカリフォルニアなどを獲得。領土が太平洋岸に達したアメリカは、太平洋航海の寄港地として日本へ開国を要求。

ペリー　M. C. Perry　⑦ 1794〜1858　アメリカ東インド艦隊司令長官。1853年、蒸気軍艦(ただし、外車を持つ外輪船)サスケハナ号に乗って太平洋横断航路の開設などを目的に、相模の浦賀沖に来航。久里浜に上陸、国書を提出して退去。翌年、ポーハタン号を旗艦として再来日、日米和親条約の締結に成功。『日本遠征記』を残す。

太平洋横断航路(たいへいようおうだんこうろ)④

久里浜(くりはま)①　**サスケハナ号**(ごう)①

『日本遠征記』(にほんえんせいき)②

黒船(くろふね)⑤ 16世紀中頃から19世紀にかけて来航した、欧米船の通称。船体が黒塗りのため、秀吉時代から南蛮船にその名がある。1853年のペリー来航は日本に衝撃を与え、資本主義の圧力の象徴とされた。その様子は『黒船来航図巻』などに描かれる。

蒸気船(じょうきせん)　④ 蒸気機関を用いたプロペラや外輪などにより動く船舶のこと。18世紀末につくられ始め、19世紀初めにアメリカ人フルトンにより実用化された。

フルトン①

浦賀(うらが)　⑦ 三浦半島東端の港。江戸時代は幕領。1720年、廻船改めなどの目的で浦賀番所を設置し、浦賀奉行をおく。1837年、浦賀奉行は異国船打払令に基づき、モリソン号を砲撃。1853年にペリーが入港し、開国を要求したため、その後は江戸湾防備の拠点となった。

フィルモア　M. Fillmore　⑥ 1800〜74　アメリカ13代大統領(在任1850〜53)。ペリーを派遣し、モールス電信機などを幕府に献上して日本の開国を要求。

プ〔ウ〕チャーチン　E. Putyatin　⑦ 1804〜83　ロシア極東艦隊司令長官。1853年、長崎に来航し、条約締結を要求。1854年、下田にディアナ号で来航、日露和親条約を調印。ディアナ号は安政の大地震の津波で大破したため、日本で帆船ヘダ号をつくり、帰国。1858年に再来日し、江戸で日露修好通商条約を締結した。　**ディアナ号**(ごう)①

海防参与(かいぼうさんよ)　① 1853年、徳川斉昭が任じら

れた海防問題を担当する幕政参与。斉昭の任命は、老中阿部正弘の挙国的政策の一環。

日米和親条約にちべいわしんじょうやく　⑦ 1854年、林煒^{はやしあきら}（大学頭^{だいがくのかみ}）とペリーが神奈川近くの横浜村で調印した条約。永代不朽の和親、下田・箱館の開港、漂流民の救済と必需品の供給、最恵国待遇の供与、領事駐在権の容認などを規定。イギリス・ロシア・オランダとも類似の条約を締結。神奈川条約ともいう。

神奈川条約かながわじょうやく ⑤

下田しも ⑦ 伊豆半島南端の港。江戸時代は幕領で、17世紀初めに番所が設置され、下田奉行がおかれた（のち浦賀に移転）。1854年に日米和親条約の締結で開港され、58年の日米修好通商条約の締結で横浜が開港されるに伴い、閉鎖された。

箱館はこ ⑦ 北海道渡島^{おしま}半島南端の港。松前三湊^{みなと}の一つ。19世紀初め、蝦夷地支配のため箱館奉行を設置。日米和親条約の締結により、1855年開港。戊辰戦争の五稜郭の戦いの舞台。1869年に函館と改名。1882年、開拓使廃止に伴い函館県を設置。

：領事りょうじ（**コンシュル**　consul） ⑥ 外国において自国の通商促進や自国人の援助を行う職。日米和親条約で日本における外国領事の駐在を初めて容認。日本が最初に領事を派遣したのは1870年の上海。

最恵国待遇〔条項〕さいけいこくたいぐう ⑥ 他国に与えている最もよい待遇と同等の待遇を締約国にも与えること。和親条約で、日本側だけが一方的にこれを強制され、通商条約に引き継がれた。

日英和親条約にちえいわしんじょうやく（**日英約定**にちえいやくじょう） ⑦ 1854年に締結。日米和親条約に準じているが、通商事項を盛り込んだ条文はないので日英約条・日英協約ともいう。長崎・箱館両港のみの開港を規定（長崎は未開港）。日本は片務的^{へんむてき}最恵国待遇をとらされた。

日露和親条約にちろわしんじょうやく（**日露通好条約**にちろつうこうじょうやく） ⑦ 1854年に締結。正しくは日露通好条約。日米・日英和親条約に準じ、下田・箱館・長崎の開港を規定。その後、長崎は修好通商条約により開かれた。千島は択捉^{えとろ}・得撫島間を国境、樺太は国境を定めず雑居地とした。 **得撫島**うるっぷ ⑦

：樺太からふと（**サハリン**） ⑦ 宗谷海峡の北に位置する島。1808年に間宮林蔵がシベリアとの間に間宮海峡を発見。1854年に日露和親条約で日露両国の雑居地、75年に樺太・千島交換条約で露領となった。1905年、ポーツマス条約で北緯50度以南を日本が領有し

たが、45年にソ連が占領。サンフランシスコ平和条約で、日本は正式に樺太を放棄。

日蘭和親条約にちらんわしんじょうやく ⑦ 1855年に締結。日米和親条約に準じて、日蘭関係を更新した条約。特にオランダは長崎でのオランダ人の行動の自由を認められた。

琉球米国修好条約りゅうきゅうべいこくしゅうこうじょうやく（**琉米条約**りゅうべいじょうやく） ③ 1854年、日米和親条約の締結後、ペリーが琉球王府との間に結んだ条約。内容は薪水の供給など、和親条約に近い。のちに仏・蘭とも締結。

牧志朝忠まきしちょうちゅう ① 1818～62 琉球王国の役人。ペリーが琉球に来航した際の通事。薩摩藩主島津斉彬から高く評価された。

阿部正弘あべまさひろ ⑦ 1819～57 備後国福山藩主。1843年に老中、45年に老中首座。ペリー来航以後、幕政の責任者として外交方針を指示。諸大名・幕臣にも方針を諮問して挙国一致策をとり、公議世論の政治を行う。和親条約締結後は幕府独裁を改めて公武協調を図り、安政の改革を実施。

：安政の改革あんせいのかいかく ③ 安政年間、老中阿部正弘を中心に実施された幕政改革をいう。国防強化を目的とし、海軍伝習所・洋学所の設立や清新な人材の登用も行った。

徳川斉昭とくがわなりあき　→ p.214

松平慶永まつだいらよしなが（**春嶽**しゅんがく）　→ p.214

島津斉彬しまづなりあきら　→ p.201

伊達宗城だてむねなり ① 1818～92 伊予国宇和島藩主。ペリー来航以後、外交に関して積極的に意見を上申。将軍継嗣^{けいし}問題では一橋派に属して活躍。以後も島津久光・山内豊信らと公議合体を推進。王政復古後、議定^{ぎじょう}などの役職を歴任。1871年、全権として日清修好条規を締結した。

台場だいば ⑤ 大砲を据えつける砲台。ロシアの北方侵略に対し、1810年に江戸湾防備のため、初めて築造。幕末期には全国で1000カ所に及ぶ。品川台場は1853年のペリー来航を機に、防衛のため江川太郎左衛門らの献策で築造。品川沖に5つの台場が実際につくられたが、実用には至らなかった。

江戸湾えど ⑤ **品川台場**しながわだいば ③

大船建造の禁解禁たいせんけんぞうのきんかいきん ④ 1853年ペリー来航を機に行った、武家諸法度にある大船建造の禁を解禁したこと。逆に幕府は、諸藩に洋式軍艦の大船建造を奨励した。

反射炉はんしゃろ　→ p.201

堀田正睦ほったまさよし ⑤ 1810～64 下総^{しもうさ}国佐倉藩主。1855年に老中首座となり、57年、ハリスと日米修好通商条約を協議、翌年上洛し、

条約調印の勅許を求めたが失敗した。

開国とその影響

ハリス T. Harris ⑦ 1804〜78 アメリカの外交官。アジア貿易に従事、のち1856年初代アメリカ駐日総領事として下田に着任。清シが[アロー]戦争の結果、天津条約を結んだ報が伝わると、それを利用して幕府に通商を迫り、1858年、日米修好通商条約の調印に成功した。赴任中の様子を『日本滞在記』として著す。　　　　　　　　　　　**総領事**そうりょうじ ⑥
『**日本滞在記**』にほんたいざいき ①

孝明こうめい**天皇** ⑦ 1831〜66　在位1846〜66。公武合体の立場をとり、通商条約に強く反対した。妹和宮の降嫁を認め、尊攘急進派を抑制したが、第二次長州征討中に急死、幕府の痛手となった。

太平天国の乱たいへいてんごくのらん ① 1851〜64年。洪秀全こうしゅうぜんを首領とする農民の反清朝革命軍による反乱。1851年に太平天国を創建、53年に南京を占領、首都としたが、64年に滅亡。この民族運動が幕末日本への外圧を緩和したといわれる。こののち、清は富国強兵を図る洋務運動を推進。

第2次アヘン戦争だいにじアヘンせんそう(**アロー戦争**せんそう) ⑦ 1856〜60年。清と英・仏連合軍の戦争。1856年、イギリス船アロー号が広東港(現、広州)で、清の官憲に臨検されたアロー号事件にイギリスが抗議。翌年、英仏が出兵して広東を占領、天津に侵入し、1858年に天津条約を締結。これは日本の通商条約締結に影響。さらに1860年に北京条約ぺきんじょうやくを結ぶ。　　　　　　　**天津条約**てんしんじょうやく ③

インド大反乱だいはんらん(**セポイの反乱**はんらん) ① 1857〜59年。インド人の英傭兵セポイ(シパーヒー)による反英独立戦争。この内乱も幕末の外圧緩和に影響。

クリミア戦争せんそう ② 1853〜56、ロシアと英・仏など4カ国間の戦争。ロシアの南下政策により、クリミア半島を主戦場として起こった。

井伊直弼いいなおすけ ⑦ 1815〜60　彦根藩主。1858年、大老に就任。同年、勅許を得ず通商条約に調印し、将軍継嗣問題では南紀派として徳川慶福よしとみを推挙。朝廷や反対派大名の家臣などを弾圧する目的で安政の大獄を断行したが、桜田門外で暗殺された。

日米修好通商条約にちべいしゅうこうつうしょうじょうやく ⑦ 1858年調印。箱館・神奈川(のち横浜、下田は閉鎖)・長崎・新潟・兵庫(実際は現在の神

戸)の開港、江戸・大坂の開市(商取引を許す)、領事裁判権の設定、自由貿易、協定関税、公使の江戸駐在と領事の開港地駐在などを規定。条約の改正交渉開始期限を明記。関税率などは別冊の貿易章程によった。
神奈川かながわ ⑦　**新潟**にいがた ⑦　**開市**かいし ⑥
自由貿易じゆうぼうえき ⑥

：違勅調印いちょくちょういん(**無勅許調印**むちょくきょちょういん) ③ 勅許(天皇の勅命による許可)がない状態での調印。五カ国条約の調印は孝明天皇の勅許を得られないままに行われたので、このように呼ばれる。　　　　　　　　　　　**勅許**ちょっきょ ⑤

：横浜よこはま ⑦ 1859年の開港。東海道沿いの神奈川を避けて、小漁村の横浜に開港。幕末貿易の80%を占める。運上所を中心に、外国人居留地と日本人街と呼ばれる日本人居留地からなる。その概観は、歌川貞秀の『横浜本町幷ニ港崎町細見全図』よこはまほんちょうならびにみよざきちょうさいけんぜんずなどの錦絵によりうかがうことができる。

：長崎ながさき　→　p.160
：兵庫ひょうご　→　p.138
：神戸こうべ ② 兵庫の港。江戸・大坂、兵庫・新潟の開市開港延期定期交渉により1867年5月兵庫に開港勅許が出て、12月に開港。兵庫港東隣の神戸村に居留地を設け、そこが中心になったので神戸港が公称になった。
兵庫開港勅許ひょうごかいこうちょっきょ ④

運上所うんじょうしょ ② 税関の前身。開港場奉行の下に設置され、当初は関税事務所だけでなく外交事務も取り扱った。

居留地きょりゅうち ⑦ 条約の締結国が外国人に一定地域を限って居住・営業を許可する地域。通商条約締結後、長崎・横浜が最初。ここでの貿易を居留地貿易と呼び、居留地に住む外国人を居留民といった。東京では、開市に伴い築地つきじに居留地が設けられた。
居留地貿易きょりゅうちぼうえき ②

治外法権ちがいほうけん ④ 外国人が現にいる国の統治権からまぬがれる特権。安政の五カ国条約では、治外法権の一つである領事裁判権(在留外国人の裁判をその本国の領事が行う権利)が認められ、日本の国権が侵害された。1899年の条約改正で撤廃される。
領事裁判権りょうじさいばんけん ⑦

関税自主権かんぜいじしゅけん ⑦自国の関税率を自主的に規定できる権利。日本は安政の五カ国条約が協定関税であったためこの権利がなく、条約改正の努力で、1911年に回復した。

協定関税きょうていかんぜい ③ 一国が自主的に定める国定(自主)関税に対し、両国で相談した協定

税率によって課す関税。条約関税ともいう。相手国の日本への輸出品の輸出税と、相手国の日本からの輸入品の輸入税には何ら規定がなく、日本のみ貿易章程（通商を行うための細則）で拘束された。

貿易章程^{ぼうえきしょうてい}③

不平等条約^{ふびょうどうじょうやく} ⑥ 法権・関税自主権などで締結国相互が対等でない条約。日本は日米和親条約で片務的な最恵国待遇を、修好通商条約で領事裁判権を認め、協定関税を容認して関税自主権も失った。これらの回復が条約改正の重要課題となった。

安政の五カ国条約^{あんせいのごかこくじょうやく}⑦ 1858（安政 5）年に締結した五つの修好通商条約の総称。1858年にアメリカと、続いてオランダ・ロシア・イギリス・フランスと締結。内容は日米修好通商条約とほぼ同じ。

外国奉行^{がいこくぶぎょう} ⑦ 幕府の外交をつかさどる職。1858年の日米修好通商条約の締結後、海防掛を廃止して新設された。初め水野忠徳^{ただのり}・永井尚志^{なおゆき}・岩瀬忠震^{なおむね}が任じられる。

岩瀬忠震^{いわせただなり}② 1818〜61 幕臣。1858年、条約勅許を獲得するため、堀田正睦に従って上洛したが不調に終わる。同年、日米修好通商条約に調印した。

川路聖謨^{かわじとしあきら}② 1801〜68 幕臣。勘定奉行・外国奉行として日露和親条約の締結などに活躍。安政の大獄で左遷。江戸開城の翌日、ピストルで自殺した。

〔万延〕遣米使節^{まんえんけんべいしせつ} → p.222

売込商^{うりこみしょう}② 外国人へ輸出商品を売り込む貿易商。問屋商人と対立。横浜開港で生糸を売り込んだ原善三郎^{はらぜんざぶろう}らはその代表的な存在。

引取商^{ひきとりしょう}② 外国人貿易商から輸入品を買い、日本で売りさばいた商人。神戸・長崎にもみられ、特に横浜が多かった。

南北戦争^{なんぼくせんそう}④ 1861〜65年。奴隷制の是非をめぐってアメリカが南北に分裂して起こった内戦。このため、アメリカは日本の開国を実現させたが、当初、日本との貿易をほとんど行うことができなかった。

生糸^{きいと}⑦ 蚕の繭糸^{まゆいと}を数本まとめて繰糸^{くり}の状態にした絹糸。日本の生糸は良質のため、近代日本の最も重要で、その占める割合が高い輸出品となった。

茶^{ちゃ}《近代》⑦ 1610年オランダの東インド会社によって輸出されたのが最初で、日米修好通商条約の調印後、本格的に輸出された。明治初期にかけ、アメリカ・イギリスを中心に日本の生産量の多くが輸出された。

蚕卵紙^{さんらんし}《蚕種^{さんしゅ}》⑦ 種紙^{たねがみ}。養蚕農家向けに販売された蛾^がに蚕の卵を産み付けさせた紙。陸奥^{むつ}・信夫^{しのぶ}・伊達^{だて}郡などが特産地として有名で、幕末には日本の重要な輸出品の一つとなった。

絹の道^{きぬのみち}《近代》① 幕末に形成された八王子^{はちおうじ}・横浜間の道。浜街道^{はまかいどう}の別称。甲州・信州・上州から八王子鑓水村に集積した生糸を開港地横浜に運んだことからその名がついた。

鑓水村^{やりみず}①

五品江戸廻送令^{ごひんえどかいそうれい}《五品江戸廻し令^{ごひんえどまわしれい}》⑥ 1860年、幕府は江戸問屋の保護と流通経済を統制するため、重要輸出 5 品の雑穀・水油（菜種油）・蠟・呉服・生糸の開港場直送を禁じ、江戸問屋を経由することを発令。しかし、在郷の地方荷主や外商（外国商社）の抵抗で、生糸は後退。

雑穀^{ざっこく}④ 水油^{みずあぶら}《菜種油^{なたねあぶら}》⑤
蠟^{ろう}④ 呉服^{ごふく}④ 地方荷主^{じかたにぬし}①

在郷商人^{ざいごうしょうにん} → p.200

金銀比価問題^{きんぎんひかもんだい}⑦ 開港の結果、金銀比価の相違（日本は金 1 対銀 5 、外国は金 1 対銀15）により多量の金貨（小判）が海外に流出し、洋銀が流入して日本の経済が混乱した問題。幕府は万延小判をはじめとする万延貨幣改鋳を実施して品位を下げ、金貨流出を防いだ。しかし、貨幣の実質的な価値が下がり、物価は騰貴した。

金〔貨〕流出^{きん（か）りゅうしゅつ}⑦
万延貨幣改鋳^{まんえんかへいかいちゅう}⑥

：洋銀^{ようぎん}② 開国以降、日本に流入した外国貨幣の総称。一般的には最も多かったメキシコドル（メキシコ銀）を指す場合が多い。

メキシコドル（メキシコ銀^{ぎん}）①

：万延小判^{まんえんこばん}⑦ 1860（万延元）年以降に鋳造された万延金の一つ。それまで流通していた天保小判や前年に鋳造された安政小判などに代わり、万延二分金などと共に鋳造された。国内の金銀比価を海外にあわせるため、形状も小さく、金の含有量も少なかった。

攘夷運動^{じょういうんどう} ⑦ 外国勢力（夷^い）を攘^{はら}い除ける意味を持つ運動。武力で開国を迫った欧米を武力で撃退せよという攘夷論は、攘夷主義の下、長州藩などの攘夷派を中心に外国人殺傷事件や外国船砲撃事件を引き起こす結果となった。のち、幕府批判の政治運動に展開していった。

攘夷論^{じょういろん}⑥
攘夷主義^{じょういしゅぎ}③ 攘夷派^{じょういは}③

外国人殺傷事件^{がいこくじんさっしょうじけん}④ 幕末から維新期

にかけて頻発した外国人への殺傷事件。夷人<ruby>狩<rt>じん</rt></ruby>（斬）りとも称した。1856年のハリス襲撃未遂事件から始まり、ヒュースケン殺害事件・東禅寺事件・生麦事件など、60年代には頻発する状況となった。

ヒュースケン H. C. T. Heusken ④ 1832〜60　駐日アメリカ公使館の通訳官。オランダ人。1856年、ハリスの通訳として来日。1860（万延元）年、麻布善福<ruby>寺<rt>ぜんぷく</rt></ruby>寺のアメリカ公使館に帰る途中、暗殺された。

東禅寺事件<ruby>とうぜんじじけん</ruby>　④ 1861年、水戸藩浪士14人が、イギリス仮公使館の江戸高輪の東禅寺を襲撃した事件。この結果、品川御殿山<ruby>ごてんやま</ruby>に各国公使館を移転することとなった。翌年には、東禅寺を警備する松本藩士がイギリス兵を斬殺する事件（第二次東禅寺事件）も起こった。

東禅寺<ruby>とうぜんじ</ruby> ④

第二次東禅寺事件<ruby>だいにじとうぜんじじけん</ruby>

生麦事件<ruby>なまむぎじけん</ruby> ⑦ 1862年、薩摩藩の島津久光一行が江戸からの帰途、その従士が横浜近郊の生麦で、イギリス人4人の行列への非礼を咎め、3人を殺傷した事件。これが原因で翌年に薩英戦争が起こり、薩摩藩は賠償金の支払いと犯人の処刑を確約した。

薩英戦争<ruby>さつえいせんそう</ruby>　→ p.217

イギリス公使館焼打ち事件<ruby>こうしかんやきうちじけん</ruby> ② 1862年に高杉晋作ら約10人が、品川御殿山に建築中のイギリス公使館を襲撃して全焼させた事件。

品川御殿山<ruby>しながわごてんやま</ruby> ②

安政の大地震<ruby>あんせいのだいじしん</ruby> ① 安政年間に起こった地震。主な地震は1854年の遠州灘沖の安政東海地震と土佐沖の安政南海地震、55年に起きた直下型の安政の江戸地震の3回。いずれも数千人の死者が出た。江戸地震では藤田東湖が圧死した。鯰が動いて地震を起こすという民間信仰から、鯰絵も多くつくられた。

鯰絵<ruby>なまずえ</ruby> ①

公武合体と尊攘運動

徳川家定<ruby>とくがわいえさだ</ruby> ⑦ 1824〜58　13代将軍（在職1853〜58）。家慶の4男。生来<ruby>せいらい</ruby>病弱で、子がなく、将軍継嗣問題が生じた。

将軍継嗣問題<ruby>しょうぐんけいしもんだい</ruby> ⑦ 13代将軍家定に嗣子<ruby>しし</ruby>がなく、1857年から公然となった世継ぎ問題。徳川慶福をおす南紀派と徳川慶喜をおす一橋派が争い、朝廷にも工作。1858年井伊直弼の大老就任で南紀派が勝利し、慶福が14代将軍家茂となる。

一橋派<ruby>ひとつばしは</ruby> ⑦ 14代将軍に徳川慶喜をおす党派。福井藩主松平慶永を中心に、薩摩藩主

島津斉彬らが同調したが、老中阿部正弘の死後、挫折した。

徳川（一橋）慶喜<ruby>とくがわ（ひとつばし）よしのぶ</ruby> ⑦ 1837〜1913　15代将軍（在職1866〜67）。水戸藩主徳川斉昭の7男。1847年に一橋家を継ぎ、将軍継嗣問題で一橋におされたが実現せず。文久の改革では将軍後見職につき、1866年、将軍に就任。翌年、大政奉還を行い、徳川家の復権を図ったが、鳥羽・伏見の戦いで政府軍に破れ、謹慎。

松平慶永<ruby>まつだいらよしなが</ruby>（**春嶽**<ruby>しゅんがく</ruby>） ⑦ 1828〜90　号は春嶽。越前国福井藩主。将軍継嗣問題では一橋派として活動。安政の大獄で隠居謹慎となったが、1862年の文久の改革では政事総裁職に任じられた。

島津斉彬<ruby>しまづなりあきら</ruby>　→ p.201

徳川斉昭<ruby>とくがわなりあき</ruby> ⑦ 1800〜60　水戸藩主。人材を登用し、藩政改革を断行。ペリー来航当時、幕政に参画し尊王攘夷論を主張。将軍継嗣問題では一橋派として活動した。安政の大獄により蟄居<ruby>ちっきょ</ruby>となる。

南紀派<ruby>なんきは</ruby> ⑦ 14代将軍に和歌山藩主徳川慶福をおす党派。水戸藩に反発する大老井伊直弼が中心。関白九条尚忠<ruby>ひさただ</ruby>や大奥も同調。井伊が老中堀田正睦を罷免し、慶福の将軍就任が実現。

徳川慶福（家茂）<ruby>とくがわよしとみ（いえもち）</ruby> ⑦ 1846〜66　14代将軍（在職1858〜66）。紀伊国和歌山藩主。井伊直弼らにおされて1858年に将軍となり、家茂と改名。1862年に和宮と結婚、第二次長州征討の時、大坂城で病死した。

井伊直弼<ruby>いいなおすけ</ruby>　→ p.212

大老<ruby>たいろう</ruby>　→ p.155

戊午の密勅<ruby>ぼごのみっちょく</ruby> ① 1858年8月、水戸藩に下された勅諚<ruby>ちょくじょう</ruby>（天皇の命令）。孝明天皇は幕府の無勅許調印を批判して攘夷を表明。公武一体化の幕政改革を求めた。幕府にも下されたが、幕府はこれをおさえ、水戸藩が諸藩に伝えることも禁じた。

安政の大獄<ruby>あんせいのたいごく</ruby> ⑦ 1858〜59年に行われた政治弾圧。主として井伊直弼の専制に反対する親藩・外様大名・志士らを処断、連座100余人に及ぶ。吉田松陰・橋本左内らが刑死した。

吉田松陰<ruby>よしだしょういん</ruby> ⑦ 1830〜59　長州藩士。江戸で佐久間象山に師事。君主の下に万民が結集する一君万民論<ruby>いっくんばんみんろん</ruby>を説く。1854年のペリー再来の際、下田で海外密航を企てたが失敗。幽閉<ruby>ゆうへい</ruby>中に松下村塾で教える。幕府の対外政策を批判し、安政の大獄により江戸で刑死した。

：**松下村塾**（しょうかそんじゅく）　④　幕末、長州萩郊外の松本村にあった私塾で、松陰の叔父玉木文之進が開く。1856年に謹慎中の松陰が受け継ぎ、久坂玄瑞・高杉晋作ら尊攘倒幕派の人材を育てた。　　　　　　**玉木文之進**（たまきぶんのしん）①

橋本左内（はしもとさない）　⑤　1834〜59　福井藩士、号は景岳（けいがく）。1849年に大坂で緒方洪庵から医学を学ぶ。藩主松平慶永をたすけ一橋派として活躍。将軍を頂点とする統一国家を構想した。安政の大獄により江戸で刑死した。

梅田雲浜（うめだうんぴん）②　1815〜59　若狭小浜（おばま）藩士。牢人となったのち、尊攘論をとなえ、安政の大獄で京都において捕縛（ほばく）され、江戸に送られ幽閉中に病死した。

頼三樹三郎（らいみきさぶろう）　②　1825〜59　儒者。頼山陽（らいさんよう）の子。京都で尊攘運動を展開。安政の大獄で逮捕され、江戸で刑死した。

桜田門外の変（さくらだもんがいのへん）　⑦　1860年、安政の大獄に憤激した尊攘派志士（水戸浪士17人・薩摩藩士1人）が、江戸城桜田門へ登城中の大老井伊直弼を暗殺した事件。これにより幕府の権威は失墜した。その様子を浪士の1人蓮田市五郎（はすだいちごろう）が、『桜田門外の変図』として描いた。　　　**水戸浪士（志士）**（みとろうし（しし））⑤

志士（しし）　④　国家の危機に対し志を立て、在野から社会的正義を実行しようとする者。任官せず、在野の身で政治を論じた草莽の志士も同義といえる。草莽とは草むらの意。幕末にこの意識を持つ志士が多く現れ、中には政敵に対して天誅（てんちゅう）を下す（天に代わって罰を下す）者もおり、尊王攘夷運動の底辺を担った。　　　**草莽の志士**（そうもうのしし）①

安藤信正（あんどうのぶまさ）　⑤　1819〜71　磐城平（いわきたいら）藩主。1860年、井伊直弼の死後、老中首座となり、公武合体を推進。和宮の降嫁（こうか）を実現したが、坂下門外の変で襲われ失脚した。

公武合体（こうぶがったい）　⑦　公議政体論を背景とする公（朝廷）・武（幕府）の提携による政局安定策。井伊大老の死後、老中安藤信正らの公武合体派は公武合体をとなえ、和宮降嫁を具体化して幕威の回復を図ったが、坂下門外の変で挫折した。　　　　　　**公武合体派**（こうぶがったいは）③
　　　　　　　　　　　　公武合体論（こうぶがったいろん）②

：**公武合体運動**（こうぶがったいうんどう）①　安藤信正らの公武合体策は挫折したが、雄藩で動きが活発化。長州藩の長井雅楽の「航海遠略策」の提唱や薩摩藩の島津久光による文久の改革がその例。八月十八日の政変で一時主導権をとるが、その後は尊攘派・倒幕派に圧倒された。　　　　　　**長井雅楽**（ながいうた）①

「**航海遠略策**」（こうかいえんりゃくさく）①

和宮（かずのみや）　⑦　1846〜77　孝明天皇の妹。若くして有栖川宮熾仁（ありすがわのみやたるひと）と親王と婚約。幕府の要請で1862年に家茂と結婚。和宮降嫁（皇女などが皇族以外の男性に嫁ぐこと）と呼ばれた。戊辰戦争では朝幕間の斡旋に尽力。家茂の死後は仏門に入り、静寛院宮（せいかんいんのみや）と称した。　　　**降嫁**（こうか）④

久世広周（くぜひろちか）　①　1819〜64　下総関宿（せき）藩主。老中安藤信正の公武合体推進に協力し、安藤失脚により老中首座を辞職する。

坂下門外の変（さかしたもんがいのへん）　⑤　和宮降嫁に憤激した尊攘派の志士6人が、1862年、江戸城坂下門外に安藤信正を襲い、傷つけた事件。首謀者大橋訥庵（おおはしとつあん）は、直前に逮捕された。

島津久光（しまづひさみつ）⑦　1817〜87　島津斉彬の弟。薩摩藩主忠義の父。公武合体派の中心として1862年に藩兵を率い、幕政改革の勅命を受けて江戸に赴く。独自の公武合体の立場から、文久の改革を推進した。

島津忠義（しまづただよし）①　1840〜97　薩摩藩主。父久光の指導の下に、王政復古に尽くし、戊辰戦争・版籍奉還などに奔走（ほんそう）する。のち鹿児島藩の知藩事となった。

大原重徳（おおはらしげとみ）①　1801〜79　公家。1862年、島津久光を従え、勅使（ちょくし）（天皇の使者）として江戸に赴き、幕政改革を要求した。

寺田屋事件（てらだやじけん）　②　1862年、上京した島津久光を擁して倒幕挙兵を策した薩摩藩士有馬新七らを、幕政の改革の妨げになるとして、伏見の寺田屋において久光の使者が斬殺した事件。　　　**有馬新七**（ありましんしち）①

文久の改革（ぶんきゅうのかいかく）　⑥　1862年、勅命により実施された幕政改革。徳川慶喜を将軍後見職、松平慶永を政事総裁職、松平容保を京都守護職に任用。在府期間を3年1勤とする参勤交代の緩和や軍制改革などを行った。　　　**参勤交代緩和**（さんきんこうたいかんわ）④

：**政事総裁職**（せいじそうさいしょく）⑤　大老に相当する役職。1862年、文久の改革により設置され、松平慶永が任じられた。

：**松平慶永**（まつだいらよしなが）**（春嶽**（しゅんがく））　→　p.214

：**将軍後見職**（しょうぐんこうけんしょく）　⑤　将軍の補佐役。1858年に田安慶頼（よしより）が就任。1862年、文久の改革により徳川慶喜が任じられた。1864年に廃止。

：**徳川（一橋）慶喜**（とくがわ（ひとつばし）よしのぶ）　→　p.214

：**京都守護職**（きょうとしゅごしょく）⑦　京都所司代の上にあり、京都の治安維持にあたる役職。1862年、京都に新設、松平容保を任命した。

：**松平容保**（まつだいらかたもり）⑦　1835〜93　会津藩主。

京都守護職。薩摩藩と協力して尊攘派を京都から追放（八月十八日の政変）。戊辰戦争の時、会津若松城で抗戦、敗れて謹慎に処された。

会津藩あいづはん ⑦ 陸奥国若松（現、福島県会津若松市）を城域とする大藩。1643年に保科正之まさゆきが入封。藩校は日新館。9代藩主の松平容保かたもりが幕末の藩政を支える。戊辰戦争では奥羽越列藩同盟の中心として官軍と戦うが、会津若松城も落ち、降伏した。

尊王攘夷論そんのうじょういろん ⑤ 尊王論（天皇崇拝思想）と攘夷論（外国人排斥思想）とが幕藩体制の動揺と外国の圧迫という危機に際して結合し、形成された政治思想。幕末期、長州藩の下級武士を中心とした尊攘派（尊王攘夷派）は、尊攘運動（尊王攘夷運動）を倒幕運動に発展させて明治維新を導いた。

　　尊攘運動そんじょううんどう（**尊王攘夷運動**そんのうじょういうんどう）⑥

　　尊攘派そんじょうは（**尊王攘夷派**そんのうじょういは）⑦

尊王論そんのうろん → p.203

水戸学みとがく → p.203

長州藩外国船砲撃事件ちょうしゅうはんがいこくせんほうげきじけん（**下関事件**しものせきじけん）⑦ 長州藩が朝命を受け、攘夷決行期日の文久3（1863）年5月10日、下関の海峡を通る米・仏・蘭船を砲撃し、若干の損害を与えた事件。のちに、その報復として、四国艦隊下関砲撃事件が起こる。

八月十八日の政変はちがつじゅうはちにちのせいへん ⑥ 1863年8月18日に起きたクーデタ。薩摩・会津などの公武合体派が、中川宮朝彦あさひこ親王らの朝廷内の公武合体派と結んで、長州藩を中心とした急進的な尊攘派を京都から追放した事件。長州藩は宮門警備を解任され、三条実美ら急進派の公卿も京都から追放された。

七卿落ちしちきょうおち ① 八月十八日の政変の結果、追放された三条実美・沢宣嘉さわのぶよしら尊攘派の公卿7人が、長州藩士に擁されて長州に逃れた事件。

三条実美さんじょうさねとみ ④ 1837〜91　公卿。八月十八日の政変で失脚、長州に逃れた（七卿落ち）。王政復古後、議定ぎじょうとなり、1871〜85年太政大臣。征韓論収拾に苦慮。1884年に公爵こうしゃくとなる。1885年以後は内大臣。

朝議参予ちょうぎさんよ ① 1863年末に設置された参予会議に参画できる大名経験者。当初、徳川慶喜・山内豊信・伊達宗城ら5人で構成され、翌年島津久光が加わるが、約3カ月で崩壊。

山内豊信やまうちとよしげ（**容堂**ようどう）→ p.218

天誅組の変てんちゅうぐみのへん ② 1863年、中山忠光を擁

した尊攘派国学者伴林光平ともばやしみつひららの天誅組が、大和国五条の代官所を襲撃した事件。吉野に転戦したが、諸藩兵に囲まれて壊滅した。地方で尊攘派による武力行使の先駆。

：**中山忠光**なかやまただみつ ① 1845〜64　尊攘派公卿。天誅組の首領。長州に逃れたが暗殺された。

：**吉村寅（虎）太郎**よしむらとらたろう ② 1837〜63　土佐藩士。尊攘派志士として活躍。天誅組の変で敗死した。

生野の変いくののへん ② 平野国臣らが沢宣嘉を擁し、但馬たじま国の農民層に働きかけ、1863年に生野の代官所を襲撃し、敗走した事件。

：**平野国臣**ひらのくにおみ ② 1828〜64　福岡藩士。1858年に脱藩して尊攘運動で活躍。生野の変で敗れ、京都で斬罪に処された。

天狗党の乱てんぐとうのらん ① 1864年、水戸藩尊攘過激派の天狗党が、常陸ひたち国筑波山つくばさんで挙兵した事件。追討軍に追われて西へ逃れる途中で加賀藩に降伏し、藤田小四郎・武田耕雲斎ら多数が斬罪に処された。

池田屋事件いけだやじけん ④ 1864年、新選組が京都三条河原町の池田屋に集合した尊攘派を急襲、二十数人を殺傷・捕縛した事件。

　　池田屋いけだや ②

新選（撰）組しんせんぐみ ④ 1863年、近藤勇・土方歳三ら浪士による武力組織。前年に組織された幕府の浪士隊ろうしたいが分裂し、その一部が新選組として京都守護職の指揮下におかれ、池田屋事件など尊攘派制圧に活動した。戊辰戦争で敗北する。

：**近藤勇**こんどういさみ ④ 1834〜68　新選組の局長。武蔵国多摩郡出身。池田屋事件など尊攘派取締りに活躍。戊辰戦争の際、下総国流山で捕われて刑死した。

：**土方歳三**ひじかたとしぞう ① 1835〜69　新選組副長。武蔵国多摩郡出身で同郷の近藤勇を支える。戊辰戦争で活躍し、五稜郭の戦いで銃弾に倒れた。

禁門の変きんもんのへん（**蛤御門の変**はまぐりごもんのへん）⑦ 八月十八日の政変で京都を追われた長州藩の急進派が、1864年の池田屋事件を契機に入京。薩摩・会津・桑名の藩兵と天皇の邸宅である御所の蛤御門付近から交戦し始め、敗走した武力衝突事件。　　**御所**ごしょ ③

：**桑名藩**くわなはん ⑤ 伊勢国桑名を領域とする藩。1864年、藩主松平定敬が京都所司代となり、京都警衛にあたった。一橋家・会津藩と連携し、一会桑と呼ばれる体制を構築。鳥羽・伏見の戦いで敗れ、新政府に恭順した。

松平定敬まつだいらさだあき ②　**一会桑**いちかいそう ①

長州征伐(追討)ちょうしゅうせいばつ(ついとう)（**長州戦争**ちょうしゅうせんそう・**幕長戦争**ばくちょうせんそう）《第１次》⑦　禁門の変を理由に、征討令(長州征討の勅命)を受けた幕府が征長軍を組織し、1864年に長州藩を攻めた戦争。結果、四国艦隊下関砲撃事件後に長州藩の政権を握っていた俗論派(上層保守派)は藩内の尊攘派を弾圧し、恭順(つつしんで従う意)の態度をとった。

恭順きょうじゅん ③

四国艦隊下関砲撃事件しこくかんたいしものせきほうげきじけん（**下関戦争**しものせきせんそう）⑦　長州藩の外国船砲撃事件の報復と関門海峡通行の安全を確保するため、1864年に英・仏・米・蘭の四国連合艦隊が下関を砲撃し、陸戦隊を上陸させて下関砲台などを占領した事件。この結果、長州藩では開国を主張する勢力が台頭した。

四国連合艦隊しこくれんごうかんたい ⑦
下関砲台しものせきほうだい ⑥

オールコック　R. Alcock ②　1809~97　1858年に駐日英総領事、ついで公使。在日外交団の重鎮として活躍。1864年、四国艦隊下関砲撃事件を指導。著書に『大君の都』たいくんのみやこがある。

薩英戦争さつえいせんそう ⑦　1863年、生麦事件の報復のため、イギリス艦隊が鹿児島沖に来航して交戦。双方ともかなりの被害を受け、講和が成立。薩摩は攘夷の無謀を理解し、講和後に両者は接近した。

：生麦事件なまむぎじけん　→ p.214

条約勅許じょうやくちょっきょ ④　幕府が勅許(天皇の勅命による許可)を得ないで調印した修好通商条約に対し、1865年、英・仏・米・蘭４カ国の圧力により孝明天皇が正式に承認し、条約を勅許した。しかし兵庫開港は認めなかった。

改税約書かいぜいやくしょ ⑤　1866年、幕府と英・仏・米・蘭が締結した協約。江戸協約ともいう。安政の五カ国条約の輸入の関税(平均20%)を一律５％に引き下げて、諸外国に有利となった。課税方法も従価税(商品価格の一定の割合を課税)から従量税(商品の一定量を基準として課税)となった。

従価税じゅうかぜい ②　**従量税**じゅうりょうぜい ②

パークス　H. S. Parkes ⑤　1828~85　1856年のアロー戦争で活躍したあと、65~83年に駐日イギリス公使。大名会議(大名連合政権)の樹立を期待して薩摩に接近し、幕府を支援したロッシュと対立。改税約書の締結、江戸無血開城の斡旋に尽力。1883年、駐清公使に転出。　**大名会議**だいみょうかいぎ ①

雄藩連合政権ゆうはんれんごうせいけん　→ p.218

西郷隆盛さいごうたかもり ⑦　1827~77　薩摩藩士。下級武士として尊攘運動に活躍し、薩長連合を結ぶ。戊辰戦争の参謀。1871年に参議となり、廃藩置県に尽力。しかし征韓論により下野げやし、1877年、西南戦争を起こして敗れ、自刃した。

大久保利通おおくぼとしみち ⑦　1830~78　薩摩藩士。薩長連合・王政復古に活躍。廃藩置県を建議。岩倉使節団に参加。帰国後、征韓論に反対し、参議兼内務卿として殖産興業に尽力。藩閥政府の中心として権力をふるったが、東京紀尾井坂きおいざかで暗殺された。

ロッシュ　L. Roches ⑤　1809~1900？　1864~68年、駐日フランス公使。徳川慶喜に幕政改革を進言。戊辰戦争の際、再挙を勧めるなど幕府を支援した。

木戸孝允きどたかよし（**桂小五郎**かつらこごろう）⑦　1833~77　長州藩士。吉田松陰に学ぶ。西郷・大久保らと薩長連合を結び、倒幕運動に活躍。維新後は参与・参議となり、版籍奉還・廃置県などに尽力した。

高杉晋作たかすぎしんさく ⑦　1839~67　長州藩士。松下村塾に学び、尊攘運動で活躍してイギリス公使館を焼き打ちした。1863年に奇兵隊を組織し、第一次長州征討後に下関で挙兵。藩の主導権を保守派から奪い、藩論を倒幕に転じさせた。第二次長州征討の時、同隊を率いて抵抗したが、病死。

：奇兵隊きへいたい ⑦　長州藩の正規の兵以外で組織された軍隊。1863年に高杉晋作が下関の豪商白石正一郎の後援を得て組織。隊員の約30%は庶民。第二次長州征討・戊辰戦争で倒幕軍の主力として活躍、1870年解散。

諸隊しょたい ③　奇兵隊以後、長州藩に結成された下士・浪人・農民・町人からなる軍隊。遊撃隊・八幡隊・集義隊などがその例。ほかに農兵隊も結成された。しかし1864年、諸隊解散令が出されたため、藩への反乱を起こした。

倒(討)幕運動とうばくうんどう ④　武力行使を含む手段により、江戸幕府滅亡と徳川家の国政排除をねらいとする政治運動。倒幕論がとなえられ、岩倉具視らの公家の一部と薩摩・長州藩が〔武力〕倒幕派を形成した。

倒(討)幕論とうばくろん ②
〔**武力**〕**倒(討)幕派**とうばくは ④

大村益次郎おおむらますじろう（**村田蔵六**むらたぞうろく）　→ p.226

長州征討ちょうしゅうせいとう（**長州戦争**ちょうしゅうせんそう・**幕長戦争**ばくちょうせんそう）《第２次》⑦　1865年、高杉晋作らが再び長州藩の実権を握り、倒幕の動きを強

めたため、幕府が長州再征の勅許を得、再び征長令を発して長州藩を攻めた戦争。1866年6月に戦闘が始まり、芸州口・石州口・小倉口で交戦したが、幕府側は連敗、将軍家茂の病死を機に、8月に停戦。薩摩藩は開国進取(開国により文明を進めること)に転じており、長州藩を支持。

長州再征ちょうしゅうさいせい ② **開国進取**かいこくしんしゅ ①

坂本龍(竜)馬さかもとりょうま ⑦ 1835〜67 土佐の郷士ごう(農村に住みながら武士身分を与えられた者)出身。土佐勤王党に参画したが、脱藩。1864年、長崎に結社である亀山社中かめやましゃちゅう(のちの海援隊)を組織し、いろは丸などを使って海運・貿易事業を展開。1866年、薩長連合を斡旋し、翌年に「船中八策」を起草。大政奉還・公議政体をとなえて活躍中、中岡慎太郎と共に京都河原町で暗殺された。 **郷士**ごう ① **土佐勤王党**とさきんのうとう ①
海援隊かいえんたい ①

：**「船中八策」**せんちゅうはっさく ① 坂本龍馬が1867年に起草した国家体制論。上下議政局からなる二院制議会と朝廷中心の大名会議が権力を持つ統一国家構想。8カ条にわたる。

中岡慎太郎なかおかしんたろう ③ 1838〜67 土佐藩の尊攘派志士。1861年、武市瑞山たけちずいざんの土佐勤王党に参加。1867年に陸援隊を組織し、倒幕運動に尽力したが、坂本龍馬と共に京都河原町で暗殺された。

吉田東洋よしだとうよう ① 1816〜62 土佐藩士。藩主山内豊信のもと、藩政改革を主導。私塾では、板垣退助や後藤象二郎らを教授。その開国貿易などの革新的改革は抵抗勢力を生み、尊攘派の土佐勤王党によって暗殺された。

薩長連合(同盟・盟約)さっちょうれんごう(どうめい・めいやく) ⑦ 第二次長州征討にあたり、結ばれた薩摩・長州両藩の同盟。1866年、京都で坂本・中岡らの斡旋により、薩摩の小松帯刀・西郷隆盛、長州の木戸孝允が会盟、相互援助を約し、倒幕の主力を形成した。

徳川慶福(家茂)とくがわよしとみ(いえもち) → p.214
孝明こうめい**天皇**てんのう → p.212
慶応の改革けいおうのかいかく ① 1866〜67年の将軍慶喜による幕政改革。フランス公使ロッシュに接近して横須賀製鉄所の建設など軍備の拡充を図った。また老中などの職制を内政事務・陸軍・海軍・会計・外国事務の専任制とするなど、組織も改革した。

幕府の滅亡

後藤象二郎ごとうしょうじろう → p.236
山内豊信やまうちとよしげ**(容堂)**ようどう ⑥ 1827〜72 土佐藩主。容堂は号。安政の大獄で蟄居ちっきょを命じられたが、のち幕政に参画。1867年、後藤象二郎の意見で将軍慶喜に大政奉還を建議した。

公議政体論こうぎせいたいろん ④ 公議(公衆の認める議論)によって政治を行おうとする主張。洋学者などによる議会政治思想の影響による。薩長らの構想する武力倒幕派に対し、土佐藩が公議政体派として雄藩連合政権を主唱した。実際には将軍を議長とする諸侯会議を構想する。のち明治政府の立法機関設立に影響した。 **雄藩連合政権**ゆうはんれんごうせいけん ⑤
雄藩連合ゆうはんれんごう ②

大政奉還たいせいほうかん ⑦ 15代将軍慶喜が朝廷へ政権を返上したこと。1867年10月、土佐・安芸両藩が土佐藩前藩主山内豊信を通して慶喜に大政奉還の上表(天皇に対する文書)を提出。朝幕二元体制に限界を感じていた慶喜は、10月14日、これを受け入れて上表した。

討幕の密勅とうばくのみっちょく ⑥ 1867年10月、京都で開かれた薩・長・芸3藩会議で、武力倒幕が決議されたことを受け、大政奉還と同時に薩長両藩主が朝廷内の岩倉具視らと結んで受けた慶喜討伐の命令。偽勅説もある。

岩倉具視いわくらともみ ⑦ 1825〜83 幕末・明治期の政治家、公家。公武合体を策し、のち倒幕論に転向。薩長倒幕派と結んで王政復古に尽力した。明治政府の右大臣となり、1871年、遣外使節の大使として欧米を視察、帰国後は征韓論に反対。欽定憲法・天皇制の確立に努めた。

王政復古の大号令おうせいふっこのだいごうれい ⑦ 薩長の武力倒幕派が計画し、1867年12月に発表された政体変革の命令書。摂政・関白の廃止、幕府の廃絶、三職の設置、諸事神武創業の昔への復帰などを宣言した(王政復古のクーデタ)。天皇中心の新政府樹立をめざした。

摂政・関白の廃止せっしょう・かんぱくのはいし ⑤
王政復古のクーデタおうせいふっこのクーデタ ①

江戸幕府の滅亡えどばくふのめつぼう ④ 1867年12月に王政復古の大号令が出され、明治天皇のもと、公家・諸藩大名・藩士からなる雄藩連合の新政府が発足。将軍・摂政・関白が廃され、

260年余り続いた幕府は滅亡した。

三職 ⑤ 新政府最初の官職。1867年、王政復古の大号令により、総裁・議定・参与の三職が創設された。

：総裁 ⑤ 三職の最高官職で、政務を総轄する。有栖川宮熾仁親王が就任。

：議定 ⑤ 三職の一つ。皇族・公卿・諸侯約10名が任命された。1869年の太政官制の再興により廃官となる。

：参与 ⑤ 三職の一つ。主に雄藩の代表が任命され、三職各局の事務を分担する。1869年の官制改革で参議に転化。

広沢真臣 ① 1833〜71　長州藩士。木戸らと共に藩政改革・倒幕運動に尽力し、討幕の密勅を受けた。三職制では参与、1869年に参議。1871年に東京で暗殺される。

小御所会議 ⑥ 1867年12月、京都御所内の小御所で、総裁・議定・参与などにより開催された会議。公議政体派を退け、辞官納地（徳川慶喜の内大臣辞任と領地の一部返上）を決定した。三職会議ともいう。

　　　　辞官納地 ⑤　**三職会議** ①

戊辰戦争と新政府の発足

戊辰戦争 ⑦ 1868年（戊辰の年）、鳥羽・伏見の戦いから翌年の五稜郭の戦いまでの新政府と旧幕府勢力間の戦争。官軍の東征、江戸開城、越後の長岡城の戦い、奥羽越列藩同盟の中心会津若松城攻撃などがあり、1869年、五稜郭の戦いで旧幕府軍は降伏。その記録は『復古記』に収められる。

　　　　　　　　　　『復古記』 ①

鳥羽・伏見の戦い ① 慶喜への辞官納地の処置に憤激した大坂の幕府の兵が、1868年正月に大挙入京、京都近郊の鳥羽・伏見で薩長の兵と交戦し、敗退した戦い。これを機に慶喜追討令が発せられ、東征軍が形成された。戊辰戦争の発端。

東征軍 ② 1868年、戊辰戦争において東海・東山・北陸の3道から進軍した旧幕府征討軍。官軍ともいう。有栖川宮熾仁親王が東征大総督、西郷隆盛が東征大総督府参謀となり、慶喜を朝敵（朝廷の敵）として、錦の御旗（錦旗）・節刀を受け進軍した。

　　　征討軍 ②　**官軍** ①
　　　朝敵 ④　**錦の御旗** ③

：有栖川宮熾仁**親王** ① 1835〜95皇族。三職の総裁に就任し、東征大総督として江戸開城を実現。新政府の兵部卿・元老院議長・左大臣などを歴任。西南戦争の征

討総督。

相楽総三 ④ 1839〜68　倒幕に参加した草の志士。関東各地の草隊（義勇軍）の挙兵に参加。1868年1月に赤報隊を組織、東征軍の先鋒として東山道を進撃。年貢半減令を掲げたが偽官軍とされ、3月諏訪で処刑される（偽官軍事件）。1870年、相楽らをいたみ、下諏訪に魁塚が建てられた。

　　　草莽隊 ①　**偽官軍** ①
　　　　　　　偽官軍事件 ①

：赤報隊 ④ 草莽隊の一つ。相楽総三を隊長とし、隊員は関東・東北の脱藩士・豪農商など200〜300人。偽官軍として幹部8人が処刑されて解消した。

：年貢半減令 ④ 相楽総三が自ら新政府に建白したもので、旧幕府直轄領の年貢半減の認可などが記載された御達書を受けたため、東山道を進みつつ布告。しかし、新政府の方針変更で、偽官軍とされた。

江戸〔無血〕開城 ⑦ 1868年の官軍の江戸攻撃に際し、徳川慶喜の恭順、山岡鉄太郎の裏面工作、勝海舟・西郷隆盛の会見などにより、幕府は江戸城を無血で明け渡した。

：彰義隊 ② 徳川慶喜を擁護するため、旧幕臣有志が結成した隊。江戸開城後、上野寛永寺にたてこもり、約1000人が官軍に反抗したが、1日で敗退（上野戦争）。

　　　　　　　　　上野戦争 ①

長岡城の戦い ② 1868年5〜7月に起こった新政府軍と越後長岡藩を中心とする勢力の戦い。局外中立をとる長岡藩家老河井継之助が、停戦を求めたが拒否されたため、奥羽越列藩同盟に参加して戦った。長岡城は落城し、河井もこの戦いで死亡した。

奥羽越列藩同盟 ⑦ 戊辰戦争の際に、輪王寺宮能久親王を擁して結成された奥羽諸藩の反新政府同盟。1868年に仙台・米沢の両藩の主唱により東北25藩が盟約、越後6藩が参加。仙台藩領白石に公議府を設置した。

：会津の戦い（会津戦争） ② 戊辰戦争における東北での最後の戦い。会津・庄内藩への追討命令に対し、東北諸藩は奥羽越列藩同盟を結んで、抵抗。1868年8〜9月に会津若松城で激戦となり、会津藩は飯盛山で自刃した少年の白虎隊や女子の娘子軍なども出陣したが敗戦。会津藩も降伏して同盟は崩壊。　**会津若松城** ③
　　　飯盛山 ①　**白虎隊** ①

：会津藩_{あいづはん} → p.216

箱館戦争_{はこだてせんそう}**（五稜郭の戦い**_{ごりょうかくのたたかい}**）** ② 1868年、箱館の五稜郭における旧幕府の軍艦を率いた榎本武揚軍と官軍との抗戦。翌年旧幕府軍は陥落し、戊辰戦争が終わった。

：五稜郭_{ごりょうかく} ⑦ 幕臣武田斐三郎_{あやさぶろう}の設計。1857年着工、64年に完成したヨーロッパ風の星形城塞。長野県佐久の竜岡_{たつおか}城も同型。

榎本武揚_{えのもとたけあき} ⑦ 1836〜1908 幕臣としてオランダに留学、のち海軍奉行。戊辰戦争の際、五稜郭で官軍に反抗。のち明治政府に参画し、1875年に駐露公使として樺太・千島交換条約を締結。藩閥政府の中で、逓相・文相・外相・農商務相などを歴任。

五箇条の〔御〕誓文_{ごかじょうのごせいもん} ⑦ 1868年3月発布の新政府の基本方針。初め諸侯会盟（大名を集めての盟約）の議事規則として由利公正が原案を起草し、福岡孝弟が修正。木戸孝允が福岡案の「列侯会議ヲ興シ」を「広ク会議ヲ興シ」とし、列藩同盟の形を国の進むべき方針の形に改め、明治天皇が神に誓う形式で発布。重点は公議世論の尊重と開国和親。

　　　　　　　　諸侯会盟_{しょこうかいめい}②
　　　列侯会議_{れっこうかいぎ}① **公議世論**_{こうぎよろん}⑦
　　　　　　　　開国和親_{かいこくわしん}⑦

由利公正_{ゆりきみまさ} ⑤ 1829〜1909 福井藩士。五箇条の誓文の原案を起草した。旧藩での富国政策の経験から殖産興業の必要性を痛感し、明治新政府参与となり財政を担当。岩倉使節団に参加して欧米を視察。

福岡孝弟_{ふくおかたかちか} ⑤ 1835〜1919 土佐藩士。薩土両藩の盟約に努力。公議政体論を主張し、新政府の参与となる。五箇条の誓文の修正、政体書の起草も行う。

木戸孝允_{きどたかよし}**（桂小五郎**_{かつらこごろう}**）** → p.217

政体書_{せいたいしょ} ⑦ 1868年閏4月、五箇条の誓文に基づき、政治の基本的組織を規定した法。福岡孝弟・副島種臣_{そえじまたねおみ}がアメリカの制度を参考に起草。太政官への権力集中、三権分立、官吏互（公）選を骨子とする。

　　　　　　三権分立_{さんけんぶんりつ}⑥
　　　　　官吏互（公）選_{かんりごこうせん}②

政体書官制_{せいたいしょかんせい} ① 政体書に基づいた官制。三権分立の建前で、議政官・行政官・会計官・神祇官・軍務官・外国官・刑法官の七官をおき（1869年民部官が加えられ八官となる）、太政官がこれを統轄した。

太政官制_{だじょうかんせい} ⑦ 1868〜85年の中央政府の機構。古代の政治組織を復活。政体書により太政官を設置し、七官を管轄したが、1869年の官制改革で二官六省。1871年の官制改革では太政官に正院・左院・右院を設置、三院制をとる。1885年、内閣制度の創設により廃止。

太政官_{だじょうかん} ⑦ 1868〜85年の最高官庁。政体書で立法・司法・行政の3権を統轄する官庁として設置、下に七官をおく。1869年の版籍奉還後の官制で6省を管轄する官庁となり、左・右大臣、大納言、参議が政治に参画する。1871年、三院制に移行する。

：議政官_{ぎせいかん} ⑤ 太政官が統轄する七官の一つ。三権分立の建前の下におかれた立法機関。上下両局を組織。法律制定、官吏任用、条約・戦争などを審議。のち行政官にまとめられ、廃止となる。

：上局_{じょうきょく} ④ 議政官の構成機関。議定・参与で組織。重要国政を議決する。版籍奉還後に廃止される。

　　　議定・参与_{ぎじょう・さんよ}**《太政官》**④

：下局_{かきょく} ④ 議政官の構成機関。議長と議員は藩代表の貢士で組織。上局の命を受けて審議。のち貢士対策所、公議所、集議院と改称した。

：貢士_{こうし} ④ 藩を代表する代議員。1868年、新政府が諸藩に命じて差し出させた。藩の大小により定員に差があり、藩論を代表して様々な議事にあたった。

：公議所_{こうぎしょ} ③ 立法機関。1869年、貢士対策所を引き継ぐ。藩の代表である貢士を公議人として集め、廃刀令などの国事を審議。同年、集議院と改称された。

：集議院_{しゅうぎいん} ③ 立法機関。1869年に公議所の後身として設置。公議所に比べ権限が縮小されて、政府諮問機関となり、1873年、左院に吸収される。

：行政官_{ぎょうせいかん} ⑤ 七官の一つ。行政機関。神祇・会計・軍務・外国の各官を統轄。長を輔相_{ほしょう}という。1869年の官制改革で太政官と改称する。

：神祇官_{じんぎかん} ⑤ 七官の一つ。神祇祭祀をつかさどる。1869年、祭政一致の建前で、太政官の上位におかれ、伯_{はく}以下の職員が神道の宣教もつかさどった。1871年、神祇省に格下げとなる。

：会計官_{かいけいかん} ④ 七官の一つ。財政を統轄し、太政官札を発行。1869年、大蔵省と改称。

：軍務官_{ぐんむかん} ④ 七官の一つ。軍政処理機関。1869年に兵部省と改称する。

：外国官_{がいこくかん} ④ 七官の一つ。外務行政機関。1869年、外務省と改称する。

：民部官_{みんぶかん} ④ 民政を担当した行政機関。

1869年に新設されたが、同年、民部省と改称する。

：刑法官⑤　七官の一つ。司法機関。1869年、刑部省と改称する。

明治天皇⑦　1852〜1912　在位1867〜1912。1868年、五箇条の誓文を宣し、69年、東京遷都を行う。1872〜85年に全国へ天皇巡幸を行い、89年に明治憲法を制定。1890年、教育勅語の発布、日清・日露戦争の勝利など、在位45年間に天皇制の基盤を築き、近代日本の発展をみた。皇后は昭憲皇后。

天皇巡幸①

一世一元の制⑦　天皇一代の間に、元号は一つにして変えない制度。1868年、明治改元の詔で確定した。　**明治**⑦

東京遷都⑦　1868年7月、江戸を東京と改めて東京府を開設した。翌年3月に天皇は鳳輦（天皇行幸の際の正式な乗物）に乗って東京に移り（東京行幸）、政府も東京に移ったが、東京遷都の正式な発表はなかった。　**東京**⑥　**東京府**①

：東京行幸①　明治天皇による東京への行幸（天皇による外出）。東幸とも呼ばれる。1868年10月と翌年3月の2回行われた。2回目の実施後、東京に実質的に遷都された。

五榜の掲示⑦　1868年、五箇条の誓文公布の翌日に掲げられた人民の心得を表す五種の高札。(1)五倫道徳遵守、(2)徒党（一味を組むこと）・強訴・逃散禁止、(3)キリスト教を邪宗門として厳禁、(4)外国人への暴行禁止、郷村脱走禁止。旧幕府の民衆統制を継承し、キリスト教（切支丹）邪宗門などが示された。

キリスト教（切支丹）邪宗門⑥

徒党⑤

：切支丹禁制高札廃止
→ p.232

幕末社会の動揺と変革

世直し⑥　世均しの理想をこめ、社会的変革を求める民衆運動を指す。消極的な世直りも含む。幕末の慶応から明治初期にかけては、世直し一揆・打ちこわしの形態をとった。貧民が地主・特権商人を攻撃、年貢減免などを要求した。打ちこわしの様子は『幕末江戸市中騒動図』にみられる。

世直し一揆（世直し騒動）⑦　幕末・維新期に世直しの実行を求めて起こし

た百姓一揆。特に慶応年間には米価の高騰もあり、江戸・大坂を中心に一揆・打ちこわしが頻発した。1866（慶応2）年には武州世直し一揆や奥州の信夫・伊達郡の一揆（信達騒動・信達一揆）、出羽国村山郡の一揆など、100件を超す江戸時代最高件数の一揆が起こった。

信夫・伊達郡の一揆①

：武州世直し一揆①　1866年、武蔵国一帯で発生した世直し一揆。開港後の物価高騰などが原因で打ちこわしが起こり、武蔵国15郡、上野国2郡に広がった。幕府・諸藩の軍隊・農兵隊により鎮圧。

ええじゃないか⑦　1867年秋から冬にかけて、東海道・近畿・四国地方に広がった民衆の狂乱。「ええじゃないか」と連呼・乱舞し、京坂一帯が無政府状態となり、その間に倒幕運動が進展した。その様子は、歌川国芳の門人一恵斎芳幾の『豊饒御蔭参之図』などに描かれている。

『豊饒御蔭参之図』④

お札降り⑥　1867年、遠江・三河・尾張を中心とする東海道周辺で起こった御札の降下。伊勢神宮をはじめとする神々や仏像・金塊も降ったといわれ、ええじゃないかの一因ともなった。

教派神道③　幕末から明治初期に創始され、政府から宗教として公認された13派の神道。神道国教化によって組み込まれた神社神道と区別した。教祖や経典を持ち、いずれも行を重んじ、生神様とされる教祖が病気平癒など現世利益の祈禱を行う。

：天理教⑦　教派神道の一つ。1838年、中山みきが大和に創始。自ら神の社（教祖）と称して布教。親神の天理王命を信じ、奉仕と相互扶助（「日の寄進」）により幸福を得ると説く。現在は独立宗教。

中山みき③

：黒住教⑥　教派神道の一つ。1814年、岡山の黒住宗忠が瀕死の病の中に神人合一の境地を悟り、創始。天照大神信仰を中心とする。　**黒住宗忠**①

：金光教⑦　教派神道の一つ。1859年、岡山の川手文治郎（赤沢文治）が創始。誠をもって神に対し、天地の恩を悟って、天地金乃神を尊信することを説く。

川手文治郎②

御蔭参り　→ p.206
反射炉　→ p.201
：江川太郎左衛門（坦庵）
→ p.202

蕃書調所（ばんしょしらべしょ） ⑥ 幕末の幕府の洋学教授・翻訳所。1855年、蛮書和解御用を洋学所とし、56年に蕃書調所と改称、翌年に開校。当初は軍事科学の導入に重点がおかれ旗本の子弟・藩士が入学、英学・蘭学・科学技術などを教授。1862年に洋書調所と改称。

洋学所（ようがくしょ） ① **洋書調所**（ようしょしらべしょ） ②

開成所（かいせいしょ） ⑤ 幕府の洋学研究機関。1863年、洋書調所を改称して設立。1868年に新政府に移管され、同年開成学校として再開。

種痘所（しゅとうしょ） ② 1858年、伊東玄朴（げんぼく）らの蘭医が江戸神田に設立した牛痘（ぎゅうとう）接種機関。種痘館ともいう。1860年、幕府に移管。西洋医学の教育機関として1861年には西洋医学所、63年には医学所と改称し、のち大学東校、東京大学医学部となる。

講武所（こうぶしょ） ④ 幕府の武術訓練機関。1854年に講武場、56年に講武所として江戸築地（つきじ）に正式に発足。国防強化のため直参とその子弟に剣・槍のほか、西洋砲術・洋式訓練を行う。1857年に軍艦操練所を併設。

〔長崎〕海軍伝習所（ながさきかいぐんでんしゅうじょ） ④ 1855年、長崎西役所に設置した海軍教育機関。オランダ寄贈の軍艦観光丸（スンビン号）を使い、訓練。カッテンディーケらのオランダ海軍士官が指導にあたった。勝海舟・榎本武揚や諸藩士も参加した。1859廃止。

長崎製鉄所（ながさきせいてつじょ） ① 幕府が軍艦修理の必要から1857年に起工し、オランダから機械一式を購入して、61年に完成した。1868年に明治新政府に引き継がれ、71年に工部省所管となった際、長崎造船所と改称。

〔万延〕遣米使節（まんえんけんべいしせつ） ① 最初の遣外使節。1860年に日米修好通商条約批准書を交換するため渡米。正使は新見正興で、小栗忠順らが参加。ブカナン米大統領とも謁見。幕府の軍艦咸臨丸が随行し、太平洋横断に成功。

通商条約批准書（つうしょうじょうやくひじゅんしょ） ③

新見正興（しんみまさおき） ① 1822～69 幕臣。1859年外国奉行兼神奈川奉行に。1860年に日米修好通商条約批准書を交換するため、遣米使節の正使として米艦ポーハタン号で渡米。

勝海舟（かつかいしゅう）**（義邦**（よしくに）**）** ④ 1823～99 幕臣。号が海舟。明治以降は安芳（やすよし）。1860年に咸臨丸艦長として遣米使節に随行。戊辰戦争の際、江戸高輪（たかなわ）で西郷隆盛と会見し、江戸無血開城に努力。明治政府で参議兼海軍卿。枢密顧問官などを歴任した。

：咸臨丸（かんりんまる） ⑤ 約300トンの幕府の木造軍艦。1857年にオランダから購入。遣米使節の随行艦（司令官は木村喜毅）となり、太平

洋横断に成功した。その様子を乗っていた幕臣鈴藤勇次郎が「咸臨丸難航図」として描いた。

太平洋横断成功（たいへいようおうだんせいこう） ②

留学生（りゅうがくせい） ⑤ 1862年、幕府がオランダに留学生を派遣したのが近代日本での始まり。その後、薩摩や長州からの密航留学生が激増。イギリスに密航した長州藩の伊藤博文・井上馨・井上勝・遠藤謹助・山尾庸三の5人の留学生がその代表例（長州ファイブ）。1866年、幕府は留学のための海外渡航解禁。維新までで約135人にのぼる。

海外渡航解禁（かいがいとこう） ①

：井上勝（いのうえまさる） ② 1843～1910 長州藩士。鉄道官僚。1863年からイギリスに留学。帰国後、鉄道庁長官などを歴任し、鉄道の開設などに尽力。「日本鉄道の父」と呼ばれる。

：遠藤謹助（えんどうきんすけ） ① 1836～93 長州藩士。財務官僚。1863年、イギリスに留学。帰国後、造幣寮・造幣局に勤務し、貨幣鋳造事業に尽力。造幣局長。

：山尾庸三（やまおようぞう） ① 1837～1917 長州藩士、技術官僚。1863年から5年間、イギリスに留学。帰国後、工部省で中心的役割を担い、工部大学校の設立などに尽力。法制局初代長官。

移民（いみん） ③ 労働を目的に海外に移住する者。1866年に海外渡航の禁が緩和され、学術・商業目的の渡航が許可され、68年のハワイへの砂糖植付け移民が最初。1885年、ハワイ移民が本格化。この時期は、政府がその業務を行ったため、官約移民ともいわれた。以後、19世紀末にかけてアメリカ・カナダへの移民が急増した。

横須賀製鉄所（よこすかせいてつじょ） ② 幕府が海防政策のため、フランス人指導の下で1865年に設立した工場。のち明治新政府が接収し、1871年に横須賀造船所と改称。1903年、横須賀海軍工廠と改名された。

ロンドン世界産業博覧会（せかいさんぎょうはくらんかい） ② 1862年5月にロンドンで開かれた第2回世界産業博覧会。オールコックが収集した日本の工芸美術品が出品された。

パリ万国博覧会（ばんこくはくらんかい） ② 1867年の第4回万国産業博覧会。万国博覧会は1851年に第1回がロンドンで開かれ、以後、世界の大都市で開催。日本はこのパリ万国博に初参加し、葛飾北斎の浮世絵などを出品。フランスでジャポニスムが起こる。

徳川昭武（とくがわあきたけ） ② 1853～1910 水戸藩主。徳川斉昭の18男で江戸生まれ。1867年、兄の将軍慶喜の名代としてパリ万国博覧会に派

遣される。そのまま留学し、翌年に帰国。

「タンギー爺さん」^{タンギー}_{じいさん}　① オランダの画家
ゴッホが日本の浮世絵の影響を受けて描い
た作品。パリ万国博覧会を機に流行した浮
世絵は、ジャポニスム(日本趣味)として、
マネ・モネ・ゴッホらのフランス後期印象
派に影響を与えた。この絵の背景には、歌
川広重の浮世絵などが描かれている。

ヘボン　J. Hepburn ③ 1815〜1911　アメリ
カ人宣教師・医者。1859年に来日し、横浜
居留地で医療・伝道に従事し、英学塾も開
設。1867年、日本初の和英辞書『和英語林
集成』を出版。ヘボン式ローマ字を考案、
聖書の和訳に尽力。1887年に明治学院(現、
明治学院大学)を開設し、92年に帰米。

ヘボン式ローマ字^{ヘボンしき}_{ローマじ} ①

フルベッキ　G. Verbeck　④ 1830〜98　プ
ロテスタント宣教師。オランダ生まれ。
1859年、米国から長崎に来て英学を教授。
1869年から開成学校に勤務。その間、政府
顧問として翻訳、法律制度の調査に携わる。
のち伝道に専念し、東京で死去した。

第12章　近代国家の成立

1 明治維新と富国強兵

廃藩置県

明治維新〔めいじいしん〕 ⑦ 薩長など西南雄藩の革新的下級武士の主導で1868年、江戸幕府を倒し、「百事御一新」を掲げて進められた近代国家形成の契機となった政治変革。以後、殖産興業・富国強兵をスローガンに近代化政策を推進。西南戦争後、自由民権運動を経て、1889年明治憲法による国家体制を確立した。御一新とも呼ぶ。　**御一新**〔ごいっしん〕 ②

版籍奉還〔はんせきほうかん〕 ⑦ 1869年、諸藩主が土地(版図〔はん〕)と人民(戸籍)を返上した改革。大久保利通・木戸孝允らが建議。薩長土肥4藩主が奉還を出願、他藩主もならった。旧藩領には知藩事をおいた。

　：知藩事〔ちはんじ〕 ⑦ 版籍奉還後、旧藩主をそのまま任命した旧藩領を支配する地方官。廃藩置県により廃止される。

家禄〔かろく〕 → p.226

〔御〕親兵〔しんぺい〕 ⑦ 新政府の直属軍。1871年、全国一律に1万石につき5人の徴兵差出(辛未〔しんび〕徴兵)では成果が出ず、廃藩置県に備えて薩長土3藩の兵1万人で組織した。兵部省の管轄。1872年に近衛兵と改称。

廃藩置県〔はいはんちけん〕 ⑦ 1871年、幕藩体制の旧態を解体し、全国を政府の直轄地とする改革。木戸・大久保らが提唱。薩長土3藩から御親兵を集めて武力を強化し、廃藩を断行。旧藩の債務を新政府が引き継ぐ。全国3府302県、すぐ3府72県に整理。1888年3府43県となる。

　：府藩県三治制〔ふはんけんさんちせい〕 ① 政体書の規定した地方制度。新政府直轄地のうち、東京・大阪・京都などの重要地に府、他に県を設置し、それぞれに知府事〔ちふじ〕と知県事をおき、藩は従来通り諸侯(藩主)が治める。　**府・県の設置**〔ふ・けんのせっち〕 ①

府知事〔ふちじ〕・**県令**〔けんれい〕 ⑦ 府・県の行政長官。府藩県三治制の知府事・知県事を版籍奉還後、知事と改めた。廃藩置県後、知事を府知事・県令と改称、雄藩の下級武士の中から新たに任命された。1886年、県令を県知事と改称。　**県知事**〔けんちじ〕 ①

大区・小区制〔だいくしょうくせい〕 ③ 明治初期に新政府が定めた地方統治制度。1871年の戸籍法により、町村の権限を新設の区に移行。数町村をあわせた小区と、数小区を統轄する大区を府県の下に設置。大区に戸籍・徴兵などを管轄する区長、小区に戸長を任命。1878年の郡区町村編制法で廃止。　**区長**〔くちょう〕 ①　**戸長**〔こちょう〕 ①

2官6省〔制〕〔にかんろくしょう(せい)〕 ② 版籍奉還後に制定された復古的な官制。神祇官・太政官の2官が並立。太政官の下に大蔵・兵部・外務・民部・刑部・宮内の6省と大学校・開拓使をおく。

神祇官〔じんぎかん〕 → p.220

太政官〔だじょうかん〕 → p.220

　：大蔵省〔おおくらしょう〕 ⑦ 国家財政関係の官庁。1885年の内閣制度実施と共に、国家財政を統轄する官庁として現在の財務省に至る。

　：兵部省〔ひょうぶしょう〕 ⑤ 軍事関係の官庁。1872年に陸軍・海軍両省となる。

　：外務省〔がいむしょう〕 ⑤ 条約の起草・管理や公使・領事の任命など、外交関係の官庁。七官のうち外国官を引き継ぐ。

　：民部省〔みんぶしょう〕 ③ 版籍奉還後、大宝令の官名が復活。民政関係の官庁。民部省札を発行。1871年、大蔵省に吸収される。

　：刑部省〔ぎょうぶしょう〕 ② 司法関係の官庁。1871年に司法省と改称する。

　：宮内省〔くないしょう〕 ⑤ 皇室関係の官庁。内閣制度では内閣の外におかれた。戦後、宮内府、総理府外局の宮内庁となった。現在は内閣府の所轄。

陸軍省〔りくぐんしょう〕 → p.245

海軍省〔かいぐんしょう〕 → p.245

三院制〔さんいんせい〕 ⑥ 1871年7月、廃藩置県後の太政官制の改正で設置された正院・左院・右院の三院による政治制度。その下に各省がおかれ、中央集権の官僚政府の基礎が固まった。

　：正院〔せいいん〕 ⑥ 太政官の最高機関。三院の一つ。内閣にあたり、当初は太政大臣と納言〔なごん〕(のち左大臣・右大臣をおく)と参議などで構成された。1871年設置、77年に廃止さ

れた。　　　　**左大臣**<ruby>左大臣<rt>さだいじん</rt></ruby> ④　**右大臣**<ruby>右大臣<rt>うだいじん</rt></ruby> ⑥
：**太政大臣**<ruby>太政大臣<rt>だじょうだいじん</rt></ruby> ⑤ 天皇を補佐する最高の
官職。三条実美が就任。1885年の内閣制度
により廃止。
：**参議**<ruby>参議<rt>さんぎ</rt></ruby> ⑥ 太政官制において、政治に参
画した官職。当初は大臣や納言を補佐して
いたが、のちに内閣の議官として庶政にあ
たり、西郷・木戸・大久保らが就任したた
め、国策の決定に影響力を持った。

神祇省<ruby>神祇省<rt>じんぎしょう</rt></ruby> ⑤ 1871年に神祇官の後身として
設置。神道国教化政策の退潮で太政官の下
に配属され、1872年に廃止、教部省となる。

教部省<ruby>教部省<rt>きょうぶしょう</rt></ruby> ⑤ 1872年設置。国民教化関係の
官庁。神祇省の後身。大学院・教導職を設
け、神仏合同で教化運動を展開。1877年、
内務省に併合される。

内務省<ruby>内務省<rt>ないむしょう</rt></ruby>　→　p.226

文部省<ruby>文部省<rt>もんぶしょう</rt></ruby> ⑥ 教育・学芸関係の官庁。1871
年設置。1872年、学制公布。1879年、教育
令制定。1885年の内閣制度により、森有礼
が大臣に就任。教育制度の国家統制を強化。

農商務省<ruby>農商務省<rt>のうしょうむしょう</rt></ruby> ⑤ 農業・商工業関係の官庁。
1881年設置。1925年、農林・商工省に分離
される。

工部省<ruby>工部省<rt>こうぶしょう</rt></ruby> ⑥ 殖産興業関係の官庁。1870年
設置。工部卿伊藤博文が主導。主に鉱工業
部門・交通部門を管掌する。産業の近代化
に貢献。1885年に廃止される。

逓信省<ruby>逓信省<rt>ていしんしょう</rt></ruby> ④ 通信・鉄道関係の官庁。1885
年の内閣制度創設時に工部省を廃して設置。

司法省<ruby>司法省<rt>しほうしょう</rt></ruby> ⑤ 1871年、刑部省と弾正台をあ
わせて新設される。

参事院<ruby>参事院<rt>さんじいん</rt></ruby> ② 立法諮問機関。1881年設置。
1885年の内閣制度の創設により廃止。

法制局<ruby>法制局<rt>ほうせいきょく</rt></ruby> ② 法令案の審査・立案や法制に
関する調査を行う行政機関。1885年太政官
制でおかれていた参事院の法制部が廃止さ
れたのを受け、設置。内閣総理大臣の管理
下におかれ、行政・法制・司法の3部から
構成される。

左院<ruby>左院<rt>さいん</rt></ruby>　⑥ 立法の諮問<ruby>諮問<rt>しもん</rt></ruby>機関。三院の一つ。
1871年設置、73年に集議院を吸収。正院の
諮問に応じる。議長・議官(議員)で組織さ
れ、憲法草案・刑法・治罪<ruby>罪<rt>ざい</rt></ruby>法・商法など
の起草に着手。1875年に廃止された。

右院<ruby>右院<rt>ういん</rt></ruby> ⑥ 行政上の諮問機関。三院の一つ。
1871年設置。各省の卿(長官)と大輔(次官)
で構成される。　　　　**卿**<ruby>卿<rt>きょう</rt></ruby> ③　**大輔**<ruby>大輔<rt>たいふ</rt></ruby> ②

藩閥政府<ruby>藩閥政府<rt>はんばつせいふ</rt></ruby> ⑤ 薩長土肥4藩、特に薩長の
出身者が政府の要職を独占した状態の政府
を指す。そのため、薩長藩閥ともいわれる。

1871年、廃藩置県後の新官制で、参議・各
省の卿の大部分を独占し、この状態が固ま
った。内閣制度成立後も薩長出身者の多く
が首相・大臣・元老となった。
　　　　薩長藩閥<ruby>薩長藩閥<rt>さっちょうはんばつ</rt></ruby> ④
：**薩長土肥**<ruby>薩長土肥<rt>さっちょうどひ</rt></ruby>　→　p.201

有司専制<ruby>有司専制<rt>ゆうしせんせい</rt></ruby>　→　p.236

佐々(佐)木高行<ruby>佐々佐木高行<rt>ささきたかゆき</rt></ruby> ① 1830~1910　土佐
藩出身。参議、のち工部卿。天皇側近の侍
補<ruby>補<rt>じほ</rt></ruby>として仕えた。

大木喬任<ruby>大木喬任<rt>おおきたかとう</rt></ruby> ① 1832~99　佐賀藩出身。民
部・文部・司法の各卿を歴任。西南戦争の
判決・処刑にあたる。のち司法・文部大臣、
枢密院議長を歴任した。

副島種臣<ruby>副島種臣<rt>そえじまたねおみ</rt></ruby> ⑤ 1828~1905　佐賀藩出身。
参議・外務卿として外交面で活躍。征韓論
争に敗れて下野<ruby>野<rt>や</rt></ruby>。民撰議院設立建白書の
提出に加わるが、民権運動には参加せず。
のち第1次松方内閣の内相などを歴任した。

近衛兵<ruby>近衛兵<rt>このえへい</rt></ruby> ④ 天皇を護衛する兵隊。1872年、
御親兵を改称して設置。主力は薩長土3藩
の精鋭兵。1891年、近衛師団となる。

竹橋事件<ruby>竹橋事件<rt>たけはしじけん</rt></ruby> ② 1878年、皇居近くの竹橋兵
営の近衛砲兵大隊の兵士が起こした反乱。
ただちに鎮圧される。原因は西南戦争後の
待遇に対する不満にあった。

鎮台<ruby>鎮台<rt>ちんだい</rt></ruby> ③ 明治初期の常備陸軍。各地の農民
一揆の頻発などに対処して、71年に4鎮台
(東京・大阪・鎮西〈熊本〉・東北〈仙台〉)を
設置。1873年の徴兵令発布と共に名古屋・
広島を加えて6鎮台とした。1888年、師団
に改組。

徴兵告諭<ruby>徴兵告諭<rt>ちょうへいこくゆ</rt></ruby> ⑥ 1872年11月、全国徴兵の詔
に基づいて出された、太政官布告。「……
西人之ヲ称シテ血税ト云フ。其生血ヲ以テ
国ニ報ズルノ謂ナリ」の血税という語の誤
解(生血をとられると勘違い)もあって、血
税一揆(騒動)が起こる。　　　　**血税**<ruby>血税<rt>けつぜい</rt></ruby> ②

徴兵令<ruby>徴兵令<rt>ちょうへいれい</rt></ruby> ⑦ 1873年1月、徴兵告諭と全国
徴兵の詔に基づき、国民皆兵〔制〕の方針
により、満20歳以上の男性を兵籍に編入し、
兵役につかせる法令。これにより徴兵制
〔度〕が整備された。大村益次郎の発案、山
県有朋が継承して実現した。
　　　　国民皆兵〔制〕<ruby>国民皆兵制<rt>こくみんかいへいせい</rt></ruby> ⑥　**兵役**<ruby>兵役<rt>へいえき</rt></ruby> ⑦
　　　　徴兵制〔度〕<ruby>徴兵制度<rt>ちょうへいせいど</rt></ruby> ⑦

：**兵役免除**<ruby>兵役免除<rt>へいえきめんじょ</rt></ruby> ④ 徴兵令の免役規定に示
された条項。(1)官吏(役人)、陸海軍学生、
官立専門学校以上の学生、洋行修業中の者、
(2)戸主とその相続者、(3)代人料270円の上
納者は免除。1883年の徴兵令改正により免

役規定は制限された。　**免役規定**めんえききてい⑤
　　　　　官吏かん り④　　**代人料**だいにんりょう④
：徴兵のがれちょうへい(**徴兵忌避**ちょうへいきひ)　④合
法・非合法な手段で徴兵を逃れる行為。
『徴兵免役心得』のような手引書も現れた。
　　　　　『**徴兵免役心得**』ちょうへいめんやくのこころえ④
：血税一揆けっぜいいっき(**騒動**そうどう)(**徴兵反対一揆**
ちょうへいはんたいいっき)　⑦1873〜74年、徴兵令に反抗し
て起きた農民の一揆。徴兵告諭文中の血税
の語を取り上げ、血税反対を叫んだことで
この名がある。1873年、北条県(現、岡山
県)の血税一揆には数万人が参加した。
　　　　　北条県の血税一揆ほうじょうけんのけっぜいいっき①
大村益次郎おおむらますじろう(**村田蔵六**むらたぞうろく)⑤1824〜
69　長州藩士。適塾に学ぶ。兵部大輔とし
てフランス式軍制を採用、近代軍制の創始
者。徴兵制を進めるが、欧化政策に反対す
る攘夷派士族に斬られ、その傷が原因で死
去。
山県有朋やまがたありとも　→　p.247
内務省ないむしょう⑥地方行政・治安などの関係の
官庁。1873年設置。初代内務卿は大久保利
通。地方行政・土木・勧業・警察を任とし、
明治期、政府の最高権力を握っていった。
言論思想を取り締まり、労働運動を弾圧し
た。第二次世界大戦後、1947年に廃止。
弾正台だんじょうだい①明治初年の警察。1869年設置。
刑部省に所属。1871年に廃止。
警視庁けいしちょう③東京の警察行政の官庁。川路
利良かわじとしよしの建議により、1874年に創設。長
官は大警視といわれ、のちに警視総監とな
り、内務大臣の直接指揮を受けた。警視庁
の設置と同時に東京府内の治安にあたって
いた邏卒は巡査と改称された。
　　　　　邏卒らそつ①　**巡査**じゅんさ①

四民平等

四民平等しみんびょうどう⑦明治維新により士農工商
(四民)の封建的身分制度が撤廃されると、華
族・士族・平民の3族籍に再編成された。
平民に苗字、華士族との通婚、職業移転の
自由を認めた。　　　　**3族籍**さんぞくせき①
：華族かぞく⑦1869年、公卿・大名に与えた
族籍呼称。1884年の華族令公布で特権的身
分として五爵を設け、維新の功臣にも授与
した。貴族院を構成。1947年に廃止。
：士族しぞく⑦1869年、旧幕臣・旧藩士に与
えた族籍呼称。秩禄処分後は生活が困窮、
社会問題を引き起こす。
：卒そつ④1869年、旧足軽以下の下級武士

に与えた族籍呼称。1872年に一部を士族、
あとは平民に編入して廃止された。
：平民へいみん⑦1869年、農工商に属する庶民
に与えた族籍呼称。1871年に従来のえた・
非人とされた人々も平民とされたが、差別
はその後も残った。
苗字の許可みょうじのきょか⑤1870年の平民苗字の許
可、71年の戸籍法、75年の平民苗字必称義
務令などで、全国民は苗字を名乗り、個人
として特定されることになった。
〔**いわゆる**〕**解放令**かいほうれい(**賤称**せんしょう(**民**みん)**廃止令**
はいしれい)　⑦1871年、えた・非人の称を廃
し、身分・職業共に平民同様にするという
太政官布告のこと。しかし、その後も経済
的・社会的差別はなくならなかった。その
ため解放令反対一揆が起こり、被差別部落
襲撃事件も発生した。
　　　　　解放令反対一揆かいほうれいはんたいいっき②
：えた(**穢多**)　→　p.164
：ひにん(**非人**)　→　p.164
壬申戸籍じんしんこせき⑥1871年の戸籍法に基づき、
72(明治5＝壬申)年につくられた全国民の
戸籍。最初の近代的戸籍ではあるが、身分
差別が残るなど、問題が多かった。
秩禄処分ちつろくしょぶん⑦封建的秩禄(家禄と賞典禄)
制度を廃止すること。廃藩置県後、華士族
の秩禄は政府の負担となったため、1873年
に秩禄奉還の法を定めて整理を始め、76年
に金禄公債証書を発行して秩禄制を全廃し
た。　　　　　　　　　　**秩禄**ちつろく③
：家禄かろく⑦版籍奉還の際、華族・士族・
卒に元の俸禄に代えて、政府が与えること
になった世襲的俸禄＝禄米。米で支給され、元
の俸禄に比して大幅に減額された。
：賞典禄しょうてんろく③維新期の功労者に賞として
与えられた秩禄のこと。
：秩禄奉還の法ちつろくほうかんのほう②1873年、政府が
出した家禄・賞典禄奉還に関する布告。奉
還希望者に秩禄公債と現金で家禄数カ年分
を一度に支給するもので、家禄の約3分の
1を整理した。
：金禄公債証書きんろくこうさいしょうしょ⑥1876年、秩禄
を強制的に廃止するにあたり、その代償と
して支給された金禄公債の証書。金禄公債
証書発行条例により、30年以内の償還が定
められた。　　　　　**金禄公債**きんろくこうさい①
廃刀令はいとうれい④1876年、明治政府が出した軍
人・警官以外の帯刀禁止令。1871年の〔散
髪〕脱刀令さんぱつだっとうれいでは、華族・士族が帯刀
しなくともよいとした。士族特権のはく奪
に不平士族が憤激し、神風連の乱を引き起

こす。 **帯刀禁止令**〔たいとうきんしれい〕①

士族授産〔しぞくじゅさん〕④ 失業士族を救済するための農工商への就業奨励策。商業へ従事した者は多くが、「士族の商法」といわれ失敗。各種の対策を講じたが効果はなく、不平士族が発生した。 **士族の商法**〔しぞくのしょうほう〕④

地租改正

三井〔組〕〔みつい〔ぐみ〕〕⑤ 旧幕府の為替かた方。三井家は新政府を支持し、三井組御用所（御為替方御用所）として金融業務を担った。1874年より為換バンク三井組、76年に最初の民間普通銀行（私立銀行）である三井銀行に改組。のち三井家事業全般の呼称となり、三井物産などを統轄。のちの三井財閥の中心。

小野組〔おのぐみ〕⑤ 井筒屋と号した金融業者。近江から京都に移り、18世紀初め糸割符商人・両替商。維新後を新政府へ財政援助。1872年、第一国立銀行の設立準備機関として三井小野組合銀行を創立。1874年に破産。

鴻池家〔こうのいけ〕 → p.176

不換紙幣〔ふかんしへい〕⑤ 正貨との兌換（引換え）が保証されていない政府紙幣。1868年発行の太政官札や69年発行の民部省札がその例。 **政府紙幣**〔せいふしへい〕②

太政官札〔だじょうかんさつ〕③ 1868年、由利公正の建議で発行された最初の政府紙幣。新政府の信用がまだなく、金と交換できない不換紙幣であるため、価値が下落。1879年に交換回収された。

民部省札〔みんぶしょうさつ〕③ 1869年、民部省が発行した政府紙幣。太政官札を補助する小額紙幣で、不換紙幣。1878年まで流通した。

田畑勝手作り許可〔でんばたかってづくりきょか〕② 1871年、新政府は作付制限を撤廃し、田畑に自由に作物をつくってよいと許可した。 **作付制限撤廃**〔さくつけせいげんてっぱい〕①

田畑永代売買解禁〔でんばたえいたいばいばいかいきん〕⑥ 1872年、新政府は土地売買を追認し、地価を定めるため、田畑永代売買の禁を解いた。

地券〔ちけん〕⑦ 1872年発行。土地所有権の確認証。土地の所在・所有者・地目・段別・地価を記載。1872年発行の地券を壬申地券と呼ぶ。1886年登記法が実施され、89年廃止。 **壬申地券**〔じんしんちけん〕① **登記法**〔とうきほう〕①

地租改正〔ちそかいせい〕⑦ 1873年の地租改正条例により実施された土地制度・課税制度の変革。1881年までにほぼ完了。結果、村ごとに土地台帳を作成し、官の丈量検査を受け、

地券所有者が地価の3％の地租を、豊凶に関係なく金納した。政府財政は安定したが、農民の負担は軽減せず、入会地の官有地編入などの不満も大きかった。 **地租改正条例**〔ちそかいせいじょうれい〕⑥

地価〔ちか〕⑦ 田畑面積・収穫高・平均米価などを基に決定した土地の価格。地租額決定の基準となる。

：地租〔ちそ〕⑦ 地租改正によって定められた土地に対する金納の固定税。地租率（税率）は地価の3％とされたが反対一揆が起こり、1877年には2.5％に減じられた。 **地租率**〔ちそりつ〕③

地租改正反対一揆〔ちそかいせいはんたいいっき〕 → p.237

殖産興業

殖産興業〔しょくさんこうぎょう〕⑦ 政府の官営模範工場や直営事業場中心の近代産業育成の政策。富国強兵を目標として、上からの資本主義化を推進。内務省と工部省が主体となる。工部省工学寮は技術教育を目的とし、1877年に工部大学校（東大工学部の前身）となる。

富国強兵〔ふこくきょうへい〕⑦ 明治初期の国家目標。欧米列強に肩を並べる万国対峙が可能な近代国家を形成するため、経済発展と軍事力の強化を目標とし、スローガン化した。 **万国対峙**〔ばんこくたいじ〕①

お（御）雇い外国人〔おやといがいこくじん〕 → p.284

工部省〔こうぶしょう〕 → p.225

鉄道開通〔てつどうかいつう〕⑦ 鉄道敷設計画は、イギリス人モレルの指導の下、大隈・伊藤らが進め、英国より100万ポンド（488万円）を借り、その一部で新橋駅と横浜駅間に敷設。狭軌鉄道。1872年に完成し、当時、蒸気機関車は陸蒸気と呼ばれた。 **新橋（駅）**〔しんばし〔えき〕〕⑦ **蒸気機関車**〔じょうききかんしゃ〕③ **陸蒸気**〔おかじょうき〕①

官営事業〔かんえいじぎょう〕② 明治政府が経営した官営工場や官営鉱山事業。官営鉱山には生野・佐渡・小坂・釜石・阿仁・院内・大葛（秋田）などの鉱山のほか、三池・高島・幌内（北海道）・油戸（山形）などの炭鉱があり、1896年頃までに民間に払い下げられた。 **幌内炭鉱**〔ほろないたんこう〕①

：院内銀山〔いんないぎんざん〕② 秋田県。1606年に発見。翌年から秋田藩の御直山となり、幕末には日本一の生産を誇る。明治期に入り官営となったが、1885年、古河市兵衛に払い下げられた。

：阿仁銅山〔あにどうざん〕② 秋田県。金・銀・銅を産出したが、特に産銅高は近世で最大。御

用銅山から秋田藩営となり、1875年に官営。1885年、古河市兵衛に払い下げられた。

：佐渡(相川)金山 さど(あいかわ)きんざん → p.167

〔但馬〕生野銀山 (たじま)いくのぎんざん → p.167

：釜石鉄山 かまいしてつざん → p.167

：小坂銅山 こさかどうざん ① 秋田県。幕末に南部藩が銀山として開発。1869年に官営。1884年藤田組に払い下げられ、金・銀・銅山として発展した。

：高島炭鉱(坑) たかしまたんこう ⑤ 長崎県。肥前藩とグラヴァー商会の経営から1874年に官営。1874年に払下げが許可され、後藤象二郎に払い下げられた。のち岩崎弥太郎(三菱)に移った。

：三池炭鉱(坑) みいけたんこう ⑤ 福岡柳川藩・三池藩営から1873年に官営。1888年、佐々木八郎に払い下げられ、ついで三井に移った。

佐々木八郎 ささきはちろう ②

長崎造船所 ながさきぞうせんじょ ⑤ 旧幕府の長崎製鉄所を受け継いだ造船所。オランダ製工作機械を入れる。1887年、三菱に払い下げられ、三菱長崎造船所となる。

兵庫造船所 ひょうごぞうせんじょ ④ 金沢藩の兵庫製鉄所を受け継いだ造船所。1872年に官営。1887年、川崎正蔵に払い下げられ、川崎造船所となる。

石川島造船所 いしかわじまぞうせんじょ → p.202

東京砲兵工廠 とうきょうほうへいこうしょう ③ 旧幕府の江戸関口大砲製作所を受け継いだ官営兵器製造工場。村田連発銃などが開発された。

大阪砲兵工廠 おおさかほうへいこうしょう ③ 旧幕府の長崎製鉄所の主要機械類を受け継いで、1870年に大阪城内に設立された大砲製造所。1879年に大阪砲兵工廠と改称し、陸軍の火砲類を製造。

横須賀造船所 よこすかぞうせんじょ ② 旧幕府横須賀製鉄所を引き継いだ造船所。1871年に拡張してドックを完成し、横須賀造船所と改称。フランス人技師ヴェルニーの指導により、艦船を建造。工部省所管。のち横須賀海軍工廠となる。

海軍工廠 かいぐんこうしょう ① 軍艦・兵器の製造・修理等を行う機関。1903年、横須賀・舞鶴・呉・佐世保の鎮守府に設置された。

郵便制度 ゆうびんせいど ⑦ 飛脚制度に代わる信書・荷物逓送の近代的官営事業。駅逓とも呼ばれた。駅逓頭の前島密の立案で1871年創業。郵便役所(1875年郵便局と改称)を各地に設置し、ポスト(郵便箱)・郵便切手・郵便配達夫を採用して全国に郵便網を張りめぐらし、全国均一料金制による確実な通信

を可能にした。 **ポスト(郵便箱)** ゆうびんばこ ①

郵便局 ゆうびんきょく ② 〔郵便〕切手 ゆうびんきって ①

前島密 まえじまひそか ⑥ 1835〜1919 旧越後高田藩士。1871年に駅逓頭として郵便事業を創始。1881年、退官し立憲改進党に参加。東京専門学校校長などをつとめ官界にも復帰した。

万国郵便連合条約 ばんこくゆうびんれんごうじょうやく ② 1874年、スイスにおいて締結された郵便物交換上の国際協定。1875年から国際郵便を扱っていた日本は、77年に条約に加盟し、万国郵便連合へ加入。 **国際郵便** こくさいゆうびん ①

電信 でんしん ⑥ 1869年、東京・横浜間に電信線が架設され、公衆電報の取扱いを開始。初め工部省、1885年から逓信省の管轄。無線電信の開始は1900年頃。1871年には海底電線が長崎・上海間に開通し、国際電信が可能となった。 **電〔信〕線** でん(しん)せん ② **海底電線** かいていでんせん ① **国際電信** こくさいでんしん ①

電話 でんわ ③ 1877年に輸入され、官庁間で実験的に採用。1889年に逓信省が東京・熱海間で公衆市外電話取扱いを開始。翌年、東京・横浜間で交換業務開始。1900年に自働電話(公衆電話)が、新橋・上野駅に設置された。

政商 せいしょう ⑥ 政府から特権を与えられて新事業を開拓し、独占的に利益をあげた資本家。三井・岩崎弥太郎(三菱)・五代友厚・安田善次郎らをいう。

：三井〔組〕 みつい(ぐみ) → p.227

岩崎弥太郎 いわさきやたろう ⑥ 1834〜85 実業家・政商。土佐藩郷士出身。1870年に土佐藩営の大阪商会(のちの九十九商会)を譲り受け、海運事業中心の三川商会を設立。1873年、三菱商会、75年に三菱汽船会社に拡張。のち三菱会社として諸部門に進出し、三菱財閥の基礎を確立。

：三菱〔会社〕 みつびし(がいしゃ) ⑥ 岩崎家がおこした政商資本。当初は海運業中心。1873年に三川商会を三菱商会と改称、軍事輸送を独占し、75年三菱汽船会社(のち郵便汽船三菱会社)に改称。上海航路も開設し、海運を独占。1885年に海運業は共同運輸会社と合併して日本郵船会社を設立。のち、三菱合資会社を設立して、財閥化。 **岩崎** いわさき ④ **郵便汽船三菱会社** ゆうびんきせんみつびしがいしゃ ①

：日本郵船会社 にほんゆうせんかいしゃ → p.275

官営模範工場 かんえいもはんこうじょう ⑥ 殖産興業政策のため、政府が直営した工場。特に軍事工業に力を注ぐ。貿易対策として軽工業の模範工場も経営。1881年頃から払い下げられた。

富岡製糸場 とみおかせいしじょう ⑦ 1872年、群馬県富岡に

開設した製糸の官営模範工場。フランス人技師ブリューナの指導やフランス製機械により、近代的熟練工を養成。集めた女工は士族の子女たちで、富岡工女と呼ばれた。工女横田(和田)英の体験記『富岡日記』が有名。1893年、三井へ払下げ。2014年、絹産業遺産群と共に世界文化遺産に登録。

ブリューナ① **富岡工女**②：『**富岡日記**』① 信濃松代藩士の子女横田(和田)英の回想記。横田英は家業もない富岡製糸場に入り、のち松代六工社の製糸場に移って指導などに尽力した。

横田(和田)英①

千住製絨所 ① 1879年に東京郊外の千住に設立された官営模範工場。軍服材料などのラシャを製造。

内国勧業博覧会⑥ 殖産興業のため、大久保利通の主唱で開催された、内務省(のち農商務省)主催の国内博覧会。1877年の西南戦争中に東京の上野公園で第1回を開催。以後5回まで開催(第4・5回は京都・大阪)。機械・美術工芸品を展示、即売。産業技術発展に寄与する。

上野公園②

駒場農学校 ② 近代的農事教育機関、東大農学部の前身。1874年、内藤新宿に農事修学場として設立、77年、駒場に移転、外国人教師を招く。1890年、帝国大学に統合。

三田育種場 ② 東京三田の旧薩摩藩邸跡に設置され、西洋種苗・農具の輸入、種の実験・普及にあたる。1874年に内務省管轄。1886年、民間に払下げ。

北海道 ⑦ 1868年、新政府は箱館裁判所(のち箱館府)を設置。1869年開拓使をおき、松浦武四郎の案で蝦夷地を北海道と改称し、本格的な開拓に乗り出す。

開拓使 ⑦ 北海道開発・経営の行政機関。1869年、東京に開拓使庁を設置、箱館に出張所をおく。1870年に樺太開拓使を分置するが、翌年一本化し、使庁を札幌に移す。1882年廃止し、県制により札幌・函館・根室3県を、ついで農商務省が北海道事業管理局を設置。

開拓使庁①

函館県② **札幌県**②
根室県②

北海道事業管理局①

：**北海道庁** ③ 1886年、3県を廃止して設置された開拓の中心となる行政官庁。1886年、北海道土地払下規則を制定して希望者に土地を払い下げた。1901年、北海道

会法の公布により、北海道会が設立され、自治が認められた。

北海道土地払下規則①

ケプロン H. Capron ① 1804～85 アメリカの農政家。1871～75年、開拓使顧問として、札幌の都市建設、大農場経営の採用、札幌農学校設立などの指導にあたった。

大農法 ① 大規模な農地・労働力・農機具によって展開される農法。日本では1887年頃から豪農の経営により実施。小岩井農場などがその例。これに対し、小面積の農地に家族労働力によって展開される農法を小農法と呼んだ。

札幌農学校 ⑥ 1876年設立。北海道の農業改良・生産発展のための教育施設。アメリカ人クラークを招き、アメリカ式の大農場制度の移植を図るために開校。北海道大学の前身。札幌の時計台は旧札幌農学校演武場。

大農場制度①
北海道大学①

クラーク W. S. Clark ⑤ 1826～86 アメリカの科学者・教育家・軍人。1876年に開拓使の招きで来日、札幌農学校教頭。農学・植物学・英語を教授。1877年、"Boys, be ambitious！"の言葉を残して帰国。彼の影響でキリスト教に入信した内村鑑三や新渡戸稲造らは札幌バンドを結成。

屯田兵〔制度〕 ⑦ 北海道開拓とロシアに対する警備にあたった農兵。1874年、開拓次官黒田清隆の建議で方針が決定。翌年、屯田兵条例(例則)が定められて、屯田兵村が設置され、入植を開始。士族授産の意味もあり、当初は士族屯田が多く、のち平民屯田も営まれた。1904年、屯田兵条例廃止。

屯田兵条例①
屯田兵村① **士族屯田**①
平民屯田①

アイヌ同化政策 ③ 固有の文化と生活を持つアイヌを、和人に同化させようとする維新後の政策。アイヌの農民化を基本方針としたが、和人の進出や開拓政策の進展で、アイヌは生活圏を侵害され、窮乏化が進んだ。

北海道旧土人保護法(アイヌ人保護法) ⑤ 1899年制定。旧土人と呼ばれたアイヌの人々の保護を名目に制定された法令。しかし、実際は開拓使以来の同化政策上にあるため、アイヌ新法の制定が求められた。この後、アイヌ民族の地位向上を求め、歌人の違星北斗らが社会運動を展開した。

：**アイヌ文化振興法**〔ぶんかしんこうほう〕 → p.374
：**アイヌ施策推進法**〔しさくすいしんほう〕 → p.374
新貨条例〔しんかじょうれい〕⑥ 1871年公布。統一的な貨幣制度を確立するための条例。金本位制の確立と幣制混乱の収拾が目的。伊藤博文の建議により、1円金貨を原貨とする新硬貨をつくり、円・銭・厘の十進法を採用。実際は金銀複本位制で銀本位制に移行した。
新硬貨〔しんこうか〕⑥ **円**〔えん〕・**銭**〔せん〕・**厘**〔りん〕⑦
金銀複本位制〔きんぎんふくほんいせい〕① 金銀両方を正貨(本位貨幣)とする制度。新貨条例では欧米の大勢から金貨を本位貨幣としたが、アジア諸国の実情は銀本位のため、貿易上の便宜から貿易銀(1円)も鋳造、当分の間は無制限通用を認めた。
正貨〔せいか〕④
本位貨〔幣〕〔ほんいか(へい)〕③ **貿易銀**〔ぼうえきぎん〕①
造幣寮(局)〔ぞうへいりょう(きょく)〕② 政府の貨幣鋳造所。1868年、大阪に造幣所を設置。1869年に造幣局、ついで造幣寮と改称。イギリスのキンダーらが指導し、1871年に新貨鋳造、77年に再び造幣局とする。
キンダー②
新紙幣〔しんしへい〕**(明治通宝札**〔めいじつうほうさつ〕) ② 1872年に政府が発行した不換紙幣。ドイツで製造されたことからゲルマン札とも呼ばれる。偽造が多かったため1881年には、交換目的の神功皇后札〔じんぐうこうごうさつ〕などの改造紙幣が発行された。

不換紙幣〔ふかんしへい〕 → p.227
政商〔せいしょう〕 → p.228

文明開化

文明開化〔ぶんめいかいか〕⑦ 明治初期の旧習打破や西洋文物移植の風潮。国民の生活様式に変化が生じ、近代的な思想や学問が生まれた。しかし、当初は大都市に限られ、「日本橋近辺の文明開化」ともいわれた。
啓蒙思想(主義)〔けいもうしそう(しゅぎ)〕③ 個人の理性の自立、人格の尊厳の実現をめざす思想。明治初期の個人の自由や権利を尊重する自由主義・個人主義といった西洋文明の導入による近代化を行った思想も指す。また、大正デモクラシーにみる個人の自覚を高めようとする思想を指すこともある。この思想の普及啓発を行った啓蒙家も現れ、多くの啓蒙書も出版された。
自由主義〔じゆうしゅぎ〕④
個人主義〔こじんしゅぎ〕② **啓蒙書**〔けいもうしょ〕②
功利主義〔こうりしゅぎ〕③ 快楽を幸福とみて、功利を善とする思想。ベンサムは、社会について「最大多数の最大幸福」を説く。ミルは人格の尊厳と人間の個性や自由の重要性を強調。

明治初期の啓蒙思想に影響を及ぼす。
生物進化論〔せいぶつしんかろん〕① イギリスの自然科学者ダーウィンが構築した理論。生物は不変ではなく、進化するものとする考え方。これに関する著作として、ダーウィンの『種の起源』がある。
ダーウィン①
社会進化論〔しゃかいしんかろん〕② ダーウィンの生物進化論を社会に適用した理論。イギリスの哲学者スペンサーらによって提唱された。明治初期、スペンサーの著作が数多く翻訳され、当時の近代思想の主流となった。
スペンサー①
『社会契約論』〔しゃかいけいやくろん〕② フランスの思想家ルソーの著書。『民約論』ともいう。社会契約によって正当な国家が成立するという考え方で、フランスに留学していた中江兆民が紹介した。
ルソー④
中江兆民〔なかえちょうみん〕⑦ 1847〜1901 高知出身の思想家。岩倉使節団と共にフランスに留学、1874年帰国、東京にフランス学舎(のち仏学塾と改称)を設けた。1881年以降、『東洋自由新聞』で自由民権論を説く。1890年、衆議院議員となったが、翌年、自由党土佐派の妥協に憤慨して議員を辞職。『三酔人経綸問答』〔さんすいじんけいりんもんどう〕を著す。
：**『民約訳解』**〔みんやくやっかい〕② 1882年刊。兆民によるルソーの『社会契約論』の漢文調の抄訳。人民主権説を紹介、東洋のルソーといわれた。
天賦人権思想(論)〔てんぷじんけんしそう(ろん)〕⑥ 人間は生まれながらにして自由平等で、幸福を求める権利(自然権)があるという主張。ルソーらのフランス啓蒙思想の中心。加藤弘之らが紹介。自由民権運動の理論的支柱ともなる。
自然権〔しぜんけん〕①
福沢諭吉〔ふくざわゆきち〕⑦ 1834〜1901 啓蒙思想家。豊前〔ぶぜん〕中津藩士。大坂の緒方洪庵に学ぶ。欧米巡歴3回。1868年、慶応義塾を創設。1879年に「国会論」を著し、民権運動に影響を与える。『時事新報』創刊。のち「脱亜入欧」〔だつあにゅうおう〕を主張して、日清戦争前後期から国権論に傾く。
：**『西洋事情』**〔せいようじじょう〕② 諭吉の啓蒙書。1866〜70年刊。欧米諸国の実情を紹介する。
：**『学問のすゝめ』**〔がくもんのすすめ〕⑦ 諭吉の啓蒙書。1872〜76年に17編まで刊行、大ベストセラーとなる。実学を勧め、個人の独立、国家の隆盛は学問によって成り立つと説く。
：**『文明論之概略』**〔ぶんめいろんのがいりゃく〕④ 諭吉が著した文明論。1875年刊。古今東西の文明発達の事例をあげて、個人の自主独立と国家の独

立のためには、西洋文明の摂取が急務であると説く。

中村正直〔なかむらまさなお〕⑤ 1832～91　教育者、幕臣。号は敬宇〔けいう〕。1866年にイギリス留学。帰国後、東京女子師範学校、ついで東京大学教授。明六社に参加。個人主義道徳を説き、啓蒙思想の普及に努めた。

：『西国立志編』〔さいごくりっしへん〕④ 1871年刊、中村正直によるイギリス人スマイルズの『自助論』(Self Help)の翻訳書。西洋史上の有名人物伝をあげ、自立・自助の個人主義道徳を説く。　**スマイルズ**③　**『自助論』**〔じじょろん〕②

：『自由之理』〔じゆうのことわり〕③ 1871年刊、正直によるミルの『自由論』(On Liberty)の翻訳書。功利主義と自由の重要性を説く。
　　　　　　ミル③　**『自由論』**〔じゆうろん〕②

文部省〔もんぶしょう〕　→ p.225

学制〔がくせい〕⑦ 1872年公布、近代的学校制度を定めた法令。フランスの学制にならい、全国を8大学区に分け、その中に中学区を、中学区の中に小学区を設置。　**大学区**〔だいがくく〕③
　　　　　　　中学区〔ちゅうがくく〕③　**小学区**〔しょうがくく〕②

：「被仰出書」〔おおせいだされしょ〕④ 学制の序文。正式には「学事奨励に関する太政官布告」。国民皆学・教育の機会均等の原則、実学の理念など、国民の開明化を明示した。しかし、学制反対一揆も起こった。
　　　　　　　　　　　国民皆学〔こくみんかいがく〕④
　　　　　　　　　　　学制反対一揆〔がくせいはんたいいっき〕②

小学校〔しょうがっこう〕⑥ 明治期以降の初等教育機関。1872年の学制で創設。文部省編纂の『小学読本』などを教科書として使用し、掛け図（黒板や壁に掛けて使う教材）を用いた。1886年の小学校令で義務教育4年（尋常〔じんじょう〕小学校）が導入され、1907年に6年に延長。1941年に国民学校と改称、47年に再び小学校となる。　　　　　**『小学読本』**〔しょうがくとくほん〕①
　　　　　　　　　　　　　　　掛け図〔かけず〕②

開智〔小〕学校〔かいちしょうがっこう〕④ 長野県松本市にある明治初期の和洋折衷式で、擬洋風建築の小学校。1876年落成。現在は教育記念館として保存される。

：擬洋風建築〔ぎようふうけんちく〕① 明治初期、日本の職人が西洋建築を模して建てた建築様式。日本近代化の遺産として各地に残る。旧開智学校（長野）など、学校建築に多い。

中学校〔ちゅうがっこう〕③ 明治期以降の中等普通教育機関。学制で上・下等中学を創設。1886年に中学校令で高等（2年）・尋常（5年）中学校となり、94年高等中学は高等学校、尋常中学校は中学校（旧制中学）となる。1947年

に廃止され、新制中学が発足。

大学校〔だいがっこう〕③ 1869年に昌平坂〔しょうへいざか〕学問所の後身の昌平学校に開成学校・医学校を統合し、大学校（同年大学と改称）として創設。1871年に廃止となり、開成学校は大学南校、医学校は大学東校として残る。

東京医学校〔とうきょういがっこう〕① 東京大学医学部の前身。1868年、江戸幕府の医学所を医学校と改称。大学校・大学東校を経て、1872年に再び医学校、74年に東京医学校となる。
　　　　　　　　　　　　　　医学所〔いがくしょ〕③

開成所〔かいせいしょ〕　→ p.222

大学南校〔だいがくなんこう〕① 1869年に設立された文部省管轄の教育機関。前年設立の開成学校を前身としており、74年に東京開成学校と改称された。1877年、大学東校と共に東京大学に統合された。

東京大学〔とうきょうだいがく〕⑤ 1877年、東京開成学校、東京医学校を統合して文部省所管の下に創設された国立大学。法・理・工・文・医の分科大学と大学院よりなる。その際、入学準備教育機関として東京大学予備門も設置。1886年帝国大学と改称。1897年に東京帝国大学と改称。1919年の大学令で学部制を採用。1947年に東京大学と改称。

工部大学校〔こうぶだいがっこう〕① 工業技術の高等教育機関。1874年、工部省所管の工学校として開校。1876年、工部美術学校を付設。1877年、工部大学校となり、85年に文部省所管。1886年、東京大学に吸収され、帝国大学工科大学となる。卒業生に辰野金吾〔たつのきんご〕・高峰譲吉〔たかみねじょうきち〕らがいる。

師範学校〔しはんがっこう〕④ 教員養成を目的とした学校。1872年に東京に設立されたのが初め。1886年、師範学校令により高等師範は東京に、尋常師範は各府県に設置された。

女子教育〔じょしきょういく〕② 女子に対する教育のこと。女子への高等普通教育を目的に、1899年、高等女学校令が出され、私学を中心に良妻賢母を理想とする女子教育が振興される。

：女学校〔じょがっこう〕　→ p.282

：女子師範学校〔じょししはんがっこう〕④ 女性教員の養成を目的とした学校。1874年、東京女子師範学校の設立が最初。その後、師範学校に統合されたが、90年に女子高等師範学校として独立。各府県でも師範学校から女子部が独立して女子師範学校となった。
　　　　　　　　　　東京女子師範学校〔とうきょうじょししはんがっこう〕③

慶応義塾〔けいおうぎじゅく〕　→ p.283

同志社〔どうししゃ〕　→ p.283

神祇官再興〔じんぎかんさいこう〕① 1868年、政体書による

太政官制において神祇官が再興された。翌69年には、太政官から独立して行政機関の最上位となったが、71年に神祇省に降格。

神仏分離(判然)令〔しんぶつぶんり(はんぜんれい)〕⑥ 1868年、政府は王政復古・祭政一致(神祇の祭祀と国家の政治が一致すること)から神道国教化の方針をとり、その純化のため神仏混淆〔こんこう〕を禁止した法令。神社を寺院から独立させた。

祭政一致〔さいせいいっち〕④　**神道国教化**〔しんとうこっきょうか〕⑤

廃仏毀釈〔はいぶつきしゃく〕⑦ 仏教を排斥する行動や政策。神仏分離令を機に廃仏運動が激化し、全国的に寺院・仏像などの破壊、藩による寺領の没収が続出。その様子は『開化の入口』〔かいかのいりぐち〕などに描かれている。一方、真宗大谷派を中心に仏教擁護の一揆(護法一揆)も三河・越前などで起きた。

大教宣布の詔〔だいきょうせんぷのみことのり〕④ 1870年、祭政一致のために「惟神の大道」〔かんながらのおおみち〕(神代から伝わる日本固有の道)を宣揚〔せんよう〕し、神道国教化推進を表明した詔書。天皇の名によって神祇官から発布。布教のためおかれていた宣教使に加えて大教院を設け、全神職と僧侶などを国民教化(国民を教え導くこと)のための教導職に任命して、大教宣布運動を展開した。　**宣教使**〔せんきょうし〕①　**教導職**〔きょうどうしょく〕①
　国民教化〔こくみんきょうか〕②

神社神道〔じんじゃしんとう〕① 神社に対する信仰。明治期以降、政府はこれを宗教として扱わず、国家神道として特別に保護し、天皇崇拝・国家の思想統一に利用した。

国家神道〔こっかしんとう〕①

神社制度〔じんじゃせいど〕② 神社の社格・祭祀・神職などに関する国家の制度。明治政府は全国の神社を神祇行政下におき、官社・諸社(府社・県社・郷社・村社)の社格を定め、祭式を統一した。

:官幣社〔かんぺいしゃ〕・**国幣社**〔こくへいしゃ〕② 1871年成立の神社制度で、神社を官社・諸社に2大別したうちの官社。官幣社は神祇官(のち宮内省)から供物〔くもつ〕を捧げられる格式を持ち、国幣社(地方官が供物を捧げる神社)はそれにつぐ社格を持つ。両社とも大・中・小の社格があった。

別格官幣社〔べっかくかんぺいしゃ〕② 1872年に制定された神社の社格。国家の功労者をまつる神社が対象。

府社〔ふしゃ〕・**県社**〔けんしゃ〕② 明治政府が定めた神社の社格。1871年、官社とは別に地方官が管轄した府社・県社がおかれた。その他、郷社・村社・無格社もおかれ、村社は地域の氏神であった。

郷社〔ごうしゃ〕②　**村社**〔そんしゃ〕②　**無格社**〔むかくしゃ〕②

〔東京〕招魂社〔とうきょうしょうこんしゃ〕② 1869年に東京九段に設け、戊辰戦争以来の戦死者を合祀〔ごうし〕した神社。1879年靖国神社と改称、別格官幣社になる。戦後は国家の保護を離れ宗教法人となる。また、各地にも約150の招魂社が建立され、1939年に護国〔ごこく〕神社と改称。日露戦争時代には、靖国神社で合祀祭、各地で招魂祭〔しょうこんさい〕が行われ、忠魂碑(忠霊塔)も建てられた。　**靖国神社**〔やすくにじんじゃ〕

:忠魂碑〔ちゅうこんひ〕② 死者の忠義を称え、その魂を弔うために建てられた碑。日露戦争などの際、対象者の郷土に建てられた。

浦上(教徒(信徒)弾圧)事件〔うらかみ(きょうと(しんと)だんあつ)じけん〕③ 1868～73年。長崎浦上のキリシタンが、1864年の大浦天主堂落成の時、フランス人宣教師に信仰を告白。1868年には公然とキリシタンを表明したため、政府が村民3400余人を捕えて各地に流罪にした事件。浦上崩れ〔うらかみくずれ〕ともいう。同時期に五島列島キリシタン弾圧事件(五島崩れ)も起こっている。列国の抗議により1873年に釈放される。

五島列島キリシタン弾圧事件〔ごとうれっとうキリシタンだんあつじけん〕①

:大浦天主堂〔おおうらてんしゅどう〕② 長崎市にある日本最古のカトリック教会堂。殉教した26聖人に捧げるため1864年竣工〔しゅんこう〕。

切支丹禁制高札廃止〔きりしたんきんせいこうさつはいし〕⑥ 1873年、浦上教徒弾圧事件で列国の抗議を受け、切支丹禁制の高札を廃止し、その布教を黙認した。

浦上天主堂〔うらかみてんしゅどう〕① 長崎市浦上にあるカトリック大聖堂。信教の自由が認められた後に浦上の信徒により、1914年に完成。

本木昌造〔もときしょうぞう〕④ 1824～75 初め長崎通詞〔つうじ〕。1851年頃、流込み鉛製活字の量産に成功。これまでの木版・木刻活字印刷から近代活版印刷へ転換の先駆となった。1869年に長崎で活版所設立、72年に東京活版所を開設した。　　**鉛(製)活字**〔なまり(せい)かつじ〕③
　　活版印刷〔かっぱんいんさつ〕①

:日刊新聞〔にっかんしんぶん〕(**日刊紙**〔にっかんし〕)　→ p.241

明六社〔めいろくしゃ〕⑦ 1873～79年。啓蒙的思想団体。学者の研究発表機関としての意図もあった。森有礼が発議。福沢諭吉・中村正直・西周・津田真道・加藤弘之・西村茂樹ら、開成所出身者が多く参加した。明治6年創立のため明六社という。のち、日本学士院へ合流した。

:『明六雑誌』〔めいろくざっし〕⑥ 1874～75年。明六社の機関誌。啓蒙思想の紹介と宣伝に貢献。

新聞紙条例・讒謗律(ざんぼうりつ)発布により43号で廃刊。

森有礼(もりありのり) ⑥ 1847〜89 政治家、外交官。旧薩摩藩士。明六社創立を発議した啓蒙思想家でもある。1885年、伊藤内閣の文相、翌年に学校令を制定し、教育体制を確立。帝国憲法発布の日に国粋主義者に刺され、翌日死去した。

西周(にしあまね) **(周助**(しゅうすけ)**)** ⑤ 1829〜97 啓蒙思想家。津和野藩医の子。1862年にオランダに留学。政治・法律を研究し、開成所教授。明治政府の兵部省に出仕。初期の軍制確立に尽力。明六社に参加。西洋哲学を最初に紹介する。軍人勅諭も起草。『百一新論』などの著作がある。 **『百一新論』**(ひゃくいちしんろん)①

：**『万国公法』**(ばんこくこうほう) ③ 西周がオランダ留学で学んだ国際法を幕命で訳し、1868年に刊行。また、1865年に開成所が翻刻した漢訳の国際法も『万国公法』と呼ばれた。

加藤弘之(かとうひろゆき) ③ 1836〜1916 但馬出石(いずし)藩士。維新後、『真政大意』(しんせいたいい)『国体新論』『立憲政体略』(りっけんせいたいりゃく)で立憲政治の知識や天賦人権論を紹介。啓蒙思想家として活動。やがて国家主義思想へと移行。1881年に東京大学初代総理、90年に帝国大学総長。 **『国体新論』**(こくたいしんろん)①

：**『人権新説』**(じんけんしんせつ) ② 加藤弘之の著書。1882年刊。社会進化論の旗手としてダーウィンの生物進化論思想を社会的に解釈し、適者生存、優勝劣敗の視点から社会有機体説を説き、天賦人権論を否認。国家の利益を優先する国権論をとり、国民の利益の確立を求める民権論に反対の立場をとる。

西村茂樹(にしむらしげき) ② 1828〜1902 道徳思想家。佐倉藩の執政。維新後、明六社に参加。1887年に日本弘道会を設立し、皇室中心主義の国民道徳の興隆に尽力。国粋主義の先駆となる。

津田真道(つだまみち) ② 1829〜1903 法学者。美作津山藩士。1862年にオランダに留学。開成所教授。維新後に出仕、新律綱領(しんりつこうりょう)・各種法典の編纂に尽力。明六社に参加、啓蒙活動家。日本初の西洋法学書『泰西(たいせい)国法論』を翻訳。

太陽暦(たいようれき)**(新暦**(しんれき)**)** ⑦ 地球が太陽の周りを一周する期間を1年とした暦。日本では1872年に太陰太陽暦を廃し、太陽暦の一つであるグレゴリオ暦を採用。明治5年12月3日を明治6年1月1日とした。1日24時間制、七曜制(一週7日制)を採用し、日曜を休日とした。しかし、農山漁村では旧正

月などの旧暦の生活行事は残った。

1日24時間制(いちにちにじゅうよじかんせい) ⑥

七曜制(しちようせい) ① **日曜休日**(にちようきゅうじつ) ④

旧正月(きゅうしょうがつ) ①

：**太陰太陽暦**(たいいんたいようれき)**(旧暦**(きゅうれき)**)** ⑥ 月の満ち欠けの周期を基にした太陰暦に、閏月(うるうづき)などの太陽の動きも取り入れた暦。江戸時代には日本独自の貞享暦(じょうきょうれき)などがつくられ、明治初期は天保暦が用いられた。

：**定時法**(ていじほう) ② 季節や昼夜などによって、1時間の長さを変化させず、1日を24時間に等分し、時を決める方法。日本ではそれまでの不定時法から、1873年の太陽暦の導入と共に採用された。 **不定時法**(ふていじほう)①

祝祭日(しゅくさいじつ) ⑥ 明治期に、国家が定めた祝日・祭日。1873年に新年節(1月1日)、紀元節(2月11日)、天長節(11月3日)を国の祝日とし、皇室の祭典日として春季・秋季の皇霊祭(春分・秋分の日)ほか、元始祭(1月3日)、神嘗祭、皇室の大祭である新嘗祭などを定めたのに始まる。1948年に廃止され、新たに国民の祝日を制定。

新年節(しんねんせつ) ① **元始祭**(げんしさい) ①

神嘗祭(かんなめさい) ①

：**紀元節**(きげんせつ) ⑥ 1872年、太政官布告で制定された祝日。『日本書紀』の神武天皇即位日である正月朔日(さくじつ)(1月1日)は、改暦の結果、2月11日にあたるとし、1873年にこれを紀元節とした。天長節(天皇誕生日、明治時代は改暦後11月3日)と共に天皇制確立の目的を持つ。1948年に廃止。

天長節(てんちょうせつ) ①

洋服(ようふく) ⑥ 西洋式の服装をいう。1864年に江戸幕府が長州征討の際に軍服に採用。明治期には、1871年の勅諭で洋服の自由が認められ、翌年軍や官僚の礼服に洋服が採用されたことから、警官や教員などを中心に広まっていった。

ざんぎり(散切り)頭(あたま) ⑦ 明治初期の断髪頭。1871年に散(断)髪令が布告。断髪は文明開化のシンボルとされ、当時「ざんぎり頭をたたいてみれば、文明開化の音がする」といわれた。 **散(断)髪令**(さんだんはつれい)①

錦絵(にしきえ) → p.193

歌川広重(うたがわひろしげ)**《三代**(さんだい)**》** ① 1842？〜94 初代広重の門人で、初代の養女長と2代目が離婚後、入婚となる。開港横浜を舞台に描いた横浜絵や文明開化絵が多い。

煉瓦造(れんがづくり) ⑦ 明治時代に導入された洋風建築技術の一つ。1872年に、お雇い外国人ウォートルスの設計による銀座通りの煉瓦造の

街並み(銀座煉瓦街)の建設はその代表例。

ウォートルス ① **銀座〔通り〕**〖ぎんざ とおり〗⑥
ガス灯〖とう〗 ⑤ 1872年、横浜外国人居留地で初めて使用。ついで東京銀座通りに点灯、毎夜見物人で賑わった。また、石油ランプも使用され始めた。

人力車〖じんりきしゃ〗 ⑥ 人力で引く乗用車。和泉要助〖いずみようすけ〗らが発明。1870年に官許される。以後、駕籠〖かご〗は急速に衰えた。

鉄道馬車〖てつどうばしゃ〗 ② レール上を走る馬車。1882年、日本橋・新橋間に開通。それ以前は銀座通りを乗合馬車が走っていた。1903年、電車の敷設で衰退した。
馬車〖ばしゃ〗②
乗合馬車〖のりあいばしゃ〗③

牛鍋〖ぎゅうなべ〗 ⑤ 牛肉に豆腐・ネギなどを入れて煮込んだ汁の多い鍋物。のち、すき焼きに圧倒された。気安くあぐらをかいて食べたので安愚楽鍋〖あぐらなべ〗とも呼ばれ、学生間に流行。

違式詿違条例〖いしきかいいじょうれい〗 ② 刑事法の一つ。1872年東京に公布され、その後全国に拡大。現在の軽犯罪にあたる違式・詿違の罪を規定。これにより入れ墨、男女入込湯〖いりごみゆ〗(混浴)などが禁止された。また、東京府では前年に裸体禁止令も出されている。

教科書に出てくる文明開化時に登場したもの
肉食、帽子、舗道〖ほどう〗、街路、懐中電灯、背広〖せびろ〗、靴、コウモリ傘、巻きタバコ、牛肉、パン、ビール、西洋料理店、山高帽〖やまたかぼう〗、バター、ミルク、チーズ、アイスクリーム、洋傘、ベランダ、礼服

避病院〖ひびょういん〗 ① 明治期に建てられた伝染病専門の病院。1875年内務省衛生局が発足し、伝染病対策が推進される中、コレラの感染の広がりに対応して、1876年頃から避病院が設置された。1897年伝染病予防法が制定されると伝染病院と改称。

明治初期の対外関係

岩倉〔遣外〕使節団〖いわくらけんがいしせつだん〗 ⑦ 1871年、条約改正の予備交渉などのために欧米に派遣された使節団。岩倉具視を大使とし、木戸孝允・大久保利通・伊藤博文・山口尚芳が副使。改正の予備交渉はできず、制度・文物の視察に留まり、1873年に帰国。記録係の久米邦武が『特命全権大使米欧回覧実記』を編纂。
山口尚芳〖やまぐちますか(ひさよし・ますか)〗⑥
：久米邦武〖くめくにたけ〗 → p.285
女子留学生〖じょしりゅうがくせい〗 ② 岩倉使節団に随行(開

拓使が募集)した上田悌子・吉益亮子ら5人の女子留学生のこと。山川捨松・永井繁子・津田梅子は10～11年間留学して帰国した。
上田悌子〖うえだていこ〗① **吉益亮子**〖よしますりょうこ〗①
永井繁子〖ながいしげこ〗①

：津田梅子〖つだうめこ〗 ⑦ 1864～1929 岩倉使節団に随行した最初の女子留学生の一人。8歳で渡米、1882年に帰国後、女子教育に尽力。華族女学校(のち女子学習院)で英語教師となり、のち再渡米。1900年に女子英学塾(津田英学塾、のち津田塾大学)を設立。

：山川捨松〖やまかわすてまつ〗 ③ 1860～1919 社会奉仕家。日本初の女子留学生の一人として帰国後、大山巌〖おおやまいわお〗と結婚。外国人の接待に活躍し、鹿鳴館の女王といわれる。のち赤十字事業に尽力。

寺島宗則〖てらしまむねのり〗 → p.249

日清修好条規〖にっしんしゅうこうじょうき〗 ⑦ 1871年、日清間で結ばれた最初の条約で、通商章程〖つうしょうしょうてい〗(通商を行うための細則)と海関税則〖かいかんぜいそく〗を含む。日本代表は伊達宗城〖だてむねなり〗、清は李鴻章〖りこうしょう〗。領事の駐在・領事裁判権を相互に承認した初めての対等条約。華夷秩序(中国を頂点とする国際秩序)の維持を主張する清との関係は円滑ではなく、日清戦争まで適用。
華夷秩序〖かいちつじょ〗①

琉球帰属問題〖りゅうきゅうきぞくもんだい〗 ③ 江戸時代、薩摩藩の支配下にありつつ、名目は清を宗主国(従属国の政治・外交権限を有する国)とする両属関係にあった琉球王国をめぐる帰属問題。日本が琉球処分により、帰属化したため、宗主権(宗主としての権利)を持つ清が抗議。米国などの調停も合意に至らず、日清戦争により解決。
宗主国〖そうしゅこく〗③
宗主権〖そうしゅけん〗①

琉球処分〖りゅうきゅうしょぶん〗 ⑦ 明治政府による琉球王国の日本国への併合に至る一連の施策。琉球帰属問題を解決するため、1871年、鹿児島県に編入、翌年に琉球藩を設置し、79年には、沖縄県を設置して琉球処分を完成させた。近代的諸改革は実施されず、旧慣(古い慣習)を温存した。

：琉球藩〖りゅうきゅうはん〗 ⑦ 1872年に、一方的に琉球王国を琉球藩とした。国王尚泰を藩王とし、華族として列した。

：尚泰〖しょうたい〗 ④ 1843～1901 琉球王国最後の王。侯爵。1872年の琉球藩設置に伴い、琉球藩王となり、華族に列せられる。1879年の沖縄県設置の際は上京を命じられ、84年に帰郷。
藩王〖はんおう〗⑥

沖縄県〖おきなわけん〗 ⑦ 1879年琉球藩を廃して設置。

明治政府は軍隊・警察を派遣し、首里城にある王府<ruby>王府<rt>おう</rt></ruby>を接収し、琉球藩の解体と沖縄県設置を布告。県政は、旧来の人頭税を残す旧慣温存策（琉球王国以来の古い慣習や制度を残す政策）をとったため、人頭税廃止運動が起こった。また地租改正や衆議院議員選挙法などの諸制度の改革も遅れた。

旧慣温存策<ruby><rt>きゅうかんおんぞんさく</rt></ruby>　③

人頭税<ruby><rt>じんとうぜい</rt></ruby>　① 納税能力に関係なく個人に割り当てられる税。琉球王国は、この税を採用しており、先島諸島では1637年から課された。琉球処分後も沖縄士族の反発を減らすため、明治政府がとった旧慣温存策により、継続されたが、1903年廃止された。

沖縄分島案<ruby><rt>おきなわぶんとうあん</rt></ruby>　① 1880年、日本の琉球処分に対し、前米大統領グラントが提案した調停案。清に宮古・八重山の先島諸島を割譲する案で、成立しなかった。清の李鴻章が示した奄美以北を日本に、先島は清に、沖縄本島は独立させる（琉球）3分案もあったが、日本が提示した分島・改約案<ruby><rt>ぶんとうかいやくあん</rt></ruby>で一致。しかし清内で異議があり、不承認。

　　宮古・八重山<ruby><rt>みやこ・やえやま</rt></ruby>　③　**グラント**　①
　　先島諸島<ruby><rt>さきしまとう</rt></ruby>　②　**3分案**<ruby><rt>さんぶんあん</rt></ruby>　①

土地整理事業<ruby><rt>とちせいりじぎょう</rt></ruby>《**沖縄**<ruby><rt>おきなわ</rt></ruby>》① 沖縄県知事奈良原繁<ruby><rt>ならはらしげる</rt></ruby>によって行われた土地整理の事業。沖縄の近代化推進のため、1899年土地整理法の公布後、1908年まで実施された。

謝花昇<ruby><rt>じゃはなのぼる</rt></ruby>③ 1865〜1908　沖縄の自由民権運動の指導者。「民権運動の父」と呼ばれる。沖縄県庁職員で知事と対立して辞任。1899年に沖縄倶楽部<ruby><rt>くらぶ</rt></ruby>を結成し、『沖縄時論<ruby><rt>じろん</rt></ruby>』を発行するなど、県政糾弾・参政権獲得運動を展開した。

伊波普猷<ruby><rt>いはふゆう</rt></ruby>　→ p.300

琉球漂流民（漁民）殺害事件<ruby><rt>りゅうきゅうひょうりゅうみん（ぎょみん）さつがいじけん</rt></ruby>⑦ 1871年、琉球王国の宮古島の漁民66人が台湾に漂着、54人が先住民に殺された事件。清は殺害した台湾先住民を「化外の民」<ruby><rt>けがい</rt></ruby>（王化の及ばない所の住民）として責任をとらなかったので、台湾出兵の原因となった。

台湾出兵<ruby><rt>たいわんしゅっぺい</rt></ruby>（**征台の役**<ruby><rt>せいたいのえき</rt></ruby>）⑦ 1874年、明治政府による最初の海外出兵。西郷従道の指揮の下、琉球漂流民（漁民）殺害事件を機に日本軍が出兵。欧米は極東貿易の混乱を懸念。駐清イギリス公使ウェードの調停により、日清互換条款<ruby><rt>にっしんごかんじょうかん</rt></ruby>を結び、解決した。

西郷従道<ruby><rt>さいごうつぐみち</rt></ruby>③ 1843〜1902　西郷隆盛の弟。軍人。1869年山県と渡欧して、兵制を研究。

陸海軍の創設に貢献した。台湾出兵を指揮。のち海相・内相を歴任。元帥。元老の一人。

征韓論<ruby><rt>せいかんろん</rt></ruby>　⑦ 朝鮮の鎖国排外政策を武力で打破し、国交を開き、勢力を伸ばしていこうとする主張。岩倉使節団の外遊中、留守政府を預かった参議の西郷・板垣らが主唱。内治優先論（国内政治の優先）を説く大久保・木戸らと征韓論争になる。

　　征韓論争<ruby><rt>せいかんろんそう</rt></ruby>　②　**内治優先論**<ruby><rt>ないちゆうせんろん</rt></ruby>　①
　　留守政府<ruby><rt>るすせいふ</rt></ruby>　①

江華島事件<ruby><rt>こうかとう（カンファド）じけん</rt></ruby>　⑦ 1875年、日本の軍艦雲揚号が艦長井上良馨<ruby><rt>いのうえよしか</rt></ruby>らを中心に朝鮮の江華島で挑発行為を行い、砲撃を受けたため、日本側が報復攻撃し、仁川港近岸の永宗城島<ruby><rt>えいそうじょうとう</rt></ruby>を占領した事件。翌年に日朝修好条規を締結。江華府のある江華島は、首都漢城近くの漢江河口にある。

　　雲揚号<ruby><rt>うんようごう</rt></ruby>　①　**江華島**<ruby><rt>こうかとう（カンファド）</rt></ruby>　⑥
　　：漢城<ruby><rt>かんじょう</rt></ruby>　→ p.250

日朝修好条規（江華条約）<ruby><rt>にっちょうしゅうこうじょうき（こうかじょうやく）</rt></ruby>　⑦ 1876年、江華島事件後、江華府で締結された日朝間の条約。代表は黒田清隆・井上馨。朝鮮を「自主の国」として清との宗属関係（宗主国と属国の関係）を否定。釜山など3港の開港、日本の領事裁判権の承認、付属の通商章程<ruby><rt>つうしょうしょうてい</rt></ruby>による無関税特権の獲得など、不平等条約であった。のち釜山以外の開港場が仁川（のちの済物浦）・元山に決定。

　　自主の国<ruby><rt>じしゅのくに</rt></ruby>　①　**宗属関係**<ruby><rt>そうぞくかんけい</rt></ruby>　②
　　仁川<ruby><rt>じんせん（インチョン）</rt></ruby>　①　**元山**<ruby><rt>げんざん（ウォンサン）</rt></ruby>　③
　　：釜山<ruby><rt>ふざん（プサン）</rt></ruby>　⑤ 朝鮮半島南東端の港。15世紀初め、日本人が居留・貿易した三浦<ruby><rt>さんぽ</rt></ruby>のうちの富山<ruby><rt>ふざん</rt></ruby>浦。文禄の役では上陸地点となり、江戸時代には倭館が唯一設けられた。1876年、日朝修好条規により開港され、居留地がおかれて日朝貿易の拠点となる。

樺太帰属問題<ruby><rt>からふときぞくもんだい</rt></ruby>　① 樺太は、1854年の日露和親条約で両国雑居の地となる。1858年、ロシアが清から樺太の宗主権を引き継ぎ、樺太進出は優位となる。1870年、日本政府は樺太開拓使を設置したが、ロシア勢力は伸長し、1875年に樺太・千島交換条約を締結。樺太アイヌのうち、日本への帰属を希望した者は対雁（現、江別市）へ移住した。

　　樺太アイヌ<ruby><rt>からふとアイヌ</rt></ruby>　①　**対雁**<ruby><rt>ついしかり</rt></ruby>　②

樺太・千島交換条約<ruby><rt>からふと・ちしまこうかんじょうやく</rt></ruby>　⑦ 1875年の日露国境画定条約。黒田清隆は樺太放棄を建議、駐露公使榎本武揚<ruby><rt>えのもとたけあき</rt></ruby>が交渉にあたり、樺太全島をロシア領、千島全島を日本領とした。

小笠原諸島<ruby><rt>おがさわらしょとう</rt></ruby>　⑦ 1593年、信濃深志<ruby><rt>ふかし</rt></ruby>城

主小笠原貞頼の発見といわれる太平洋上の諸島。1861年に江戸幕府が日本領と宣言。1876年に英米へ通告し、統治を再開。太平洋戦争後、一時、米国の施政権下におかれたが、1968年に復帰した。また、硫黄島は1891年に編入、96年発見の南鳥島は98年に編入された。

硫黄島<ruby>いおうとう</ruby>③
南鳥島<ruby>みなみとりしま</ruby>③

尖閣諸島<ruby>せんかくしょとう</ruby>⑦ 先島諸島の北方にある小島群。1895年、無人島で、他国が占領した形跡のないことから、日本領土に編入。1970年以降、台湾・中国が領有権を主張。

竹島<ruby>たけしま</ruby>⑦ 島根県隠岐諸島の北西にある小島群。1905年、無人島で、他国が占領した形跡のないことから、日本領土に編入。1952年、韓国の李承晩大統領が竹島と隠岐の間に境界線を引き（李承晩ライン）、領有を主張して、以後実効支配している。

政府への反抗

明治六年の政変<ruby>めいじろくねんのせいへん</ruby>（**征韓論政変**<ruby>せいかんろんせいへん</ruby>）
⑦ 1873年の征韓論争により、政府内が分裂した政変。西郷・板垣らがとなえた征韓論は、国内政治の優先を説く大久保・木戸ら内治優先派の反対で実現せず。征韓派は一斉に下野。これ以後、大久保が政権を指導し、大久保政権と呼ばれる。

内治〔優先〕派<ruby>ないち〔ゆうせん〕は</ruby>①
征韓派<ruby>せいかんは</ruby>④ 　**大久保政権**<ruby>おおくぼせいけん</ruby>①

板垣退助<ruby>いたがきたいすけ</ruby>⑦ 1837〜1919　土佐藩出身。参議。征韓論争に敗れて下野。民撰議院設立の建白書を提出、立志社・愛国社を設立。自由民権運動の中心人物として自由党を結成し、自由党総理となる。のち初期議会期に藩閥政府と妥協して第2次伊藤内閣の内相となり、その後、大隈重信と隈板<ruby>わいはん</ruby>内閣を組織した。

後藤象二郎<ruby>ごとうしょうじろう</ruby>⑦ 1838〜97　土佐藩出身。大政奉還に尽力。明治政府の参議となり、征韓論争に敗れて下野。民撰議院設立の建白書を提出、自由党の有力メンバー。1887年に大同団結運動を提唱した。1889年、黒田清隆内閣に入閣した。

愛国公党<ruby>あいこくこうとう</ruby>③ 日本最初の政党。1874年1月、板垣退助・後藤象二郎・江藤新平・副島種臣の4前参議に由利公正<ruby>ゆりきみまさ</ruby>・小室信夫<ruby>しの</ruby>・古沢滋<ruby>ふるさわしげる</ruby>・岡本健三郎<ruby>おかもとけんざぶろう</ruby>らが加わり、東京で結成。古沢が起草した民撰議院設立の建白書を提出。2月、江藤新平の佐賀の乱参加でまもなく解体した。

民撰議院設立の建白書<ruby>みんせんぎいんせつりつのけんぱくしょ</ruby>⑦ 1874年1月、自由民権運動の口火を切った国会（民撰議院）開設の要求。征韓論争で下野した旧土佐・肥前藩出身の板垣・後藤・副島・江藤ら8人が藩閥官僚の有司専制政治に反対し、愛国公党を結成して建白書を左院に提出。翌日、『日新真事誌』にも掲載されたが、政府は時期尚早<ruby>しょうそう</ruby>として無視。

：**有司専制**<ruby>ゆうしせんせい</ruby>① 反政府側の政府批判の表現。有司は役人を指し、全体では政府の少数有力者による専制政治を意味する。

士族反乱<ruby>しぞくはんらん</ruby>⑦ 明治初期、政府の士族の特権廃止政策に対して不平士族が各地で起こした反乱。1870年の山口藩脱隊騒動から77年の西南戦争、78年の紀尾井坂の変まで20余件を数える。西南戦争以降、士族の反乱は自由民権運動へ吸収される。

不平士族<ruby>ふへいしぞく</ruby>⑤

赤坂喰違の変<ruby>あかさかくいちがいのへん</ruby>① 1874年、右大臣岩倉具視が東京赤坂喰違見附<ruby>みつけ</ruby>で武市熊吉<ruby>たけちくまきち</ruby>征韓派9人に襲撃され、負傷した事件。征韓派の敗北は、岩倉の画策によるところが大きく、恨みをかった。

佐賀の乱<ruby>さがのらん</ruby>⑦ 1874年2月、征韓を主張する征韓党<ruby>せいかんとう</ruby>などが、江藤新平を擁して起こした反乱。佐賀県庁を襲撃するなど、約1万2000人が蜂起。大久保利通らの政府軍が鎮圧した。

：**江藤新平**<ruby>えとうしんぺい</ruby>⑦ 1834〜74　佐賀藩出身の政治家。司法卿・参議として司法の整備に尽力。征韓論で下野し、板垣退助らと民撰議院設立建白書を提出したが、佐賀の乱を起こしたとして、刑死した。

廃刀令<ruby>はいとうれい</ruby>　→ p.226

神風連の乱<ruby>しんぷうれんのらん</ruby>（**敬神党の乱**<ruby>けいしんとうのらん</ruby>）⑤
1876年、熊本での不平士族の反乱。不平士族は神風連（敬神党）を組織し、廃刀令発布に憤激して挙兵。熊本鎮台を襲ったが鎮圧される。

熊本鎮台<ruby>くまもとちんだい</ruby>②

秋月の乱<ruby>あきづきのらん</ruby>⑤ 1876年、福岡県旧秋月藩士族の反乱。宮崎車之助<ruby>しゃのすけ</ruby>らが征韓・国権拡張を主張して、神風連の乱に呼応して挙兵したが、鎮圧された。

萩の乱<ruby>はぎのらん</ruby>⑤ 1876年、山口県萩での士族反乱。前原一誠らが神風連の乱・秋月の乱に呼応して挙兵したが、鎮圧された。

：**前原一誠**<ruby>まえばらいっせい</ruby>④ 1834〜76　長州藩士。吉田松陰の門下。維新後、参議・兵部大輔となったが、のち下野。1876年、不平士族を率い、萩の乱を起こして処刑された。

新政〔府〕反対一揆<ruby>しんせい〔ふ〕はんたいいっき</ruby>④ 明治新政府の

諸政策に反対し、起こされた一揆の総称。血税一揆や地租改正反対一揆などがその例。

：**血税一揆(騒動)**(けつぜいいっき(そうどう))**(徴兵反対一揆**(ちょうへいはんたいいっき)) → p.226

地租改正反対一揆(ちそかいせいはんたいいっき) ⑦ 高額な地租や永小作(えいこさく)の特権はく奪に反抗して起こった農民一揆。特に1876年の茨城県真壁・那珂(なか)両郡での真壁騒動(暴動)や、三重・愛知・岐阜・堺の4県にまたがる伊勢暴動(三重大一揆)が大規模なもの。大久保利通ら政府は翌年、税率を2.5%に軽減。"竹槍でドンとつき出す二分五厘"といわれた。

：**茨城大一揆**(いばらきだいいっき) ① 1876年に茨城県真壁郡から起こった地租改正反対一揆。真壁(まかべ)騒動ともいう。同年の米価下落の影響が原因。

：**三重大一揆**(みえだいいっき)**(伊勢暴動**(いせぼうどう)) ③ 1876年、三重県飯野(いいの)郡から起こった地租改正反対一揆。堺・愛知・岐阜県にも拡大し、処罰者は5万人に及ぶ大規模な一揆となった。

西南戦争(せいなんせんそう)**(西南の役**(せいなんのえき)) ⑦ 1877年2～9月、最大の士族反乱。鹿児島の私学校生を中心とした士族が、西郷隆盛を擁して挙兵。谷干城(たにたてき)の守る熊本城を攻めるが落城せず、田原坂(たばるざか)の戦い以後は敗退が続き、政府軍に鎮圧された。徴兵軍の実力が認められ、武力反抗に終止符が打たれた。

熊本城(くまもとじょう) ①

：**西郷隆盛**(さいごうたかもり) → p.217

：**私学校**(しがっこう) ② 征韓論で下野した西郷隆盛が、1874年、鹿児島に開いた私塾。士族の子弟を教育、銃隊・砲隊学校からなる。

2 立憲国家の成立

自由民権運動

自由民権運動(じゆうみんけんうんどう) ⑦ 明治前期の1870～80年代、政府に対し民主的改革を要求した政治運動。天賦人権思想をもとに自由民権論が叫ばれ、〔自由〕民権派は藩閥専制打破・国会開設などを要求。政府の弾圧・懐柔と内部の分裂により、大同団結運動を最後に衰退した。　　　　**自由民権論**(じゆうみんけんろん) ②

〔**自由〕民権派**(じゆうみんけんは) ⑥

政社(せいしゃ) ③ 明治前期頃から、政治活動をめざして結成された団体。1874年の立志社設立以降、士族・豪農を中心に徳島の自助社、福島の石陽社など、特に1879～80年の国会

開設運動の高揚期に全国各地に多数成立。また、農村各地に討論会・読書会などの学習結社も現れ、政治活動の母体となった。

結社(けっしゃ) ⑦

：**石陽社**(せきようしゃ) ① 1875年、河野広中らが福島県に設立した政社。

：**自助社**(じじょしゃ) ① 1874年、民撰議院設立の建白書に関わった小室信夫(こむろしのぶ)が徳島で設立した政社。

片岡健吉(かたおかけんきち) ⑤ 1843～1903　土佐藩出身の政治家。板垣退助をたすけ、愛国公党・立志社・国会期成同盟の中心として活躍。自由党幹部、のち衆議院議長。立憲政友会結成にも参加した。

立志社(りっししゃ) ⑦ 民権運動の代表的な地方政社。1874年、愛国公党が解散すると板垣退助が土佐に帰り、片岡健吉・植木枝盛・林有造らと設立した士族中心の政社。愛国社・国会期成同盟へと発展する民権運動の中心として活動。自由党結成を機に1883年解散した。

愛国社(あいこくしゃ) ⑦ 1875年、立志社を中心に全国の有志が大阪で結成した政社。最初は士族中心で、板垣が大阪会議後に政府に復帰したため事実上解散した。1878年再興、次第に豪農層が参加し、やがて国会期成同盟と改称した。

大阪会議(おおさかかいぎ) ⑤ 1875年1月から2月にかけて、明治六年の政変と台湾出兵以後の政局の行詰まりを打開するため、政府の実力者である内務卿の大久保利通と在野の板垣退助、木戸孝允の三者が大阪で行った会議。その結果、3月に板垣・木戸は参議に復帰し、立憲政体樹立の詔が出された。

：**漸次立憲政体樹立の詔**(ぜんじりっけんせいたいじゅりつのみことのり) ⑥ 1875年の大阪会議後に出された詔。内容は、元老院・大審院を設け、地方官会議を召集して国会開設の準備を進め、「漸次ニ国家立憲ノ政体ヲ立」てる旨を示した。

元老院(げんろういん) ⑥ 1875年の大阪会議の結果、左院を廃して設立した立法機関。議長・副議長・議官で構成。1876年に憲法取調局を設け、80年にイギリス風の憲法草案「日本国憲按」を作成。帝国議会により1890年に廃止された。

：**「日本国憲按」**(にほんこくけんあん) ② 1876年、天皇の命により元老院で起草、80年に第3次案が完成した。天皇が大権を持つが、二院制で、君主権の制限が強い。上奏されたが、岩倉具視らの反対にあい、不採択に終わった。

大審院(だいしんいん) ⑦ 1875年の大阪会議の結果設け

られた、司法権を行使する最高機関。控訴
事件の最終裁判を行い、皇室に対する罪
や内乱罪も裁判する。第二次世界大戦後の
1947年、最高裁判所に引き継がれる。

地方官会議ちほうかんかいぎ ⑤ 大阪会議の時に木戸孝
允の主張で開設。1875年以来3回、地方民
情を知るために府知事・県令を召集した。
地方民会・地方三新法など、地方自治に関
係あることを審議。1881年に廃止。

讒謗律ざんぼうりつ ⑥ 1875年の言論弾圧法規。政府
擁護のため、著作・文書などで官僚らの批
判を讒謗(そしること)であるとして禁止し、
刑罰を規定。1882年、刑法施行で廃止。

新聞紙条例しんぶんしじょうれい ⑦ 1875年の言論弾圧法規。
自由民権運動の高揚に対処するため、政府
を攻撃する新聞・雑誌の弾圧を目的として
公布。禁獄・発行停止を科す。1883年に条
例改正し強化。1909年の新聞紙法に継承さ
れる。**新聞紙条例改正**しんぶんしじょうれいかいせい ②

出版条例しゅっぱんじょうれい ② 1869年公布の出版取締法。
1872年と75年に改正。

：出版条例改正しゅっぱんじょうれいかいせい ③ 1875年、出版
条例(1869年公布の出版取締法)を改正。許
可制から事前届出制に強化、出版禁止事項
に讒謗律・新聞紙条例を適用した。

〔地方〕三新法ちほうさんしんぽう ③ 1878年制定の郡区町
村編制法・府会規則・地方税規則の総称。
統一的地方制度を意図したが、1888〜90年
の地方自治制の確立により廃止された。

郡区町村編制法ぐんくちょうそんへんせいほう ③ 府県の地方行政
単位を定めた法律。1871年の戸籍法による
大区小区を改め、旧来の郡制を復活し、東
京・京都・大阪には区を設置。郡・区には
官選の郡長・区長を配し、郡の下の町村に
は戸長をおいた。区には戸長はおかず、区
長が戸長の事務を扱った。

：大区・小区制だいくしょうくせい → p.224

府県会規則ふけんかいきそく ③ 各地で民会として設置
されていた府県会を、全国的な制度として
法制化したもの。議員の選挙権は地租5円
以上納付の満20歳以上の男性、被選挙権は
地租10円以上納付の満25歳以上の男性に与
えられた。権限は地方税の審議、予算案の
議定などだが、議決事項は府知事・県令の
認可を必要とした。

：府県会ふけんかい ⑥ 1878年、府県会規則で定
められた地方議会。自由民権の要求を形式
的に認めたもので、議員は大・中地主など
豪農から選ばれたが、権限は弱かった。

地方税規則ちほうぜいきそく ③ 従来の府県税や民費(旧
来の税を継いだ大小区・町村経費など)を、

地方税に統一して徴収するよう定めた法令。
この地方税の徴収方法・使途などを議定す
るのが府県会の主たる任務であった。
府県税ふけんぜい ① **民費**みんぴ ①

民会みんかい ① 1872年頃からの府県会・区会・区
戸長会・町村会などの総称。地方民会とも。
当初の目的は行政円滑化・民心慰撫だが、自
治能力の育成であったが、公選議員による
公議機関に発展し、民権運動を促進した。

立志社建白りっししゃけんぱく ③ 1877年、立志社社長片
岡健吉が中心となって、国会開設・地租軽
減・条約改正など失政8条を要求し、天皇
に提出した建白書。すぐに却下されたが、
以後の民権運動を国民的な国会開設請願運
動の方向へ導いた影響は大きかった。

植木枝盛うえきえもり ⑥ 1857〜92 高知出身の自由
民権運動家。立志社に入り、自由党の理論
家・活動家として、「東洋大日本国国憲按」
や『天賦人権弁』などで民権思想の普及に努
めた。1890年、衆議院議員に当選、自由党
土佐派として活躍した。

『天賦人権弁』てんぷじんけんべん ①

：『民権自由論』みんけんじゆうろん ① 1879年刊。植木
枝盛の著。民衆に民権思想を平易に説く。

愛国社再興あいこくしゃさいこう ④ 1878年、立志社を中心
に大阪で愛国社再興大会が開かれ、自由民
権運動の画期となる。翌年の第3回大会で
国会開設運動の全国組織の結成を決定した。

愛国社第3回大会あいこくしゃだい3かいたいかい ①

国会期成同盟こっかいきせいどうめい ⑦ 1880年、愛国社第
4回大会で愛国社を改称して設立された国
会開設運動の全国団体。片岡健吉・河野
広中らが中心。2府22県8万7000人が署名
した国会開設請願書を太政官に提出したが
拒否された。国会期成同盟第2回大会では
憲法私案の作成を決定。翌1881年10月の第
3回大会で自由党結成を決議した。

愛国社第4回大会あいこくしゃだい4かいたいかい ①
国会開設請願こっかいかいせつせいがん ⑥
国会期成同盟第2回大会こっかいきせいどうめいだい2かいたいかい ③
国会期成同盟第3回大会こっかいきせいどうめいだい3かいたいかい ①

集会条例しゅうかいじょうれい ⑦ 1880年4月公布。集会・
結社の自由を規制。讒謗律や新聞紙条例と
共に、自由民権派による国会開設運動の高
揚を弾圧した。1882年の条例改正で規制を
強化。1890年の集会及政社法、1900
年の治安警察法に継承される。

集会条例改正しゅうかいじょうれいかいせい ②

〔政治〕演説会えんぜつかい ⑥ 各地の政社・民権論
者の弁士による政府批判の時事演説会。政
府は集会条例で規制した。 **弁士**べんし ①

三田演説館（みたえんぜつかん）　① 福沢諭吉が日本に演説を普及させるため、常設会場として設立した建物。1875年開館。

紀尾井坂の変（きおいざかのへん）　① 1878年5月14日、参議兼内務卿大久保利通が東京紀尾井坂で石川県士族島田一良らに暗殺された事件。前年に木戸孝允が病死、西郷隆盛が自刃。この年、大久保の死で維新の三傑の政治活動は終わった。

開拓使官有物払下げ事件（かいたくしかんゆうぶつはらいさげじけん）　⑦ 1881年、開拓使10年計画の満期を迎え、投資総額1500万円にのぼる開拓使官有物を、長官黒田清隆が五代友厚らの関西貿易社に、38万円余・30年賦・無利息という条件で払い下げると報じられ、問題化した事件。藩閥と政商の結託と批判され、世論の政府攻撃が激化、10月に払下げは中止された。

黒田清隆（くろだきよたか）　→ p.246

五代友厚（ごだいともあつ）　⑤ 1835～85　薩摩藩出身の実業家。1865年欧州視察。大阪造幣寮・為替会社・通商会社の設立に寄与。政商として彼の経営する関西貿易社が北海道開拓使官有物の払下げを受けると報じられ、開拓使官有物払下げ事件となった。

　　　　関西貿易社（かんさいぼうえきしゃ）②

国会開設の勅諭（こっかいかいせつのちょくゆ）　⑦ 1881年10月、開拓使官有物払下げ事件で、世論の動向を察した伊藤博文らが天皇に勧めて、90年を期して国会を開くことを公約。政府部内で早期国会開設、イギリス流議会政治を主張する参議大隈重信らを退け、時期を明示。民権運動を牽制（けんせい）すると共に、漸進主義と政府の基本的方向を明確にした。

明治十四年の政変（めいじじゅうよねんのせいへん）　⑦ 1881年10月、参議大隈重信が国会の開設、憲法の制定について急進的な意見を述べたので、払下げ問題にも関係ありとして免官された事件。政府は払下げ中止、大隈派官僚の追放、欽定憲法の方針を決定して意志を統一し、薩長藩閥による権力体制を固めた。

薩長藩閥（さっちょうはんばつ）　→ p.225

私擬憲法（しぎけんぽう）　⑦ 明治前期の憲法私案の総称。政党・政社・民間有志が憲法制定に参加しようと、それぞれの意見を発表。現在約50編を発見。大部分は1880～81年に作成されている。政府関係者が個人的に作成したものを含めて憲法草案ともいう。

　　　　憲法草案（けんぽうそうあん）⑤

：「**私擬憲法案**」（しぎけんぽうあん）② 慶応義塾出身者、または福沢諭吉と親しい実業家を会員とする民間団体の交詢社の私擬憲法。立憲改進

党系でイギリス的議会制度・議院内閣制・国務大臣連帯責任制・二院制を規定する。

　　　　交詢社（こうじゅんしゃ）②
　　国務大臣連帯責任制（こくむだいじんれんたいせきにんせい）①

：「〔**東洋**〕**大日本国国憲按**」（とうようだいにっぽんこくこっけんあん）　⑤ 自由民権左派の最も民主的な私擬憲法。「日本国国憲案」ともいう。国民主権・一院制・抵抗権・革命権を規定。起草者は植木枝盛とされる。

　　　　抵抗権（ていこうけん）⑤
　　　　革命権（かくめいけん）③

：「**日本憲法見込案**」（にほんけんぽうみこみあん）① 立志社の私擬憲法。植木の「東洋大日本国国憲按」と同系統。主権在民・一院制を規定した急進的なもの。

：「**五日市憲法**〔**草案**〕」（いつかいちけんぽう〔そうあん〕）（「**日本帝国憲法**」（にっぽんていこくけんぽう））　⑦ 東京の五日市（現、あきる野市）で活動していた学芸講談会（がくげいこうだんかい）の千葉卓三郎が起草した私擬憲法。国民の権利の保障に力点をおく。1968年、深沢家の土蔵から発見。

　　　　千葉卓三郎（ちばたくさぶろう）①
　　　　深沢家（ふかざわけ）①

：「**嚶鳴社憲法草案**」（おうめいしゃけんぽうそうあん）　① 沼間守一（ぬまもりかず）・田口卯吉らが結成した政治結社嚶鳴社の私擬憲法。共存同衆の「私擬憲法意見」に似ており、イギリス型議会主義の影響を受けている。

　　　　嚶鳴社（おうめいしゃ）①

中江兆民（なかえちょうみん）　→ p.230
加藤弘之（かとうひろゆき）　→ p.233
馬場辰猪（ばばたつい）　② 1850～88　高知出身の思想家。自由党幹部。『天賦人権論』を著す。板垣外遊に反対して自由党を脱党、アメリカで客死した。

　　　　『天賦人権論』（てんぷじんけんろん）①

岸田（中島）俊子（きしだ（なかじま）としこ）　③ 1863～1901　京都出身の女性運動家。自由民権運動に参加。夫の中島信行も自由民権運動で活躍。結婚後は女性解放の評論・作家として活動した。

景山（福田）英子（かげやま（ふくだ）ひでこ）　④ 1865～1927　岡山出身の女性運動家。岡山女子懇親会に参加、岸田俊子らと自由民権運動に活躍し、大阪事件で入獄。その後、社会主義に接近。女性権拡張にも尽力。福田友作と結婚、死別後、自叙伝『妾の半生涯』（わらわのはんせいがい）を著す。1880年代前半には下記の女性の民権運動団体もあった。

　　　　岡山女子懇親会（おかやまじょしこんしんかい）①
　　　　仙台女子自由党（せんだいじょしじゆうとう）①
　　　　愛甲婦女協会（あいこうふじょきょうかい）《神奈川》②

楠瀬喜多（くすのせきた）　② 1836～1920　高知出身の女性民権運動家。立志社などの民権家と交流、「民権ばあさん」と呼ばれた。

　　　　「民権ばあさん」（みんけんばあさん）①

政党（せいとう）　⑦ 共通の政治的目的を持つ者が組織

した政治団体。1881年に自由党、82年に立憲改進党や立憲帝政党が結党。

自由党〔じゆうとう〕 ⑦ 1881年結党。国会期成同盟を中核に結成、総理板垣退助、副総理中島信行。「自由党盟約」3章を定め、主権在民・一院制を掲げ、フランス流の急進論を主張。地盤は主に農村にあった。政府からの懐柔・弾圧により、1884年10月末に解党。

中島信行〔なかじまのぶゆき〕 ②

：板垣退助〔いたがきたいすけ〕 → p.236

：一院制〔いちいんせい〕 ④ 一つの議院だけで構成される議会制度。

豪農〔ごうのう〕《近代》 ④ 大規模な土地を持つ地主。明治新政府の下、地方の近代化の中心として、また民権運動の担い手ともなった。しかし、寄生地主制が成立する中、豪農は解体していった。

立憲改進党〔りっけんかいしんとう〕 ⑦ 1882年結党。総理大隈重信。明治十四年の政変で下野した官僚などが中心。君民同治（君主と人民が選んだ議会が共同で政治を行う）を説き、二院制、イギリス流の立憲君主制を主張。地盤は都市部の商工業者・知識人。1884年、大隈は脱党。初期議会では自由党や対外硬派と連合。1896年、進歩党を結成して解党。

君民同治〔くんみんどうち〕 ②

：二院制〔にいんせい〕 ④ 二つの議院によって構成される議会制度。大日本帝国憲法は二院制を採用（衆議院・貴族院）。

：大隈重信〔おおくましげのぶ〕 → p.253

小野梓〔おのあずさ〕 ① 1852～86 立憲改進党の幹部。学術結社の共存同衆を東京で結成。個人として私擬憲法「憲法私案」を作成。太政官書記官などを歴任したが、明治十四年の政変で下野、立憲改進党の結成、東京専門学校の設立に参加した。

立憲帝政党〔りっけんていせいとう〕 ⑥ 1882年結党。福地源一郎・丸山作楽らが自由党・立憲改進党に対抗してつくった政府系政党。君主が主権を持つ主権在君を掲げ、神官・官吏などの保守層が支持。1883年に解党。

丸山作楽〔まるやまさくら〕 **主権在君**〔しゅけんざいくん〕①

福地源一郎〔ふくちげんいちろう〕 ⑥ 1841～1906 旧幕臣、政治評論家。1868年に『江湖新聞』を発行、のち東京日日新聞社長。政府支持の論陣を張り、政府の御用新聞と目された。1882年に立憲帝政党を組織。また演劇界の改良にも尽力した。号は桜痴。

松方財政〔まつかたざいせい〕 → p.272

小作農〔こさくのう〕 → p.278

→ p.238

自由民権運動の再編

集会条例改正〔しゅうかいじょうれいかいせい〕 → p.238

板垣退助外遊問題〔いたがきたいすけがいゆうもんだい〕 ② 自由党総理板垣の洋行経費の出所をめぐる問題。1882～83年にかけ、板垣や後藤象二郎が外遊した経費を政府が三井から支出させた。この問題を立憲改進党が攻撃し、自由民権運動の分裂傾向が強まった。

騒擾事件〔そうじょうじけん〕**(激化事件**〔げきかじけん〕**)** ⑤ 自由民権運動において、自由党急進派や貧農が直接行動に走った事件。1882年の福島事件以降に多発。豪農・地主らによる国会開設運動や松方デフレ政策により民権運動が分裂・後退したことが背景。

岐阜事件〔ぎふじけん〕**(板垣退助遭難事件**〔いたがきたいすけそうなんじけん〕**)** ④ 1882年4月、岐阜遊説中の自由党総理板垣退助が暴漢に襲われて負傷。「板垣死すとも自由は死せず」と、世に広まった。

福島事件〔ふくしまじけん〕 ⑦ 1882年、福島県令三島通庸の会津三方道路の土木工事強制に対して、農民や県会議長河野広中らの福島自由党員が反対運動を展開。県令は会津喜多方町郊外の弾正ヶ原〔だんじょうがはら〕に集結した農民数千人の蜂起を鎮圧、自由党弾圧の好機として多数の者を逮捕・処罰した。

福島自由党〔ふくしまじゆうとう〕 ①

：会津三方道路〔あいづさんぽうどうろ〕 ① 会津若松と今市〔いまいち〕(栃木)・米沢(山形)・水原(新潟)を結ぶ三つの道路。産業道路の整備が目的であったが、県令三島の強引な建設事業のため、福島事件の原因となった。

三島通庸〔みしまみちつね〕 ⑤ 1835～88 鹿児島藩出身の政治家。1874年、酒田県令の時、農民一揆のわっぱ騒動を鎮圧。福島県令として福島事件、栃木県令として加波山事件を弾圧した。ついで警視総監として保安条例を施行して、三大事件建白を弾圧した。

わっぱ騒動〔わっぱそうどう〕 ①

河野広中〔こうのひろなか〕 ⑤ 1849～1923 福島出身の政党政治家。自由党幹部。福島事件の首謀者として内乱罪で入獄、憲法発布の大赦〔たいしゃ〕で出獄した。1890年第1回総選挙以降、衆議院議員、衆議院議長。大隈内閣（第2次）の農商務相、憲政会幹部などを歴任した。

高田事件〔たかだじけん〕 ⑤ 1883年3月、新潟県高田地方の自由党員が、政府高官暗殺計画の嫌疑〔けんぎ〕で逮捕、処罰された。

群馬事件〔ぐんまじけん〕 ⑤ 1884年5月、政府の弾圧と自由党幹部の妥協に憤った急進派の群馬自

由党員が貧農を結集して、群馬県妙義山麓で蜂起、失敗して処罰された。

加波山事件（かばさんじけん）⑥ 1884年9月、栃木県令三島通庸の圧政に対し、栃木・福島の自由党員が県令暗殺を計画したが失敗。茨城県加波山で政府打倒を図って蜂起したが、鎮圧された。

秩父事件（ちちぶじけん）⑦ 松方デフレ政策により、埼玉県秩父で起こった騒擾事件。農民が困民党を組織、在地の自由党員の指導で返済延期、減税を叫び、1884年、田代栄助を総理、井上伝蔵を会計長として約1万人の農民が蜂起し、4000人以上が有罪となった。

困民党（こんみんとう）③ **秩父困民党**（ちちぶこんみんとう）② **井上伝蔵**（いのうえでんぞう）①

名古屋事件（なごやじけん）④ 1884年12月、名古屋の自由党急進派が政府転覆を計画。未然に発覚し、厳罰に処された。

飯田事件（いいだじけん）④ 1884年12月、長野県飯田と愛知県の自由党急進派が政府転覆を計画したが事前に発覚し、処罰された。

大阪事件（おおさかじけん）⑥ 1885年11月、旧自由党員大井憲太郎・磯山清兵衛らが、84年の甲申事変失敗を機に独立党政権を樹立し、日本国民に政治の関心を喚起して民権運動の再興を促そうとした事件。大井らの朝鮮渡航の直前に発覚し、大阪・長崎で130人余りが逮捕された。

大井憲太郎（おおいけんたろう）⑤ 1843〜1922 自由党左派の指導者。1885年の大阪事件で重役役、89年の憲法発布の大赦で出獄した。1892年、東洋自由党を結成、対外硬（たいがいこう）に傾斜した。

静岡事件（しずおかじけん）④ 1886年、静岡県の旧自由党急進派が政府高官暗殺を計画、未然に発覚し、処罰者は100余人に及んだ。急進派による一連の政府転覆計画事件の最後。

大同団結運動（だいどうだんけつうんどう）⑦ 1886〜89年の反政府諸派の反政府統一運動。三大事件建白運動と呼応して後藤象二郎・星亨らが民権派勢力を結集すると、政府は保安条例で弾圧。1888年以降も運動は全国的に拡大したが、89年に後藤が黒田内閣に入閣して運動は分裂・崩壊した。

：**後藤象二郎**（ごとうしょうじろう）→ p.236

三大事件建白運動（さんだいじけんけんぱくうんどう）⑦ 1887年の反政府運動。井上外相の条約改正への反対運動に端を発し、片岡健吉ら民権派が言論の自由、地租軽減、外交失策挽回（条約改正）の3項を主張する建白書を元老院に提出。各地の有志も続々上京して高揚したが、保安条例で鎮静化した。

保安条例（ほあんじょうれい）⑥ 1887年、反政府運動の弾圧法規。三大事件建白運動・大同団結運動など民権運動の高揚に際し、第1次伊藤内閣の山県内相が発布。民権派を3年間皇居外3里の地に追放。尾崎行雄・片岡健吉・中江兆民・星亨ら570余人が退去させられた。1898年廃止。

星亨（ほしとおる）⑥ 1850〜1901 政党政治家。自由党幹部となり、三大事件建白・大同団結運動を発起。1892年から第2代衆議院議長。1900年、憲政党を分裂させて立憲政友会創設に参画。のち東京市会議員として独断専行が多く、伊庭想太郎に刺殺された。

ジャーナリズム ③ 新聞・雑誌などのメディアにより、時事問題を報道・解説する活動。自由民権運動期に発達し、政治的に活用されることが増えた。

『官板バタビヤ新聞』（かんばんバタビヤしんぶん）① 1862年、江戸幕府の蕃書調所が翻訳刊行した新聞。バタヴィア（現ジャカルタ）で発行されたオランダ総督府の機関誌を翻訳した。

日刊新聞（にっかんしんぶん）（**日刊紙**（にっかんし）③ 毎日刊行される新聞。文明開化の影響の下、1870年に日本最初の日刊紙『横浜毎日新聞』が刊行された。

大新聞（おおしんぶん）③ 1880年代、自由民権運動期の政治評論中心の新聞（政論新聞）。娯楽本位で小型版の小新聞に対し大判であったため、その呼び名がある。購読料は高く、士族・豪商農に読者が多い。『郵便報知新聞』『朝野新聞』などが代表。

小新聞（こしんぶん）③ 江戸時代の読売瓦版（よみうりがわばん）の伝統を継ぎ、社会の事件を庶民に伝える新聞。俗語調で漢字にはふり仮名をつけ、娯楽面を重視、大衆文芸の発達にも寄与。『読売新聞』が代表的。

『横浜毎日新聞』（よこはままいにちしんぶん）⑤ 神奈川県知事の尽力で発刊した日本最初の日刊紙（1870年12月創刊）。本木昌造の鉛製活字を用い、舶来洋紙に1枚両面刷り。1879年、東京に移り『東京横浜毎日新聞』と改題。有力な民権派の新聞となった。1940年に廃刊。

『東京日日新聞』（とうきょうにちにちしんぶん）→ p.296

『日新真事誌』（にっしんしんじし）⑥ 1872年2月、イギリス人ブラックが東京で創刊。1874年1月、愛国公党が政府に提出した民撰議院設立建白書を掲載、反響を呼ぶ。1875年末に廃刊。

『郵便報知新聞』（ゆうびんほうちしんぶん）② 1872年6月、前島密らにより創刊。1882年、改進党結成と共に機関紙となる。1894年より『報知新聞』と改題。

『**朝野新聞**』ちょうや ② 1872年11月創刊の『公文通誌』こうぶんつうしを1874年9月に改題。民権派政論新聞として1881〜83年に全盛。のち改進党の機関紙的存在となる。1893年廃刊。

『**自由新聞**』じゆうしんぶん ① 1882年6月創刊の自由党機関紙、日刊。最初は馬場辰猪たつ・田口卯吉うきちらが中心。党の解散後もしばらく存続し、1885年に廃刊。

『**東洋自由新聞**』とうようじゆうしんぶん ② 1881年3月創刊の政論新聞。民権派の新聞で、主筆は中江兆民。しかし、社長の西園寺公望が退社となったこともあり、翌月には廃刊。

『**時事新報**』じじしんぽう ⑥ 1882年3月、福沢諭吉が創刊。独立不羈ふき・不偏不党を主張、堅実な報道で商工業者の支持を得た。1936年、『東京日日新聞』に吸収・合併された。

『**中央新聞**』ちゅうおうしんぶん ② 1883年、東京で創刊された日刊小新聞の『絵入朝野新聞』が前身。いく度か改題して『中央新聞』となる。

『**国民新聞**』こくみんしんぶん ② 1890年、徳富蘇峰が発行した日刊新聞。中間層の支持を得たが、日清戦争後は蘇峰の転向と共に政治新聞化し、山県・桂系の御用紙となる。1942年、『都新聞』と合併、『東京新聞』となる。

『**万朝報**』よろずちょうほう ② 1892年11月、黒岩涙香が東京で創刊。1899年以後、論説陣を強化、最有力紙となる。日露開戦前には幸徳・堺・内村らの記者が非戦の論陣をはった。大正初期には憲政擁護にも活躍。1940年、『東京毎夕』に合併。

：**黒岩涙香**くろいわるいこう ② 1862〜1920 新聞記者・翻訳家。本名は周六。1892年に『万朝報』を創刊、藩閥政府攻撃を行う。『巌窟王』がんくつおう・『噫無情』ああむじょう（『レ゠ミゼラブル』）などの翻訳でも知られる。

『**絵入自由新聞**』えいりじゆうしんぶん ③ 1882年に東京で創刊。『自由新聞』の大衆版の日刊小新聞で、自由党の主張を平易に伝えた。1893年、『万朝報』に吸収された。

『**団団珍聞**』まるまるちんぶん ② 1877年、東京で発行の週刊雑誌。狂画・戯文などで政治・社会を批判・風刺した。小林清親ちかし・ビゴーも挿画そうを描いた。1907年に廃刊。

『**官報**』かんぽう ④ 国の公示事項を収載した政府機関紙。1883年に創刊。原則として日刊。1868〜77年の『太政官日誌』を継承。現在は独立行政法人国立印刷局が刊行。

民権論みんけんろん ① 国民の権利(民権)伸張、生活向上こそ、国家・社会発展の基礎であるとする思想。自由民権運動と共に高まる。平民主義も民権論に立つものであったが、国

権論に押され、民権論は民権運動の挫折と共に屈折していった。

国権論こっけんろん ③ 独立国家として諸外国と対等の関係を保ち、さらに国家の権利(国権)を拡張し、国力の充実をめざす思想。ドイツ国家主義思想の流入により発展し、対外発展政策を支持した。

平民主義へいみんしゅぎ ③ 鹿鳴館ろくめいかんに代表される貴族的・表面的な欧化主義(貴族的欧化主義)や保守的な国粋主義を排して、平民(地方の実業家)による生産的社会の建設と近代化(欧化)を達成しようとする思想(平民的欧化主義)。徳富蘇峰が提唱した。

　　貴族的欧化主義きぞくてきおうかしゅぎ ③
　　平民的欧化主義へいみんてきおうかしゅぎ ④

徳富蘇峰とくとみそほう ⑦ 1863〜1957 評論家。名は猪一郎いいちろう。熊本洋学校・同志社に学ぶ。民友社を創立、『国民之友』『国民新聞』を創刊して平民主義を主唱。日清戦争を機に国権主義に転じ、対外膨張論で国家主義を主唱。敗戦後はA級戦犯容疑者、公職追放。主著に『近世日本国民史』きんせいにほんこくみんし100巻などがある。

　　対外膨張論たいがいぼうちょうろん → p.253

民友社みんゆうしゃ ① 1887年、徳富蘇峰らが設立。雑誌『国民之友』を発刊して平民主義を主唱。明治20年代の文壇にも影響を及ぼした。1941年まで存続した。

：『**国民之友**』こくみんのとも ⑦ 民友社の機関誌、総合雑誌。1887年創刊。社会論評、海外文化を紹介。思想界・文学界にも影響を及ぼす。蘇峰の国家主義への転向で、1898年『国民新聞』に吸収されて廃刊した。

国粋主義こくすいしゅぎ ⑤ 日本的な伝統・美意識を強調する思想。欧化政策に対する批判として、明治20年代から盛んになり、民族主義・国家主義に傾斜しており、近代的民族主義・国粋保存主義ともいう。

　　近代的民族主義きんだいてきみんぞくしゅぎ ②
　　国粋保存主義こくすいほぞんしゅぎ ②

三宅雪嶺みやけせつれい ⑦ 1860〜1945 ジャーナリスト・評論家。名は雄二郎。政教社を創立し、国粋保存の立場をとる。同時に、世界における日本という立場からインターナショナリズムを説いた。『真善美にほんじん日本人』(1891年刊)・『同時代史』は代表的な著作。

政教社せいきょうしゃ ⑥ 政府の欧化主義を批判し、国粋保存をとなえる思想的結社。1888年、三宅雪嶺・志賀重昂・杉浦重剛らが設立。雑誌『日本人』を発行。明治中期頃が最盛期。

：『**日本人**』にほんじん ⑥ 政教社の機関誌。1888

年創刊。三宅雪嶺らが国粋保存の論陣を張った。1907年に『日本及日本人』と改称。1945年に社が解消し、廃刊した。

『日本及日本人』にほんおよびにほんじん ③

志賀重昂しがしげたか ④ 1863〜1927 地理学者・評論家。政教社創立に参加。官界に入り、立憲政友会から衆議院議員となる。政界引退後は世界周遊をし、多くの著述を残した。

杉浦重剛すぎうらじゅうごう ① 1855〜1924 教育家・評論家。政教社創立に参加。国粋主義を鼓吹。皇太子時代の昭和天皇に倫理学を進講した。

陸羯南くがかつなん ③ 1857〜1907 本名は実みのる。新聞記者。欧化政策に反対して官を辞し、1889年、新聞『日本』を創刊。国家の独立、国民の統一と公共の利益を説く国民主義を唱えた。ナショナリズムとも同義。

国民主義こくみんしゅぎ ② **ナショナリズム** ①

:**『日本』**にほん ③ 1889年、陸羯南発行の日刊新聞。1889年2月11日、大日本帝国憲法発布の日を期して、新聞『東京電報』を『日本』と改題。藩閥専制政府を攻撃し、国民精神の発揚に努める。1914年廃刊。

〰〰〰 **憲法の制定** 〰〰〰

伊藤博文いとうひろぶみ ⑦ 1841〜1909 山口出身の政治家。大久保利通死後の政府最高指導者。華族令・内閣制度を創設し、初代首相。枢密院議長として明治憲法を制定。第2・第3次の内閣を組織したのち、立憲政友会総裁となり第4次内閣を組織、政党政治への道を開いた。晩年は元老となり、初代韓国統監となったが、ハルビンで暗殺される。

グナイスト R.Gneist ① 1816〜95 ベルリン大学教授。渡欧した伊藤博文に憲政運用についての利害・得失を教授する。

シュタイン L.Stein ④ 1815〜90 ウィーン大学教授。渡欧した伊藤博文にプロイセン憲法を教授する。

華族令かぞくれい ⑦ 1884年、旧公卿・旧諸侯の身分呼称としての華族に加えて、維新の功臣(のち官吏・実業家も)に家格・功績によって爵位を授与し、制度的に特権的身分を保障した。将来の上院議員の構成が目的で、爵位は男性の世襲。1947年廃止。

爵位しゃくい ④

:**五爵**ごしゃく ③ 華族令により華族の戸主らに授けられた公・侯・伯・子・男の五つの爵位。

公こう・**侯**こう・**伯**はく・**子**し・**男**だん ⑥

内閣制度ないかくせいど ⑥ 1885年に創設した国家の最高行政機関。太政官制を廃止し、天皇の指

名する内閣総理大臣(首相)が各省長官の国務大臣を率いて内閣を組織。宮中に対し府中(行政府)と呼ばれる。内閣は議会にではなく、内閣総理大臣や天皇から個別に任命された国務大臣が、天皇に対してのみ責任(単独輔弼責任)を負った。

内閣総理大臣ないかくそうりだいじん**(首相**しゅしょう**)** ⑥

:**輔弼**ほひつ ④ 天皇を補佐する行為。国務は国務大臣、宮務は内大臣・宮内大臣が担った。

国務大臣こくむだいじん ④

太政官制だじょうかんせい → p.220
宮内省くないしょう → p.224

宮内大臣くないだいじん ⑤ 宮内省の長官。宮中(宮廷)事務の責任者。1885年、内閣制度創設の時に宮内省を閣外におき、伊藤博文が兼任した。内事課・外事課、侍従職・式部職、華族局などからなる。皇室事務や華族の管理にあたった。

宮中きゅうちゅう ⑥

内大臣ないだいじん ⑦ 1885年、内閣制度創設の時に、宮中(宮廷)・府中(行政府)の別を制度化するため、内大臣府を設置。太政大臣三条実美を任命。天皇を補佐(常侍輔弼じょうじほひつの任)し、天皇御璽(天皇の印)・日本国璽(国の官印)の保管などを職務とする。政治には関与しないが、のちに天皇の側近として大きな政治的発言力を持った。1945年廃止。

内大臣府ないだいじんふ ②
天皇御璽てんのうぎょじ・**日本国璽**にほんこくじ ①
府中ふちゅう ④

伊藤いとう**内閣(第1次)** ② 1885.12〜88.4 最初の内閣。閣僚のほとんどは薩長出身の藩閥内閣。外交では条約改正に努め、内政では保安条例を発して旧民権派を弾圧した。

:**大山巌**おおやまいわお ④ 1842〜1916 鹿児島出身の軍人。陸軍大将・元帥。陸軍大臣・参謀総長。日清戦争の第2軍司令官、日露戦争では満洲軍総司令官。その後、元老となり、内大臣にも就く。妻は山川捨松。

:**谷干城**たにたてき ① 1837〜1911 高知出身の軍人・政治家。西南戦争で熊本鎮台を司令官として堅守けんしゅした。第1次伊藤内閣の農商務相。閣内の国権派として欧化政策を批判、井上条約改正案に反対し、辞職した。

:**藩閥政府**はんばつせいふ → p.225

地方自治制ちほうじちせい ⑤ 1878年の地方三新法で制度化。1888年市制・町村制、90年府県制・郡制公布で自治制が成立。当初は自治権が弱く、中央集権・官僚統制の性格が強かった。99年府県制・郡制が全面的に改正され、府県会・郡会議員の直接選挙や選挙権を拡大。1947年の地方自治法により、地

方分権・民主的自治権が確立。

モッセ A. Mosse ⑤ 1846〜1925 ドイツの法学者。憲法調査に渡欧した伊藤博文に、ドイツ法を教授。1886年に政府顧問として来日。明治憲法の制定、市町村制など地方自治制の成立に尽力。1890年に帰国。

山県有朋(やまがたありとも) → p.247

市制(しせい)・**町村制**(ちょうそんせい) ⑥ 1888年制定。山県内相とモッセが中心。これまでの郡区町村編制法などで定められた地方制度を整備。市制では市会が推薦し内務大臣から任命された市長と、市会が選任する参事会員(さんじかいいん)で構成する市参事会が行政を担当。町村制における町村長は名誉職。国政の変動に左右されない地方行政を意図した。

市長(しちょう) ②   市参事会(しさんじかい) ①
町村長(ちょうそんちょう) ③

：市会(しかい)・**町村会**(ちょうそんかい) ③ 市町村会議員で組織した市町村の議決機関。議員の選挙は、財産による等級選挙法などの制限選挙で、地方財産家・地主などがその職を占めた。

市町村会議員(しちょうそんかいぎいん) ②
制限選挙(せいげんせんきょ) ②

明治の大合併(めいじのだいがっぺい) ② 1889〜90年。市制・町村制の施行により実施された市町村の大合併。市町村数は71,314から15,859へと減少した。その後、昭和の大合併(1956〜61年)、平成の大合併(1999〜2010年)が実施された。

平成の大合併(へいせいのだいがっぺい) → p.374

府県制(ふけんせい)・**郡制**(ぐんせい) ⑥ 1890年制定。知事は官選、府県会議員は市会・郡会による間接選挙で選ばれ、複選制(選挙で選ばれた議員が上級機関の議員を選挙する制度)をとる。府会や県会は知事と府県参事会(さんじかい)で担当したもので、ドイツの中央集権的・官僚制的な自治制にならった。

府県会議員(ふけんかいぎいん) ①   間接選挙(かんせつせんきょ) ②
県会(けんかい) ①

：郡会(ぐんかい) ① 1890年、郡制で定められた議会。当初は町村会議員の互選と大地主の互選で郡会議員を選任。行政は郡長及び郡参事会(郡会議員互選の3人と府県知事任命1人)により担われた。1899年から納税制限つきの直接選挙となる。1923年の郡制の廃止で終わる。   郡会議員(ぐんかいぎいん) ①
郡長(ぐんちょう) ③   郡参事会(ぐんさんじかい) ①

ロエスレル H. Roesler ① 1834〜94 ドイツの法学者。1878年政府顧問として来日し、明治憲法の制定に尽力。1893年に帰国。

井上毅(いのうえこわし) ⑦ 1843〜95 熊本出身の官僚。

伊藤博文の下で明治憲法の起草にあたり、天皇統治と近代ヨーロッパの立憲政治との融合に努める。軍人勅諭・教育勅語の起草にも尽力。

伊東巳代治(いとうみよじ) ④ 1857〜1934 長崎出身の官僚。井上毅・金子堅太郎らと明治憲法の起草・制定に尽力。のち枢密院官僚閥の中心人物として、金融恐慌・ロンドン海軍軍縮条約批准(統帥権干犯問題)などに重要な役割を果たした。

金子堅太郎(かねこけんたろう) ⑤ 1853〜1942 福岡出身の官僚。井上毅・伊東巳代治らと明治憲法の起草に尽力。のち第3次伊藤内閣以降の農相・法相、枢密顧問官となる。

制度取調局(せいどとりしらべきょく) ③ 1884年、伊藤博文が長官となり、宮中に開設した特設官庁。華族令・内閣制度や政治組織の調査・研究を行う。1885年の内閣制度創設により、法制局に吸収された。

枢密院(すうみついん) ⑦ 1888年、明治憲法草案を審議するために設置。初代議長は伊藤博文。憲法制定後も天皇の最高諮問機関と憲法(第56条)で規定し、重要な国事を審議した。内閣の施策を左右する力を持ち、1927年の台湾銀行救済の緊急勅令案否決、30年のロンドン海軍軍縮条約の統帥権干犯問題などで策動。1947年、日本国憲法施行で廃止。

大日本帝国憲法(だいにっぽんていこくけんぽう)(**明治憲法**(めいじけんぽう)) ⑦ 1889年2月11日(紀元節)に発布された欽定憲法。ドイツ憲法に範をとり、伊藤博文らが起草。全76条。天皇を元首とし国民を臣民とする主権在君で、近代的な立憲君主制が整った。ただし、天皇はその尊厳や名誉を汚してはならない神聖不可侵な存在で、天皇主権が確立した。日本は法律に基づき国政が行われる法治国家へ移行。1947年の日本国憲法施行により廃止。   元首(げんしゅ) ④

臣民(しんみん) ⑤   立憲君主制(りっけんくんしゅせい) ③
神聖不可侵(しんせいふかしん) ②   天皇主権(てんのうしゅけん) ④
法治国家(ほうちこっか) ②

：欽定憲法(きんていけんぽう) ⑦ 君主の単独の意志によって制定される憲法。民定憲法に対する用語。   民定憲法(みんていけんぽう) ①

天皇大権(てんのうたいけん) ⑦ 統治権を一手に掌握する総攬(そうらん)者としての天皇が、議会の協力なしに行使できる権能。緊急勅令・条約締結・宣戦・戒厳令・統帥権・憲法改廃権など、広範囲に及ぶ。

：緊急勅令(きんきゅうちょくれい) ③ 天皇大権の一つ(第8条)。緊急の必要により、議会閉会中に天皇の命令として議会の審議を経ないで制定

される勅命。ただし、次の議会の承認を必要とした。

：編制大権〈へんせいたいけん〉　① 天皇大権の一つ（第12条）。「天皇ハ陸海軍ノ編制及常備兵額ヲ定ム」による兵力量の決定権をいう。

：戒厳令〈かいげんれい〉　⑤ 天皇大権の一つ（第14条）。非常事態に際し、軍隊に治安権限を与えた。1905年の日比谷焼打ち事件、23年の関東大震災、36年の二・二六事件などで出された。

：統帥（大）権〈とうすいたいけん〉　⑦ 天皇大権の一つ（第11条）に規定される軍隊の指揮統率権（作戦・用兵）をいう。統帥権は軍政機関（陸・海軍省）からも分離・独立。帷幄上奏とは、軍機・軍令に関して参謀総長・軍令部総長・陸・海軍大臣が直接天皇に上奏する権能。のち軍政にまで及び、軍部による政治介入の手段となった。

統帥権の独立〈とうすいけんのどくりつ〉　③

：帷幄上奏権〈いあくじょうそうけん〉　→ p.262

大元帥〈だいげんすい〉　② 陸・海軍を統帥する元首という意味で、天皇の別称とされる。元帥は功績のあった陸・海軍大将に与えられた称号。1898年、元帥府条例によって成立。この時は小松宮・山県有朋・大山巌・西郷従道の4人であった。　**元帥**〈げんすい〉　①

陸軍省〈りくぐんしょう〉　④ 陸軍の軍事行政をつかさどる中央官庁。1872年、兵部省から分離。1878年、軍令（軍隊の命令や規則）を決定する機関として参謀本部を設置。

海軍省〈かいぐんしょう〉　④ 海軍の軍事行政をつかさどる中央官庁。1893年、軍令を決定する機関として、海軍軍令部を設置。

帝国議会〈ていこくぎかい〉　⑦ 大日本帝国憲法下における最高立法機関。衆議院・貴族院の二院制。天皇大権が強く、議会は権限が弱く協賛機関であったが、政党の政権参入、政党内閣実現の基礎ともなった。1947年の第92議会まで存続。日本国憲法施行により、国会が正式の呼称となる。

貴族院〈きぞく〉　⑦ 大日本帝国憲法下で衆議院と並んで帝国議会を構成した立法機関。憲法発布と同時に貴族院令公布。皇族議員・華族議員らの世襲（互選ご）議員、勅選議員（勲功ある者、学識経験者）、多額納税者議員（各府県で互選1人）で構成（勅選議員・多額納税者議員を総称して勅任議員）。衆議院とほぼ対等の権限を持つ。1947年に廃止。　**貴族院令**〈きぞくいんれい〉　①　**皇族議員**〈こうぞくぎいん〉　⑤　**華族議員**〈かぞくぎいん〉　⑤　**勅選議員**〈ちょくせんぎいん〉　③　**勅任議員**〈ちょくにんぎいん〉　③　**多額納税者議員**〈たがくのうぜいしゃぎいん〉　④

衆議院〈しゅうぎいん〉　⑦ 大日本帝国憲法下で貴族院と共に帝国議会を構成した公選の立法機関。予算先議（議決）権（憲法第65条）を持つ以外は貴族院と対等とされた。予算が議会で否決された場合、内閣が前年度予算を執行できる予算執行権があった。

予算先議（議決）権〈よさんせんぎ（ぎけつ）けん〉　③

予算執行権〈よさんしっこうけん〉　①

：衆議院議員選挙法〈しゅうぎいんぎいんせんきょほう〉　⑤ 1889年公布。定員1名原則の小選挙区制、議員定数300名、任期4年。その後、選挙権・定数・選挙区は変動。選挙人は直接国税（地租・所得税、のち営業税も）15円以上を納める25歳以上の男性（被選挙人は30歳以上）。1900年に10円以上（大選挙区制）、19年に3円以上（小選挙区制）と改正され、25年財産制限を撤廃、男性は普通選挙となる。

直接国税〈ちょくせつこくぜい〉　⑦

国会議事堂〈こっかいぎじどう〉　① 国会（帝国議会）の議事を行う建物。1890年、第1回帝国議会が開設にあたり、東京日比谷に仮議事堂が建設された。2度罹災し、現在の議事堂は1936年に建設された。

皇室典範〈こうしつてんぱん〉　⑦ 1889年、大日本帝国憲法と共に制定された皇室関係の法規。皇位の継承・即位、皇族、皇室経費などを規定。皇族による摂政の制も復活した。1947年、新たに現行の皇室典範が公布された。

摂政の制〈せっしょうのせい〉　①

諸法典の編纂

ボアソナード　G. E. Boissonade　⑥ 1825〜1910　フランスの法学者。明治政府に招かれて1873年に来日。刑法・民法などを起草。また井上馨の条約改正案の外国人判事任用を批判し、反対運動に影響を与えた。22年間滞日して1895年に帰国した。

刑法〈けいほう〉　⑤ 1880年公布、82年施行。ボアソナードが起草したフランス法系の近代的刑法典。法律の規定がなければ罰しないという罪刑法定主義を採用。政治犯罪の内乱罪の厳罰、家制度を守るため妻に対する姦通罪・堕胎罪も設けた。1907年ドイツ法系の新刑法に改正したので、80年のものを旧刑法と呼ぶ。　**罪刑法定主義**〈ざいけいほうていしゅぎ〉　①　**内乱罪**〈ないらんざい〉　②　**新刑法**〈しんけいほう〉　①

：大逆罪〈たいぎゃくざい〉　③ 刑法に規定された皇室に対する罪刑。天皇・三后ご・皇太子に対し危害を加える者は死刑。大逆事件・虎の門事件は著名な適用例。皇室に対しての不敬

（尊敬の気持ちを持たずその名誉や尊厳を害する）行為は不敬罪とし、重禁錮5年以下、罰金刑。　　　　**不敬罪**ふけいざい②

治罪法ちざいほう③ 1880年公布。近代的刑事訴訟法。フランス治罪法により、ボアソナードが草案を作成。拷問の禁止・証拠法などの規定がみられる。

民法みんぽう⑦ ボアソナードが草案を起草、1890年に公布したが、フランス法系が個人主義的で国情に適せずと施行は無期延期。この民法を旧民法と呼ぶ。その後、戸主権を重視した新民法の明治民法を編纂、1896・98年公布。一夫一婦制いっぷいっぷをとる重婚の禁止も導入された。1947年、戸主制廃止・男女同権などの大改正を行う。
　　　新民法しんみんぽう⑥ **明治民法**めいじみんぽう①

商法しょうほう③ 1890年公布、ロエスレルの起草。外国法を模倣した傾向が強く、法典調査会で修正、99年修正(新)商法を施行した。
　　　　　修正(新)商法しゅうせい(しん)しょうほう③

民事訴訟法みんじそしょうほう③ 1890年、ドイツ法に範をとって制定・公布。翌年施行。1926年改正法が成立、29年に施行された。

刑事訴訟法けいじそしょうほう③ 1890年、治罪法を改正して公布・施行。1922年、ドイツ法系の影響を受けた刑事訴訟法に改正された。

民法典論争みんぽうてんろんそう⑤ 旧民法が個人主義的で、日本古来の家族制度の美風をそこなうとして、1889年から本格的に起こった論争。「民法出デ、忠孝亡ブ」とまでいわれ、92年に施行延期、新たに明治民法が編纂された。
　　　「**民法出デ、忠孝亡ブ**」みんぽういで、ちゅうこうほろぶ②

穂積八束ほづみやつか③1860〜1912　穂積陳重の弟。憲法学者。1891年『法学新報』に「民法出デ、忠孝亡ブ」の文を発表し、旧民法反対の先頭に立つ。天皇機関説に対立し、君主主権説を主張した。

梅謙次郎うめけんじろう①1860〜1910　明治期の法学者。フランス法を研究、フランス民法の導入を主張、ボアソナード民法を支持。民法・商法の制定に尽力した。

穂積陳重ほづみのぶしげ①1856〜1926　穂積八束やつかの兄。イギリス法学の立場から明治民法を起草し、そのほか民事訴訟法や戸籍法の起草にかかわった。東大教授、勅選貴族院議員、枢密顧問官、枢密院議長を歴任。

　　：**家制度**いえせいど⑥ 1898年制定の民法で規定された家族制度。強大な戸主権の下、男女両性の不平等と家督相続制など、家長中心の封建的な家族制度で、明治民法によって温存された。第二次世界大戦後の新民法で

消滅した。　　**家長**かちょう③　**家族制度**かぞくせいど③
　　　　　　　　　　　　　　家父長かふちょう③
：**戸主**こしゅ⑥ 1871年の戸籍法で近代の戸主の制が成立。明治民法では家族の婚姻の同意権や居所指定権(戸主が家族の居住すべき場所を指定する権利)を含む戸主権を制度化。親としての権利や義務を示す親権と共に家族を拘束。戸主の地位と財産の継承が家督相続権で、普通は男性長子が相続。
　　戸主権こしゅけん③　**家督相続権**かとくそうぞくけん①

〰〰〰〰〰〰〰〰〰〰〰〰〰〰〰〰
　　　　　　　　　　初期議会
〰〰〰〰〰〰〰〰〰〰〰〰〰〰〰〰

初期議会しょきぎかい⑦ 1890年の第一議会から日清戦争直前の第六議会までをいう。超然主義・富国強兵政策を推進する藩閥政府と、議席の過半数を占める民党とが、衆議院で激しく対立した。第四議会頃から第一党の自由党が第2次伊藤内閣に接近、日清戦争後、本格的な提携への端緒を開いた。

黒田清隆くろだきよたか⑦ 1840〜1900　鹿児島出身。五稜郭攻略戦を指揮。維新後、北海道開拓次官、ついで長官・参議。1876年、日朝修好条規を締結。開拓使官有物払下げ事件で辞任。1888〜89年、首相の時に大日本帝国憲法の公布。のち枢密院議長、元老の一人。

黒田くろだ**内閣**① 1888.4〜89.12　黒田清隆を首相とする薩長藩閥内閣。1889年の憲法発布にあたり、超然主義を宣言。大隈外相が条約改正問題で負傷したことで総辞職。

超然主義ちょうぜんしゅぎ⑦ 政党の動向に左右されず、超然として公正な政策を行うとする政府の政治姿勢。憲法発布翌日の2月12日、首相黒田清隆が政党政治を拒む考えを表明した。

第1回衆議院議員総選挙だいっかいしゅうぎいんぎいんそうせんきょ⑥ 1890年7月1日、第1次山県内閣の下で実施された最初の衆議院議員総選挙。前年に成立の衆議院議員選挙法を受け、直接国税15円以上、25歳以上の男性に選挙権が与えられた。投票率は約94％であったが、選挙人の総数は全人口比の1.1％。結果、藩閥政府と対立する民党が過半数を占めた。

第一〔帝国〕議会だいいち〔ていこく〕ぎかい⑥ 1890.11〜91.3　民党勢力が衆議院の過半数を占め、「政費節減・民力休養」をとなえて第1次山県内閣と対決。政府は予算削減問題で、自由党土佐派の一部を切り崩して軍拡予算を辛うじて成立させ、解散を回避。閉会後に退陣した。

民党みんとう⑦ 立憲自由党・立憲改進党を中心とする野党勢力の呼称。軍備拡張の膨大な予

算に反対、政費節減と民力休養を主張して提携、藩閥政府と対立した。

：立憲自由党りっけんじゆうとう　⑤　1890年1月、第1回総選挙を目前にして大井憲太郎らが自由党を再建。選挙後、第一議会直前に立憲自由党を結成、さらに翌1891年板垣を総裁として自由党と改め、民党連合の中核となった。1898年進歩党と合同し、憲政党となる。

自由党じゆうとう《改称》②

：立憲改進党りっけんかいしんとう　→　p.240

吏党りとう　⑤　初期議会における藩閥政府支持派の政党。議会では少数派で、離合集散が多かった。

：大成会たいせいかい　①　1890年、第一議会の政府支持党。第1回総選挙で当選した旧帝政党の系統・無所属議員が組織。翌年に解散。

：国民自由党こくみんじゆうとう①1890年結党。第一議会で議員5人の小会派。翌年に解党。その後は国権派の一翼を担った。

山県有朋やまがたありとも⑥　1838～1922　山口出身の政治家。奇兵隊を率いて倒幕に活躍。陸軍の基礎を確立し、西南戦争を鎮圧した。1889年と98年に長州閥・軍閥の巨頭として内閣を組織し、文官任用令の改正、陸・海軍大臣現役武官制・治安警察法などを施行。元老として伊藤博文没後は政界に君臨。

山県内閣（第1次）やまがた　③　1889.12～91.5　1890年に府県制を公布。1890年7月、第1回総選挙を実施、藩閥超然内閣として第一議会の乗り切りに努めた。同年10月には教育勅語を発布。

：政費節減せいひせつげん　④　冗官冗費じようかんじようひの削減と、行政整理を主張。予算案圧縮によって浮く財源を民力を養うための地租軽減・地価修正などの減税にまわせという主張。民力休養は、議会に多数を占める地主層の要望を反映させるものでもあった。

民力休養みんりよくきゆうよう④

主権線しゆけんせん　④　国家主権の範囲。1890年の第一議会の施政方針演説の中で、山県首相が陸・海軍経費増強の必要を強調。「主権線」（国境）のみに留まらず、その「利益線」の確保を主張。利益線とは、国家の安全独立を保障する勢力範囲として朝鮮半島を指す。「外交政略論」は1890年3月の施政方針。1890年12月にも同様の施政方針を論じた。

利益線りえきせん　④

「外交政略論」がいこうせいりやくろん①

第二議会だいにぎかい　③　1891.11～91.12　第1次松方内閣の予算案の軍艦建造費などを民党が削減、ついに議会解散となる。

松方正義まつかたまさよし　→　p.272

松方内閣（第1次）まつかた　③　1891.5～92.8　大津事件を処理。第二議会で議会を解散し、選挙干渉を行ったが、民党に敗北した。第三議会に臨んだが、軍事予算を否決されて総辞職した。

樺山資紀かばやますけのり④　1837～1922　鹿児島出身の海軍軍人。山県・松方両内閣の海相。1891年12月の第二議会で、民党の軍事予算削減要求に対して、政府擁護の蛮勇演説を行った。翌々日、予算削減案が可決され議会は解散。1895年、初代の台湾総督となる。

蛮勇演説ばんゆうえんぜつ①

第2回衆議院議員総選挙だいにかいしゆうぎいんぎいんそうせんきよ　④　1892年2月15日に第1次松方内閣の下で実施された衆議院議員総選挙。内務大臣品川弥二郎による激しい選挙干渉が行われたが、民党が勝利する結果となった。

選挙干渉せんきよかんしよう　⑤

：品川弥二郎しながわやじろう　③　1843～1900　山口身の政治家。1891年、第1次松方内閣の内相。1892年2月の第2回総選挙で大規模な選挙干渉を行い、民党を圧迫。選挙後に引責辞職した。

中央交渉部ちゆうおうこうしようぶ　①　政府系の会派。第三議会前の1892年に結成。第三議会後、国民協会に改組。

独立倶楽部どくりつくらぶ　①　衆議院の院内会派。第2回総選挙前の1891年に結成。第三議会中に内部対立して解消。

第三議会だいさんぎかい　①　1892.5～92.6　第1次松方内閣は予算案で対立、選挙干渉の非難で難航する。閣内も対立し、閣内不統一で議会終了後、総辞職した。

伊藤内閣（第2次）いとう　⑤　1892.8～96.9　山県（法）・黒田（逓）・井上（内）ら大物藩閥政治家を擁するいわゆる「元勲総出」の内閣。一次条約改正を達成し、日清戦争に突入。日清講和条約を締結し、戦後1896年4月、板垣退助を内相に迎えて自由党と提携して戦後経営を行う。

元勲内閣げんくんないかく⑤

：元勲げんくん　②　明治国家の創成に抜群の功労のあった者。多くは元老の地位についた。

第四議会だいよんぎかい　②　1892.11～93.2　第2次伊藤内閣の軍事予算を民党が削減。建艦に協力せよとの天皇のいわゆる建艦詔書（和衷協同の詔書）により辛うじて乗り切る。

：和衷協同（和協）の詔書わちゆうきようどう（わきよう）のしようしよ　③　1893年2月、甲鉄艦（主力艦）2隻の建造など、海軍拡張計画を含む予算案をめぐって議会が紛糾。天皇は政府と議会の互譲を求

め、宮廷費からの供用、官吏俸給の削減を
示した。自由党が政府に協力的姿勢をとり、
予算案が修正・可決された。

第五議会^{だいご} ② 1893.11～93.12 大日本協
会・立憲改進党・国民協会3派のほかの対
外硬派〔連合〕（硬六派^{ごうろっぱ}）は、現行条約励
行を主張して政府の条約改正交渉を攻撃。
政府は衆議院の解散に踏み切った。

対外硬派〔連合〕^{たいがいこう〔れんごう〕} ③

国民協会^{こくみんきょうかい} ② 1892年、佐々友房・西郷
従道・品川弥二郎らが組織。第四議会で吏
党の役割を果たす。翌1893年、政府の条約
改正交渉に反対し国権拡張を主張、強硬外
交を行えという対外硬をとなえる。1899年、
帝国党に改編。 **対外硬**^{たいがいこう} ①

帝国党^{ていこくとう} ① 1899年結党の政党。国民協会
の後身として設立。中心が立憲政友会に移
ったため、1905年に解散。

第六議会^{だいろくぎかい} ④ 1894.5～94.6 外交政策・
財政などで政府弾劾^{だんがい}上奏案が可決され、
解散。まもなく日清戦争に突入した。

近代国家の展開

1 日清・日露戦争と国際関係

条約改正

条約改正⑥ 1858年の安政五カ国条約を改正しようとする、明治政府最大の外交交渉。領事裁判権の廃止は1894年に、関税自主権の回復は1911年に達成された。

領事裁判権 → p.212

関税自主権 → p.212

岩倉〔遣外〕使節団 → p.234

寺島宗則⑦ 1832〜93 鹿児島出身。1873年に外務卿となり、台湾出兵、樺太・千島交換条約締結にあたる。1878年、関税自主権回復の条約改正交渉でアメリカの同意を得たが、英・独などは応ぜず不成立。

井上馨⑦ 1835〜1915 山口出身。外務卿、第1次伊藤内閣の外相として条約改正に尽力。欧化政策をとり、外国人判事（裁判官）任用を改正案に盛り込んで政府内外の非難を浴び、1887年に辞任した。のち農商務相・内相を歴任、以後は元老となった。

井上改正案② 領事裁判権の撤廃、輸入関税の一部引上げの代わりに外国人判事を任用し、居住権・所有権などを認める内地開放案などを示す。

外国人判事任用⑤

条約改正会議③ 井上馨は1882年に列国代表を集めて予備会議を開き、86年から関係国合同の改正本会議を27回開催。西洋を範とした法典の編纂、外国人判事任用、内地雑居などを提案。内外の批判が高まり、1887年7月に無期延期を列国に通告した。

予備会議②

：内地雑居④ 外国人に制限されている日本国内での居住・旅行・営業の自由を与え、内地を開放すること。当初、税権より法権回復が優先され、居留地の撤廃による外国人と日本人とが雑居することへの危惧が生じた。結局、1899年の改正条約実施により解決した。 **内地開放**①

：遊歩地区① 外国人が横浜などの居留地から離れ、自由に行動できる地区。安

政の五カ国条約で外国人遊歩規定が定められた。

欧化政策⑦ 条約改正のためにとった西欧化政策をいう。欧米の制度・生活様式などを取り入れた欧化主義を示し、外国の歓心を買おうとしたが、民権・国権論側から反対を受け、国民主義・国粋保存主義からも批判された。 **欧化主義**③

：鹿鳴館⑦ 東京日比谷の官営国際社交場。英人コンドルの設計、1883年竣工。欧化政策は鹿鳴館での舞踏会（ダンスパーティ、夜に開かれた場合は夜会とも呼ばれた）などに象徴された。そのため、鹿鳴館外交とも呼ばれ、この時代は鹿鳴館時代ともいわれた。 **鹿鳴館外交**③
鹿鳴館時代①

ノルマントン号事件⑦ 1886年、横浜から神戸へ向う英貨物船ノルマントン号が紀伊半島沖で難破。その際、英人船長ドレイクら乗組員は脱出、日本人船客25人は全員溺死き。神戸領事の海難審判で船長は無罪、国民は憤激。再度、横浜領事による刑事裁判で禁錮3カ月となったが無賠償。国民は法権回復の必要を痛感させられた。

大隈改正条約① 大隈重信外相による井上案を若干修正した条約。各国別の交渉方針をとり、米・独・露と調印。しかし、1889年、大審院での外国人判事任用が『ロンドン＝タイムズ』紙の報道でわかると反対運動が高まる。玄洋社の来島恒喜くるしまが大隈襲撃事件を起こし、内閣は総辞職して交渉は中断した。

外国人判事任用④
大隈襲撃事件④

：玄洋社④ 頭山満とうやまを中心とした超国家主義右翼団体。1879年に向陽社として福岡で創立し、81年玄洋社と改称。条約改正案に不満を持ち、大隈に爆弾を投げて負傷させた来島恒喜も玄洋社員。1946年にGHQの指令で解散。 **向陽社**①

青木周蔵⑦ 1844〜1914 山口出身。1889〜91年、第1次山県・第1次松方内閣の外相。ロシアの東アジア進出に危機感を深める英国と条約改正に取り組み、法権の回復などの同意を得たが、1891年5月、大

津事件の突発で退任（後任は榎本武揚）。1894年に駐英公使となり、陸奥外相の改正交渉をたすけ、日英通商航海条約を調印。

大津事件（おおつじけん）　⑦　1891年5月、シベリア鉄道起工式に出席の途次、訪日中のロシア皇太子ニコライ（のち皇帝ニコライ2世）が滋賀県大津で警備巡査津田三蔵に傷つけられた事件。政府は陳謝で事態を収拾、青木外相は辞任した。

津田三蔵（つださんぞう）　⑦

ニコライ〔2世〕　⑥

シベリア鉄道（てつどう）　→　p.259

児島惟謙（こじまこれかた（いけん））　⑤　1837〜1908　大津事件の時の大審院長。日露関係の悪化を恐れる成立直後の松方内閣・元老らは、犯人津田三蔵の死刑を要請したが、児島は大津地裁の特別法廷で担当判事に謀殺未遂罪として無期徒刑の判決を指示した。司法権の独立を守った判決といわれる。

司法権の独立（しほうけんのどくりつ）　④

陸奥宗光（むつむねみつ）　⑦　1844〜97　和歌山出身。駐米公使を経て、第2次伊藤内閣の外相となり、日清開戦直前に日英通商航海条約を結び、条約改正に成功。日清戦争の講和条約と三国干渉の外交処理にあたった。『蹇蹇録』（けんけんろく）は回顧録。

日英通商航海条約（にちえいつうしょうこうかいじょうやく）　⑦　1894年、駐英公使青木周蔵と英外相キンバレーによってロンドンで調印。主な内容は、領事裁判権の廃止、関税自主権の一部回復、居留地の廃止、相互的最恵国待遇など。ついで1897年までに他の欧米諸国とも調印、99年より実施。有効期間12年。

相互的最恵国待遇（そうごてきさいけいこくたいぐう）　③

小村寿太郎（こむらじゅたろう）　⑦　1855〜1911　宮崎出身。第1次桂内閣の外相として日英同盟協約の締結、日露戦争講和会議にあたる。第2次桂内閣外相時代の1910年に韓国併合、1911年に日米通商航海条約を調印して、関税自主権の回復を実現した。

：日米通商航海条約（にちべいつうしょうこうかいじょうやく）　②　1911年に1894年の同条約を改定。日露戦争後、日本の国際的地位の向上を背景に、関税自主権回復の条約を締結。これを契機に英・仏・独などとも通商航海条約を改正し、不平等条約解消を達成。1939年、アメリカの廃棄通告で失効した。

||||| **朝鮮問題** |||||

日朝修好条規（にっちょうしゅうこうじょうき）　→　p.235

漢城（かんじょう）　⑦　1394年、李成桂（りせいけい）が朝鮮の首都

とした都市。1910年の韓国併合に伴い、京城と改称され、朝鮮総督府が設置された。現在のソウル。

閔妃（びんひ（ミンビ））**（明成皇后）**（めいせいこうごう）　⑤　1851〜95　高宗（李太王）の王妃。立后後、高宗の実父大院君を引退させ、閔氏一族の政権独占を図る。初め親日派と近代化を進めたが、壬午軍乱・甲申事変後は清・露勢力を背景に親日派を圧政。日清戦争で勢力を失ったが、三国干渉後、ロシアに接近して親日派を追放、政権を握る。1895年に殺害された。

閔氏（びんし）　④

：閔妃殺害事件（びんひ（ミンビ）さつがいじけん）　→　p.253

高宗（こうそう（コジョン））　⑤　1852〜1919　朝鮮の第26代国王。閔氏一族の政権独占を排除し、1897年に国号を大韓帝国と改めて、初代皇帝となる。1907年にハーグ密使事件を起こし、退位した。

壬午軍乱（じんごぐんらん）**（壬午事変**（じんごじへん））　⑦　1882年、朝鮮の都、漢城（現、ソウル）で起こった事変。親日策をとる閔妃に対し、守旧派（しゅきゅうは）兵士が大院君を担いでクーデタを決行。日本公使館も襲われたが、清の派兵で鎮圧。日朝間に済物浦条約が成立したため、清は朝鮮への宗主権の強化を図り、閔派は親清策に転じた。

：大院君（たいいんくん（テウォングン））　⑤　1820〜98　朝鮮の王族。国王高宗の生父として権力を握り、鎖国攘夷策をとる。閔妃の台頭で一時失脚した。壬午軍乱でクーデタを起こして失敗。1895年、閔妃殺害後に一時政権に復帰したが失敗した。

：済物浦条約（さいもっぽじょうやく）　③　壬午軍乱後の8月、済物浦（仁川（じんせん（インチョン）））で締結。日本側は首謀者の処罰、賠償金、公使館守備兵駐留権などを獲得した。同時に日本権益拡大を図る日朝修好条規続約（ぞくやく）を結んだ。

守備兵駐留権（しゅびへいちゅうりゅうけん）　①

甲申事変（こうしんじへん）　⑦　1884年、漢城で起こった事変。独立党が日本公使と結び、清仏戦争（1884〜85年、仏がベトナムを保護国化）の勃発を好機とし、クーデタを起こして事大党（じだいとう）を追放したが、清の干渉で失敗。日朝間で漢城条約を結んで結着した。

清仏戦争（しんふつせんそう）　②　　**漢城条約**（かんじょうじょうやく）　①

独立党（どくりつとう）　③　清の洋務運動と明治維新に刺激され、親日策をとり朝鮮近代化を図る改革派。開化派とも呼ばれる。金玉均・朴泳孝らが中心。甲申事変で金・朴の日本亡命後は衰退した。

改革派（かいかくは）　②

開化派（かいかは）　①

：金玉均(きんぎょくきん)(キムオクキュン) ⑦ 1851〜94　独立党の指導者。壬午軍乱の謝罪大使として来日し、親日派となる。甲申事変を起こしたが、失敗して日本に亡命。札幌などに移送されたが、1894年、上海へ行き暗殺される。

：朴泳孝(ぼくえいこう)(パクヨンヒョ) ① 1861〜1939　独立党の指導者。壬午軍乱の謝罪大使。甲申事変に失敗して日本に亡命。日清戦争中、独立党系内閣の内相となる。韓国併合にも協力、侯爵、貴族院議員となる。

天津条約(てんしんじょうやく) ⑦ 1885年の日清紳士協定。甲申事変の処理策として、日清両国軍の朝鮮撤退、日清両国軍事顧問の派遣中止、将来の出兵時には互いに通知し合うという3条。全権は伊藤博文と李鴻章。
　　：李鴻章(りこうしょう)　→ p.252

脱亜論(だつあろん) ⑥ 福沢諭吉が創刊した『時事新報』が、1885年3月に発表した論説。清・朝鮮の開明を待って連帯を強める時間的余裕はなく、むしろアジアを脱して欧米列強側に立つべきとする。日本も欧米列強並みに東アジア分割に加わることを妥当とする国権論に与している。　**脱亜入欧**(だつあにゅうおう) ①
　　：『時事新報』(じじしんぽう)　→ p.242

日清戦争と三国干渉

参謀本部(さんぼうほんぶ) ⑤ 1878年に創設された陸軍の最高軍令機関。軍令は軍隊の動員・作戦計画などをいい、天皇の統帥権発動を補佐。長官は参謀本部長(のち参謀総長)で、大将・中将から任用される。また、旅団以上には参謀が置かれた。　**軍令機関**(ぐんれいきかん) ①
　　参謀総長(さんぼうそうちょう) ③
　　：参謀(さんぼう) ④ 軍の司令官に直属して作戦や用兵などの軍事行動を計画し、指導にあたる将校。

軍人勅諭(ぐんじんちょくゆ) ③ 1882年、大元帥である明治天皇が軍人に下した勅諭。西周(にしあまね)らが起草。1878年の竹橋事件を契機に、陸軍一般に頒布(はんぷ)された軍人訓誡が先駆。天皇の統帥権、忠節・礼儀・武勇・信義・質素の徳目を明示し、軍人の政治不関与を説いた。

師団(しだん) ⑤ 1888年、鎮台(ちんだい)を改編した陸軍の常備兵団編制上の最大部隊で、独立して作戦する戦略単位。旅団・連隊・大隊と司令部などで構成され、平時人員は約1万人。1891年、特に宮城(きゅうじょう)警衛を任とする近衛(このえ)の師団を設置した。

軍令部(ぐんれいぶ) ③ 海軍の中央軍令機関。1886年、参謀本部海軍部に始まり、93年に軍令部条

例が制定され、海軍軍令部と称して独立。長官は海軍軍令部長。1933年には軍令部、長官は軍令部総長と改称され、権限・発言力を強めた。　**海軍軍令部**(かいぐんぐんれいぶ) ⑤
　　〔海軍〕軍令部長(かいぐんぐんれいぶちょう) ③

徴兵令改正(ちょうへいれいかいせい) ① 1889年1月、憲法発布直前に公布。従来の免役規定・代人制などを全廃。国民皆兵(かいへい)の原則を確立した。1927年に徴兵令を廃止し、兵役法(へいえきほう)を公布。　**徴兵免除規定廃止**(ちょうへいめんじょきていはいし) ①

憲兵〔隊〕(けんぺい) ⑥ 1881年東京に設置。1889年東京に憲兵司令部設置。逐次地方にも拡大した。陸・海軍、内務、司法省に属した。軍隊内の犯罪を取り締まるが、「国内の安寧(あんねい)」を建前に、警察権も行使。民衆運動・思想の弾圧にも及んだ。

防穀令(ぼうこくれい) ① 1889年、朝鮮地方官が凶作を理由に大豆・米の対日輸出を禁止した命令。日本商人が大打撃を受けたとして、日本は朝鮮に賠償を求めて紛糾。清の斡旋もあり、1893年に賠償金11万円の支払いで結着。この一連の事件を防穀令事件とも呼ぶ。
　　防穀令事件(ぼうこくれいじけん) ①

洋務運動(ようむうんどう) ① 19世紀後半の清朝末期に中国の国力増強をめざして展開された運動。自強運動ともいい、李鴻章・曽国藩らが推進した。

甲午農民戦争(こうごのうみんせんそう)**〔東学の乱〕**(とうがく) ⑦ 1894年の朝鮮南部での農民蜂起。東学はカトリックの西学に対する呼称で、崔済愚(さいせいぐ)が創始した民衆宗教。斥倭斥洋(せきわせきよう)(日本と西洋の排斥)をとなえ、全琫準らが農民を率いて大反乱する。朝鮮政府は鎮圧できず、清軍が救援出兵し、日本軍も天津条約を口実に出兵。農民軍は朝鮮政府と和解した。　**東学**(とうがく) ⑤　**西学**(せいがく) ④
　　全琫準(ぜんほうじゅん)(チョンボンジュン) ⑦
　　：日英通商航海条約(にちえいつうしょうこうかいじょうやく)　→ p.250

日清戦争(にっしんせんそう) ⑦ 1894〜95。朝鮮の支配権をめぐる日清両国の戦争。甲午農民戦争を契機に、日本の朝鮮政府に対する内政改革要求を清に拒否され、8月1日に宣戦布告。大本営(戦時の最高統帥機関)を広島におく。日本軍は優秀な軍事力で勝利を収め、戦費は約2億円を要した。軍人の他、多くの軍夫(ぐんぷ)(軍で雑役をする民間人)も使われた。
　　大本営(だいほんえい) ③
　　：平壌の戦い(へいじょうのたたかい) ① 最初の本格的な陸上の戦闘。1894年9月、平壌で清軍を撃破し、清軍は朝鮮から退却した。
　　：豊島沖〔の〕海戦(ほうとうおきのかいせん) ⑦ 1894年7月25

日、仁川港外豊島沖で日本軍艦３隻が清軍艦２隻を撃破。日清戦争緒戦の勝利。

遼東半島占領(りょうとうはんとうせんりょう)①

：黄海〔の〕海戦(こうかい〔の〕かいせん) ⑦ 1894年９月、黄海で清海軍主力の戦艦鎮遠(ちんえん)・定遠(ていえん)を擁する北洋艦隊を、日本連合艦隊が撃破した海戦。

北洋艦隊(ほくようかんたい)③

：威海衛占領(いかいえいせんりょう) ⑦ 威海衛は中国山東半島北端の港、北洋艦隊の基地。開戦後、1895年２月占領、北洋艦隊を降伏させ、戦後も賠償金支払いの保障として占領した。

旅順占領(りょじゅんせんりょう)《日清戦争》① 1894年11月、

日本軍が北方艦隊の基地である遼東半島の旅順を占領。その際、１万余人の中国人市民が虐殺されたとされ、犠牲者の墓である万忠墓(ばんちゅうぼ)が清により建てられている。

下関条約(しものせきじょうやく)《日清講和条約(にっしんこうわじょうやく)・下関講和条約(しものせきこうわじょうやく)》⑦ 1895年４月、日清戦

争の講和条約。山口県下関の春帆楼で開かれた下関講和会議(日清講和会議)で締結。全権は日本が伊藤博文・陸奥宗光、清が李鴻章。清は朝鮮の独立を認め、日本へ遼東半島・台湾・澎湖諸島の割譲、賠償金２億両(邦貨約３億1000万円)、揚子江(現、長江)沿岸の沙市・重慶・蘇州・杭州の開市・開港と揚子江航行権を与えた。

下関講和会議(しものせきこうわかいぎ)(日清講和会議(にっしんこうわかいぎ))②

春帆楼(しゅんぱんろう)①

賠償金２億両(ばいしょうきんにおくテール)⑥

沙市(さし)・重慶(じゅうけい)・蘇州(そしゅう)・杭州(こうしゅう)⑥

：遼東半島(りょうとうはんとう) ⑦ 中国東北部南端の半島。下関条約で日本に割譲されたが、三国干渉で清に返還。1898年、ロシアが半島南部の旅順・大連地域を清より租借。日露戦争後、日本が租借権を譲り受けた。

：台湾(たいわん) ⑦ 先住民はマライ系の高砂(たかさご)族。明代から漢民族が移り定住、17世紀後半から清が支配。1874年、日本は台湾出兵。1895年、下関条約で澎湖諸島と共に日本領となる。第二次世界大戦後、中国に返還。1949年以降、中国国民政府が本土から移って統治、中華民国を称する。

：澎湖諸島(ほうこしょとう) ⑦ 台湾の西にある60余りの小島群。1895年、下関条約で台湾と共に日本領となる。現在は台湾国民政府領。

李鴻章(りこうしょう) ⑦ 1823～1901 清の政治家。北

洋艦隊を組織。近代化(洋務運動)に努め、皇帝から全権を委任された北洋大臣や北京の直隷総督をつとめ、天津条約・下関条約の締結など、対日問題に対処した。

北洋大臣(ほくようだいじん)① 直隷総督(ちょくれいそうとく)①

日清通商航海条約(にっしんつうしょうこうかいじょうやく)① 1896年７月、

下関条約に基づいて北京で調印。日本は領事裁判権・協定関税・租界設定権など、西欧諸国並みの不平等条約を獲得。1928年、中国は破棄を通告するが、30年に日中関税協定で解決した。

三国干渉(さんごくかんしょう) ⑦ 1895年４月、露・独・仏

の３国が、下関条約で規定された日本の遼東半島領有が「朝鮮の独立を有名無実に為す」ことを理由に、清への返還を勧告。日本はやむなく５月に受諾、遼東半島還付償金として庫平銀(こへいぎん)3000万両(約4500万円)を取得した。以後、臥薪嘗胆を合言葉に、ロシアに敵対する世論が高まる。

遼東半島還付賠償金(りょうとうはんとうかんぷばいしょうきん)④

：臥薪嘗胆(がしんしょうたん) ⑥ 中国春秋時代、呉越(ごえつ)の争いの故事。報復のため苦しみ努力することをいう。伊藤内閣は戦後危機の乗り切りと挙国一致体制のためにあおった。

台湾民主国(たいわんみんしゅこく) ③ 台湾は清朝の1885年に

台湾省となったが、95年の下関条約締結の際、台湾民主国の独立を企図。しかし日本軍は征討(台湾征服戦争)、台湾総督府の成立で崩壊、その後も高砂族の抵抗が続いた。

台湾征服戦争(たいわんせいふくせんそう)②

台湾総督府(たいわんそうとくふ) ④ 台湾統治の官庁。1895

年、台北に設置。台湾総督は律令(総督による命令)を発して統治した。初代は樺山資紀。当初は軍政。1897年台湾総督府官制を定め、民政局長後藤新平の下で統治体制を整備。隣保(隣や近所)組織を活用した警察制度、米・砂糖・樟脳(しょうのう)・塩の専売制のほか、土地調査事業、同化政策を推進。庁舎は現在台湾総統府として使用。

台北(タイペイ)② 台湾総督(たいわんそうとく)③

律令(りつれい)①

土地調査事業(とちちょうさじぎょう)《台湾(たいわん)》③

同化政策(どうかせいさく)《台湾(たいわん)》①

台湾総統府(たいわんそうとうふ)①

：樺山資紀(かばやますけのり) → p.247

：台湾製糖会社(たいわんせいとうがいしゃ) ② 1900年に設立された三井財閥系の製糖会社。台湾総督府の支援の下、高収益をあげた。

台湾銀行(たいわんぎんこう) → p.306

児玉源太郎(こだまげんたろう)① 1852～1906 陸軍軍人。

日清戦争では事実上の陸相として活躍し、1898年、第４代台湾総督に就任した。内相などを歴任し、日露戦争では満洲軍総参謀長。

後藤新平(ごとうしんぺい)④ 1857～1929 1898年、児玉

源太郎台湾総督の下で民政局長（のち長官）となり、8年余り植民地行政に尽力した。のち初代満鉄総裁・鉄道院総裁や逓信相・内相・外相・東京市長などを歴任。第2次山本内閣の内相兼帝都復興院総裁として関東大震災後の東京復興計画にあたる。

民政局長（みんせいきょくちょう）①

甲午改革（こうごかいかく） ① 1894〜95年の朝鮮国内における政治改革。甲午農民戦争で出兵した日本が主導して、王宮を占拠。大院君を擁立し、開明派による政権を樹立させた。

大院君（たいいんくん（テウォンクン）） → p.250

閔妃殺害事件（びんひ（ミンビ）さつがいじけん） ⑤ 1895年10月、高宗妃の閔妃を公使館守備隊が殺害した事件。新任の駐朝公使三浦梧楼が指揮して、三国干渉以後に親露反日政策をとる閔妃を殺害し、大院君の親日内閣を結成した。

三浦梧楼（みうらごろう）④

大韓帝国（だいかんていこく（韓国（かん））） ⑦ 1897〜1910年の朝鮮の国号。朝鮮王朝の第26代国王高宗が皇帝に即位、大韓帝国と改称。清との宗属関係を絶ち、独立国であることを示した。通称は韓国。

独立門（どくりつもん） ① 朝鮮における開化派の独立協会によって建設された門。下関条約により清からの独立を記念したもので1897年完成。

░░░ 立憲政友会の成立 ░░░

徳富蘇峰（とくとみそほう） → p.242

：対外膨張論（たいがいぼうちょうろん） ② 国家の領土を拡張する政策をとる考え。日清戦争後、徳富蘇峰が提唱し、国家主義へと転じた。

高山樗牛（たかやまちょぎゅう） ④ 1871〜1902 評論家。名は林次郎。帝大在学中に『滝口入道（たきぐちにゅうどう）』が懸賞に当選。卒業後、雑誌『太陽』の主幹。日本主義をとなえ、のちニーチェの個人主義に転じ、晩年は日蓮主義を唱道した。

日本主義（にほんしゅぎ） ③ 明治中期、欧化政策の反動として起こる。日本古来の伝統を重視し、国民精神の発揚をとなえる国粋的思想の一つ。高山樗牛・井上哲次郎らが主唱。

：太陽（たいよう） ① 1895年発行の総合雑誌。初め高山樗牛が主幹として日本主義を主唱。執筆者はトップレベルの学者・作家・政界人で、明治後期を代表する雑誌。1928年廃刊。

国民国家（こくみんこっか） ② 統一言語やナショナリズムにより、国家への帰属を明確に意識するようになった近代国家。

国家主義（こっかしゅぎ） ⑦ 国家の利益を個人の利益に優先させる思想。明治20年代に高まったが、日露戦争後はその達成感から人生の意義に煩悶する（いろいろと悩みもだえる）青年も出現した。その後、軍国主義・対外膨張論と結びついて超国家主義へと発展した。

煩悶青年（はんもんせいねん）①

伊藤（いとう）内閣（第2次） → p.247

松方（まつかた）内閣（第2次） ④ 1896.9〜98.1 進歩党の大隈重信を外相に迎えて組閣。松隈内閣とも呼ばれる。金本位制を確立。進歩党の地租増徴案、軍備増強予算などに対する反対にあい、議会を解散して総辞職。

松隈（しょうわい）内閣 ④

進歩党（しんぽとう） ⑥ 1896年、立憲改進党を中心に少数派政党が加わり結成。党首は大隈重信。第2次松方内閣に、大隈が外相で入閣して与党となる。1898年、自由党と合同して憲政党を結成した。

伊藤（いとう）内閣（第3次） ⑥ 1898.1〜98.6 地租増徴案などの増税案を議会に提出、自由・進歩党に否決され、衆議院解散。憲政党が結成されたため半年足らずで退陣し、隈板内閣に譲る。

憲政党（けんせいとう） ⑦ 1898年、自由・進歩両党が第3次伊藤内閣の地租増徴案に反対して議会を解散させ、合同して成立した政党。隈板内閣を組織するが4カ月で分裂。名称を継いだ自由党系の星亨（ほしとおる）主導の憲政党は第2次山県内閣と提携し、地租増徴案に賛成。内閣が憲政党員の入閣要求を拒むと、伊藤博文に接近し、立憲政友会に合流する。

大隈重信（おおくましげのぶ） ⑦ 1838〜1922 佐賀出身。大蔵卿・参議を歴任。1881年、国会開設意見書を左大臣に提出し、国会の早期開設を主張。明治十四年の政変で下野し、立憲改進党の総理となる。黒田内閣の外相として条約改正に尽力。1898年第1次内閣を組織。第2次内閣の時、第一次世界大戦に参戦。在野時代の1882年に東京専門学校を創立。

大隈（おおくま）内閣（第1次） ⑥ 1898.6〜98.11 憲政党を基礎に大隈（外相兼任）・板垣（内相）が中心となって成立したので、隈板内閣ともいわれる。陸・海軍大臣を除く閣僚を、すべて憲政党員が占めた最初の政党内閣。共和演説事件による与党憲政党の内紛・分裂で、退陣した。

隈板（わいはん）内閣 ⑥

政党内閣（せいとうないかく） → p.265

尾崎行雄（おざきゆきお） → p.262

共和演説事件（きょうわえんぜつじけん） ④ 1898年、大隈内閣の文相尾崎行雄の舌禍（ぜっか）事件。尾崎は帝国教育会（ていこくきょういくかい）で金権政治を批判し、「日本

に共和政治(元首を人民から選ぶ政治体制)が行われたと仮定すれば、三井・三菱は大統領候補となろう」と演説、不敬として攻撃され辞職。

共和政治きょうわせいじ④

憲政本党けんせいほんとう⑤ 1898〜1910 憲政党分裂により組織された旧進歩党系の政党。党首は大隈重信。地盤は都市商工業者。大隈引退後、1910年に立憲国民党となる。

山県やまがた内閣(第2次)⑥ 1898.11〜1900.10 憲政党を与党とし、議員の買収工作まで行い、懸案の地租増徴案(2.5％を3.3％に)を実現した。さらに文官任用令・選挙法を改正、軍部大臣現役武官制を定めるなど、山県系官僚(平田ら)・軍部(桂ら)の権力体制を固めた。また治安警察法を制定。義和団事件の際には派兵を決定した。

地租増徴案ちそぞうちょうあん⑥

文官任用令ぶんかんにんようれい⑤ 文官の任用資格の法規。1893年公布。1899年山県内閣が改正。政党員が官界(官僚)に進出するのを防ぐため、特別任用以外の勅任官を文官高等試験合格の奏任官より任用する試験任用に拡大し、自由任用を制限した。

文官任用令改正ぶんかんにんようれいかいせい⑤

：文官高等試験ぶんかんこうとうしけん① 1893年制定の次官・局長などの上級官吏登用試験。大臣・地方官が天皇に奏請して任命、高等官の下位にあたる奏任官の資格任用制度で、年1回司法・行政・外交の各科を実施。勅任官(天皇の勅命による任命)は試験制度の適用範囲外のため、政党による有力者への働きかけが激しくなった。

次官じかん・局長きょくちょう③　勅任官ちょくにん①

：文官懲戒令ぶんかんちょうかいれい① 1899年公布。文官の懲戒の事由・種類を限定した法規。

：文官分限令ぶんかんぶんげんれい① 1899年公布。文官の身分と職務の保障についての規定。内閣の交代などの理由で、官吏がみだりに免官されないようにした。

軍部大臣現役武官制ぐんぶだいじんげんえきぶかんせい⑦ 陸・海軍大臣を現役の大将・中将から任用する制度。1900年に法制化。軍部に対する政党の影響力を阻止する目的。1913年に現役規定を削除したが、36年の二・二六事件後、広田弘毅内閣が復活させた。この規定により、組閣非協力や軍部大臣単独辞任などの手段で内閣を左右した例がある。

選挙法改正せんきょほうかいせい① 1900年改正。直接国税15円以上を10円に引き下げ、従来の小選挙区制から、人口3万人以上の市を独立選挙区に、郡部を大選挙区制(一つの選挙区で

複数名が選出できる選挙制度)に改正。地主中心の議会を都市商工業者・自作農にも広げた。

独立選挙区どくりつせんきょく①
大選挙区制だいせんきょくせい①

治安警察法ちあんけいさつほう⑦ 1900年、第2次山県内閣が公布。台頭してきた社会主義・労働運動・農民運動を抑えるために、1890年に制定した集会及政社法などを改febr集成。労働者の団結権・ストライキ権(争議権)の制限、女性・未成年者の政談集会参加の禁止など、警察権の強化を図った。1945年廃止。

団結権だんけつけん・ストライキ権けん(争議権そうぎけん)の制限せいげん③

立憲政友会りっけんせいゆうかい⑦ 1900年成立。伊藤博文を総裁に伊藤系官僚と憲政党を中心に結党。幸徳秋水は『万朝報』まんちょうほうに「自由党を祭る文」を発表、自由党の後身憲政党が藩閥と妥協したことを批判。2代総裁は西園寺公望、3代原敬。昭和初期に立憲民政党と二大政党時代を現出し、1940年、新体制運動で解党。

「自由党を祭る文」じゆうとうをまつるぶん①

伊藤いとう内閣(第4次)⑥ 1900.10〜01.6 立憲政友会を基盤とする内閣。北清事変後の外交・財政策に直面。増税案は山県系の貴族院勢力の反対に苦しみ、閣内不統一で退陣、桂内閣に代わった。

桂太郎かつらたろう 1847〜1913 山口出身、軍人・政治家。台湾総督・陸相を歴任。山県有朋の後継者として軍部・藩閥官僚勢力の維持に努める。明治後期、1901〜12年に西園寺公望と交代で3度組閣する。

桂かつら内閣(第1次)⑦ 1901.6〜06.1 山県系官僚中心の内閣。日英同盟協約を結び、日露戦争を遂行し、ポーツマス条約に調印。日比谷焼打ち事件で国民の支持を失い、総辞職した。

西園寺公望さいおんじきんもち⑦ 1849〜1940 公家出身の政治家。枢密院議長、文・外相などを歴任。1903年、伊藤博文の後を受けて立憲政友会総裁となり、明治末期に2度組閣。パリ講和会議の全権委員。大正後期以降は、唯一の元老として立憲政治の保持に尽力。

西園寺さいおんじ内閣(第1次)⑦ 1906.1〜08.7立憲政友会を与党として組閣。日露戦後経営に努め、鉄道国有法を制定、満鉄設立などを行う。帝国国防方針に基づく軍備拡張財政は恐慌により難航。日本社会党結成や赤旗事件などの社会主義運動への対応で、元老たちの批判を受け、財政逼迫などで総辞職。

元老げんろう⑦ 元勲待遇者と、それに準ずる者を

いう。天皇の最高顧問だが非公式の地位。首相の推薦や重要政策に関与し、藩閥勢力を擁護、民主勢力の発展を阻止するなど、絶大な影響を持った。当初の黒田清隆・伊藤博文・山県有朋・松方正義・井上馨・西郷従道・大山巌に桂太郎・西園寺公望らが加わった。

列強の中国進出と日英同盟

〔欧米〕列強⟨おうべい⟩ ⑦ 軍事・外交力を持った、世界に影響力のあるヨーロッパやアメリカの大国。原材料や市場拡大のため、アジア・アフリカを植民地化した。アメリカを除いてヨーロッパ列強と呼ぶこともある。
ヨーロッパ列強⟨れっきょう⟩ ③
帝国主義⟨ていこく⟩ ⑤ 資本主義国家の政治的・経済的な侵略政策の段階をいう。独占・金融資本の形成、過剰資本の輸出、諸列強による世界再分割などが進展。世界史的には19世紀末〜20世紀初期の中国分割、日本では北清事変の出兵からとされる。
中国分割〔進出〕⟨ちゅうごくぶんかつ〕⟨しんしゅつ⟩ ⑦ 日清戦争後、「眠れる獅子」⟨ねむしし⟩と呼ばれた中国の弱体化に乗じ、列強が中国に勢力範囲を設定。沿岸の要地・要港の租借、鉄道建設権などを獲得した。
租借⟨そしゃく⟩ ⑦ 他国の領土の一部を借用することで、その領土を租借地、権利を租借権という。領土割譲と同様の特権を行使でき、独占的・排他的な管理特権を持つ。租界は居住・貿易権を確保した地域で、限定的である。
租借地⟨そしゃくち⟩ ④ **租借権**⟨そしゃくけん⟩ ①
租界⟨そかい⟩ ①
割譲⟨かつじょう⟩ ③ 外国に対して、自国の領土の一部を譲り渡すこと。租借と違い、返還の期限も定められていない。

山東省⟨さんとう〕しょう⟩ → p.263
膠州湾⟨こうしゅう〕わん⟩ ⑦ 山東半島西南部の湾。中心が青島⟨チンタオ⟩。1898年にドイツが99年間の期限で租借。第一次世界大戦で日本が占領したが、1922年の九カ国条約により中国に返還した。
旅順⟨りょ〕じゅん⟩ ⑦ 遼東半島南部の港市。清の北洋艦隊基地。日清戦争では日本が占領。1898年ロシアが25年間の期限で租借。東洋艦隊の根拠地とした。日露戦争では日本軍が再び占領。日露戦争後はロシアが日本に租借権を譲渡、関東都督府がおかれた。
大連⟨だい〕れん⟩ ⑦ 遼東半島南部の都市。1898年ロシアが25年間の期限で租借。東清鉄道の駅であ

設置。日露戦争後、ロシアが日本に租借権を譲渡、南満洲鉄道の本社が設置された。
九竜(龍)半島⟨きゅうりゅう〕はんとう⟩ ⑥ 広東省南部の半島。香港⟨ホン⟩島の対岸。1860年に割譲された地域に新界⟨しんかい⟩を加えて、イギリスが1898年から99年間の期限で租借。1997年、香港と共に中国に返還した。
威海衛⟨いかい〕えい⟩ ⑦ 山東半島北岸の港市。清の北洋艦隊の拠点。1898年からイギリスが25年間の期限で租借。1930年に中国に返還した。
山東半島⟨さんとう〕はんとう⟩ ③
広州湾⟨こうしゅう〕わん⟩ ⑥ 広東省西南部の湾。1899年からフランスが99年間の期限で租借。1946年に中国へ返還した。
福建省の不割譲⟨ふっけんしょう〕のふかつじょう⟩ ③ 1898年、日本は清に台湾の対岸にある福建省の他国への不割譲を確約させた。
ハワイ併合⟨がっ〕こう⟩ ④ 1897年にアメリカはハワイ共和国に対する併合条約に調印、翌年併合。さらに1898年には米西(スペイン)戦争に勝利してグアム・フィリピンを獲得、太平洋進出を本格化させた。
米西戦争⟨べいせい〕せんそう⟩ ③
フィリピン領有⟨りょう〕ゆう⟩ ⑥
ジョン=ヘイ John Hay ⟨1838〜1905⟩ 米国の国務長官。5代大統領モンローが提唱した伝統政策である、相互不干渉のモンロー宣言(主義)を捨て、門戸開放宣言を行った。具体的には、1899年に中国の門戸開放・機会均等、1900年に領土保全の3原則を提唱した。
モンロー ①
モンロー宣言⟨せん〕**(主義**⟨げん⟩〕⟨しゅ〕げん⟩ ②
「門戸開放宣言」⟨もんこかいほう〕せんげん⟩ ④
門戸開放⟨もんこ〕かいほう⟩・**機会均等**⟨きかい〕きんとう⟩ ④
領土保全⟨りょうど〕ほぜん⟩ ⑤
義和団戦争⟨ぎわだん〕せんそう⟩ ⑦ 19世紀末に起きた、列強の中国進出に反対する宗教結社義和団を中心とする民衆反乱。山東省で起こり、1900年河北⟨かほく⟩省で本格的に拡大。清朝政府の支持下に「扶清滅洋」を掲げて北京に侵入、北清事変となる。
「扶清滅洋」⟨ふしん〕めつよう⟩ ⑥
義和団⟨ぎわ〕だん⟩ ⑦
北清事変⟨ほくしん〕じへん⟩ ⑥ 1900年の義和団事件に対し、英・米・日・仏・露・独など8カ国連合軍が出兵。義和団が北京の各国公使館を包囲、清朝政府も義和団に同調して各国に宣戦布告したが、連合軍が鎮圧。1901年清は北京議定書で謝罪。主力となった日本の軍事力の有用性が列強に評価された(「極東の憲兵」)。
「極東の憲兵」⟨きょくとう〕のけんぺい⟩ ①
：北京議定書⟨ペキン〕ぎていしょ⟩ ⑥ 1901年、清政府と参

戦国など11カ国間の協約。多額の賠償金と各国護衛兵の北京公使館区域駐留などを承認した。**北京駐留権**(ペキンちゅうりゅうけん)⑦

満洲(まんしゅう) → p.311

日露協商論(にちろきょうしょうろん)③ ロシアの満洲経営の自由を認める代わりに、日本の韓国における優越権を認めさせる満韓交換論の考え方(同時に中国福建省に権益を拡大する南進論)。元老の伊藤・井上らが主張し、一方、山県・桂・小村らの日英同盟論(北進論)と対立した。**満韓交換論**(まんかんこうかんろん)③

日英同盟(にちえいどうめい)⑥ ロシアの南下策に対抗して日英間で結んだ同盟。北清事変が直接の契機となった。

　：日英同盟協約(にちえいどうめいきょうやく)③ 1902年から23年まで継続した協約。第1回同盟協約は第1次桂内閣が1902年1月調印。両国が清・韓国における利益の相互尊重、締約国の一方が他国と交戦の時は他方は厳正中立、2国以上の時は参戦する。期間5年。第2回は1905年、第3回は1911年に改定。1923年、四カ国条約の発効で廃棄された。

非戦論(ひせんろん)⑤ 日露戦争に反対する主張。内村鑑三らの人道主義的非戦論、平民社グループの社会主義的反戦論、与謝野晶子・大塚楠緒子らのロマン主義の厭戦(えんせん)詩など。**反戦論**(はんせんろん)⑤

　：内村鑑三(うちむらかんぞう) → p.281
　：与謝野晶子(よさのあきこ) → p.287
　：「君死にたまふこと勿れ」(きみしにたまうことなかれ)⑤ 1904年、『明星』9月号に発表した晶子の反戦長詩「旅順口包囲軍の中に在る弟を歎きて」の表題である「君死にたまふこと勿れ」が有名。大町桂月(おおまちけいげつ)が『太陽』で晶子を「乱臣・賊子」と非難、晶子は「ひらきぶみ」(『明星』)で反論した。

　：大塚楠緒子(おおつかなおこ)① 1875～1910　詩人・小説家。1905年、『太陽』に「お百度詣」の長詩を発表。戦地の夫を思う妻の心を歌う。**「お百度詣」**(おひゃくどもうで)①

主戦論(しゅせんろん)③ 対露開戦を主張する強硬論。中でも対露同志会や東大七博士らが開戦論を主唱し、世論をあおった。
　　　　対露強硬論(たいろきょうこうろん)①　**開戦論**(かいせんろん)④

対露同志会(たいろどうしかい)① 1903年発会。対露強硬論の国家主義団体。対外硬同志大会などを開催、政府を督励した。会長は貴族院議員近衛篤麿、委員長は衆議院議員神鞭知常。

七博士意見書(しちはかせいけんしょ)① 1903年、桂首相・小村外相らに東大七博士(戸水寛人・富井政章・金井延(のぶる)ら)が提出した対露強硬(まもなく『東京日日新聞』が発表)。戸水はポーツマス会議にも反対し、休職処分にされた。**戸水寛人**(とみずひろんど)③
　　　　　　　　　　　七博士(しちはかせ)②

：黒岩涙香(くろいわるいこう) → p.242

幸徳秋水(こうとくしゅうすい)⑦ 1871～1911　本名伝次郎。高知出身。自由民権運動に参加、中江兆民の弟子となる。のち社会主義に関心を持ち、社会民主党結成に参加。平民社を設立し、『平民新聞』で日露戦争反対をとなえる。1905年に渡米、翌年に帰国し、無政府主義をとなえ、大逆事件で刑死した。

平民社(へいみんしゃ)④ 1903年、『万朝報』を退社した幸徳秋水・堺利彦らが結成。『平民新聞』を発刊し、社会主義の紹介や日露反戦論を展開したが、1905年に解散。日本社会党結成(1906年1月)翌年の1907年に再興、日本社会党の結社禁止で4月に解散。

　：『平民新聞』(へいみんしんぶん)⑤ 1903年、平民社の機関紙として週刊『平民新聞』を発刊、反戦論を展開した。度々の発禁処分を受け、1905年廃刊。1907年、日刊『平民新聞』を発刊、日本社会党の日刊機関紙となり、同党解散で廃刊。

堺利彦(さかいとしひこ)⑦ 1870～1933　日露開戦に反対して幸徳秋水と『万朝報』記者をやめ、平民社を設立。『平民新聞』で反戦論を展開。日本社会党結成にも参加。1920年社会主義同盟を組織、日本共産党創立にも参加したが、のち社会民主主義の立場で無産政党運動に関与した。

日露戦争

日露戦争(にちろせんそう)⑦ 1904～05。満洲・韓国をめぐる日露両国の戦争。1904年2月、日本軍の仁川港・旅順港奇襲攻撃に始まる。4月鴨緑江(おうりょっこう)の戦いで勝利。05年3月の奉天会戦を経て、5月、日本海海戦で勝利。9月、米大統領の調停でポーツマス条約に調印。日本は国際上最大の地位を指す一等国となった。20世紀最初の帝国主義戦争。

仁川港・旅順港奇襲攻撃(じんせんこう・りょじゅんこうきしゅうこうげき)②

一等国(いっとうこく)②

旅順陥落(占領)(りょじゅんかんらく《せんりょう》)《日露戦争》⑤ バルチック艦隊の極東回航前にロシア太平洋艦隊の基地旅順を潰滅(かいめつ)するため、1904年6月から乃木希典(のぎまれすけ)司令官の第三軍が攻撃。3度の攻撃に失敗、多大の犠牲を払った末、203高地を攻略。1905年1月、守備

軍司令官ステッセルが降伏した。

：奉天会戦[ほうてんかいせん] ⑥ 1905年3月10日、南満洲の要地奉天（現、瀋陽[しんよう]）で日露両軍が主力を投入（日本25万人・ロシア32万人）。1週間の激戦の末、ロシア軍が後退、日本が陸戦の大勢を決めたが、日本の戦力は限界に達し、講和に期待をかけた。

：日本海海戦[にほんかいかいせん] ⑦ 1905年5月27〜28日。ヨーロッパから回航してきたロシアのバルチック艦隊（ロシア最大の艦隊、38隻）を迎え撃った日本連合艦隊（司令長官東郷平八郎、作戦参謀秋山真之、旗艦三笠以下41隻）が、対馬海峡で壊滅的な打撃を与え、戦局を決定した。　　**バルチック艦隊**[かんたい] ⑦
　　　　　　　　　日本連合艦隊[にほんれんごうかんたい] ②
　　　　　　　　　東郷平八郎[とうごうへいはちろう] ②
　　　秋山真之[あきやまさねゆき] ①　**三笠**[みかさ] ②

外債[がいさい]（**外国債**[がいこくさい]）⑤ イギリス・アメリカで募集した日本債券。日露戦争の戦費は非常特別税などでは不足し、臨時軍事費17億円余のうち約13億円を外債（外国債）と内債（国債）に依存。うち7億円が英・米・独の外債、内債約6億円。国内増税は3億円余りで国民負担の限度であった。
　　　　　　　　内債[ないさい] ⑤　**国債**[こくさい] ③

非常特別税[ひじょうとくべつぜい] ① 1904〜05年、日露戦争の戦費を調達するための増税・新税。地租・所得税・営業税や酒・煙草などの個別消費税から砂糖・醤油などの大衆消費税全般に及んだ。賠償金が得られないため戦後も継続され、1910年にほぼ解消した。

血の日曜日事件[ちのにちようびじけん] ① 1905年1月22日の日曜日の事件。司祭ガポンに率いられたペテルブルクの労働者ら約14万人の民衆の請願デモに皇帝の軍隊が発砲、1000人以上の死傷者を出した。第1次ロシア革命（1905年）の発端となった。　**ロシア革命**[かくめい] ①

セオドア＝ローズヴェルト　T. Roosevelt ⑤ 1858〜1919　アメリカ第26代大統領。中国問題に関心を持つ。日本に好意的で、ポーツマス講和会議を仲介した。

ポーツマス〔講和〕条約（**日露講和条約**[にちろこうわじょうやく]）⑦ 1905年9月、アメリカの大西洋に面するポーツマスで開かれたポーツマス〔日露〕講和会議で調印した日露講和条約。日本全権小村寿太郎外相、ロシア全権ウィッテ。ロシアは日本の韓国指導権を認め、旅順・大連の租借権とロシアの経営する東清鉄道の長春以南と付属利権を譲渡、樺太南半分割譲。日本は沿海州・カムチャツカ半島の漁業権も得たが、賠償金要求は放棄。

ポーツマス ④
　　ポーツマス〔日露〕講和会議[にちろこうわかいぎ] ⑤

：旅順・大連租借権[りょじゅん・だいれんそしゃくけん] ⑦ 三国干渉で日本が領有権を放棄、1898年にロシアが租借権（期間25年）を得て要塞・軍港を築いた。日本はその権益を日露講和条約と満洲に関する日清条約（北京条約）により継承。1915年、中国への二十一カ条要求によって期限を99年間に延長した。

：長春以南の鉄道利権[ちょうしゅんいなんのてつどうりけん] ⑦ ロシアが1901年に開通させた東清鉄道南部線（ハルビン・旅順）のうち、日本は長春・旅順間の鉄道とその付属権益を譲り受け、06年、南満洲鉄道株式会社を設立した。

：東清鉄道[とうしんてつどう]　→ p.259

：北緯50度以南の樺太[ほくいごじゅうどいなんのからふと] ⑦ 樺太（サハリン島）の北緯50度以南を獲得、1907年、樺太庁を大泊[おおどまり]（翌年から豊原）に設置した。
　　　樺太庁[からふとちょう] ①　**豊原**[とよはら] ①

：沿海州・カムチャツカ漁業権[えんかいしゅう・カムチャツカぎょぎょうけん] ⑤ 日露講和条約11条に基づき、1907年、日露漁業協約で確定した。すでに1875年の樺太・千島交換条約で、オホーツク海・カムチャツカでの日本人の漁業権は保障されていたが、これで沿海州・オホーツク海・ベーリング海沿岸の漁業権も許与され、サケ・マス漁業の開発が進んだ。

小村寿太郎[こむらじゅたろう]　→ p.250

ウ（ヴ）ィッテ　S. Y. Vitte ⑤ 1849〜1915 ロシアの政治家。日露協調をとなえ、戦争中は不遇。ポーツマス講和会議の全権としてロシア有利に会議を運ぶ。帰国後に首相。

講和問題同志連合会[こうわもんだいどうしれんごうかい] ① 1905年7月対露同志会などが中心となって結成された講和反対をとなえる組織。9月に日比谷公園での講和反対国民大会を計画。日比谷焼打ち事件につながった。

凱旋門[がいせんもん] ② 様々な祝賀行事の際に建てられた門。特に日清・日露戦争の戦勝を祝して多く建設された。

日比谷焼打ち事件[ひびややきうちじけん] ⑦ 1905年9月5日、ポーツマス条約を受け、東京の日比谷公園で講和反対国民大会が開かれ、条約破棄を叫び暴動化。警察署・内相官邸や政府系の国民新聞社などを襲撃。政府は東京市などに戒厳令をしいて軍隊を出動、約1カ月間、全国各地に波及。死者17人、検挙者約2000人。都市民衆運動の起点となった。
　　　講和反対国民大会[こうわはんたいこくみんたいかい] ⑥

日比谷公園[ひびやこうえん]　→ p.293

韓国併合

桂・タフト協定かつら・タフトきょうてい　④ 1905年7月、桂首相兼外相と米国特使の陸軍長官タフトとの秘密覚書。日本の韓国指導権と、アメリカのフィリピン統治を相互に承認した。

日英同盟改定にちえいどうめいかいてい　→ p.259

大韓帝国(韓国)だいかんていこく(かんこく)　→ p.253

日韓議定書にっかんぎていしょ　① 1904年2月、日露開戦13日後に締結。韓国保全を名目に、日本の軍事行動に必要な便宜の提供を約した。

第1次日韓協約だいいちじにっかんきょうやく　⑦ 1904年8月締結。日露戦争の軍事制圧下に強要。日本政府推薦の財政・外交顧問をおく顧問政治で、軍事・経済的支配の基礎をつくった。

第2次日韓協約(乙巳条約)だいにじにっかんきょうやく(いっしじょうやく)　⑦ 1905年11月、ポーツマス条約の2カ月後に締結した韓国保護条約。韓国では乙巳条約(乙巳勒約)という。日本は外交権を接収して保護国化(条約締結権などを持たない半主権国。外国の干渉排除を目的とする)、統監府を設置。　**韓国保護条約**かんこくほごじょうやく　③

保護国ほごこく　⑥

:統監府とうかんふ　⑦ 第2次日韓協約に基づき、漢城におかれた日本政府の代表機関。外交権を持ち、内政にも関与。統監は天皇に直属、伊藤博文が就任。　**統監**とうかん　⑦

ハーグ密使事件ハーグみっしじけん　⑦ 1907年6月、オランダのハーグ第2回万国平和会議に、韓国皇帝高宗が密使を送り、外交権回復を提訴。韓国に外交権がないことや日本の阻止工作により、韓国全権委員の会議参加は拒絶された。統監は韓国皇帝を退位させ、第3次日韓協約を締結した。純宗が、景徳宮を宮殿として即位し、皇太子は李垠。

〔ハーグ〕万国平和会議ばんこくへいわかいぎ　⑥

景徳宮けいとくきゅう　①　**純宗**じゅんそう　①　**李垠**りぎん　①

第3次日韓協約だいさんじにっかんきょうやく　⑦ 1907年7月、ハーグ密使派遣を契機に締結。内政権を掌握、同時に秘密覚書により韓国軍隊を解散、内政全般にわたる指導権を得た。

韓国軍隊解散かんこくぐんたいかいさん　⑦

義兵運動ぎへいうんどう**(義兵闘争**ぎへいとうそう**)**　⑦ 第3次日韓協約による軍隊解散命令に反対する一部の軍隊を中心に、武装闘争・反日抵抗が全土に拡大。日本軍は近代兵器や焦土戦術などで鎮圧。都市部で盛んとなった反日と教育・言論による愛国文化啓蒙の運動も弾圧。併合後、義兵は中国東北部に移り、反日武装闘争を継続した。

伊藤博文暗殺事件いとうひろぶみあんさつじけん　⑦ 1909年10月、伊藤博文が韓国の義兵運動・独立運動家安重根に満洲のハルビン駅で暗殺された事件。統監を辞任し枢密院議長に復帰していた伊藤は、日露関係を調整するため渡満、ロシア蔵相と列車内会談を終えた直後に遭難した。安は「東洋平和論」を執筆し、翌年3月旅順監獄で死刑となる。

安重根アンジュングン　⑦　**ハルビン**　⑦

「東洋平和論」とうようへいわろん　①

韓国併合かんこくへいごう　⑦ 1910年8月の韓国併合条約で韓国を植民地とした。1909年の伊藤博文暗殺、韓国首相李完用襲撃事件が契機となる。以後、憲兵が警察業務を兼ねる憲兵警察制度などによる強権的支配の武断政治(武力によって圧伏させる政治)が続いた。1945年まで朝鮮総督府により、同化〔主義〕政策などの植民地支配を行う。

憲兵警察〔制度〕けんぺいけいさつ〔せいど〕　⑤

武断政治ぶだんせいじ　④

同化政策《朝鮮》どうかせいさく《ちょうせん》　①

韓国併合条約かんこくへいごうじょうやく　⑥ 1910年8月、漢城で統監寺内正毅と韓国首相李完用が調印、韓国の全統治権を日本に譲渡することを約した条約(韓国併合に関する条約)。韓国は廃され日本領朝鮮となる。

:京城けいじょう　⑦ 現在のソウル。朝鮮王朝の太祖李成桂せいが高麗の漢陽府を首都として漢城府とした。1910年の韓国併合で朝鮮総督府の設置と共に京城と改称。日本の植民地支配の拠点となった。

:漢城かんじょう　→ p.250

:朝鮮総督府ちょうせんそうとくふ　⑦ 韓国併合後の朝鮮統治機関。京城に設置。天皇に直属し、軍事・行政の一切を統轄。三・一独立運動後の1919年に軍事権を分離、駐箚軍ちゅうさつぐんを朝鮮軍(常備2個師団)とした。初代朝鮮総督は陸軍大将寺内正毅で、総督の命令は制令といった。大院君が再建した朝鮮王宮である景福宮(正門は光化門こうかもん)に庁舎を建てた。　**朝鮮総督**ちょうせんそうとく　⑦　**制令**せいれい　①

景福宮けいふくきゅう　③

:寺内正毅てらうちまさたけ　→ p.265

京釜鉄道けいふてつどう　① 京城と釜山間に敷設された鉄道。1901年、渋沢栄一らによって会社が設立され、08年全通した。

土地調査事業《朝鮮》とちちょうさじぎょう《ちょうせん》　⑥ 1910～18年に実施された朝鮮の土地調査・測量事業。土地所有権の確定、価格の査定、台帳の作成などを行う。1911年、朝鮮土地収用令、翌年土地調査令を公布して本格化。多くの土

地が国有地にされたが、朝鮮農民の土地が奪われて小農民の没落が進み、一部の人々は仕事を求めて日本に移住した。

東洋拓殖会社〈とうようたくしょくがいしゃ〉⑤ 1908年、朝鮮の土地開発を目的に日韓両国政府によって設立された国策会社。通称は東拓。朝鮮最大の土地所有者として営農・灌漑・金融を行う。1917年の法律改正により、本店を京城から東京に移し、満洲をはじめ東アジアに事業を拡大。1945年閉鎖。

：国策会社〈こくさくがいしゃ〉④ 国家の政策を遂行するため、特別法により設立された半官半民の特殊会社。植民地開発のための東拓や満鉄、昭和期に入ると生産力拡充・統制経済目的で増加、日本製鉄・日本石炭・大日本航空・日本通運などが設立された。第二次世界大戦後、多くが閉鎖された。

満洲への進出

関東州〈かんとうしゅう〉⑦ 遼東半島南部の日本の租借地。旅順・大連とその付属地域で、日露戦争後は日本の大陸進出の拠点となる。その地方行政を担当する関東州庁も設置。1915年の二十一カ条要求で租借期限を99年に延長した。　　　　　　**関東州庁**〈かんとうしゅうちょう〉①

：旅順〈りょじゅん〉 → p.255

：大連〈だいれん〉 → p.255

：関東都督府〈かんとうととくふ〉⑦ 関東州の管轄と満鉄の保護・監督にあたる機関。1906年、前年遼陽〈りょうよう〉に設置した関東総督府〈そうとくふ〉を旅順に移し、関東都督府とした。関東都督には陸軍大将・中将を任命。　**関東都督**〈かんとうととく〉①

：関東庁〈かんとうちょう〉 → p.308

：関東軍〈かんとうぐん〉 → p.308

南満洲鉄道株式会社〈みなみまんしゅうてつどうかぶしきがいしゃ〉（**満鉄**〈まんてつ〉）⑦ 1906年設立の半官半民の国策会社。本社は大連、初代総裁は後藤新平。ポーツマス条約で得た東清鉄道南満洲支線の長春・旅順間の鉄道、鉱山・石炭採掘業（撫順〈ぶじゅん〉・煙台炭鉱）・製鉄業（鞍山〈あんざん〉製鉄所）などを経営。満洲事変後、満洲国の委託経営となるが、満洲の植民地支配に大きな役割を果たした。　　　　　**煙台炭鉱**〈えんたいたんこう〉①

：東清鉄道〈とうしんてつどう〉⑤ 1898年からロシアが満洲において敷設した鉄道。極東に進出するため、シベリア鉄道とウラジオストクを最短距離で結ぶことが目的。ポーツマス条約で、南満洲支線の長春以南は日本に譲渡された。　　　　　**南満洲支線**〈みなみまんしゅうしせん〉②

シベリア鉄道〈てつどう〉④ ロシア国内のモスクワからウラジオストク（ウラジヴォストーク）までを横断する世界一長い鉄道。ロシアがアジア進出を目的にシベリア開発を実施。1891年にウラジオストクで起工式が挙行され、1905年に完成。

ウラジヴォストーク（ウラジオストク）③

シベリア開発〈かいはつ〉③

ハリマン　Harriman ② 1848～1909 アメリカの鉄道王。長春・大連間の鉄道を日本政府から買収して共同経営を行うハリマン計画を策定。1905年9月、桂首相が内約（桂・ハリマン協定）したが、小村外相の強硬な反対で破棄された。

桂・ハリマン協定〈かつら・ハリマンきょうてい〉①

満洲鉄道中立化提案〈まんしゅうてつどうちゅうりつかていあん〉④ 1909年、門戸開放を主張する米国務長官ノックスが米・日・英・仏・独・露・清の7カ国の国際財団による満鉄運営を提案。ハリマン計画、清による満鉄並行線案〈へいこうせんあん〉を支援するなど、アメリカ資本の満洲進出策。日・露・英・仏が拒否した。

日英同盟改定〈にちえいどうめいかいてい〉② 1905・11年の2回。1905年8月の改定（第2次）は、日本の韓国保護権を承認し、適用範囲をインドにまで拡大。1911年の改定（第3次）はドイツの進出に対応。英米接近により米国を適用外とした。この同盟を根拠に日本は第一次世界大戦に参加。1921年の四カ国条約で廃棄決定、23年に条約発効で廃棄。

第2次日英同盟〈だいにじにちえいどうめい〉④

日露協約〈にちろきょうやく〉⑦ 第1次は1907年7月、アメリカの満洲進出への警戒、日本はヨーロッパ政略から、東アジアの現状維持を約す。秘密協定で日本の南満洲、ロシアの北満洲の勢力範囲を協定、日本の韓国保護国化とロシアの外蒙古に関する特殊権益を相互に認めた。　　　　　**日露協商**〈にちろきょうしょう〉①

第1次日露協約〈だいいちじにちろきょうやく〉③

：第2次日露協約〈だいにじにちろきょうやく〉④ 1910年に調印。アメリカの満洲鉄道中立化案を阻止するため、満洲の現状維持、各自の鉄道権益確保の協力をより積極化した。

：第3次日露協約〈だいさんじにちろきょうやく〉③ 1912年に調印。辛亥革命を機に起きた外蒙古独立問題などに対応。第1次協約の分界線を延長して、内蒙古の勢力範囲を東西に分割した。　　　　　**蒙古**〈もうこ〉②

：外蒙古〈がいもうこ〉 → p.311

：内蒙古〈ないもうこ〉 → p.311

：第4次日露協約〈だいよじにちろきょうやく〉 → p.264

日仏協約(協商)にちふつきょうやく（きょうしょう）　④ 1907年6月、パリで結ばれた日仏間の条約。フランスは日本へ最恵国待遇をとり、日本はフランスのインドシナ半島支配を容認した。

日本人移民排斥運動にほんじんいみんはいせきうんどう　⑤ 1906年、日本人移民労働者が多数流入したカリフォルニアを中心に起こった排斥運動。それに連動してサンフランシスコに転学を強制する日本人学童入学拒否事件も起こる。1907〜08年、日米紳士協約で日本も自粛に努めたが、鎮静しなかった。

サンフランシスコ学童入学拒否事件がくどうにゅうがくきょひじけん　②

ハワイ移民いみん　① 明治初期から約20万人の日本人が移民。初期は官約かんやく移民。1898年のアメリカによるハワイ併合から1900年にハワイが准州となる頃に、日本人の移民が増加。1907年の日米紳士協約で、日本人移民は制限された。

黄禍論こうかろん　① 日露戦争後の日本の台頭を警戒、欧米で黄色人種が白色人種に禍をもたらすとする "黄禍" が主張された。ドイツ皇帝ヴィルヘルム2世がとなえ、米・豪の黄色人種移民排斥にも影響した。

辛亥革命しんがいかくめい　⑦ 1911年10月10日に勃発した中国の民主主義革命。中国中部の武漢ぶかんで中国同盟会の影響下にある武昌ぶしょう新軍が蜂起、軍閥も離反し清は崩壊、翌年、宣統帝が退位、中華民国(南京)が成立した。
・**宣統帝**せんとうてい　→ p.312

孫文そん　⑦ 1866〜1925　中国革命の指導者。三民主義を主張。1905年、東京で中国同盟会を組織。辛亥革命後の1912年、南京の中華民国臨時政府の臨時大総統となるが、まもなく袁世凱に譲位。のち袁と対立、日本に亡命した。五・四運動後は連ソ容共政策を掲げ、時局収拾中に北京で死去した。
・**三民主義**さんみんしゅぎ　⑤ 孫文が主唱した民族主義(満洲族である清朝の打倒、漢民族の復興)・民権主義(中華民国の建設)・民生主義(土地所有権の平均化)のこと。中国革命における民主主義実現の原理とされる。

民族主義みんぞくしゅぎ　④　**民権主義**みんけんしゅぎ　④
民生主義みんせいしゅぎ　④

中国同盟会ちゅうごくどうめいかい　③ 1894年に孫文がハワイで華僑かきょうの同志を集めて結成した興中会を母体に、1905年、東京で他の革命運動組織と統合して結成。孫文が総理に就任。辛亥革命後、国民党となる。

国民党こくみんとう　① 1905年に孫文が結成した中国同盟会を、12年に国民党とし、日本亡命

中は中華革命党(五・四運動後は中国革命党)と称した。1927年、蔣介石が反共クータデタを起こし、南京に国民政府を樹立。

中華民国ちゅうかみんこく　⑦ 1912年1月に成立した共和国。孫文が臨時大総統に就任。資金難などで北京軍閥と妥協し、袁世凱が大総統に就任して専制支配を確立。1928年に蔣介石が北伐を完成して国民政府による中国統一を達成した。1937年、日中戦争開始。1949年、本土に中華人民共和国が成立し、国民政府は台湾に移った。
臨時大総統りんじだいそうとう　⑤

袁世凱えんせいがい　⑦ 1859〜1916　清朝末期の洋務もう運動に参加、寝返って戊戌ぼじゅつの政変(1898年)を起こした。李鴻章りこうしょうの死後、北洋軍閥の実権を握り、中華民国成立後に、大総統・皇帝となる。
大総統だいそうとう　①

桂園時代

桂園時代けいえんじだい　⑦ 1900年代初期の10年間(明治30〜40年代)、桂太郎と立憲政友会の西園寺公望が交互に内閣を組閣。この間、藩閥官僚勢力と政党勢力の提携と抗争が続く。"政権のたらい廻し" と、非立憲性を非難した。

桂かつ**内閣(第1次)**　→ p.254
西園寺さいおんじ**内閣(第1次)**　→ p.254
鉄道国有法てつどうこくゆうほう　→ p.275

社会主義研究会しゃかいしゅぎけんきゅうかい　① 1898年、アメリカから帰国した安部磯雄・村井知至ともに・片山潜らが社会主義の指導と普及を目的として結成した研究団体。会員の多くはキリスト教社会主義者。1900年に解消。

社会主義協会しゃかいしゅぎきょうかい　① 1900年、安部磯雄・片山潜・幸徳秋水らが、実践的立場をとるため社会主義研究会を改称して社会主義団体に改組。1901年5月、社会民主党を結成したが禁止された。1904年に桂内閣により解散を命じられる。

社会民主党しゃかいみんしゅとう　⑦ 1901年結成。日本最初の社会主義政党。社会主義協会の中心メンバー片山・安部・幸徳・木下・西川・河上の6人が結党。資本公有、軍備全廃、普選実施、貴族院廃止などの宣言・綱領を掲げたが、2日後に結社を禁止された。
社会主義政党しゃかいしゅぎせいとう　⑦

安部磯雄あべいそお　⑤ 1865〜1949　同志社卒業後、渡米してキリスト教社会主義を学ぶ。帰国後、同志社・東京専門学校講師。社会主義運動に参入し、社会主義研究会・社会民主党の結成に参加。大逆事件以後は社会運動

から退いていたが、昭和初期には社会民衆党・社会大衆党委員長となり、常に無産政党右派の指導者として活躍した。

幸徳秋水（こうとくしゅうすい）　→ p.256

木下尚江（きのしたなおえ）④ 1869〜1937　キリスト教社会民主主義者、社会民主党結成に参加。1897年の普通選挙期成同盟会の結成や、廃娼運動に尽力。日露戦争に反対し、小説『火の柱』を発表した。

河上清（かわかみきよし）② 1873〜1949　弁護士。キリスト教社会主義者。社会主義研究会・社会主義協会に参加し、社会民主党結成に加わる。1901年に渡米し、同地で死去した。

西川光二郎（にしかわみつじろう）② 1876〜1940　社会主義者。『労働世界』の発行、社会民主党結成に参加。1904年に平民社に入り活動、日本社会党にも参加。大逆事件後は転向した。

日本社会党（にほんしゃかいとう）⑦ 1906年、堺・片山らが結成し、政府が公認した日本最初の社会主義政党。第1次西園寺内閣の融和政策に乗じて結成。普選運動・東京市電値上げ反対運動・足尾銅山争議などを支援。1907年に穏健派・過激派の対立で分裂。政府は治安警察法で結社禁止を命じた。

：議会政策派（ぎかいせいさくは）② 日本社会党の方針で、議会中心に全国の組織の運動を主張する穏健派。田添鉄二・片山潜らが主張、幸徳秋水の過激派と対立する。

：直接行動派（ちょくせつこうどうは）② アメリカから帰国した幸徳秋水が、1907年2月、日本社会党第2回大会で提唱。労働者の団結と直接行動を主張して議会政策派と対立、分裂。

桂内閣（第2次）（かつらないかく）① 1908.7〜11.8　戊申詔書を発して国民に勤倹を説き、経済再建を実施。大逆事件・工場法公布など社会運動の弾圧を行い、外には第2次日露協約・韓国併合などを実現させ、条約改正も達成した。立憲政友会の協力を得るため、円満な政権授受を約束した「情意投合」を表明、西園寺（第2次）に政権を譲った。

戊申詔書（ぼしんしょうしょ）⑥ 1908年（戊申の年）に発布。日露戦争後、国民の間に芽生えた個人主義・享楽的傾向を思想・風紀の悪化として、その是正を諭した。

地方改良運動（ちほうかいりょううんどう）⑦ 1909年から内務省が中心となり推進した国富増強運動。日露戦争後の経済不況下で、疲弊した地方自治体の財政再建と農業振興、民心向上などを目標とする。地方官吏・有力者を中心に推進、講習会などが開催され、全国に模範村も設定された。

模範村（もはんむら）①

青年会（せいねんかい）② 1887年頃から成立した地域の青年組織。近世に形成された若者組や娘組の伝統を継ぐ。日露戦争後、政府が積極的に保護・育成し、官製的な青年団に発展した。

若者組（わかものぐみ）　**娘組**（むすめぐみ）①

青年団（せいねんだん）③

在郷軍人会（ざいごうぐんじんかい）③ 兵役を終えた予備・後備役、退役軍人（在郷軍人）の団体。日清戦争前後から各地に成立。1910年創設の帝国在郷軍人会に統合、14年から海軍も参加。昭和期の会員は300万人。戦時動員に即応できる予備軍人の教育を目的とし、会員の鍛練、軍国主義の普及活動に努めた。

帝国在郷軍人会（ていこくざいごうぐんじんかい）

愛国婦人会（あいこくふじんかい）① 1901年に婦人運動家奥村五百子らが創立した団体。戦死者の遺族や傷痍兵救済のために結成。明治期以降、女性による様々な活動を行う婦人会が組織された。

婦人会（ふじんかい）

大逆事件（たいぎゃくじけん）⑦ 1910年、明治天皇暗殺計画という理由で、幸徳秋水・管野スガら無政府主義・社会主義者26人を起訴。翌年、全員有罪とされ、幸徳・管野・大石ら12人が死刑。以後、社会主義運動は不振となり、「冬の時代」と呼ばれた。

管野スガ（かんのスガ）②　**「冬の時代」**（ふゆのじだい）④

工場法（こうじょうほう）　→ p.280
特別高等課（とくべつこうとうか）　→ p.308

2 第一次世界大戦と日本

大正政変

西園寺内閣（第2次）（さいおんじないかく）⑦ 1911.8〜12.12　明治末期の不況の中で、軍備拡張と財政安定の調和を図り、緊縮財政をとる。陸軍の予算額を増加させる2個師団増設問題で陸軍と衝突、上原陸相の単独辞任により内閣は瓦解した。

帝国国防方針（ていこくこくぼうほうしん）② 日露戦争後の1907年に制定された、国防政策の基本方針。仮想敵国は露・米・仏・独の順とし、平時の陸軍を17個師団から25個師団へ増強し、海軍は戦艦8隻、装甲巡洋艦8隻の建艦計画を長期目標とする八・八艦隊の実現をめざした。

建艦計画（けんかんけいかく）①

：八・八艦隊（はちはちかんたい）① 1907年、帝国国防方針で示された戦艦・装甲巡洋艦各8隻を中心とした大建艦計画。1920年、原内閣は八・八艦隊を27年までに完成する案を確定。

ワシントン条約で中止となる。

：戦艦（せん） ③ 軍艦の中で最も卓越した攻撃力と防御力とを兼ね備えた戦闘艦。

：装甲巡洋艦（そうこうじゅんようかん） ③ 戦艦に匹敵する攻撃力を持つが、防御力を弱めた分、速度を速くした軍艦。

2個師団増設問題（にこしだんぞうもんだい） ⑥ 1912年、陸軍は財政緊縮をとなえる第2次西園寺内閣に対して、朝鮮駐屯の2個師団増設を要求。陸軍との衝突で内閣は総辞職。第1次護憲運動の契機となる。その後、第2次大隈内閣の手で2個師団増設が可決した。

外蒙古（がいもうこ） → p.311
内蒙古（ないもうこ） → p.311

大正（たいしょう）天皇 ⑥ 1879～1926　在位1912～26。名は嘉仁。病弱で体が弱かったため、実質的に政務を執ることが少なく、1921年皇太子裕仁（ひろひと）を摂政に立てた。　**嘉仁（よしひと）親王（しんのう）**

美濃部達吉（みのべたつきち） ⑦ 1873～1948　東大教授、貴族院議員。天皇機関説や政党内閣論をとなえ、明治末期～昭和初期にかけて穂積八束（やつか）・上杉慎吉らの天皇主権説と対立した。

：天皇機関説（てんのうきかんせつ）（国家法人説（こっかほうじんせつ）） ⑦ 法人としての国家が統治権の主体で、天皇は国家の最高機関とする憲法学説。美濃部達吉が『憲法講話』などの著書論文で論述。

『憲法講話』（けんぽうこうわ） ①

上杉慎吉（うえすぎしんきち） ② 1878～1929　東京大学で憲法を講じ、天皇の権力は絶対であるという天皇主権説を主張。美濃部達吉と論争。

：天皇主権説（てんのうしゅけんせつ） ① 上杉慎吉らによってとなえられた憲法学説の一つ。国家の主権または統治権は天皇に属し、国家と主権を有する天皇の権力行使に制限はないという学説。

上原勇作（うえはらゆうさく） ④ 1856～1933　第2次西園寺内閣の陸相。陸軍の2個師団増設が西園寺首相に拒否されると、大臣が単独で天皇に政務を報告できる帷幄上奏権を使って単独辞任し、西園寺内閣は総辞職した。

帷幄上奏権（いあくじょうそうけん） ①

桂（かつら）内閣（第3次） ⑦ 1912.12～13.2　第2次西園寺内閣総辞職後、大正天皇の内大臣兼侍従長（天皇の側近に仕える侍従職の長官）の桂太郎が組閣。議会停会など議会無視の態度をとったため、第1次護憲運動が起こり、わずか53日で崩壊した。

侍従長（じじゅうちょう） ③
：宮中（きゅうちゅう） → p.243
：府中（ふちゅう） → p.243

第1次護憲運動（だいいちじごけんうんどう） ⑦ 1912年、第2次西

園寺内閣の総辞職後、内大臣桂太郎の組閣に対して、立憲政友会の尾崎行雄・立憲国民党の犬養毅（いぬかい）らは憲政擁護会をつくり、「閥族打破・憲政擁護」を叫んで倒閣運動を展開。憲政擁護運動ともいう。

「閥族打破・憲政擁護」（ばつぞくだは・けんせいようご） ⑦
憲政擁護運動（けんせいようごうんどう） ④

尾崎行雄（おざきゆきお） ⑦ 1858～1954　第一議会以来、立憲改進党・立憲政友会などの政党政治家として活躍。1898年、隈板（わいはん）内閣の文相の時に「共和演説」で辞職、のち東京市長もつとめる。第1次護憲運動・普選実現に尽力した。敗戦後まで50年間を衆議院議員として活躍し、「憲政の神様」と称された。

「憲政の神様」（けんせいのかみさま） ②

立憲国民党（りっけんこくみんとう） ⑦ 1910年、憲政本党の犬養毅らを中心として結成。1913年、大正政変の時に桂太郎に誘われた多くの議員は桂の新党、立憲同志会に走った。

：犬養毅（いぬかいつよし） → p.311

大正政変（たいしょうせいへん） ⑦ 第3次桂内閣を倒した政変をいう。第1次護憲運動の展開に対し、桂は立憲同志会の結党で対抗したが少数派に終わり、1913年2月、53日で退陣した。

立憲同志会（りっけんどうしかい） ⑥ 1913年に桂太郎が創立を宣言。藩閥系の代議士と立憲国民党の離党者が参加。桂の死後、1913年12月に結党式。加藤高明（たかあき）が総裁となり、1916年、憲政会と改称。第2次大隈内閣の与党となる。1924年、護憲三派内閣の成立まで約10年間は野党。

山本権兵衛（やまもとごんべえ） ⑦ 1852～1933　日露戦争の時の海軍大臣、薩摩閥・海軍閥（元海軍大将）の実力者。大正時代に2度にわたり首相をつとめた。

山本（やまもと）内閣（第1次） ⑦ 1913.2～14.4　第3次桂内閣退陣後、組閣。立憲政友会が与党。1913年に軍部大臣現役武官制を改正、文官任用令を緩和して、政党員の上級官吏任用の道を開く。シーメンス事件で総辞職。

：軍部大臣現役武官制改正（ぐんぶだいじんげんえきぶかんせいかいせい） ⑥ 第2次山県内閣の1900年に公布された軍部大臣現役武官制では、陸軍・海軍大臣は現役の大将・中将に限るとしたが、第1次山本内閣は現役規定を削除し、予備役（有事の際に招集される軍人）・後備役（予備役を終了した軍人）まで就任を拡大した。しかし、実際に就任した例はない。二・二六事件後、1936年の広田内閣で、現役規定が復活。　**予備役（よびえき）③　後備役（こうびえき）③**

：文官任用令改正（ぶんかんにんようれいかいせい）《緩和》（かんわ） ④ 天皇

の勅令によって任用される各省の次官・局長級の勅任官は、1893年の文官任用令では自由任用であったため、政党員の就任が多くなった。第2次山県内閣は、勅任官の任用を高等文官試験合格者から登用することで政党員の任官を阻止。第1次山本内閣は勅任官の特別枠を拡大して、政党への配慮を示した。

シ（ジ）ーメンス事件　⑦ 1914年、軍需品購入をめぐり、ドイツのジーメンス社と海軍首脳部との贈収賄が露見した事件。ついで、イギリスのヴィッカーズ社も軍艦「金剛」の建造に関し、三井物産を介して汚職事件が発覚。海軍を非難する声の中で、海軍閥の山本内閣は総辞職した。　**ジーメンス社** ③
ヴィッカーズ社 ②　「**金剛**」こう ①
大隈おおくま**内閣（第2次）**　⑦ 1914.4～16.10　第1次山本内閣退陣後、組閣。立憲同志会と中正会が与党。加藤高明外相を中心に、第一次世界大戦に参戦、二十一カ条の要求を行う。1915年の総選挙で立憲同志会などの与党が大勝し、2個師団増設を可決した。
2個師団増設の可決にしだんぞうせつのかけつ ④

))) 第一次世界大戦

三国同盟さんごくどうめい ⑦ 1882年、ドイツ・オーストリア・イタリア3国で締結された相互防衛条約。三国協商と対立。　**同盟国**どうめいこく ③
三国協商さんごくきょうしょう ⑦ 英仏・英露協商、露仏同盟の成立によってできた対ドイツ包囲体制。三国同盟に対抗。第一次世界大戦で連合国（協商国）となる。　**英仏協約**えいふつきょうやく ⑤
英露協商えいろきょうしょう ⑤
露仏同盟ろふつどうめい ⑤　**連合国**れんごうこく ⑦
協商国きょうしょうこく ①
第一次世界大戦だいいちじせかいたいせん ⑦ 1914～18年。ボスニアの都サライェヴォにおけるオーストリアの帝位継承者夫妻暗殺が引き金となる。ドイツ・オーストリアなど4カ国の同盟国と英・米・仏・露など27カ国の連合国との世界戦争。パリ講和会議で締結されたヴェルサイユ条約で終結。
サライェヴォ事件 ⑥
：**「ヨーロッパの火薬庫」**かやくこ ③ 東南ヨーロッパにあるバルカン半島は宗教・民族が異なり、歴史的に対立を深めていたため、対立に火がつくと一挙に拡大するという意味。ロシアはバルカン半島のスラブ人の統合をめざしてパン＝スラブ主義をとなえ、ドイツはゲルマン人の勢力拡大を図ってパ

ン＝ゲルマン主義をとなえた。
バルカン半島 ⑤
パン＝スラブ主義 ①
パン＝ゲルマン主義 ①
：**総力戦**そうりょくせん ⑤ 第一次世界大戦により生まれた新しい戦争の形態、または概念。軍事作戦による戦闘のみが戦争の勝敗を決める要因ではなく、軍事・政治・経済・人的諸能力などの国力のすべてを戦争に投入することを重視する考え方。
：**無制限潜水艦作戦**むせいげんせんすいかんさくせん ③ 1917年2月から、イギリスを海上封鎖するためにドイツが行った作戦。戦闘海域に入った船舶を、国籍を問わずにドイツの潜水艦が撃沈した。1917年4月、中立国だったアメリカは無制限潜水艦作戦を理由に第一次世界大戦に参戦。
：**「大正新時代の天佑」**たいしょうしんじだいのてんゆう ③ 第一次世界大戦の勃発を聞いた元老井上馨おの言葉。第一次世界大戦により日本の貿易輸出が伸びて、日露戦争以来の経済不況が終わると共に、対外的には中国大陸に進出するチャンスであるとの意味を持つ。

教科書に出てくる国々
▶同盟国：ドイツ、オーストリア＝ハンガリー、ブルガリア、オスマン帝国
▶連合国：イギリス、フランス、ロシア、イタリア、日本、アメリカ、セルビア

))) 日本の中国進出

青島チンタオ ⑦ 山東半島西南部膠州こうしゅう湾の中心港市。ドイツが1898年に租借。第一次世界大戦に参戦した日本軍がここを占領した。ヴェルサイユ条約で、日本は山東省の旧ドイツ権益を継承したが、ワシントン会議で中国への返還が決まる。　**山東省**さんとうしょう ⑦
：**ドイツ領南洋諸島**ドイツりょうなんようしょとう ⑦ ドイツの植民地。日本が占領し、第一次世界大戦後、赤道以北は日本の委任統治領となった。日本は南洋庁を設置して統治。開発事業のために松江春次がつくった南洋興発は、「海の満鉄」と呼ばれた。　**南洋庁**なんようちょう ①
松江春次まつえはるじ ①　**南洋興発**なんようこうはつ ①

教科書に出てくる南洋諸島
マリアナ諸島、マーシャル諸島、パラオ諸島、カロリン諸島、グアム島、サイパン島

二十一カ条の要求(にじゅういっかじょうのようきゅう) ⑦ 1915年、第2次大隈内閣が中国における利権拡大のため袁世凱(えんせいがい)政府に要求。(1)山東省ドイツ権益の譲渡、(2)南満洲・内モンゴル権益の99カ年延長と鉄道敷設権、(3)漢冶萍公司の日本と中国との共同経営、(4)福建(ふっけん)省を他国に渡さず、日本の勢力圏にすることの確認などを要求。中国の主権を侵す第5号の中国政府の顧問として日本人を雇用することを削除して、第1号から第4号と第5号の一部を中国は承認。

：漢冶萍公司(かんやひょうコンス) ③ 漢陽の製鉄所、大冶(だいや)の鉄鉱石、萍郷(ひょうごう)の石炭で構成される中国の大規模な民間製鉄会社。日本は日本興業銀行などから資本を大量に輸出。二十一カ条の要求で日中の共同経営を要求して、事実上、日本の支配下においた。

：国恥記念日(こくちきねんび) ③ 袁世凱政府が二十一カ条の要求を受諾した5月9日を、中国国民は国恥記念日とした。

日貨排斥運動(にっかはいせきうんどう) ① 中国で起こった日貨(日本商品)を主とする反日運動。20世紀に入って起こり、二十一カ条の要求や五・四運動の際に激化した。

寺内(てらうち)内閣 → p.265

段祺瑞(だんきずい) ⑤ 1865～1936 中国の軍閥政治家。辛亥(しんがい)革命後、袁世凱のあとを受けて北京政府の実権を握り、日本から西原借款などの援助を受けて、孫文(そんぶん)らの中国の南方革命勢力と対抗。のち北伐で没落した。

北京政府(ペキンせいふ) ①

借款(しゃっかん) ⑤ 国家が他国に資金を貸し与えること。ねらいを持った政治的借款と自国商品購入を条件とする経済的借款とがある。

：西原借款(にしはらしゃっかん) ④ 寺内内閣が1917～18年にかけて、私設特使西原亀三を派遣して、中国の段祺瑞政権に与えた政治的借款。日本興業銀行・朝鮮銀行・台湾銀行の引き受けで、総額1億4500万円を融資。中国内乱を助長し、日本が中国から様々な利権を得ようとするねらいがあった。

西原亀三(にしはらかめぞう) ②

第4次日露協約(だいよじにちろきょうやく) ⑤ 第2次大隈内閣の1916年に調印。日露同盟ともいう。秘密協定で、満洲の分割支配と極東における日露の軍事同盟化を約す。ロシア革命で廃棄。

石井・ランシング協定 ⑦ 1917年、日米両国間で交わされた協定。アメリカは中国における日本の「特殊権益」を、日本はアメリカに中国の「門戸開放」(もんこかいほう)を認め合った。1923年に廃棄された。

：石井菊次郎(いしいきくじろう) ④ 1866～1945 第2次大隈内閣の外相。寺内内閣の時、特派大使として石井・ランシング協定を締結。ジュネーヴ軍縮会議の全権。

：ランシング R. Lansing ④ 1864～1928 ウィルソン大統領の時の、アメリカの国務長官(日本の外務大臣と同じ)。石井・ランシング協定を成立させる。

：特殊権益(とくしゅけんえき) ② 日本が政治的・経済的・軍事的手段によって保持しようとした、条約上の権利及び実際上の利益。中国の利権回収を拒否し、日本以外の列国の利権獲得を排除する主張の根拠。

ロシア革命(かくめい) ⑦ 1917年3月、ニコライ2世を最後とするロマノフ王朝の帝政を倒した三月革命と、同年11月、レーニンを中心に社会主義革命によってソヴィエト政権を樹立した十一月革命とをいう。

三月革命(さんがつかくめい) ①

十一月革命(じゅういちがつかくめい) ①

社会主義政権(しゃかいしゅぎせいけん) ⑥

：レーニン Lenin ③ 1870～1924 ロシアの革命家。共産主義をめざすボリシェヴィキ(革命勢力の多数派、ロシア共産党)を指導して十一月革命を達成。史上初の社会主義政権を樹立。1917年11月、「平和に関する布告」で「無併合・無賠償・民族自決」を提唱し、ドイツと17年12月に休戦。ブレスト＝リトフスク条約で対ドイツ戦から離脱する。

ボリシェヴィキ(ロシア共産党)(きょうさんとう) ②

「無併合(むへいごう)**・無賠償**(むばいしょう)**・民族自決**(みんぞくじけつ)**」** ③

：ブレスト＝リトフスク条約 ① 1918年3月3日に、ドイツ・オーストリアとソヴィエト＝ロシアの間で結ばれた単独講和条約。これにより、ソヴィエト政権は第一次世界大戦から離脱した。条約内容は、1918年末のドイツ敗北で無効となる。

単独講和条約(たんどくこうわじょうやく) ③

：ソヴィエト政権(せいけん) ⑥ ソヴィエトはロシア語で会議の意味。労働者・兵士・農民のソヴィエト(労農兵協議会)が権力を握った政権をいう。ロシアを中心とした社会主義国は、1922年にソヴィエト社会主義共和国連邦を結成。

ソヴィエト社会主義共和国連邦(しゃかいしゅぎきょうわこくうわうれんぽう)**(ソ連**(れん)**)** ⑤

シベリア出兵(しゅっぺい) ⑥ 1918年8月、日・米・英・仏などが、ロシア革命に干渉する目的で、ヨーロッパからシベリアのウラジヴォ

ストークに移動・集結したチェコスロヴァキア兵救出を名目として、20年まで出兵。日本のみ1922年まで出兵し、最大7万2000人の兵員を駐留。戦費は10億円に達し、3000人をこえる戦死者を出した。

チェコスロヴァキア軍 ①
シベリア干渉戦争 ②
：**尼港事件** ① 1920年、シベリアの黒竜江河口ニコラエフスク(尼港)を占領した日本軍が、抗日パルチザン(抗日武装ロシア人)に包囲され、日本人将兵・居留民ら推定700余人が殺害された事件。

ニコラエフスク ①　　**パルチザン** ①

政党内閣の成立

大正デモクラシー ⑦ 大正期に高揚した自由主義・民主主義的風潮。その背景には産業の発展、市民社会の発展、第一次世界大戦前後の世界的なデモクラシー風潮の影響がある。民本主義思想が拡大し、普選運動、社会・労働運動や教育運動も進展。

美濃部達吉 → p.262
民本主義 ⑦ 吉野作造が提唱したデモクラシー思想。主権在民の民主主義とは一線を画し、主権在君の明治憲法の下で、民衆の政治参加を主張。政治の目的は民衆の福利にあり、政策決定は民衆の意向によるとして、政党内閣制と普選の実現を説く。
吉野作造 ⑦ 1878〜1933 政治学者。東大教授。1916年、『中央公論』に「憲政の本義を説いて其有終の美を済すの途を論ず」を発表、民本主義を主張。黎明会・新人会で啓蒙・学生運動を指導、友愛会などの労働運動も支援。朝鮮・中国の民族主義にも理解を示した。
「憲政の本義を説いて其有終の美を済すの途を論ず」 ③
：**『中央公論』** → p.296
寺内正毅 ⑦ 1852〜1919 長州出身の軍人・政治家。陸軍大将、元帥。桂内閣時代の陸相。初代朝鮮総督を経て1916年に首相。
寺内内閣 ⑦ 1916.10〜18.9 第2次大隈内閣の退陣後、寺内が朝鮮総督を辞し、「挙国一致」を掲げて組閣。大正デモクラシーの風潮の中で、非立憲的だと非難された。寺内首相の顔が、当時アメリカから渡ってきた神像であるビリケンに似ていることから、ビリケン(非立憲)内閣といわれた。シベリア出兵を行い、米騒動により総辞職。

ビリケン内閣 ①

：**臨時外交調査委員会** ① 1917年、寺内内閣が、対華・対露外交に関する国論を統一するために設置した。主要閣僚のほか、原敬・犬養毅も取り込んだ。
憲政会 ⑦ 1916年、立憲同志会・中正会・公友倶楽部が合同し、寺内内閣に対抗して設立された政党。総裁は加藤高明。1927年に政友本党と合同。立憲民政党となる。
中正会 ⑦ 1916年、立憲同志会・中正会・公友倶楽部が合同し、寺内内閣に対抗して設立された政党。総裁は加藤高明。1927年に政友本党と合同。立憲民政党となる。
米騒動 ⑦ 1918年8月、富山県での米価高騰に対する漁村の主婦たちの蜂起(女一揆・女房一揆)を機に、1道3府35県にわたり米価引下げ・安売りを要求した暴動。参加者約70万人以上、一部に軍隊も出動して3カ月後に鎮静。

越中女(女房)一揆 ①
原敬 ⑦ 1856〜1921 平民出身の総辞職後、1918年に第3代立憲政友会総裁として、華族の爵位を持っていない最初の首相として政党内閣を組織。平民宰相(平民出身の総理大臣)として人気があったが、東京駅で刺殺された。

平民宰相 ⑥
原内閣 ⑦ 1918.9〜21.11 原敬は衆議院議員で、政党の党首。陸軍・海軍・外務大臣以外は立憲政友会員で組閣した本格的政党内閣。ヴェルサイユ条約調印・国際連盟加盟は協調外交の原型。鉄道院を鉄道省に改め、鉄道敷設による立憲政友会の基盤拡大を図り、「我田引鉄」といわれた。産業開発・高等教育普及政策を推進。普通選挙には反対。
：**四大政綱** ① 原内閣が掲げた政策。(1)臨時教育会議による教育の改善整備、(2)交通通信の整備拡充、(3)産業及び通商貿易の振興、(4)国防の充実の四大政策をいう。
：**積極政策** ③ 積極的な財政支出によって、産業の奨励、鉄道網や港湾施設の整備・拡充、地方における教育施設の増設など、地方に利益をもたらし、政権基盤を拡大していこうとする立憲政友会の政策。
：**小選挙区制** ① 1919年、衆議院議員選挙法を改正し、納税資格を国税3円以上に引き下げ、小選挙区制とする。1890年の第1回総選挙は小選挙区制だが、1900年の改正で大選挙区となる。小選挙区制による1920年の総選挙で立憲政友会は大勝。
米穀法 ① 1921年施行。米騒動に対応して、米穀の需給を調節するため、政府の市場介入を認めた法律。
政党内閣 ⑦ 議会内で多数を占める政党

により組織された内閣。1898年の隈板内閣で成立するが、4カ月で崩壊。米騒動後の原内閣で、本格的に成立。1925年の加藤高明内閣から32年の五・一五事件で犬養内閣の崩壊まで8年間継続して成立。

原敬暗殺事件〔5〕1921年11月、原敬首相が東京駅において、国鉄職員に暗殺された事件。

戦後恐慌〔せんごきょうこう〕 → p.306

高橋是清〔たかはしこれきよ〕⑥1854〜1936　日銀総裁・蔵相を経て1921年に首相、立憲政友会総裁。護憲三派内閣の農商務相。田中義一内閣の蔵相として金融恐慌を収拾。犬養内閣の蔵相として金輸出再禁止を行い、斎藤内閣では時局匡救事業を行う。岡田内閣蔵相在任中、二・二六事件で暗殺される。

高橋内閣〔たかはしないかく〕⑤1921.11〜22.6　原首相暗殺後、蔵相の高橋是清が組閣、すべての閣僚を留任させた。ワシントン会議に参加。立憲政友会の内部対立で総辞職する。

加藤友三郎〔かとうともさぶろう〕⑥1861〜1923　大隈から高橋までの4内閣の海相を歴任。ワシントン会議の首席全権。1922年に組閣、在任中に病死。

加藤友三郎内閣〔かとうともさぶろうないかく〕④1922.6〜23.9　高橋内閣の総辞職後、立憲政友会が支持し、官僚・貴族院を中心に組閣。ワシントン海軍軍縮条約後の軍縮、シベリア撤兵を行う。政党員ではない海軍大将の加藤に続き、海軍大将の山本権兵衛、枢密院議長の清浦奎吾が首相についたため、この3代は非政党内閣となった。　　　　**非政党内閣**〔ひせいとうないかく〕⑤

3　ワシントン体制

パリ講和会議とその影響

パリ講和会議〔こうわかいぎ〕⑦1919年1月〜6月、第一次世界大戦終結後、連合国の首脳が集まり、ドイツとの講和問題や国際連盟設立を含めた第一次世界大戦後の国際体制の構築が話し合われた。米大統領ウィルソン、英首相ロイド＝ジョージ、仏首相クレマンソー、伊首相オルランドらが参加。日本全権は西園寺公望。　　　　　**ウィルソン**⑥
　　　　　　　　ロイド＝ジョージ①
　　　　　　　　　クレマンソー①
：**西園寺公望**〔さいおんじきんもち〕 → p.254
：**牧野伸顕**〔まきののぶあき〕②1861〜1949　大久保利通の2男。政治家・外交官。第1次西園寺

内閣の文相の時に文展を創始。のちパリ講和会議の全権。二・二六事件で襲われるが、難を免れる。

：**人種差別禁止（撤廃）案**〔じんしゅさべつきんし（てっぱい）あん〕①　人種平等案ともいう。パリ講和会議で日本が提出。背景にアメリカ・オーストラリア・カナダでの日本移民排斥があった。英・米の反対で不採択となるが、支持する国も多かった。
：**ウィルソン14カ条**〔じゅうよんかじょう〕⑥アメリカ第28代大統領ウィルソンが提唱した14カ条の平和原則。「勝利なき平和」をめざし、秘密外交の廃止・海洋の自由・軍備縮小・民族自決（民族が自己の意思で運命を決めるという原則）・国際平和機関の設立などを提唱。　　　　　　　　**民族自決**〔みんぞくじけつ〕⑦

ヴェルサイユ条約〔じょうやく〕⑦第一次世界大戦後の1919年6月、パリ講和会議で結ばれたドイツと連合国との講和条約。ドイツに対して、賠償金、軍備制限、植民地の委任統治領移行、ポーランドの独立などを取り決めた。日本は山東省の旧ドイツ権益の継承、赤道以北の南洋諸島の委任統治権を得た。
：**国際労働機関（ILO）**〔こくさいろうどうきかん〕①1919年、ヴェルサイユ条約によって設立。本部はスイスのジュネーヴ。労働者の権利保護、労働条件の改善など、正当な労働基準を世界的に広めることを目的とする。

委任統治権〔いにんとうちけん〕⑦第一次世界大戦後、国際連盟から委託されて、一定地域を統治する権利。旧ドイツ・トルコ領の植民地がその対象となった。第二次世界大戦後の国連の信託統治と同じ。

国際連盟〔こくさいれんめい〕⑦アメリカ大統領ウィルソンの提唱で、1920年に成立した史上初の国際平和機構。米・英・仏・日・伊の5大〔連合〕国の中で、米は上院の加盟否決で加盟しなかった。スイスのジュネーヴに事務局をおき、連盟総会・理事会・事務局の3機関をおく。　　　**5大〔連合〕国**〔ごだいれんごうこく〕②
：**常任理事国**〔じょうにんりじこく〕⑥連盟理事会は英・仏・伊・日の4常任理事国（のちドイツを追加）と4非常任理事国（のち9カ国）で構成される。
：**新渡戸稲造**〔にとべいなぞう〕①1862〜1933　内村鑑三らと共に札幌農学校でキリスト教に入信した教育者。『武士道』（1899年）を英文で発表して日本文化を紹介。京大教授・一高校長・東大教授・東京女子大初代学長などを歴任。1920〜26年、国際連盟事務局次長として活躍した。

：ヴェルサイユ体制（ない）⑤ ヴェルサイユ条約によって決められた、ドイツの封じ込めをめざす国際的体制をいう。

五・四運動（ごしうんどう）⑦ 1919年5月4日、パリ講和会議で二十一カ条要求の解消を中国が求めたが拒否されたことから、北京の大学生が始めた抗議運動。天安門広場などに集まって、二十一カ条条約の調印拒否を叫び、中国全土に愛国運動が広がる。日本の商品を買わない運動（日貨排斥運動）も展開された。 **天安門広場**（てんあんもんひろば）③

三・一独立運動（さんいちどくりつうんどう）**（三・一事件**（さんいちじけん））⑦ 1919年3月1日、日本の植民地支配に反対し、「独立万歳」を叫んだ朝鮮全土にわたる朝鮮民族の独立運動。京城（現、ソウル）のパゴダ（タプッコル）公園で独立宣言書が読み上げられた。朝鮮総督府・朝鮮駐留軍・警察によって鎮圧される。
パゴダ（タプッコル）公園（こうえん）⑤
独立宣言書（どくりつせんげんしょ）⑤

：柳寛順（りゅうかんじゅん）（ユグァンスン）③ 1904～20 三・一独立運動の時、故郷の忠清道天安郡（現、天安市）で独立運動を始めた15歳の女子学生。投獄中に死亡。「韓国のジャンヌ＝ダルク」といわれる。

大韓民国臨時政府（だいかんみんこくりんじせいふ）① 三・一独立運動を担った各地のグループを統合して1919年4月に設立。上海で設立したので上海臨時政府ともいう。大統領は李承晩（リスンマン）。国務総理には李東輝（リドンフィ）がついた。その後、内部対立で弱体化。

文化政治（ぶんかせいじ）② 三・一独立運動後、第3代朝鮮総督となった斎藤実（まこと）が行った朝鮮支配政策。朝鮮総督の武官制を文・武官併用とし、武力による朝鮮統治の「武断政治」から、「文化政治」を表明して憲兵警察制度を廃止した。会社令の撤廃・産米増殖計画などの経済政策によって、朝鮮人商工業者を取り込むことも図られた。
憲兵警察の廃止（けんぺいけいさつのはいし）③

田健治郎（でんけんじろう）② 1855～1930 明治・大正期の官僚・政治家。1919年から5年間、文官としてはじめて台湾総督をつとめた。

北一輝（きたいっき） → p.316

大川周明（おおかわしゅうめい） → p.312

ワシントン会議と協調外交

ワシントン会議（かいぎ） ⑦ 1921年11月～22年2月、アメリカ大統領ハーディングの提唱で開かれた国際会議。欧米や日本の海軍力拡大競争（建艦競争）を停止させる海軍軍備制限と極東・太平洋問題を協議、7条約、2協定を締結した。日本全権は海相加藤友三郎・駐米大使幣原喜重郎（しではらきじゅうろう）・貴族院議長徳川家達（いえさと）。 **建艦競争**（けんかんきょうそう）①

：ハーディング W. G. Harding ① 1865～1923 アメリカ第29代大統領。共和党。ワシントン会議を提唱した。

：加藤友三郎（かとうともさぶろう） → p.266

：四カ国条約（しかこくじょうやく） ⑦ 1921年、ワシントン会議で日・米・英・仏間で締結された条約。太平洋諸島の領土・権益の相互尊重、問題の平和的解決をめざす。日英同盟協約は廃棄。 **日英同盟廃棄**（にちえいどうめいはいき）⑥

：九カ国条約（きゅうかこくじょうやく） ⑦ 1922年、英・米・日・仏・伊の5カ国にベルギー・ポルトガル・オランダ・中国を加えた九カ国が締結した条約。中国の主権尊重・門戸（もんこ）開放・機会均等を規定。日本はこの条約に基づき、石井・ランシング協定を廃棄し、中国と山東懸案解決条約を結んで山東省の旧ドイツ権益を返還した。
石井・ランシング協定廃棄（いしい・ランシングきょうていはいき）⑤
山東懸案解決条約（さんとうけんあんかいけつじょうやく）⑤

：ワシントン海軍軍備限（軍縮）条約（かいぐんぐんびせいげん（ぐんしゅく）じょうやく） ⑦ 1922年、英・米・日・仏・伊の5カ国間で主力艦（戦艦・巡洋戦艦など）の総トン数比率を5：5：3：1.67：1.67と規定。戦艦保有を制限されたため、海軍軍拡をめざす日本の八・八艦隊計画は挫折した。この条約により戦艦「土佐」の建設が中止となった。 **戦艦「土佐」**（せんかん「とさ」）⑦

：ワシントン体制（たいせい）⑦ ワシントン会議の諸条約・協定によって形成された新しい国際秩序。日本の勢力拡大をおさえ、東アジア・太平洋地域の安定を目的とした。

協調外交（きょうちょうがいこう）⑦ ワシントン会議以降とられた、英・米との武力的対立を避け、中国に対しては内政不干渉方針をとる外交政策。経済的には中国市場の拡大、満洲の特殊権益の維持を図る。主に憲政会・立憲民政党内閣の外相幣原喜重郎が推進したので、幣原外交ともいう。

：幣原外交（しではらがいこう）⑦ 1924年以降、護憲三派（ごけんさんぱ）・憲政会・立憲民政党内閣の外相をつとめた幣原喜重郎が推進した協調外交をいう。しかし、田中義一内閣が積極外交を進めると、軟弱外交と批判された。

日ソ基本条約（にっそきほんじょうやく）⑦ 1925年、北京で調印。シベリア出兵で延引されていた日ソ交

渉は、中国公使芳沢謙吉とソ連の中国大使カラハン間で基本条約に調印、国交が樹立した。ソ連との国交樹立は、1924年の英・仏などに続いて12番目。

在華紡 → p.294

五・三〇事件 ② 1925年2月、上海の日本在華紡工場でストライキが発生し、騒動は各地へ発展。5月30日、上海での労働者・学生らの大規模な反日・反英デモをとった。そのデモにイギリス警察が発砲して死傷者を出し、全国的抗議運動に発展した。これを機に中国国民党は北伐を開始した。

排日移民法 ① アメリカで1924年に成立した新移民法のこと。日本人移民の低賃金がアメリカ人の雇用を妨げるとして、日本移民の入国は禁止された。それ以前にも、カリフォルニア州での日本人の土地所有禁止を決めた排日土地法(1913年)がある。

社会運動の勃興

労働運動 ⑥ 労働者が資本家に対抗して、労働条件や生活改善を要求する運動。

吉野作造 → p.265

：黎明会 ③ 1918年、吉野作造・福田徳三・麻生久ら自由主義者・進歩的学者を中心に結成された、デモクラシー思想の拡大をめざした団体。1920年に解散。

福田徳三 ①

：(東大)新人会 ④ 1918年、吉野作造らの指導下に成立した東大学生の思想運動団体。社会科学の研究・啓蒙などを行い、普選運動・労働運動にも参加。1929年に解体。同じ頃、早大で建設者同盟、京大で労働者と結んだ労学会がつくられた。

日本社会主義同盟 ③ 1920年、共産主義者・無政府主義者・改良主義者を含む資本主義に反対する勢力を結集して成立。山川均・堺利彦・大杉栄らが発起人。翌年、結社を禁止される。

無政府主義(アナーキズム) ⑥ 国家・議会・宗教など一切の権力を否定することで、理想的な社会ができると考える思想。早くから幸徳秋水らがとなえ、明治末期に社会主義運動の活動理論となる。

：森戸辰男 ② 1888〜1984 東大助教授。1920年、森戸の論文に対する弾圧事件が森戸事件。森戸は『経済学研究』に載せた無政府主義者クロポトキンに関する論文「クロポトキンの社会思想の研究」が危険思想として、休職処分にされる。東大助教授

大内兵衛らも掲載誌の責任者として休職。共に起訴されて有罪。 **森戸事件** ①
クロポトキン ②

共産主義(マルクス・レーニン主義) ⑤ 私有財産制を否定し、人民による財産の共有を実現することで平等な社会をつくろうとする思想。マルクスやエンゲルスによって体系化され、ロシアのレーニンは革命によって国家権力を奪い、共産主義社会の実現をめざした。共産主義革命を世界へ拡大するための運動が、国際共産主義運動。その組織が共産主義インターナショナル。

：マルクス主義 ② マルクス及びエンゲルスによる、労働者階級を解放し、平等な社会をめざす理論。日本ではロシア革命の成功、第一次世界大戦後の不況を背景にその研究熱が高揚し、経済学・歴史学・哲学などに大きな影響を与えた。

堺利彦 → p.256

山川均 ③ 1880〜1958 社会主義者。堺利彦らと共に社会主義運動に活躍。赤旗事件で入獄。日本共産党創立に参画。妻は山川菊栄。1937年、人民戦線事件に連座。第二次世界大戦後は日本社会党左派を指導。

日本共産党 ① 1922年、モスクワのソ連共産党の指導下につくられた国際共産党(1919年結成。コミンテルン、共産主義インターナショナル、第3インターナショナルともいう)の日本支部として、堺利彦・山川均らが非合法で結成。機関誌『赤旗』。三・一五事件(→ p.307)、四・一六事件(→ p.307)などの検挙・弾圧により、1935年頃に活動不能となる。第二次世界大戦後、再建。労働運動・知識人に多大な影響を与えた。 **コミンテルン** ④
共産主義インターナショナル ①
第3インターナショナル ①

女性解放運動(婦人運動) ⑤ 男女差別を排除し、男女平等を実現することをめざす運動。平塚らいてうらの女性解放運動や政治的要求を行う新婦人協会などが組織され、参政権獲得運動などに発展し、活発化した。

青鞜社 ⑥ 1911年、平塚らいてうらにより設立された女性の感性の解放をめざす女性のみの文学団体。女性解放運動を始めたが、1916年に解散。

：『青鞜』 ⑦ 青鞜社が発行した女性だけの手による雑誌。1911年9月の創刊号の平塚らいてうの一文で、「元始、女性は実に太陽であった」と宣言した。創刊号表紙の

絵は、長沼（高村）智恵子のデザイン。

平塚らいてう〔ひらつからいてう〕（**雷鳥**〔らいちょう〕、**明**〔あきこ〕）⑦ 1886～1971　青鞜社をおこして女性解放運動・女性参政権運動を推進、ついで新婦人協会を設立した。

：新しい女（女性）〔あたらしいおんな（じょせい）〕④ 封建的で古い因習から自己を解放し、自由で自立的な生き方をしていこうとする女性を指す言葉。それまでの女性の理想像とされた良妻賢母主義を否定する女性像。

：母性保護論争〔ぼせいほごろんそう〕③ 母となる女性や母親の地位をどのように保護し、生活を保障するかという論争。平塚らいてうと与謝野晶子が『婦人公論』で論争。

新婦人協会〔しんふじんきょうかい〕⑦ 1920年、平塚らいてう・市川房枝らが設立。1890年に公布された集会及政社法を引き継いだ、治安警察法第5条の「女子の政治結社・政治集会禁止」条項の撤廃運動を行ったが、1922年、女性の集会参加のみが議会で認められ、同年解散。機関誌は『女性同盟』。

市川房枝〔いちかわふさえ〕⑦ 1893～1981　女性運動家。新婦人協会の設立に参加。日本労働総同盟で女性労働者を組織。婦人（女性）参政権獲得運動を推進し、婦人参政権獲得期成同盟会をつくって、委員長となる。第二次世界大戦後は、参議院議員となり活躍する。

婦人（女性）参政権獲得運動〔ふじん（じょせい）さんせいけんかくとくうんどう〕②

：婦人参政権獲得期成同盟会〔ふじんさんせいけんかくとくきせいどうめいかい〕⑤ 1924年、女性の選挙権獲得をめざして市川房枝らが結成。翌1925年、婦選獲得同盟となり、30年に全日本婦選大会を開いたが、40年に解散。女性に参政権を与えようという婦人公民権案は、1930年に衆議院で可決されたが、貴族院で否決。

婦選獲得同盟〔ふせんかくとくどうめい〕①

全日本婦選大会〔ぜんにほんふせんたいかい〕①

：奥むめお〔おくむめお〕② 1895～1997　社会運動家。大正中期から社会事業・女性運動に従事、雑誌『婦人運動』を主宰。第二次世界大戦後、全国地域婦人団体連絡協議会長・参議院議員。

治安警察法〔ちあんけいさつほう〕　→ p.254

治安警察法改正〔ちあんけいさつほうかいせい〕② 1922年、第5条の情勢の政治運動への参加禁止が改正され、政治演説会への参加などが認められた。女性が結社する権利は認められなかった。

山川菊栄〔やまかわきくえ〕④ 1890～1980　女性運動家、山川均の夫人。社会主義同盟に入り、1921年に赤瀾会を結成し、女性解放運動に活躍。第二次世界大戦後、初の労働省婦人少年局長となる。

：赤瀾会〔せきらんかい〕④ 1921年に結成された女性社会主義者の団体。山川菊栄・伊藤野枝らが中心となった少数の女性の集まり。同年末に解散。「赤瀾」とは赤い波の意。

部落解放運動〔ぶらくかいほううんどう〕③ 1871年、えた・非人の称が廃され、法的には農工商と等しく平民になったが、社会的差別は依然として残存した。明治期の解放運動は融和運動的なものが多かった。大正期には被差別部落民の自主的な解放運動が起こり、全国水平社を創立し、全国的な組織で解放運動が展開された。

被差別部落〔ひさべつぶらく〕⑦

被差別部落民〔ひさべつぶらくみん〕②

全国水平社〔ぜんこくすいへいしゃ〕⑦ 1922年3月、被差別民の差別解消のために結成された、自主的な解放団体。京都で全国水平社〔創立〕大会を開く。機関誌は『水平』。融和運動を克服、絶対の解放を期して糾弾闘争を強化したが、第二次世界大戦中は活動を停止。戦後、1946年に部落解放全国委員会として復活、55年に部落解放同盟と改称した。

全国水平社〔創立〕大会〔ぜんこくすいへいしゃ〔そうりつ〕たいかい〕③

『水平』〔すいへい〕①

：部落解放同盟〔ぶらくかいほうどうめい〕　→ p.360

：「水平社宣言」〔すいへいしゃせんげん〕③ 全国水平社創立の宣言文。「人の世に熱あれ、人間に光あれ」と結ぶ。起草者は西光万吉。被差別民の自主的で絶対的な解放と水平・平等な社会の実現を叫ぶ「綱領」は、阪本清一郎〔さかもとせいいちろう〕らが起草。

西光万吉〔さいこうまんきち〕③

普選運動と護憲三派内閣の成立

山本〔やまもと〕**内閣（第2次）**④ 1923.9～24.1　加藤友三郎首相の病死のあとを受け、山本権兵衛が組閣。関東大震災後の混乱の処理に着手。4カ月後、虎の門事件で総辞職。

関東大震災〔かんとうだいしんさい〕⑦ 1923年9月1日、関東地方を襲った大地震。マグニチュード7.9。震度は7。東京・横浜など大都市災害をもたらし、東京両国の陸軍の軍服なども扱っていた被服廠跡〔ひふくしょうあと〕で死者約4万人。全体の死者約10万人、行方不明者4万人以上。2日に東京市、3日から東京府・神奈川県に戒厳令が施行された（11月16日に解除）。震災は大戦景気以来蓄積された国富に大被害を与えると共に、不況が深刻化。政府は支払猶予令・震災手形割引損失補償令を出し、日銀特別融資を行って経済活動の混乱を防いだ。

：**鹿子木孟郎**_{かのこぎたけしろう} ① 1874～1941 洋画家。アメリカ、フランスで洋画を学び、帰国後、京都に定住し、関西美術院長として京都洋画壇の重鎮となる。彼の描いた油絵「関東大震災」は、厳格・堅固な構成で、その悲惨な状況を活写している。

：**『震災画報』**_{しんさいがほう} ① 宮武外骨_{がいこつ}による関東大震災の記録。ジャーナリストの観点から政府への風刺や庶民の姿を記しており、1923～24年に出版された。

：**帝都復興院**_{ていとふっこういん} ① 1923年、関東大震災による東京復興を計画するため、内相後藤新平が総裁となって活動。当初計画された大規模予算が縮小され、翌1924年に内務省復興局となった。

：**後藤新平**_{ごとうしんぺい}　→ p.252

朝鮮人殺害_{ちょうせんじんさつがい} ⑤ 関東大震災の混乱下に朝鮮人が暴動を起こしたとの流言_{りゅうげん}が飛びかい、住民で組織する自警団の手で、「朝鮮人狩り」と称して関東各地で多数（人数については諸説ある）の朝鮮人と共に中国人も殺害された。

自警団_{じけいだん} ⑤

中国人殺害_{ちゅうごくじんさつがい} ①

亀戸事件_{かめいどじけん} ④ 関東大震災の混乱下、東京の亀戸署内で平沢計七・川合義虎_{よしとら}ら労働運動家10人が警察と軍隊により殺された事件。

平沢計七_{ひらさわけいしち} ①

甘粕事件_{あまかすじけん} ③ 1923年9月16日、関東大震災の混乱に乗じて、無政府主義者大杉栄と内縁の妻伊藤野枝、それに甥が憲兵隊に連行され、甘粕正彦大尉らに殺害された。

：**憲兵〔隊〕**_{けんぺいたい}　→ p.251

：**甘粕正彦**_{あまかすまさひこ} ① 1891～1945 陸軍軍人。憲兵大尉の時、甘粕事件に関与し軍法会議で懲役10年の判決。のち満洲事変とかかわり、満洲国で大きな力をふるった。

：**大杉栄**_{おおすぎさかえ} ⑥ 1885～1923 無政府主義者。社会主義運動を再建し、直接行動を主張して大正期の労働運動に大きな影響を与えた。荒畑寒村_{あらはたかんそん}と共に『近代思想』（1912～14年）を発刊、伊藤野枝らと月刊・週刊『労働運動』（1919～20年）を刊行し、盛んに評論活動も行った。関東大震災の時、甘粕正彦憲兵大尉に殺害される。

：**伊藤野枝**_{いとうのえ} ⑥ 1895～1923 女性運動家。1913年に青鞜社に入り活動する。のち内縁の夫大杉栄と共に無政府主義運動に活躍。関東大震災の時、大杉と共に甘粕正彦憲兵大尉に殺害される。

虎の門事件_{とらのもんじけん} ③ 1923年12月、帝国議会の開院式に臨む摂政宮裕仁親王（昭和天皇）

が、無政府主義者の青年難波大助に狙撃された暗殺未遂事件。関東大震災の混乱の中で、社会主義者が殺害されたのに反発。事件の責任をとり、第2次山本内閣は総辞職。

摂政宮裕仁_{せっしょうのみやひろひと}**親王**_{しんのう} ③

難波大助_{なんばだいすけ} ③

普通選挙〔制〕_{ふつうせんきょせい} ⑥ 納税額や教育程度などを選挙権の要件としない、一定年齢以上のすべての成年に選挙権・被選挙権を与える選挙制度。19世紀末までは男性の普選を意味した。主に納税額などによる資格制限を設けるのは制限選挙。

：**普選運動**_{ふせんうんどう} ⑥ 普通選挙の実施を要求する政治運動。長野県松本の中村太八郎らによる普通選挙期成同盟会が始まり。1911年に普選法が初めて衆議院を通過したが貴族院で否決。その後、各地の青年党_{せいねん}とう</sub>と呼ばれる市民団体や労働組合も運動に参加。1920年には、普選大示威行進（普選デモ）などで高揚した。

清浦奎吾_{きようらけいご} ⑦ 1850～1942 山県有朋系官僚。貴族院議員、枢密顧問官。1924年に首相。第2次護憲運動により辞職する。

清浦〔奎吾〕内閣_{きようらけいごないかく} ⑦ 1924.1～24.6 第2次山本内閣崩壊後、枢密院議長の清浦が組閣。政党から閣僚を入れず、貴族院中心の超然内閣（政党の意向にとらわれない内閣）であったため、第2次護憲運動が引き起こされ、わずか5カ月で総辞職。　**超然内閣**_{ちょうぜんないかく} ④

第2次護憲運動_{だいにじごけんうんどう} ⑦ 1924年、護憲三派が中心となり、清浦内閣打倒、普選断行、政党内閣の実現、貴族院・枢密院改革、行政整理などを掲げて起こした運動。総選挙の勝利で護憲三派による加藤高明内閣が成立した。

護憲三派_{ごけんさんぱ} ⑦ 第2次護憲運動を行った憲政会（加藤高明）、革新倶楽部（犬養毅_{いぬかいつよし}）、立憲政友会（高橋是清）をいう。清浦内閣を倒閣した後、連立内閣を組織する。

：**立憲政友会**_{りっけんせいゆうかい}　→ p.254

：**憲政会**_{けんせいかい}　→ p.265

：**革新倶楽部**_{かくしんくらぶ} ⑦ 1922年に成立。立憲国民党の後身。代表は犬養毅。普選・軍縮などを主張。1925年、立憲政友会に吸収される。

政友本党_{せいゆうほんとう} ④ 原内閣の内相床次竹二郎を中心とする立憲政友会内の清浦内閣支持派が、1924年に分裂してつくった政党。清浦内閣の与党。選挙で大敗。のち憲政会と合同して立憲民政党を形成する。

床次竹二郎_{とこなみたけじろう} ①

立憲民政党^{りっけんみんせいとう}　→ p.309

加藤高明^{かとうたかあき}　⑦ 1860〜1926　外交官。首相。妻は三菱の岩崎弥太郎^{いわさきやたろう}の娘。1913年に立憲同志会の総裁となり、二十一カ条の要求提出時の第2次大隈内閣の外相。護憲三派内閣の首相。三派が分裂した後、憲政会単独内閣に改造したが病死する。

加藤高明^{かとうたかあき}**内閣**　⑦ 1924.6〜26.1　総選挙後に第一党となった憲政会の総裁加藤高明を首相とする護憲三派連立内閣。内相若槻礼次郎^{わかつきれいじろう}、外相幣原喜重郎^{しではらきじゅうろう}、蔵相浜口雄幸^{はまぐちおさち}。普通選挙法・治安維持法の制定、貴族院の改革、日ソ国交樹立などを実現。立憲政友会が護憲三派から離脱した後、加藤は1925年8月に引き続き、憲政会単独の内閣に改造。これを第2次加藤高明内閣と呼ぶ。　**護憲三派内閣**^{ごけんさんぱないかく}⑥

普通選挙法^{ふつうせんきょほう}　⑦ 1925年、護憲三派内閣が改正した衆議院議員選挙法の通称。納税資格制限を撤廃し、25歳以上の男性に選挙権（女性は含まず）、30歳以上の男性に被選挙権を認めたもの。同時に小選挙区を中選挙区に戻した。
男性普通選挙法^{だんせいふつうせんきょほう}④

治安維持法^{ちあんいじほう}　⑦ 1925年、加藤（高）内閣が普選法成立直前に立法。国体の変革、私有財産の否認を目的とする結社を禁止する法。10年以下の懲役・禁錮^{きんこ}の罰則。1928年に死刑を追加。1936年に思想犯保護観察法が成立し、41年予防拘禁制を導入した。普選の実施による社会主義の拡大、日ソ国交樹立後の社会主義運動の活発化を取り締まるのが目的。1945年10月、GHQ覚書で廃止された。　**国体の変革**^{こくたいのへんかく}⑤
私有財産制度の否認^{しゆうざいさんせいどのひにん}④

陸軍軍縮^{りくぐんぐんしゅく}　④ 陸軍の人員削減による縮小をいう。国際的な軍縮の流れと財政負担の軽減がねらい。1922年の加藤（友）内閣の山梨軍縮と、25年の加藤（高）内閣の宇垣軍縮がある。

宇垣軍縮^{うがきぐんしゅく}　③ 加藤（高）内閣の陸相宇垣一成が行った軍縮。4個師団を削減するかわりに、戦車・航空機など兵備の近代化を図った。
：**宇垣一成**^{うがきかずしげ}　→ p.317
：**軍事教練**^{ぐんじきょうれん}　① 陸軍軍縮による将校の失業救済、学生の思想対策のため実施。1925年、陸軍現役将校学校配属令で中等学校以上に配属将校をおき、軍事教練が正課とされた。　**配属将校**^{はいぞくしょうこう}①

山梨軍縮^{やまなしぐんしゅく}　① 加藤（友）内閣の陸相山梨半造が行った軍縮。海軍の軍縮を受け、兵員や師団の削減を行ったが、兵器の近代化や経費節減にはつながらなかった。
：**山梨半造**^{やまなしはんぞう}　① 1864〜1944　陸軍軍人。第一次世界大戦では青島占領に貢献。原敬・高橋是清・加藤（友）内閣の陸相を務め、加藤内閣の時に陸軍軍縮を断行。

小作調停法^{こさくちょうていほう}　① 1924年公布。小作争議の調停を目的として出された法律。地主側は争議の早期解決につながり賛成したが、小作側は反対した。1951年廃止。

労働争議調停法^{ろうどうそうぎちょうていほう}　① 1926年公布。労働争議に関する調整の手続きを定めた法律。公益事業は強制調停となり、争議弾圧にも使われた。1946年廃止。

「憲政の常道」^{けんせいのじょうどう}　⑦ 1924年の加藤（高）内閣から32年の犬養内閣まで、衆議院で多数の議席を占める政党が内閣を担当することになった慣例をいう。第一党が総辞職後は第二党に交代する二大政党制を指す場合もある。戦後のような議院内閣制が制度化されたわけではない。昭和初期に立憲政友会・立憲民政党が拮抗して、交代したが、1932年の五・一五事件で犬養内閣が倒れ、挙国一致内閣の斎藤実内閣が成立して終止符が打たれた。　**二大政党制**^{にだいせいとうせい}②

第14章 近代の産業と生活

1 近代産業の発展

通貨と銀行

国立銀行条例こくりつぎんこうじょうれい ⑦ 殖産興業を進めると共に太政官札や民部省札などを整理するために、1872年、渋沢栄一らの尽力で公布された法令。設立された国立銀行では国立銀行券を発行できたが、兌換義務をとったために兌換できる正貨を蓄積できず、銀行の設立は4行に留まる。その後の改正で、不換銀行券も発行可能とし、国立銀行の設立は急増した。　**国立銀行券**こくりつぎんこうけん ②　　**不換銀行券**ふかんぎんこうけん ①

：**兌換制度**だかんせいど ① 政府紙幣や銀行券と正貨(金・銀貨)との引換え(兌換)を義務づけた制度。1872年の国立銀行条例により、国立銀行券は兌換銀行券として発行されたが、76年に兌換しなくてもよくなった。1885年から銀兌換の日本銀行券を発行し(銀本位制)、86年からは政府紙幣も兌換紙幣となり、97年金兌換に移行した(金本位制)。
　　正貨兌換せいかだかん ①　　**兌換紙幣**だかんしへい ②
　　　　兌換銀行券だかんぎんこうけん ①

：**国立銀行条例改正**こくりつぎんこうじょうれいかいせい ③ 国立銀行条例の改正は2回行われた。1876年の改正では、正貨兌換を廃止して資本金の8割まで国立銀行券の発行が許されたため、銀行設立が盛んとなって第百五十三国立銀行までの設立をみた。1883年の改正は、前年の日本銀行設立を受けて行われ、国立銀行は開業後20年間のうちに銀行券を発行できない普通銀行へ転換することとした。

国立銀行こくりつぎんこう ⑦ 1872年の国立銀行条例により設立された銀行。National Bank(ナショナル=バンク、国法銀行)の直訳。翌年から東京・横浜などに4行設立。当初は発行銀行券に正貨兌換を義務づけたが、1876年に兌換しなくてもよくなると、79年の第百五十三国立銀行まで設立された。第十五国立銀行は、岩倉具視らの提唱で華族の金禄公債を資本に設立した華族銀行。
　　第百五十三国立銀行だいひゃくごじゅうさんこくりつぎんこう ①

第十五国立銀行だいじゅうごこくりつぎんこう ①
：**第一国立銀行**だいいちこくりつぎんこう ⑦ 1873年、国立銀行条例により、東京に設立された最初の国立銀行。建物はのちに金融取引の中心地となる兜町に三井組ハウスとしてつくられた和洋折衷の初期擬洋風建築。初めは三井組の銀行として建築されたが、明治政府の圧力で第一国立銀行に譲渡された。1875年、渋沢栄一が頭取とう。1896年に第一銀行と改称して普通銀行となり、渋沢財閥の中核をなした。1971年、日本勧業銀行と合併し、第一勧業銀行。現在はみずほ銀行。
　　兜町かぶとちょう ①　　**三井組ハウス**みついぐみハウス ①

渋沢栄一しぶさわえいいち ⑦ 1840〜1931　実業家。埼玉県の豪農出身。一橋家・幕府に仕え、1867年に欧州視察。明治政府の大蔵省に出仕、税制・幣制改革にあたる。退官後、第一国立銀行・大阪紡績会社創立など実業界で活躍。教育・社会事業にも尽力。

：**『雨夜譚』**あめよがたり ① 渋沢栄一が1887年に門弟に語った青春の半生。尊王攘夷に身を投じてから一橋家の家臣となり、明治政府の大蔵省を退官するまでの疾風怒濤どとうの青春を語った自伝。

：**東京証券取引所**とうきょうしょうけんとりひきじょ ① 1878年、東京株式取引所として開業した。発起人の一人に渋沢栄一がいる。初めは、秩禄公債などの公債売買が中心。日本の資本主義が発展する中で株式取引も行われるようになったが、優良企業の株式は、財閥の持株会社が保有しているため、財閥系ではない企業基盤の弱い会社株式の取引は投機的なものであった。1943年、戦時体制下で全国11株式取引所が統合して日本証券取引所となり、戦後、1949年に東京証券取引所となる。

　　　　　　　　● ● ●

松方正義まつかたまさよし ⑦ 1835〜1924　鹿児島藩出身。内務卿・大蔵卿・大蔵大臣を歴任し、紙幣整理・金本位制確立など、財政・金融制度を整備した。薩摩閥の巨頭として、1891・96年の2回組閣、元老となる。

松方財政まつかたざいせい ⑦ 1880年代前半に実施された松方大蔵卿の政策をいう。紙幣整理、日本銀行設立、兌換制の確立、官営事業払下げデフレ政策などが中心。厳しい緊縮財政がデフレ

を招き、小企業を圧迫、自作農などの農民は没落した。一方、資本主義経済の基盤が形成された。

松方デフレ ⑥

：**工場払下げ概則**〔こうじょうはらいさげがいそく〕 ① 1880年に制定された、経営不振の官営工場を払い下げるための規則。松方正義の前の大蔵卿大隈重信の下で方針が決定したが、払下げ条件が厳しくあまり実現しなかった。1884年松方財政の下でこの規則が廃止されると、反対に払下げは軌道に乗った。

：**紙幣整理**〔しへいせいり〕 ① 1881年の松方大蔵卿の施策。大隈財政期の西南戦争や殖産興業のため増発した不換紙幣を回収・償却すること。紙幣を回収するため酒造税・煙草税などの増税と地方税を新設した。歳出削減と官営事業払下げも行った。官営事業払下げによる兌換銀行券の発行により一応完了した。

日本銀行〔にほんぎんこう〕 ⑦ 1882年、松方大蔵卿の建議を受け、日本銀行条例により設立された中央銀行。日本で唯一の銀行券（紙幣）発行権を持ち、1884年に兌換銀行券条例を制定して、翌年より銀兌換の日本銀行券を発行。

：**中央銀行**〔ちゅうおうぎんこう〕 ① 国の金融制度の中心機関。兌換銀行券を唯一発行することができ、金利を決定して信用調節などを行う。政府の銀行、銀行の銀行ともいわれる。外国為替と正貨の管理・決済も行う。

：**銀兌換銀行券**〔ぎんだかんぎんこうけん〕（**日本銀行〔兌換銀〕券**〔にほんぎんこう〔だかんぎん〕けん〕・**日銀券**〔にちぎんけん〕） ⑥ 1885年、日本銀行が発行した銀兌換銀行券。キヨソネが大黒天を描いた１円札（通称は大黒札〔だいこくさつ〕）が有名。翌年から政府紙幣の正貨兌換も開始し、銀本位制が確立した。

銀本位制〔ぎんほんいせい〕 ⑥

普通銀行〔ふつうぎんこう〕 ② 日本銀行の設立に伴い1883年の国立銀行条例改正で国立銀行が銀行券を発行できない銀行に転じると、政府系の特殊銀行に対する一般銀行の名称となった。現在では銀行法による銀行をいう。

産業革命

産業革命〔さんぎょうかくめい〕 ⑦ 機械の発明・応用で始まる工場制機械工業による生産の画期的進化。英国では18世紀後半から進展。日本では政府の殖産興業から企業勃興を経て、日清戦争前後に製糸・紡績などの軽工業を中心に産業革命が進む。さらに日露戦争前後には重工業部門の産業革命を達成。

資本主義〔しほんしゅぎ〕 ⑦ 機械や工場などの生産手段を持つ資本家が労働力を売るしかない賃労

働者を雇って利益目的で商品生産を行う社会の仕組み。日本では1880年代半ば以降の産業革命により定着。

企業勃興〔きぎょうぼっこう〕 ① 1886〜89年頃、松方デフレが収束して官営事業払下げも軌道に乗り始め、銀兌換制が確立して貨幣価値が安定し金利が低下すると、株式取引も活発になり、産業界が活況を呈していきた。鉄道・紡績・鉱業などで会社設立ブームが起こった。また、日清戦後には第２次企業勃興が起こった。

会社設立ブーム〔かいしゃせつりつブーム〕 ③

恐慌〔きょうこう〕 ⑦ 資本主義体制下で、不況が深刻化して経済が破綻してしまった状態。日本最初の恐慌は1890年、続いて資本主義恐慌が日清戦争後、日露戦争後は日露戦後恐慌、1920年代には戦後恐慌、震災恐慌、金融恐慌と続き、1930年からは本格的な昭和恐慌が起きた。

：**1890年の恐慌**〔きょうこう〕 ④ 企業勃興の反動で発生。株価の暴落、新設会社の破綻、綿糸価格の低落などを現出。過剰生産による過渡的なもので、資本主義恐慌ではない。紡績連合会が第一回操業短縮（操短〔そうたん〕）を実施。

：**1907年（明治40年）の恐慌**〔きょうこう〕 ① 日露戦争後の日露戦後恐慌。1907年から金融・産業部門の倒産が拡大し、生糸輸出の減退、紡績業の操短・休業も続出した。不況は慢性化し、第１次西園寺・第２次桂内閣は財政政策に苦慮した。一方、この間に財閥は企業集中を進めて、その基礎を固めた。

貨幣法〔かへいほう〕 ③ 1897年、第２次松方正義内閣が制定。日清戦争の賠償金を準備金として金本位制を確立。純金の目方２分（0.75g）を金１円・本位貨幣とした。

金本位制〔きんほんいせい〕 ⑦ 金貨を本位貨幣とする制度。1871年、新貨条例で金本位制の採用を定めたが、金の準備不足で確立せず。日清戦争の賠償金で正貨不足を解消、1897年の貨幣法で確立した。のち1917年に金輸出を禁止、30年に金解禁を実施して金本位制に復帰（金解禁）したが、翌31年、再禁止した。

特殊銀行〔とくしゅぎんこう〕 ② 政府が特定の政策を行うために特別法を制定して設立された銀行。主に明治30年代に設立。産業・貿易や植民地中央銀行などに長期・大口の融資を行う。種々の特権を持つが政府の強い監督下におかれる。占領地におかれた朝鮮銀行がその例。第二次世界大戦後、GHQによって解体。

：**横浜正金銀行**〔よこはましょうきんぎんこう〕 ③ 1880年、貿易金融を目的として設立された銀行。1887年

横浜正金銀行条例が公布され、特殊銀行となる。1931年の金本位制離脱後は、為替統制の中心機関。1946年、普通銀行に改組し、東京銀行として再発足。三菱銀行と合併し、現在は、三菱UFJ銀行。

：日本勧業銀行（にほんかんぎょうぎんこう）② 1897年、農工業を改良・発展させるため長期貸付を行う特殊銀行として設立。戦前・戦中期に農工銀行を吸収し、1950年に普通銀行となる。のち第一銀行と合併して第一勧銀となり、さらに日本興業銀行・富士銀行とも合併して、現在はみずほ銀行。

：日本興業銀行（にほんこうぎょうぎんこう）② 1902年、産業資本の長期融資機関として設立された特殊銀行。外資導入・資本輸出に活躍。2002年に第一勧銀・富士銀行と合併し、現在はみずほ銀行。

：農工銀行（のうこうぎんこう）② 1898〜1900年、各府県に設立。地方の農・工業育成の長期低利貸付を行う。府県ごとのため、資金力・業務力ともに弱く、大正末期から戦時体制の時期に日本勧業銀行に吸収された。

：台湾銀行（たいわんぎんこう） → p.306

紡績と製糸

軽工業（けいこうぎょう）② 少ない資本でも経営できる工業をいう。紡績や製糸などの繊維産業、雑貨、食品工業をいう。

紡績業（ぼうせき）⑦ 綿花から綿糸を紡ぐ産業。農村で行われていた手紡中心の在来綿業は開国後の機械製綿糸の輸入で圧迫されたが、大阪紡績会社が機械制大紡績工場による生産を確立。インド綿などの輸入、技術改良を進め、1890年に綿生産高が輸入量を、97年に輸出量が輸入量を超え、朝鮮・中国市場を支配。日露戦争後、綿布・綿織物部門の兼業が一般化、大戦景気で急増。

綿花（めん）④ 　**綿糸**（めんし）⑦ 　**手紡**（てつむぎ）④

ガラ紡（ぼう）⑤ 長野県人の臥雲辰致が、1873年に発明した手回しの紡績機。回転音からガラ紡と呼ばれた。その改良機が第1回内国勧業博覧会（1877年）で受賞。手紡の10倍の生産量があったが、のちに機械紡績に押され、衰退した。

：内国勧業博覧会（ないこくかんぎょうはくらんかい） → p.229

綿織物業（めんおりものぎょう）⑥ たて糸・よこ糸の両方に綿糸を用いた綿織物の生産業。開国後はイギリス製綿織物に圧迫され、一時は衰えた。しかし、輸入綿糸の使用などで回復し、豊田佐吉らの国産力織機

の開発もあって20世紀初頭にかけ、飛躍的に発展した。

綿布（めんぷ）②

：手織機（ておりき）② 在来の手織によこ糸を通す飛び杼を取り入れて改良した器械。これにより綿織物の生産が増大した。

：飛び杼（とび）① 織物を織る時、たて糸の間によこ糸を通すために使うシャトルを飛ばす機械。

1733年にイギリスのジョン＝ケイが発明。日本には、1873年のウィーン万国博覧会を機に紹介された。力織機（自動織機）では飛び杼も自動化された。 　**ジョン＝ケイ**①

ウィーン万国博覧会（ばんこくはくらんかい）①

：機械紡績（きかいぼうせき）⑦ 1867年に操業開始した鹿児島紡績所に初めて洋式機械が入り、明治政府は各地に2000錘の紡績工場を設立したが不振。1882年設立の大阪紡績会社が英国製ミュール紡績機を導入して以来、1万錘以上の機械制大紡績工場が急速に普及した。1890年代には生産性の高いリング紡績機が導入された。

機械制大紡績工場（きかいせいだいぼうせきこうじょう）③

大阪紡績会社（おおさかぼうせきがいしゃ）⑥ 1882年に渋沢栄一らが華族・政商などの出資を得て設立、翌年、操業開始。英国製の紡績機械採用、蒸気力を利用した1万500錘の最新・最大の近代的紡績工場で、山辺丈夫（やまのべたけお）が技術・経営の指導にあたる。蒸気機関を動力源とし、初めて夜間に電灯を用いた昼夜2交代制で機械をフル稼働させ、生産性をあげた。

蒸気機関（じょうきかん）②

三大紡績（さんだいぼうせき）① 戦前の日本の紡績業をリードした東洋紡、鐘紡、大日本紡績をいう。

：東洋紡績会社（とうようぼうせきがいしゃ）① 1914年、三重紡績と大阪紡績が合併して成立した紡績会社。

：鐘淵紡績会社（かねがふちぼうせきがいしゃ）① 1886年、呉服を扱っていた三越・大丸・白木屋などが共同で綿商社・綿糸製造所を開業。1889年に鐘淵紡績会社と改称（隅田川河畔鐘ヶ淵に工場、通称鐘紡という）。日清戦争後、三井の援助で発展、綿糸の一貫作業体制を整えた。

：大日本紡績会社（だいにほんぼうせきがいしゃ）① 尼崎（あまがさき）紡績と摂津紡績が1918年に合併して大日本紡績（現ユニチカ）となる。

力織機（りきしょっき）④ 動力織機のこと。1890年、蒸気機関による洋式大型力織機が綿織物工場に導入され、明治30年代には豊田佐吉らを考案の国産力織機（動力は石油発動機。価格が安く、小幅布を生産）が普及し始めた。

豊田佐吉（とよださきち）⑤ 1867〜1930 自動織機の発

明家・実業家。1896年に木製力織機を発明し、1907年、豊田式織機会社を設立。1926年には子の喜一郎らと共に自動織機を完成。この製作所が喜一郎が創業したトヨタ自動車の原点。　**国産力織機**こくさんりきしょっき ⑤

● ● ●

製糸業せいしぎょう**(蚕糸業**さんしぎょう**)** ⑦ 繭まゆから繰り取り、生糸をつくる産業。日清戦争の頃、家内工業的な座繰製糸から中小経営中心の器械製糸に移行。第一次世界大戦中に大企業が進出、1909年に清を抜き輸出が世界1位。しかし、欧米市場への依存度が大きく、世界恐慌でアメリカへの輸出が激減、第二次世界大戦後には衰退が著しくなった。

：**養蚕**ようさん ⑥ 蚕かいこを飼って、繭を生産すること。

：**生糸**きいと → p.213

：**座繰製糸**ざぐりせいし ⑦ 幕末〜明治期の一般的な製糸技術。旧来の手指で繭から糸を繰る手挽きてびきではなく、手回しの把手とってを回し、ベルト・歯車仕掛けで糸枠が回転する仕組みの簡単な器具を使う製糸。農村の家内工業として行われ、開港後は改良座繰などで普及したが、器械製糸が発展するとほとんど行われなくなった。

：**器械製糸**きかいせいし ⑦ 糸枠いとわくを動力(人力・水車・蒸気力など)で回転させ、生糸を巻き取る装置を持つ新技術。しかし、製糸の機械は人の手による作業を補助するという位置づけなので「器械」と表記する。1872年、富岡製糸場に器械製糸が導入されたのを機に、急速に発展。日清戦争後に座繰製糸の生産額をしのぎ、輸出向け生産の主流となった。明治後期に蒸気・電気動力が使われた。

絹織物業きぬおりものぎょう ④ 生糸などの絹糸で絹織物を生産する産業。近世では京都西陣にしじんや関東の桐生きりゅう・足利あしかがなどが有名。明治期に入り、製糸業が発達すると、北陸地方を中心に輸出向けの羽二重(上質の白い生地の絹織物)生産が盛んとなった。

：**羽二重**はぶたえ ④ たて糸とよこ糸を交互に交差させる平織りの絹布。羽二重は、良質の撚りのない生糸を使用し、経糸を細い2本にして織ることで、なめらかで光沢のある肌触りのよい布となる。

鉄道と海運

日本鉄道会社にほんてつどうがいしゃ ⑥ 1881年、華族の金禄公債を資金に設立された日本最初の私鉄

会社。まず、1884年に上野・高崎間が開通。1891年、上野・青森間全通。1906年の鉄道国有法により国有化された。

東海道線全通とうかいどうせんぜんつう ⑤ 新橋・横浜が1872年、神戸・大阪が74年、大阪・京都が77年、89年に東京・神戸間が全線開通。

民営鉄道みんえいてつどう ⑤ 日本鉄道会社の成功を受けて民営の鉄道建設ブームが起こり、1889年には民営鉄道が官営鉄道の営業距離を上回った。92年の鉄道敷設法で政府の主導による民営鉄道建設が定められた。北海道鉄道(1902年設立)、関西鉄道(1888年設立)、九州鉄道(1891年、門司もじ・熊本間開通)、北越鉄道(1895年設立)、山陽鉄道(1901年、神戸・下関間開通)などがその例。

　　　北海道鉄道ほっかいどうてつどう ①　**関西鉄道**かんさいてつどう ①
　　　九州鉄道きゅうしゅうてつどう ②　**北越鉄道**ほくえつてつどう ①
　　　　　　　　　　　山陽鉄道さんようてつどう ②

鉄道国有法てつどうこくゆうほう ⑥ 1906年制定。産業上・軍事上から鉄道輸送の統一化・能率化が要請され、経営不振の私鉄の救済も求められた。鉄道会社の主要路線が国に買収され、それまで政府によって敷設された官営鉄道と合体し、鉄道の90%が国有化されて国有鉄道となった。1987年、国鉄分割民営化でJR6旅客・1貨物会社に分割された。

　　　国有鉄道こくゆうてつどう ⑥　**官営鉄道**かんえいてつどう ①

● ● ●

共同運輸会社きょうどううんゆがいしゃ ⑤ 1882年の設立、三井を中心とした半官半民の運輸会社。三菱汽船会社の独占を打破することをめざした。三井を背景に三菱と競争。政府の調停で1885年に両者が合併、日本郵船会社となる。

三菱〔会社〕みつびし〔がいしゃ〕 → p.228

日本郵船会社にほんゆうせんがいしゃ ⑤ 1885年、三菱汽船会社と共同運輸会社が合併して創立。近海航路、ボンベイ航路、欧米豪の3大外国航路を開設。日露戦争・第一次世界大戦を経て、急速に発展した日本最大の汽船会社。

造船奨励法ぞうせんしょうれいほう ③ 1896年公布。鋼鉄製汽船建造(700総トン以上)に助成金を供与した。第一次世界大戦中の造船ブームのため、1917年に停止された。

航海奨励法こうかいしょうれいほう ③ 1896年公布。総トン数1000トン・速力10ノット以上の鉄鋼汽船に奨励金を交付。1909年、遠洋航路補助法(欧米・豪州航路に特定、3000トン・12ノット以上。日本郵船・大阪商船・東洋汽船など5航路に適用)を制定、奨励法と併用。

遠洋航路えんようこうろ ④ 欧米・豪州・インド(ボンベイ)などへの外国航路をいう。貿易発展

と戦時輸送の確保を目的に政府の保護の下に発展した。

：欧州（ヨーロッパ）航路おうしゅう ③ 1896年、日本郵船はベルギーのアントワープ（アントウェルペン）への欧州（ヨーロッパ）航路、シアトルへの北米（アメリカ）航路を開設。主に生糸・絹織物などを輸出した。

北米（アメリカ）航路ほくべい ③

：豪州航路ごうしゅう ③ 1896年、日本郵船が横浜・メルボルン間に開設。主に羊毛の輸入にあたった。

：ボンベイ航路ろ ④ 1893年、日本郵船がインド綿花の輸入を主目的に開設したボンベイ（現ムンバイ）への航路。

インド綿花めんか ①

重工業の形成

重工業じゅうこうぎょう ③ 鉄鋼業、造船業、車両や動力を産む機械・器具をつくる製造業の部門。主に生産する時に必要となる金属にかかわる基礎的な工業部門。

政商せいしょう → p.228

官営事業払下げかんえいじぎょうはらいさげ ④ 1880年の工場払下げ概則の制定から始まる。しかし、払下げ条件が厳しいため進展しなかった。松方正義が大蔵卿に就任して本格的に推進。1884年、払下げ概則を廃止すると軌道に乗った。軍事・造幣・通信などの官営事業を除き、主に工部省関係の工場施設を政商に払い下げた。

：高島炭鉱（坑）たかしまたんこう → p.228
：三池炭鉱（坑）みいけたんこう → p.228
：院内銀山いんないぎんざん → p.227
：阿仁銅山あにどうざん → p.227
：佐渡（相川）金山さど（あいかわ）きんざん → p.167
：（但馬）生野銀山（たじま）いくのぎんざん → p.167
：長崎造船所ながさきぞうせんじょ → p.228
：兵庫造船所ひょうごぞうせんじょ → p.228
：富岡製糸場とみおかせいしじょう → p.228
：深川セメント製造所ふかがわセメントせいぞうじょ ③ 明治初期、東京深川に開設した工部省所属の官営化学工業工場。1875年から本格的にセメント生産を開始し、白煉瓦なども製造した。1877年に深川工作分局と改称。1884年セメント製造所は浅野総一郎に、白煉瓦製造所は西村勝三に払い下げられた。

：品川硝子製造所しながわがらすせいぞうじょ ① 東京品川に開設された官営のガラス工場。1885年に西村勝三へ払い下げられた。

：三菱長崎造船所みつびしながさきぞうせんじょ ⑤ 1887年、官

営長崎造船所が三菱に払い下げられ、98年、日本初の欧州航路常陸丸（6172トン）、1908年太平洋航路の豪華客船天洋丸（1万3454トン）を建造、世界の水準に達した。1942年、戦艦武蔵なども竣工。 **天洋丸**てんようまる ①

巻上（巻き揚げ）機まきあげき ① 鎖・ワイヤーロープによる坑道内の重量物を引上げる機械。排水機と共に鉱山の機械化が進んだ。

八幡製鉄所やはたせいてつじょ ⑥ 1897年着工、1901年操業開始。日清戦争後の軍備拡張・製鋼業振興政策による官営製鉄所として福岡県八幡村（現、北九州市）に設立。技術をドイツに依存。中国の大冶鉄山の鉄鉱石と筑豊炭田の石炭、のち満洲の撫順炭田の石炭を使用。国内の銑鉄生産の約80%を占めるようになった。

大冶鉄山たいやてつざん ⑥ **撫順炭田**ぶじゅんたんでん ①
：筑豊炭田ちくほうたんでん ⑤ 福岡県にある日本最大の炭田。1900年頃、財閥などの資本が入り、国内出炭量の半分を占めるに至った。

：漢冶萍公司カンヤコンス → p.264

：銑鉄せんてつ ② 銑鉄は溶鉱炉ようこうろでつくられた炭素を2%以上含有する鉄。銑鉄から炭素やそのほかの不純物を除去すると鋼はがねとなる。銑鉄は鋼の原料。

日本製鋼所にほんせいこうじょ ④ 1907年、北海道室蘭に設立。三井資本と英国のアームストロング、ヴィッカーズ両兵器会社が共同出資。日本最大の民間兵器製鋼会社で、主に海軍向けの兵器を生産した。

池貝鉄工所いけがいてっこうじょ ② 1889年、池貝庄太郎が東京芝に池貝工場を設立。1905年、アメリカ式旋盤の精度を持つ旋盤を完成。日本の工作機械製作の先進的役割を果たす。1906年、池貝鉄工所となる。現在は中国資本に買収され、その傘下きんに入っている。

：旋盤せん ① 工作するものを主軸において回転させ、金属を加工できる刃物で表面を削ったり、ネジ切りや孔あけを行う機械。「機械の母」といわれる金属製品の加工を行う工作機械。

田中久重たなかひさしげ ① 1799〜1881 幕末〜明治の発明家・技術者・実業家。からくり儀右衛門ぎえもん（久重の幼名）と愛称された。1873年、東京麻布に工場を設立。工部省の指定の下で電気機械をつくった。政府に買収されたが82年に再興して芝浦製作所しばうらせいさくしょと称し、93年三井銀行が会社を継承した。今の東芝とうしば（東京芝浦電気）の前身となる。

電力事業でんりょくじぎょう ④ 明治初期は東京電燈会社（1886年開業）など電灯の普及が中心で、火

力発電のコスト高のため事業は不振。中期、琵琶湖疏水による蹴上水力発電所（1891年開業）の成功、山梨県の駒橋水力発電所の建設で水力発電による高圧遠距離送電が可能になり、工場用の動力や市電などの電化も進む。　**水力発電**すいりょくはつでん ④

● ● ● ●

コンツェルン　→　p.307

持株会社もちかぶがいしゃ ⑤ 株式を所有することによって企業を支配する会社。三井合名会社・三菱合資会社・住友総本店（のち住友合資会社）・安田保善社などの同族が出資して運営する財閥本社がこれで、傘下に多くの企業を擁したコンツェルンを形成した。第二次世界大戦後、財閥解体によって解散した。

財閥ざいばつ ⑦ 一族の独占的で排他的な出資による資本を中心に結合した経営形態。維新後、明治政府の官営事業払下げを受けた政商からの進出が多い。運輸・鉱山・貿易・金融など事業を多角化し、大正初期にはコンツェルン形態を整えた。三井・三菱・住友・安田は四大財閥と呼ばれた。ほかに金融機関を持たないで産業資本中心の古河・浅野・川崎・藤田などがある。

：四大財閥よんだいざいばつ ①

三井財閥みついざいばつ ⑥ 江戸時代の両替商三井家に発する大財閥。1876年に三井銀行・三井物産を設立、金融・商業部門を中心に成長。1888年の三池炭鉱の払下げを受け、92年三井鉱山を設立。1900年に家憲を定め、三井物産の益田孝らが三井合名会社理事長となり、コンツェルン形態を整えた。政治上では立憲政友会と結ぶ。

三井鉱山みついこうざん ①

：三井合名会社みついごうめいがいしゃ ① 1909年設立、三井財閥の本社。三井家の同族の共有財産として、三井銀行・三井物産の全株式や系列会社の株式・不動産を保有し、傍系会社までも統轄下においた。

：三井物産みついぶっさん ① 1876年、三井組によって設立された三井財閥の中核となった貿易商社。三池炭鉱の石炭を一手販売して成長。綿花・大豆・機械の輸入、綿糸・生糸の輸出によって日本最大の貿易商社となる。

三菱財閥みつびしざいばつ ⑥ 1873年に岩崎弥太郎が創立した三菱商会を基盤とする財閥。その後、東京海上保険（1879年に渋沢栄一・岩崎弥太郎らが設立、のち東京海上火災）・日本郵船会社など保険・海運のほか、造船・炭鉱など重工業部門にも進出。三菱合資会社を設立して財閥化。傘下の商社に三菱商事

がある。政治上では立憲同志会・憲政会・立憲民政党と結ぶ。

三菱商事みつびししょうじ ①

：岩崎弥之助いわさきやのすけ ① 1851〜1908　岩崎弥太郎の弟。弥太郎の跡を継ぎ、三菱汽船会社の社長に就任。共同運輸との合併を行い、日本郵船会社を設立。海運中心の三菱を転換し、のちの三菱企業の根幹を築く。三菱財閥の基礎を固めた岩崎弥之助は1906年に、三菱合資会社の社長を兄岩崎久弥の嗣子岩崎久弥に譲り、同年、日本銀行総裁となった。

岩崎久弥いわさきひさや ①

：東洋文庫とうようぶんこ ① 三菱財閥三代当主の岩崎久弥が1924年に設立した東洋学分野では日本最古・最大の研究図書館。現在の蔵書数は国宝5点、重要文化財7点を含む約700万冊。

：清澄庭園きよすみていえん ① 東京都江東区にある庭園。江戸時代には下総佐倉・関宿藩の大名久世大和守の下屋敷であった。明治初期には前島密の屋敷となっていたのを岩崎弥太郎が買い取って造園した。造園は弟の弥之助に引き継がれて完成した名園である。

：六義園りくぎえん　→　p.183

住友財閥すみともざいばつ ⑥ 江戸時代の銅商・両替商住友家（屋号は泉屋）に発し、維新後、四国の別子銅山の経営を中心に発展。1921年、住友総本店は住友合資会社に改組、持株会社とした。

安田財閥やすだざいばつ ③ 幕末に巨利を得た両替商安田善次郎が、1880年に安田銀行を設立。金融業を中心にして生命保険・倉庫業などに進出して発展した。

古河財閥ふるかわざいばつ ③ 古河市兵衛が1877年に足尾銅山を買収し、鉱山業を中心に成長した財閥。第一次世界大戦の好況に乗って多角経営に乗り出し、1917年、古河合名会社を持株会社とし、コンツェルン体制をとった。

：古河市兵衛ふるかわいちべえ ④ 1832〜1903　京都の生糸商人。小野組に入ったが破産して独立。1877年、足尾銅山を入手。1885年に阿仁・院内銀山の払下げを受け、古河鉱業などにより鉱山経営を発展させた。

古河鉱業ふるかわこうぎょう ①

浅野財閥あさのざいばつ ① 浅野総一郎がセメント製造から出発して財閥化した。金融業中心だった安田財閥と密接な関係を持ち、安田財閥の産業部門を受け持つという相互依存の関係にあった。

：浅野総一郎あさのそういちろう ③ 1848〜1930　横浜で薪炭商を経営。1883年、深川工作分局でセメント製造を始め、98年に浅野セメン

ト合資会社を設立。のち日本鋼管・東洋汽船会社などの諸企業に進出して財閥化した。

川崎財閥（かわさきざいばつ）① 造船業を中心に発展して財閥化した。軍艦建造から鉄道車両・製鉄部門に事業を拡大した。中心の会社は川崎造船所から改称した川崎重工業株式会社。

：川崎正蔵（かわさきしょうぞう）③ 1837〜1912 鹿児島出身。幕末に薩摩藩の貿易で蓄財、1878年に東京築地と神戸に造船所を開設。1887年に払下げの兵庫造船所と合併し、神戸川崎造船所を設立した。

商社（しょうしゃ）② 貿易や国内卸売販売や中間物流を行う業者。その代表的なものが総合商社と呼ばれ、三井物産や三菱商事が代表例。

農業と農民

金肥（きんぴ）　→ p.171

：豆粕（まめかす）① 主に大豆から油をしぼりとったあとの粕。近世においては、金肥の一つとして肥料で活用された。近代では地力維持のため、中国から大量に輸入された。

品種改良（ひんしゅかいりょう）③ 作物の最も目的に沿った品種を選び出し、またはかけあわせることで人間にとって最適で有益な作物にすること。

：農事試験場（のうじしけんじょう）① 1893年、東京西ヶ原に設立された国立の農業試験場。1900年以降、全国各地に支場がおかれ、農業の技術改良を指導した。

：洋式農法（ようしきのうほう）① 北海道などの広大な耕地で西洋式の犁（プラウ）を力の強い農耕馬に引かせて行う農業。酪農などを組み入れることもある。

寄生地主（制）（きせいじぬし（せい））⑦ 自らは農業経営をせず、農地を小作農に貸しつけて高額な現物小作料を取ることで農業経営を行う大地主、あるいはその制度をいう。地租改正・松方財政後に急成長。明治民法などにより法的地位も確立。莫大な小作料収入を企業・銀行へ投資し、貴族院の多額納税者議員となることもあり、社会的・政治的な勢力を保持。第二次世界大戦後の農地改革で消滅。

：小作農（こさくのう）⑦ 自分の農地を持たないで地主から田畑を借りて農業を行う零細な貧しい農民をいう。村の中では地主に小作料の支払いなどで隷属的な立場にいる。生活が苦しく、子女を製糸工場の工女に出すなどして今の生活をしている農民。

産業組合法（さんぎょうくみあいほう）① 1900年公布。信用・販売・購買などの事業を行う産業組合の設立を認可する法律。大半は農業の組合。産業組合は日露戦争後に本格的に発展、免税や日本勧業銀行の融資などで優遇され、大正時代ほぼ全市町村に普及。第二次世界大戦後は農業協同組合に改編された。

産業組合（さんぎょうくみあい）**（協同組合**（きょうどうくみあい）**）** ①

農会法（のうかいほう）① 1899年公布。農業の改良・発展と農民の福利増進を目的に、政府の助成により農会を設立させた法律。市町村農会・郡農会・道府県農会・帝国農会と垂直的・体系的に設けられ、政府や府県の上からの指導に利用された。1947年には農業協同組合に改編された。　**農会**（のうかい）①

地方改良運動（ちほうかいりょううんどう）　→ p.261

模範村（もはんむら）　→ p.261

労働運動の進展

女工（じょこう）⑥ 日本の繊維産業の女性労働者。多くは零細農家の若い女性で、当初は工女と呼ばれた。口減らし・家計補助のために親が前払いの前借金をもらって製糸工場や紡績工場へ出稼ぎした。逃亡を防ぐため会社の寄宿舎に閉じ込められ、低賃金で昼夜業（昼夜2交代制）の長時間労働と劣悪な作業環境に苦しんだ。　**工女**（こうじょ）①

出稼ぎ（でかせぎ）①　　**寄宿舎**（きしゅくしゃ）④

昼夜業（ちゅうやぎょう）**（昼夜2交代制**（ちゅうやにこうたいせい）**）** ⑤

『女工哀史』（じょこうあいし）② 1925年刊。細井和喜蔵の著。著者と妻の紡績工場での労働体験に基づき、大正時代の紡績女工の苛酷な労働環境と実情を記述する。小説『工場』も著す。

細井和喜蔵（ほそいわきぞう）②　　**『工場』**（こうじょ）①

『あゝ野麦峠』（ああのむぎとうげ）① 山本茂実の1968年の著。『ある製糸工女哀史』の副題。明治〜昭和期、岐阜県から飛騨山脈の野麦峠や塩尻峠を越え、長野県諏訪地方の製糸工場で工女として働いていた老女からの聞き書きをまとめた。　**山本茂実**（やまもとしげみ）①

石原修（いしはらおさむ）① 1885〜1947 わが国の労働衛生、産業医学の基礎を築いた先駆者。工場衛生の調査に従事し、女工問題の深刻さを1913年の国家医学会会員で「女工と結核」と題して講演して訴えた。工場法実施の推進に大きな役割を担った。大阪医大・大阪大衛生学教授を歴任。

「女工と結核」（じょこうとけっかく）①

● ● ●

高島炭鉱問題（たかしまたんこうもんだい）③ 長崎県三菱鉱業高島炭鉱の鉱夫虐待事件。明治初期から度々暴動が発生。1888年、雑誌『日本人』に「高

島炭鉱の惨状」が発表され、反響を呼んだ。政府(清浦奎吾警保局長)は、納屋制度改良などを勧告したが、充分に実施されなかった。

『**日本人**』[にほんじん] → p.242

飯場(納屋)〔制度〕[はんば(なや)〔せいど〕] ① 集めた労働者たちを鉱山・土木・建設業の工事現場に粗末な合宿所(飯場・納屋)を設けて強制的に寝泊まりさせ、飯場(納屋)頭が労働者の管理、労働強制、賃金をピンハネするなど暴力的な飯場経営を行う。九州の炭鉱では納屋制度という。

山本作兵衛[やまもとさくべえ] ② 1892〜1984 鉱夫労働者・炭鉱絵師。作兵衛が筑豊炭田の様子を描いた600枚近い炭鉱記録画は、近代日本の産業や社会を支えていた人々の暮らしを物語る貴重な世界記憶遺産として日本で初めてユネスコの世界記憶遺産に登録された。

炭鉱記録画[たんこうきろくが] ②

：世界記憶遺産[せかいきおくいさん] ② 国連教育科学文化機関(ユネスコ)が1992年に開始し、主催する事業。「世界の記憶」とも呼ばれる。手書き原稿、書籍、絵画、映画など世界各国で保管されている人類史的に重要とされるものを指定。『アンネの日記』などがある。日本では山本作兵衛炭鉱記録画、御堂関白記[みどうかんぱくき]、上野三碑[こうずけさんぴ]などが指定されている。

横山源之助[よこやまげんのすけ] ③ 1871〜1915 毎日新聞記者となり、東京・阪神・桐生・足利など各地での社会探訪・労働事情調査を『日本之下層社会』にまとめた。1900年に農商務省嘱託として『職工事情』調査にも参加。

：『日本之下層社会』[にほんのかそうしゃかい] ③ 横山源之助の著。1899年刊。日稼人足や人力車夫らに代表される東京の貧民・職人社会、手工業の現状、機械工場の労働者、小作人の生活事情を調査し、5編にまとめた。産業革命期の社会のひずみを鋭く指摘した。

日稼人足[ひがせぎにんそく] ① **人力車夫**[じんりきしゃふ] ①

貧民窟[ひんみんくつ] ② 都市部でその日暮らしの人々が寄り集まって暮らす町。スラムともいう。資本主義の進展に取り残された人々が暮らし、貧困・衛生などの社会問題が深刻化した。 **スラム** ②

『**職工事情**』[しょっこうじじょう] ② 1903年、農商務省の刊行、全5巻。全国の工場労働者の実態調査報告書で、主に繊維工業・軽工業の職工の種類、雇用条件などを記録。工場法立案の基礎資料とされた。

：農商務省[のうしょうむしょう] → p.225

ストライキ ⑤ 労働者による争議行為の一つで、労働を行わないことで資本家に抗議し、待遇改善などを要求する集団的行動。同盟罷業[どうめいひぎょう]ともいう。1886年の甲府の雨宮製糸工場が最初とされる。日清戦争後、職工らによるストライキが頻発したため、1900年に実質的に禁止する治安警察法が制定される。

雨宮製糸スト[あめみやせいしスト] ② 1886年、山梨県甲府の実業家雨宮敬次郎[けいじろう]が経営する雨宮製糸工場の女工スト。日本最初のストとされる。経営者たちが女工争奪を防止するため生糸組合を結成して管理を強化したのに対して抗議、待遇改善も要求。約100人の女工が職場放棄したが、10日後に工場を選ぶ自由の緩和という成果を得て妥結した。

天満紡績スト[てんまぼうせきスト] ② 大阪天満紡績工場の女工スト。最初は1889年、賃上げ待遇改善を要求、会社側の譲歩を獲得。2回目の1894年のストは警察の干渉で失敗した。

高野房太郎[たかのふさたろう] ⑤ 1868〜1904 明治後期の労働運動の先駆者。1886年に渡米してアメリカの労働運動を学び、96年に帰国。翌年に職工義友会を組織、ついで労働組合期成会を結成した。会員の退潮に失望して、1900年中国に渡り青島[チンタオ]で死去した。

片山潜[かたやません] ⑤ 1859〜1933 明治・大正期の労働運動・社会主義運動の指導者。1884年に渡米、キリスト教徒となる。1896年に帰国し、労働組合期成会・社会民主党・日本社会党結成に参加。日本社会党では幸徳らの直接行動主義と対立。1914年に再渡米、共産主義に転じ、21年、ロシアに渡り、日本共産党の結成を指導した。

職工義友会[しょっこうぎゆうかい] ① 1897年、アメリカから帰国した高野房太郎らが東京で結成。同年7月、労働組合期成会に改組した。

労働組合期成会[ろうどうくみあいきせいかい] ⑥ 1897年、高野房太郎・片山潜らが労働組合結成促進の母体として組織。同年12月、鉄工組合が結成された。機関紙『労働世界』を発行。1899年、会員約5700人を擁したが、1900年の治安警察法の弾圧で衰退、翌年に解消した。

：『労働世界』[ろうどうせかい] ① 労働組合期成会・鉄工組合の機関紙、1897年12月発刊、月2回刊行。編集片山潜。日本の最初の労働組合紙。停刊・改題しながら1905年廃刊。

：熟練工[じゅくれんこう] ② 高度な技能を持つ熟練した職工のこと。明治時代の熟練工は、江戸時代の職人の親方のように何人もの弟子を率いて、工場を渡り歩くことが多かった。

鉄材の加工を行う鉄工や蒸気機関士も熟練工として弟子を抱えていたが、組合には熟練工だけが加入した。

：鉄工組合（てっこうくみあい）② 1897年結成。労働組合期成会中の鉄工1000余人（東京砲兵工廠・造船所など関東が中心）が組織。財政難と弾圧などで1901年には衰退した。

：日本鉄道矯正会（にほんてつどうきょうせいかい）② 1898年、日本鉄道の蒸気機関車の機関士たちが争議に勝利して組織された労働組合。当初のキリスト教的修養組織から社会主義に転じ、1901年、政府の解散命令が出た。

• • •

足尾銅山（あしおどうざん）　→ p.167

足尾銅山争議（暴動）（あしおどうざんそうぎ（ぼうどう））③ 1907年、足尾銅山坑夫の待遇改善要求から暴動化、軍隊が出動して鎮圧。同年に別子・生野・幌内鉱山にも波及、鉱山労働者の暴動は深刻な社会問題となった。

：友子同盟（ともこどうめい）① 足尾銅山の労働者が厳しい生活や仕事を支え合うために築いた親子や兄弟のような関係。日常的には生活を集団で支え合う組織だが、争議行動の基盤ともなった。

足尾鉱毒事件（あしおこうどくじけん）⑦ 古河市兵衛の足尾銅山精錬所の鉱毒が渡良瀬川から利根川まで流れ込み、流域の農民・漁民に被害を与え、社会問題化。政府は鉱毒調査会を設置したが効果なく、1900年には東京へ出て訴願しようとした被害農民が群馬県川俣で官憲に弾圧された（川俣事件）。1901年には田中正造の天皇直訴に発展。1907年、土地収用法が出されて遊水池を設置するために谷中村を廃村にすることが決まった。

足尾銅山精錬所（あしおどうざんせいれんじょ）②

渡良瀬川（わたらせがわ）⑥

：鉱毒（こうどく）② 足尾銅山の銅鉱石は硫黄分が多く、製錬する時に硫化銅や鉛、亜鉛、ヒ素などの重金属が鉱山から排出された。渡良瀬川に流れ込むと人に健康被害を及ぼし、川の魚が死滅するばかりでなく、流域で採れる米に重金属が入り、食べることもできなかった。

：渡良瀬遊水池（わたらせゆうすいち）④ 遊水池は大雨などで川の水が急に増えた時、その一部の水をためて流量を調節する役割を持つ。渡良瀬遊水池は鉱毒を含んだ渡良瀬川の水が利根川へ流れ込まないようにしつつ、鉱毒を沈殿（ちんでん）させるためにつくられた。面積は33km²に及ぶ。

：谷中村（やなかむら）⑤ 渡良瀬遊水池をつくるめに廃村にされた栃木県の村。田中正造は谷中村の廃村に反対し、抵抗した。今までも冬の渇水期になると、遊水池にあった旧谷中村の神社や墓地の跡が表れる。

：松木村（まつきむら）① 足尾の谷間の奥にあった山村。村は銅の製錬の時に出る亜硫酸ガスの通り道となり、山の草木は枯れ、土砂が流出し、岩盤がむき出しとなるまでに荒廃して、人が住めなくなり、廃村となった。

田中正造（たなかしょうぞう）⑥ 1841～1913　栃木県県会議員・同議長。第1回総選挙で衆議院議員に選出され、立憲改進党・進歩党・憲政本党議員などを歴任。足尾鉱毒事件発生と共にその解決に奔走（ほんそう）し、1901年、議員を辞任し天皇に直訴した。1904年以降は水没しつつある谷中村に住み、農民と共に闘い、生涯を終えた。　　　　　　　　　　**天皇直訴**（てんのうじきそ）②

• • •

工場法（こうじょうほう）⑦ 1911年公布。工場労働者保護のため、事業主に義務を課す法律。最低年齢12歳、労働時間12時間、女性・年少者の午後10時から午前4時までの深夜業禁止など。しかし、15人未満の工場には適用されず、期限つきで14時間労働を認めるなど、不備な点が多い。紡績・製糸業資本家の反対で、実施は1916年まで延期。1947年、労働基準法公布で廃止された。

深夜業（しんや）④

労働争議（ろうどうそうぎ）⑦ 労働時間などの労働条件、賃金などの労働者の待遇問題をめぐって労働者と経営者（資本家）との間に起きる争い。

：三菱・川崎造船所争議（みつびし・かわさきぞうせんじょそうぎ）① 1921年7月、神戸の二つの造船所で起こった大争議。3万5000人が参加。この頃、足尾・釜石・日立鉱山でも争議が発生。

友愛会（ゆうあいかい）⑥ 1912年、鈴木文治らにより設立された労働者の地位向上や福祉の増進をめざす労働団体。初めは親睦団体に近い。労働者と資本家の融和を図る労資協調をとなえると共に、労働組合運動の母体となる。

労資協調主義（ろうしきょうちょうしゅぎ）

：鈴木文治（すずきぶんじ）⑤ 1885～1946　社会民主主義者。友愛会を設立、会長となる。社会民衆党中央執行委員となり、第1回男性普通選挙で衆議院議員に当選。

：大日本労働総同盟友愛会（だいにほんろうどうそうどうめいゆうあいかい）② 友愛会は、1919年、大戦景気による労働者の増加を受けて、大日本労働総同盟友愛会と改称。最低賃金制や1日8時間労働制を掲げる。1920年、日本労働総同盟友愛会と改称。

日本労働総同盟友愛会〈にほんろうどうそうどうゆうあいかい〉① ：メーデー ⑥ 毎年５月１日に行われる労働者の祝日。日本では大日本労働総同盟友愛会が中心となり、1920年に第１回メーデーが行われ、36年に中絶。戦後の1946年に復活した。

：**日本労働総同盟**〈にほんろうどうそうどうめい〉 ⑦ 日本労働総同盟友愛会は、1921年、日本労働総同盟に発展し、労働者階級が資本家階級に対してストなどの直接行動で戦う階級闘争主義に転換。機関誌『労働』を発行。1925年に左派を除名。1940年、産業報国会の成立に同調し、解散する。 **階級闘争主義**〈かいきゅうとうそうしゅぎ〉②

小作争議〈こさくそうぎ〉 ⑦ 小作人が地主へ小作料減免・小作権確認を要求した争い。1921年以降に増加、大規模な大衆行動もとられた。

日本農民組合〈にほんのうみんくみあい〉 ⑦ 1922年、杉山元治郎・賀川豊彦らにより設立。日本最初の小作人の全国組織組合。地主層との闘いの前面に立ち、小作争議を指導。1926年に右派の平野力三〈りきぞう〉らが脱退し、分裂した。

杉山元治郎〈すぎやまもとじろう〉③ ：**賀川豊彦**〈かがわとよひこ〉 ⑤ 1888〜1960 キリスト教社会主義者。関西の労働運動を指導。1922年に杉山元治郎と共に日本農民組合を創立。著書『死線を越えて』は、その伝道の体験を描いたもの。

2 近代文化の発達

明治の文化と宗教

明治文化〈めいじぶんか〉 ② 新政府の富国強兵・殖産興業を背景に、文明開化が展開。教育・ジャーナリズム・思想などで、欧米的近代化をめざした国民文化が形成される基盤となった。日本の伝統と西洋化の確執が生じ、産業革命や対外的危機の中で、ナショナリズムとロマンチシズムの葛藤が文芸・芸術などを複雑化・多様化させた。

廃仏毀釈〈はいぶつきしゃく〉 → p.232

島地黙雷〈しまじもくらい〉 ④ 1838〜1911 浄土真宗本願寺派の僧。神道国教化政策に反対し、真の神仏分離による仏教の純粋化や近代的な信教の自由から仏教を信仰することを主張。浄土真宗を国の大教宣布運動から離脱することを推進、仏教の近代化に貢献した。

井上円了〈いのうええんりょう〉 ① 1858〜1919 仏教思想家。哲学館（東洋大学の前身）を設立。政教社創立にも参加。国粋主義の立場からキリスト

教に反対し、仏教の体系化に努めた。

清沢満之〈きよざわまんし〉 ① 1863〜1903 浄土真宗の僧。信仰の個人化・内面化を主張して近代社会に対応できる自分自身に立脚した仏教への脱皮を説いた。浄土真宗教団の宗門改革の試みは失敗したが、仏教の近代化に大きな影響を与えた。

クラーク → p.229

内村鑑三〈うちむらかんぞう〉 ⑦ 1861〜1930 宗教家。札幌農学校卒業後に渡米。帰国後の1891年、第一高等中学校嘱託教員の時、不敬事件で退職。その後、『万朝報』に招かれ、日露戦争では非戦論をとなえ退社。日本的キリスト教の独立に努め、教会に属さず聖書を通してキリストに直接向き合う無教会主義をとなえた。 **無教会主義**〈むきょうかいしゅぎ〉①

：**内村鑑三不敬事件**〈うちむらかんぞうふけいじけん〉 → p.283

新渡戸稲造〈にとべいなぞう〉 → p.266

ジェーンズ L. Janes ③ 1838〜1909 アメリカ軍人。1871年、熊本洋学校教師に招かれ、聖書を講じた。1876年、生徒の一団がキリスト教信仰を誓約する熊本バンド（信仰集団の意）を結成したため解任されたが、その後は各地で教育にあたる。1899年に帰米。

：**熊本洋学校**〈くまもとようがっこう〉 ② 旧熊本藩立学校。1871年創設。ジェーンズが教育・経営を一任されて人材の養成を図る。1876年、熊本士族の保守派の圧迫が強く、廃校。学んだ者に海老名弾正・徳富蘇峰らがいる。

海老名弾正〈えびなだんじょう〉 ② 1856〜1937 牧師。熊本洋学校に学び、熊本バンドに参加。同志社神学校卒業後、各地に伝道、のち同志社総長となる。仏教や神道も許容する日本的キリスト教を唱導、吉野作造・鈴木文治らを育成した。

植村正久〈うえむらまさひさ〉 ② 1857〜1925 日本基督（キリスト）教会の中心的牧師。横浜で受洗。東京富士見町教会を設立して仏教や神道的な宗教観を排斥し、純粋なキリスト教信仰を広めようとした。聖書・賛美歌歌詞の翻訳にも尽力。

廃娼運動〈はいしょううんどう〉 ③ 売春廃止に取り組む運動。明治維新後も事実上存続していた権力や政府に認められた売春制度である公娼制度の廃止を要求し、救世軍や矯風会らが推進。1946年に公娼制度廃止の通知が出され、56年に売春防止法が制定される。

公娼廃止〈こうしょうはいし〉②

：〔**日本キリスト教婦人**〕**矯風会**〈にほんキリストきょうふじん・きょうふうかい〉 ① 1886年、アメリカにならって矢島楫

子{やどもら}らが東京婦人矯風会を設立。1893年、全国組織となり、〔日本キリスト教婦人〕矯風会と改称。禁酒運動・純潔運動・公娼制度廃止とその更生補導など、女性の地位向上と生活改善に尽力する。現在も活動している。 **東京婦人矯風会**{とうきょうふじんきょうふうかい} ①

教育の普及

教育令{きょういくれい} ⑤ 1879年、アメリカの教育制度を参考に学制を改正。学制の中央集権的な画一主義を改め、学区制を廃止して小学校の設立経営を町村の自由裁量とし、義務教育を16カ月と緩和したため、自由教育令ともいわれる。しかし、この自由教育令は、翌年、全面的に改正され（改正教育令）、中央集権化が強められた。 **学区制**{がっくせい} ①
自由教育令{じゆうきょういくれい} ①
改正教育令{かいせいきょういくれい} ②

学校令{がっこうれい} ⑥ 1886年の学校制度に関する4つの法令の総称。初代文部大臣森有礼が公布。学校種別ごとに小学校令・中学校令・師範学校令・帝国大学令の4つの単独の勅令として出され、帝国大学を頂点とする近代的な学校体系を確立した。
：森有礼{もりありのり} → p.233

小学校令{しょうがっこうれい} ⑥ 1886年公布。尋常・高等各4年。尋常小学校4年は義務教育とし、教科書検定制を実施。
尋常小学校{じんじょうしょうがっこう} ④
高等小学校{こうとうしょうがっこう} ③

：義務教育{ぎむきょういく} ⑥ 1872年の学制で方針が発表され、79年の教育令で期限を16カ月、86年の小学校令で3〜4年とし、1890年の小学校令改正で尋常小学校3年あるいは4年の義務教育が明確化され、高等小学校は2〜4年とされた。さらに日露戦後の1907年の小学校令改正では6年に延長され、10年には就学率98%に達した。1947年の教育基本法で9年となる。
小学校令改正{しょうがっこうれいかいせい} ①

中学校令{ちゅうがっこうれい} ③ 1886年公布。尋常（5年）・高等（2年）の2種とし、94年の高等学校令で高等中学が高等学校に、99年の改正で尋常中学校を中学校と改称。いずれも男子のみ。 **尋常中学校**{じんじょうちゅうがっこう} ①
高等中学校{こうとうちゅうがっこう} ①

師範学校令{しはんがっこうれい} ③ 1886年公布。教員養成機関として学資を支給するかわりに、一定期間は教職に就く義務があった。尋常師範学校（府県立・4年）は小学校教員の養成、

高等師範学校（官立・3年）は中学校や師範学校の教員を養成した。
尋常師範学校{じんじょうしはんがっこう} ①
高等師範学校{こうとうしはんがっこう} ①
：女子師範学校{じょししはんがっこう} → p.231
：女子高等師範学校{じょしこうとうしはんがっこう} ① 1890年に高等師範学校女子部が独立して設立された女子師範学校や高等女学校の教員養成機関に。1908年に東京女子高等師範学校（現お茶の水女子大学）と改称。同年、奈良女子高等師範学校（現奈良女子大学）も設立。
東京女子高等師範学校{とうきょうじょしこうとうしはんがっこう} ①
お茶の水女子大学{おちゃのみずじょしだいがく} ①

帝国大学令{ていこくだいがくれい} ④ 1886年公布。国家の中枢を担う人材の育成を目的とし、国家主義的理念を示した。分科大学（現在の学部にあたる法・医・工・文・理）と大学院で構成。1919年の大学令で改正。
：帝国大学{ていこくだいがく}（帝大）{ていだい} ⑥ 1886年の帝国大学令により、東京大学が帝国大学に改組された。
：東京帝国大学{とうきょうていこくだいがく} ④ 1897年に京都帝国大学が設立されると東京の帝国大学（前身は東京大学）を改称して東京帝国大学とした。戦前の帝国大学は1897年京都、1907年東北、10年九州に、以後、北海道・台北・大阪・名古屋・京城に設立。9帝大となる。
京都帝国大学{きょうとていこくだいがく} ③
京城帝国大学{けいじょうていこくだいがく} ②
東北{とうほく}**・九州**{きゅうしゅう}**・北海道**{ほっかいどう}**・台北**{たいほく}**・大阪**{おおさか}**・名古屋**{なごや}**帝国大学**{ていこくだいがく} ①

〔旧制〕高等学校{きゅうせいこうとうがっこう} ① 1894年に中学校令の高等中学校を高等学校と改称、修業年限は3年。この時、第一高等学校のほか5校を設立。現在の高等学校と区別するため、この後設立された戦前の高等学校は旧制高等学校と呼ばれる。

女学校{じょがっこう} ③ 女学校は一般に高等女学校を指す場合が多い。1872年、東京竹橋に官立東京女学校の名称で、模範となる女子教育機関として設立されたのが始まり。1877年、女子師範学校に吸収された。
：女学生文化{じょがくせいぶんか} ① 女学生のハーフブーツに海老茶{えびちゃ}の袴、頭は束髪・リボンのハイカラ風の服装は明治後半から大正時代の上流・中流階級の闊達{かったつ}な若い女性像を定着させた。
：『女学雑誌』{じょがくざっし} ① 日本最初の本格的な女性雑誌。1885年7月〜1904年まで526号発行。キリスト教徒・教育家の巌本善治が

編集。女性教養誌として女性問題や政治・社会・文学などを評論。のちの『文学界』の母体となる。　　　　**巌本善治**〔いわもとよしはる〕①

高等女学校〔こうとうじょがっこう〕② 男子の中学校に対応する女子の中等学校として1899年に公布されて制度化した女学校。修業年限は4年。中流階層以上の子女の良妻賢母の育成を主眼とした。　　　　　　**良妻賢母**〔りょうさいけんぼ〕④

専門学校〔せんもんがっこう〕① 専門学校令が1903年に公布されて設置した高等教育機関。修業年限は3～4年。入学資格は中学校・高等女学校卒業者。医、法・経・商、文、工、農、宗教系など多様で、私立の比率が高い。慶応・早稲田なども専門学校令の適用を受けた。この頃、女子英学塾・日本女子大学校などの女子専門学校も設立。

陸軍士官学校〔りくぐんしかんがっこう〕① 陸軍将校の養成機関。1874年、東京市谷の陸軍兵学寮が独立。海軍兵学校(1876年東京築地で設立。のち広島県江田島)と共に、帝国大学に準じる立身出世コースであった。1945年廃止。

教育〔に関する〕勅語〔きょういくにかんするちょくご〕⑥ 1890年発布。戦前日本の教育の指導原理を示す勅語。元田永孚〔もとだながざね〕・井上毅〔いのうえこわし〕らが原案を起草。忠君愛国(君主に忠義を尽くし、国を愛すること)や主君への忠・父母への孝などの儒教的道徳思想を基礎に、天皇制の強化を図る。御真影(天皇の写真)と共に各学校に配布、奉安殿に安置し、学校では、国家の祝祭日や記念日に校長が教育勅語を読み上げる奉読式を行った。1948年、国会決議で失効。　**忠君愛国**〔ちゅうくんあいこく〕⑥ **御真影**〔ごしんえい〕① **奉安殿**〔ほうあんでん〕① **奉読式**〔ほうどくしき〕①

内村鑑三不敬事件〔うちむらかんぞうふけいじけん〕⑤ 1891年、第一高等中学校嘱託教員の内村鑑三が、キリスト教徒の良心から天皇署名のある教育勅語に最敬礼をせず、社会的攻撃を受け、辞職した事件。哲学者の井上哲次郎は「教育と宗教の衝突」(1893年『教育時論』に連載)と題し、キリスト教を激しく攻撃した。
　：内村鑑三〔うちむらかんぞう〕　→ p.281

国定教科書制度〔こくていきょうかしょせいど〕① 1886年、文部省の検査に合格した教科書を使用する検定教科書制度開始。1903年、前年の教師が賄賂で教科書を採択したとされる疑獄事件を機に、小学校では文部省の国定教科書に統一。修身・国語(読本)・国史などが科目の中心で、国民思想統制の役割を果たす。国語では標準語教育推進のため、方言対策には方言札も使われた。　　**国語**〔こくご〕① **読本**〔とくほん〕① **標準語**〔ひょうじゅんご〕①

：方言札〔ほうげんふだ〕② 標準語の使用を強制するため、学校で方言を話した児童に罰として次の方言を話す者が現れるまで首から下げさせた木札。とくに沖縄や東北で行われた。

修身科〔しゅうしんか〕⑥ 初等・中等教育における道徳教育の科目。教育勅語の忠君愛国による臣民育成の趣旨に沿い、1904年から修身教科書は国定となった。

兵式体操〔へいしきたいそう〕① 1886年の諸学校令の施行で中学校・師範学校に体操科の科目として定着した。また、集団訓練を推進するため、運動会も行うようになった。兵式体操は忠君愛国の精神・肉体の育成をめざし、大正期には教練と改称、軍事的性格を強めた。　　　　　**体操科**〔たいそうか〕① **運動会**〔うんどうかい〕①

・ ・ ・

慶応義塾〔けいおうぎじゅく〕⑥ 1858年、福沢諭吉が江戸築地鉄砲洲〔てっぽうず〕の中津藩邸に開いた蘭学塾に始まる。1868年、芝の新銭座〔しんせんざ〕に移り、慶応義塾と命名。1871年、三田に移る。1890年大学部を設置し、1920年、大学令により慶応義塾大学として最初の私立大学(旧制)に認可された。1949年、新制大学に移行。　　**慶応義塾大学**〔けいおうぎじゅくだいがく〕①
　：福沢諭吉〔ふくざわゆきち〕　→ p.230

同志社〔どうし〕⑤ 1875年、新島襄が京都に同志社英学校を創立。キリスト教精神による教育を行う。以後、女学校・神学校などを設置。1912年に同志社大学と改称。1920年、大学令による大学として認可。1948年、新制大学に移行。　　**同志社英学校**〔どうししゃえいがっこう〕② **同志社大学**〔どうししゃだいがく〕②
　：新島襄〔にいじまじょう〕⑥ 1843～90 宗教家・教育者。1864年、上野〔こうずけ〕安中〔あんなか〕藩を脱藩して米国に密航出国し、神学を学び、キリスト教の教師の資格を受ける。米国から岩倉使節団に同行して欧州の教育を視察し、1874年帰国。翌年に同志社英学校を創立。

東京専門学校〔とうきょうせんもんがっこう〕⑥ 1882年、大隈重信が創立。参議を追われた大隈が、官学に対し在野的・自由主義的人材の育成を図り、小野梓〔おのあずさ〕が教育にあたる。1902年に早稲田大学と改称。1920年、大学令により最初の私立大学として認可。1949年、新制大学に移行。　　　**早稲田大学**〔わせだだいがく〕⑥
　：大隈重信〔おおくましげのぶ〕　→ p.253

明治法律学校〔めいじほうりつがっこう〕① 1881年、岸本辰雄〔たつお〕らが創立。政治・法律・経済を教授。初め有楽町にあり、のち駿河台〔するがだい〕に移転。1903年に明治大学と改称。　　　　　　**明治大学**〔めいじだいがく〕①

英吉利法律学校〔いぎりすほうりつがっこう〕 ① 1885年、イギリス法系の法律家などが東京神田に設立。当時主流のフランス法学派に対抗。1905年に中央大学と改称。　　　　**中央大学**〔ちゅうおうだいがく〕①

女子英学塾〔じょしえいがくじゅく〕 ⑤ 1900年、津田梅子によって設立された英語教育及び英語教員養成学校。1933年に津田英学塾と改称し、48年に津田塾大学となった。

津田塾大学〔つだじゅくだいがく〕④
：**津田梅子**〔つだうめこ〕　→ p.234

ミッションスクール ① キリスト教伝道協会(Mission)や信者が建てた学校。日本では幕末のヘボン塾などが先駆。文明開化の欧化風潮の中で増加し、女子教育に貢献した。現在のフェリス女学院は1870年横浜に設立。東京英和学校(青山学院の前身)は1883年に開校。

日本女子大学(大学校)〔にほんじょしだいがく(だいがっこう)〕 ② 教育家成瀬仁蔵が1890年に渡米し、学校教育を学び、94年に帰国。1901年、東京目白台に日本女子大学校を設立。1948年、新制大学となる。　　　　**成瀬仁蔵**〔なるせじんぞう〕①

科学の発達

お(御)雇い外国人〔おやといがいこくじん〕 ④ 明治初期、西洋の学問・技術の導入などのため、政府機関・学校などに雇われた欧米人。外国人教師とも呼ばれた。ピークの1874年には、英・米・仏・独・伊人など858人。工部・兵部・文部省に多い。民間の会社・学校に雇われた外国人も1897年には765人いた。

外国人教師〔がいこくじんきょうし〕①
ヘボン　→ p.223
フルベッキ　→ p.223
クラーク　→ p.229
ジェーンズ　→ p.281
ボアソナード　→ p.245
モース　E. S. Morse　⑤ 1838〜1925　アメリカ人動物学者。1877年来日、東大で生物学を教授。大森貝塚を発見、自著『日本その日その日』で日本文化を広め、ダーウィンの進化論も紹介した。
：**大森貝塚**〔おおもりかいづか〕　→ p.6
ナウマン　E. Naumann　③ 1850〜1927　ドイツ人地質学者。1875年来日。東大地質学を教授。各地の地質調査に従事し、全国地質図を作成。フォッサ＝マグナを指摘、またナウマンゾウは彼の名に由来する。
ミルン　J. Milne　① 1850〜1913　イギリス人地震学者。1876年来日、工部大学校で地

質学を教授。日本地震学会の創立に尽力した。
ベルツ　E. Bälz　⑤ 1849〜1913　ドイツ人内科医。1876年、政府に招かれ東京医学校・東大で内科・産科を講義。1905年に帰国。在日中の1876〜1905年の日記を長男トクが編集した『ベルツの日記』は、明治時代を知る好史料。　　　『ベルツの日記』〔ベルツのにっき〕①
ダイアー　H. Dyer　① 1848〜1918　イギリス人技師、教育者。1873年来日。工部省工学寮・工部大学校でエンジニア育成の教育を実践。
フェノロサ　E. F. Fenollosa　⑤ 1853〜1908　アメリカ人。1878年、東大で哲学などを講義。日本美術を高く評価し、鑑画会をつくり、伝統美術復興をとなえた。岡倉天心と東京美術学校の設立に尽力。1890年帰国後、日本美術の紹介に尽力する。
ラグーザ　V. Ragusa　① 1841〜1927　1876年に日本政府に招かれたイタリア人彫刻家。工部美術学校で彫塑・大理石彫刻などを教え、洋風彫刻のもとを築く。夫人の玉〔たま〕は日本人で画家。
フォンタネージ　A. Fontanesi　① 1818〜82　イタリアの風景画家。1876年、日本政府に招かれ来日。工部美術学校で油絵を教え、明治洋画の基礎を築いた。作品には「不忍池」〔しのばずのいけ〕などがある。
ワーグマン　C. Wirgman　② 1832〜91　イギリスの画家。1861年に『イラストレイテッド＝ロンドンニュース』の特派員として来日、漫画・風俗画を描き、最初の漫画雑誌『ジャパン・パンチ』を創刊。この風刺漫画の形式はポンチ絵と呼ばれた。横浜に定住し、死去した。
『イラストレイテッド＝ロンドンニュース』①　ポンチ絵〔え〕①
キヨソネ　E. Chiossone　④ 1833〜98　イタリアの銅版画家。1875年、政府に招かれて来日、大蔵省紙幣寮で紙幣に描いた肖像画や有価証券類の印刷原版を作成し、銅版画技術を指導した。
ジュ＝ブスケ　A. C. du Bousquet　① 1837〜82　フランス陸軍軍人。1867年、幕府招聘〔しょうへい〕のフランス軍事教官団の一員として来日。明治政府の兵部省・元老院などの顧問になり、フランス式軍制の導入に努めた。
グリフィス　W. E. Griffis　① 1843〜1928　アメリカ人教育者・牧師。1870年、福井藩校の理化学教師として来日、のち開成学校で化学を教授。帰国後、日本を紹介する『ミ

カドの帝国』(『皇国』<ruby>皇国<rt>こうこく</rt></ruby>)を刊行。

ラフカディオ＝ハーン　Lafcadio Hearn ①
1850～1904　島根県の松江中学校の英語教師となり、小泉節子と結婚し、小泉八雲<rt>やくも</rt>と名乗る。東大で英文学を講じた。日本に深い愛情を持って、執筆・研究を行った。『知られぬ日本の面影』『怪談』などの著作でよく知られている。

● ● ●

田口卯吉<rt>たぐちうきち</rt>　① 1855～1905　歴史学者・経済学者。1879年に『東京経済雑誌』を創刊、自由主義経済の立場から保護貿易を批判した。ギゾーやバックルの影響下に文明論を展開。政界・実業界でも活躍する。

　：**自由主義経済**<rt>じゆうしゅぎけいざい</rt>　② イギリスのアダム＝スミスなどがとなえた。政府は市場に介入せず、経済を市場の動向に委ねるという古典派経済学の考え方。

　：**保護貿易**<rt>ほごぼうえき</rt>　① 政府が貿易活動に補助や特権を与えるなど、政府が管理・介入したりする貿易。

　：『**日本開化小史**』<rt>にほんかいかしょうし</rt>　① 1877年、田口卯吉著。ギゾーの『ヨーロッパ文明史』の影響を受けた日本史論。古代から廃藩置県までを発展的に叙述した歴史書。

『**大日本古文書**』<rt>だいにほんこもんじょ</rt>　① 史料編纂所<rt>しりょうへんさんじょ</rt>で編纂・刊行中の古文書集成。正倉院文書を中心とする編年文書、諸家・寺社の家わけ文書、幕末外交関係文書がある。

久米邦武<rt>くめくにたけ</rt>　⑤ 1839～1931　歴史学者。岩倉使節団に随行、『米欧回覧実記』を編集。修史局で史料編纂に従い、帝大教授となる。1891年、『史学会雑誌』に掲載した「神道は祭天の古俗」が、神道家や国学者の非難を浴び、教授を辞職した（久米事件）。

　「神道は祭天の古俗」<rt>しんとうはさいてんのこぞく</rt>　②
　　　　　　　　　　久米事件<rt>くめじけん</rt>　①

　：『**米欧回覧実記**』<rt>べいおうかいらんじっき</rt>　③ 1871～73年の岩倉使節団の見聞記録。5編100巻。米欧12カ国と復路のアフリカ・アジア各地の見聞、異文化接触の貴重な史料。

　：**ドイツ実証主義史学**<rt>じっしょうしゅぎしがく</rt>　① ドイツの歴史学者ランケから始まる歴史学の方法。それまでの歴史に教訓を求める教訓主義史学、人間の情熱と理想に着目したロマン主義史学から脱却し、様々な史料を厳密に読み解いて比較・分析することで史実に迫ろうとする科学的な歴史学。日本では重野安繹<rt>しげのやすつぐ</rt>や、久米邦武らによって実践された。

金井延<rt>かないのぶる</rt>　① 1865～1933　経済学者。東大教授。ドイツ社会政策学を紹介。日露開戦

論を唱えた七博士の一人。

　：**社会政策学**<rt>しゃかいせいさくがく</rt>　① 資本主義の発展と共に経済格差が広がり、大きな社会問題となった。近代社会の抱える矛盾をどのように解決するのかを研究する学問。

　：**歴史主義経済学**<rt>れきししゅぎけいざいがく</rt>　① アダム＝スミスの自由主義経済学に対して、資本主義やそれが生み出す矛盾を経済現象の歴史性に着目して解明しようとする経済学。ドイツの経済学者リストから始まる。この考え方からドイツでは1873年に社会政策学会がつくられた。

穂積陳重<rt>ほづみのぶしげ</rt>　→ p.246

● ● ●

北里柴三郎<rt>きたさとしばさぶろう</rt>　⑥ 1852～1931　細菌学者。1885年、ドイツに留学、コッホに師事。1889年、破傷風菌の純粋培養に成功し、90年にジフテリアと破傷風血清療法に関する論文を執筆した。帰国して伝染病研究所（1892年設立）所長。1894年、香港のペスト流行の際、同地でペスト菌を発見。

　　　　　　　細菌学<rt>さいきんがく</rt>　②　　**破傷風菌**<rt>はしょうふうきん</rt>　①
　　　　破傷風血清療法<rt>はしょうふうけっせいりょうほう</rt>　①
　　　ジフテリアの血清療法<rt>けっせいりょうほう</rt>　①
　　　　　　　　　　　　　ペスト菌<rt>きん</rt>　②
　　　　　　　　伝染病研究所<rt>でんせんびょうけんきゅうじょ</rt>　②
　　　　　　　　　　　　　　　コッホ　③

志賀潔<rt>しがきよし</rt>　④ 1870～1957　伝染病研究所に入り、1897年に赤痢菌を発見。北里研究所創立に参加した。　　　　　**赤痢菌**<rt>せきりきん</rt>　③

長与専斎<rt>ながよせんさい</rt>　① 1838～1902　蘭方医。適塾の塾長、ついで長崎でオランダの軍医ボンペに学ぶ。岩倉使節団に随行して欧米医事制度を調査、日本医事制度の基礎をつくる。

高峰譲吉<rt>たかみねじょうきち</rt>　⑤ 1854～1922　1890年渡米、ニューヨークに高峰研究所を創設（1902年）。強心薬アドレナリンの抽出、消化薬タカジアスターゼを創製した。

　　　　　　　　　　　アドレナリン　②
　　　　　　　　　タカジアスターゼ　③

鈴木梅太郎<rt>すずきうめたろう</rt>　④ 1874～1943　スイス・ドイツに留学し、蛋白<rt>たんぱく</rt>質を研究。東大教授。1910年、脚気<rt>かっけ</rt>予防に有効なオリザニン（ビタミンB_1）を抽出。以後、理化学研究所で栄養化学を研究した。

　　　　オリザニン　②　　**ビタミンＢ１**　③

秦佐八郎<rt>はたさはちろう</rt>　① 1873～1938　伝染病研究所に入りペスト菌を研究。エールリヒと梅毒の化学療法剤サルバルサンを創製した。　　　　　　　**サルバルサン**　①

大森房吉<rt>おおもりふさきち</rt>　③ 1868～1923　東大教授。震

災予防調査会を主宰。大森式地震計・大森公式を考案した。　**地震計**〔じしん〕③

木村栄〔きむらひさし〕　③　1870〜1943　地球物理学者。1899年、岩手県水沢の緯度観測所初代所長となり、一生を地球の緯度変化の観測に捧げ、Z項を発見した(1902年)。
　：Z項〔ゼット〕③　地球の自転軸は形状軸(南北軸)と完全には一致せず、一定の周期で形状軸の周りを移動する。その公式はΔφ＝Xcos λ＋Ysin λとされていたが、木村栄はΔφ＝Xcos λ＋Ysin λ＋Zと修正。

長岡半太郎〔ながおかはんたろう〕⑤　1865〜1950　東大教授、大阪大総長、学士院長。実地測量による磁気歪〔ひず〕の研究を進め、1903年、土星型原子模型の理論を発表して原子構造の研究に寄与した。　**原子構造の研究**〔げんしこうぞうのけんきゅう〕②

田中館愛橘〔たなかだてあいきつ〕③　1856〜1952　東大教授。日本物理学の基礎を築く。地磁気の測定、メートル法・ローマ字の普及、航空物理学の発達に寄与した。
　　　　　　　地磁気の測定〔ちじきのそくてい〕②

牧野富太郎〔まきのとみたろう〕②　1862〜1957　植物学者。植物学を独修、植物分類学を研究。その発見・命名の植物は1000種以上に及ぶ。
　　　　　　　植物分類学〔しょくぶつぶんるいがく〕

桜井錠二〔さくらいじょうじ〕①　1858〜1939　東大教授、学士院長。欧米に留学。溶液の沸点上昇に関する桜井・池田沸点測定法の考察など、理論化学の基礎をつくる。

菊池大麓〔きくちだいろく〕①　1855〜1917　1866年イギリスに留学。近代数学を導入。東大総長・文部大臣・理化学研究所所長を歴任。

下瀬雅允〔しもせまさちか〕①　1859〜1911　海軍兵器製造所で火薬の研究に従事、高性能爆薬ピクリン酸の弾丸充填〔じゅうてん〕を考案した。日露戦争で威力が実証された。　**下瀬火薬**〔しもせかやく〕①

近代文学

戯作文学〔げさくぶんがく〕③　読本〔よみ〕・黄表紙・洒落本・滑稽本・人情本などの江戸後期の娯楽的な読み物の総称。勧善懲悪(善玉が悪玉を滅ぼす)主義で、明治期では仮名垣魯文がその代表者。　**勧善懲悪**〔かんぜんちょうあく〕①

仮名垣魯文〔かながきろぶん〕③　1829〜94　戯作者。文明開化の世相を滑稽化し、『安愚楽鍋』や『西洋道中膝栗毛』〔せいようどうちゅうひざくりげ〕を著す。『西洋道中膝栗毛』は『東海道中膝栗毛』の弥次郎兵衛〔やじ〕・喜多八〔きたはち〕の孫にあたる弥次郎兵衛と喜多八がロンドン博覧会に行く滑稽な道中を描く『東海道中膝栗毛』のパロディ。

　：『安愚楽鍋』〔あぐらなべ〕④　魯文の滑稽本。1871〜72年の作。文明開化の時代に流行した牛鍋〔ぎゅう〕店に出入りする客たちの会話や風俗を活写する。

政治小説〔せいじしょうせつ〕③　自由民権思想の宣伝・啓蒙を目的とし、自由民権運動期に書かれた小説。革命思想をフランス革命・アメリカ独立やギリシア史の中の様々な出来事に思いを馳せて物語る。

矢野竜(龍)渓〔やのりゅうけい〕②　1850〜1931　本名は文雄。政治家・小説家。大隈重信と共に立憲改進党の結成に加わる。政治小説・随筆の作家、新聞人としても著名。
　：『経国美談』〔けいこくびだん〕②　矢野竜渓の政治小説。1883〜84年作。アテネやスパルタの次に隆盛をきわめたギリシアの都市国家テーベの盛衰を物語り、自由民権の思想と人々の政治的自覚を宣伝する。

東海散士〔とうかいさんし〕②　1852〜1922　本名は柴四朗〔しば〕。会津藩士、渡米して1885年に帰国、『佳人之奇遇』を発表した。のち憲政党の幹部として活躍するなど、政界で活動した。
　：『佳人之奇遇』〔かじんのきぐう〕②　1885〜97年作。アメリカ遊学中の憂国の青年東海散士が世界を周遊しつつアイルランド独立運動にかかわるなど、世界の動きに思いを馳せる物語。

末広鉄腸〔すえひろてっちょう〕①　1849〜96　政治家・小説家。本名は重恭〔しげやす〕。『朝野新聞』に民権論を展開し、自由党結成に参加。のち立憲改進党の衆議院議員となる。
　：『雪中梅』〔せっちゅうばい〕①　末広鉄腸の政治小説。1886年刊。青年志士国野基〔くにのもとい〕の波瀾の政治活動を人情小説の形で描く。

写実主義〔しゃじつしゅぎ〕⑤　明治20年前後の文壇の潮流。坪内逍遙の主張に始まる。戯作や勧善懲悪を排し、現実にある人情・世相をあるがままに描こうとする立場。近代文学の出発点となる。

坪内逍遙〔つぼうちしょうよう〕⑥　1859〜1935　小説家・劇作家。写実主義を主張し、文壇の中心的存在となる。『早稲田文学』を創刊し、また演劇改良を企て、文芸協会の設立に参加した。
　：『小説神髄』〔しょうせつしんずい〕⑥　坪内逍遙の文学論。1885〜86年に発表。西洋文学の理論を基礎とし、人間の欲望や愛情・思いやり・人情などを写実的に描くことを主張。

言文一致体〔げんぶんいっちたい〕⑥　文語体に代えて、話し言葉に近い口語体で文章表現をする試み。二葉亭四迷の『浮雲』はその先駆。山田美妙も前後して主張。坪内逍遙はシェークスピアの翻訳で実行する。

二葉亭四迷（ふたばていしめい）⑤ 1864～1909　小説家。本名は長谷川辰之助。東京外国語学校ロシア語科に学ぶ。1887年に言文一致体の『浮雲』を発表。ロシア文学の翻訳などと共に、近代文学に多大な影響を与えた。

：**『浮雲』**（うきぐも）⑤ 二葉亭四迷の作。1887～89年刊。下級役人内海（うつみ）文三と恋仲のお勢の心情と行動の緻密な描写を通して明治時代の青春の苦悩を写実的な文章で描いた。日本の近代小説の先駆とされる。

硯友社（けんゆうしゃ）④ 1885年、尾崎紅葉・山田美妙らが結成した文学結社。川上眉山（びざん）・巌谷小波・広津柳浪（りゅうろう）らが同人。欧化主義に対し、雅俗折衷（がぞくせっちゅう）による江戸趣味の高雅な文体と写実主義をもって明治文壇の中心となる。1903年、紅葉の死を機に解散した。

：**『我楽多文庫』**（がらくたぶんこ）③ 硯友社の文芸同人誌。1885～89年、全32冊。戯文・小説・新体詩などを掲載し、回覧雑誌の形態をとる。明治中期の文壇の中心的勢力となる。

尾崎紅葉（おざきこうよう）④ 1867～1903　小説家。硯友社を結成。西鶴を模し、写実主義の立場に立ち、言文一致体で知識人の内面を描いた『多情多恨』（たじょうたこん）などを書いた。

：**『金色夜叉』**（こんじきやしゃ）② 紅葉の作。1897年から6年間『読売新聞』に断続的に連載、作者の死で未完。貧乏な書生の間貫一（はざまかんいち）と許嫁（いいなずけ）の間貫一を捨て大金持の息子に嫁いだ鴫沢宮（しぎさわみや）の愛と憎しみを描いた物語。高利貸となって復讐（ふくしゅう）する貫一と不幸な結婚生活を送る宮の人生が妖しく交錯する。

山田美妙（やまだびみょう）③ 1868～1910　小説家。硯友社結成に参加。言文一致体の短編集『夏木立』や小説『蝴蝶』（こちょう）を書く。

：**『夏木立』**（なつこだち）①

巌谷小波（いわやさざなみ）① 1870～1933　童話作家。初め硯友社同人。1891年の『黄金丸』（こがねまる）以降、『日本昔噺』（にほんむかしばなし）・『日本お伽噺』（おとぎばなし）・『世界お伽噺』をまとめる。

幸田露伴（こうだろはん）③ 1867～1947　小説家。名は成行（しげゆき）。理想主義的作風で、尾崎紅葉と並び称され、紅露時代と呼ばれた。明皇帝の波乱の生涯を描いた『運命』などがある。

理想主義（りそうしゅぎ）①

：**『五重塔』**（ごじゅうのとう）① 1891年作。江戸の谷中（やなか）の感応寺（かんのうじ）の五重塔を建てる、頑固だが腕のよい大工のっそり十兵衛の姿を描く。芸術至上・理想主義的な人物造形をみごとに描いた作品。

ロマン主義（ロマンチシズム）⑥ 18世紀末からのヨーロッパロマン主義の影響を受け、明治20年代から展開した文学・芸術・思想の潮流。感情の素直な表現を強調し、理想や恋愛へのあこがれを重んじ、生きる喜びや自我・個性の尊重と解放を主張。島崎藤村や『文学界』、鉄幹・晶子の明星派などに顕著にみられる。

北村透谷（きたむらとうこく）④ 1868～94　評論家・詩人。15歳で自由民権運動に参加したが、大阪事件で疑問を持ち、運動から離れる。キリスト教に入信。反戦平和運動を展開し、日本平和会にも参画。『文学界』を創刊。自己の内面を追求する中で、理想と現実の矛盾に追い詰められ、27歳で自殺。

『文学界』（ぶんがくかい）④ 1893年、北村透谷ら創刊の月刊文芸誌、ロマン主義文学の母体となる。樋口一葉の小説、島崎藤村の詩、透谷の評論などを掲載。1898年、58号で廃刊。

森鷗外（もりおうがい）⑥ 1862～1922　陸軍軍医総監・小説家。名は林太郎。ドイツに留学して衛生学を専攻。『舞姫』などのロマン的作品で登場。その後、翻訳・評論などで活躍。晩年は歴史小説が多い。

：**『舞姫』**（まいひめ）① 鷗外の1890年の処女作。ベルリン留学の太田豊太郎と踊り子エリスとの恋愛と離別をロマン的に描写する。

泉鏡花（いずみきょうか）② 1873～1939　小説家。紅葉の弟子。初期の『夜行巡査』などの観念小説から、高野山の旅の僧が飛騨（ひだ）山中で経験した神秘的な物語の『高野聖』（こうやひじり）などのロマン的・幻想的な独特の世界を華麗な文章で表現する世界を築いた。

島崎藤村（しまざきとうそん）⑦ 1872～1943　小説家。透谷と『文学界』を創刊。ロマン主義詩人から出発し、のち小説家に転じ、日露戦争後には自然主義作家となる。

：**新体詩**（しんたいし）② 明治中期、西洋の詩にならって生まれた新しい詩型。1882年、外山正一の『新体詩抄』に始まり、『於母影』『若菜集』、明治30年代の土井晩翠（つちいばんすい）・薄田泣菫（すすきだきゅうきん）・蒲原有明（かんばらありあけ）らが最盛期。

：**『若菜集』**（わかなしゅう）④ 1897年刊。藤村の処女詩集。七五調の抒情詩「秋風の歌」「初恋」など51編。『一葉舟』『夏草』『落梅集』の抒情詩集を続刊。

「初恋」（はつこい）①

与謝野晶子（よさのあきこ）⑦ 1878～1942　歌人。鉄幹を慕って1900年に新詩社に入り、翌年結婚。歌風は情熱的で華麗。日露戦争を批判する「君死にたまふこと勿れ」を『明星』に発表した。

：**『みだれ髪』**（みだれがみ）④ 1901年、新詩社刊。与謝野晶子の歌集。399首の和歌は青春の

熱情と官能的な生の賛歌を歌う。

：『**君死にたまふこと勿れ**』<small>きみしにたまふことなかれ</small>
→ p.256

与謝野鉄幹<small>よさのてっかん</small> ④ 1873～1935 歌人・詩人。本名は寛。雑誌『明星』創刊。1901年に晶子と結婚。初めは雄壮で豪快な歌風であったが、結婚後は妻晶子と共にロマン主義文学運動の中心になる。

『**明星**』<small>みょうじょう</small> ④ 1900年創刊。詩歌中心の文芸雑誌。与謝野鉄幹・晶子夫妻中心の新詩社・明星派の機関誌。星とすみれに象徴されるロマン的叙情。第1次は自然主義の台頭のなか、1908年に第100号で終刊。

明星派<small>みょうじょうは</small> ①

北原白秋<small>きたはらはくしゅう</small> ① 1885～1942 詩人。『明星』に参加して短歌・詩を発表。1908年に脱退。パンの会（文学者・画壇の芸術家グループ）により耽美派<small>たんびは</small>・象徴詩を展開する。大正時代になると鈴木三重吉<small>みえきち</small>の『赤い鳥』に数多くの童謡・民謡を発表し、代表作に童話集『トンボの眼玉』<small>とんぼのめだま</small>がある。

樋口一葉<small>ひぐちいちよう</small> ⑥ 1872～96 女流作家。中島歌子の萩の舎塾に学び、貧窮の中で小説で生活を支えた。東京下町に暮らす女性の悲しみや喜びを擬古文<small>ぎこぶん</small>で描く。『大つごもり』『十三夜』<small>じゅうさんや</small>『たけくらべ』『にごりえ』などの作品がある。

：『**たけくらべ**』④ 1895年『文学界』に発表。浅草寺の北にある吉原<small>よしわら</small>遊郭に近い下町の少女美登利と寺の息子真如<small>しんにょ</small>の淡い恋をロマン的に描く。

正岡子規<small>まさおかしき</small> ⑤ 1867～1902 俳人・歌人。伊予松山に生まれる。1883年に上京して大学予備門に入学、夏目漱石を知る。見たまま感じたままに描写する写生に基づく俳句・短歌革新運動を提唱。短歌は万葉集の表現を理想とした。俳句雑誌『ホトトギス』で活躍、和歌の根岸短歌会を設立する。

俳句革新運動<small>はいくかくしんうんどう</small> ⑤
短歌革新運動<small>たんかかくしんうんどう</small> ③
写生<small>しゃせい</small> ② **万葉調**<small>まんようちょう</small>《正岡子規》③

高浜虚子<small>たかはまきょし</small> ② 1874～1959 俳人。俳句を子規に学び、『ホトトギス』を主宰。伝統を重んじ、写生句を主唱する。

：『**ホトトギス**』③ 俳句雑誌。1897年に四国松山で柳原極堂<small>やなぎはらきょくどう</small>創刊。のち東京に移り、高浜虚子が発行人で子規が協力。17字の定型と季語の伝統を守り、俳壇の主流をなす。『吾輩は猫である』『野菊の墓』なども掲載した。

伊藤左千夫<small>いとうさちお</small> ② 1864～1913 歌人・小説

家。子規の門人。短歌雑誌『馬酔木』<small>あしび</small>（1903年）、『アララギ』創刊。小説は『野菊の墓』<small>ののぎく</small>（1906年）が代表作。島木赤彦・斎藤茂吉らを育てた。

：『**アララギ**』② 短歌雑誌。1908年創刊、今日に至る。子規の死後、根岸短歌会の機関誌『馬酔木』<small>あしび</small>の廃刊を受けて左千夫が創刊。万葉調と写生を基本とする。

長塚節<small>ながつかたかし</small> ② 1879～1915 歌人・小説家。子規の根岸短歌会に参加、写生的作風。次第に写生文・小説に移る。

自然主義<small>しぜんしゅぎ</small> ⑥ 自然科学の発展やフランスのエミール＝ゾラの影響を受け、初めはヨーロッパの自然主義のように旧習に対する批判や社会矛盾を描こうとした。日本では明治30年代に始まり、藤村の『破戒』、花袋の『蒲団』で確立。しかし、すぐ社会矛盾を描こうとする情熱は薄れ、作家自身の身辺描写の傾向が強まり、私小説・心境小説の方向をたどった。

島崎藤村<small>しまざきとうそん</small> → p.287

：『**破戒**』<small>はかい</small> ④ 1906年刊。自然主義文学確立の第一歩。また島崎藤村の散文への転機になる作。被差別部落出身の青年教師瀬川丑松<small>うしまつ</small>の生き方を問う。

：『**夜明け前**』① 1929～34年発表。歴史小説。父の正樹をモデルとした木曽馬籠<small>まごめ</small>の本陣の当主青山半蔵の維新前後の苦闘の生涯を描く。

田山花袋<small>たやまかたい</small> ⑤ 1871～1930 小説家。評論『露骨なる描写』などで自然主義文学に傾斜、1907年に『蒲団』を発表。1909年には利根川べりの羽生<small>はにゅう</small>の田舎の小学校教師の短い一生を描いた『田舎教師』<small>いなかきょうし</small>を発表。藤村と共に自然主義文学の旗頭<small>はたがしら</small>となった。

：『**蒲団**』<small>ふとん</small> ③ 1907年刊。内弟子芳子への欲情を描く。自然主義文学の方向を決定づけると共に、私小説の先駆ともなる。

徳冨蘆花<small>とくとみろか</small> ① 1868～1927 小説家。蘇峰の弟。キリスト教徒、トルストイに心酔し、人道主義（人間愛の立場からの人命尊重思想）に立つ。海軍少尉川島武男と妻浪子<small>なみこ</small>の夫婦の愛情が封建的家族制度の犠牲となる小説の『不如帰』<small>ほととぎす</small>によってベストセラー作家となる。そのほか明治時代の青春を描いた『思出の記』<small>おもいでのき</small>や随筆『自然と人生』<small>しぜんとじんせい</small>がある

国木田独歩<small>くにきだどっぽ</small> ③ 1871～1908 小説家。イギリスの詩人ワーズワースらイギリスロマン主義の影響を受け、『武蔵野』で文壇に登場。晩年には自然主義へと移行する。

：『武蔵野』むさしの ① 1901年刊。短編集。武蔵野の自然美を綴った短編『武蔵野』のほか、『源叔父』げんおじなどを収める。まだ、ロマン主義の詩人・作家の資質を示している。

徳田秋声とくだしゅうせい ① 1871〜1943　小説家。自伝的小説『黴』かびや奔放ほんぽうに生きる女性の半生を描く『あらくれ』など庶民の日常生活をありのままに描き、自然主義・私小説(作者の経験をもとに書かれた小説)の代表的作家とされる。

社会小説しゃかいしょうせつ ① 政治問題を取り上げたり、政治的関心が強く打ち出されている小説。明治30年代、内田魯庵うちだろあんらを中心に多く出版された。

石川啄木いしかわたくぼく ⑤ 1886〜1912　歌人・詩人。本名は一はじ。岩手県渋民しぶたみ村に育つ。貧窮の中で口語による生活詩をつくり、『明星』などに発表してロマン主義的表現から出発。のち生活苦・病苦によって自然主義へ傾斜し、大逆事件に衝撃を受けて社会主義に関心を持つ。

：『一握の砂』いちあくのすな ② 1910年刊。啄木の第1歌集。病と貧困の中での551首を収め、過去・現在の生活感情を自由に歌う。

夏目漱石なつめそうせき ⑦ 1867〜1916　松山中学・熊本の五高教授、文部省留学生としてロンドンに留学。1903年、一高教授・東京帝大講師。1905年、『吾輩は猫である』で文壇に登場。長編小説『三四郎』さんしろうも著す。反自然主義でロマンの余裕派とされ、他人を尊重する個人主義を唱え、文明批評も行う。

反自然主義はんしぜんしゅぎ ①
：『吾輩は猫である』わがはいはねこである ① 1905〜06年『ホトトギス』に連載。猫に託して作者の社会観を語る。

：『坊っちゃん』ぼっちゃん ① 1906年『ホトトギス』に発表。松山中学校在勤の経験を素材に無鉄砲な青年教師をユーモラスに描く。

：『それから』① 1909年『大阪朝日新聞』に連載。『三四郎』(1908年『朝日新聞』)を受けて『門』に続く三部作の一つ。知識人長井代助の無為に生きる心理と愛に悩む姿を主題とする。

：『こころ』① 1914年『朝日新聞』に連載。"先生"の遺書によって、人間のエゴイズムと倫理との葛藤を追求する。

：『明暗』めいあん ① 1916年から『朝日新聞』に連載、漱石の病没で未完に終わる。津田と妻お延の、エゴイズムと虚栄心による葛藤・苦悩を描く。

：『坑夫』こうふ ① 1908年1月1日から東京朝日新聞に連載した長編小説。その年の9月に刊行された。家出した青年が銅山の坑夫となり、その過酷な作業と生活をルポルタージュ的小説として描いた。

森鷗外もりおうがい　→ p.287
：『阿部一族』あべいちぞく ① 森鷗外は明治天皇の死と乃木のぎ大将の殉死後、もっぱら歴史小説の分野へ転じた。『阿部一族』は1913年刊の歴史小説である。熊本藩で起こった武士の殉死事件から武士の倫理や生きざまを描く。

：『高瀬舟』たかせぶね ① 1916年発表の歴史小説。弟殺しの罪で島流しの刑に処せられ、京から大坂へ護送される高瀬舟に乗る喜助の心情を描く。

明治の芸術

河竹黙阿弥かわたけもくあみ　→ p.206

演劇改良運動えんげきかいりょううんどう ② 1886年、末松謙澄けんちょう(伊藤博文の長女の夫、第4次伊藤内閣の内相)らが演劇改良会を結成、演劇の近代化運動を始めた。劇場・興行の改革、女形おんながたの廃止を主張し、歌舞伎を史実に即し、写実的に演出する活развをめざした。

団菊左時代だんきくさじだい ④ 明治前期に混乱していた歌舞伎界が、九代目市川団十郎、五代目尾上菊五郎、初代市川左団次によって迎えた明治中期の歌舞伎の黄金時代。

：**市川団十郎**いちかわだんじゅうろう《九代目》 ⑤ 1838〜1903　歌舞伎俳優。演劇の改良・発展に努め、時代物狂言を史実に即して演じる活歴でも活躍、歌舞伎役者の地位向上に努める。当たり芸は「暫」や「勧進帳」かんじん「助六由縁江戸桜」すけろくゆかりのえどざくらなど。　「暫」しばらく ①

：**尾上菊五郎**おのえきくごろう《五代目》 ④ 1844〜1903　歌舞伎俳優。江戸末期の恋愛・心中・小悪党などを題材とする生世話物きぜわ、文明開化の社会に題材をとった散切物ざんぎりもので明治の歌舞伎界を再興、活歴も上演した。

：**市川左団次**いちかわさだんじ《初代》 ④ 1842〜1904　歌舞伎俳優。団十郎・菊五郎の相手役として活躍。明治座を再興。劇場の改善、歌舞伎界の因習打破に努める。

川上音二郎かわかみおとじろう ④ 1864〜1911　俳優。自由党壮士。政治・時事風刺の演歌オッペケペー節で名をあげ、1891年、妻貞奴と壮士芝居をおこし、新派の創始者となる。欧米巡業でも名をあげた。

〔川上〕**貞奴**かわかみさだやっこ ②
：**オッペケペー節**ぶし ① 自由と民権を喧伝

する流行歌。「オッペケペ」は単なる口拍子。1889年、川上音二郎の京都での寄席口説から大流行した。演歌の始まりという。

壮士芝居（そうししばい） ③ 国会が開設されると自由民権家は衆議院議員となる者が多く、自由党の壮士らは仕事を失った。川上音二郎がそれらの壮士の生活を支えるために始めた素人演劇。日清戦争の戦闘の様子を舞台で再現して人気を獲得し、やがて新派劇に成長した。書生芝居とも呼ばれる。

：壮士（そうし） ① 政府の弾圧や反対派の襲撃から自由民権運動の活動家を護衛するために、日本刀などで武装し、暴力的行為も辞さない民権家の私的なガードマン。

新派劇（しんぱげき） ⑤ 古い歌舞伎劇に対し、明治中期に新しくおこった明治時代の社会を反映した当時の現代劇。起源は壮士芝居。日露戦争頃から尾崎紅葉の『金色夜叉』（こんじきやしゃ）や泉鏡花の『婦系図』（おんなけいず）などの通俗小説を劇化することによって、人気を誇った。

新劇（しんげき） ⑥ 歌舞伎・新派劇に対する西洋から入った近代劇。文芸協会・自由劇場がシェークスピア・イプセン・チェーホフなどの翻訳劇を上演して始まる。

文芸協会（ぶんげいきょうかい） ③ 文化団体。1906年、坪内逍遙・島村抱月が文芸一般の革新を目的に設立したが、1909年から純然たる演劇団体に改組した。シェークスピアの「ハムレット」やイプセンの「人形の家」などを公演、新劇発展の基礎を築く。1913年に解散。

島村抱月（しまむらほうげつ） ② 1871～1918　評論家・新劇指導者。早大教授。『早稲田文学』で自然主義運動の立場をとった。坪内逍遙と文芸協会を設立したが、松井須磨子との恋愛問題で逍遙と訣別。1913年に松井須磨子と芸術座を結成する。

：松井須磨子（まついすまこ）　→ p.303

自由劇団（じゆうげきだん） ④ 新劇団体。1909年、二代目左団次と小山内薫が結成。東京有楽座でノルウェーの劇作家イプセンの翻訳劇を初演。1919年の最終公演まで数多くの翻訳劇、若手の戯曲を上演し、新劇発展の先駆の役割を果たす。

小山内薫（おさないかおる）　→ p.303

市川左団次（いちかわさだんじ）《二代目》 ① 1880～1940俳優。新劇開拓のため小山内薫と自由劇場を結成。他方、鶴屋南北作品の復活、大正・昭和期の劇作家である岡本綺堂などの脚本を上演するなど、歌舞伎の革新を推進した。

西洋音楽（せいようおんがく）**（洋楽）**（ようがく） ⑤ 幕末～明治期に

西洋からもたらされた音楽。居留地の軍楽隊、宮内省雅楽部の洋楽伝習や鹿鳴館の演奏会、賛美歌などがもとになる。教育面では東京音楽学校で本格的に始められた。

軍楽隊（ぐんがくたい） ④ 幕末に諸藩が洋式兵術と共に鼓笛隊（こてきたい）を編成、横浜居留地の外国軍楽隊や仏・独の軍楽教師の指導も受けた。本格的な軍楽は、1871年陸・海軍省創設の軍楽隊に始まる。

伊沢修二（いさわしゅうじ） ④ 1851～1917　明治時代の音楽教育家。文部省につとめ、唱歌や西洋音楽を小学教育に採用。東京音楽学校初代校長。

唱歌（しょうか） ⑥ 明治の音楽教育に採用された洋楽に基礎をおきながら児童が歌いやすいようにした音楽。伊沢修二は旧来の三味線音楽・民謡・能楽などを排しながらも、日本の音階を残して、1880年から唱歌教育を始めた。

：『小学唱歌集』（しょうがくしょうかしゅう） ② 文部省音楽取調掛が編集した日本最初の唱歌集。1882～84年に発行、全3巻。西洋の楽調に文語体の花鳥風月の歌を合わせた和洋折衷の様式。「君が代」などの唱歌も収めている。

「**蛍の光**」（ほたるのひかり） ①
「**見渡せば**」（みわたせば）（「**むすんで開いて**」（むすんでひらいて）） ①

：『鉄道唱歌』（てつどうしょうか） ① 1900年、「汽笛一声新橋を……」で始まる「第1集　東海道編」を発行。作詞は国文学者大和田建樹（たけき）。好評で「第5集　関西・参宮・南海編」まで刊行。鉄道の発達や旅行への関心の高まりが背景にある。

東京音楽学校（とうきょうおんがくがっこう） ⑥ 国立の音楽教育機関。音楽取調掛（おんがくとりしらべがかり）を拡充して、1887年に創立。第二次世界大戦後に東京美術学校と合併、東京芸術大学となる。

東京芸術大学（とうきょうげいじゅつだいがく） ②

：滝廉太郎（たきれんたろう） ④ 1879～1903　20歳で東京音楽学校助教授となり、ドイツのライプツィヒ王立音楽院に留学、帰国後24歳で病死。「荒城の月」「花」などを作曲して、日本の歌曲を芸術化する基礎を築いた。

「**荒城の月**」（こうじょうのつき） ②　「**花**」（はな） ①

工部美術学校（こうぶびじゅつがっこう） ④ 1876年、殖産興業を推進する上で西洋美術教育の必要を認め、工部省工学寮内に併設された美術学校。イタリアから画家フォンタネージ、彫刻家ラグーザ、建築家カペレッティを招聘。小山正太郎（こやましょうたろう）・浅井忠らを輩出する。美術

界の伝統回帰の風潮と松方財政の緊縮により、1883年に廃止、文部省に移管される。

岡倉天心（おかくらてんしん）⑥ 1862〜1913　本名は覚三（かくぞう）。フェノロサと東京美術学校を設立、校長となる。のち日本美術復興運動に尽力し、日本美術院を設立。この間、狩野芳崖・橋本雅邦らと日本画に輪郭線をなくし、遠近法や陰影法（いんえいほう）などの西洋画の手法を加えた創作運動を進めた。インド・欧米に旅し、『東洋の理想』『日本の目覚め』『茶の本』などを英文で出版、東洋文化の優秀性を説く。

　　　　　　日本美術復興運動（にほんびじゅつふっこううんどう）①

東京美術学校（とうきょうびじゅつがっこう）⑥ 1887年10月、岡倉天心らの尽力で設立、東京の上野に89年開校。初めは絵画（日本画）・彫刻・美術工芸の3科で、西洋画はなかったが、フランスから帰国した黒田清輝によって、96年に西洋画科を増設。1949年、東京芸術大学となる。

日本美術院（にほんびじゅついん）⑤ 1898年、東京美術学校校長を辞任した岡倉天心を中心に、橋本雅邦ら26人で創立した日本画の美術団体。日本絵画協会と連合して春秋に共進会を開催。春草・大観・観山らも出る。1906年、岡倉天心がとなえた新日本画が受け入れられず、茨城県五浦（いづら）に移るが、天心亡きあと、横山大観らにより14年に再発足した。

狩野芳崖（かのうほうがい）⑤ 1828〜88　日本画家。橋本雅邦と江戸狩野派の同門。維新の時は国事に奔走。天心・フェノロサに認められたが、東京美術学校開校前に死去した。

：**『悲母観音』**（ひぼかんのん）⑤ 芳崖が死の直前に完成した代表作。漢画の手法に洋画手法を加え、観音像に母性愛を象徴的に示す。

橋本雅邦（はしもとがほう）⑤ 1835〜1908　日本画家。フェノロサに認められ、東京美術学校創立と共に同校教授。1898年、日本美術院創立に参加。弟子に観山・大観・春草らがいる。

：**『竜虎図』**（りゅうこず）④ 雅邦による竜と虎が天地で対峙する構図の6曲一双の屏風。1895年の内国勧業博覧会に発表した優品。

菱田春草（ひしだしゅんそう）④ 1874〜1911　東京美術学校出身。日本美術院創立に参加。洋画の技法を取り入れた清新な画風。代表作に「黒き猫」がある。　　　　　　**「黒き猫」**（くろきねこ）②

横山大観（よこやまたいかん）　→ p.304
下村観山（しもむらかんざん）　→ p.304

　　　　　　　　　　・　・　・

高橋由一（たかはしゆいち）④ 1828〜94　日本の洋画の開拓者。蕃書調所で川上冬崖（とうがい）に師事、ワーグマンにも学んだ。迫真的な写実作品の

「鮭」が代表作。ほかに『山形市街図』も描いた。　　　**「鮭」**（さけ）④　**『山形市街図』**（やまがたしがいず）①

浅井忠（あさいちゅう）④ 1856〜1907　工部美術学校でフォンタネージに学ぶ。明治美術会を設立。1900年のフランスに留学後は、京都に移り、関西美術院をおこす。代表作「収穫」などがある。

：**「収穫」**（しゅうかく）② 収穫に励む農民の姿を抒情的表現で写実的に描く。暗く茶色の色調はのちに明るい色調の印象派を学んで帰国した黒田清輝によってたばこのニコチンの茶色の粘液である「やに」のようだと批判された。

明治美術会（めいじびじゅつかい）③ 1889年、浅井忠らが創立した日本最初の洋画団体。印象派以前のフランス・バルビゾン派の暗い色調から脂派（やには）と呼ばれた。やがて、若手作家の黒田清輝らが白馬会を結成して離脱し、1901年に解散した。

白馬会（はくばかい）④ 1896年、黒田清輝・久米桂一郎（くめけいいちろう）を中心に結成された洋画団体。フランス印象派風の明るい色調で外光派と呼ばれ、洋画に近代性を与えた。当時のロマン主義的な風潮に乗って明治美術会を圧倒、美術界の主流となったが、1911年に解散。

　　　　　　外光派（がいこうは）①　**印象派**（いんしょうは）③

黒田清輝（くろだせいき）⑦ 1866〜1924　洋画家。法律研究に渡仏中、絵に転向してラファエル=コランに師事。1893年帰国。東京美術学校に西洋画科を設置。「朝妝」（ちょうしょう）で裸体画事件を起こす。白馬会創立。東京美術学校教授・帝国美術院院長。滞仏中の「読書」のほか、「湖畔」が代表作。　　**「湖畔」**（こはん）②　　　　　　　　　**「読書」**（どくしょ）①

青木繁（あおきしげる）⑤ 1882〜1911　東京美術学校で黒田清輝の指導を受け、白馬会に所属。在学中に第1回白馬会賞受賞（「黄泉比良坂」（よもつひらさか））。歴史・神話を画題にしたロマン的作風が特色。

：**『海の幸』**（うみのさち）⑤ 1904年の第9回白馬会展に出品。房州の海辺に大魚をかつぐ漁師の裸体の群像が注目を浴びる。

藤島武二（ふじしまたけじ）② 1867〜1943　日本画から転向、白馬会に所属。1905年から仏・伊へ留学、東京美術学校教授。ロマン的画風。雑誌『明星』や『みだれ髪』の表紙も描く。　　　　　　　　**『天平の面影』**（てんぴょうのおもかげ）②

和田英作（わだえいさく）② 1874〜1959　東京美術学校出身。黒田清輝の門下、白馬会会員。1899年に独・仏へ留学後、東京美術学校教授、のち校長。代表作に「渡頭の夕暮」（ととうのゆうぐれ）があ

文部省美術展覧会(もんぶしょうびじゅつてんらんかい) ④ 文部省主催で、1907年に第1次西園寺内閣の文相牧野伸顕(まきののぶあき)が創始した。文展という。新人登場の場となり、美術界への影響は大きかったが、大正期に入ると沈滞。1919年、帝国美術院美術展覧会(帝展)に引き継ぐ。1935年、再び文部省主催となり、新文展といわれた。 **文展**(ぶんてん) ②

: **牧野伸顕**(まきののぶあき) → p.266
: **帝国美術院展覧会**(ていこくびじゅついんてんらんかい) → p.304

● ● ●

彫塑(ちょうそ) ② 木や石を彫り刻む彫刻と、粘土で像をつくる塑造(そぞう)を総称していう。

高村光雲(たかむらこううん) ⑥ 1852〜1934 江戸の仏師高村東雲(とううん)門下の木彫家。光太郎の父。東京美術学校教授。仏師の伝統的な技法に西洋の特色を加えて新しい木彫を開く。 **木彫**(もくちょう) ⑥

: **「老猿」**(ろうえん) ⑤ 光雲の木彫。老いた猿(きる)(日本の象徴)が鷲(きる)(ロシアを表す)と格闘したあと、空の鷲をにらんだ瞬間を描く。左手にむしりとった鷲の羽を握っている。1893年のシカゴ万国博覧会で優等賞。伝統的な木彫技法と新しい写生的技法を調和させた作品。 **シカゴ万国博覧会**(ばんこくはくらんかい) ②

荻原守衛(おぎわらもりえ) ⑤ 1879〜1910 1901年に洋画研究のため米・仏に渡り、ロダンの「考える人」に感動して彫刻に転じた。1908年に帰国、新宿中村屋夫人の相馬黒光(そうまこっこう)の援助を受ける。号は碌山(ろくざん)。代表作に「坑夫」「女」などがある。 **ロダン** ④

: **「女」**(おんな) ⑤ 守衛の最後の作品。1910年、第4回文展に出品し、3等賞を受賞(1・2等賞は該当者なし)。うちに秘めた情感をみごとに表現した日本人女性のブロンズ像。

七宝(しっぽう) ① 銅・銀・鉄・陶磁器に色ガラスを盛り付けて焼成し、文様を表す伝統的工芸技法。明治期には並河靖之(なみかわやすゆき)らによって隆盛し、旧東宮御所(迎賓館赤坂離宮)の室内装飾にも使われ、海外にも輸出されるようになった。

コンドル J. Conder ④ 1852〜1920 イギリス人建築家。1877年、工部省技師・工部大学校教師。建築学では設計と教育両面で活躍。辰野金吾・片山東熊らを育てる。鹿鳴館やニコライ堂、三井倶楽部(くらぶ)のほか、岩崎弥太郎の長男久弥が建てた旧岩崎邸など名士の高級邸宅も設計。 **旧岩崎邸**(きゅういわさきてい) ②

: **ニコライ堂**(どう) ② 1891年、ロシア人宣教師ニコライ(1836〜1912)が東京神田駿河台(するがだい)に建てたロシア正教の日本ハリストス正教会の聖堂。コンドルが設計・監督。ビザンチン様式を主体とする煉瓦(れんが)造。関東大震災後の1929年に一部改修する。

辰野金吾(たつのきんご) ⑥ 1854〜1919 1879年、工部大学校第1期卒業生、翌年、英国に留学。1883年に帰国、のち東京帝大工科大学長。1903年以後は民間の建築家として活動、日本銀行本店や東京駅など多くの本格的な洋風建築を設計・施工する。

: **東京駅**(とうきょうえき) ④ 1908年着工、1914年完成。鉄骨レンガ造の3階建て。赤い煉瓦(れんが)に白い花崗岩(かこう)のラインが入り、ドーム状の屋根や尖塔(せんとう)で飾られた建物は辰野式と呼ばれ、ヨーロッパの街並みを思わせる。東京大空襲で被災したが、2012年に完成時の姿に復元が完了した。

: **日本銀行本店**(にほんぎんこうほんてん) ③ 1896年竣工。渡欧して各国の銀行を調査し、1890年から着工。煉瓦・石造、ルネサンス様式の重厚な建造物。

片山東熊(かたやまとうくま) ③ 1854〜1917 工部大学校第1期卒業生。宮内省に入り宮廷建築家として活躍。奈良・京都国立博物館、東京国立博物館表慶館なども設計する。

: **旧東宮御所**(きゅうとうぐうごしょ)(**迎賓館赤坂離宮**(げいひんかんあかさかりきゅう)) ③ 宮内省技監片山東熊の大作。国宝。1908年竣工。鉄骨構造を導入した耐震、煉瓦石造2階建。ヴェルサイユ宮殿を模し、ネオ＝バロック様式で装飾。1909年に東宮(のちの大正天皇)御所として建設され、のち赤坂離宮と呼ばれる。74年、迎賓館となる。 **赤坂離宮**(あかさかりきゅう) ①

生活様式の近代化

『トバエ』 ⑥ 1887年にビゴーが創刊した漫画雑誌。横浜の居留地で発刊し、時事問題や風俗を風刺した。

: **ビゴー** G. Bigot ⑥ 1860〜1927 フランスの新聞記者・画家。1882年来日。風刺画に優れ、漫画雑誌『トバエ』を創刊(1887〜90年)。1899年、改正条約施行による居留地の廃止で、官憲の弾圧を恐れて帰国。

『風俗画報』(ふうぞくがほう) ④ 東京の東陽堂が発行したグラフ雑誌。1889年創刊、1916年終刊。西洋のイラスト雑誌の影響を受け、最初に画報を名乗った。当時の東京・地方の風俗を紹介、博覧会・祝典・戦争などの特集号

も刊行した。

『東京パック』^{とうきょう}　③ 1905年、北沢楽天が創刊した漫画雑誌。政治・外交を風刺し、英語・中国語も併記。　**北沢楽天**^{きたざわらくてん}②

電灯^{でんとう}④ 1882年、東京の銀座通りで電灯が実用化された。1887年、東京電燈会社^{とうきょうでんとうがいしゃ}が鹿鳴館に点灯。明治末期から大正期に水力発電の電力供給によって普及し始めたが、一般家庭ではなお石油ランプが多かった。

鉄道馬車^{てつどうばしゃ}　→ p.234

路面電車^{ろめんでんしゃ}④ 市街電車(市電)として走る路面電車は、1895年に京都市で初めて開通。東京では1903年に2社が開業。

市街電車^{しがいでんしゃ}**(市電**^{してん}**)**②

自動車^{じどうしゃ}　① 1900年にアメリカ製の三輪蒸気自動車を輸入。以後、数年間で上流社会に広がる。最初の国産乗用車は、1913年に橋本増治郎^{ますじろう}の快進社が製作した「DAT(脱兎^{だっと})号」。国産車の量産は、昭和10年代、トヨタ・日産から本格化した。

自転車^{じてんしゃ}　① 1870年頃に輸入され、1891年に国産が始まる。明治後期には富裕階級のシンボルであったが、大正期に大衆化した。

人力車^{じんりきしゃ}　→ p.234

野球^{やきゅう}　① 1871年、アメリカから来たお雇い外国人のウィルソンが東京開成学校で教えたことに始まる。俳人正岡子規の野球好きは有名。

百貨店^{ひゃっかてん}**(デパート)**　→ p.295

：三越^{みつこし}　→ p.295

束髪^{そくはつ} ① 明治～昭和初期の洋風髪型を日本風にした女性の髪型。日本髪より簡単に結え、衛生的でもあり、流行した。

日本赤十字社^{にほんせきじゅうじしゃ}　① 1887年設立。1877年の西南戦争の時、佐野常民^{きのつねたみ}が結成した博愛社^{はくあいしゃ}を改称、万国赤十字社^{ばんこくせきじゅうじしゃ}に加盟。戦時衛生を任務とし、軍部大臣の管理下におかれた。敗戦後、平時の医療・保健業務を主とする法人として再出発。

コレラ騒動^{そうどう}　③ コレラの流行は明治10年代に頻発、特に1879年は患者16万人、死者10万人を超え、翌年に伝染病予防規則を制定。また流行年には、患者の移送や感染者を隔離する避病院の設置に反対するなど、警察取締りに反抗するコレラ騒動も多発した。コレラの流行は都市のスラム化や上下水道の未整備などが背景にあった。「虎列刺退治」の絵は1886年の風刺絵。

「虎列刺退治」^{コレラたいじ}②

：避病院^{ひびょういん}　→ p.234

東京市区改正条例^{とうきょうしくかいせいじょうれい}　① 1888年に公布。日本最初の都市計画立法。道路・河川・上下水道の新設・改良に重点がおかれた。パリをモデルにして、東京を帝都の体裁に整える事業。東京都市計画の基本になった。

日比谷公園^{ひびやこうえん}　① 1903年に開園した日本で最初の西洋式庭園。設計者は日本の「公園の父」と呼ばれる本多静六^{せいろく}。広い芝生や噴水、日本の初の野外音楽堂を備え、チューリップやバラなどの西洋の花を植え込んだ花壇をつくった。

東京養育院^{とうきょうよういくいん}　① 江戸町会所の七分積金を引き継いだ営繕会議所^{えいぜんかいぎしょ}の事業として、明治維新で発生したホームレス、病者、孤児を収容するために設立した。1875年、本郷の旧加賀藩邸の長屋を利用してつくられた。翌年、上野に本院を設置。その後、都内を転々として板橋に定着。初代院長は渋沢栄一で、その死去まで運営に尽力した。現在は東京都健康長寿医療センターとなっている。

3 市民生活の変容と大衆文化

大戦景気

大戦景気^{たいせんけいき}⑦ 1915～18年の好景気。ヨーロッパの交戦国が輸出できなくなったアジア・中国市場を、日本が独占した。アメリカ向けの生糸輸出増加、造船業・海運業の発展により、日本はこの間に債務国から債権国に転じ、工業が飛躍的に発展した。

：債権国^{さいけんこく}**・債務国**^{さいむ}⑤ 債権国とは資本輸出国のこと。貿易収支が黒字で対外純資産が増えた国。債務国とは貿易収支が赤字続きで、外国から資金を借りなければならない国。

成金^{なりきん}⑥ 第一次世界大戦中の好景気で巨利を得て、蓄財した人をいう。鉄と船と株で大富豪となった場合が多かったが、戦後恐慌で大部分は没落した。

：船成金^{ふななりきん}　⑤ 第一次世界大戦時、世界的な船舶不足によって船賃が高騰し、造船・海運業界が一挙に巨利を得た。内田信也が始めた内田汽船などが有名。

：鉄成金^{てつなりきん}　② 第一次世界大戦による鉄不足によって巨利を得た成金をいう。不足する鉄をアメリカから輸入して、つくった船をアメリカへ送る船鉄交換^{さんてつこうかん}も行われ

て巨利を得た。

：和田邦坊<ruby>和田邦坊<rt>わだくにぼう</rt></ruby> ② 1899〜1992 成金の風刺漫画の作者。新聞社に入社して記者や新聞の風刺漫画家として活躍した。新聞社退社後は故郷の香川県に帰り、「灸まん」<ruby>灸まん<rt>きゅうまん</rt></ruby>などの多くの香川県名物のパッケージデザインを手がけ活躍した。

在華紡<ruby>在華紡<rt>ざいかぼう</rt></ruby> ⑥ 日本の紡績資本が、中国各地に建設した紡績工場。第一次世界大戦を機に、上海・青島<ruby>青島<rt>チンタオ</rt></ruby>・天津<ruby>天津<rt>てんしん</rt></ruby>などに建設、大正末年には15社を数えた。

重化学工業<ruby>重化学工業<rt>じゅうかがくこうぎょう</rt></ruby> ④ 重工業とは鉄鋼、造船、車両、機械などの製造業をいい、化学工業とは薬品、硫酸アンモニア（硫安）などの化学肥料、火薬などの製造業をいう。その２つを合わせて重化学工業という。

化学工業<ruby>化学工業<rt>かがくこうぎょう</rt></ruby>① 硫安<ruby>硫安<rt>りゅうあん</rt></ruby>①

八幡製鉄所<ruby>八幡製鉄所<rt>やはたせいてつじょ</rt></ruby> → p.276

鞍山製鉄所<ruby>鞍山製鉄所<rt>あんざんせいてつじょ</rt></ruby> ④ 二十一カ条の要求で得た鞍山一帯の鉄鉱石採掘権をもとに、1918年、南満洲鉄道株式会社が満洲の鞍山に設立した大規模な製鉄所。

日本鋼管<ruby>日本鋼管<rt>にほんこうかん</rt></ruby> ① 1912年、白石元治郎<ruby>白石元治郎<rt>もとじろう</rt></ruby>が日本最初の鋼管製造会社として創立。民間の鉄鋼会社として発展した。

猪苗代・東京間の送電<ruby>猪苗代・東京間の送電<rt>いなわしろ・とうきょうかんのそうでん</rt></ruby> ⑤ 猪苗代水力発電所は1912年に着工、15年に完成。猪苗代湖・東京間約200kmを６万kwの送電に成功した。当時、世界第３位の長距離送電で、火力から水力発電に転換する契機となり、遠距離大量送電時代を迎えた。

猪苗代水力発電所<ruby>猪苗代水力発電所<rt>いなわしろすいりょくはつでんしょ</rt></ruby>③

工業国<ruby>工業国<rt>こうぎょうこく</rt></ruby> ② 第一次世界大戦中に、日本の工業生産額が生産総額の44.4%から56.8%となって農業生産額の35.1%を上回った。工業生産額が生産総額の半分を超える工業国となった。

都市の進展と市民生活

新中間層<ruby>新中間層<rt>しんちゅうかんそう</rt></ruby>（**都市中間層**<ruby>都市中間層<rt>としちゅうかんそう</rt></ruby>） ④ 中等・高等教育の卒業者が多くなり、産業・経済が発展する中で形成された都市の中産階級をいう。高学歴の役人・会社員などの事務系のホワイトカラーのサラリーマンである都市生活者が中心。大正文化の担い手。

俸給生活者<ruby>俸給生活者<rt>ほうきゅうせいかつしゃ</rt></ruby>④

職業婦人<ruby>職業婦人<rt>しょくぎょうふじん</rt></ruby> ⑦ 第一次世界大戦中から戦後の経済発展を契機に、職業を持った女性が社会的進出したことから出た呼称。

教科書に出てくる職業婦人
バスガール（バスの車掌）、タイピスト、電話交換手、デパートの女性店員、女性事務員、女性教師、看護婦、女医、工女、女性アナウンサー

：和文タイプライター<ruby>和文タイプライター<rt>わぶんタイプライター</rt></ruby> ① 1915年、杉本京太によって発明された。文字盤に活字が並べてあり、作業者が１本１本活字をさがして紙に印字していく。事務書類を筆書きに代わって印刷物と同じような活字組みに変えた画期的発明。

杉本京太<ruby>杉本京太<rt>すぎもときょうた</rt></ruby>①

丸ビル<ruby>丸ビル<rt>まるビル</rt></ruby> ③ 1923年につくられた鉄筋コンクリート造のアメリカ式高層事務所建築の走り。三菱合資会社地所課の手で東京の丸の内に建てられ、丸の内ビルヂング（通称丸ビル）という。施工はアメリカの建築会社であった。

鉄筋コンクリート造<ruby>鉄筋コンクリート造<rt>てっきんコンクリートづくり</rt></ruby>⑤

帝国ホテル<ruby>帝国ホテル<rt>ていこくホテル</rt></ruby> ④ 1887年、外相井上馨<ruby>馨<rt>かおる</rt></ruby>が渋沢栄一らと図り、国賓<ruby>国賓<rt>こくひん</rt></ruby>の宿泊施設として構想されたホテル。初代の建物は1890年に竣工<ruby>竣工<rt>しゅんこう</rt></ruby>。２代目の建物はアメリカ人建築家ライトの設計になり、1917年に起工し、23年に竣工した。帝国ホテルはライトの傑作とされたが、現在、玄関部分のみが愛知県犬山市の明治村に保存されている。

：ライト F. L. Wright ② 1869〜1959 フランク＝ロイド＝ライトは20世紀のアメリカで最も有名な建築家。勾配のゆるい屋根と深い軒が水平に延びて安定したラインを見せるのが特徴である。

文化住宅<ruby>文化住宅<rt>ぶんかじゅうたく</rt></ruby> ⑦ 大正から昭和初期に流行した住宅建築。郊外に建てられた和風の日本建築にガラス戸・赤瓦の三角屋根のある洋風の応接間を付属させた住宅。都心の官庁や会社へ通勤する俸給生活者（サラリーマン）を中心とする中産階級の住宅。

：茶の間<ruby>茶の間<rt>ちゃのま</rt></ruby> ① 都市の中産階級の家庭で、家族が食事をしたり、くつろいだりする部屋。それまでの一人一人が箱膳<ruby>箱膳<rt>はこぜん</rt></ruby>で食べる様式から、家族が卓袱台を囲んで食事をとり、一家団欒<ruby>団欒<rt>だんらん</rt></ruby>を楽しむようになった。

卓袱台<ruby>卓袱台<rt>ちゃぶだい</rt></ruby>①

教科書に載せられた洋風生活様式の名辞
▶食事
トンカツ、コロッケ、カツレツ、ビフテキ、カレーライス（ライスカレー）、オムレツ

▶食器
スプーン、ナイフ、フォーク
▶洋風の店
カフェ、ビアホール、ダンスホール
▶娯楽・社交
ジャズ、ダンス

田園都市株式会社(でんえんとしかぶしきがいしゃ) ① 渋沢栄一が発起人代表として1918年に設立した会社。イギリスで理想とされた農村と都会の生活を調和させた田園趣味の豊かな町づくりをめざした。東京の多摩川沿いの丘陵地に田園調布(でんえんちょうふ)を分譲したのは1923年から。

同潤会アパート(どうじゅんかいアパート) ② 同潤会は1924年、関東大震災で建物が焼失した地区に住宅を供給するためにつくられた公益団体。木造住宅のほか、当時としては最新の鉄筋コンクリート造の4〜5階建てのアパートを東京や横浜に建設した。最近の都市開発の中で取り壊され、失われた。

円タク(えんタク) ① 東京で自動車の利用が増えてくると、誰でも乗車できるタクシーが出現した。東京市内が一円均一で利用できることから、円タクという流行語が生まれた。

地下鉄(ちかてつ) ⑥ 世界初の地下鉄は、1863年にロンドンで開通。日本では1927年、早川徳次(のりつぐ)の東京地下鉄道会社により、浅草・上野間に開通したのが始まり。戦前では1933年に大阪でも開通する。

東京地下鉄道会社(とうきょうちかてつどうかいしゃ) ①

山の手線(やまのてせん)(**山手線**(やまてせん)) ① 東京の都心部を環状に運行する鉄道路線。もとは日本鉄道会社が品川駅・赤羽駅間を結ぶ路線を敷設したことから品川駅が起点。環状運転は1925年に開始。私鉄の郊外電車が池袋、新宿、渋谷、日暮里で山の手線と連絡する。

教科書に出てくる交通機関
乗合自動車(バス)、円太郎バス、郊外電車(箕面有馬(みのおあり)電気軌道=阪神急行電鉄、大阪電気軌道=近畿日本鉄道、東京横浜電鉄・目黒蒲田電鉄=東京急行電鉄)

特急「つばめ」(とっきゅうつばめ) ① 1930年に東京・神戸間に運行した特急列車。東京・神戸間を9時間(平均時速67.4km)で結び、当時の人々を驚かせた。

モダンガール(モガ) ⑥ 昭和初期に流行した語。近代的女性の意だが、多くは洋服を着て繁華街を歩く若い女性を批判の意を込めて呼んだ。男性はモダンボーイ(モボ)と

いう。**モダンボーイ(モボ)** ⑤
：断髪(だんぱつ) ② 襟足(えりあし)よりも少し短く切った女性の髪形。アメリカの都市の若い女性から始まった。日本ではモガや職業婦人の行動的な髪形。
：山高帽(やまたかぼう) ② もともとはフロックコートやモーニングコートなどの礼装の時に用いる帽子。よると高い形で外出用の帽子となった。モダンボーイの象徴。

百貨店(ひゃっかてん)(**デパート**) ④ 第一次世界大戦前後の経済的発展は、都市における消費経済を発達させ、ショッピングが都市生活の娯楽となり、いろいろな品物を陳列・販売する百貨店が誕生した。東京日本橋の三越がその代表。次のデパートが教科書に取り上げられている。 **三越**(みつこし) ③ **阪急**(はんきゅう) ④
白木屋(しろきや) ①

ターミナルデパート ⑤ 郊外電車(私鉄)の都市中心部の発着駅に、デパートを付属させ、サラリーマンの通勤客と郊外にできた新しい住宅地の人々の購売力をねらったもの。大阪・梅田の阪急百貨店が始まり。東京では渋谷の東横デパートや浅草の松屋デパートなどがある。 **郊外電車**(こうがいでんしゃ) ①

御堂筋(みどうすじ) ① 大阪市の梅田と難波を直線的に結ぶ全長約4kmの道路。沿道には北御堂(西本願寺津村別院)と南御堂(東本願寺難波別院)があることから名づけられた。1920〜30年代にかけて大阪市が整備し、沿道には淀屋橋(よどやばし)・中之島のビジネス街がある大阪のメインストリート。地下には日本初の公営地下鉄として御堂筋線が走る。

都市計画法(としけいかくほう) ① 1919年に公布された日本初の体系的な都市計画の基本法。第一次世界大戦前後の急速な都市化に対応するため、従来の東京市区改正条例に代わり制定。
：東京市区改正条例(とうきょうしくかいせいじょうれい) → p.293

国勢調査(こくせいちょうさ) ① 1920年10月1日に、初めて人口関係の事項、職業状態などを調査する国勢調査を実施。以後、5年ごとに実施、現在に至る。

大衆文化の誕生

大衆文化(たいしゅうぶんか) ⑦ 大正から昭和初期の文化の特徴。都市の急速な発展、中等教育の普及と知識階級(インテリ)の増大、活字文化の広まりとマス＝メディアの始まりなどが、大衆の文化参加・文化創造を生み出した。

大学令(だいがくれい) ⑤ 1918年公布。原内閣の時、官立の帝国大学以外に公・私立大学、単科大

学の設立を認めた。大学制度を拡充し、大学数が急増。

：単科大学（たんかだいがく）① 単一の専門的な学部をおく大学。商科・工科・医科大学など。総合大学に対する語。大学令で設立を認める。医科大学では大阪府立大阪医科大学が最初。

高等学校令（こうとうがっこうれい）① 1894年に公布された旧令に対し、1918年に新たに公布。高等普通教育の完成を目的とし、大学進学への準備教育段階としての性格を濃くした。全寮制と外国語重視が特色。

大正教養主義（たいしょうきょうようしゅぎ）① 政治にかかわり、社会の変革をめざすことよりも、読書し、教養を積み、自分自身を高め、その精神を豊かにすることが人間生活の最終目標であるという考え方。これが阿部次郎（あべじろう）の『三太郎の日記』、倉田百三（くらたひゃくぞう）『愛と認識との出発』、西田幾太郎『善の研究』などによって大正期の高等学校生に浸透し、日本のエリート文化の基盤となったもの。

自由教育運動（じゆうきょういくうんどう）② フランス・アメリカに起こり、日本では大正初期に活発になった。児童中心主義に立ち、個性・自発性を尊重し、明治時代から続く画一的教育の排除を主張、実践した。

自由画教育運動（じゆうがきょういくうんどう）① それまでの絵画教育は臨画教育といい、手本となる絵画を模写するだけのものであった。山本鼎は教室の中に花瓶の花を持ち込んだり、外へ出て自然の風景を描かせた。それを自由画教育として広めた。

：山本鼎（やまもとかなえ）① 1882〜1946 洋画家・教育運動家。石井柏亭（はくてい）らと交友。パリ留学で児童の自由画に注目し、帰国途中、ロシアの農民美術に影響を受け、長野県で自分自身の身の回りを描く自由画教育運動を推進した。

綴方教育運動（つづりかたきょういくうんどう）② 児童の生活体験に即した綴方（作文のこと）を通して、思想・感情を豊かにする教育法を広めようとする実践運動。1929年創刊の『綴方生活』、30年創刊の『北方教育』などが推進した。

実業補習教育（じつぎょうほしゅうきょういく）① 農業・工業・商業・水産業などに関する知識や技能を修得させながら、より高度な普通教育の補習をもあわせて行う教育。主に仕事が終わったあとの夜間に行われた。　　　　**夜学**（やがく）①

講義録（こうぎろく）① 向学心に燃えながらも、中等学校以上の学校に進学することができなかった地方の若者や都市の勤労青年が購入した、学校の授業内容を書籍にしたもの。多く

の学校から出版された。

● ● ●

『朝日新聞』（あさひしんぶん）④ 1879年1月、大阪で創刊。初代社長は村山竜平。89年に東京に進出して『東京朝日新聞』を発刊すると、翌年より大阪発行のものは『大阪朝日新聞』にした。東京・大阪の二大都市での新聞発行となり、指導的新聞となった。関東大震災後に全国紙となる。1940年に紙名を『朝日新聞』に統一。　　**『東京朝日新聞』**（とうきょうあさひしんぶん）⑥　　**『大阪朝日新聞』**（おおさかあさひしんぶん）④

『毎日新聞』（まいにちしんぶん）① 大阪の実業家たちが自由民権派に対抗するために『大阪日報』を買収し、1888年に『大阪毎日新聞』と改題して創刊した新聞。1911年に『東京日日新聞』を買収して東京に進出。『朝日新聞』と共に二大新聞となる。1943年に社名を毎日新聞社とし、東京・大阪の題名も『毎日新聞』に統一。　　**『大阪毎日新聞』**（おおさかまいにちしんぶん）④

：『東京日日新聞』（とうきょうにちにちしんぶん）③ 1872年2月創刊の日刊紙。1873年岸田吟香（きしだぎんこう）、74年福地源一郎が入社し、長州閥系御用新聞と目された。その後、経営がうまく行かず、1911年に『大阪毎日新聞社』に買収されたが、題字はそのままであった。1943年に『毎日新聞』に統合されて紙名は消えた。

『読売新聞』（よみうりしんぶん）④ 1874年11月、東京で創刊された小新聞の元祖。芸能とゴシップ記事が主で、口語体・ふり仮名付き。硯友社の作家が活躍、文学新聞とも呼ばれた。1924年、正力松太郎（しょうりきまつたろう）が社長となり、発行部数を伸ばした。1942年、『報知新聞』を合併して『読売報知』となるが、戦後『読売新聞』に戻り、一時は発行部数1000万部を超えた。

総合雑誌（そうごうざっし）④ 小説や随筆から、旅行記や演劇の紹介、軽い読み物から、論文、評論まで、様々な情報を加えて総合的に編集された雑誌。明治時代の『太陽』が先駆。『中央公論』でスタイルが確立された。

『中央公論』（ちゅうおうこうろん）⑦ 1887年京都で刊行された『反省会雑誌』（浄土真宗系）が、のち東京に移り、99年『中央公論』と改題。宗門から独立した総合雑誌として、社会評論・学術・思想・文芸などを充実させる。大正期、編集長滝田樗陰が基礎を確立し、大正デモクラシーの論壇の中心となる。

：滝田樗陰（たきたちょいん）① 1882〜1925 1912年、『中央公論』の主幹となり、総合雑誌としての『中央公論』を確立した編集者。

『改造』（かいぞう）⑥ 1919年、山本実彦（さねひこ）が改造社を

創立して発行した総合雑誌。社会改造を民衆解放に求めるという編集方針。社会主義者などの論文発表の場となる。1955年休刊。

改造社かいぞうしゃ ②

週刊誌しゅうかんし⑤　一週間に１回発行される雑誌。文化の大衆化と共に1922年、『週刊朝日』と『サンデー毎日』が発売されたのが始まり。

『週刊朝日』しゅうかんあさひ ③

『サンデー毎日』サンデーまいにち ②

女性雑誌じょせいざっし①　都市部の中産階級の主婦や社会的進出を果たしつつある職業婦人のために発行された雑誌。　**『主婦之友』**しゅふのとも⑤

『婦人公論』ふじんこうろん①

『婦人之友』ふじんのとも①

『少年倶楽部』しょうねんクラブ　②　1914年11月、大日本雄弁会講談社が創刊した少年雑誌。小林秀恒らの挿絵が人気を博した代表的雑誌。

『少女倶楽部』しょうじょクラブ①　講談社が1923年に創刊した少女雑誌。表紙の少女像は多田北烏ただきたちょうによって描かれた。少女雑誌にはほかに『少女の友』や『少女画報』があり、服装関係の記事の多い『少女画報』には1917年から吉屋信子の「花物語」が連載され人気を博した。　**『少女画報』**しょうじょがほう①

吉屋信子よしやのぶこ①　**「花物語」**はなものがたり①

『経済雑誌ダイヤモンド』けいざいざっしダイヤモンド②　石山賢吉が1913年５月10日に創刊。初めは月刊の経済専門誌。戦後の1955年に週刊となる。

『アサヒグラフ』　①　1923年、東京朝日新聞社が創刊したグラフ雑誌。海外のグラフ紙を参考にして、日刊写真新聞としてスタートしたが、関東大震災で休刊したのち、週刊で発行。戦時体制下では時局宣伝に傾斜した。

児童文芸雑誌じどうぶんげいざっし①　児童を読者対象とした文学雑誌。種類としては童謡・童話・少年少女小説・少年少女詩・児童劇の脚本を掲載した。

鈴木三重吉すずきみえきち　④　1882～1936　漱石門下のロマン主義的な小説家であったが、のちに童話作家として活躍。

　：**『赤い鳥』**あかいとり　①　1918年、鈴木三重吉創刊の大正期の児童雑誌。児童が自由に表現した児童自由詩を芸術的に評価し、積極的に掲載した。児童詩を普及させたことは、生活綴方運動にも影響を与えた。

円本えんぽん⑥　関東大震災後の不況を打開するため、改造社が１冊１円という安価な『現代日本文学全集』を刊行して成功。ついで新潮社の『世界文学全集』、春陽堂の『明治大正文学全集』などが出版された。平凡社な

どもこれにならい、昭和初期の円本ブームを現出した。法律や経済学の全集も出版。出版の大衆化を招いた。

『現代日本文学全集』げんだいにほんぶんがくぜんしゅう③

文庫本ぶんこぼん　①　内外の古典文学や現代作家の小説を手軽な形で出版した本の形式。1927年の岩波文庫創刊以後、多くの出版社から文庫本が発刊された。

　：**岩波文庫**いわなみぶんこ③　岩波茂雄いわなみしげおが1913年に創業した岩波書店で、27年、ドイツの『レクラム文庫』を手本とし、哲学者の三木清みききよしの協力を得て創刊。日本や世界の古典の名作や必読書を、安い価格でポケットに入る文庫本として発行。

大衆〔娯楽〕雑誌たいしゅう〔ごらく〕ざっし　⑦　大衆の要求に応え、娯楽的な読み物をはじめ、様々な情報を面白く提供し、大衆の読書欲を満たそうとした雑誌。『キング』がその代表。

　：**『キング』**⑦　大日本雄弁会講談社が創刊した大衆雑誌。「日本一面白くて為になる」雑誌界のキングをめざしたもので、創刊号（1925年１月号）は74万部を売った。のちに100万部を突破し、以後の大衆雑誌・少年少女雑誌流行の基礎となる。

大日本雄弁会講談社だいにほんゆうべんかいこうだんしゃ①

● ● ● ●

ラジオ放送ラジオほうそう　⑦　1925年３月、東京芝浦仮放送所で初の電波を出し、７月に芝の愛宕山あたごやまの東京放送局で本放送を開始。翌1926年、東京・大阪・名古屋の各放送局を統合し、日本放送協会（NHK）を設立。1951年には民間放送も開始された。

日本放送協会（NHK）にほんほうそうきょうかい④

　：**ラジオ体操**ラジオたいそう①　国民の健康促進をめざし、ラジオで体操の伴奏と号令を放送したもの。NHKによって1928年に始められた。国民保健体操といわれた。

国民保健体操こくみんほけんたいそう①

活動写真かつどうしゃしん⑤　1896～97年に米・仏から輸入、神戸・大阪・東京などで公開された。1899年に国産映画を初制作、1903年に浅草の電気館が活動写真の常設館となる。1907年に目黒撮影所で劇映画制作を開始。昭和初期までは無声映画で、活動弁士が画面に合わせて説明した。　**無声映画**むせいえいが④

弁士べんし④

映画えいが⑤　日本の映画制作会社は、1912年に日活が創立され、20年に松竹が映画制作に乗り出した。日本では1931年に画面と音声が一体となったトーキー（有声映画）が始まり、51年カラー映画が登場した。

日活<small>にっかつ</small> ①　　**松竹**<small>しょうちく</small> ①
トーキー ⑥　　**有声映画**<small>ゆうせいえいが</small> ⑤
宝塚少女歌劇団<small>たからづかしょうじょかげきだん</small>（**宝塚歌劇団**<small>たからづかかげきだん</small>）⑤ 1913年、阪急電鉄社長の小林一三が、宝塚唱歌隊を組織したのが始まり。関西で女性だけの劇団として発展。昭和期には、東京にも宝塚劇場ができた。

小林一三<small>こばやしいちぞう</small> ③

浅草六区<small>あさくさろっく</small> ① 明治維新後、東京府は浅草寺境内を浅草公園に編成し直し、1884年、七つの区画に編成した。第六区を娯楽街としたことから始まった。そのシンボルが1890年に開業した日本初の煉瓦<small>れんが</small>造で高層建築物の凌雲閣（通称、浅草十二階）。

凌雲閣<small>りょううんかく</small> ①

浅草十二階<small>あさくさじゅうにかい</small> ①

榎本健一<small>えのもとけんいち</small>（**エノケン**）① 1904〜70　田谷力三<small>たやりきぞう</small>とともに浅草オペラを代表するスター・喜劇俳優。浅草のカジノ＝フォーリー（フランス語でばかげた遊び場）に出演。「喜劇王エノケン」と呼ばれた。

：浅草オペラ<small>あさくさオペラ</small> ① 1917年に東京浅草の興行街である六区の常盤<small>ときわ</small>座で始まり、関東大震災まで流行した日本的オペレッタ（娯楽性が強く、軽い内容のオペラ）。「カルメン」「ボッカチオ」などが代表作。学生・青年層に熱狂的なファン（ペラゴロという）を生む。

古川緑波<small>ふるかわろっぱ</small>（**ロッパ**）① 1903〜61　俳優や有名人の声をまねる声帯模写で人気が上昇し、榎本健一（エノケン）と並び称せられる喜劇俳優となった。1933年、浅草にどたばた喜劇の劇団「笑いの王国」を結成。

吉本演芸<small>よしもとえんげい</small> ① 吉本興業は吉本泰三<small>たいぞう</small>・せい夫婦が、天満八軒<small>てんまはっけん</small>の一つである第二文芸館を入手し、寄席の経営を始め、次々に寄席を買収し、チェーン化して大きくなった。大阪の演芸界を統一し、芸人のプロデュース会社となり、映画にも進出すると共に全国的に展開していった。

蓄音器<small>ちくおんき</small> ① レコードを再生する機器、プレーヤーのこと。1877年、アメリカのエジソンの発明。1889年、蠟管蓄音器が輸入されて見世物に使用、92年国産を開始。レコードは初め円筒式。1907年から円盤式レコードの国産が始まる。　　**レコード** ①

流行歌<small>りゅうこうか</small> ① 松井須磨子が『復活』劇中にうたった「カチューシャの唄」が始まり。大正末期の「船頭小唄」<small>せんどうこうた</small>（1923年）、「籠の鳥」<small>かごのとり</small>（1924年）などは世相をよく反映。昭和に入るとラジオ・レコードの普及により全国一斉に同じ歌が流行したので流行歌という。「湖畔の宿」や「蘇州夜曲」<small>そしゅうやきょく</small>など様々な歌が流行した。

浪花節<small>なにわぶし</small>（**浪曲**<small>ろうきょく</small>）② 三味線<small>しゃみせん</small>の伴奏で節をつけて語る語り物。主に大阪では義理・人情を主題とし、江戸では侠客<small>きょうかく</small>やその抗争を主題とすることが多い。江戸末期に大坂で起こったため浪花節といい、浪曲ともいう。明治期に盛んとなり、大正期にはラジオ放送で全国的に広がった。

紙芝居<small>かみしばい</small> ① 絵に物語の場面や人物を描き、物語の順にその絵を見せながら、面白く説明を加える見世物。戦前から戦後の高度経済成長期直前まで、東京の下町の子どもたちには欠かせない楽しみであった。

学生野球<small>がくせいやきゅう</small> ① 日本の野球は正岡子規などによって学生たちの間で広がった。1934年に日本に最初のプロ野球の球団ができるまで、学生野球の観戦が大きな娯楽であった。

全国中等学校優勝野球大会<small>ぜんこくちゅうとうがっこうゆうしょうやきゅうたいかい</small> ③ 1915年、第1回大会が大阪朝日新聞社によって始められる。第10回大会から1924年に兵庫県西宮に甲子園球場が完成、使用球場となる。1948年から全国高校野球選手権大会となる。　　**甲子園**<small>こうしえん</small> ①

全国高校野球選手権大会<small>ぜんこくこうこうやきゅうせんしゅけんたいかい</small> ②

東京六大学野球<small>とうきょうろくだいがくやきゅう</small> ① 1903年に早慶戦が始まり、一時中断ののち、25年、明治・法政・立教・東京大学を加えた東京六大学野球が発足。1926年に神宮球場<small>じんぐうきゅうじょう</small>が完成し、大学野球のメッカとなる。プロ野球のなかった時代は東京六大学野球が人気・実力と共に日本野球の頂点だった。

大正期の学問

河上肇<small>かわかみはじめ</small> ⑤ 1879〜1946　初め古典派経済学を研究。渡欧の後、京大教授時代に『貧乏物語』を『大阪朝日新聞』に連載し、奢侈<small>しゃし</small>の根絶による貧乏廃絶を説く。ついで雑誌『社会問題研究』を創刊してマルクス主義経済学へ進み、その最高権威となる。1928年、共産主義者として京大を追われ、無産運動にも参加した。　　『**貧乏物語**』<small>びんぼうものがたり</small> ④

：マルクス主義経済学<small>マルクスしゅぎけいざいがく</small> ⑥ マルクスとエンゲルスが大成した経済学。労働した結果を平等にする労働価値説に立って、資本主義経済から社会主義・共産主義への道をめざす経済学。

『**東洋経済新報**』<small>とうようけいざいしんぽう</small> ⑤ 1895年創刊の経

済雑誌。大正デモクラシーの中で普通選挙・植民地放棄・シベリア撤兵を説き、自由主義の立場を貫いた。

　：三浦銕太郎（みうらてつたろう）① 1874～1972　東洋経済新報社に入社し、石橋湛山の前の主幹。日本の海外植民地獲得を批判、小日本主義をとなえる石橋湛山や経済学者で新平価での金解禁をとなえた高橋亀吉らを育てた。

石橋湛山（いしばしたんざん）⑤ 1884～1973　経済評論家・政治家。『東洋経済新報』を主宰。大正デモクラシーの風潮下で、「代議政治の論理」で国民主権を主張。小日本主義といわれる朝鮮・満洲などの植民地の放棄、平和的な経済的発展などの政策を提唱。のちに東洋経済新報社長。第二次世界大戦後、第1次吉田内閣の蔵相。1956年に首相。日中・日ソ国交回復に尽力した。

　：小日本主義（しょうにほんしゅぎ）②『東洋経済新報』で主幹の三浦銕太郎や石橋湛山らが展開した小国主義の主張。政府のとる大日本主義（軍国主義的な大陸への膨張主義）に対し、日本列島内で平和的な繁栄をめざす小日本主義をとなえ、植民地の放棄などを主張した。　**植民地放棄論**（しょくみんちほうきろん）②

日本資本主義論争（にほんしほんしゅぎろんそう）② 1927年頃～37年頃の10年間、マルクス主義者の間で行われた、日本にどのような革命を起こすかという課題と日本資本主義の性格をめぐる論争。日本共産党とその系統の学者集団である講座派と、共産党から離脱した学者集団である労農派との間で行われた。

講座派（こうざは）②『日本資本主義発達史講座』にかかわったマルクス主義理論の学派。明治国家の寄生地主制・天皇制を封建主義体制とし、当面の課題はまず民主主義をめざす革命であるとして、労農派と日本資本主義論争を展開した。日本共産党の立場の人がとった理論。

　：野呂栄太郎（のろえいたろう）② 1900～34　慶大在学中よりマルクス主義経済学を研究。『日本資本主義発達史』（岩波書店刊）で日本の社会を精細に分析し、『日本資本主義発達史講座』を企画・編集して講座派理論を主導。日本共産党員として活動中、獄死。
　　　　　　　　『日本資本主義発達史講座』（にほんしほんしゅぎはったつしこうざ）②

　：服部之総（はっとりしそう）① 1901～56　歴史家。東大新人会のメンバー。マルクス主義歴史家として、『日本資本主義発達史講座』で明治維新研究に新局面を打ち出す。第二次世界大戦後も、維新史・近代史を研究。

　：羽仁五郎（はにごろう）① 1901～83　歴史学者。日本のマルクス主義歴史学の体系を樹立した歴史学者の一人。野呂栄太郎をたすけて、『日本資本主義発達史講座』の刊行に尽力。戦時中にも『ミケランジェロ』（1939年、岩波新書）を発表してその自由な精神を称え、軍部を批判した。

　：山田盛太郎（やまだもりたろう）① 1897～1980　マルクス主義経済学者。1930年、日本共産党にかかわる事件で東大を追われ、野呂栄太郎らと共に『日本資本主義発達史講座』を刊行。日本資本主義論争では、講座派の代表的理論家。主著『日本資本主義分析』において、日本資本主義の特殊性を分析した。

労農派（ろうのうは）②　雑誌『労農』によるマルクス主義理論の学派。明治国家の天皇制は産業資本家を中心とした有産階級の君主制であるとし、社会変革の課題は労働者・農民による革命（プロレタリア革命）と主張した。講座派と日本資本主義論争を展開。
　　　　　　　　　　　　『労農』（ろうのう）②

　：猪俣津南雄（いのまたつなお）② 1889～1942　社会主義者。1927年、山川均らと戦闘的マルキシズム理論誌として『労農』を創刊（1927～32年）。のち人民戦線事件で検挙される。『窮乏の農村』（1934年刊）で昭和恐慌下の農村を活写した。

　：櫛田民蔵（くしだたみぞう）② 1885～1934　経済学者としてマルクス主義の研究に従事。労働価値説・地代論、日本農業問題に業績を残し、労農派の論客として講座派に対抗した。

京都学派（きょうとがくは）①　京都大学文学部哲学科教室の西田幾多郎と田辺元に学び、日本の近代思想史において互いに影響しあった哲学者たちの集団。

西田幾多郎（にしだきたろう）⑥ 1870～1945　西欧の模倣に終始した従来の哲学を超え、新カント派ベルグソンの哲学を中心に禅などの東洋思想を加味して、「西田哲学」を完成した。

　：『善の研究』（ぜんのけんきゅう）④　西田幾多郎が1911年に発表した、日本最初の独創的哲学書。主観的観念論を展開。西田哲学の基礎。

和辻哲郎（わつじてつろう）① 1889～1960　倫理学者。ニーチェらの西欧哲学を研究。また仏教美術・日本思想史を研究し、『古寺巡礼』『鎖国』『風土』などで独自の思想を展開した。
　　　　　　『古寺巡礼』（こじじゅんれい）①　**『風土』**（ふうど）①

津田左右吉（つだそうきち）⑤ 1873～1961　歴史学者。初め満洲・朝鮮史を研究、ついで『古事記』『日本書紀』の文献学的批判を行い、古代史の科学的解明に貢献。1940年、蓑田胸喜

みのだら国粋主義者から天皇の権威をおかす不敬と非難され、下記の著書などが発売禁止となり、出版法違反で起訴された。

『神代史の研究』〔しんだいしのけんきゅう〕①

柳田国男〔やなぎたくにお〕⑦ 1875〜1962　民俗学者。農商務省役人として明治後期の農村を見聞、農政学者としても活躍。雑誌『郷土研究』を発行して民俗・伝承を集め、日本民俗学の確立に貢献。1909年、日本民俗学の出発点といわれる『後狩詞記』を出版。岩手県遠野地方の伝説や風習を記録した『遠野物語』は記念碑的な作品。

『後狩詞記』〔のちのかりことばのき〕①

『遠野物語』〔とおめのものがたり〕①

：**民俗学**〔みんぞくがく〕⑦　人々の間に伝わっている民間伝承・風習・祭礼などを通して生活変遷の跡を訪ね、日本の民衆文化を明らかにしようとする学問。イギリスのフォークロア、ドイツのフォルクス゠クンデにあたる学問で、大正から昭和にかけて民俗学の名称が定着。

：**民間伝承**〔みんかんでんしょう〕④　地方や人々の間で古くから受け継がれてきた言い伝え・言語・生活・習俗・芸能などのこと。

：**常民**〔じょうみん〕③　民間伝承を保持している農山漁村に暮らす様々な庶民階層。英語のフォークにあたる語として柳田国男が用いた。知識人ではない庶民階層をいう。

今和次郎〔こんわじろう〕① 1888〜1973　早稲田大学理工学部教授。柳田国男らと共に農村の民家を研究。ついで、現代の風俗や世相を研究する考現学を提唱し、現代の社会現象を学問化しようとした。

考現学〔こうげんがく〕①

南方熊楠〔みなかたくまぐす〕① 1867〜1941　植物学者・微生物学者。日本民俗学の創始者の一人。大英博物館で『大英博物館日本書籍目録』の作成に貢献。十数カ国語を読み、宗教学・考古学・人類学・粘菌学などに博識を示した。柳田国男と共に日本民俗学を発展させ、70種の新粘菌種を発見した。明治政府の行った神社合祀政策に反対した。

折口信夫〔おりくちしのぶ〕① 1887〜1953　柳田国男を尊敬し、民俗学研究に着手。詩人的直感に基づいて、文学や芸能の発生を考究した。

伊波普猷〔いはふゆう〕③ 1876〜1947　大正から昭和期の沖縄民俗学者。『おもろさうし』を研究し、沖縄における民俗学を確立。柳田国男・折口信夫とも交流。

：**『おもろさうし』**　→ p.116

：**沖縄学**〔おきなわがく〕③　歴史、文化、自然などに独自の特徴を持つ沖縄を総合的に研究する学問の総称。1911年に伊波普猷が『古琉球』

を著して学問として成立した。

：**『古琉球』**〔こきゅう〕②　1911年に出版。沖縄の言語、歴史、民俗などを初めて総合的にまとめ沖縄学を樹立した伊波普猷の本。

：**日琉同祖論**〔にちりゅうどうそろん〕①　沖縄が独自の風俗、習慣、制度を持っていたために生じた偏見や差別意識を乗り越えるために、日本と琉球はその起源においては民族的に同一であることを学問的に立証しようとする立場。伊波普猷によって体系化され始めた考え方。

金田一京助〔きんだいちきょうすけ〕② 1882〜1971　北海道・樺太で、知里幸恵らの協力を得て、アイヌの口頭伝承であるユーカラやアイヌ語の筆録・収集を行い、アイヌ研究を発展させた。

ユーカラ①　アイヌが伝えてきた長編の英雄や神々・動物の叙事詩。聞き手が拍子棒で拍子をとり、語りの間合いにかけ声を入れながら簡単な旋律で語られる。

知里幸恵〔ちりゆきえ〕② 1903〜22　北海道幌別〔ほろべつ〕のアイヌ首長の家柄に生まれ、幼少より伯母金成〔かんなり〕マツのもとに同居し、ユーカラを聞いて成長した。ユーカラの採集で金成家を訪れた金田一京助〔きんだいちきょうすけ〕を知り、その勧めによって『アイヌ神謡集』をまとめた。1922年、上京し、金田一家に寄寓〔きぐう〕して金田一の研究を助けたが、東京の暑さが心臓病を悪化させ、19歳で死去した。

：**『アイヌ神謡集』**〔アイヌしんようしゅう〕①　知里幸恵によって著されたアイヌの神話や口承文芸〔こうしょうぶんげい〕の著作。出版は知里幸恵没後の1923年。知里幸恵が金田一京助に勧められ、アイヌ語の音をローマ字に起こして日本語に翻訳したもの。

バチェラー八重子〔バチェラーやえこ〕① 1884〜1962　北海道有珠〔うす〕（現伊達市）のアイヌ・向井富蔵〔とみぞう〕夫妻の二女。父と親交のあったイギリス人宣教師ジョン゠バチェラーから洗礼を受け、のち養女となる。イギリスに渡るものちに日本へ帰国し、北海道各地を伝道。1931年に短歌集『若きウタリに』を出版。新村出〔しんむらいずる〕、佐佐木信綱〔のぶつな〕、金田一京助が序文を寄せる。

『若きウタリに』〔わかきウタリに〕①

武隈徳三郎〔たけくまとくさぶろう〕① 1896〜1951　アイヌ出身。北海道教育研究会養成所で正教員となる。1918年、アイヌの風俗、習慣、宗教、教育、工芸を総合的に叙述した『アイヌ物語』を出版。ジョン゠バチェラーが序文を寄せる。

『アイヌ物語』〔アイヌものがたり〕①

● ● ●

八木秀次〔やぎひでつぐ〕① 1886〜1976　電気工学者。八木アンテナと呼ばれる今のテレビ用アン

テナの原型となる指向性超短波用アンテナを、門下の宇田新太郎らと発明。電波技術研究に貢献。第二次世界大戦中、電波兵器開発にあたるが、それより前にアメリカでは八木アンテナをベースにレーダーがつくられた。　　　　　　**八木アンテナ**ヤギ ①

本多光太郎ほんだこうたろう ④ 1870～1954　物理・冶金ん学者。1917年、後援者住友吉左衛門すみともきちざえもんの頭文字をとった KS 磁石鋼を発明。鉄鋼学の世界の権威。
ＫＳ磁石鋼ケーエスじしゃくこう ③

野口英世のぐちひでよ ⑤ 1876～1928　細菌学者。渡米してロックフェラー研究所所員となり、梅毒スピロヘータの病原体の発見に成功した。黄熱病研究中、アフリカで病死した。
梅毒スピロヘータばいどくスピロヘータ ①
黄熱病おうねつびょう ③

理化学研究所りかがくけんきゅうじょ ④ 物理・化学の研究及びその応用を目的とする研究機関。第一次世界大戦当時の国内産業界の要望や学界の要請で、政府の補助を得て1917年に創立。略称は理研。特許や発明を工業化して、理研コンツェルン(→ p.314)を形成。

大正期の文学

白樺派しらかばは ⑦ 同人雑誌『白樺』によった文学者グループ。自然主義・耽美主義に対立した大正文学の主流で、個性の尊重、自我の確立、生命の創造力をうたい、人道主義・新理想主義・個人主義を追求。
人道主義じんどうしゅぎ ⑥　**理想主義**りそうしゅぎ ③
：**『白樺』**しらかば ② 武者小路実篤・長与善郎ながよよしろう・志賀直哉ら、主に学習院出身の青年たちにより、1910年に創刊された同人雑誌。1923年に廃刊。

武者小路実篤むしゃのこうじさねあつ ⑥ 1885～1976　白樺派の理論的指導者。トルストイに傾倒。『お目出たき人』『友情』などで楽天的な自己肯定、生命観あふれる素直な表現で注目された。戯曲『その妹』では封建性を批判した。
『友情』ゆうじょう ②

志賀直哉しがなおや ⑦ 1883～1971　白樺派の中で随一のリアリスト。冷徹な目を持った簡潔な描写と、強い個性的な倫理観をもつ。
：**『暗夜行路』**あんやこうろ ① 志賀直哉の唯一の長編小説で、日本近代文学の代表作。
：**『城の崎にて』**きのさきにて ② 1917年発表の短編。1913年、電車事故にあい、治療後、退院して兵庫県城崎温泉で療養した時期を素材とする。

有島武郎ありしまたけお ⑤ 1878～1923　白樺派の作家。社会主義的な人道主義と自己の上流階級出身者としての矛盾に苦悩。軽井沢で心中。『一房の葡萄』ぶどうほか以下の作品がある。
：**『或る女』**あるおんな ① 1919年刊行。個性をあくまで貫こうとした一女性早月葉子さつきようこの転落する一生をまとめた作品。
：**『カインの末裔』**カインのまつえい ② 1917年発表。北海道の荒涼たる自然と小作人の惨めな生活を背景に、人間の希望と野獣性を描写。

耽美派たんびは ⑥ 現実の醜い面ばかりを描く自然主義を嫌い、感覚の解放や官能的な美を追求する。美を最高の価値として追求する耽美主義を主張。白樺派と並ぶ大正文壇の一翼。

永井荷風ながいかふう ⑤ 1879～1959　小説家。初めゾラに傾倒、自然主義の作風。欧米から帰国後、『あめりか物語』で耽美派を代表する流行作家となる。大逆事件を機に戯作者宣言をし、戦後もその態度を維持する。その日記『断腸亭日乗』は戦前・戦後の風俗史として貴重。
：**『腕くらべ』**うでくらべ ② 1916年発表。新橋の芸者駒代こまよの生活を通して、花柳かりゅう界の人情の機微を写す。

谷崎潤一郎たにざきじゅんいちろう ⑤ 1886～1965　小説家。出世作『刺青』では女性の病的な官能美を追求し、耽美派作家となる。『痴人の愛』で谷崎文学を完成し、太平洋戦争中には『細雪』を執筆した。
：**『刺青』**しせい ① 1910年発表。刺青師清吉が刺青(入れ墨)を彫った一女性の官能的姿を描く。
：**『痴人の愛』**ちじんのあい ② 1924年発表。奔放な女性ナオミに対する主人公の情念を描写。
：**『細雪』**ささめゆき ① 1943～48年。大阪船場せんばの裕福な蒔岡まきおか家の4姉妹を描く。日中戦争当時の大阪の上流家庭の優雅な生活を戦時色を全く出さずに活写したため軍の圧力で一時発表停止となるも戦後に完成。

新思潮派しんしちょうは ④ 大正中期以降、白樺派に代わって文壇の主流を占めた新現実主義派のうち、『新思潮』によった東大系の一派。現実の矛盾を理知的にえぐり出す。
新現実主義しんげんじつしゅぎ ②
：**『新思潮』**しんしちょう ① 東大系の同人雑誌。1907年以来、断続的に刊行。芥川龍之介・菊池寛らによる新思潮派は、第三次(1914年創刊)及び第四次『新思潮』を創刊、活躍

芥川龍之介あくたがわりゅうのすけ ⑥ 1892～1927　第三次

『新思潮』を創刊。歴史的素材で現実を理知によって再構成した作品を書く。のちに懐疑的となり、その精神的苦悩を非現実的な世界として表現し、自殺に至る。教科書には次の作品が載る。

『杜子春』としゅん ①
『藪の中』やぶ なか ①

：**『羅生門』**らしょうもん ④ 1915年発表の芥川龍之介の代表作で、『今昔こんじゃく物語集』が素材。死者の髪を抜く老女と盗賊の物語。

：**『鼻』**はな ② 1916年発表。15cmの異常な鼻の持ち主の心情を描写。『今昔物語集』が素材。

：**『河童』**かっぱ ② 1927年刊。ある病人の回想の形で河童の国の物語を展開させ、人間の存在に対して厳しい批判を加えた風刺小説。芥川の晩年の苦悩を表出した。

菊池寛きくちかん ⑤ 1888〜1948 新思潮派の中で常識的で明快なテーマ小説を発表。のち、通俗小説家になる。『文藝春秋』を創刊。

：**『恩讐の彼方に』**おんしゅう かなた ① 1919年発表。九州耶馬渓やばけいの断崖に青の洞門（トンネル）を開削して村人を助けようとした了海りょうかいと敵討ちをしようと追いかけた実之助さねのすけが恩讐を超えて協力し、洞門を完成させた物語。

：**『父帰る』**ちちかえる ① 1917年発表の1幕の戯曲。20年前に妻子を捨てた父が突然帰ってきて展開される、兄妹の心情や葛藤を描写。

新感覚派しんかんかくは ③ 自然主義的リアリズムに反発し、感覚の表現を主張。主として文章の技法上の革新に傾く。『文芸時代』（1924〜27年）で活動。

横光利一よこみつりいち ② 1898〜1947 出世作は『日輪』にちりん。以後、新感覚派の中心的作家。のちに創作技法の転換を試み、最後の長編『旅愁』（未完）に至る。

：**『蠅』**はえ ① 1923年発表の短編小説。馬車の停車場に集まり、馬車に乗った人々と馬車にとまっていた蠅との運命的交錯を描く物語。

：**『機械』**きかい ① 1930年発表。ネームプレート工場の中に働く4人の心理が、機械の部品のように絡まり合うことを象徴した作品。

川端康成かわばたやすなり ④ 1899〜1972 新感覚派の代表的作家。抒情的・感覚的な作風の底に虚無きょむの詩情がある。1968年、ノーベル文学賞受賞。

：**『伊豆の踊子』**いずの おどりこ ① 1926年、『文芸時代』に発表。伊豆半島を旅する学生と旅芸人の娘とのほのかな恋心を描く。旅情と青春の哀歓あいかんを活写。

：**『雪国』**ゆきぐに ① 1935〜37年にかけて、短編形式で断続的に発表。雪国の町に住む芸者と東京育ちの青年との純粋な愛情を描写。

大衆文学（小説）たいしゅうぶんがく（しょうせつ） ⑥ 大正末期から、都会に暮らす幅広い庶民層の要求に応えて出版された娯楽的な大衆読物。新聞や大衆雑誌『キング』などを発表の場とし、大衆作家と呼ばれる小説家が作品をつくったが、菊池寛ら純文学作家も参加した。

：**時代小説**じだいしょうせつ ② 小説の素材や時代設定を、江戸時代以前の古い時代に求めて書かれた小説。歴史小説は史実に基づくが、時代小説は人物・場所などを自由に設定。

歴史小説れきししょうせつ ②

中里介山なかざとかいざん ⑥ 1885〜1944 1913年に『都新聞』に長編大衆小説『大菩薩峠』を発表。大衆文学興隆の元となる。

：**『大菩薩峠』**だいぼさつとうげ ④ 1913〜21年に10册、32〜41年に8册刊。1913年に『都新聞』に連載が開始された、剣客机竜之助が幕末を舞台に人を斬りつつ旅する波瀾の時代小説。

直木三十五なおきさんじゅうご ② 1891〜1934 大衆文学、特に時代小説の質的向上に貢献。死の翌年に直木賞が設定され、大衆文学の登竜門となる。代表作は『南国太平記』。

吉川英治よしかわえいじ ④ 1892〜1962 1925年に発表された『剣難女難』けんなんじょなん以後、多くの時代小説を創作。大衆文学の第一人者。社会的・思想的内容を伴った『親鸞』しんらん、大作『宮本武蔵』みやもとむさしなどが有名。

江戸川乱歩えどがわらんぽ ④ 1894〜1965 1923年に『二銭銅貨』にせんどうかを発表して以来、日本における探偵小説（推理小説）の基盤を築いた。昭和初年の『陰獣』も有名。

探偵小説たんていしょうせつ ③
『怪人二十面相』かいじんにじゅうめんそう ①

大佛次郎おさらぎじろう ③ 1897〜1973 本名は野尻のじり清彦。1923年、娯楽雑誌に幕末の正義の剣士『鞍馬天狗』くらまてんぐを発表したのが成功。1927年には『東京日日新聞』に『赤穂浪士』あこうろうしを連載。大衆作家の地位を確立。

林芙美子はやしふみこ ① 1903〜51 幼少から貧しい生活体験をかさねた。その人生を日記体で書いた『放浪記』は1930年に出版され、ベストセラーになり舞台化された。

『放浪記』ほうろうき ①

プロレタリア文学ぶんがく ⑦ 大正・昭和初期に無産階級である労働者や農民の現実を描いた文学。第一次世界大戦後の階級対立の激化を背景に、1921年の『種蒔く人』創刊以降、プロレタリア文学が活発となった。

『種蒔く人』 ② 1921年、フランス帰りの小牧近江が金子洋文らと発刊した雑誌。様々な党派の共同戦線をめざすプロレタリア文学運動の出発点。1923年に廃刊。

全日本無産者芸術連盟(ナップ) ① 1928年、三・一五事件を機に結成。労働者や農民の芸術活動を行うプロレタリア文化運動を担う。翌1929年、文学・演劇・美術・音楽・映画各部門の独立により連盟体となり、機関誌『戦旗』を発行。1931年、日本プロレタリア文化連盟に発展。

:『戦旗』 ② 1928年創刊。全日本無産者芸術連盟(ナップ)の機関誌。共産主義的な急進的傾向を持ち、小林多喜二・徳永直・宮本百合子ら日本プロレタリア作家同盟の力作を発表。『文芸戦線』と対立。1931年に廃刊。

小林多喜二 ⑥ 1903〜33 ロシア文学に傾倒し、労働運動に参加。昭和初年より『戦旗』で代表的プロレタリア作家として活躍。日本共産党に入党、非合法活動中に逮捕、築地署警察署の中で拷問により死亡。

:『蟹工船』 ⑤ 1929年発表の小林多喜二の代表作。カムチャツカで蟹をとり、加工する蟹工船の労働者の過酷な現場を描く。

徳永直 ⑤ 1899〜1958 労働運動の体験を意味づけた作品を発表。小林多喜二と並ぶ昭和のプロレタリア文学の代表作家。

:『太陽のない街』 ⑤ 1929年『戦旗』に連載。1926年に東京の小石川で印刷工として体験した共同印刷争議が素材。

共同印刷争議 ③

葉山嘉樹 ① 1894〜1945 早大中退後、船員となり、労働運動に参加。『海に生くる人々』を著す。穏健な社会主義者で結成した日本プロレタリア文芸連盟の中心雑誌『文芸戦線』で活躍した。

:『海に生くる人々』 ① 1926年発表。石炭を運んで室蘭・横浜間を往復する貨物船の船員の苦難と資本家との闘争を描く。

大正期の芸術

芸術座 ② 1913年、島村抱月・松井須磨子を中心に組織された新劇団体。新劇運動をリードした。文芸協会の後身。1918年の抱月、19年の須磨子の死により解散した。

新劇運動 ②

松井須磨子 ③ 1886〜1919 女優。初め文芸協会の研究生。イプセンの『人形の家』

のノラ役で有名となる。島村抱月と恋愛事件後、芸術座を組織し、トルストイ原作の『アンナ=カレーニナ』『復活』などを上演。抱月がスペイン風邪(インフルエンザ)で死ぬと自殺した。

:『アンナ=カレーニナ』 ① 女主人公アンナの悲劇的運命を描いてロシア貴族社会の封建性を批判した作品。

:『復活』 ① 青年貴族ネフリュードフが女中カチューシャを誘惑し、娼婦に転落させたが、良心に目覚めたネフリュードフがカチューシャを更生させ、自分も再生する。劇中歌「カチューシャの唄」が流行歌となる。

「カチューシャの唄」 ①

:島村抱月 → p.290

築地小劇場 ⑥ 小山内薫・土方与志が『演劇の実験室』として建設したヨーロッパ型の演劇・劇団名。1924年開場、新劇運動の拠点となり、多数の翻訳劇を上演。小山内薫の死後、1929年に直属劇団は分裂、以後、貸劇場としてプロレタリア演劇運動の拠点となる。1945年、戦災で焼失。

:小山内薫 ⑥ 1881〜1928 新劇演出家。1909年、二代目市川左団次と自由劇場(→ p.290)を創立。ノルウェーのイプセン劇を上演し、新劇運動を牽引した。モスクワ芸術座に傾倒、帰国後、新設の築地小劇場で多数の翻訳劇を演出した。

:土方与志 ② 1898〜1959 演出家。師の小山内と新劇運動を推進。築地小劇場を創立。ヨーロッパの最新演劇理論を学び、リアリズム演劇の確立に努めた。築地小劇場分裂後は脱退派を中心として新築地劇団(1929〜40年)を創立。プロレタリア演劇を追求した。

山田耕筰 ④ 1886〜1965 作曲家・指揮者。日本で最初の交響楽団である日本交響楽協会を育成。「この道」「からたちの花」などの作曲にも活躍。

三浦(柴田)環 ① 1884〜1946 ソプラノ歌手。日本最初のオペラ上演『オルフォイス』に主演。オペラ『蝶々夫人』で世界的に有名となる。

『蝶々夫人』 ①

童謡 ① 北原白秋は『赤い鳥』の童謡部門を担当し、その創作童謡を『トンボの眼玉』(1919年)にまとめた。同じ頃、野口雨情も積極的に童謡をつくった。

:野口雨情 ① 1882〜1945 大正・昭和期の詩人。北原白秋とならんで童謡運動を推進した。童謡集に「十五夜お月さん」「青い眼の人形」がある。のち、レコード会

社の専属作詞家となり、愛唱される歌も多い。「青い眼の人形」①

宮城道雄<ruby>みやぎ<rt></rt></ruby><ruby>みちお<rt></rt></ruby> ① 1894〜1956　失明後、箏曲<ruby>そうきょく<rt></rt></ruby>の名人中島検校<ruby>けんぎょう<rt></rt></ruby>に師事、洋楽を取り入れて、新箏曲「春の海」などを作曲。尺八の吉田晴風<ruby>せいふう<rt></rt></ruby>と協力して新日本音楽を提唱。

帝国美術院展覧会<ruby>ていこくびじゅつ<rt></rt></ruby><ruby>いんてんらんかい<rt></rt></ruby> ① 1919年設置の帝国美術院による帝国美術院展覧会。略して帝展ともいう。文展を引き継ぎ、官展の新陳代謝を図った。のちに新文展、戦後は日展で再興。　　　　　　帝展<ruby>てい<rt></rt></ruby><ruby>てん<rt></rt></ruby>②
：**文展**<ruby>ぶん<rt></rt></ruby><ruby>てん<rt></rt></ruby>　→ p.292

フューザン会<ruby>かい<rt></rt></ruby> ② 1912年、高村光太郎・岸田劉生らが、白馬会など文展系に対抗してつくった後期印象派の集団。絵画における個性尊重を主張した。1913年に解散した。

二科会<ruby>にか<rt></rt></ruby><ruby>かい<rt></rt></ruby> ② 文展の洋画部門が保守化したため、一科(旧派)・二科(新派)の設置要求を拒否された文展洋画部の若手により、1914年に設置された在野の洋画団体。常に新傾向の作家を入れ、洋画界の革新に貢献。

草土社<ruby>そうど<rt></rt></ruby><ruby>しゃ<rt></rt></ruby> ① 岸田劉生を中心とする美術団体。1915年設立。セザンヌの後期印象派の影響を受けた写実性と細密描写が特色。多くが春陽会の結成に加わる。

春陽会<ruby>しゅんよう<rt></rt></ruby><ruby>かい<rt></rt></ruby> ① 院展の日本画部と対立して脱退した洋画部同人を中心に、1922年に設立した在野の洋画団体。東洋画風の手法・発想に立つ画風が多く、岸田劉生らが参加した。

梅原龍三郎<ruby>うめはらりゅう<rt></rt></ruby><ruby>ざぶろう<rt></rt></ruby> ④ 1888〜1986　洋画家。浅井忠<ruby>ちゅう<rt></rt></ruby>に師事。フランスに渡り、ルノワールに学び、帰国後は二科会・春陽会に参加。1928年以降、京都画壇、国画会の中心となる。強い色彩、東洋風な豪華な画風で知られた。しばしば中国を訪れ、「北京秋天」「紫禁城」などの代表作を生む。
「紫禁城」<ruby>しきん<rt></rt></ruby><ruby>じょう<rt></rt></ruby>③

安井曽太郎<ruby>やすい<rt></rt></ruby><ruby>そうたろう<rt></rt></ruby> ④ 1888〜1955　洋画家。浅井忠に師事。のちに渡仏、ピサロ・セザンヌに傾倒。帰国後、二科展に出品の「足を洗う女」「孔雀と女」などで地位を確立。「金蓉」「座像」など肖像画に独自の画風を示す。　　　　　　　　　「金蓉」<ruby>きんよう<rt></rt></ruby>③

岸田劉生<ruby>きしだ<rt></rt></ruby><ruby>りゅうせい<rt></rt></ruby> ⑥ 1891〜1929　洋画家。初期の外光派画風から、後期印象派のフューザン会に参加し、草土社を結成。ドイツの画家であるデューラーのように人物の細密描写にこだわった北欧的写実主義へと変化した。1918年からは「麗子五歳の像」に始まる

一連の「麗子像」にみられる独自の芸域を完成させる。　　　　　　「麗子像」<ruby>れいこ<rt></rt></ruby><ruby>ぞう<rt></rt></ruby>③
「麗子微笑」<ruby>れいこびしょう<rt></rt></ruby>②　デューラー①

萬鉄五郎<ruby>よろず<rt></rt></ruby><ruby>てつごろう<rt></rt></ruby> ① 1885〜1927　フューザン会に参加し、キュビズムの影響を示す「もたれて立つ人」を二科展に出品した。キュビズムは立体派とも呼ばれるピカソやブラックによって創始された芸術運動。対象物を円筒・円錐・球などの立体に分解して描いた。
『もたれて立つ人』<ruby>たたれて<rt></rt></ruby><ruby>たつひと<rt></rt></ruby>①
キュビズム①

竹久夢二<ruby>たけひさ<rt></rt></ruby><ruby>ゆめじ<rt></rt></ruby> ③ 1884〜1934　大正期を中心に活躍した抒情画家。19世紀末〜20世紀初頭に広まった曲線的な装飾であるアール＝ヌーヴォーの影響がある首が長く憂いに満ちた女性画は、「夢二式美人」として大衆の心を捉えた。「黒船屋」「灯籠流し」はその一例。生活小物のデザイン・商業デザインも行った。　　　　　　「黒船屋」<ruby>くろふねや<rt></rt></ruby>③
アール＝ヌーヴォー①

杉浦非水<ruby>すぎうら<rt></rt></ruby><ruby>ひすい<rt></rt></ruby> ① 1876〜1965　日本で初めてのグラフィックデザイナー。三越や地下鉄のポスターは、20世紀初頭のアール＝ヌーヴォーや1920年代のアール＝デコの様式で描かれ、非水様式といわれた。

中原淳一<ruby>なかはら<rt></rt></ruby><ruby>じゅんいち<rt></rt></ruby> ① 1913〜83　昭和期の挿絵画家、服飾デザイナー。大きな目の八頭身美少女で戦前から戦後の少女雑誌の人気挿絵画家となる。

日本美術院再興<ruby>にほんびじゅつ<rt></rt></ruby><ruby>いんさいこう<rt></rt></ruby> ④ 1898年に創立し、新日本画を提唱した日本美術院は、明治末期には日本画の中で勢力を失い、茨城県五浦<ruby>いづら<rt></rt></ruby>に移っていた。岡倉天心死去の翌1914年、横山大観・下村観山は東京に帰り、再興第1回展覧会(院展)を開催した。再興にあたり、彫刻部・洋画部を新設したが、のちに消滅。　　　　新日本画<ruby>しん<rt></rt></ruby><ruby>にほんが<rt></rt></ruby>①

横山大観<ruby>よこやま<rt></rt></ruby><ruby>たいかん<rt></rt></ruby> ⑦ 1868〜1958　日本画家。東京美術学校で岡倉天心に師事、卒業制作の「無我」は絶賛された。のちに日本美術院の創立及び再興に尽力。日本画の近代化をめざし、水墨画の研究は彼の最高傑作「生々流転」を生む。　　　　　　「無我」<ruby>むが<rt></rt></ruby>②
：「生々流転」<ruby>せいせい<rt></rt></ruby><ruby>るてん<rt></rt></ruby> ① 大観の水墨画の代表作。1923年。山から流れ出る沢の水が大河となり海に注ぐ変化を、ダイナミックなタッチで描く長さ約40mの絵巻物。

下村観山<ruby>しもむら<rt></rt></ruby><ruby>かんざん<rt></rt></ruby> ① 1873〜1930　日本画家。狩野芳崖<ruby>ほうがい<rt></rt></ruby>・橋本雅邦<ruby>がほう<rt></rt></ruby>に師事、東京美術学校で活躍。のちに天心らと日本美術院を創立。再興院展に参加。

第14章

土田麦僊(つちだばくせん)①1887〜1936 竹内栖鳳門下の日本画家。清新な「大原女」などを発表。のちに国画創作協会で活躍、四条派に西欧近代画法を加えた。 **「大原女」**(おはらめ)①

鏑木清方(かぶらききよかた)①1878〜1972 江戸浮世絵の系統を継ぐ水野年方(としかた)の門下。明治の風俗画・美人画などに多くの清新な作品を生み、文展・帝展で活躍。代表作は「築地明石町」。ほかに「一葉」「たけくらべの美登利」がある。 **「築地明石町」**(つきじあかしちょう)①

平櫛田中(ひらくしでんちゅう)③1872〜1979 木彫家。日本画を学んだ後、高村光雲に木彫を学び、写実的作風に優れる。再興日本美術院の彫刻部で活躍した。東京芸大教授。次の作品がある。 **「転生」**(てんしょう)③

朝倉文夫(あさくらふみお)①1883〜1964 彫刻家。写実風の巧みな作風をもって文展で活躍。代表作に「墓守」「いづみ」のほか「大隈重信像」や「渋沢栄一像」などがある。 **「墓守」**(はかもり)①

高村光太郎(たかむらこうたろう)④1883〜1956 詩人。『白樺』に接近、人道主義的作風の口語自由詩を発表。代表詩集『道程』『智恵子抄』がある。また父光雲のあとを継ぎ、彫刻家としてロダンの影響を受ける。ブロンズ彫刻に「腕」「手」、木彫の「鯰」などの作品がある。妻の高村(長沼)智恵子は結婚前に『青鞜』の表紙をデザインした。 **「手」**(て)④
高村(長沼)智恵子(たかむら(ながぬま)ちえこ)②

民芸(みんげい)②民芸とは、無名の民衆がつくった工芸品のこと。日常生活で使用する様々な道具や器に美を見出し、評価・見直して民芸という考え方を創始した。柳宗悦がその先駆者。

：柳宗悦(やなぎむねよし)③1889〜1961 学習院在学中、『白樺』(しらかば)の創刊に参加。民芸運動の先駆者。朝鮮の陶磁器や芸術にも理解を深め、1924年、ソウルに朝鮮民族美術館を設立。李朝・景福宮の正門、光化門の取壊しに反対。朝鮮文化に関する論文は大きな影響を与えた。著書に『民藝四十年』がある。
『民藝四十年』(みんげいよんじゅうねん)①
朝鮮民族美術館(ちょうせんみんぞくびじゅつかん)①
光化門の取壊し(こうかもんのとりこわし)①

：日本民芸館(にほんみんげいかん)①民芸運動の主唱者である柳宗悦を中心につくられた日本民芸協会が、1936年、東京の駒場に設立。内外の民衆の日常生活で使用された陶磁器・織物・染物・金工・木工・絵画などの民芸品、約1万7000点を収蔵する。

恐慌と第二次世界大戦

1 恐慌の時代

戦後恐慌から金融恐慌へ

昭和天皇⑦ 1901～89　在位1926～89。名は裕仁、幼称は迪宮。1912年皇太子となり、21年大正天皇の病状悪化で摂政に就任。26年大正天皇の崩御により皇位を継承。在位の前半は満洲事変、二・二六事件、日中戦争、太平洋戦争、そして敗戦前後の苦難の時代。後半は象徴天皇制の下で平和と繁栄を迎える。在位64年は歴代最長である。
　：摂政宮裕仁親王　→ p.270

戦後恐慌⑦ 1920年3月の株式市場の大暴落を契機に起こった恐慌。反動恐慌という。第一次世界大戦が終わり、生糸や綿製品・銅などの輸出商品の輸出ができず、製品が余って相場が暴落したことから始まった。第一次世界大戦による好況の反動。
　　　　　　　　　反動恐慌②

震災恐慌③ 1923年の関東大震災による東京や京浜工業地帯の壊滅で起こった恐慌。特に工場や会社が焼失して、現金化できなくなり、不良債権化した震災手形の問題は、昭和初期まで影響した。

若槻礼次郎⑦ 1866～1949　大蔵官僚から桂・大隈内閣の蔵相。加藤高明内閣の内相。憲政会、のちに立憲民政党総裁。組閣2回。1930年、ロンドン海軍軍縮会議の主席全権をつとめる。

若槻内閣（第1次）⑦ 1926.1～27.4　憲政会内閣。加藤高明首相の病死で組閣。金融恐慌の際、台湾銀行を救済する日本銀行特別融資の緊急勅令案を伊東巳代治を中心とする枢密院で否決され、総辞職した。

震災手形④ 関東大震災のために現金化できなくなった手形。政府は震災手形割引損失補償令を公布して、日本銀行から特別融資をしたり、現金化できない手形を日本銀行が買い受け（再割引）て企業を救済しようとしたが、不況のために救済がはかどらず、金融恐慌の遠因となる。

日本銀行特別融資③
日本銀行手形買い受け（再割引）①

金融恐慌⑦ 1927年、震災手形の処理をめぐり、東京渡辺銀行の経営悪化に関する片岡直温蔵相の失言から取付け騒ぎが起こり、台湾銀行・十五銀行など、銀行・会社の破産・休業が続発した。田中義一内閣がモラトリアム（支払猶予令）で収拾。中小銀行の合併、大銀行へ資本が集中する契機となる。
　　　　　　　　　　　片岡直温⑤
　　　　　　　　　　　取付け騒ぎ⑥

鈴木商店⑤ 1877年、鈴木岩次郎が台湾で砂糖・樟脳の取引きを開始。第一次世界大戦の時、金子直吉が総合商社に発展させ、財閥系の三井物産や三菱商事に迫った。金融恐慌で倒産。日商（日商岩井）は鈴木商店の社員が倒産後につくった商社。
　：三井物産　→ p.277
　：三菱商事　→ p.277
　：台湾銀行⑦ 1899年設立の台湾における中央発券銀行。植民地台湾の開発・近代化の役割を果たす。第一次世界大戦中の鈴木商店への不健全融資が金融恐慌の一因となった。
　：特別融資緊急勅令〔案〕②
若槻内閣は台湾銀行を救済するため、緊急勅令案で日銀からの特別融資を図った。しかし、枢密顧問官伊東巳代治らの反対により勅令案は枢密院で否決された。

十五銀行① 華族の金禄公債などの資産保全を目的に、1877年に設立された第十五国立銀行が普通銀行となったもの。華族銀行といわれ庶民に人気があった。日本鉄道会社へ出資。第一次世界大戦中に急成長して経営を拡大したが、金融恐慌の取付け騒ぎで休業した。

モラトリアム（支払猶予令）
Moratorium　⑥ 銀行が支払いを一時停止すること。関東大震災後に第2次山本内閣の発令が最初。金融恐慌に際し、田中内閣は1927年4月22日より3週間実施。その間に日本銀行非常貸出しや救済諸法案を可決。急いだため裏を印刷していない紙幣（裏白紙幣）などを多量に発行し、銀行再開に備

えた。　　　　　　**裏白紙幣**(うらじろしへい) ④
日本銀行非常貸出し(にほんぎんこうひじょうかしだし) ⑤

● ● ● ●

カルテル　Kartell　④産業部門別の企業連合のこと。各企業が話し合って生産する数量や価格を決め、価格競争をしないで利潤を確保しようとする経済体制。政府は産業合理化を理由に、これを奨励した。

トラスト　Trust　②同一産業・業種で企業が合同すること。合併によって生産過剰をおさえ、価格が低落するのを防ぎ、利潤・市場の独占を図る。

コンツェルン　Konzern　④同一系統の資本が様々な業種の企業を支配する独占の最高形態。三大財閥など、財閥の産業支配体制はこの形態をとる。

五大銀行(ごだいぎんこう) ④三井・三菱・住友・安田・第一の5銀行。金融恐慌後、銀行取締りを強化した銀行法が施行されて銀行合同が進行し、五大銀行は中小銀行を合併し、金融資本として産業界を支配。いわゆるビッグ＝ファイブとして金融資本の中心となる。

三井(みつい)・**三菱**(みつびし)・**住友**(すみとも)・**安田**(やすだ)・**第一銀行**(だいいちぎんこう) ④

三大財閥(さんだいざいばつ) ③金融・産業資本の二つを根幹とする総合財閥の三井・三菱・住友をいう。

四大財閥(よんだいざいばつ) ②三大財閥に銀行資本中心の安田財閥を加えた財閥のこと。

八大財閥(はちだいざいばつ) ②四大財閥に産業資本中心の浅野・川崎・古河・大倉財閥を加えた財閥のこと。

大倉財閥(おおくらざいばつ) ②軍需品の御用商人大倉喜八郎(きはちろう)が一代で築いた財閥。日清・日露戦争を経て、財閥として確立。

社会主義運動の高まりと積極外交への転換

田中義一(たなかぎいち) ⑦1864～1929　軍人・政治家。長州出身の藩閥の巨頭で、山県・桂・寺内の後継者。原・第2次山本内閣の陸相。退役後、1925年に立憲政友会総裁となり、第1次若槻内閣の総辞職後に組閣した。

田中義一(たなかぎいち)**内閣**　⑦1927.4～29.7　立憲政友会内閣。金融恐慌を処理。三・一五事件などの社会主義者を弾圧。積極外交の立場から山東出兵を行う。植民地行政を行う拓務省(たくむしょう)を設置。張作霖爆殺事件で退陣。

無産政党(むさんせいとう) ⑤労働者や小作人などの力を結集し、社会主義をめざす政党。治安警察法・治安維持法によって「社会主義」の語が

使用できず、「無産」にした。第1回普選を目標に、社会主義者・労働運動家・知識人らにより結成、活発化する。

：農民労働党(のうみんろうどうとう) ①1925年に結成。評議会系・総同盟系を共に除いて結成。背後に共産党がいたため政府は即日禁止した。

：労働農民党(ろうどうのうみんとう) ⑥杉山元治郎らにより、農民労働党にかかわっていた共産党系の人々を除外して1926年に結成。内部対立から同年10月に右派・中間派が脱退。残留した人々は大山郁夫(いくお)を委員長とした。1928年、三・一五事件で田中義一内閣により解散させられた。

：日本労農党(にほんろうのうとう) ①労働農民党が分裂した時、中間派の三輪寿壮(じゅそう)・麻生久(ひさし)らにより1926年に結成。1928年、日本大衆党と合体。

：社会民衆党(しゃかいみんしゅうとう) ③労働農民党が分裂した時、右派が1926年に結成。委員長安部磯雄(いそお)、書記長片山哲(てつ)。1932年には、社会大衆党に参加。一方、右傾化に反対する者が1930年1月に全国民衆党を結成し、同年7月、全国大衆党になる。

第一回男性普通選挙(だいいっかいだんせいふつうせんきょ) ⑥1925年に成立した普通選挙法に基づいて、28年に行われた第16回衆議院議員総選挙をいう。有権者は約1250万人と4倍に増えた。また、無産政党も初めて8議席を獲得する。

三・一五事件(さんいちごじけん) ④1928年3月15日の共産党員の全国的な大検挙。1568人が逮捕された。同時に裏で共産党が指導していた労働農民党など3団体を結社禁止にした。

：日本労働組合評議会(にほんろうどうくみあいひょうぎかい) ①1925年、日本労働総同盟を除名された左派が結成。日本共産党の影響力が強く、昭和初期には大規模な労働争議を指導。1928年の弾圧により解散した。

四・一六事件(よんいちろくじけん) ④1929年4月16日、三・一五事件に続く共産党弾圧事件。339人が起訴され、共産党の幹部全員を逮捕したため、日本共産党がほぼ壊滅した。

治安維持法改正(ちあんいじほうかいせい) ⑦1928年、田中義一内閣が緊急勅令で改正・強化。国体を変革する活動の指導者を死刑にできるよう改正。また、1941年の第2次近衛内閣は、刑務所を出所したのち、再度、共産主義の活動を行いそうな者を出所させないようにする予防拘禁(こうきん)を入れた。

特別高等警察(とくべつこうとうけいさつ)(**特高**(とっこう)) ⑥1911年、大逆事件の翌年に警視庁に思想犯・政治犯を取り締まる特別高等課をおき、28年には、

全国各道府県の警察にも設置。

特別高等課とくべつこうとうか ②

●●●

民族資本みんぞくしほん ② イギリスや日本からの資本の導入によって設立された企業ではなく中国の中で自立的に成長し、企業活動を行えるまでに成長した中国人資本、または資本家をいう。

五・三〇事件ごさんじけん → p.268

中国国民党ちゅうごくこくみんとう ⑦ 1919年、孫文が結成した秘密結社・中華革命党を改称した政党。孫文は、五・四運動の高揚によって、秘密結社から大衆政党への脱皮をめざして中華革命党を中国国民党と改称した。1925年、孫文の死後、蔣介石が後継者となった。

蔣介石しょうかいせき ⑦ 1887〜1975 1907年、日本に留学。辛亥しんがい革命に参加。中国国民党孫文の後継者として中国国民党政府軍総司令となり、国民革命軍を率いて北伐を進める。1927年に南京国民政府を樹立。同年の四・一二クーデタ以来、中国共産党と抗争。日中戦争で中断。戦後、再抗争したが中国共産党に敗北。中華民国政府を台湾に移した。

国民革命軍こくみんかくめいぐん ⑥

第1次国共合作だいいちじこっきょうがっさく ③ 1924年、欧米の植民地拡大に反対する反帝国主義闘争を明確にした中国国民党は、「連ソれん・容共ようきょう・扶助工農ふじょこうのう」を綱領こうりょうとして中国共産党と連携。中国国民党の孫文さんと中国共産党の李大釗りたいしょうが尽力。1927年、蔣介石の南京なんきん政府樹立後、国共は分裂した。

国民政府こくみんふ ⑥ 1927年9月、武漢政府を合体して、南京に樹立。1928年に蔣介石が主席となる。

北伐ほくばつ ⑦ 1926年7月〜28年12月。蔣介石の率いる国民革命軍（北伐軍）が広州を発し、北方の諸軍閥を打倒して、1928年6月、北京に入城、12月に張学良が国民政府と合体して統一が完成された。この中国の統一をめざす中国の民族解放闘争を国民革命ともいう。

北方軍閥ほっぽうぐんばつ ④

国民革命こくみんかくめい ②

：**軍閥**ぐんばつ ⑥ 近代の中国において自分自身の軍隊を養い、中国各地を支配した軍人の地方政権をいう。中国の統一を妨げたため、国民革命軍の北伐の打倒対象となった。

積極外交せっきょくがいこう（**強硬外交**きょうこうがいこう） ⑤ 田中義一内閣の対中国外交。その外交は田中義一首相の東方会議の「対支政策綱領」に示され、山東出兵・済南事件など、武力行使という強硬策をとる。中国内政不干渉政策をとりつつ、対英協調をめざす幣原外交を軟弱外交と批判した。

：**協調外交**きょうちょうがいこう → p.267

：**山東出兵**さんとうしゅっぺい ⑦ 1927〜28年。国民革命軍の北伐に対し、田中義一内閣は在留日本人（居留民）の生命・財産の保護を口実に、1927年5月に陸軍約2000人、28年4月に約5000人、済南事件後はさらに増兵して、3度山東省に出兵した。

：**済南事件**さいなんじけん ⑥ 1928年、第2次山東出兵中、省都の済南において北伐途上の国民革命軍と日本軍が交戦した事件。

：**対支非干渉全国同盟**たいしひかんしょうぜんこくどうめい ① 1927年、労働農民党が呼びかけた山東出兵に反対する運動。日本労農党は参加せず、無産政党の左派のみが参加。

東方会議とうほうかいぎ ⑥ 1927年6〜7月、田中内閣が中国関係の外交官と軍代表を東京に招集して開いた会議。対中国積極策の基本政策「対支政策綱領」たいしせいさくこうりょうを決定し、「満蒙まんもうは中国領土にあらず」と結論。

関東軍かんとうぐん ⑦ 1919年設置。初めは旅順に司令部をおく。関東州と南満洲鉄道の警備が主な任務。司令部は満洲事変勃発と共に奉天に、満洲国成立後は新京（現、長春ちょうしゅん）に移り、司令官は満洲国大使と関東庁長官を兼ね、全満洲に君臨した。

：**関東庁**かんとうちょう ③ 旅順におかれた関東州統治機関。1919年、関東都督府を廃して関東州の行政を担当。軍事面は関東軍に委任。1934年、大連に関東州庁を設けて廃止。長官は駐満洲国大使が兼任。

拓務省たくむしょう ⑦ 1929年、田中義一内閣が設置。朝鮮総督府・台湾総督府・関東庁・樺太からふと庁・南洋庁の事務を監督し、移民・植民政策の奨励事務を行う。1942年の大東亜省の設置で廃止。

張作霖ちょうさくりん ⑦ 1875〜1928 満洲軍閥・奉天軍閥ともいわれ、北方軍閥の巨頭。もともとは満洲の地を荒し回っていた馬賊の頭領といわれているが、日本の支援により満洲を統一。のちに北京までその勢力圏を拡大したが、蔣介石の北伐に圧迫され、敗走の途中、関東軍の謀略により奉天郊外で列車と共に爆殺された。

満洲軍閥まんしゅうぐんばつ ⑦ **奉天軍閥**ほうてんぐんばつ ①

：**馬賊**ばぞく ① 清朝末期の混乱の中で満洲の地を荒し回った群盗。馬に乗って各地を襲うことから馬賊という。

張作霖爆殺事件ちょうさくりんばくさつじけん ⑦ 1928年6月4日、北伐軍が北上したため、北京から汽車で奉天（現、瀋陽）に引き揚げてきた張作霖が奉

天郊外で爆殺された事件。主謀者の関東軍参謀河本大作大佐らへの処分は甘かった。当時、真相は隠され、満洲某重大事件といわれた。 　　　　　　**河本大作**こうもとだいさく ①
満洲某重大事件まんしゅうぼうじゅうだいじけん ⑥

張学良ちょうがくりょう ⑥ 1901～2001　張作霖の長男。父の爆死後、張作霖の満洲軍閥の兵士と共に国民政府に合流、抗日運動に努める。1936年に西安事件で蒋介石を監禁、第2次国共合作を促進した。

：易幟えき ① 1928年、関東軍の謀略で父張作霖を爆殺された張学良が、張作霖以来の五色旗をやめ、国民党の青天白日旗をその勢力圏に掲げて国民政府への帰属を表明した行動。 　　　　　　**青天白日旗**せいてんはくじつき ①

：国権回復運動こっけんかいふくうんどう ① 張学良は、1928年12月に国民政府と合体。これを背景にして日本の権益を回収し、侵されていた中国の権利を回復しようとする運動。

：満鉄並行線まんてつへいこうせん ② 日本の鉄道利権の独占に対し、中国側は1927～31年に満鉄に並行する3大幹線建設を進め、満鉄を使用しなくても輸送を可能にし、中国東北地方の満鉄の独占を打破しようとした計画。満洲事変の原因となる。

不戦条約ふせんじょうやく ⑦ 1928年、パリで15カ国が参加・調印。のちに63カ国参加。アメリカのケロッグ国務官、フランスのブリアン外相が提案。日本も参加・調印。中国では積極外交を展開していた田中義一内閣も欧米との協調外交路線は維持して調印した。国際紛争の解決手段としての戦争放棄を「人民ノ名ニ於テ」約すとした条文が天皇主権の国体に反するとして枢密院で問題化した。

霧社事件むしゃじけん ② 1930年、台湾の台中州・霧社の住民(高砂族)の抗日運動。課役・差別の不満が爆発、日本人百数十人を殺傷。軍隊が出動し、鎮圧した。

金解禁と世界恐慌

立憲民政党りっけんみんせいとう ⑦ 1927年6月、憲政会と政友本党との合同により誕生。昭和初期、立憲政友会と並ぶ二大政党となる。

浜口雄幸はまぐちおさち ⑦ 1870～1931　立憲民政党総裁。大蔵省から政界に入り蔵相・内相を歴任、1929年に首相。「ライオン宰相」といわれ庶民の人気が高かった。1930年に右翼の襲撃の負傷で負傷し、翌年に死去した。

浜口はまぐち**内閣** ⑦ 1929.7～31.4　立憲民政党内閣。緊縮財政・産業合理化・金解禁を実施。

1931年、労働組合法案は衆議院で可決したが、貴族院で否決。協調外交を方針とし、ロンドン海軍軍縮条約を調印。統帥権干犯かんぱん問題で首相が右翼の青年佐郷屋留雄さごうやとめおに狙撃されて重傷を負い、総辞職した。

井上準之助いのうえじゅんのすけ ⑥ 1869～1932　日本銀行総裁を経て、第2次山本・浜口・第2次若槻内閣の蔵相。浜口内閣で金解禁を実施し、緊縮財政を推進。血盟団事件で血盟団員に暗殺されたが、その時は立憲民政党総務委員長で次の総裁候補であったため、政界に大きな影響を与えた。

金輸出禁止きんゆしゅつきんし《1917年》 ④ 金貨及び金の地金の自由な輸出、すなわち海外への支払いに金を使用することを禁止すること。金本位を実質的に停止すること。日本は第一次世界大戦中の欧米の主要国が金本位を停止したのにならって、1917年に金輸出を禁止した。

金解禁きんかいきん(**金輸出解禁**きんゆしゅつかいきん) ⑦ 第一次世界大戦で1917年以来禁止されていた金輸出を、30年に解禁。金本位制への復帰により為替相場を安定させ、貿易の拡大を図る政策。世界恐慌の中で行われたため、失敗に終わる。

：産業合理化さんぎょうごうりか ④ 不健全な企業を整理すると共に、企業経営の能率化を図り、生産費を節減して利益と輸出の拡大を図る政策。浜口内閣は財政緊縮・産業合理化・金解禁を財政の3大目標とした。

平価へいか ① 平価とは、自国の通貨と外国の通貨の価値を比較する基準値であり、共通の尺度は金。第一次世界大戦で日本が金輸出禁止を行う前の為替相場は、日本の1円が金0.75g、アメリカの1ドルは1.5gであった。そのため、旧平価とは100円＝49.85ドルとされた。しかし、金解禁前の円の実勢は円安であった。高橋亀吉かめきち・石橋湛山の経済学者は円安の新平価での金解禁を主張した。 　**旧平価**きゅうへいか ③　**新平価**しんぺいか ①

：ドル買いがい ③ 金輸出再禁止を予測した財閥が、円が安くなる前に多額の円をドルに交換し(円売り)、円安になった時、またドルを円に交換して利益を得た。1931年9月21日のイギリスの金本位制停止により、1週間で2億円のドル買いが行われた。 　　　　　　　　　　　　**円売り**えんうり ①

●　●　●

世界恐慌せかいきょうこう ⑦ 1929年10月24日(暗黒の木曜日という)、ニューヨークのウォール街の株価暴落に始まり、全資本主義世界に波

及。日本経済も大打撃を受け、昭和恐慌として深刻化。

暗黒の木曜日あんこくのもくようび ① ：**ウォール街**がい ④ オランダ人が北米大陸に植民したヨーロッパ人への毛織物供給地として、ハドソン川河口のマンハッタン島にニューアムステルダムを建設し、要塞を築いた。その要塞の城壁跡にあるのがウォール街。

昭和恐慌しょうわきょうこう ⑦ 世界恐慌の時期である1930年に、日本が金解禁を断行したことは、正貨(金)の大量流出、企業の操業短縮と倒産、賃金引下げを招き、深刻な恐慌状態を引き起こした。昭和恐慌は、世界恐慌の波及と浜口内閣の金解禁準備のための緊縮政策による不況の二重の打撃で深刻化した。

：**操業短縮**そうぎょうたんしゅく ① 製品が売れず、生産を減らすために機械の運転時間や労働時間を減らすこと。労働者の賃金も削減され不況に拍車がかかる。

：**重要産業統制法**じゅうようさんぎょうとうせいほう ③ 1931年公布。浜口内閣の時、昭和恐慌下の企業競争激化を背景に、各産業部門におけるカルテルを法的に助成。産業を守るために生産量の制限・価格の設定を強制的に決めたため、統制経済の始まりとされる。

農業恐慌のうぎょうきょうこう ④ 昭和恐慌の中で、生糸・繭価の暴落、1930年の豊作による米価下落で、農家収入はいっそう悪化した。これを豊作飢饉・豊作貧乏という。翌1931年の東北大飢饉などで農村の困窮が深刻化。欠食児童・娘身売りなどの惨状が続出した。

豊作飢饉ほうさくききん ① **豊作貧乏**ほうさくびんぼう ①

：**欠食児童**けっしょくじどう ④ 昭和恐慌の中で、家が貧しく、食事を十分にとれず、学校に弁当を持っていくことができない小学校の児童のこと。

：**娘(子女)の身売り**むすめ(しじょ)のみうり ④ 昭和恐慌の中で、貧しい家庭が自分の娘を売り渡してしまう人身売買のこと。

：**宮沢賢治**みやざわけんじ ③ 1896~1933 大正・昭和前期の詩人・児童文学者。地元の農学校で教師をしつつ、童話の創作を行う。農民への献身を生活の理想とした。童話に『注文の多い料理店』『銀河鉄道の夜』がある。詩「雨ニモマケズ」は病床で書いた晩年の思想を示す。 **「雨ニモマケズ」**あめニモマケズ ②

三陸津波さんりくつなみ《1933年》① 1933年3月3日、岩手県釜石かまいしの東方200kmの太平洋を震源とするマグニチュード8.1の地震が発生。北海道の太平洋岸から東北地方の三陸沿岸にかけて最高25mの津波が襲った。死者

3000人以上、流失家屋7000軒以上の被害を受けた。昭和恐慌で大打撃を受けた東北地方にさらに打撃を与えた。

ソテツ地獄じごく ① 戦後恐慌から昭和恐慌の経済不況の時代に起きた沖縄の恐慌のこと。経済的困窮のために、沖縄の人々は米はおろかサツマイモすらも手に入らず、ソテツの実を食べて命をつないだのでこう呼んだ。ソテツの実には猛毒があり、調理を誤ると中毒死する。

協調外交の挫折

幣原外交しではらがいこう → p.267 ：**軟弱外交**なんじゃくがいこう ④ 中国における日本の利権が危うくなるのは幣原喜重郎外相による弱腰な協調外交であると批判する言葉。

ジュネーヴ(軍縮)会議ぐんしゅくかいぎ ⑦ 1927年7月、アメリカ第30代大統領クーリッジの提案により開催。米・英・日間の補助艦制限を討議、不成功に終わる。仏・伊は不参加。日本全権は斎藤実まことら。巡洋艦について、米は少数大艦主義を主張し、英は多数小艦主義を主張し、対立した。問題を30年のロンドン会議に持ち越した。

日中(日華)関税協定にちゅう(にっか)かんぜいきょうてい ② 1930年に調印。中国の関税自主権を承認。日中関係改善を図る。

ロンドン会議かいぎ ⑦ 1930年、英国首相のマクドナルドらの提唱で開催。英・米・日・仏・伊が参加。主席全権は元首相の若槻礼次郎。海相財部彪たからべも全権として参加。

ロンドン海軍軍備制限条約かいぐんぐんびせいげんじょうやく ⑦ 英・米・日の間で海戦の中軸となる主力艦(戦艦・航空母艦)を護衛したり、敵艦隊の偵察を行う補助艦(巡洋艦・駆逐艦・潜水艦)の総保有比率を英・米・日で、ほぼ10:10:7と決定。主力艦の建造停止を1936年まで延長した。 **補助艦**ほじょかん ⑥

統帥権干犯問題とうすいけんかんぱんもんだい ⑦ 海軍部内には政府の軍縮方針を認める条約派と軍縮に反対の艦隊派があった。艦隊派の中心である軍令部長加藤寛治は、内閣が軍令部長の反対を押し切って兵力量を決定したのは用兵・作戦を決定する統帥部の意志に反するものだとして、政府を攻撃。野党の政友会・右翼も同調、兵力量の決定は内閣の輔弼事項であるとする浜口内閣を窮地に陥れた。

：**(海軍)軍令部長**かいぐんぐんれいぶちょう → p.251 ：**内閣の輔弼事項**ないかくのほひつじこう ① 輔弼とは天皇の政治をたすけることをいう。大日本帝国

憲法第12条の編制大権による兵力量の決定は予算編成を伴うので内閣の助言によるとされていた(→ p.245)。

2 軍部の台頭

満洲事変

若槻内閣(第2次)(わかつきないかく) ⑦ 1931.4〜31.12 立憲民政党内閣。浜口内閣の総辞職後、若槻礼次郎が総裁となり、組閣。緊縮財政・金解禁政策を継続。満洲事変には不拡大方針を表明したが、閣内不一致で総辞職。

石原莞爾(いしわらかんじ) ⑦ 1889〜1949 陸軍軍人。関東軍参謀として満洲事変、満洲国樹立に活躍。『満蒙問題私見』(まんもうもんだいしけん)を発表し、将来の日米戦争を想定する『世界最終戦論』(せかいさいしゅうせんろん)に基づき、全満洲の植民地化を構想した。

『世界最終戦論』(せかいさいしゅうせんろん) ④

:板垣征四郎(いたがきせいしろう) ① 1885〜1948 陸軍軍人。関東軍の高級参謀として石原莞爾と共に満洲事変を計画し、柳条湖事件以後に全満洲を占領し、満洲国を誕生させた。戦後、A級戦犯となり、東京裁判で死刑。

満洲(まんしゅう) ⑦ 中国の東北部を占める遼寧(りょうねい)・吉林(きつりん)・黒竜江(こくりゅうこう)の東北3省を指す旧称。文殊菩薩を信仰した清(しん)の太祖ヌルハチがこの地域をマンジュと表現し、漢字で「満洲」をあてたことに始まる。満洲国の成立後、日本は遼寧省を奉天(ほうてん)省と改称。

東三省(とうさんしょう) ①

満蒙(まんもう) ④ 満洲と蒙古族の居住地域である蒙古をあわせた地域をいう。戦前における日本側からの呼称。

:内蒙古(ないもうこ) ⑤ 辛亥(しんがい)革命後も中国の領域内に留まった蒙古族の居住地域を示す呼称。チャハル・綏遠(すいえん)の2省をいう。

:外蒙古(がいもうこ) ② 蒙古のゴビ砂漠以北の地。ほぼ現在のモンゴル国の地域。

「満蒙の危機」(まんもうのきき) ③ 日本の満蒙権益に対する中国側の根強い国権回復運動に脅威を感じた軍部・右翼が、幣原(しではら)外交を攻撃するため宣伝に用いた言葉。「満蒙は日本の生命線」だから満洲において軍事行動を起こすことは正当であると主張する言葉。

「満蒙は日本の生命線」(まんもうはにほんのせいめいせん) ②

満洲事変(まんしゅうじへん) ⑦ 1931〜33年。関東軍が柳条湖での南満洲鉄道爆破を機に、東三省を武力占領し、満洲国として独立させ、のち、熱河省をも占領した軍事作戦。

:本庄繁(ほんじょうしげる) ① 1876〜1945 1931年、関東軍司令官に就任し、満洲事変の作戦指揮をとり、満洲国統治にかかわる基本方針を作成した。太平洋戦争敗戦後に自決した。

柳条湖事件(りゅうじょうこじけん) ⑦ 1931年9月18日夜、関東軍が満鉄線路を奉天郊外の柳条湖で爆破。関東軍は中国軍隊の行為と主張して報復の軍事行動を開始、満洲事変に発展。

犬養毅(いぬかいつよし) ⑦ 1855〜1932 1882年の大隈重信の立憲改進党結成に参加。1910年、立憲国民党を創立。1922年には革新倶楽部を組織し、護憲運動の中心的政党政治家として活躍。1929年、田中義一の辞任後、立憲政友会総裁に就任。1931年に立憲政友会内閣を組織したが、翌32年、五・一五事件で暗殺された。

犬養内閣(いぬかいないかく) ⑦ 1931.12〜32.5 立憲政友会内閣。金輸出再禁止を実施。満洲国建国と承認に反対し、首相が五・一五事件で暗殺されて総辞職。戦前における最後の政党内閣となった。

第1次上海事変(だいいちじシャンハイじへん) ⑤ 満洲事変で排日運動が激化した上海で、1932年1月、日本人僧侶の殺害を機に勃発。日本は国民政府軍やゲリラ(便衣隊(べんいたい))に苦戦する海軍陸戦隊(かいぐんりくせんたい)(海軍で陸上の戦闘を専門とする部隊)に続き、陸軍部隊も増援して激戦となる。5月に上海(シャンハイ)で停戦協定を締結。

肉弾三勇士(にくだんさんゆうし) ① 代表的な軍国美談。1932年の第1次上海事変の際、中国軍の鉄条網(てつじょうもう)を破壊するために爆薬を抱き突入して爆死した3人の兵士をいう。陸軍はこの3人を「軍神」として顕彰し、軍国主義をあおる美談につくりあげた。

リットン調査団(りっとんちょうさだん) ⑦ 国際連盟が満洲事変調査のため、1932年2〜9月に関係地に派遣した調査団。英・米・仏・独・伊の代表5人で、団長はイギリスのリットン卿。10月に報告書(→ p.313)を提出した。

満洲国(まんしゅうこく) ⑦ 1932年3月に建国を宣言。溥儀を執政とし、初代国務総理の鄭孝胥。1934年3月に帝政。首都は新京(現、長春)。外面は王道楽土・五族協和をめざす独立国だが、内閣にあたる国務会議の主導権は、満洲人の部長の下にいる日本人の次長(じちょう)が握った日本の傀儡(かいらい)国家。1945年8月、日本の敗北で消滅。

鄭孝胥(ていこうしょ) ①

新京(しんきょう) ③

:五族協和(ごぞくきょうわ) ⑤ 満洲族・漢族・蒙古族・朝鮮族・日本人の5民族が、満洲国の中で協力して楽園のような国づくりを行お

うとするスローガン。しかし、現実は日本人がすべての分野で権力を握った。

王道楽土（おうどうらくど）①

溥儀（ふぎ）⑦ 1906～67　姓は愛新覚羅（あいしんかくら）といい、名が溥儀。清朝最後の皇帝、宣統帝。清朝滅亡で廃帝。満洲国成立により執政に就任、1934年に皇帝となる。

宣統帝（せんとうてい）②

執政（しっせい）④　**帝政**（ていせい）①

：紫禁城（しきんじょう）①　北京に造営された明・清王朝の歴代皇帝の宮城。明の永楽帝（えいらくてい）によって築かれたものを清の皇帝が復興・増改築して広大・華麗な宮城となった。その南門が天安門（てんあんもん）。

平頂山事件（へいちょうざんじけん）①　1932年9月、中国東北地方の撫順（ぶじゅん）炭鉱が抗日ゲリラに襲われた報復として、関東軍が炭鉱労働者の居住する平頂山住民を多数虐殺した事件。

政党内閣の崩壊と国際連盟からの脱退

国家改造運動（こっかかいぞううんどう）⑤　青年将校・右翼・国家社会主義者を中心とした革新運動。現状の打破をめざす革新官僚も合流。昭和維新を行い、軍部独裁による新しい国家体制をつくり、積極的な大陸進出を行おうとする運動。

：革新官僚（かくしんかんりょう）②　軍部と協力してそれまでの日本の政党政治や財閥支配を否定し、日本を変革して戦争を遂行できる総力戦体制の国家に変えようとした官僚たち。

軍部（ぐんぶ）⑦　参謀本部・海軍軍令部・陸軍省など、軍人上層部を中心とする政治勢力。昭和時代に入ると政治の表面に出てきて、政府の政策をも左右した。

右翼（うよく）⑥　思想、または行動の面における極端に国粋的・保守的な傾向の勢力。満洲事変以後、国家社会主義者・天皇主義者・農本主義者などの種々の右翼が、社会の改造をめざして軍部と結んで行動した。

大川周明（おおかわしゅうめい）④　1886～1957　日本主義・大アジア主義者。猶存社を結成、軍部の中堅将校と接触して国家改造思想を注入し、三月事件・十月事件を計画。戦後、A級戦犯に指名。裁判中に精神障害を理由に釈放。

：猶存社（ゆうぞんしゃ）②　1919年結成。北一輝・大川周明らが中心の右翼団体。北と大川の対立から1923年に解散したが、ここから多くのファシズム団体が生まれた。

橋本欣五郎（はしもときんごろう）①　1890～1957　陸軍軍人。1930年9月、橋本を中心に陸軍省・参謀本

部などの中堅将校が、秘密結社桜会を結成。国家改造をめざした。極東国際軍事裁判でA級戦犯として終身禁錮刑。　**桜会**（さくらかい）②

：三月事件（さんがつじけん）④　1931年3月、橋本欣五郎ら桜会が中心に計画したクーデタ。政治家を暗殺して政党内閣を倒し、宇垣一成（うがきかずしげ）の軍部内閣を樹立する構想であったが、未発に終わった。

：十月事件（じゅうがつじけん）④　1931年10月、桜会の橋本欣五郎らを中心に、大川周明らが加わり、満洲事変に呼応するクーデタを計画。若槻首相・幣原外相らを暗殺、陸軍中将荒木貞夫を首相に、橋本内相・大川蔵相という軍部政権を構想したが、未然に発覚した。

血盟団事件（けつめいだんじけん）⑥　1932年、血盟団員による前蔵相井上準之助（2月）、団琢磨（3月）の暗殺事件をいう。血盟団は井上日召を中心とする右翼団体。一人の血盟団員が一人の政治家や財界人を暗殺することで日本を変革しようとする一人一殺主義で、政・財界の要人暗殺を企図した。

一人一殺（いちにんいっさつ）②

：井上日召（いのうえにっしょう）⑤　1886～1967　右翼指導者。1928年以来、茨城県磯浜の護国堂で農村青年に右翼急進思想を植えつけ、血盟団をつくり、要人暗殺を行わせた。

血盟団（けつめいだん）⑥

井上準之助（いのうえじゅんのすけ）　→ p.309

：団琢磨（だんたくま）⑥　1858～1932　実業家。工部省を経て三井に入り、1914年に三井合名会社理事長となる。財界の中心的人物。1932年、血盟団員の菱沼五郎に射殺された。

三井合名理事長（みついごうめいりじちょう）

五・一五事件（ごいちごじけん）⑦　1932年5月15日、海軍青年将校を中心とするクーデタ。陸軍士官学校生徒、右翼団体の愛郷塾も事件に参加した。首相官邸・警視庁・日本銀行を襲い、犬養首相を射殺した。政党内閣に終止符が打たれた。

斎藤実（さいとうまこと）⑦　1858～1936　海軍大将。海相、朝鮮総督、ジュネーヴ軍縮会議の全権。五・一五事件後の挙国一致内閣の首相。内大臣在職中、二・二六事件で暗殺された。

斎藤（さいとう）内閣⑦　1932.5～34.7　五・一五事件後、元老の西園寺公望（さいおんじきんもち）や重臣は軍部と政党の摩擦緩和のため、「非常時」という名目の下で穏健な斎藤実を総理にし、官僚・貴族院や政党などそれぞれの勢力から閣僚を出させ、挙国一致内閣と称した。これにより8年続いた政党内閣は終わった。満洲国承認、国際連盟脱退を行う。

第15章

挙国一致内閣(きょこくいっちないかく) ③
「非常時」(ひじょうじ) ②

帝人事件(ていじんじけん) ① 斎藤実内閣を倒した疑獄事件。1933年、台湾銀行が保有していた帝国人造絹糸の株式10万株を売却したが、その株を実業家グループが政治家・官僚に手を回して不当に安く買ったと非難・宣伝された事件。財界、官僚、政治家の多数が検挙され、斎藤内閣が総辞職したが、のち、全員無罪となった。● ● ● **帝国人造絹糸(ていこくじんぞうけんし)** ①

日満議定書(にちまんぎていしょ) ⑥ 1932年9月、リットン報告に先立ち、日本が満洲国承認と同時に締結した日本と満洲国との協定。満洲国は満洲における日本の既得権益を認め、日本軍の駐屯を承認した。

リットン報告書(ほうこくしょ) ⑥ 満洲事変は日本の正当な防衛行動ではなく、満洲国も満洲人の自発的独立運動の結果ではないとした。一方、日本の特殊権益を認め、日中間の満洲に関する新条約の締結を提案した。

国際連盟脱退(こくさいれんめいだったい) ⑦ 1931年10月、国際連盟理事会は13：1で満洲国からの日本の撤兵を勧告。国際連盟総会も1933年2月、リットン報告書に基づく対日勧告案を42：1：棄権1(タイ)で採択。日本は3月に連盟脱退を通告する(1935発効)。ドイツも1933年、イタリアは37年に連盟を脱退した。一方、ソ連が34年に加盟した。

：対日勧告案(たいにちかんこくあん) ④ リットン報告書に基づき、日本軍を南満洲鉄道付属地内へ撤兵させ、中国の主権を認めた上で、満洲に自治機関をつくるよう求めた国際連盟の勧告。

：松岡洋右(まつおかようすけ) ⑥ 1880～1946 1933年の国際連盟脱退時の日本全権代表。1940年、第2次近衛内閣の外相。日独伊三国同盟を締結。1941年に日ソ中立条約を締結。戦後、A級戦犯として裁判中に病死した。

塘沽停戦協定(タンクーていせんきょうてい) ⑥ 1933年、日本軍は満洲国の支配を安定させるため、河北省・熱河省へ進撃し、占領した。また、1933年5月31日に黄海沿岸の要地塘沽で、日本軍と国民政府間に結ばれた停戦協定。日中軍事停戦協定ともいう。国民政府は日本の満洲と熱河省の支配を事実上黙認した。

第2次ロンドン会議脱退(だいにロンドンかいぎだったい) ③ 1935年12月、日・英・米・仏の参加で開会。話合いはつかず、日本は1936年1月に脱退した。

：ロンドン海軍軍備制限条約失効(かいぐんぐんびせいげんじ) ③ 1936年1月、日本の条約からの脱退で30年のロンドン海軍軍備制限条約が失効。

ワシントン海軍軍備制限条約失効(かいぐんぐんびせいげんじょうやくしっこう) ③ 1934年12月、日本は条約廃棄を通告し、36年12月に失効し、ロンドン海軍軍備制限条約の失効とあわせて無制限の軍艦建造(建艦競争)の時代に入った。

||| **恐慌からの脱出** |||

高橋財政(たかはしざいせい) ① 高橋是清が大蔵大臣として犬養・斎藤・岡田内閣の3内閣にわたって行った財政政策。金輸出再禁止による円安で輸出を伸ばして昭和恐慌から脱出させると共に、農村の救済を図る経済政策を推進した。しかし、満洲事変以後の軍部の圧力で軍事費はだんだんと膨張した。

金輸出再禁止(きんゆしゅつさいきんし) ⑦ 1931年12月、犬養内閣の高橋是清(これきよ)蔵相が、金輸出の再禁止を断行。世界恐慌と昭和恐慌で輸出の不振が続き、国外への金流出が激しいため、浜口内閣の金解禁政策から転換し、金本位制から離脱した。これにより円は実勢の為替相場に近づき、円安となった。円安による輸出の拡大で日本は世界で最も早く恐慌から脱出した。

金本位制からの離脱(きんほんいせい) ①

管理通貨制度(体制)(かんりつうかせいど) ⑥ 日本政府は金輸出再禁止、銀行券の金兌換停止後、紙幣発行額を管理・制御した。1942年、日本銀行法で制度化。 **金兌換停止(きんだかんていし)** ② **日本銀行法(にほんぎんこうほう)** ①

：赤字国債(あかじこくさい) ⑤ 国家予算の不足分を補うために発行する国債(公債)をいう。国の借金である。

ソーシャル＝ダンピング ② 日本の企業が労働者の賃金を不当に低くおさえ、それによって安い製品を生産して輸出することは、日本が投売り(ダンピング)しているのと同じだという欧米諸国からの非難。しかし、ILO(国際労働機関)の調査では日本の賃金の低さは認めるものの、生産性の高さは機械・設備・労働組織の優秀性から来るとし、ソーシャル＝ダンピングは否定された。

● ● ●

ブロック経済〔圏〕(けいざいけん) ③ 本国と植民地が相互に特別の恩恵を与え、それ以外の他国製品には高率の関税をかけるなどの保護貿易政策をとり、商品の市場を確保し合う排他的経済圏をいう。1932年、イギリスがオ

タワで英帝国経済会議を開き、イギリス本国は植民地間のポンドでの決済に低い税率の特恵関税を設定して優遇した。米・仏もこれにならってブロック経済圏をつくった。　　　　　　　**ドル=ブロック** ①

「日満支」ブロック[にちまんしブロック]　①日本が中心となって、日本の勢力圏になっている満洲・中国(支那)が「円」によって一つの経済圏をつくろうとする構想。
　：**円ブロック**[えんブロック]　→ p.323

ニューディール政策[せいさく]　②New Dealは「新規まき直し」の意味。大恐慌の1933年、アメリカ第32代大統領ローズヴェルトが不況を克服するため推進した社会資本を充実させた政策。アメリカはそれまでの自由放任経済から政府が介入する経済政策へ転換した。　　**自由放任経済からの転換**[じゆうほうにんけいざいからのてんかん]《ニューディール政策》①
　：**ローズヴェルト**　→ p.330

ファシズム　⑤資本主義体制の行詰りを、独裁体制によって打開しようとする理論とその実践。反民主主義の全体主義的な独裁政治が特徴。イタリアのファシスト党に始まる。　　　　　　　**全体主義**[ぜんたいしゅぎ] ③

ムッソリーニ　Benito Mussolini　⑦1883~1945　イタリアの独裁者。1919年にファシスト党を結成。1922年に政権を掌握。1936年にエチオピア、39年にアルバニアなどを併合。1943年、首相解任。1945年に銃殺される。
　：**ファシスト党**[とう]　Fascista　⑥1919年結成。イタリアの一党独裁の反共・反革命・反社会主義の全体主義政党。

ヒトラー　Adolf Hitler　⑦1889~1945　ナチ党(ナチス)党首。1933年に首相となって政権を獲得。翌1934年にはドイツの大統領と首相の権限をあわせ持つ総統となる。ヴェルサイユ体制の打破をめざして、徹底したファシズム独裁政権としてドイツを指導。第二次世界大戦を起こし、敗北直前に自殺。
　　　ヴェルサイユ体制の打破[ヴェルサイユたいせいのだは]
　：**ナチス(ナチ党**[とう])　Nazis　⑦「国民(国家)社会主義ドイツ労働者党」の略称。1919年にミュンヘンで成立。民族主義・社会政策の諸綱領を掲げ、1921年にヒトラーが党首となる。　　　　　　　**ナチズム** ②
　　　国民(国家)社会主義ドイツ労働者党[こくみん(こっか)しゃかいしゅぎドイツろうどうしゃとう] ④

スターリン　→ p.330
　：**一国社会主義**[いっこくしゃかいしゅぎ]　②スターリンが主張した革命理論。ソ連にとって欧米先進国

の労働者の社会主義革命が不可欠であるという主張に対し、社会主義建設は欧米より経済力の脆弱なソ連一国だけでも可能であるとする理論と実践。
　：**計画経済**[けいかくけいざい]　①商品の生産、流通、販売などについて国家が計画を立てて運営すること。経済・生産活動を個人や企業の自由に任せないやり方。社会主義経済の特徴。ソ連では5年を一区切りとする「五カ年計画」が行われた。

五カ年計画[ごかねんけいかく]　②一国社会主義の方向を決めたソ連が、スターリンの下で行った政策。国家指導の下で生産を管理する計画経済による社会主義経済政策。第1次(1928~32年)、第2次(1933~37年)とがある。

　　　　　　● ● ●

日本製鉄会社[にほんせいてつがいしゃ]　④1934年、製鉄大合同により創立された半官半民の製鉄会社。製鉄能力の90%を占め、鉄鋼の国内自給を達成。戦後、財閥解体の中で富士製鉄と八幡製鉄に分離。のちに1970年に再度合併して新日鉄となる。

新興財閥[しんこうざいばつ]　⑥満洲事変以後、軍部と結びついて国策に協力しつつ、植民地にコンビナートを建設し、軍需・重化学工業を中心に急成長した鮎川義介・野口遵の新しい財閥。これに対し、明治期以来の財閥を既成財閥という。　　　　　**既成財閥**[きせいざいばつ]

日産コンツェルン[にっさんコンツェルン]　⑤鮎川義介・久原房之助[くはらふさのすけ]がおこした久原鉱業を吸収し、日本産業会社を中心に結成。その傘下に、自動車の量産化を図る日産自動車を1933年に設立した。日立製作所は1920年に久原鉱業から分離した電気機械メーカー。1937年に満洲重工業開発会社[まんしゅうじゅうこうぎょうかいしゃ]を設立し、日本と満洲にまたがる重化学工業の独占支配をねらったが、敗戦で崩壊した。
　　　鮎川義介[あいかわよしすけ]　④**日立製作所**[ひたちせいさくしょ]
　　　　　　日本産業会社[にほんさんぎょうがいしゃ]
　　　　　　　　　　　　日産自動車[にっさんじどうしゃ] ⑤

日窒コンツェルン[にっちつコンツェルン]　窒素肥料工業の創設者である野口遵が設立した日本窒素肥料会社が母体。朝鮮の水力発電を開発し、興南工場をつくるなど、朝鮮における化学工業の開発を行う。　　　**野口遵**[のぐちしたがう] ③
　　　日本窒素肥料会社[にほんちっそひりょうがいしゃ] ④
　　　朝鮮窒素肥料会社[ちょうせんちっそひりょうがいしゃ] ①

理研コンツェルン[りけんコンツェルン]　②1917年創設の理化学研究所が母体。大河内正敏[おおこうちまさとし]所長の下に研究成果を工業化するため、1927年に設立した理化学興業から、新興財閥へ発

第15章

展。　　　　　**理化学興業**〔りかがくこうぎょう〕①

森コンツェルン〔もりコンツェルン〕　①　森矗昶〔もりのぶてる〕が昭和肥料会社より出発、森興業を主体に28社のコンツェルンを形成。1939年、硫安などの肥料を合成する昭和電工を設立。
　　　　　森興業〔もりこうぎょう〕①　　**昭和電工**〔しょうわでんこう〕⑤

日曹コンツェルン〔にっそうコンツェルン〕　①　石鹸〔せっけん〕などの原料となるカセイソーダ（水酸化ナトリウム）を合成する日本曹達を中心とする中野友礼〔とものり〕がつくった26社のコンツェルン。九州曹達・日曹鉱業・日曹製鋼・日曹人絹パルプなどが中心。
　　　　　　　　　　　日本曹達〔にほんソーダ〕②

● ● ● ● ●

農村救済請願運動〔のうそんきゅうさいせいがんうんどう〕　①　1932年、斎藤内閣に対し、農村不況を背景に全国的な農村救済請願運動が展開される。長野県〔けん〕らを中心に、農本主義団体・農民組合などが議会陳情を集中的に行った運動。

時局匡救事業〔じきょくきょうきゅうじぎょう〕　②　1932年の第63帝国議会で成立した農村を救済する政策。公共土木事業に農民を就労させ、現金収入を得させることで昭和恐慌で生活が困窮している農民を救済するのが目的。

農山漁村経済更生運動〔のうさんぎょそんけいざいこうせいうんどう〕　③　1932年、斎藤内閣の時に内務省・農林省を中心に推進した。農村の窮乏を農村自身の力で救済するため、自力更生と隣保共助を提唱、産業組合を拡大して農民の結束を図る。
　　　　　　　自力更生運動〔じりきこうせいうんどう〕②

||||| **転向の時代** |||||

超国家主義〔ちょうこっかしゅぎ〕　②　狂信的な国家主義。第一次世界大戦後、日本では天皇中心の日本主義・国体思想がファシズムと結びつき、独特の排外的・狂信的な思想となった。

軍国主義〔ぐんこくしゅぎ〕　⑦　政治・経済・教育などの組織を戦争目的のために整備し、全国民を動員する対外戦争によって国の威力を示そうとする考え方。

国家社会主義〔こっかしゃかいしゅぎ〕　②　大正中期以降におこった考え方。日本の国家と社会とを改造して、天皇を核心とした全体主義によって平等な国民生活の実現をめざすもの。そのためには、日本の海外進出が前提となった。

日本国家社会党〔にほんこっかしゃかいとう〕　①　社会民衆党を脱党した赤松克麿〔かつまろ〕らが、1932年に結成した国家社会主義的政党。資本主義体制の打破と国際的領土の再分割を主張。
　　　　　　　　　　　赤松克麿〔あかまつかつまろ〕①

転向〔てんこう〕　④　満洲事変をきっかけに、共産主義者を弾圧して思想を変えさせて保守主義者・国家主義者に転じさせること。1933年、共産党幹部佐野学・鍋山貞親の国家社会主義への獄中からの転向声明が最初。
　　　　　佐野学〔さのまなぶ〕②　　**鍋山貞親**〔なべやまさだちか〕②
：コミンテルン　→　p.268

社会大衆党〔しゃかいたいしゅうとう〕　③　1932年に社会民衆党と全国労農大衆党（31年、全国大衆党・労農党の合同、書記長麻生久〔あそうひさし〕）が合同して結成。反資本・反共・反ファシズムの三反主義をとった。党首は安部磯雄〔いそお〕。合法無産政党陣営が大合同した政党。大政翼賛会に参加するため、解党。日本社会党の前身。
　　　　　　全国労農大衆党〔ぜんこくろうのうたいしゅうとう〕①

日本無産党〔にほんむさんとう〕　③　1936年、加藤勘十が労農無産協議会を結成し、37年に政党への転換を決定して日本無産党と改称。同年末に結社禁止となる。
：**鈴木茂三郎**〔すずきもさぶろう〕②　1893〜1970　人民戦線事件で検挙の時は、日本無産党書記長。戦後、日本社会党を結成、1951年、中央執行委員長。
：**加藤勘十**〔かとうかんじゅう〕①　1892〜1978　社会主義運動家。労農党・日本無産党結成に参加、のちに人民戦線事件に連座。戦後、社会党議員として活躍した。

滝川事件〔たきがわじけん〕　⑤　1933年、滝川幸辰の『刑法読本』などが、国家を破壊する著作であるとして休職処分となった事件。文部大臣鳩山一郎が京大に滝川処分を迫り、京大法学部教授会は全員辞表を出して闘ったが、敗北。京大事件ともいう。佐々木惣一〔いち〕・末川博ら7教授の辞職で終わった。
　　　　　　　　　『刑法読本』〔けいほうどくほん〕①
：**滝川幸辰**〔たきがわゆきとき〕⑥　1891〜1962　刑法学者。滝川事件で京大教授の職を追われた。戦後、京大に復し、のち総長となる。
：**自由主義的刑法学説**〔じゆうしゅぎてきけいほうがくせつ〕　②　滝川幸辰が1932年10月、中央大学で行った講演「『復活』を通して見たるトルストイの刑法観」の中で「犯罪は社会に対する制裁」の言葉が問題視された。また、『刑法読本』の「刑罰を与えるのは犯人を犯罪から解放するため」「人が人を裁くのはもともと問題がある」も問題視された。
：**鳩山一郎**〔はとやまいちろう〕　→　p.349

||||| **二・二六事件** |||||

岡田啓介〔おかだけいすけ〕　⑥　1868〜1952　海軍大将。海相、1934年7月、斎藤内閣のあとを継ぎ

組閣。二・二六事件で首相官邸を襲撃されたが、奇跡的に助かった。以後、重臣(じゅうしん)(→ p.326)として終戦工作にも動く。

岡田(おかだ)内閣 ⑥ 1934.7〜36.3 斎藤内閣のあと組閣。内閣は弱体。軍縮条約からの脱退、軍の華北進出など、軍部の政治的強大化に押された。二・二六事件後、総辞職。

『国防の本義と其強化の提唱』(こくぼうのほんぎとそのきょうかのていしょう)
① 1934年10月、陸軍省新聞班が配布。陸軍パンフレットともいう。統制経済など国防軍事優先の国防国家を提唱し、これ以後、軍部が公然と政治に介入。

陸軍パンフレット(りくぐんパンフレット) ①

天皇機関説事件(問題)(てんのうきかんせつじけん(もんだい)) ⑦ 1935年、貴族院で菊池武夫が美濃部達吉(みのべたつきち)らの天皇機関説を天皇主権をないがしろにする反国体的学説と非難したことから政治問題化。政府の取締りを要求する国体明徴運動が起こり、美濃部の著書は発禁にされ、貴族院議員を辞任した。 **菊池武夫**(きくちたけお) ①

国体明徴声明(こくたいめいちょうせいめい) ⑤ 天皇機関説を否定し、日本は古代以来、天皇中心の国家で、天皇が主権を持っていることは明白であるという政府の声明。岡田内閣は1935年8月と10月の2回「国体明徴に関する声明」を出した。議会も国体明徴決議案を可決。

北一輝(きたいっき) ⑦ 1883〜1937 中国の辛亥(しんがい)革命に参加。五・四運動下の上海(シャンハイ)で国家社会主義をめざす『日本改造法案大綱』を執筆。昭和維新を叫ぶ右翼・青年将校に大きな影響を与えた。超国家主義的な国家改造を主張。二・二六事件の主謀者として銃殺された。 **昭和維新**(しょうわいしん) ①

: **『日本改造法案大綱』**(にほんかいぞうほうあんたいこう) ① 北一輝の著書。五・四運動下の中国で『国家改造案原理大綱』として執筆したものを、1923年に改称して刊行。天皇大権によって、私有財産を制限し、金融・工業の国家管理を行う国家社会主義的国家改造を提示し、右翼の教典とされた。

皇道派(こうどうは) ⑦ 統制派に対立する陸軍の派閥。陸軍大将の荒木貞夫・教育総監真崎甚三郎らを首領とし、天皇親政の国家革新をとなえる青年将校らの一派。北一輝・西田税ら国家主義者とも交流。

真崎甚三郎(まさきじんざぶろう) ①
西田税(にしだみつぎ) ②

: **荒木貞夫**(あらきさだお) ① 1877〜1966 陸軍大将。国家革新を叫ぶ皇道派青年将校の人気を集めた。犬養・斎藤内閣の陸相、病気のため中途で退任。第1次近衛内閣の文相となり、

教育・文化の軍国主義化を推進。A級戦犯として終身刑、のちに釈放される。

統制派(とうせいは) ⑦ 昭和期における総力戦体制をめざす「高度国防国家」の建設を志向した陸軍の派閥。陸軍省・参謀本部などの幕僚将校を中心に、軍部内の統制強化を主張。反政党・統制経済の方針をとり、親軍部の革新官僚や財界・政界とも接近。陸軍省軍務局長の永田鉄山・東条英機(とうじょうひでき)らが中心で、二・二六事件後、軍の主流となる。

総力戦体制(そうりょくせんたいせい) ⑤
高度国防国家(こうどこくぼうこっか) ③

: **幕僚将校**(ばくりょうしょうこう) ② 参謀本部の中枢で軍全体の用兵・作戦計画に携わる将校。陸軍の中でも陸軍大学校を卒業した特に選ばれた者しかなれないエリート将校。

: **永田鉄山**(ながたてつざん) ② 1884〜1935 陸軍少将で陸軍省軍務局長となる。軍事動員体制の整備に努め、国家総動員体制の基礎をつくりあげる。統制派の中心人物とされ、皇道派の相沢三郎中佐によって陸軍省内の自室で斬殺された。

国家総動員体制(こっかそうどういんたいせい) ①

: **陸軍省軍務局**(りくぐんしょうぐんむきょく) ① 陸軍省にあって、陸軍の編制・戒厳・軍紀・徴兵・憲兵など、ほぼ軍事行政(軍政)の全般を担う中心の部局。

二・二六事件(ににろくじけん) ⑦ 1936年2月26日、陸軍皇道派青年将校を中心とするクーデタ。首相官邸・警視庁・朝日新聞社などを襲撃。斎藤実内大臣・高橋是清蔵相・渡辺錠太郎陸軍教育総監らを殺害。戒厳令が公布され、戒厳司令部が設置される。初めは陸軍の中には蹶起部隊として、その行動を認めようとしたが、のちに天皇の指示で反乱軍と規定されて鎮圧された。事件後、皇道派の将校は満洲などに送られて中央から一掃され、統制派主流の軍部の発言権が増大した。

蹶起部隊(けっきぶたい) ② **反乱軍**(はんらんぐん) ④

: **高橋是清**(たかはしこれきよ) → p.266
: **斎藤実**(さいとうまこと) → p.312
: **渡辺錠太郎**(わたなべじょうたろう) ③ 1874〜1936 陸軍大将。陸軍の軍事教育内容の選定や陸軍諸学校の管理を行う陸軍教育総監に在職中、二・二六事件で暗殺される。

教育総監(きょういくそうかん) ②

: **戒厳令**(かいげんれい) → p.245

広田弘毅(ひろたこうき) ⑦ 1878〜1948 外交官。青年時代は玄洋社(げんようしゃ)に関係。斎藤・岡田内閣の外相、二・二六事件後に首相。第1次近衛内閣外相。戦後、A級戦犯とされ死刑。

広田弘毅内閣 ⑦ 1936.3〜37.2　二・二六事件後に組閣。軍部の干渉で組閣は難航、挙国一致内閣として成立。帝国国防方針の改定に伴い「国策の基準」を決定、準戦時体制をつくりあげた。軍部大臣現役武官制の復活、日独防共協定の締結など、軍国主義国家体制への道を開く。軍と政党の対立から崩壊した。　**帝国国防方針の改定** ②　**軍部大臣現役武官制復活** ⑥

「国策の基準」 ③　首相・陸軍・海軍・外務・大蔵の5相会議で決定。日本の天皇制とは相容れない共産主義国のソ連と戦う北進政策に加え、英米との対立も辞さない南進政策も強化。軍備の大増強と内政改革による総力戦体制をめざした方針。

北進論 ④　日露戦争以来の満洲・シベリア進出をめざすと共に、共産主義国家であるソ連に対して武力を行使し、共産主義の浸透を防ぐ外交政策。

南進論 ③　南洋諸島における日本の利権を確保し、東南アジアに進出して石油などの戦略物資を確保しようとする外交政策。

「広義国防国家」 ①　総力戦を準備するためには軍備増強だけではなく、軍事力を高めるためには国民生活の向上も必要であり、資本主義の修正も必要という陸軍統制派の主張。政策的に一致するところがある無産政党の社会大衆党も支持した。

戦艦「大和」 ②　ワシントン・ロンドンの両海軍軍縮条約の失効後に建造、1941年に竣工した基準排水量6万4000tの日本最大の戦艦。1945年4月7日、沖縄戦へ出撃の途中、九州南西の東シナ海でアメリカ軍機の攻撃を受けて沈没。同型艦の「武蔵」は1944年10月、レイテ島海戦で沈没。　**戦艦「武蔵」** ①

宇垣一成 ③　1868〜1956　1925年に、加藤高明内閣の陸相として軍縮を断行。一方、陸軍の近代化・機械化、軍事教練施行で軍事力の強化を図る。朝鮮総督2回。1937年組閣にあたったが、宇垣と政友会との連携をきらう陸軍が陸軍大臣を推薦しなかったため組閣できなかった。

林銑十郎 ③　1876〜1943　陸軍大将。斎藤・岡田両内閣の陸相。1937年、広田内閣のあと、首相となる。外相を兼任。

林銑十郎内閣 ③　1937.2〜37.6　宇垣一成の組閣失敗のあと、成立。初めて財界から結城豊太郎を蔵相に迎え、財界と軍部の調整を図る結城財政は、「軍財抱合」と呼ばれた。政党を全く排除した内閣は政党との協調ができ

ず、4カ月で倒閣。　**「軍財抱合」** ①

近衛文麿 ⑦ 1891〜1945　五摂家筆頭、公爵。貴族院議長から首相に就任。組閣3回。後藤隆之助を中心とする学者・官僚の昭和研究会の支持を受け、東亜新秩序建設・新体制運動を推進。大政翼賛会を創立。戦後、戦犯指名を受け、自殺した。

近衛内閣（第1次） ⑦ 1937.6〜39.1　軍部をおさえる切札と期待されて組閣。日中戦争勃発に不拡大方針をとったが、軍部強硬派の圧力もあり、戦争を拡大。和平交渉に失敗して「近衛声明」を発表。国家総動員法を制定し、戦時体制を整えた。

3 第二次世界大戦

三国防共協定

スペイン内戦 ②　1936〜39　スペイン人民戦線政府と右翼のフランコ将軍との内戦。独のヒトラー・伊のムッソリーニのファシズム勢力に支援された軍人のフランコが勝利し、独裁政権となる。

：人民戦線 ②　ファシズムを阻止するため、スペインやフランスでつくられた自由主義者から無政府主義者まで幅広く結集した連合戦線。スペインでは1936年の総選挙で人民戦線内閣（人民戦線）が成立したが、フランコ将軍の反乱に敗北。ソ連、各国からの支援者による国際義勇軍が人民戦線を支持して戦ったが、フランコが勝利した。

ドイツの国際連盟脱退 ⑤　1933年に脱退。ヒトラーは、1932年のジュネーヴ会議で軍備平等権が否定されると、10月、連盟脱退を宣言し、翌年、脱退した。

イタリアのエチオピア侵攻 ⑥　1935〜36年にかけて起こしたムッソリーニによる軍事侵攻。イタリアは国境紛争を口実にエチオピアに侵攻し、1936年に併合した。

イタリアの国際連盟脱退 ①　1937年、エチオピアの侵攻と併合への非難に、反発して日本・ドイツに次いで脱退。

枢軸国（枢軸陣営） ④　枢軸（Axis）は、米・英などに対抗する中心勢力という意味。1936年10月、イタリアのエチオピア併合とスペイン内乱を機に独・伊の協定が成り、ベルリン＝ローマ枢軸と称した。「枢軸」の名称はムッソリーニの演説からきている。1937年の日独伊三国共防協定で日本も参加。

ベルリン＝ローマ枢軸 ①

アメリカのソ連の承認 ②1933年、民主党のアメリカ大統領フランクリン＝ローズヴェルトが承認した。

ソ連の国際連盟加入 ②日本とドイツの両国が国際連盟を脱退した翌年の1934年に実現した。しかし、ソ連はフィンランドに軍事侵攻したため、1939年に国際連盟を除名された。

日独防共協定 ⑥1936年11月に調印。コミンテルンの活動に対して、共産主義の拡大を阻止するために共同防衛措置を規定。付属の秘密協定で、ソ連を仮想敵国とした対策を講じた。

日独伊三国防共協定 ⑥1937年11月、日独防共協定を拡大・発展させ、英・仏に対する枢軸体制を強化するために、イタリアをも参加させた防共協定。三国軍事同盟の母体。

日中戦争

華北分離工作 ⑤1933年の塘沽（タンク）停戦協定により、万里の長城から南、北京・天津や東方地区を非武装地帯として国民政府の支配から切り離す政策。

華北五省 ②河北・山東・山西・チャハル・綏遠の5省をいう。日本が華北分離工作を行った国民政府支配下の省。

冀東防共自治政府 ③1935年、北支駐屯軍司令官梅津美治郎と国民政府の何応欽の協定と、内蒙古に関する関東軍の土肥原賢二と秦徳純との協定とを踏まえて、冀東地区（冀は河北省）につくられた殷汝耕を首班の自治政府。

冀東地区 ①

中国共産党 ⑦1921年、陳独秀によって創設された共産主義をめざす政党。中国革命を推進。国民党と合作・離反を繰り返し、日中戦争を通じ抗日統一戦線を維持。戦後、国共内戦を経て国民に勝利し、中国統一に成功し、中華人民共和国を樹立した。

長征 ①1934〜36年。大西遷ともいう。毛沢東の中国共産党軍約30万人が中国国民党軍の包囲から脱出するため、南方の瑞金から陝西省北部の都市である延安に国民党軍と戦いながら、約1万2000kmを大移動。延安到着時には兵力が3万人となっていたが、解放区を確立し、中華人民共和国成立まで革命の拠点であった。

瑞金 ②　**延安** ②

国共内戦 ①中国国民党と中国共産党との内戦。1927年の蔣介石が上海で中国共産党員多数を殺害した四・一二クーデタ以後、内戦は深刻化したが、満洲事変以後の日本の侵略が深まると、内戦停止・抗日の声が高まり、36年の西安事件を契機に停止。日本の敗北後に再開され、中国国民党が敗れ、台湾に逃れた。内戦に勝利した中国共産党が中華人民共和国を樹立した。

抗日救国運動 ②満洲事変以後の日本の侵略に対する中国人の武力抵抗。1935年8月1日、中国共産党が中国全土の組織に国共内戦停止・抗日統一戦線結成を呼びかける「抗日救国宣言」を発表。学生・知識人が結集・合流し、拡大した。

西安事件 ⑦1936年12月、中国共産党討伐の督励に西安に赴いた蔣介石を張学良が監禁し、内戦停止と抗日を要求した事件。延安からきた共産党の周恩来の仲介と蔣の屈服で国共停戦が成り、抗日民族統一戦線が結成された。

抗日民族統一戦線 ⑦

: **張学良**	→ p.309
: **蔣介石**	→ p.308
: **周恩来**	→ p.347

盧溝橋事件 ⑦1937年7月7日、北京郊外の盧溝橋付近で起こった中国北部駐屯日本軍部隊と中国軍との衝突事件。日中戦争の発端となる。

支那駐屯軍 ①日本は北清事変後の北京議定書第9条に基づく日清交換公文によって駐屯権を持ち、駐屯軍をおいた。1936年に1000人程度であったが、約5700人に兵力を増強。1937年、日中戦争勃発で、北支那方面軍と支那駐屯混成旅団に改編。

日中戦争 ⑦1937年7月7日の盧溝橋事件に端を発した日中間の戦争。戦争は中国北部だけの北支事変から、上海陸戦隊の大山勇夫中尉射殺事件を機に上海にも拡大（第2次上海事変）。日本軍は上海・南京・広東・武漢や三鎮（武昌・漢口・漢陽）を占領し、宣戦布告をせず事変という名称のまま全面戦争の支那事変に発展。国民政府は重慶に移り抗戦を続け、1945年の日本の降伏まで継続。

北支事変 ⑥　**支那事変** ⑥
第2次上海事変 ③

: **臨時軍事費特別会計** ①戦争を効率的に遂行するため、戦争の支出を一般歳出から切り離し、戦争が終わるまでを

一つの会計年度として処理するもの。日清、日露、第一次世界大戦とシベリア出兵、日中戦争から太平洋戦争の4回設定。

：中立法ちゅうりつほう ① 交戦国に対する武器・軍需品の輸出禁止などを取り決めたアメリカの法律。戦争に巻き込まれるのを回避するのが目的。日本はアメリカの日本への輸出禁止を嫌って中国へ宣戦布告をしなかった。

第2次国共合作だいにじこっきょうがっさく ⑥ 西安事件を機に進展した、中国国民党と中国共産党の協力体制。日中戦争勃発直後の1937年9月に国共合作を宣言、抗日民族統一戦線を結成。中国共産党の軍隊である紅軍は、国民政府の第八路軍はちろぐんに編成。戦後の国共内戦開始まで共に抗日戦を遂行した。

南京事件ナンキンじけん ⑦ 1937年12月、日本軍が南京占領直後に引き起こした略奪暴行事件。死者は数万人とも約30万人ともいわれる。南京大虐殺ともいう。 **南京大虐**ナンキンだいぎゃくさつ ①

：松井石根まついいわね ① 1878〜1948 大正・昭和期の軍人。1937年に中支那派遣軍司令官となる。敗戦後、南京大虐殺の責任を問われて、戦犯として絞首刑。

重慶政府じゅうけいせいふ ⑥ 重慶は中国四川しせん省東部の大都市。日中戦争中、蔣介石の国民政府の首都となった。1946年、南京へ還都。

近衛声明このえせいめい ① 1938年1月、近衛首相が発表した対中国声明。ドイツの駐華大使トラウトマンの和平工作が難航すると、日本政府は「爾後じご国民政府を対手とせず」の声明（第1次近衛声明）を発表、国民政府との和平の道を閉ざした。その後、11月に第2次近衛声明「東亜新秩序建設」、12月に第3次近衛声明「近衛三原則」と続き、3回行われた。

：「国民政府を対手とせず」声明こくみんせいふをあいてとせずせいめい ⑦ 1938年1月、日本軍の南京占領を契機に出された声明。日本政府の強硬姿勢を示し、交戦相手を無視することで和平解決の道を閉ざした。第1次近衛声明ともいう。

：東亜新秩序声明とうあしんちつじょせいめい ⑤ 1938年11月、近衛内閣が戦争目的を日本・中国・満洲国の3国が連携する「東亜新秩序」の建設にあると示した声明で、第2次近衛声明と呼ばれる。東亜新秩序は東亜共同体論とうあきょうどうたいろんを背景に、のちの「大東亜共栄圏」構想に発展。

：近衛三原則このえさんげんそく ① 1938年12月、近衛内閣が中国和平の基本方針として示した善隣友好・共同防共・経済提携の3項目をいう。この声明は第3次近衛声明とも呼ばれ、汪兆銘の重慶からの脱出に呼応して、日・

満・華の3国による政治的・経済的提携と防共体制を呼びかけたもの。 **善隣友好**ぜんりんゆうこう**・共同防共**きょうどうぼうきょう**・経済提携**けいざいていけい ②

汪兆銘おうちょうめい**（汪精衛**おうせいえい**）** ① 1883〜1944 中国国民党左派の領袖りょうしゅう。行政院長・国民党副総裁。日中戦争で共産勢力の拡大を嫌い、近衛声明に応じて1938年12月に重慶を脱出、40年3月、南京に新政府を樹立。同年11月に正式に主席となる。1944年に名古屋で病死した。

新国民政府しんこくみんせいふ ② 1940年3月、南京に誕生した汪兆銘の政府（南京国民政府、南京政府ともいう）。同年11月、日本は日華基本条約を結んで正式に承認したが、日本の傀儡かいらい政権にすぎず、弱体であった。

援蔣ルートえんしょうルート ⑥ 重慶の蔣介石政権に対して米・英が軍需物資を援助するルートのこと。仏印・雲南うんなん省経由の仏印ルートとビルマルート、香港ルート、新疆しんきょう（西北）ルート、広東カントンルートなどがあった。

戦時統制と生活

臨時資金調整法りんじしきんちょうせいほう ③ 1937年9月に第1次近衛内閣が公布。軍需産業などに優先的に融資する直接統制法。輸出入品等臨時措置法と共に戦時統制の中心に位置する。1948年に廃止。

輸出入品等臨時措置法ゆしゅつにゅうひんとうりんじそちほう ② 1937年9月制定。貿易品を直接に統制する法律。対象は輸出入品のみでなく、それを原料とする製品にまで及んだ。輸出入の制限・禁止だけでなく、配給・使用・消費・生産・価格まで命令事項に入る。国家総動員法の先駆け。

統制経済とうせいけいざい ③ 第2次近衛内閣以来、生産から消費まで総合的な計画経済が確立。衣料から砂糖・マッチに至るまで、配給制・切符制・割当制・通帳制を行い、価格・賃金・生産・労働に強力な統制を実施。

企画院きかくいん ④ 1937年10月、第1次近衛内閣が設置。企画庁と資源局を合併・創設し、戦争遂行のための物資動員を計画。統制経済の中心的な機関。「経済の参謀本部」といわれた。1943年、軍需省に吸収された。 **物資動員計画**ぶっしどういんけいかく ④ **「経済の参謀本部」**けいざいのさんぼうほんぶ ③

：軍需省ぐんじゅしょう ③ 1943年、東条内閣が新設した官庁。それまで産業政策を担当していた商工省を廃止し、軍需工業全般の統合や

生産増強を目的につくられた。

商工省しょうこうしょう ①

電力〔国家〕管理法でんりょく〔こっか〕かんりほう ② 1938年4月、第1次近衛内閣が公布。国策会社の日本発送電会社にほんはっそうでんがいしゃを設立して、各電力会社の経営や電力供給を管理。電気事業が国家の管理下におかれた。1950年に廃止された。

国家総動員法こっかそうどういんほう ⑦ 1938年4月、第1次近衛内閣が公布。戦時に際し、労働力・物資割当などの統制・運用を、議会の審議を経ずに勅令ちょくれいで行うことができるようにした法律。以後、これにより各種統制法令が政府の意のままに勅令で発布された。戦時経済体制の中心的な法律。

：国民徴用令こくみんちょうようれい ⑥ 1939年7月、国家総動員法に基づく勅令で、国民を強制的に徴発、重要産業に就労させた。初めは134業種の就業者・経験者を登録した。のち、業務従事者全体を強権的に拘束するように拡大した。この国民徴用令による軍需産業への強制的な召集は、徴兵の赤紙に対して白紙召集といわれた。 **白紙召集**はくししょうしゅう ①

：価格等統制令かかくとうとうせいれい ⑥ 1939年10月に公布。国家総動員法に基づく勅令。同1939年9月18日に価格をすえおいて、値上げを禁止し、政府が品物の価格を決定する公定価格制を実施した。 **公定価格**こうていかかく ②

闇取引やみとりひき ② 物資不足の中で、公定価格以外で販売したり、売買が禁止・統制されている品物を不正に売買することを闇取引という。公定価格以外の高い値段の闇価格が生じ、正式ルートを経ない闇ルートで物資が取引された。

配給制はいきゅうせい ⑥ 日中戦争・太平洋戦争期、砂糖など不足しがちな物資を、経済的な重要度と生活面での必要度、そして家族の人数や年齢などに応じて配分するためとられた措置。生活必需品の割当を目的とする消費物資の配給には、切符制や通帳制が主要な方法となった。

切符制きっぷせい ⑥ 配給統制の典型的な方法。物資の需要者に点数を決めた切符と交換し、物資を渡す。1938年の綿糸配給統制規則の公布による綿糸の割当票制度が、事実上最初の切符制。のち衣料では全体として点数化した切符制となる。生活必需品については1940年6月のマッチ・砂糖から始まる。その後、すべての日用品へ拡大された。 **衣料切符制**いりょうきっぷせい ①

通帳制つうちょうせい ① 一家に配給された物資などの数量が通帳に記入され、一定限度を超える

と配給されないようにする制度。食糧管理法による米穀通帳制がその代表例。

供出制きょうしゅつせい ⑤ 米などの食糧農作物を、政府が農家から強制的に買い上げる制度。

七・七禁令しちしちきんれい ② 1940年7月6日に公布された奢侈品しゃしひん等製造販売制限規則のこと。7月7日に施行されたので七・七禁令とも呼ばれる。金糸きんしや銀糸ぎんしを入れた西陣織などの高級衣料、装飾品などのぜいたく品の製造・販売が禁止され、国民生活の戦時色が強められた。

● ● ●

銃後じゅうご ③ 戦場に対して、内地の国民を呼んだ言葉。直接戦闘に加わらない一般国民に戦争への全面的協力を求めた言葉。

：慰問袋いもんぶくろ ① 戦地にいる兵隊を激励するためにつくり、送られた袋。学校や町内会・婦人会がつくった。袋の中には激励の手紙のほか、戦地で不足する石けん・歯ブラシ・手ぬぐいなどが入れられた。

召集令状しょうしゅうれいじょう ③ 国が国民を兵士として呼び集めることを伝える命令書。郵便で配達された。戦前の旧日本軍では赤色の紙を使用したので、「赤紙」と呼ばれた。
 赤紙あかがみ ③

：千人針せんにんばり ② 千人の女性が、白の木綿の布に赤糸で一針ずつ縫って結び玉をつくった。出征兵士が腹に巻けば弾丸をよけられると信じられ、兵士の無事を祈って贈られた。

国民精神総動員運動こくみんせいしんそうどういんうんどう ⑦ 1937年、日中戦争勃発後、近衛内閣が戦争遂行のために、挙国一致・尽忠報国・堅忍持久をスローガンに国民の勤労と日本精神の高揚を図った政府主導の運動。

：挙国一致きょこくいっち・**尽忠報国**じんちゅうほうこく・**堅忍持久**けんにんじきゅう ④ 泥沼化する日中戦争に対して、全国民が一致して天皇に忠誠を尽くし、国のために働き、戦争に勝利するまでしっかりと困難に耐えしのぶことを求めるスローガン。

：興亜奉公日こうあほうこうび ① 1939年9月実施。毎月1日を戦意高揚の日とした。この日はぜいたくをなくし、燃料などを節約するために食堂や風呂屋は休業した。太平洋戦争突入後の1942年1月から、毎月8日を宣戦の詔書を受けた大詔奉戴日たいしょうほうたいびに改めた。

：紀元二千六百年記念式典きげんにせんろっぴゃくねんきねんしきてん ② 1940年は神武天皇即位から2600年目にあたるとして、11月10日に皇居前で挙行された式典。全国各地でも式典が行われた。

産業報国連盟（さんぎょうほうこくれんめい） ① 1938年、労働組合を弱体化させると共に、戦時体制へ労働者を動員するために、官僚・資本家・労働組合幹部らによってつくられた団体。

産業報国会（さんぎょうほうこくかい） ⑦ 1938年に結成。産業報国連盟の指導の下に工場・職場に日中戦争遂行に協力する職場団体を結成。商業や農業の報国会もできた。労働組合はこれに吸収され、1940年、大日本産業報国会に結集した。　**農業報国会**（のうぎょうほうこくかい）① **商業報国会**（しょうぎょうほうこくかい）①

大日本産業報国会（だいにほんさんぎょうほうこくかい） ⑦ 1940年、新体制運動で労働組合・労働団体は解散し、工場ごとに産業報国会が結成された。その全国的な連合体。総裁は厚生大臣。最大の労働組合組織の全日本労働総同盟（1936年結成）もこの過程で解散。

● ● ●

内閣情報局（ないかくじょうほうきょく） ③ 1940年12月に内閣情報部を拡大して設置。検閲・報道統制など思想統制の中心機関となる。

言論・出版・集会・結社等臨時取締法（げんろん・しゅっぱん・しゅうかい・けっしゃとうりんじとりしまりほう） ① 1941年12月に公布。言論報道機関の全面的な戦争協力体制をつくるための法。

『国体の本義』（こくたいのほんぎ） ⑤ 1937年5月、文部省が発行。「記紀」をもとにして国体の尊厳・君臣の大義を説き、日本は天皇中心の家族国家で、運命共同体だと訴えた。戦時下の国民思想教化の根本テキスト。

『臣民の道』（しんみんのみち） ① 1941年7月、文部省教学局が刊行。これまでの古典・勅語などから忠君を説いた箇所を引用し、日本国民が天皇の臣下として実践する道を説く。

矢内原忠雄（やないはらただお） ⑤ 1893〜1961　東大教授、植民地政策担当。『帝国主義下の台湾』などで日本の大陸政策を批判し、軍部ににらまれたが、1937年12月、論説「国家の理想」が反戦思想として右翼から攻撃され、教授を自発的に退職した（矢内原事件）。戦後、復帰して東大総長。　**矢内原事件**（やないはらじけん）②

河合栄治郎（かわいえいじろう） ① 1891〜1944　自由主義経済学者。東大教授。1938年、『社会政策原理』『ファシズム批判』『時局と自由主義』などの4著書が発禁処分。翌年、休職処分となり、起訴される。大審院で有罪が確定。

人民戦線事件（じんみんせんせんじけん） ⑥ 1937〜38年の左翼弾圧事件。1937年、反ファシズム人民戦線を企図したとして、加藤勘十（かとうかんじゅう）・山川均（やまかわひとし）・鈴木茂三郎（すずきもさぶろう）らが検挙され（第1次）、翌38年、労農派の大内兵衛・有沢広巳（ありさわひろみ）・

美濃部亮吉らが治安維持法で検挙（第2次）。

第1次人民戦線事件（だいいちじじんみんせんせんじけん）②
第2次人民戦線事件（だいにじじんみんせんせんじけん）②

：大内兵衛（おおうちひょうえ） ⑤ 1888〜1980　1920年の森戸事件で東大助教授を休職。労農派の指導的理論家として資本主義論争に活躍。1938年に人民戦線事件で検挙、東大教授を休職。戦後、東大に復帰、のち法政大総長。

：美濃部亮吉（みのべりょうきち） ② 1904〜84　経済学者。美濃部達吉の長男。労農派に属し、人民戦線事件に連座。戦後、東京教育大学教授。東京都知事（革新知事）を経て、参議院議員となる。

横浜事件（よこはまじけん） ① 1942年9月、細川嘉六（かろく）の論文「世界史の動向と日本」（『改造』所載）の取調べに始まる横浜の神奈川県警特高課を中心とした言論の弾圧事件。厳しい取調べで出版関係者に多くの犠牲者を出し、『中央公論』『改造』を廃刊に追い込んだ。戦後の再審で無実が明らかとなった。

戦時下の文化

転向文学（てんこうぶんがく） ② プロレタリア文学作家が、自身の転向による心理変化や生活変化を作品として書いた文学作品。

プロレタリア文学（ぶんがく） → p.302

中野重治（なかのしげはる） ① 1902〜79　全日本無産者芸術連盟結成に尽力し、『戦旗』編集にあたる。プロレタリア文学の作家・評論家として活動。昭和初期に転向。戦後は新日本文学会を結成。参議院議員にもなる。1928年『戦旗』に掲載の『春さきの風』は、散文詩的小説。

：『村の家』（むらのいえ） ① 1935年に書かれた小説。1934年に出獄・帰郷した中野重治が「転向」を正面から扱い、転向者の苦悩を描いた。

島木健作（しまきけんさく） ③ 1903〜45　転向に伴う苦悩を出発点として、新しい生き方を探り求めた作家。代表作に『生活の探求』がある。　**『生活の探求』**（せいかつのたんきゅう）①

亀井勝一郎（かめいかついちろう） ① 1907〜66　文芸評論家。左翼から転向し、保田与重郎と文芸雑誌『日本浪曼派』を刊行。仏教美術・思想に傾倒し、日本的伝統への回帰や憧憬を説いた。結果的にはファシズムに同調。

保田与重郎（やすだよじゅうろう） ① 1910〜81　文芸評論家。1935年『日本浪曼派』を刊行。ドイツ浪漫派・日本古典に関心が深く、ロマンチシズムから日本主義・民族主義に傾き、日本ファシズムに同調した。　**『日本浪曼派』**（にほんろうまんは）④

新感覚派_{しんかんかくは} → p.302

：横光利一_{よこみつりいち} → p.302

：川端康成_{かわばたやすなり} → p.302

島崎藤村_{しまざきとうそん} → p.287

：『夜明け前_{よあけまえ}』 → p.288

谷崎潤一郎_{たにざきじゅんいちろう} → p.301

：『細雪_{ささめゆき}』 → p.301

戦争文学_{せんそうぶんがく} ④ 近代や現代の戦争を描いた文学のこと。日本の戦争文学は国策文学として強制され、文学はもっぱら戦争完遂のための手段とされた。石川達三の『生きてゐる兵隊』のように、日本軍の実態をリアルに描くと弾圧された。

：**火野葦平**_{ひのあしへい} ⑤ 1907～60 小説家。中国大陸へ出征中に『糞尿譚』_{ふんにょうたん}(1937年)で芥川賞を受賞。翌1938年の華北平原の要衝である徐州を南北から進軍して占領をめざす徐州作戦を描いた『麦と兵隊』は戦争記録文学のベストセラーとなる。

『**麦と兵隊**』_{むぎとへいたい} ④

『**土と兵隊**』_{つちとへいたい} ②

徐州作戦_{じょしゅうさくせん} ①

：**石川達三**_{いしかわたつぞう} ② 1905～85 小説家。ブラジル移民を描いた『蒼氓』_{そうぼう}で第1回芥川賞を受賞(1935年)。『生きてゐる兵隊』(1938年)は、日本軍の残虐行為の描写で発禁となった。社会性と市民的倫理観に立つ作風。

『**生きてゐる兵隊**』_{いきているへいたい} ①

芥川賞_{あくたがわしょう} ① 1935年、文藝春秋社の菊池寛_{きくちかん}が芥川龍之介_{あくたがわりゅうのすけ}を記念して創設した文学賞。優れた純文学作品を発表した新人作家へ贈られる。

宮柊二_{みやしゅうじ} ① 1912～86 初め北原白秋_{きたはらはくしゅう}に師事したが、白秋の死後折口信夫_{おりぐちしのぶ}に認められる。暗い孤独な歌風で戦争をうたった歌人。

皇国史観_{こうこくしかん} ② 天皇の絶対化を試みる歴史観。国粋・排外主義になり、軍部・右翼の思想的背景にもなった。

日本文学報国会_{にほんぶんがくほうこくかい} ④ 1942年に設置。会長徳富蘇峰_{とくとみそほう}。政府の外郭団体として、情報局の監督下におかれた。小説家などを戦争協力に動員する官製機関。軍部の報道班員として、多くの小説家が従軍文士やペン部隊の名で戦地へ赴き、戦争を美化する小説や従軍記を書くために動員された。

ペン部隊_{ぶたい} ①

『**のらくろ**』 ① 1931年から『少年倶楽部』_{しょうねんくらぶ}に連載された田河水泡_{たがわすいほう}の人気漫画。のら犬の黒(本名は黒吉)が軍隊に入っていろいろな失敗をしつつ、明るくがんばる話が人

気を獲得した。

黄金バット_{おうごんバット} ① 昭和戦前期の紙芝居のヒーロー。金色の骸骨の姿でコウモリのような黒いマントをはおる。ラスボスの黒バットを倒す正義のヒーロー。戦後になって数多くアニメ化された。

オリンピックベルリン大会_{たいかい} ① 1936年にドイツのベルリンで開かれた第11回オリンピック大会。オリンピックがナチス・ヒトラーの国威宣揚に利用された。女子水泳の前畑秀子が、200m平泳ぎで日本女子選手として初の金メダルを獲得。

前畑秀子_{まえはたひでこ} ①

オリンピック東京大会_{とうきょうたいかい}《戦前》 ① 1936年8月にベルリンで開かれた国際オリンピック委員会総会で1940年の第12回オリンピック大会が東京で開かれることが決定。しかし、日中戦争が泥沼化する中で日本は1938年7月、東京でのオリンピック開催を返上した。

プロ野球_{やきゅう} ① 1934年12月来日したアメリカ大リーグ選抜軍と対戦した全日本チームを中心に大日本東京野球倶楽部(現在の読売ジャイアンツ)が日本初のプロ野球の球団として結成。1936年、結成された7球団により日本職業野球連盟が創立され、日本のプロ野球が始まった。

沢村栄治_{さわむらえいじ} ① 1917～44 戦前のプロ野球の投手。63勝22敗、防御率1.74、ノーヒットノーラン3回、完封試合20回。1934年11月、17歳の時、来日していたアメリカ大リーグ選抜軍と静岡県の草薙_{くさなぎ}球場で対戦し、ゲーリックにホームランを打たれ、ベーブ=ルースを三振に打ち取った。3回目の出征で輸送船が撃沈されて戦死。現在、その年の最高の先発完投型投手に送られる「沢村賞」に名を残す。

スタルヒン ① 1916～57 ロシアのウラル山脈の東で生まれ、ロシア革命に巻き込まれて流浪し、北海道の旭川_{あさひかわ}にたどりつく。そこで野球に出会い、身長190cmから投げ下ろす剛速投手となり、プロ野球の東京巨人軍に入団。1936年～55年まで選手生活。生涯303勝。1939年の年間42勝は日本のプロ野球タイ記録。

第二次世界大戦の勃発

平沼騏一郎_{ひらぬまきいちろう} ⑤ 1867～1952 検事総長・枢密院議長などを歴任。1924年、国家主義団体の国本社_{こくほんしゃ}を組織し、総裁。敗

戦後、A級戦犯で終身禁錮刑中に病死。

平沼騏一郎内閣 ⑤ 1939.1〜39.8　第1次近衛内閣のあと組閣。日独軍事同盟の締結交渉中であると共に、ノモンハンで日本がソ連と死闘している最中に、ドイツがソ連と手を組むような独ソ不可侵条約の締結にあい、国際情勢を見通せず、「欧州情勢は複雑怪奇」と声明して総辞職。
　　　　「欧州情勢は複雑怪奇」 ③

張鼓峰事件 ③ 1938年7月、朝鮮半島の北のソ満国境東部の張鼓峰で、ソ連軍と日本軍とが武力衝突。ソ連軍の猛反撃の前に日本軍は敗北、8月停戦協定を結ぶ。

ノモンハン事件 ⑥ 1939年5月、満洲西北部満蒙の国境をめぐって、ハルハ河とその周辺の草原で起こった武力紛争。日本軍はモンゴル人民共和国軍とソ連軍戦車部隊により、死傷者約2万人の壊滅的な打撃を受け、9月に停戦協定。モンゴルではハルハ河戦争という。ソ連崩壊後の情報公開で、ソ連軍も日本軍と同じくらいかそれを超える死傷者を出していたことがわかった。
　　　　モンゴル人民共和国 ⑤

独ソ不可侵条約 ⑥ 1939年8月、ドイツは対英・仏戦とソ連との戦いの二正面作戦の不利を避け、ソ連は将来の対ドイツ戦争を見すえて軍備増強の時間を稼ぐため、突如、独ソが不可侵条約を締結した。秘密条項でドイツとソ連はポーランドの分割を約束した。

ドイツのオーストリア併合 ② 1938年、ゲルマン民族（ドイツ民族）の統一を掲げてヒトラーが行った併合。ヒトラーがオーストリアの完全従属を求めて侵攻し、1938年3月、オーストリアの親ナチス政権が併合を認めた。

チェコスロバキア侵略 ① 1939年、ヒトラーのナチス＝ドイツは西半分のチェコを保護領とし、東半分のスロバキアを保護国とした。

ポーランド侵攻《ドイツ》 ⑦ 1939年9月1日、電撃作戦で侵攻。東方からもソ連がポーランドへ侵攻したため、短期間でポーランド軍はドイツ軍に制圧された。

ポーランド侵攻《ソ連》 ① 1939年9月17日、ソ連系諸民族の保護を名目に、ドイツのポーランド侵攻に呼応して侵攻。ソ連とドイツはポーランドを分割する独ソ不可侵条約の秘密条項を結んでいた。

バルト3国併合《ソ連》 ① 1939年9〜10月、軍事的な圧力を背景にして、エストニ

ア・ラトヴィア・リトアニアと個別に相互援助条約を結び、翌40年8月に併合した。

第二次世界大戦 ⑦ 1939年9月、ドイツのポーランド侵入と、これに対する英・仏の対独宣戦布告により勃発。1941年12月、日本の対米・英戦の開始により世界大戦に発展。1943年9月にイタリア、45年5月にドイツ、45年8月に日本が降伏して終わる。

：フランスの降伏 ② 1940年6月14日、全土がドイツに占領され、首相となったペタン元帥がドイツに降伏した。これにより、日本軍はフランス植民地であった北部ベトナム（北部仏印）・南部ベトナム（南部仏印）に進駐することができた。

阿部信行 ③ 1875〜1953　陸軍大将。予備役後に組閣。敗戦時は朝鮮総督。

阿部内閣 ③ 1939.8〜40.1　平沼内閣のあとを受けて組閣。その直後に第二次世界大戦が勃発。大戦不介入方針をとり、日中戦争の解決に努めたが、不調で総辞職した。

米内光政 ⑤ 1880〜1948　海軍大将。連合艦隊司令長官。林・近衛・平沼・鈴木内閣の海相。1940年に首相。穏健な平和主義者。鈴木内閣において終戦に努力する。

米内内閣 ⑤ 1940.1〜40.7　阿部内閣のあとを受けて、1940年1月、親英米派の米内光政が組閣。同1940年6月、フランスがドイツに降伏すると、独・伊への接近をねらう陸軍は近衛文麿の新体制に期待し、米内内閣を総辞職に追い込んだ。

：斎藤隆夫 ② 1870〜1949　立憲民政党議員。気骨ある自由主義者として1936年の二・二六事件後には軍部批判の粛軍演説を、40年の議会では日中戦争を批判するいわゆる反軍演説を行い、軍部と対立。議員を除名される。　　**反軍演説** ②

親英米派 ② ドイツと接近することは、イギリス・アメリカとの戦争になると考え、イギリス・アメリカと協調することで日中戦争を終らせようとする政治家たちをいう。幣原喜重郎・吉田茂・芦田均など外交官が多い。

円ブロック ② 日本「円」による日本・満洲国・中国地域の経済を支配する構想。「大東亜共栄圏」構想に拡大したが、経済的な支配の確立に失敗。

日米通商航海条約廃棄通告 ⑤ 1939年、アメリカは日本の中国侵略に抗議して条約廃棄を通告、翌40年に失効。以後、戦略物資の禁輸・資産凍結など、日

本に対する経済圧迫を強めた。

大東亜共栄圏（だいとうあきょうえいけん）　→ p.327

戦略物資（せんりゃくぶっし）② 戦争を行うために必要な資源・原料をいう。石油、ゴム、アルミニウムの原料のボーキサイト、各種金属に必要となる錫、火薬の原料となる燐酸（りんさん）など。

新体制と三国同盟

新体制運動（しんたいせいうんどう）⑥ 1940年、近衛文麿が中心となり、ナチ党やファシスト党を模して、一国一党の国民組織を結成しようとした運動。大政翼賛会・産業報国会を結成し、全国民を戦争協力の総力戦体制に導く。

近衛内閣（このえないかく）**（第2次）**⑦ 1940.7～41.7　米内内閣のあとを受けて組閣。ただちに「基本国策要綱」を決定して、新体制運動を促進。国内では政党を解散、大政翼賛会を組織。日独伊三国同盟・日ソ中立条約を締結。松岡洋右外相を排除するため総辞職した。

　　：「基本国策要綱」（きほんこっさく）① 第2次近衛内閣成立直後の1940年7月26日に、閣議決定された基本方針。日本を中心とする「大東亜新秩序建設」を国是（こくぜ）とし、国防国家の完成をめざすことがうたわれた。

南進政策（なんしんせいさく）⑤ 仏印・蘭印の石油・ゴム・ボーキサイトなどの戦略物資の確保をめざす南方進出策。仏印進駐・日ソ中立条約締結で南方進出が決定的となる。

　　：仏印（ふついん）⑦ 当時、インドシナ半島がフランスの植民地であったところから、フランス領インドシナを仏印と略称。

　　：蘭印（らんいん）⑦ 今のインドネシアがオランダの植民地であったことから、オランダ領インドネシアの略称として蘭印という。

北部仏印進駐（ほくぶふついんしんちゅう）⑦ 1940年9月、援蒋ルートの遮断と南進を目的に北部仏領インドシナ半島（今のベトナム北部）のハノイへ日本軍が進出。日仏協定でフランスのヴィシー政権に了承させた。

日独伊三国同盟（にちどくいさんごくどうめい）⑦ 1940年9月に調印。3国のヨーロッパ・アジアにおける指導的地位を確認し、第3国からの攻撃に対しては相互援助を協定した軍事同盟。これにより日・米の対立が決定的となり、太平洋戦争に至る。アメリカは調印に対抗して、航空用ガソリン・くず鉄・鉄鋼の対日輸出を禁止する経済制裁措置をとった。

● ● ●

大政翼賛会（たいせいよくさんかい）⑦ 1940年の第2次近衛内閣の時、新体制運動の推進をめざし、その

指導的組織として成立。近衛首相が総裁。立憲政友会・立憲民政党の二大政党のほか、無産政党も同調して解党し、翼賛議員同盟を結成。下部組織として各種国民組織をおいた。上意下達の国民総動員体制ができる。

　　翼賛議員同盟（よくさんぎいんどうめい）②

　　：公事結社（くじけっしゃ）① 大政翼賛会は治安警察法の規定による政治結社とはならず、一般的な団体である公事結社となった。一国一党で独裁的なナチ党をめざした大政翼賛会は、大日本帝国憲法の天皇主権を犯すと考えられた。

　　　　一国一党（いっこくいっとう）①

　　：隣組（となりぐみ）⑤ 1940年、政府の通達に基づいてつくられた大政翼賛会の最末端の協力組織。隣保班ともいう。隣組の上に村では部落会、都市では町内会をおく。常会を開き、回覧板をまわして、各戸を戦争協力に動員した。

　　　　隣保班（りんぽはん）②　**部落会**（ぶらくかい）④

　　　　町内会（ちょうないかい）⑥　**常会**（じょうかい）②

　　　　　　　　　　　　　回覧板（かいらんばん）②

大日本婦人会（だいにほんふじんかい）④ 1942年、大日本国防婦人会・愛国婦人会・大日本連合婦人会の3団体を統合。20歳以上の女性を強制加入させ、貯蓄増強・廃品回収・防空訓練に動員した。　　**大日本国防婦人会**（だいにほんこくぼうふじんかい）③

　　：かっぽう着（かっぽうぎ）① 国防婦人会のシンボル。割烹着（かっぽうぎ）は和服の女性が料理するときに着る台所着。

大日本翼賛壮年団（だいにほんよくさんそうねんだん）② 1942年1月の創立。1941年1月に創立の大日本壮年団を翼賛会の傘下に組織化。翼賛運動の実践部隊となり、団員は約130万人に達した。1945年、国民義勇隊の結成で解消。

大日本青少年団（だいにほんせいしょうねんだん）③ 1925年に結成された大日本連合青年団を中心に、女子青年団・少年団などの青少年団体を併合し、41年、大日本青少年団に改組した。

● ● ●

国民学校（こくみんがっこう）⑦ 1941年4月に小学校を改称。ナチズムの教育制度を模倣したもので、「皇国の道」に基づいて戦時体制を支える「少国民」の育成をめざし、身心を鍛えることを重要視する錬成教育を行った。義務教育を8年制に延長（実施されず）。教科も国民科・理数科・体練科・芸能科に変更。戦後の1947年4月に再び小学校に戻る。

　　「少国民」（しょうこくみん）①　**錬成教育**（れんせいきょういく）①

皇民化政策（こうみんかせいさく）⑦ 植民地統治下の台湾人や朝鮮人に対する同化政策。朝鮮では皇国臣民化・内地との一体化（内鮮一体）がねらい。朝鮮神宮（天照大神・明治天皇）などへ

の神社参拝、宮城遥拝、日本語常用の強制、創氏改名などを強要した。1937〜39年に実施された。
内鮮一体ないせんいったい ②
神社の強制参拝じんじゃのきょうせいさんぱい ⑤
朝鮮神宮ちょうせんじんぐう ③　**宮城遥拝**きゅうじょうようはい ①
日本語教育の徹底にほんごきょういくのてってい ⑦
：**創氏改名**そうしかいめい ⑥ 朝鮮人固有の姓を日本式氏名に変えさせること。1940年2月から実施。法制上は任意の届出制だが、実際は強制した。台湾における創氏改名は改姓名という。
改姓名かいせいめい ②
：**皇国臣民の誓詞**こうこくしんみんのせいし ① 1937年制定。朝鮮人に天皇の臣民としての意識を植えつけるために強制的に暗唱させた文章。児童用を「皇国臣民ノ誓ヒ」こうこくしんみんのちかいという。

太平洋戦争の始まり

日米交渉にちべいこうしょう ⑦ 1941年4〜11月、太平洋戦争開戦直前の日米戦争の回避をめざした外交交渉。駐米大使野村吉三郎と米国務長官ハルとの間で協議。ハル＝ノート（→ p.326）の提示で決裂し、12月8日開戦となった。
：**野村吉三郎**のむらきちさぶろう ⑥ 1877〜1964　海軍大将、外相を歴任。駐米武官時代、海軍次官のローズヴェルトとの親交から、1940年に駐米大使となり、日米交渉にあたる。
：**来栖三郎**くるすさぶろう ① 1886〜1954　外交官。駐独大使時代に三国同盟に調印。1941年に帰国し、日米交渉の行詰まりにあたり、野村大使応援のため、米国に派遣された。
：**ハル**　C. Hull　1871〜1955　アメリカ国務長官。日米開戦直前まで、野村吉三郎大使と日米交渉にあたった。
日ソ中立条約にっソちゅうりつじょうやく ⑦ 1941年4月、松岡外相、ソ連のモロトフ外相で調印。中立友好と領土保全・不可侵を約す。有効期間5年。ソ連は独ソ戦勃発に備え、日本は北守南進策の遂行に利用した。ソ連は1945年4月に条約不延長を通告、これを破棄して8月8日に対日宣戦した。
：**四国協商論**しこくきょうしょうろん ① 松岡洋右の対英米戦略構想。日・独・伊の三国同盟にソ連を加えた四国協商によって英米に対抗しようとする構想。独ソ戦勃発により破綻。
独ソ戦争どくソせんそう ④ 1941年6月、ドイツが独ソ不可侵条約を破って、ソ連への全面的な奇襲攻撃で開戦。松岡洋右の四国協商構想も崩壊した。ソ連の祖国防衛戦争を英・米が支援。12月、モスクワ攻略失敗で停滞。

北進論ほくしんろん　→ p.317
：**関東軍特種演習**かんとうぐんとくしゅえんしゅう（関特演かんとくえん）
⑥ 1941年7月、対ソ戦に備え満州に70万人の兵力を送った軍事行動。同1941年6月の独ソ開戦に刺激された軍が、対ソ武力行使を計画し大動員したが、中止された。
近衛この内閣（第3次） ⑤ 1941.7〜41.10　第2次内閣を引き続き踏襲。日米交渉を継続する立場からそれに反対する松岡洋右外相をはずして組閣。「帝国国策遂行要領」を決定。日米交渉に失敗して行き詰まる。対米強硬を主張する東条陸相と対立、総辞職。
：**「帝国国策要綱」**ていこくこくさくようこう ① 1941年7月2日の御前会議で決定された外交方針。正式には「情勢の推移に伴ふ帝国国策要綱」という。独ソ戦開始に伴う対ソ戦準備と、南部仏印進駐の方針を決定。まだ北進・南進の両論を併記。
：**「帝国国策遂行要領」**ていこくこくさくすいこうようりょう ③ 第3次近衛内閣が9月に決定した方針。英米に対する戦争準備を10月下旬を目途に完成すること、日本の要求貫徹の見込みがない時は開戦することを決定。
南部仏印進駐なんぶふついんしんちゅう ⑦ 1941年7月、石油・ゴム・燐酸塩・アルミ資源など、戦略物資の開発・調達のために、南部仏印（今のベトナム南部）に進駐。態度を硬化したアメリカは在米日本人の資産を凍結、石油の対日輸出禁止などの措置をとり、イギリスは日英通商航海条約の廃棄を通告した。
ＡＢＣＤライン（ＡＢＣＤ包囲陣）ほういじん ⑥ 日本の南進政策に対し、米・英・中・蘭の4カ国がとった対日包囲網。America, Britain, China, Dutch の頭文字で、1941年2月、ワシントンで太平洋防衛を協議した。
御前会議ごぜんかいぎ《開戦》 ⑥ 明治憲法では政府と軍部は別々に天皇に属していたため、軍事行動を伴う政策は天皇臨席の下に両者の連絡会議で決定する必要があった。特に、大本営政府連絡会議や最高戦争指導会議に天皇が臨席する時は御前会議という。
：**大本営政府連絡会議**だいほんえいせいふれんらくかいぎ ② 日中戦争開始後、戦争指導を一元化するために設けられた大本営と政府間の会議。近衛文麿首相の要請で、1937年11月から始められた。特に重要な場合は、天皇臨席の御前会議となる。
：**最高戦争指導会議**さいこうせんそうしどうかいぎ ① 太平洋戦末期の1944年8月に大本営政府連絡会議に代わって設置された戦争指導機関。小磯国昭内閣は首相が強力に戦争に関与できる

ように要求して設置した。首相・外相・陸相・海相・参謀総長・軍令部総長で構成。ポツダム宣言の受諾を決定した。

教科書に出てくる御前会議

年 月 日	決定事項
1941.7.2	「帝国国策要綱」決定 対ソ戦準備・南部仏印進駐 南北併進
9.6	「帝国国策遂行要領」決定 オランダ戦の準備完成
11.5	日米交渉打切り、12月初頭の開戦
12.1	12月8日の開戦を決定
1943.9.30	防衛ラインを絶対国防圏まで後退させることを決定
1945.8.9	ポツダム宣言の受諾を決定
8.14	ポツダム宣言受諾と終戦の最終決定

重臣じゅうしん ② 昭和天皇の側近などの政治勢力で、法制上の規定はない。最後の元老・西園寺公望が亡くなると天皇の下命を受けた内大臣・元首相らが重臣会議を開き、首相の選考にあたる。 **重臣会議**じゅうしんかいぎ②

木戸幸一きどこういち ① 1889〜1977 昭和前期の重臣、侯爵。木戸孝允ただよしの孫。近衛(第1次)・平沼内閣の閣僚を歴任。1940年以来、内大臣として首相の選任や内外政策に関与した。戦後、A級戦犯、終身禁錮刑。1955年に仮釈放。

東条英機とうじょうひでき ⑦ 1884〜1948 陸軍大将。関東軍参謀長、第2次・第3次近衛内閣の陸相を歴任。1941年10月に首相、太平洋戦争開始の直接の責任者として参謀総長を兼務。戦後、A級戦犯として絞首刑。

東条とうじょう**内閣** ⑦ 1941.10〜44.7 第3次近衛内閣の総辞職後に組閣。太平洋戦争に突入。翼賛選挙を実施、東条英機は首相・陸相・参謀総長を兼任して独裁体制を固める。サイパン陥落の責任により総辞職。

ハル＝ノート ⑦ 1941年11月26日、東条英機内閣に対して提出したアメリカ国務長官ハルの示した米国側の最終提案。日本が絶対に受け入れないであろう中国・仏印からの撤兵、汪兆銘政権の否認、三国同盟の廃棄、中国を満州事変以前の状態に戻すことを要求し、日本に日米開戦を決心させたアメリカの最後通牒。

太平洋戦争たいへいようせんそう ⑦ 1941年12月8日、日本海軍のハワイ攻撃と陸軍のマレー半島、タイのシンゴラ上陸により開始。1942年2月までに香港・マニラ・シンガポールを占領。1942年後半から戦局不利、45年8月のポツ

ダム宣言受諾で戦争終結。日本では大東亜戦争と称した。また、アジア諸民族への侵略と対英米戦争の二面性を持つとし、アジア・太平洋戦争の呼称も提唱されている。

大東亜戦争だいとうあせんそう ⑤
アジア・太平洋戦争あじあたいへいようせんそう ⑤

「宣戦の詔書」せんせんのしょうしょ ① 1941年12月8日に出された天皇の英米に対する宣戦布告。開戦の理由は中国の蒋介石政権を米英が支援し、対日経済制裁のために日本の生存がおびやかされたことによると述べられている。

真珠湾攻撃しんじゅわんこうげき ⑦ 1941年12月8日、連合艦隊司令長官山本五十六やまもといそろくの作戦構想の下に、日本海軍の機動部隊が航空機を主力にアメリカへ奇襲攻撃を敢行。ハワイの真珠湾を根拠地とするアメリカ太平洋艦隊の主力を壊滅。以後、緒戦を有利に導く。

アメリカ太平洋艦隊あめりかたいへいようかんたい①

マレー半島上陸まれーはんとうじょうりく ⑦ 1941年12月8日、日本軍が半島北部の英領コタバルに奇襲上陸。12月10日、マレー沖でイギリス東洋艦隊の戦艦2隻を撃沈。自転車を使用した銀輪部隊などで急速に南下して、翌42年2月、シンガポール(日本は昭南しょうなんと改称)を占領。

イギリス東洋艦隊いぎりすとうようかんたい①

戦局の展開

連合国れんごうこく ⑦ 第二次世界大戦で、日本・ドイツ・イタリアの枢軸国に対して、反ファシズムで連合して戦ったアメリカ・イギリス・フランス・ソ連・中国などの国々をいう。

枢軸国すうじくこく**(枢軸陣営**すうじくじんえい**)** → p.317

翼賛選挙よくさんせんきょ ⑥ 東条内閣の下で1942年4月、第21回衆議院議員総選挙が実施され、翼賛政治体制協議会推薦者381人、非推薦者85人が当選し、東条内閣を支持する翼賛議員一色となり、翼賛議会化した。

推薦候補すいせんこうほ**・非推薦候補**ひすいせんこうほ③
：翼賛政治会よくさんせいじかい ⑤ 1941年9月の翼賛議員同盟の成立後、翌42年、東条内閣の時の選挙で当選した翼賛議員を中心に結成した組織。軍部の傀儡かいらい的存在となる。

ミッドウェー海戦みっどうぇーかいせん ⑦ 1942年6月、日本連合艦隊の主力空母4隻が撃沈され、真珠湾攻撃に参加した歴戦の航空機・搭乗員が壊滅的大打撃を受けた海戦。以来、海上・航空戦力で劣勢となり、戦局が転換。

絶対国防圏ぜったいこくぼうけん ④ 太平洋戦争を遂行する上で、戦略上「絶対確保すべき圏域」のこと。

1943年9月30日の御前会議で決定。戦線を縮小させて防衛圏を強固にしようと企図したが、サイパン島陥落によりこの構想は崩れた。

大東亜共栄圏（だいとうあきょうえいけん） ⑦ 太平洋戦争中、日本の中国・東南アジアに対する侵略政策を正当化するためにとなえられたスローガン。これらの地域から欧米支配を排除し、日本を中心とする共存共栄の大東亜新秩序を説いた。 **大東亜新秩序**（だいとうあしんちつじょ） ②

大東亜会議（だいとうあかいぎ） ⑥ 1943年11月、日本の勢力下にあった中華民国（汪政権）、満洲国の張景恵、タイのワンワイ＝タヤコン、フィリピンのラウレル、ビルマのバー＝モウ、自由インド仮政府の列国代表を東京に集めて開いた会議。大東亜共同宣言を採択し、内容は大東亜共栄圏の結束を誇示しようとしたもの。 **大東亜共同宣言**（だいとうあきょうどうせんげん） ②
　　　　　　　　　　　　 張景恵（ちょうけいけい） ①
　　　 ワンワイ＝タヤコン ①
　　　 ラウレル ①　　 **バー＝モウ** ①
：自由インド仮政府（じゆういんどかりせいふ） ⑥ インド独立運動家チャンドラ＝ボースを首席として、1943年10月にシンガポールに樹立。この軍事部門がインド国民軍（義勇軍）。
　　　　　　　 チャンドラ＝ボース ②

軍政（ぐんせい） ③ 民政に対する概念。軍の司令官が占領地などにおいて、行政・司法・立法の三権を行使する統治をいう。直接統治と間接統治とがあるが、日本軍の占領地軍政は直接統治的な性格が強い。

軍票（ぐんぴょう） ③ 物資調達のため、戦地・占領地で日本軍が発行する特殊紙幣。正式には軍用手票という。中国・南方の日本軍占領地で発行された。 **軍用手票**（ぐんようしゅひょう） ①

軍属（ぐんぞく） ① 軍人ではなく、軍に籍をおいて軍を補佐する仕事をしている文官や民間人をいう。

南方占領地行政実施要領（なんぽうせんりょうちぎょうせいじっしようりょう） ① 占領地は軍政とし、南方地域を占領する目的は戦略物資獲得のためであるとの方針を明確化。1941年11月に決定。

シンガポール華僑虐殺事件（かきょうぎゃくさつじけん） ③ 日本軍のシンガポール占領直後から行われた、在住中国人に対する虐殺事件。数千人から約10万人とする説まである。このほか、マレー半島各地でも同様の虐殺が行われた。シンガポール国会議事堂近くに「日本占領時期死難人民紀念碑」が建立され、「血債の塔」と呼ばれている。 **血債の塔**（けっさいのとう） ①

泰緬鉄道（たいめんてつどう） ③ インド進攻作戦のため、タイ西部の山岳地帯を横断してビルマに通じるよう敷設された軍用鉄道。泰はタイ、緬はビルマのこと。1942年11月に建設命令が出され、多くの連合軍捕虜とアジア人労務者を酷使して行われ、多数の死者を出し、「死の鉄道」といわれた。

731部隊（ななさんいちぶたい） ④ 関東軍において細菌戦の研究と準備を行っていた部隊。石井四郎が率い、ハルビン郊外におかれ、関東軍防疫給水部と称した。この部隊は、細菌戦準備のために抗日運動家の中国人や捕虜を人体実験で虐殺した。 **細菌戦**（さいきんせん） ④
　　　 関東軍防疫給水部（かんとうぐんぼうえききゅうすいぶ） ①

毒ガス戦（どくがすせん） ② 第一次世界大戦中の1915年4月、ドイツ軍が使用したのが始まり。日中戦争時に日本軍が中国軍に対して使用。日本では瀬戸内海の大久野島（おおくのしま）に陸軍の毒ガス工場があった。

三光作戦（さんこうさくせん） ④ 1940年以降、日本軍が主に中国華北で行った殺戮・破壊作戦を中国側が非難した言葉。焼き尽くし（焼光）、殺し尽くし（殺光）、奪い尽くす（搶光）作戦として非難。こうした中で、中国共産党の軍隊である八路軍（はちろぐん）は、抗日根拠地（解放区）を拡大していった。
　　　 抗日根拠地（こうにちこんきょち）（**解放区**（かいほうく）） ②

● ● ●

アッツ島の玉砕（アッツとうのぎょくさい） ① 1943年5月、アメリカ領のアリューシャン列島の日本軍守備隊約2500人が米軍の攻撃で全滅。隣のキスカ島守備隊は同1943年5〜7月、撤収に成功。

：玉砕（ぎょくさい） ② 玉が美しく砕け散ることをいうが、太平洋戦争下の日本軍がアメリカ軍の圧倒的な攻撃で部隊ごと全滅することを美化した表現。アッツ島の玉砕が最初。

ガダルカナル島撤退（とうてったい） ⑥ 日本軍の南太平洋進出に対し、米軍の反撃は1942年8月のガダルカナル島上陸により開始。激しい攻防戦ののち、1943年2月に日本軍は撤退した。

マリアナ沖海戦（おきかいせん） ② 1944年6月、サイパン島を含むマリアナ海域で戦われた日米航空母艦隊の大海戦。日本の空母・艦載機の多くが撃墜され、壊滅的打撃を受けた。日本本土防衛が危うくなる絶対国防圏とされたサイパン島陥落で、アメリカ軍機の本土空襲が激しくなった。

サイパン島陥落（とうかんらく） ⑦ マリアナ群島にあるサイパン島に、1944年6月、米軍が上陸。激戦の末、7月、日本軍は玉砕。以来、同島

は米軍機の日本爆撃の基地となる。

小磯国昭〈こいそくにあき〉⑥ 1880～1950　陸軍大将。1944年7月、東条内閣のあとを受けて組閣。戦局の挽回に努める。敗色が濃くなり、鈴木(貫)内閣に譲る。戦後、A級戦犯として終身禁錮刑で服役中に病死。

小磯〈こいそ〉**内閣**⑥ 1944.7～45.4　本土空襲の激化・米軍の沖縄上陸など、戦局の危機が本土に迫る中で終戦を模索するが、和平工作も成功せず、閣内不統一で総辞職。

本土決戦〈ほんどけっせん〉⑥ 1944年、小磯内閣は一億玉砕・一億国民総武装による本土決戦体制の確立を急いだ。1945年に入り、戦局の切迫で国民義勇隊の結成や長野県松代への大本営の移動など、決戦体制の具体化が進められ、竹槍訓練など、本土決戦に備えたが、武器はなかった。　**一億玉砕**〈いちおくぎょくさい〉①
松代大本営〈まつしろだいほんえい〉①　**竹槍訓練**〈たけやりくんれん〉①

国民生活の崩壊

学徒出陣〈がくとしゅつじん〉⑦ 1943年9月、法文系学生の在学中の徴兵猶予を停止し、将校不足を補い、戦争に参加させた。12月1日、第一陣入隊。同時に徴兵適齢は19歳となる。

勤労動員〈きんろうどういん〉② 多くの男性が徴兵されて労働力不足になると、学生・生徒や女性を徴用し、軍需産業に動員すること。

：学徒勤労動員〈がくときんろうどういん〉① 戦争の長期化、深刻化に伴う労働力の不足を補うために、強行された学生・生徒の動員。1943年の学徒戦時動員体制確立要綱で、学徒の強制労働化が進む。1944年の学徒勤労令で中学生以上の全員を工場へ配置。

女子挺身隊〈じょしていしんたい〉⑦ 太平洋戦争後期に、男性の労働力不足を補うためにつくられた女子の勤労動員組織。終戦時の隊員数は47万人。

国民義勇隊〈こくみんぎゆうたい〉① 1945年3月に成立。国民総武装・一億玉砕のスローガンの下、国民学校初等科修了以上の男女を組織、本土防衛・戦災復旧などにあたる。

朝鮮人の徴用〈ちょうせんじんのちょうよう〉④ 1939～45年の間に約72万人が日本内地・樺太〈からふと〉・南洋方面に強制的に徴用、酷使された。1939年からは政府や朝鮮総督府が関与する官斡旋〈かんあっせん〉で、44年からは国民徴用令が適用された。朝鮮人の女性は挺身隊〈ていしんたい〉や慰安婦として集められた。

中国人の強制連行〈ちゅうごくじんのきょうせいれんこう〉⑤ 1943～45年の間に約4万人が強制連行、鉱山・港湾な

どで重労働に従事させた。

：花岡事件〈はなおかじけん〉② 秋田県花岡鉱山では、中国人の労務者約900人が1945年6月に蜂起。約100人が虐殺された。

朝鮮人の徴兵制〈ちょうせんじんのちょうへいせい〉⑦ 朝鮮では1938年から特別志願兵制度が始まり、志願兵として日本軍に組み込まれた。1943年からは徴兵制となった。

台湾人の徴兵制〈たいわんじんのちょうへいせい〉⑦ 台湾では1942年から特別志願兵制度が始まり、志願兵として日本軍に組み込まれた。1944年からは徴兵制となった。

陸軍特別志願兵制度〈りくぐんとくべつしがんへいせいど〉⑤ 日本陸軍では徴兵年齢前の17歳以上20歳未満の男子を、志願により採用していた。朝鮮では1938年に、台湾では1942年から特別志願兵制度を導入。

皇民奉公会〈こうみんほうこうかい〉① 台湾における台湾人の戦争動員の組織。志願兵をかり集め、徴兵などを行うための補助組織。

慰安婦〈いあんぷ〉④ 日本軍の部隊についていって将兵を慰安した女性。日本人のほかに台湾人、朝鮮人の女性が慰安施設(慰安所)に集められた。　**慰安施設**〈いあんしせつ〉①　**慰安所**〈いあんじょ〉①

企業整備令〈きぎょうせいびれい〉① 1942年7月、戦時経済統制を強化するために、中小商工業を整理統合することを目的とした法令。

総合衣料切符制〈そうごういりょうきっぷせい〉① 1942年から始まる。背広から靴下・下着に至るすべての衣料を点数化して制限内の点数分しか衣料を購入できない制度。

代用品〈だいようひん〉② 戦時下において、不足した品物に代わる生活用品や器具。

：スフ① ステープル＝ファイバーの略。木材パルプを溶かしてつくった化学繊維。木綿や毛織物の代用品である人造繊維によってつくられた糸や織物をいう。

：木炭自動車〈もくたんじどうしゃ〉① ガソリンが不足したため、木炭を蒸し焼きして出るガスを燃料として走る自動車。

代用食〈だいようしょく〉⑥ 米穀のかわりに主食となった、サツマイモや大豆・カボチャをいう。

国民服〈こくみんふく〉① 戦時中の男性に強制されたカーキ色の洋服。1940年の大日本帝国国民服令で強制。

もんぺ② 戦時下に奨励された女性の和風ズボン、または袴〈はかま〉風のもの。和服の再生品が多い。上着としては筒袖型のものを身につけた。

本土空襲〈ほんどくうしゅう〉⑦ 米軍の大型爆撃機B29が中国基地から北九州を爆撃したのに始まり、

1944年11月にはマリアナ基地から東京を初爆撃するなど、主要都市のほとんどにわたって敗戦まで連続的に行われた。米側記録で出撃約3万機。日本人は庭などに防空壕を掘り、防空演習を行ったが無力であった。

B29爆撃機<small>びーにじゅうくばくげきき</small> ⑦

：縁故疎開<small>えんこそかい</small> ① 空襲が激しくなる都会からそれを避けるため、親戚や親しい人を頼って地方などに生活を移すこと。

：学童疎開<small>がくどうそかい</small> ⑦ 戦局悪化の中、それまでの親類などをたよって疎開する縁故疎開に加え、大都会の学童を国民学校ごとに集団で強制的に地方の旅館や寺院などに疎開させる集団疎開が行われた。1944年8月に始まる。

：建物疎開<small>たてものそかい</small> ② 大都会の人口や家屋が密集している地域で、空襲による火災の延焼を食い止めるために、あらかじめ建物を破壊して空地をつくっておくことをいう。

東京大空襲<small>とうきょうだいくうしゅう</small> ⑦ 1945年3月10日、米軍B29約300機が木造建物を焼き払うのに有効な焼夷弾爆撃を約2時間半、東京の下町へ行う。東京の下町を中心に約10万人の死者を出した。

焼夷弾<small>しょういだん</small> ⑤

〰〰〰〰〰〰〰 **敗　戦** 〰〰〰〰〰〰〰

レイテ島海戦<small>とうかいせん</small>（比島沖海戦<small>ひとうおきかいせん</small>） ②
1944年10月、米軍のフィリピン・レイテ島上陸作戦を阻止するために日本海軍が行った海上決戦。日本は戦艦「武蔵」を失う。

：神風特別攻撃隊<small>かみかぜとくべつこうげきたい</small>（特攻隊<small>とっこうたい</small>） ③ 陸・海軍航空機・小艇による空母などへの体あたり戦法。フィリピン作戦・沖縄作戦で出動。海軍の神風特攻隊・人間魚雷「回天」も登場。航空機は鹿児島県の知覧・鹿屋の基地から飛び立ち出撃した。

特攻隊<small>とっこうたい</small> ③ **知覧<small>ちらん</small>** ① **鹿屋<small>かのや</small>** ①

硫黄島の戦い<small>いおうじまのたたかい</small> ③ 米軍機がサイパンから東京空襲を行う中継基地とするため、硫黄島を奪取しようとした。1945年3月、日本軍守備隊約2万人が玉砕する。

沖縄戦<small>おきなわせん</small> ⑦ 1945年3月26日、米軍は慶良間<small>けらま</small>列島上陸を開始、4月1日、沖縄本島上陸。6月23日、日本守備隊約10万人が玉砕。現地召集の郷土防衛隊や男女生徒も戦闘に参加。この間、約10万人の県民が死亡、渡嘉敷<small>とかしき</small>・久米島<small>くめじま</small>の守備隊による住民殺害事件も起こった。沖縄戦が終わった6月23日を沖縄慰霊の日とし、沖縄の人々は祈りを捧げている。 **沖縄慰霊の日<small>おきなわいれいのひ</small>** ②

：「鉄の暴風」<small>てつのぼうふう</small> ① アメリカ軍の圧倒的な物量作戦による激烈な爆撃や砲撃を、暴風に例えた表現。

：鉄血勤皇隊<small>てっけつきんのうたい</small> ④ 沖縄の男子中等学校10校の生徒が、戦闘要員に組織されて実戦に参加。従軍1780人中890人の死者を出す。摩文仁<small>まぶに</small>の丘などに「健児之塔<small>けんじのとう</small>」などの慰霊塔が建つ。

：女子学徒隊<small>じょしがくとたい</small> ① 沖縄の女子中等学校8校の生徒が看護要員などに動員され、白梅・瑞泉<small>ずい</small>・なごらん・梯梧<small>でい</small>・積徳<small>せきとく</small>隊などを編成した。従軍581人中334人が死亡。ひめゆり隊は県立第一高女・沖縄師範女子部の隊で322人。各隊の慰霊碑が建つ。

ひめゆり隊<small>たい</small> ④ **白梅隊<small>しらうめたい</small>** ②

：集団自決<small>しゅうだんじけつ</small> ⑥ 沖縄戦の過程で、住民や学徒隊が集団で自害して死ぬことをいう。日本軍による強制集団死もあった。

強制集団死<small>きょうせいしゅうだんし</small> ①

：対馬丸<small>つしままる</small> ① 沖縄戦をひかえ、沖縄から鹿児島へ疎開する学童を乗せた船。1944年8月22日、アメリカ潜水艦の攻撃により沈没。犠牲者1504人のうち、789人は学童。

鈴木貫太郎<small>すずきかんたろう</small> ⑥ 1867～1948　海軍大将。侍従長の時、二・二六事件で襲われて重傷。小磯内閣のあとを受け組閣。

鈴木貫太郎<small>すずきかんたろう</small>内閣 ⑥ 1945.4～45.8　戦争終結を図るために成立。同年8月、主戦派をおさえてポツダム宣言受諾を決定。「玉音放送」後、総辞職。

● ● ●

イタリアの降伏<small>こうふく</small> ⑤ 1943年9月、連合国軍のイタリア本土上陸により、ムッソリーニの後のバドリオ政権が無条件降伏。

スターリングラードの敗北<small>はいぼく</small> ④ 1942～43年にかけて、ソ連のスターリングラード（現ヴォルゴグラード）で行われた、ドイツとソ連の戦い。ドイツはほぼスターリングラードを占領したが、ソ連軍に逆包囲され9万人の捕虜を出して降伏。ドイツの劣勢が明らかとなった戦い。

ノルマンディー上陸<small>じょうりく</small> ② 1944年6月、米英連合軍がフランスのノルマンディー半島に上陸し、西方からのドイツへの反攻が開始された。1944年8月25日、フランスのレジスタンスとド＝ゴールの自由フランス軍がパリに入城し、ドイツ占領から解放した。

パリ解放<small>かいほう</small> ②

ドイツの降伏<small>こうふく</small> ⑦ 1945年4月30日、ベルリンでヒトラーが自殺、5月7日に無条件降伏。

カイロ宣言せん）　⑦ 1943年11月、ローズヴェルト・チャーチル・蔣介石がエジプトのカイロに集まり（カイロ会談）、決定・発表した対日戦遂行・処理案。第一次世界大戦後に日本取得の太平洋上の諸島の奪取、満洲・台湾の返還、朝鮮の独立などを宣言。

カイロ会談かい
だん　④

：フランクリン＝ローズヴェルト
F. Roosevelt ③ 1882〜1945　アメリカ第32代大統領。民主党。世界恐慌の際、ニューディール政策をとる。第二次世界大戦、カイロ・ヤルタ両会談で連合国側の指導者として活躍。

：チャーチル　W. L. S. Churchill ④ 1874〜1965　英国軍人。保守党・政治家。第二次世界大戦の時に首相となり、ポツダム宣言まで戦争を指導。戦後、冷戦下の東側を「鉄のカーテン」で閉ざされていると表現。

：蔣介石しょう
かいせき　→ p.308

ヤルタ会談かい
だん　⑤ 1945年2月、クリミア半島のヤルタで、ローズヴェルト・チャーチル・スターリンが会談。対独処理方案・国際連合問題などを討議。対日秘密協定で、ソ連の対日参戦と千島・南樺太領有を了承。

ヤルタ秘密協定ひみつきょう
てい　⑥

：スターリン　J. V. Stalin ④ 1879〜1953　ソ連の政治家。レーニンの後継者として、ソ連共産党・政府の独裁の最高権力者。第二次世界大戦を指導。戦後は東側陣営を率いる「冷たい戦争」の立役者。

：粛清しゅく
せい　① スターリンが行った大規模なテロリズム。スターリンとソ連共産党に反対する者は、共産党の幹部、軍隊の首脳部、一般党員、一般市民、ソ連に滞在していた外国人共産党員まで、理由なく逮捕されて処刑されたり、極寒のシベリアの収容所へ送られた。その数は1000万人以上といわれているが、実数はわからない。

ポツダム宣言せん）　⑦ 1945年7月、ベルリン郊外のポツダムで、トルーマン・チャーチル（のちアトリー）・スターリンが、欧州の戦後処理と対日戦終結方案を討議（ポツダム会談）。7月26日、英・米・中3国の名で日本に降伏を勧告。終戦の条件として、軍国主義の絶滅、領土制限、民主化促進などを列挙。日本政府は8月14日、これを受諾して無条件降伏。戦後、占領政策の基点となった。

ポツダム会談かい
だん　⑥

アトリー　②

：トルーマン　H. Truman ④ 1884〜1972　アメリカ第33代大統領。ローズヴェルト大

統領の急死により、副大統領から昇格。戦後、トルーマン＝ドクトリンを声明。

原子爆弾ばくだん　⑦ 原子核の核分裂により発生する莫大なエネルギーを利用した爆弾。1945年8月6日に広島で初投下。ついで9日に長崎に投下され、終戦の契機をつくる。

原爆ドームげんばく
ドーム
（旧産業奨励館）きゅうさんぎょう
しょうれいかん　④

ソ連の対日参戦たいにちさん
せん　⑦ 1945年8月8日、ソ連は対日宣戦を通告、日ソ中立条約を一方的に破棄し、翌9日よりソ連極東軍がソ満国境を越えて進攻。また、8月9日に樺太にも侵攻。ポツダム宣言受諾後の8月18日に千島列島を北から侵攻を開始して南下、9月2日に国後島、9月3日に歯舞群島を占領した。

日ソ中立条約の破棄にっそちゅうりつ
じょうやくのはき　⑥

御前会議ごぜんかいぎ〔終戦〕　② 1945年8月9日、最高戦争指導会議の御前会議を開催。国体護持の条件のみを付してポツダム宣言の受諾を主張する東郷茂徳外相と、本土決戦を主張する阿南惟幾陸相が対立、天皇の聖断で外相案の受諾を決定。翌10日、米・英・ソ・中4カ国に通告。14日の御前会議で最終決定された。

東郷茂徳とうごう
しげのり　①

：聖断せい
だん　③ 天皇が下した最終決定。それに異論をとなえることは許されなかった。

終戦の詔勅しゅうせんの
しょうちょく　① 1945年8月14日に詔勅が作成され、15日正午に天皇自らがレコードに吹き込んだ「玉音放送」で国民に終戦を知らせた。

「玉音放送」ぎょくおん
ほうそう　③

：無条件降伏むじょうけん
こうふく　④ 天皇制国家を維持するという国体護持以外の条件なしに、ポツダム宣言を完全受諾することで降伏。

国体護持こくたいごじ　③

降伏文書調印こうふくぶんしょ
ちょういん　⑦ 1945年9月2日、横浜沖の米戦艦ミズーリ号上で調印。全権は政府代表重光葵外相・軍部代表梅津美治郎参謀総長。

ミズーリ号ごう　⑤

梅津美治郎うめづ
よしじろう　①

：重光葵しげみつ
まもる　② 1887〜1957　外交官。東条・小磯・東久邇・鳩山内閣の外相。戦犯として服役後、改進党総裁。保守合同後、自民党に入党。日ソ交渉に活躍。

● ● ●

満洲開拓移民まんしゅうかい
たくいみん　⑤ 満洲事変以後、太平洋戦争に至るまで、日本が中国東北地方に行った移民。第1〜2次は在郷軍人主体の武装移民。1932〜35年の第4次までは試験移民。敗戦時、約27万人。日本の疲弊した農村の農民を入植させると共に、あわせ

て対ソ戦略の兵力扶殖という側面もあった。開拓移民に嫁ぐ女性たちを「大陸の花嫁」と呼んだ。

満蒙開拓団まんもうかいたくだん ①
大陸の花嫁たいりくのはなよめ ①

：満蒙開拓青少年義勇軍まんもうかいたくせいしょうねんぎゆうぐん ③
1937年から発足。日中戦争による国内労働力需要の高まりで、満洲移民の希望者が減少したため、かわりに若年層を送り出したもの。軍隊編制をとり、茨城県内原の内地訓練所で基礎訓練を行ってから、満洲各地の訓練所へ送られて入植した。

中国残留孤児ちゅうごくざんりゅうこじ ⑥ 1945年のソ連参戦で、満蒙開拓団の人々は、満洲各地に取り残された。厳しい状況の中で、子どもを中国人に託して帰国せざるを得なかった。また、そのまま現地に残り中国人の妻となった女性（中国残留婦人）も多かった。中国人に育てられた日本人の子が、中国残留孤児。

中国残留婦人ちゅうごくざんりゅうふじん ①

シベリア抑留よくりゅう ⑥ 第二次世界大戦終了後、満洲などでソ連軍の捕虜となっていた推定約57万人の日本軍人がソ連領内のシベリア収容所に連行され、強制労働に従事させられたこと。極寒の中で、粗悪な食事と重労働で約6万人の死者を出した。

強制収容所きょうせいしゅうようじょ《日系人》① 日米開戦後、カリフォルニアなどの西部諸州に住んでいた10万人以上の日系人が強制収容された。戦後、アメリカは強制収容について、日系人へ謝罪した。

杉原千畝すぎはらちうね ① 1900〜86 昭和前期の外交官。1940年、リトアニアの当時の首都カウナスの日本領事館領事代理の時、ナチスの迫害を逃れたユダヤ人らに、日本通過のビザを発給。1969年、イスラエル政府から「イスラエル建国の恩人」として表彰された。

● ● ●

戦争記録画せんそうきろくが ① 戦争画ともいう。多くの画家が従軍画家として派遣され、戦意高揚のために戦争画を制作。全国各地で戦意高揚を図る大東亜戦争美術展が開かれた。戦時下の近代日本美術史の空白を埋める貴重なものも多い。戦後、GHQが接収し、1971年にアメリカから日本へ返還された。現在、東京国立近代美術館が保管・修復。

：藤田嗣治ふじたつぐはる ① 1886〜1968 洋画家。第一次世界大戦下のパリで、油絵具を薄く伸ばした光沢のある繊細な裸婦を描いて絶賛されたことが、戦後の日本で批判され、フランス国籍をとった。戦争画に「アッツ島玉砕」

「血戦ガダルカナル」がある。

：宮本三郎みやもとさぶろう ① 1905〜74 洋画家。二科会に属し、1940年、陸軍省嘱託の従軍画家として小磯良平と共に中国へ渡る。「山下、パーシバル両司令官会見図」で、帝国芸術院賞を受賞。

「山下、パーシバル両司令官会見図」やました、パーシバルりょうしれいかんかいけんず ①

「ハワイ・マレー沖海戦」ハワイ・マレーおきかいせん ② 海軍省が太平洋戦争開始一周年を記念して企画し、東宝が製作した戦意高揚の映画。特撮の円谷英二つぶらやえいじがつくったハワイ真珠湾の精巧なミニチュアセットは人々を驚かせた。円谷は戦後、ゴジラを製作し、特撮技術を高めた。

厚生省こうせいしょう ③ 1938年、内務省から分離して設置された公衆衛生を担当する官庁。戦時下には戦力向上の名の下に、健民・健兵政策を推進。現在は厚生労働省。

母子保護法ぼしほごほう ① 1937年公布。13歳以下の子を持ち、配偶者のいない貧しい女性の生活援護を規定。夫が戦死した戦争未亡人の母子家庭保護の役割を担う。1946年、生活保護法施行で廃止。　**戦争未亡人**せんそうみぼうじん ①

「産児報国」さんじほうこく ① 女性が子どもをたくさん産むことが国に対する奉仕であるとする軍国主義のスローガン。「産めよ殖せよ」と同じ。　　　　　**「産めよ殖せよ」**うめよふやせよ ①

妊産婦手帳にんさんぷてちょう ① 1942年、妊産婦の健康管理を行うための手帳交付が始まる。所持・提示により物資の配給が優先され、医師の診察を促した。1966年、母子保健法により母子手帳と改称。

国民優生法こくみんゆうせいほう ① 1940年に制定された不妊手術と中絶に関する法律。1948年に廃止したが、優生保護法に引き継がれた。

国民健康保険制度こくみんけんこうほけんせいど ① 国民健康保険制度は、1935年に埼玉県越ヶ谷町（現、越谷市）の地域の人々が医療費を助けあう医療利用組合として始まったとされ、38年、国民健康保険法が創設された。初めは組合方式で、のち市町村が運営。1961年には国民皆保険体制が整った。

占領下の日本

第16章

1 占領と改革

戦後世界秩序の形成

大西洋憲章(たいせいようけんしょう) 《3》 1941年8月、ローズヴェルト(米)とチャーチル(英)の大西洋上会談で成立。第二次世界大戦後の戦後構想に関する基本理念・政策の8カ条。戦後の国際連合設立の基本理念となった。

大西洋上会談(たいせいようじょうかいだん) 《2》

サンフランシスコ会議(かいぎ)《国連》 《1》 1943年の米・英・ソ・中4カ国のモスクワ宣言を受け、44年にアメリカのダンバートン=オークス会議で原案をつくり、45年4月にサンフランシスコで連合国50カ国が国際連合設立のために会議を開く。6月に国際連合憲章を採択。

国際連合憲章(こくさいれんごうけんしょう) 《2》 1945年6月26日、サンフランシスコで連合国50カ国が調印して成立した国際条約で、国際連合の基本法。

国際連合(こくさいれんごう) 《7》 1945年10月発足。原加盟国は連合国51カ国、2021年現在193カ国が加盟。国際連盟と異なり、米・英・仏・ソ・中(初めは中華民国、のちに中華人民共和国)の5大国は拒否権を持ち、常任理事国として安全保障理事会で強い権限を与えられ、武力的制裁も可能。日本は1956年に加盟。

：安全保障理事会(あんぜんほしょうりじかい) 《6》 国連の主要6機関の中で最も強大な権限を持つ機関。常任理事国5カ国・非常任理事国6カ国(のち10カ国)で構成される。国際紛争の解決に必要な経済的・外交的・軍事的な対応を「決定」でき、「決定」は加盟国を拘束できる。

：常任理事国(じょうにんりじこく) 《6》 安全保障理事会で拒否権を持つ、米・英・仏・ソ連・中国の5カ国。中国の代表権は1971年に中華民国から中華人民共和国に、ソ連の代表権は1992年にロシア連邦に移された。

：非常任理事国(ひじょうにんりじこく) 《1》 2年任期で選出される安全保障理事会の理事国。当初は6カ国。1966年から10カ国。

：拒否権(きょひけん) 《2》 5カ国の常任理事国が持っている権利。安全保障理事会では5カ国のうち1カ国でも反対すると「決定」を否決できる。

世界人権宣言(せかいじんけんせんげん) 《1》 1948年12月に国連総会で採択された、国連加盟国が達成すべき共通の人権基準の宣言。人権の尊重が世界の自由・正義・平等の基礎であるとし、自由権・参政権・社会権について宣言した。

旧宗主国(きゅうしゅこく) 《1》 アジア・アフリカの植民地を支配したヨーロッパ諸国を指す場合が多い。戦後の民族解放運動を力でおさえつけようとしたヨーロッパ諸国。

初期の占領政策

連合国軍最高司令官総司令部(れんごうこくぐんさいこうしれいかんそうしれいぶ)(**GHQ**) General Headquarters of the Supreme Commander for the Allied Powers 《7》 ポツダム宣言に基づき、占領のために設けられた連合国軍の最高司令官総司令部。アメリカのマッカーサーが最高司令官。多くの部局が設けられ、マッカーサーは情報局らの保守派と民政局らの革新派の両者をバランスよく利用した。

マッカーサー D. MacArthur 《7》 1880～1964 アメリカ陸軍元帥。米極東軍司令官として対日戦を指揮。連合国軍最高司令官に就任。日本占領を行う。朝鮮戦争に際しては、国連軍最高司令官に任じられるが、作戦の指導権をめぐってトルーマン大統領と対立、1951年に解任された。

極東委員会(きょくとういいんかい) 《7》 1946年、連合国による日本占領政策の最高決定機関としてワシントンに設置。米・英・仏・ソ・中国・蘭・カナダ・オーストラリア・ニュージーランド・インド・フィリピンの11カ国で構成。1949年、パキスタン・ビルマ(現、ミャンマー)も参加。日本占領に関して、アメリカは特別の地位を保障され、極東委員会で決定する前に中間指令を出せた。

中間指令(ちゅうかんしれい) 《2》

対日理事会(たいにちりじかい) 《7》 日本占領に関し、連合国軍最高司令官に対する諮問機関。1946年、米・英・ソ・中の代表で構成し、東京に開設。議長はアメリカ。

占領政策（せんりょうせいさく） ②1945年9月、アメリカは「初期の対日方針」で日本が再びアメリカの脅威にならないように、非軍事化と民主化を推進すること、日本占領の最高権力は最高司令官が握ることなどを明確にした。アメリカ統合参謀本部指令などに示された対日政策は、のちに冷戦が強まる中で大きく転換する。　**非軍事化・民主化**（ひぐんじか・みんしゅか）⑦

間接統治（かんせつとうち）　②南樺太・千島ではソ連が、南西諸島・小笠原諸島ではアメリカ軍による直接軍政がしかれたが、日本本土では最高司令官が日本政府に指令や勧告を出し、日本政府がそれに基づく法令を公布して占領政策を実施する間接統治が行われた。
　直接軍政（ちょくせつぐんせい）⑥

：ポツダム勅令（ちょく）③1945年9月に公布、即日施行された緊急勅令。この勅令で、最高司令官の要求にかかわる事項は日本国憲法制定前には勅令・閣令・省令の形で、制定後は政令・府令・省令の形をとって出された。ポツダム勅令は、憲法を超える超法規的な拘束力を持った。公務員のストを禁じた1948年の政令201号は、ポツダム政令として有名。独立後の1952年4月に廃止。

東久邇宮稔彦（ひがしくにのみやなるひこ）④1887～1990　幕末の攘夷活動家久邇宮朝彦（あさひこ）親王の第9子に生まれ、稔彦王と称す。東久邇宮家を創立。陸軍大将。敗戦後、軍部の不満をおさえる役割を担って皇族として内閣を組織し、敗戦処理にあたる。1947年に皇族身分を離脱、東久邇稔彦となる。

東久邇宮（ひがしくにのみや）**内閣**④1945.8～45.10　東久邇宮稔彦を首相とする戦後初、史上唯一の皇族内閣。「一億総懺悔」「国体護持」をとなえて敗戦処理にあたり、軍の解体・降伏文書の調印などを行う。しかし、人権指令の実行をためらい、総辞職。

：国体護持（こくたいごじ）　→ p.330

：「一億総懺悔」（いちおくそうざんげ）③太平洋戦争を起こしたことは日本国民全体に責任があり、国民一人一人が反省しなければならないという意味。軍部や支配者の戦争責任を覆い隠す意味があるとも受けとられた。

プレス＝コード④1945年9月、GHQによる新聞・出版検閲の基準。新聞発行綱領をいう。占領軍に対する批判の禁止と新聞の検閲が定められた。ラジオ放送にも検閲の規則を定めた。1948年10月、検閲廃止。
　　　新聞発行綱領（しんぶんはっこうこうりょう）①
　　　ラジオ＝コード①

：人権指令（じんけんしれい）④1945年10月4日にGHQ

が出した「政治的、公民的及宗教的自由に対する制限の撤廃に関する覚書」の俗称。GHQは人権確保のため、治安維持法、宗教団体法などの法律を廃し、政治犯・思想犯の釈放、特高警察の解体と内務省幹部の罷免を指令した。東久邇宮首相はその実行をためらい、総辞職した。
　　　治安維持法の廃止（ちあんいじほうのはいし）③
　　　特別高等警察の廃止（とくべつこうとうけいさつのはいし）③

幣原喜重郎（しではらきじゅうろう）⑦1872～1951　駐米大使・外相を歴任。1920年代に立憲民政党内閣で協調外交を推進。戦前の親英米派としての実績を買われ、東久邇宮内閣のあとを受けて首相に就任。約半年で退陣。その後、進歩党総裁・衆議院議長などを歴任。

幣原（しではら）**内閣**⑦1945.10～46.5　五大改革指令を実行し、憲法草案を作成。公職追放・金融緊急措置令などを行い、女性参政権を認めた戦後初の総選挙を実施したが、自由党が第1党となり、総辞職。

五大改革指令（ごだいかいかくしれい）⑦1945年10月、マッカーサーが幣原首相に口頭で指示した5項目。⑴参政権付与による婦人の解放、⑵労働組合の結成奨励、⑶教育制度の自由主義的改革、⑷秘密警察など圧政(制)的諸制度の撤廃、⑸経済機構の民主化をいう。

神道指令（しんとうしれい）**（国家と神道との分離指令**（こっかとしんとうとのぶんりしれい）**）** ⑥1945年12月、GHQは神社神道に対する政府の援助・監督などの廃止を命じた。これにより国家神道は消滅し、神社の多くは翌1946年結成の神社本庁の所属となる。1951年には宗教法人法ができた。

極東国際軍事裁判（きょくとうこくさいぐんじさいばん）**（東京裁判**（とうきょうさいばん）**）**⑦東条英機らA級戦犯28人に対する連合国の裁判。1945年のロンドン協定で決まった、ドイツと日本への戦犯裁判として実施。1946年5月～48年11月に東京で審理。東条英機ら7人が絞首刑。首席検察官はアメリカのキーナン、裁判長はオーストラリアのウェッブ。アメリカのブレークニーが弁護人となる。インドのパル判事は全員無罪と主張し、オランダのレーリンク判事はこの裁判を平和探求の手がかりにとの意見を出した。　　　**パル**①　**レーリンク**①

戦争犯罪人（せんそうはんざいにん）**（戦犯**（せんぱん）**）**⑦侵略戦争計画者として「平和に対する罪」に問われたA級、戦時国際法に基づく捕虜虐待など非人道的行為の「人道に対する罪」のB級(命令者・士官)、C級(実行者・下士官以下)に分かれた。B・C級は横浜地方裁判所などの国内外各地で裁かれ、起訴約5700人、う

ち984人が死刑となった。

「平和に対する罪」へいわにたいするつみ ④

「人道に対する罪」じんどうにたいするつみ ②

Ａ級戦犯エーきゅうせんぱん ⑦

Ｂ・Ｃ級戦犯ビーシーきゅうせんぱん ⑥

：戦時国際法せんじこくさいほう ② 戦争開始から終戦までの間、交戦国が守らなければならない国際法規。敵側に交渉に赴く使節は白旗を掲げること、捕虜の虐待の禁止などが代表的な例。

天皇の人間宣言てんのうのにんげんせんげん ⑥ 1946年1月1日に出された、昭和天皇の詔書。平和主義に徹し、新日本を建設せよと述べ、天皇を神とする現御神の考えは架空の観念であるとして、自らの神格を否定した。

現御神あきつみかみ ③

：地方巡幸ちほうじゅんこう ② 1946年2月から天皇が行った地方視察の旅。1954年までに沖縄を除く全都道府県をまわった。象徴天皇制を国民に浸透させ、開かれた皇室のイメージ作りを行った。

公職追放こうしょくついほう ⑥ 1946年1月、GHQの指令で、戦争協力者・職業軍人・国家主義者らを公職から排除すること。政・官・財・言論界に及び、1948年までに約21万人を追放。1950年秋から追放解除が始まる。

民主化政策

財閥解体ざいばつかいたい ⑦ 1945年、GHQの指令で財閥の資産を凍結、46年に持株会社整理委員会が財閥の持株を譲り受けて公売、株式の民主化を行った。さらに1947年、指定財閥家族の財界追放を実施して、財閥であった家族の人が財閥とかかわらないようにした。

持株会社整理委員会もちかぶがいしゃせいりいいんかい ④

15財閥じゅうございばつ ② 明治期以来の三井・三菱・住友・安田の四大財閥に、銀行中心の野村・渋沢、産業資本の浅野・大倉・川崎・古河、軍需産業拡張で生まれた新興財閥の日産・日窒・理研・中島・日曹を加えた15の財閥に解体が指令された。

過度経済力集中排除法かどけいざいりょくしゅうちゅうはいじょほう ⑦ 財閥解体の一環として、巨大独占企業を分割する法令。1947年12月に成立。経済力が強力すぎる企業325社を指定したが、実際に分割されたのは日本製鉄・王子製紙・三菱重工業など、11社のみであった。

三菱重工業みつびしじゅうこうぎょう ②

：日本製鉄会社にほんせいてつがいしゃ → p.314

独占禁止法どくせんきんしほう ⑦ 財閥解体の一環として

将来にわたる市場の独占を予防する法。1947年4月に成立。独占的企業結合及び不公正な取引を禁止する法律。公正取引委員会が監視。　**公正取引委員会**こうせいとりひきいいんかい ①

・・・

農地改革のうちかいかく ⑦ 1945年12月のGHQの指令による。寄生地主制と高率小作料から農民を解放し、自作農を創設する目的で1945年から第1次・第2次改革を実施した。

第1次農地改革だいいちじのうちかいかく ⑤ 幣原内閣は自主的に1945年12月、農地調整法を改正して、改革を決定した。しかし地主の貸付地所有限度を5町歩としたため、総司令部は改革を不徹底と指摘して、第2次改革に移った。

：農地調整法のうちちょうせいほう ① 1938年、自作農の創設と小作争議を抑制するため制定。戦後、小作農の賃借権を強化するなどの改正がされ、1946年の農地改革の中核となった。現在、農地法の中に組み入れられている。

改正農地調整法かいせいのうちちょうせいほう ②

第2次農地改革だいにじのうちかいかく ⑥ 1946年10月、GHQの勧告で吉田茂内閣が農地調整法再改正と自作農創設特別措置法を公布。不在地主の貸付農地全部、在村地主の1町歩（北海道は4町歩）を超える部分を強制的に買い上げ、売り渡すことで解放。小作料の金納を定めた。1947～50年に実施され、全小作地の83％が解放され、自作農が大幅に創出された。山林地主は対象とならなかった。　**不在地主**ふざいじぬし ⑤　**在村地主**ざいそんじぬし ⑤

小作料金納制こさくりょうきんのうせい ①

山林地主さんりんじぬし ②

：自作農創設特別措置法じさくのうそうせつとくべつそちほう ④ 1946年10月に成立。第2次農地改革実施の細目を定めた基本法。1952年の農地法施行により廃止される。

：農地委員会のうちいいんかい ① 小作地の買収・売渡しを計画する機関で、市町村と都道府県に設置。第2次農地改革では市町村の農地委員会は地主3人・自作農2人・小作農5人で構成された。

日本農民組合にほんのうみんくみあい ② 1946年2月に結成。略称は日農。戦後の農民運動の中心的組織となったが、翌1947年に右派が分裂し、全国農民組合を結成。

農業協同組合のうぎょうきょうどうくみあい**(農協**のうきょう**)** ② 農地改革で生まれた多数の自作農のために、1947年、農業協同組合法が制定された。農業経営や生活指導・便益提供にあたる組織として各地に設立され、全国連合会(現在のJA)も設けられている。

労働三法<rt>ろうどうさんぽう</rt> ⑥ 労働者を保護する３つの基本法。1945〜47年に次の３法が公布された。

労働組合法<rt>ろうどうくみあいほう</rt> ⑦ 1945年12月、幣原内閣が制定。労働者の団結権・団体交渉権・争議権(労働三権)の保障、労働委員会の規定などを含む。

：団結権<rt>だんけつけん</rt> ⑥ 労働者が労働条件の維持や改善について、使用者と対等に交渉するため、労働組合を組織・加入できる権利。

：団体交渉権<rt>だんたいこうしょうけん</rt> ⑥ 労働者が自分たちの選んだ代表者(労働組合の委員長など)を通じて、使用者と労働条件の維持・改善について交渉する権利。使用者が正当な理由なく応じないと不当労働行為となる。

：争議権<rt>そうぎけん</rt> ⑥ 労働者が労働条件の維持・改善を実現するため、ストライキなどの団体行動(争議)を行う権利。正当な団体行動は刑事上免責され、使用者は損害賠償を請求できない(民事上の免責)。

労働関係調整法<rt>ろうどうかんけいちょうせいほう</rt> ⑥ 1946年９月、第１次吉田内閣が制定。斡旋・調停・仲裁などの争議調整方法や争議行為の制限を規定。その機関として中央・地方の労働委員会が設置された。

労働基準法<rt>ろうどうきじゅんほう</rt> ⑦ 1947年４月に第１次吉田内閣が制定。週48時間労働、年次有給休暇、女子・年少者の深夜就業禁止など、労働条件の最低基準を規定。監督機関として労働基準局、労働基準監督署がおかれた。

8 時間労働制<rt>はちじかんろうどうせい</rt> ③

労働省<rt>ろうどうしょう</rt> ⑥ 1947年９月、片山内閣が設置。労働保護行政を担当。外局として中央労働委員会と2001年まで厚生労働省となる。

日本労働組合総同盟<rt>にほんろうどうくみあいそうどうめい</rt>(**総同盟**<rt>そうどうめい</rt>) ④ 1946年、都道府県別に連合した労働組合の全国的組織として成立。旧総同盟系が中心となり、日本共産党指導下の産別会議に対抗し、反共の立場をとった。

全日本産業別労働組合会議<rt>ぜんにほんさんぎょうべつろうどうくみあいかいぎ</rt>(**産別会議**<rt>さんべつかいぎ</rt>) ④ 1946年、産業別に統合された労働組合の全国的組織。日本共産党の指導で最も左翼的な活動を行った。

教職追放<rt>きょうしょくついほう</rt> ① 1945年の GHQ 指令により、46〜47年に出された政令。学校への配属将校・軍国主義者・国家主義者とされた教師が、教職から追放された。総数約11万人。

修身・日本歴史・地理の授業停止<rt>しゅうしん・にほんれきし・ちりのじゅぎょうていし</rt> ⑥ 1945年10〜12月、GHQ は教育改革指令を出し、軍国主義・超国家主義的教育科目として、修身・日本歴史・地理の授業停止などを指令した。

：社会科<rt>しゃかいか</rt> ② 1947年４月、新学制発足の際に設けられた新科目。従来の修身・歴史・地理・公民に代わり、民主主義を担う市民の育成をめざした。

アメリカ教育使節団<rt>きょういくしせつだん</rt> ④ 1946年３月、GHQ の招請で、教育民主化を勧告するため来日。日本側は1947年２月に南原繁を委員長とする教育家委員会を組織して協力し、ついで内閣に教育刷新委員会をつくって教育基本法の審議など、新教育の推進にあたった。教育刷新委員会は教育刷新審議会と改称されたのち、1952年に廃止。

墨塗り教科書<rt>すみぬりきょうかしょ</rt> ④ 新しい教科書が間に合わず、戦前の教科書で軍国主義を賛美したり、戦争にかかわる不都合な部分を墨で塗って使用したもの。

『くにのあゆみ』 ① 最後の小学校用国定歴史教科書。神話を除き、縄文・弥生の社会から科学的立場で叙述。1946年10月から半年間使用された。1947年８月には中学校用準教科書『あたらしい憲法のはなし』、48年11月には中学校用『民主主義』も発行。

『あたらしい憲法のはなし』<rt>あたらしいけんぽうのはなし</rt>
『民主主義』<rt>みんしゅしゅぎ</rt> ①

教育基本法<rt>きょういくきほんほう</rt> ⑦ 1947年３月、第１次吉田内閣の高橋誠一郎文相の下で制定。教育の機会均等、義務教育９年制、男女共学などを規定する。

学校教育法<rt>がっこうきょういくほう</rt> ⑦ 教育基本法と共に1947年３月に成立。六・三・三・四の単線型学校系列を規定。４月、新制中学校が発足した。

六・三・三・四制<rt>ろく・さん・さん・よんせい</rt> ①

教育勅語の失効<rt>きょういくちょくごのしっこう</rt> ② 民主的な教育の開始に伴い、1948年６月、衆参両院は教育勅語の失効を決議し、全国の学校から教育勅語原本を書き写した謄本<rt>とうほん</rt>を回収した。

教育委員会<rt>きょういくいいんかい</rt> ⑤ 教育行政の地方分権化を図り、1948年７月に教育委員会法を公布、11月発足。都道府県と市区町村におかれ、学校設置・人事・教科書採択の権限を持つ。教育の民主化をめざし、当初公選制であったが、1956年６月から任命制となる。

教育委員公選制<rt>きょういくいいんこうせんせい</rt> ⑤

政党政治の復活

日本共産党<rt>にほんきょうさんとう</rt> ⑦ 1945年10月、「獄中18年」から釈放された徳田球一・志賀義雄<rt>しが</rt>

らにより、合法政党として再建。書記長は徳田球一。1946年1月、亡命中の野坂参三_{のさかさんぞう}が中国から帰国して参加。

徳田球一_{とくだきゅういち} ③

日本社会党_{にほんしゃかいとう} ⑦ 1945年11月、戦前の旧無産政党の各派を糾合して結成。書記長は片山哲_{かたやまてつ}。1947年6月から約9カ月間、政権を担当。1951年10月、左右両派に分裂、55年10月に統一。1960年1月、右派が民主社会党（69年民社党）を結成。1993年連立与党の一つとして政権に参加、94年自社連立内閣の首相を出す。1996年1月、社会民主党と改称。

日本自由党_{にほんじゆうとう} ⑦ 1945年11月、鳩山一郎を総裁に旧立憲政友会系を糾合して結成した保守政党。反共をとなえ、1946年の選挙で第1党となる。現在の自由民主党の母体となる。

：**民主自由党**_{みんしゅじゆうとう} ③ 日本自由党が民主党脱党派を吸収して1948年3月に発足。吉田茂が総裁。1950年3月に自由党と改称。

：**自由党**_{じゆうとう} ④ 1950年3月、民主自由党が民主党連立派の一部を吸収して党名を変更。総裁は吉田茂。1955年、自由民主党に発展する。

日本進歩党_{にほんしんぽとう} ⑦ 1945年11月、戦時中に旧立憲政友会と旧立憲民政会中島知久平_{ちくへい}派を核として結成された大日本政治会のグループが、旧立憲民政党の町田忠治_{まちだちゅうじ}を総裁として保守政党を結成。1947年3月、民主党と改称。

大日本政治会_{だいにっぽんせいじかい} ②

：**民主党**_{みんしゅとう}《戦後》 ⑦ 1947年3月、進歩党に自由党脱党派、国民協同党の一部が合流して修正資本主義を掲げて結成。総裁は芦田均_{あしだひとし}。1949年2月に分裂。野党派は国民協同党と合同して1950年4月、国民民主党を結成。

日本協同党_{にほんきょうどうとう} ② 1945年12月、船田中_{ふなだなか}らが結党。協同組合主義・労使協調を標榜する中間的保守政党。委員長は山本実彦_{さねひこ}。1946年5月、小会派を吸収して協同民主党と改称。

：**国民協同党**_{こくみんきょうどうとう} ⑤ 1947年3月に結党。協同民主党と国民党との合同で成立。書記長は三木武夫_{みきたけお}。中道政治を主張し、1950年に民主党野党派と合同して国民民主党となる。

衆議院議員選挙法改正_{しゅうぎいんぎいんせんきょほうかいせい} ⑦ 1945年12月、幣原内閣は選挙法を改正。選挙資格を満20歳に引き下げ、女性参政権を認めた。

女性参政権_{じょせいさんせいけん} ④

女性議員_{じょせいぎいん}（**女性代議士**_{じょせいだいぎし}） ⑦ 1946年4月の総選挙で78人が立候補、39人の女性議員が誕生した。女性議員は超党派の婦人議員クラブを結成。

吉田茂_{よしだしげる} ⑦ 1878～1967 東京都生まれ。竹内家から吉田家へ入る。戦前は外交官。鳩山一郎の公職追放のあとを受け、1946年5月～54年12月まで日本自由党・民主党・自由党総裁。その間、延べ7年間政権を握り、対米協調政策を堅持。サンフランシスコ平和条約締結で独立を回復。

吉田_{よしだ}**内閣（第1次）** ⑦ 1946.5～47.5 日本進歩党の協力を得た、日本自由党内閣。1946年4月、居座り続ける幣原に対して幣原内閣打倒共同委員会がつくられ、5月、吉田が組閣。新憲法を公布。傾斜生産方式をとって経済再建に努めるが、二・一ゼネスト中止後の総選挙で第2党となり、退陣。

日本国憲法の制定

憲法問題調査委員会_{けんぽうもんだいちょうさいいんかい} ③ 1945年10月、GHQの指示により、幣原内閣の下に設置。松本烝治_{まつもとじょうじ}国務相が委員長となる。1946年2月、天皇主権のまま「憲法改正要綱（松本私案）」を提出したが、GHQにより拒否された。

松本烝治_{まつもとじょうじ}
「憲法改正要綱」_{けんぽうかいせいようこう} ①

憲法研究会_{けんぽうけんきゅうかい} ③ 森戸辰男_{もりとたつお}・鈴木安蔵_{やすぞう}・高野岩三郎_{たかのいわさぶろう}らの学識経験者7人により結成される。小国主義に立ち、1945年12月、国民主権の立憲君主制をとる「憲法草案要綱」を発表した。

「憲法草案要綱」_{けんぽうそうあんようこう} ④

：**高野岩三郎**_{たかのいわさぶろう} ③ 1871～1949 東大教授。社会問題研究者で高野房太郎の弟。1945年12月、大統領制をとる「日本共和国憲法私案要綱」_{にほんきょうわこくけんぽうしあんようこう}を発表。

マッカーサー草案_{そうあん}（**GHQ草案**_{そうあん}） ④ GHQが「憲法改正要綱」を拒否し、1946年2月にGHQが政府に示した英文の改正草案。民政局のスタッフが、マッカーサー三原則（天皇は元首、戦争放棄、華族の政治権力の否定）を踏まえて作成。政府はこれをもとに「帝国憲法改正草案要綱」を発表、国会審議に提出。家族生活における男女の平等を規定した第24条は、日本育ちのアメリカ人女性ベアテ＝シロタが起草した。

「帝国憲法改正草案要綱」_{ていこくけんぽうかいせいそうあんようこう} ①
ベアテ＝シロタ ①

鈴木義男_{すずきよしお} ① 1894～1963 福島県出身の

第16章

法学者、弁護士、政治家。東北大教授の時、学生の軍事教練に反対して教壇を追われた。弁護士となり、治安維持法違反者の弁護を行う。戦後、衆議院議員となり、第9条の平和主義や第25条の生存権の規定に尽力。国家賠償請求権や刑事補償請求権の追加にも求めた。最高裁判所長官の位置づけを明確化することで、三権分立の確立にも貢献した。

生存権^{せいぞんけん} ⑤

日本国憲法^{にほんこくけんぽう} ⑦「帝国憲法改正草案要綱」は、1946年5月から吉田内閣の下で議会審議。1946年11月3日公布、47年5月3日施行。11章103条。主権在民・平和主義（第9条）・基本的人権の尊重などの3原則を定めた。その上で、天皇は国民統合の象徴（象徴天皇制）とされた。改正は国会で発議のうえ、国民投票で決定する。

　　　　主権在民^{しゅけんざいみん} ⑦　**平和主義**^{へいわしゅぎ} ⑦
　　　　　　　　　　　　戦争放棄^{せんそうほうき} ⑤
　　　基本的人権の尊重^{きほんてきじんけんのそんちょう} ⑦
　　　　　　　　　象徴天皇制^{しょうちょうてんのうせい} ⑤

国会^{こっかい} ⑤ 国権の最高・唯一の立法機関。衆議院と参議院とからなり、国民が選挙した議員で構成される。

　：衆議院^{しゅうぎいん} → p.245
　：参議院^{さんぎいん} ④ 日本国憲法で規定され、衆議院と並ぶ最高立法機関。憲法上、衆議院の優越がある。
　：議院内閣制^{ぎいんないかくせい} ④ 議会の多数を制する政党が内閣を組織する制度。日本国憲法では、内閣総理大臣は国会で国会議員の中から指名され、国務大臣の過半数は国会議員の中から選ばれなければならないとする。

最高裁判所^{さいこうさいばんしょ} ① 日本国憲法で定められた最高司法機関。違憲立法審査権を持つ。最高裁判所裁判官は衆議院議員総選挙の際に国民審査を受ける。

　　　　違憲立法審査権^{いけんりっぽうしんさけん} ②

・・・

新民法^{しんみんぽう}（**民法改正**^{みんぽうかいせい}） ⑥ 1947年12月、旧民法を改正して公布。日本国憲法の個人尊重の理念に従い、家や戸主権の廃止、男女平等の婚姻、財産の均分相続など、近代的な内容に改めた。　**男女同権**^{だんじょどうけん} ⑥
　　　　財産の均分相続制^{ざいさんのきんぶんそうぞくせい} ②
　：戸主制廃止^{こしゅせいはいし} ⑥ 旧民法での戸主が家族を統率・支配する家督相続制度は、法律的には新民法で戸主が廃止されて消滅した。
　　　　家督相続廃止^{かとくそうぞくはいし} ②

刑事訴訟法改正^{けいじそしょうほうかいせい} ① 1948年7月、旧刑事訴訟法を改正・公布。人権尊重の精神

に基づき、捜査・拘留などは厳しく制限され、新たに黙秘権^{もくひけん}が認められた。

刑法改正^{けいほうかいせい} ⑤ 1947年10月、旧刑法を改正・公布。日本国憲法の施行に伴い、皇室に対する大逆罪・不敬罪の廃止、妻の不倫のみを罰する姦通罪の廃止などを行った。

　　大逆罪・不敬罪・姦通罪の廃止^{たいぎゃくざい・ふけいざい・かんつうざいのはいし} ⑤

自治体警察^{じちたいけいさつ} ⑤ 1947年12月公布の警察法に基づき、48年に人口5000人以上の市町村に設置され（全国で1605）、市町村公安委員会が運営・管理した。1954年の新警察法で廃止され、都道府県警察に一元化された。

　　　　　　　　　　　警察法^{けいさつほう} ①
　：国家地方警察^{こっかちほうけいさつ} ③ 財政が弱体で自治体警察を設置できない人口5000人以下の町村の警察業務を担当。首相直属の国家公安委員会が運営・管理した。1948年に設置されたが、54年の新警察法で廃止。

地方自治法^{ちほうじちほう} ⑦ 1947年4月公布。地方公共団体の民主的で能率的な行政を確保する目的で制定。地方首長の公選制、リコール制などを含む。これに伴い、地方行政・警察を支配してきた内務省は廃止。

　　　　　　　　　　首長公選^{しゅちょうこうせん} ①
　　　　　　　　　　内務省廃止^{ないむしょうはいし} ④

福祉三法^{ふくしさんぽう} ② 1946年の生活保護法、47年の児童福祉法、49年の身体障害者福祉法の3法の総称。地方公共団体が任命した民生委員^{みんせいいいん}がそれを援助する。

　　　　　　　　生活保護法^{せいかつほごほう} ②
　　　　　　　　児童福祉法^{じどうふくしほう} ①
　　　身体障害者福祉法^{しんたいしょうがいしゃふくしほう} ①

||| **生活の混乱と大衆運動の高揚** |||

防空壕^{ぼうくうごう} ④ 空襲の時に身を守るため、庭などの地下につくった待避壕。戦後、そのまま住居として使用された。

バラック ⑤ 廃材などを集めてつくった簡単な急造の小屋のこと。

復員^{ふくいん} ⑥ 陸・海軍人の動員を解除し、各自の家庭に戻ること。敗戦時には外地約310万人、内地約350万人の陸・海軍人がいた。復員事務を行うため、旧陸軍省は第一復員省、旧海軍省は第二復員省と改称された。

　　　　　　　　第一復員省^{だいいちふくいんしょう} ①
　　　　　　　　第二復員省^{だいにふくいんしょう} ①

引揚げ^{ひきあげ} ⑥ 日本の植民地や占領地などの外地にいた民間人が内地へ帰ること。敗戦時の中国・南方地域在留の民間日本人は約

320万人と推定される。米・英占領地からの引揚げは1947年末にほぼ終了。ソ連・中国地域からの引揚げは1956年まで続き、残留孤児問題などが生まれた。

戦災(戦争)孤児せんさい（せんそう）こじ ②空襲を受けて焼け出され、家族も失って孤児となった子どもたち。敗戦直後の大都市では集団で暮らしている孤児たちがよく見られた。

買出しかいだし ⑤都市住民が、農村へ食糧購入に出かけた現象。米の配給の遅配・欠配が続いて深刻な食糧不足をきたしたため、各家庭は買出しなどで不足を補った。都会の人が和服や洋服を持って地方で食糧と交換するのを、自分の衣料をはぐので「たけのこ生活」という。

遅配・欠配ちはい・けっぱい ④
たけのこ生活せいかつ ①

闇市やみいち ⑥戦後の混乱の中、各地の焼け跡などに生まれた露店が形式の市場。配給機構や公定価格などの統制を無視した闇売り・闇買いが公然と行われた。旧日本軍の隠匿物資や米軍の横流し品などが売られ、高価だが、何でも入手できた。　**闇買い**やみがい ①

● ● ● ●

臨時軍事費りんじぐんじひ ①太平洋戦争中に日本政府や軍部が購入した兵器や弾薬などの軍需物資への支払い。戦後、それらの費用を一気に支払い、インフレを加速させた。

金融緊急措置令きんゆうきんきゅうそちれい ⑥1946年2月、インフレを阻止するため、幣原内閣は新円の紙幣を発行し、従来の旧円の時の預金を引き出せないように(預金封鎖)して一定額の新円しか引き出しを認めず、通貨量の縮減を図った。この際、財政再建・戦時利得税収・インフレの抑制をめざして、富裕者に財産税が課せられた。

預金封鎖よきんふうさ ⑤
新円切り換えしんえんきりかえ ④

経済安定本部けいざいあんていほんぶ ③1946年8月、経済復興計画を遂行するため、経済行政の総合企画・統制官庁として設立。1952年、廃止して経済審議庁を新設、55年7月、経済企画庁に改編された。2001年、内閣府に統合された。

傾斜生産方式けいしゃせいさんほうしき ⑥傾斜とは重点をおくという意味。戦後の復興に最も重要な石炭と鉄鋼の生産に重点的に資金を投入することで、そこからほかの産業に物資や資金が流れ出すようにする経済復興政策。有沢広巳ありさわひろみの発案で、第1次吉田内閣で閣議決定された。片山内閣もこれを継承した。

産業復興会議さんぎょうふっこうかいぎ ①1947年2月に経営者の団体や労働組合が参加して結成された

経済復興の国民運動組織。しかし、参加した産別会議が団体交渉やストライキによる労働者主体の経済復興をとなえて暗礁あんしょうに乗り上げた。1948年4月、事実上の解散。

復興金融金庫ふっこうきんゆうきんこ ⑤石炭・鉄鋼・電力などの基幹産業を復興させるため、1947年1月に設立された政府の金融機関(略称、復金)。傾斜生産方式を実行するための多量の資金を産業界に供給して戦後のインフレを加速させた(復金インフレ)。1952年1月、日本開発銀行に吸収される。

復金インフレふっきんインフレ ①

食糧メーデーしょくりょうメーデー ②1946年5月1日の復活メーデーのあと、19日に食糧を求める飯米獲得人民大会(食糧メーデー)が約25万人を集めて皇居前広場で開かれた。政府や天皇に人民民主政府の樹立を訴えた。

復活メーデーふっかつメーデー ①
飯米獲得人民大会はんまいかくとくじんみんたいかい ①

生産管理闘争せいさんかんりとうそう ②1946年後半に盛んになった労働組合の闘争形態。経営者を排除して労働組合が自主的に企業経営に関する業務を管理・運営し、経営者に打撃を与えることをねらったもの。

全官公庁共同闘争委員会ぜんかんこうちょうきょうどうとうそういいんかい ③略して共闘。1946年11月、国鉄労働組合(国労)・全逓信従業員組合(のち労働組合、全逓)を中心に全官公庁共同闘争委員会が結成され、賃上げ要求を政府に提出した。吉田首相が1947年の年頭の辞で労働者を「不逞の輩」ふていのやからと呼んだことから、1月18日にはゼネスト宣言に発展した。

二・一ゼネスト計画にいちゼネストけいかく ⑦1947年2月1日に予定された戦後最大の労働闘争計画。ゼネスト決行直前の1月31日に、GHQの中止命令が出て不発に終わった。全官公庁共同闘争委員会の議長伊井弥四郎は、ラジオ放送で「一歩退却、二歩前進」とし、労働者の団結を呼びかけた。

伊井弥四郎いいやしろう ②

:ゼネラル=ストライキ ⑤すべての産業部門の全労働組合が全国一斉にストライキを行うこと。交通や企業活動をすべて止めることで、使用者・資本家に最大の打撃を与えるスト。

東宝争議とうほうそうぎ ①占領下の1948年4～10月、東宝映画会社で発生した労働争議。会社側が赤字と赤旗(共産主義者のこと)を追放するとして組合の大量解雇に乗り出し、撮影所を閉鎖。組合員は撮影所にたてこもって抵抗したが、アメリカ軍と警察隊によって

弾圧され、敗北した。

片山哲 ⑦ 1887～1978　弁護士として活躍。1930年の第2回普通選挙より無産政党議員として活動。戦後、日本社会党結成に加わり、1947年5月、片山内閣を組織。

片山内閣 ⑦ 1947.5～48.3　初の日本社会党首班内閣。社会・民主・国民協同の中道勢力3党連立で、中道内閣として歓迎された。1947年、国家公務員法を定め、内務省を廃止したが、3党連立のためもあって炭鉱国家管理法案などの積極的な社会主義政策を実行できず、左派に攻撃されて退陣。

中道内閣 ③
炭鉱国家管理問題 ③

芦田均 ⑥ 1887～1959　外交官。1932年より立憲政友会議員。戦後、日本自由党の結成に加わり、1947年に脱党して民主党を結成、48年3月に芦田内閣を組織。

芦田内閣 ⑥ 1948.3～48.10　民主・社会・国民協同の中道3党連立内閣。中道政治を進めたが、公務員のスト権を奪う政令201号を公布、昭和電工事件で退陣。

：政令201号 ④ 1948年7月、GHQの指令で芦田内閣は国家公務員のストを禁止する政令201号をポツダム政令として公布。同年11月、国家公務員法を改正。公務員のスト禁止が明記された。

昭和電工事件 ⑤ 1948年。化学肥料をつくる昭和電工の日野原社長が復興金融金庫からの融資をめぐって政界・官界で行った、贈収賄事件。前副総理西尾末広まで逮捕され、芦田内閣は総辞職した。

：疑獄事件 ⑥ 有罪か無罪か疑わしい贈収賄で政敵を罪に落として打倒するために仕組まれた事件。

2　冷戦の開始と講和

冷戦体制の形成と東アジア

二大陣営 ① 第二次世界大戦の終了後、アメリカを中心とする自由主義陣営（西側陣営）と、ソ連を中心とする社会主義陣営（東側陣営）が鋭く対立するようになった。チャーチルは、ヨーロッパで両陣営の間には「鉄のカーテン」が降ろされていると批判した。

米ソ対立 ⑦ 自由主義陣営のアメリカと、社会主義陣営のソ連による世界的覇権をめぐる対立。

冷戦 ⑦ 第二次世界大戦後の米ソ二大陣営による直接の戦争（熱戦、Hot War）には至らないが、激しく対立している状態。1989年12月のアメリカのブッシュ（父）とソ連のゴルバチョフによるマルタ島会談で「冷戦の終結」が宣言されるまでをいう。

西側陣営 ⑥ 政治的には自由主義体制、経済体制では資本主義をとるアメリカを軍事的・経済的に中核にすえた西ヨーロッパ諸国をいう。敗戦国ドイツは米・英・仏占領下は西ドイツ（ドイツ連邦共和国、1949年5月に成立）として西側に組み込まれた。

自由主義陣営 ③
資本主義陣営 ④
西ドイツ（ドイツ連邦共和国） ①

：トルーマン＝ドクトリン ③ 1947年3月、トルーマンがアメリカの安全のために、徹底した反ソ・反共政策によってソ連を封じ込める必要があることを宣言したもの。

「封じ込め」政策 ④

：マーシャル＝プラン ⑤ 1947年、アメリカ国務長官マーシャル（Marshall）が、第二次世界大戦後、西欧諸国を復興させるために発表した欧州経済復興援助計画のこと。西欧諸国を早く経済復興させ、国民生活を豊かにして社会主義のあこがれを持たないようにすることで、ソ連に対抗する力をつけるのがねらい。

：国際通貨基金（IMF） International Monetary Fund ② 金本位制による通貨の安定と国際間の決済の円滑化を図る目的で、1946年3月に創立された国際金融機関。日本は1952年に加盟。

：世界銀行（国際復興開発銀行） International Bank for Reconstruction and Development ② 加盟国の復興・開発のための国際金融機関。略称IBRD。1946年に業務を開始。日本は1952年に加盟。

：GATT（関税及び貿易に関する一般協定） General Agreement on Tariffs and Trade ② 1947年10月、関税その他の貿易障壁を取り除き、自由で平等な国際貿易を促すことを目的として設立された。1995年、この協定をさらに発展させる組織として、世界貿易機関（WTO）が発足した。

：ブレトン＝ウッズ体制 ① ブレトン＝ウッズ協定に基づく国際通貨体制のこと。基軸通貨の米ドルと各国通貨の交換比率を固定（固定相場制）することで国際貿易を安

定させ、世界経済を発展させることをめざした。　　　　　　　　　　　　**固定相場制**〔こていそうばせい〕①

：北大西洋条約機構〔きたたいせいようじょうやくきこう〕**（NATO**〔ナトー〕**）**
North Atlantic Treaty Organization　　④
1949年、米・英・仏・伊・蘭・ベルギー・ルクセンブルク・デンマーク・ノルウェー・アイスランド・ポルトガル・カナダの欧米12カ国が、共産圏に対抗するために結成した集団安全保障機構。北大西洋軍を持つ。1955年までにギリシア・トルコ・西ドイツが加わって15カ国。1982年にはスペインを加えて16カ国、99年には東欧圏の3カ国を加えて19カ国、2004年には26カ国に拡大。2023年にはフィンランドの加盟で31カ国、現在スウェーデンが加盟申請中。

東側陣営〔ひがしがわじんえい〕⑤　ソ連の衛星国としてソ連型の共産主義や社会主義体制を樹立した東ヨーロッパ諸国をいう。ドイツのソ連占領地域は東ドイツ（ドイツ民主共和国、1949年10月に成立）として東側に入った。首都ベルリンは米・英・仏占領下の西ベルリンとソ連占領下の東ベルリンに分割され、東西ベルリンはベルリンの壁で完全に分断された。ソ連は1948年6月〜49年5月まで西ベルリンの封鎖を行った。

共産主義陣営〔きょうさんしゅぎじんえい〕①
社会主義陣営〔しゃかいしゅぎじんえい〕⑦
衛星国〔えいせいこく〕①
東ドイツ〔ひがしドイツ〕**（ドイツ民主共和国**〔みんしゅきょうわこく〕**）**
　　　　　　　　　　　　　　①

ベルリンの壁〔かべ〕①

：ワルシャワ条約機構〔じょうやくきこう〕④　1955年5月に東欧8カ国（ソ連・ポーランド・東独・チェコスロヴァキア・ハンガリー・ルーマニア・ブルガリア・アルバニア）が軍事同盟（東欧8カ国友好協力相互援助条約）を結んでつくった集団安全保障機構の通称。西独のNATO加盟に対抗して結成。1968年にアルバニアが脱退、91年解体。

● ● ●

中国内戦〔ちゅうごくないせん〕②　対日戦争終了後、1945年11月に中国国民党・中国共産党の国共内戦が再開、国民党軍はアメリカの援助を受けながらも敗北し、台湾に逃れた。中国大陸では1949年10月、共産党による中華人民共和国が誕生した。

毛沢東〔もうたくとう〕⑦　1893〜1976　中国の政治・軍事指導者。中国共産党と中華人民共和国の最高指導者。1927年の国共分裂後、湖南で共産党軍（紅軍〔こうぐん〕）を組織、34年より西遷〔せいせん〕し、延安を根拠地に解放運動を行う。対日

戦争の終了後、国民党と絶縁。1949年に中華人民共和国を建国。国家主席、共産党主席として権力を握り、独裁化。晩年に文化大革命を指導し、中国に大混乱を招いた。

中華人民共和国〔ちゅうかじんみんきょうわこく〕⑦　1949年10月1日、中国共産党によって設立された人民民主主義国家。首都は北京〔ペキン〕。中ソ友好同盟相互援助条約を結び、東側陣営に入った。

中ソ友好同盟相互援助条約
〔ちゅうそゆうこうどうめいそうごえんじょじょうやく〕

台湾〔たい〕**（国民政府**〔こくみんせいふ〕**）**　⑦　中国大陸を追われた蔣介石の国民政府は1947年2月、台湾民衆が国民党支配に抵抗した二・二八事件を弾圧し、49年12月、首都を台北〔タイペイ〕に移して、台湾を支配地域とする中華民国を存続させた。

大韓民国〔だいかんみんこく〕⑦　朝鮮半島の北緯38度線以南の米軍占領地に成立した共和国。1948年に李承晩が大統領となり発足。首都はソウル。

李承晩〔りしょうばん〕**（イスンマン）**⑤

朝鮮民主主義人民共和国〔ちょうせんみんしゅしゅぎじんみんきょうわこく〕⑦　朝鮮半島の北緯38度線以北のソ連占領地に、1948年、金日成を首相に成立した社会主義共和国。首都は平壌〔ピョンヤン〕。日本では北朝鮮と呼ぶこともある。

金日成〔きんにっせい〕**（キムイルソン）**⑤
北朝鮮〔きたちょうせん〕①

占領政策の転換

ロイヤル　K. C. Royall　①　1894〜1971　アメリカ陸軍長官。1948年1月、「日本の経済自立を促し、共産主義の防壁にせよ」と演説。同年3月には陸軍次官ドレーパーが来日し、日本の賠償軽減と企業分割緩和をGHQに進言、占領政策の転換を示した。ついで10月、外交官ケナンの提言で、日本を西側陣営に組み入れて経済復興と再軍備をめざす対日政策が決定された。　**ケナン**①

吉田〔よしだ〕**内閣（第2次）**⑥　1948.10〜49.2　民主自由党内閣。インフレ克服をめざして経済安定九原則の実施に着手。

経済安定九原則〔けいざいあんていきゅうげんそく〕⑦　1948年12月、インフレをおさえて日本経済を自立させるためにGHQが指示した徹底的な引締め政策。予算の均衡・徴税強化・資金貸出制限・賃金安定・物価統制・貿易改善・物資割当改善・増産・食糧集荷改善の9項目。

吉田〔よしだ〕**内閣（第3次）**④　1949.2〜52.10　民主自由党、のちに自由党内閣。経済安定九原則を実施。警察予備隊を創設し、平和条約に調印。以後の親米・反共・再軍備路線

をしく。

ドッジ＝ライン ⑦ 経済安定九原則の実施にあたって、GHQはデトロイト銀行頭取ドッジ(J. M. Dodge　1890〜1964)を招請して、具体策の立案にあたらせた。赤字を許さない超均衡予算、単一為替レートの設定など、一連の施策をドッジ＝ラインという。ドッジ＝ラインの実施やシャウプ税制改革などでインフレは収まったが、反対に深刻なデフレと不況におちいった。このデフレを安定恐慌ということもある。

　　　　　　　　　　　超均衡予算ちょうきんこう ⑤
　　　　　　　　　　　安定恐慌あんていきょうこう ①

単一為替レートたんいつかわせレート ⑦ 戦後のこれまでの貿易では、円とドルの交換比率は輸出品は円安で、輸入品は円高に設定され、品目別に異なる複数の為替レートで行われていた。1949年、それを一律に1ドル＝360円に定め、円を国際社会に復帰させた。1952年、日本のIMF加盟の時、固定レートとされた。

シャウプ勧告かんこく ⑥ 1949年、アメリカのコロンビア大学教授シャウプ(C. S. Shoup、1902〜2000)を団長とする税制使節団が行った税制改革の勧告。直接税・所得税中心主義、地方税の強化、資本蓄積のための減税などが主な内容。都道府県・市区町村の税収不均衡を是正するため、平衡交付金制度を設けることも勧告された。

：**直接税中心主義**ちょくせつぜいちゅうしんしゅぎ ⑤ 個人の給与からの所得税、企業収益にかかる法人税などの直接税からの税収を財源の中心にするという税制の考え方。

：**累進所得税制**るいしんしょとくぜいせい ③ 所得が高くなるにつれて、税率が高くなる課税方式。これにより所得の再分配効果が生まれる。

「竹馬の二本の足」たけうまのにほんのあし ① ドッジの言葉。日本経済がアメリカからの経済援助と日本政府の補助金の「竹馬の二本の足」で支えられているので、日本経済は自分の足で歩かなければならないといった意味。

：**ガリオア資金**しきん(**占領地行政救済資金**せんりょうちぎょうせいきゅうさいしきん) Fund for Government and Relief in Occupied Areas ① 第二次世界大戦後、アメリカが占領地の住民救済に設けた資金。日本も1945〜51年、食糧や医薬品などを受給した。1962年に15年以内の分割返済を決定した。

日本国有鉄道にほんこくゆうてつどう(**国鉄**こくてつ) ② 戦前の鉄道省・戦後の運輸省による鉄道の政府直営事業を、1949年に引き継いだ公共企業体が

日本国有鉄道(国鉄)。国の特別会計によって独立採算制をとる。その労働者の組合が日本国有鉄道労働組合(国労)。1987年4月、民営化。6つの旅客鉄道会社と1つの貨物鉄道会社のJRへ分割。

　　　　国鉄労働組合こくてつろうどうくみあい(**国労**こくろう) ②

下山事件しもやまじけん ⑥ 1949年7月6日、国鉄総裁下山定則が常磐線の綾瀬駅付近で死体で発見された事件。真相は不明だが、国鉄職員の人員整理発表の直後だけに、国鉄労組員に嫌疑が向けられた。三鷹・松川事件と共に米軍の謀略説がある。　**下山定則**しもやまさだのり ④

三鷹事件みたかじけん ⑥ 1949年7月15日、東京の三鷹駅構内で無人電車が暴走した事件。国鉄労組員の犯行とされた。

松川事件まつかわじけん ⑥ 1949年8月17日、福島県の東北線松川駅付近で起こった列車転覆事件。国鉄職員・共産党員20人が逮捕・起訴された。5度にわたる長期裁判の末、1963年に被告は全員無罪と決定。

朝鮮戦争と日本

朝鮮戦争ちょうせんせんそう ⑦ 1950年6月〜53年7月。1950年6月25日、朝鮮民主主義人民共和国軍(北朝鮮軍)が朝鮮半島の北緯38度線を越えて大韓民国に侵攻して戦争に突入。米軍を主とする国連軍が大韓民国側に立って参戦し、北朝鮮軍を押し戻して中国国境の鴨緑江おうりょくこうに迫ると、中国は人民義勇軍(中国人民志願軍)を朝鮮民主主義人民共和国に派遣し、北緯38度線をはさんで一進一退の戦闘を続けた。　**北緯38度線**ほくい38どせん ⑦
　　　　　　　　　　　　　　　国連軍こくれんぐん ⑤
　　　　　中国人民義勇軍ちゅうごくじんみんぎゆうぐん
　　　　(**中国人民志願軍**ちゅうごくじんみんしがんぐん) ⑥

：**仁川上陸作戦**じんせん(インチョン)じょうりくさくせん ② 1950年9月、緒戦で朝鮮半島南東部の釜山近郊まで追いつめられた国連軍が、黄海側の朝鮮半島中央部にあたる仁川に逆上陸して北朝鮮軍の背後を断とうとした作戦。これにより北朝鮮軍は敗走して鴨緑江近くまで追いつめられた。

：**掃海隊**そうかいたい《**朝鮮戦争**》 ② 海中の機雷きらい処理のために派遣された部隊。日本は参戦していないが、日本人も乗り込み、朝鮮半島近海での作業に従事し、死亡者も出た。

朝鮮休戦協定ちょうせんきゅうせんきょうてい ⑤ 1951年7月から朝鮮民主主義人民共和国軍と国連軍との間で休戦会談が行われ、53年7月に板門店において休戦協定が調印され、国家の分断が

固定化された。　　**板門店会談**[はんもんてん(パンム
ジョム)かいだん] ⑤
警察予備隊[けいさつよびたい]　⑦ 1950年6月の朝鮮戦争
勃発に伴い日本駐留のアメリカ軍が朝鮮半
島に出動して、日本に軍事的空白が生まれ
た。マッカーサーの要請で8月に警察予備
隊令が公布されて定員7万5000人の警察予
備隊が誕生した。1952年、保安隊に改組。
公職追放解除[こうしょくついほうかいじょ]　⑦ レッド＝パージと
は逆に、1950年10月から公職追放解除が始
まり、52年4月には公職追放令を廃止した。
戦犯服役者の釈放も行われ、国内では1958
年に完了した。　　　**戦犯の釈放**[せんぱんのしゃくほう] ①
レッド＝パージ　Red Purge ⑥ 1950年の朝
鮮戦争勃発の直前、GHQの指令で共産党
中央委員24人全員を公職から追放。ついで
第3次吉田内閣は、政府機関・報道機関・
教育界・産業界などで広範な共産主義者の
追放を実施した。アメリカでは1950〜54年
に「赤狩り旋風」(マッカーシズム)が起こっ
た。
日本労働組合総評議会[にほんろうどうくみあい] (**総評**[そうひょう])
⑤ 1948年、産別会議の共産党指導に反対
する産別民主化同盟が生まれ、50年共産主
義をめざさずに日本の労働条件の改善や日
本の民主化をめざす労働組合の全国組織と
して総評が結成された。「連合」の発足で
1989年に解散。

講和と安保条約

ダレス　J. Dulles ① 1888〜1959　講和特使
として、1951年1月より来日し、講和・安
保の2条約締結に努力。のちにアメリカ国
務長官となる。
サンフランシスコ講和会議[こうわかいぎ] ⑤ 1951年9
月の対日講和会議。サンフランシスコのオ
ペラハウスで開かれた。調印は日本を含む
49カ国。中国は招かれず、インド・ビル
マ・ユーゴスラヴィアは不参加、ソ連・ポー
ランド・チェコは調印を拒否。日本の首
席全権は吉田茂、池田勇人らが全権代表と
なった。
全面講和論[ぜんめんこうわろん] ⑥ 平和条約を東側陣営の
ソ連・中国を含める全連合国と締結せよと
いう主張。安倍能成・大内兵衛・矢内
原忠雄らの学者たちや、日本共産党・
日本社会党などが運動を展開した。
　：**南原繁**[なんばらしげる] ② 1889〜1974　政治学者。
1945年、東大総長。1946年、教育家委員会
委員長として、アメリカ教育使節団に教育
改革を建議。講和問題では、全面講和をと

なえて吉田首相と対立した。
単独講和論[たんどくこうわろん] ③ 米・ソの冷戦対立の中
では、ソ連を中心とする東側諸国と講和は
難しく、西側諸国のみと平和条約を締結す
るのもやむなしとする、政府・保守政党の
主張。全面講和論者はこれを片面講和論と
批判した。　　　　　　　**片面講和論**[へんめんこうわろん] ③
サンフランシスコ平和条約[へいわじょうやく]　⑦ 日本と
連合国との講和条約。草案はアメリカの対
日講和七原則に基づく。1951年9月8日締
結。1952年4月28日発効。戦争終結、領土
の範囲、賠償を規定。日本は主権を回復し
たが、領土は限定され、沖縄・小笠原諸島
は信託統治が予定されていたが、アメリカ
の施政権下におかれた。　**信託統治**[しんたくとうち] ②
　：**奄美諸島返還**[あまみしょとうへんかん] ④ 1951年、奄美諸
島ではいち早く日本復帰協議会を結成し、
53年12月、第5次吉田内閣はアメリカの施
政権下にあった奄美諸島の日本返還を実現
した。奄美諸島は鹿児島県に編入。
日米安全保障条約[にちべいあんぜんほしょうじょうやく]　⑦ 1951年9月、
平和条約と共に日米間で締結された日本の
防衛のための条約。平和条約締結の夜に吉
田茂が一人で調印。米軍の駐留、侵略や内
乱の際の出動が内容。期限はなく、在日米
軍[ざいにちべいぐん]の行動範囲とされる「極東」の定義も
あいまいで、アメリカの日本防衛義務は明
示されず、日米対等の条約ではなかった。
　：**極東**[きょくとう]　① ヨーロッパを中心とした見
方でヨーロッパから遠く離れた東の地域。
ユーラシア大陸の東端をいうが、日本、朝
鮮、台湾、フィリピンまで含むとされる。
　：**日米行政協定**[にちべいぎょうせいきょうてい]　⑦ 1952年2月に
締結された安保条約で駐留するアメリカ軍
に関する協定。アメリカ駐留軍施設の無償
提供や分担金の負担、米軍人の犯罪の裁判
権など、日本側に不利な条項が決められた。
　：**駐留費用の分担**[ちゅうりゅうひようのぶんたん]　③ 日本政府が
米軍基地で働く日本人従業員の基本給や手
当て、基地の光熱費、米軍兵士の宿舎など
の施設整備費などを負担すること。
日本社会党分裂[にほんしゃかいとうぶんれつ]　③ 日本社会党は講
和条約と安保条約の締結をめぐり1951年
10月、平和条約賛成・安保条約反対の右派
と両条約反対の左派とに分裂。1955年10月
まで左・右両派の社会党が存在した。
日華平和条約[にっかへいわじょうやく]　③ 1952年4月、台北
で台湾の国民政府と平和条約を調印。いわ
ゆる日台条約。1972年の日中国交正常化に
より無効となる。
日印平和条約[にちいんへいわじょうやく]　③ 1952年6月、東京

で調印。両国の友好関係を宣言し、インドは賠償請求権を放棄した。

日ビルマ平和条約〈にちビルマへいわじょうやく〉 ② 1954年11月、ビルマのラングーン(現、ミャンマーのヤンゴン)で調印。友好関係を樹立。賠償・経済協力協定もあわせて調印。

賠償協定〈ばいしょうきょうてい〉 ⑤ 平和条約で多くの国は賠償請求権を放棄し、戦後独立の東南アジア諸国とは賠償協定を締結。フィリピン5.5億ドル、ビルマ2億ドル(のち追加1.4億ドル)、インドネシア2.2億ドル、南ベトナム3900万ドルを支払う。ほかに民間借款〈しゃっかん〉などもある。インドネシアとの平和条約・賠償協定は、1958年にスカルノ大統領が来日して行われた。　　**賠償請求権**〈ばいしょうせいきゅうけん〉 ③
：**役務の供与**〈えきむのきょうよ〉 ② 資金の供与ではなく、わが国の生産物を供与すると共に橋・道路・上下水道・医療センターなどのインフラ設備の整備やその技術協力を行うこと。

占領期の文化

『世界』〈せかい〉 ③ 戦後、価値観が変動する中で、1946年1月、戦争への反省、平和と民主主義確立の立場で、岩波書店が創刊した月刊総合雑誌。
：**『思想の科学』**〈しそうのかがく〉 ① 1946年、丸山真男ら7人の同人が先駆社をつくり、発行した雑誌。1949年には思想の科学研究会が発足し、川島武宜が会長となり、戦後の思想動向を代表する雑誌となる。
：**『中央公論』**〈ちゅうおうこうろん〉 → p.296
：**『改造』**〈かいぞう〉 → p.296
丸山真男〈まるやままさお〉 ④ 1914〜96　政治学者。東大助教授時代の1946年、雑誌『世界』に「超国家主義の論理と心理」を発表。
「超国家主義の論理と心理」〈ちょうこっかしゅぎのろんりとしんり〉 ①
大塚久雄〈おおつかひさお〉 ② 1907〜96　経済史学者。東大教授。1944年『近代資本主義の系譜』を著し、いわゆる大塚史学を構築した。
川島武宜〈かわしまたけよし〉 ① 1909〜92　法社会学者。東大教授。1948年『日本社会の家族的構成』を著し、近代社会での前近代的制度の意味を考えた。
宮本常一〈みやもとつねいち〉 ① 1907〜81　民俗学者。全国を歩いて日本人の生活を調査し、地域芸能の発掘・地域振興に力を注ぐ。『忘れられた日本人』など多くの著作・写真を残す。
『忘れられた日本人』〈わすれられたにほんじん〉 ①
湯川秀樹〈ゆかわひでき〉 ⑥ 1907〜81　物理学者。1935

年、中間子理論の論文を発表。1943年、文化勲章。1949年、日本人最初のノーベル物理学賞を受賞。京大教授。京大基礎物理学研究所所長。「世界平和7人委員会」に加わるなど、平和運動に積極的に関与する。
中間子理論〈ちゅうかんしりろん〉 ⑤
：**ノーベル賞**〈しょう〉 ② ダイナマイト発明者、スウェーデン人ノーベルの遺志で、1901年に創設。人類の平和・福祉に貢献した人々に与えられ、物理学・化学・医学＝生理学・文学・平和・経済学の6部門がある。
登呂遺跡の発掘〈とろいせきのはっくつ〉 ④ 1947〜50年に日本考古学協会が実施した戦後最初の本格的で科学的な発掘調査。静岡市南部で弥生時代の住居跡や水田遺構が発見された。
岩宿遺跡の発掘〈いわじゅくいせきのはっくつ〉 ③ 1946年に相沢忠洋が関東ローム層から石器を見つけた群馬県岩宿遺跡は、49年、明治大学考古学研究室により発掘調査が行われ、日本における旧石器時代の存在が確認された。
日本学術会議〈にほんがくじゅつかいぎ〉 ② 1949年に設立。学界の代表機関。第1〜7部の専門分野別に科学研究者として登録された有権者の選挙により、各部30人計210人の会員を選出。科学行政などを検討・勧告する。1985年、推薦制を導入した選出法に変わる。
法隆寺金堂壁画焼損〈ほうりゅうじこんどうへきがしょうそん〉 ⑤ 1949年1月26日夜、法隆寺金堂壁画を模写中に出火、内陣小壁の飛天などを除き、大半の壁画が焼損した。
文化財保護法〈ぶんかざいほごほう〉 ⑥ 1950年5月に公布。1949年の法隆寺金堂壁画焼損を機に、従来の国宝保存法などの保護関係法律をまとめ、内容を充実させた。国宝や文化財、その他の芸能など、国家的保護を行う。
文化庁〈ぶんかちょう〉 ② 1968年に設置。1950年に文部省(2001年文部科学省)の外局として発足した文化財保護委員会が発展して成立。重要な文化財の指定・調査・管理・修理・出品公開などにあたる。

● ● ●

アプレゲール ① フランス語。戦後、新しい文学活動で注目を浴びた若い小説家たちをいう。また、戦後の混乱の中で投げやりで退廃的〈たいはいてき〉な人々を指す意味でも使う。
太宰治〈だざいおさむ〉 ⑤ 1909〜48　青森県生まれの作家。東大在学中、左翼運動に参加。戦後デカダン文学の旗手として『斜陽』『人間失格』など、現世と人間の欺瞞〈ぎまん〉に対する激しい憎悪と反逆の作品を書く。生活の破滅から東京三鷹で入水自殺。　　**『斜陽』**〈しゃよう〉 ④

『**人間失格**』にんげんしっかく ④ 『**津軽**』つがる ①

坂口安吾さかぐちあんご ④ 1906〜55 新潟県生まれの作家。戦後まもなく『堕落論』を書いて「堕ち切った上で生きよ」と主張し、それを作品化した『白痴』はくちで混迷期の人々の心をつかんだ。推理小説やエッセイにも優れた作品を残している。 『**堕落論**』だらくろん ①

大岡昇平おおおかしょうへい ⑤ 1909〜88 東京都生まれの作家。フランス文学者として出発するが、1945年初め、フィリピンのミンドロ島で米軍の捕虜となった戦争体験が小説の原点。『俘虜記』『野火』『レイテ戦記』などの戦記文学と、純文学の『武蔵野夫人』とが共に高い評価を得た。 『**俘虜記**』ふりょき ③

野間宏のまひろし ④ 1915〜91 兵庫県生まれの作家。戦後、『暗い絵』を発表して独特な発想で世人の注目を集め、ついで『真空地帯』で軍隊生活の非人間性を告発した。
『**真空地帯**』しんくうちたい ②

井伏鱒二いぶせますじ ① 1898〜1993 広島県生まれの作家。早大在学中から小説を書き、1929年の短編『山椒魚』さんしょううおで注目された。以後、長編・歴史小説などを盛んに発表し、独特のユーモアとペーソスで生活を描いた。代表作は『本日休診』『黒い雨』など。
『**黒い雨**』くろいあめ ①

安部公房あべこうぼう ① 1924〜93 東京都生まれの純文学作家。本名は「きみふさ」。戦後の代表的純文学作家で、『壁』『砂の女』などを書く。評論・劇作家としても著名。
『**砂の女**』すなのおんな ①

峠三吉とうげさんきち ① 1917〜53 大阪府生まれの詩人。広島で育ち、キリスト教に入信、俳句を学ぶ。1945年8月に被爆し、広く平和運動を展開する。代表作は1951年の『原爆詩集』げんばくししゅう。

遠藤周作えんどうしゅうさく ① 1923〜96 東京都生まれの作家。幼時にカトリックの洗礼を受け、生涯のテーマを信仰への問いかけで貫く。代表作は『海と毒薬』『沈黙』など。
『**沈黙**』ちんもく ①

野坂昭如のさかあきゆき ② 1930〜2015 作家、コラムニスト、タレント、シャンソン歌手、政治家。1967年、アメリカ軍占領下の社会をユーモラスに活写した「アメリカひじき」、妹を餓死させた体験を戦争・空襲・焼土の中で描いた「火垂るの墓」で直木賞を受賞。
「**火垂るの墓**」ほたるのはか ②

『**きけ わだつみのこえ**』 ① 1949年に刊行された学徒出陣によって戦死した大学生や専門学校生たちの手紙や遺書を集めた遺稿集である。「わたつみ」とは海や海をつかさどる神のこと。特攻隊などで太平洋上で戦死した学生たちを意味する。

• • •

ベビーブーム ① 太平洋戦争から復員した男性が、結婚して多くの新生児が誕生した戦争直後の社会現象。とくに1947〜49年に生まれた新生児は成長すると団塊だんかいの世代と呼ばれた。

カストリ雑誌ざっし ① カストリとは焼酎などを発酵させた原料の残りカスからとったアルコール度数の高い質の悪い酒のこと。3合（1合は180cc）飲むと酔い潰れることから、カストリ雑誌とは3号まで出版するとすぐ出版社が潰れて発行できなくなる低俗な雑誌のこと。

並木路子なみきみちこ ② 1921〜2001 台湾生まれの歌手。1945年の松竹映画「そよかぜ」に主演、挿入歌「リンゴの唄」（サトウハチロー作詞）の明るい歌声は、敗戦で打ちひしがれた人々や暗い世相の中で爆発的にヒットした。
「**リンゴの唄**」リンゴのうた ④

笠置シヅ子かさぎシヅこ ① 1914〜85 香川県生まれの歌手。作曲家服部良一に見出され、1947年「東京ブギウギ」で大ヒット。ブギのエネルギッシュで爆発的な歌と踊りが庶民の心をつかんだ。 「**東京ブギウギ**」とうきょうブギウギ ①

美空ひばりみそらひばり ④ 1937〜89 横浜市生まれの歌手。12歳でデビューして「悲しき口笛」「東京キッド」や「リンゴ追分」りんごおいわけがヒットし、天才少女とうたわれた。以後、歌謡曲・映画・舞台で活躍。自他共に歌謡界の女王と認める存在となった。代表曲は「柔」やわ「悲しい酒」「川の流れのように」など。

「**青い山脈**」あおいさんみゃく ① 戦後の明るさを象徴する流行歌。1949年、映画「青い山脈」の主題歌として大ヒットした。作詞・西条八十さいじょうやそ、作曲・服部良一はっとりりょういち、歌・藤山一郎。映画の原作は1947年から石坂洋次郎が『朝日新聞』に連載した小説。映画は1949年に公開、監督・今井正ただ、主演・原節子せつこ。

ストーリー漫画まんが ① ストーリー漫画の開祖は手塚治虫といわれている。それまでのギャグや笑い中心の1コマや4コマ漫画ではなく、テーマを持った物語を漫画で描くという日本漫画の分類の一つ。

手塚治虫てづかおさむ ⑦ 1928〜89 大阪府生まれの漫画家。本名は治。「戦後ストーリーマンガの開拓者」といわれるが、医学部出身で医学博士号も持つ。1952〜68年の『鉄腕アトム』は科学性と夢を持った代表作で、テ

レビアニメ・映画にもなった。

：『**鉄腕アトム**』_{てつわんあとむ} ④ 手塚治虫のストーリー漫画。21世紀の未来を舞台に、10万馬力のパワーと7つの力を持つロボット・鉄腕アトムが悪と戦い、人類を救う活躍をするSF漫画。1952〜68年まで『少年』に連載。

手塚治虫の教科書掲載の漫画

『鉄腕アトム』『ジャングル大帝』『ブラックジャック』『リボンの騎士』『ブッダ』『陽だまりの樹』

『**鉄人28号**』_{てつじんにじゅうはちごう} ① 横山光輝_{よこやまみつてる}の漫画。太平洋戦争末期に日本陸軍が開発した秘密兵器の巨大ロボット。鉄人28号を自由に操れるリモコンを持った金田正太郎少年が悪と戦うストーリー漫画。マジンガーZなどの巨大ロボット物語の源流となる。

水木しげる_{みずきしげる} ① 1922〜2015 島根県境港_{さかいみなと}市出身の漫画家。太平洋戦争中、南洋諸島でアメリカ軍の爆撃を受けて左腕を失う。復員後、紙芝居作家から貸本漫画家となる。妖怪を研究して漫画を描く。代表作に『ゲゲゲの鬼太郎』『河童の三平』『悪魔くん』_{あくまくん}などがある。

『**ゲゲゲの鬼太郎**』_{ゲゲゲのきたろう} ①

漫画週刊誌_{まんがしゅうかんし} ① それまでの月刊漫画雑誌から、1959年、少年漫画週刊誌の『少年マガジン』（講談社）と『少年サンデー』（小学館）が同時に創刊された。

『**少年マガジン**』_{しょうねんマガジン} ①
『**少年サンデー**』_{しょうねんサンデー} ①

黒澤明_{くろさわあきら} ⑥ 1910〜98 映画監督。1943年「姿三四郎」でデビューし、戦後の51年「羅生門」でヴェネツィア国際映画祭金獅子賞を受賞。以後、多くの話題作を制作。1980年には「影武者」がカンヌ映画祭でグランプリを受賞。

「**羅生門**」_{らしょうもん} ⑤

ヴェネツィア国際映画祭_{こくさいえいがさい} ④

溝口健二_{みぞぐちけんじ} ② 1898〜1956 映画監督。下町情緒や明治〜戦前期の風俗を描いて定評がある。1952年、「西鶴一代女」でヴェネツィア国際映画祭銀獅子賞を受賞。女性を描く優れた作品が多い。

円谷英二_{つぶらやえいじ} ① 1901〜70 映画監督、特殊撮影技術の専門家。太平洋戦争緒戦の勝利を描いた「ハワイ・マレー沖海戦」は、航空戦を描いた戦争映画の特殊撮影で名画とされる。戦後、「ゴジラ」「モスラ」などの映画、テレビの特撮での「ウルトラマン」が人気を博した。

：「**ハワイ・マレー沖海戦**」_{ハワイ・マレーおきかいせん}
→ p.331

：「**ゴジラ**」④ 1954年11月に公開。ゴジラは、水爆実験で南太平洋の海底から目覚めた恐竜の生き残り。日本に上陸したゴジラが東京を破壊する場面は、円谷英二の特殊撮影であった。

古橋広之進_{ふるはしひろのしん} ① 1928〜2009 戦後の食糧難の中で、1948年8月の日本選手権で1500m自由形で世界新を樹立。1950年8月の全米選手権に参加し、400m・800m・1500mの自由形でそれぞれ世界新を出し、「フジヤマのとびうお」といわれた。

「**フジヤマのとびうお**」①

川上哲治_{かわかみてつはる} ① 1920〜2013 日本プロ野球史上初めて2000本安打を達成し、「打撃の神様」といわれた。また、引退後は読売ジャイアンツの監督として9年連続でセ＝リーグ優勝と日本シリーズ優勝を成し遂げ、「V9」といわれる読売ジャイアンツの全盛期をつくりあげた。

菊田一夫_{きくたかずお} ① 1908〜73 劇作家、演出家、プロデューサー。戦前は浅草軽演劇_{あさくさけいえんげき}の脚本を書き、戦後、NHKラジオドラマの脚本「鐘の鳴る丘」「君の名は」は空前のヒット作となった。のち東宝の重役となって日本で初めてミュージカル公演を行った。

古関裕而_{こせきゆうじ} ① 1909〜89 日本の作曲家。戦前・戦後を通して格調高く、それでいてわかりやすい庶民的な作曲を行った。戦前は「露営の歌」_{ろえいのうた}「暁に祈る」_{あかつきにいのる}「ラバウル航空隊」など軍歌を作曲。戦後は「長崎の鐘」からNHKラジオドラマの主題歌「鐘の鳴る丘」「君の名は」を作曲した。

ラジオの民間放送_{みんかんほうそう} ③ 1925年から始まったラジオ放送は、26年から日本放送協会（NHK）のみで行われていたが、51年から民間の放送会社によるラジオの民間放送が始まった。

教科書に出てくる占領期のラジオ番組

「二十の扉」「のど自慢素人音楽会」「街頭録音」「真相はこうだ」「君の名は」「鐘の鳴る丘」「カムカム英会話」

第17章　高度成長の時代

1 55年体制

冷戦構造の世界

核兵器開発競争（かくへいきかいはつきょうそう）④ アメリカが1952年に水爆実験に成功してから1950〜60年代にかけて、米ソ両国は原子爆弾から水素爆弾へと核兵器をより強力な大量破壊兵器化する核兵器開発競争を展開した。核兵器は短距離ミサイルと低出力核による戦術核兵器と、長距離弾道ミサイルを用いて遠距離の目標を攻撃する戦略核兵器とに分けられる。

：水素爆弾（すいそばくだん）④ 原子爆弾の発する高熱を用いて原子核融合反応を引き起こし、その際に発する高熱と放射能を利用した爆弾。原子爆弾の1000倍の威力がある。1952年にアメリカが実験に成功。ソ連・英・仏・中も続く。

：大陸間弾道弾（ICBM）（たいりくかんだんどうだん）intercontinental ballisic missile ③ ミサイルのうち、大気圏外を飛ぶ射程6400km以上のもの。目標地点と異なる大陸から発射することができる。

：ソ連の核実験（れんのかくじっけん）① 1949年9月に原爆の実験に成功し、アメリカの原爆独占を打ち破り、53年にはアメリカから1年遅れで水爆実験に成功した。

：イギリスの核実験（かくじっけん）① 原爆は1952年に、水爆は1957年に成功。

：フランスの核実験（かくじっけん）① 原爆は1960年、水爆は1966年に成功。

：中国の核実験（ちゅうごくのかくじっけん）② 原爆は1964年、水爆は1967年に成功。

人工衛星（じんこうえいせい）② 1957年10月、ソ連が初めて人工衛星スプートニクの打上げに成功。1958年1月、アメリカが成功。1961年4月、ソ連が人間を乗せた宇宙船の実験に成功。宇宙開発が進む。　　**スプートニク**①

アポロ11号（じゅういちごう）① 1969年7月、宇宙開発競争でソ連に遅れをとっていたアメリカが、月面着陸をめざすアポロ計画で逆転をねらった。宇宙船アポロ11号が3人の飛行士を乗せて初めて月面着陸を成功させた。

平和共存（へいわきょうぞん）③ 自由主義国と社会主義国とが平和的に両立し得るという考え方。もともとはレーニンが用いた語であるが、フルシチョフが積極的に打ち出した。

ジュネーヴ四巨頭会談（よんきょとうかいだん）① 1955年7月、アイゼンハワー（米）・イーデン（英）・フォール（仏）・ブルガーニン（ソ連）が、ドイツ問題・欧州の安全保障・軍縮・東西交流を協議。平和への希望を高めた。

：「雪どけ」（ゆきどけ）④ ジュネーヴ四巨頭会談以来の国際間の緊張緩和をいう。ソ連の作家エレンブルグが、スターリン時代の抑圧の生活からの解放を謳歌（おうか）して作品に用いた言葉。

：フルシチョフ　N. S. Khrushchov　④ 1894〜1971　1953年、ソ連共産党第一書記となって党と政府の実権を掌握、56年のスターリン時代の粛清を明らかにするなどのスターリン批判を行う。1958年首相。アメリカのアイゼンハワーやケネディと会談し、平和共存政策を推進。

：アイゼンハワー　D. Eisenhower　④ 1890〜1969　第二次世界大戦でノルマンディー上陸作戦から欧州方面の連合国軍最高司令官。共和党選出のアメリカ第34代大統領。朝鮮休戦、西欧統合の実現に貢献した。

キューバ危機（きき）① 1962年、キューバの社会主義国化を進めたカストロがキューバにソ連のミサイル基地を設置。アメリカのケネディ大統領は海上封鎖を実施し、米ソの核戦争の危機を招いたが、ソ連のフルシチョフ首相の譲歩で基地を撤去した。

：ケネディ　J. F. Kennedy　① 1917〜63　民主党。ニューフロンティア政策をうたってアメリカ第35代大統領に当選し、国民の期待を集めた。しかし、1963年11月、テキサス州のダラスで暗殺された。

部分的核実験禁(停)止条約（ぶぶんてきかくじっけんきんし（てい）しじょうやく）⑤ 1963年8月、モスクワで米・英・ソ3国外相が調印した「地下実験を除く大気圏内外と水中核実験禁止条約」のこと。1958年に開始された核実験停止会議の一応の結実。日本も同年調印、仏・中は反対。

核兵器拡散防止条約（かくへいきかくさんぼうしじょうやく）⑤ 1968年7月、米・英・ソ中心に調印。核兵器所有国が核兵器を非所有国へ供与することや、非所有国が製造することを禁止することなどが内容。核不拡散条約とも。日本は1970年に調印。仏・中は1992年に調印。

● ● ●

多極化（たきょくか）② 国際政治の中心が米ソ両国ではなく、いくつも分散すること。国際政治は米ソ両国の動向で動く情勢が変化し、1950年代から世界各地で民族解放運動による独立国が成立し、アジア・アフリカ諸国も国際政治を動かし始めた国際情勢。

ヨーロッパ経済共同体（けいざいきょうどうたい）（EEC）European Economic Community ② 1957年3月調印、58年1月発足の西欧6カ国の経済機構。仏・西独・伊・蘭・ベルギー・ルクセンブルクが加盟。本部はベルギーのブリュッセル。

ヨーロッパ共同体（きょうどうたい）（EC）European Community ③ 1967年、EECを発展させて結成。加盟国はEECと同じ6カ国。1973年にイギリス・アイルランド・デンマーク、81年にギリシア、86年にスペイン・ポルトガルが加盟、93年にEUと名称を変更、加盟国は95年以降拡大し、2013年には28カ国。

ド=ゴール de Gaulle ① 1890～1970 第二次世界大戦中、ドイツに抵抗。1958年、首相となり、憲法を改正し、フランス大統領となる。NATOからの脱退、中国承認や核問題などで、独自の路線を推し進めた。

中ソ対立（ちゅうそたいりつ）① 1956年、フルシチョフの平和共存提唱とスターリン批判を機に、中国はソ連を共産主義の道から逸脱する修正主義と非難。ソ連は1960年、中国からソ連技術者を引き揚げて関係が悪化。国境問題・核実験停止問題でも対立。

文化大革命（ぶんかだいかくめい）③ 1966～76年に展開された中国の思想・権力闘争。1959年、国家主席劉少奇（りゅうしょうき）などが、資本主義を一部採用して中国の近代工業化を図った。それに対して毛沢東は国家権力を取り戻すために、1966年から近代化は社会主義の道からはずれると、純心な青少年の紅衛兵（こうえいへい）を全国的に扇動して権力奪取に成功し、68年に劉少奇は追放された。文化大革命という名の権力闘争は、中国に10年間の混乱をもたらした。

平和五原則（へいわごげんそく）③ 1954年6月、中国の周恩来首相がインドのネルー首相と主権尊重・相互不可侵・内政不干渉・平等互恵（ごけい）・平和共存の5原則を確認した。

：**ネルー** J. Nehru ④ 1889～1964 国民会議派の中心で、1947年のインド独立の際の初代首相。アジア・アフリカ諸国を第三勢力として結集し、非同盟・中立外交を推進した。

：**周恩来**（しゅうおんらい）⑦ 1898～1976 毛沢東と並ぶ中国共産党の指導者。1949年、中華人民共和国成立の際の初代首相。外相を兼任し、独自の外交を進めた。日本との国交正常化にも尽力した。

スカルノ Sukarno ① 1901～70 インドネシアの独立運動の指導者。オランダから独立したインドネシア共和国の初代大統領。

アジア＝アフリカ会議（かいぎ）⑥ 1955年4月、インドネシアのバンドンで開催。参加29カ国。反植民地主義・平和共存などの平和十原則を決議し、「世界平和と協力の促進に関する宣言」を採択。　**バンドン会議**（かいぎ）⑤
平和十原則（へいわじゅうげんそく）④
「世界平和と協力の促進に関する宣言」（せかいへいわときょうりょくのそくしんにかんするせんげん）①

第三勢力（だいさんせいりょく）（**第三世界**（だいさんせかい））⑥ 米ソの東西二大勢力の間にあって、中間的な立場をとり、米ソどちらの軍事同盟にも加入しない非同盟路線を進む勢力。バンドン会議以来、アジア・アフリカ諸国が第三勢力・第三世界として台頭した。1960年、アフリカで17カ国が一斉に独立したので、この年は「アフリカの年」と呼ばれた。

非同盟主義（ひどうめいしゅぎ）①
非同盟諸国会議（ひどうめいしょこくかいぎ）① 1961年、ユーゴスラヴィアの首都ベオグラードで開催。ユーゴスラヴィアのテットーやエジプトのナセルが呼びかけた。非同盟25カ国が参加。平和共存・民族解放などを宣言。
ベオグラード会議（かいぎ）①

● ● ●

インドシナ戦争（せんそう）① 1946年に始まったホー＝チ＝ミン率いるベトナム民主共和国（北ベトナム）とフランスとの戦争。フランスは1949年にベトナム国（南ベトナム）を建てたが劣勢で、54年休戦協定を結んだ。

ジュネーヴ国際会議（こくさいかいぎ）① 1954年4～7月、参加18カ国。極東の平和回復を協議。朝鮮統一問題はまとまらなかったが、インドシナ戦争の休戦に成功した。

ジュネーヴ休戦協定（きゅうせんきょうてい）④ 1954年7月、ジュネーヴで協定成立。北緯17度線を南北ベトナムの暫定的境界とし、2年後の統一

選挙を約した。

ベトナム戦争せんそう　⑦　ジュネーヴ休戦協定成立後、アメリカは南のベトナム共和国を支援。1961年、ベトナム共和国政府と南ベトナム解放民族戦線との間に内戦が始まる。北ベトナムが米艦艇を攻撃したというトンキン湾事件を機に、米軍は1965年2月より北爆開始、地上戦闘も拡大した。アメリカ軍の死傷者が増加すると、アメリカ国内でベトナム反戦運動が活発化した。1968年からパリで和平会談を開始。73年1月、和平協定が調印されてアメリカ軍は撤退した。

北爆ばく　⑥

南ベトナム解放民族戦線なみなベトナムかいほうみんぞくせんせん　④

北ベトナムきたベトナム　⑤　ホー＝チ＝ミンがベトナム独立同盟（ベトミン）を基盤として、日本降伏直後の1945年9月にベトナム民主共和国の独立を宣言。しかし、旧宗主国フランスが介入してきたインドシナ戦争でフランスに勝利。1954年のジュネーヴ休戦協定で北緯17度で南北分断。軍事境界線以北で社会主義国家の建設をめざす。その後、南北統一をめざし、南ベトナム解放民族戦線と共に、介入してきたアメリカ軍とベトナム戦争を戦い、勝利して1976年、南北を統一したベトナム社会主義共和国となる。

ベトナム民主共和国みんしゅきょうわこく　⑤

南ベトナムみなみベトナム　⑤　1949年3月、フランスが阮朝最後の国王バオダイを元首にかつぎ出してベトナム国をベトナム南半分に建てた。ジュネーヴ休戦協定成立後の1955年、ゴ＝ディン＝ジェムがバオダイを追放して南だけのベトナム共和国を建て、ベトナムの南北分割の恒久化を図り、独裁化。アメリカの経済・軍事援助を受け、アメリカ軍と共に北ベトナム軍・南ベトナム解放民族戦線とベトナム戦争を戦うが国民の支持はほとんどなかった。1973年パリ和平協定でアメリカ軍が撤退すると、北ベトナム軍と南ベトナム解放民族戦線の攻勢で75年4月に崩壊した。

ベトナム国こく　②

ベトナム共和国きょうわこく　⑦

独立回復後の国内再編

血のメーデー事件ちのメーデーじけん　②　第3次吉田内閣の1952年5月1日、独立回復後、初のメーデーで、デモ隊と警察官とが皇居前広場で衝突、流血の大乱闘になった事件。

皇居前広場事件こうきょまえひろばじけん　②

破壊活動防止法はかいかつどうぼうしほう　⑤　1952年7月成立。暴力的破壊活動を行った団体の取締りを規定した法律。その調査機関として、公安調査庁がおかれた。1952年5月のメーデー事件を契機に、49年公布の団体等規正令を補強して法律としたもの。

公安調査庁こうあんちょうさちょう　①

海上警備隊かいじょうけいびたい　④　1952年、第3次吉田内閣が海上保安庁内に海上警備隊を新設、まもなく警備隊と改称した。

保安隊ほあんたい　⑦　第3次吉田内閣の1952年7月、保安庁法の公布で保安庁が発足し、警察予備隊を改編した保安隊と警備隊とがその組織下に入った。

保安庁ほあんちょう　②

吉田よしだ**内閣（第4次・第5次）**③　1952.10〜54.12　自由党内閣。新警察法・自衛隊創設を行うが、1954年の造船疑獄で世論の批判を浴び、日本民主党の鳩山一郎に政権の座を明け渡した。

MSA協定エムエスエー**（日米相互防衛援助協定**にちべいそうごぼうえいえんじょきょうてい**）**⑥　1954年3月成立。アメリカの相互安全保障法によって、経済援助を受けるかわりに日本の防衛力をだんだんと高めるよう定めたもの。農産物購入協定・経済措置協定・投資保証協定も結ばれ、あわせてMSA4協定という。

MSA4協定エムエスエーよんきょうてい　①

：相互安全保障法そうごあんぜんほしょうほう　①　アメリカの相互安全保障法（略称MSA）はアメリカが援助受入国に対して、自国と自由世界の防衛努力を義務づける法律。日米相互防衛援助協定も、日本も自国の防衛力だけでなく自由世界の防衛力に発展・寄与することを求められた。

自衛隊じえいたい　⑦　MSA協定の成立に伴い、第5次吉田内閣は1954年7月、従来の保安庁を発展・改組して防衛庁とし、この統轄下に直接・間接の侵略を防衛する陸・海・空の3自衛隊を設置した。

防衛庁ぼうえいちょう　③

：間接侵略かんせつしんりゃく　②　陰謀や扇動などにより内乱を起こし、国家の安定を内部から崩して政府・国家を崩壊させる行動。

新警察法しんけいさつほう　②　1954年6月公布。従来の国家地方警察と自治体警察を廃止し、警察庁指揮下の都道府県警察からなる国家警察に一本化して、警察の中央集権化を推進。

都道府県警察とどうふけんけいさつ　④

警察庁けいさつちょう　③　**国家警察**こっかけいさつ　②

教育二法きょういくにほう　③　1954年6月公布。「義務教育諸学校における教育の政治的中立の確保に関する臨時措置法」と「教育公務員特例法

第17款

の一部改正法」との2法をいう。公立学校教員の政治活動と偏った政治教育を禁じることをねらったもの。

新教育委員会法〈しんきょういくいいんかいほう〉 ② 第3次鳩山内閣の1956年6月に公布。教育委員を公選制から任命制とし、教育委員会の権限も縮小した。

教育委員任命制〈きょういくいいんにんめいせい〉 ⑤

日本教職員組合〈にほんきょうしょくいんくみあい〉（**日教組**〈にっきょうそ〉） ② 二・一ゼネスト中止後の1947年6月、教職員組合の全国連合体として結成。平和と民主教育の推進をうたい、教育二法にも反対運動を展開。総評内部の有力組合として活動したが、1989年総評の連合加盟により分裂、左派は91年に全日本教職員組合を設立した。

「逆コース」〈ぎゃくコース〉 ④ 1950年代前半の流行語。保守政権による再軍備・破防法・新警察法、その他一連の国家権力強化の動きを、戦前・戦中体制の復活と捉えた言葉。

基地反対闘争〈きちはんたいとうそう〉 ⑤ 政府は日米安保条約・行政協定に基づいて米軍基地（施設・区域）の拡大を余儀なくされ、それに反対する住民や革新団体の基地反対闘争が起こった。沖縄の伊江島での闘争では、これを機に祖国復帰運動が起こった。

：内灘事件〈うちなだじけん〉 ⑤ 1952～53年に行われた石川県内灘村（現、内灘町）の米軍試射場反対運動。米軍基地反対運動が全国化するきっかけとなる。

：砂川事件〈すながわじけん〉 ⑥ 東京都立川米軍基地の拡張に対する砂川町（現、立川市）の住民の反対運動。1956年10月には、強制測量を阻止するために座り込む人々と警察官とが衝突する流血事件に発展。

：富士山麓基地反対闘争〈ふじさんろくきちはんたいとうそう〉 ① 1955年5月、米軍北富士演習場で住民の座り込み運動が始まり、富士山麓の米軍・自衛隊基地への反対闘争に進展。1960年まで続く。

第五福竜（龍）丸事件〈だいごふくりゅうまるじけん〉 ⑦ 1954年3月、中部太平洋のビキニ環礁で、アメリカが水爆実験を行い、日本漁船第五福竜丸が放能の灰（死の灰）を浴び、乗組員の久保山愛吉〈くぼやまあいきち〉が死亡した。

ビキニ水爆実験〈すいばくじっけん〉 ⑦ **死の灰**〈しのはい〉 ②

原水爆禁止運動〈げんすいばくきんしうんどう〉 ⑦ 1954年のビキニ水爆の被災後、東京都杉並区の主婦が始めた原水爆禁止運動は急速に拡大。1955年8月、第1回原水爆禁止世界大会を広島で開催。

原水爆禁止世界大会〈げんすいばくきんしせかいたいかい〉 ⑦

ラッセル・アインシュタイン宣言〈せん〉 ① イ

ギリスの世界的数学者・哲学者バートランド＝ラッセルと相対性理論で知られるアインシュタインが中心となり、日本の湯川秀樹ら世界の科学者11名が、1955年に出した核兵器絶滅と戦争廃止を訴えた声明。

パグウォッシュ会議〈かいぎ〉 ① 1957年、カナダのパグウォッシュで開かれた、核兵器の脅威や科学者の責任を議題とする会議。日本の湯川秀樹をはじめ22名が参加し、核兵器廃絶への世論形成に大きく貢献した。

55年体制の成立

造船疑獄事件〈ぞうせんぎごくじけん〉 ② 1953～54年に造船会社と政界有力者との贈収賄関係が暴露された事件。犬養健〈たける〉（犬養毅の子）法相が検察官の捜査・起訴について指揮・監督することができる指揮権を発動して自由党幹事長佐藤栄作〈えいさく〉の逮捕をおさえ、これが原因で第5次吉田内閣は倒壊。

日本民主党〈にほんみんしゅとう〉 ⑥ 造船疑獄事件で自由党が分裂し、1954年11月に改進党・自由党反吉田派・日本自由党が合同して結党。総裁は鳩山一郎。

鳩山一郎〈はとやまいちろう〉 ⑦ 1883～1959 東京都出身。1915年より立憲政友会所属議員として活躍し、斎藤内閣の文相時代に滝川事件に関係した。戦後、日本自由党を創設したが、公職追放となった。1951年に追放解除となり、政界に復帰して日本民主党総裁となり、54～56年に政権を担当。

鳩山一郎〈はとやまいちろう〉**内閣**〈ないかく〉 ⑦ 日本民主党総裁鳩山一郎が第1次（1954.12～55.3）・第2次（1955.3～11）内閣を組織。保守合同で自由民主党の第3次内閣（1955.11～56.12）を組織し、自衛力の段階的増強・憲法改正をとなえ、また「自主外交」をうたって日ソ国交回復・国連加盟を実現した。

自主外交〈じしゅがいこう〉 ④ **憲法改正**〈けんぽうかいせい〉 ②

：国防会議〈こくぼうかいぎ〉 ① 1956年7月、第3次鳩山内閣が設置され、国防関係の重要事項を審議。議長は総理大臣。翌1957年、第1次岸内閣の時代に防衛力整備計画を定める。

：憲法調査会〈けんぽうちょうさかい〉 ① 自由民主党は防衛問題をめぐって憲法改正をうたい、1956年5月、第3次鳩山内閣が憲法調査会法を成立させた。これに基づいて、翌年の岸内閣時代から審議を開始。1964年報告書を池田内閣と国会に提出して解散した。2000年に衆参両院に再び設置されたが、2007年に憲法審査会の設置に伴い廃止。

社会党再統一〔しゃかいとうさいとういつ〕 ⑦ 1951年、左右両派に分裂した日本社会党は、55年10月、憲法改正阻止・革新陣営の結束をめざして再統一。委員長は左派出身の鈴木茂三郎〔もさぶろう〕。

保守合同〔ほしゅごうどう〕 ⑦ 1955年11月、前月の社会党統一に刺激され、日本民主党と自由党とが合同して自由民主党を結党。

自由民主党〔じゆうみんしゅとう〕 ⑦ 1955年、吉田茂のあとに党首となった緒方竹虎の自由党・鳩山一郎の日本民主党の保守合同によって成立した政党。略称は自民党。鳩山一郎が初代総裁。以後、1993年まで長期にわたり一党支配を行った。その後も政界の主流である。
　　　　　　　　　　　緒方竹虎〔おがたたけとら〕 ①

55年体制〔ごじゅうごねんたいせい〕 ⑦ 1955年、社会党統一と保守合同以後、衆議院の議席の3分の2を占める自民党が安定政権を保持し、憲法改正を阻止できる議席数の3分の1を占める野党の社会党と国会で対立する体制。1993年まで継続。自民党は保守勢力を結集して憲法改正によるアメリカとの安全保障関係の深化を、社会党は革新勢力として第9条を重視した憲法擁護と非武装中立を主張した。
　　　　　　　　　保守〔ほしゅ〕 ② **革新**〔かくしん〕 ②
　　　　　　　　非武装中立〔ひぶそうちゅうりつ〕 ③ **護憲**〔ごけん〕 ①

日ソ共同宣言〔にっそきょうどうせんげん〕 ⑦ 日ソの戦争終結の宣言。1956年10月、鳩山一郎首相とソ連のブルガーニン首相がモスクワで調印して成立。戦争状態の終了、将来の日ソ平和条約締結後における歯舞群島・色丹島の2島返還、日本の国連加盟支持など10項を内容とする。
　　　　　　　　日ソ平和条約〔にっそへいわじょうやく〕 ①
　　　　　　　　　　　　2島返還〔しまへんかん〕 ①

北方領土問題〔ほっぽうりょうどもんだい〕 ⑦ ヤルタ協定によるソ連の千島列島占領に対し、日本は択捉島以南の北方四島は固有の領土と主張した。ソ連は日ソ共同宣言で歯舞群島・色丹島の平和条約締結後の返還は約したものの、国後島・択捉島の返還には応じていない。
　　　　　国後〔くなしり〕・**択捉**〔えとろふ〕・**歯舞**〔はぼまい〕・**色丹**〔しこたん〕 ⑦
　　　　　　　　　　　　　　　北方四島〔ほっぽうしとう〕 ①

国際連合加盟〔こくさいれんごうかめい〕 ⑦ 第3次鳩山内閣の1956年12月に加盟。1958年以後、日本はしばしば安全保障理事会の非常任理事国に選ばれ、村山富市〔とみいち〕内閣の94年、常任理事国入りの意志を表明。
　　　　　：重光葵〔しげみつまもる〕 → p.330

〚〚〚〚　　**安保条約の改定**　〛〛〛〛

石橋湛山〔いしばしたんざん〕 → p.299

石橋〔いしばし〕**内閣** ④ 1956.12〜57.2　自由民主党総裁石橋湛山が組閣。病気のため2カ月で辞任し、岸内閣に代わる。

岸信介〔きしのぶすけ〕 ⑦ 1896〜1987　山口県出身。戦前、農商務省の官僚として出発。東条内閣の商工大臣。戦後、A級戦犯となるが不起訴。追放解除後は政界に復帰し、日本民主党創立に参加。自由民主党第3代総裁。首相となり、安保条約改定にあたる。

岸〔きし〕**内閣** ⑦ 自由民主党総裁岸信介が、第1次（1957.2〜58.6）・第2次（1958.6〜60.7）内閣を組織。経済力・自衛力の強化に努めると共に、「日米新時代」をとなえて日米関係の強化と対等をめざし、1960年日米安全保障条約を改定し、批准成立直後に総辞職した。
　　　　　　　　「日米新時代」〔にちべいしんじだい〕 ④

教員の勤務評定〔けいんのきんむひょうてい〕 ⑤ 1958年、岸内閣は日教組の教員の勤務を評価して優劣をつけることは教育にとってよくないとの主張をおさえ込み、教員の勤務評定を全面的に実施。反対闘争が激化した。

警察官職務執行法〔けいさつかんしょくむしっこうほう〕（**警職法**〔けいしょくほう〕）② 1948年制定。警察官の質問・警告・犯罪予防などに厳しい制限を規定。1958年、岸内閣はこれを改正して権限強化を意図したが、世論の猛反対により審議未了〔みりょう〕。

防衛力整備計画〔ぼうえいりょくせいびけいかく〕 ① 1957年6月、岸内閣は国防会議で「国防の基本方針」を決定。ついで第1次防衛力整備計画（1958〜60年度）を発表、自衛隊装備の近代化を図る。2次防（1962〜66年度）、3次防（1967〜71年度）、4次防（1972〜76年度）を経て、1976年には「防衛計画の大綱」を策定し、単年度方式で整備を進めることになった。

日米相互協力及び安全保障条約〔にちべいそうごきょうりょくおよびあんぜんほしょうじょうやく〕（**日米新安全保障条約**〔にちべいしんあんぜんほしょうじょうやく〕）⑦ 1960年1月、岸首相が訪米、調印。10条。新しく経済協力も約束され、アメリカの日本防衛義務、在日米軍の日本と極東での軍事行動に関する事前協議制、条約期限10年などを規定。日本も自衛力増強を義務づけられた。
　　　　　　　　　　　日本防衛義務〔にほんぼうえいぎむ〕 ⑦
　　　　　　　　　　　　「極東」の範囲〔きょくとうのはんい〕 ①
　　　　　　　　　　　　　事前協議制〔じぜんきょうぎせい〕 ⑥

：日米地位協定〔にちべいちいきょうてい〕 ② 1960年、新安保条約に基づいて、日米行政協定を引き継ぐ。日本に駐留する米軍の日本国内における地位、施設・区域の使用などを具体的に定めた。

安保闘争〔あんぽとうそう〕 ⑦ 1959〜60年の安保条約の改定反対運動。革新勢力を結集した安保改定

阻止国民会議を中心に、反対運動が展開された。特に1960年5月、自民党が条約批准を強行採決すると激化。国会へは全国の大学自治会で組織された全学連などが連日デモをかけ、6月15日には国会に突入し、機動隊との衝突で東大生樺美智子が死亡した。予定されていたアイゼンハワー米大統領の訪日も中止。7月、岸内閣は総辞職。

全学連（全日本学生自治会総連合）③

樺美智子①

：安保改定阻止国民会議①：安保闘争の推進母体。1959年3月、社会・共産両党をはじめ、総評などの労働組合など134団体の代表が集まって結成。

保守政権の安定

池田勇人⑦ 1899～1965 広島県出身。大蔵省官僚として出発。1949年、第3次吉田内閣の蔵相（当時）となり、税制改革を推進。岸内閣の通産相（当時）を経て内閣を組織し、「所得倍増」をとなえて高度経済成長政策を推進した。

池田内閣⑦ 自由民主党の総裁池田勇人の内閣で、第1次（1960.7～60.12）・第2次（1960.12～63.12）・第3次（1963.12～64.11）と続く。「寛容と忍耐」をとなえ、岸内閣時の安保改定をめぐる政治的対立の克服をめざした。最初の女性大臣も実現。IMF8国国への移行や貿易の自由化を推進。特に経済の高度成長を促進。 **「寛容と忍耐」⑤**

(国民)所得倍増政策⑦ 1960年、池田内閣が打ち出した経済成長率を著しく高めようとする政策。1961～70年間に一人当たりの国民総生産（GNP）を2倍にしようということを、国民にわかりやすく「所得倍増」と表現した。

LT貿易④ 1962年、中国のアジア・アフリカ連帯委員会主席廖承志と日本の訪中経済使節団長高碕達之助の間で覚書が調印され、これにより始まった日中準政府間貿易のこと。LT貿易の名称は廖・高碕の名の頭文字をとったもの。日中貿易は1952年の第一次貿易協定以来、民間貿易として行われていたが、第2次池田内閣は「政経分離」の方針で、準政府間の方式となった。

廖承志② **高碕達之助②**
「政経分離」①
準政府間貿易①

佐藤栄作⑦ 1901～75 山口県出身。岸信介の実弟。運輸次官から政界に入り、池田勇人と並んで吉田茂に重んじられ、自民党・政府の要職を歴任。1964年から7年8カ月の長期政権を維持。1974年、ノーベル平和賞を受賞。

佐藤内閣⑦ 自由民主党総裁佐藤栄作が、第1次（1964.11～67.2）・第2次（1967.2～70.1）・第3次（1970.1～72.7）と組閣。第1次内閣で日韓基本条約調印、2次で小笠原諸島返還実現、3次で沖縄の祖国復帰を実現して退陣した。

日韓会談② 1951年に吉田内閣が李承晩政権と交渉を開始。翌1952年の第1次会談から交渉は断続的に続けられ、64年末からの第7次会談で合意。佐藤内閣は日韓基本条約と、漁業、請求権・経済協力、在日韓国人の法的地位、文化協力の4協定に調印した。 **日韓4協定③**

日韓基本条約② 1965年6月、佐藤内閣が朴正煕政権との間で調印。両国の外交関係の再開、韓国併合条約などの失効を確認、韓国政府を「朝鮮にある唯一の合法的な政府」とする、国連憲章の遵守などを規定している。

：朴正煕① 1917～79 軍人。1961年、韓国軍事革命を指導。1963年に民主共和党から大統領に当選。強権政治と政治腐敗などへの反発が高まり、1979年10月に暗殺される。

非核三原則④ 被爆国である日本が、原子爆弾などの核兵器を「もたず、つくらず、もち込ませず」という方針を堅持しようと掲げた方針。1967年に佐藤首相が国会答弁で示した。

小笠原諸島の返還⑤ 1968年4月に返還協定を調印。1951年の平和条約で、アメリカの施政権下におかれた小笠原諸島も、6月に返還が実現した。行政区域は東京都。

琉球政府① 戦後、沖縄には琉球アメリカ軍政府がおかれ、1946年に日本人を知事とする沖縄民政府が発足した。1952年、アメリカ軍政府は琉球列島アメリカ民政府に代わり、その下に琉球政府をおいた。琉球政府の立法院（議会）は公選だが、行政主席はアメリカ民政府長官が任命した。さらに1957年には、最高責任者として米軍人の高等弁務官がおかれることになった。

土地収用令① 1953年、アメリカ軍が出した強制的な土地使用法。住民が借地料一括払いに反対すると、借地をアメリカ軍の所有地に強制転換し、新規の土地接収を

勧告するプライス勧告を1956年に公表し、沖縄住民の抵抗（島ぐるみ闘争）が激化した。

島ぐるみ闘争 ③

嘉手納基地 ③ 沖縄県の嘉手納町・沖縄市・北谷町・那覇市・糸満市にまたがる極東最大の規模を誇るアメリカ空軍基地。総面積約20km²、4000m滑走路を2本を有し、200機近くの軍用機が常駐する。

祖国復帰運動 ⑥ アメリカ施政権下にあり、嘉手納基地など多くの基地を有する沖縄で起きた、日本復帰を求める運動。1951年、沖縄群島議会は日本復帰を決議し、同年の日本復帰促進成会と60年の沖縄県祖国復帰協議会が母体となり、1960年代に活発化した。本土でも1956年に超党派の沖縄問題解決国民運動が始まった。

：沖縄県祖国復帰協議会 ② アメリカ施政権の下、沖縄の人々の平和と祖国復帰への願いは1950年代後半から次第に強まった。1960年には、教職員会や沖縄県青年団協議会、沖縄県官公庁労働組合が中核となって、ほとんどの政党や団体を網羅して結成された。

：琉球政府主席公選 ① 1968年、初めて琉球政府主席公選が実施され、革新勢力の屋良朝苗が当選した。

屋良朝苗 ①

日米共同声明《佐藤内閣》 1969年11月、佐藤首相が訪米し、佐藤・ニクソンの日米首脳による会談の結果、発表した声明。安保堅持の上で、1972年「核抜き・本土並み」の沖縄返還に合意した。

日米首脳会談 ④
佐藤・ニクソン会談 ③

：「核抜き・本土並み」 ④「核抜き」は沖縄のすべての米軍基地から核弾頭を撤去することを意味しているが、核兵器を搭載した艦船や航空機が立ち寄らないことを意味しない。「本土並み」とは、沖縄の米軍基地が本土の基地と同じ安保条約の諸取決めの適用を受けることを意味するが、米軍基地を本土と同水準に減らすという意味ではない。

沖縄の祖国復帰 ⑦ 1960年代に祖国復帰運動が高まり、67年佐藤首相とジョンソン米大統領との会談で、3年内の返還決定が合意。1968年に琉球政府主席公選、69年に日米共同声明の発表、70年に国政参加選挙、71年沖縄返還協定に調印、72年5月に返還が実現した。

沖縄返還協定 ⑦ 1971年6月17日、ワシントンと東京で調印。1972年5月15日発効。アメリカは施政権を日本に返還したが、軍事基地は改めて使用権を得たので、沖縄県民は強く反発した。

平和の礎 ① 沖縄では戦後最初の慰霊碑として「魂魄の塔」や沖縄県立第一高等女学校や沖縄師範学校女子部の犠牲者を慰霊する「ひめゆりの塔」など約400の慰霊碑が建てられていた。1995年、戦後50年を期してつくられた沖縄県出身の戦争犠牲者及び県内外の沖縄戦犠牲者23万余人の碑。沖縄県糸満市の平和祈念公園内にある。1975年には平和祈念資料館も開かれた。

「魂魄の塔」 ①
「ひめゆりの塔」 ①

沖縄少女暴行事件 ② 1995年9月、沖縄に駐留するアメリカ海兵隊員2名と海軍軍人1名が帰宅途中の12歳の女子小学生を暴行した事件。沖縄県警は3人の身柄引渡しを要求したが、日米地位協定によって拒否され、沖縄県民の怒りがわきあがった。10月、8万5000人の大抗議集会が開かれた。

アメリカ軍ヘリ墜落事故 ② 2004年8月、普天間基地所属のアメリカ海兵隊の軍用ヘリが沖縄国際大学の本館ビルに墜落、爆発・炎上した。アメリカ軍が大学構内に入り立ち入り禁止とし、一時的にアメリカ軍の管理下においたことが大問題となった。

普天間基地移設問題 ③ 沖縄県宜野湾市にあるアメリカ海兵隊の基地。住宅密集地の中にあるため、「世界一危険な基地」といわれる。1996年、普天間基地を日本へ返還する日米合意がなされ、1999年、名護市のキャンプ＝シュワブ沖への移設が決まった。2010年の日米会談で移設先を名護市辺野古とする共同文書が発表された。

辺野古移転 ①

多党化現象 ① 1960〜70年代に政界にみられた現象。自民党が長期政権を維持する中で、野党側は社会党が伸び悩み、民主社会党・公明党などが新しく台頭し、共産党も次第に党勢を伸ばしたことを多党化現象と表現。

民主社会党 ③ 1959年10月、社会党の右派が脱党し、60年1月に結成した政党。初代党首は、昭和電工事件で逮捕された西尾末広。1969年、民社党と改称。1994年に解党して新進党に参加するが、97年に民主党に参加。

民社党 ③

：全日本労働総同盟 ① 1964年に結成された労働組合の団体。「自由にして

民主的な労働組合」を旗印に、日本社会党を支持する日本労働組合総評議会(総評)に対抗した。政党としては民社党を支持した。

公明党こうめいとう ③ 創価学会を母体とした政党。創価学会は、1956年以降参議院へ進出、61年公明政治連盟を結成。1964年11月に公明党。初代委員長は原島宏治はらしまこうじ。1994年分党して大半が新進党に参加、97年民主党などに復актив했다。1998年11月に復活。1999年から自民党と連立し政権与党となる。

　：**創価学会**そうかがっかい ① 日蓮正法を奉じる信者団体。1930年、牧口常三郎まきぐちつねさぶろうが創価教育学会として創設、46年に現名に改めた。

新左翼しんさよく ② 革新政党の活動に飽き足らず、直接行動などの過激な運動によって社会革命をめざす活動家の総称。全学連の過激派などが中心。1969年10月21日の国際反戦デーには大規模な行動を展開。

ベトナム反戦運動はんせんうんどう ② 日本がベトナム戦争を戦う米軍の後方基地になり、日本もベトナム戦争に加担しているという意識から、反戦運動は市民運動として高まった。1965年にはベ平連が活動を始めた。

ベ平連べいれん ③ 1965年に生まれたベトナム反戦運動の組織。小田実らがつくった「ベトナムに平和を！市民連合」の略称。1969年には東京新宿で「反戦フォーク演奏会」(新宿フォークゲリラ)を毎週土曜日に開いた。

　：**小田実**おだまこと ② 1932〜2007　東大卒業後、フルブライト奨学生としてアメリカに留学。その後、世界各地を貧乏旅行した見聞記『何でも見てやろう』はベストセラーとなる。普通の市民の立場から小説を書き、反戦運動にかかわり、ベ平連をリードした。

　　　　　　『何でも見てやろう』なんでもみてやろう ①

② 経済復興から高度経済成長へ

朝鮮特需と経済復興

特需とくじゅ ⑦ アメリカ軍の特別需要のこと。朝鮮戦争を契機として起こったので朝鮮特需といい、武器・車両の修理や弾薬の製造が中心。1950〜53年の朝鮮戦争の4年間に特需景気が発生したが、最初の1年は繊維や鋼材が多かったので、「糸へん・金へん景気」ともいわれた。1960年代にもベトナム戦争のベトナム特需が発生した。

　　　朝鮮特需ちょうせんとくじゅ ④　**特需景気**とくじゅけいき ⑤
日本輸出入銀行にほんゆしゅつにゅうぎんこう ① 1951年、輸出振

興を図るため、日本輸出銀行として設立。1952年、輸入金融業務を加えて改称。

　　　　　日本輸出銀行にほんゆしゅつぎんこう ①
企業合理化促進法きぎょうごうりかそくしんほう ① 1952年、外国メーカーの援助を受け、機械・設備の近代化を図るための助成をめざした法。

電源開発株式会社でんげんかいはつかぶしきがいしゃ ① 戦時体制下の日本発送電体制から、1951年、東北・東京などの地域別に分けた9電力会社が設立された。しかし、なおも続く電力不足を補うため、52年、各電力会社に電力を卸売する特殊法人として設立された。佐久間ダム(静岡県)や奥只見おくただみダム(新潟県と福島県境)などの大水力発電所を建設した。

　　　地域別9電力体制ちいきべつきゅうでんりょくたいせい ②
　　　　　佐久間ダムさくまだむ ①
　　　　　奥只見ダムおくただみだむ ①

　：**日本発送電体制**にほんはっそうでんたいせい ① 1938年に成立した電力国家管理法によって、国策会社の日本発送電会社を設立し、各電力会社の経営を戦時統制しようとした体制。

川崎製鉄かわさきせいてつ ① 川崎造船所から発展した川崎重工業の鉄鋼部門で、1950年に独立した。1953年、千葉県臨海部の埋立地に銑鋼一貫の千葉製鉄所を建設し、発展した。

計画造船けいかくぞうせん ① 日本の造船業を発展させるために、政府が資金を供給して、船会社が安定して計画的に船を発注できるようにした政策。

国際通貨基金こくさいつうかききん(ＩＭＦ)　→ p.339
ＧＡＴＴガット(関税及び貿易に関する一般協定かんぜいおよびぼうえきにかんするいっぱんきょうてい)　→ p.339
ガリオア資金しきん(占領地行政救済資金せんりょうちぎょうせいきゅうさいしきん)　→ p.341

高度経済成長

高度経済成長こうどけいざいせいちょう ⑦ 経済成長率が著しく高いこと。日本は1955年から約20年間にわたり、技術革新・設備投資が大いに進み、年平均10%前後の成長率を示した。この過程で第2次・第3次産業の地位が高まり、産業構造が高度化した。

神武景気じんむけいき ④ 1955〜57年の好景気が、日本の天皇家が始まった神武天皇以来の好景気ということでついた名称。ＭＳＡ協定や朝鮮復興資材の輸出、世界的な好況などの影響による好景気。しかし、その反動で翌1958年の景気落ち込みを、なべぞこ不況と呼ぶ。

　：**神武天皇**じんむてんのう　→ p.45

岩戸景気〔いわとけいき〕④ 1958～61年の好景気をいう。神武景気をしのぐ大型のものであったところから、歴史以前の神話時代の天照大神の天岩戸〔あまのいわと〕出現以来、このような好景気は経験したことはないという意味。

オリンピック景気〔けい〕① 1963～64年、東京オリンピックに刺激されて起こった好景気。経済成長率は10～13%に達した。

いざなぎ景気〔けい〕⑤ 1966～70年の長期間続いた好景気。日本列島が誕生した国生み神話の伊弉諾尊〔いざなぎのみこと〕の時にさかのぼってもこのような好景気は経験したことはなかったという意味。

経済白書〔けいざいはくしょ〕⑦ 1947に経済安定本部が発行し始め、55年に経済企画庁が継承した年次経済報告書。1956年に「もはや戦後ではない」と記した。 **経済企画庁**〔けいざいきかくちょう〕 ：「もはや戦後ではない」① 日本経済が戦後の混乱や復興という時代から新たな経済発展を検討する時代に入ったことを象徴した言葉。

技術革新〔ぎじゅつかくしん〕⑥ 製品の生産・加工の技術や機械を絶えず新しくして生産力を高めること。日本では1956年度の経済白書以来、この言葉が使われるようになった。技術革新で大企業に成長した例として、松下幸之助の松下電器産業（現、パナソニック）、本田宗一郎の本田技術研究所、井深大〔ぶか〕・盛田昭夫の東京通信工業（現、ソニー）など。 **松下電器産業**〔まつしたでんきさんぎょう〕①

設備投資〔せつびとうし〕⑥ 工場や機械などの生産設備を最新のものにするための投資。技術革新と並んで日本経済の高度成長を支えた。設備投資ブームは、「投資が投資を呼ぶ」という形で高まった。

中堅企業〔ちゅうけんきぎょう〕① 部品製造において独自の技術を確立し、その部門で大きなシェアを占めるまでに至った中小の優良企業。 ：**中小企業近代化促進法**〔ちゅうしょうきぎょうきんだいかそくしんほう〕① 1963年に制定。中小企業をめぐる経済事情の変化に対処し成長発展を図るため、中小企業の近代化を促進する法律。 ：**中小企業基本法**〔ちゅうしょうきぎょうきほんほう〕① 1963年に制定。中小企業に関する施策の基本理念、基本方針を定めた法律。

国民総生産〔こくみんそうせいさん〕**（GNP）** Gross National Product ④ 同一国籍の国民が国の内外で生産した全生産物の価額から、原材料などの中間生産物価額を控除したもの。一国の経済力の大きさを示す。日本は1968年、アメリカについで世界第2位の経済大国に成

長した。これに対し、国籍を問わず、一国内での最終生産物の全価額を国内総生産（GDP＝Gross Domestic Product）という。国連の勧告で、日本は1993年以降、GNPからGDP中心の資料に切り換えた。

生産性向上運動〔せいさんせいこうじょううんどう〕① 労使協調で労働の生産性向上を図る運動。アメリカに起こり、日本も1955年に日本生産性本部を設けて推進。労働省も職場で無欠点（ZD）運動や品質管理（QCサークル）などの小集団活動を展開。 **無欠点（ZD）運動**〔むけってん（ゼットディー）うんどう〕① **品質管理（QCサークル）運動**〔ひんしつかんり（キューシーサークル）うんどう〕① ：**日本生産性本部**〔にほんせいさんせいほんぶ〕② 生産性向上運動を推進する中心機関。1955年、財界諸団体が政府の援助を得て設立。労使協調・失業防止・成果の公正配分という生産性3原則を掲げる。

日本的経営〔にほんてきけいえい〕④ 高度経済成長期に定着した日本独自の経営方式。一般に、最初に就職した企業で退職するまでつとめる終身雇用制、年齢と共に賃金が上昇する年功序列型賃金制、労使協調主義を特色とするが、企業自体が法人株主として利益を追求する法人資本なども特色とされる。 ：**終身雇用制**〔しゅうしんこようせい〕④ 企業が新しく学校を卒業した者を正規の従業員として雇い、特別の事情がない限り、定年まで雇用する制度。労働者の企業定着度を高める役割を持った。 ：**年功序列型賃金**〔ねんこうじょれつがたちんぎん〕④ 賃金が労働者自身の能力や業績にとらわれず、年齢や勤続年数に応じて上昇していく日本特有の制度。労働者の企業定着度を高めた。 ：**企業別労働組合**〔きぎょうべつろうどうくみあい〕① 企業または事業所別に組織された労働組合。日本の組合の大部分はこの形態をとる。そのため組合は企業と利害関係が一致することが多く、労使協調をとることが多い。 **労使協調**〔ろうしきょうちょう〕③

産業構造の高度化〔さんぎょうこうぞうのこうどか〕③ 第一次産業から第二次産業や第三次産業へ、産業生産額や産業従事者数などの比重が移ること。 ：**第一次産業**〔だいいちじさんぎょう〕④ 農業・牧畜業・林業・水産業など自然から生産物を獲得する産業。 ：**第二次産業**〔だいにじさんぎょう〕② 鉱山業・建設業・製鉄や機械などの製造業。 ：**第三次産業**〔だいさんじさんぎょう〕② 商業・金融保険業・運輸通信業・電気ガス水道供給業・各

種サービス業など、第一次産業・第二次産業以外のサービス生産活動を主体とするすべての業種を含む。

集団就職しゅうだんしゅうしょく ⑤ 高度経済成長の中で、農村の中学校を卒業したばかりの若者が、集団で都会の企業などに就職すること。企業にとっては将来の重要で貴重な労働力となる「金の卵」であった。　　**「金の卵」**きんのたまご ②

エネルギー革命かくめい ⑥ 1950年代後半から60年代にかけて、中東の安価な石油が輸入されて石炭から石油や火力発電や工場用エネルギー源が転換されたことをいう。

　：三井三池炭鉱争議みついみいけたんこうそうぎ ④ 1960年1〜11月、282日間にわたった大争議。三池闘争とも呼ぶ。エネルギー革命で石炭産業は需要がなくなり斜陽しゃよう産業化し、炭鉱の整理が進んだ。その中で、1959年12月、三井鉱山三池鉱業所が大量の指名解雇を通告したことに始まる。労働組合側が解雇を容認し、組合の敗北で終結した。
　　　三井鉱山三池工業所みついこうざんみいけこうぎょうしょ ②
　　　　　　　斜陽産業しゃようさんぎょう ①

春闘しゅんとう ② 春季闘争の略称。私鉄・電機・繊維・造船・鉄鋼などの産業別組合（単産）が、毎年3月頃に共同歩調で賃上げ要求統一行動。1956年から総評指導で定着。1964年、池田首相と太田薫総評議長は、公務員給与を民間に準じることに合意し、労働者の賃金上昇に貢献。
　　　　産業別組合さんぎょうべつくみあい**（単産）**たんさん ①
　：日本労働組合総評議会にほんろうどうくみあいそうひょうぎかい**（総評**そうひょう**）** → p.342

戦後初の赤字国債せんごはつのあかじこくさい ② 赤字国債は、日本の財政赤字を補填するために発行される。国の借金である赤字国債の発行は1年限りで認める特例法によらねばならない。1965年、佐藤栄作内閣が前年のオリンピック東京大会後の不況による財政収入の悪化で発行。

食糧管理制度しょくりょうかんりせいど ② 米・麦などの主要食糧を政府が統制・管理する制度。1939年の米穀配給統制法の制定に始まり、42年の食糧管理法で行う。政府が生産者（農家）からの買取り米価と消費者への販売米価を決めた。これによって、政府は生産者米価を引き上げることで農家の自民党支持をつなぎとめた。

農業基本法のうぎょうきほんほう ⑦ 1961年、第2次池田内閣が公布。米作から商品作物への転換による食糧需要に応じた農業と農家の所得水準の向上をめざした。農業の機械化や作付面

積の拡大による農家経営の自立・育成による農業構造の改善を図る法律。
　　　農業構造改善事業のうぎょうこうぞうかいぜんじぎょう ①
　：農業協同組合のうぎょうきょうどうくみあい**（農協**のうきょう**）**→ p.334
　　　　　● ● ● ●

開放経済体制かいほうけいざいたいせい ① 貿易品や資本の自由な対外取引が認められている経済体制。日本はGATT11条国・IMF8条国への移行、OECD加盟によってこの体制が進んだ。
　：ＧＡＴＴガット**（関税及び貿易に関する一般協定**かんぜいおよびぼうえきにかんするいっぱんきょうてい**）** → p.339
　：ＧＡＴＴ11条国じゅういちじょうこく ④ GATTは1947年に発足、日本は55年に加盟。規約第11条による国は、貿易収支が赤字になるという理由で輸入制限ができないことになっている。日本は1963年に11条国となった。
　：国際通貨基金こくさいつうかききん**（ＩＭＦ）** → p.339
　：ＩＭＦ8条国アイエムエフはちじょうこく ⑥ IMF協定第8条を義務づけられた国。国際収支を理由に外貨の支払いを停止したりするなどの為替管理を行うことができない国のこと。日本は、1963年まで14国で為替管理を認められたが、64年に8条国に移行した。
　：経済協力開発機構けいざいきょうりょくかいはつきこう**（ＯＥＣＤ）** ⑥ Organization for Economic Cooperation and Development　1961年、ヨーロッパ経済協力機構が発展・改組。自由主義諸国の発展途上国の援助や開発を促進させるための機関。1964年に日本も加盟し、資本の自由化を促進した。

為替の自由化かわせのじゆうか ④ 1960年、第2次岸内閣は、貿易・為替自由化計画大綱を作成。当時40％だった自由化率は、1963年には92％に、77年には97％になった。
　　　　　　　　貿易の自由化ぼうえきのじゆうか ③
　：貿易・為替自由化計画大綱ぼうえき・かわせじゆうかけいかくたいこう ① 1960年6月、日本政府の貿易・為替自由化閣僚会議が決定した綱領。1959年の実績で40％だった自由化率を3年後には80％に引き上げようとした計画。実際には海外からの強い圧力で貿易自由化はこの計画以上に進展した。

資本の自由化しほんのじゆうか ④ 外国資本の流出入の制限をなくし、自由にすること。日本は国内企業を保護するため、外資導入を禁じていたが、OECDへ加盟したことで、資本取引の自由化を義務づけられ、外国資本が日本国内で企業活動ができるようになった。

三菱重工の再合併みつびしじゅうこうのさいがっぺい ① 艦船・機械・航空機製造の三菱重工業は、財閥解体

で3社に分割されたが、1964年、新三菱重工業・三菱日本重工業・三菱造船3社が合併して三菱重工業が再発足した。国際競争力を強めるための大型合併の典型例。

新日本製鉄しんにほんせいてつ ① 1970年、財閥解体で戦前の日本製鉄が分割された八幡製鉄・富士製鉄の両社が合併してできた日本最大の鉄鋼会社。合併当時の生産規模は世界1位となった。三菱重工の再合併と共に、企業の大型合併の典型例。

八幡製鉄やはたせいてつ《戦後》①
富士製鉄ふじせいてつ①

企業集団きぎょうしゅうだん ③ 開放経済体制の下で、国際競争激化に対応し、六大都市銀行が系列企業への融資を通じて形成された企業グループ。社長会による情報の共有による企業活動の相互依存と活性化、株式の持合いにより結束した。六大銀行(六大企業集団)は三井・三菱・住友・富士・三和・第一勧銀(1971年第一と勧銀の合併)。

六大銀行ろくだいぎんこう①
三井みつ**・三菱**びし**・住友**とも**・富士**じ**・三和**わ**・第一勧銀**だいいちかんぎん②
六大企業集団ろくだいきぎょうしゅうだん①

：**都市銀行**としぎんこう ① 明確な定義はないが、全国的な営業基盤を持ち、大企業に対する取引が多い銀行のこと。

大衆消費社会の誕生

大衆消費社会たいしゅうしょうひしゃかい ③ 大量生産による大量消費によって人々の生活が支えられるようになった大衆社会のこと。

石油化学コンビナートせきゆかがくコンビナート ⑦ コンビナートとは、原料・燃料・施設・設備・工場などを計画的に建設した工業地帯。1950年代半ばには、太平洋側を中心に石油関連のコンビナート建設が続き、重化学工業地帯(太平洋ベルト地帯)が出現した。

太平洋ベルト地帯たいへいようベルトちたい⑤

新産業都市建設促進法しんさんぎょうとしけんせつそくしんほう ③ 産業の大都市集中を緩和し、地域の格差を是正する趣旨で、1962年に新産業都市建設促進法を公布。指定された15の地区は、地方開発の拠点となる。第2次池田内閣は、続いて全国総合開発計画を定め、大コンビナートが新産業都市にもつくられるようにした計画。

全国総合開発計画ぜんこくそうごうかいはつけいかく④

兼業農家けんぎょうのうか ② 高度経済成長の中で農業収入のみで生活する専業農家が減少し、農業以外の収入がある兼業農家が急速に増大し

た。農業収入を主とする第1種兼業農家が減少し、農業収入より農業外収入が多い第2種兼業農家が半数を超えた。とうちゃんは都会に出て工場労働者などになったため、じいちゃん・ばあちゃん・かあちゃんの3人で農業を行う「三ちゃん農業」の語が生まれた。

専業農家せんぎょうのうか②
第1種兼業農家だいいっしゅけんぎょうのうか①
第2種兼業農家だいにしゅけんぎょうのうか②
三ちゃん農業さんちゃんのうぎょう②

：**出稼ぎ**でかせぎ《現代》② 高度経済成長期の出稼ぎは成人の農家の男子が農業収入以外の収入を求めて、太平洋ベルト地帯などの労働力として都市へ出ることが多い。

スプロール化か ① 大都市周辺で、電気・ガス・水道などのインフラ整備の建設が追いつかず、無秩序に郊外へ向けて宅地開発が進むこと。

核家族かくかぞく ④ 一組の夫婦と少人数の子どもで構成する家族。家庭第一のマイホーム主義の考え方が広まり、両親が共働きのため、家の鍵を持っている「カギっ子」も増えた。

住宅団地じゅうたくだんち③ 1955年に日本住宅公団が発足してから、各地で集合住宅の建設が進む。大阪の千里せんりニュータウン・泉北せんぼくニュータウンや東京の多摩たまニュータウン・ひばりヶ丘団地など、大規模団地が次々と生まれた。

ニュータウン③

消費革命しょうひかくめい② 1950年代後半からの高度経済成長に伴い、大量生産・大量消費へ日常生活が変化したこと。庶民も電気器具・自動車などの耐久消費財を手に入れ、生活水準が向上し、大衆消費社会が生まれた。

耐久消費財たいきゅうしょうひざい⑥

「三種の神器」さんしゅのじんぎ ⑥「電化元年」でんかがんねんと呼ばれた1953年以降、家庭電化製品が急速に普及。中でも白黒テレビ・電気洗濯機・電気冷蔵庫は、古代からの皇位継承の象徴と伝える宝物にちなんで、「三種の神器」と呼ばれた。

3Cさんシー ⑥ 1960年代後半から70年代にかけて普及したカラーテレビ・クーラー・カー(自動車)のこと。英語の頭文字をとって3Cと称される。「新三種の神器」ともいう。

「新三種の神器」しんさんしゅのじんぎ③

：**マイカー** ② 個人で使用する自動車を所持できた人が、誇らしく自分の自動車をこう呼んだ。

割賦販売制度かっぷはんばいせいど ① 高額な商品の代金を月ごとに割りふって、数カ月・数年をかけて支払う制度。

ディラーシステム ① 自動車を販売する代理店が自動車会社の代わりに販売や修理・保証を担う販売体制。

流通革命（りゅうつうかくめい） ② 高度経済成長期に流通業界に起こった大変化のこと。中間の業者を通さずに流通させることで安価な商品を供給するシステムが構築された現象。小売業界ではスーパーマーケット・コンビニエンスストアが普及し、ディスカウントストアも増えた。その反面、老舗の大デパートの倒産も起こってきた。

：スーパーマーケット ③ それまでの小売店を超える大量の日用品や食料品をそろえ、伸卸しなどの流通をカットし、セルフ＝サービスを導入して安い価格で販売する大規模な販売店。

：中内功（なかうちいさお） ① 1922～2005 1957年、大阪市旭区に「主婦の店ダイエー」を開店。通常価格よりも格段に安い価格を設定し、価格破壊で流通革命を起こした。

ダイエー①

モータリゼーション ③ 自動車が生活の中に入り込み、交通手段の主力になること。高度経済成長期に自家用車が急速に普及して「マイカー時代」が到来し、高速道路網の建設も始まり、日本が自動車社会になったこと。

：高速道路（こうそくどうろ） ⑤ 1965年、最初の自動車専用高速道路として、名神高速道路（小牧・西宮間）が開通。以後、1969年に東名高速道路が全通。その後、中国・東北・関越・北陸・九州など、全国に高速道路網が形成されていった。

名神高速道路（めいしんこうそくどうろ）③
東名高速道路（とうめいこうそくどうろ）②

：首都高速道路（しゅとこうそくどうろ） ② 1964年、オリンピック東京大会の基盤整備の一環として、東京都心部につくられた自動車専用道路。法的には高速道路ではない。

新幹線（しんかんせん） ⑦ 1964年10月、オリンピック東京大会直前に東海道新幹線が営業を開始。標準軌を用い、自動列車制御装置など最新の技術を導入した高速鉄道。開業時は東京・新大阪間を約4時間でつないだ。その後、山陽・東北・上越・長野・山形・秋田・九州新幹線が開通した。

東海道新幹線（とうかいどうしんかんせん）④

モノレール ① 1本のレールで走る鉄道。レールをまたぐ跨座式とレールに吊り下がる懸垂（けんすい）式がある。新しい都市交通機関として、1964年、東京で羽田空港に接続する跨座式モノレールが初めての旅客輸送路線として開通。その後、各地で続々と出現した。

食糧管理特別会計（しょくりょうかんりとくべつかいけい） ① 米や麦などの主要食糧を農家から買い上げ、消費者に売り渡すための特別会計。農家収入を保障するために買上げ価格が上昇する一方、消費者には安く売り渡したため、特別会計の赤字累積が増大した。1969年以降、赤字解消のため、管理が緩和され、政府を通さない自主流通米が承認された。

減反政策（げんたんせいさく） ③ 農村を政権基盤としていた自民党政権は、米の政府買入れ価格を高くしたが、生活の洋風化などで米の消費量は減少し、食糧管理特別会計は赤字となった。その対策として、米の作付面積を強制的に制限する減反を行った。しかし、ほかの作物への作付転換がうまく行かないことも多く、耕地が荒廃することが多かった。

インスタント食品（しょくひん） ③ お湯を注ぐだけで食べられる日清チキンラーメンの発売は1958年、容器が一体となったカップヌードルの発売は1971年。温めればそのまま食べられるレトルト食品である大塚のボンカレーは1968年に発売された。

外食産業（がいしょくさんぎょう） ① 1970年、最初のファミリーレストラン・スカイラーク1号店が府中市（店名は国立店）に開店した。1971年、東京の銀座4丁目の銀座・三越1階にマクドナルド1号店が開店した。

● ● ●

中間小説（ちゅうかんしょうせつ） ② 第二次世界大戦後の造語で、純文学と大衆小説の両方の要素をあわせ持つ小説。松本清張の社会派推理小説、有吉佐和子の社会派小説、司馬遼太郎の歴史小説などがある。

社会派推理小説（しゃかいはすいりしょうせつ）①

：松本清張（まつもとせいちょう） ⑤ 1909～92 北九州市に生まれ、朝日新聞社社員時代に芥川賞を受賞。1957年の『点と線』で、社会派推理小説の分野を確立。多くの推理小説のほか、時代小説・政治小説・ノンフィクションなどを書いた。

『点と線』（てんとせん）①

：司馬遼太郎（しばりょうたろう） ④ 1923～96 大阪府生まれの作家。多くの歴史小説を書き、独特の歴史観を示す。特に幕末～維新期の人物像を描く。代表作に『竜馬がゆく』『坂の上の雲』などがある。

『竜馬がゆく』（りょうまがゆく）①

三島由紀夫（みしまゆきお） ② 1925～70 東京都生まれの作家、本名平岡公威（きみたけ）。1949年の自伝的小説『仮面の告白』が出世作で、『潮騒』（しおさい）

『金閣寺』など美的探求を続けた。1968年「楯の会」を組織、70年に東京市ヶ谷の自衛隊駐屯地で割腹自殺した。

『仮面の告白』⑩

大江健三郎 ⑤ 1935〜2023 愛媛県生まれの作家。東大在学中の1958年、戦後の閉塞感を象徴する『飼育』で芥川賞を受賞した。主な作品に『個人的な体験』などがある。1994年にノーベル文学賞を受賞した。

高橋和巳 ② 1931〜71 大阪府生まれの作家。1960年代に『悲の器』『邪宗門』『憂鬱なる党派』などの小説を発表。大学紛争時代の全共闘世代にはファンが多く、圧倒的な精神的影響を与えた。

石原慎太郎 ① 1932〜2022 神奈川県生まれの作家・政治家。一橋大学在学中の1956年に発表した『太陽の季節』が第34回芥川賞を受賞。1950年代当時、まだ貧しい社会状況から隔絶した夏の湘南の海辺の裕福で自由奔放な若者の姿を描いて衝撃を与えた。それらの若者を太陽族と呼んだ。

『太陽の季節』①

テレビ放送 ④ 1953年2月1日、NHKがテレビ本放送を開始。8月28日には民間のテレビ放送も始まる。当初は高価で家庭ではテレビを購入できず、新宿や新橋などの駅前広場に街頭テレビが設置され視聴した。1951年にラジオの民間放送も始まる。カラーテレビの放送は、1960年から始まった。

街頭テレビ①

：**東京タワー** ① 1958年、東京に建設されたテレビ塔。地上333mの高さを誇った。

テレビアニメ ① 漫画月刊誌や漫画週刊誌に掲載されていた「鉄腕アトム」「鉄人28号」「エイトマン」「サザエさん」などがアニメーション化されてテレビで放映された。1962年から放映された「鉄腕アトム」が最初。

力道山 ① 1924〜63 1949年、大相撲を関脇で廃業し、プロレスラーとなる。必殺の空手チョップが武器。世界タッグ＝チャンピオンのシャープ兄弟、鉄人といわれたル＝テーズと共にヒール（悪役レスラー）のタイガー＝ジェット＝シンやザ＝デストロイヤーを招き、日本人にヒーローとヒールが戦うプロレスの面白さを伝え、プロレス興業の礎を築いた。テレビのプロレス中継は絶大な人気を誇った。

プロレス中継①

長嶋茂雄 ② 1936〜 立教大学在学中の東京六大学野球時代から強打者として知ら

れ、1958年、巨人軍に入り、三塁を守って本塁打・打点王となり、新人王となる。以来、王貞治と共に巨人軍のON時代を築き、1966〜74年まで巨人軍の9年間の連続優勝（V9という）の立役者となり、74年に引退した。2021年文化勲章を受賞。

大鵬 ① 1940〜2013 戦後の名力士、48代横綱。1961年9月場所後、柏戸と共に横綱に昇進。「柏鵬時代」といわれ、大相撲の人気を高めた。優勝回数32回。子どもたちの人気は絶大で、当時の子どもの好物は「巨人、大鵬、玉子焼き」といわれた。

中流意識 ④ 上流でも下層でもなく、人並みの生活階層に属しているとの意識。日本人の80〜90％が中流意識を持った。高度経済成長と消費革命が進展する中で、国民の大部分が同じような生活様式・感覚を持ったという意識から生じた。

受験戦争 ① 高度経済成長期に進学熱が過熱、受験競争の激化をいう。その中で無気力・無関心・無責任の「三無主義」も広がった。

「三無主義」①

大学紛争（学園紛争） ③ 1968年の東大医学部の紛争を発端に、翌年にかけて全国的に波及し、大学の存在意義とその改革を求めた全共闘の学生による大学の占拠・休校が続いた。特に日本大学と東京大学で激しく展開され、東大では1969年1月、学生が籠城した安田講堂をめぐって機動隊と激しい攻防が行われた。安田講堂の落城後、次第に沈静化していった。

カウンター＝カルチャー ① 1960年代のアメリカで生まれた若者たちの文化。既存の価値観による伝統的・支配的な大人の文化を否定し、それに対抗・挑戦した文化。音楽ではロック、映画ではニューシネマ、行動ではヒッピーに代表される。

朝永振一郎 ④ 1906〜79 物理学者。量子力学を研究し、超多時間理論を完成。1952年に文化勲章を受け、65年にノーベル物理学賞を受賞。

江崎玲於奈 ② 1925〜 物理学者。半導体の理論をもとにエサキダイオードを開発。1973年にノーベル物理学賞を受賞、74年に文化勲章を受賞した。

オリンピック東京大会 ⑦ 1964年10月10〜24日に、東京で開かれた第18回オリンピック大会。1940年の東京大会が戦争で中止されたので、アジア最初の大会となる。参加93の国と地域、参加人員5152人。

日本万国博覧会 ⑥ 1970年3〜9月、

大阪府吹田市千里丘陵で開催。大阪万博といわれる。国際博覧会条約に基づく世界的な博覧会。統一テーマは "Progress and Harmony for Mankind"（人類の進歩と調和）。略称は EXPO'70。中央広場にそびえる岡本太郎の「太陽の塔」がシンボルであった。2005年には愛知万博が開かれた。

大阪万博<ruby>大阪万博<rt>おおさかばんぱく</rt></ruby>②

原子力基本法<ruby>原子力基本法<rt>げんしりょくきほんほう</rt></ruby>　①1955年に制定。同年11月、日米原子力協定が結ばれ、濃縮ウランを受け入れ、平和利用に限定して原子力の研究・開発をすることを規定した。

日本原子力研究所<ruby>日本原子力研究所<rt>にほんげんしりょくけんきゅうじょ</rt></ruby>　①1956年に茨城県東海村に設立。原子力開発の研究・実験と平和利用を促進するための特殊法人の研究所。

日本原子力発電東海発電所<ruby>日本原子力発電東海発電所<rt>にほんげんしりょくはつでん</rt></ruby>①1966年、日本で初めての商業用原子力発電所として営業運転を開始。東海発電所の建設・運転により得られた技術と経験は、その後の日本の原子力発電技術の基礎を築いた。1998年、営業運転を停止した。

日本のノーベル賞受賞者

1949年・湯川秀樹<ruby>湯川秀樹<rt>ゆかわひでき</rt></ruby>（物理学賞）、1965年・朝永振一郎<ruby>朝永振一郎<rt>ともながしんいちろう</rt></ruby>（物理学賞）、1968年・川端康成<ruby>川端康成<rt>かわばたやすなり</rt></ruby>（文学賞）、1973年・江崎玲於奈（物理学賞）、1974年・佐藤栄作（平和賞）、1981年・福井謙一（化学賞）、1987年・利根川進<ruby>利根川進<rt>とねがわすすむ</rt></ruby>（医学・生理学賞）、1994年・大江健三郎（文学賞）、2000年・白川英樹<ruby>白川英樹<rt>しらかわひでき</rt></ruby>（化学賞）、2001年・野依良治<ruby>野依良治<rt>のよりりょうじ</rt></ruby>（化学賞）、2002年・小柴昌俊<ruby>小柴昌俊<rt>こしばまさとし</rt></ruby>（物理学賞）・田中耕一（化学賞）、2008年・南部陽一郎（物理学賞）・小林誠<ruby>誠<rt>まこと</rt></ruby>（物理学賞）・益川敏英<ruby>益川敏英<rt>ますかわとしひで</rt></ruby>（物理学賞）・下村脩<ruby>脩<rt>おさむ</rt></ruby>（化学賞）、2010年・根岸英一（化学賞）・鈴木章<ruby>章<rt>あきら</rt></ruby>（化学賞）、2012年・山中伸弥<ruby>弥<rt>しんや</rt></ruby>（医学・生理学賞）、2014年・赤﨑勇（物理学賞）・天野浩（物理学賞）・中村修二（物理学賞）、2015年・大村智<ruby>智<rt>さとし</rt></ruby>（医学・生理学賞）・梶田隆章<ruby>梶田隆章<rt>かじたたかあき</rt></ruby>（物理学賞）、2016年・大隅良典<ruby>大隅良典<rt>おおすみよしのり</rt></ruby>（医学・生理学賞）、2018年・本庶佑<ruby>本庶佑<rt>ほんじょたすく</rt></ruby>（医学・生理学賞）、2019年・吉野彰<ruby>彰<rt>あきら</rt></ruby>（化学賞）、2021年・真鍋淑郎<ruby>真鍋淑郎<rt>まなべしゅくろう</rt></ruby>（物理学賞）

〰〰〰　**高度経済成長のひずみ**　〰〰〰

過疎化<ruby>過疎化<rt>かそか</rt></ruby>⑦　農・山・漁村から都市への人口移動が激しくなり、農・山・漁村の人口が

減少し、地域社会の活力が低下したこと。

過密化<ruby>過密化<rt>かみつか</rt></ruby>⑥　大都市への人口集中が起こったこと。交通機関のラッシュアワーが厳しくなり、定員の3倍近くが乗車した通勤電車の車両内は通勤地獄ともいわれた。車の交通渋滞や住宅不足も深刻となり、病院も不足し、都市問題が山積した。

通勤地獄<ruby>通勤地獄<rt>つうきんじごく</rt></ruby>①
：交通戦争<ruby>交通戦争<rt>こうつうせんそう</rt></ruby>②　高度経済成長期には交通事故の死者が1年間に1万5000人を超え、戦争での戦死者数のようになったことから、交通戦争と呼ばれた。

公害<ruby>公害<rt>こうがい</rt></ruby>⑦　公害とは生産・消費活動によって発生する自然環境・生活環境への様々な害をいう。産業公害と都市公害があり、健康・生命にかかわる公害病は生活に重大な影響を与えた。四大公害訴訟のほか、各地で多くの問題が発生した。

光化学スモッグ<ruby>光化学スモッグ<rt>こうかがくスモッグ</rt></ruby>①　スモッグとは煙（smoke）と霧（fog）からイギリスでつくられた合成語。光化学スモッグとは、光化学オキシダント濃度が高くなって空気中に白いもやがかかったようになり、それが発生すると目やのどの痛み、頭痛、吐き気、呼吸困難が起きる。光化学オキシダントは、自動車や工場の排気ガスに含まれる窒素酸化物と炭化水素が太陽光の紫外線に反応して発生する酸化力の強い物質。

四大公害訴訟<ruby>四大公害訴訟<rt>よんだいこうがいそしょう</rt></ruby>⑦　熊本県水俣湾周辺の水俣病患者が新日本窒素肥料に、富山県神通川<ruby>神通川<rt>じんづうがわ</rt></ruby>流域のイタイイタイ病患者が三井金属に、新潟県阿賀野川<ruby>阿賀野川<rt>あがのがわ</rt></ruby>流域の新潟水俣病患者が昭和電工に、三重県四日市市のぜん息患者が四日市石油コンビナートに、それぞれ損害賠償を求めた訴訟。1971〜73年にいずれも原告側が勝訴。

：水俣病<ruby>水俣病<rt>みなまたびょう</rt></ruby>⑦　新日本窒素肥料の熊本県水俣工場からたれ流されたメチル水銀に汚染された魚介類を食べた住民の脳内に蓄積されたメチル水銀が障がいを起こした。1956年、最初の患者が発見され、68年公害病に認定。裁判は1969年提訴、73年原告側勝訴で終わった。水俣病は、1965年に新潟でも発生した。世界的な水銀汚染への認識が高まり、2017年、「水銀に関する水俣条約」が発効した。

「水銀に関する水俣条約」<ruby>「水銀に関する水俣条約」<rt>すいぎんにかんするみなまたじょうやく</rt></ruby>①
：イタイイタイ病<ruby>イタイイタイ病<rt>びょう</rt></ruby>⑥　富山県神通川<ruby>神通川<rt>じんづう</rt></ruby>流域で発生した公害病。上流の三井金属神岡<ruby>神岡<rt>かみおか</rt></ruby>鉱山から流出したカドミウムが人体に蓄積され、骨がもろくなる。患者は「痛い、

痛い」と訴えながら死亡した。

：新潟水俣病〈にいがたみなまたびょう〉　⑤　新潟県の阿賀野川〈あがのがわ〉流域で発生した有機水銀中毒。症状は水俣病と類似する。上流の昭和電工鹿瀬〈かのせ〉工場からの排水が原因。

：四日市ぜんそく〈よっかいちぜんそく〉　⑦　三重県四日市市で発生した呼吸器疾患の公害病。石油化学コンビナートの工場群からの排煙が原因。

石牟礼道子〈いしむれみちこ〉　①　日本の小説家。水俣病を扱った『苦海浄土　わが水俣病』がある。

　　　『**苦海浄土　わが水俣病**』〈くがいじょうど わがみなまたびょう〉①

公害対策基本法〈こうがいたいさくきほんほう〉　⑦　1967年制定。大気汚染・水質汚濁など７種の公害を規制し、事業者・国・地方公共団体の責務を明らかにした。1993年、地球環境問題も盛り込んだ環境基本法に引き継がれた。

環境庁〈かんきょうちょう〉　⑦　1970年、政府は中央公害対策本部をおき、71年には環境庁を設置。各省庁のばらばらな公害行政と環境保全政策の一本化を図った。2001年、中央省庁再編で環境省となる。

● ● ●

部落解放運動〈ぶらくかいほううんどう〉　②　被差別部落問題の戦後の呼称。第二次世界大戦後、被差別部落の差別解消運動は、1946年２月、上田音市〈うえだおといち〉・朝田善之助〈あさだぜんのすけ〉・松本治一郎〈まつもとじいちろう〉らによる部落解放全国委員会の結成で再出発し、55年、部落解放同盟（解同）に発展した。その後、1960年に全日本同和会（86年に全国自由同和会）、76年に全国部落解放運動連合会（全解連）も結成された。

　　　部落解放全国委員会〈ぶらくかいほうぜんこくいいんかい〉③
　　　　　　部落解放同盟〈ぶらくかいほうどうめい〉③

同和対策審議会〈どうわたいさくしんぎかい〉　①　1961年、部落解放同盟の運動によって政府が設置。1965年には生活環境の改善・社会福祉の充実を内容とする答申を行った。

同和対策事業特別措置法〈どうわたいさくじぎょうとくべつそちほう〉　②　1969年公布。同和地区の生活環境改善と、福祉向上を図り、制定。1982年より地域改善対策特別措置法に引き継がれ、87年に地域改善対策特定事業に係る国の財政上の特別措置に関する法律（地対財特法）で継承され、92年にさらに５年間延長して終了した。

　　　地域改善対策特別措置法〈ちいきかいぜんたいさくとくべつそちほう〉①
　　　　　　　地対財特法〈ちたいざいとくほう〉①

● ● ●

革新自治体〈かくしんじちたい〉　⑤　革新系の社会党・共産党系の知事・市区町村長が首長となってい

る地方公共団体のこと。1967年、東京都知事に美濃部亮吉が当選し、70年代前半には東京をはじめ大阪（黒田了一）・京都（蜷川虎三）の知事や横浜など大都市の市長の多くが革新系で占められた。しかし、革新自治体は老人医療の無償化などの福祉政策推進のための財政難に直面し、1975年頃から退潮に向かった。　　**革新首長**〈かくしんしゅちょう〉⑤

：美濃部亮吉〈みのべりょうきち〉　→　p.321

児童手当〈じどうてあて〉　①　児童を育てる保護者に対して主に行政から支給される手当てのこと。日本では1972年から開始された。

老人医療費支給制度〈ろうじんいりょうひししきゅうせいど〉　①　革新自治体を中心に老人医療費の実質無料化が進む中で、1973年の老人福祉法改正により老人医療費の自己負担が無料となった。

年金〈ねんきん〉　①　働けるうちに保険料を支払った者が老齢、障害、死亡などに際して、国や年金基金から給付金を受け取る制度。

国民皆年金〈こくみんかいねんきん〉　①　国民のすべてが年金制度に加入すること。1961年の国民年金の実施により、満20歳以上の国民の皆年金が実現した。

：国民年金法改正〈こくみんねんきんほうかいせい〉　①　1959年制定の国民年金はもともと自営業者を対象とする年金制度として始まったが、1986年の制度改正で公的年金が一元化され、全国民が加入する基礎年金となった。

国民皆保険〈こくみんかいほけん〉　①　国民のすべてが健康保険制度に加入すること。1961年の国民健康保険の全市区町村の実施により、国民皆保険が実現した。

：国民健康保険法改正〈こくみんけんこうほけんほうかいせい〉　①　1958年に制定された国民健康保険法による国民健康保険の運営主体が市区町村であるため、保険財政が不安定になり、徴収する保険料に地域格差が生じた。2012年に国民健康保険の財政運営を都道府県単位とすることを推進するように改正された。

第18章 激動する世界と日本

1 経済大国への道

ドル危機と石油危機

ドル危機〔7〕アメリカの国際収支は、1958年以来、赤字を続けていたが、ベトナム戦争の軍事支出の増加でさらに悪化し、ドルの信用は下落した。ニクソン大統領は、ドルを防衛するために、1971年、金とドルの交換停止や10%の輸入課徴金の徴収など新経済政策を発表、ドルの価値が揺らいだ。
　　　　　　　　　　　金・ドル交換停止〔7〕
　　　　　　　　　　　　　　新経済政策〔2〕
　　　　　　　　　　　　　　輸入課徴金〔2〕
：ニクソン＝ショック〔1〕ニクソン政権の行った2つの衝撃的政策。1971年7月の中国訪問計画発表（第1次ショック）と、同年8月の金・ドル交換停止や輸入課徴金制度などの新経済政策の発表（第2次ショック）をいう。
：ニクソン R. M. Nixon〔7〕1913～94 アメリカ第37代大統領。ベトナム戦争終結、米中接近、米ソ戦略兵器制限交渉などを進めたが、1974年、ウォーターゲート盗聴事件により辞任に追い込まれた。
円切上げ〔3〕1971年8月、アメリカの金・ドル交換停止に対し、同年12月、ワシントンのスミソニアン博物館で開かれた10カ国財務相会議で通貨調整を行った。日本は1ドル＝360円から308円と円を切り上げ、ドルを切り下げた。この時の合意をスミソニアン協定という。
スミソニアン体制〔2〕1971年、アメリカはスミソニアン協定でドルを切り下げ、金1オンスを35ドルから38ドルとし、各国通貨と平価調整を行い、固定相場の復活を図った。円は1ドル＝308円となったが、ドルに対する不安からこの体制は1973年までしか続かず、変動為替相場制へ移行した。
変動為替相場制〔7〕1945年以来、IMFを中心に固定相場制（1944年のブレトン＝ウッズ協定に基づく）が行われた。日本も1949年より1ドル＝360円体制であっ

たが、71年の円切上げに続き、第2次田中内閣の73年2月から経済状況に合わせて為替相場が変動する体制に移行した。
：ブレトン＝ウッズ体制　→ p.339
米中国交正常化〔7〕1972年2月、ニクソン米大統領が中国を訪問し、周恩来・毛沢東と会談、共同声明を発した。1979年1月、国交を正常化。
ベトナム和平協定〔5〕1973年1月に調印した米軍のベトナムからの撤退を実現させた協定。パリで行われたのでパリ協定ともいわれる。南ベトナム政府（ベトナム共和国）と北ベトナム・南ベトナム解放民族戦線との戦闘は続いたが、米軍の支援を失った南ベトナムは、1975年4月に崩壊した。
：ベトナム社会主義共和国〔4〕1976年、北のベトナム民主共和国が南ベトナムを併合し、国名を変更したもの。
：インドシナ難民問題〔1〕1975年の南ベトナムの崩壊、78～89年のベトナム軍のラオス・カンボジア侵攻などの過程で、国外に流出する多くの難民が発生。特に北ベトナムの社会主義を嫌う南ベトナムの人々が大量にボートで国外に脱出したため、南シナ海に漂流するボートピープルは大きな問題を投げかけた。
：難民〔1〕居住地を強制的に追われた人々のこと。1951年に国連で採択された「難民の地位に関する条約」では、「人種・宗教・政治的意見を理由に迫害を受ける恐れがあるため国外に逃れ、自国の保護を受けられない人々」と定義された。

● ● ●

パレスチナ問題〔2〕パレスチナの領有をめぐるユダヤ人とアラブ人の対立問題。ユダヤ人の祖国回復運動に対し、1947年、国際連合はパレスチナをユダヤ・アラブ両国家に分割する案を提案。アラブ側は拒否したが、ユダヤ人は1948年にイスラエル共和国を建てたため、パレスチナを追われたアラブ人が反発し、以後4次にわたる中東戦争が起こった。1988年、PLOがパレスチナ国家の樹立を宣言。1993年にはイスラエルも合意してパレスチナ暫定自治が実現したが、イスラエルにはそれを認めない強硬

派が、パレスチナ側にはイスラム過激派も台頭し、激しい対立が続いている。

イスラエル建国 ②
：中東戦争 ② イスラエル・アラブ諸国間の数次にわたる戦争。1948〜49年のアラブ諸国とイスラエルの戦争（パレスチナ戦争）が第1次中東戦争、56年のスエズ戦争（スエズ動乱）が第2次中東戦争になる。

パレスチナ戦争 ①
スエズ戦争 ①
：第3次中東戦争 ① 1967年、エジプトのアカバ湾封鎖を機に、6月イスラエルとエジプト・シリア・ヨルダンが交戦。6日戦争でイスラエルが圧勝。

第4次中東戦争 ⑦ 1973年10月、イスラエルとエジプト・シリア・ヨルダン・サウジアラビアの間で開戦。アラブ側は石油戦略を実施。国連の介入で「勝利なき戦争」として停戦した。

石油戦略 ② 1973年10月、第4次中東戦争が始まると、石油輸出国機構（OPEC）のうち、アラブ産油国でつくるアラブ石油輸出国機構（OAPEC）は、イスラエルへの支援・支持を阻止する戦略としてイスラエルと友好関係を持つ国への石油輸出制限と原油価格の4倍引上げを実施したため、石油消費国は深刻な石油不足となり、インフレーションの激化で石油危機が起こった。

石油輸出国機構 ②
アラブ石油輸出国機構 ②
：資源ナショナリズム ① 資源（石油や天然ガス）を保有する発展途上国が自国の資源に対する恒久的主権を確立し、資源の開発・利用・加工・販売を自国の利益のために行おうとする主張や行動。1973年のOPEC（石油輸出国機構）による原油価格引上げによって勢いが強くなった。

第1次石油危機 ⑦ 1973年秋、アラブの石油戦略で原油価格が高騰し、世界経済に深刻な影響を及ぼした。第2次田中内閣の下で、日本も石油不足と、異常な物価高騰（狂乱物価）に苦しみ、1974年の経済成長率はマイナスとなった。

スタグフレーション ② スタグネーション（不況）とインフレーションの合成語。不況とインフレが同時進行する深刻な経済危機の現象。石油危機以来、世界経済を襲った。

先進国首脳会議 ⑦ Summit Meeting（頂上会談）の略称でサミットと略称。1975年、石油危機後の世界不況を打開するため、フランス大統領の提唱で米・英・仏・西

独・伊・日の6カ国首脳がフランスのランブイエで会談した。翌1976年よりカナダが加わって7カ国巡回で毎年開催。議題は経済成長・貿易・通貨などが中心で、政治にも及ぶ。1997年からロシアを加え、G7（Group of seven）からG8となる（2002年からフルメンバー）。しかし、2014年のロシアがウクライナのクリミア半島に侵攻したため、同年ロシアを排除しG7に戻る。現在は「主要国首脳会議」と呼ぶ。

サミット ⑦　**ランブイエ** ①
主要国首脳会議 ②

高度経済成長の終焉

田中角栄 ⑦ 1918〜93　新潟県出身。土木建築業から地方財界を地盤に、衆議院に進出。池田・佐藤内閣の蔵相として高度経済成長政策を進め、自民党第6代総裁となり内閣を組織。「決断と実行」の政治を推進し、「今太閤」「庶民宰相」と評されたが、金脈問題で批判を浴びて退陣した。

田中角栄内閣 ⑦ 自由民主党総裁田中角栄の内閣で、第1次（1972.7〜12）・第2次（1972.12〜74.12）と続く。第1次内閣で日中国交正常化を実現。「日本列島改造」を掲げたが、物価高騰が激しく、保革伯仲となった1974年に金脈問題で総辞職。

：日本列島改造論 ⑦ 日本列島全体に新幹線網と高速道路網を整備することで、地方都市と大都市を結びつけ、大都市の人口集中をおさえ、工業の地方分散化を図って大都市と地方都市の格差をなくし、地方を振興させる政策論。

日中共同声明 ⑦ 1972年9月、田中首相が訪中して発表。日本側が過去の戦争責任を痛感・反省した上で、日中国交正常化を声明。これにより中華民国（台湾）と断交したが、1973年1月に日台交流民間協定を結び、経済関係などは維持した。

日中国交正常化 ⑤
日台交流民間協定 ②
中華民国（台湾）との国交断絶 ②

狂乱物価 ⑥ 「列島改造」による地方都市の地価の暴騰や、第1次石油危機による原油価格の上昇によって引き起こされた激しい物価の上昇をいう。トイレットペーパーなどがなくなり、消費者はパニックにおちいった。金融の引締めで、1974年、経済成長率は戦後初のマイナス成長となり、日本

経済は経済成長率が低下したのに物価が上昇、経常収支も悪化するトリレンマ（三重苦）の深刻な不況に突入した。

マイナス成長〔せいちょう〕⑥
トリレンマ（三重苦）〔さんじゅうく〕①

金脈問題〔きんみゃくもんだい〕　④1974年、田中角栄首相の政治資金の調達方法が『文藝春秋』で分析解明された。その強引な手法が非難を浴び、政治腐敗を攻撃され、内閣総辞職に至った。

三木武夫〔たけお〕　⑤1907〜88　徳島県出身。戦前から衆議院に議席を持ち、戦後は国民協同党書記長・改進党幹事長などを経て、自民党・政府の要職を歴任。第7代自民党総裁として内閣を組織。

三木〔みき〕**内閣**　⑤1974.12〜76.12　田中内閣のあと、自民党総裁三木武夫が内閣を組織。防衛費の対GNP比1％枠を決定し、安定成長と「クリーン政治」をめざすが、ロッキード事件解明の中で、党内の「三木おろし」策謀が起こり、総選挙の敗北を機に退陣。

「クリーン政治」〔クリーンせいじ〕⑤

ロッキード事件　⑤1976年2月、アメリカの上院の公聴会で明るみに出た航空業界の汚職事件。ロッキード社が飛行機売込み工作で、日本の政・財・官界に賄賂を贈った。田中角栄前首相をはじめ、全日空・丸紅〔まるべに〕関係者多数が逮捕、起訴された。一・二審有罪のうちに、田中元首相は死去。

：ロッキード社〔しゃ〕　③1912年に創業、第二次世界大戦から大戦後も多くの軍用機を生産。のちに旅客機の生産にも乗り出したが、ジェット化に乗り遅れて最終的に旅客機生産から撤退した。

福田赳夫〔ふくだたけお〕　④1905〜95　群馬県出身。大蔵官僚。昭和電工事件の際に退官して政界入り。自民党・政府の要職を歴任。三木武夫のあと、第8代自民党総裁として組閣。

福田赳夫〔ふくだたけお〕**内閣**　⑥1976.12〜78.12　自民党総裁福田赳夫が組閣。議席の過半数をとれず、保革伯仲状況の中で、円高不況の克服・欧米諸国との経済摩擦解消に努める。78年8月、懸案の日中平和友好条約に調印。

：元号法〔げんごうほう〕　①年号（元号）の永続化と、元号は皇位継承のあった場合に改めることを規定。明治以来の一世一元の制を法制化した。

日中平和友好条約〔にっちゅうへいわゆうこうじょうやく〕　⑦日中共同声明後、中国がソ連のアジアにおける影響力を排除する「覇権条項」〔はけんじょうこう〕を本文に入れることに固執して交渉が難航したが、1978年8月、福田内閣の時に北京で園田外相と黄

華〔こう〕外相により調印された。

「日米防衛協力のための指針」〔にちべいぼうえいきょうりょくのためのししん〕　③1978年11月の福田内閣の閣議決定で、略称は「ガイドライン」。有事の際の米軍と自衛隊との共同作戦行動を示す。社会・共産両党はそれぞれ抗議。1997年9月、橋本内閣の時、これを見直して新ガイドラインが定められた。

「ガイドライン」②

大平正芳〔おおひらまさよし〕　⑤1910〜80　香川県出身。戦後、池田蔵相の秘書官となって政界に入る。池田派直系として頭角を現し、1978年に福田赳夫をおさえて第9代自民党総裁。首相であった1980年の総選挙中に急死した。

大平〔おおひら〕**内閣**　⑤自民党総裁大平正芳の内閣。第1次（1978.12〜79.11）・第2次（1979.11〜80.7）と続く。1979年6月、元号法が公布・施行。79年10月の総選挙で議席は過半数を割り、保革伯仲となる。第2次石油危機に対応、一般消費税の導入をめざし財政再建に努めるが、80年の総選挙中に首相が急死、瓦解した。

一般消費税〔いっぱんしょうひぜい〕①

：保革伯仲〔ほかくはくちゅう〕　①与党の自由民主党と、日本社会党・公明党などの野党の議席数が、接近した政界のことをいう。

鈴木善幸〔すずきぜんこう〕　④1911〜2004　岩手県出身。池田・佐藤内閣の閣僚や党の要職をつとめ、1980年の衆参同日選挙中に大平首相が急死したあとを受けて、第10代自民党総裁として組閣。

鈴木善幸〔すずきぜんこう〕**内閣**　④1980.7〜82.11　急死した大平首相のあとを受けて成立。1981年第2次臨調をおき、日米共同声明でレーガン大統領に日本から1000海里以内のシーレーン（海上航路）防衛を約束。1982年、参議院議員の全国区選挙を比例代表制に改めた。

日米共同声明〔にちべいきょうどうせいめい〕《鈴木内閣》①

第2次臨時行政調査会〔だいにじりんじぎょうせいちょうさかい〕**（臨調**〔りんちょう〕**）**　③1962年の第1次臨調を受け、鈴木内閣が1981年に設置。土光敏夫ら財界人らが調査会の中心となり、「増税なき財政再建」の方向を打ち出す。中曽根内閣の下で、3公社の民営化を実現した。

「増税なき財政再建」〔ぞうぜいなきざいせいさいけん〕③

経済大国の出現

第2次石油危機〔だいにじせきゆきき〕　⑤1979年のイラン革命を機に原油価格が上昇し、第1次大平内閣は対策に苦慮した。

：イラン〔＝イスラーム〕革命〔かくめい〕　④1979年2月、パフレヴィー国王の近代化政策に

反発し、イスラーム教シーア派のホメイニ師を指導者とした革命。イラン＝イスラーム共和国が成立。イスラーム革命ともいう。

：ホメイニ Khomeini ① 1902〜89 イランのイスラーム教シーア派の指導者。1979年のイラン＝イスラーム革命により、イスラーム法の最高権威として公選の大統領をも指導する最高指導者となった。イスラーム法による支配を進め、独裁化した。

・イラン・イラク戦争 ③ 1980年、前年のイラン革命の混乱に乗じて隣国のイラクが侵攻した。国境と油田地帯をめぐり全面戦争に突入し、長期化。88年に停戦した。

省エネ ⑤ 省エネルギーのこと。人間の活動、特に経済活動において資源・エネルギー消費量を節約・減少させること。石油危機以降、資源は限りあるものだという認識からおこった考え方。

・省エネルギー法 ① 正式名称は「エネルギーの使用の合理化に関する法律」。1979年、第2次石油危機などを受けて制定。資源エネルギーを有効利用するために、建築物や機械などに省エネ措置を盛り込むことを求めた法律。

安定成長 ③ 経済成長が急激な変動を伴わず、一定の速度で進むこと。1976年より不況を脱した日本は、低成長の中で安定した伸びを示した。

減量経営 ④ 安定成長期の経営手法。企業は省エネルギーや人員削減、コンピュータ・産業用ロボットなどのME（マイクロエレクトロニクス）技術を利用した工場・オフィスの自動化などを進めて生産費を削減し、利潤を確保した。

ハイテク産業 ① 先端技術・高度技術による産業部門。1980年代を通じて、日本の産業構造は重化学工業からコンピュータ、光ファイバー通信、セラミックスなどに代表されるハイテク産業などに転換した。「重厚長大」から「軽薄短小」への変換である。

：マイクロ＝エレクトロニクス（ME） ② micro-electronics 大規模集積回路（LSI）などの極微細技術を用いた電子回路や素子の設計・製造・応用に関する学問や産業。

：オフィス＝オートメーション（OA） ① office automation オフィスコンピュータ、複合コピー機などの導入による事務の機械化のこと。オフィスの作業をデータ通信やデータベースの構築で合理し、生産性を上げて経営の効率化を図る。

：「重厚長大型産業」 ② 高度経済成長期に日本経済を支えてきた鉄鋼、機械、造船などの重化学工業を指す言葉。

：「軽薄短小型産業」 ② これからのコンピュータや情報通信産業などの知識集約型産業を指す言葉。

「知識集約型産業」 ①

円高 ⑦ 円の為替相場が上がること。その逆が円安。円高になると輸入取引は有利に、輸出取引は不利となる。円高による輸出減少で不景気となるのが円高不況。円相場は1ドルについて、1985年に240円台、86年に160円台、93年には100円台、94年に100円を割り込み、95年には80円を割った。

貿易摩擦 ⑦ 1980年代、日本は、「双子の赤字」と呼ばれる巨額の財政赤字と貿易赤字とに苦しむアメリカへの輸出を増やした。貿易は黒字を続けたためアメリカが反発し、日米間に貿易・経済摩擦が生じた。アメリカは日本に内需拡大と自動車・鉄鋼などの輸出規制、市場開放を求めた。日本の自動車輸出がアメリカの自動車産業を衰退させ、労働者の失業を招いたとして日本製自動車を叩き壊して抗議するなど、ジャパン＝バッシングも起こった。

「双子の赤字」 ③

：ジャパン＝バッシング Japan Bashing ② アメリカやヨーロッパ諸国による激烈な日本非難のこと、日本叩き。1980年代日本の政策を保護主義だと非難、日本の輸出のみが激増して輸入が伸びないことへのアメリカやヨーロッパ諸国のいらだちから起こった。

高速道路 → p.357

新幹線 → p.357

青函トンネル ① 本州と北海道とを結ぶ全長53.85kmの海底トンネル。海底部は23.3km。1988年3月に開業。

瀬戸大橋 ① 本州と四国を結ぶ連絡橋。岡山県倉敷市と香川県坂出市とを結んで1988年4月に開通。上方を道路、下方を鉄道が走る。

新東京国際空港 ① 羽田空港が過密化したため、1966年、千葉県成田市に新空港建設を決定。激しい反対もあって、1978年ようやく開港。空港アクセスは整ったが、航空需要の増大によって、拡張・整備計画は現在も進行中。通称は成田空港。

関西国際空港 ① 大阪湾の泉佐野市沖に築造した海上国際空港。アジアのハブ空港をめざし、1994年9月に開港。ハブとは車輪の中心軸のこと。ハブに車輪のスポ

ークが集まるように世界各地の航空路が集まり、そして世界各地へ旅行者や貨物が拡散するのを中継するのがハブ空港。2005年2月に開港した愛知県の中部国際空港もハブ空港をめざす。

経済大国けいざいたいこく ⑤　日本は1968年、アメリカについで国民総生産（GNP）世界2位の経済力を持った。1980年以降、日本人の一人当たり国民所得はアメリカを抜き、貿易黒字により世界最大の債権国となったことを指す。

政府開発援助せいふかいはつえんじょ（ＯＤＡ）　Official Development Assistance ⑥　発展途上国への政府の資金供与。1985年以降、日本のODAは急増し、1991〜2000年まで日本のODAは実質額で世界1位であった。

南北問題なんぼくもんだい　日本・北米・ヨーロッパなど、北半球に多く位置している先進国と、南米やアフリカ諸国など南半球に位置する貧しい発展途上国との間に著しい経済格差がある問題をいう。

バブル経済と市民生活

ウルグアイ＝ラウンド　①1986年、南米ウルグアイの会議から始まったGATTの多角的貿易交渉（94年まで）のこと。貿易に関する関税引下げと市場参入の問題、サービス・知的財産権の保護、GATT機能強化の3分野で協議。日本・アメリカ・ECは農産物をめぐって対立。

農産物の輸入自由化のうさんぶつのゆにゅうじゆうか　④　アメリカの要求に応じ、日本は1988年、牛肉・オレンジの輸入自由化（91年実施）を定め、93年にはウルグアイ＝ラウンドの交渉で、日本はコメ市場の部分開放に踏み切った。

牛肉・オレンジの輸入自由化ぎゅうにく・オレンジのゆにゅうじゆうか　④

コメ市場の部分開放コメしじょうのぶぶんかいほう　②

日米構造協議にちべいこうぞうきょうぎ　②　日本経済の構造・制度・政策全般に及ぶ日米間の協議。経済摩擦にいらだつアメリカが、日本は自由な貿易・投資をはばんでいると非難し、日本の経済的な障壁を撤廃することを要求して1989年秋から開始した話合い。個人商店などの小規模な小売店を保護するために大規模なスーパーやモールの出店を規制していた大店法（大規模小売店舗法）改正などを決めた。

新興工業地域経済群しんこうこうぎょうちいきけいざいぐん（ＮＩＥＳニーズ）　Newly Industrializing Economies　②　発展

途上国のうち、1970年代に急速な工業化をとげた国と地域を指す。アジア地域の韓国・台湾・香港・シンガポールの国と地域をアジアNIES（ANIES）と呼ぶ。

アジアＮＩＥＳニーズ　③

アジア・太平洋経済協力アジア・たいへいようけいざいきょうりょく（ＡＰＥＣエーペック）　Asia-Pacific Economic Cooperation　③　1989年、オーストラリア首相ホークの提唱で、太平洋経済協力会議（PECCペック）の環太平洋12カ国間の政府間公式協議体として発足。1998年、加盟21カ国・地域に拡大した。

経済特区けいざいとっく《中国》①　1979年以降、改革・開放政策により、外国資本や技術を導入し、輸入関税の免除や企業所得税の優遇措置で工業の近代化を図り、輸出産業を育成しようとして指定された中国の地域・地区。

東南アジア諸国連合とうなんアジアしょこくれんごう（ＡＳＥＡＮアセアン）　Association of South East Asian Nations　④　東南アジア諸国の地域協力機構、1967年に5カ国で結成。1984年6カ国、99年10カ国に拡大。1990年にマレーシアのマハティール首相が、東アジア経済協議体（EAEG）構想を提唱、92年にシンガポール宣言で自由貿易地域（AFTA、ASEAN Free Trade Area）実現に合意。1994年には地域安全保障協議機関としてASEAN10カ国に日・米・中・ロなどを加えた23カ国のASEAN地域フォーラム（ARF）が発足。2023年現在、26カ国とEUが参加。

世界貿易機関せかいぼうえききかん（ＷＴＯ）　World Trade Organization　①　GATTに代わり、世界の自由貿易をめざし、各国の貿易政策の監視や紛争処理にあたる国際機関。ウルグアイ＝ラウンドの合意を受け、1995年1月に76カ国で発足し、IMF、IBRDと並ぶ世界経済秩序をつくる3本柱の一つ。2023年現在164カ国・地域が参加。日本のコメ輸入自由化もWTO協定に従っている。

プラザ合意ごうい　⑦　ニューヨークのプラザホテルで開かれた5大国（米・日・独・仏・英）の財務相と中央銀行総裁の会議の合意事項。G5（Group of five）と略称。日本や西ドイツの貿易黒字をおさえるため、1985年9月、ニューヨークのプラザホテルでドル高を是正してドル安にする協調介入に合意（プラザ合意）。これ以後、ドル安円高が急速に進行して輸出が減退したため、日本は不況となった。

5カ国財務相・中央銀行総裁会議ごかこくざいむしょう・ちゅうおうぎんこうそうさいかいぎ（Ｇ5ジーファイブ）　④

円高不況（えんだかふきょう）④

7カ国財務相・中央銀行総裁会議（ななかこくざいむしょう・ちゅうおうぎんこうそうさいかいぎ）（Ｇ７ジーセブン）① Ｇ５にカナダ・イタリアを加えた財務相と中央銀行総裁の会議。1987年２月、パリのルーブルに集まったＧ７は、円高ドル安の行きすぎを調整、ドルを安定化することに合意した。

経済のソフト化（けいざいのソフトか）① 産業の中心が重化学工業から通信・情報・金融・保険などのサービス産業へ転換すること。その上で目に見える工場や機械などのハードなものから、目に見えないサービスやコンピュータプログラミングなどのソフトなものへの変化もいう。

経済のサービス化（けいざいのサービスか）① 生産額の中で、工業製品の比率が低下し、サービスの生産額の割合が増加したり、またはサービス産業に従事する従業員の数の比率が相対的に増加すること。

● ● ●

中曽根康弘（なかそねやすひろ）⑦ 1918〜2019 群馬県出身。岸・佐藤・田中内閣の閣僚や党の要職をつとめ、鈴木首相のあとを受けて第11代自民党総裁。３度の組閣で長期政権を確立。新保守主義の立場を貫き、レーガン米大統領と日米関係を深化させ日米運命共同体をうたった。外交では西側陣営の立場を鮮明にした。　　　　**日米運命共同体**（にちべいうんめいきょうどうたい）①

中曽根内閣（なかそねないかく）⑦ 鈴木内閣のあとを受けて第１次（1982.11〜83.12）・第２次（1983.12〜86.7）・第３次（1986.7〜87.11）と組閣。「戦後政治の総決算」をとなえ、行・財政改革、教育改革を推進。国や地方公共団体が所有していた企業を、株式会社にして民間に経営を任せる民間活力の導入を行う。電電・専売・国鉄の民営化を実施。1985年、首相として初めて靖国神社に公式参拝した。アメリカの戦略に同調して、日本列島の「不沈空母」化を表明した。

　　　　　　　靖国神社公式参拝（やすくにじんじゃこうしきさんぱい）③

　　　　「戦後政治の総決算」（せんごせいじのそうけっさん）⑤

　　　　　　　民間活力の導入（みんかんかつりょくのどうにゅう）①

：電電・専売・国鉄民営化（でんでん・せんばい・こくてつみんえいか）⑦ 第２次中曽根内閣は、1985年４月、電話などの通信事業を行う電電公社、たばこと塩の専売を行う専売公社を民営化して、日本電信電話（NTT）・日本たばこ産業（JT）とし、第３次内閣は87年４月、国鉄を民営化してJR６旅客会社（JR北海道・JR東日本・JR東海・JR西日本・JR四国・JR九州）・１貨物会社（JR貨物）に分割した。

：日本国有鉄道（にほんこくゆうてつどう）（国鉄）（こくてつ）　→ p.341

大型間接税（おおがたかんせつぜい）① 間接税とは、税を納める人と税を払う人が違う税金。大型間接税とは、酒やたばこ税などのようにぜいたく品に個別にかけるのではなく、商品・流通・サービスなどに広く課税する税。売上税もこの一つ。中曽根内閣は国民からの反発で導入に失敗。　　　　**売上税**（うりあげぜい）

日本労働組合総連合会（にほんろうどうくみあいそうれんごうかい）（連合）（れんごう）④ 1987年、労使協調の姿勢をとる同盟・中立労連などが、全日本民間労働組合連合会（全民労連）を結成。1989年11月、総評も合流して連合となる。結成時、組合員数は約800万人。のち、政界へも進出。

　　　　全日本民間労働組合連合会（ぜんにほんみんかんろうどうくみあいそうれんごうかい）②

全国労働組合総連合（ぜんこくろうどうくみあいそうれんごう）（全労連）（ぜんろうれん）① 連合を右派的と批判する共産党系の総評反主流派が、1989年11月、全労連を結成（約140万人）。社会党左派系の総評反主流派の一部は12月、全労協を結成。

　　　　全国労働組合連絡協議会（ぜんこくろうどうくみあいれんらくきょうぎかい）（全労協）（ぜんろうきょう）①

竹下登（たけしたのぼる）**内閣**（ないかく）⑥ 1987.11〜89.6 中曽根内閣のあとを受けて組閣。1989年、「自粛」ムードの中で昭和天皇が死去し、明仁（あきひと）親王が皇位を継ぎ、年号は平成となった。２月に大喪の礼を挙行。４月、消費税を実施するが、その反発とリクルート事件で退陣。

：消費税創設（しょうひぜいそうせつ）⑥ 中曽根内閣が大型間接税（売上税）の導入に失敗したのを受け、1989年４月、竹下内閣が消費税（税率３％）を実施。1949年の直接税中心主義のシャウプ税制から40年を経た大改革。1997年に５％、2014年に８％、2019年に10％に引き上げられた。

2　冷戦の終結と日本社会の変容

冷戦から地域紛争へ

デタント（緊張緩和）（きんちょうかんわ）③ フランス語のdétente。1970年代初めの、米ソの接近による冷戦が緩和された国際状況。1980年代初期には、また新冷戦時代となり、再び緊張が深まったが、後半からデタントは急速に進んだ。

アフガニスタン侵攻（しんこう）⑤ アフガニスタンの政情不安に際し、ソ連は1979年末、親ソ政権擁護のために侵攻。日・米・西独など

は、1980年のオリンピックモスクワ大会に不参加。アフガニスタンのイスラーム勢力の抵抗で、1万4000人の戦死者を出したソ連は侵攻に失敗し、ゴルバチョフの決断で1988〜89年に撤兵したが、ソ連の崩壊を早めた。

アフガニスタン撤兵 ①

新冷戦〔しんれいせん〕 ② 1980年代初期、米大統領レーガンは、「新保守主義」をとる英首相サッチャーと歩調をあわせて、対ソ強硬政策をとり、「新たな冷戦」といわれた。ソ連のゴルバチョフ政権の出現で終わる。

新自由主義〔しんじゆうしゆぎ〕 ⑤ レーガン政権とサッチャー政権は、イギリス人経済学者ケインズの理論を批判して、有効需要創出政策や福祉政策への支出など国家による過度の経済支出を避け、民間活力を引き出し、政府支出を抑制する「小さな政府」の実現をめざす。ケインズ以前の自由放任経済のような古典的自由主義に対し、新自由主義・新保守主義と呼ばれる。日本の中曽根内閣の政策も同じ主義である。

自由放任経済〔じゆうほうにんけいざい〕《新自由主義》①

ケインズ理論〔りろん〕①

小さな政府〔ちいさなせいふ〕②

新保守主義〔しんほしゆぎ〕③

：有効需要創出政策〔ゆうこうじゆようそうしゆつせいさく〕① 景気が後退した時、あるいは不況の時に政府支出を拡大して景気を刺激するやり方。財政支出を拡大することで通貨量を増やし、有効需要をつくり出し増大させる政策。レーガンやサッチャーはこれを否定した。

：福祉国家政策〔ふくしこっかせいさく〕① 第二次世界大戦後のイギリスの労働党内閣が行ったような国家支出を増大させていわゆる「ゆりかごから墓場まで」の福祉をめざした政策。

レーガン R. W. Reagan ⑤ 1911〜2004 アメリカ第40代大統領。映画俳優から転身。1966年にカリフォルニア州知事、80年に民主党カーター大統領を破って共和党政権を樹立。「強いアメリカ」をとなえて対ソ強硬政策を推進した。

サッチャー M. H. Thatcher ③ 1925〜2013 イギリス初の女性首相。福祉の縮小や国有企業の民営化などによる「小さな政府」をめざし、自由競争による経済の活性化でイギリスの経済再建に努めた。

戦略兵器制限交渉〔せんりゃくへいきせいげんこうしょう〕① 1969年、米ソ両国によって開始された核兵器の数を制限する交渉。この交渉は、米ソ2大国の戦略兵器の数と質とを制限し、戦略兵器開発競争に歯止めをかけ、米ソの戦略的安定を図る

維持することを目的としている。

中距離核戦力（ＩＮＦ）全廃条約〔ちゆうきょりかくせんりょくぜんぱいじょうやく〕④ 1987年12月、ワシントンで調印。米ソ2国の実戦用の核兵器である中距離核戦力（Intermediate-Range Nuclear Forces、略称INF）を全廃することを約した。

戦略兵器削減条約〔せんりゃくへいきさくげんじょうやく〕（**ＳＴＡＲＴ**〔スタート〕）Strategic Arms Reduction Treaty ① 1970年代の戦略兵器制限交渉（SALT）に続く、82年以来の交渉の結果、91年7月、米ソ両国がモスクワで第1次条約に調印。第2次条約は1993年1月、米ロ両国がモスクワで調印。戦略核兵器の初の削減条約。

包括的核実験禁止条約〔ほうかつてきかくじっけんきんしじょうやく〕（**CTBT**）Comprehensive Nuclear Test Ban Treaty ① あらゆる空間（宇宙、大気圏内、水中、地下）における核実験と核爆発を禁止し、その検証手段を定めた条約。1996年9月に国連総会で採択。インド・パキスタンが署名しないため発効しない間に、98年5月、両国は相次いで核実験を強行した。アメリカ・中国なども批准していないため、発効の見通しはたっていない。

冷戦終結〔れいせんしゆうけつ〕⑦ 1989年12月、地中海のマルタ島でブッシュ・ゴルバチョフの米ソ首脳会談が行われ、米ソの対立を中心とした西側陣営と東側陣営の対立が終わったとする冷戦終結宣言と、米ソの核軍縮の進展・経済交流などの新時代到来の確認を行った。

マルタ島会談〔マルタとうかいだん〕①

：ブッシュ（父） G. H. W. Bush ③ 1924〜2018 アメリカ第41代大統領。共和党のレーガン政権の副大統領を経て、1989年から大統領。1989年、マルタ島会談で冷戦を終結。1991年、湾岸戦争でイラクを攻撃。1992年の大統領選挙で民主党のクリントンに敗北。

：ゴルバチョフ M. S. Gorbachev ⑥ 1931〜2022 元ソ連大統領。1985年に共産党書記長となり、硬直したソ連共産党の改革をめざすペレストロイカ（改革）を行い、グラスノスチ（共産党の秘密主義を廃してガラス張りの情報公開を行う）などの改革を実施した。新思考外交を展開。1990年にソ連大統領となるが、91年のソ連邦解体で下野する。

ペレストロイカ⑥

プラハの春〔はる〕① 1968年1月、チェコで、民主化を求める市民運動が起こり、チェコ共産党第一書記のドプチェクが自由化を推進した。共産主義の独裁から自由をめざす動きを指す言葉。ソ連はチェコ内に出兵して

武力で制圧し、東欧圏のソ連離れを阻止し
た。プラハはチェコの首都。

東欧革命^{とうおうかくめい} ③ 1989年、ほとんどの東欧諸
国で民主化運動が起こり、共産党の独裁体
制が崩壊した。特にルーマニアでは独裁者
チャウシェスク大統領を処刑、ユーゴスラ
ヴィアでは民族対立から内戦に発展し、ユ
ーゴスラヴィアは解体した。ワルシャワ条
約機構は1991年に解散した。

東西ドイツの統一^{とうざいどいつのとういつ} ⑦ 1989年、東ド
イツで民主化運動が高揚、11月に「ベルリ
ンの壁」が崩壊。1990年10月、東独を西独
に編入する形で統一ドイツが実現した。

「ベルリンの壁」崩壊^{べるりんのかべほうかい} ⑦

ソ連邦解体^{それんぽうかいたい} ⑦ 1991年8月、ソ連共産
党保守派のクーデタ失敗（8月政変）を機に、
ソ連共産党は解散、9月にエストニア・ラ
トビア・リトアニアのバルト3国が独立。
12月に独立国家共同体が創設され、ゴルバ
チョフソ連大統領が辞任した。ソ連邦は解
体・消滅した。

：独立国家共同体^{どくりつこっかきょうどうたい}（**ＣＩＳ**）
Commonwealth of Independent States ⑤
1991年12月、旧ソ連からバルト3国とグル
ジア（現、ジョージア）を除く、11共和国で
発足する。中心はロシア共和国（現、ロシ
ア連邦）。

：ロシア連邦^{れんぽう} ② 旧ソ連邦内のロシア共
和国が1991年12月に改称して成立。国連の
代表権をソ連から継承した。内部に21の共
和国がある。

：エリツィン Yeltsin ① 1931～2007 ロ
シア連邦大統領（在位1991～99）。ソ連に代
わる独立国家共同体の結成を主導。ロシア
の市場経済体制への移行を進めた。首相で
あったプーチンを後継者に指名して引退。

マーストリヒト条約 ① オランダのマース
トリヒトで調印されたヨーロッパ連合の設
立条約。ヨーロッパ共通通貨の導入、共通
安全保障政策の推進、司法・内務分野での
協力をうたい、政治統合をめざした。

欧州（ヨーロッパ）連合^{おうしゅう（よーろっぱ）れんごう}（**ＥＵ**）
European Union ④ 1993年、ＥＣ12カ国で
結成。1995年15カ国に拡大。行政（欧州委
員会）・立法（欧州議会）・司法（欧州裁判
所）の三権分立だが、最高意思決定機関は
ＥＵ首脳会議である。ポーランド・チェコ
など東欧10カ国はＥＵへの加盟に向かい、
2004年には25カ国、13年には28カ国に拡大
した。2022年にイギリスが脱退して現在は
27カ国。

● ● ●

湾岸戦争^{わんがんせんそう} ⑦ 1990年8月、イラクのフセ
イン大統領が石油産出国であるクウェート
に侵攻、イラク統合を宣言。1991年1月、
アメリカ軍を主力とする多国籍軍がイラク
をクウェートから撤退させるために開戦。
ハイテク兵器を駆使してイラク軍を制圧。
1カ月余で停戦した。

イラクのクウェート侵攻^{しんこう} ⑤
多国籍軍^{たこくせき} ⑦

：フセイン Saddam Hussein ① 1937～
2006 1979年にイラク大統領。1980～88年、
イランと戦争。1991年に湾岸戦争で敗北し
たが、2003年国連の大量兵器査察問題でア
メリカのイラク攻撃を受け、敗れて裁判に
かけられて刑死。

掃海部隊^{そうかいぶたい}《湾岸戦争》⑤ 掃海部隊は艦船
を破壊するために海上・海中に設置された
機雷を除去する任務を行う海上自衛隊の部
隊。湾岸戦争で日本は多国籍軍に多額の軍
事資金を提供したが、多国籍軍の国々から
まったく評価されなかった。そのため、湾
岸戦争終了後に海上自衛隊の初めての海外
派遣としてペルシア湾へ派遣された。

国連平和維持活動^{こくれんへいわいじかつどう}（**ＰＫＯ**） Peace-
keeping Operation ⑥ 平和維持軍（ＰＫＦ＝
Peacekeeping Forces）・軍事監視団・選
挙監視団の3組織を用いて国連が行う平和
維持活動。湾岸戦争を機に日本は積極的に
関与する。

国連平和維持活動協力法^{こくれんへいわいじかつどうきょうりょくほう}（**ＰＫ
Ｏ協力法**^{きょうりょくほう}） ⑦ 1992年6月に成立。
ＰＫＯに協力し自衛隊の海外派遣を可能に
した法律。9月、ＵＮＴＡＣ（国連カンボジ
ア暫定統治機構）の要請を受け、自衛隊員
を海外に派遣。1993年モザンビーク、94年
ザイール、96年ゴラン高原、2002年東ティ
モール、その後も各地に派遣している。

テロ対策特別措置法^{たいさくとくべつそちほう} ① 2001年11月
に成立した2年間の時限立法。同年9月の
アメリカの同時多発テロ事件に対し、アメ
リカがアフガニスタンで行う対テロ戦争の
後方支援を自衛隊が行うことを定めた法律。
その後、3度延長されている。

イラク復興支援特別措置法^{ふっこうしえんとくべつそちほう} ①
2003年7月成立の4年間の時限立法。イラ
ク戦争後の復興支援のため、自衛隊を派遣
し、支援活動をすることを定めた法律。こ
れに基づき、陸・海・空の自衛隊員がイラ
クへ派遣され、非戦闘地域でイラク国民へ
の人道的支援にあたった。2007年、2年延

長。2009年7月、延長期限切れで失効した。
：イラク戦争㊁ ② アメリカ軍・イギリス軍が、イラクは大量破壊兵器を隠し持っているとして行った軍事行動（大量破壊兵器は存在しなかった）。フセイン政権が打倒され、2004年にイラン暫定自治政府への統治移管が行われたため、日本も人道支援のため自衛隊を派遣した。

教科書に出てくる国連平和維持活動（PKO）で自衛隊が派遣された国々・地域
カンボジア、アフガニスタン、イラク、モザンビーク、ザイール、ゴラン高原、東ティモール、ハイチ、南スーダン

緒方貞子㊁ ① 1927〜2019 日本の国際政治学者。1991〜2000年まで国連難民高等弁務官事務所（UNHCR）の第8代国連難民高等弁務官をつとめ、各地の難民救済活動を指揮した。
中村哲㊁ ① 1946〜2019 NGO法人・ペシャワール会のアフガニスタンの現地代表。日本人医師としてアフガニスタンで医療活動を行うも、食料確保の重要性から用水路と耕地の拡大に取り組む。2019年12月4日、現地で何者かに銃撃されて殺害された。

55年体制の崩壊

平成㊁ ⑤ 1989年、昭和天皇が亡くなり、明仁皇太子が即位し、元号が「平成」と改められた。「平成」は、「内平かに外成る」（史記）、「地平かに天成る」（書経）の語句よりとられて制定された。
明仁皇太子の即位㊁ ③
竹下登内閣 → p.366
：リクルート事件④ 1988〜89年に表面化した疑獄事件。リクルートコスモス社の株価上昇が期待される未公開株が、政界や官界、NTT幹部に譲渡され、見返りを期待したとされる。竹下内閣が退陣した理由とされる。
宇野宗佑内閣 ③ 1989.6〜89.8 竹下内閣のあとを受け、「改革前進」をうたって組閣。7月の参院選で大敗。社会党が躍進して与野党勢力が逆転。選挙敗北の責任と首相の個人的問題も絡んで、内閣はわずか69日で瓦解した。
海部俊樹内閣 ③ 宇野内閣のあとを受け、第1次（1989.8〜90.2）・第2次（1990.2〜91.11）と組閣。第2次内閣の1990年11月、

天皇即位礼と大嘗祭を実施。1991年の湾岸戦争に際し巨額の戦費を負担したが、国際的な批判を招き、ペルシア湾に自衛隊の掃海部隊を派遣した。
宮沢喜一内閣 ⑤ 1991.11〜93.8 海部内閣のあとを受け、成立。1992年にPKO協力法を成立させ、カンボジアをカンボジアに派遣。国内では佐川急便事件で政治不信が高まり、1993年6月、野党の内閣不信任案が可決。自民党は分裂、7月の総選挙で過半数を割り退陣した。
：国連平和維持活動協力法㊁（PKO協力法） → p.368
：佐川急便事件㊁ ① 1992年2月に発覚した汚職事件。東京佐川急便から政治家への献金疑惑が噴き出し、政治家と暴力団・右翼とのつながりも暴露された。
：ゼネコン汚職㊁ ① ゼネコン（general constractor）は、大手総合建設会社のこと。1993年に、相次いでゼネコンと国会議員や県知事らとの汚職事件が明るみに出て、国民の政治不信は急速に高まった。
新生党㊁ ③ 1993年6月佐川急便事件やゼネコン汚職で非難を浴びていた自由民主党を離党した羽田孜、小沢一郎らが結成した政党。新生党が分離した自由民主党は過半数を割った。細川政権の中心となるも、総辞職後、新進党結成により1994年12月に解党。
日本新党㊁ ④ 1992年5月、細川護熙が創設した保守新党。既成政党の枠組みを超えた政治勢力をめざす。1993年の総選挙で35人。1994年に解党、新進党に参加。
細川護熙内閣 ⑦ 1993.8〜94.4 日本新党の細川護熙を首班とする非自民8党派連立内閣で、55年体制を終わらせた。1994年1月、小選挙区比例代表並立制の導入など、政治改革関連4法案を成立させた。細川首相が佐川急便から政治資金をもらった疑惑で総辞職。　**55年体制の崩壊**⑤
：非自民8党派㊁ ⑦ 細川内閣を成立させた自民党以外の7党と参議院の1会派。社会・公明・民社党と社会党の分派である社会民主連合、1992年結成の日本新党、93年の新生党・新党さきがけ、そして参議院の院内会派である民主改革連合のこと。
新党さきがけ㊁ ④
：小選挙区比例代表並立制㊁ ⑦ 1994年1月に成立。衆議院議員の選挙区が、小選挙区300と比例代表180に分かれ、有権者は小選挙区の候補者名とは別に、

比例代表区の政党名を投票できる。小選挙区に候補者を立てる政党は、小選挙区の候補者を、その選挙区が属する比例代表区の名簿にも登載できる。小選挙区の議席数は、のち289となった。

羽田孜内閣 ⑤ 1994.4～94.6 細川内閣のあとを受けた羽田孜首班の連立内閣。組閣作業中に日本社会党が連立を離脱し、少数与党で議会運営は難航、内閣不信任案提出で総辞職。

村山富市内閣 ⑦ 1994.6～96.1 村山富市は、日本社会党の委員長。片山哲内閣以来の日本社会党政権。羽田内閣のあとを受けた自民・社会・新党さきがけ3党連立内閣。選挙区割り・ルワンダへの自衛隊派遣・日米経済協議・消費税増税・安保理常任理事国入り問題などで苦しみ、阪神・淡路大震災や地下鉄サリン事件の対応に追われた。1996年1月に総辞職。

：**社会民主党** ④ 村山内閣の時代に、日本社会党は自衛隊容認路線に転換。1996年2月、村山首相の退陣を受けて党名を社会民主党（社民党）と変更。10月の総選挙では土井たか子を党首に戦ったが、勢力は低下した。 **土井たか子** ①

：**阪神・淡路大震災** ⑦ 1995年1月17日、神戸市を中心とする兵庫県南部地方でマグニチュード7.3の大地震が発生。約6400人の死者を出し、都市災害のすさまじさを認識させた。

：**地下鉄サリン事件** ⑤ 麻原彰晃を教祖とする新興カルト教団のオウム真理教が、1995年3月20日朝、東京都心で地下鉄に毒ガスのサリンをまいた事件。通勤者や駅員12人が死亡、5000人以上の重軽傷者が出た。オウム真理教は、地下鉄サリン事件の前にも弁護士一家を殺害しており、一連の殺人・破壊活動で摘発された。事件後は教団名をアレフと変えたが、いまだ活発な活動が警戒されている。
オウム真理教 ④

新進党 ③ 1994年12月、新生党、公明党、民社党、日本新党、自由改革連合、自由党などが合併して成立。初代党首は海部俊樹。寄せ集め政党の性格を脱却できず、2代党首の小沢一郎による強引な政治手法に反発し分裂、1997年12月に解散した。

橋本龍太郎内閣 ⑥ 自由民主党総裁の橋本龍太郎が村山内閣のあとを受け、自民・社会・さきがけ3党連立で、第1次（1996.1～96.11）・第2次（1996.11～98.7）

を組閣。行・財政改革、北方領土問題などに取り組むが、沖縄基地問題・金融危機に苦しみ、1998年の参院選敗北の責任をとって総辞職。

：**日米安保共同宣言** ② 1996年4月、橋本首相と来日したクリントン米大統領との会談後に発表された宣言。アジア太平洋地域安定のため、米軍兵力の維持を確認し、日米の防衛協力を今までのいわゆる「極東」からアジア太平洋地域まで拡大した。これにより「日米防衛協力のための指針」（ガイドライン）も見直すことになった。
クリントン ①

：**新ガイドライン** ⑤ 1997年9月に、78年の「日米防衛協力のための指針」（ガイドライン）の見直し。日本の「周辺有事」における相互協力計画の作成を約した。

：**財政構造改革法** ① 橋本内閣が、財政構造の改革を行政改革と並ぶ最重要課題として1997年11月に成立させた法。2003年度までに財政健全化を達成し、主要歳出項目に上限枠を定めた。

：**アジア通貨危機** ③ 1997年、タイ中央銀行が事実上ドルに連動していた為替政策を放棄し、管理変動相場制に移行したため、経常収支の赤字で、タイ通貨のバーツが大幅に下落した。その影響がASEAN諸国の通貨にも波及した政治・経済的危機。

小渕恵三内閣 ④ 1998.7～2000.4 橋本内閣のあとを受け、自民党単独内閣として成立。元首相宮沢喜一を蔵相にすえ、「経済再生内閣」と銘打って出発。2000年4月に首相の急死で総辞職。

：**新ガイドライン関連法** ③ 小渕内閣の1999年5月成立。周辺事態安全確保法など3つの法律で、日本の安全に大きくかかわる「周辺事態」が起こった際、日本がアメリカ軍を支援する枠組みを整えた。
周辺事態安全確保法 ④

：**情報公開法** ① 中央省庁の行政文書を開示請求に応じて原則公開とする法。1999年5月成立、2001年4月施行。ただし特定の個人情報や捜査情報など6分野は例外として非公開にできる。

：**国旗・国歌法** ③「日章旗」を国旗とし、「君が代」を国歌とする2条からなる法律。1999年8月成立。これにより、「日の丸・君が代」の法的根拠が与えられた。

：**憲法調査会** ① 2000年に国会の衆・参両議院に設けられた、日本国憲法について広く総合的な調査を目的とした組織。

2007年の国民投票法の成立により設置された憲法改正原案、憲法改正を発議できる「憲法審査会」に引き継がれた。

森喜朗内閣 ③ 小渕内閣のあとを受け、自民・公明・保守3党連立で第1次（2000.4〜00.7）・第2次（2000.7〜01.4）を組閣。小渕内閣の政策を継承し、沖縄・九州サミットを開催。しかし財政は破綻し、国民の支持率も低下して、総辞職した。

平成不況下の日本経済

超低金利政策 ③ 日銀の金融政策の一つで、公定歩合を著しく下げることにより、資金の流れの円滑化と景気回復を図る政策。円高不況の中で構想され、バブル経済が崩壊する1991年からさらに下げ、実質的にゼロ金利となった。

地上げ ② 大規模開発を行うため、所有者がばらばらに分かれている土地を、業者が個別に土地所有者と交渉し、まとめて土地を買収すること。1980年代半ば、東京都心などで将来の土地の値上がりを見込んで行われた。買収に応じない所有者への嫌がらせや暴力的行為を伴うこともあった。

バブル経済 ⑦ 1986〜91年。地価と株価の異常高騰でふくらんだ経済。円高不況を乗り切るためにとった超低金利と、それによる内需に主導された景気回復によって金余りが起こり、巨額の資金が土地と株に流れ、株価の上昇と地価の高騰を招く。実体とかけ離れた泡（バブル）のように膨張した経済好況だという表現。バブルは52カ月続いたため、1991年より日本経済は長期不況に入った。

過労死 ① 企業の業務上の過労が原因で死亡すること。サラリーマンの過労が原因で脳卒中や心筋梗塞に倒れた場合、1987年10月から「過労死」も労働災害として認められ、労災補償されるようになった。

不動産融資総量規制 ② バブル経済による土地価格の上昇を受けて、政府が銀行などに対して行った不動産融資についての規制。具体的には銀行などの不動産向け融資の伸び率を、銀行の総貸出の伸び率以下におさえるように指導したこと。

バブル経済の崩壊 ③ 1989年の1年間で土地や株価の値上がり分が481兆円という異常な上昇は、1989年をピークとして一気に下降した。1990年にはイラクのクウェート侵攻に始まる原油不安と公定歩合の引上げで株価は半分に急落。土地の価格も下がり始め、1990年1年間で土地や株価の資産の値下がり（資産デフレ）は81兆円に上り、その後、地価や株価は50%以上下落し、バブル経済は崩壊した。

資産デフレ ③

平成不況 ⑤ 1991年から顕著になった不況。バブル経済の後遺症として各種金融機関は多額の不良債権を抱えて危機におちいった。この金融逼迫が実体経済の不況に波及した複合不況が平成に入ってから10年間続いた。企業の倒産や従業員の解雇など、企業の業績回復を図るリストラにより大量の失業者が発生した。 **複合不況** ①
「失われた10年」 ①
：**リストラ** ⑤ リストラとはリストラクチャリング（企業再構築）のことで、企業の事業整理や再編によって採算がとれない部門を切り離す経営革新をいう。しかし、日本では企業利益を確保するため労働者を解雇して従業員を減らす意味に使われた。

住宅金融専門会社 ① 住宅金融専門会社は住宅ローンの貸付を扱っている会社。宅地を担保にして住宅資金の貸付を行っていた。そのため住宅金融専門会社は、バブル経済崩壊の中で地価の値下がりのため資金を回収できず巨額の不良債権を抱え込んだ。1995年頃から住宅金融専門会社の破綻が続いた。これを処理するため、96年9月、国の財政資金を投入して処理する住専処理法案が成立した。

公的資金投入 ① 企業の業績悪化で、金融機関などの融資の回収が難しい債権がバブル経済の崩壊で急増し、金融不況となった。その救済のため、政府は金融機関の破綻処理に公的資金を投入し、金融再生法（1998年）によってその枠はさらに広がった。

三大金融グループ ① バブル経済崩壊後の金融再編や経済のグローバル化に対応するためつくられた三つのメガバンクのグループ。三菱銀行・三和銀行・東京銀行が合併した三菱UFJ銀行、三井銀行と住友銀行が合併した三井住友銀行、富士銀行・第一勧業銀行などが合併したみずほ銀行をいう。

教科書に出てくる破綻した金融機関
北海道拓殖銀行、山一證券、日本債券信用銀行、日本長期信用銀行

経済のグローバリゼーション ②

多国籍企業の数と規模の増大により、国境を越えてモノ・資本・人の活動が広がり、世界経済の一体化が進むこと。

産業の空洞化^④ バブル経済の崩壊後、国内の規制やコスト高を嫌い、アジア諸国に工場を移す企業が増え、企業の多国籍化によって国内産業が衰退する現象。

多国籍企業^②

現代の諸課題(1)国内政治

小泉純一郎内閣^⑦ 国民の圧倒的支持を得て、自民・公明・保守3党連立で第1次(2001.4〜03.11)・第2次(2003.11〜05.9)を組閣。「聖域なき構造改革」を掲げ、派閥解消、郵政・道路公団の民営化に努めるが、反発が強く、衆議院を解散。総選挙に圧勝して第3次(2005.9〜06.9)内閣で郵政民営化を実現した。

:「聖域なき構造改革」^③ 経済制度や財政などの仕組みを根本から変えていくこと。経済財政諮問会議は2001年に7つの改革プログラムを示した。特殊法人等の民営化・投資の促進・保険機能強化・知的資産倍増・生活維新・地方の自立・財政改革の7つである。

:郵政民営化法^⑥ 2005年10月成立。2003年に発足の日本郵政公社を解散して、政府が株を保有する日本郵政株式会社の下に郵便・窓口業務・貯金・保険の4事業会社ができた。法案は参議院で否決されたので、衆議院を解散して自民党大勝・法案可決に持ち込んだ。民営化は道路公団でも行われた。

道路公団の民営化^①

:日朝国交正常化交渉^③ 日本と朝鮮民主主義人民共和国(北朝鮮)との国交正常化交渉。1999〜2000年の交渉は失敗したが、02年9月、小泉首相が訪朝して朝鮮労働党の金正日国防委員長と会談、日朝平壌宣言で再開。しかし、日本人拉致問題と核開発問題・長距離弾道ミサイル発射問題で進展していない。

金正日^④

日朝平壌宣言^③

日本人拉致問題^⑥

:有事関連3法^① 小泉内閣の2003年に成立した有事に対処するための3つの法。武力攻撃事態対処法・改正自衛隊法・改正安全保障会議設置法など。2004年には、米軍行動円滑化法・国民保護法などからなる有事法制関連7法が成立した。

武力攻撃事態対処法^①

:テロ対策特別措置法 → p.368

:イラク復興支援特別措置法 → p.368

安倍晋三内閣(第1次)^⑥ 2006.9〜07.9 小泉内閣のあとを受け、自・公連立内閣として成立。「美しい国づくり」をめざし、憲法改正・教育改革に力を入れ教育基本法を改正した。年金問題で逆風の中、2007年の参院選で自民党は大敗し、9月に健康を理由に突然総辞職した。

教育基本法改正^③

福田康夫内閣^④ 2007.9〜08.9 自ら「背水の陣内閣」と称し、年金・高齢者医療・政治とカネの問題で、前途多難の中、スタートしたが、2008年9月、総辞職。

麻生太郎内閣^④ 2008.9〜09.9 麻生太郎は吉田茂の孫。ねじれ国会(衆議院と参議院の多数派が異なる)の状況の中で組閣。2009年8月の総選挙で、自民党が歴史的に大敗し総辞職した。

リーマン=ショック^⑤ 2008年9月、アメリカ第4位の投資銀行であったリーマン=ブラザーズが、サブプライムローン(低所得者向けの住宅ローン)問題で破綻し、世界金融危機へ発展した。

世界金融危機^④

● ● ●

民主党^⑦ 1996年9月、新党さきがけの鳩山由紀夫、菅直人らを中心に結成した新党。1997年、菅を代表として勢力を伸ばし、新進党分裂後、野党第1党となる。2009年の総選挙で圧勝して政権を取り、鳩山内閣を樹立。2012年の衆議院総選挙で大敗し、退陣した。

鳩山由紀夫内閣^⑥ 2009.9〜10.6 鳩山由紀夫は鳩山一郎の孫。民主・社民・国民新党の3党連立内閣。「脱官僚依存」をとなえたが、普天間基地移設問題を混乱させ、国民の信頼を失って退陣。

:普天間基地移設問題 → p.352

:辺野古移転 → p.352

菅直人内閣^④ 2010.6〜11.9 民主・国民新党の連立内閣。東日本大震災に伴う東京電力福島第一原子力発電所事故への対応で、国民の信頼を失い退陣。

:東日本大震災^⑦ 2011年3月11日午後2時46分、東北地方沖の太平洋の海底を震源とするマグニチュード9.0の大地震が発生した。地震による巨大な津波で、東北・関東地方の太平洋沿岸部に壊滅的な被

第18章

害が発生した。2018年3月時点で、死者・行方不明者は1万8434人にのぼっている。

：東京電力福島第一原子力発電所事故　⑥　地震発生から1時間後に巨大な津波に襲われ、冷却水を循環させるための全電源を喪失し、原子炉を冷却できなくなった。そのため、1号機・2号機・3号機では核燃料棒がとける炉心溶融（メルトダウン）を起こした。水蒸気爆発で原子炉建屋が吹き飛ばされ、大量の放射性物質が周辺地域へ飛散した。

野田佳彦内閣　③　2011.9～12.12　菅内閣のあとを受けて成立した、民主党と国民新党との連立内閣。消費税を段階的に引き上げる消費税と社会保障を一体化させる関連法案を成立させ、尖閣諸島を国有化した。2012年12月の衆議院議員総選挙で民主党が大敗し、退陣した。

社会保障・税の一体化改革関連法　①

● ● ●

安倍晋三内閣（第2次～第4次）　⑦　2012.12～20.9　民主党政権に代わり自民党が政権をとり、8年にわたる長期政権を維持した。オリンピック・パラリンピック東京大会の開催決定、安保関連法を成立させた。天皇の生前退位を実現し、「令和」と改元。新型コロナウイルス感染症拡大で緊急事態宣言を出した。

：戦後レジームからの脱却　②　レジームとは、体制または政治体制をいう。安倍晋三首相が表明した日本国憲法の改正と、それによる外交・国内政治の根本的枠組みを再構築しようという問題提起。

：アベノミクス　②　安倍首相の経済政策（エコノミクス）という意味。日本経済の長期的な不況を克服するため、大胆な金融緩和、機動的な財政支出による景気刺激策、民間投資による成長戦略を3本の矢とする経済成長戦略。

集団的自衛権　⑤　同盟関係にある他国が武力攻撃を受けた時、その武力攻撃を自国の安全に対する脅威とみなして、武力で阻止行動をとる安全保障上の行動。安倍内閣は2014年7月、これまでの憲法解釈を変更して、条件が整えば集団的自衛権を行使できるとする閣議決定を行う。

：安全保障関連法　⑦　2015年9月に成立した、改正自衛隊法、改正武力攻撃事態対処法、改正国際平和協力法など、10の法律を束ねた平和安全法制整備法と、新たに制定された国際平和支援法を総称したもの。憲法解釈を変更して集団的自衛権の行使が認められたほか、外国軍への後方支援の内容が拡大された。PKOでは駆け付け警護などの新任務が付け加えられ、武器使用の権限も拡大された。

：特定秘密保護法　①　2013年12月に成立。日本の安全保障に関する情報のうち、特に秘匿することが必要であるものを保護するための必要な事項を定めた法律。特定秘密の漏えいを防止して国と国民の安全を確保することを目的とする。

：公職選挙法の改正　①　2015年6月に成立。年齢満18歳以上に選挙権を与える改正。

：皇室典範特例法　②　2017年6月に成立。天皇の退位及び皇嗣（皇太子）の即位を実現し、天皇・皇后退位後の敬称を上皇・上皇后と定めた法律。この法律によって徳仁皇太子が天皇に即位した。

令和　③　『万葉集』巻五、梅花の歌三十二首の序文にある「初春の令月にして気淑く風和ぎ」としきよくかぜやわらぎからとった元号。

菅義偉内閣　③　2020.9～21.10　2021年7～9月、オリンピック・パラリンピック東京大会を開催。IT化に伴うデジタル庁を創設。新型コロナウイルス対策でワクチン接種を進めた。

現代の諸課題(2)国内問題

東海村臨界事故　②　1999年に茨城県東海村の民間加工施設JCO事業所で臨界事故が発生し、多数の被曝者が出た事故。1995年に福井県で高速増殖炉「もんじゅ」がナトリウム漏れの事故を起こす。

「もんじゅ」　①　高速中性子を使用し、燃焼させた以上のプルトニウム239を炉の中で増やす高速増殖炉。しかし暴走する危険があり、冷却材に水や空気に触れると発火する液体ナトリウムを使用するなど構造上の問題も多い。試験運転中の1995年12月にナトリウム漏れで火災が発生した。

男女雇用機会均等法　④　1985年公布。1986年施行。雇用・配置・昇進に関する男女差別の禁止を義務づけた法律。1997年の改正で、性差別禁止を強化し、男女平等を徹底、セクハラ防止の配慮義務も規定された。

男女共同参画社会基本法　①　男女が対等の構成員として社会に参画する理

念を明確にした法。1999年成立。性差別解消や家庭生活と地域活動の両立をうたう。

M型就労曲線（えむがたしゅうろうきょくせん）①　日本人女性の年齢階層別の労働力率をグラフで表すと、アルファベットのMの形に似た曲線を描くことから、日本人女性の就業状況の特徴を表した語句。20歳代女性の就労がピークで出産・育児期の30歳代で落ち込み、40歳代で再び上昇することを表す。

アイヌ文化振興法（ぶんかしんこうほう）⑤　アイヌ文化の振興と知識の普及を推進する法。アイヌ民族の自立と人権保護のために、現在の北海道アイヌ協会（1930年に設立、1961〜2008年は北海道ウタリ協会）は新法の成立を強く求め、97年に成立。アイヌ新法と通称される。さらに2019年には、アイヌを先住民と明記したアイヌ施策推進法が施行され、アイヌ文化振興法は廃止された。

北海道アイヌ協会（ほっかいどうアイヌきょうかい）①

アイヌ施策推進法（しさくすいしんほう）⑤　2019年4月に成立。正式名称は「アイヌの人々の誇りが尊重される社会を実現するための施策の推進に関する法律」。アイヌが先住民族であることが法律上初めて明記された。アイヌ文化を振興し、アイヌの人々が民族の誇りを持って生活できるようにするため、国や地方公共団体がアイヌ施策を策定し、実施する責務があると明記した。

慰安婦問題（いあんふもんだい）②　日中戦争・太平洋戦争中に日本軍に徴用された、主に朝鮮や東アジア各国の慰安婦への謝罪と補償の問題。
　：**慰安婦**（いあんふ）　→ p.328
　：**河野談話**（こうのだんわ）①　1993年8月4日、宮沢喜一内閣の官房長官河野洋平が発表した慰安婦に関する調査結果を発表したもの。
　：**村山談話**（むらやまだんわ）④　村山富市首相が行った1995年8月15日の「戦後50年目の終戦記念日にあたって」と題された談話。日本が第二次世界大戦中にアジア諸国で行った侵略や植民地支配に対して公式に謝罪した。

平成の大合併（へいせいのだいがっぺい）①　1999年から政府主導で行われた市町村の合併。市及び公共団体を広域化することで、財政基盤を強固にし、行政能力を高めることを目的とした。1999年に3232市町村が2008年には1788市町村となり、45%の減少となった。

外国人技能実習生（がいこくじんぎのうじっしゅうせい）②　外国人技能実習生制度は、1993年に導入された。技能実習や研修の在留資格で外国人が報酬を得ながら実習や研修を行うことができる制度。現実には、少子高齢化で日本人の労働力が

不足している中小企業や農業の労働力補充として機能している。

労働者派遣事業法（ろうどうしゃはけんじぎょうほう）①　1985年制定。派遣会社や派遣先企業が守るべき法律。2004から派遣として働ける仕事の種類が原則自由化された。また、2012年の改正で派遣での日雇（ひやと）い労働が原則禁止された。

循環型社会形成推進基本法（じゅんかんがたしゃかいけいせいすいしんきほんほう）①　廃棄物とリサイクル問題に対処するための基本法。2000年に制定。社会の営みを資源循環という視点で捉え、廃棄物の減量・再資源化を優先することを基本的枠組みとする。

格差社会（かくさしゃかい）②　経済的に豊かな層と収入が少ない貧困層に二極化している社会を表現した言葉。

限界集落（げんかいしゅうらく）②　地方の山間部の集落において、65歳以上の人口構成が全人口の50%以上となり、農作業や冠婚葬祭などの共同体としての機能が維持できなくなっている集落のこと。

ＬＧＢＴ（エルジービーティー）①　LGBTとは、女性同性愛者（Lesbian）、男性同性愛者（Gay）、男女を問わない同性愛者（Bisexual）、身体の性別と自己が考える性とが同一でない者（Transgender）の性的少数者（マイノリティ）を表す語句。

現代の諸課題(3)国際問題

女子差別撤廃条約（じょしさべつてっぱいじょうやく）①　正式には「女子に対するあらゆる形態の差別の撤廃に関する条約」。1979年の国連総会で採択、日本は80年に国会で批准した。

チェルノブイリ原子力発電所事故（げんしりょくはつでんしょじこ）①　1986年4月、旧ソ連ウクライナのチェルノブイリ（ウクライナ語、チョルノービリ）原子力発電所で原子炉が爆発し、多数の死者を出し、放射能汚染は東欧・北欧まで広がった。

地球サミット（国連環境開発会議）（ちきゅうサミット）（こくれんかんきょうかいはつかいぎ）①　1992年、ブラジルのリオ＝デ＝ジャネイロで開かれた地球サミットと呼ばれる国連会議。会議ではオゾン層の破壊・酸性雨・地球温暖化・熱帯雨林減少・砂漠化などの地球全体にかかわる環境破壊の問題が話し合われ、地球環境を守るための「アジェンダ21」を採択した。アジェンダは行動計画の意。

子どもの権利条約（こどものけんりじょうやく）①　1989年、国連で採択された、子どもの人権を包括的に規

定した条約。満18歳未満を「子ども」とし、教育を受ける権利、表現の自由、思想・良心の自由、虐待・搾取・薬物使用からの保護など全54条。日本は1994年に批准した。

ＳＤＧｓ エスディージーズ ④ 2015年の国連サミットで採択された「持続可能な開発のための2030アジェンダ」にて記載された2016年から2030年までの国際目標をいう。持続可能な世界を実現するための17のゴール、169のターゲットから構成され、地球上のだれ一人も取り残さないことを誓っている。

京都議定書 きょうとぎていしょ ③ 1997年12月、160以上の国・地域・NGO が参加した地球温暖化防止京都会議で採択。二酸化炭素など温室効果ガスの排出削減目標を具体的に示す。日本は2002年に批准した。2005年2月発効。アメリカは、発展途上国に義務がないのはおかしいとして不参加。

パリ協定 きょう ③ 2005年に発行した京都議定書を受け、その後の地球的規模の温暖化対策を決めた協定。2015年、パリでのCOP21（気候変動枠組み条約締約国会議、第21回会議）で採択され、2016年に発効した。産業革命前からの気温上昇を2度より十分に低くおさえることを目標に、先進国だけでなく、批准したすべての国が参加することとなった。

● ● ●

ブッシュ(子) G. W. Bush ④ 1946〜 アメリカ第43代大統領。G. H. W. ブッシュ（大ブッシュ）の子。同時多発テロ事件を受けて、2001年アフガニスタン侵攻、03年イラク戦争に勝利するが、戦後処理に悩んだ。

同時多発テロ事件 どうじたはつテロじけん ⑥ 2001年9月11日、イスラーム急進派が起こしたテロ事件。航空機2機がニューヨークの世界貿易センタービルに激突、崩壊させ、他の1機はワシントンの国防総省ビルに突入、もう1機は乗客・乗員が抵抗してピッツバーグ近郊に墜落した。ブッシュ(子)政権は、国際テロ組織の壊滅を図ると声明を出した。

9.11事件 ②

：アフガニスタン攻撃 こうげき ③ 2001年10月、米・英軍は同時多発テロ事件の報復として、テロ組織アル＝カーイダの本拠地アフガニスタンを攻撃し、2カ月でイスラーム過激派のターリバーン政権を崩壊させたが、アフガニスタンの政情は安定にはほど遠い。

オバマ B. H. Obama ① 1961〜 アメリカ第44代大統領。共和党のブッシュのあとを受けて、2009年に初のアフリカ系大統領とな

って民主党政権を樹立した。2期8年間の大統領をつとめた。

アラブの春 ① 2010年末から11年にかけて、北アフリカから中東諸国で起きた民主化運動のこと。きっかけはチュニジアのジャスミン革命で、この波はエジプト・リビア・シリア・バーレーン・イエメンに波及し、長期政権への抗議運動となった。しかし、チュニジア以外の国々では国内の対立から政情不安定となり、シリアではロシアの支援を受けたアサド政権の抑圧体制で混乱に拍車がかかった。

イスラム国 こく（ＩＳ） ① イスラーム原理主義者の過激な武装勢力が、内戦の続いているシリアや統治機能が安定しないイラクで2014年に国家樹立を宣言した組織。勢力圏に入った人々への余りにも暴力的な支配で支持を失い、国際的な掃討作戦でほぼ壊滅。

改革・開放政策 かいかくかいほうせいさく ② 中国において、「四つの近代化」（農業・工業・国防・科学技術）をめざして、鄧小平 とうしょうへい を中心に進められた国内改革と経済的な対外開放政策。1978年の中国共産党第11期中央委員会第3回全体会議において、中国は文化大革命を否定し、毛沢東時代からの歴史的転換を決めた。

：天安門事件 てんあんもんじけん ④ 1989年6月、経済的な改革・開放だけでなく政治的な自由と民主化を求めて北京 ペキン の天安門広場に座り込んでいた学生たちを、中国共産党と人民解放軍が出動して武力で鎮圧した事件。死亡した学生は数百人とも数千人ともいわれているが実数はわからない。鄧小平を頂点とする中国共産党指導部は、反革命デモと規定して弾圧を正当化、中国共産党の独裁を堅持した。

江沢民 こうたくみん ① 1926〜2022 天安門事件後、党総書記となり鄧小平路線を継承。1993年に国家主席となり、中央軍事委員会主席も兼ねた。後継者として胡錦濤 こきんとう が2002年に総書記、03年に国家主席となった。2012年から習近平 しゅうきんぺい が総書記、13年から国家主席となる。

地名一覧

北海道・東北地方

都道府県	国名	地名
北海道・千島	（蝦夷地）	松前(松前氏城下、蝦夷交易)　根室(ラクスマン来航)　国後島(最上・近藤の探査、ゴロー〈ウ〉ニン事件)　択捉島(最上・近藤の探査、1854年日本領の北端)　得撫島(1854年露領の南端)　歯舞群島・色丹島(日ソ共同宣言・北方領土問題)　箱館(現函館市、箱館奉行、幕末開港場)　志苔館(道南十二館、中国銭出土)　五稜郭(五稜郭の戦い)　札幌(農学校、北海道庁)　白滝(黒曜石)　美利河(細石器)　産物 こんぶ・にしん
青森	陸奥	三内丸山(縄文前・中期大遺跡)　亀ヶ岡(縄文晩期の土器)　砂沢・垂柳(弥生前・中期水田)　十三湊(安藤氏城下、七湊の一つ)　八戸(南部氏支族、安藤昌益)　弘前(津軽氏城下、津軽塗)　大平山元(最古級の土器片)
岩手	陸中	胆沢城(陸奥鎮守府)　志波城(胆沢の前進基地)　衣川柵(安倍氏衣川柵、源義経最期)　厨川(前九年合戦、安倍氏滅亡)　平泉(奥州藤原氏、中尊寺)　釜石(鉄山、最初の洋式製鉄所)　水沢(緯度観測所)　産物 南部塗
宮城	（陸奥）陸前	里浜(日本最大級貝塚)　多賀城(8世紀蝦夷経営根拠、陸奥鎮守府)　月ノ浦(支倉常長出航)　仙台(伊達氏城下、養賢堂)　産物 古代の産金
福島	磐城	菊田(勿来関・奥羽三関の一つ)　白水(阿弥陀堂)　白河(奥羽三関の一つ、奥州道中終点、松平定信城下)　平(元文一揆)
福島	岩代	会津若松(日新館、会津戦争、白虎隊、会津塗)　安積疏水(猪苗代湖からの用水)　猪苗代(発電所)　福島(福島事件)　松川(松川事件)
秋田	（出羽）羽後	大湯(縄文環状列石)　秋田城(8世紀蝦夷防柵)　雄勝城(8世紀蝦夷防柵)　淳代柵(現能代市、蝦夷防柵)　金沢柵(後三年合戦、清原氏滅亡)　尾去沢(銅山・三菱)　小坂(銅山・藤田組)　院内(銀山・古河)　阿仁(銅山・古河)　産物 春慶塗
山形	羽前	出羽柵(8世紀蝦夷防柵)　念珠ヶ関(奥羽三関の一つ)　庄内(酒井氏領、庄内米)　米沢(上杉鷹山、興譲館、米沢織)　酒田(西廻り海運)　長瀞(出羽長瀞質地騒動)　産物 紅花

関東地方

茨城	常陸	小田城おだじょう(南朝方の関東経営根拠、『神皇正統記』) 水戸みと(水戸藩城下、弘道館) 筑波つくば(科学万博、学園都市) 筑波山つくばさん(天狗党の乱) 加波山かばさん(加波山事件) 大津浜おおつはま(英捕鯨船暴行事件) 真壁まかべ(茨城大一揆)
	下総	猿島さしま(平将門の根拠・石井いわい郷) 古河こが(古河公方・熊沢蕃山幽閉) 結城ゆうき(結城合戦、結城紬)
千葉	下総	加曽利かそり(現千葉市、国内最大の貝塚) 佐倉さくら(堀田氏城下、佐倉惣五郎) 佐原さわら(伊能忠敬) 印旛いんば沼・手賀てが沼(田沼・天保時代干拓事業) 成田なりた(成田不動) 銚子ちょうし(東廻り海運要港・醬油) 野田のだ(醬油)
	安房	小湊こみなと(日蓮誕生の地)
	上総	九十九里浜くじゅうくりはま(地曳網、干鰯ほしか)
栃木	下野	足利あしかが(足利学校、絹織物) 高田たかだ(浄土真宗専修寺) 日光にっこう(東照宮、日光道中終点) 宇都宮うつのみや(奥州道中始点) 足尾あしお(銅山、古河、鉱毒事件)
群馬	上野	岩宿いわじゅく(旧石器発見) 太田天神山おおたてんじんやま(東日本第1位の巨大古墳) 新田荘にったのしょう(新田氏根拠) 浅間山あさまやま(浅間山大噴火) 碓氷うすい(中山道関所) 桐生きりゅう(絹織物、マニュファクチュア) 三ツ寺みつでら(6世紀豪族館跡) 黒井峯くろいみね(6世紀集落跡) 伊勢崎いせさき(絹織物) 富岡とみおか(官営製糸工場) 新町しんまち(官営屑糸紡績所) 妙義山みょうぎさん(群馬事件)
埼玉		吉見よしみ(吉見百穴) 埼玉さきたま古墳群(行田市、稲荷山古墳) 栗橋くりはし(日光道中関所) 秩父ちちぶ(銅→和同開珎、絹、秩父事件) 川口かわぐち(鋳物業)
東京	武蔵	大森おおもり(縄文後期の貝塚) 弥生町やよいちょう(弥生土器) 上野うえの(彰義隊、内国勧業博覧会) *宇津木うつぎ(八王子市、方形周溝墓) *東村山ひがしむらやま(正福寺仏殿) *小仏こぼとけ(甲州道中関所) 江戸えど(太田道灌、徳川幕府) 品川しながわ(東海道の第1宿、東禅寺事件、台場、硝子製造所) 日本橋にほんばし(五街道起点、魚市場) 板橋いたばし(中山道の第1宿、官営火薬製造所) 内藤新宿ないとうしんじゅく(甲州道中の第1宿、農事試験場) 忍ヶ岡しのぶがおか(林家私塾) 湯島ゆしま(聖堂・昌平坂学問所、天神) 神田かんだ(青物市、神田明神、神田祭) 銀座ぎんざ(貨幣鋳造、煉瓦街) 蔵前くらまえ(幕府米蔵) 目黒行人坂めぐろぎょうにんざか(明和の大火) 石川島いしかわじま(人足寄場、造船所) 深川ふかがわ(官営セメント製造所) 千住せんじゅ(日光道中の第1宿、官営製絨所) 三田みた(育種場) 駒場こまば(農学校) 丸の内まるのうち(官庁街) 亀戸かめいど(亀戸事件) 虎ノ門とらのもん(虎ノ門事件) 本所ほんじょ(関東大震災、東京空襲) *砂川すながわ(基地闘争) *小笠原おがさわら(1875年日本領、1968年米国より返還) 徳丸ガ原とくまるがはら(高島秋帆の練兵) 小塚原こづかっぱら(処刑場、腑分け) 浅草あさくさ(猿若町、江戸三座) 赤坂あかさか(日枝神社、山王祭、喰違の変) *鑓水やりみず(鑓水商人、絹の道) 関口せきぐち(大砲製作所) 新橋しんばし(鉄道起点) *神津島こうづしま(黒曜石) 〈*印は現東京都区外〉
神奈川		金沢かなざわ(現横浜市、称名寺、金沢かなざわ文庫) 神奈川かながわ(現横浜市、東海道宿場、日米和親条約) 横浜よこはま(幕末開港場) 生麦なまむぎ(現横浜市、生麦事件) 大塚おおつか(現横浜市、弥生環濠集落)
	相模	夏島なつしま(縄文早期の土器、明治憲法草案) 石橋山いしばしやま(石橋山の戦い) 鎌倉かまくら(鶴岡八幡宮、鎌倉幕府、大仏、鎌倉五山、鎌倉府) 藤沢ふじさわ(時宗清浄光寺) 小田原おだわら(後北条氏城下、小田原攻め) 箱根はこね(箱根用水、東海道の関所) 浦賀うらが(モリソン号事件、ペリー来航) 横須賀よこすか(官営造船所→海軍工廠) 久里浜くりはま(ペリー上陸)

中部地方

静岡	伊豆	山木(やまき)(弥生後期遺跡)　蛭ヶ島(ひるがしま)(頼朝配流)　修善寺(しゅぜんじ)(現伊豆市、範頼・頼家暗殺)　堀越(ほりごえ)(堀越公方)　韮山(にらやま)(江川英龍、反射炉)　下田(しもだ)(幕末開港場、米総領事館)　産物 金
	駿河	登呂(とろ)(弥生後期遺跡)　富士川(ふじがわ)(富士川の戦い、近世水運)　駿河府中(するがふちゅう)(駿府)(すんぷ)(現静岡市、今川氏城下、家康隠退、由井正雪)　産物 茶・蜜柑
	遠江	浜北(はまきた)(化石人骨)　新居(あらい)(東海道関所=今切関)　三方ヶ原(みかたがはら)(三方ヶ原の戦い)　大井川(おおいがわ)(川越え人足)
愛知	三河	長篠(ながしの)(長篠の戦い)　岡崎(おかざき)(家康の当初の拠点)　産物 木綿
	尾張	瀬戸(せと)(瀬戸焼)　清洲(きよす)(織田氏城下)　桶狭間(おけはざま)(桶狭間の戦い)　宮(みや)(現名古屋市、熱田神宮、宮の渡し)　小牧・長久手(こまき・ながくて)(小牧・長久手の戦い)　名古屋(なごや)(尾張藩城下)　有松(ありまつ)(有松絞)　犬山(いぬやま)(犬山城天守)
岐阜	美濃	不破(ふわ)(古代三関の一つ)　岐阜(ぎふ)(斎藤氏稲葉山城、信長城下、岐阜事件)　加納(かのう)(信長楽市・楽座)　関ヶ原(せきがはら)(関ヶ原の戦い)　産物 美濃紙
	飛騨	高山(たかやま)(飛騨郡代、春慶塗)　産物 木材
長野	信濃	野尻湖(のじりこ)(ナウマン象化石骨)　尖石(とがりいし)(縄文中期の集落遺跡)　棚畑(たなばた)(縄文のヴィーナス)　和田峠(わだとうげ)(黒曜石)　木曽谷(きそだに)(木曽義仲、檜・馬、御嶽山信仰)　川中島(かわなかじま)(川中島の戦い)　上田(うえだ)(真田氏城下)　下諏訪(しもすわ)(甲州道中終点)　木曽福島(きそふくしま)(中山道関所)　松代(まつしろ)(佐久間象山、大本営予定地)　善光寺(ぜんこうじ)(現長野市、門前町)　松本(まつもと)(開智学校)　飯田(いいだ)(飯田事件)　日向林(ひなたばやし)(局部磨製石斧)
山梨	甲斐	身延山(みのぶさん)(日蓮宗久遠寺)　甲斐府中(かいふちゅう)(甲府)(こうふ)(武田氏城下、甲府勤番)　天目山(てんもくざん)(武田氏滅亡)　郡内(ぐんない)(郡内騒動)　産物 金・ぶどう
新潟	越後	姫川(ひめかわ)(硬玉)　淳足(ぬたり)・磐舟(いわふね)(現新潟・村上市、7世紀蝦夷防柵)　春日山(かすがやま)(現上越市、上杉氏城下)　直江津(なおえつ)(現上越市、中世以来の要港)　高田(たかだ)(現上越市、高田事件、越後質地騒動)　新潟(にいがた)(西廻り海運要港、幕末開港場)　柏崎(かしわざき)(生田万の乱)　小千谷(おぢや)(小千谷縮)　阿賀野川(あがのがわ)(新潟水俣病)
	佐渡	佐渡島(さどがしま)(順徳上皇・日蓮配流地)　相川(あいかわ)(佐渡奉行、金山)
富山	越中	井波(いなみ)(瑞泉寺寺内町)　礪波山(となみやま)(倶利伽羅(くりから)峠の戦い)　滑川(なめりかわ)(米騒動)　神通川(じんづうがわ)(イタイイタイ病)
石川	能登	能登客院(のときゃくいん)(現志賀町福浦、渤海使)　輪島(わじま)(輪島塗)
	加賀	尾山(おやま)(現金沢市、尾山御坊寺内町、一向一揆)　金沢(かなざわ)(前田氏城下、九谷焼)　内灘(うちなだ)(基地闘争)
福井	越前	愛発(あらち)(古代三関の一つ)　角鹿(つぬが)(現敦賀市、渤海使の松原客院)　永平寺(えいへいじ)(曹洞宗本山)　藤島(ふじしま)(現福井市、藤島の戦い・義貞戦死)　三国(みくに)(七湊の一つ)　吉崎(よしざき)(真宗吉崎道場)　一乗谷(いちじょうだに)(現福井市、朝倉氏城下)　北庄(きたのしょう)(現福井市、柴田氏城下)　福井(ふくい)(松平氏城下、橋本左内)　産物 鳥ノ子・奉書紙
	若狭	太良荘(たらのしょう)(東寺領荘園)　小浜(おばま)(中世の要港)　鳥浜(とりはま)(遺物多数の縄文貝塚)

近畿地方

滋賀	近江	大津おおつ(大津京、大津事件)　紫香楽しがらき(現甲賀市、紫香楽宮、信楽焼)　比叡山ひえいざん(延暦寺、信長の焼打ち)　坂本さかもと(延暦寺門前町、馬借一揆、明智氏城下)　粟津あわづ(木曽義仲戦死)　姉川あねがわ(姉川の戦い)　安土あづち(安土城、楽市、セミナリオ)　国友村くにともむら(鉄砲鍛冶)　賤ヶ岳しずがたけ(賤ヶ岳の戦い)　長浜ながはま(羽柴秀吉城下)　草津くさつ(東海・中山道分岐点宿場町)　彦根ひこね(井伊氏城下)
京都	山城	恭仁くに(恭仁京)　長岡ながおか(長岡京)　＊京都きょうと(平安京その他)　宇治うじ(平等院、宇治川の戦い、山城国一揆、宇治茶)　＊日野ひの(法界寺)　嵯峨さが(天龍寺・大覚寺・清凉寺)　醍醐だいご(醍醐寺)　鹿ヶ谷ししがたに(鹿ヶ谷の陰謀)　＊六波羅ろくはら(平氏居館、六波羅探題)　笠置山かさぎやま(元弘の変)　室町むろまち(花の御所・足利幕府)　＊北山きたやま(鹿苑寺金閣)　＊東山ひがしやま(慈照寺銀閣)　＊西陣にしじん(応仁の乱、西陣織)　＊山科やましな(山科本願寺、法華一揆)　大山崎おおやまざき(大山崎八幡宮油座、山崎の戦い)　天王山てんのうざん(山崎の戦い)　＊伏見ふしみ(伏見城、伏見奉行)　＊桃山ももやま(伏見城の別称、桃山陵)　＊桂かつら(桂離宮)　＊高瀬たかせ川・保津ほづ川(角倉了以開さく)　＊鷹ヶ峰たかがみね(本阿弥光悦の芸術村)　＊堀川ほりかわ(古義堂)　＊鳥羽とば(鳥羽殿、鳥羽・伏見の戦い)　＊白河しらかわ(白河殿、六勝寺)　椿井大塚山つばいおおつかやま(出現期古墳) 〈＊印は現京都市内〉 産物 酒・清水焼きよみず
兵庫	但馬	生野いくの(銀山、生野の変、官営鉱山)
	播磨	明石あかし(明石人骨)　小野おの(浄土寺)　加古川かこがわ(鶴林寺)　白旗城しらはたじょう(赤松氏居城)　姫路城ひめじじょう(池田氏居城)　赤穂あこう(浅野氏城下、赤穂浪士、塩)　竜野たつの(醬油)
	摂津	兵庫ひょうご(現神戸市、古代からの港津)　大輪田泊おおわだのとまり(兵庫港の古称、平氏の築港)　福原ふくはら(現神戸市、福原京)　一の谷いちのたに(現神戸市、源平古戦場)　神戸こうべ(幕末開港、阪神・淡路大震災)　湊川みなとがわ(現神戸市、湊川の戦い)　灘なだ(西宮を含め、酒造地)　伊丹いたみ(酒造地)
大阪	摂津	難波京なにわきょう(現大阪市、長柄豊碕ながらとよさき宮・難波宮)　石山いしやま(現大阪市、石山本願寺)　堂島どうじま(現大阪市、米市場)　中ノ島なかのしま(現大阪市、蔵屋敷)　雑喉場ざこば(現大阪市、魚市)　大坂(大阪)おおさか(大坂城、大塩の乱、大阪事件)　高槻たかつき(高山右近の城下)　池田いけだ(酒造地)　古曽部こそべ・芝谷しばたに(高地性集落)
	和泉	百舌鳥もず(現堺市、大仙陵古墳、百舌鳥古墳群)　堺さかい(応永の乱、中世自由都市、鉄砲鍛冶、堺版、堺紡績所)　池上曽根いけがみそね(弥生環濠集落)
	河内	二上山にじょうさん(サヌカイト)　古市ふるいち(現羽曳野はびきの市、古市古墳群、誉田御廟山こんだごびょうざん古墳)　観心寺かんしんじ(現河内長野市、折衷様の本堂)　赤坂あかさか城(楠木正成の拠点)　千早城ちはやじょう(金剛山千剣破城、正成の拠点)　四条畷しじょうなわて(四条畷の戦い)
奈良	大和	唐古からこ・鍵かぎ(弥生環濠集落)　纒向まきむく(桜井市、古墳前期大遺跡)　箸墓はしはか(桜井市、出現期古墳)　三輪山みわやま(大神おおみわ神社)　黒塚くろづか(出現期古墳)　飛鳥あすか(板蓋いたぶき宮・浄御原宮、飛鳥寺、飛鳥池遺跡、山田寺、高松塚)　橿原かしはら(橿原神宮、藤原京)　大和三山やまとさんざん(天香久山・畝傍山・耳成山)　斑鳩いかるが(法隆寺・斑鳩宮)　奈良(平城京、東大寺・興福寺、墨・晒さらし)　石上いそのかみ(石上神宮)　信貴山しぎさん(朝護孫子寺、信貴山縁起)　室生むろう(室生寺)　吉野よしの(金峰山きんぷせん寺、修験道、南朝行宮)　賀名生あのう(南朝行宮)　五条ごじょう(天誅組の変)

和歌山	紀伊	隅田(隅田八幡神社人物画像鏡) 高野山(金剛峯寺、高野版) 桛田荘(神護寺領荘園) 阿氐河荘(円満院門跡領荘園) 熊野(熊野三山・修験道・熊野詣) 根来(根来寺僧兵、鉄砲鍛冶、根来塗) 雑賀(雑賀衆、石山戦争) 産物 蜜柑
三重	伊勢	宇治山田市(現伊勢市、内宮門前宇治と外宮門前山田) 鈴鹿関(古代三関の一つ) 大湊(伊勢神宮外港) 長島(一向一揆) 白子(大黒屋光太夫) 桑名(東海道七里の渡し) 松坂(松坂商人、本居宣長の鈴屋)
	伊賀	黒田荘(東大寺領荘園) 伊賀上野(松尾芭蕉生家)

中国地方

鳥取	伯耆	三徳山(三仏寺投入堂) 東郷荘(松尾神社領荘園・下地中分絵図) 船上山(名和長年挙兵)
島根	石見	大森銀山(大内・尼子・毛利氏の争奪銀山、江戸幕府直轄)
	出雲	大社(出雲大社、出雲阿国) 松江(松平氏城下、小泉八雲旧居) 荒神谷(青銅器) 加茂岩倉(銅鐸) 岡田山1号墳(現松江市、大刀) 産物 古代より砂鉄
	隠岐	隠岐島(後鳥羽上皇・後醍醐天皇配流)
岡山	備前	福岡(最勝光院領荘園、中世の市場) 長船村(刀剣＝長船物) 岡山(池田氏城下、花畠教場) 百間川(弥生水田ほか) 閑谷(閑谷学校)
	備中	楯築墓(墳丘墓) 備中高松(高松城水攻め) 造山古墳(全国第4位巨大古墳) 鬼ノ城(神籠石)
	美作	稲岡荘(法然誕生地)
広島	備後	尾道(古代からの港津、浄土寺) 草戸千軒(現福山市、近世門前・市場町遺跡) 産物 畳表
	安芸	厳島(厳島神社、厳島の戦い) 音戸瀬戸(平氏の開さく) 呉(海軍工廠、軍港) 広島(福島氏・浅野氏城下、日清戦争大本営、原爆投下)
山口	周防	山口(大内氏城下、大内版・大道寺)
	長門	土井ヶ浜(弥生人骨) 壇の浦(源平古戦場) 萩(毛利氏城下、萩焼、松下村塾、萩の乱) 下関(もと赤間関・馬関、四国艦隊砲撃事件、日清講和条約)

四国地方

香川	讃岐	屋島(源平古戦場) 満濃池(空海の再興) 琴平(金毘羅宮) 紫雲出山(高地性集落)
徳島	阿波	撫養(塩の生産) 阿波国(土御門上皇配流・死没) 産物 藍
高知	土佐	高知(長宗我部氏・山内氏城下、立志社) 産物 かつお
愛媛	伊予	日振島(藤原純友根拠地) 別子(銅山、住友家経営) 松山(一遍誕生地、正岡子規) 上黒岩(岩陰遺跡)

九州地方

福岡	筑前	沖ノ島（おきのしま）（5～9世紀祭祀遺跡〈海の正倉院〉）　板付（いたづけ）（縄文～弥生前期の遺跡、水田跡）　須玖（すく）（弥生遺跡、支石墓・甕棺墓）　志賀島（しかのしま）（奴国王金印出土）　大宰府（だざいふ）（現太宰府市、九州総管・外交役所、観世音寺）　水城（みずき）（大宰府防衛土塁）　大野城（おおのの）・基肄城（きいの）城（朝鮮式山城）　博多（はかた）（奴国所在、蒙古襲来戦場、九州探題、中世自治都市、黒田氏城下福岡の外港、博多織）　芦屋（あしや）（芦屋釜）　秋月（あきづき）（秋月の乱）　八幡（やはた）（現北九州市、八幡製鉄所）
	筑後	久留米（くるめ）（久留米大一揆、久留米絣）　岩戸山（いわとやま）（磐井の墓）
	豊前	小倉（こくら）（小笠原氏城下、中国路終点、小倉織）
大分	豊前	宇佐（うさ）（宇佐神宮、道鏡一件）　中津（なか）（福沢諭吉）
	豊後	蕗（ふき）（富貴寺大堂）　府内（ふない）（大友氏城下、コレジオ）　日田（ひた）（咸宜園）　姫島（ひめしま）（黒曜石）
佐賀	肥前	菜畑（なばたけ）（縄文～弥生前期の住居跡・水田跡）　吉野ヶ里（よしのがり）（弥生大環壕集落）　唐津（からつ）（末盧国、寺沢氏城下、唐津焼）　名護屋（なごや）（文禄・慶長の役本陣）　佐賀（さが）（鍋島氏城下、佐賀の乱）　有田（ありた）（有田焼＝伊万里焼）　伊万里（いまり）（有田焼の積出港）
長崎	肥前	泉福寺洞穴（せんぷくじどうけつ）（隆起線文土器）　福井洞穴（ふくいどうけつ）（隆起線文土器）　鷹島（たかしま）（蒙古襲来戦場）　平戸（ひらど）（松浦氏城下、倭寇王直の根拠地、南蛮船来航）　長崎（ながさき）（南蛮貿易・朱印船貿易拠点、26聖人大殉教、出島・唐人屋敷、鳴滝塾、フェートン号事件、原爆投下）　浦上（うらかみ）（現長崎市、浦上信徒弾圧事件、浦上天主堂）　有馬（ありま）（有馬氏城下原城、セミナリオ、島原の乱）　島原（しまばら）（松倉氏城下、島原の乱）　加津佐（かづさ）（現南島原市、コレジオ、キリシタン版）　高島炭鉱（たかしまたんこう）（長崎港西南、高島炭鉱事件）
	壱岐	原の辻（はるのつじ）（一支国所在）　壱岐（いき）（刀伊の来襲、蒙古襲来戦場）
	対馬	対馬（つしま）（宗氏領、蒙古襲来、応永の外寇、日本海海戦）　　　【産物】古代の銀
熊本	肥後	阿蘇山（あそさん）（黒曜石）　江田（えた）（江田船山古墳出土鉄刀）　隈府（わいふ）（菊池氏城下、桂庵玄樹）　熊本（くまもと）（加藤氏・細川氏城下、神風連の乱、西南戦争）　田原坂（たばるざか）（西南戦争激戦地）　天草島（あまくさしま）（小西氏・寺沢氏領、島原の乱、天草版）　水俣（みなまた）（水俣病）　鹿子木荘（かのこぎのしょう）（寄進地系荘園）
鹿児島	大隅	掖玖（やく）・多褹（たね）・信覚（しが）・度感（とか）・球美（くみ）・奄美（あま）（現屋久島・種子島・石垣島・徳之島・久米島・奄美諸島、奈良初期服属）　屋久島（やくしま）（シドッチ潜入）　種子島（たねがしま）（鉄砲伝来）　鬼界ヶ島（きかいがしま）（現硫黄島または奄美諸島の総称、俊寛配流）　上野原（うえのはら）（縄文早期の定住集落跡）　　　【産物】たばこ・砂糖
	薩摩	坊津（ぼうのつ）（鑑真上陸、対明・琉球貿易）　山川（やまがわ）（明・琉球・ポルトガル船の入港、モリソン号事件）　宝島（たから）（英捕鯨船暴行事件）　鹿児島（かごしま）（島津氏城下、薩摩版・薩摩焼・ザビエル来航、薩英戦争、紡績所、西南戦争）　　　【産物】砂糖・薩摩上布
宮崎	日向	西都原（さいとばる）（西都原古墳群）
沖縄	（琉球）	港川（みなとがわ）（化石人骨）　首里（しゅり）（琉球王国王城）　那覇（なは）（王城首里の港）　摩文仁（まぶに）（沖縄戦終局）　嘉手納（かでな）（米軍基地）　先島諸島（さきしましょとう）（宮古・八重山諸島、先島分島案）　白保竿根田原洞穴（しらほさおねたばるどうけつ）（化石人骨）

外国関係

中国	魏	洛陽_{らくよう}(卑弥呼遣使)
	北魏	雲崗_{うんこう}(石窟、大仏)　竜門_{りゅうもん}(石窟、大仏)
	隋・唐・宋	登州_{とうしゅう}(山東半島、遣隋使・遣唐使北路上陸点)　揚州_{ようしゅう}(揚子江、遣唐使南路上陸点)　明州_{めいしゅう}(現寧波、遣唐使南路上陸点)　長安_{ちょうあん}(現西安、隋・唐の都)　渤海_{ぼっかい}(渤海使)　五台山_{ごだいさん}(仏教聖地)
	明	澳門_{マカオ}(現マカオ、天川、朱印船寄港、ポルトガル根拠地)　寧波_{ニンポー}(勘合貿易、寧波の乱)
	清	香港_{ホンコン}(アヘン戦争で英領)　威海衛_{いかいえい}(日清戦争北洋艦隊根拠、英租借)　遼東_{りょうとう}半島_{はんとう}(三国干渉で返還)　蘇州_{そしゅう}・杭州_{こうしゅう}・沙市_{さし}・重慶_{じゅうけい}(下関条約開港地)　山東_{さんとう}半島_{はんとう}(義和団蜂起)　関東_{かんとう}州_{しゅう}(遼東半島南部、露租借、日本租借)　旅順_{りょじゅん}(日露戦争激戦地、関東軍司令部)　大連_{だいれん}(満鉄本社)　奉天_{ほうてん}(現瀋陽、奉天の会戦、関東軍司令部移転)　ハルビン(伊藤博文暗殺)　天津_{てんしん}(天津条約)
	中華民国	膠州湾_{こうしゅうわん}・青島_{チンタオ}(独が清より租借、第一次大戦で日本軍占領)　大冶_{たいや}(鉄山、漢冶萍公司)　鞍山_{あんざん}(製鉄所)　東三省_{とうさんしょう}(奉天・吉林・黒竜江の3省、熱河省を加え、興安省を新設して満洲国成立)　平頂山_{へいちょうざん}(撫順郊外、満洲事変)　万宝山_{まんぼうざん}(奉天北部、万宝山事件)　柳条湖_{りゅうじょうこ}(奉天北郊、満鉄爆破事件)　長春_{ちょうしゅん}(満洲国首都新京)　山東_{さんとう}半島_{はんとう}(山東出兵)　済南_{さいなん}(済南事件)　西安_{せいあん}(西安事件)　盧溝橋_{ろこうきょう}(盧溝橋事件)　上海_{シャンハイ}(上海事変〈第1次・第2次〉)　南京_{ナンキン}(南京事件、国民政府)　重慶_{じゅうけい}(蔣政権移動)　広東_{カントン}(現広州、国民党北伐拠点)　張鼓峰_{ちょうこほう}(東南部満ソ国境、張鼓峰事件)　ノモンハン(西北部満蒙国境、ノモンハン事件)
	台湾	高山国_{こうざんこく}(高砂、現高雄・台南付近中心の台湾、原田孫七郎遣使)　台北_{タイペイ}(台湾総督府)　安平_{アンピン}(ゼーランジャ城・浜田弥兵衛)　台南_{タイナン}(鄭成功根拠)　霧社_{むしゃ}(霧社事件)　1874年台湾出兵
朝鮮	古代朝鮮	楽浪郡_{らくろうぐん}(前漢武帝設置)　帯方郡_{たいほうぐん}(3世紀に楽浪郡南部に設置、卑弥呼遣使)　三韓_{さんかん}(馬韓・辰韓・弁韓)　加羅_{から}・加耶_{かや}(朝鮮南部諸国、ヤマト政権進出)　通溝_{つうこう}(現中国吉林省集安市、高句麗丸都城、好太王碑)　白村江_{はくすきのえ}(錦江河口、白村江の戦い)
	朝鮮 (1392〜 1910)	漢城_{かんじょう}(現ソウル、首都)　三浦_{さんぽ}(塩浦＝蔚山、富山浦＝釜山、乃而浦＝薺浦、倭館設置・三浦の乱)　平壌_{ピョンヤン}・碧蹄館_{へきていかん}(文禄の役戦場)　泗川_{しせん}・蔚山_{うるさん}(慶長の役戦場)　江華島_{こうかとう}(江華島事件、江華条約)　釜山_{プサン}・元山_{ウォンサン}・仁川_{インチョン}(江華条約開港地)　済物浦_{さいもっぽ}(壬午軍乱の済物浦条約)　豊島_{ほうとう}(豊島沖の日清海戦)　成歓_{せいかん}(成歓の戦い)　黄海_{こうかい}(黄海の海戦)
	植民地時代	パゴダ公園(現ソウル市、三・一独立宣言)　堤岩里_{チェアムリ}(京畿道、三・一運動事件)　京城_{けいじょう}(朝鮮総督府)
	大韓民国	仁川_{インチョン}(国連軍逆上陸)　板門店_{パンムンチョム}(朝鮮休戦会談)

南方アジア	インド	**ガンダーラ**(現パキスタン、ガンダーラ美術) **アジャンタ**(ボンベイ東北石窟、グプタ朝壁画) **インパール**(日本軍インパール作戦)
	フィリピン	**呂宋**ルソン(朱印船寄港地) **マニラ**(ディラオとサンミゲルに日本町、太平洋戦争戦場) **レイテ島**(太平洋戦争、レイテ島海戦)
	ベトナム	**大越**だいえつ(安南あんなん、広義には北ベトナム一帯、狭義にはトンキン〈現ハノイ〉地方) **交趾**こう(現ベトナム中部、フェフォとツーランに日本町) 〈すべて朱印船寄港地〉
	カンボジア	**東埔寨**カンボジア(朱印船寄港地、プノンペンとピニャルーに日本町)
	タイ	**暹羅**シャム(朱印船寄港地) **アユタヤ**(日本町、山田長政) **六昆**リゴール(山田長政太守) **シンゴラ**(太平洋戦争上陸)
	その他	**アラカン**(ビルマ＝現ミャンマー、日本町) **ヤカトラ**(バタヴィア、現ジャカルタ、オランダ東インド会社、ジャガタラお春) **マラッカ**(現マレーシア、ザビエル滞留) **シンガポール**(現シンガポール、日本軍華僑虐殺)
その他各地	シベリア	**樺太**からふと(北蝦夷地、間宮林蔵探査、樺太・千島交換条約、ポーツマス条約で南半分1945年まで日本領) **デレン**(黒竜江畔、間宮探査) **沿海州**えんかいしゅう(ポーツマス条約で漁業権) **ウラジヴォストーク**(シベリア出兵) **ニコライエフスク**(尼港事件) **ナホトカ**(太平洋戦争後、日本人送還)
	西ヨーロッパ	**ヴェルサイユ**(仏、ヴェルサイユ条約) **ランブイエ**(仏、サミット第1回) **ローマ**(伊、天正少年使節・慶長遣欧使節) **ジュネーヴ**(スイス、国際連盟本部、軍備制限会議、連盟脱退、四巨頭会談) **ロンドン**(英、軍備制限会議) **ポツダム**(独、ポツダム宣言) **ベルリン**(独、日独伊三国同盟) **ヤルタ**(旧ソ連、ヤルタ協定) **モスクワ**(旧ソ連、日ソ中立条約、日ソ共同宣言) **チェルノブイリ**(当時のウクライナ、原発事故)
	中東	**パレスチナ**(イスラエル、パレスチナ問題、PLO) **クウェート**(イラク侵攻、湾岸戦争) **イラク**(イラク戦争、自衛隊派遣)
	アフリカ	**カイロ**(エジプト、カイロ宣言)
	アメリカ	**ポーツマス**(米、日露講和会議) **ワシントン**(米、軍備制限会議、日米新安保条約) **サンフランシスコ**(米、国際連合憲章、対日講和会議、日米安保条約) **ノビスパン**(現メキシコ、田中勝介、支倉常長) **リオ＝デ＝ジャネイロ**(ブラジル、地球サミット)
	太平洋ほか	**南洋**なんよう**諸島**(第一次大戦占領・旧委任統治地) **アッツ・キスカ島**(アリューシャン列島、太平洋戦争激戦地) **ハワイ真珠**しんじゅ**湾**(日米開戦) **ミッドウェー島**(ミッドウェー海戦) **サイパン島**(南洋委任統治地、B29本土空襲基地) **ガダルカナル島**(ソロモン群島、太平洋戦争激戦地) **ビキニ**(水爆実験・第五福龍丸事件) **南極**なんきょく**大陸**(白瀬矗、昭和基地)

内閣一覧

伊藤博文内閣①	（長州閥）	1885（明治 18）.12 ～ 1888. 4
黒田清隆内閣	（薩摩閥）	1888（ 〃 21）. 4 ～ 89.12
山県有朋内閣①	（長州閥、陸軍大将）	1889（ 〃 22）.12 ～ 91. 5
松方正義内閣①	（薩摩閥）	1891（ 〃 24）. 5 ～ 92. 8
伊藤博文内閣②	（長州閥）	1892（ 〃 25）. 8 ～ 96. 9
松方正義内閣②	（薩摩閥）	1896（ 〃 29）. 9 ～ 98. 1
伊藤博文内閣③	（長州閥）	1898（ 〃 31）. 1 ～ 98. 6
大隈重信内閣①	（憲政党）	1898（ 〃 31）. 6 ～ 98.11
山県有朋内閣②	（長州閥、陸軍大将）	1898（ 〃 31）.11 ～ 1900.10
伊藤博文内閣④	（立憲政友会総裁）	1900（ 〃 33）.10 ～ 01. 6
桂太郎内閣①	（長州閥、陸軍大将）	1901（ 〃 34）. 6 ～ 06. 1
西園寺公望内閣①	（立憲政友会総裁）	1906（ 〃 39）. 1 ～ 08. 7
桂太郎内閣②	（長州閥、陸軍大将）	1908（ 〃 41）. 7 ～ 11. 8
西園寺公望内閣②	（立憲政友会総裁）	1911（ 〃 44）. 8 ～ 12.12
桂太郎内閣③	（長州閥、陸軍大将、内大臣・侍従長）	1912（大正 元）.12 ～ 13. 2
山本権兵衛内閣①	（薩摩閥、海軍大将）	1913（ 〃 2）. 2 ～ 14. 4
大隈重信内閣②	（立憲同志会）	1914（ 〃 3）. 4 ～ 16.10
寺内正毅内閣	（陸軍大将）	1916（ 〃 5）.10 ～ 18. 9
原敬内閣	（立憲政友会総裁）	1918（ 〃 7）. 9 ～ 21.11
高橋是清内閣	（立憲政友会総裁）	1921（ 〃 10）.11 ～ 22. 6
加藤友三郎内閣	（海軍大将）	1922（ 〃 11）. 6 ～ 23. 9
山本権兵衛内閣②	（海軍大将）	1923（ 〃 12）. 9 ～ 24. 1
清浦奎吾内閣	（貴族院議員、枢密院議長）	1924（ 〃 13）. 1 ～ 24. 6
加藤高明内閣①	（護憲三派）	1924（ 〃 13）. 6 ～ 25. 8
加藤高明内閣②	（憲政会総裁）	1925（ 〃 14）. 8 ～ 26. 1
若槻礼次郎内閣①	（憲政会総裁）	1926（ 〃 15）. 1 ～ 27. 4
田中義一内閣	（立憲政友会総裁）	1927（昭和 2）. 4 ～ 29. 7
浜口雄幸内閣	（立憲民政党総裁）	1929（ 〃 4）. 7 ～ 31. 4
若槻礼次郎内閣②	（立憲民政党総裁）	1931（ 〃 6）. 4 ～ 31.12
犬養毅内閣	（立憲政友会総裁）	1931（ 〃 6）.12 ～ 32. 5
斎藤実内閣	（海軍大将）	1932（ 〃 7）. 5 ～ 34. 7
岡田啓介内閣	（海軍大将）	1934（ 〃 9）. 7 ～ 36. 3
広田弘毅内閣	（外交官）	1936（ 〃 11）. 3 ～ 37. 2
林銑十郎内閣	（陸軍大将）	1937（ 〃 12）. 2 ～ 37. 6
近衛文麿内閣①	（貴族院議長）	1937（ 〃 12）. 6 ～ 39. 1
平沼騏一郎内閣	（枢密院議長）	1939（ 〃 14）. 1 ～ 39. 8
阿部信行内閣	（陸軍大将）	1939（ 〃 14）. 8 ～ 40. 1
米内光政内閣	（海軍大将）	1940（ 〃 15）. 1 ～ 40. 7
近衛文麿内閣②③	（大政翼賛会総裁）	1940（ 〃 15）. 7 ～ 41.10
東条英機内閣	（陸軍大将）	1941（ 〃 16）.10 ～ 44. 7
小磯国昭内閣	（陸軍大将）	1944（ 〃 19）. 7 ～ 45. 4
鈴木貫太郎内閣	（元侍従長、海軍大将）	1945（ 〃 20）. 4 ～ 45. 8

東久邇宮稔彦内閣	（皇族、陸軍大将）	1945（〃 20）. 8 ～	45.10
幣原喜重郎内閣	（元外相）	1945（〃 20）.10 ～	46. 5
吉田茂内閣①	（日本自由党総裁）	1946（昭和 21）. 5 ～	1947. 5
片山哲内閣	（日本社会党委員長）	1947（〃 22）. 5 ～	48. 3
芦田均内閣	（民主党総裁）	1948（〃 23）. 3 ～	48.10
吉田茂内閣②～⑤	（民主自由党総裁、のち自由党総裁）	1948（〃 23）.10 ～	54.12
鳩山一郎内閣①～③	（日本民主党総裁、のち自由民主党総裁）	1954（〃 29）.12 ～	56.12
石橋湛山内閣	（自由民主党総裁）	1956（〃 31）.12 ～	57. 2
岸信介内閣①②	（自由民主党総裁）	1957（〃 32）. 2 ～	60. 7
池田勇人内閣①～③	（自由民主党総裁）	1960（〃 35）. 7 ～	64.11
佐藤栄作内閣①～③	（自由民主党総裁）	1964（〃 39）.11 ～	72. 7
田中角栄内閣①②	（自由民主党総裁）	1972（〃 47）. 7 ～	74.12
三木武夫内閣	（自由民主党総裁）	1974（〃 49）.12 ～	76.12
福田赳夫内閣	（自由民主党総裁）	1976（〃 51）.12 ～	78.12
大平正芳内閣①②	（自由民主党総裁）	1978（〃 53）.12 ～	80. 7
鈴木善幸内閣	（自由民主党総裁）	1980（〃 55）. 7 ～	82.11
中曽根康弘内閣①～③	（自由民主党総裁）	1982（〃 57）.11 ～	87.11
竹下登内閣	（自由民主党総裁）	1987（〃 62）.11 ～	89. 6
宇野宗佑内閣	（自由民主党総裁）	1989（平成 元）. 6 ～	89. 8
海部俊樹内閣①②	（自由民主党総裁）	1989（〃 元）. 8 ～	91.11
宮沢喜一内閣	（自由民主党総裁）	1991（〃 3）.11 ～	93. 8
細川護煕内閣	（日本新党代表）	1993（〃 5）. 8 ～	94. 4
羽田孜内閣	（新生党党首）	1994（〃 6）. 4 ～	94. 6
村山富市内閣	（日本社会党委員長）	1994（〃 6）. 6 ～	96. 1
橋本龍太郎内閣①②	（自由民主党総裁）	1996（〃 8）. 1 ～	98. 7
小渕恵三内閣	（自由民主党総裁）	1998（〃 10）. 7 ～ 2000. 4	
森喜朗内閣①②	（自由民主党総裁）	2000（〃 12）. 4 ～	01. 4
小泉純一郎内閣①～③	（自由民主党総裁）	2001（〃 13）. 4 ～	06. 9
安倍晋三内閣①	（自由民主党総裁）	2006（〃 18）. 9 ～	07. 9
福田康夫内閣	（自由民主党総裁）	2007（〃 19）. 9 ～	08. 9
麻生太郎内閣	（自由民主党総裁）	2008（〃 20）. 9 ～	09. 9
鳩山由紀夫内閣	（民主党代表）	2009（〃 21）. 9 ～	10. 6
菅直人内閣	（民主党代表）	2010（〃 22）. 6 ～	11. 9
野田佳彦内閣	（民主党代表）	2011（〃 23）. 9 ～	12.12
安倍晋三内閣②～④	（自由民主党総裁）	2012（〃 24）.12 ～	20. 9
菅義偉内閣	（自由民主党総裁）	2020（令和 2）. 9 ～	21.10
岸田文雄内閣①②	（自由民主党総裁）	2021（令和 3）.10 ～	

索引

1. この索引は、本文中の見出し項目（：印をつけた関連項目、頻度数だけを記した羅列項目を含む）を、五十音順に配列し、各項目の次に頻度数①〜⑦を示したものである。
2. 配列の際、次の点に留意した。
   - § 「ヂ」は「ジ」とした。
   - § 「日本」は「ニホン」とした。
   - § 平安・鎌倉時代以前の人名には、姓と名の間に「の」を入れた。
   - § 外国語の略記は、慣用読みに従った。
     〔NATO はナトー、GHQ はジーエイチキュー〕
3. 用語の内容を特定するため、適宜項目の次に《　》を付して補足した。
4. 付録の地名一覧中のものは、索引から除いた。

索引

||| す |||

索引

索引

索引

索引

索引

索引

索引

執筆（五十音順）　仙田直人（成蹊中学・高等学校校長、元全国歴史教育研究協議会会長）
高山　繁
遠山孝典
中家　健（東京都立小石川中等教育学校主幹教諭）
中里裕司（前東京都立日比谷高等学校教諭）

日本史用語集

2023 年 12 月　　初版発行

編　者　　全国歴史教育研究協議会

発行者　　野澤武史

印刷所　　明和印刷株式会社

製本所　　牧製本印刷株式会社

発行所　　株式会社　山川出版社
〒 101-0047　東京都千代田区内神田 1-13-13
電話 03（3293）8131（営業）　03（3293）8135（編集）
https://www.yamakawa.co.jp/

装　幀　　水戸部功

本文デザイン　　中村竜太郎

ISBN978-4-634-01306-3　　　　　　　　　NMIN0101